개인정보
판례백선

개인정보전문가협회 편저
편집대표 최 경 진

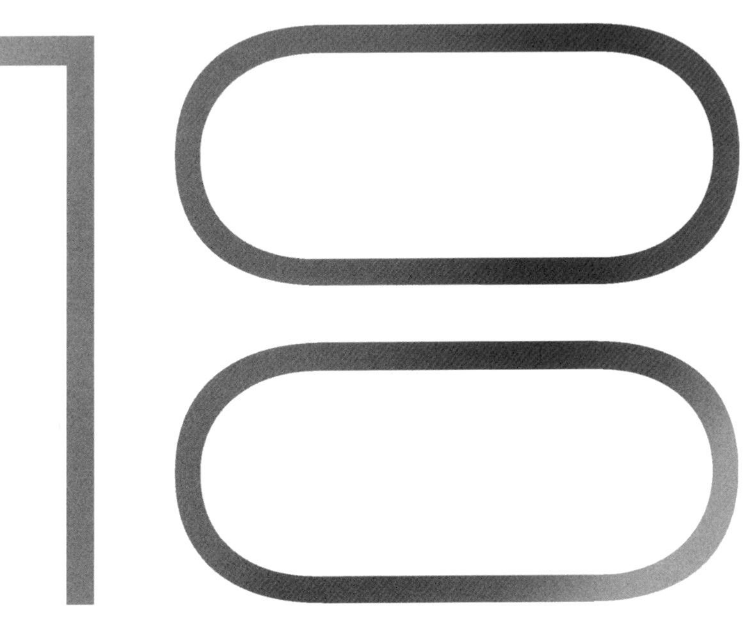

박영사

발간사

데이터(Data) 시대가 본격화되었다는 말만으로는 부족할 만큼 우리 사회·경제의 데이터 의존도는 비약적으로 높아지고 있습니다. 데이터의 중요성이 커지고 데이터에 기반한 사회·경제 활동이 증가함에 따라 개인정보(Personal Data, Personal Information)의 오남용이나 유출사고 등으로 인한 정보주체의 기본적 자유와 권리가 침해될 위험성도 커지게 되어 데이터 활용 못지않게 개인정보보호의 필요성도 증가하고 있습니다. 개인정보보호에 대한 목소리가 커지는 만큼 개인정보 법제 정비에 관한 논의도 활발하게 진행되고 있으며, EU GDPR을 필두로 영국, 독일, 일본, 싱가포르, 중국을 비롯하여 우리나라에 이르기까지 개인정보보호 입법이 증가하고 있습니다. 개인정보 없이는 우리의 일상생활이 영위될 수 없을 만큼 핵심 요소이기 때문에 다양한 사회·경제 활동 과정에서 개인정보법제의 준수는 필수불가결하며, 개인정보법제와 관련한 다양한 연구와 실무적 경험들이 쌓여가면서 '개인정보법'은 하나의 독립된 법학 학문 분야로 발전하고 있다고 말해도 과언이 아닙니다. 불과 얼마 전까지만 하더라도 개인정보 이슈는 민법, 형법, 헌법, 상법 등 전통적인 법학적 논의에서 부가적인 부분에 불과한 것처럼 취급되었던 것도 사실이지만, 이제는 개인정보법도 독자적인 논의의 대상으로 자리잡고 있으며, 다양한 법영역에서 점점 더 복잡하고 다양한 개인정보 이슈가 등장하면서 보다 더 깊은 논의와 지속적인 법제도 개선이 요구되고 있습니다. 개인정보법은 국가와 국민의 일상생활 전반에 깊숙이 관계된 만큼 합리적이고 보편타당한 법규범을 정립하고 해석·적용함으로써 국가의 발전 및 국민의 기본적 자유와 권리를 모두 보장하는 방향으로 지속적으로 발전해 나가야 합니다. 이를 위해서는 우선 개인정보 이슈를 주로 다뤘던 대법원이나 하급심 판례, 헌법재판소 결정, 개인정보보호위원회와 같은 행정청의 처분 등 구체적인 법적용 사례에 대한 체계적인 분석과 검토가 선행되어야 합니다. 이에 데이터·개인정보가 이끄는 세상에서 개인정보의 안전한 활용을 통한 균형 있는 발전을 위하여 설립된 개인정보전문가협회는 개인정보보호법 시행 10주년을 기념하여 「개인정보 판례백선」을 출간하게 되었습니다.

이번에 발간하는 「개인정보 판례백선」은 그동안 축적되었던 개인정보와 관련한 다양한 판례나 심결례를 모두 망라하여 그에 대한 국내 최고 전문가의 평석을 집대성함으로써 개인정보법이라는 학문적 영역을 새롭게 정립하고 발전을 위한 기틀을 마련하기 위한 것입니다. 지난 1년 남짓한 시간 동안 총 77분의 교수, 변호사, 판사, 박사 등 국내 법률 및 정책 전문가들이 뜻을 모아 집필한 100건의 판례 평석을 제1장 개인정보 자기결정권(11개), 제2장 개인정보와 개인정보처리자의 개념(13개), 제3장 개인정보의 합법적 처리(26개), 제4장 개인정보 유출사고(13개), 제5장 특수한 유형의 개인정보로서 제1절 위치정보(4개), 제2절 의료정보(6개), 제3절 신용정보(1개), 제6장 영상정보와 음성정보에서는 제1절 영상정보처리기기와 영상정보(5개), 제2절 음성정보(2개), 제7장 정보 프라이버시(19개)의 체계로 분류하여 수록하였습니다. 이 책은 개인정보에 대한 관심을 가지신 분이라면 누구라도 쉽게 이해할 수 있는 풍부한 내용을 갖추고 있어서 개인정보법학자뿐만 아니라 개인정보를 다루는 기업실무가를 비롯한 다양한 영역의 개인정보 전문가를 위한 필독서로도 널리 활용될 수 있을 것입니다.

이 책은 많은 분들의 열정과 노력이 함께 한 덕분에 1년여의 짧은 기간 내에 발간될 수 있었습니다. 판례 평석을 집필해주신 모든 분들과 함께 판례의 분류, 분석, 집필의뢰, 교정 등에 이르기까지 편집위원으로 고생해주신 권창환 재판연구관/부장판사님, 김도승 교수님, 김병필 교수님, 김현경 교수님, 이인석 변호사님께 깊이 감사 드립니다. 특히 본서가 세상에 나올 수 있도록 편집위원회 총괄간사로서 집필, 판례 분류, 교정, 색인 등 세세한 작업에 노고를 아끼지 않으신 김병필 교수님의 열정에도 감사의 인사를 전합니다.

끝으로 최근 글로벌 혁신을 이끄는 인공지능(A.I.), 사물인터넷(IoT), 클라우드 컴퓨팅(Cloud Computing), 빅데이터(Big Data), 메타버스(Metaverse), 4차 산업혁명(4th Industrial Revolution), 디지털 대전환(Digital Transformation) 등을 통한 데이터 환경의 변화는 개인정보법의 패러다임 변화를 요구하고 있습니다. 이 책의 발간을 계기로 새로운 데이터 시대에 맞게 개인정보법이 바람직한 방향으로 발전할 수 있도록 개인정보 전문가의 지속적인 관심과 보다 심도 있는 논의가 이루어지기를 기대합니다. 감사합니다.

2022년 7월 1일

개인정보전문가협회

회장 최경진

집필진 명단

강신욱
강태욱
고학수
고환경
곽정민
구태언
권영준
권창환
권헌영
권현준
김기중
김도승
김민호
김법연
김병필
김보라미
김상순
김유향
김이경
김일환
김종윤
김진환
김현경
김현수
문선영
박광배
박도현
박민철
박지연
박현정
배대헌
백대용
서인덕
송도영
신용우
안정민
염호준
오병철
오태원
오현석
윤종수
윤주호
이강혜
이근우
이동진
이상용
이소은
이수경
이영상
이인석
이인호
이인환
이정념
이진규
이창범
이해원
이희정
임현
장보은
장준영
전응준
정경오
정성구
정준현
조은별
지성우
채성희
채은선
최경진
최성경
최인선
한서희
홍대식
홍종현
황성기
황정현
황창근

차 례

제1장 개인정보 자기결정권

제2장 개인정보와 개인정보처리자의 개념

제3장 개인정보의 합법적 처리

개인정보 판례백선

초판발행 2022년 7월 25일
중판발행 2023년 1월 5일

엮은이 개인정보전문가협회
펴낸이 안종만 · 안상준

편 집 장유나
기획/마케팅 김한유
표지디자인 이소연
제 작 고철민 · 조영환

펴낸곳 (주) 박영사
서울특별시 금천구 가산디지털2로 53, 210호(가산동, 한라시그마밸리)
등록 1959. 3. 11. 제300-1959-1호(倫)
전 화 02)733-6771
f a x 02)736-4818
e-mail pys@pybook.co.kr
homepage www.pybook.co.kr
ISBN 979-11-303-4170-5 93360

정 가 60,000원

제4장 개인정보 유출사고

제5장 특수한 유형의 개인정보

제1절 위치정보

제2절 의료정보

제3절 신용정보

제6장 영상정보와 음성정보

제1절 영상정보처리기기와 영상정보

제2절 음성정보

제7장 정보 프라이버시

제1장

개인정보 자기결정권

001 주민등록법 제17조의8 등 위헌확인 등

헌재 2005. 5. 26. 99헌마513, 2004헌마190(병합) 결정

김일환(성균관대학교 법학전문대학원 교수)

I. 결정의 개요

1. 사안의 개요

가. 사실관계

청구인 오○익, 같은 홍○만은 주민등록법 제17조의8 및 주민등록법시행령 제33조 제2항에 의하여 이미 주민등록증을 발급받은 사람들로서, 사회운동단체인 인권실천시민연대와 사회진보연대에 각 소속되어 있으면서 1999. 6. 초경부터 주민등록증 일제갱신을 계기로 지문날인반대운동을 해 오고 있다. 위 청구인들은 주민등록증을 발급받을 당시 자신들이 주민등록증발급신청서에 날인함으로써 만들어진 열 손가락의 지문정보를 피청구인 경찰청장(이하 '경찰청장'이라고만 한다)이 보관·전산화하고 이를 범죄수사목적에 이용하는 공권력행사로 인하여 자신들의 인간의 존엄과 가치, 행복추구권, 인격권, 신체의 자유, 사생활의 비밀과 자유, 개인정보자기결정권 등을 침해받았다고 주장하면서, 1999. 9. 1. 그 위헌확인을 구하는 이 사건 헌법소원심판을 청구하였다.

청구인 이○빈, 같은 최○아, 같은 정○호는 모두 17세가 되어 주민등록법 제17조의8 제1항에 의하여 주민등록증 발급대상자가 된 사람들로서, 주민등록증 발급신청을 하라는 통지를 받고 각 관할 동사무소를 방문하였으나 담당공무원들로부터 주민등록법시행령 제33조 제2항에 의한 별지 제30호서식을 근거로 주민등록증발급신청서에 열 손가락 지문을 날인할 것을 요구받게 되자 이를 거부하였다. 주민등록법 제17조의8 제3항, 제21조의4 제2항·제3항에 의하면, 위 청구인들은 발급신청기간 내에 주민등록증의 발급을 신청하여야 하고, 정당한 사유 없이 그 기간 내에 신청을 하지 아니한 경우에는 5만 원 이하 또는 10만 원 이하의 과태료에 처하도록 되어 있다. 위 청구인들은 주민등록법시행령 제33조 제2항에 의한 별지 제30호서식 중 열 손가락의 회전지문과 평면지문을 날인하도록 한 부분과 주민등록법시행행규칙

제9조 중 주민등록증발급신청서를 송부하도록 한 부분이 자신들의 인간의 존엄과 가치, 행복추구권, 인격권, 신체의 자유, 사생활의 비밀과 자유, 개인정보자기결정권, 양심의 자유 등을 침해한다고 주장하면서, 2004. 3. 11. 그 위헌확인을 구하는 이 사건 헌법소원심판을 청구하였다.

2. 결정의 요지

가. 개인정보자기결정권은 자신에 관한 정보가 언제 누구에게 어느 범위까지 알려지고 또 이용되도록 할 것인지를 그 정보주체가 스스로 결정할 수 있는 권리, 즉 정보주체가 개인정보의 공개와 이용에 관하여 스스로 결정할 권리를 말하는바, 개인의 고유성, 동일성을 나타내는 지문은 그 정보주체를 타인으로부터 식별가능하게 하는 개인정보이므로, 시장·군수 또는 구청장이 개인의 지문정보를 수집하고, 경찰청장이 이를 보관·전산화하여 범죄수사목적에 이용하는 것은 모두 개인정보자기결정권을 제한하는 것이다.

나. 주민등록법 제17조의8 제2항 본문은 주민등록증의 수록사항의 하나로 지문을 규정하고 있을 뿐 "오른손 엄지손가락 지문"이라고 특정한 바가 없으며, 이 사건 시행령조항에서는 주민등록법 제17조의8 제5항의 위임규정에 근거하여 주민등록증발급신청서의 서식을 정하면서 보다 정확한 신원확인이 가능하도록 하기 위하여 열 손가락의 지문을 날인하도록 하고 있는 것이므로, 이를 두고 법률에 근거가 없는 것으로서 법률유보의 원칙에 위배되는 것으로 볼 수는 없다.

다. 경찰청장이 보관하고 있는 지문정보를 전산화하고 이를 범죄수사목적에 이용하는 행위가 법률의 근거가 있는 것인지 여부에 관하여 보건대, 경찰청장은 개인정보화일의 보유를 허용하고 있는 공공기관의 개인정보보호에 관한 법률 제5조에 의하여 자신이 업무수행상의 필요에 의하여 적법하게 보유하고 있는 지문정보를 전산화할 수 있고, 지문정보의 보관은 범죄수사 등의 경우에 신원확인을 위하여 이용하기 위한 것이므로, 경찰청장이 지문정보를 보관하는 행위의 법률적 근거로서 거론되는 법률조항들은 모두 경찰청장이 지문정보를 범죄수사목적에 이용하는 행위의 법률적 근거로서 원용될 수 있다.

라. 따라서 이 사건 시행령조항 및 경찰청장의 보관 등 행위는 모두 그 법률의 근거가 있다.

마. 이 사건 시행령조항 및 경찰청장의 보관 등 행위는 불가분의 일체를 이루어 지문정보의 수집·보관·전산화·이용이라는 넓은 의미의 지문날인제도를 구성하고 있다고 할 수 있으므로, 지문정보의 수집·보관·전산화·이용을 포괄하는 의미의 지문날인제도가 과잉금지원칙을 위반하여 개인정보자기결정권을 침해하는지 여부가 문제된다. 이 사건 지문날인제도

가 범죄자 등 특정인만이 아닌 17세 이상 모든 국민의 열 손가락 지문정보를 수집하여 보관하도록 한 것은 신원확인기능의 효율적인 수행을 도모하고, 신원확인의 정확성 내지 완벽성을 제고하기 위한 것으로서, 그 목적의 정당성이 인정되고, 또한 이 사건 지문날인제도가 위와 같은 목적을 달성하기 위한 효과적이고 적절한 방법의 하나가 될 수 있다. 이 사건 지문날인제도가 과잉금지의 원칙에 위배하여 청구인들의 개인정보자기결정권을 침해하였다고 볼 수 없다.

재판관 송인준, 재판관 주선회, 재판관 전효숙의 반대의견

가. 주민등록증발급기관이 주민등록증에 지문정보를 수록하는 것에 대하여만 주민등록법 제17조의8 제2항에 근거가 마련되어 있을 뿐 경찰청장이 지문원지를 수집·보관할 수 있도록 하는 법률의 직접적인 규정은 찾아볼 수 없다. 따라서 경찰청장의 지문정보의 수집·보관행위는 헌법상 법률유보원칙에 어긋난다.

나. 주민의 거주관계 등 인구 동태를 파악하여 주민생활의 편익을 증진시키고 행정사무의 적정한 처리를 도모하고자 하는 주민등록법의 입법 취지를 달성하기 위하여 반드시 하나가 아니라 열 손가락의 지문 모두를 수집하여야 할 필요성이 있다고 보기는 어렵다. 수사상의 목적을 위한 경우라도 범죄의 전력이 있는 자나 성향을 가진 자의 지문정보를 수집·보관하고 이를 후일 범죄수사에 활용할 수 있을 것임에도, 그런 전력이 없는 모든 일반 국민의 주민등록증발급신청의 기회에 열 손가락의 지문 일체를 보관·전산화하고 있다가 이를 그 범위, 대상, 기한 등 어떠한 제한도 없이 일반적인 범죄수사목적 등에 활용하는 것은 개인정보자기결정권에 대한 최소한의 침해라고 할 수 없다.

II. 해설

1. 쟁점의 정리

가. 헌법상 개인정보자기결정권의 의의 및 내용

주민등록법 제17조의8 등 위헌확인 사건에서 헌법재판소는 "개인정보자기결정권은 자신에 관한 정보가 언제 누구에게 어느 범위까지 알려지고 또 이용되도록 할 것인지를 그 정보주체가 스스로 결정할 수 있는 권리이다. 즉 정보주체가 개인정보의 공개와 이용에 관하여 스스로 결정할 권리를 말한다."라고 하면서 "개인정보자기결정권의 보호대상이 되는 개인정보는 개인의 신체, 신념, 사회적 지위, 신분 등과 같이 개인의 인격주체성을 특징짓는 사항

으로서 그 개인의 동일성을 식별할 수 있게 하는 일체의 정보라고 할 수 있고, 반드시 개인의 내밀한 영역이나 사사(私事)의 영역에 속하는 정보에 국한되지 않고 공적 생활에서 형성되었거나 이미 공개된 개인정보까지 포함한다. 또한 그러한 개인정보를 대상으로 한 조사·수집·보관·처리·이용 등의 행위는 모두 원칙적으로 개인정보자기결정권에 대한 제한에 해당한다."고 결정하였다.[1]

나. 주민등록법상 지문날인제도

주민등록법시행령 제33조 제2항에 의한 별지 제30호 서식 중 열 손가락의 회전지문과 평면지문을 날인하도록 한 부분의 위헌 여부에 대하여 헌법재판소 다수의견은 먼저 "주민등록증제도, 나아가 지문날인제도의 입법목적으로는, 주민의 거주관계 파악 및 행정사무의 적정, 간이한 처리라는 주민등록제도 일반에 관한 입법목적 외에도 치안유지나 국가안보가 보다 적극적으로 고려된 것이고, 이러한 입법목적에는 날인된 지문의 범죄수사목적상 이용도 포함됨은 자명하다 할 것이다."고 하면서 "이 사건 지문날인제도가 범죄자 등 특정인만이 아닌 17세 이상 모든 국민의 열 손가락 지문정보를 수집하여 보관하도록 한 것은 신원확인기능의 효율적인 수행을 도모하고, 신원확인의 정확성 내지 완벽성을 제고하기 위한 것으로서, 그 목적의 정당성이 인정되고, 또한 이 사건 지문날인제도가 위와 같은 목적을 달성하기 위한 효과적이고 적절한 방법의 하나가 될 수 있다. 결국 이 사건 지문날인제도가 과잉금지의 원칙에 위배하여 청구인들의 개인정보자기결정권을 침해하였다고 볼 수 없다."고 확인하였다.

다. 주민등록목적으로 수집된 지문정보의 '다른' 목적을 위한 이용

헌법재판소 다수의견은 주민등록법 제17조의8 등 위헌확인 사건에서 경찰청장이 청구인들의 주민등록증발급신청서에 날인되어 있는 지문정보를 보관·전산화하고 이를 범죄수사목적에 이용하는 행위는 모두 개인정보자기결정권을 제한한다고 인정하였지만 이 사건 시행령 조항 및 경찰청장의 보관 등 행위는 모두 그 법률의 근거가 있는 등 합헌이라고 결정하였다.

---

1) 헌법상 개인정보자기결정권의 도출근거와 내용에 대하여는 김일환, 情報自己決定權의 憲法上 根據와 保護에 관한 研究, 公法研究 제29집 제3호, 2001, 87면 이하 참조.

III. 결정의 의의

1. 헌법상 개인정보자기결정권의 의의 및 내용

우선 이 결정에서 헌법재판소가 처음으로 개인정보자기결정권을 헌법상 기본권으로 인정하였다는 점은 높이 평가할만하다. 그러나 이 결정의 첫 번째 문제점은 헌법재판소 스스로 자기결정권과 관련하여 일관성을 결여하고 있다는 것이다. 지금까지 헌법재판소는 헌법 제17조의 사생활자유를 긍정적이고 적극적으로 해석하면서도, 성적 자기결정권을 포함한 개인의 자기결정권을 헌법 제17조의 사생활자유가 아닌 헌법 제10조에서 모두 끄집어내어 왔다.[2] 그런데 최근에 헌법재판소는 개인정보'자기결정권'에 대해서는 '자기결정권'에 관한 기존의 판례와는 달리 헌법에 명시되지 아니한 독자적 기본권이라고 언급하였다. 두 번째로 이 결정 이후 개인정보자기결정권에 관한 헌법재판소의 결정들을 보면 이러한 기본권의 헌법상 근거가 일관되지 못하다. 곧 헌법재판소는 주민등록법 제17조의8 등 위헌확인 사건에서는 개인정보자기결정권을 독자적 기본권으로서 헌법에 명시되지 아니한 기본권[3]이라고 하였으나 그 뒤 공직자 등의 병역사항신고 및 공개에 관한 법률 제3조 등 위헌확인[4]사건과 공직선거법 제49조 제10항 등 위헌확인[5]사건에서는 질병이나 전과기록과 같은 내밀한 사적 영역에 근접하는 민감한 개인정보의 공개는 헌법 제17조의 사생활의 비밀과 자유를 침해한다고 결정하였다. 헌법재판소 결정에 따르면 '민감하지 않은' 개인정보는 헌법 제10조에서, '민감한' 개인정보는 헌법 제17조에서 도출된다는 결론에 이르게 된다.[6]

2. 주민등록법상 지문날인제도

헌법재판소 다수의견처럼 주민등록법상 규정된 "주민의 거주관계 등 파악"이라는 목적의

---

2) 이에 관하여는 김일환, 性的 自己決定權의 憲法上 導出根據에 관한 批判的 檢討, 憲法學硏究 제12집 제2호, 2006, 107면 이하 참조.

3) 헌재 2005. 5. 26. 99헌마513, 2004헌마190(병합). 이와 관련하여 대법원은 96다42789(1998. 7. 24.)판결에서 "헌법 17조(사생활의 비밀과 자유)는 개인의 사생활 활동이 타인으로부터 침해되거나 사생활이 함부로 공개되지 아니할 소극적인 권리는 물론, 오늘날 고도로 정보화된 현대사회에서 자신에 대한 정보를 자율적으로 통제할 수 있는 적극적 권리까지도 보장하려는 데에 그 취지가 있다"며 개인정보자기결정권의 근거로 헌법 제17조를 언급하였다.

4) 헌재 2007. 5. 31. 2005헌마1139.

5) 헌재 2008. 4. 24. 2006헌마402 · 531(병합).

6) 이에 관하여 자세한 것은 김일환, 성폭력범죄의 처벌 등에 관한 특례법 제42조 제1항 위헌확인(헌재 2016. 3. 31. 2015헌마688)결정에 관한 평석 헌법재판연구 제3권 제2호, 헌법재판소 헌법재판연구원, 2016. 12. 31, 100면 이하 참조.

달성을 위하여 위 법에 채택된 지문날인이라는 방법이 효과적이고 적절한지를 살펴보아야만 한다. 국민에 대한 등록제도로는 신분등록제도와 거주자등록제도가 있는데, 양자 중 하나를 채택할지 또는 모두를 채택할지는 개개 국가의 입법자가 판단해서 결정할 사항이다. 주민등록제도란 행정기관이 관할구역 안에 거주하는 주민의 주거상황과 이동실태를 파악 기록하는 제도로서, 결국 개인의 거주지를 기준으로 생활을 공동으로 하는 세대단위로 개인의 動的인 거주이동실태를 기록 공증하는 제도이다. 그렇다면 선거인명부의 작성, 조세, 사회복지, 인구센서스 등 오늘날 국가나 지방자치단체가 행하는 수많은 기능들에 비추어 볼 때 자신의 거주관계를 등록하게 하는 주민등록제도 자체가 위헌이라고는 할 수 없다. 그러나 주민의 거주관계파악을 위하여 관련되는 개인기록을 수집, 처리할 수 있도록 한 주민등록법의 원래 목적을 벗어나는 지나친 개인정보수집을 가능하게 하고 범죄인이 아닌 모든 국민의 지문날인을 강요하는 이러한 규정들은 비례성원칙에 위배되어 위헌이라는 비판이 제기되고 있다.[7)]

3. 주민등록목적으로 수집된 지문정보의 '다른' 목적을 위한 이용

헌법재판소 다수의견은 주민등록법 제17조의8 등 위헌확인 사건에서 주민등록법상 지문정보의 수집을 합헌이라고 결정하여 지문날인제도의 합헌성을 인정하였을 뿐만 아니라, 이렇게 수집된 지문정보를 그대로 경찰청장에게 넘겨 이를 전산화하고 이용하는 것 또한 인용하여 개인정보자기결정권의 새로운 침해를 허용하였다.[8)] 또한 이러한 헌법재판소의 다수의견과는 달리 지문정보와 같은 생체인식정보는 개개인의 신체적인 정보와 직접 연관되는 점에서 더 엄격하게 보호되어야만 하는 민감한 정보를 포함할 수도 있다.[9)] 이러한 관점에서 본다면 일반 개인정보보다 보호필요성이 더 높은 개인의 지문정보를 국가가 수집, 이용하고자 할 때에는 개인정보자기결정권의 보호를 위한 헌법상 요건들을 엄격하게 갖춰야 함을 헌법재판소 다수의견은 충분히 인식하지 못하고 있다.

---

7) 이에 관하여 자세한 것은 김일환, 주민등록법상 지문날인제도에 대한 헌법상 고찰, 成均館法學 第22券 第3號, 2010, 457면 이하 참조.

8) 김일환, 주민등록법상 지문정보의 목적외 이용에 대한 헌법적 고찰, 公法硏究 第41輯 第1號, 한국공법학회, 2012, 103면 이하 참조.

9) 김일환, 생체인식정보의 보호와 이용에 관한 법제정비방안에 관한 연구, 유럽헌법연구 제30호, 유럽헌법학회, 2019, 489면 이하 참조.

002 전국단위의 중앙화된 교육정보시스템의 헌법적 정당성

- 초 · 중등학교 졸업생의 개인정보 교육정보시스템(NEIS) 보유 사건 -

헌재 2005. 7. 21. 선고 2003헌마282, 425(병합) 결정

이인호(중앙대학교 법학전문대학원 교수)

I. 결정의 개요

1. 사안의 개요

가. 사실관계

청구인 갑은 서울특별시 교육청 산하 A고등학교를 졸업한 학생이다. 청구인 을과 병은 같은 교육청 산하 초등학교 1학년 재학생과 그 부(父)이고, 다른 청구인들(1,981명)은 20세 이상의 대한민국 국민이다.

청구인들은 교육인적자원부장관이 전국적으로 구축하여 운영하고 있는 교육정보시스템(NEIS : National Education Information System)에서 학생들의 학적, 학생생활, 성적, 건강 및 의료에 관한 정보, 부모의 성명, 주민등록번호, 직업, 최종학력, 가족상황에 관한 정보, 그리고 졸업생의 성명, 주민등록번호, 졸업학교명, 졸업연월일 등의 개인정보를 수집하여 이에 대한 정보파일을 보유하고 있는 행위가 청구인들의 행복추구권, 사생활의 비밀과 자유 등의 기본권을 침해하여 위헌이라고 주장하면서 교육인적자원부장관과 서울특별시 교육감을 상대로 2003. 4. 16. 및 2003. 6. 27. 각각 헌법소원(2003헌마282, 2003헌마425)을 청구하였다.

교육인적자원부장관은 2000. 9.부터 2002. 10.까지의 기간 동안 교육정보시스템(NEIS)이라는 컴퓨터 네트워크 시스템을 전국적으로 구축하였고 시범운영을 거쳐 2003학년도 1학기부터 개통하여 운영하였다. 이 시스템은 교육 부문의 전자정부 구현 추진사업으로서, 종전에 학생 및 교원 관련 정보에 대하여 각 학교별로 데이터베이스(database)를 구축 · 운영하여 오던 것에 대신하여 각 시 · 도교육청에 데이터베이스를 구축하고 전국의 1만 여 개 초 · 중등학교와 16개 시 · 도교육청 및 교육인적자원부를 인터넷망으로 연결하여 교무, 학사 뿐만 아니라 인사, 예산, 회계 등 교육 관련 전체업무를 상호 전자적으로 연계하여 업무를 처리하고자

한 종합교육정보시스템이다.

나. 소송경과

1) 사안의 성격과 기본쟁점

초등학교 재학생과 그 아버지, 그리고 고등학교 졸업생인 청구인들(2003헌마282)이 다투고자 했던 것은 초·중등학교 학생과 그 학부모의 민감할 수 있는 개인정보(학생의 학적, 학생생활, 성적, 건강 및 의료에 관한 정보, 부모의 성명, 주민등록번호, 직업, 최종학력, 가족상황에 관한 정보, 그리고 졸업생의 성명, 주민등록번호, 졸업학교명, 졸업연월일)를 종전처럼 학교별로 관리하지 않고, 전국의 1만 여 개 초·중등학교와 16개 시·도교육청 및 교육인적자원부를 인터넷망으로 연결하여 단일의 통합시스템(NEIS)으로 연계하여 보유·관리하는 행위의 헌법적 정당성을 물은 것으로 이해된다.[1)]

정부는 교육 부분의 전자정부 구현 추진사업으로 위 통합시스템을 구축·운영하고자 했고, 이 통합시스템을 통해 학생과 부모의 개인정보 외에도 교무, 학사, 인사, 예산, 회계 등 교육 관련 전체업무를 처리하고자 하였다. 교육행정의 효율성과 투명성을 높이고자 하는 행정목적을 가진 것이었다.

그러나 당시 추진과정에서 교원들의 반발도 만만치 않아, 교육인적자원부장관은 2003. 6. 1. 'NEIS 중 교무/학사 업무 등 3개 영역 시행지침'을 발표하여 '고2 이하에 대하여는 정보화위원회에서 최종방침을 정할 때까지 한시적으로 교무·학사, 입(진)학, 보건 3개 영역에 대하여 일선교사가 수기로 하되, 학교실정에 따라 불가피한 경우 S/A(Stand Alone; 자립형방식), C/S(클라이언트-서버 방식), NEIS 등 현실적으로 가능한 방법을 선택하여 사용'하도록 하였다. 즉, 3개 영역의 업무에 대해서는 기존의 방식으로 할지 교육정보시스템(NEIS)을 이용할

---

1) 청구인들(2003헌마282 사건)은 청구이유에서 교육정보시스템(NEIS)을 통한 통합관리가 기본권 침해임을 다음과 같이 주장하였다. 즉, 청구인들은 "시·도교육감은 시·도교육청에 설치된 교육정보시스템 서버(server)에 통합데이터베이스를 두고 청구인들의 개인정보를 통합하여 수집·관리하면서 웹사이트 또는 시도교육청을 방문한 본인 또는 제3자에게 학교생활기록부, 건강기록부, 교육비납입증명 등 학생들의 정보를 제공하는 등 학생들의 개인정보를 수집, 보유, 이용하고 있으며, 교육인적자원부장관은 이러한 각 시·도교육감의 행정전산망 운영을 총괄지휘하면서 데이터에의 접근권한을 가지고 개인정보를 전국적 단위에서 관리·운영하고 있다."고 적시하면서, 피청구인들(장관 및 교육감)의 이러한 보유·관리행위는 법률적 근거가 없으며, 고도의 사생활 정보인 개인의 건강기록·학생생활기록 등 필요 이상으로 광범위한 정보를 개별 학교가 아니라 전국 단위의 통합시스템으로 수집·보유하는 것은 오·남용 및 유출의 위험성이 큰 데 비해 업무의 효율성의 공익은 낮아 과잉금지의 원칙에 반하여 청구인들의 사생활의 비밀과 자유를 침해한다고 주장하였다. 판례집 17-2, 81, 85-86 참조.

지 학교장의 재량을 인정하였다. 20세 이상의 대한민국 국민인 다른 청구인들(2003헌마425)은 이 학교장의 재량을 인정한 위 시행지침 부분을 함께 다투었다.

아무튼 이 사건에서 청구인들은 당시 정부가 전자정부의 일환으로 추진했던 교육 부분 통합정보시스템(NEIS), 즉 전국의 1만 여 개 초·중등학교와 16개 시·도교육청 및 교육인적자원부를 인터넷망으로 연결하여 수백만 명 학생과 부모의 민감할 수 있는 개인정보들을 통합관리하는 것이 헌법적으로 정당한지를 물은 것이다. 교육행정의 효율성과 투명성 확보라는 정당한 공익에 비해 통합처리의 위험성이 더 크지 않느냐는 물음으로 이해된다.

그런데 헌법재판소는 아래에서 살피는 바와 같이 적법요건을 엄격히 적용하여 심판대상을 축소시킨 나머지 청구인 갑(서울특별시 교육청 산하 A고등학교를 졸업한 학생)의 청구만을 적법한 것으로 받아들였다. 그리하여 사건의 핵심쟁점을 약화시키는 결과를 빚은 것이 아닌가 생각된다.

2) 적법요건 판단을 통한 심판대상의 축소

헌법재판소는 청구인 을과 병(초등학교 1학년 재학생과 그 아버지) 및 다른 청구인들(20세 이상의 대한민국 국민 1,981명)의 청구는 각하하고, 청구인 갑(고등학교 졸업생)의 청구만을 적법한 것으로 받아들여 본안 판단을 하였다.

헌법재판소는, 청구인 을이 재학 중인 초등학교는 사정상 교육정보시스템(NEIS)을 시행하지 못하고 있어 을과 병에 관한 어떤 정보도 교육정보시스템에서 보유하고 있지 않다는 사실을 인정하면서 기본권침해의 자기관련성이 없다는 이유로 각하하였다.[2] 또한 헌법재판소는, 교무·학사, 입(진)학, 보건 3개 영역에서 교육정보시스템을 사용할 지 여부에 대해 학교장의 재량을 인정한 교육인적자원부장관의 시행지침은 그 자체만으로는 교육정보시스템 시행의 위험이 바로 발생하지 않고 해당 학교장의 선택에 따라 시스템을 시행하였을 때에 비로소 위험이 발생하게 되므로 기본권침해의 직접성을 인정할 수 없다고 판단하여 이 부분 청구를 각하하였다.[3]

결국, 헌법재판소는 청구인 갑(고등학교 졸업생)이 청구한 부분, 즉 교육정보시스템에서 청구인의 성명, 생년월일, 졸업일자 정보를 보유하고 이용하는 행위를 다투는 청구만 적법한 것으로 받아들였다.[4] 이로써 헌법재판소는 인터넷으로 연결된 전국 단위의 교육정보시스템

2) 판례집 17-2, 81, 88-89 참조.
3) 판례집 17-2, 81, 90 참조.
4) 적법요건 판단에서 문제된 쟁점은 공권력 행위가 존재하는지 여부와 보충성 요건을 충족하는지 여부였다.

(NEIS)을 통해 전국 초·중등학교의 수백만 학생과 부모의 민감할 수 있는 개인정보를 통합 관리하는 것의 헌법적 쟁점을 회피한 것으로 보인다. 단지 졸업생의 증명서 발급 등 민원 업무를 효율적으로 처리하기 위해 졸업생의 민감하지 않은 정보(성명, 생년월일, 졸업일자)를 보유하여 이용하는 것에 대해서만 헌법적 평가를 한 것이라고 하겠다.

2. 판결의 요지

헌법재판소는 7(합헌) : 1(위헌)의 의견으로 교육정보시스템에서 고등학교 졸업생인 청구인의 성명, 생년월일, 졸업일자 정보를 보유하는 행위가 법률유보원칙 및 비례성원칙에 위반되지 않아 합헌이라고 결정하였다. 그러나 1인의 위헌의견이 있다.

가. 교육인적자원부장관과 서울특별시 교육감이 고등학교 졸업생의 성명, 생년월일, 졸업일자 정보를 교육정보시스템(NEIS)에 보유하는 행위가 법률유보의 원칙에 위배되는지 여부(소극)

개인정보자기결정권을 제한함에 있어서는 개인정보의 수집·보관·이용 등의 주체, 목적, 대상 및 범위 등을 법률에 구체적으로 규정함으로써 그 법률적 근거를 보다 명확히 하는 것이 바람직하나, 개인정보의 종류와 성격, 정보처리의 방식과 내용 등에 따라 수권법률의 명확성 요구의 정도는 달라진다 할 것인바, 피청구인 서울특별시 교육감과 교육인적자원부장관이 졸업생 관련 제 증명의 발급이라는 소관 민원업무를 효율적으로 수행함에 필요하다고 보아 개인의 인격에 밀접히 연관된 민감한 정보라고 보기 어려운 졸업생의 성명, 생년월일 및 졸업일자만을 교육정보시스템(NEIS)에 보유하는 행위에 대하여는 그 보유정보의 성격과

(1) 우선, 헌법재판소는 피청구인들(장관과 교육감)이 청구인의 위 개인정보를 보유하고 있다는 점을 인정하였다. 피청구인들은 주장하기를, 장관이 교육정보시스템(NEIS) 서버를 관리하고(실제로는 한국교육학술정보원장이 수탁관리함) 있지만 여기에는 식별가능한 학생정보가 전혀 저장되어 있지 않고, 시·도교육감 또한 소관 시스템을 기술적으로 관리할 뿐이며, 학생정보 등은 전적으로 각급 학교의 교육공무원이 수집하여 시·도교육청에 설치된 서버에 인터넷을 통하여 직접 입력하여 보유하는 것이므로 피청구인들은 청구인의 개인정보를 보유하고 있지 않으며 따라서 '개인정보의 보유'라는 공권력 행사가 애초에 존재하지 않는다고 항변하였다. 그러나 헌법재판소는, 장관이 교육정보시스템의 설치·운영의 주체이고 최종적 권한부여자이며, 교육감은 교육정보시스템 지역센터의 장으로서 교육청에 설치된 시스템의 설치·운영의 주체이며 인터넷을 이용한 각 증명의 신청·발급의 담당자이기 때문에, 피청구인들은 청구인의 개인정보를 보유하고 있다고 판단하였다. (2) 다음으로, 헌법재판소는 보유 행위를 다투는 다른 권리구제절차(행정소송)가 존재하는지 여부가 불확실하다고 인정하면서 다른 권리구제절차 이행의 기대가능성이 없어 보충성 원칙에 대한 예외를 인정할 수 있다고 판단하였다.

양(量), 정보보유 목적의 비침해성 등을 종합할 때 수권법률의 명확성이 특별히 강하게 요구된다고는 할 수 없으며, 따라서 "공공기관은 소관업무를 수행하기 위하여 필요한 범위 안에서 개인정보화일을 보유할 수 있다."고 규정하고 있는 공공기관의 개인정보보호에 관한 법률 제5조와 같은 일반적 수권조항에 근거하여 피청구인들의 보유행위가 이루어졌다하더라도 법률유보원칙에 위배된다고 단정하기 어렵다.

나. 위 보유 행위가 그 정보주체의 개인정보자기결정권을 침해하는지 여부(소극)

개인정보의 종류 및 성격, 수집목적, 이용형태, 정보처리방식 등에 따라 개인정보자기결정권의 제한이 인격권 또는 사생활의 자유에 미치는 영향이나 침해의 정도는 달라지므로 개인정보자기결정권의 제한이 정당한지 여부를 판단함에 있어서는 위와 같은 요소들과 추구하는 공익의 중요성을 헤아려야 하는바, 피청구인들이 졸업증명서 발급업무에 관한 민원인의 편의 도모, 행정효율성의 제고를 위하여 개인의 존엄과 인격권에 심대한 영향을 미칠 수 있는 민감한 정보라고 보기 어려운 성명, 생년월일, 졸업일자 정보만을 NEIS에 보유하고 있는 것은 목적의 달성에 필요한 최소한의 정보만을 보유하는 것이라 할 수 있고, 공공기관의 개인정보보호에 관한 법률에 규정된 개인정보 보호를 위한 법규정들의 적용을 받을 뿐만 아니라 피청구인들이 보유목적을 벗어나 개인정보를 무단 사용하였다는 점을 인정할 만한 자료가 없는 한 NEIS라는 자동화된 전산시스템으로 그 정보를 보유하고 있다는 점만으로 피청구인들의 적법한 보유행위 자체의 정당성마저 부인하기는 어렵다.

II. 해설

1. 쟁점의 정리

이 사건에서의 쟁점은 크게 세 가지로 정리된다: (1) 특정 학교 졸업생의 개인정보를 전국 단위의 자동화된 전산시스템(교육정보시스템)으로 보유·관리하는 행위가 그 졸업생의 어떤 기본권을 제한하는 것인지 여부 (2) 위 보유·관리 행위를 허용하는 법률적 근거가 있는지 여부 (3) 위 보유·관리 행위가 목적에 비추어 과도한 수단인지 여부가 그것이다.

2. 관련 선례: 헌재 2005. 5. 26. 99헌마513등

헌법재판소는 두 달 전에 내린 '주민등록 지문정보DB 사건'(헌재 2005. 5. 26. 99헌마513등)

에서 처음으로 '개인정보자기결정권'이라는 새로운 기본권(정보인권)을 인정하였다: "개인정보자기결정권은 자신에 관한 정보가 언제 누구에게 어느 범위까지 알려지고 또 이용되도록 할 것인지를 그 정보주체가 스스로 결정할 수 있는 권리이다. 즉 정보주체가 개인정보의 공개와 이용에 관하여 스스로 결정할 권리를 말한다. 개인정보자기결정권의 보호대상이 되는 개인정보는 개인의 신체, 신념, 사회적 지위, 신분 등과 같이 개인의 인격주체성을 특징짓는 사항으로서 그 개인의 동일성을 식별할 수 있게 하는 일체의 정보라고 할 수 있고, 반드시 개인의 내밀한 영역이나 사사(私事)의 영역에 속하는 정보에 국한되지 않고 공적 생활에서 형성되었거나 이미 공개된 개인정보까지 포함한다."

3. 검토

가. 개인정보자기결정권의 보호영역은 어디까지이고 언제 제한이 있게 되는가?

헌법재판소는 두 달 전의 결정에서 인정했던 개인정보자기결정권의 보호영역에 관한 판시를 그대로 원용하면서 이를 다시 한번 확인하였다. 즉, 모든 국민은 자신에 관한 개인정보를 '공개하고 이용하는 것에 관한 자기결정의 자유'를 갖는다는 것이다. 그리고 이러한 자기결정의 대상이 되는 개인정보의 범위는 사생활비밀의 영역에 속하는 개인정보에 국한되지 않고 공적 생활에서 형성된 개인정보이거나 심지어 이미 공개된 개인정보도 포함된다고 판시하였다. 나아가 헌법재판소는 국가가 국민의 개인정보를 조사·수집·보관·처리·이용하는 행위는 모두 원칙적으로 개인정보자기결정권을 '제한'하는 것에 해당한다고 판시하였다. 이후 수십 건의 관련 결정에서 이 판시는 일관되게 반복해서 원용되고 있다.

헌법재판소는 무엇이 '개인정보'인지에 관한 판단기준으로 '개인의 인격주체성을 특징짓는 사항으로서 그 개인의 동일성을 식별할 수 있게 하는 일체의 정보'라고 설명하고 있다. 이 개인정보의 개념규정에는 두 가지 요소, 즉 '개인의 인격주체성을 특징짓는 사항'에 더하여 '개인의 동일성을 식별할 수 있게 하는 정보'를 모두 충족하는 것을 개인정보로 규정한 것처럼 보인다. 이렇게 보면, 이름, 주민등록번호, 얼굴사진 등의 개인식별정보만으로는 개인정보가 될 수 없고, 이들 식별정보 외에 그 개인의 인격주체성을 특징짓는 사항이 함께 포함되어 있어야 헌법상 보호의 대상이 되는 개인정보가 될 수 있다. 헌법재판소는 개인의 인격주체성을 특징짓는 사항이 무엇인지에 관해 "개인의 신체, 신념, 사회적 지위, 신분 등"을 예시로 들고 있다. 인격주체성을 특징짓는 사항에 관한 정보를 어떻게 이해할 것인지는 해석의 여지를 남기고 있지만, 적어도 이런 개인정보 개념은 현행 개인정보 보호법에서 규정

하는 개인정보의 개념보다는 좁은 것으로 이해된다.[5)]

헌법재판소는 졸업생의 '성명, 생년월일, 졸업일자'를 헌법상 보호의 대상이 되는 개인정보로 인정하였다. 성명과 생년월일의 식별정보를 가진 특정인이 어느 학교를 언제 졸업했는지에 관한 사항은 그 특정인의 인격주체성을 나타내는 사항으로 본 것이다. 그리고 이런 개인정보를 통합전산시스템에 보유하는 것은 그 자체로 청구인의 개인정보자기결정권을 제한하는 행위에 해당한다고 판단하였다. 청구인은 제한받는 기본권으로 헌법 제17조의 '사생활의 비밀과 자유'를 주장했지만, 헌법재판소는 '성명, 생년월일, 졸업일자'를 사생활비밀로 보지 않았다. 그리하여 사생활비밀보호권의 침해 문제가 아니라 개인정보자기결정권(=개인정보 보호권)의 침해 문제로 보았다.

나. 교육정보시스템에 졸업생의 개인정보를 보유 · 관리하는 법률적 근거가 명확하게 존재하는가?

기본권으로서의 개인정보자기결정권 '제한'을 인정한 이상, 헌법재판소는 그러한 제한(교육정보시스템에의 보유 행위)이 법률에 근거가 있는지를 판단해야 한다(법률유보원칙). 이 판단과 관련해서, 헌법재판소는 보유하는 정보가 '정보주체의 인격에 밀접히 연관된 민감한 정보'일수록 법률적 근거가 더 명확해야 한다는 판단기준을 제시하였다.

헌법재판소(7인 합헌의견)는 '성명, 생년월일'은 최소한의 개인식별정보이고, '졸업일자'는 민감한 정보로 보기 어렵다고 평가하였다. 그리고 졸업증명서의 발급은 민원업무로 공공기관의 보편적인 기본업무여서 기본권침해성이 없다('정보보유 목적의 비침해성')고 판단하였다. 따라서 법률적 근거의 명확성이 강하게 요구되지 않는다고 평가하면서, 당시 존재하던 공공기관 개인정보 보호법 제5조가 "공공기관은 소관업무를 수행하기 위하여 필요한 범위 안에서 개인정보화일을 보유할 수 있다."고 규정하고 있으므로, 이런 일반적 수권조항이 법률적 근거가 될 수 있다고 하면서, 결국 법률유보의 원칙 위반이 아니라고 결론지었다.

그러나 1인의 위헌의견(권 성 재판관)은 성명, 생년월일, 졸업일자는 한국과 같이 학력이 중시되는 사회에서 그 '정보주체의 인격상(人格像) 추출에 대단히 중요한 역할'을 하는 정보로서 그 보호필요성을 낮게 평가해서는 안 된다고 주장하면서, 특히 고도의 집중화된 전자적

5) 현행 개인정보 보호법 제2조 제1호에 의하면, '개인정보'란 '살아 있는 개인에 관한 정보로서 성명, 주민등록번호 및 영상 등을 통하여 개인을 알아볼 수 있는 정보'이다. 즉, 개인식별정보만으로도 개인정보에 해당한다. 심지어 개인정보 보호법은 '해당 정보만으로는 특정 개인을 알아볼 수 없더라도 다른 정보와 쉽게 결합하여 알아볼 수 있는 정보' 및 '가명정보'까지 개인정보로 규정하고 있다.

정보처리시스템은 정보처리 방식 면에서 개인정보자기결정권에 대한 제약의 정도가 크다는 점에 비추어, 위 공공기관 개인정보 보호법 제5조가 법률적 근거가 될 수 없다고 평가하였다.

다. 교육정보시스템에 졸업생의 개인정보를 보유 · 관리하는 것은 과도한 수단인가?

헌법재판소는 교육정보시스템에 졸업생의 개인정보를 보유·관리하는 것은 보유목적의 달성에 적합하고 필요한 것이라고 판단하였다. 이른바 비례성원칙을 위반하지 않았다는 것이다. 여기서 헌법재판소는 통상적인 과잉금지원칙, 즉 목적과 수단의 비례관계를 판단하는 방식과 약간 다른 접근방법을 보였다. 즉, 목적의 정당성, 수단의 적합성, 침해의 최소성, 법익의 균형성이라는 4단계 심사방식을 취하지 않았다. 이러한 심사방식을 나타내는 위헌심사의 기준도 '과잉금지의 원칙'이라고 표현하지 않고, '비례성원칙'이라고 표현하였다.

헌법재판소는 이 비례성원칙 위반을 판단하는 심사방식을 설명하기를, "개인정보의 종류 및 성격, 수집목적, 이용형태, 정보처리방식 등에 따라 개인정보자기결정권의 제한이 인격권 또는 사생활의 자유에 미치는 영향이나 침해의 정도는 달라진다. 그러므로 개인정보자기결정권의 제한이 정당한지 여부를 판단함에 있어서는 위와 같은 요소들과 추구하는 공익의 중요성을 헤아려야 한다."고 판시하였다. 이는 한 마디로 '개인정보 처리의 위험성' v. '처리목적(공익)의 중요성'을 비교형량하여 위헌 여부를 평가해야 한다는 것으로 이해된다.

이에 따라 헌법재판소(7인의 합헌의견)는 이 사건의 처리정보인 '성명, 생년월일, 졸업일자'는 민감한 정보가 아니고, 교육정보시스템을 통하여 졸업증명서를 발급하는 것은 국민편익의 증진 및 행정의 효율성과 투명성을 높이고자 하는 것이라고 판단하면서, 위 보유하는 개인정보는 위 목적 달성에 필요한 최소한의 정보라고 평가하였다. 또한 다수의견은 자동화된 전산시스템으로 정보를 보유·관리하는 정보처리의 방식은 정보에의 무단 접근, 정보결합, 정보전달, 정보공유 등 오·남용의 위험성이 크다는 점을 인정하면서도, 당시의 근거법률인 공공기관 개인정보 보호법에서 이런 위험을 최소화할 수 있는 여러 안전장치에 관한 규정들이 있고, 또 실제로 시스템 운영과정에서 오·남용이 일어났다는 사실을 인정할 만한 자료가 없다는 점을 들어, "보유행위 자체의 정당성을 부인하기 어렵다"고 결론지었다.

그러나 1인의 위헌의견은 졸업증명서 발급이라는 업무는 해당 학교별로 처리함으로써 충분한 것이고, 전국 단위의 자동화된 전산시스템에 정보를 집적하여 관리할 필요성이 무엇인지, 추구하는 공익이 과연 존재하는지에 대해 의문을 제기하였다. 또한 다수의견이 들고 있는 법률상의 안전장치에 관한 규정들은 미흡한 점이 적지 않다고 평가하면서, '법령상·기술상의 제도나 체계를 완비한 다음에 이런 시스템을 도입하는 것이 일의 순서일 것이다'라고

지적하였다. 결국, 개인정보 보호체계가 법적으로 완비되지 않은 상태에서의 교육정보시스템 도입은 청구인의 개인정보자기결정권을 침해하는 것이라고 하였다.

III. 결정의 의의

헌법재판소는 2005년의 선구적인 결정(헌재 2005. 5. 26. 99헌마513등)에서 한국 헌법상 명문의 규정이 없음에도 헌법 제10조(행복추구권)와 제17조(사생활의 비밀과 자유)의 기본권보장의 헌법정신에 비추어 '개인정보자기결정권'이라는 새로운 기본권을 도출해 내었다. 평석대상결정은 그 두 달 후에 위 선례를 다시 확인한 결정으로서 의미를 갖는다. 두 결정 모두 국가가 중앙화된 자동전산시스템을 통해 많은 국민의 개인정보를 수집 · 보유 · 관리 · 이용 등 처리하는 행위에 대해 그 헌법적 정당성을 평가한 최초의 사건들이다. 두 결정에서 헌법재판소(다수의견)는 법률적 근거의 명확성(법률유보의 원칙)과 정보처리의 비례성(과잉금지의 원칙)을 엄격하게 분석 · 평가하지는 않았다. 이는 중앙화된 자동정보처리시스템이 정보주체인 개인에게 미치는 위험성을 다소 낮게 평가한 반면 그 효율성과 투명성 제고라는 공익적 가치를 높게 판단한 결과로 보인다. 그러나 국가기관이 전 국민의 민감한 개인정보를 중앙화된 자동처리시스템에 집적하여 처리하는 행위가 갖는 위험성을 결코 낮게 평가할 수는 없다고 생각된다.

003

공개된 개인정보의 적법 처리에 관한 소고(小考)

- 로마켓 변호사 정보 서비스 제공사건에 관하여 -

대법원 2011. 9. 2. 선고 2008다42430 전원합의체 판결

김진환(법률사무소 웨일앤썬 변호사)

I. 판결의 개요

1. 사안의 개요

가. 사실관계

원고들은 변호사법 소정의 자격을 갖춘 변호사들이고, 피고는 인터넷 포털사이트 운영업을 목적으로 하는 회사로서 ① 여러 경로를 통하여 공개되어 있는 국내 법조인들의 이름, 성별, 출생지, 학력, 사법연수원 기수, 판·검사로서의 근무경력, 이메일 주소, 사무실 주소 및 전화번호, 소속 법무법인 명칭 등의 개인신상정보를 수집하는 한편, ② 대법원 홈페이지의 '나의 사건 검색' 서비스에 기계적으로 접속하여 대량으로 1993년부터 2005년까지 사이에 국내 변호사들이 수행한 소송사건들에 대한 사건번호, 사건명, 소송대리인, 총수행 사건 수 등의 수임내역정보를 수집한 후, 이를 이용하여 여러 가지 검색 결과를 피고가 운영하는 홈페이지를 통하여 제공하고 있었다.

피고의 주요 서비스로는, 개인신상정보를 활용한 ㉠ 이름, 성별, 출생지, 학력 등 신상정보 제공 서비스와 ㉡ 인맥 지수 서비스가 있고, 수임내역정보를 활용한 ㉢ 승소율 서비스와 ㉣ 전문성 지수 서비스가 있었다.

원고들은 피고에 대해 자기정보통제권과 인격권의 침해를 이유로 위 각 서비스의 제공금지와 원고당 금 1,000,000원의 정신적 손해에 대한 배상을 청구하였다.

나. 소송경과

1) 제1심 판결(서울중앙지방법원 2007. 7. 6. 선고 2006가합22423 판결)

제1심 판결은 ㉠ 신상정보 제공 서비스에 관하여는 변호사라는 직업의 성격상 공익적·

공공적 성격과 용역을 선택함에 있어 필요한 지식 및 정보를 제공받을 소비자의 기본적 권리의 대상이기도 한 특성 및 같은 수준의 정보가 이미 언론사 홈페이지나 변호사협회 등을 통해 공개되어 점 등에 비추어 알 권리의 대상이 되는 정보로서 원고들의 동의 없이 일반인에게 제공될 수 있고, ㉡ 인맥 지수 서비스 역시 위와 같이 수집한 개인신상정보를 피고 나름대로의 기준에 의한 평가를 통해 외부에 표현한 것에 불과하여 그 평가 기준이 심하게 왜곡되어 변호사인 원고들의 인격이나 명예를 훼손하거나 변호사 수임시장의 공정한 질서를 훼손하는 정도에 이른 것은 아니므로 알 권리와 피고의 표현의 자유의 영역에 속하여 원고들의 자기정보통제권이 침해되었다고 보기 어려우나, ㉢ 수임내역정보를 기반으로 한 승소율 서비스에 관하여는 이러한 정보가 개인정보에 해당함을 전제로 변호사가 의뢰인으로부터 사건을 의뢰받아 수행한 구체적인 사건 내역은 변호사와 소송의뢰인 사이의 개인적·사적 영역에 속하는 문제이므로 이에 관한 정보가 당연히 공공성·공익성을 지닌다고 보기 어려워 허용될 수 없고, ㉣ 전문성 지수 서비스 역시 그 기초가 되는 수임내역정보가 매우 제한적인 정보에 불과하여 이를 토대로 전문성 지수를 산정할 경우 결과가 왜곡될 수밖에 없는 한계가 있으므로 원고들의 자기정보통제권을 침해하는 것으로 판단하였다.[1]

다만, 제1심 판결은 원고들에게 구체적인 정신적 손해가 발생하였음을 인정할 증거가 없다고 보아 원고들의 위자료 청구는 인정하지 않았다.

2) 항소심 판결(서울고등법원 2008. 4. 16. 선고 2007나74937 판결)

항소심 판결의 취지는 제1심 판결의 취지와 동일하다.

3) 대법원 판결(대법원 2011. 9. 2. 선고 2008다42430 전원합의체 판결)

대법원 판결(이하 "검토 대상 판결")은 개인신상정보를 활용하여 제공되는 인맥 지수 서비스에 관하여는 피고의 인맥 지수 서비스 제공행위가 변호사들의 개인정보에 관한 인격권을 침해하는 위법한 것이라고 판단하는 한편, 수임내역정보를 기초로 제공되는 승소율 서비스와 전문성 지수 서비스 제공행위는 그에 의하여 얻을 수 있는 법적 이익이 정보주체의 인격적 법익에 비하여 우월한 것으로 보여 원고들의 개인정보에 관한 인격권을 침해하는 위법한

---

1) 제1심 판결은 물론 항소심 판결 역시 피고가 대법원 홈페이지의 사건 검색 데이터베이스에 접속하여 반복적·체계적으로 수천만 건에 이르는 소송정보를 수집한 후 이를 바탕으로 자신의 데이터베이스를 구축한 행위는 저작권법상 허용되지 않는다고 보았다. 다만, 대법원은 이에 대해 명시적인 판단을 하지 않았는데, 이 부분 역시 법률적으로 검토할 만한 주요 쟁점에 해당하기는 하나, 개인정보에 관한 본 판례 검토의 취지에 비추어 자세한 논의는 생략하기로 한다.

행위로 평가할 수 없다고 보아 적법한 것으로 평가하였다(결국, 원고들이 항소하지 않아 확정된 위 ㉠ 서비스 부분을 제외하고, 대법원은 제1심 판결 및 항소심 판결과 정반대 결론을 내렸다).

2. 판결의 요지

가. 공개된 개인정보를 정보주체의 동의 없이 처리할 수 있는 기준

정보주체의 동의 없이 개인정보를 공개함으로써 침해되는 인격적 법익과 정보주체의 동의 없이 자유롭게 개인정보를 공개하는 표현행위로서 보호받을 수 있는 법적 이익이 하나의 법률관계를 둘러싸고 충돌하는 경우에는, 개인이 공적인 존재인지 여부, 개인정보의 공공성 및 공익성, 개인정보 수집의 목적·절차·이용형태의 상당성, 개인정보 이용의 필요성, 개인정보 이용으로 인해 침해되는 이익의 성질 및 내용 등 여러 사정을 종합적으로 고려하여, 개인정보에 관한 인격권 보호에 의하여 얻을 수 있는 이익(비공개 이익)과 표현행위에 의하여 얻을 수 있는 이익(공개 이익)을 구체적으로 비교 형량하여, 어느 쪽 이익이 더욱 우월한 것으로 평가할 수 있는지에 따라 그 행위의 최종적인 위법성 여부를 판단하여야 한다.

나. 개인신상정보를 활용한 서비스의 적법성 여부(인맥 지수 서비스)

[다수의견] 변호사 정보 제공 웹사이트 운영자가 변호사들의 개인신상정보를 기반으로 변호사들의 인맥 지수를 산출하여 공개하는 서비스를 제공한 사안에서, 인맥 지수의 사적·인격적 성격, 산출과정에서 왜곡 가능성, 인맥 지수 이용으로 인한 변호사들의 이익 침해와 공적 폐해의 우려, 그에 반하여 이용으로 달성될 공적인 가치의 보호 필요성 정도 등을 종합적으로 고려하면, 운영자가 변호사들의 개인신상정보를 기반으로 한 인맥 지수를 공개하는 표현행위에 의하여 얻을 수 있는 법적 이익이 이를 공개하지 않음으로써 보호받을 수 있는 변호사들의 인격적 법익에 비하여 우월하다고 볼 수 없어, 결국 운영자의 인맥 지수 서비스 제공행위는 변호사들의 개인정보에 관한 인격권을 침해하는 위법한 것이다.

[반대의견] 인맥 지수 산출에 사용된 변호사들의 개인신상정보의 성격, 인맥 지수 산출방법의 합리성 정도, 인맥 지수 이용의 필요성과 그 이용으로 달성될 공적인 가치의 보호 필요성 정도, 이용으로 인한 변호사들의 이익 침해와 공적 폐해의 우려 정도 등을 종합적으로 고려하면, 변호사들의 개인신상정보를 기반으로 한 인맥 지수 서비스 제공이 변호사들의 개인정보에 관한 인격적 이익을 침해하는 위법한 행위라고 평가하기는 어렵다.

다. 수임내역정보를 활용한 서비스의 적법성 여부(승소율 서비스 및 전문성 지수 서비스)

변호사 정보 제공 웹사이트 운영자가 대법원 홈페이지에서 제공하는 '나의 사건검색' 서비스를 통해 수집한 사건정보를 이용하여 변호사들의 승소율이나 전문성 지수 등을 제공하는 서비스를 한 사안에서, 공적 존재인 변호사들의 지위, 사건정보의 공공성 및 공익성, 사건정보를 이용한 승소율이나 전문성 지수 등 산출 방법의 합리성 정도, 승소율이나 전문성 지수 등의 이용 필요성, 이용으로 인하여 변호사들 이익이 침해될 우려의 정도 등을 종합적으로 고려하면, 웹사이트 운영자가 사건정보를 이용하여 승소율이나 전문성 지수 등을 제공하는 서비스를 하는 행위는 그에 의하여 얻을 수 있는 법적 이익이 이를 공개하지 않음으로써 얻을 수 있는 정보주체의 인격적 법익에 비하여 우월한 것으로 보여 변호사들의 개인정보에 관한 인격권을 침해하는 위법한 행위로 평가할 수 없다.

II. 해설

1. 쟁점의 정리

검토 대상 판결은 개인정보 보호법이 제정되어 시행되기 전에 발생한 사실관계에 대하여 개인정보 보호법이 효력을 갖기 전에 선고된 것이다. 검토 대상 판결은 개인정보에 관한 인격권 보호에 의하여 얻을 수 있는 이익(비공개 이익)과 표현행위에 의하여 얻을 수 있는 이익(공개 이익)을 구체적으로 비교 형량하는 접근방식을 채택하고 있는데, 이러한 접근방법은 개인정보 보호법이 제정되기 전에는 지지될 여지가 있겠으나, 성문법규인 개인정보 보호법이 효력을 가진 이후에는 개인정보 보호법에 관한 해석을 우선적으로 고려하여야 할 것이다.

검토 대상 판결의 의의 등에 대하여는 이미 여러 검토가 행하여졌으므로,[2] 이번 검토에서는 만일 동일한 사안이 개인정보 보호법 시행 이후에 발생한 경우에는 어떻게 해석될 것인지, 또한 그러한 맥락에서 검토 대상 판결의 결론은 여전히 유효할 것인지 등에 대해 간략히 살펴보고자 한다.

---

2) 이인호, "변호사의 직업적 개인정보에 대한 이용과 보호의 법리: 로마켓 변호사평가정보 사건(대법원 2011. 9. 2. 선고 2008다42430 판결)에 대한 평석을 겸하여", 언론과 법 제11권 제2호(한국언론법학회, 2012); 권태상, "개인정보에 관한 인격권과 표현의 자유 - 대법원 2011. 9. 2. 선고 2008다42430 판결", 법학논집 제18권 제1호(이화여자대학교 법학연구소, 2013); 김재형, "변호사 정보제공에 의한 인격권 침해", 민법판례분석(박영사, 2015); 최경진, "인맥 지수 및 승소율 등의 변호사 정보 제공과 인격권 침해의 판단기준", 정보법 판례백선(II)(한국정보법학회, 2016) 등.

2. 관련 판결

검토 대상 판결과 유사한 쟁점을 다룬 판례로는 로앤비 판결로 알려진 대법원 2016. 8. 17. 선고 2014다235080 판결(이하 "관련 판결")을 들 수 있다. 관련 판결은 "개인정보에 관한 인격권 보호에 의하여 얻을 수 있는 이익과 정보처리 행위로 얻을 수 있는 이익 … (중략) …을 구체적으로 비교 형량하여"야 한다고 하면서 "정보주체가 직접 또는 제3자를 통하여 이미 공개한 개인정보는 공개 당시 정보주체가 자신의 개인정보에 대한 수집이나 제3자 제공 등의 처리에 대하여 일정한 범위 내에서 동의를 하였"으므로, "이미 공개된 개인정보를 정보주체의 동의가 있었다고 객관적으로 인정되는 범위 내에서 수집·이용·제공 등 처리를 할 때는 정보주체의 별도의 동의는 불필요하다고 보아야 하고, 별도의 동의를 받지 아니하였다고 하여 개인정보 보호법 제15조나 제17조를 위반한 것으로 볼 수 없"으며, 나아가 "정보주체의 동의가 있었다고 인정되는 범위 내인지는 공개된 개인정보의 성격, 공개의 형태와 대상 범위, 그로부터 추단되는 정보주체의 공개 의도 내지 목적뿐만 아니라, 정보처리자의 정보제공 등 처리의 형태와 정보제공으로 공개의 대상 범위가 원래의 것과 달라졌는지, 정보제공이 정보주체의 원래의 공개 목적과 상당한 관련성이 있는지 등을 검토하여 객관적으로 판단하여야 한다"고 판시하였다.

3. 검토

우선, 개인정보 보호법이 시행된 이후에도 검토 대상 판결과 같이 본 사안에 대해 비교 형량 이론을 바로 적용하는 것을 고려해볼 수 있겠다. 그러나, 이러한 입장은 아무런 법적 근거가 없는 것으로 보인다. 왜냐하면 엄연히 개인정보 보호법은 제15조에 개인정보의 수집을 위한 요건과 제17, 18조에 개인정보 제3자 제공에 관한 요건을 명시적으로 규정해놓고 있기 때문에 이러한 법적 요건에 관한 규정을 근거도 없이 도외시할 수는 없기 때문이다.[3)]비교 형량 이론은 기본권인 개인정보자기결정권과 표현의 자유 등이 충돌하는 상황에서 적법성을 판단하는 최후적 수단이라는 점에서 성문법규가 존재하지 않거나 실질적인 형평이나 정의를 구현할 필요가 있을 때 보충적으로 활용될 수 있을 뿐이다.

따라서 검토 대상 판결에서 논의된 사실관계 하에서 개인정보를 제공(공개를 포함)하는 것

3) 이러한 이치를 명시적으로 언급한 것은 아니나, 공개된 개인정보의 처리에 관한 적법성을 검토함에 있어 개인정보 보호법 시행 전후로 구분하여 시행 전에는 비교 형량 이론을, 시행 후에는 동의 제도를 기반으로 한 법 규정들을 검토한 견해로는 권영준, "공개된 개인정보의 영리적 이용의 위법성", 민법판례연구 I (박영사, 2019), 314면 참조.

이 적법한지 판단하기 위해서는 개인정보의 제공에 관한 개인정보 보호법 제17조 제1항에 해당하는지 여부를 살펴보아야 할 것이다.[4] 위 제17조 제1항에 의하면 첫째, 정보주체의 동의를 받아 개인정보를 타에 제공하거나(제1호), 둘째, 특정 조항에 따라[5] 개인정보를 수집한 목적 범위에서 개인정보를 제공하는 것이 가능하다(제2호). 그런데, 본 사안에 대해 위 제2호가 적용되지 않으리라는 것은 법문상 명백하고 달리 이견이 없을 것 같다. 그렇다면, 본 사안의 경우에 개인정보를 수집하여 적법하게 제공(공개)하기 위해서는 정보주체들의 동의를 받는 방법 이외에는 법률상 다른 방법이 존재하지 않는다고 생각된다.[6]

따라서 본 사안에 있어서 공개된 개인정보의 수집과 제공을 적법한 것으로 판단하기 위해서는 개인정보 보호법상 정보주체들로부터 개인정보의 수집 및 제공에 관해 동의를 받는 방법만이 유일한 것으로 보이며, 본 사안의 경우 변호사들인 정보주체들로부터 애초 동의를 받지 않은 것이 분명한 이상, 피고의 서비스를 적법한 것으로 인정하기 위해서는 앞서 본 관련 판결의 입장과 같이 공개된 개인정보의 경우에는 일정한 범위에서 정보주체의 묵시적 동의가 있었거나 동의가 추단된다는 입장을 견지할 수밖에 없을 것이다.

그러나, 위와 같은 해석론이 결과론적인 입장에서는 부득이한 면이 있다고 하더라도, ① 개인정보 보호법이 개인정보를 처리하기 위하여는 동의 등 일정한 요건들을 반드시 충족하도록 엄격히 규정하고 있는 점(제15, 17, 18조 등), ② 특히, 동의를 받는 경우에는 일정한 사항들에 대해 명시적으로 고지하고(제15조 제2항, 제17조 제2항, 제18조 제3항) 동의 시 각각의 동의 사항을 구분하여야 할 뿐 아니라, 반드시 일정한 형식이나 방식에 따라서 명시적으로 동의하도록

4) 참고로, 본 사안의 경우에는 정보주체인 변호사들의 개인신상정보나 수임내역정보와 같은 개인정보를 수집한 이후에 이를 분석·가공하는 등 하여 이용자들에게 제공(공개)하는 것이 사업자인 피고가 위 개인정보를 애초 수집할 당시부터의 목적이라고 보는 것이 합리적이기 때문에, 최초 수집 목적과 그 이후 제공의 목적이 상이한 개인정보의 목적 외 제공에 관한 개인정보 보호법 제18조는 고려될 여지는 없는 듯하다.

5) 개인정보 보호법 제15조 제1항 제2, 3, 5호 및 제39조의3 제2항 제2, 3호를 가리키는데, 구체적으로는 법률에 특별한 규정이 있거나 법령상 의무를 준수하기 위하여 불가피한 경우, 공공기관이 법령 등에서 정하는 소관 업무의 수행을 위하여 불가피한 경우, 정보주체 또는 그 법정대리인이 의사표시를 할 수 없는 상태에 있거나 주소불명 등으로 사전 동의를 받을 수 없는 경우로서 명백히 정보주체 또는 제3자의 급박한 생명, 신체, 재산의 이익을 위하여 필요하다고 인정되는 경우 및 정보통신서비스의 제공에 따른 요금정산을 위하여 필요한 경우를 말한다.

6) 물론, 명시적인 법 규정이 없는 경우에도 사회상규에 반하지 않는 행위나 정당행위의 요건 등을 갖추게 되면 개인정보의 처리가 가능하다고 해석할 여지가 있으나, 이를 위하여는 긴급성, 동기나 목적의 정당성, 행위의 수단이나 방법의 상당성, 보호법익과 침해법익과의 법익균형성, 그 행위 외에 다른 수단이나 방법이 없다는 보충성의 요건들을 충족하여야 하는데(대법원 1986. 10. 28. 선고 86도1764 판결; 대법원 2005. 2. 25. 선고 2004도8530 판결 등 참조), 본 사안의 경우에는 적어도 긴급성, 보충성을 충족한다고 보기 어려울 것으로 생각된다.

정하고 있는 점(제22조, 시행령 제17조 등 참조), ③ 묵시적 동의나 동의의 추정 혹은 간주를 비교적 손쉽게 인정한다면 자칫 정보주체의 보호를 위하여 제도적으로 명시적 동의를 도입하고 개인정보 처리의 요건들을 엄격히 제한하고 있는 개인정보 보호법의 입법 취지에 반할 여지가 상당하다는 점 등에 비추어 보면, 공개된 개인정보의 경우에 일정 범위에서 늘 정보주체의 동의가 있는 것으로 보는 입장이 과연 적절한 지에 대해서는 의문의 여지가 있다.

물론, 이러한 해석은 지나치게 경직되어 있는 우리나라 개인정보 보호법에 숨 쉴 공간을 마련하는 시도로 선해할 수도 있겠지만,[7] 존재론적으로 있지도 않은 동의[8]를 인정하거나 추론하는 것은 관련 법문에 따를 때에는 합리적 결론 도출이 불가능하고 그러한 결과가 사회적·규범적으로 용인할 수 없을 정도에 이르러야 비로소 고려할 수 있는 것이 아닐까 한다. 특히 검토 대상 판결이 다루고 있는 본 사안에 있어서는 제1, 2심과 대법원의 판단이 정반대로 나왔고, 대법원 내에서도 반대의견이 적지 않은 사정 등을 고려하면 개인정보 보호법의 명시적 동의 원칙에 충실히 따른 엄격한 결론이 사회적·규범적으로 용인할 수 없을 정도인지도 의문이라고 하겠다.

III. 판결의 의의

실상, 검토 대상 판결이나 관련 판결과 같이 공개된 개인정보의 처리에 관하여 비교 형량 이론이나 다소 변칙적으로 묵시적 동의를 인정하는 해석에 기대게 된 것은 우리나라 개인정보 보호법의 비정상적이고도 불합리한 규정 때문이다. 주지하는 바와 같이 개인정보 보호법은 개인정보의 수집·이용 그리고 제공을 구분하는 입장을 취하고 있고 개인정보의 수집·이

7) 권영준, “프라이버시 보호의 정당성, 범위, 방법”, 민사판례연구 40(민사판례연구회, 2018), 968, 967면은 이와 같이 선해하면서도 굳이 묵시적 동의 개념을 동원하지 않고 개인정보 보호법 제20조 제1항의 해석을 통해 같은 결론에 이르는 해석론을 시도하고 있다. 묵시적 동의 개념을 바로 동원하지 않으려는 입장은 매우 합리적이나, 공개된 개인정보의 수집이나 제3자 제공의 적법 근거로서 위 제20조 제1항을 원용하는 것은 해당 조항의 도입 취지 등에 비추어 적절하다고 생각되지는 않는다. 왜냐하면 이러한 해석은 정보주체로부터 직접 수집하지 않는 개인정보의 처리에 있어서는 개인정보 보호법이 취하고 있는 일체의 적법 요건들을 우회할 수 있는 부당한 결론에 이를 수 있기 때문인데, 위 제20조 제1항은 개인정보 처리의 적법성과는 무관하게 정보주체에 대한 통지 의무만을 정한 규정으로 이해함이 상당하다.

8) 본 사안만 하더라도 과연 자신의 개인정보를 공개하는 변호사들이 그들의 개인정보가 인맥 지수나 승소율 그리고 전문성 지수의 분석 및 산정에 이용될 것이라는 사정에 대해 조금이라도 인지하였거나 인지할 수 있었다고 평가할 수 있을까? 인지하거나 인지할 여지가 거의 없는 이상 정보주체인 변호사들의 동의를 의제하거나 묵시적으로 동의하였다고 해석하는 것은 지나친 것은 아닌지 숙고할 필요가 있다.

용(제15조) 그리고 제공(제17, 18조)을 위한 각각 별도의 요건들을 규정하고 있는데, 특히 제공에 대해서는 그 요건을 보다 현저히 제한하고 있다.

그 대표적인 예가 개인정보의 수집·이용에 대해서는 제15조 제1항 제6호에서 "개인정보처리자의 정당한 이익을 달성하기 위하여 필요한 경우로서 명백하게 정보주체의 권리보다 우선하는 경우(이 경우 개인정보처리자의 정당한 이익과 상당한 관련이 있고 합리적인 범위를 초과하지 아니하는 경우에 한한다)"라는 적법 요건을 규정하면서도, 개인정보의 제공에 있어서는 제17, 18조 공히 위 요건을 제외하고 있다는 것이다.

그러나 위 제15조 제1항 제6호에서 정한 '정당한 이익이 있고 정보주체의 권리보다 우선하는 경우'라는 적법 요건은, 애초 Directive 95/46/EC에서부터 EU의 일반정보보호법(GDPR) 제6조 제1항 (f)에 이르기까지 개인정보의 처리(processing, 수집·이용 및 제공을 포괄한다)를 위한 적법 요건으로서 인정되어 온 것을 개인정보 보호법이 계수한 것인데, 유독 수집·이용에 한하여 절반만 인정하는 기형적인 모습을 띠고 있다. 이 때문에 공개된 개인정보에 대하여 위 제15조 제1항 제6호에 따라 정당하게 수집·이용할 수 있다고 하더라도 이를 애초의 목적대로 제3자에게 제공할 수는 없다는 기이한 결론에 이르게 된다. 이러한 모순점을 없애기 위해서는 개인정보 보호법 제17, 18조에 위 제15조 제1항 제6호와 같은 요건을 추가하는 개정이 절실하다 하겠다.[9)10)]

이와 같은 개정을 통해 검토 대상 판결이 원래 추구하였던, 개인정보에 관한 인격권 보호에 의하여 얻을 수 있는 이익(비공개 이익)과 표현행위에 의하여 얻을 수 있는 이익(공개 이익)을 구체적으로 비교 형량할 수 있는 명시적인 법적 근거가 마련될 것이라고 생각된다.[11)]

---

9) 좀 더 구체적으로는 '처리'와 구별되게 '이용·수집'과 '제공'을 나누어 규율할 필요가 없으므로, 개인정보 보호법 제15, 17, 18조를 통합하여 개인정보의 처리를 위한 적법 요건에 관한 규정을 마련하는 것이 가장 합리적이라고 본다.

10) 나아가, 위 제15조 제1항 제6호에서 개인정보처리자의 정당한 이익을 달성하기 위하여 필요한 경우로서 명백하게 정보주체의 권리보다 우선하도록 한 내용 중 "명백하게" 부분을 삭제함이 상당하다. 비교 형량을 다루는 조문에서 "명백하게"를 요구하는 것은 실질적인 규범적 기준을 제시하지도 못하면서 주관적이고도 자의적인 판단만을 부추길 뿐이다.

11) 최근인 2021. 9. 28.자로 정부에 의하여 제안된 개인정보 보호법 일부 개정 법률안에 따르면, 개인정보 보호법 제17조의 제1항 제2호를 "제15조 제1항 제2호, 제3호 및 제5호부터 제7호까지의 규정에 따라 개인정보를 수집한 목적 범위 내에서 개인정보를 제공하는 경우"로 개정하는 것으로 되어 있다. 이러한 개정안에 의하면 '정당한 이익이 있고 정보주체의 권리보다 우선하는 경우'라는 제15조 제1항 제6호가 제3자 제공을 위한 요건으로서 새로이 추가되어 이에 따라 제3자 제공이 가능하도록 되었다. 본 사안과 관련한 결론에 있어서는 동일하나, 개정안 역시 종전과 같이 '처리'의 적법 요건이 아니라 '수집·이용'과 '제공'에 대한 별개의 요건으로 나뉘어져 있으며 제18조에서 정한 목적외 이용 및 제공에 대해서는 여전히 위 적법 요건이 적용되지 않는다는 점에서 불충분하다고 생각된다.

004 개인정보자기결정권의 보호대상이 되는 개인정보의 범위

대법원 2014. 7. 24. 선고 2012다49933 판결

강신욱(법무법인(유한) 세종 파트너 변호사)

I. 판결의 개요

1. 사안의 개요

가. 사실관계

국회의원 A(피고 1)는 국정감사 자료를 수집하는 과정에서 취득한 초·중등학교 교원의 노동조합 가입 현황을 자신의 인터넷 홈페이지를 통하여 공개하였으며, 공개된 해당 자료에는 교원(교원단체 및 교원노조 미가입자는 작성 제외)의 기관(학교)명, 교사명, 담당교과, 교원단체 및 노동조합 가입 현황 등의 내용이 담긴 '각급학교 교원의 교원단체 및 교원노조 가입현황 실명자료(이하 "이 사건 정보"라 함)'가 나열되어 있었다. 한편 언론사 B(피고 2)는 피고 1로부터 이 사건 정보의 전산파일을 제공받아 자사 인터넷 홈페이지를 통하여 이 사건 정보를 공개하였다.

이에 전국교직원노동조합 및 소속된 조합원들(이하 "원고들"이라 함)은 피고들이 개인정보인 이 사건 정보를 자신들의 각 인터넷 홈페이지에 게시하여 원고들의 사생활의 비밀과 자유 또는 단결권을 침해하였다는 이유로 피고들에 대하여 불법행위에 기한 손해의 배상을 청구하는 소송을 제기하였다.

나. 소송경과

1) 제1심 판결(서울중앙지방법원 2011. 7. 26. 선고 2010가합42520 판결)

이 사건 정보는 정치·경제·사회·문화적으로 정체성을 인식케 하는 기관(학교)명, 교사명, 담당교과, 교원단체 및 노동조합 가입 현황을 담고 있어 그 정보에 의하여 특정 개인을 식별하기에 충분하다 할 것인바, 이 사건 정보는 개인정보자기결정권의 보호대상이 되는 개

인정보의 범주에 포함된다고 봄이 상당하다. 여기에 사인 간의 사적인 법률관계가 헌법상의 기본권 규정에 적합하게 규율되어야 하는 점을 더하여 살펴보면, 피고들의 이 사건 정보 공개는 특별한 사정이 없는 한 원고들의 개인정보자기결정권을 침해한다.

2) 항소심 판결(서울고등법원 2012. 5. 18. 선고 2011나67097 판결)

이 사건 정보는 기관(학교)명, 교사명, 담당교과, 교원단체 및 노동조합 가입 현황을 담고 있어 그 정보에 의하여 특정 개인을 식별하기에 충분한 정보를 담고 있다. 또한, 정치·경제·사회·문화적으로 정체성을 인식케 하는 개인의 직·간접적인 모든 정보는 개인정보의 범주에 포함되는바, 이 사건 정보는 교원단체 및 노동조합 가입자 개인의 조합원 신분을 인식케 하는 데 충분한 정보를 담고 있다. 따라서 이 사건 정보는 개인정보자기결정권의 보호대상이 되는 개인정보에 해당하므로, 이 사건 정보를 일반대중에 공개하는 행위는 정보주체에 해당하는 교원들의 동의가 있거나, 개인정보자기결정권이 적절한 보호대책이 있는 다른 법률에 의하여 제한되거나, 보다 더 우월한 기본권의 보장을 위한 것이 아닌 한, 교원들의 개인정보자기결정권을 침해하는 것으로서 그들에 대한 불법행위를 구성한다.

3) 대법원 판결(대법원 2014. 7. 24. 선고 2012다49933 판결)

이 사건 정보는 기관(학교)명, 교사명, 담당교과, 교원단체 및 노동조합 가입현황 등 특정 개인을 식별하거나 교원단체 및 노동조합 가입자 개인의 조합원 신분을 알 수 있는 내용을 담고 있음을 알 수 있다. 이 사건 정보는 개인정보자기결정권의 보호대상이 되는 개인정보에 해당하므로, 이 사건 정보를 일반 대중에게 공개하는 행위는 해당 교원들의 개인정보자기결정권의 침해에 해당한다고 봄이 상당하다.

이 사건 정보는 당시 국회의원이던 피고가 정보를 전달받은 목적을 위반하여 이를 공개한 것인 점, 설령 학생이나 학부모가 해당 교원의 원고 전교조 가입 여부 등에 관한 정보를 알 필요가 있다고 하더라도 이를 외부에 널리 공표할 필요성까지 있다고 볼 수 없는 점, 특히 인터넷을 통하여 정보를 공개할 경우에는 게시된 정보가 순식간에 광범위하게 전파됨으로써 그로 인해 중대한 법익 침해의 결과가 발생할 가능성이 있는 점 등에 비추어 보면, 피고들이 이 사건 정보를 공개한 표현행위로 인하여 얻을 수 있는 법적 이익이 원고들의 법적 이익에 비하여 우월하다고 할 수 없어, 결국 피고들의 이 사건 정보 공개행위는 위법하다.

2. 판결의 요지

가. 개인정보자기결정권의 대상이 되는 개인정보의 범위

개인정보자기결정권의 보호대상이 되는 개인정보는 개인의 신체, 신념, 사회적 지위, 신분 등과 같이 개인의 인격주체성을 특징짓는 사항으로서 개인의 동일성을 식별할 수 있게 하는 일체의 정보라고 할 수 있고, 반드시 개인의 내밀한 영역에 속하는 정보에 국한되지 않고 공적 생활에서 형성되었거나 이미 공개된 개인정보까지 포함한다. 또한 그러한 개인정보를 대상으로 한 조사·수집·보관·처리·이용 등의 행위는 모두 원칙적으로 개인정보자기결정권에 대한 제한에 해당한다.

나. 개인정보의 공개행위와 위법성의 조각

정보주체의 동의 없이 개인정보를 공개함으로써 침해되는 인격적 법익과 정보주체의 동의 없이 자유롭게 개인정보를 공개하는 표현행위로써 보호받을 수 있는 법적 이익이 하나의 법률관계를 둘러싸고 충돌하는 경우에는, 개인이 공적인 존재인지 여부, 개인정보의 공공성과 공익성, 개인정보 수집의 목적·절차·이용형태의 상당성, 개인정보 이용의 필요성, 개인정보 이용으로 인해 침해되는 이익의 성질과 내용 등 여러 사정을 종합적으로 고려하여, 개인정보에 관한 인격권 보호에 의하여 얻을 수 있는 이익(비공개 이익)과 표현행위에 의하여 얻을 수 있는 이익(공개 이익)을 구체적으로 비교 형량하여, 어느 쪽 이익이 더 우월한 것으로 평가할 수 있는지에 따라 그 행위의 최종적인 위법성 여부를 판단하여야 한다.

II. 해설

1. 쟁점의 정리

대법원 2014. 7. 24. 선고 2012다49933 판결(이하 "본건 판결"이라 함)은 이 사건 정보는 '개인정보자기결정권의 대상이 되는 개인정보'에 해당한다고 보았고, 이러한 개인정보를 '공개하는 행위'가 학생의 학습권, 학부모의 교육권 및 국민의 알 권리 등에 의하여 그 위법성이 조각될 수 있는지를 쟁점으로 하였다. 대법원은 개인정보에 관한 인격권 보호에 의하여 얻을 수 있는 이익, 즉 비공개에 대한 이익과 표현행위에 의하여 얻을 수 있는 이익(공개 이익)을 구체적으로 비교 형량한 결과, 이 사건 정보의 공개행위는 손해배상책임을 성립시키는

'불법행위'에 해당한다고 판단하였다.

물론 본건의 항소심 판결은 당시 시행 중이던 「공공기관의 개인정보 보호에 관한 법률」 상의 개인정보의 개념을 언급하고는 있으나, 본건 판결에서의 '개인정보'의 의미와 범위는 민사상 불법행위에 기한 손해배상책임의 성부에 관한 것이다. 즉, 현행 「개인정보 보호법」의 보호대상이 되는 '개인정보'의 개념과 그 보호범위를 동일하게 평가하기는 어렵다.[1] 그러나, 민사상 관계에서 개인정보 처리의 「개인정보 보호법」상 근거가 존재하지 않는다고 하더라도 해당 행위 모두를 개인정보를 침해한 행위로서 위법하다고 보기는 어렵다는 점을 고려해볼 때, 본건 판결이 언급하고 있는 이익형량의 필요성은 현재까지도 유효하다고 볼 수 있다.

2. 검토

가. 관련 판례

1) 대법원 2011. 9. 2. 선고 2008다42430 판결

정보주체의 동의 없이 개인정보를 공개함으로써 침해되는 인격적 법익과 정보주체의 동의 없이 자유롭게 개인정보를 공개하는 표현행위로서 보호받을 수 있는 법적 이익이 하나의 법률관계를 둘러싸고 충돌하는 경우에는, 개인이 공적인 존재인지 여부, 개인정보의 공공성 및 이용으로 인해 침해되는 이익의 성질 및 내용 등 여러 사정을 종합적으로 고려하여, 개인정보에 관한 인격권 보호에 의하여 얻을 수 있는 이익(비공개 이익)과 표현행위에 의하여 얻을 수 있는 이익(공개 이익)을 구체적으로 비교 형량하여, 어느 쪽 이익이 더욱 우월한 것으로 평가할 수 있는지에 따라 그 행위의 최종적인 위법성 여부를 판단하여야 한다.

2) 대법원 2016. 8. 17. 선고 2014다235080 판결

개인정보자기결정권이라는 인격적 법익을 침해·제한한다고 주장되는 행위의 내용이 이미 정보주체의 의사에 따라 공개된 개인정보를 그의 별도의 동의 없이 영리 목적으로 수집·제공하였다는 것인 경우에는, 정보처리 행위로 침해될 수 있는 정보주체의 인격적 법익과 그 행위로 보호받을 수 있는 정보처리자 등의 법적 이익이 하나의 법률관계를 둘러싸고 충돌하게 된다. 이때는 정보주체가 공적인 존재인지, 개인정보의 공공성과 공익성, 원래 공개한 대상 범위, 개인정보 처리의 목적·절차·이용형태의 상당성과 필요성, 개인정보 처리로 침해될 수 있는 이익의 성질과 내용 등 여러 사정을 종합적으로 고려하여, 개인정보에 관한 인격

1) 김민호, "개인정보의 의미", 『정보법 판례백선(II)』, 제1판(박영사, 2016), 594면.

권 보호에 의하여 얻을 수 있는 이익과 정보처리 행위로 얻을 수 있는 이익, 즉 정보처리자의 '알 권리'와 이를 기반으로 한 정보수용자의 '알 권리' 및 표현의 자유, 정보처리자의 영업의 자유, 사회 전체의 경제적 효율성 등의 가치를 구체적으로 비교 형량하여 어느 쪽 이익이 더 우월한 것으로 평가할 수 있는지에 따라 정보처리 행위의 최종적인 위법성 여부를 판단하여야 하고, 단지 정보처리자에게 영리 목적이 있었다는 사정만으로 곧바로 정보처리 행위를 위법하다고 할 수는 없다.

3. 검토

가. 개인정보자기결정권의 대상이 되는 개인정보의 범위

개인정보의 보호는 정보주체의 시각에서 볼 때 자신에 관한 정보의 생성과 유통, 소멸 등에 주도적으로 관여할 법적 지위를 보장하는 것으로 파악될 수 있다. 이에 따라 개인에 관한 정보를 정보의 주체가 타인에게 알릴 것인지 말 것인지, 알린다면 언제, 어떻게 또 어느 정도 전달할 것인가에 관하여 스스로 결정할 수 있는 권리를 보장할 필요가 있다. 이러한 정보주체의 권리를 우리 대법원과 헌법재판소는 '개인정보자기결정권'이라는 이름으로 파악하고 있다.

대법원과 헌법재판소는 개인정보자기결정권을 "자신에 관한 정보가 언제 누구에게 어느 범위까지 알려지고 또 이용되도록 할 것인지를 그 정보주체가 스스로 결정할 수 있는 권리"로서 "정보주체가 개인정보의 공개와 이용에 관하여 스스로 결정할 권리"를 말한다고 정의하고 있다.[2] 개인정보자기결정권의 헌법적 근거에 대하여는 많은 논의들이 있지만, 일반적으로 대법원과 헌법재판소는 개인정보자기결정권을 인간의 존엄과 가치, 행복추구권을 규정한 헌법 제10조 제1문에서 도출되는 일반적 인격권 및 헌법 제17조의 사생활의 비밀과 자유에 의하여 보장되는 헌법상 기본권이라고 본다고 평가되고 있다.[3]

개인정보자기결정권은 헌법으로부터 도출되며 「개인정보 보호법」이 이를 구체화하고 있는 것으로 볼 수 있으나,[4] (1) 개인정보자기결정권의 대상으로서의 개인정보와 (2) 「개인정보 보호법」의 보호대상으로서의 개인정보가 반드시 일치하는 것은 아니라고 볼 수 있다.[5]

그러나 「개인정보 보호법」이 제정되기 이전에도 「공공기관의 개인정보 보호에 관한 법률

2) 헌재 2005. 7. 21. 선고 2003헌마282,425(병합) 결정, 대법원 2014. 7. 24. 선고 2012다49933 판결.
3) 헌재 2005. 7. 21. 선고 2003헌마282,425(병합) 결정, 대법원 2014. 7. 24. 선고 2012다49933 판결 등.
4) 권영준, "개인정보자기결정권과 동의 제도에 대한 고찰", 『2015 NAVER Privacy White Paper』, 93면.
5) 김민호, 전게서, 596면.

」이 존재하였을 뿐 아니라, 대부분의 법령이 개인정보에 대하여 유사하게 규정하고 있고, 실질적으로는 민사상 개인정보 침해와 관련한 손해배상청구 소송 등에서의 판례 또한 실정법상 개념을 차용하고 있다는 점을 고려해볼 때에는 개인정보자기결정권의 대상으로서의 개인정보와 「개인정보 보호법」의 보호대상으로서의 개인정보는 일견 유사한 것으로 볼 수 있다. 본건 판결 또한 개인정보자기결정권의 보호대상이 되는 개인정보는 "개인의 인격주체성을 특징짓는 사항으로서 개인의 동일성을 식별할 수 있게 하는 일체의 정보"라고 설시하고 있는바, 「개인정보 보호법」이 규정하고 있는 개인정보의 핵심 개념 표지인 식별가능성을 내포하고 있는 것으로 볼 수 있다.

다만, 손해배상청구 소송에서 불법행위책임의 구성요소로서의 위법성 판단에 있어 '침해의 대상'에 해당하는 개인정보자기결정권의 보호대상인 개인정보와 「개인정보 보호법」의 보호대상으로서 행정규제적 관점에서 논의되는 개인정보는 그 개념과 보호범위에서 차이점이 존재할 수 있다는 점은 부인하기는 어렵다고 판단된다.[6]

나. 개인정보의 침해행위와 위법성 조각

「개인정보 보호법」에 따라 동의 제도가 법제화 되기 이전에도 "개인정보자기결정권은 자신에 관한 정보가 언제 누구에게 어느 범위까지 알려지고 또 이용되도록 할 것인지를 그 정보주체가 스스로 결정할 수 있는 권리"라는 헌법재판소와 대법원의 태도에 따라 정보주체의 동의 없이 개인정보를 이용하는 행위는 위법하다고 평가될 수 있었다. 다만 기본적으로 법원은 불법행위의 성립요건으로서의 위법성은 구체적·개별적 사안에 따라 달리 판단될 수 있다는 입장을 취하고 있는바,[7] 개인정보의 침해와 관련하여도 정보주체의 동의의 부존재가 바로 위법성으로 연결되지는 않고 구체적 사안에서 이익형량을 거쳐 위법성 판단이 이루어진 것으로 볼 수 있다.[8]

그러나 「개인정보 보호법」이 시행된 이후에도 민사상 관계에서 「개인정보 보호법」상 개인정보의 수집·이용·제공의 근거가 존재하지 않는다고 하더라도 해당 행위 모두를 개인정보를 침해한 행위로서 위법하다고 보기는 어렵다.[9] 「개인정보 보호법」 시행 이후의 판결들도 이익형량을 통한 위법성 조각의 가능성을 정면으로 인정하고 있지는 않지만, 동의 유무 및 유효성, 주의의무 위반 여부, 손해 발생 여부 등 다른 요건에 관한 판단에서 이익형량을

---

6) 김민호, 전게서, 597면.
7) 대법원 2010. 7. 15. 선고 2006다84126 판결.
8) 권영준, "공개된 개인정보의 영리적 이용의 위법성", 『민법판례연구 Ⅰ』, 제1판(박영사, 2019), 312면.
9) 권영준, 전게서, 316면.

주된 근거로 삼고 있다.[10] 개인정보 보호위원회가 발간한 개인정보 보호법령 해설서 또한「개인정보 보호법」제39조의 손해배상책임과 관련하여 "개인정보 보호법을 위반한 경우에는 일단 위법한 것으로 판단되지만,[11] 그 위반행위가 특정한 사정에 의하여 실질적으로 또는 사회적으로 허용될만한 것이라고 인정되는 경우, 다시 말해 공서양속(公序良俗), 조리(條理), 사회통념 등 사회상규에 반하지 않다고 인정되는 경우에는 위법성이 조각된다"고 설명하고 있다.[12]

이익형량은 구체적인 사안에서 서로 충돌하는 이익들을 비교하여 어느 한 이익이 다른 이익들보다 더 중요하다고 판단하고, 그러한 판단에 기초하여 어느 한 이익을 선택하는 실천적 판단을 의미한다.[13] 위법성 판단기준으로서의 이익형량은 정보주체의 보호이익과 개인정보처리자의 비교이익을 상정하고 개인정보처리자의 개인정보 활용 행위가 상당성을 지녔는지 살피는 방법에 의하여야 할 것이다.[14] 이러한 과정에서 이익형량의 고려 요소로는 다양한 사항들이 고려될 수 있을 것이나, 판례의 태도와 같이 개인이 공적 인물인지 여부, 개인정보 이용의 필요성, 개인정보의 공공성과 공익성, 개인정보 수집의 목적·절차·이용형태의 상당성, 개인정보 이용으로 침해되는 이익의 성질과 내용 등이 고려될 수 있을 것이며, 구체적·개별적 사안에 따라 달리 판단될 수밖에 없을 것으로 보인다.

III. 판결의 의의

본건 판결은「개인정보 보호법」의 보호대상으로서의 개인정보의 의미를 명확하게 밝히고 있는 것은 아니며, 개인정보자기결정권의 침해 대상이자 불법행위에 기한 손해배상과 관련한 위법성 판단의 근거에 해당하는 개인정보의 의미를 밝히고 있다.[15] 그러나 앞서 살핀 바

---

10) 이소은, "개인정보자기결정권의 민사법적 보호", 서울대학교 법학전문대학원 법학전문박사학위논문, 서울대학교(2018), 178면.

11) 일반적으로 개인정보 침해는 개인정보자기결정권에 대한 침해로 포섭되고, 이에 대한 사법상 구제 방안으로서 손해배상책임의 인정 여부가 논의되나, 개인정보에 대한 침해 행위는「개인정보 보호법」등의 개인정보 보호법제의 위반행위로서 위법성이 인정되는 경우가 많다는 견해로 이혜미, "개인정보 침해로 인한 손해배상책임",『민사판례연구 41』, 제1판(박영사, 2019), 695면.

12) 개인정보 보호위원회,『2020년 개인정보 보호 법령 및 지침·고시 해설』, 392면.

13) 김도균, "법에 있어서의 이익형량: 법적 이익형량의 구조와 정당화 문제",『서울대학교 법학』, 제48권 제2호(서울대학교 법학연구소, 2007), 31면.

14) 조형찬, "공개된 인물정보에 대한 정보주체의 동의 없는 영업적 활용",『홍익법학』, 제17권 제4호(홍익대학교 법학연구소, 2016), 839면.

와 같이 본건 판결이 밝히고 있는 개인정보자기결정권의 보호대상이 되는 개인정보의 범위는 실정법상 개인정보의 범위와 크게 다르지 않다. 「개인정보 보호법」상 개인정보 또한 규범적 해석의 범위가 매우 폭넓다는 점, 결국 개인정보의 핵심은 식별가능성에 있다는 점을 고려해볼 때에는 본건 판결이 밝히고 있는 개인정보의 범위는 현재에도 충분히 그 의미를 가진다고 볼 수 있다.

물론 「개인정보 보호법」 위반으로 인하여 동법상 손해배상책임을 묻는 경우에는 그 근거규정이 동법 제39조에 해당하고, 개인정보자기결정권에 근거하여 민사상 손해배상책임을 묻는 경우에는 근거규정이 민법 제750조에 해당할 수 있으므로 손해배상의 근거규정에 엄연히 차이가 있다. 그러나 본건 판결 이후에도 대법원 2016. 8. 17. 선고 2014다235080 판결에서 밝히고 있는 바와 같이, 법원은 개인정보 침해와 관련하여 손해배상청구를 함에 있어 이익형량을 통하여 위법성을 조각하고 있다는 점, 「개인정보 보호법」상 손해배상과 관련하여도 동일한 논의가 적용될 수 있다는 점을 고려해볼 때에는 본건 판결이 밝히고 있는 개인정보에 관한 인격권 보호에 의하여 얻을 수 있는 이익(비공개 이익)과 표현행위에 의하여 얻을 수 있는 이익(공개 이익)을 구체적으로 비교 형량의 위법성 판단 방법은 충분히 그 의미를 가진다고 볼 수 있다.

15) 김민호, 전게서, 598면.

005 성범죄자 신상정보 공개제도의 개인정보자기결정권 침해 여부

헌재 2013. 10. 24. 2011헌바106 · 107(병합) 결정

황창근(홍익대학교 법과대학 교수)

I. 결정의 개요

1. 사안의 개요

가. 사실관계

청구인들은 13세 미만의 미성년자를 간음한 혐의 등으로 기소되어 2011. 1. 28. 의정부지방법원 고양지원에서 청구인 甲은 징역 3년 및 위 청구인에 대한 등록정보를 5년간 공개할 것을 선고받았고, 청구인 乙은 징역 3년에 집행유예 5년과 보호관찰 2년 및 160시간의 사회봉사와 40시간의 성폭력치료강의 수강명령과 함께 위 청구인에 대한 등록정보를 5년간 공개할 것을 선고받았다(2010고합249). 청구인들은 이 판결에 불복 항소하였으나, 서울고등법원은 2011. 4. 29. 청구인 乙의 항소를 기각하고, 청구인 甲에 대해서만 1심판결을 취소한 뒤 징역 3년에 집행유예 5년과 보호관찰 3년 및 200시간의 사회봉사와 40시간의 성폭력치료강의 수강명령과 함께 위 청구인에 대한 등록정보를 5년간 공개할 것을 선고하였다(2011노426).

나. 소송경과

청구인 甲은 2011. 3. 16. 아동이나 청소년 대상 성폭력범죄를 저지른 사람에 대하여 신상정보를 공개하도록 한 「아동·청소년의 성보호에 관한 법률」 제38조 제1항 제1호에 대하여 항소심계속중 위헌법률심판제청신청을 하였다가 기각되자, 2011. 5. 25. 이 사건 헌법소원심판을 청구하였다. 청구인 乙도 2011. 3. 29. 항소심에서 같은 내용의 위헌법률심판제청신청을 하였다가 기각되자, 2011. 5. 27. 이 사건 헌법소원심판을 청구하였다.

2. 결정의 요지

가. 심판대상조항은 아동·청소년의 성을 보호하고 사회방위를 도모하기 위한 것으로서 목적의 정당성 및 수단의 적합성이 인정된다. 한편, 심판대상조항에 따른 신상정보 공개제도는, 그 공개대상이나 공개기간이 제한적이고, 법관이 '특별한 사정' 등을 고려하여 공개 여부를 판단하도록 되어 있으며, 공개로 인한 피해를 최소화하는 장치도 마련되어 있으므로 침해의 최소성이 인정되고, 이를 통하여 달성하고자 하는 '아동·청소년의 성보호'라는 목적이 침해되는 사익에 비하여 매우 중요한 공익에 해당하므로 법익의 균형성도 인정된다. 따라서 심판대상조항은 과잉금지원칙을 위반하여 청구인들의 인격권, 개인정보자기결정권을 침해한다고 볼 수 없다.

나. 아동·청소년 대상 성폭력범죄를 저지른 사람과 달리 아동·청소년 대상 일반범죄를 저지른 사람은 신상정보 공개대상자가 아니지만, 아동·청소년 대상 일반범죄는 성폭력범죄와 달리 청소년의 생명이나 신체의 완전성, 재산권을 보호하는 데 목적이 있으므로, 양자를 본질적으로 동일한 비교집단으로 보기 어렵다. 또한, 아동·청소년을 대상으로 성폭력범죄가 아닌 성범죄를 저지른 사람도 신상정보 공개대상자가 아니지만, 이는 행위불법성의 차이와 입법 당시의 사회적 상황, 일반 국민의 법감정 등을 종합적으로 고려한 결과이므로 이를 자의적이고 비합리적인 차별이라고도 보기 어렵다. 따라서 심판대상조항은 평등원칙을 위반한 것이라고 볼 수 없다.

다. 법관이 유죄판결을 선고하는 경우에만 여러 사정을 종합적으로 고려하여 신상정보 공개명령을 할 수 있으므로, 심판대상조항이 적법절차원칙에 반하거나 청구인들의 재판받을 권리를 침해한다고 볼 수 없다. 또한 이중처벌은 동일한 행위를 대상으로 처벌이 거듭 행해질 때 발생하는 문제이고, 이 사건과 같이 특정한 범죄행위에 대하여 동일한 재판절차를 거쳐 형벌과 신상정보 공개명령을 함께 선고하는 것은 이중처벌금지원칙과 관련이 없다.

II. 해설

1. 쟁점의 정리

평석 대상 결정은 「아동·청소년의 성보호에 관한 법률」(2010. 4. 15. 법률 제10260호로 개정되고 2012. 12. 18. 법률 제11572호로 개정되기 전의 것) 제38조에 따라 아동·청소년대상 성폭

력범죄를 저지른 자에 대한 신상정보를 등록기간 동안 정보통신망을 이용하여 공개하도록 하는 제도가 대상자의 개인정보자기결정권을 침해하는지 여부에 대한 판단이다. 즉 공개정보는 개인을 식별할 수 있는 정보로서 개인정보 및 민감정보에 해당되고 이를 강제로 공개하는 것이므로 개인정보자기결정권의 침해를 가져온다. 이러한 침해가 헌법상 과잉금지원칙을 위반하였는지가 문제된다. 그 외에도 다른 헌법상 쟁점을 가지고 있지만 이 평석에서는 개인정보자기결정권을 침해하는지 여부에 대하여만 검토하기로 한다.[1)]

2. 관련 판례

가. 신상정보 공개 · 고지제도 판례

평석 대상 판례 이후 신상정보 공개 및 고지제도는 개인정보자기결정권을 침해하지 않는다는 판례가 유지되고 있다.[2)]

나. 신상정보 등록제도 판례

신상정보 등록제도에 대하여도 대체로 합헌으로 보고 있는데, "전과기록이나 수사경력자료는 보다 좁은 범위의 신상정보를 담고 있고, 정보의 변동이 반영되지 않는다는 점에서 심판대상조항에 의한 정보 수집과 동일한 효과를 거둘 수 있다고 보기 어렵고, 심판대상조항이 강제추행죄의 행위태양이나 불법성의 경중을 고려하지 않고 있더라도 이는 본질적으로 성폭력범죄에 해당하는 강제추행죄의 특성을 고려한 것이라고 할 것이므로, 심판대상조항은 침해최소성이 인정된다. 또 신상정보 등록으로 인한 사익의 제한은 비교적 경미한 반면 달성되는 공익은 매우 중대하다고 할 것이어서 법익균형성도 인정된다. 따라서 심판대상조항은 과잉금지원칙에 반하여 개인정보자기결정권을 침해한다고 할 수 없다"고 이유를 설시하고 있다(헌재 2014. 7. 24. 2013헌마423 등).[3)] 다만 일부 위헌 결정례도 볼 수 있는데, 신상정

1) 신상공개제도는 아동·청소년을 대상으로 한 일반범죄를 저지른 자 또는 성폭력범죄가 아닌 일반 성범죄를 저지른 자에 대하여는 적용되지 않는다는 점에서 평등원칙을 위배한 것이 문제가 되었고, 신상공개결정은 유죄판결에 덧붙여 진행된다는 점에서 독자적인 적법절차원칙 또는 재판받을 권리를 침해하였다는 점도 쟁점이 되었으며, 범죄에 대하여 형벌 이외에 신상공개의 처벌을 하는 것은 헌법상 이중처벌금지원칙을 위배하는 것이라는 점도 쟁점이 되었다.

2) 헌재 2016. 5. 26. 2014헌바164 등; 헌재 2016. 5. 26. 2015헌바212; 헌재 2016. 12. 29. 2015헌바196 등.

3) 같은 취지의 합헌 판례: 성폭력 특례법 제42조 위헌확인(헌재 2015. 10. 21. 2014헌마637, 2015헌마477(병합)), 아동청소년 성보호법 제10조제1항등 위헌확인(헌재 2016. 2. 25. 2013헌마830), 신상등록 위헌확인등(헌재 2017. 10. 26. 2016헌마656); 청소년 성보호법 제10조제1항등 위헌확인(헌재 2016. 2. 25. 2013헌마830).

보 등록기간을 20년으로 일률적으로 정하고 있는 것이 과잉금지원칙을 위배하여 개인정보자기결정권을 침해하였다거나(헌재 2015. 7. 30. 2014헌마340 등), 통신매체이용음란죄가 죄질 및 재범의 위험성이 다양함에도 일률적으로 적용토록 함이 과잉금지원칙을 위배하여 개인정보자기결정권을 침해한 것으로 보고 있다(헌재 2016. 3. 31. 2015헌마688). 이러한 판례의 경향을 보면 신상등록제도 자체는 문제는 없지만 등록기간, 대상범죄 등 구성이 최소침해원칙 등 과잉금지원칙에 따라 판단이 가능하다는 점을 알 수 있다.

3. 검토

가. 신상정보 등록 · 공개 · 고지제도

1) 신상정보 등록 · 공개 · 고지제도의 의의

신상정보 등록제도란 성범죄자의 신상정보를 등록하는 것으로서 2005년 「청소년의 성보호에 관한 법률」(법률 제7801호)에서 처음 도입되었고, 몇 번의 개정을 거쳐 「성폭력범죄의 처벌등에 관한 특례법」(제42조 내지 제50조, 이하 청소년성보호법)에 거의 모든 성범죄가 대상으로 규정되어 있다.

신상정보 공개제도[4]란 법원으로부터 신상공개명령을 선고받은 성범죄자의 신상정보를 여성가족부장관이 정보통신망(*성범죄자알림e 및 모바일앱)에 공개하여 국민들이 이를 조회할 수 있도록 하는 제도를 말하는데, 2000년 「청소년의 성보호에 관한 법률」(법률 제6261호)에서 처음 도입된 이래 대상범죄, 조회 등 내용의 개정을 거쳐 현재 「아동 · 청소년의 성보호에 관한 법률」(이하 청소년성호보호법이라 함) 제49조등에 규정되어 있다. 평석대상이 되는 신상정보 공개제도는 2010. 4. 15. 법률 개정(법률 제10260호)의 내용으로 현행제도와는 내용상 약간의 차이가 있다.

신상정보 고지제도란 법원으로부터 신상고지명령을 선고받은 성범죄자에 대하여 거주 지역주민 중 19세 미만의 자녀를 둔 가구와 교육기관등에게 일정한 신상정보를 우편과 모바일을 통해 고지하는 제도를 말하고, 2010년 「아동 · 청소년의 성보호에 관한 법률」(법률 제10260호) 개정시 처음으로 도입된 후 몇 번의 개정을 거쳐 현재 청소년성보호법 제50조등에서 규정하고 있다.

4) 2021년 10월 현재 여성가족부가 관리하는 성범죄자 공개현황에 따르면 전국적으로 총 3,442명을 공개하고 있다.

2) 법적 성질

이러한 신상정보 등록, 공개, 고지가 헌법상 이중처벌금지에 해당하는지가 문제된다. 판례는 이 제도가 결합하여 아동·청소년대상 성폭력범죄 등을 효과적으로 예방하고 그 범죄로부터 아동·청소년을 보호함을 목적으로 하는 일종의 보안처분의 성질을 가진다는 것이 판례의 입장이고(대법원 2011. 3. 24. 선고 2010도14393, 2010전도120 판결; 대법원 2012. 5. 24. 선고 2012도2763 판결), 이를 보안처분으로 보는 이상 신상정보의 공개·고지가 헌법상 이중처벌에 해당되지 않는다는 입장을 견지하고 있다(헌재 2016. 12. 29. 2015헌바196 등). 그러나 성범죄자에 대하여 재범의 위험성이 있다는 이유로 신상정보를 공개·고지하는 것은 일종의 수치형으로서 형법상 형벌에 다름없다고 할 것이므로 헌법상 이중처벌금지에 해당되는 것으로 보는 것이 타당하다. 비록 헌법재판소는 이중처벌금지에서 처벌을 형법상 형벌로 제한하여 설명을 하고 있지만 그렇게 볼 근거를 찾기 어렵고, 처벌에는 형벌 뿐만 아니라 실질적으로 형벌에 준하는 것도 포함하여 해석하는 것이 바람직하다.

나. 신상정보 공개가 개인정보자기결정권을 침해하는지 여부

1) 개인정보자기결정권의 의의

개인정보자기결정권이란 자신에 관한 정보가 언제 누구에게 어느 범위까지 알려지고 또 이용되도록 할 것인지를 그 정보주체가 스스로 결정할 수 있는 권리를 말하고, 이는 헌법재판소의 2005년 주민등록법상 지문정보 결정에서 비롯된다(헌재 2005. 5. 26. 99헌마513 결정). 대상 결정에서도 신상정보 공개제도가 본인의 동의 없이 신상정보를 대중에게 공개하도록 규정하고 있으므로 이는 개인정보자기결정권을 제한한다고 판시하고 있다. 이와 같이 판례가 개인정보자기결정권을 기본권의 범주로 정의하고 또 한편으로 그 헌법적 근거로 인간의 존엄과 가치, 행복추구권, 사생활의 비밀과 자유 등을 제시하지만, 정작 그 구체적인 내용이 무엇인지 제시하고는 있지 않다. 따라서 실제 개인정보자기결정권의 구체적인 내용 특히 제한 내용을 파악하기 위하여는 개인정보 보호원칙이나 개인정보 보호법의 개인정보 보호 관련 규정의 해석을 통하여 유추할 수밖에 없다.

2) 신상정보의 개념 또는 범위

신상공개제도의 입법 취지가 범죄자의 신상정보를 주민들에게 알려줌으로써 범죄를 예방

하는 보안처분의 성질을 가지고 있는 만큼 신상정보는 개인을 식별할 수 있는 개인정보로 구성되어 있다. 현행법상 공개·고지되는 신상정보의 내용과 등록되는 정보는 달리 규정되어 있다. 등록정보는 성명, 주민등록번호, 주소 및 실제거주지, 직업 및 직장 등의 소재지, 신체정보(키와 몸무게), 소유차량의 등록번호이고(성폭력처벌법 제43조 제1항), 공개·고지정보는 '성명, 나이, 주소 및 실제거주지(「도로명주소법」 제2조 제3호에 따른 도로명 및 같은 조 제5호에 따른 건물번호까지로 한다), 신체정보(키와 몸무게), 사진, 등록대상 성범죄 요지(판결일자, 죄명, 선고형량을 포함한다), 성폭력범죄 전과사실(죄명 및 횟수), 「전자장치 부착 등에 관한 법률」에 따른 전자장치 부착 여부'로 규정되어 있다(청소년성보호법 제49조 제4항, 제50조 제4항). 공개 또는 고지정보에 범죄전력 등 민감정보가 포함되어 있다(개인정보 보호법 시행령 제18조 제2호).

3) 개인정보자기결정권의 침해 내용

신상정보 공개는 법원의 공개명령에 따라 등록기간 동안 정보통신망을 이용하여 공개하는 것이므로, 이에 따라 침해되는 개인정보 또는 개인정보자기결정권은 정보주체가 원치않은 개인정보의 수집과 공개라고 할 것이다. 개인정보자기결정권도 법률에 의하여 제한할 수 있는 것이므로 정보주체의 동의 없이 공개하는 것이 당연히 금지되는 것은 아니다. 특히 수사, 재판, 형집행 등의 경우에는 일반적인 개인정보 처리규정을 적용하지 않는 것이 많은 입법례에서 볼 수 있다. EU GDPR이 범죄예방, 수사, 기소, 형벌 집행의 경우에는 EU GDPR의 적용을 배제하는 규정을 두고 있는 것이 그런 예이고(제2조 제2항 d), 우리나라 개인정보 보호법도 같은 입법을 하고 있다. 현행 「개인정보 보호법」은 정보주체의 동의 없이도 개인정보의 수집, 이용, 제3자제공 등의 경우에 허용될 수 있는 별도의 근거로써, 법률에 특별한 규정이 있거나 법령상 의무를 준수하기 위하여 불가피한 경우(제15조 제1항 제2항 , 제17조 제1항 제2호, 제18조 제2항 제2호)를 인정하고 있으며, 범죄의 수사, 공소제기 및 유지, 재판업무 수행을 위하여는 정보주체의 이익을 부당하게 침해할 우려가 있지 않는 경우에는 목적 외의 용도로 이용하거나 제3자에게 제공하는 것을 허용하고 있다(제18조 제2항 제6호, 제7호). 또한 민감정보에 대한 엄격한 처리를 규정하면서 법률에서 민감정보의 처리를 허용할 수 있는 것으로 규정하고 있다(제23조 제1항).

그러나 성범죄자의 신상정보라고 하여 수집·이용의 목적을 넘어서 등록, 공개, 고지로 운영하는 것은 자칫 개인정보자기결정권의 본질을 침해할 수도 있다. 신상정보의 범위나 등록·공개·고지의 개념을 종합하면 등록보다는 공개나 고지가 개인정보자기결정권의 침해 정도가 크다고 할 것이다. 국제적으로 확립된 목적구속성원칙, 최소침해원칙 등 개인정보 보

호원칙의 본질을 침해하는 신상정보관리제도는 타당하지 않다. 특히 신상정보에는 일반적인 개인정보 이외에 민감정보가 다수 포함되어 있어 그에 대한 보호는 보다 엄밀하게 이루어지는 것이 필요하다. 신상공개 및 고지가 사실상 수치형으로 작용하고 있는 현실인 점, 성범죄가 일반 범죄에 비하여 이와 같은 신상공개 등의 필요성이 높은 것인지 근거가 불확실한 점, 그 범죄 예방효과에 대한 실증적인 데이터도 존재하지 않은 점 등을 고려하면 현행 신상정보관리방식은 개인정보자기결정권을 제한하되 국제적인 개인정보 보호원칙 등에 부합되도록 엄격한 설계, 운영이 필요하다고 할 것이다.

4) 과잉금지원칙 위배 여부

가) 목적의 정당성과 수단의 적합성

법정의견에 의하면 이 제도는 범죄예방, 아동청소년의 성보호를 목적으로 하는 것으로 설시하면서, 이러한 성범죄전과자를 국가가 관리하고 이러한 정보를 제공하는 것은 그 효과를 달성하기에 적합한 수단이라고 한다. 신상정보관리제도는 기존의 보안처분은 국가기관만이 성범죄자의 신상정보를 관리하는 것일뿐 일반국민은 이를 알 수 있는 방법이 없기 때문에 일반국민을 대상으로 신상정보를 공개, 고지하기 위한 것이라는 것이 이유(헌재 2016. 12. 29. 2015헌바196 등[5])도 같은 취지이다. 그러나 반대의견이 적절히 지적하고 있는바와 같이, 신상정보 공개 및 고지제도가 범죄억제 등의 예방효과를 달성한다는 아무런 근거가 없다는 것이 이 제도의 주된 맹점이다. 마치 수천년간 시행되어 온 사형제도가 살인범죄 등 중범죄의 발생을 억지할 것이라는 논리가 별다른 근거를 가진 것이 아니라는 비판과 유사하다. 일반 국민이 굳이 성범죄자라고 하여 그 신상정보를 알아야 하는지 의문이고 이를 안다고 하여 범죄예방의 효과가 크다고 할 수 있는지 여전히 의문이다. 이 제도가 수단의 적합성을 담보하기 위하여는 보다 치밀하고 과학적인 논거를 제시할 필요가 있다.

나) 피해의 최소성

법정의견에 의하면 성폭력범죄는 피해회복이 어려우므로 사전예방이 더 중요하고, 모든 성범죄가 아니라 대상을 한정하고 있으며, 공개의 소극적 요건을 통하여 재범위험성 등 종합적인 판단이 가능하고, 정보통신망의 공개는 오히려 다른 매체에 비하여 공개대상자의 인

---

5) 그동안 이러한 성폭력범죄의 재범을 막기 위한 일련의 보안처분 제도들은 모두 수사기관 등 관련기관들에게만 성범죄자의 신상정보를 제공할 뿐이어서, <u>일반 국민들이 성범죄자의 신상정보를 제공받을 수 있는 방법이 없었다</u>.(밑줄은 필자가 표기)

격권 보호에 적절하며, 누설금지 등 피해예방 대책을 세우고 있다는 점에서 침해의 최소성 원칙을 갖추고 있다고 한다. 이에 비하여 반대의견은 정보통신망을 통한 공개의 파급효과가 지대한 점, 신상공개제도는 수치형의 성격을 가지고, 교화를 원천봉쇄함으로써 근대 형법의 기본정신을 훼손하며, 세밀한 기준 없이 포괄적이며 원칙적인 공개제도를 택하고 있으며, 성폭력범죄의 원인이 다기한 만큼 그 치유방법도 다각도로 모색하여야 한다는 점에서 침해의 최소성을 갖추지 못하고 있다고 한다. 성범죄의 발생의 원인이 다기한 만큼 그에 대응한 다양한 방법을 강구할 수 있고, 그로써 개인정보의 최소침해라는 기본원칙도 충족할 수 있는 만큼 현행 방식은 행정편의적인 발상에 지나지 않는다는 점에서 법정의견에 동의하기 어렵다.

다) 법익의 균형성

법정의견은 아동·청소년의 성보호라는 공익과 성범죄자의 인격권을 비교형량할 때 법익 균형을 갖추고 있다고 한다. 그러나 수단의 적절성과 마찬가지로 범죄예방의 효과가 불확실한 상태에서 공개대상자의 개인정보의 침해 정도가 과도하다는 점에서 법익의 균형성을 갖추지 못하고 있다고 보는 것이 타당하다.

Ⅲ. 결정의 의의

신상정보 공개제도는 개인정보 특히 민감정보를 정보주체의 의사에 반하여 등록, 공개, 고지토록하는 것으로, 그 입법 취지가 재범 방지와 아동청소년 성보호를 목적으로 한다고 하더라도 정당한 목적을 위한 방법, 수단의 적절성, 법익의 균형성을 갖추고 있다고 보기는 어렵다. 그런 점에서 신상공개에 대한 판례의 태도에 동의하기 어렵다. 우리나라 판례의 입장은 대체로 합헌으로 보고 있으며, 대상 결정도 같은 취지이다. 개인정보자기결정권을 침해하는 것이 아니라는 취지는 신상정보의 관리제도가 국가의 범죄자에 대한 체계적 관리의 일환이고, 특히 아동·청소년을 대상으로 하는 성범죄자는 성범죄의 결과에 비추어 일정부분 사전적, 엄격한 관리가 불가피하다는 점을 고려한 것으로 보인다. 그것이 범죄의 사전예방의 필요라는 목적으로 나타나고, 그 방법으로 법관의 재판을 통한 신상정보 공개명령이며, 보안처분의 성질을 가지므로 형법상 형벌이 아니므로 가능하다는 논리이다. 그러나 일반 개인정보에 비하여 보다 중한 보호의 대상으로 하는 민감정보를 범죄예방이라는 불확실한 근거를 위하여 공개토록하는 것은 과잉조치라고 할 것이다. 또한 신상공개등이 범죄예방이나 정보

제공의 목적뿐만 아니라 사실상 또 다른 처벌로서 이해되는 현실에서는 공개의 대상, 범위, 절차 등의 내용에 있어서 정보주체의 권리를 침해하지 않도록 엄밀하게 구성하지 못할 경우에는 개인정보자기결정권의 본질을 침해하는 위헌의 소지가 다분하다고 할 것이다.[6] 결론적으로 성범죄자 신상공개를 통한 성범죄 예방이라는 행정목적은 애초부터 달성이 불가능하다는 점에서 또 다른 처벌로 기능하는 현행제도는 다른 방법을 통한 제도로 변경하는 것이 타당하다고 본다.

6) 같은 취지로, 재범을 저지르지 아니하는 등 일정한 요건을 충족하면 개인정보자기결정권을 제한하지 않는 방향으로 제도가 운영되어야 한다는 견해도 있다(여경수, "헌법상 개인정보자기결정권과 성범죄자 신상등록·신상공개·신상고지 제도", 형사법의 신동향 통권 제54호, 429면).

006 주민등록번호 변경과 개인정보자기결정권

헌재 2015. 12. 23. 선고 2013헌바68, 2014헌마449(병합) 결정

김민호(성균관대학교 법학전문대학원 교수)

I. 판결의 개요

1. 사안의 개요

가. 2013헌바68 사건

청구인들은 "인터넷 포털사이트 또는 온라인 장터의 개인정보 유출 또는 침해 사고로 인하여 주민등록번호가 불법 유출되었다."는 이유로 각 관할 지방자치단체장에게 주민등록번호를 변경해 줄 것을 신청하였으나, 현행 주민등록법령상 주민등록번호 불법 유출을 원인으로 한 주민등록번호 변경은 허용되지 않는다는 이유로 주민등록번호 변경을 거부하는 취지의 통지를 받았다.

청구인들은 주민등록번호 변경신청 거부처분 취소의 소를 제기하였으나(서울행정법원 2012구합1204), 주민등록번호 변경에 대한 신청권이 인정되지 않는다는 이유로 각하되자, 이에 불복하여 항소를 제기하고(서울고등법원 2012누16727), 그 소송 계속 중 주민등록법 제7조 제3항, 제4항 등이 헌법에 위반된다고 주장하며 위헌법률심판제청을 신청하였으나(서울고등법원 2012아506), 항소가 기각됨과 동시에 위 위헌법률심판제청신청이 각하되자, 2013. 2. 27. 위 법률조항들에 대하여 이 사건 헌법소원심판을 청구하였다.

나. 2014헌마449 사건

청구인들은 "2014. 1.경 발생한 신용카드 회사의 개인정보 유출사고로 인하여 주민등록번호가 불법 유출되었다."는 이유로 각 관할 지방자치단체장에게 주민등록번호를 변경해 줄 것을 신청하였으나, 현행 주민등록법령상 주민등록번호 불법 유출을 원인으로 한 주민등록번호 변경은 허용되지 않는다는 이유로 주민등록번호 변경을 거부하는 취지의 통지를 받았다.

청구인들은 주민등록법 제7조 제3항, 제4항, 주민등록법 시행령 제7조 제4항, 제8조 제1

항 및 주민등록법 시행규칙 제2조에서 불법 유출된 주민등록번호에 대한 주민등록번호 변경 절차를 두고 있지 않은 것이 청구인들의 기본권을 침해한다고 주장하며, 2014. 6. 9. 이 사건 헌법소원심판을 청구하였다.

2. 판결의 요지

주민등록번호는 표준식별번호로 기능함으로써 개인정보를 통합하는 연결자로 사용되고 있어, 불법 유출 또는 오·남용될 경우 개인의 사생활뿐만 아니라 생명·신체·재산까지 침해될 소지가 크므로 이를 관리하는 국가는 이러한 사례가 발생하지 않도록 철저히 관리하여야 하고, 이러한 문제가 발생한 경우 그로 인한 피해가 최소화되도록 제도를 정비하고 보완하여야 할 의무가 있다. 그럼에도 불구하고 주민등록번호 유출 또는 오·남용으로 인하여 발생할 수 있는 피해 등에 대한 아무런 고려 없이 주민등록번호 변경을 일체 허용하지 않는 것은 그 자체로 개인정보자기결정권에 대한 과도한 침해가 될 수 있다.

비록 국가가 개인정보 보호법 등으로 정보보호를 위한 조치를 취하고 있더라도, 여전히 주민등록번호를 처리하거나 수집·이용할 수 있는 경우가 적지 아니하며, 이미 유출되어 발생된 피해에 대해서는 뚜렷한 해결책을 제시해 주지 못하므로, 국민의 개인정보를 충분히 보호하고 있다고 보기 어렵다. 한편, 개별적인 주민등록번호 변경을 허용하더라도 변경 전 주민등록번호와의 연계 시스템을 구축하여 활용한다면 개인식별기능 및 본인 동일성 증명기능에 혼란이 발생할 가능성이 없고, 일정한 요건 하에 객관성과 공정성을 갖춘 기관의 심사를 거쳐 변경할 수 있도록 한다면 주민등록번호 변경절차를 악용하려는 시도를 차단할 수 있으며, 사회적으로 큰 혼란을 불러일으키지도 않을 것이다. 따라서 주민등록번호 변경에 관한 규정을 두고 있지 않은 심판대상조항은 과잉금지원칙에 위배되어 개인정보자기결정권을 침해한다.

II. 해설

1. 쟁점의 정리 - 주민등록번호제도의 개인정보자기결정권 침해 여부

현행 주민등록번호제도에 대해서는 주민번호의 무분별한 요구관행은 정보주체가 원하든 원하지 않든 공개하고 싶지 않은 필수적인 개인정보가 거의 무방비상태로 노출되게 된다는 이유로 정보자기결정권의 침해를 인정하는 견해와 반대로 사회보장제도의 시행과 치안확보

등의 측면에서 매우 유용하다는 견해가 대립되고 있다.

요컨대, 이러한 주민번호 그 자체만으로는 용이하게 개인의 사적인 영역을 알 수 있는 것은 아니라는 점에서 주민등록번호 자체를 두는 것은 헌법상의 정보자기결정권의 침해라고 볼 수 없다. 또한 선진 각국에서도 역시 개인의 식별번호를 두는 것은 일반적인 현상이다.

문제는 주민등록증 제도 자체 또는 주민등록증상에서 국민들에게 식별번호를 부여하는 그 자체가 아니라 주민등록증에 국민들의 민감한 중요정보를 고스란히 노출시키고 이러한 정보들이 거래관행상 공공과 민간에서 광범위하게 사용되고 있다는 점이다.

이와 같이 주민등록증의 문제는 번호를 부여하는 행위 자체에 있는 것이 아니라 유일불가변의 식별자인 주민등록번호를 이용한 개인화가 가능하여 개인지배의 가능성이 높다는 점에 있다. 더욱이 현실적으로 공공기관과 민간에서 주민등록번호를 광범위하게 요구하고 있는 그릇된 관행에 의하여 주민등록번호체계가 더욱 심각한 사회적 문제가 되고 있는 것이다.

표현의 자유는 사상이나 의견을 외부에 표현하는 자유로서 '현대 자유민주주의의 존립과 발전에 필수불가결한 기본권이며 이를 최대한도로 보장하는 것은 헌법의 기본원리의 하나'이다. 민주주의는 사회 내 여러 다양한 사상과 의견이 자유로운 교환과정을 통하여 여과 없이 사회 곳곳에 전달되고 자유로운 토론과 비판이 활발하게 이루어질 때에 비로소 가능하기 때문이다. 또한 표현의 자유는 인간이 자신의 생각을 타인과 소통함으로써 스스로 공동체의 일원이 되는 동시에 자신의 인격을 발현하는 가장 적절하고도 직접적인 수단으로서 기능한다. 이러한 표현의 자유는 현대 정보화사회에서 특히, 사전검열금지, 알 권리 등으로 구체화되어 더욱 중요시되고 있다. 그런데 현행의 주민등록번호체계는 일정한 숫자의 조합으로 자신을 드러내게 강요함으로써 익명으로 표현할 자유를 박탈할 우려가 있어 표현의 자유의 본질적 내용을 침해하여 그 위헌성이 중대하다.

익명표현은 민주사회를 지탱해 온 소중한 가치였고, 익명표현을 보호하고 옹호하는 것은 민주사회의 오랜 전통이었다. 그런데 무엇보다 '익명으로 표현할 수 있는 자유를 제한하고 규제하는 것은 곧 자신의 의견이나 입장을 논리적으로 풀어낼 수 없거나 그렇게 하고 싶지 않은 시민의 상당부분을 의사표현의 기회로부터 배제하는 결과를 야기'하는 데 본질적 문제가 있다 할 것인바, 이는 바로 표현의 자유의 본질적 내용을 침해하는 것이다.

이러한 견지에서 보면 현행 주민등록번호체계는 목적의 정당성은 인정되나, 표현의 자유와 정보자기결정권의 측면에서는 수단의 적절성, 피해의 최소성, 법익 균형성 등의 헌법상 위헌의 기준에 배치된다.

2. 검토

가. 주민등록번호제도의 개관

1) 주민등록번호제도의 의의

주민등록번호라 함은 주민의 거주관계 등 인구의 동태를 항상 명확하게 파악하여 주민생활의 편익을 증진시키고 행정사무를 적정하게 처리하기 위하여 시장·군수 또는 구청장이 주민에게 개인별로 부여한 고유한 등록번호를 말한다.[1)] 이러한 주민등록번호는 개인별 주민등록표에 기재된 사항 중 하나이며, 만 17세 이상인 자에 대하여 발급하는 주민등록증에 필수적으로 기재되는 사항[2)] 중 하나이다. 즉 우리의 현행 주민등록제도는 주민등록번호를 포함하여 주민의 일정한 정보를 기재하여 공·사적 영역에서 활용하는 것을 내용으로 한다.

국가가 개별 국민을 식별하기 위하여 부여한 일정한 번호 등의 변경에 있어서 이를 허용하는 방식과 이를 불허하는 방식으로 구분할 수 있다. 일본의 주민대장번호 등이 전자의 예에 해당한다고 하며, 후자의 대표적인 예가 우리의 주민등록번호제도이다.

현행 주민등록법시행규칙은 "영 제7조의 규정에 의한 주민등록번호는 생년월일·성별·지역 등을 표시할 수 있는 13자리의 숫자로 작성한다"고만 규정되어 있을 뿐 그 자세한 조합방법에 대해서는 언급이 없다.

원래 제정 주민등록법시행규칙은 제1조 제1항에 "주민등록번호는 지역표시번호와 성별표시번호 및 개인표시번호를 차례로 배열하여 작성하되, 지역표시번호 다음에 '－'표시를 하여 성별표시번호 및 개인표시번호와 연결한다"고 규정하고, 제2항에는 "성별표시번호는 남자는 '1'로, 여자는 '2'로 하며, 개인표시번호는 주민등록의 일시순과 주민등록표에 등재된 순위에 따라 차례로 일련번호를 부치되 성별표시번호에 연결하여 6자리 숫자로 배열한다"고 규정하고 있었다. 이 규정에 의하면 주민등록번호의 조합은 앞자리의 지역표시번호 여섯 자리와 성별·주민등록일자·주민등록표 등재순위로 이루어진 뒷자리 여섯 자리로 총 12자리의 숫자조합으로 이루어져 있었다.[3)]

한편 지역번호의 경우 업무관장지역의 폐치 또는 분합이 발생할 경우 시장·군수 또는 구

---

1) 주민등록법 제1조, 제7조 제3항.
2) 주민등록증에 기재되는 사항으로는 성명, 사진, 주민등록번호, 주소, 지문, 발행일, 주민등록기관이 있으며, 혈액형은 주민의 신청이 있는 경우에 기재할 수 있다(주민등록법 제24조 제2항).
3) 1968년 주민등록법시행규칙의 시행과 더불어 당시 대통령이었던 박정희와 영부인 육영수는 각각 110101－100001, 110101－200002번의 주민등록번호를 부여받았다고 한다.

청장이 절차를 밟아 특별시장·광역시장 또는 도지사를 거쳐 행정안전부장관에게 지역표시번호의 조정을 요청하도록 되어 있다. 따라서 주민등록번호의 지역번호의 경우는 행정구역의 변경에 의하여 그 내용에 변화가 있을 수 있으나, 이미 주민등록번호를 부여받은 자와는 별 관계가 없고 다만 행정처리과정이나 변경 이후에 주민등록을 하는 자의 주민등록번호에 영향을 줄 뿐이다. 주민등록번호의 조합방법은 '주민등록번호조립계획'에 의거하여 이루어지며, 그 내용과 방법은 보안업무규정에 의거하여 2급 비밀로 관리되고 있다.[4]

2) 주민등록번호의 조합체계

주민등록번호는 단순한 숫자의 조합만으로 이루어진 것이 아니라 일정한 생성원칙을 가지고 있으며, 국민에 대하여 주민등록번호를 새로이 발급할 필요성이 있을 때[5]에 이 원칙에 의하여 유일한 번호가 부여된다. 주민등록번호의 생성원칙은 크게 앞의 6자리와 뒤의 7자리로 구분된다. 1968년 당시 최초로 부여되었던 주민등록번호는 지금과는 달리 지역을 나타내는 앞자리 6자리와 거주세대 및 개인번호를 나타내는 뒷자리 6자리로 총 12자리 숫자의 조합으로 이루어져 있었다. 이것이 1975년 주민등록법시행령 제6차 개정에 의하여 같은 해 11월에 개정된 시행규칙에 의하여 지금의 번호조합체계로 전환되었던 것이다. 현행 주민등록법 시행규칙 제2조는 13자리의 숫자로 생년월일·성별·지역 등을 표시할 수 있도록 주민등록번호를 작성하도록 구체적으로 규정하고 있지만 실제 주민등록번호의 조합체계는 이보다도 상당히 정교하고 복잡하다.

주민등록번호의 앞자리 6자리는 연대를 뺀 생년월일로 구성되어 있다. 예를 들어 1998년 6월 17일 생은 1900년대를 제외하고 나머지 월일을 두 자리 수로 변환하여 980617이라는 주민등록번호 앞자리를 가지게 된다. 여기까지는 일단 쉽게 확인이 되지만 뒤의 7자리 숫자 조합에 들어가면 보다 복잡한 문제가 발생하게 된다.

우선 뒤 7자리 숫자 중 첫 번째 숫자는 성별과 출생연대를 나타낸다. 즉 한 숫자가 두 가지 정보를 가지고 있는 것인데, 이를 자세히 살펴보면 1900년대에 출생한 남자는 1번, 여자는 2번, 2000년대에 출생한 남자는 3번, 여자는 4번이라는 번호를 부여받게 된다.[6]

그 다음 네 자리의 숫자는 최초 주민등록신고지역기관의 고유번호로서 흔히 지역번호라

---

4) 김민호 외, 주민등록번호제도 개선방안연구, 국가경쟁력강화위, 2009. 11, 11면.

5) 주민등록번호의 신규발급사유로는 사람의 출생, 외국인의 귀하, 미신고자에 대한 사후신고 등이 있으며, 발급된 번호의 변경사유로는 생년월일의 변경 또는 성별의 변경이다(주민등록법 제27조 제1항 제2호).

6) 1800년대에 태어난 남자는 9번, 여자는 0번을 부여받게 된다.

고 한다. 이 지역번호는 일반인이 알고 있는 것과는 달리 특별한 논리체계에 의하여 부여되는 것이 아니라, 주민등록번호제도를 시행하는 과정에서 이를 채택한 행정기관의 순서대로 나열한 것에 불과하고, 특별한 경우 예외적으로 네 자리 숫자의 맨 처음 번호가 일정한 지역을 나타낼 수 있으나 실제로는 별 의미가 없다고 한다. 또한 지역번호는 지역의 통합이나 분할 등에 의한 행정구역의 변동이 있을 경우 다른 숫자로 전환되고, 지역번호의 체계가 특별시나 광역시, 또는 도단위의 거대단위를 중심으로 한 것이 아니라, 읍·면·동 등 단위 행정구역의 번호이므로 특정한 지역을 유추할 가능성은 거의 희박하다고 한다. 그러나 주민등록번호 체계 내의 지역번호의 조립방법은 2급비밀(관리번호 583)로 관리하고 있으며, 이에 따르면 현행 13자리 주민등록번호를 어떻게 구성할지 또 그 숫자들을 어떻게 배분하고 그와 같이 배분된 숫자들의 기능과 역할 및 그 효과는 무엇인지 그리고 어떠한 방법으로 각 자리의 숫자들에 일정한 번호를 부여할 것인지를 포함하고 있다고 한다.

다음으로 여섯 번째 숫자는 동일한 성(姓)을 가진 해당지역 주민(혹은 세대) 중 신고 당일 몇 번째로 주민등록신고를 하였는가를 나타내는 것으로서 0부터 9까지의 숫자로 이루어져 있다.

맨 마지막 숫자는 흔히 오류검증번호라고 이야기되는 것인데 주민등록번호의 조립이 체계적으로 맞는지 틀리는지를 확인하는 번호로서 다음과 같은 알고리즘으로 구성되어 있다.

******		*******			
		*	****	*	*
생년월일	–	성별	지역번호	일련번호	검증번호

나. 주민등록번호체계의 문제점

1) 생년월일 등 민감정보의 직접 노출

현재의 주민등록번호체계는 유일·불가변적 식별자로서 다른 자료를 활용하지 않고도 당해 당사자의 생년월일, 남녀 여부, 출생지 등 10가지 이상의 정보들을 손쉽게 확인할 수 있다.

초기의 주민등록번호는 두 부분으로 구분된 6자리의 숫자로 조합되었으나,[7] 1975년 8월

7) 주민등록 번호에서 앞의 여섯 자리는 지역을, 뒤의 여섯 자리는 거주세대와 개인번호를 부여하였다. 초기에는 이러한 규칙에 의거하여 1968년 당시 박정희 대통령부부에게는 11－1－1－100001과 110101－200002라는 고유번호가 부여되었다. 한겨레신문, 1992. 11. 18일자.

26일 주민등록법 시행령과 아울러 같은 해 11월 4일 시행규칙을 개정하여 생년월일, 성별, 지역을 표시하는 현행 13자리 숫자 체제로 변경하였다. 이 번호는 한 번 부여되면 변경이 불가능하며 사망시까지 사용하여야 한다.[8)]

2) 프라이버시와 개인정보자기결정권 침해

프라이버시(privacy)란 미국 연방대법원장 워런(Sammuel D. Warren)과 연방대법관 브랜다이스(Louis D. Brandeis)가 청년시절인 1890년 하버드 로스쿨의 Law Review에 기고한 'The Right to Privacy'라는 논문[9)]에서 처음 등장한 개념이다.

당시 미국의 옐로저널리즘이 유명인사의 사생활을 폭로하는 기사를 자주 게재해도 종래의 명예훼손 법리만으로는 그 구제가 곤란한 경우가 많아 새로이 프라이버시권을 인정할 필요가 있다는 주장을 제기하면서, 프라이버시란 '타인의 방해를 받지 않고 개인의 사적인 영역(personal space)을 유지하고자 하는 이익 또는 권리'라고 설명하였다.

이후 프라이버시에 대한 정의는 미국의 판례와 학자들에 의해 계속 진화·발전되었다. 어떠한 환경이든 개인의 신체나 태도 및 행위를 타인에게 얼마나 노출할 것인지 자신이 자유롭게 선택할 수 있는 권리라는 견해,[10)] 인격권으로서 인격침해로부터 개인의 자주성, 존엄성, 완전성을 보호할 수 있는 권리라는 견해,[11)] 비밀·익명성·고립성 등 세 요소를 가지며 그것이 자신의 의사나 타인의 행위에 의하여 상실될 수 있는 상태라는 견해[12)] 등이 대표적이다.[13)] 로젠바움(Rosenbaum)은 프라이버시 개념의 이 같은 다의성을 세 가지 범주, 즉 공간적 프라이버시(Territorial Privacy), 개인적 프라이버시(Personal Privacy), 그리고 정보프라이버시(Information Privacy)로 나누어 파악하였다.[14)]

미연방대법원은 헌법상의 프라이버시권이 두 가지 내용의 보호법익을 가지고 있는 것으

---

8) 김민호 외, 주민등록번호제도 개선방안연구, 국가경쟁력강화위, 2009. 11, 56면.

9) Warren and Brandeis, "THE RIGHT TO PRIVACY", Harvard Law Review. Vol. IV No. 5, December 15, 1890.

10) Alan F. Westin, Privacy and Freedom, Atheneum(N .Y.), (1967), p.7.

11) Edward Bloustine, "Privacy as an aspect of human dignity", 39 New York Univ. Law Review (1964), p.971.

12) Ruth Gavison, "Privacy and the Limits of Law", 89 Yale Law Journal 42 1 (1980), p.428.

13) 노동일/정완, "사이버공간상 프라이버시 개념의 변화와 그에 대한 법적 대응", 경희법학 제45권 제14호, 2010, 185면.

14) Joseph I. Rosenbaum, "Privacy on the Internet: Whose Information is it Anyway?", 38 Jurimetrics p.565, pp.566－67 (1998); 김현경, "개인정보 보호제도의 본질과 보호법익의 재검토", 성균관법학 제26권 제4호, 2014. 12, 272면 재인용.

로 판시하였다. 그 하나가 "사적인 사항이 공개되는 것을 원치 않는 이익(interest in avoiding disclosure of personal matters)"이며, 다른 하나는 "자신의 중요한 문제에 대하여 자율적이고 독자적으로 결정을 내리고자 하는 이익(interest in independence in making certain kinds of important decisions)"이다.[15]

국내 헌법학자들은 전자를 소극적 침해배제권이라 할 수 있는 이른바 '프라이버시권'으로, 후자를 적극적 보호형성권으로서 이른바 '개인정보자기결정권'으로 각각 설명하고 있다. 헌법 제17조의 "모든 국민은 사생활의 비밀과 자유를 침해받지 아니한다."의 규정을 전단과 후단으로 나누어, 전단의 "비밀 침해배제"는 프라이버시권을 후단의 "자유 침해배제"는 개인정보자기결정권을 각각 보장하는 헌법적 근거라고 설명한다.[16]

개인정보자기결정권은 사적 정보의 통제를 정보주체 스스로가 "결정"할 수 있다는 적극적 의미의 프라이버시권이라 할 수 있다. 결국 프라이버시와 개인정보자기결정권의 관계는 '프라이버시' 의미의 광협에 따라 달라진다. 프라이버시를 좁게 해석하여 '비밀 보호'라는 소극적 방해배제의 권리로 이해한다면 '자유 결정'이라는 적극적 보호형성권인 개인정보자기결정권과 구별적 개념이 될 것이며, 프라이버시를 넓게 해석하여 '사생활의 비밀 및 자유'를 방해받지 않을 뿐만 아니라 정보주체가 스스로 침해배제를 위한 결정권을 행사할 수 있는 것으로 해석한다면 프라이버시는 개인정보자기결정권은 포함하는 상위의 개념이 된다. 하지만 이들 관계를 굳이 구별할 실익이 없다. 양자 모두 헌법적 가치이며 헌법상 보장되는 기본권이므로 헌법소원이나 불법행위에 의한 손해배상청구소송 등에서 다르게 취급되지 않기 때문이다.

III. 판결의 의의

헌법재판소는 "주민등록번호 유출 또는 오·남용으로 인하여 발생할 수 있는 피해 등에 대한 아무런 고려 없이 주민등록번호 변경을 일체 허용하지 않는 것은 그 자체로 개인정보자기결정권에 대한 과도한 침해가 될 수 있다."고 결정하였다. 주민등록제도 또는 주민등록번호체계 등의 개인정보자기결정권 침해 여부는 별론으로 하고, 이 판례는 '주민등록번호의 변경불허'가 개인정보자기결정권을 침해하였다는 것에 중점을 두고 있다.

15) Whalen v. Roe, 429 U.S.589, 599~600, 1977.
16) 강경근, "프라이버시 보호와 진료정보", 헌법학연구 제10권 제2호, 2004, 187면.

주지하는 바처럼 이 판결을 계기로 주민등록법이 개정되어 지금은 법령이 정하는 요건에 충족하면 주민등록번호변경위원회의 결정을 거쳐 주민등록번호의 뒷자리 7자리는 변경이 가능해졌다. 이 판결은 직접적 성과라 할 수 있다.

그런데 한 가지 아쉬운 것은 이 판례뿐만 아니라 헌법재판소는 물론 법원들이 하나같이 개인정보의 명확한 의미를 이해하지 못하여 개인정보 보호 관련 사건의 판단을 혼란스럽게 하고 있다.

개인정보의 의미는 (1) 프라이버시 또는 개인정보자기결정권의 대상으로서의 개인정보와 (2) 개인정보 보호법의 보호대상으로서의 개인정보가 반드시 일치하는 것은 아니다. 프라이버시 또는 개인정보자기결정권 등과 같은 기본권적 의미로서의 개인정보는 손해배상청구소송에서 불법행위책임의 구성요소로서의 위법성 판단에 있어 '침해의 대상'의 관점에서 주로 논의되는 의미이다.

불법행위법은 '가해행위'나 '위법성' 요건을 통해 기본권의 효력이나 영향이 매우 직접적·전면적으로 투입되는 구조이다. 우리나라의 불법행위사건 재판에서 기본권에 대한 고려는 일상적 일이 되었다. 이는 공법상 법률관계뿐 아니라 사인들 사이에서도 기본권적 가치를 인식하고 그 위상에 맞게 보호함으로써 시대정신의 투영이자 공·사 영역을 불문하는 법질서의 기초에 놓여있는 기본권적 가치의 보호를 완성해가는 당연하고도 바람직한 움직임이라고 한다.[17] 이처럼 불법행위책임의 성립요건으로서 침해의 대상이 되는 '개인정보'의 의미는 헌법상 기본권으로서의 프라이버시 또는 개인정보자기결정권 등의 대상이 되는 개인정보를 의미한다.

반면에 개인정보 보호법의 보호대상으로서의 개인정보는 (1) 법위반 행위에 대한 제재나 (2) 개인정보 보호법에 특별히 규정된 입증책임의 전환, 법정손해배상 등과 같은 손해배상의 특칙을 적용할 때 주로 논의되는 개념이다.

법원은 "개인정보자기결정권의 보호대상이 되는 개인정보는 개인의 신체, 신념, 사회적 지위, 신분 등과 같이 개인의 인격주체성을 특징짓는 사항으로서 개인의 동일성을 식별할 수 있게 하는 일체의 정보라고 할 수 있고, 반드시 개인의 내밀한 영역에 속하는 정보에 국한되지 않고 공적 생활에서 형성되었거나 이미 공개된 개인정보까지 포함한다."라고 판시하였다.

이에 따르면 개인정보자기결정권의 보호대상이 되는 개인정보는 (1) 개인의 인격주체성을

---

17) 윤영미, "불법행위법의 보호대상인 기본권적 법익", 세계헌법연구 제18권 제2호, 2012, 147면.

특징짓는 사항과 (2) 개인의 동일성을 식별할 수 있는 정보라는 2가지 요건을 모두 갖추어야 한다. 다시 말해서 개인의 인격적 정보 모두가 개인정보가 되는 것이 아니라 그 중에서 특정 개인을 식별할 수 있는 정보만이 개인정보에 해당하는 것이다. 만약 전교조 가입자 명단이 공개되었으나 지역 또는 소속 학교 등이 함께 공개되지 않았다면 개인에 대한 식별이 용이하지 않으므로 개인정보에 해당하지 않을 수도 있다. 물론 특이한 이름의 경우 식별 가능성이 상대적으로 높기 때문에 개인정보에 해당할 수도 있다. 이처럼 식별성 또는 식별가능성의 판단은 매우 임의적이고 상대적일 수밖에 없다.

그런데 불법행위법에서 위법성의 구성요소로서 '침해'의 대상이 되는 것은 노출을 원하지 않는 개인의 인격적 정보가 알려지거나 알려질 가능성이 있는 상태에 놓여있다는 것이다. 따라서 불법행위법상 침해 대상으로서의 개인정보는 현행법령의 보호대상으로서 개인정보보다 '식별성 또는 식별가능성'을 비교적 넓게 인정하여도 무방할 것으로 보인다.

현행법의 보호대상으로서의 개인정보는 법문언에 충실한 해석이 필요하다. 현행법의 법문언은 개인의 인격주체성보다는 개인의 식별성에 무게중심을 두고 있다. 「개인정보 보호법」은 사상 · 신념, 노동조합 · 정당의 가입 · 탈퇴, 정치적 견해, 건강, 성생활 등에 관한 정보 등을 민감정보라 하여 원칙적 처리 금지를 규정하고 있다.[18] 여기서 민감정보는 개인에 대한 모든 민감한 정보를 의미하는 것이 아니라 당연히 개인정보의 범주에 속하는 정보 중에서 특히 민감한 정보를 말한다.

따라서 만약 민감정보가 유출되었으나 개인에 대한 식별성 판단이 애매한 경우 불법행위법과 개인정보 보호법의 판단이 다를 수 있다. 다소 식별성이 낮아 개인정보 보호법의 적용이 배제되더라도 손해배상책임은 면책되지 않을 수 있다. 하지만 현행 「개인정보 보호법」 제39조 제1항의 손해배상책임에 있어 입증책임의 전환이나 제39조의2 제1항의 법정손해배상의 청구 등은 불법행위법의 특칙규정으로서 이때에 개인정보의 의미는 일반 불법행위법적 의미의 개인정보가 아닌 개인정보 보호법상의 개인정보가 적용되어야 한다. 향후 재판에서 법원이 이에 대한 법리의 오해가 없기를 바란다.[19]

18) 「개인정보 보호법」 제23조.
19) 김민호, 개인정보의 의미, 성균관법학 제28권 제4호, 2016, 참조.

007 집회 · 시위에 있어 경찰의 카메라를 이용한 채증활동의 위헌성

헌재 2018. 8. 30. 선고 2014헌마843 전원재판부 결정

지성우(성균관대학교 법학전문대학원 교수)

I. 판결의 개요

1. 사안의 개요

청구인들은 OO대학교 법학전문대학원 재학생들로 2014. 8. 29. 16:00경부터 19:00경까지 연세대학교 앞에서 광화문광장까지 세월호 특별법 제정 촉구를 목적으로 행진하는 집회(이하 '이 사건 집회'라고 한다)에 참가하였다.

이 사건 집회의 주최자 이○솔은 2014. 8. 27.경 집회명, 집회목적, 개최장소 및 시위진로, '보도, 인도 이용', 주관자, 참가예정인원 등을 서울지방경찰청에 신고하였다. '연세대학교 총학생회', 참가예정인원 80명으로 하여 서울지방경찰청에 신고하였다.

청구인들을 포함한 이 사건 집회 참가자들은 집회 중 불법집회에 해당하는 행위를 하였고, 경찰의 해산명령을 위반하였다.

이에 경찰은 채증카메라를 이용하여 집회참가자들의 행위, 경고장면과 해산절차장면 등을 촬영하였다. 이에 청구인들은 주위적으로 이 사건 촬영행위의 근거가 된 구 채증활동규칙(2012. 9. 26. 경찰청예규 제472호)이 명확성원칙 및 법률유보원칙에 반하고, 예비적으로 이 사건 촬영행위가 청구인들의 초상권, 개인정보자기결정권 및 집회의 자유 등을 침해하여 위헌이라고 주장하며, 2014. 10. 2. 이 사건 헌법소원심판을 청구하였다. 그 후 청구인들은 2015. 3. 30. 개정된 채증활동규칙(2015. 1. 26. 경찰청예규 제495호)에 대한 심판청구를 주위적 청구에 추가하였다.

2. 심판대상

이 사건 심판대상은 주위적으로 구 채증활동규칙(2012. 9. 26. 경찰청예규 제472호)과 개정된 채증활동규칙(2015. 1. 26. 경찰청예규 제495호)(이 둘을 통틀어 이하 '이 사건 채증규칙'이라 한

다)이 청구인들의 기본권을 침해하는지 여부이고, 예비적으로 피청구인이 2014. 8. 29. 집회 참가자인 청구인들을 촬영한 이 사건 촬영행위가 청구인들의 기본권을 침해하는지 여부이다.

II. 판결의 요지

1. 이 사건 채증규칙에 대한 판단

이 사건 채증규칙(경찰청 예규)은 법률로부터 구체적인 위임을 받아 제정한 것이 아니며, 집회·시위 현장에서 불법행위의 증거자료를 확보하기 위해 행정조직의 내부에서 상급행정기관이 하급행정기관에 대하여 발령한 내부기준으로 행정규칙이다. 청구인들을 포함한 이 사건 집회 참가자는 이 사건 채증규칙에 의해 직접 기본권을 제한받는 것이 아니라, 경찰의 이 사건 촬영행위에 의해 비로소 기본권을 제한받게 된다.

따라서 청구인들의 이 사건 채증규칙에 대한 심판청구는 헌법재판소법 제68조 제1항이 정한 기본권 침해의 직접성 요건을 충족하지 못하였으므로 부적법하다.

2. 본안에 대한 판단

가. 경찰의 촬영행위

경찰의 촬영행위란 현장 상황을 촬영·녹화하는 것을 말한다. 이 사건과 관련하여 특히 각종 집회·시위 및 치안현장에서 경찰이 불법 또는 불법이 우려되는 상황에서 하는 촬영 등이 문제된다.

이러한 경찰의 촬영행위는 범죄수사를 위한 증거자료를 확보하기 위한 것일 수도 있고, 집회 및 시위와 관련해서 침해될 수 있는 법익 등을 보호하고 범죄를 예방하여 공공의 안녕과 질서를 유지하기 위한 것일 수도 있다.

범죄수사를 위한 촬영행위와 관련하여 형사소송법 등에 구체적이고 명확한 근거규정은 없다. 그러나 사법경찰관은 범죄의 혐의가 있다고 인식하는 때에는 범인, 범죄사실과 증거에 관하여 수사를 개시·진행하여야 하고(형사소송법 제196조 제2항), 수사목적을 달성하기 위해 필요한 조사를 할 수 있으므로(형사소송법 제199조 제1항 본문), 경찰은 집회·시위현장에서 범죄가 발생한 때에는 증거수집을 위해 이를 촬영할 수 있다.

다만 경찰의 촬영행위는 일반적 인격권, 개인정보자기결정권 및 집회의 자유 등 기본권 제한을 수반하는 것이므로 필요최소한에 그쳐야 한다(형사소송법 제199조 제1항 단서 참조). 따

라서 범죄수사를 위한 경찰의 촬영행위는 현재 범행이 이루어지고 있거나 행하여진 직후이고, 증거보전의 필요성 및 긴급성이 있으며, 일반적으로 허용되는 상당한 방법에 의한 경우로 제한되어야 한다. 그러한 경우라면 그 촬영행위가 영장 없이 이루어졌다 하더라도 위법하다고 할 수 없다(대법원 1999. 9. 3. 선고 99도2317 판결 등 참조).

나. 제한되는 기본권

경찰의 촬영행위는 직접적인 물리적 강제력을 동원하는 것이 아니라고 하더라도 청구인들의 일반적 인격권, 개인정보자기결정권 및 집회의 자유를 제한할 수 있다. 이러한 기본권 제한은 헌법 제37조 제2항에 따라 국가안전보장 · 질서유지 또는 공공복리를 위해 필요한 경우에 한하여 허용될 수 있다. 따라서 경찰의 촬영행위는 과잉금지원칙을 위반하여 국민의 일반적 인격권, 개인정보자기결정권 및 집회의 자유를 침해해서는 아니 된다.

다. 과잉금지원칙 위배 여부

1) 재판관 김창종, 재판관 안창호, 재판관 서기석, 재판관 조용호의 기각의견

가) 목적의 정당성 및 수단의 적합성

이 사건 촬영행위는 집회 · 시위 참가자들이 신고된 집회 · 시위 장소를 벗어난 다음 경찰이 집회 · 시위 주최자 등의 '집회 및 시위에 관한 법률'(이하 '집시법'이라 한다) 위반과 관련하여 수사하는 과정에서 이루어진 것이다. 따라서 이 사건 촬영행위는 집회 · 시위 주최자 등의 범죄에 대한 증거를 수집하여 형사소추에 활용하기 위한 것으로서 목적의 정당성과 수단의 적합성이 인정된다.

나) 침해의 최소성

이 사건에서 경찰은 청구인 등 이 사건 집회참가자들이 신고범위를 벗어난 다음부터 자발적으로 해산할 때까지 이를 촬영한 것이고, 달리 이 사건 촬영행위보다 청구인 등의 기본권을 덜 침해하는 방법으로 이 사건 집회 주최자 등에 대한 집시법 위반 수사를 위한 증거를 확보할 방법이 있다고 할 수 없다. 또한 사후에는 범인을 발견 · 확보하고 증거를 수집 · 보전하는 것이 쉽지 아니할 수 있다는 점에서, 이 사건 촬영행위는 증거보전의 필요성과 긴급성이 인정되며, 일반적으로 허용되는 상당한 방법에 의한 촬영행위로써 증거를 수집하였으므로 헌법에 위반된다고 할 수 없다.

다) 법익의 균형성

이 사건 촬영행위는 공개된 장소에서 이루어졌고, 경찰은 이 사건 집회참가자들이 신고범위를 벗어난 때부터 자발적으로 해산할 때까지만 촬영행위를 하였으며, 촬영자료는 이 사건 집회가 종료한 후 곧바로 폐기된 것으로 보이므로, 청구인들의 기본권 제한은 제한적이다.

따라서 이 사건 촬영행위로 달성하려는 공익, 즉 범인을 발견·확보하고 증거를 수집·보전함으로써 종국적으로 이루려는 질서유지보다 청구인들의 기본권 제한이 크다고 단정할 수 없으므로, 이 사건 촬영행위는 법익의 균형성에 위배된다고 할 수 없다.

2) 재판관 이진성, 재판관 김이수, 재판관 강일원, 재판관 이선애, 재판관 유남석의 이 사건 촬영행위에 대한 반대의견

촬영행위는 미신고집회라는 불법행위에 책임을 져야 할 집회주최자에 대한 증거를 확보하기 위한 것으로서 사회의 질서유지라는 공익에 기여할 수 있지만, 다른 한편으로는 미신고집회라는 불법행위에 대한 책임과 무관한 이 사건 집회참가자들에게 집회 및 시위 현장에서 얼굴을 근접촬영 당하는 심리적 부담을 가하여 집회의 자유를 전체적으로 위축시키는 결과를 가져오기도 했다. 이 사건 집회는 평화로운 집회였음에도 단지 신고된 장소를 다소 벗어났다는 이유로 언제든 폭력적인 집회로 변질될 수 있다는 막연한 우려를 근거로 집회참가자들의 의사에 반하여 그들의 얼굴을 근거리에서 촬영한 것이므로, 이 사건 촬영행위는 지나치게 수사의 편의에만 치우친 행위라는 비판을 피하기 어렵다. 따라서 이 사건 촬영행위에 의한 기본권의 제한 정도는 그것이 달성하려는 공익에도 불구하고 민주사회가 청구인들에게 수인하도록 요구할 수 있는 수준을 넘어선 것이라고 보인다.

이 사건 촬영행위는 공익적 필요성에만 치중한 탓에 그로 인해 제약된 사익과의 조화를 도외시함으로써 필요한 범위 이상으로 기본권을 제한하고 있다는 점에서 피해의 최소성과 법익의 균형성 요건을 충족하였다고 할 수 없다. 이 사건 촬영행위는 과잉금지원칙을 위반하여 청구인들의 일반적 인격권, 집회의 자유를 침해하였다.

이러한 사정들을 종합하면, 이 사건 촬영행위는 침해의 최소성 원칙에 위배된다고 할 수 없다.

3) 결론

이 사건 촬영행위에 대하여 재판관 김창종, 재판관 안창호, 재판관 서기석, 재판관 조용

호는 기각의견이고, 재판관 이진성, 재판관 김이수, 재판관 강일원, 재판관 이선애, 재판관 유남석은 위헌의견으로, 비록 위헌의견에 찬성한 재판관이 다수이지만, 헌법 제113조 제1항, 헌법재판소법 제23조 제2항 단서 제1호에서 정한 심판정족수에는 이르지 못하여 위헌결정을 할 수 없으므로, 이사건 촬영행위에 대한 심판청구는 기각하기로 한다.

결론적으로 청구인들의 이 사건 채증규칙에 대한 주위적 심판청구는 부적법하므로 각하하고 이 사건 촬영행위에 대한 예비적 심판청구는 기각하였다.

Ⅲ. 해설

1. 쟁점의 정리

이 사건은 경찰 채증규칙의 위헌성과 아울러 경찰의 채증활동을 위한 촬영행위의 위헌성을 다루고 있다.

2. 채증규칙의 위헌성

먼저 이 사건 채증규칙은 법률의 구체적인 위임 없이 제정된 경찰청 내부의 행정규칙에 불과하고, 청구인들은 구체적인 촬영행위에 의해 비로소 기본권을 제한받게 되므로, 이 사건 채증규칙이 직접 기본권을 침해한다고 볼 수 없다고 보았다.

우리 헌법재판소법 제68조 제1항에는 권리구제형 헌법소원심판 사건의 청구사유로 “① 공권력의 행사 또는 불행사(不行使)로 인하여 헌법상 보장된 기본권을 침해받은 자는 법원의 재판을 제외하고는 헌법재판소에 헌법소원심판을 청구할 수 있다. 다만, 다른 법률에 구제절차가 있는 경우에는 그 절차를 모두 거친 후에 청구할 수 있다.”라고 규정하고 있다.

헌법소원을 청구하려면 직접성, 현재성, 자기관련성 등의 요건을 갖추어야 한다. 이 중 직접성이라 함은 청구인의 기본권이 공권력작용으로 인하여 직접적으로 침해되어야 한다는 것을 의미한다.

이 직접성의 요건은 법령에 대한 헌법소원에서는 특히 중요한 의미를 가진다. 즉 법률 또는 법률조항 자체가 헌법소원의 대상이 될 수 있으려면 그 법률 또는 법률조항에 의하여 구체적인 집행행위를 기다리지 아니하고 직접 · 현재 · 자기의 기본권을 침해받아야 하는 것을 요건으로 하고, 여기서 말하는 기본권침해의 직접성이란 집행행위에 의하지 아니하고 법률 그 자체에 의하여 자유의 제한, 의무의 부과, 권리 또는 법적 지위의 박탈이 생긴 경우를 뜻

한다(헌재 1992. 11. 12. 91헌마192, 판례집 4, 813, 823). 그리고 여기서 말하는 집행행위에는 입법행위도 포함되므로 법률규정이 그 규정의 구체화를 위하여 하위규범의 시행을 예정하고 있는 경우에는 당해 법률의 직접성은 부인된다(헌재 1996. 2. 29. 94헌마213, 판례집 8-1, 147, 154).

그러나 국민에게 일정한 행위의무 또는 행위금지의무를 부과하는 법규정을 정한 후 이를 위반할 경우 제재수단으로서 형벌 또는 행정벌 등을 부과할 것을 정한 경우에, 그 형벌이나 행정벌의 부과를 위 직접성에서 말하는 집행행위라고는 할 수 없다. 국민은 별도의 집행행위를 기다릴 필요없이 제재의 근거가 되는 법률의 시행 자체로 행위의무 또는 행위금지의무를 직접 부담하는 것이기 때문이다(헌재 1998. 3. 26. 97헌마194, 공보 27, 339).

당해 사건에서는 이러한 직접성 요건이 충족되지 않은 것으로 보아 이 부분에 대한 청구는 부적법 각하하였다.

3. 본안에 대한 판결

본안에 대한 결정에 있어서는 4인의 재판관은 합헌의견을 제시하였고, 5인의 재판관은 위헌의견을 제시하여서, 결론적으로 합헌으로 결정되었다.

합헌의견에 의하면 미신고 옥외집회·시위 또는 신고범위를 넘는 집회·시위에서 단순 참가자들에 대한 경찰의 촬영행위는 비록 그들의 행위가 불법행위로 되지 않는다 하더라도 주최자에 대한 집시법 위반에 대한 증거를 확보하는 과정에서 불가피하게 이루어지는 측면이 있다. 이러한 촬영행위에 의하여 수집된 자료는 주최자의 집시법 위반에 대한 직접·간접의 증거가 될 수 있을 뿐만 아니라 그 집회 및 시위의 규모·태양·방법 등에 대한 것으로서 양형자료가 될 수 있다. 그리고 미신고 옥외집회·시위 또는 신고범위를 넘는 집회·시위의 주최자가 집회·시위 과정에서 바뀔 수 있고 새로이 실질적으로 옥외집회·시위를 주도하는 사람이 나타날 수 있으므로, 경찰은 새로이 집시법을 위반한 사람을 발견·확보하고 증거를 수집·보전하기 위해서는 미신고 옥외집회·시위 또는 신고범위를 넘는 집회·시위의 단순 참자자들에 대해서도 촬영할 필요가 있다. 또한 미신고 옥외집회·시위 또는 신고범위를 벗어난 옥외집회·시위가 적법한 경찰의 해산명령에 불응하는 집회·시위로 이어질 수 있으므로, 이에 대비하여 경찰은 미신고 옥외집회·시위 또는 신고범위를 벗어난 집회·시위를 촬영함으로써, 적법한 경찰의 해산명령에 불응하는 집회·시위의 경위나 전후 사정에 관한 자료를 수집할 수 있다.

한편 근접촬영과 달리 먼 거리에서 집회·시위 현장을 전체적으로 촬영하는 소위 조망촬

영이 기본권을 덜 침해하는 방법이라는 주장도 있으나, 최근 기술의 발달로 조망촬영과 근접촬영 사이에 기본권 침해라는 결과에 있어서 차이가 있다고 보기 어려우므로, 경찰이 이러한 집회 · 시위에 대해 조망촬영이 아닌 근접촬영을 하였다는 이유만으로 헌법에 위반되는 것은 아니다.

옥외집회 · 시위에 대한 경찰의 촬영행위는 증거보전의 필요성 및 긴급성, 방법의 상당성이 인정되는 때에는 헌법에 위반된다고 할 수 없으나, 경찰이 옥외집회 및 시위 현장을 촬영하여 수집한 자료의 보관 · 사용 등은 엄격하게 제한하여, 옥외집회 · 시위 참가자 등의 기본권 제한을 최소화해야 한다. 옥외집회 · 시위에 대한 경찰의 촬영행위에 의해 취득한 자료는 '개인정보'의 보호에 관한 일반법인 '개인정보 보호법'이 적용될 수 있다.

이 사건에서 피청구인이 신고범위를 벗어난 동안에만 집회참가자들을 촬영한 행위가 과잉금지원칙을 위반하여 집회참가자인 청구인들의 일반적 인격권, 개인정보자기결정권 및 집회의 자유를 침해한다고 볼 수 없다고 보았다.

반대로 위헌의견에 의하면 집회참가자들에 대한 촬영행위는 개인의 집회의 자유 등을 위축시킬 수 있으므로, 증거확보라는 목적 달성을 위하여 필요한 범위에서 적법절차에 따라 이루어져야 한다. 따라서 이러한 촬영행위는 불법행위가 진행 중에 있거나 그 직후에 불법행위에 대한 증거자료를 확보할 필요성과 긴급성이 있는 경우에만 허용되어야 하기 때문에 평화적인 상황에서 행해진 집회에 대한 채증활동은 최소침해원칙과 균형성의 원칙에 위배된다고 보았다.

결론적으로 이 사건은 합헌으로 결정되었지만 소수의견에서 밝히고 있는 바와 같이 평화적인 집회가 미신고 집회로 변하여 집회주최자의 불법행위가 성립한 것을 제외하고는 다른 불법행위에 대한 증거자료를 확보할 필요성과 긴급성이 있었다고 할 수 있는지에 대해서는 의문의 여지가 있다.

나아가 미신고 집회 부분에 대한 해산명령은 적법한 요건을 갖추었는지에 대해서도 다시 살펴봐야 한다. 집회가 신고범위를 벗어났다는 점을 입증하기 위한 촬영의 필요성은 있을 수 있지만, 이는 집회현장의 전체적 상황을 촬영하는 것으로 충분하다고 볼 여지가 있다.

그런데 이 사건 촬영행위는 여러 개의 카메라를 이용해 근거리에서 집회참가자들의 얼굴을 촬영하는 방식으로 이루어졌다. 여기에는 집회참가자들에게 심리적 위축을 가하는 부당한 방법으로 집회를 종료시키기 위한 목적이 상당부분 가미되어 있었다고 보이기 때문이다.

IV. 판결의 의의

당해 판결은 경찰의 채증활동을 위한 촬영활동의 필요성과 그 허용범위에 대한 한계에 대해 결정하고 있다. 이로써 그동안 별다른 기준 없이 집회와 시위현장에서 행해지던 경찰에 의한 채증활동 역시 헌법적 범위 내에서 행해져야 한다는 점을 명확히 하였다.

특히 헌재는 이 결정을 통해 경찰은 범죄행위가 있는 경우 이에 대한 수사로서 증거를 확보하기 위해 촬영행위를 할 수 있고, 범죄에 이르게 된 경위나 그 전후 사정에 관한 것이라도 증거로 수집할 수 있다고 판시하였다. 그리하여 헌재는 경찰의 촬영행위는 일반적 인격권, 개인정보자기결정권, 집회의 자유 등 기본권 제한을 수반하는 것이므로 수사를 위한 것이라고 하더라도 필요최소한에 그쳐야 한다는 점을 명확히 하였다.

특히 헌재는 이 사건에서 옥외집회·시위에 대한 경찰의 촬영행위는 증거보전의 필요성 및 긴급성, 방법의 상당성이 인정되는 때에는 헌법에 위반된다고 할 수 없으나, 경찰이 옥외집회 및 시위 현장을 촬영하여 수집한 자료의 보관·사용 등은 엄격하게 제한하여, 옥외집회·시위 참가자 등의 기본권 제한을 최소화해야 한다. 옥외집회·시위에 대한 경찰의 촬영행위에 의해 취득한 자료는 '개인정보'의 보호에 관한 일반법인 '개인정보 보호법'이 적용될 수 있다고 밝히고 있다.

008

미결수용자의 양형 참고자료 통보행위의 개인정보 자기결정권 침해 여부

헌재 2016. 4. 28. 2012헌마549, 2013헌마865(병합) 결정

임현(고려대학교 행정학과 교수)

I. 판결의 개요

1. 사안의 개요

가. 사실관계

1) 2012헌마549 사건

청구인은 마약류관리에 관한 법률 위반 혐의로 구속되어 ○○교도소에 미결수용 중이던 2012. 6. 4. 교도관에게 폭언을 하는 등 교도관의 직무를 방해하였다는 이유로, 2012. 6. 12. 금치 30일의 징벌처분을 받았는데, 피청구인 ○○교도소장은 금치 30일의 징벌처분을 하면서 형의 집행 및 수용자의 처우에 관한 법률(2007. 12. 21. 법률 제8728호로 개정된 것, 이하 '형집행법'이라 한다.) 제112조 제3항에 따라 청구인에게 금치기간 중 신문열람 제한, 전화통화 제한 등 형집행법 제108조 제4호부터 제13호까지의 처우제한을 함께 부과하였다. 그리고 피청구인은 2012. 6. 20. 청구인의 위 규율위반행위와 징벌처분의 내용을 양형참고자료로 의정부지방법원에 통보하였다. 그러자 청구인은 금치기간 중 신문열람, 도서구입, 전화통화, 집필, 서신수수, 접견을 함께 제한하도록 한 형집행법 제112조 제3항 및 미결수용자가 규율위반행위로 징벌을 받은 경우 그 내용을 양형참고자료로 관할 법원 등에 통보할 수 있도록 한 형집행법 시행규칙 제235조가 무죄추정의 원칙 등에 반하고 자신의 헌법상 보장된 기본권을 침해한다고 주장하면서, 2012. 6. 19. 헌법소원심판을 청구하였다.

2) 2013헌마865사건

청구인은 또다시 마약류관리에 관한 법률 위반 혐의로 구속되어 ○○구치소에 미결수용 중이던 2013. 9. 24. 독거수용을 요구하며 다른 수용자의 입실을 방해하고 소란을 피운 혐의

등으로 2013. 9. 27. 금치 9일의 징벌처분을 받았다. 청구인이 위 사건과 관련하여 식사를 하지 않고 계속하여 불만을 표출하자 피청구인 ○○구치소장은 2차 교정사고의 위험이 높다고 보아 2013. 9. 24.부터 금치기간이 끝나는 2013. 10. 5.까지 청구인을 폐쇄회로 텔레비전(이하 'CCTV'라고 한다.)이 설치된 거실에 수용하였다. 그리고 피청구인은 2013. 10. 1. 청구인의 규율위반행위와 징벌처분의 내용을 양형참고자료로 부산지방법원에 통보하였다. 그러자 청구인은 피청구인이 2013. 9. 24.부터 2013. 10. 5.까지 CCTV를 이용하여 계호한 행위 및 2013. 10. 1. 부산지방법원에 청구인에 대한 양형참고자료를 통보한 행위가 헌법상 보장된 인간으로서의 존엄과 가치 및 사생활의 비밀과 자유 등을 침해한다고 주장하면서, 2013. 12. 23. 이 사건 헌법소원심판을 청구하였다.

나. 소송경과

피청구인인 ○○교도소장, ○○구치소장이 청구인의 규율위반사유와 징벌처분의 내용 등을 양형참고자료로 관할 법원에 통보한 행위가 청구인의 개인정보자기결정권을 침해하는지 여부에 대해 5인의 재판관이 법률유보원칙에 반하여 위헌이라는 인용의견, 법률유보원칙과 과잉금지원칙에 반하지 않는다는 2인의 기각의견, 법원에 통보한 행위가 공권력의 행사에 해당하지 않아 헌법소원심판의 대상이 되지 않는다는 2인의 각하의견이 있었으며, 헌법 제113조 제1항, 헌법재판소법 제23조 제2항 단서 제1호에 규정된 인용결정을 위한 심판정족수에 이르지 못하여 기각결정이 선고되었다.

2. 판결의 요지

미결수용자의 규율위반사유와 징벌처분의 내용 등을 양형참고자료로 관할 법원에 통보한 행위가 법률유보원칙 및 과잉금지원칙에 위배되어 청구인의 개인정보자기결정권을 침해하는 것이라 할 수 없다.

II. 해설

1. 쟁점의 정리

이 결정의 쟁점은 미결수용자의 양형 참고자료 통보행위가 법률유보원칙에 반하여 개인정보자기결정권을 침해하는지 여부에 대한 판단에 있다. 미결수용자의 양형 참고자료 통보

행위가 법률유보원칙에 반하여 위헌이라는 인용의견의 요지를 살펴보면, 형의 집행 및 수용자의 처우에 관한 법률상 양형참고자료 통보에 관한 명시적 규정이 없고, 수용자의 징벌대상행위 및 그에 대한 징벌에 관한 개인정보는 교정시설 내 수용질서 확보를 위해 수집되었으나 그 목적 범위 내에서 법원에 제공된 것이라고 보기 어려우므로 개인정보 보호법 제15조 제1항 제3호, 제17조 제1항 제2호는 근거 법률조항이 될 수 없으며, 개인정보 보호법 제18조 제2항 제8호는 법원의 소송지휘에 따른 개인정보 제공을 허용하는 규정일 뿐 법원의 요청 없이 구치소장 등이 적극적·자발적으로 개인정보를 제공할 수 있도록 허용하는 규정은 아니므로 이 사건 통보행위는 법률유보원칙에 위배되어 청구인의 개인정보자기결정권을 침해한 것이라고 판단하였다.

이에 비해 기각의견은 형집행법은 양형참고자료 통보행위에 관하여 명확하고 구체적으로 규정하고 있지 아니하나, 개인정보의 보호에 관한 일반법인 개인정보 보호법에서 이 사건 통보행위의 근거 규정들을 찾을 수 있다고 보았다. 즉, 교정시설의 장이 미결수용자에 대한 징벌에 관한 자료를 작성하는 것뿐만 아니라 이를 법원에 통지하는 행위 또한 교정시설의 안전과 질서유지라는 소관 업무를 위한 것이므로, 개인정보 보호법 제17조 제1항 제2호에 근거하여 수집의 목적 범위에서 제3자에게 제공한 것으로 볼 수 있으며, 설령 그렇지 않다 하더라도 이 사건 통보행위는 재판의 업무수행을 위하여 필요한 경우 개인정보를 수집목적 외의 용도로 제3자에게 제공할 수 있다고 규정한 개인정보 보호법 제18조 제2항 제8호에 근거한 것으로 볼 수 있고, 따라서 이 사건 통보행위가 법률의 근거 없이 청구인의 개인정보자기결정권을 제한한 것이라고 보기 어렵다고 판단하였다.

또한 기각의견은 양형 참고자료 통보행위의 위헌성을 과잉금지원칙을 적용해서도 판단하였다. 살펴보면, 이 사건 통보행위는 교정시설 내 안전과 질서를 유지하고, 미결수용자에 대한 적정한 양형을 실현하기 위한 것으로서 그 목적의 정당성 및 수단의 적절성이 인정되며, 이 사건 통보행위로 인하여 제공되는 개인정보의 내용은 개인의 인격이나 내밀한 사적 영역과 밀접하게 연관된 정보라고 보기 어려우므로 그 자체로 엄격한 보호의 대상이 되는 개인정보에 해당하지 아니하고, 미결수용자가 그에 대한 체포 또는 구속의 주체인 법원에 대한 관계에서 향유하는 개인정보자기결정권의 범위는 제한적일 수밖에 없으며, 관련 법령상으로도 개인정보 보호를 위한 조치들이 마련되어 있다는 점에서 침해의 최소성 요건도 충족한다고 보았다. 또한 이 사건 통보행위로 인해 제공되는 정보의 성격이나 제공 상대방의 한정된 범위 등을 고려할 때 그로 인한 기본권 제한의 정도가 크지 않은 데 비해, 이 사건 통보행위로 달성하고자 하는 공익이 훨씬 크다고 할 수 있으므로, 법익의 균형성 요건도 충족하여 과

잉금지원칙에 위배되어 청구인의 개인정보자기결정권을 침해하였다고 할 수 없다고 판단하였다.

심판정족수로 인해 최종적으로는 기각으로 선고되었지만 과반수인 5인의 재판관이 인용의견을 낸 만큼 미결수용자의 양형 참고자료 통보행위의 위헌성에 대한 논란의 여지를 남긴 결정이라고 할 수 있다.[1)]

2. 검토

가. 형의 집행 및 수용자의 처우에 관한 법률과 동법 시행규칙이 양형 참고자료 통보행위의 법적 근거가 되는지 여부

형의 집행 및 수용자의 처우에 관한 법률(이하 "형집행법"이라 한다) 제115조 제3항과 구 형집행법 시행규칙 제235조가 미결수용자의 양형 참고자료 통보행위의 법적 근거가 되는지 여부에 대해서는 인용의견과 기각의견 모두 이를 부정하였다. 인용의견은 징벌에 관하여 필요한 사항을 법무부령으로 정한다고 규정한 형집행법 제115조 제3항은 양형 참고자료 통보에 관하여 명시적으로 언급하고 있지 않을 뿐만 아니라 이 조항만으로 징벌과 독자적인 기본권 제한인 이 사건 통보행위를 할 수 있다는 것을 예측하기가 어렵다는 점을 들었다. 기각의견은 형집행법 제115조 제3항은 양형참고자료 통보행위에 관하여 명확하고 구체적으로 규정하고 있지 않다는 점을 제시하였다.

인용의견과 같이 형집행법에서 시행규칙에의 구체적이고 명확한 위임의 근거를 두고 있지 않으므로, 구 형집행법 시행규칙 제235조는 미결수용자의 양형 참고자료 통보행위의 법적 근거가 될 수 없다고 보는 것이 타당하다.

나. 개인정보 보호법 제17조 제1항 제2호가 양형 참고자료 통보행위의 법적 근거가 되는지 여부

개인정보를 수집목적의 범위에서 제3자에게 제공할 수 있도록 한 개인정보 보호법 제17조 제1항 제2호가 미결수용자의 양형 참고자료 통보행위의 법적 근거가 되는지 여부에 대해 인용의견은 이를 부정하였고, 기각의견은 교정시설의 장이 미결수용자에 대한 징벌에 관한 자료를 작성하는 것뿐만 아니라 이를 법원에 통지하는 행위 또한 교정시설의 안전과 질서유지라는 소관 업무를 위한 것이므로, 이는 수집목적 범위에서 제3자에게 제공한 것으로 볼

---

1) 전학선, [판례해설] 미결수용자 양형자료 법원에 통보는 합헌, 법률신문, 2016. 5. 27.

수 있다는 입장을 취하였다.

그러나 기각의견과 같이 양형 참고자료 통보행위가 교정시설 내 안전과 질서유지라는 목적에 따른 것으로 보는 것은 타당하지 않다. 양형 참고자료의 통보는 적정한 양형을 실현하고 형사재판절차를 원활하게 진행하기 위한 것이며, 교정시설 내 안전과 질서유지를 위해 행해지는 것으로 보기는 어렵기 때문이다.[2] 개인정보자기결정권이라는 기본권 보장의 측면에서 이를 제한하는 목적은 명확할 것이 필요하며, 따라서 개인정보 보호법 제17조 제1항 제2호를 미결수용자의 양형 참고자료 통보행위의 법적 근거로 보는 것은 타당하지 않다.

다. 개인정보 보호법 제18조 제2항 제8호가 양형 참고자료 통보행위의 법적 근거가 되는지 여부

법원의 재판업무 수행을 위하여 필요한 경우 개인정보를 수집목적 외의 용도로 제3자에게 제공할 수 있다고 규정한 개인정보 보호법 제18조 제2항 제8호가 양형 참고자료 통보행위의 법적 근거가 될 수 있는지 여부에 대해서도 인용의견과 기각의견은 상반된 입장을 보였다. 인용의견은 이 사건 통보행위는 개인정보 보호법 제18조 제2항 제8호에서 규정한 '법원의 재판업무 수행을 위하여 필요한 경우'에 해당하여 제공된 것으로 볼 수는 있으나, 개인정보 보호법 제18조 제2항 제8호는 법원의 소송지휘에 따른 개인정보 제공을 허용하는 규정일 뿐 법원의 요청 없이 구치소장 등이 적극적·자발적으로 개인정보를 제공할 수 있도록 허용하는 규정은 아니므로 이 사건 통보행위의 법적 근거가 될 수 없다고 보았다. 또한 피청구인은 개인정보의 수집목적 외 제공에 따른 사후조치인 관보 등에의 공고나 개인정보 안전성 확보를 위한 조치를 개인정보 보호법 제18조 제4항 및 제5항에 따라 행한 바도 없다는 점을 들었다. 이에 비해 기각의견은 법원이 요청하는 경우에만 개인정보 보호법 제18조 제2항 제2호에 따라 개인정보를 제공할 수 있다고 볼 근거는 없고, 피청구인들이 개인정보 보호법 제18조 제4항 또는 제5항의 조치들을 취하지 않았다 하더라도 법률규정에 근거한 것인지의 문제와 사후조치를 취하였는지의 문제는 별개라고 보았다.

개인정보 보호법 제18조 제2항 제8호의 문언을 살펴보면 '개인정보처리자는 법원의 재판업무 수행을 위하여 필요한 경우에는 정보주체 또는 제3자의 이익을 부당하게 침해할 우려가 있을 때를 제외하고는 개인정보를 목적 외의 용도로 이용하거나 이를 제3자에게 제공할 수 있다'이다. 즉, 동 규정의 문언에 충실할 때, 인용의견과 같이 '법원의 요청이 있는 경우'

---

2) 조성용, 양형참고자료 통보행위의 위헌성 – 헌재 2016. 4. 28. 2012헌마549, 2013헌마865 (병합) 결정 –, 법조 제66권 제4호, 2017, 471–474면.

에만 양형 참고자료를 법원에 통보할 수 있다는 해석을 도출하기는 어렵다. 그러나 미결수용자의 특수한 지위를 고려해보면 법원의 요청없이 양형 참고자료를 통보하는 경우 법원은 충분한 사실심리를 하기 전에 양형 참고자료를 심사해야 하며, 이는 무죄추정의 원칙과 공정한 재판을 받을 권리에 반한다.[3] 즉, 인용의견이 주장한 논거에는 없었지만 미결수용자의 양형 참고자료 통보행위는 무죄추정 원칙과의 관계에서 법원의 요청이 있을 때 행해져야 정당화될 수 있다고 보는 것이 타당하다.

개인정보 보호법 제18조 제2항 제8호와 제4항 및 제5항과의 관계를 살펴보면, 제18조 제2항은 개인정보를 수집목적 외의 용도로 제3자에게 제공하는 실체법적 근거임에 비해, 동조 제4항 및 제5항은 그 남용을 방지하기 위한 절차법적 보호규정이다. 따라서 양형 참고자료 통보행위의 법적 근거의 문제는 제18조 제2항 제8호에 한정하여 검토되는 것이 필요하며, 제18조 제4항과 제5항은 양형 참고자료 통보행위의 과잉금지원칙 위반 여부 심사에서 검토되는 것이 타당할 것이다.[4]

III. 판결의 의의

심판정족수의 부족으로 기각결정이 되었으나, 5인의 헌법재판관이 위헌성을 주장함으로써 미결수용자의 양형 참고자료 통보행위의 위헌성에 대한 문제를 계속해서 검토하고 개선해야 할 과제를 부여한 것이라고 볼 수 있다. 형집행법 시행규칙 제235조는 2020. 8. 5.의 개정을 통해 삭제되었다.

국가인권위원회는 이미 2007년에 미결수용자의 양형 참고자료 통보행위의 폐지를 법무부장관에게 권고한 바 있다.[5] 검토한 헌법재판소 결정은 미결수용자의 양형 참고자료 통보

3) 조성용, 앞의 논문, 481－482면.
4) 조성용, 앞의 논문, 482－483면.
5) 권고의 내용을 요약하면 다음과 같다: 양형자료의 통보제도는 적절한 양형자료를 작성하여 재판의 실효성을 확보한다는 취지보다는 구치소 내 질서유지를 위하여 수용자에게 위하적 효과를 기하려는 목적에서 운용되는데 문제가 있으며, 행위자가 원래 저질렀던 범죄의 범위를 뛰어넘고 범죄와는 무관한 후발적인 행위요소인 수용시설 내에서의 규율위반행위를 양형과정에 참작하게 하는 것은 법치국가원리와 헌법 제10조 및 시민적 및 정치적 권리에 관한 국제규약 제10조 제1항(인간의 존엄과 가치)에 근거를 둔 '책임 없으면 형벌 없다'는 형사법의 대원칙인 책임주의와 충돌할 우려가 있다는 것이다. 법관으로서는 유무죄의 판단에 부정적 영향을 줄 양형 요소에 대하여서는 사실 판단과정에서는 참조하지 않아야 함이 대원칙이고, 법원에서는 재판의 경과를 보아가며 유죄의 심증이 확고해진 후에 양형조사를 해야 하는데, 현재와 같이 교도소(구치소)가 검찰과 법원에 일방적으로 통보하는 행위는 형사피고인의 공정한 재판을 받을 권리를 침해할 위험성

행위의 위헌성에 대한 검토의 필요성을 다시금 환기시키고 제도 개선의 계기가 되었다는 점에서 의의가 있다고 평가된다.

이 높다. 따라서 미결수용자의 인권보호를 위해서는 징벌규칙 제27조 규정된 양형자료의 통보제도를 폐지하는 것이 바람직하다(국가인권위원회 보도자료, 인권위, 법무부장관에게 양형자료 통보제도 폐지 권고, 2007. 12. 21.).

009 무혐의로 불기소처분된 수사자료 보관의 위헌 여부

- 형의 실효 등에 관한 법률 제8조의2 위헌 확인 -

헌재 2009. 10. 29. 선고 2008헌마257 전원재판부 결정

권헌영(고려대학교 정보보호대학원 교수)

I. 결정의 개요

1. 사안의 개요

가. 청구이유

2007년 6월 청구인은 자전거를 절취하였다는 혐의로 경찰의 수사를 받았다. 수사결과 청구인은 혐의없음으로 불기소처분을 받았고 그 기록은 "2007년 6월 13일 절도 - 혐의없음"이라는 내용으로 전산에 기록되었다. 그러나 6개월 뒤인 2007년 12월 6일, 당시 기록이 여전히 수사기관의 전산에 남아있음을 알게 된 청구인은 검사에게 해당 기록을 삭제해달라고 요청하였다. 검사는 「형의 실효 등에 관한 법률」 제8조의2에 따라 불기소처분 결정일로부터 5년간 수사경력자료를 보관해야 한다는 이유로 요청을 거부하였다. 이에 청구인은 2008년 3월 19일 위 법률조항이 개인의 인격권, 평등권 및 신체의 자유 등 기본권을 침해한다는 이유를 들어 헌법소원심판을 청구하였다.

나. 심판대상

청구인은 수사경력자료의 보존 및 삭제 등에 관한 사항을 정하고 있는 「형의 실효 등에 관한 법률」[1] 제8조의2 전부에 대해 심판을 청구하였다. 그러나 청구인이 문제 삼은 부분은 과거 절도혐의 수사결과 무혐의 불기소처분을 받았던 사건에 관한 수사경력자료였다. 이에 헌법재판소는 사안을 고려해 심판대상을 동법 제8조의2 제1항 제1호의 혐의없음에 의한 불기소처분이 있는 경우에 관한 부분 및 동법 제2항 제2호(이하 '이 사건 법률조항'이라 한다.)로 한정하였다.

1) 2005년 7월 29일 개정되고 2008년 3월 14일 개정되기 이전의 것을 말한다.

당시 「형의 실효 등에 관한 법률」 제8조의2 제1항은 검사의 혐의없음 등 불기소처분이 있는 경우 제2항의 해당 기간이 경과한 때에 전산에 입력된 수사경력자료의 관련 사항을 삭제하도록 하고 있다. 제2항은 법정형의 종류에 따라 수사경력자료의 보존기간을 정하고 있다. 이에 따라 장기 2년 이상의 징역 및 금고에 해당하는 죄는 5년 동안 그 수사경력자료를 보관하여야 한다.

다. 청구인의 주장

청구인은 혐의없음 등을 이유로 불기소처분이 내려진 수사경력자료를 5년 이상 보존하도록 함으로써 과도하게 오랜 기간 개인에게 심적 고통을 가하는 이 사건 법률조항을 포함한 법 제8조의2 제1항 및 제2항이 헌법상 과잉금지원칙을 위반해 개인의 인격권 및 행복추구권을 침해한다고 하였다.

또한 불기소처분에는 혐의없음이나 기소유예 등 여러 사유들이 포함되고 혐의없음으로 인한 불기소처분이더라도 청구인의 경우처럼 수사기관의 공권력 오남용으로 수사가 진행되었다가 혐의없음이 밝혀지거나 정당한 수사개시 후 증거부족으로 혐의없음이 밝혀진 경우 등 다양한 유형이 있음에도 혐의범죄의 법정형만을 기준으로 보존기간을 규정하는 것은 평등권을 침해한다고 주장하였다.

아울러 불기소처분에 관한 수사경력을 보존하게 되면 수사기관이 해당 수사경력자에 대한 다른 수사를 진행하면서 범죄혐의에 예단을 갖고 불법한 수사를 하게 할 요인으로 작용할 수 있다고 하였다. 결국 수사경력자료가 보존된 자는 무죄추정의 원칙과 일사부재리의 원칙을 위반한 수사로 인해 신체의 자유를 침해받게 된다고 주장하였다.

2. 결정의 요지

헌법재판소는 피의자의 지문정보, 인적사항, 죄명, 입건일자, 처분결과 등을 포함하는 수사경력자료의 정보는 개인의 동일성을 식별할 수 있게 하는 정보이므로 그러한 정보의 이용을 전제로 보존을 요구하고 있는 이 사건 법률조항은 해당 피의자의 개인정보자기결정권을 제한한다고 하였다.

그러나 기초자료로서 수사경력자료를 보존해 재수사에 대비하고 수사의 낭비를 피하며 피의자의 인권을 보호하기 위한 목적의 정당성이 인정되고, 일정 기간 이후 자료를 삭제하도록 한 점, 이용범위를 제한하고 개인정보의 누설이나 목적 외 취득 및 사용을 금지하며 위반자를 처벌하는 점, 정보의 보존기간이 합리적 범위 내에 있다고 보이는 점 등을 종합적으

로 고려하면 그 수단이 적합하고 침해최소성의 원칙을 위배하지 않는다고 판단하였다. 또한 국가가 청구인의 정보를 일정기간 보존하더라도 청구인이 입게 되는 불이익이 크다고 보기 어렵고 오히려 자료를 보존함으로써 얻고자 하는 공익이 크다고 보이므로 법익의 균형성 또한 인정된다고 봤다.

또한 혐의범죄의 종류나 경중의 차이를 합리적으로 반영한 법정형을 기준으로 수사경력자료의 보존기간을 다르게 규정한 것은 합리적이라고 보면서 사건마다 불기소처분의 사유나 사정이 다르더라도 혐의범죄의 법정형이 동일한 유형에 속하기 때문에 수사경력자료의 보존기간이 동일한 점은 청구인의 평등권을 침해하지 않는다고 봤다.

마지막으로 보존된 수사경력자료로 인한 불법한 수사의 가능성은 청구인의 예측일 뿐이며 혹여 불법수사로 인해 기본권이 침해되더라도 이는 불법한 수사로 인한 것이지 이 사건 법률조항에 따른 수사경력자료의 보존 때문에 직접 발생하는 것으로 볼 수 없다고 하였다. 이에 따라 이 사건 법률조항이 신체의 자유를 침해한다는 청구인의 주장 또한 이유 없다고 결정하였다.

II. 해설

1. 쟁점의 정리

가. 제한되는 기본권의 확인

청구인은 혐의없음으로 불기소처분된 수사경력자료를 보존하도록 한 이 사건 법률조항이 자신의 인격권 및 행복추구권을 침해한다고 주장하고 있다. 관련하여 헌법재판소는 수사경력자료에 개인의 인적사항과 함께 어떤 범죄혐의로 수사를 받아 어떤 처분을 받았다는 등 개인의 경력에 관한 정보들이 포함되므로 수사경력자료를 보존하는 행위는 개인정보자기결정권을 제한한다고 봤다. 아울러 개인정보자기결정권은 청구인이 주장하는 인격권 및 행복추구권에 기초하므로 특별한 사정이 없는 이상 개인정보자기결정권에 대한 침해 여부를 판단하면 관련 기본권들의 침해 여부 또한 함께 판단하게 되므로 인격권 및 행복추구권의 침해 여부를 별도로 다룰 필요는 없다고 하여 범위를 획정하였다.

나. 과잉금지원칙의 위반 여부

1) 목적의 정당성 및 수단의 적합성

헌법재판소는 혐의없음 불기소처분에 관한 개인정보를 보관하는 2가지 이유를 설명하면서 그 목적이 정당하다고 인정하였다. 첫째, 재수사에 대비해 기초자료를 보존함으로써 형사사법의 실체적 진실을 구현하기 위함이다. 혐의없음의 불기소처분은 피의사실이 범죄로 인정되지 않거나 충분한 증거가 없는 경우에 이뤄진다. 불기소처분을 통해 수사는 일단 종결되지만 혐의범죄의 공소시효가 만료되기 전에 새로운 증거가 발견되거나 새로운 사실관계가 확인된다면 재수사가 이루어질 수 있다. 따라서 혐의없음의 불기소처분에 의한 정보를 보존할 필요가 있다고 본 것이다. 둘째, 해당 피의자에게 형사상 책임이 없다고 판단하였음을 빠르고 명확히 확인할 수 있는 자료로서의 의미를 갖는다. 즉, 수사경력자료를 남겨둠으로써 불필요한 수사가 진행되지 않도록 하고 수사력 낭비를 방지하며 피의자가 반복적으로 수사받지 않도록 해 인권을 보호하는 기능을 수행한다는 것이다. 아울러 이 사건 법률조항이 수사결과에 관한 개인정보를 일정한 기간 보관 후 삭제하도록 한 것은 그러한 목적을 달성하기 위해 필요한 효과적이고 적절한 방법이라고 판단하였다.

2) 침해의 최소성

목적의 정당성과 수단의 적합성이 인정된다면 그러한 수단으로 인해 발생하는 침해의 문제는 어떤지 판단하여야 한다. 헌법재판소는 수사경력자료에 기재된 개인정보의 이용범위가 제한적인 점, 관련 정보의 누설이나 합법적 목적 외 취득 및 사용을 금지하고 있는 점, 이를 위반한 자는 형사처벌 될 수 있는 점, 개인정보의 법정 보존기간이 합리적이라고 여겨지는 점 등을 고려해보면 이와 같은 방식보다 청구인의 개인정보자기결정권을 덜 침해하는 방법이나 수단을 찾기 어렵다고 봤다. 따라서 이 사건 법률조항은 침해 최소성의 원칙에 위반되지 않는다고 판단하였다.

실제로 동법 제6조 제1항 및 시행령 제7조에 따르면 이 사건 개인정보의 이용범위는 범죄 수사나 재판을 위해 필요한 경우, 수사자료표의 내용을 확인하기 위해 본인이 신청하는 경우 등에 한정된다. 또한 제6조 제2항에 따라 수사자료표를 관리하는 사람이나 직무상 수사자료표에 의한 범죄경력조회 또는 수사경력조회를 하는 사람은 그 내용을 누설해서는 안된다. 이를 위반한 경우 제10조 제1항에 따라 5년 이하의 징역 또는 5,000만원 이하의 벌금

에 처한다. 나아가 제6조 제3항은 법령이 정한 용도 외의 목적으로 관련 자료를 취득하지 못하도록 하고 있으며, 이를 위반할 경우 제10조 제2항에 따라 2년 이하의 징역 또는 2,000만원 이하의 벌금에 처하고 있다.

또한 본 건 개인정보는 법정형이 장기 2년 이상의 징역에 해당하는 절도죄에 관한 수사경력자료이다. 이 경우 동법 제8조의2 제2항에 따르면 관련 자료는 5년간 보존하여야 한다. 관련하여 헌법재판소는 법정형은 혐의범죄의 종류나 경중을 합리적으로 반영한 결과이고 이를 고려해 보존기간을 정한 것은 수사경력자료의 보존 목적이나 이용범위에 비추어 볼 때 합리적이라고 판단하였다. 나아가 수사경력자료는 재수사 등의 기초자료로 활용하기 위한 것이므로 해당 범죄의 공소시효를 함께 고려해야 한다고 봤다. 형사소송법 제249조 제1항 제4호, 제5호 및 제252조 제1항에 따르면 법정형이 장기 징역 2년 이상 10년 미만일 경우 공소시효는 범죄행위를 종료한 때로부터 각각 5년 또는 7년이므로 이 사건 법률조항이 보존기간을 처분일로부터 5년으로 정하고 있는 것은 목적을 달성하기 위해 합리적이라고 평가하였다.

3) 법익의 균형성

헌법재판소는 위와 같은 사항들을 종합적으로 고려해 볼 때 이 사건 법률조항에 의해 청구인의 개인정보를 일정기간 보존하더라도 이로 인해 청구인이 입게 되는 불이익은 크지 않다고 봤다. 반면 개인정보를 보존함으로써 재수사 등의 기초자료로 제공해 형사사법의 실체적 진실을 구현하고, 사건의 처리결과를 빠르고 명확히 확인해 수사력의 낭비를 막고 피의자의 인권을 보호하여 달성할 수 있는 공익은 정보를 보존함으로써 발생하게 되는 정보주체의 불이익에 비해 더 크다고 판단하였다.

다. 평등권 침해 여부

청구인은 혐의없음의 불기소처분에 다양한 유형이 있고 본 사안의 경우 명백히 혐의없음이 밝혀진 경우로서 증거불충분으로 인한 경우나 혐의가 인정된 기소유예와도 다르기 때문에 법정형만을 기준으로 해 일괄적으로 보존기간을 5년으로 정하고 있는 것은 평등하지 않다고 주장하였다.

그러나 헌법재판소는 어떤 처분이든 간에 수사경력자료는 사건종결에 관한 기본정보이며 앞서 본 바와 같이 그 필요성도 인정되기 때문에 혐의범죄의 종류나 경중의 차이를 합리적으로 반영한 결과인 법정형을 기준으로 수사경력자료의 보존기간을 규정한 것은 합리적이라

고 판단하였다. 이에 따라 사건마다 다양한 사유나 사정이 있더라도 혐의범죄의 법정형은 같은 유형에 속하고 수사경력자료의 보존기간이 동일하게 된 것은 불합리하거나 자의적인 판단이 아니므로 청구인의 평등권은 침해되지 않는다고 하였다.

라. 신체의 자유 침해 여부

보존된 수사경력자료로 인해 수사기관이 추후 다른 혐의로 수사를 진행할 경우 유죄의 예단을 갖고 수사를 진행하여 신체의 자유가 침해될 수 있다는 주장에 관하여 헌법재판소는 직접적인 인과관계를 부정하였다. 즉, 위와 같은 불법수사의 가능성은 청구인의 예측일 뿐이며 설령 불법수사로 인해 기본권이 침해되더라도 이는 수사기관의 불법수사에 의한 것이지 이 사건 법률조항에 따라 수사경력자료를 보존하여 발생하는 문제가 아니라고 본 것이다.

2. 검토

가. 수사경력자료 보존 제도의 이해

수사기관이 범죄행위를 입건해 수사를 개시하면 사건번호를 부여하고 피의자의 지문을 채취한 후 인적사항과 죄명 등을 기록한 수사자료표를 작성한다. 수사자료표에는 범죄경력자료와 수사경력자료가 포함되는데 범죄경력자료는 벌금 이상의 형의 선고, 면제 및 선고유예, 보호감호, 치료감호, 보호관찰 등 흔히 칭하는 전과기록의 내용 요소라고 할 수 있다. 수사경력자료는 벌금 미만의 형의 선고, 사법경찰관의 불송치결정 및 검사의 불기소처분에 관한 자료 등 범죄경력자료를 제외한 나머지 자료를 의미한다.

수사경력자료 보존 제도는 지속적으로 개선되어 왔다. 1980년 동법이 제정될 당시에는 수사자료표의 기록을 영구 보존할 수 있었다. 그러나 불법성이나 처분결과가 다른 모든 범죄기록을 동일하게 취급하는 것은 전과자를 양산하고 인권을 침해한다는 비판이 제기되면서 2002년 12월 5일 개정을 통해 불기소처분, 법원의 무죄, 면소 또는 공소기각의 판결, 공소기각의 결정이 확정된 경우 5년까지 기록을 보존하고 삭제하도록 바뀌었다. 이후 2005년 7월 29일 개정을 통해 법정형의 경중에 따라 보존기간을 10년, 5년, 즉시 삭제 등으로 차별화하였다.

나. 수사경력자료의 보존과 개인정보자기결정권에 관한 헌법재판소의 견해

개인정보자기결정권은 정보주체가 스스로 자신에 관한 정보를 언제 누구에게 어느 범위

까지 알리고 또 이용하도록 할 것인지 결정할 수 있는 권리이다. 그러한 개인정보를 조사·수집·보관·처리·이용하는 등의 행위는 모두 개인정보자기결정권을 제한한다.[2] 개인의 인적사항과 수사결과에 관한 정보를 포함하는 수사경력자료도 개인정보이므로 이를 보존하는 행위가 개인정보자기결정권을 제한함은 물론이다. 문제는 이와 같은 기본권 제한 입법이 헌법에 부합하는지의 여부다.

형실효법의 목적은 전과기록 및 수사경력자료의 관리와 형의 실효에 관한 기준을 정해 전과자의 정상적인 사회복귀를 보장하는 것이다. 관련하여 헌법재판소는 재판관 전원일치의 의견으로 이 사건 법률조항이 재수사에 대비해 기초자료를 보존하여 형사사법의 실체적 진실을 구현하고, 형사사건의 처리결과를 쉽고 명확히 확인해 수사의 반복을 피함으로써 수사력의 낭비를 방지하고 피의자의 인권을 보호하기 위한 것이라고 하였다. 또한 본 규정보다 기본권을 덜 침해하는 방법을 찾기 어렵고 개인정보의 오남용 또한 형사처벌을 통해 명확히 통제하고 있어 과잉금지원칙을 위배하지 않는다고 판단하였다.

2012년 이 사건 법률조항에 관하여 재차 검토가 이루어졌다.[3] 해당 결정에서는 반대의견이 있었다. 그러나 이는 범죄경력자료의 삭제에 관한 규정이 없다는 점을 대상으로 하였고[4] 본 결정의 쟁점에 관하여서는 견해를 같이 하였다.

다. 반대의견

2010년 9월 국가인권위원회는 동법 제8조의2 제1항 및 제2항 중 기소유예 처분과 증거불충분에 의한 혐의없음이 아닌 경우에도 수사경력자료를 보존할 수 있도록 하는 부분은 개인정보자기결정권의 보호를 위해 바람직하지 않으므로 무죄판결이나 그에 준하는 불기소처분을 받은 경우 즉시 삭제하는 내용으로 법률을 개정하도록 권고하였다.[5] 강간사건의 피고인으로 구속재판을 받은 사람이 무죄확정판결을 받았으나 이후 지역 내에서 강간사건이 발생하자 용의선상에 올라 타액채취요구를 받게 되면서 억울하다는 취지의 진정을 제기한 사건이었다.

2) 헌재 2005. 5. 26. 선고 99헌마513 결정.
3) 헌재 2012. 7. 26. 선고 2010헌마446 결정.
4) 범죄가 행해진 후 시간이 흐르면 범죄경력자료의 가치가 감소하므로 범죄의 종류나 경중을 불문하고 모든 범죄경력자료를 일률적으로 당사자가 사망할 때까지 보존할 필요성이 인정되지 않는다는 점, 범죄경력자료를 필요 이상으로 장기 보존하면 평생 전과자라는 낙인을 부여하고 원활한 사회복귀를 저해한다는 점을 지적하였다.
5) 국가인권위원회, "「형의 실효 등에 관한 법률」 제8조의2 제1항 및 제2항 관련 개정권고", (2010.9.9.), 13면.

학계에서도 유사한 비판들을 찾아볼 수 있다. 범죄의 혐의가 없거나 죄가 없다고 확인된 경우에도 불구하고 관련 기록을 재수사 등의 기초자료로 활용하거나 수사력 낭비를 위해 필요하다는 이유로 일정 기간 보존하고 조회, 활용할 수 있도록 하는 것은 기본권을 중대하게 제한할 여지가 있다는 것이다.[6] 따라서 무고함이 확인된 당사자를 전과자로 취급하여서는 안 되고 필요한 경우 공소시효의 완성 전까지 보존하는 사건기록을 통해 확인하면 된다고 한다.[7] 이유를 불문하고 혐의없음의 불기소처분에 관한 수사경력자료는 즉시 삭제하여야 한다는 의견도 있다.[8]

3. 비판

오늘날 시대 환경은 다양하고 광범위한 공적 개입을 더욱 정당화하는 경향을 보인다. 그러한 절차에서 법적 심사가 실질적으로 이루어지지 못하면 공익의 내용과 범위에 관한 사회적 갈등은 더욱 고조될 것이다. 자유민주체제와 법치주의의 근본적 의미를 돌아보면 국가의 개입은 개인의 권리와 자치를 보장하고 강화하는 것에 쉽게 대치되어서는 안 된다.[9]

개인정보자기결정권은 정보통신기술의 발달에 내재된 위험성으로부터 개인정보를 보호해 개인 결정의 자유를 보호하고 자유민주체제의 근간이 총체적으로 훼손될 가능성을 차단하기 위해 필요한 최소한의 헌법적 보장장치다.[10] 이러한 개인정보자기결정권은 다른 기본권이나 공익과 충돌할 경우 비교형량을 거쳐 인정되는 상대적 기본권이다.[11] 문제는 비교형량을 하는 과정에서 개인정보자기결정권의 근본적 의미와 취지를 고려하지 못하면 자칫 권리의 본질을 형해화하는 수준으로 정보주체의 권리를 상대화하는 경향이 발생할 수 있다는 점이다. 개인정보에 대한 정보주체의 권리 의식이 강화되고 있는 흐름[12]을 고려하면 개인정보권을 보다 적극적으로 인정해 줄 필요가 있다. 개인정보 유출사건이 계속 발생하면서 정보주체의

6) 최영승, “형실효법상 수사경력자료의 관리에 관한 문제점 및 개선방안”, 『형사정책』 제24권 제1호(한국형사정책학회, 2012), 171－172면.
7) 최영승, 위의 논문, 182면.
8) 정연균, 박용수, “수사자료표의 운영에 있어서 문제점 및 개선방안”, 『한국경찰학회보』 제19권 제4호(한국경찰학회, 2017), 213－214면.
9) 제철웅, “사적 자치와 공익의 상호관계”, 「서울대학교 법학」 제47권 제3호(서울대학교 법학연구소, 2006), 152면.
10) 헌재 2005. 5. 26. 선고 99헌마513 결정.
11) 이권일, “일반에게 공개된 개인정보의 보호와 활용”, 「법학논고」 제68집(경북대학교 법학연구원, 2020), 26면.
12) 2020년 정보보호 실태조사에 따르면 개인정보 보호가 중요하다고 인식하는 비율은 94.2%, 과학기술정보통신부, 한국정보보호산업협회, 「2020 정보보호 실태조사」, 2021, 130면.

2차 피해나 정보생활에서의 불편과 불안 또한 가중되고 있다. 특히 데이터 활용이 불가피한 오늘날 정보주체의 자기정보에 대한 결정권 내지는 통제권이 데이터 보호와 활용의 균형을 유지하기 위한 핵심 수단으로 떠오르고 있다. 이러한 흐름의 변화와 일반의 법감정을 고려해 개인정보에 대한 헌법적 권리를 실질화 할 수 있는 입법 작업이 이어져야 한다.

기본권 심사는 입법 과정에서 무시된 개인의 법적 지위나 법익이 규범적 관점에서 과연 정당한지 되묻는 과정이다. 그럼에도 헌법재판소는 공익과 개인정보권의 비교형량을 위한 실질적 심사를 진행하지 않는 것으로 보인다. 목적의 정당성을 판단하는 과정에서는 사실상 공익을 식별하는 기능을 수행하고 공익의 중요도를 판단하지는 않는다. 침해의 최소성을 판단하면서는 기본권의 제한 강도를 살피지만 대립하는 공익과 기본권을 정면으로 내세우지 않는다. 그렇다면 사실상 법익균형성 단계에서 실질적으로 개인이 직면한 구체적 상황에서 기본권이 갖는 의미를 검토하고 제한의 적절성을 면밀히 판단할 수 있어야 한다.[13) 본 결정에서도 법익의 균형성은 앞부분의 판단 사항들을 요약하여 간략한 이익형량을 내리고 있을 뿐이다.

기본적으로 개인정보에 대한 헌법적 권리는 다른 공익들과 마주하게 됐을 때 쉽게 제한될 수 있는 지위라고 인식되기 쉽다. 모두를 위한 문제에서 개인의 이익이 주장되기 어렵다는 오래된 철학적 고민의 연장선이다. 그러나 헌법재판은 개인의 기본권을 다수의 정책적 판단으로부터 보호하여 공리주의에 입각한 다수의 결정이 소수자의 기본권을 과도하게 침해하지 않도록 교정하는 의무를 진다.[14)] 나아가 오늘날 개인정보는 반드시 개인의 인격이나 이익에만 귀속되는 권리가 아님을 수용해야 한다. 개인정보권이라는 용어를 사용한 것은 그런 현상의 변화를 관념적으로 받아들이기 위한 시도다. 즉, 모든 개인정보가 개인의 내밀한 사생활과 인격에 묶이지 않으며 오늘날 데이터 시대에서 개인의 방대한 활동 기록은 공동체 생활을 영위하기 위해 필연적인 것으로서 그 정보를 접하게 되는 다른 공동체 구성원들의 권리도 존중해야 하기 때문이다.[15)] 이러한 점에서 헌법재판소는 개인정보권 인정에 다소 소극적 입장을 견지하고 상대적 기본권을 비교 우위에 놓는 등의 입장을 유지하면서 결과적으로 개인정보에 대한 헌법적 권리를 형해화하고 있는 것은 아닌지 반성이 필요하다.

13) 강일신, 「과잉금지원칙에서 법익형량」, 헌법재판심사기준 2018－C－2, 헌법재판소 헌법재판연구원, 2018, 73－74면.
14) 강일신, 위의 보고서, 71면.
15) 권헌영, 윤상필, 전승재, “4차 산업혁명시대 개인정보권의 법리적 재검토”, 「저스티스」 통권 제158－1호 (한국법학원, 2017), 23면.

III. 결정의 의의

우리 법규범이 변화하는 환경을 반영하려면 구체적인 현장의 문제를 논의할 수 있어야 한다. 헌법재판소는 혐의없음으로 불기소처분된 수사경력자료를 보존하도록 하는 규정이 제한하는 기본권을 식별하면서 해당 규정이 개인정보자기결정권을 제한하는 것은 맞지만 비례의 원칙에 부합한다고 하여 청구인의 심판청구를 기각하였다.

개인정보자기결정권이 우리 헌법상의 기본권으로 자리한 지 약 16년째다. 정보의 가치가 변화하면서 정보주체의 권리도 더욱 확장되고 있다. 기본권의 영역이 변화하는 상황에서 법률은 물론이거니와 헌법재판의 주요 심사기준이 되는 비례의 원칙도 반드시 절대적인 것은 아니다. 오히려 비례의 원칙은 내용적 지침이 아니라 형식적인 것으로 이해해야 한다. 내용은 결국 개별 사건을 통해 구체적 타당성을 검토하며 채워지는 것이기 때문이다.[16] 따라서 실질적인 비교형량을 통해 개인정보에 대한 헌법적 권리를 합리적으로 보장하고 그런 결과들이 사회적 합의로 이어져 한층 진보한 입법으로 이어질 수 있어야 한다.

근본적으로는 정보주체가 문제를 알 수 있도록 하는 적극적인 입법 조치들이 필요할 수 있다. 현행법에 따라 수사경력자료가 일정 기간 보존된다는 사실은 피의자도 적극적으로 알 수 있어야 하는 권리의 문제가 된다. 범죄를 구성하지 않아 혐의없음 판단을 내렸거나 아예 무죄의 판결이 확정되었음에도 불구하고 그 수사경력자료를 유지함으로써 얻는 이익이 정보주체의 개인정보자기결정권을 제한함으로써 얻는 이익보다 큰지, 반대의견과 마찬가지로 사건기록을 통해 대체할 수 있고 그것이 개인정보자기결정권을 덜 침해하는 수단이 되는 것은 아닌지 등에 관한 더 첨예한 논의들이 가능할 것이다.

16) 이명웅, “비례의 원칙과 판례의 논증방법”, 『헌법논총』 9집(헌법재판소, 1998), 674면.

010 소년의 개인정보자기결정권 보호를 위한 법률 정비

- 법원에서 불처분결정된 소년부송치 사건에 대하여 수사경력자료의 보존기간 및 삭제를 규정하지 않은 형실효법 조항에 관한 위헌제청 사건 -

헌재 2021. 6. 24. 2018헌가2 결정

신용우(법무법인 지평 변호사)

I. 결정의 개요

1. 사안의 개요

가. 사실관계

당해사건의 원고는 폭력행위등처벌에관한법률위반 혐의로 입건되어 2001. 1. 29. 창원지방검찰청 검사로부터 소년부송치 처분을 받았고, 2002. 3. 26. 창원지방법원에서 위 소년보호사건에 대하여 불처분결정을 받았다.

이후 당해사건의 원고는 2016. 4. 18. 수사경력자료를 관리하는 경찰청장에게 위 소년부송치 사건의 수사경력자료 삭제를 신청하였으나, 「형의 실효 등에 관한 법률」(이하 "형실효법"이라고 한다)에 삭제 규정이 없다는 이유로 거부당하자, 2016. 5. 18. 경찰청장을 상대로 위 거부처분의 취소를 구하는 행정소송을 제기하였다(서울행정법원 2017구합66527). 서울행정법원은 위 소송 계속 중 2018. 1. 12. 직권으로 「형의 실효 등에 관한 법률」 제8조의2에 대하여 위헌법률심판제청결정을 하였다.

나. 소송경과

1) 재청법원의 위헌제청(서울행정법원 2017구합66527)

서울행정법원은 다음과 같은 이유로 위헌법률심판제청결정을 하였다. 소년부송치 처분의 수사경력자료를 보존하는 목적의 정당성과 그 수단의 적합성은 인정되나, 소년의 특수성과 소년법의 목적을 고려할 때 소년부송치된 사건에 대한 법원의 종국결정이 무엇인지, 소년부송치 처분 이후 시간의 경과 등 여러 사정에 대한 고려 없이 일률적으로 관련 수사경력자료

를 영구보존토록 한 것은 침해의 최소성 원칙에 위반되거나 그로 인해 침해되는 사익이 공익보다 큰 경우가 있을 수 있다고 판단하였다.

또한 형실효법 제8조의2가 검찰에서 기소유예의 불기소처분을 받은 경우 처분일로부터 3년간 수사경력자료를 보존하고 삭제하도록 규정한 것에 비추어 보면, 소년부송치 처분 후 심리불개시결정이나 불처분결정이 된 사건의 자료에 대하여 보존기간을 정하지 않아 영구히 보존토록 한 것은 합리적 이유가 없다고 판단하였다.

2) 헌법재판소 결정(헌재 2021. 6. 24. 2018헌가2 결정)

헌법재판소는 2021년 6월 24일 재판관 전원일치 의견으로 심판대상조항인 구 형실효법 제8조의2 제1항, 제3항(이하 "이 사건 구법 조항"이라고 한다) 및 현행 형실효법 제8조의2 제1항, 제3항(이하 "이 사건 현행법 조항"이라고 한다)은 헌법에 합치되지 않는다는 헌법불합치 결정을 하였다.

헌법재판소는 다음과 같은 이유로 헌법불합치 결정을 하였다. 심판대상조항은 소년에 대한 수사경력자료의 보존기간과 삭제에 대하여 규정하면서, 법원에서 불처분결정된 소년부송치 사건에 대하여는 규정하지 않았으므로 당사자의 사망시까지 소년부송치되었다는 내용의 수사경력자료가 보존되는 것은 과잉금지원칙에 위반하여 당사자의 개인정보자기결정권을 침해한다고 판단하였다. 이에 이 사건 구법 조항에 대하여는 헌법불합치결정을 함과 동시에 적용 중지를 명하고, 이 사건 현행법 조항에 대하여는 헌법불합치결정을 함과 동시에 2023. 6. 30.을 시한으로 입법자의 개선입법이 이루어질 때까지 잠정적으로 이를 적용하기로 하였다.

2. 결정의 요지 - 개인정보자기결정권 침해

심판대상조항은 소년에 대한 수사경력자료의 보존기간과 삭제에 대하여 규정하면서, 소년부송치된 사건에 대한 수사경력자료에 관하여는 규정하지 않아, 해당 수사경력자료는 당사자의 사망시까지 보존되고, 일정한 경우 이용되고 있다.

사후 재수사의 기초자료나 다른 사건의 양형자료 등으로 이용할 것에 대비하여 수사경력자료의 보존이 필요하므로, 법원에서 불처분결정한 소년부송치 사건에 대한 보존기간과 삭제를 규정하지 않은 심판대상조항의 입법목적의 정당성과 수단의 적합성은 인정된다.

하지만 반사회성이 있는 소년이 사회의 건전한 구성원으로 성장할 수 있도록 죄를 범한 소년에 대하여 형사재판이 아닌 보호사건으로 심리하는 절차를 마련한 소년법의 취지에 비추어, 법원에서 소년부송치된 사건을 심리한 후 보호처분을 할 수 없거나, 할 필요가 없다고

인정하여 불처분결정을 하는 경우, 그러한 전력이 소년의 장래 신상에 불이익한 영향을 미치지 않는 것이 마땅하다.

어떤 범죄가 행해진 후 시간이 흐를수록 수사의 단서로서나 상습성 판단자료, 양형자료로서의 가치가 감소하므로, 해당 사건의 경중이나 결정 이후 경과한 시간 등에 대한 고려 없이 일률적으로 당사자가 사망할 때까지 보존할 필요가 있다고 보기 어렵다. 또한 보존된 수사경력자료를 조회하거나 회보받아 이용하는 경우에도, 이를 통해 추구하는 실체적 진실발견과 형사사법의 정의구현에 기여하는 정도나 필요성보다, 그로 인해 당사자가 입을 수 있는 실질적 또는 심리적 불이익과 그로 인한 재사회화 및 사회복귀의 어려움이 더 크다.

법원에서 불처분결정된 소년부송치 사건에 대한 수사경력자료의 보존기간과 삭제에 대하여 규정하지 않은 이 사건 조항은 과잉금지원칙을 위반하여 소년부송치 후 불처분결정을 받은 자의 개인정보자기결정권을 침해한다.

II. 해설

1. 관련 결정

가. 개요

헌법재판소는 검사의 '혐의없음' 불기소처분 및 기소유예처분에 관한 수사경력자료의 보존 및 보존기간을 정한 형실효법 제8조의2의 해당 부분에 대하여, 과잉금지원칙을 위반하여 개인정보자기결정권을 침해하지는 않는다고 하면서 합헌결정을 내린바 있다.

나. 헌재 2009. 10. 29. 2008헌마257 결정

검사의 '혐의없음' 불기소처분 등에 관한 수사경력자료의 보존 및 보존기간을 정한 구 '형의 실효 등에 관한 법률'(2005. 7. 29. 법률 제7624호로 개정되고, 2008. 3. 14. 법률 제8891호로 개정되기 이전의 것, 이하 '법'이라고 한다.) 제8조의2 제1항 제1호 중 검사의 '혐의없음'의 불기소처분이 있는 경우에 관한 부분 및 제2항 제2호(이하 '이 사건 법률조항'이라 한다.)는 청구인의 개인정보자기결정권을 제한하나, 과잉금지의 원칙에 위반하여 청구인의 개인정보자기결정권을 침해한다고 볼 수 없다.

이 사건 법률조항이 수사경력자료의 보존기간을 혐의범죄의 법정형만을 기준으로 규정함으로써 '혐의없음이 명백히 밝혀진 혐의없음 불기소처분의 경우'를 '단지 증거불충분으로 인

한 혐의없음 불기소처분의 경우'나 '혐의가 인정된 기소유예의 불기소처분의 경우' 등과 동일하게 취급한 것은 '혐의없음이 명백히 밝혀진 혐의없음 불기소처분'을 받은 자의 평등권을 침해하지 아니한다.

다. 헌재 2016. 6. 30. 2015헌마828 결정

검사의 기소유예처분 등에 관한 수사경력자료의 보존 및 그 보존기간을 정한 형의 실효 등에 관한 법률(2010. 3. 31. 법률 제10211호로 개정된 것) 제11238조의2 제1항 제1호 및 제2항 제2호 중 기소유예의 불기소처분이 있는 경우에 관한 부분은 청구인의 개인정보자기결정권을 침해하지 않는다.

기소유예처분에 관한 수사경력자료를 보존하도록 하는 것은 재기소나 재수사 상황에 대비한 기초자료를 제공하고, 수사 및 재판과정에서 적정한 양형 등을 통해 사법정의를 실현하기 위한 것으로서 그 목적이 정당하고 수단의 적합성이 인정된다. 보존되는 정보가 최소한에 그치고 이용범위도 제한적이며, 수사경력자료의 누설이나 목적 외 취득과 사용이 엄격히 금지될 뿐만 아니라 법정 보존기간이 합리적 범위 안에 있어 침해의 최소성에 반한다고 볼 수 없고, 수사경력자료의 보존으로 청구인이 현실적으로 입게 되는 불이익이 그다지 크지 않으므로 법익의 균형성도 갖추고 있다. 따라서 심판대상조항은 과잉금지원칙을 위반하여 청구인의 개인정보자기결정권을 침해하지 아니한다.

2. 이 사건 결정에 대한 검토

가. 수사경력자료 삭제의 의의

1) 수사경력자료의 의의[1)]

수사기관이 수사를 개시하면 사건에 대하여 사건번호를 부여하고 이를 사건부에 기록하는데, 이때 작성하는 것이 수사자료표이다. 수사자료표는 수사기관이 피의자의 지문을 채취하고 피의자의 인적사항·죄명·입건관서·입건일자·처분 및 선고결과 등을 기재한 표로서 범죄경력자료와 수사경력자료가 기록된다. 범죄경력자료는 벌금 이상의 형의 선고·면제 및 선고유예, 보호감호, 치료감호, 보호관찰 등에 관한 자료이고, 수사경력자료는 수사자료표 중 벌금 미만의 형의 선고 및 검사의 불기소처분에 관한 자료 등 범죄경력자료를 제외한 나머지 자료이다(형실효법 제2조 제4호, 제5호, 제6호, 법 시행령 제2조 제1항). 수사자료표 중 범죄

1) 헌재 2009. 10. 29. 2008헌마257 결정문 참고.

경력자료에 관한 것, 검찰청 및 군검찰부가 관리하는 수형인명부[2] 및 시·구·읍·면사무소에서 관리하는 수형인명표[3]는 전과기록에 해당하고, 수사경력자료는 전과기록에 해당하지 아니한다(형실효법 제2조 제7호).

이러한 수사경력자료는 수사기관의 재수사에 활용될 수 있다. 혐의범죄에 대한 공소시효가 만료되기 전이라면 새로운 증거의 발견이나 새로운 사실관계의 확인 등에 의하여 언제든지 재수사가 이루어질 수 있고, 재수사 끝에 혐의사실이 인정된다면 해당 범죄자를 처벌할 수도 있다. 수사경력자료는 이와 같은 재수사 상황에 대비한 기초자료로서 이를 보존할 필요가 있다. 한편, 특정 범죄혐의에 대한 '혐의없음'의 불기소처분이라는 사건종결 내역에 관한 정보는 해당 피의자가 검사로부터 형사상 책임이 없다고 판단 받았음을 신속하고도 명확히 확인할 수 있게 하는 자료의 의미를 갖기도 한다. 이것은 예컨대, 고소인이 해당 혐의사실에 대하여 고소를 반복할 경우 담당 수사기관이 해당 정보를 확인하고 새로이 발견된 중요한 증거 등에 관한 소명이 없는 한 고소를 각하함으로써(검찰사건사무규칙 제69조 제3항 제5호 참조) 범죄수사력의 낭비를 막을 수 있고, 아울러 피의자가 반복적으로 수사받는 것을 막아 그의 인권을 보호하는 측면도 있다.

2) 수사경력자료 삭제 규정의 연혁[4]

형실효법이 1980. 12. 18. 법률 제3281호로 제정될 당시에는 즉결심판대상자를 제외한 모든 피의자에 대하여 수사자료표를 작성하여 전과기록의 하나로서 관리하도록 규정하였는데, 형의 실효 시 전과기록 중 수형인명표는 폐기되고 수형인명부에 그 사실을 부기하도록 규정한 것과 달리 수사자료표의 삭제에 관하여는 아무런 규정을 두지 아니하였다. 1993. 8. 5. 법률 제4569호로 개정된 법에 의해서도 형의 실효 시 종전 수형인명부에 그 사실을 부기하도록 한 것을 해당란을 삭제하도록 개정한 반면, 수사자료표의 삭제에 관하여는 여전히 아무런 규정을 두지 아니하였기 때문에 수사자료표의 기록은 영구히 보존될 수 있었다.

그러나 이에 대하여 불법의 정도나 그에 대한 처분결과가 현저히 다른 모든 범죄기록을 동일하게 취급함으로써 전과자를 양산하고 인권을 침해한다는 비판이 제기되어 2002. 12. 5. 법률 제6747호로 개정된 법에서는 수사자료표를 범죄경력자료와 수사경력자료로 구분하

---

2) 자격정지 이상의 형을 받은 수형인을 기재한 명부로서 검찰청 및 군검찰부에서 관리하는 것(형실효법 제2조 제2호).

3) 자격정지 이상의 형을 받은 수형인을 기재한 명표로서 수형인의 등록기준지 시·구·읍·면 사무소에서 관리하는 것(형실효법 제2조 제3호).

4) 헌재 2009. 10. 29. 2008헌마257 결정문 참고.

고 전과기록에서 수사경력자료를 제외하며, 수사경력자료의 삭제에 관한 규정을 신설하였다. 즉 검사의 '기소유예'·'혐의없음'·'공소권없음' 또는 '죄가안됨'의 불기소처분이 있는 경우, 법원의 무죄·면소 또는 공소기각의 판결이 확정된 경우, 법원의 공소기각의 결정이 확정된 경우 그 처분 또는 결정이 있거나 판결이 선고된 날부터 일률적으로 5년이 경과한 때 수사경력자료의 해당 사항을 삭제한다는 규정이 신설되었다. 다만, 수사자료표 중 범죄경력자료에 대하여는 삭제 규정을 두지 아니하여 범죄경력자료는 영구히 보존되고 있고, 이후 개정된 법 및 현행법도 마찬가지이다.

그 후 2005. 7. 29. 법률 제7624호로 개정된 형실효법 제8조의2에 의하면, 법정형의 경중에 따라 수사경력자료의 보존기간을 10년, 5년, 즉시삭제 등으로 차별화하였다.

3) 의의 및 한계

이상과 같이, 수사경력자료는 수사기관이 재수사에 대비하여 기초자료를 보존함으로써 형사사법의 진실을 구현하고, 형사사건 처리결과를 쉽고 명확하게 확인하여 수사의 반복을 피함으로써 수사력의 낭비를 막고 피의자의 인권을 보호하는 기능이 있어 보존의 필요성이 인정된다.

다만, 검사의 불기소처분, 법원의 무죄 판결 등 불법의 정도가 현저히 낮은 경우에도 다른 범죄와 동일하게 기록을 유지하는 것은 당사자의 개인정보자기결정권을 침해한다고 볼 수 있어 수사경력자료를 일반 범죄경력자료와 구분하고 수사경력자료를 일정기간이 지난 후에 삭제하도록 개정하였다.

이처럼 수사경력자료에 대하여 법정형의 경중에 따라 일정기간 보존하도록 한 입법은 타당한 것으로 평가된다. 이러한 이유로 헌법재판소는 수사경력자료 보존 및 보존기간에 관한 조항들에 대하여 합헌 결정을 내렸다.[5)]

한편, 현행법은 수사경력자료 즉시삭제의 범위를 좁게 규정하고 있다는 지적이 있다. 현행 형실효법 제8조의2 제2항은 법정형이 장기 2년 미만인 죄나 벌금·구류·과료에 해당하는 죄는 수사경력자료를 즉시 삭제하는 것으로 하면서도(동항 제3호 본문), 불송치결정이 있는 경우에는 6개월간 보존하고, 기소유예처분, 공소기각판결·결정, 면소판결, 무죄판결 등이 있는 경우에는 5년간 보존하는 것으로 함으로써, 실질적으로 "즉시삭제"의 범위를 위의 죄에 대하여 '혐의의 불기소처분이 있는 경우'에 한정하고 있다. 이에 대하여, 경미한 범죄와

5) 헌재 2009. 10. 29. 2008헌마257 결정, 헌재 2016. 6. 30. 2015헌마828 결정.

관련된 피의사실에 대한 수사기록을 가급적 조속히 삭제함으로써 피의자의 심리적 부담을 경감하고자 하는 동조의 입법에 부합할 필요가 있다는 견해가 있어 이에 대한 개정을 검토할 필요가 있다.[6]

나. 소년범에 대한 특례의 취지

「소년법」 제1조는 “반사회성이 있는 소년의 환경 조정과 품행 교정(矯正)을 위한 보호처분 등의 필요한 조치를 하고, 형사처분에 관한 특별조치를 함으로써 소년이 건전하게 성장하도록 돕는 것”을 목적으로 규정하고 있다. 우리나라 소년사법은 보호사건과 형사사건의 이원적 구조를 채택하고 있으면서도 소년의 건전육성을 공통의 이념으로 삼고 있고, 특히 소년보호처분은 ‘보호’가 핵심가치임을 표방하고 있다.[7]

나아가 「소년법」 제32조 제6항은 “소년의 보호처분은 그 소년의 장래 신상에 어떠한 영향도 미치지 아니한다.”고 규정하여 소년에 대한 보호처분 및 그와 관련된 자료가 장래에 불이익하게 이용되지 않도록 하고 있다.

UN 아동권리협약은 유엔총회에서 1989년 채택한 인권조약으로서 우리나라는 1990년 비준하였다. 위 협약은 아동 차별금지, 아동의 최선의 이익, 생존·보호·발달, 참여라는 4개의 일반원칙에 따라 18세 미만의 아동에게 다양한 권리와 보호를 마련하고 있다. 특히 협약 제40조 제2b항 제7호는 “사법절차의 모든 단계에서 아동의 사생활은 충분히 존중되어야 한다.”고 규정하고 있다. 사생활의 보호는 아동의 범죄기록이 수사나 재판에 직접 관련된 자를 제외한 제3자에게 공개되지 않도록 함과 아울러 아동의 범죄기록을 차후의 사건에 대한 성인절차에서 양형을 가중하는데 사용하지 않도록 하는 것을 뜻한다.[8] UN이 1985년에 채택한 소년사법운영최소기준(베이징규칙)도 동일한 내용을 담고 있다. 유엔아동권리위원회는 일반 형사와 같은 형태의 기록보존을 금지하고 다른 형태로 이를 기록하는 경우라도 정보접근기간 및 접근권자를 제한할 것 등의 엄격한 요건을 갖출 것을 권장하고 있으며,[9] 18세 이전의 범죄기록을 자동 삭제하거나 2년 내 재범하지 아니한 경우 요청에 따라 삭제하는 제도의 도입을 권고하고 있다.[10]

위와 같은 소년사법의 취지와 국제기준을 고려할 때 소년에 대한 사생활 보호를 성인에

---

6) 황태정, 「전과기록의 이용·관리와 형실효법의 문제점」, 『형사정책』 제18권 제2호, 2006. 11. 588면.
7) 최병각, 「소년보호처분의 전과와 형가중」, 『형사정책연구』 제20권 제1호, 2009. 2. 974면.
8) 최병각(2009) 991면.
9) 현소혜, 「국제적 기준에 비추어 본 우리나라의 소년사법 제도」, 『가정법연구』 제30호 2호, 2016. 7. 222면.
10) 최병각(2009) 991면.

비해 강화할 필요가 있으며, 소년사건에 대한 수사경력자료의 보관기간을 단축하고 신속히 삭제할 필요성이 인정된다고 할 수 있다.

다. 소년보호재판의 절차에서의 불처분 결정

소년보호재판은 19세 미만 소년의 범죄사건 등에 대하여 소년의 환경을 바꾸고 소년의 성격과 행동을 바르게 하기 위한 보호처분을 행하는 재판이다. 보호처분은 비행소년에 대해 환경의 조정과 성행의 교정을 목적으로 필요한 처분을 하는 것으로서 보호자인 부모가 소년을 돌보도록 하는 감호 위탁, 수강명령, 사회봉사명령, 보호관찰, 소년원 송치 등 총 10가지가 있다.

이러한 소년보호재판은 송치나 통고에 의해 시작된다. 경찰서장은 촉법소년과 우범소년에 해당하는 소년이 있을 때 관할 법원 소년부(가정법원소년부 또는 지방법원소년부)에 송치해야 하며, 검사는 소년에 대한 형사사건을 수사한 결과 보호처분에 해당하는 사유가 있다고 인정한 경우 해당 사건을 관할 법원 소년부에 송치해야 한다. 법원은 소년에 대한 형사사건을 심리한 결과 보호처분에 해당할 사유가 있다고 인정하면 사건을 관할 법원 소년부에 송치해야 한다. 범죄소년, 촉법소년, 우범소년을 발견한 보호자 또는 학교·사회복리시설·보호관찰소의 장은 이를 관할 법원 소년부에 통고할 수 있다(「소년법」 제4조, 제49조, 제50조).

소년부 판사는 송치 받은 사건에 대하여 심리한 결과에 따라 불처분 결정, 소년보호처분 결정, 검사에게 송치 결정, 법원으로의 이송 결정을 할 수 있다. 이 중 불처분 결정은 보호처분을 할 수 없거나 할 필요가 없다고 인정하면 내리는 결정으로서 이 결정으로 사건은 종결된다(「소년법」 제29조). 구체적으로는 ① 보호처분을 할 수 없는 경우로는 '비행 없음'이나 '소재불명' 등이 있고, ② 보호처분의 필요가 없는 경우로는 '별건보호 중'이나 '사안 경미' 등이 있다.

라. 이 사건조항에 대한 검토

이상과 같이 수사경력자료의 보존기간을 제한할 필요성이 있고, 소년의 사생활은 성인보다 강하게 보호해야 하므로 현행 형실효법 제8조의2 제3항에서 소년에 대한 수사경력자료 보존기간을 성인에 비하여 줄인 것은 타당한 입법으로 보인다. 소년에 대한 수사경력자료는 불송치결정의 경우 4개월 후, 기소유예의 경우 3년 후, 협의의 불기소, 무죄, 면소, 공소기각은 확정 시 삭제 대상이 된다. 이는 성인에 대한 수사경력자료가 법정형의 경중에 따라 즉시 삭제 또는 5년 내지 10년의 보존기간을 두고 있는 것에 비하면 상당히 단기간이라고 할 수

있다.

그런데, 형실효법 제8조의3은 이 사건에서와 같이 법원에서 불처분 결정된 소년부송치 사건에 대하여는 수사경력자료 보존기간이나 삭제 관련 규정을 두고 있지 않다. 법원의 불처분 결정은 해당 사건의 소년에 대하여 보호처분조차 할 필요가 없다고 인정한 것으로 볼 수 있어 다른 경우에 비해 수사경력자료의 보존기간을 제한하고 삭제할 필요가 높지만 관련 절차가 누락된 것이다. 이는 일반적인 형사사건의 재판 절차와 별개로 이루어지는 소년보호재판의 특수한 절차를 고려하지 않아 누락된 입법 불비인 것으로 보인다.

3. 수사경력자료 보존기간 관련 쟁점

이 사건조항에 대하여 헌법재판소의 헌법불합치 결정이 남에 따라 보완 입법을 추진해야 한다. 이때 소년부송치 후 불처분 결정을 받은 소년에 대한 수사경력자료의 보존기간을 어느 정도로 정할지가 문제된다.

현행 형실효법 제8조의2는 실질적으로 형이 선고되지 않은 사건에 대하여 그러한 판결 또는 결정의 확정 시 또는 일정 기간이 지난 후 수사경력자료의 해당 사항을 삭제하도록 규정하고 있다. 소년에 대한 수사경력자료 보관기간은 △ 사법경찰관의 혐의없음, 공소권없음 또는 죄가안됨의 불송치결정의 경우 그 결정일로부터 4개월, △ 검사의 기소유예 처분의 경우 그 처분일로부터 3년, △ 검사의 혐의없음·공소권없음·죄가안됨의 불기소처분의 경우 그 처분 시까지, △ 법원의 무죄, 면소 또는 공소기각 판결 또는 결정의 경우 그 판결 또는 결정의 확정 시까지로 규정되어 있다.

이에 대하여 최근 발의된 형실효법 개정안에서는 수사경력자료 보존기간을 1년으로 규정하였다.[11]

11) 유동수 의원 대표발의, 「형의 실효 등에 관한 법률 일부개정법률안」, 의안번호 제11752호, 2021. 7. 26.

[표 1] 수사경력자료 삭제사유 및 보존기간(형실효법 제8조의2)

삭제사유	보존기간(일반)	보존기간(소년)
1. 사법경찰관의 혐의없음, 공소권없음 또는 죄가안됨의 불송치결정	1. 법정형이 사형, 무기징역, 무기금고, 장기 10년 이상의 징역·금고에 해당하는 죄: 10년	1. 결정일부터 4개월
2. 검사의 혐의없음, 공소권없음, 죄가안됨 또는 기소유예의 불기소처분	2. 법정형이 장기 2년 이상의 징역·금고에 해당하는 죄: 5년	2. 기소유예: 처분일부터 3년 3. 혐의없음, 공소권없음, 죄가안됨: 처분 시까지
3. 법원의 무죄, 면소(免訴) 또는 공소기각의 판결 4. 법원의 공소기각 결정	3. 법정형이 장기 2년 미만의 징역·금고, 자격상실, 자격정지, 벌금, 구류 또는 과료에 해당하는 죄: 즉시 삭제	4. 판결 또는 결정의 확정 시까지
5. 법원에서 불처분결정된 소년부송치 사건(개정안 신설)[12]	– 다만, 제1항 제1호의 불송치결정이 있는 경우는 6개월간 보존하고, 제1항 제2호의 기소유예나 제1항 제3호·제4호의 판결 또는 결정이 있는 경우는 5년간 보존	5. 결정일부터 1년(개정안 신설)

표 1: 국회 법제사법위원회, 「형의 실효 등에 관한 법률 일부개정법률안 검토보고」, 2021. 9.

위 개정안이 1년의 보관기간을 정한 것에 대하여, 법무부는 현행법상 소년부송치보다 가벼운 처분인 '기소유예(소년)'에 대한 수사경력자료 보존기간이 3년인 점을 고려할 때 형평성의 원칙에 비추어 개정안의 보존기간을 보완 검토할 필요성이 있다는 의견을 냈다.[13]

그러나 현행법상 법원에서 형을 선고하지 않은 것으로 판결 또는 결정을 한 경우에는 수사경력자료의 보관기간을 그 판결 또는 결정의 확정 시까지로 두고 있다. 법원 소년부의 불처분 결정 또한 법원의 종국적 결정이라는 점에서 위 사유와 유사하다고 본다면 해당 결정의 확정 시까지로 보관기간을 두는 것이 적절할 것으로 생각된다.[14]

12) 위 개정안에서 신설된 내용을 포함한다.
13) 국회 법제사법위원회, 「형의 실효 등에 관한 법률 일부개정법률안 검토보고」, 2021. 9.
14) 이와 유사한 견해로, 이영근, 「한국 소년사법제도의 발전방안」, 『소년보호연구』 제28권 제4호, 2015. 12. 22면.

Ⅲ. 결정의 의의

소년은 성인에 비하여 보호의 필요성과 교화 가능성이 높다. 범죄에 연루된 사실만으로도 낙인 효과가 발생할 수 있어 더욱 주의가 필요하다. 이러한 낙인 효과 예방을 위하여 소년보호처분과 관련된 과거의 기록을 소년의 개인정보로서 민감하게 고려하고 새로운 사건에 대한 수사 과정에서 소년의 회복 가능성을 부정적으로 판단하거나 가중사유로 적용하지 않도록 할 필요가 있다.[15)]

본건 조항은 소년부로 송치된 사건에 대한 법원의 불처분 결정이 있는 경우 수사경력자료 보관에 관한 사항을 규정하고 있지 않다. 그로 인하여 불법의 정도가 현저히 낮음에도 수사경력자료가 당사자 사망 시까지 보관되고 있었다. 헌법재판소의 본건 결정으로 인하여 소년의 개인정보자기결정권이 보다 강화될 수 있다.

본건 결정에 대한 입법은 신속히 추진될 것으로 보인다. 다만 입법 과정에서 법원 소년부의 불처분 결정 사건에 대한 수사경력자료의 보관기관에 관한 논의가 필요한데, 법원이 형을 선고하지 않은 종국적 결정이므로 법원의 다른 판결·결정 유형에 맞추어 보관기간을 해당 결정의 확정 시까지로 하는 방안을 고려할 필요가 있다.

---

15) 최정규 외, 「아동·청소년 인권보장을 위한 소년사법제도 개선 연구」, 국가인권위원회 연구용역보고서, 2018. 12. 158면.

011

명단공고가 개인정보자기결정권을 침해하는지 여부

- 변호사시험법 제11조 위헌확인 사건 -

헌재 2020. 3. 26. 2018헌마77 · 283 · 1024(병합) 결정

정경오(법무법인 린 변호사)

I. 판결의 개요

1. 사안의 개요

가. 사실관계

1) 2018헌마77

청구인 노○○은 2018. 1. 9.부터 같은 달 13일까지 시행된 제7회 변호사시험에 응시하였으나 불합격하였고, 2019. 1. 8.부터 같은 달 12일까지 시행된 제8회 변호사시험에 응시하지 않았으며, 2020. 1. 7.부터 같은 달 11일까지 시행된 제9회 변호사시험에 응시하였다. 청구인 김○○, 청구인 이○○은 제9회 변호사시험에 응시하였다.

위 청구인들은 2017. 12. 12. 법률 제15154호로 변호사시험법 제11조가 개정되어 법무부장관은 합격자가 결정되면 즉시 '명단'을 공고하여야 하는바, 합격자 명단이 공개될 경우 타인이 자신들의 변호사시험 합격 여부 등을 알 수 있게 되어 자신들의 기본권이 침해된다고 주장하면서 2018. 1. 22. 국선대리인 선임 신청을 하였고(2018헌사113), 2018. 1. 23. 스스로 헌법소원심판청구서를 제출하였다. 그 후 선정된 국선대리인은 2018. 3. 6. 헌법소원심판청구 보충이유서를 제출하여, 위 청구인들이 제출한 청구서에 기재된 내용을 추인하였다.

2) 2018헌마283

청구인 김□□은 제7회 변호사시험에 응시하여 불합격하였으나, 제8회 변호사시험에 응시하여 합격하였다. 청구인 우○○은 제8회 변호사시험에 응시하여 합격하였다.

청구인 우○○은 2018. 2. 20., 청구인 김□□은 2018. 3. 10. 각 국선대리인 선임 신청을 하면서(2018헌사186, 2018헌사233), 변호사시험법 제11조에 따라 합격자 명단이 공개될 경

우 자신들의 기본권이 침해된다고 주장하였고, 2018. 3. 17. 스스로 헌법소원심판청구서를 제출하였다. 그 후 선정된 국선대리인은 2018. 4. 12. 헌법소원심판청구 보충이유서를 제출하여, 위 청구인들이 제출한 청구서에 기재된 내용을 추인하였다.

3) 2018헌마1024

청구인(성○○)은 2015년 시행된 제4회 변호사시험부터 2019년 시행된 제8회 변호사시험까지 총 5회에 걸쳐 응시하였으나 모두 불합격하였다.

위 청구인은 스스로 대리인을 선임하였고, 변호사시험법 제11조에 따라 합격자 명단이 공개될 경우 타인이 자신의 변호사시험 합격 여부 등을 알 수 있게 되어 자신의 기본권이 침해된다고 주장하면서 2018. 10. 12. 이 사건 헌법소원심판을 청구하였다.

나. 심판대상

이 사건 심판대상은 변호사시험법(2017. 12. 12. 법률 제15154호로 개정된 것) 제11조 중 '명단 공고' 부분(이하 '심판대상조항'이라 한다)이 청구인들의 기본권을 침해하는지 여부이다. 심판대상조항과 관련조항은 다음과 같다.

[심판대상조항]

변호사시험법(2017. 12. 12. 법률 제15154호로 개정된 것)

제11조(합격자 공고 및 합격증서 발급) 법무부장관은 합격자가 결정되면 즉시 명단을 공고하고, 합격자에게 합격증서를 발급하여야 한다.

[관련조항]

구 변호사시험법(2009. 5. 28. 법률 제9747호로 제정되고, 2017. 12. 12. 법률 제15154호로 개정되기 전의 것)

제11조(합격자 공고 및 합격증서 발급) 법무부장관은 합격자가 결정되면 즉시 이를 공고하고, 합격자에게 합격증서를 발급하여야 한다.

2. 결정의 요지

심판대상조항의 입법목적은 공공성을 지닌 전문직인 변호사에 관한 정보를 널리 공개하여 법률서비스 수요자가 필요한 정보를 얻는 데 도움을 주고, 변호사시험 관리 업무의 공정

성과 투명성을 간접적으로 담보하는 데 있다.

심판대상조항은 법무부장관이 시험 관리 업무를 위하여 수집한 응시자의 개인정보 중 합격자의 성명을 공개하도록 하는 데 그치므로, 청구인들의 개인정보자기결정권이 제한되는 범위와 정도는 매우 제한적이다. 합격자 명단이 공고되면 누구나, 언제든지 이를 검색할 수 있으므로, 심판대상조항은 공공성을 지닌 전문직인 변호사의 자격 소지에 대한 일반 국민의 신뢰를 형성하는 데 기여하며, 변호사에 대한 정보를 얻는 수단이 확보되어 법률서비스 수요자의 편의가 증진된다. 합격자 명단을 공고하는 경우, 시험 관리 당국이 더 엄정한 기준과 절차를 통해 합격자를 선정할 것이 기대되므로 시험 관리 업무의 공정성과 투명성이 강화될 수 있다. 따라서 심판대상조항이 과잉금지원칙에 위배되어 청구인들의 개인정보자기결정권을 침해한다고 볼 수 없다.

II. 해설

1. 쟁점의 정리

가. 개인정보자기결정권의 침해 여부

특정시험에 대한 응시 및 합격 여부, 합격연도 등도 개인정보에 포함되고, 그러한 사실이 알려지는 시기, 범위 등을 응시자 스스로 결정할 권리는 개인정보자기결정권의 보장 범위에 속한다고 할 수 있다. 심판대상조항에 따라 합격자 명단이 공고되면, 법학전문대학원 졸업자 또는 졸업예정자라는 한정된 집단에 속한 사람이 응시하는 변호사시험 특성에 비추어, 특정인의 법학전문대학원 재학 또는 졸업 사실을 이미 알고 있는 그 주변 사람들은 성명이 공개된 사람의 합격 사실 뿐만 아니라 위 정보를 결합하여 특정인의 불합격 사실도 알 수 있으므로, 결국 응시자들의 개인정보자기결정권에 대한 제한이 발생하는지 여부가 쟁점이다.

나. 사생활의 비밀과 자유 침해 여부

청구인들은 심판대상조항에 따라 합격자 명단이 공개됨으로써 사생활의 비밀과 자유가 침해된다고 주장하므로 합격자 명단공고가 사생활의 비밀과 자유를 침해하는지 여부에 대하여 검토할 필요가 있다.

2. 관련 판례

가. 대법원 2014. 7. 24. 선고 2012다49933 판결

인간의 존엄과 가치, 행복추구권을 규정한 헌법 제10조 제1문에서 도출되는 일반적 인격권 및 헌법 제17조의 사생활의 비밀과 자유에 의하여 보장되는 개인정보자기결정권은 자신에 관한 정보가 언제 누구에게 어느 범위까지 알려지고 또 이용되도록 할 것인지를 정보주체가 스스로 결정할 수 있는 권리이다. 개인정보자기결정권의 보호대상이 되는 개인정보는 개인의 신체, 신념, 사회적 지위, 신분 등과 같이 개인의 인격주체성을 특징짓는 사항으로서 개인의 동일성을 식별할 수 있게 하는 일체의 정보라고 할 수 있고, 반드시 개인의 내밀한 영역에 속하는 정보에 국한되지 않고 공적 생활에서 형성되었거나 이미 공개된 개인정보까지 포함한다. 또한 그러한 개인정보를 대상으로 한 조사·수집·보관·처리·이용 등의 행위는 모두 원칙적으로 개인정보자기결정권에 대한 제한에 해당한다.

나. 대법원 2015. 10. 15. 선고 2014다77970 판결

원심은 그 판시와 같은 이유로, 공적 생활에서 형성되었거나 이미 공개된 개인정보도 개인정보자기결정권의 보호대상인 이상, 교원에 관한 정보라거나 정보주체가 과거 스스로 해당 정보를 공개한 적이 있었다거나 타인에 의하여 정보주체의 의사에 반하는 정보 공개행위가 이미 존재하였다는 이유로 피고들의 행위가 개인정보자기결정권의 침해에 해당하지 않는다고 볼 수 없고, 설령 정보주체가 일정한 경우 스스로의 자유로운 의사에 기하여 이를 공개할 의사가 있다고 하더라도 정보주체가 스스로 결정하지 않은 시기와 방법으로 타인이 이를 공개하는 것은 개인정보자기결정권의 침해에 해당한다고 보아, 이 사건 정보 공개로 원고들 및 선정자들이 손해를 입었다거나 새로이 법익 침해되었다고 볼 수 없다는 피고들의 주장을 배척하였다.

원심판결 이유를 기록에 비추어 살펴보면, 원심의 이러한 판단은 위 법리에 따른 것으로 정당하고, 거기에 상고이유 주장과 같이 필요한 심리를 다하지 아니하여 논리와 경험의 법칙을 위반하여 자유심증주의의 한계를 벗어나거나 손해의 발생 등에 관한 법리를 오해한 위법이 없다.

3. 검토

가. 청구인들의 주장

특정시험에 대한 응시 및 합격 여부, 합격연도 등도 개인정보에 포함되고, 그러한 사실이 알려지는 시기, 범위 등을 응시자 스스로 결정할 권리는 개인정보자기결정권의 보장 범위에 속한다고 할 수 있다. 청구인들은 심판대상조항에 따라 합격자 명단이 공고되면, 법학전문대학원 졸업자 또는 졸업예정자라는 한정된 집단에 속한 사람이 응시하는 변호사시험 특성에 비추어, 특정인의 법학전문대학원 재학 또는 졸업 사실을 이미 알고 있는 그 주변 사람들은 성명이 공개된 사람의 합격 사실 뿐만 아니라 위 정보를 결합하여 특정인의 불합격 사실도 알 수 있으므로, 결국 응시자들의 개인정보자기결정권에 대한 제한이 발생하고, 결과적으로 심판대상조항에 따라 자신들의 개인정보자기결정권이 침해된다고 주장한다.

나. 명단공고가 개인정보자기결정권을 침해하는지 여부

1) 명단공고와 개인정보자기결정권

명단공고는 합격자의 성명을 나열하여 이를 일반에 널리 공개하는 것을 의미한다. 구 변호사시험법(2009. 5. 28. 법률 제9747호로 제정되고, 2017. 12. 12. 법률 제15154호로 개정되기 전의 것) 제11조는 단지 '합격자를 공고'하도록 하였을 뿐, '합격자의 명단을 공고'하도록 규정하지는 않았으므로, 법무부장관이 합격자들을 특정하여 일반에 널리 공개하여야 하였지만, 합격자 성명 공개가 강제되지는 않았다. 이에 따라 법무부장관은 제1회, 제2회 변호사시험 합격자를 공고할 때는 응시번호와 성명을 병기하였지만, 제3회부터 제6회 변호사시험 합격자를 공고할 때는 응시번호만을 기재하였다. 그러나 심판대상조항과 같이 법률이 개정됨에 따라, 법무부장관은 변호사시험 합격자가 결정되면 즉시 합격자들의 명단을 일반에 널리 공개하여야 한다.

개인정보자기결정권은 인간의 존엄과 가치, 행복추구권을 규정한 헌법 제10조 제1문에서 도출되는 일반적 인격권 및 헌법 제17조의 사생활의 비밀과 자유에 의하여 보장되는 것으로, '자신에 관한 정보가 언제 누구에게 어느 범위까지 알려지고 이용되도록 할 것인지 그 정보주체가 스스로 결정할 수 있는 권리'를 말한다(헌재 2009. 9. 24. 2007헌마1092 참조).

청구인들은 심판대상조항에 따라 합격자 명단이 공개됨으로써 개인정보자기결정권이 침해된다고 주장하므로 심판대상조항이 개인정보자기결정권에 대한 과잉금지원칙 위배 여부를

심사하여야 하며, 과잉금지원칙의 세부 내용인 목적의 정당성, 수단의 적합성, 침해의 최소성, 법익의 균형성에 위배되는지 검토할 필요가 있다.

2) 견해대립

가) 합헌의견

합헌의견에 따르면, 심판대상조항의 입법목적은 공공성을 지닌 전문직인 변호사에 관한 정보를 널리 공개하여 법률서비스 수요자가 필요한 정보를 얻는 데 도움을 주고, 변호사시험 관리 업무의 공정성과 투명성을 간접적으로 담보하는 데 있는바, 이러한 입법목적은 정당하다. 변호사시험 합격자 명단을 공고하면 누구나 이를 열람 또는 검색할 수 있으므로, 심판대상조항은 입법목적을 달성하는 데 적합한 수단으로 보고 있다.

법무부는 변호사시험 관리 업무를 위하여 응시자의 성명 외에도 주민등록번호 또는 외국인등록번호, 주소, 연락처 등의 개인정보를 수집, 처리하는데, 심판대상조항은 변호사시험 합격자 공고 시 위와 같이 수집한 응시자 개인정보 중 성명만을 공개하도록 하는 데 그친다. 즉, 심판대상조항에 따라 응시자의 '응시 및 합격 여부'라는 정보가 불특정 다수인에게 직접 공표되는 것이 아니므로, 법무부장관이 재량으로 합격자의 성명 외 다른 개인정보를 추가로 공개하지 않는 이상, 타인이 합격자 명단만으로 특정 응시자의 변호사시험 응시 및 합격 여부를 파악하는 데는 한계가 있다. 그러므로 심판대상조항으로 인하여 변호사시험 응시자의 개인정보자기결정권이 제한되는 범위와 정도는 매우 제한적이라 할 수 있다.

특정인을 식별하는 데 있어 성명은 매우 직접적이고 유용한 정보이고, 이처럼 심판대상조항에 따라 공고된 합격자 명단은 법률서비스 수요자가 변호사와 업무를 하려 할 때 그에 관한 정보를 얻는 편리한 수단이 될 수 있는데, 법률서비스 수요자로서는 변호사 등록증서 등을 변호사에게 직접 요구하거나 대한변호사협회 홈페이지 등에 접속하여 검색하지 않고도, 평소 자주 사용하는 인터넷 포털이나 검색 서비스를 통하여 손쉽게 그의 자격 취득 여부, 자격시험 종류 및 합격 시기 등을 어느 정도 확인할 수 있어, 상담 또는 선임 여부를 결정하는 데 하나의 자료로 삼을 수 있게 된다.

더욱이 변호사에게 직접 등록증서를 보여주도록 요청하거나 대한변호사협회 홈페이지를 통하여 검색하는 것은 자격시험에 합격한 법률전문가가 변호사등록을 한 경우에만 유용한 방법인데, 일반 국민의 입장에서 볼 때는 매회 변호사시험 합격자 명단이 널리 공개되는 것이 변호사 자격 소지에 대한 신뢰를 형성하는 데 기여하는 바가 적지 않고, 심판대상조항은

시험 관리 업무의 투명성 강화에 기여하며, 합격자 선정과 관련한 부당한 특혜 시비의 발생 가능성을 낮출 수 있다. 또한, 시험 관리 당국의 합격자 중복 선정 등 오류를 방지하는 데 도움이 될 수 있다.

이상을 종합하면, 입법목적을 달성하는 데 덜 침해적인 수단이 발견되지 아니하며, 청구인들의 침해되는 사익보다 달성되는 공익이 더 크다고 할 수 있다. 심판대상조항은 침해의 최소성과 법익의 균형성 요건도 충족한다.

따라서 심판대상조항은 과잉금지원칙에 위배되지 아니하므로 청구인들의 개인정보자기결정권을 침해하지 않는다.

나) 위헌의견

명단공고는 합헌의견과 마찬가지로 그 목적의 정당성과 수단의 적합성은 인정된다. 변호사시험은 법학전문대학원 졸업자 또는 졸업예정자라는 한정된 집단에 속한 사람만 응시하는 시험이므로, 특정인의 법학전문대학원 재학 사실 등을 아는 사람은 그러한 정보를 기초로 특정인의 성명과 합격자 명단을 대조하여 그의 불합격 사실을 확인할 수 있으며, 나아가 불합격 횟수 등을 추정할 수도 있다. 만약 합격자 성명을 공개하지 않는다면 특정인의 변호사시험 합격 여부는 당사자가 직접 밝히지 않는 한 확인하기 어려운 것과 비교된다. 이처럼 심판대상조항에 따라 합격자의 명단이 공고됨으로써 변호사시험 응시 및 합격 여부에 관한 사실이 널리 공개되는 것은 변호사시험에 응시한 청구인들의 개인정보자기결정권에 대한 중대한 제한이라 할 수 있다.

대한변호사협회는 홈페이지를 통하여 변호사에 대한 상세 정보를 공개하고 있는바, 누구나 여기에 접속하여 변호사 성명을 입력하면 대다수 개업 변호사의 사진, 전문분야, 출생연도, 소속 지방변호사회, 사무소명과 연락처, 해당 변호사가 합격한 자격시험의 종류와 횟수 등 상세 정보의 전부 또는 일부를 확인할 수 있어, 이처럼 청구인들의 개인정보자기결정권을 덜 침해하면서도 법률서비스 수요자가 변호사에 대한 더 정확하고 상세한 정보를 얻을 수 있는 다른 수단이 존재하므로 심판대상조항은 침해의 최소성 요건을 충족하지 못한다.

심판대상조항에 따라 변호사시험 합격자 명단을 공고하면 법률서비스 수요자에게 변호사에 관한 정보를 얻을 수 있는 하나의 수단이 추가로 제공되는바, 이 점에서 달성되는 공익이 있다.

그러나 변호사시험은 응시자격이 한정되어 있고 응시 기간 및 횟수가 제한되어 있으므로, 특정인의 법학전문대학원 재학 또는 졸업 사실을 이미 알고 있는 그 주변 사람들은 합격자

명단에 특정인의 성명이 없다는 사실로부터 그가 응시하지 않았거나 불합격하였다는 사실을 확인할 수 있는바, 변호사시험이 법률사무를 수행할 수 있는 능력을 평가하기 위한 자격시험인 점을 고려하면(변호사시험법 제1조), 변호사자격을 취득하여 법률사무를 수행하려는 청구인들에게 발생하는 사익 침해의 정도를 결코 가볍게 볼 수 없다.

또한, 법무부 홈페이지에 올려진 합격자 명단이 기한 없이 계속 공고되는 실무상 관행에 비추어볼 때, 위와 같은 사익 침해는 지속적으로 발생하게 되고, 설사 일정 기간 경과 후 법무부 홈페이지에서 공고된 합격자 명단을 삭제한다고 하더라도 언론기사나 다른 인터넷 게시물을 통하여 이미 전파된 명단을 빠짐없이 삭제할 것을 기대하기 어려우므로 사익 침해 상황을 해소할 수 없다. 이러한 점을 고려하면 침해되는 사익의 정도가 위와 같이 달성되는 공익보다 더 크다. 따라서 심판대상조항은 법익의 균형성 요건도 충족하지 못한다.

따라서 심판대상조항은 과잉금지원칙에 위배되어 청구인들의 개인정보자기결정권을 침해한다.

다. 명단공고가 사생활의 비밀과 자유를 침해하는지 여부

청구인들은 심판대상조항에 따라 합격자 명단이 공개됨으로써 사생활의 비밀과 자유가 침해된다고 주장하나, 헌법재판소는 변호사라는 전문자격을 취득하거나 취득하지 못하였다는 사실이 내밀한 사적 영역에 속하는 것인지 의문일 뿐만 아니라, 설사 이에 속한다고 하더라도 개인정보자기결정권의 보호영역과 중첩되는 범위 안에서만 관련되어 있으므로, 개인정보자기결정권에 대한 과잉금지원칙 위배 여부를 심사하는 이상 따로 살펴보지 않는다(헌재 2005. 5. 26. 99헌마513등 참조)고 판단하였다.

III. 결정의 의의

이 결정은 변호사시험 합격자의 명단공고를 규정한 심판대상조항이 개인정보자기결정권을 침해하지 않는다고 판단하였다. 그러나 실제로는 위헌의견이 5명이고, 합헌의견이 4명이라는 점에서 실질적으로 위헌의견이 다수 견해였다.

변호사시험의 경우 제1회와 제2회에는 응시번호와 함께 합격자 명단을 공고한 바 있었고, 제3회 변호사시험부터는 법무부장관이 재량으로 합격자의 응시번호만을 공고하였는데, 2017. 12. 12. 심판대상조항과 같이 법률이 개정됨에 따라 합격자명단을 공고하게 되었다.

명단공고에 관한 연혁을 고려하면 변호사시험 합격자의 명단공고가 변호사로부터 법률서비스를 받을 국민의 편의, 변호사 자격의 공공성, 변호사시험 관리의 공정성 확보라는 목적 등을 실현하기 위한 유일한 방법이라고 볼 수 없다. 또한 응시번호만을 공고하는 경우에도 시험관리 업무의 공정성과 투명성은 충분히 달성할 수 있고, 법률서비스 수요자에 대한 편의는 변호사협회 홈페이지 등을 통해 변호사에 대한 더 상세하고 정확한 정보를 얻을 수 있다.

한편, 법무부 홈페이지에 합격자 명단이 공고되면 그 파일을 기한 없이 게시하는 방법으로 하고 있는데, 공고 후에는 누구나, 언제든지 이를 검색, 확인할 수 있고, 합격자 명단이 언론기사나 인터넷 게시물 등에 인용되어 널리 전파될 수도 있는바, 이러한 사익 침해 상황은 시간이 흘러도 해소되지 않는다. 이는 개인정보에 대한 권리 보호 의식이 강화되고 있는 최근의 추세 및 개인정보의 수집·이용·제공에 있어 보유 및 이용기간을 일정하게 제한을 두고 있는 「개인정보 보호법」의 취지에도 반한다고 할 것이다.

따라서 명단공고를 규정한 심판대상조항에 대한 기각결정은 명단공고가 변호사로부터 법률서비스를 받을 국민의 편의, 변호사 자격의 공공성, 변호사시험 관리의 공정성 확보의 유일한 수단이라고 볼 수 없고, 명단공고가 아닌 응시번호 공고로 이러한 목적을 달성할 수 있으며, 최근의 개인정보에 대한 강화된 권리 의식과 「개인정보 보호법」상 이용 및 보호기간을 둔 취지에 반하는 결정이라고 할 수 있다.

제2장

개인정보와
개인정보처리자의 개념

012 IMEI 및 USIM 일련번호가 개인정보에 해당하는지 여부

- 스마트폰 용 증권시세 검색 앱 사건 -

서울중앙지방법원 2011. 2. 23. 선고 2010고단5343 판결

정준현(단국대학교 법과대학 교수)

I. 판결의 개요

1. 사안의 개요

가. 사실관계

피고인 A는 스마트폰 용 증권시세 검색 어플리케이션(Application: 이하 "앱"이라고 한다)인 "G"를 이용하여 사용자의 동의 없이 휴대전화 번호와 IMEI, USIM 등 8만 3천여 건의 개인정보를 무단 수집하였다는 이유로, 피고인 B는 이러한 범행을 가능하게 하는 "G"앱의 개발을 A로부터 수주받아 납품한 공모공범이라는 이유로 각각 기소되었다.

그런데, "G"앱은 사용자의 스마트폰으로부터 'IMEI'(International Mobile Equipment Identity; 국제모바일 단말기 인증번호)와 'USIM'(Universal Subscriber Identity Module; 범용가입자식별모듈) 일련번호의 조합 '정보를 읽어 오거나, 휴대폰 종류 내지는 운영체계에 따라 'USIM' 일련번호를 가져오지 못하는 경우에는 'IMEI와 사용자 개인 휴대전화번호의 조합' 정보를 읽어 와 피고인들이 운영하는 서버에 저장한 다음, 사용자가 다시 접속하는 경우 위 서버에 저장된 사용자와 개인정보를 비교하여 사용자의 동일성을 식별하고 별도 로그인 없이 바로 사용자가 등록해 놓은 관심 종목을 보여주도록 하는 기능을 수행한다(A와 B가 소속한 법인에 대한 것은 양벌규정에 따른 것이라는 점에서 편의상 생략함).

나. 소송경과

서울중앙지방법원은 IMEI나 USIM 일련번호가 개인정보인지 여부에 대한 개념이 정립되지 아니한 상태에서 이 사건 범행을 범하게 된 점, 피고인들이 이 사건 개인정보를 수집한 이유가 개인정보를 비정상적인 상황에서 사용하려는 데 이유가 있는 것이 아니라 단지 'G'

이용자들의 이용편의를 위한 발상에서 시작되었다는 점, 이 사건 수사 이후 IMEI나 USIM 일련번호 수집에 대하여 동의를 구하고 수집한 정보도 암호화하여 개인정보의 유출을 막으려는 노력을 하고 있는 점 등을 감안하여 피고인 A에 대하여는 (구)「정보통신망 이용촉진 및 정보보호 등에 관한 법률」(이하 "정보통신망법"으로 함) 제71조 제1호(이용자의 동의를 받지 아니하고 개인정보를 수집한 자)[1]에 근거하여 벌금 700만원을, 피고인 B에 대하여는 형법 제30조(공동공범)에 근거하여 벌금 500만원에 처하는 판결을 하였다.

2. 판결의 요지

가. IMEI나 USIM 일련번호가 개인정보인지 여부

기기나 카드에 부여된 IMEI나 USIM 일련번호는 모두 특정 개인의 소유로 귀속되기 전까지는 그 자체로서 당해 개인을 알아 볼 수 있는 정보라 보기는 어렵다고 하더라도, 위 각 번호를 가지는 휴대폰이 어느 개인의 소유로 귀속되는 순간부터 위 각 번호는 특정한 기기나 카드에 부여된 고유번호라는 의미 이외에 '특정 개인이 소유하는 휴대폰의 기기 번호 내지 특정 카드의 일련번호'라는 의미를 함께 지니게 되는 것으로서, 이들 일련번호는 휴대폰 가입신청서 등 가입자정보에 나타난 다른 정보와 어려움 없이 쉽게 결합됨으로써 개인을 특정할 수 있게 되는 개인정보에 속한다.

나. 동의 없이 수집 · 이용할 수 있는 개인정보인지 여부

IMEI나 USIM 일련번호, 개인 휴대전화번호가 'G'의 서비스를 이행하기 위하여 반드시 필요한 정보라고 보이지 아니할 뿐 아니라, 사용자인 정보주체의 동의를 받는 것이 뚜렷하게 곤란한 경우에 해당한다고 보기도 어려우므로 "정보통신망법" 제22조 제2항에서 규정한 '이용자의 동의 없이 수집 · 이용할 수 있는 개인정보'[2]에 해당하지 아니한다.

---

1) 이 조항은 2020. 2. 4.의 개정법률에 의거하여 현재 삭제되었다.

2) "정보통신망법"과 「개인정보 보호법」 간의 유사 · 중복조항을 정비하는 차원에서 2020. 2. 4.에 이들 두 개의 법률이 개정된 바, "정보통신망법"에서는 제22조를 삭제한 대신, 「개인정보 보호법」 제15조에서는 "개인정보처리자는 당초 수집 목적과 합리적으로 관련된 범위에서 정보주체에게 불이익이 발생하는지 여부, 암호화 등 안전성 확보에 필요한 조치를 하였는지 여부 등을 고려하여 대통령령으로 정하는 바에 따라 정보주체의 동의 없이 개인정보를 이용할 수 있다"는 내용의 제3항을 신설하였다. 그밖에, 개인정보도 "직접 해당 개인을 알 수 있는 정보"와 "결합하여 해당 개인을 알 수 있는 정보"로 나누어 이에 대한 정의규정도 「개인정보 보호법」 제2조 제1호로 단일화하고 있다.

II. 해설

1. 쟁점의 정리

이 사건에 대한 법원의 유죄판결은 형법에 근거한 자연범을 대상으로 하는 것이 아니라 “정보통신망법”의 목적인 “정보통신망의 안전한 이용환경의 조성”을 위한 정책범을 대상으로 형법총칙의 적용을 받기는 하나 형법에 의한 범죄와 달리 법령위반 그 자체를 문제삼을 뿐 일정한 법익 침해의 결과를 요구하지 아니한다는 특징을 갖는다는 점에서 일반 행정법관계에 대한 것과 달리 법문의 엄격한 해석이 요구된다.[3)]

이러한 관점에서 엄격하게 해석되어야 할 이 사건의 쟁점은 특정한 개인의 소유로 되어 있는 휴대전화기에 부여된 IMEI나 USIM 일련번호가 이 사건 당시의 “정보통신망법” 제2조 제1항 제6호에서 규정한 “해당 정보만으로는 특정 개인을 알아 볼 수 없어도 다른 정보와 쉽게 결합하여 알아 볼 수 있는 정보”로서 개인정보에 해당하는지 여부라고 할 것이다. 보다 구체적으로는 이들 IMEI나 USIM 일련번호는 해당 개인을 직접 식별할 수 있는 정보가 아니라는 점에서 같은 법 제2조 제1항 제6호 후단의 해석과 관련하여 다음과 같은 3가지 의문점을 갖게 된다.

첫째로는 누구를 기준으로 같은 법 제2조 제1항 제6호 후단의 요건을 해석할 것인가 하는 것이며, 둘째로는 “쉽게”라는 의미가 “결합”에 한정되는지 것인지 아니면, “결합”과 해당 개인을 알아 볼 수 있는 것 모두에 대한 것인지 여부이다. 끝으로 이 사건 일련번호가 같은 법 제22조 제2항 제1호에서 규정한 “정보통신서비스의 제공에 관한 계약을 이행하기 위하여 필요한 개인정보로서 경제적·기술적인 사유로 통상적인 동의를 받는 것이 뚜렷하게 곤란한 경우”에 해당하는지 여부이다. 이하에서는 이 사건의 대상인 휴대전화기에 부여된 IMEI나 USIM 일련번호의 구체적인 법적 의의에 대한 검토을 전제로 이러한 3가지 의문점에 대하여 살펴보기로 한다.

2. 검토

가. “IMEI 및 USIM 일련번호”와 법적 의의

“단말기 식별번호”(IMEI)는 단말기를 식별할 수 있는 고유 번호로 분실·도난 단말기에 대한 통화차단을 목적으로 관리된다. IMEI는 제조사가 GSM, WCDMA, 위성 휴대 단말기

---

3) 대법원 1992. 2. 14. 선고 91도792 판결; 대법원 1990. 4. 27. 선고 89도1886 판결 등 참조.

등에 대해서 출고 시 부여되며, 형식 승인코드(Type Allocation Code) 8자리, 모델 일련번호(Serial Number) 6자리, 검증용 숫자(Check Digit) 1자리 등 총 15자리로 구성되어 있다.[4] 현재 국내 이통사는 자사 판매 단말기의 IMEI와 USIM의 가입자 정보(IMSI)를 연계하여 관리함으로써 일치 여부를 수시로 확인하며, 미일치된 통화 시도의 자사 이동통신망 접근을 차단하는 화이트리스트 방식을 채택하고 있다[5]고 한다.

이러한 점에서 판례가 지적한 바와 같이 위 일련번호 그 자체만 분리하여 해당 개인을 알 수 없으나[6], 휴대폰이 어느 개인의 소유로 귀속되는 순간부터 위 번호는 휴대폰 번호와 결합하여 해당 개인을 알 수 있는 간접 정보로서의 의미를 갖게 됨을 파악할 수 있다

나. "정보통신망법"의 수범자

이 사건 당시의 (구) "정보통신망법"은 제2조 제2호의 '정보통신서비스 제공자' 외에 제25조 제1항에 따라 정보통신서비스 제공자로부터 이용자의 개인정보를 제공받은 '수탁자'를 포함하는 '정보통신서비스 제공자등'을 수범자로 하면서 같은 법 제75조의 양벌규정과 관련하여서는 정보통신서비스를 제공하는 법인이나 개인 뿐만 아니라 사용인, 그밖의 종업원도 수범자로 삼아 "정보통신서비스를 이용하는 자의 개인정보 보호와 아울러 정보통신망을 건전하고 안전하게 이용할 수 있는 환경의 조성"을 목적으로 삼고 있음을 확인할 수 있다. 이러한 점에서 업무를 목적으로 개인정보를 처리하는 자 모두를 수범자로 삼고 있는 「개인정보 보호법」과는 구별된다.

따라서, "정보통신망법" 제2조 제1항 제6호 후단의 요건에 대한 해석은 사회 평균인의 입장에서 그 시대의 사회통념에 따라 객관적이고 규범적으로 판단[7]할 것이 아니라 '정보통신서비스 제공자등'의 입장에서 그 시대의 사회통념에 따라 객관적이고 규범적으로 판단해야 한다.

---

4) 정진한 외, 「스마트 모바일 시대의 합리적인 단말 이용구조 정착을 위한 정책방안 연구」, 방송통신정책연구(11-진흥-가-19), 2011. 12. 72면. IMEI 일련번호는 스마트폰 소유자가 "#06#"을 누르게 되면 확인이 가능하다고 한다.

5) 정진한 외, 앞의 책, 73면.

6) PDPC는 "IMEI 번호는 네트워크에서 모바일 기기를 식별하는 데 사용됩니다"라고 말했다. "인터넷 프로토콜(IP) 주소와 같은 다른 네트워크 식별자와 마찬가지로 IMEI 번호는 단순히 네트워크 장치를 식별하기 위한 것이라는 점"에서 그 자체만 분리된 상태에서 볼 경우에는 개인 데이터가 아닐 수 있다. <https://www.pinsentmasons.com/out-law/news/mobile-device-identifiers-in-isolation-unlikely-to-constitute-personal-data-says-singapore-watchdog>

7) 대법원 2018. 9. 13. 선고 2017도16732 판결 등 참조.

다. "다른 정보와 쉽게 결합하여 해당 개인을 알 수 있는 정보"의 의미

(구) "정보통신망법" 제2조 제1항 제6호 후단의 "다른 정보와 쉽게 결합하여 해당 개인을 알 수 있는 정보"는 직접 해당 개인을 알 수 있는 정보와 마찬가지로 같은 법 제22조 제1항에 의한 정보주체의 동의를 요하는 개인정보로 되어 정보주체의 동의 없는 수집이 제한된다는 점을 고려할 때, 다른 정보와 결합은 쉽게 된다고 하더라도 해당 개인을 알 수 없는 정보를 의미하는 것이 아니라 "다른 정보와 쉽게 결합하고, 결합된 정보를 통해 해당 개인 또한 쉽게 알 수 있는 정보"를 의미하는 것으로 새겨야 한다.[8]

그런데, 이 사건의 정범인 A는 사회 평균인과 달리 정보통신서비스 제공자의 업무를 수행하는 법인의 사용인 내지 종업원으로서 증권시세 검색 어플리케이션인 "G"를 통해 서버에 저장된 사용자의 IMEI 및 USIM 일련정보와 접속자의 스마트폰 번호를 비교하여 사용자의 동일성을 쉽게 식별할 수 있는 지위에 있다는 점에서 해당 IMEI 및 USIM 일련정보는 같은 법 제2조 제1항 제6호 후단의 "다른 정보와 쉽게 결합하여 해당 개인을 알 수 있는 정보"로서 개인정보에 해당함[9]을 알고 있거나 알아야 할 위치에 있음을 인정할 수 있다.

라. 계약의 이행을 위하여 통상적인 동의를 받는 것이 뚜렷하게 곤란한 경우인지 여부

이 사건 당시의 (구) "정보통신망법 시행령" 제14조 제1항이 정보통신서비스제공자등에 대해 개인정보와 매체를 고려하여 인터넷 홈페이지의 첫 화면 또는 첫 화면과 연결화면을

---

8) '다른 정보와 쉽게 결합하여 알아볼 수 있다'는 것은 개인정보처리자 또는 임의의 다른 사람 등이 이미 보유하고 있거나 쉽게 얻을 수 있는 다른 정보를 바탕으로 해당 정보와 다른 정보를 특별한 어려움 없이 결합하여 특정 개인을 알아볼 수 있게 되는 것을 말하는 것으로서, **다른 정보의 취득 및 해당 정보와의 결합을 통한 특정 개인의 식별이 모두 쉽게 이루어져야 하는 것**을 의미한다고 볼 것이다. …, 만약 특정 개인을 알아보기 위하여 불합리할 정도의 시간, 노력, 비용 등이 투입되어야 한다면 해당 정보는 다른 정보와 쉽게 결합하여 특정 개인을 알아볼 수 있는 개인정보에 해당한다고 볼 수 없다(서울고등법원 2015. 2. 9. 선고 2014노2820 판결).

9) 정상조 교수는 일찍이 쿠키정보를 개인정보의 범주에 포함시키고 있다. "광고기술의 발전과 개인정보 보호", 「저스티스」 통권 제106호(2008. 9.), 603-604면; 독일 연방헌법재판소는 "IMEI 및 SIM의 일련번호를 수사하고 휴대전화 번호를 확보하는 것은 정보자기결정권에 관련된다"는 취지의 판결도 이와 맥락을 같이 하는 것으로 보인다. 박희영, "IMSI 및 IMEI와 휴대전화의 위치확보의 합헌성 여부", 「법제」 2009. 11. 63면 참조; 임규철, "유럽연합과 독일의 개인정보 보호법의 비판적 수용을 통한 우리나라의 개인정보 보호법의 입법개선을 위한 소고", 「법학논고」 제61집(2018. 4.), 92면; GDPR 개인 데이터의 정의는 생체 데이터와 유전자 데이터 뿐만 아니라 생존하고 있는 사람의 식별을 가능하게 하는 것으로서 쿠키, IMEI 일련번호와 같은 기기의 식별번호 및 IP 주소 등에서 발견되는 고유의 식별자(UID)를 포함하도록 확장되었다. <https://www.digitalcontrolroom.com/the-general-data-protection-regulation-gdpr/>.

통하여 개인정보취급방침을 공개할 것을 명하고 있음을 확인할 수 있는 점(현행 「개인정보 보호법」 제3조 제5항의 "개인정보 처리방침"), 통신서비스제공자에 속한 A로서는 이 사건 IMEI 및 USIM 일련정보는 다른 정보와 쉽게 결합하여 해당 개인을 쉽게 알 수 있는 정보로서 당시의 (구) "정보통신망법" 제2조 제1항 제6호 후단의 개인정보에 속함을 당연히 알고 있었을 것으로 기대할 수 있다는 점 – 2004년에 개정된 「통신비밀보호법」 제3조 제3항이 이와 같은 정보의 수집을 제한하고 있는 점[10]은 별론으로 하더라도 – 그리고 이 사건 정범 A는 사용자의 스마트 폰으로부터 'IMEI'와 'USIM' 일련번호의 조합정보를 자동으로 읽어 오는 "G"의 기능을 누구보다도 잘 알고 있는 지위에 있었다는 점 등을 종합적으로 고려할 때, 다음과 같이 평가할 수 있다.

즉, 이 사건 IMEI 및 USIM 일련정보의 수집은 정보주체의 사전 동의를 요하는 개인정보이며, 이러한 정보의 수집을 위해서는 증권시세 검색서비스와 관련한 "개인정보취급방침"을 통해 정보주체의 정보자기결정권을 보호하기 위해 필요한 사용자의 사전동의와 같은 조치가 선행되어야 한다는 것과 이러한 동의 절차는 별도의 기술적 내지 경제적인 어려움 없이 "개인정보취급방침"에 적시하는 것만으로도 가능하다는 것을 A는 알았을 것이라고 합리적으로 기대할 수 있으며, 이러한 기대의 합리성을 배제할 수 있는 특별한 사정은 보이지 아니한다.[11]

마. 소결

이 사건 IMEI 및 USIM 일련정보는 사회평균인을 기준으로 할 것이 아니라 (구) "정보통신망법" 제75조(양벌규정)의 수범자인 법인이나 개인 또는 그 사용자나 종업원 등을 기준으로 엄격하게 해석해야 한다. 위의 일련정보는 이 사건 'G'의 기능을 잘 알고 있는 정범 A와

---

10) "정보통신망법" 제5조(다른 법률과의 관계)에 의거하여 적용가능성이 있는 2004년에 개정된 「통신비밀보호법」 제3조 제3항은 "누구든지 단말기기 고유번호를 제공하거나 제공받아서는 아니 된다. 다만, 이동전화단말기 제조업체 또는 이동통신사업자가 단말기의 개통처리 및 수리 등 정당한 업무의 이행을 위하여 제공하거나 제공받는 경우에는 그러하지 아니하다"고 명시하고 있다는 점에도 주목할 필요가 있다.

11) 참고판례: 정보통신서비스 이용계약에 따른 개인정보의 안전성 확보에 필요한 보호조치를 취하여야 할 법률상 또는 계약상 의무를 위반하였는지 여부를 판단함에 있어서는, … 당시 보편적으로 알려져 있는 정보보안의 기술 수준, 정보통신서비스 제공자의 업종·영업규모와 정보통신서비스 제공자가 취하고 있던 전체적인 보안조치의 내용, 정보보안에 필요한 경제적 비용 및 효용의 정도, 해킹기술의 수준과 정보보안기술의 발전 정도에 따른 피해 발생의 회피 가능성, 정보통신서비스 제공자가 수집한 개인정보의 내용과 개인정보의 누출로 인하여 이용자가 입게 되는 피해의 정도 등의 사정을 종합적으로 고려하여 정보통신서비스 제공자가 해킹 등 침해사고 당시 사회통념상 합리적으로 기대 가능한 정도의 보호조치를 다하였는지 여부를 기준으로 판단하여야 한다(대법원 2018. 1. 25. 선고 2015다24904, 24911, 24928, 24935 판결).

B의 입장에서는 이용자의 스마트폰 번호와 쉽게 결합하여 해당 개인 또한 쉽게 알 수 있는 정보로서 같은 법 제2조 제1항 제6호 후단의 개인정보에 해당함을 알 수 있었을 것이고, "개인정보처리방침"을 통해 정보주체의 사전동의를 얻어야 해당 일련번호를 수집해야 하며, 이러한 사전동의 조치를 취함에 있어서는 별다른 기술적 내지 경제적인 어려움 또한 없었다는 것을 각각 알 수 있었을 것으로 판단된다. 따라서 법원의 판단은 적절한 것으로 보인다.

Ⅲ. 판결(또는 결정)의 의의

이 판결은 종래 논란이 되었던 'IMEI 및 USIM 일련정보'를 비롯하여 '쿠키'나 'Mac Address' 등의 간접 식별정보가 (구) "정보통신망법" 제2조 제1항 제6호 후단(현행 「개인정보 보호법」 제2조 제1호 나목)에 속하는 개인정보로 전환되는 시점 내지 개인정보에 해당하는지 여부를 판단할 수 있는 기준을 제시한 점에서 그 의미를 찾을 수 있다. 더 나아가서는 개인정보의 범위에 생체 데이터와 유전자 데이터 뿐만 아니라 생존하고 있는 사람의 식별을 가능하게 하는 것으로서 쿠키, IMEI 일련번호와 같은 기기의 식별번호 및 IP 주소 등에서 발견되는 고유의 식별자(UID)를 포함할 수 있도록 하는 계기를 마련하여 유럽연합의 「일반 데이터 보호규칙」(GDPR; General Data Protection Regulation) 전문 (26)에 의한 개인정보 보호 원칙과 동일한 수준으로 개인정보를 보호할 수 있게 되었다는 평가가 가능하다.

013 빅데이터의 개인정보 및 민감정보 여부 판단 기준

- 빅데이터 업체의 트위터 정보 수집 및 임의제출 사건 -

대법원 2015. 7. 16. 선고 2015도2625 전원합의체 판결

송도영(법무법인 비트 변호사)

I. 판결의 개요

1. 사안의 개요

가. 사실관계

검찰은 국가정보원장인 피고인 1, 3차장인 피고인2, 심리전단장인 피고인3이 국가정보원 소속 공소외 심리전단 직원들으로 하여금 사이버 공간에서 각종 정치적 이슈에 관하여 특정한 여론을 조성할 목적으로 특정 정당과 특정 정치인에 대한 지지·찬양 내지 반대·비방 의견을 유포하도록 하였다는 이유로 공직선거법위반 및 국가정보원법위반 혐의로 기소하였다. 검찰은 국가정보원 심리전단 직원들의 트위터상 사이버 활동 내용을 수사할 목적으로 빅데이터 업체인 공소외 2 회사가 수집·보관중이던 트위터 정보의 제출을 요청하였고, 공소외 2 회사로부터 28,765,148건에 달하는 트위터 정보를 임의제출받아 이를 기초로 수사를 진행한 다음 관련 자료를 유죄를 입증하기 위한 증거로 제출하였다.

이에 대하여 피고인들은 ① 당시 압수된 위 트위터 정보는 '개인정보'에 해당하는 것임에도 불구하고 위 공소외 2 회사가 정보주체들로부터 동의도 받지 아니한 채 이를 무단으로 수집·보관하였고, ② 위 트위터 정보는 정보주체의 사상이나 신념, 정치적 견해 등을 확인할 수 있는 개인정보 보호법상 '민감정보'에 해당하여 원칙적으로 수집 자체가 금지되는 것이므로 이를 수집·보관한 것은 그 자체로 위법할 뿐만 아니라, ③ 일부 트위터 정보의 경우 트위터 사용자가 회원 탈퇴를 하였으니 당연히 빅데이터 업체도 해당 사용자의 트위터 정보를 '삭제'하였어야 함에도 불구하고 이를 계속 보관하였으므로, 결국 빅데이터 업체들이 수집·보관한 위 트위터 정보는 그 수집 당시부터 위법한 것이어서 검사가 압수한 트위터 정보 역시 위법수집증거에 해당한다고 주장하였다.

나. 소송경과[1)]

1) 제1심 판결(서울중앙지방법원 2014. 9. 11. 선고 2013고합577, 2013고합1060 (병합) 판결)

빅데이터 업체인 공소외 2 회사가 트위터사로부터 수집한 트위터 정보는 개인정보 보호법상의 개인정보에 해당하고, 개인정보처리자가 정보주체 이외로부터 수집한 개인정보를 처리하는 때에는 개인정보 보호법 제20조 제1항이 같은 법 제15조보다 우선 적용되므로 해당 정보주체의 개별적 동의가 없었다고 하더라도 그러한 사정만으로 개인정보 보호법에 위반한 위법행위로 평가할 수는 없으며, 정보주체가 스스로 내용을 이미 공개한 정보에 해당하는 이상 민감정보에 해당한다고 보기는 어렵고, 트위터 정보는 유전자 검사 정보, 범죄경력자료 등과 같이 해당 정보의 기본적인 성격 자체가 민감정보의 성격을 갖는 것이 아니라 해당 트위터 사용자가 자유롭게 작성하는 트윗의 내용에 따라 그러한 성격을 가질 수 있는 것에 불과하므로 이러한 이유만으로 트위터 정보 전체가 민감정보에 해당한다고 판단할 수는 없다.

2) 항소심 판결(서울고등법원 2015. 2. 9. 선고 2014노2820 판결)

트위터 정보 중 개인정보에 해당하는 정보가 포함되어 있을 가능성은 상당히 있지만, 이를 일반화하여 전체 트위터 정보가 일괄적으로 개인정보에 해당한다고 단정할 수는 없다. 다만 많은 양의 트위터 정보처럼 개인정보와 이에 해당하지 않는 정보가 혼재된 경우 개인정보 보호법의 입법 취지에 비추어 그 수집, 제공 등 처리에는 전체적으로 개인정보 보호법상 개인정보에 대한 규정이 적용된다고 해석하는 것이 타당하고, 개인정보 보호법 제20조 제1항의 규정이 적용된다는 원심의 판단은 정당하다.

3) 대법원 판결(대법원 2015. 7. 16. 선고 2015도2625 전원합의체 판결)[2)]

검사가 공소외 2 주식회사로부터 임의제출 받은 대량의 트위터 정보에는 개인정보와 이에 해당하지 않는 정보가 혼재되어 있을 수 있는데, 국민의 사생활의 비밀을 보호하고 개인

1) 피고인들은 ① 공소기각 사유로 공소권 남용, 공소사실 불특정을, ② 증거능력과 관련하여 자유로운 의사에 반한 임의제출, 변호인의 조력을 받을 권리 침해, 수사기관이 아닌 사인에 의한 별도의 압수·수색, 압수·수색영장이 아닌 임의제출 요청의 위법성 등도 각 주장하였으나, 본 평석과 직접 관련된 부분이 아니므로 이에 관한 내용은 생략하기로 한다.

2) 이하 '대상 판결'이라 한다. 본 평석은 제1심 판결과 항소심 판결의 판시내용을 포함하여 검토한다.

정보에 관한 권리를 보장하고자 하는 개인정보 보호법의 입법 취지에 비추어 그 정보의 제공에는 개인정보 보호법의 개인정보에 관한 규정이 적용되어야 한다고 판시한 원심의 판단은 정당하다.

4) 파기환송심(서울고등법원 2017. 8. 30. 선고 2015노1998 판결)

각 트위터 정보 전부가 개인정보에 해당한다고 볼 수는 없으나, 각 트위터 정보가 개인정보에 해당하는지 여부를 사전에 개별적으로 판단하여 '개인정보 보호법'의 적용 여부를 달리하는 것은 사실상 불가능한 점과 입법 취지까지 고려하면 트위터 정보를 전체적으로 개인정보로 취급하여 '개인정보 보호법'에 따라 보호하는 것이 타당하다.

5) 대법원 판결(대법원 2018. 4. 19. 선고 2017도14322 전원합의체 판결)

상고이유 주장은 이미 환송판결에 의하여 그 주장이 이유 없다고 배척되어 확정력이 발생하였으므로 적법한 상고이유가 아니다.

2. 판결의 요지

가. 트위터 정보가 개인정보 보호법상 개인정보인지 여부

제1심 법원은 개인정보 보호법상 개인정보의 요건으로 비공개성을 요하지 아니하고 있으므로 트위터 정보가 일반에 공개된 정보라는 이유로 개인정보에 해당하지 않는다고 볼 수는 없고, 비록 트위터가 비실명 가입이 가능한 서비스이고 빅데이터 업체가 수집한 트위터 정보에 주민등록번호 등과 같은 개인식별자료까지 포함된 것은 아니라고 하더라도 트위터 정보를 종합하거나 다른 정보와 쉽게 결합하여 특정 개인의 식별이 가능한 경우도 있다고 판단되므로 개인정보 보호법상의 개인정보에 해당한다고 봄이 타당하다고 판단하였다.

이와 관련하여 항소심은 많은 양의 트위터 정보처럼 개인정보에 해당하는 정보와 그렇지 않은 정보가 혼재된 경우 전체적으로 개인정보 보호법이 적용된다고 판시하였다.

나. 정보주체 이외로부터 수집한 개인정보의 적법성

개인정보 보호법 제20조 제1항은 개인정보처리자가 개인정보를 공개된 출처로부터 수집하거나 본인이 아닌 제3자로부터 수집하여 처리하는 경우 사후적으로 정보주체에게 자신의 개인정보 처리를 정지할 수 있는 권한을 부여하기 위함에 그 입법 취지가 있다고 봄이 타당

하고, 따라서 개인정보처리자가 정보주체 이외로부터 개인정보를 수집하여 처리하는 경우에는 개인정보의 수집 및 이용에 관한 개인정보 보호법 제15조보다 위 조항이 우선 적용되는 것으로 해석함이 타당하다.

다. 민감정보의 판단 기준

이 사건 트위터 정보의 경우 정보주체가 스스로 트위터를 통하여 그 트윗의 내용을 이미 공개한 정보에 해당하는 이상 이를 위 법조항에서 정한 민감정보에 해당한다고 보기는 어렵다. 나아가 트위터 정보는 유전자 검사 정보, 범죄경력자료 등과 같이 해당 정보의 기본적인 성격 자체가 민감정보의 성격을 갖는 것이 아니라 해당 트위터 사용자가 자유롭게 작성하는 트윗의 내용에 따라 그러한 성격을 가질 수 있는 것에 불과하므로, 이러한 이유만으로 트위터 정보 전체가 민감정보에 해당한다고는 판단할 수는 없다.

II. 해설

1. 쟁점의 정리

가. 빅데이터의 개인정보성 판단

구 개인정보 보호법 제2조 제1호는 '개인정보'를 "살아 있는 개인에 관한 정보로서 성명, 주민등록번호 및 영상 등을 통하여 개인을 알아볼 수 있는 정보(해당 정보만으로는 특정 개인을 알아볼 수 없더라도 다른 정보와 쉽게 결합하여 알아볼 수 있는 것을 포함한다)를 말한다."고 정의하고 있다.[3] '개인에 관한 정보'는 반드시 특정 1인만에 관한 정보이어야 하는 것은 아니지만 직·간접적으로 2인 이상에 관한 정보는 '각자'에 관한 정보에 해당하기 때문에[4] 기본적으로 각각의 데이터를 바탕으로 개인정보 여부를 판단하여야 한다. 빅데이터와 같이 방대한 양의 정보를 하나 하나 분류하여 개별적으로 개인정보성을 판단한다는 것은 사실상 불가능하다. 빅데이터 시대를 맞이하여 수많은 정형, 비정형 정보가 수집되고 있는 현실 속에서

3) 이러한 정의에 관하여 개인정보의 범위가 너무 넓고 모호하다는 지적이 계속되었고, 현행 개인정보 보호법 제1호 (나)목은 "해당 정보만으로는 특정 개인을 알아볼 수 없더라도 다른 정보와 쉽게 결합하여 알아볼 수 있는 정보"도 개인정보로 보는 것은 기존과 동일하나, "이 경우 쉽게 결합할 수 있는지 여부는 다른 정보의 입수 가능성 등 개인을 알아보는 데 소요되는 시간, 비용, 기술 등을 합리적으로 고려하여야 한다."고 규정하게 되었다.

4) 개인정보 보호위원회, 『개인정보 보호 법령 및 지침·고시 해설』, 2020, 11면.

문제가 되는 데이터가 개인정보 보호법상 개인정보에 해당하는지 여부를 판단하는 것은 쉽지 않다.

나. 정보주체 이외로부터 수집하는 경우의 적법성

정보주체 이외로부터 개인정보를 수집하는 경우와 관련하여 개인정보 보호법 제15조 제1항과 제20조 제1항의 관계가 문제될 수 있다. 이와 관련하여 개인정보 보호법 제20조 제1항이 특별 규정으로서 우선 적용된다는 견해와 체계적 해석상 개인정보 보호법 제20조 제1항은 개인정보 보호법 제15조 제1항 제2호부터 제6호를 근거로 동의 없이 수집한 경우에 적용되는 것이지 그 자체로 개인정보의 수집·이용의 근거가 될 수 없다는 견해가 있다. 이 사건의 경우에도 공소외 2 회사가 트위터사가 직접 트위터 사용자들로부터 수집한 개인정보를 API 정보의 형태로 제공받아 이를 보관하였는바, 빅데이터 시대를 맞이하여 정보주체 이외로부터 개인정보를 수집하는 경우가 급증할 수밖에 없는 점을 고려했을 때 개인정보 보호법 제20조 제1항의 성격에 따라 개인정보처리자의 법적 지위에 큰 영향을 미칠 것이다.

다. 민감정보의 판단 기준

진단서 등에 기재된 정보가 개인정보 보호법상 민감정보에 해당한다는 것은 명확한 반면, 트위터나 페이스북 등의 게시물의 경우에는 당사자가 별도로 설정을 하지 않는 한 제3자에게 공개가 되고 정보주체가 작성하는 내용에 따라 일반 개인정보가 될 수도 있고 민감정보가 되기도 한다는 특성이 있다. 문제는 처리하는 데이터의 용량이 크거나 비정형 정보가 포함되어 있는 경우, 해당 정보를 제공하거나 제공받는 자가 개별적으로 민감정보 여부를 판단한다는 것은 사실상 불가능하고, 그렇다고 모든 정보를 민감정보에 준하여 처리한다는 것도 불합리하다. 해당 정보가 민감정보인지 여부를 판단하기는 기준은 개인정보처리자의 법적 지위에 큰 영향을 미칠 수밖에 없다.

2. 관련 판례

가. 대법원 2016. 3. 10. 선고 2012다105482 판결

개인정보자기결정권의 보호대상이 되는 개인정보는 개인의 신체, 신념, 사회적 지위, 신분 등과 같이 인격주체성을 특징짓는 사항으로서 개인의 동일성을 식별할 수 있게 하는 일체의 정보를 의미하며, 반드시 개인의 내밀한 영역에 속하는 정보에 국한되지 않고 공적 생

활에서 형성되었거나 이미 공개된 개인정보까지도 포함한다.

나. 서울중앙지방법원 2007. 2. 8. 선고 2006가합33062, 53332 판결

이메일 주소는 당해 정보만으로는 특정 개인을 알아볼 수 없을지라도 다른 정보와 용이하게 결합할 경우 당해 개인을 알아볼 수 있는 정보라 할 것이므로 위 규정상의 '개인정보'에 해당한다고 할 것이다.

다. 서울중앙지방법원 2011. 2. 23. 선고 2010고단5343 판결

'쉽게 결합하여 알아 볼 수 있다'는 것은 쉽게 다른 정보를 구한다는 의미이기 보다는 구하기 쉬운지 어려운지와는 상관없이 해당정보와 다른 정보가 특별한 어려움 없이 쉽게 결합하여 특정 개인을 알아볼 수 있게 되는 것을 말한다 할 것이다. IMEI(단말기 국제고유 식별번호)나 USIM 일련번호는 휴대폰 가입신청서 등 가입자정보에 나타난 다른 정보와 어려움 없이 쉽게 결합됨으로써 개인을 특정할 수 있으므로 개인정보에 해당한다.

라. 대법원 2016. 8. 17. 선고 2014다235080 판결

이미 공개된 개인정보를 정보주체의 동의가 있었다고 객관적으로 인정되는 범위 내에서 수집·이용·제공 등 처리를 할 때는 정보주체의 별도의 동의는 불필요하다고 보아야 할 것이고, 그러한 별도의 동의를 받지 아니하였다고 하여 개인정보 보호법 제15조나 제17조를 위반한 것으로 볼 수 없다.

3. 검토

가. 빅데이터의 개인정보성 판단 기준

우선 빅데이터와 같이 다양한 정형·비정형 정보가 혼재되어 있는 경우에 각 데이터를 분리하여 개별적으로 개인정보 여부를 판단하는 것은 사실상 불가능하다. 그렇다고 개인정보가 아닌 정보가 개인정보와 혼재되어 빅데이터로 처리되고 있다는 사실상의 사유 또는 다른 정보와 결합하여 특정 개인을 식별할 수도 있다는 '추상적'인 가능성만으로 개인정보 보호법상 개인정보로 간주하는 것은 현행법의 해석을 넘어서는 것이다. 현행 개인정보 보호법은 강력한 형사처벌과 과징금 제도를 도입하고 있는 점도 고려해야 한다.

따라서 제1심 판결과 같이 빅데이터에 포함된 정보를 일반화하여 모두 개인정보로 간주

하지는 않되, 빅데이터에 포함된 데이터를 하나 하나 구분하여 판단한다는 것도 재판실무상 불가능한 점을 고려하여, 해당 빅데이터에 개인정보임이 분명한 정보가 다수 포함되어 있음을 이유로 전체적으로 개인정보 보호법의 규정을 적용할 필요가 있다는 항소심의 판단이 타당하다.

빅데이터 시대를 맞이하여 향후 이와 같은 해석상 논란이 다수 발생할 것으로 예상되는 바, 입법적으로는 「저작권법」 제2조 제19호의 '데이터베이스'[5] 정의 조항 등을 참고하여 소위 '집합개인정보'에 관한 정의를 신설하여 다수의 개인정보와 개인정보 아닌 정보들이 혼재되어 있는 경우에는 전체적으로 개인정보 보호법을 적용한다는 명문의 규정을 도입하는 방안 등을 고려할 필요가 있다.

나. 정보주체 이외로부터 수집하는 경우의 적법성

개인정보 보호법 제20조 제1항은 정보주체 이외로부터 개인정보를 수집한 이후에 관한 규정이지 개인정보의 수집·이용에 관한 적법요건에 규정이라고 보기 어렵다. 또한 제1심 판결과 같이 해석할 경우 개인정보 보호법 제15조 제1항 제2호부터 제6호나 현행 개인정보 보호법에서 신설된 제17조 제4항과 제20조 제1항의 관계가 명확하지 않고, 정보주체 이외로부터 개인정보를 수집하는 경우가 정보주체로부터 직접 수집하는 것보다 훨씬 간편하게 된다는 불합리한 점도 발생한다. 따라서 제1심 판결과 같이 개인정보 보호법 제20조 제1항이 제15조보다 우선 적용된다고 해석하는 것은 타당하다고 보기 어렵다. 오히려 항소심과 같이 트위터 이용 약관상 사용자의 공개프로필과 공개 트윗이 API를 통해 제공될 수 있다는 것이 규정되어 있고 이용자가 이에 동의를 한 것을 근거로 적법성을 판단하는 것이 타당하다고 판단된다.

다. 빅데이터의 민감정보 여부 판단 기준

제1심 판결은 민감정보와 관련하여, 이용자가 공개한 민감정보는 개인정보 보호법상 민감정보에 해당한다고 보기 어렵고, 트위터 정보 전체가 민감정보라고 보기 어렵다고 판시하였다. 트위터는 하나의 SNS 플랫폼에 불과하기 때문에 트위터 정보 전체가 민감정보에 해당한다고 볼 수 없다는 판시 내용은 타당하다고 할 수 있다.

---

5) 저작권법 제2조(정의) 이 법에서 사용하는 용어의 뜻은 다음과 같다.
19. "데이터베이스"는 소재를 체계적으로 배열 또는 구성한 편집물로서 개별적으로 그 소재에 접근하거나 그 소재를 검색할 수 있도록 한 것을 말한다.

그러나 공개된 민감정보는 개인정보 보호법상 민감정보에 해당하지 않는다고 판시한 부분은 다음과 같은 점들, 즉 ① 현행법상 민감정보의 요건으로 '비공개성'을 요구하고 있지 않은 점, ② 제1심 판결이 개인정보를 판단할 때에는 현행법은 개인정보의 요건으로 '비공개성'을 요구하지 아니하고 있으므로 해당 정보가 공개된 것인지 여부와는 무관하게 해당 정보가 특정 개인에 관한 정보로서 그 개인을 식별할 수 있는 정보에 해당하는지 여부에 의하여 판단하여야 한다고 판시한 것과 일관되지 못한 점, ③ 제1심 판결과 같이 해석할 경우 공개된 민감정보에 대해서는 제23조 제2항의 안전성 확보 조치에 관한 규정을 적용하지 못하는 점, ④ 트윗의 공개가 민감정보 수집에 관한 동의[6]로 해석될 여지는 있는지 여부는 별론으로 하더라도 민감정보성 자체를 박탈하는 것이라고 보기는 어려운 점, ⑤ 정보주체의 의사 측면에서 볼 때 해당 정보를 법상 민감정보로 보호하지 않는다는 것까지 수용하는 것이라고 간주하기 어려운 점, ⑥ 판시 내용을 반대해석하면 카카오톡과 같이 폐쇄형 메신저에 게시한 경우에는 민감정보가 되어 동일한 정보에 대한 법적 평가가 상이하게 되는 점[7] 등을 종합하여 볼 때 해당 판시 사항은 현행법의 해석상 타당하다고 보기 어렵다.

III. 판결의 의의

우선 제1심 판결은 트위터 정보는 그 자체로 개인식별성이 있거나 다른 정보와 쉽게 결합하여 특정 개인의 식별이 가능한 경우가 있다는 이유로 개인정보 보호법상의 개인정보에 해당한다고 판시하였다. 개인정보가 아닌 정보가 개인정보와 혼재되어 빅데이터로 처리된다거나 추상적인 식별 가능성만으로 개인정보로 간주하는 것은 현행법의 해석상 타당하다고 할 수 없다. 이 점에서 항소심의 판단이 타당하다고 할 수 있고, 향후 개인정보가 포함된 빅데이터에 관하여 소위 '집합개인정보' 규정을 도입하는 등의 방안을 통해 해석상의 불분명함을 해결할 필요가 있다.

---

6) 개인정보 보호법 제23조 제1항 제1호는 민감정보의 경우 정보주체의 별도의 동의를 요구하고 있다. 한편, 「표준 개인정보 보호지침」 제6조 제3항은 개인정보처리자가 정보주체로부터 직접 명함 또는 그와 유사한 매체를 제공받음으로써 개인정보를 수집하는 경우, 정보주체가 동의의사를 명확히 표시하거나 그렇지 않은 경우 명함 등을 제공하는 정황 등에 비추어 사회통념상 동의 의사가 있었다고 인정되는 범위 내에서만 이용할 수 있다고 규정하고 있다.

7) 이진규, "'이루다' 처분의 의미 살펴보기", 『2021 KISA REPORT』, vol 05(한국인터넷진흥원, 2021), 15면.

다음으로 개인정보 보호법 제20조 제1항은 정보주체 이외로부터 개인정보를 수집한 경우 정보주체의 개인정보자기결정권 행사를 돕기 위한 조항이지, 제15조 제1항에 우선하여 적용되는 개인정보 처리의 적법성 근거라고 보기는 어렵다. 향후 제20조 제1항을 "개인정보처리자가 제15조 제1항 제2호부터 제6호를 근거로 정보주체 이외로부터 수집한 개인정보를 처리하는 때"로 개정할 필요가 있다 하겠다.

마지막으로 트위터와 같은 SNS의 정보에 민감정보가 포함되어 있다고 하더라도 그 자체로 트위터 정보 전체가 민감정보라고 볼 수는 없을 것이다. 다만 작성자가 민감정보를 공개하였다는 이유만으로 법상 민감정보에 해당하지 않는다는 부분은 현행법의 해석을 넘어서는 것이므로 타당하다고 할 수 없다. 오히려 공개 행위를 개인정보 보호법 제23조 제1항 제1호에서 요구하는 '별도의 동의'에 해당하는지 여부를 판단하는 것이 타당하다 할 것이다.

014 휴대전화 뒷자리 4자의 개인정보 여부

- 휴대전화번호 뒷자리 4자를 타인에게 제공하여 기소된 사건 -

대전지방법원 논산지원 2013. 8. 9. 선고 2013고단17 판결

김법연(고려대학교 정보보호대학원 연구교수)

I. 판결의 개요

1. 사안의 개요

가. 사실관계

피고인 1은 사건 당시 경찰서 지구대 소속 경위로 순찰 2팀장 업무를 담당하던 자였다. 2012년 3월 30일 15시 24분경, 피해자가 자신의 휴대폰으로 피고인 1이 근무하던 지구대에 전화하여 도박 현장에 대하여 신고하였고, 이에 피고인 1의 지구대에서 출동하여 도박 현장을 단속하였다. 이후 현장에서 단속을 받은 피고인 1과 친분이 있던 피고인 2를 포함한 4명은 당일 임의동행 방식으로 지구대에 출석하였고, 판돈 규모 등이 고려되어 훈방 조치되었다. 그리고 해당 사실은 당해 경찰서 지구대장에게 사후 보고되었다. 이후 2012년 4월, 피고인 1은 도박신고자의 전화번호를 알려달라는 피고인 2의 부탁을 받고 미리 지구대 '업무위급 인수인계부'에 기재된 피해자의 전화번호를 암기한 다음, 피고인 2에게 피해자의 전화번호 뒷자리 4자리를 알려주었다. 그리고 피고인 2는 피고인 1이 개인정보를 처리하였던 자로서 업무상 알게 된 개인정보를 누설하였다는 사정을 알면서도 피해자에게 해악을 고지하려는 등 부정한 목적으로 개인정보를 제공받았다.

이에 당해 사건은 피고인 1에 대해서는 「개인정보 보호법」 제59조 제2호의 위반에 따라 제71조 제5호 전단을 적용하고, 피고인 2에 대해서는 「개인정보 보호법」 제59조 제2호의 위반에 따른 제71조 제5호 후단의 적용 여부를 다투게 되었다.

나. 소송경과

피고인 1은 업무상 알게 된 개인정보를 정보주체의 동의없이 피고인 2에게 제공하였고,

피고인 2는 피고인 1이 개인정보를 처리하는 자로서 업무상 알게 된 개인정보를 누설하였다는 사정을 알면서도 피해자에게 해악을 고지하려는 등 부정한 목적으로 개인정보를 제공받았다. 이에 피고인 1은 「개인정보 보호법」 제59조 제2호 위반(업무상 알게 된 개인정보의 누설 또는 제공 금지)과 동 법 제71조 제5호 전단(제59조 제2호 위반에 대한 처벌규정)에 따라, 피고인 2는 제75조 제5호 후단(제59조 제2호 위반 사실을 알면서 부정 목적으로 개인정보를 제공받은 자에 대한 처벌 규정)에 따라 기소되었다. 대전지법 논산지원은 피고인 1과 피고인 2의 「개인정보 보호법」 위반 사실을 인정하여 피고인 1을 징역 6월에, 피고인 2를 징역 4월에 처하였다. 피고인들은 1년간 형의 집행을 유예받았고, 피고인 1은 사회봉사 80시간, 피고인 2는 보호관찰 및 사회봉사 80시간을 함께 명령받았다.

2. 판결의 요지

당해 사건에서 재판부는 휴대전화 사용이 보편화됨에 따라 휴대전화번호 뒷자리 4자에 일정한 의미나 패턴을 담아 사용자의 정체성이 드러나는 경우가 많으므로 휴대전화번호 뒷자리 4자만으로도 전화번호 사용자를 식별할 수 있거나, 관련 있는 다른 정보와 쉽게 결합하여 전화번호 사용자를 식별할 수 있다고 하였다. 실제로 피고인 2도 피고인 1에게 제공받은 정보와 자신의 기존 통화내역을 결합하여 어렵지 않게 피해자를 식별할 수 있었기 때문에 휴대전화번호 뒷자리 4자는 「개인정보 보호법」 제2조 제1호에 규정된 개인정보에 해당한다고 보아 피고인들에게 유죄를 선고하였다.

II. 해설

1. 쟁점의 정리 - 휴대전화번호 뒷자리 4자가 「개인정보 보호법」상의 개인정보에 해당하는지 여부

당해 사건에서의 핵심 쟁점은 휴대전화번호 뒷자리 4자가 「개인정보 보호법」상의 개인정보에 해당하는지의 여부이다. 즉, 휴대전화번호 뒷자리 4자가 법 제2조 제1호 나목에 해당하는 '해당 정보만으로는 특정 개인을 알아볼 수 없더라도 다른 정보와 쉽게 결합하여 알아볼 수 있는 정보'의 해당 여부를 다투게 된 사건이다.

피고인들은 휴대전화 뒷자리 4자만으로는 피해자를 알아볼 수 없고 해당 정보를 다른 정보와 쉽게 결합하여 피해자를 알아볼 수도 없으므로, 휴대전화 뒷자리 4자는 「개인정보 보

호법」 제2조 제1호에 규정된 개인정보에 해당하지 않는다고 주장하였다.

반면 재판부는 휴대전화 사용이 보편화되면서 휴대전화번호 뒷자리 4자에 일정한 의미나 패턴을 담기도 하고, 사용자가 자신의 생일이나 기념일, 개인적으로 의미있는 숫자를 휴대전화번호 뒷자리 4자로 사용하기도 하고, 집전화번호 뒷자리와 일치시키는 경우도 있으며, 한 가족이 동일한 휴대전화번호 뒷자리 4자를 사용하는 경우도 적지 않다고 하였다. 뿐만 아니라 영업용으로 휴대전화를 사용하는 사람들은 최대한 자신의 번호를 쉽게 기억하게 하기 위해 만들려는 경향이 있고, 시중에 판매되는 휴대전화 기종 중 상당수는 뒷자리 4자만으로 전화번호를 검색하는 기능을 탑재하고 있는 등 휴대전화번호 뒷자리 4자에 사용자의 정체성이 담기는 현상이 점점 심화되고 있다고 보았다. 따라서 휴대전화번호 뒷자리 4자만으로 그 전화번호 사용자가 누구인지를 식별할 수 있는 경우가 있고, 특히 일정한 인적 관계를 맺고 있는 사람이라면 더더욱 그러할 가능성이 높으며, 해당 정보만으로 사용자를 식별하지 못한다 하더라도 뒷자리 4자와 관련성이 있는 다른 정보(생일, 기념일, 집 전화번호, 기존 통화내역 등)와 쉽게 결합하여 그 전화번호 사용자가 누구인지를 알아볼 수 있다고 하였다.

2. 관련 판례

그간의 사법부에서 개인정보의 개념 문제를 다룬 사건들을 정리하면 다음과 같다.

판례번호	사실관계	판단 개인정보	개인 정보 여부	판단근거
서울지방법원 2007. 1. 26. 선고 2006나12182	리니지2 이용자들의 개인정보가 유출된 사안에 대한 손해배상 청구 소송	아이디와 비밀번호	O	아이디와 비밀번호는 가상공간에서 그 행위자의 인격을 표상
수원지방법원 2018. 4. 12. 선고 2017노7275	병원에서 진단검사 담당 직원이 지인의 요청을 받고 검체용기에 부착된 라벨스티커 상당 부분인 환자이름, 등록번호, 성별, 나이, 병동 부분만을 네임펜으로 덧칠하거나 제거하고 나머지 검체번호, 채혈시간, 검사항목, 검사결	혈액용기의 검체번호, 채혈시간, 검사항목, 검사결과 수치, 바코드 등	X	어느 정보가 다른 정보와 쉽게 결합하여 개인을 알아볼 수 있는 것인지 여부는 단순히 정보제공자를 기준으로 판단할 것이 아니라 해당 정보가 담고 있는 내용, 정보를 주고받는 사람들의 관계, 정보를 받는 사람의 이용목적 및 방

판례번호	사실관계	판단 개인정보	개인 정보 여부	판단근거
	과 수치, 바코드 부분은 그대로 남긴채 검체용기 라벨스티커에 부착된 환자들의 개인정보 약 4천여 건을 유출			법, 그 정보와 다른 정보를 결합하기 위해 필요한 노력과 비용의 정도, 정보의 결합을 통해 상대방이 얻는 이익의 내용 등을 합리적으로 고려하여 결정한다고 하여 구체적으로 환자의 인적 사항을 알기 위해 병원 시스템 이용에 어려움이 존재하였으며, 정보수령자는 환자의 이름, 나이, 성별 등은 필요하지 않았고 이를 요청한 적도 없다는 점으로 식별성 판단
대법원 2011. 9. 29. 선고 2011도6213	여론조사업체 운영자인 피고인이 선거구민들을 상대로 ARS 전화 여론조사를 실시하여 선거에 관한 정보를 취득한 후 동의없이 이를 제3자에게 제공	선거에 관한 정보	O	제공한 정보는 전화번호, 주소 등에 의하여 특정할 수 있다는 점으로 식별성 판단
대법원 2014. 7. 24. 선고 2012다49933	국회의원이 각급학교장이 교육관련기관의 정보공개에 관한 특례법 제5조에 따라 교원의 교원단체 및 노동조합 가입현황(인원수)에 관한 정보를 사실대로 공시하고 있는지 여부를 확인한다는 명분으로 당시 교육과학기술부장관에게 요청하여 '전교조 실명자료'를 제출받아 또 다른 피고 동아닷컴에게 전달하여 전국교직원노동조합	전교조 실명자료	O	소속된 기관(학교명), 교사명, 담당교과, 교원단체 및 노동조합 가입현황 등 특정 개인을 식별하거나 교원단체 및 노동조합 가입자 개인의 조합원 신분을 알 수 있는 내용을 담고 있다는 점을 들어 식별성 판단

판례번호	사실관계	판단 개인정보	개인 정보 여부	판단근거
	에 소속된 교사들의 정보를 인터넷으로 공개			
대법원 2016. 3. 10. 선고 2012다105482	원고가 당시 문체부장관이 김연아 선수를 환영하며 어깨를 두드리자 김연아 선수가 이를 피하는 듯한 장면을 편집하여 게시된 사진을 발견하고 이를 네이버카페에 게시함에 따라 문체부장관이 해당 게시물을 게시한 자들을 명예훼손죄로 고소하여 이에 따른 관할 경찰서장이 요청한 자료제공에 네이버가 원고의 개인정보를 제공함	이메일 주소	X	메일 주소는 원고의 네이버 아이디에 @naver.com이 붙어 있는 것이어서 네이버 아이디와 별개의 개인정보를 담고 있다고 평가하기 어렵다는 점으로 식별성 판단

3. 검토

가. 개인정보 개념에 대한 해석 문제

최초에는 식별성이 없는 정보라 하더라도 식별자가 붙게 됨으로써 해당 정보에 대한 판단이 재구성됨에 따라 정보주체에 대한 식별가능성을 지닌 정보에 대하여 해당 정보를 '개인정보'로 볼 수 있느냐 없느냐의 문제가 그간 가장 핵심적 이슈가 되어 왔다. 일각에서는 개인정보의 범위와 개념을 확정짓는 문제에서 개념을 확장하는 것을 경계하는데, 이른바 지능정보사회, 4차 산업혁명 시대라고 불리워지는 기술환경에서 필요한 데이터의 활용에 장애요소가 될 수 있다는 것이다. 이러한 견해들은 '식별가능성'의 범위를 좁게 해석하고자 한다. 즉, '다른 정보와 쉽게 결합'이라는 문구는 그 의미, 판단의 시점과 주체를 예측할 수 없고 이로 인해 개인정보의 범위가 무한정 확정될 것이라고 하며,[1] 사실상 개인식별불가능정보가

1) 구태언, "현행 개인정보 보호 법제상 개인정보 정의의 문제점", 「개인정보 보호법제 개선을 위한 정책제안서」,

개인식별가능정보로 변경될 가능성이 높은 기술환경을 고려하여 개인정보식별가능성을 열어 놓은 채 개인정보의 개념을 규정하는 것은 불가피한 선택이라고 하기도 한다.[2] 이외에도 개인정보의 범위를 확대시키는 것은 규제비용을 증가시킨다고 하기도 하며,[3][4] 기업의 예측가능성과 법적안정성 등을 위해 직접 식별할 수 있는 정보만을 개인정보로 범위를 제한하는 것도 필요하다고 하기도 한다.[5]

반면 식별가능성의 개념은 이미 EU나 일본 등의 개인정보 보호법제에서 수용하고 있는 개념으로 개인정보가 시대적 상황이나 기술적 발전 수준 등을 고려하여 정의되어야 하는 상대적 성격을 지닌 것으로,[6] 개인식별가능정보를 포함하는 개인정보의 개념 설정 방식을 포기하게 되면 예기하지 못한 위험에 봉착할 가능성을 배제할 수 없다고 보는 견해도 있다.[7] 개인정보의 개념을 좁게 해석하는 견해에 대하여 '개인정보의 상품화' 또는 '프라이버시의 상업화'를 전제로 하고 있다는 비판도 존재한다.[8]

나. 개인정보의 개념의 확장성에 대한 우려

해당 사건을 포함하여 법원의 그동안의 판단은 정보 자체로는 개인정보로 식별될 수 없는 정보들에 대하여 상황과 조건에 따라 개인을 식별할 수 있게 되면 개인정보라고 판단하고 있다. 본 사건에서는 휴대전화 뒷자리 4자라 하더라도 이를 제공하는 자와 제공받는 자가 정보주체를 쉽게 특정할 수도 있을 것이라는 상황을 고려한 것으로 보이지만 이와 더불어 휴대전화 뒷자리 4자 자체가 개인정보성을 갖게 되는 의미도 설명하고 있다.

그러나 이와 같이 판단하게 될 경우 정보의 결합이 용이한 현재의 기술환경에서 거의 모든 정보를 개인정보로 파악하려는 경향을 띠게 된다. 이러한 경향성을 계속적으로 유지하게 된다면 특정 개인과 연결될 수 있는 정보는 매우 다양하고 광범위하여 사실상 모든 데이터

프라이버시 정책연구 포럼, 2013, 14면.

2) 문재완, "개인정보 개념에 관한 연구", 「공법연구」 제42집 제3호, 한국공법학회, 2014, 71－72면.
3) 이대희, "개인정보 개념의 해석 및 범위에 관한 연구", 「고려법학」 제79호, 고려대학교 법학연구원, 2015, 179면.
4) 실질적 위험을 야기하지 않는 개인정보처리자에게 과도한 규제 부담으로 작용하게 된다고도 한다(김현경, "개인정보의 개념에 대한 논의와 법적 과제", 「미국헌법연구」 Vol.25 No.2, 미국헌법학회, 2014, 141면.).
5) 최경진, "빅데이터와 개인정보", 「성균관법학」 제25권 제2호, 성균관대학교 법학연구소, 2013, 213면.
6) 김민호, "개인정보처리자에 관한 연구", 「성균관법학」 제26권 제4호, 성균관대학교 법학연구소, 2014, 247면.
7) 권건보, "개인정보자기결정권의 보호범위에 대한 분석－개인정보의 개념을 중심으로", 「공법학연구」 제18권 제3호, 한국비교공법학회, 2017, 211－212면.
8) 오길영, "빅데이터 환경과 개인정보의 보호방안", 「일감법학」 제27호, 건국대학교 법학연구소, 2014, 167－168면.

가 「개인정보 보호법」상의 규율 대상이 될 수밖에 없다. 물론 대부분의 사안에서 개인정보 처리자가 보유하고 있던 정보들과의 결합가능성이 높았기 때문이라고 판단된다. 하지만 이러한 관점을 유지하게 되면 정보의 다양성과 침해의 위험의 정도가 각기 다를 수 있음에도 일률적으로 개인정보 보호 규범의 영역 내에서 해석하게 된다는 문제점을 노정하게 된다는 것도 유념할 필요가 있다.[9][10]

다. 개별적 판단과 유연성 확보 필요

2020년 법률 개정으로 결합가능성에 대한 판단을 다른 정보의 입수 가능성 등 개인을 알아보는 데 소요되는 시간, 비용, 기술 등을 합리적으로 고려할 것을 명문화하고 있어 개인정보 개념을 둘러싼 논의는 일단락을 지었다고 볼 수 있다. 하지만 앞으로 개인정보와 관련한 대부분의 사건에서 특정 상황에서의 정보가 개인정보에 해당하는지의 여부는 지속적으로 분쟁의 핵심 쟁점이 될 것으로 보인다. 이러한 상황에서 개인정보를 다룸에 있어 중요한 것은 개인정보가 가지고 있는 위험성의 강도와 수준, 활용의 유용성과 오용가능성, 정당한 이용과 부정한 이용 등을 개별적 사안에서 달리 평가하는 것이 중요한 과제라고 할 수 있다.[11] 특히 「개인정보 보호법」이 개인정보를 처리하는 모든 주체와 주체별 특성을 감안하지 않고 지나친 강도를 편만하게 규율하고 있다는 점에서도 개인정보의 유형화나 분류는 꼭 필요한 작업이라고 볼 수 있다. 개인정보 중 특별히 보호해야 할 정보와 단순히 개인의 식별자 역할을 하는 개인정보를 분리하고 개인정보별로 특성과 유형에 따라 분류하여 그에 따른 관리방안을 모색하는 접근이 긴요하다.

---

9) 이대희, "개인정보 보호 및 활용 방안으로서의 가명·비식별정보 개념의 연구", 「정보법학」 제21권 제3호, 한국정보법학회, 2017, 247면.

10) 식별가능성이라는 개념이 갖고 있는 모호성 때문에 이러한 접근으로는 개인정보의 보호와 이용이 어려우므로 식별가능정보의 개념을 없애고 새로운 개념(PII 2.0)이라는 관점에서 새로 재구성하여야 한다고 보면서(Paul M. Schwartz and Daniel Solove, "The PII Problem: Privacy and a New Concept of Personally Identificable Information", 86 N.Y.U. Law Review 1814, 2011, pp.1828–1836.), PII 2.0에 따라 정보가 개인을 식별하거나 식별되는 중대한 위험이 있는 경우에 적용해야 한다는 견해도 존재한다(Paul M. Schwartz and Daniel Solove, "Reconciling Personal Information in the United States and European Union", California Law Review Vol.102, Iss.4, 2014, pp.877–916.).

11) 개인정보처리의 위험성에 상응하여 개인식별가능성에 관련된 해석론을 정립하는 노력이 필요하다는 견해로 문재완, "개인정보의 개념에 관한 연구", 「공법연구」 제42권 제3호, 한국공법학회, 2014, 59–60면.

III. 판결의 의의

「개인정보 보호법」은 특히나 그 적용과 해석에 있어 많은 논란이 존재한다. 기술의 발전과 효용, 개인의 권리 보호의 양자의 균형 문제가 첨예하게 대립되고 있는 상황에서 동법에 대한 해석은 관심이 높을 수밖에 없기 때문이다. 본 판례는 이와 같이 「개인정보 보호법」의 적용방식과 해석이 중요한 상황에서 기준이 되었다는 점에서 의미가 있다. 해당 판례는 휴대전화 뒷자리 4자가 개인정보에 해당하게 되는 이유와 의미, 특정 정보가 개인정보에 해당하게 되는 접근방식을 제시하고 있다. 수많은 정보 중 일부에 대한 해석이지만 특정 정보를 개인정보라고 판단하게 되는 기준을 제시하고 있다는 점에서 향후 「개인정보 보호법」이 우리 사회에 수용되는 과정에서 하나의 이정표가 될 것으로 보인다.

다만 우리가 당해 판례를 해석하는 과정에서 단순히 휴대전화 뒷자리 4자 자체가 개인정보라고 인식하는 것에 대해서는 다시 한번 생각해볼 필요가 있다. 거의 모든 정보를 개인정보라고 해석하는 것을 지양해야 한다는 관점에서 볼 때 당시 개인정보를 보유하고 있는 자의 지위와[12] 보유하고 있는 정보의 양과 특성 등과 같은 개별 상황을 고려하는 것이 중요하다. 본 사건에서도 재판부는 휴대전화 뒷자리 4자의 개인정보성을 인정하면서도 경찰관 신분인 피고인이 범죄신고자의 정보를 누설하는 것이 비록 일부의 정보라 하더라도 용납될 수 없다고 강조한 바 있다.[13] 앞으로도 당해 사건의 문제가 되는 정보가 개인정보에 해당하느냐의 여부는 「개인정보 보호법」의 적용대상을 결정짓는 첫 관문이기 때문에 사실상 대부분의 분쟁에서 핵심 쟁점이 될 것으로 보인다. 개인정보에 해당하느냐의 여부와 식별가능성의 문제는 개별 사건에 따라 달라질 수밖에 없으므로 이를 기계적으로 판단하기 보다는 상황적 특수성에 따라 접근하는 것이 필요할 것이다.

---

12) 결합가능성을 판단함에 있어 자연인이 아닌 정보자체를 기준으로 판단하는 것은 지양되어야 한다는 견해도 존재한다(박민우, "개인정보 보호법상 불확정 개념에 있어 형법의 보장적 기능을 확인해주는 해석과 사회상규의 역할", 「형사정책연구」 제28권 제1호, 한국형사정책연구원, 2017, 91면.).

13) 범죄신고는 범죄자의 주변인물에 의해 이루어지는 경우가 많고, 본 사건과 같이 도박사건의 경우 그 범행이 은밀하게 이루어지기 때문에 더욱더 신고자의 개인정보 보호에 만전을 기할 필요가 있으며, 특히 범죄신고자의 개인정보를 그 범죄자에게 알려주는 것은 곧바로 보복범죄로 이어질 가능성이 있는 위험한 행위라고 하였다.

015 주민등록번호를 포함한 고객 신상정보의 유출과 손해배상 책임

- 국민은행 개인정보 유출 사건 -

서울중앙지방법원 2007. 2. 8. 선고 2006가합33062, 53332 판결

장보은(한국외국어대학교 법학전문대학원 교수)

I. 판결의 개요

1. 사안의 개요

가. 사실관계

피고는 인터넷 주택복권서비스 이용계약을 체결하고 인터넷 주택복권통장을 개설한 고객들을 상대로 위 복권통장에 일정 금액 이상이 예치되어 있는 경우 복권을 구입하고 복권통장으로 당첨금을 지급하는 서비스를 제공하였다. 피고의 담당직원이 2006. 3. 15. 13:50경 이러한 고객 중 접속 빈도가 낮은 32,277명의 회원들에게 서비스 안내 이메일을 발송하면서 발송 대상인 고객들의 신상정보가 담긴 파일을 첨부하는 사고가 발생하였다. 피고의 담당직원은 이러한 사실을 알고 이메일 전송을 강제중단하였으나, 이미 3,723명의 고객들에게 이메일 발송이 완료되었다.

피고는 사건 당일 이메일을 전송받은 위 3,723명의 이메일 회수를 요청하여 이미 이메일을 열람한 641명을 제외한 나머지 고객들에게 전송된 이메일을 회수하는 한편, 파일 명단상의 위 32,277명의 회원들에게 사과하는 이메일을 발송하였다. 또한 2006. 3. 22.부터 같은 달 30.까지 이메일을 열람한 641명에게는 3차례에 걸쳐 전화 또는 이메일로 전송받은 이메일의 삭제를 요청하였고, 2006. 4. 13. 피고 웹사이트 내에 고객정보유출 피해접수센터를 개설하는 한편, 정보가 유출된 고객들에게는 정보도용 차단서비스[1]를 1년간 제공하였다.

이와 관련하여 신상정보가 유출된 원고들은 피고를 상대로 각 300만원 또는 100만원의 손해배상을 청구하였다.

---

1) 한국신용평가정보주식회사가 개설한 "크레딧 뱅크"의 서비스로, 제3자가 인터넷상에서 서비스이용자의 개인정보를 이용하려고 시도하는 경우 실명인증이 차단되고, 서비스이용자의 이메일과 휴대전화 문자서비스를 통하여 이러한 사실을 통보하여 주는 서비스를 말한다.

나. 소송경과

1) 제1심 판결(서울중앙지방법원 2007. 2. 8. 선고 2006가합33062, 53332 판결)

법원은 원고들의 개인정보를 수집·관리하는 정보통신서비스제공자인 피고로서는 원고들의 개인정보가 누출되지 않도록 필요한 관리적 조치를 다하여야 할 주의의무를 부담한다고 하며, 이러한 주의의무 위반을 인정하였다. 나아가 피고의 개인정보 누출로 인하여 원고들의 인격권이 침해받았으므로 피고는 원고들의 정신적 손해에 대한 위자료 지급의무가 있다고 하였고, 제반사정을 종합적으로 고려하여 ① 성명, 주민등록번호, 이메일 주소가 누출된 원고들에게는 각 10만원, ② 성명과 이메일 주소가 누출된 원고들에게는 각 7만원의 위자료를 인정하였다.

2) 항소심 판결(서울고등법원 2007. 11. 27. 선고 2007나33059, 33066 판결)

항소심 법원은 원심의 인정사실과 손해배상책임의 발생에 관한 판단은 그대로 인용하면서, 위자료 액수만을 조정하였다. 항소심 법원은 원고들과 피고 쌍방의 참작사유를 함께 고려할 필요가 있다고 하면서, 제반사정을 종합적으로 고려하여 ① 성명, 주민등록번호, 이메일 주소가 누출된 원고들에게는 각 20만원, ② 성명과 이메일 주소가 누출된 원고들에게는 각 10만원의 위자료를 인정함이 타당하다고 하였다.

2. 판결의 요지

가. 주의의무의 근거

헌법 제10조와 헌법 제17조 규정은 오늘날 고도로 정보화된 현대사회에서 자신에 대한 정보를 자율적으로 통제할 수 있는 적극적인 권리까지도 보장하려는 데에 그 취지가 있는 것으로 해석되므로, 원고들은 자신들의 의사에 반하여 개인정보가 함부로 공개되지 아니할 권리를 가진다. 이와 같이 헌법에 의하여 보장된 기본권을 보호하기 위해 정보통신망 이용촉진 및 정보보호 등에 관한 법률(이하 '정보통신망법')이 제정되었는바, 정보통신서비스제공자는 이용자의 개인정보를 취급함에 있어 개인정보가 분실·도난·누출·변조 또는 훼손되지 아니하도록 안전성 확보에 필요한 기술적·관리적 조치를 하여야 하므로(정보통신망법 제28조), 원고들의 개인정보를 수집·관리하는 정보통신서비스제공자인 피고로서는 원고들의 개인정보가 누출되지 않도록 필요한 관리적 조치를 다하여야 할 주의의무를 부담한다.

나. 주의의무 위반

개인의 성명과 주민등록번호, 이메일 주소는 정보통신망법 제2조 제1항 제6호에서 정한 '개인정보'에 해당한다고 할 것인데, 피고는 원고들의 개인정보가 누출되지 않도록 할 관리상의 주의의무를 부담함에도 불구하고, 이 사건 이메일을 전송하는 과정에서 원고들의 개인정보에 해당하는 성명, 주민등록번호, 이메일 주소 등을 수록한 이 사건 파일을 만연히 첨부파일란에 업로드하여 위 이메일을 수신한 자들로 하여금 위와 같은 개인정보를 지득할 수 있게 함으로써 위와 같은 주의의무를 위반하였다 할 것이다.

다. 위자료 인정 여부

피고가 원고들의 성명, 주민등록번호, 이메일 주소 등을 누출함에 따라 원고들은 자신들의 위와 같은 개인정보를 제3자가 알게 되거나 이를 도용 또는 악용할지도 모를 위험에 노출되었다 할 것이므로, 이 사건 사고로 인해 원고들이 정신적 고통을 받았을 것임은 경험칙상 인정할 수 있고, 피고도 이를 예견할 수 있었다고 봄이 상당하다.

II. 해설

1. 쟁점의 정리 – 개인정보 유출 시 위자료 인정 여부

가. 피고의 주의의무 위반 여부

피고는 인터넷 주택복권서비스 이용계약을 체결한 고객들의 개인정보를 수집·관리하는 정보통신서비스 제공자이다. 당시 정보통신망법 제28조에 의하면 정보통신서비스 제공자등이 개인정보를 처리할 때에는 개인정보의 분실·도난·유출·위조·변조 또는 훼손을 방지하고 개인정보의 안전성을 확보하기 위하여 기술적·관리적 조치를 하여야 한다는 점이 명시되어 있었으므로,[2] 피고로서는 원고들의 개인정보가 누출되지 않도록 필요한 조치를 다하여야 하는 주의의무가 있다는 점은 분명하다. 대상 판례는 이러한 정보통신망법에 명시된 피고의 주의의무의 근거를 헌법 제10조 및 제17조에서 찾는다. 즉, 이러한 헌법 규정들에서 자신들의 의사에 반하여 개인정보가 함부로 공개되지 않을 권리가 도출된다고 하였다.

2) 2020년 개인정보 관련 여러 법률의 유사·중복 규정을 개인정보 보호법으로 일원화함에 따라 관련 내용은 개인정보 보호법으로 이관되었다.

구 정보통신망법 제32조에 의하면, 정보통신서비스제공자등의 법 위반으로 이용자가 손해를 입은 경우 손해배상을 청구할 수 있다는 점을 명시하고 있다. 사안에서 피고 직원의 실수로 개인정보 유출 사고가 있었는바, 이에 대해 피고의 책임을 묻기 위해서는 정보통신망법에서 요구되는 주의의무 위반 여부를 검토하여야 한다. 만일 피고가 개인정보 보호를 위해 필요한 기술적 관리적 조치를 취하였다면, 개인정보 유출에 대한 결과 책임을 물을 수는 없는 것이다. 이와 관련하여 피고에게 요구되는 조치 수준이 어느 정도인지, 피고에게 주의의무 위반을 인정할 수 있는지가 문제된다.

나. 정신적 손해 관련

개인정보 유출과 관련하여 피고의 주의의무 위반을 인정할 수 있다면, 보다 중요한 문제는 손해의 발생이 있는지, 구체적으로 그 액수를 어떻게 산정할 것인지이다. 우선 개인정보 유출 자체로 인격권 침해 등의 손해를 인정할 것인지, 그 외에 구체적인 법익 침해를 요구할 것인지에 관한 검토가 필요하다. 다음으로 정신적 손해 배상의 액수의 산정도 쉽지 않은 문제이다. 이러한 손해배상 사건에서 고려하여야 할 사정은 무엇인지도 살펴보아야 한다.

2. 관련 판례

가. 대법원 1998. 7. 24. 선고 96다42789 판결

헌법 제10조는 "모든 국민은 인간으로서의 존엄과 가치를 가지며, 행복을 추구할 권리를 가진다. 국가는 개인이 가지는 불가침의 기본적 인권을 확인하고 이를 보장할 의무를 진다." 고 규정하고, 헌법 제17조는 "모든 국민은 사생활의 비밀과 자유를 침해받지 아니한다."라고 규정하고 있는바, 이들 헌법 규정은 개인의 사생활 활동이 타인으로부터 침해되거나 사생활이 함부로 공개되지 아니할 소극적인 권리는 물론, 오늘날 고도로 정보화된 현대사회에서 자신에 대한 정보를 자율적으로 통제할 수 있는 적극적인 권리까지도 보장하려는 데에 그 취지가 있는 것으로 해석된다.

3. 검토

가. 주의의무의 위반 여부

대상 판결은 피고는 원고들의 개인정보가 누출되지 않도록 할 관리상의 주의의무를 부담함에도 불구하고, 이 사건 이메일을 전송하는 과정에서 원고들의 개인정보에 해당하는 성명,

주민등록번호, 이메일 주소 등을 수록한 이 사건 파일을 만연히 첨부파일란에 업로드하여 이러한 주의의무를 위반하였다고 판단하였다.[3)]

이 사건 이후 2015년 대법원은 해킹에 의한 대규모 개인정보 유출 사건(이른바 "옥션 판결")[4)]에서 정보통신서비스제공자가 구 정보통신망법 제28조 제1항에 따른 개인정보의 안전성 확보에 필요한 보호조치를 취하여야 할 법률상 의무를 위반하였는지 여부는 당시 보편적으로 알려져 있는 정보보안의 기술 수준, 정보통신서비스제공자의 업종·영업규모와 정보통신서비스제공자가 취하고 있던 전체적인 보안조치의 내용, 정보보안에 필요한 경제적 비용 및 효용의 정도, 해킹기술의 수준과 정보보안기술의 발전 정도에 따른 피해발생의 회피 가능성, 정보통신서비스제공자가 수집한 개인정보의 내용과 개인정보의 누출로 인하여 이용자가 입게 되는 피해의 정도 등의 사정을 종합적으로 고려하여 정보통신서비스제공자가 사회통념상 합리적으로 기대 가능한 정도의 보호조치를 다하였는지 여부를 기준으로 판단하여야 한다고 하였다. 특히 정보통신부가 고시한 「개인정보의 기술적·관리적 보호조치 기준」은 정보통신서비스제공자가 구 정보통신망법 제28조 제1항에 따라 준수해야 할 기술적·관리적 보호조치를 구체적으로 규정하고 있다고 하면서, 정보통신서비스제공자가 고시에서 정하고 있는 기술적·관리적 보호조치를 다하였는지가 일응의 기준이 된다고 하였다.[5)]

이러한 기준을 대상 판결에 적용한다면, 이 사건 개인정보 유출 사고 당시 「개인정보의 기술적·관리적 보호조치 기준」 제5조 제2항에서는 "정보통신서비스제공자등은 주민등록번호, 패스워드 및 이용자가 공개에 동의하지 않은 개인정보를 제3조 제4항에 의하여 보호되는 정보통신망 외부로 송신하거나, PC에 저장할 때에는 이를 암호화한다"고 하여 개인정보

3) 이에 대하여 피고는, 피고 직원이 이메일을 발송할 때 메일 서버 시스템의 과부하로 첨부파일이 업로드되었다는 표시가 나타나지 않았다고 하면서 피고는 과실이 없다고 주장하였으나, 법원은 이러한 피고의 주장을 받아들이지 않았다. 참고로 구 정보통신망법 제32조는 "이용자는 정보통신서비스제공자등이 이 장의 규정을 위반한 행위로 손해를 입은 경우에는 그 정보통신서비스제공자등에 대하여 손해배상을 청구할 수 있다. 이 경우 당해 정보통신서비스제공자등은 고의 또는 과실이 없음을 입증하지 아니하면 책임을 면할 수 없다."고 규정하였다.

4) 대법원 2015. 2. 12. 선고 2013다43994, 44003 판결.

5) 참고로 이 옥션 판결에서는 "정보통신서비스 제공자가 고시에서 정하고 있는 기술적·관리적 보호조치를 다하였다면, 특별한 사정이 없는 한 정보통신서비스 제공자가 개인정보의 안전성 확보에 필요한 보호조치를 취하여야 할 법률상 또는 계약상 의무를 위반하였다고 보기는 어렵다."고 하였으나, 이후 이른바 SK 컴즈 판결(대법원 2018. 1. 25. 선고 2015다24904, 24911, 24928, 24935 판결)에서는 옥션 판결을 인용하면서도 "다만 고시는 정보통신서비스 제공자가 반드시 준수해야 할 최소한의 기준을 정한 것으로 보는 것이 타당하다."고 하여 고시의 기준을 준수한 피고에게도 개인정보 침해에 관한 주의의무위반이 인정될 수 있다고 하였다.

의 암호화 의무를 부과하고 있었으나 피고가 이러한 조치를 취하지 않았으므로, 법상 요구되는 개인정보의 안전성 확보에 필요한 보호조치 의무를 위반한 사실이 인정된다고 할 것이다.

나. 정신적 손해 발생 여부 및 손해액 산정

주의의무 위반이 인정된다면, 손해가 발생하였는지 여부를 검토하여야 한다. 대상 판결은 정보통신서비스제공자에 대해 개인정보 보호에 대한 고도의 주의의무가 요구되고, 인터넷 상에서 개인정보를 이용한 혼동 가능성이 크며, 주민등록번호는 특성상 유출 시 개인에 대한 데이터들이 조합되거나 도용될 위험이 크고, 정보통신서비스제공자에게는 암호화 조치 의무가 인정되며, 피고 직원의 실수로 이메일에 개인정보 파일을 첨부한 행태는 개인정보 보호에 대한 고도의 주의의무를 소홀히 한 것이라고 능히 평가할 수 있다는 점 등을 종합하여 피고가 원고들의 성명, 주민등록번호, 이메일 주소 등을 누출함에 따라 원고들은 자신들의 개인정보를 제3자가 알게 되거나 이를 도용 또는 악용할지도 모를 위험에 노출되었다 할 것이므로, 원고들이 정신적 고통을 받았을 것임은 경험칙상 인정할 수 있고, 피고도 이를 예견할 수 있었다고 봄이 상당하다고 하였다.

실제 피고의 이메일에 첨부된 개인정보 파일을 전송받은 사람들이 있다는 점에 비추어 구체적인 손해가 발생하였다고 판단한 것으로 이해된다. 다만, 법원은 피고의 주장에 대하여 판단하면서 "피고의 개인정보 누출로 인하여 헌법에 의하여 보장된 원고들의 기본권인 자신들의 의사에 반하여 개인정보가 함부로 공개되지 아니할 권리가 침해되었는바, 원고들의 위와 같은 권리는 인격적 이익에 직접 관계되는 것이므로, 원고들이 이 사건 사고로 받은 정신적 고통은 통상손해라고 보아야 할 것이다."고 하였는데, 이 부분은 마치 개인정보 침해가 있으면 바로 인격권이 침해되는 것으로 보아 위자료가 발생하는 것으로 해석될 여지가 있다.

이와 관련하여 개인정보 유출 시 개인정보자기결정권이 침해되었다고 하면서, 그 자체로 손해 발생이 인정되어야 한다는 견해가 있다. 개인정보자기결정권은 일종의 인격권에 해당하므로, 이는 독립적이고 실체적인 권리로서 보호되어야 한다는 것이다.[6] 그러나 개인정보 유출 시 다른 법익 침해의 가능성이 전혀 없다면, 구체적인 손해 발생을 인정할 수 있는지는 의문이다. 오히려 최근 판례의 동향은 개인정보 침해로 인하여 위자료를 인정하려면 추가적인 법익 침해가 발생하였는지, 혹은 그 침해 가능성이 얼마나 구체화되었는지를 검토하여야

---

6) 이재경, "개인정보 유출에 따른 정신적 손해와 위자료의 인정가능성 - 대법원 2012. 12. 26. 선고 2011다59834 판결 -", 동북아연구 제8권 제3호, 2015, 533-535면; 권태상, "개인위치정보의 수집으로 인한 손해배상책임", 이화여자대학교 법학논집 제24권 제4호, 2020, 18-19면 등.

한다는 입장으로 이해된다.[7] 대상 판결도 “원고들의 개인정보를 제3자가 알게 되거나 이를 도용 또는 악용할지도 모를 위험에 노출되었다”는 점을 고려하여 정신적 손해를 인정한 것으로 보이는바, 개인정보 누출이 있으면 다른 법익 침해 가능성 여부를 고려하지 않고 바로 정신적 손해가 인정되는 듯한 서술은 오해의 소지가 있다.

구체적인 위자료 액수의 산정에 있어 1심 법원은 피고가 사고 발생 이후 피해를 줄이고자 여러 노력을 기울인 점, 원고들의 개인정보가 실제로 도용되었다는 사실이 구체적으로 증명되지 아니한 점, 이메일을 전송받은 자들도 개인정보 유출의 피해자로 고의로 정보 수집 목적이 있는 자들이 아니었다는 점 등의 피고측 사정을 주로 고려하였다. 이에 반해 항소심 법원은 쌍방의 참작사유를 함께 고려하여야 한다고 하면서, 위와 같은 피고측 사정 외에 유출된 정보가 주민등록번호 등 중요정보인 점, 그럼에도 불구하고 피고가 암호화 조치를 하지 않은 점, 피고의 정보도용 차단서비스는 완벽한 차단책이 되지 못하고 기간도 1년으로 제한된 점 등을 추가로 참작하여, 1심이 인정한 위자료 액수보다 증액된 금액을 인정하였다.

정신적 고통에 대한 위자료 액수에 관하여는 사실심 법원이 제반 사정을 참작하여 그 직권에 속하는 재량에 의하여 확정할 수 있다.[8] 최근 판례에 의하면 개인정보 유출사안에서 정보주체에게 위자료로 배상할 만한 정신적 손해가 발생하였는지는 유출된 개인정보의 종류와 성격, 정보주체의 식별 가능성 여부, 유출된 개인정보의 제3자 열람 또는 열람 가능성 여부, 유출된 개인정보의 확산 범위, 추가적인 법익침해 가능성의 발생 여부, 개인정보를 처리하는 자가 개인정보를 관리해 온 실태와 개인정보가 유출된 구체적인 경위, 개인정보 유출로 인한 피해 발생 및 확산을 방지하기 위한 조치 등 여러 사정을 종합적으로 고려하여 구체적 사건에 따라 개별적으로 판단하여야 한다고 한다.[9] 대상 판결에서는 특히 주민등록번호 침해의 경우를 그 외의 개인정보와 구별하고 있는바, 주민등록법에 의해 전 국민에게 부여되는 주민등록번호의 유일성, 영구성, 일신전속성을 고려할 때 이러한 접근은 타당한 것으로 평가된다.

---

7) 권영준, “2018년 민법 판례 동향”, 서울대학교 법학 제60권 제1호, 2019, 334면 이하; 장보은, “개인정보 관련 민사판례 동향과 전망”, 법조 제70권 제4호, 2021, 23면 이하 참조.

8) 다만, 항소심 법원이 양 당사자 측의 사정을 모두 고려하여야 한다고 하면서도, 이 사건 사고가 피고 직원의 단순 실수에 불과한 것으로 피고가 개인정보 보호시스템에 중대한 하자를 야기한 것은 아니라거나, 현실적으로 컴퓨터 전산망을 통한 개인정보의 유출방지가 기술적으로 완벽할 수는 없다거나, 개인정보의 보호뿐만 아니라 컴퓨터 전산망을 통한 기업활동의 효율성의 측면도 균형있게 고려할 필요가 있다는 등 실제로는 피고 측의 사정을 위주로 서술하고 있어 아쉬움이 있다.

9) 대법원 2019. 9. 26. 선고 2018다222303, 222310, 222327 판결 등 참조.

III. 판결의 의의

대상 판결은 개인정보의 유출과 관련된 위자료 인정 여부에 대한 초기 판례로서 선례를 형성하였다는 데에 의의가 있다. 이 판결 이후 대규모 개인정보 유출 사안이 이어지면서[10] 일련의 판례 법리가 정립되고 있다.

개인정보의 활용과 그 보호 사이에 균형이 필요하다는 점을 고려하더라도, 법령 및 고시에서 정한 보호조치는 사업자가 반드시 준수해야 할 최소한의 기준을 정한 것으로 보는 현재 판례의 입장에 따른다면, 그러한 의무를 이행하지 않은 피고의 책임은 더욱 무겁게 평가될 수 있을 것이다. 다만, 개인정보 침해가 있다는 사실만으로 정신적 손해가 바로 인정되는 것은 아니고, 그로 인한 추가적인 법익 침해 위험성을 검토해야 한다. 물론 대상 판결에서는 일부 원고에 대해서는 주민등록번호까지도 유출이 되었으므로, 손해배상책임을 인정한 결론은 여전히 타당하다고 할 것이다.

10) 2008년 옥션 해킹 당시에는 1,800만 명의 개인정보가 유출되었고, 2011년 에스케이커뮤니케이션즈 사안에서는 3,500만 명의 개인정보가 유출되었으며, 2014년 카드 3사 개인정보 유출 사고 때에는 약 1억 400만 건의 개인정보가 유출되었다.

016

암호화된 개인정보의 개인정보 해당성 판단

- 약학정보원 사건 민사항소심 판결 -

서울고등법원 2019. 5. 3. 선고 2017나2073963, 2074970(병합) 판결

윤주호(법무법인(유한) 태평양 변호사)

I. 판결의 개요

1. 사안의 개요

가. 사실관계

피고 사단법인 A는 약사의 지위 향상과 복지증진을 위한 연구 및 실천, 의약품 등의 생산 진흥과 품질 향상을 위한 조사연구, 약국경영관리 향상을 위한 조사연구 등을 목적으로 하는 사단법인이며, 피고 재단법인 B는 의약품 관련 정보의 수집 및 데이터베이스 구축, 의약품정보 관련 연구 용역사업 등을 목적으로 설립된 재단법인이다.

한편, 피고 회사 C는 미국에 본사를 두고 있는 D의 한국 내 자회사로서 의약 및 건강 관련 산업에서의 제품 및 서비스에 관한 자료 수집, 시장조사 보고서 작성 등을 목적으로 하는 회사이다.

피고 사단법인 A는 약국 관리 프로그램의 일종으로 약사들이 건강보험심사평가원에 요양급여비용을 청구하고 환자관리 및 조제데이터를 입력·저장하는 등의 기능을 갖춘 심사청구 소프트웨어(이하 "이 사건 소프트웨어")를 개발하였는데, 피고 재단법인 B는 피고 사단법인 A로부터 이 사건 소프트웨어에 대한 관리운영권을 위탁받아, 실제 이 사건 소프트웨어 등의 업데이트 등을 진행하였다.

한편, 약국을 운영하는 약사들은 이 사건 소프트웨어를 이용하여 처방전 정보(환자의 성명 및 주민등록번호, 의료기관의 명칭 및 전화번호, 질병분류기호, 의료인의 성명, 면허종류 및 면허번호, 처방의약품의 명칭, 분량 및 용업, 처방전 발급연원일 및 사용기간 등)를 입력하고, 건강보험심사평가원에 요양급여비용을 청구하는데, 피고 재단법인 B는 2011. 1. 28.경 각 약국에 저장된 처방전 관련 정보를 피고 재단법인 B에 자동으로 전송하는 프로그램을 개발하여 이를 이 사건

소프트웨어에 업데이트하면서 설치하였고, 업데이트 과정에서 약사들로부터 피고 재단법인 B가 '조제정보의 수집에 관한 동의서'에 의해 사용자가 이 사건 프로그램의 이용과정에서 저장하는 조제정보를 통계작성 및 학술연구 등의 목적으로 수집할 수 있다는 데에 동의를 받는 등 약사들로부터 위 업데이트에 동의를 받았다.

그리고 피고 재단법인 B는 피고 회사 C와의 계약에 따라 이 사건 프로그램 업데이트 이후 수집된 처방전 정보 중 환자의 주민등록번호, 환자의 성별 및 생년월일, 처방전 발급기관,[1] 질병분류기호, 처방의약품의 명칭, 분량 및 용법, 처방전 발급 연월일 등의 정보(이하 "이 사건 정보")를 피고 회사 C에게 제공하였다. 다만, 피고 재단법인 B는 피고 회사 C에게 이 사건 정보를 전송함에 있어서 환자를 식별할 수 있는 정보를 암호화하여 전송하였는데, 그 암호화 방식은 아래와 같다.

1) 1단계 방식: 13자리의 주민등록번호 중 홀수 자리와 짝수 자리를 각 다른 암호화 규칙에 따라 영어 알파벳으로 치환한 다음 양끝 2자리에 노이즈를 추가하는 방식으로 암호화를 한 이후, 변환된 문자열의 6번째 자리의 문자를 문자열의 가장 마지막 자리에, 13번째 자리의 문자를 첫 번째 자리에 추가하여 15자리의 알파벳 문자열을 생성하는 방식으로 암호화
2) 2단계 방식: 환자의 주민등록번호를 SHA-512 방식으로 일방향 암호화
3) 3단계 방식: 환자의 주민등록번호가 아니라 성명, 생년월일, 성별로 환자를 특정한 이후 이를 SHA-512 방식으로 일방향 암호화

한편, 원고들은 환자 및 의사들로서, 처방전에 기재된 자신들의 개인정보가 동의 없이 무단으로 이용 및 제공되었다고 하여 피고들을 대상으로 손해배상을 청구하였다.

나. 소송경과 – 제1심 판결(서울중앙지방법원 2017. 9. 11. 선고 2014가합508066 · 538302 판결(병합))

제1심 판결 및 대상 판결에서 주요하게 다루어진 쟁점은 ① 이 사건 정보가 개인정보에 해당하는지 여부와 ② 피고 재단법인 B가 이 사건 정보를 수집하고, 피고 회사 C에게 제공한 행위로 인하여 원고들에게 손해가 발생하였는지 여부이다.[2]

---

1) 원고들은 피고 재단법인 B가 임의로 의사들의 성명과 면허번호를 수집하였다고 주장을 하였으나, 제1심 판단 당시 원고들이 주장한 의사들의 성명과 면허번호의 경우에는 개인정보 보호법 시행 이후 피고 재단법인 B가 수집을 하였다는 것을 인정할 증거가 없다고 보아 위 주장은 받아들여지지 아니하였다.
2) 피고 사단법인 A의 경우에는 이 사건 정보 수집 등에 관여한 바가 없다고 판단되어, 피고 사단법인 A에 대

먼저, 이 사건 정보가 암호화되어 전송되었는바, 이렇게 암호화된 이 사건 정보가 개인정보에 해당하는지 여부에 관하여 1심 법원은 "개인정보는 해당 정보를 처리하는 자의 입장에서 특정 개인을 식별할 수 있는(identifiable) 정보이므로, 개인정보에 암호화 등 적절한 비식별화(de-identification) 조치를 취함으로써 특정 개인을 식별할 수 없는 상태에 이른다면 이는 식별성을 요건으로 하는 개인정보에 해당한다고 볼 수 없다"고 판시하면서, 다만 비식별화 조치가 이루어졌다고 하더라도 재식별 가능성이 현저하다면 적절한 비식별화 조치가 이루어지지 않은 것이므로, 여전히 개인정보 보호법이 적용되는 개인정보에 해당한다고 판단하였다. 또한, 이러한 적절한 비식별화 조치가 이루어진 것인지 여부는 "원본 데이터의 특성, 비식별화된 정보가 사용된 특정한 맥락이나 상황, 비식별화 조치에 활용된 기법·세부기술의 수준, 비식별화된 정보를 제공받은 자의 이용목적 및 방법, 이용기간, 전문지식이나 기술력·경제력에 따른 재식별화 능력, 비식별화된 정보를 제공받은 자가 재식별화로 얻을 수 있는 이익의 유무, 비식별화된 정보를 제공받은 자의 개인정보 보호 수준, 비식별화된 정보와 외부 정보 사이의 결합 가능성, 비식별화된 정보를 제공한 자와 제공받은 자의 관계, 비식별화된 정보에 대한 접근권한 관리 및 접근통제 등을 종합적으로 고려하여 판단"하여야 한다고 설시하였다.

그리고 위와 같은 기준에 따라 1단계 암호화 방식의 경우에는 주민등록번호에 관한 암호화 규칙이 단순하여 복호화가 용이하게 이루어질 수 있었던 점, 수사기관에서도 이 사건 정보 중 1단계 암호화 방식의 주민등록번호 부분을 쉽게 복호화할 수 있었던 점 등을 근거로 충분히 비식별조치가 이루어지지 아니하였다고 보아 개인정보에 해당한다고 판시하였으나, 2단계, 3단계 암호화 방식의 경우에는 원칙적으로 SHA-512 방식의 경우에는 암호화의 기술적 수준이 높아 피고 회사 C가 자체적으로 복호화하는 것이 불가능하였고, 비록 피고 재단법인 B가 피고 회사 C에게 암호화 방식의 주민등록번호 또는 고유번호의 동일성을 파악하기 위해 필요한 매칭 테이블을 제공하였다고 하더라도 피고 회사 C의 입장에서는 최종적으로 통계분석자료를 생성하여 판매함으로써 이익을 얻게 되는 것이므로 암호화된 정보를 재식별화할 경제적 유인은 없었던 것으로 보이는 점, 피고 회사 C 또는 피고 회사 C의 본사인 D가 실제로 복호화 등을 시도하지도 않은 점 등을 근거로 적절한 2, 3단계 암호화 방식에 따라 암호화된 이 사건 정보는 비식별조치가 이루어졌다고 판단하였다. 또한, 위와 같은 개인정보 해당성 판단에 따라 1단계 암호화를 통한 이 사건 정보 수집 및 정보 제공의 경우

한 청구는 기각되었다.

에는 개인정보 보호법을 위반하였다고 볼 수 있으나, 2단계와 3단계 암호화의 경우 피고 재단법인 B가 정보주체의 동의 없이 이 사건 정보를 수집한 것은 개인정보 보호법을 위반한 것으로 볼 수 있다고 하더라도, 이를 피고 회사 C에게 제공한 것은 개인을 식별할 수 없는 상태로 이 사건 정보를 제공한 것이므로 개인정보 보호법 제18조 제2항 제4호에 따라 허용된다고 판단하였다.[3)]

한편, 제1심 판결은 위와 같은 판단에 의하더라도 제3자의 관점에서 이 사건 정보를 통해 개인을 식별할 수 없고, 피고 재단법인 B와 피고 회사 C가 이 사건 정보를 마케팅 목적 등의 목적으로 사용하지 아니하였으며, 다른 외부 기관에서 해당 정보를 열람하거나 접근할 수 있었다고 보기 어렵고, 실제로 원고들도 자신들의 피해 사실을 언론보도를 접한 이후에 알았다는 등의 사정을 고려하여, 원고들에게 위자료로 배상할 만한 정신적 손해가 실제로 발생하기 어렵다고 판단을 하여 원고들의 청구를 기각하였다. 이에 따라 원고들은 제1심 판결에 대해 항소를 하였다.

2. 판결의 요지

가. 개인정보 해당성 판단 관련

대상 판결에서는 비식별조치된 정보의 개인정보성을 판단함에 있어서, 제1심 판결과 다른 기준을 제시했다. 즉, 대상 판결에서 인정된 사실은 제1심 판결과 대부분 동일하였으나, 대상 판결에서는 이 사건 정보에 대한 보안조치가 얼마나 높은 수준이었는지, 비식별화된 개인정보를 제공받은 자가 복호화하려는 목적이 있었는지 여부 등은 비식별조치된 개인정보가 개인정보에 해당하는지 여부를 판단하는 데에 있어서 고려 요소가 아니라고 판단하였다.

즉, 개인정보성(식별가능성의 존재)을 판단함에 있어서는 식별가능성이라는 규범적 판단을 내려야 하며, 이때에 개인정보를 제공받은 자의 의도 등은 고려할 필요가 없다고 보았고, 이러한 판단에 따라 대상 판결에서는 이 사건의 경우 제2단계와 제3단계 암호화 방식에서 일방향 암호화 방식이 사용되었다고 하더라도 피고 회사 C가 매칭 테이블을 가지고 있었던 이상 이는 식별가능성이 존재하므로, 개인정보에 해당한다고 판단하였다.

또한, 위와 같은 관점에서 1심 판결과는 달리 2단계와 3단계 암호화의 경우 피고 재단법인 B가 위 암호화된 정보를 피고 회사 C에게 제공한 것은 개인을 식별할 수 없는 상태로 이

---

3) 제1심 판결에서는 비식별화된 개인정보를 제3자에게 제공하는 것은 구 개인정보 보호법(2020. 2. 4. 법률 제16930호로 개정되기 전의 것) 제18조 제2항 제4호에 따라 정당화된다고 판단을 하였다.

사건 정보를 제공한 것이 아니므로, 개인정보 보호법 제18조 제2항 제4호에 따라 정당화될 수 없다고 판단하였으며, 나아가 개인정보 보호법 제18조 제2항 제4호는 적법하게 수집된 개인정보를 대상으로 한 규정이므로, 이 사건의 경우 피고 재단법인 B가 적법하게 수집하지 아니한 개인정보를 제공한 것이므로, 개인정보 보호법 제18조 제2항 제4호의 적용 대상이 아니라고 판단하였다.

나. 손해배상 인정 여부 판단 관련

대상 판결에서도 원고들에게 정신적 손해가 발생하였는지 여부에 관하여는 제1심 판결과 동일하게 판단하여, 결국 본건 정보를 수집하고 제공하는 행위가 개인정보 보호법을 위반하였다고 하더라도, 원고들에게는 정신적 손해가 발생하였다고 보기 어렵다고 보아, 원고들의 항소를 기각하였다.

II. 해설

1. 쟁점의 정리 - 비식별화된 정보의 개인정보성 판단 기준

가. 기존「개인정보 비식별 조치 가이드라인」에 따른 판단 기준

2020년 개인정보 보호법이 개정되어 가명정보 등에 대한 개념을 도입하기 이전에, 당시 개인정보 보호 법령의 틀 내에서 빅데이터를 안전하게 활용할 수 있도록 국무조정실, 행정자치부, 방송통신위원회, 금융위원회, 미래창조과학부, 보건복지부에서는 2016년「개인정보 비식별 조치 가이드라인」(이하 "비식별조치 가이드라인")을 발간하여, 비식별처리된 개인정보를 이용할 수 있도록 허용한 바 있다.

당시 비식별조치 가이드라인에서는 개인정보 해당 여부를 판단하는 기준으로 "(개인을 알아볼 수 있는 정보)이므로 특정 개인을 알아보기 어려운 정보는 개인정보가 아님"이라고 설명하면서, "'알아볼 수 있는'의 주체는 해당 정보를 처리하는 자(정보의 제공 관계에 있어서는 제공받은 자를 포함)이며, 정보를 처리하는 자의 입장에서 개인을 알아볼 수 없다면 그 정보는 개인정보에 해당하지 않음"이라고 설명하고 있으며, "(다른 정보와 쉽게 결합하여)란 결합 대상이 될 다른 정보의 입수 가능성이 있어야 하고, 또 다른 정보와의 결합 가능성이 높아야 함을 의미"한다고 설명하고 있다.[4)]

그런데, 이러한 비식별조치 가이드라인 기준에서는 "(다른 정보와 쉽게 결합하여)"라는 기준

은 객관적 기준 – 즉 다른 정보의 입수 가능성 및 결합 가능성이라는 기준 – 에 의해서 판단하게 되는바, 이 사건 판결과 맥을 같이 한다고 생각된다.

나. 유사 판결 – 수원지방법원 2018. 4. 12. 선고 2017노7275 판결

유사 판결은 대학병원 진단검사의학과 팀장 A가 검사 후 남은 혈액 검체를 자신과 관계가 있는 외부 진단검사 키트 제조사 B로 반출하였는데, 검체 용기에 표시된 검체번호나 바코드는 그 자체로는 식별 가능성이 없지만 병원 전산시스템을 통해서는 환자의 이름 등이 확인될 수 있는바, 피고인 A가 무단으로 개인정보를 제3자에게 유출하였다고 보아 문제된 사건이다.

이 사건에서 위 법원은 ① 피고인들이 반출한 혈액 검체용기 표면에 남아 있던 '검체번호, 채혈시간, 검사항목, 검사결과 수치, 바코드' 부분만으로는 곧바로 해당 환자를 알아볼 수 있는 개인정보에 해당한다고 보기 어려운 점, ② 혈액 검체용기 표면에 나타나 있는 검체번호 등을 통해 해당 환자의 구체적인 인적사항 등을 확인하기 위해서는 대학병원에서 운영되고 있는 리마스 프로그램과 전자의무기록 시스템을 이용하여야 하는데, 리마스 프로그램은 진단검사의학과 직원들이 접속할 수 있으나 직책에 따라 접근 권한에 차등을 두고 있고, 전자의무기록 시스템은 전문의들만 접속할 수 있도록 관리되고 있는 점, ③ 만일 피고인 A가 리마스 프로그램에 접근할 권한이 있다는 이유만으로 위 검체번호 등이 개인정보에 해당한다고 본다면 피고인 A 등이 혈액 검체와 관련된 어떠한 자료를 제공하더라도 무조건 개인정보를 유출한 것이 되는 부당한 결과가 발생하는 점, ④ 제조사 B는 진단시약 개발을 위해 혈액검체의 검사항목과 검사결과 수치가 중요했을 뿐 해당 환자의 이름, 나이, 성별 등은 전혀 필요하지 않았고, 피고인 A 등에게 환자의 인적사항 등에 관한 자료를 요청한 적이 없을 뿐만 아니라 피고인 A 등을 통하여 리마스 프로그램에 접속한 사실도 없는 점, ⑤ 피고인 A 등이 반출한 혈액 검체용기 표면에는 당초 '환자이름, 등록번호, 성별, 나이, 병동'도 표시되어 있었는데, 피고인 A는 검체용기를 반출하기 전에 위 각 부분을 네임 펜으로 덧칠하거나 제거하였고, 이에 비추어 보면 피고인들에게 개인정보 유출의 범의가 있었다고 단정하기도 어려운 점 등에 비추어 보면, 검사가 제출한 증거만으로는 이 부분 공소사실이 합리적 의심 없이 증명되었다고 인정하기 어렵다고 판단하여, 개인정보 무단 유출에 대해서 무죄로 판단한 바 있다.

---

4) 국무조정실, 행정자치부, 방송통신위원회, 금융위원회, 미래창조과학부, 보건복지부, 『개인정보 비식별 조치 가이드라인』, 2016, 4면.

유사 사건에서는 제조사 B가 제공받은 검체 정보가 개인을 식별할 수 있는 정보에 해당하는지 여부에 관하여 판단을 함에 있어서 제조사 B가 피고인 A를 통해서 개인을 식별할 수 있는 정보를 제공받지 아니하였다는 점에 초점을 맞추어 개인정보가 아니라고 판단을 하였다. 이런 점에 있어서, 대상 판결과 유사한 관점을 취한다고 볼 수 있지만, 식별 가능성을 판단함에 있어서, 위 ③에서 ⑤부터의 판결 이유 중 설시를 통하여 실제 식별이 되었는지 여부를 검토하거나, 그 의도를 검토하였는바, 주관적 의도를 고려한 점 등에서 대상 판결과 구분이 된다고 생각된다.

2. 검토

2020년 개정되기 전의 개인정보 보호법에서는 특정 정보만으로 개인을 식별할 수 없는 정보의 경우 개인정보 해당성을 판단하는 기준으로 결합가능성을 제시하고 있다. 2020년 개정된 이후의 개인정보 보호법에서도 결합가능성을 기준으로 제시하되, 결합가능성을 판단하는 기준으로 입수가능성을 언급하고 있을 뿐이다.

대상 판결은 이러한 결합가능성을 객관적인 기준에 따라 판단하여야 하고, 주관적 의도까지 고려할 필요가 없다는 점을 분명히 하고 있다. 그리고 법문을 해석함에 있어서, 그 법 적용이 당사자의 주관적 의사에 따라 달라지는 것은 법률의 명확성원칙을 해할 수 있다는 점에서 타당성이 있다고 생각된다.

다만, 위 유사 판결에서와 같이 실제 결합을 위한 행위 또는 식별을 위한 행위를 하였는지 여부는 결합가능성이 있다는 점을 판단하기 위한 추단의 근거로 사용할 수 있다는 점에서 그 행위의 존부 여부를 검토할 필요는 있다고 생각된다.

III. 판결의 의의

2020년 개인정보 보호법이 개정되기 전 비식별조치 가이드라인이 발간될 당시에 위 가이드라인에 따라 비식별처리된 개인정보가 개인정보에 해당하는지 여부에 대해 법률적으로 논란이 있었으나, 대상 판결에서는 비식별조치 가이드라인에 따라 비식별조치된 정보는 개인정보에 해당하지 않는다는 점을 명확히 한 점에서 의미를 가지고 있다.

또한, 이러한 판결의 연장선상에서 2020년 개인정보 보호법 개정 이후에도 익명정보는 개인정보에 해당하지 않는다는 점이 명확히 되어, 본 판결의 취지가 그대로 유지된 것으로

평가할 수 있다.

다만, 아직까지 결합가능성, 식별가능성의 경우 어느 정보처리자를 기준으로 처리할지 명확하지 않은 부분이 있는바(제공받는 자와 제공하는 자 중 누구를 기준으로 판단을 하여야 하는지 등), 이에 대해서는 대상 판결 이후에도 많은 논의들이 필요하고, 일관된 기준 제시가 필요하다고 판단된다.

017

의료정보의 수탁 처리와 형사책임

- 약학정보원 사건 형사 1심 사건 -

서울중앙지방법원 2020. 2. 14. 선고 2015고합665, 752, 1115(병합) 판결

강태욱(법무법인(유한) 태평양 변호사, 법학박사)

I. 판결의 개요

1. 사안의 개요

가. 사실관계[1)]

(사안 1) 피고인 I사는 의료 관련 통계정보를 개발, 판매하는 회사이다. I사는 2007. 12.경 G사에 병, 의원으로부터 환자정보, 처방정보 등을 자동으로 전송받을 수 있는 프로그램을 개발하여 달라고 요청하여 G사가 개발한 e－PM 프로그램을 전국 약 331개 병, 의원에 설치한 후 이 프로그램을 통하여 환자들의 동의 없이 환자들의 개인정보 및 진료내역 정보를 G사가 관리하는 데이터베이스 서버로 전송되도록 하였다. 또한, 피고인 G사는 건강보험심사평가원에 요양급여비용을 적정하게 청구하는 것인지를 심사할 수 있는 프로그램인 e－IRS 프로그램, 의사가 건강보험심사평가원에서 발표한 심사지침에 맞게 적절하게 진료하는지 여부를 알려주는 NOW 프로그램을 병·의원에 공급하였는데, 각 프로그램들의 운용과정에서 환자의 동의 없이 G사가 환자 정보를 처리, 보관하면서 그 중 일부 정보를 I사에 제공하였다. 피고인 I사 및 그 직원들은 불법으로 환자들의 정보를 저장, 보유하면서 그 중 일부를 미국에 소재하고 있는 I사의 본사에 불법으로 제공하였음을 이유로 개인정보 보호법 위반으로 기소되었다.

(사안 2) 피고인 Y는 2000년경부터 처방전의 약제비 등을 자동 계산하여 건강보험공단에 청구할 수 있도록 하는 PM2000이라는 명칭의 프로그램을 개발하여 약국들에 무상으로 제공하고 있었다. 이후 Y사는 2009. 7.경 I사로부터 Y 산하 회원 약국에 보관된 처방전 정보

---

1) 본 사건은 그 이외에도 일부 피고인의 위증 및 위증 방조, 배임수재 및 업무상 배임 등도 쟁점이 되었으나 본고에서는 다루지 아니한다.

등을 제공하여 달라는 제의를 받고 2011. 1. 28.경 PM2000 프로그램의 업데이트 파일을 각 약국들에 제공하여 이를 설치한 약국으로부터 약국의 조제정보가 Y의 서버로 자동전송되도록 하였다. Y는 이처럼 자동전송받은 조제정보를 I사에 제공하였는데, 2011. 1.부터 2014. 3.까지는 주민등록번호를 치환하는 양방향 암호화 방식의 알고리즘을 개발하여 이를 적용한 방식으로 보안조치를 실시하였고(1기 암호화), 2014. 6.경부터 2014. 10.경까지는 주민등록번호에 대하여 일방향 암호화를 실시하는 방식으로 보안조치를 실시하였으며(2기 암호화), 2014. 10. 이후에는 주민등록번호 대신 성명과 생년월일을 일방향 암호화하는 방식으로 보안조치를 실시한 후 해당 정보를 다운로드 받아 I사에 제공하였다.

피고인 Y는 법령의 근거 또는 환자들의 동의 없이 다수의 약국에 설치된 PM2000 프로그램을 통하여 민감정보인 환자들의 조제정보를 Y의 서버로 전송받아 민감정보를 처리하고, 환자들의 동의나 법령의 근거 없이 I사가 관련 프로그램을 통하여 언제든지 다운로드할 수 있게 공유하는 방법으로 제공함으로써 민감정보인 환자정보를 불법으로 처리하여 위반행위를 하였다는 이유로 개인정보 보호법 위반, 처방전 정보가 Y에게 자동전송되는 프로그램이 내장되어 있는 사실을 숨긴 채 PM2000 프로그램이 설치되게 하여 정보통신망을 속이는 행위로 다른 사람의 정보로 수집하였다는 이유로 정보통신망법 위반으로 기소되었다.

나. 소송경과

1) 제1심 판결(대상 판결)

법원은 피고인 G사 및 그 직원들에 대하여는 일부 개인정보 보호법 위반 등을 인정하였고, 피고인 Y사 및 그 직원들에 대하여는 무죄의 판결을, 피고인 I사 및 그 직원들에 대하여도 무죄의 판결을 하였다.[2)]

2) 관련 사건의 경과(민사사건)

대상 판결의 정보주체인 환자 및 의사 중 일부는 I사, Y사 등을 상대로 Y사가 정보주체의 동의 없이 개인정보를 수집하였고 이를 제3자인 I사에 무단으로 제공하였고 그로 인하여 정보주체들이 피해를 입었음을 이유로 손해배상을 청구하였다. 그에 대하여 1심 법원은 암호화처리된 개인정보를 수집, 제공하였으므로 이는 개인정보 보호법상의 '개인정보'의 처리

2) 이에 쌍방이 항소하여 2021. 12. 23. 항소심 판결이 내려졌는데 본건 쟁점과 관련하여서는 대체로 1심과 동일한 판결이 내려졌다(서울고등법원 2021. 12. 23. 선고 2020노628 판결, 본고 작성일 현재 대법원 2022도415로 상고심 진행 중). 다만 본고는 제1심 판결만을 평석 대상으로 다룬다.

에 해당하지 아니하므로 법 위반 사실이 없다고 판단하였다(서울중앙지방법원 2017. 9. 11. 선고 2014가합508066, 2014가합538302(병합) 판결). 이에 대하여 원고들이 항소하였는데 항소심법원은 암호화처리된 정보를 복호화할 수 있는 규칙을 I사와 Y사가 공유하고 있었던 이상 개인을 식별할 수 있는 경우에 해당하여 '개인정보성'이 인정되나 그 처리 과정에서 정보주체에게 어떠한 피해가 있었음이 입증되지 아니하였다는 이유로 항소기각의 판결을 하였다(서울고등법원 2019. 5. 3. 선고 2017나2074963, 2017나2074970(병합) 판결). 2021. 9. 22. 현재 이 사건은 대법원 2019다242045 사건으로 계속 중이다.

2. 판결의 요지

가. 개인정보 처리 위탁에 있어서 수탁자와 개인정보처리자의 구별 기준

1) 구 개인정보 보호법 제26조 제4항 내지 제6항의 문언과 규정 형식에 비추어 개인정보 보호법은 위탁자인 개인정보처리자와 그 업무를 위탁받은 '수탁자'의 지위를 구분하고 있음이 분명하고, 개인저보처리자의 지위와 수탁자의 지위를 동시에 보유할 수는 없다고 보아야 한다. 그런데, 법 제26조 제5항은 수탁자가 위탁받은 업무 범위를 초과하여 개인정보를 '이용'하거나 제3자에게 '제공'하여서는 아니된다고 규정하고 있을 뿐 업무 범위를 초과하여 개인정보를 '수집'하는 경우를 규정하지는 않고 있다.

2) 피고인 G사는 I사로부터 I사가 필요한 통계자료(개인을 식별할 수 없는 처방정보 등)의 수집에 관한 업무를 위탁받았을 뿐 그 외에 개인을 식별할 수 있는 나머지 정보들에 대한 수집에 관한 업무까지 위탁받았다고 보기는 어렵다. 따라서, G사가 I사와 체결한 e-PM 서비스에 관한 이용계약의 범위, 즉 20개의 데이터 범위 내에서는 수탁자의 지위에 있으나, 환자들의 처방 정보 등 나머지 60여개의 데이터에 관하여는 I사와의 업무위탁과 무관하게 위 데이터를 활용하려는 독자적인 업무 목적으로, 즉 개인정보파일을 운용하기 위하여 자료전송프로그램을 통하여 병, 의원으로부터 진료내역 정보 등을 처리(수집)하였으므로, (수탁자가 아니라) 개인정보 보호법 제2조 제5호에서 정한 '개인정보처리자'에 해당한다.

나. 문서에 의하지 아니한 개인정보 처리 위탁의 법적 의미

개인정보 보호법 제26조 제1항은 개인정보의 처리 업무를 위탁하는 경우에 '문서'에 의하도록 하고 있고, G사가 병, 의원 등과 사이에 위 법에 따른 절차를 거친 바 없음이 인정된다고 하더라도, 이는 개인정보 보호법 제75조 제4항 제4호에 따라 과태료 부과의 대상이 될 수

있을지언정, 개인정보 처리의 '위탁'의 성질이 '위탁'이 아닌 것으로 변경된다고 볼 수 없다.

다. 민감정보의 처리 위탁이 가능한지 여부

의료법 제18조 제2항은 전자처방전에 저장된 개인정보를 누출하여서는 안 된다고 규정하고 있으나, 개인정보 보호법에 민감정보의 위탁을 금지하는 명시적인 조항이 없고, 오히려 법 제26조 제7항은 민감정보의 처리 제한에 관한 같은 법 제23조를 준용하도록 정하고 있어 개인정보 보호법상으로도 민감정보의 위탁 자체는 가능하다고 해석할 여지가 있는 점 등에 비추어 제3자에게 민감정보의 위탁이 가능하며, 법 제26조 제7항이 법 제23조를 준용한다고 규정하고 있으나 규율의 내용 및 성질상 위탁 관계로 수탁자가 위탁 업무를 처리하기 위하여 위탁자로부터 개인정보를 취득하게 되는 경우에는 적용된다고 보기 어렵다. 나아가 검사의 주장대로 민감정보를 위탁하는 경우 정보주체의 동의를 받아야 함에도 동의를 얻지 않은 경우 그 행위를 처벌할 수 있는지 여부는 별론으로 하더라도, 수탁자의 지위에 있었던 G사가 개인정보처리자의 지위로 성격이 변한다고 볼 수도 없다.

라. 위법한 개인정보 처리에 있어 주관적 구성요건의 판단 기준

어떤 정보가 식별가능한 개인정보에 해당한다는 것과 행위자가 그 정보를 식별가능한 개인정보로 인식하였는지 여부는 별개의 문제이고, 특히 개인정보가 비식별화조치 또는 암호화조치가 된 경우 그와 같은 정보를 처리하는 자에게 개인정보 처리에 관한 고의가 있었다고 보려면, 비식별화 또는 암호화된 개인정보를 식별화 또는 복호화하여 처리할 수 있다는 인식과 함께 그와 같은 정보를 식별가능한 형태의 정보로 치환하여 처리하는 것을 용인하는 의사까지 인정되어야 할 것이다.

피고인 Y는 약국으로부터 PM2000 프로그램을 통하여 조제정보를 전송받으면서 개인을 식별할 수 있는 환자의 이름을 제외하고 주민등록번호를 암호화하여 전송받은 점, Y가 조제정보를 전송받은 것은 I사와 데이터 공급계약에 기반한 것인데 해당 계약에 따를 때 Y가 암호화된 상태의 주민등록번호를 실제 주민등록번호로 복호화할 아무런 이유나 동기가 없는 점, Y의 담당직원은 암호의 치환 규칙을 알고 있었으나 이 점만으로 복호화가 가능한 주민등록번호를 수집한다는 가능성을 인식하는 것에서 나아가 암호화된 주민등록번호를 복호화하여 식별가능한 개인정보를 수집하는 것을 용인하는 내심의 의사가 있었다는 점까지 증명되었다고 볼 수 없다.

마. 정보통신망법상 '속이는 행위'의 판단 기준

정보통신망법 제49조의2 제1항의 속이는 행위는 행위자가 '기망의 방법으로' 타인의 정보를 수집한 것이 아닌 경우에는 처벌할 수 없는데, Y가 약국으로부터 PM2000프로그램을 이용하는 과정에서 약국에 저장되는 조제정보를 수집할 수 있음을 명시적으로 고지한 이상 약사들을 '속이는 행위로' 환자들의 처방전 관련 정보를 취득하였다고 보기 어렵다.

Ⅱ. 해설

1. 개인정보의 처리 위탁을 둘러싼 여러 쟁점에 대한 법원의 판단

가. 서론

개인정보 보호법 제26조는 개인정보가 그 처리자가 아닌 다른 제3자에 의하여 처리될 수 있고, 그 처리 행위의 법적 효과가 개인정보처리자, 즉 위탁자에게 귀속됨을 전제로 위탁자와 수탁자간의 관계에 대하여 규율하고 있다. 실무상 개인정보 처리의 위수탁은 제3자 제공과 구분되는데, 전자는 동의가 없이도 가능함에 비하여 후자는 원칙적으로 법 제17조 등에 따라서 정보주체의 동의가 필요하다는 점에서, 그리고 동의없는 제3자 제공 행위는 형사책임의 대상이 된다는 점에서 매우 큰 차이가 있다. 나아가, 그 이외에도 개인정보의 위탁은 문서로 하도록 규정하고 있는데 이를 준수하지 아니한 경우의 그 법적 효과, 일반 개인정보가 아닌 민감정보나 고유식별정보의 위수탁 처리도 인정되는지 여부 등 법 제26조를 둘러싼 여러 가지 이슈들이 제기되고 있는데, 대상 판결은 그에 대한 법원의 판단을 제시하고 있다.

나. 수탁자와 개인정보처리자의 구별 기준

정보주체의 개인정보를 제3자에게 이전하는 경우 그 행위를 개인정보 보호법상 위탁을 볼 것인지 아니면 제3자 제공으로 볼 것인지에 대하여, 대법원 2017. 4. 7. 선고 2016도13263 판결(소위 홈플러스 판결)은 개인정보의 처리 위탁과 제3자 제공의 구별에 대하여, 개인정보의 취득 목적과 방법, 대가 수수 여부, 수탁자에 대한 실질적인 관리·감독 여부, 정보주체 또는 이용자의 개인정보 보호 필요성에 미치는 영향 및 이러한 개인정보를 이용할 필요가 있는 자가 실질적으로 누구인지 등을 종합하여 판단하여야 한다고 판시하고 있고, 대상 판결 역시 이러한 판시에 충실하였다고 볼 수 있다.

이러한 기준에 따라 대상 판결은 개인정보를 처리(수집)하는 자가 이를 실제로 체결한 계약의 목적에 따라 처리(수집)한 경우에는 개인정보 처리의 수탁자에 해당하지만, 계약상 이러한 목적을 넘어선 개인정보의 처리(수집)의 경우에는 그 처리자(수탁자의 지위에 있다고 주장하는 자) 본인이 개인정보처리자의 지위에 있다고 판단하였다.

다. 문서에 의하지 아니한 개인정보 처리 위탁의 법적 의미

개인정보 보호법 제26조 제1항은 개인정보처리자가 제3자에게 개인정보의 처리 업무를 위탁하는 경우에는 일정한 내용이 포함된 문서에 의하도록 규정하고 있다. 그리고 이처럼 문서에 의하여 업무 위탁을 하지 아니한 경우에는 그 위탁자는 1천만원 이하의 과태료를 부과할 수 있도록 하고 있다(개인정보 보호법 제75조 제4항 제4호).

그런데, 개인정보 처리의 위수탁이 법에서 정한 바와 같이 문서에 의하지 아니한 경우에도 법 제26조에 따른 위수탁으로 볼 수 있을 것인지 여부가 논란이 될 수 있다. 이에 대하여 대상 판결은 비록 '문서'에 의한 개인정보 처리 업무의 위탁 행위가 있지 아니하더라도 이러한 점만으로 '개인정보 위탁'에 해당하지 아니한다고 볼 수 없다고 판시하였다. 즉 개인정보 처리의 위수탁에 해당하는지 여부는 해당 행위의 성격에 따라 결정되는 것이지 법 제26조 제1항의 요건을 충족하였는지 여부만으로 판단할 것은 아니라고 본 것이다.

라. 민감정보의 처리 위탁이 가능한지 여부

개인정보 보호법 제26조 제7항에 의하면 수탁자에 관하여는 제23조가 준용되고, 제23조는 민감정보에 대하여 별도의 동의를 받거나 법령에서 민감정보의 처리를 요구하거나 허용하는 경우 이외에는 민감정보를 처리하여서는 아니된다고 규정하고 있다. 따라서 이러한 규정들을 근거로 검사는 정보주체의 별도 동의 없이는 민감정보에 대해서는 위탁 처리가 허용되지 않는다는 취지로 주장하였다.

이에 대하여 대상 판결은 '준용'이라는 의미는 다른 조항을 기계적으로 적용한다는 것이 아니라 규율의 내용과 성질에 비추어 반하지 않는 범위 안에서 그 다른 조항을 적용한다는 의미인데(대법원 2006. 10. 19. 선고 2004도7773 전원합의체 판결 등 참조), 수탁자는 정보주체와의 계약관계 등이 형성되어 있지 않아 정보주체의 동의를 받기가 현실적으로 곤란하다는 점 등의 사정에 비추어 법 제23조가 수탁자가 위탁자로부터 개인정보를 취득하는 경우에 적용된다고 보기는 어렵다고 판단하였다. 따라서 대상 판결은 민감정보의 수탁자가 개인정보처리와 별도로 또다시 정보주체의 동의를 받을 의무는 없다고 보았다.

또한 개인정보 보호법 제6조는 개인정보 보호에 관하여는 다른 법률에 특별한 규정이 있는 경우를 제외하고는 이 법에서 정하는 바에 따른다고 하여 다른 법률에 특별한 규정이 있는 경우에는 그 법률이 우선하여 적용된다고 규정하고 있다. 진료기록부나 전자의무기록등 진료 과정에서 생성된 의료정보의 경우 개인정보에 해당하는 경우 개인정보 보호법에 의하여 규율을 받으나 동시에 의료법에 따른 규율도 받게 된다. 그런데, 의료법 제18조 제3항은 "누구든지 정당한 사유 없이 전자처방전에 저장된 개인정보를 탐지하거나 누출·변조 또는 훼손하여서는 아니 된다"고 규정하고 있는데, 검사는 이 규정이 위탁을 금지하는 '다른 법률에 특별한 규정이 있는 경우'에 해당하는 것이라고 주장하였다. 이에 대하여 대상 판결에서는 의료법 제18조 제3항이 개인정보 보호법에 따른 의료정보의 위수탁을 금지하는 규정이라고 보기 어렵다고 판단하였다.

2. 위법한 개인정보의 처리에 있어서 주관적 구성요건의 판단 기준

개인정보는 '개인을 식별할 수 있는 정보'에 해당하여야 하므로, 만약 '개인은 식별할 수 있는 정보'라면 개인정보에 해당하지만, 나아가 개인정보를 처리하는 주체는 자신이 처리하는 정보가 개인정보 보호법상 보호되는 '개인정보'에 해당한다는 점에 대한 주관적 의사까지 있어야 하는지 여부가 쟁점이다. 어떠한 정보가 개인정보에 해당하는지 여부는 객관적으로 판단되는 것이므로 개인정보 보호법 위반 여부를 검토함에 있어서 그 행위 주체가 개인정보에 해당하는지 여부를 인식하였는지 여부와는 무관하게 객관적으로 개인정보에 해당하기만 한다면 이로써 '개인정보성'과 관련한 범죄구성요건은 충족하였다는 주장이 제기될 수 있다. 즉, 주관적 구성요건을 검토함에 있어서 특정한 행위(동의 없이 수집하였는지, 또는 법에서 요구하는 요건을 충족하지 아니한채 수집, 제공 등의 처리행위를 하였는지 여부)가 법에 위반하였는지 여부에 대한 인식과 의욕 여부만을 판단하면 되는 것이지 개인정보성 자체에 대한 주관적 구성요건을 검토할 필요가 없다는 견해이다.

이에 대하여, 법원은 암호화 조치로 인하여 개인정보 보호법상 보호의 대상이 되는 '개인정보'에 해당하는지 여부가 쟁점이 된 대상 사안에서 '개인정보'를 처리함으로 인하여 위법한 행위를 하였다고 평가하기 위해서는 그러한 객관적 구성요건, 즉 처리의 대상이 '개인정보'에 해당하는지 여부뿐만 아니라, 그와 같이 '개인정보'를 처리한다는 인식 및 이를 용인하려는 의사가 있어야 한다고 보았고, 구체적으로 어떤 정보가 식별가능한 개인정보에 해당한다는 것과 행위자가 그 정보를 식별가능한 개인정보로 인식하였는지 여부는 별개로 살펴보아야 한다고 판시하였다.

3. 정보통신망법상 '속이는 행위'의 판단 기준

정보통신망법 제49조의2 제1항은 "누구든지 정보통신망을 통하여 속이는 행위로 다른 사람의 정보를 수집하거나 다른 사람이 정보를 제공하도록 유인하여서는 아니 된다"고 규정하고 있다. 이 조항은 2005. 12. 30. 법률 제7812호로 개정되면서 도입된 것인데, 그 개정 이유를 보면 "정보통신망을 통하여 기망의 방법으로 타인의 정보를 수집하는 행위를 금지하고 이를 위반하였을 경우 처벌하는 것으로서 피싱 등의 수법을 이용한 금융사기 피해 등을 원천적으로 방지"하기 위한 것이다.

이러한 원칙에 기초하여 대상 판결은 만약 타인을 정보를 수집하는 과정에서 충분한 정보를 제공하였다면 정보제공자에 대하여 '기망의 방법'을 사용한 것으로 볼 수 없고, 그 기재된 사항을 제대로 정보제공자(약사)가 정보제공 행위를 인식하지 못하였다고 하더라도 이는 제공자의 부주의로 평가될 수 있을 뿐 해당 조항에 근거한 형사책임을 물을 수는 없다고 판시하였다.

III. 대상 판결의 의의

대상 판결은 학술연구 및 통계 목적으로 개인정보 및 환자들의 민감정보를 처리하는 과정에서 발생한 사안으로, 암호화 처리한 정보의 개인정보성, 개인정보의 위수탁과 제3자 제공의 구별기준, 위수탁 요건의 충족 여부에 형사책임에 미치는 영향, 개인정보성이 문제가 된 경우 법 위반을 판단하기 위한 주관적 구성요건의 적용 범위, 나아가서는 정보통신망법 제49조의2 제1항의 '속이는 행위'의 의미 등 다양한 쟁점에 대하여 판단한 사안이다.

한편 암호화 처리된 정보의 개인정보성 여부와 관련하여서는 2020. 2. 4. 법률 제16930호에 따른 개인정보 보호법의 개정으로 '가명정보'의 개념이 도입되고 정보주체의 동의 없이도 일정한 목적에 따른 가명정보의 처리가 가능하도록 하는 규정이 신설되면서 그 의미가 달라지게 된 점을 유의할 필요가 있다.

018 MAC 주소 및 IP 주소의 개인정보성

- 저작권 침해 채증을 위해 MAC 주소 및 IP 주소를 수집한 사안 -

서울고등법원 2014. 11. 20. 선고 2014나19631 등 판결

김종윤(법무법인(유한) 태평양 소속 변호사)

I. 판결의 개요

1. 사안의 개요[1)]

가. 사실관계

피고는 프로그램 오OOO(이하 “이 사건 프로그램”)의 저작재산권을 양수한 자이다. 이 사건 프로그램은 6.7 버전까지 무료로 사용자에게 제공되었다가, 7.0 버전으로 업데이트되면서 ‘비상업용/개인용’으로 사용하는 경우에만 무료로 제공되고, 그 외의 경우에는 ‘기업용 라이센스’를 구매하도록 유료화 되었다.

이 사건 프로그램이 7.0 버전으로 업데이트된 이후, 사용자들이 이 사건 프로그램을 실행하면 업데이트 진행 여부를 묻는 창이 나타났고, 사용자가 확인을 선택하면 업데이트가 진행되었으며, 업데이트 완료 이후에는 “라이센스 약관 동의” 창이 표시되면서 사용자가 이 사건 프로그램을 ‘비상업용/개인용으로만 사용한다’는 점, 피고가 ‘사용자 정보, 컴퓨터 운영체제 정보, 네트워크 정보, 통신 정보 등’을 수집 및 사용할 수 있다는 점 등에 동의하여야만 이 사건 프로그램을 사용할 수 있었다.

사용자가 위와 같은 “라이센스 약관 동의” 창에 동의를 한 이후 사용자 컴퓨터의 MAC 주소 및 IP 주소가 피고의 서버에 전송되었고, 피고는 위와 같이 수집된 MAC 주소 및 IP 주소를 분석하여 해당 IP 주소를 할당 받은 기업 및 단체 중 라이센스를 구입하지 않은 곳

---

1) 이 사건 프로그램 실행 과정에서의 일시적 복제행위가 저작권으로 보호되는 복제에 포함되는지, 이러한 복제 행위가 저작권법 제35조의2 본문에 의하여 허용되는 원활하고 효율적인 정보처리를 위하여 필요하다고 인정되는 범위에 포함되는 것인지 등 저작권법상의 쟁점이 주된 쟁점으로 다투어졌던 사안이나, 본고에서는 MAC 주소 및 IP 주소의 개인정보성이 인정될 수 있는지와 관련된 쟁점에 국한하여 논의를 진행하고자 한다.

을 상대로 저작물 사용료의 지급을 요청하였다. 이들 중 80여개 기업 및 단체는 요청받은 저작물 사용료의 지급을 거절하고, 법원에 저작권 침해와 관련된 채무가 존재하지 아니함을 확인하여 달라는 취지의 채무부존재확인청구의 소를 제기하였다. 그러자 피고는 원고들을 상대로 반소를 제기하여 원고들 직원인 개별 사용자들의 저작권 침해 행위에 대한 사용자책임으로서 손해배상을 구하였다.

나. 소송경과

1) 1심(서울중앙지방법원 2014. 2. 21. 선고 2013가합63771등 판결)

1심 법원은 MAC 주소와 IP 주소가 개인정보에 해당하는지, 그 증거능력이 인정될 수 있는지에 관하여 판결문에서 판단하지 않았다. 법원은 수집된 MAC 주소와 IP 주소를 분석한 결과를 증거로 인정하고, 개별 사용자들의 저작권 침해 행위를 인정한 뒤 이에 터잡아 원고들이 원고들 소속 직원인 개별 사용자의 불법행위에 관하여 사용자책임을 부담한다고 판단하였다.

2) 2심(서울고등법원 2014. 11. 20. 선고 2014나19631등 판결, 대상 판결)

법원은 피고가 소프트웨어 사용허락계약에 대한 동의를 받는 방법으로 동의를 받아 MAC 주소와 IP 주소를 수집하였으므로 이를 분석한 자료는 위법하게 수집된 증거라고 할 수 없을 뿐만 아니라, 위법으로 수집되었다는 이유만으로 증거능력이 없다고 볼 수도 없다는 이유로 수집된 MAC 주소와 IP 주소를 분석한 결과물의 증거능력을 인정하였다. 그러나 법원은 이 사건 프로그램 실행과정에서 이 사건 프로그램이 RAM에 탑재하여 일시적으로 복제하는 행위는 저작권법 제35조의2에 따라 면책되는 것이라고 판단하여 저작권 침해를 부정하였고, 이에 따라 원고들의 사용자책임도 부정하였다.

3) 3심(대법원 2017. 11. 23. 선고 2015다1017등 판결)

법원은 MAC 주소와 IP 주소가 개인정보인지, 그 수집이 적법하였는지 등에 대하여 판결문에서 판단하지 아니하였다. 저작권 침해 여부에 관한 2심 법원의 판단은 모두 유지되었다.

2. 판결의 요지

이 사건 프로그램은 소프트웨어 사용허락계약에 따라 사용자의 동의를 받은 다음에 사용자가 프로그램을 실행하면 사용자 컴퓨터의 IP 주소와 MAC 주소가 피고의 서버에 자동으로 전송되도록 되어 있고, 증거(을23, 을24의1에서 83)는 이러한 IP 주소와 MAC 주소를 분석한 자료에 불과하므로 위법하게 수집된 증거라고 할 수 없다. 그 뿐만 아니라 우리 민사소송법은 자유심증주의를 채택하고 있으므로 사용자 컴퓨터의 IP 주소와 MAC 주소가 위법으로 수집되었다는 이유만으로 증거능력이 없다고 볼 수도 없다.

II. 해설

1. 쟁점의 정리

구 정보통신망법에 따르면 정보통신서비스제공자가 이용자로부터 개인정보를 수집하기 위해서는 개인정보의 수집·이용 목적, 수집하는 개인정보의 항목, 개인정보의 보유·이용 기간 등을 알리고 이용자로부터 개별적으로 동의를 받아야 하므로, MAC 주소와 IP 주소가 '개인정보'에 해당하는지 여부가 쟁점이 된다.

개인정보 보호법 제2조 제1호에 따르면, "개인정보"란 살아있는 개인에 관한 정보로서 (1) 성명, 주민등록번호 및 영상 등을 통하여 개인을 알아볼 수 있는 정보(가목), (2) 해당 정보만으로 특정 개인을 알아볼 수 없더라도 다른 정보와 쉽게 결합하여 알아볼 수 있는 정보(이 경우 쉽게 결합할 수 있는지 여부는 다른 정보의 입수 가능성 등 개인을 알아보는 데 소요되는 시간, 비용, 기술 등을 합리적으로 고려하여야 함, 나목) 등을 말한다.

이처럼 개인정보의 정의에서 가장 핵심적인 요소는 특정 개인을 식별할 수 있는지 여부, 즉 '식별성'인데, 구체적으로 식별성의 유무를 판단함에 있어서는 '식별성 판단의 방법이나 기준은 무엇인지'가 문제된다.

2. 관련 판례

가. 서울고등법원 2017. 8. 30. 선고 2015노1998 판결

"G을 비롯한 빅데이터 업체는 트위터 사로부터 트위터 정보(API, Application Programming Interfaces)를 수집하는데, 위 정보에는 트위터 사용자 이름, 사용자 아이디, 사용자 고유번호,

사용자가 작성한 전체 트윗의 수, 가입일시, 사용언어, 팔로워 및 팔로잉 수, 트윗 작성일시, 트윗 번호, 트윗 작성수단, 트윗 내용, 리트윗 수 등의 정보가 포함되어 있으나, 그 자체로 개인을 알아볼 수 있는 사용자의 이메일 주소나 IP 주소 등은 포함되어 있지 않다."

나. 서울중앙지방법원 2011. 2. 23. 선고 2010고단5343 판결

"IMEI나 USIM 일련번호는 모두 특정 개인의 소유로 귀속되기 전까지는 기기나 특정 카드에 부여된 고유번호로서 그 자체로는 당해 개인을 알아 볼 수 있는 정보라 보기는 어렵다 하더라도, 위 각 번호정보를 가지는 휴대폰이 어느 개인의 소유로 귀속되는 순간부터 위 각 번호는 '기기나 특정카드에 부여된 고유번호'라는 의미 이외에 '특정 개인 누가 소유하는 휴대폰의 기기번호 및 USIM카드의 일련번호'라는 의미를 함께 지니게 된다 할 것이고, 이 각 IMEI나 USIM 일련번호는 휴대폰 가입신청서 등 가입자정보에 나타난 다른 정보와 어려움 없이 쉽게 결합됨으로서 개인을 특정할 수 있게 되는 이상 이들을 개인정보라 봄이 상당하다."(스마트폰용 증권 앱 개발사가 IMEI와 USIM 일련번호를 수집한 사안에서 IMEI나 USIM 일련번호는 휴대폰 가입신청서 등 가입자정보에 나타난 정보와 쉽게 결합되므로 개인정보라고 판단한 사례)

다. 수원지방법원 성남지원 2017. 9. 15. 선고 2017고단1438 판결

"어느 정보가 다른 정보와 쉽게 결합하여 개인을 알아볼 수 있는 것인지 여부는 단순히 정보제공자를 기준으로 판단할 것이 아니라 해당 정보가 담고 있는 내용, 정보를 주고받는 사람들의 관계, 정보를 받는 사람의 이용목적 및 방법, 그 정보와 다른 정보를 결합하기 위해 필요한 노력과 비용의 정도, 정보의 결합을 통해 상대방이 얻는 이익의 내용 등을 합리적으로 고려하여 결정하여야 한다."(병원 진단검사의학과 소속 직원인 피고인들이 병원에서 관리하는 혈액 검체를 빼돌려 진단시약 개발 업체에 판매하면서, 용기 표면에 나타나 있는 이름, 등록번호, 성별, 나이 등을 지웠지만 검체번호, 바코드 등을 지우지 않아 개인정보를 유출하였다는 공소사실로 기소된 사안에서, 법원은 피고인들이 바코드를 통해 해당 환자의 구체적인 인적사항 등을 확인할 수 있는 프로그램에 접속할 권한이 있었던 것은 사실이지만 피고인들에게 환자의 이름, 아니, 성별 등 인적사항이 필요하지 않았고, 피고인들이 인적사항에 관한 자료를 요청하거나 이를 얻기 위하여 프로그램에 접속한 사실도 없었다는 이유 등에서 바코드가 개인정보에 해당하지 않는다고 판단한 사례)

3. 검토

가. MAC 주소 및 IP 주소의 특성

MAC 주소(MAC Address; Media Access Control Address)는 IEEE 802 계열의 네크워크에서 주로 사용되는 주소로, NIC(Network Interface Controller)에 부여되는 고유의 식별번호(unique identifier)이다. MAC 주소는 NIC 자체에 부여되어 있는 식별번호이므로, NIC를 변경하지 않는 이상 MAC 주소를 변경하는 것은 매우 어렵다. 이 때문에 MAC 주소는 일반적으로 지속적인 식별자(persistent identifier)의 하나로 받아들여지고 있다.

IP 주소(IP Address; Internet Protocol Address)는 TCP/IP 프로토콜 내에서 사용되는 주소이다. 통상 개인의 컴퓨터에 인터넷에 접속하기 위해서는 인터넷 서비스 제공자(ISP; Internet Service Provider)로부터 IP 주소를 할당 받아야 한다. ISP가 개별 고객에게 IP 주소를 할당 방식에 따라 고정 IP 주소(Static IP Address)와 유동 IP 주소(Dynamic IP Address)로 나뉘는데, 고정 IP 주소는 ISP가 하나의 기기에 고정적으로 하나의 IP 주소를 할당하는 것이고, 유동 IP 주소는 DHCP(Dynamic Host Configuration Protocol)을 통해 기기에 IP 주소를 임대, 갱신, 반환하는 것으로, 유동 IP 주소를 할당하는 경우 사용자는 매번 새로운 IP 주소를 할당받게 된다. 고정 IP 주소와 유동 IP 주소는 IP 주소 자체만으로는 구분할 수 없다. 다만, ISP는 자신이 할당한 IP 주소가 고정 IP 주소인지, 유동 IP 주소인지, 누구에게 할당되었는지(유동 IP 주소의 경우에는 언제 어떠한 IP 주소가 어떠한 사용자에게 할당되었는지) 등의 자료를 보유할 수 있다.

나. 절대설과 상대설

개인정보성을 판단함에 있어 종래부터 절대설과 상대설이 대립해왔다. 절대설은 어떠한 정보가 다른 정보와 결합하여 특정 개인을 알아볼 수 있는지 여부를 판단할 때 다른 정보의 입수 가능성을 고려하지 않는 입장이고, 상대설은 '다른 정보'의 입수 가능성을 고려하여서 판단하여야 한다는 입장이다. 상대설의 입장을 취하는 경우, 사안 별로 '다른 정보'의 입수 가능성이 달리 판단되어 동일한 정보가 맥락에 따라 개인정보라고 판단되거나 개인정보가 아니라고 판단될 여지가 있다.

우리 개인정보 보호법은 절대설과 상대설에 관하여 어떠한 규정도 두지 아니하여 입수 가능성 등을 전혀 고려하지 아니하고 개인정보성을 판단한 판례[2]와 입수 가능성을 고려한

2) 예컨대, 서울중앙지방법원 2011. 2. 23. 선고 2010고단5343 사건은 "여기서 '쉽게 결합하여 알아 볼 수 있

판례[3]가 모두 존재하였다. 2020. 2. 4. 법률 제16930호로 개인정보 보호법이 개정되면서 제2조 제1호 나목에 "이 경우 쉽게 결합할 수 있는지 여부는 다른 정보의 입수 가능성 등 개인을 알아보는 데 소요되는 시간, 비용, 기술 등을 합리적으로 고려하여야 한다"고 명시하여 입법적으로 상대설을 채택하는 것으로 정리되었다.

상대설을 채택하게 되는 경우 '다른 정보와 쉽게 결합하여 알아볼 수 있는 주체'가 누구인지가 문제된다. 이에 관하여 개인정보 보호위원회는 해당 정보를 '처리하는 자'를 기준으로 판단하여야 하며 여기에는 제공 등에 따라 '향후 처리가 예정된 자'도 포함된다는 입장[4]이다. 그러나 법원은 '개인정보처리자 또는 임의의 다른 사람 등'을 기준[5]으로 판단하거나 '단순히 정보제공자를 기준으로 판단하는 것이 아니라 여러 사정을 종합하여 판단'하여야 한다[6]고 하는 등 통일되지 않은 입장을 보이고 있다.[7]

상대설을 채택할 경우, '다른 정보와 쉽게 결합하여 개인을 알아볼 수 있는 주체'는 당해 정보를 실질적으로 처리하는 자로 해석해야 할 것이다. 이렇게 해석하지 않을 경우 당해 개인정보가 구체적으로 처리되는 맥락과 관계없이 개인정보성이 인정될 우려가 있게 된다. 예컨대, 한 개인정보처리자(A)가 다른 개인정보처리자(B)에게 통상적으로는 어떠한 개인도 식별할 수 없는 난수표를 제공하는 경우라도, 만일 A가 해당 난수표를 여러 개인과 연계한 매

다'는 것은 쉽게 다른 정보를 구한다는 의미이기 보다는 구하기 쉬운지 어려운지와는 상관없이 해당정보와 다른 정보가 특별한 어려움 없이 쉽게 결합하여 특정 개인을 알아볼 수 있게 되는 것을 말한다 할 것이다." 라고 판시하고 있다.

3) 예컨대, 서울고등법원 2015. 2. 9. 선고 2014노2820 판결은 "이때 '다른 정보와 쉽게 결합하여 알아볼 수 있다'는 것은 개인정보처리자 또는 임의의 다른 사람 등이 이미 보유하고 있거나 쉽게 얻을 수 있는 다른 정보를 바탕으로 해당 정보와 다른 정보를 특별한 어려움 없이 결합하여 특정 개인을 알아볼 수 있게 되는 것을 말하는 것으로서, 다른 정보의 취득 및 해당 정보와의 결합을 통한 특정 개인의 식별이 모두 쉽게 이루어져야 하는 것을 의미한다고 볼 것이다."라고 판시하고 있다.

4) 개인정보 보호위원회, 『개인정보 보호법령 및 지침·고시 해설』(2020. 12.), 12면 참조.

5) 위 서울고등법원 2015. 2. 9. 선고 2014노2820 판결(각주 4) 참조. 이는 유럽의 Data Protection Directive Recital 26의 내용을 차용한 판단으로 보인다. 각주 7 참조.

6) 수원지방법원 성남지원 2017. 9. 15. 선고 2017고단1438 판결 참조.

7) 한편, 유럽의 Data Protection Directive Recital 26에서는 Controller나 임의의 다른 사람(any other person)이 기준이 되어야 하는 것으로 명시하고 있었으나, 최근의 General Data Protection Regulation Recital 26은 Controller나 다른 사람(another person)을 기준으로 보아야 한다고 규정하고 있다. 유럽사법재판소(The European Court of Justice; CJEU)는 Case C582/14: Patrick Breyer v. Bundesrepublik Deutschland 판결(2016. 10. 19.)에서 상대설을 채택하면서 식별을 가능하게 하는 모든 정보를 한 사람이 가지고 있을 필요는 없다고 판시하였으나, IP 주소를 수집한 자(online media service provider)만을 기준으로 이를 다른 정보(ISP가 보유하는 IP 할당 정보)와 결합하는 것이 합리적으로 가능한지(reasonably likely)를 판단하였다.

칭 테이블을 가지고 있다면 난수표 자체가 개인정보로 인정될 수 있게 되는 것이다. 이 경우 A와 B 사이에 난수표 이외의 다른 정보가 오가지 않는다면 A가 실질적으로 난수표를 처리하는 상황에서는 해당 난수표를 개인정보로 해석하되, B가 실질적으로 난수표를 처리하는 상황에서는 이를 개인정보로 보지 않는 것이 적절할 것이다. 개인정보 보호위원회의 입장도 실질적으로는 이와 동일한 취지로 이해된다.

다. MAC 주소와 IP 주소의 개인정보성

대상 판결은 명백하지는 않으나, MAC 주소와 IP 주소가 개인정보에 해당한다는 것을 전제로, 그 수집의 적법성에 대하여 판단하고 있는 것으로 보인다. 이상과 같은 기준에서 살펴보더라도, 이러한 판단은 정당하다고 생각된다.

피고는 수집한 IP 주소를 통해 적어도 개별 사용자가 소속된 기업이나 단체를 특정할 수 있었고,[8] 이렇게 특정된 IP 주소를 바탕으로 피고는 기업이나 단체에 이 사건 프로그램과 관련된 저작권 침해 상황을 설명하고, 저작물 사용료의 지급을 구하였다. 즉, 이 사건에서 MAC 주소와 IP 주소를 실질적으로 처리하는 자에는 피고뿐만 아니라 원고도 포함되는 것으로 보아야 할 것이다.

MAC 주소는 위에서 설명하였듯이 개별 NIC에 부여된 식별번호인데, 개별 컴퓨터의 일부인 네트워크 카드도 NIC의 한 종류이므로, 결국 개별 컴퓨터는 네트워크 카드를 교체하지 않는 이상 지속적으로 하나의 MAC 주소를 가지게 된다. 즉, 하나의 기업이나 단체 내에서 업무용으로 사용되는 컴퓨터의 MAC 주소는 개별 사용자가 사용하는 컴퓨터의 식별번호로서 특정 개인을 알아볼 수 있는 정보에 해당한다고 볼 것이다.

따라서 이 사건에서 MAC 주소와 IP 주소는 특정 개인을 알아볼 수 있는 정보로서 개인정보에 해당한다고 보아야 할 것이다.

---

8) 구체적으로 어떠한 방법으로 IP 주소만을 통해 기업이나 단체를 특정하였는지, 해당 IP 주소가 고정 IP 주소인지 유동 IP 주소인지 등은 명확하게 알려지지 않았다. 그러나 인터넷주소자원에 관한 법률이나 그 하위 법령에 따른 관리대행자(일반적으로 ISP)나 독립사용자에 대한 IP 대역폭 할당 정보는 한국인터넷정보센터(KRNIC)을 통해 명칭 등의 대강이 공개되고 있으므로, 기업이나 단체가 관리대행자나 독립사용자에 해당하는 경우에는 IP 주소만으로 그 명칭 등을 확인할 수 있었을 것으로 보인다.

III. 판결의 의의

대상 판결은 MAC 주소와 IP 주소의 개인정보성에 관하여 처음으로 판단한 판결로서 의의가 있다. 다만, 대상 판결은 MAC 주소와 IP 주소가 개인정보에 해당하는지 여부에 대하여 명시적으로 판단하지 않았고, MAC 주소와 IP 주소가 개인정보에 해당한다고 판단하는 이유가 무엇인지에 관하여도 어떠한 이유도 설시하지 아니하였다. 문제가 되는 IP 주소가 고정 또는 유동 등 그 유형이나 특성, MAC 주소의 특성과 구체적인 개인정보의 처리 상황 등을 고려하여 개인정보성에 대하여 명시적으로 판단하였어야 할 것으로 생각된다.

019

망자 개인정보의 법적 규율

- 망자의 주민등록번호 유출 사건 -

대법원 2007. 6. 14. 선고 2007도2162 판결

박도현(서울대학교 컴퓨터공학부 강사 · 아시아태평양법연구소 연구원)

I. 판결의 개요

1. 사안의 개요

가. 사실관계

신용정보주식회사 카드지점 채권관리사인 피고인은 친구의 부탁을 받고 대구지하철역화재사고 및 김해중국민항기추락사고 사망자 명단과 생년월일을 인터넷 메신저로 전송받은 뒤, 회사에서 관리하는 은행 신용전산망을 통해 명단에 나와 있는 사람들의 주민등록번호를 알아내서 63회에 걸쳐 친구에게 전송하였다.

이에 검사는 피고인의 행위가 "누구든지 정보통신망에 의하여 처리 · 보관 또는 전송되는 타인의 정보를 훼손하거나 타인의 비밀을 침해 · 도용 또는 누설하여서는 아니 된다"고 정한 정보통신망 이용촉진 및 정보보호 등에 관한 법률(이하 '정보통신망법') 제49조와 벌칙 규정인 구 정보통신망법 제62조 제6호(현 정보통신망법 제71조 제1항 제11호)를 위반하였다는 이유로 피고인을 기소하였다.

나. 소송경과

1) 제1심 판결(부산지방법원 2006. 10. 18. 선고 2006고정2049 판결)

법원은 이미 사망한 사람은 정보통신망법 제49조에서 정하는 '타인'에 해당하지 않기 때문에, 피고인이 이미 사망한 사람들의 주민등록번호를 알려준 행위는 위 법조항에 위반된다고 할 수 없으므로, 위 공소사실은 범죄로 되지 아니하는 경우에 해당한다고 보아 형사소송법 제325조 전단에 의하여 무죄를 선고하였다.

2) 항소심 판결(부산지방법원 2007. 2. 15. 선고 2006노3110 판결)

일반적으로 '인(人)'이라 함은 자연인 또는 법인, 경우에 따라서는 법인격 없는 단체를 지칭하는데, 여기서 자연인이란 생존하는 사람만을 의미할 뿐 이미 사망한 사람은 이에 포함되지 않는다. 이러한 점은 형법에서 일반적으로 타인에 대한 범죄를 규정하면서 사망한 사람에 대한 범죄에 대해서는 별도의 구성요건을 두고 있는 것(예컨대 제308조의 사자명예훼손죄, 제159조의 사체등오욕죄 등)에 비추어 보더라도 명확하다. 따라서 특별한 규정 없이 정보통신망법 제49조 소정의 '타인'의 범위를 확대해석하여 이미 사망한 사람까지 포함시키는 것은 죄형법정주의에 반하는 것으로서 허용될 수 없다. 이 부분 공소사실은 처벌규정이 없어서 범죄로 되지 아니하는 경우에 해당하고, 원심판결은 이와 결론을 같이 한 것으로서 판결에 영향을 미친 법리오해의 위법이 없다.

3) 대법원 판결(대법원 2007. 6. 14. 선고 2007도2162 판결)

정보통신망법 제49조의 '타인'에는 생존하는 개인뿐만 아니라 이미 사망한 자도 포함된다고 보는 것이 체계적이고도 논리적인 해석이다. 그런데도 원심은 이 사건 공소사실에 대하여 정보통신망법 제49조의 '타인'에는 이미 사망한 사람이 포함되지 않는다는 이유로 무죄를 선고한 제1심 판결을 그대로 유지하였으니, 이러한 원심판결에는 죄형법정주의에 관한 법리를 오해하여 판결 결과에 영향을 미친 위법이 있다.

2. 판결의 요지

가. 형벌법규의 해석 원칙

형벌법규는 문언에 따라 엄격하게 해석·적용하여야 하고 피고인에게 불리한 방향으로 지나치게 확장해석하거나 유추해석하여서는 아니 된다. 그러나 형벌법규의 해석에 있어서도 가능한 문언의 의미 내에서 당해 규정의 입법 취지와 목적 등을 고려한 법률체계적 연관성에 따라 문언의 논리적 의미를 분명히 밝히는 체계적·논리적 해석방법은 그 규정의 본질적 내용에 가장 접근한 해석을 위한 것으로서 죄형법정주의의 원칙에 부합한다. 그리고 다음과 같은 이유로, 정보통신망법 제49조의 '타인'에는 생존하는 개인뿐 아니라 이미 사망한 자도 포함된다고 보는 것이 체계적이고도 논리적인 해석이다.

나. 정보통신망법상 '타인'에 이미 사망한 자가 포함되는지 여부

첫째, 구 정보통신망법은 "정보통신망의 이용을 촉진하고 정보통신서비스를 이용하는 자의 개인정보를 보호함과 아울러 정보통신망을 건전하고 안전하게 이용할 수 있는 환경을 조성"(제1조)한다는 입법 취지에서 제정되어, 정보통신망의 이용촉진(제2장) 및 개인정보의 보호(제4장)에 관한 규정과 별도로 정보통신망의 안정성과 정보의 신뢰성 확보를 위한 규정들을 두고 있고(제6장) 그 중의 하나가 제49조이다.[1] 그리고 이미 사망한 자의 정보나 비밀이라고 하더라도 그것이 정보통신망에 의하여 처리·보관 또는 전송되는 중 다른 사람에 의하여 함부로 훼손되거나 침해·도용·누설되는 경우에는 정보통신망의 안정성 및 정보의 신뢰성을 해칠 우려가 있다.

둘째, 구 정보통신망법 제2조 제1항 제6호(현 개인정보 보호법 제2조 제1호)는 '개인정보'가 생존하는 개인에 관한 정보임을 명시하고 있으나, 정보통신망법 제49조는 이와 명백히 구분되는 "타인의 정보"와 "타인의 비밀"이라는 문언을 사용하였다.

셋째, 구 정보통신망법은 정보통신서비스 이용자의 '개인정보'에 관하여는 당해 이용자의 동의 없이 이를 주고받거나 직무상 알게 된 개인정보를 훼손·침해·누설하는 것을 금지하고 이에 위반하는 행위를 처벌하는 별도의 규정을 두었다(제24조, 제62조 제1호 내지 제3호).[2]

넷째, 형벌법규에서 '타인'이 반드시 생존하는 사람만을 의미하지는 않는다. 예컨대 대법원은 문서의 진정에 대한 공공의 신용을 그 보호법익으로 하는 문서위조죄에 있어서 '타인의 문서'에는 이미 사망한 자의 명의로 작성된 문서도 포함된다고 보았다(대법원 2005. 2. 24. 선고 2002도18 전원합의체 판결[3] 참조).

---

1) 다만 지난 2020. 2. 4. 법률 제16955호로 일부개정되어 같은 해 8. 5.부터 시행된 이른바 '데이터 3법' 개정에 의해, 정보통신망법에서 개인정보 관련 사항은 개인정보 보호법으로 이동하였다. 이에 따라 현 정보통신망법 제1조에는 "개인정보를 보호"라는 표현이 삭제되었고, 제4장은 "정보통신서비스의 안전한 이용환경 조성"으로 표현이 변경되었다. 그러나 정보통신망법 제49조가 개인정보 보호와 구분되는, 정보통신망의 안전성과 정보의 신뢰성 확보(제6장)라는 법익의 관점에서 마련된 규정이라는 대법원 판례의 취지는 데이터 3법 개정과 직접적 연관이 없으므로 여전히 유지되고 있다고 볼 수 있다.

2) 해당 조항은 데이터 3법 개정 이후 개인정보 보호법 내용과 통합되어 정보통신망법에서는 삭제되었다. 이에 따라 정보통신망법과 개인정보 보호법의 보호법익이 별개라는 대법원 판례의 지적이 현행법에서는 조금 더 선명해졌다고 볼 수도 있다.

3) "문서위조죄는 문서의 진정에 대한 공공의 신용을 그 보호법익으로 하는 것이므로 행사할 목적으로 작성된 문서가 일반인으로 하여금 당해 명의인의 권한 내에서 작성된 문서라고 믿게 할 수 있는 정도의 형식과 외관을 갖추고 있으면 문서위조죄가 성립하는 것이고, 위와 같은 요건을 구비한 이상 그 명의인이 실재하지 않는 허무인이거나 또는 문서의 작성일자 전에 이미 사망하였다고 하더라도 그러한 문서 역시 공공의 신용

II. 해설

1. 쟁점의 정리

가. 망자 주민등록번호의 개인정보 해당성

망자의 주민등록번호가 유출된 행위가 논란이 된 본고의 대상 판결은 정보통신망법이 직접적으로 원용되고 있지만, 개인정보 보호법과도 결부될 여지가 있다. 그런데 개인정보 보호법은 규율의 대상이 '개인정보' 개념에 해당하는 경우로 국한된다. 대상 판결은 정보주체가 이미 사망한 사람이라는 점에서 유출된 주민등록번호가 개인정보 보호법의 적용대상인 '개인정보'에 포함될 수 있는지가 쟁점이 된다.

나. 죄형법정주의와 형벌법규의 해석 원칙

형사법의 대원칙인 '죄형법정주의(헌법 제12조, 제13조)'에 따르면, 원칙적으로 형벌법규는 문언에 따라 엄격하게 해석·적용하여야 하고 피고인에게 불리한 방향으로 지나치게 확장하여 해석하거나 유추해석 하여서는 아니 된다. 대상 판결에서는 정보통신망법 제49조에 따른 금지의무의 대상인 '타인'에 사망한 사람이 포함될 수 있는지를 두고 두 가지 해석이 가능한데, 포함된다고 해석한다면 피고인 입장에서 불리해진다. 이에 따라 죄형법정주의의 관점에서 정보통신망법 제49조에서 정한 '타인'에 망자가 포함된다는 해석이 과도한 확장해석이나 유추해석이라는 이유로 금지되는지가 쟁점이 된다.

2. 검토

가. 망자와 개인정보

개인정보 보호법은 2011년 제정 당시부터 '개인정보' 개념을 정의할 때 "살아 있는"이라는 표현을 명시하였다(개인정보 보호법 제2조 제1호). 이로부터 크게 두 가지 시사점을 얻을 수 있는데, 하나는 여기서 말하는 '개인'이 민법 제3장에서 정한 법인(法人)이 아닌 제2장에서 정한 (자연)인(人)에 국한된다는 것이고, 다른 하나는 개인정보의 시간적 범위가 자연인의 출생과 사망에 대응한다는 것이다.[4]

이처럼 '개인정보' 개념이 살아 있는 자연인을 중심에 두게 된 이유는 개인정보 보호법의

을 해할 위험성이 있으므로 문서위조죄가 성립한다고 봄이 상당하며, 이는 공문서뿐만 아니라 사문서의 경우에도 마찬가지라고 보아야 한다."

4) 개인정보 보호위원회, "개인정보 보호 법령 및 지침·고시 해설", 2020, 10면.

헌법상 근거인 '개인정보자기결정권'의 특성과 밀접한 연관이 있다. 개인정보자기결정권을 최초로 인정한 헌법재판소 판례에 따르면, "개인정보자기결정권은 자신에 관한 정보가 언제 누구에게 어느 범위까지 알려지고 또 이용되도록 할 것인지를 그 정보주체가 스스로 결정할 수 있는 권리"로, 개인의 인격권에 바탕을 둔다.[5] 따라서 개인의 인격적 법익이 사라진 사망 시점에서는 개인정보 개념과 개인정보 보호법이 적용될 필요성도 자연스럽게 소멸되는 셈이다. 그렇다면 대상 판결의 피고인이 친구에게 전송한 망자의 주민등록번호는 일견 개인정보 보호법 제24조의2에 따른 '개인정보'로 개인정보 보호법의 적용대상에 해당하는 것 같지만, 동법 제2조 제1호에 따라 개인정보 보호법의 적용범위에서 배제된다. 이에 따라 대상 판결의 피고인이 개인정보 보호법 위반을 이유로 기소되지 않은 것이다.

나. 죄형법정주의와 정보통신망법 제49조

그러나 피고인의 행위가 개인정보 보호법 위반에 해당하지 않는다는 사실로부터 곧바로 피고인의 행위가 적법하다는 결론이 도출되는 것은 아니다. 하나의 행위가 여러 개의 구성요건을 충족할 수 있는 것처럼(형법 제40조), 어떤 구성요건은 충족하지 않으면서 다른 구성요건은 충족할 수도 있기 때문이다. 다만 대상 판결에서 이와 같은 문제가 대두된 이유는 정보통신망법 제49조의 구성요건인 "타인의 정보"와 개인정보 보호법의 적용대상인 '개인정보'가 문언상 매우 유사하다는 사실에서 기인한다. 문구만 살펴보면 거의 유사한 해석이 이루어져야 할 듯한데, 굳이 다른 해석을 통해 피고인에게는 불리한 결과를 낳는다면 죄형법정주의에서 금지하는 지나친 확장해석 내지 불리한 유추해석이 아니냐는 지적이 제기된 이유가 여기에 있다.

이에 대해 대법원은 원칙적으로 형벌법규는 피고인에게 불리한 방향으로 지나치게 확장해석 또는 유추해석이 이루어져서는 안 되지만, 가능한 문언의 의미 이내에서 당해 규정의 입법 취지와 목적 등을 고려한 법률체계적 연관성에 따라 그 문언의 논리적 의미를 분명히 밝히는 체계적·논리적 해석방법은 허용된다는 법리를 설시하였다. 그리고 대상 판결의 근거법인 정보통신망법의 입법 취지와 목적, 법조항의 체계, 적용법조인 동법 제49조의 문언, 문서위조죄라는 이익상황이 유사한 형벌법규의 해석에도 사망한 자가 주체가 된 경우를 처벌하는 판례[6] 등을 근거로 대상 판결의 '타인'에 이미 사망한 자를 포함하는 해석이 죄형법

5) 헌재 2005. 5. 26. 선고 99헌마513 등 결정.

6) 앞서 살펴본 것처럼 보호법익이 사자 개인의 인격권이 아닌 공공의 신용과 같은 사회적 법익에 해당하기 때문이다. 유사한 관점에서 일반거래의 신용이라는 사회적 법익을 보호법익으로 삼는 유가증권 위조죄의

정주의를 위배하지 않은 체계적·논리적 해석에 포함된다고 보았다.[7)]

III. 판결의 의의

최근 생성적 적대 신경망(Generative Adversarial Network, GAN)과 같은 기술이 급속히 발전하면서 망자의 이미지나 영상을 복원하여 활용하는 현상이 급속히 늘어나고 있다. 유족이나 친지의 슬픔을 치유하기 위한 치료법부터, 망자의 생전 영향력을 활용한 홀로그램 콘서트에 이르기까지 무궁무진한 응용사례가 목격된다. 특히 현재 소셜미디어 사이트에서는 이미 생존한 사람의 것을 초과하는 망자의 데이터가 보관 중이어서, 이를 산업적으로 활용하려는 강력한 유인이 있다.[8)] 그러나 개인정보 보호법의 적용대상인 '개인정보'는 살아 있는 개인임을 전제하므로, 망자가 생전에 개인정보의 사후 활용에 대한 어떤 의사표시도 하지 않았거나 심지어 반대하는 의사표시를 한 경우에도 아무런 형사법적 규율을 가할 수 없는 것이 아닐까? 특히 대상 판결에서 문제된 정보통신망법 제49조의 '타인의 정보'가 '개인정보'와 문언상 유사하므로 그러한 생각을 가질 수 있을 것이다.

그러나 대법원은 양자의 보호법익이 다르다는 점에서 이와 같은 주장을 받아들이지 않았다. '개인정보' 개념이 살아 있는 개인의 인격권만을 보호법익으로 삼고 있다고 하여, 현행 법체계 전반이 사망한 개인의 인격적 법익을 보호하지 않는다는 결론이 도출되는 것은 아니기 때문이다. 형법 제308조 사자명예훼손죄 사례와 같이 사망한 개인의 인격적 법익을 직접적으로 보호하는 경우가 있고,[9)] 앞서 살펴본 문서위조죄 사례와 같이 '공공의 신용'이라는 사회적 법익을 바탕으로 사망한 개인의 인격적 법익을 간접적으로 보호하는 경우도 있다.

경우 발행명의인이 이미 사망한 경우도 포함된다고 본 대법원 2011. 7. 14. 선고 2010도1025 판결도 참조.

7) 최근 판례(대법원 2018. 5. 11. 선고 2018도2844 판결)는 "의료인은 이 법이나 다른 법령에 특별히 규정된 경우 외에는 의료·조산 또는 간호를 하면서 알게 된 다른 사람의 비밀을 누설하거나 발표하지 못한다"고 규정한 구 의료법 제19조의 '다른 사람'에 이미 사망한 사람이 포함된다고 보면서 대상 판결을 원용하여 이러한 판례의 법리를 이어가고 있다. 구 의료법 제19조의 '다른 사람'은 정보통신망법 제49조의 '타인'과 문구가 사실상 동일하다는 점에서 주목할 만하다.

8) Carl Öhman, Luciano Floridi, "An ethical framework for the digital afterlife industry", Nature Human Behaviour, Vol.2, No.5(2018), p.318.

9) 대법원 1983. 10. 25. 선고 83도1520 판결. 또한 저작권법 제14조 제2항 본문은 "저작자의 사망 후에 그의 저작물을 이용하는 자는 저작자가 생존하였더라면 그 저작인격권의 침해가 될 행위를 하여서는 아니 된다"고 규정하고 있다.

대상 판결은 이러한 사실을 죄형법정주의 원칙에 대한 체계적·논리적 해석론을 통해 명시하였다는 데서 의의를 찾을 수 있다.[10)]

10) 이러한 관점에서, 다음과 같은 판례의 설시에 주목할 필요가 있다(대법원 2018. 5. 11. 선고 2018도2844 판결).
"개인의 인격적 이익을 보호할 필요성은 그의 사망으로 없어지는 것이 아니다. 사람의 사망 후에 사적 영역이 무분별하게 폭로되고 그의 생활상이 왜곡된다면 살아있는 동안 인간의 존엄과 가치를 보장하는 것이 무의미해질 수 있다. 사람은 적어도 사망 후에 인격이 중대하게 훼손되거나 자신의 생활상이 심각하게 왜곡되지 않을 것이라고 신뢰하고 그러한 기대 속에서 살 수 있는 경우에만 인간으로서의 존엄과 가치가 실효성 있게 보장되고 있다고 말할 수 있다."

020 개인정보처리자의 손해배상의무

- 상담법인 대표의 내담자에 대한 녹취록 유출 사건 -

서울중앙지방법원 2020. 1. 10. 선고 2019나31794 판결

한서희(법무법인 바른 변호사)

I. 판결의 개요

1. 사안의 개요

가. 사실관계

피고 B는 심리상담가 양성과정을 운영하는 주식회사 D(이하 'D'라 한다)의 설립자이자 실질적 운영자이고, 피고 C는 피고 B의 아내로서 D의 대표자이다.

원고는 2014. 11. 16. D를 방문하여 피고 B로부터 E 기법을 이용한 심리 상담을 받았는데, 이때 피고 B는 자신의 휴대폰으로 원고의 상담내용을 녹취한 후 그 음성파일을 D의 직원에게 전달하여 파일 및 녹취록 등의 형태로 보관하도록 지시하였다.

피고 B가 녹취한 원고의 상담내용에는 원고의 나이, 가족관계와 학력, 성장기 및 유학과정의 경험담과 사연, 스스로에 대한 인식과 가치관, 원고의 현재 직종과 근무 회사의 성격, 양친과의 관계 및 그들에 대한 평가, 지도교수 내지 직장 상사와의 관계 및 그들에 대한 평가, 연애 성향과 이성관, 한국 사회 및 역사와 종교에 대한 관점, 교회생활, 모친의 거주지역, 각종 고민거리 등 원고의 내밀한 신상정보가 포함되어 있다.

그 후 D는 2015. 4. 20.경 유료 세미나의 사례분석 자료로 활용하기 위하여 다수의 세미나 참가자에게 원고의 상담내용 녹취록을 메일로 전송하였는데, 그 녹취록에는 원고의 성이 생략된 이름이 남아있었을 뿐만 아니라, 그 중 최소 2명의 참가자에게는 미처 익명화되지 않은 상태의 녹취록이 전송되기도 하였고, D에서 E전문가과정을 이수한 F은 2015년경 원고의 상담내용이 포함된 자료를 이용하여 이를 'G', 'H'이라는 제목의 책자로 만들어 시중에 판매하였다.

원고는 2017. 7월경 원고의 상담내용이 위와 같이 원고도 모르는 사이 D에서 녹취록으

로 만들어져 세미나 자료로 배포되거나 책자로 편집되어 유통되는 사실을 알게 되자, 피고들에게 그 사실을 항의하면서 해당 자료의 수거와 폐기를 요구하였다.

한편 피고 B는 대학교 심리학과에서 교수로 근무하면서 2004년부터 2010년까지 총장의 허가 없이 D의 이사로 등재되었고, 11년간 수업이 있는 월요일에만 학교에 출근하고 나머지 요일에는 D로 출근하여 다수의 용역을 수행하였다는 등의 이유로 2016. 1. 29. 해임통지를 받았다.

나. 소송경과

1) 제1심 판결(서울중앙지방법원 2019. 5. 22. 선고 2018가소2603047 판결)

원고는, 피고들이 D의 실질적 운영자 내지 대표로서 개인정보 보호법 제15조, 제18조, 제23조, 제59조에 위반하여 원고의 개인정보가 포함된 상담내용을 녹취하고 이를 타인에게 제공하거나 유출함으로써 원고의 개인정보자기결정권을 침해하였으므로, 그로 인하여 원고가 입은 정신적 손해로 3,000만 원을 배상하여야 한다고 주장했다. 이에 1심 법원은 원고의 주장을 인용하고 다만 손해배상 금액으로 1천만 원을 배상하라고 명했다.

2) 항소심 판결(서울중앙지방법원 2020. 1. 10. 선고 2019나31794 판결)

항소심 법원은 다음과 같은 사실에 근거하여 피고들이 원고에게 손해배상 책임이 있다고 보았고, 1심 법원에서 인정한 1천만 원의 손해배상금을 그대로 유지하였다.

① 피고 B는 D를 실질적으로 운영하면서 업무를 목적으로 원고의 내밀한 개인정보에 해당하는 상담내용을 스스로 또는 타인을 통하여 수집·저장·편집·이용·제공 등 처리한 사람이고, 피고 C는 그러한 개인정보 처리 업무가 이루어지는 D의 대표자이므로, 피고들은 개인정보 보호법 제2조 제5호가 정한 개인정보처리자에 해당함.

② 원고가 피고 B에게 스스럼없이 털어놓은 상담내용은 자신의 가치관, 가족·지인과의 관계와 그들에 대한 평가, 연애 성향, 역사와 종교에 대한 관점, 고민거리 등 원고의 사생활을 현저히 침해할 우려가 있는 민감정보로서 개인정보 보호법이 보호하는 개인정보에 해당함.

③ 피고 B는 원고의 동의 없이 위와 같은 원고의 내밀한 개인정보를 수집하였고, 나아가 D의 직원을 통하여 다수의 사람들에게 원고의 개인정보를 유료 세미나 자료로 제공하거나 이를 유출하였으므로 이는 개인정보 보호법에 위반하여 원고의 개인정보를 수집·이용하고 그 유출을 초래한 개인정보처리자로서 개인정보 보호법 제39조 제1항에 따라 정보주체인 원

고가 입은 정신적 손해를 배상할 책임이 있음.

3) 대법원 판결(대법원 2020. 5. 28. 선고 2020다208560 판결)

원심 판결을 유지하였다.

2. 판결의 요지

상담 내용을 녹음한 뒤 녹취록을 작성한 경우, 상담 내용은 개인의 내밀한 신상정보가 포함되어 있는 개인정보에 해당한다. 또한 상담 내용을 녹음하고 녹취록을 작성한 행위는 개인정보처리에 해당한다. 법인의 대표자 및 실질적 운영자가 상담 내용의 녹취록 작성 및 이용에 관여하였고 이를 내담자의 동의 없이 누설하였다면, 개인정보처리자로서 누설 등에 대한 불법행위 책임을 부담할 수 있다.

II. 해설

1. 쟁점의 정리

가. 내담자의 상담 내용이 개인정보에 해당하는지 여부

원고가 상담을 목적으로 진술한 상담 내용이 개인정보에 해당하는지 여부가 문제된다.

나. 개인정보처리자 해당 여부

개인정보 보호법 제2조의 '개인정보처리자'란 업무를 목적으로 개인정보파일을 운용하기 위하여 개인정보를 처리하는 공공기관, 법인, 단체 및 개인 등을 의미한다. 여기서 개인정보처리자에 해당하는 공공기관이나 법인 그리고 개인의 범위가 문제되고, 특히 개인의 경우 개인정보처리자인지 아니면 개인정보취급자에 불과한지 여부가 문제될 수 있을 것이다. 본 사안에서는 상담 법인의 대표자와 실질적 운영주체 모두 개인정보처리자에 해당하는지 여부가 문제된다.

2. 관련 판결: 대법원 2019. 7. 25. 선고 2019도3215 판결(원심 판결: 서울서부지방법원 2019. 2. 14. 선고 2018노556 판결)

본 사안의 사실관계는 다음과 같다. 라디오 작가인 피고인은 라디오 청취자의 개인정보를 관리하던 중 경품에 당첨된 청취자 D가 지속적으로 인터넷 게시판과 국민신문고 등에 피고인에 대한 악의적인 글을 게시하자 청취자 D를 고소할 목적으로 위 청취자 D에 대한 정보를 변호사에게 교부하였다는 것이다.

이와 관련하여 1심 법원은 피고인의 개인정보 보호법 위반에 대해 유죄를 인정하였으나, 원심 법원은 피고인이 개인정보에 대한 접근권한은 있었다 하더라도 이를 체계적으로 배열하거나 구성한 검색시스템을 구축하고 운용하였다고 보기 어려워 개인정보처리자에 해당하지 않는다고 보아 피고인에 대하여 무죄를 선고하였고 대법원에서도 이러한 원심 판결을 유지하였다.

3. 검토

가. 내담자의 상담 내용이 개인정보에 해당하는지 여부

원고가 피고 B에게 스스럼없이 털어놓은 상담 내용은 자신의 가치관, 가족·지인과의 관계와 그들에 대한 평가, 연애 성향, 역사와 종교에 대한 관점, 고민거리 등 원고의 사생활을 현저히 침해할 우려가 있는 민감정보로서 개인정보 보호법이 보호하는 개인정보에 해당한다고 판단하였다.

나. 개인정보처리자 해당 여부

개인정보 보호법 제2조의 '개인정보처리자'란 업무를 목적으로 개인정보파일을 운용하기 위하여 개인정보를 처리하는 공공기관, 법인, 단체 및 개인 등을 의미하고, 여기서 '개인정보파일'이란 개인정보를 쉽게 검색할 수 있도록 일정한 규칙에 따라 체계적으로 배열하거나 구성한 개인정보의 집합물을 의미한다(개인정보 보호법 제2조 제4호 및 제5호). 즉 개인정보파일이란 개인의 이름, 고유식별정보, ID 등을 색인이나 검색값으로 하여 쉽게 검색할 수 있도록 배열, 구성한 집합물을 의미하며, 체계적으로 배열·검색할 수 있도록 구성되어 있지 않은 단순집합물은 개인정보파일에 해당하지 아니하다는 것이 개인정보 보호위원회의 태도이다(개인정보 보호위원회 2020. 12.「개인정보 보호법령 및 지침, 고시 해설서」 17면).

여기서의 개인정보처리자는 개인정보 보호법 제28조의 개인정보취급자와는 명백하게 구별되는 개념이다. 개인정보 보호법 제28조에서의 개인정보취급자는 개인정보처리자의 지휘감독 하에 개인정보를 처리하는 자에 불과하고, 개인정보처리자와는 법상 상이한 취급을 받게 된다.

한편 법제처 19－0152, 2019. 6. 24.자 [행정안전부－「개인정보 보호법」상 개인정보처리자의 범위] 유권해석에서는 행정안전부에 질의한 민원인의 개인정보와 관련하여, 행정안전부만이 개인정보처리자에 해당하고 접수 배정 담당자와 개별담당자는 개인정보 취급자에 해당하여 개인정보처리자로는 볼 수 없다고 하였다.

그렇다면 개인정보처리자 해당 여부를 판단하기 위해서는 우선 녹취록을 만들어서 보관하는 행위가 체계적으로 배열 및 검색 가능하도록 구성한 것에 해당하는지 여부가 문제될 것이고 다음으로 대표자가 아니라 상담을 실제로 수행한 피고 B도 개인정보처리자에 해당하는지 아니면 임원 내지 피용자로서 개인정보취급자에 불과한지 여부가 문제될 것이다. 이와 관련하여 본 사안에서 법원은 피고들이 상담내용을 녹음하고 녹취파일로 저장 보관한 행위 및 녹취록으로 작성한 행위를 개인정보처리자로서 "체계적인 배열 및 검색 가능하도록 구성한 행위"에 해당한다고 판단한 것으로 보인다. 나아가 피고 C 뿐만 아니라 실질적인 법인 운영자엔 피고 B 역시 실질적인 법인의 운영주체로서 개인정보처리자에 해당한다고 판단하였다.

Ⅲ. 판결의 의의

개인정보 해당 여부와 개인정보처리자 해당 여부는 개인정보 보호법상 책임 소재를 판별하는 데 있어서 핵심적인 요소이다. 특히 개인정보처리자는 개인정보 보호법상 상당히 무거운 의무를 부담하는 자에 해당하고, 이에 해당할 경우 형벌을 부과받을 수도 있으므로 개인정보처리자 해당 여부는 엄격하게 해석되어야 할 필요도 존재한다. 이러한 관점에서 살펴보면, 판례에서 실질적인 운영자까지도 개인정보처리자 지위를 인정하였다는 점에 의미가 있다.

특히 판례의 태도 및 법 문언에 따르면 개인정보처리자는 단순히 개인정보에 접근가능한 자가 아니라 개인정보파일의 체계적 검색이나 배열을 할 수 있는 주도적 지위에 있는 자를 의미하는데, 본 사안에서 법원은 내담자의 상담내용을 녹취하여 녹취록을 만들어 보관한 법인의 대표자 및 실질적 운영자는 개인정보취급자가 아니라 개인정보처리자로서 책임을 부담

한다고 보았다.

이는 법인의 대표자인 피고 C는 실질적으로 대표자로서 행위한 것으로 보기 힘들고 인정된 사실에서도 설시하고 있듯이 피고 B가 사실상의 운영자 지위에 있으면서 근무하던 대학에서 징계를 받는 등 실질적인 대표자로서 업무를 수행하였다는 점을 고려한 결과로 보인다. 결국 개인정보처리자 지위를 판단함에 있어서는 형식 뿐만 아니라 실질도 고려해야 한다는 것이 본 판결의 의의로 생각된다.

021

개인정보처리자 해당성 판단

- 감사팀 직원의 범죄경력 정보 수집 사건 -

헌재 2018. 4. 26. 2017헌마711 결정

최인선(한국지능정보사회진흥원 지능화법제도팀 팀장)
채은선(한국지능정보사회진흥원 지능화법제도팀 수석연구원)

I. 결정의 개요

1. 사안의 개요

청구인은 2010. 12. 22.경부터 2014. 12. 30.경까지 인천○○공단에서 감사팀 직원으로 근무하면서 공단 산하 8개 사업소 전 직원 약 300명에게 전자우편으로 범죄경력을 자진신고하도록 요청하였고, 직원 15명이 자신의 범죄경력 21건을 자진신고하였다. 청구인은 신고받은 내용을 소속 및 실명은 밝히지 않고 직장 내 청렴교육 자료로 활용하였다.

이후, 청구인은 개인의 민감정보인 범죄경력 정보를 불법적으로 수집한 것을 이유로 검찰에 고발되었고, '개인정보처리자로서 개인정보 보호법 제23조에 따른 동의를 받지 않고 민감정보인 범죄경력정보를 처리'하여 개인정보 보호법을 위반한 혐의로 기소유예처분을 받았다(인천지방검찰청 2017년 형제18912호).

청구인은 자신은 개인정보 보호법을 준수하였고 해당 개인정보를 수집 등 처리한 것은 정당행위에 해당하므로 기소유예처분이 평등권과 행복추구권을 침해하였다고 주장하며, 해당 기소유예처분의 취소를 구하는 헌법소원심판을 청구하였다.

2. 결정의 요지

가. 개인정보처리자 해당 여부

청구인에 대한 기소유예처분의 근거 조항인 개인정보 보호법 제23조는 '개인정보처리자'를 수범자로 규정하고 있으므로 청구인이 개인정보처리자인 경우에만 해당 규정을 적용할 수 있다. 청구인은 인천○○공단의 감사팀 소속 직원으로서 개인정보취급자에 해당하므로

개인정보 보호법 제23조의 적용을 받지 않는다.

나. 기소유예처분에 의한 평등권과 행복추구권 침해 여부

피청구인이 개인정보 보호법상 '개인정보처리자' 법리를 오해하여 청구인에게 개인정보 보호법 제23조 위반으로 기소유예처분을 한 것은 자의적 처분에 해당하며, 이로 인해 청구인의 평등권과 행복권이 침해되었다.

II. 해설

1. 쟁점의 정리

가. 개인정보처리자와 개인정보취급자 등과의 구분

개인정보 보호법의 대부분의 규정은 개인정보처리자를 수범자로 하고 있으므로 법을 위반하였거나 위반 혐의를 받는 자가 개인정보처리자에 해당하는지에 따라 해당 규정의 적용 여부가 결정된다.

나. 처벌 대상의 범위

법 규정 위반으로 인해 개인정보 침해가 발생하는 경우, 침해에 대한 책임은 법 규정 준수의무를 부담하는 자가 부담하므로 개인정보처리자를 수범자로 하는 개인정보 보호법 규정 위반 시 그 책임은 개인정보처리자가 부담하게 된다.

다만, 실제 개인정보 보호법 위반은 개인정보취급자의 행위에 의해 발생하고, 같은 법 제74조 양벌규정에 따라 개인정보취급자 및 개인정보처리자 모두 처벌이 가능하며, 이러한 이유로 실제 개인정보처리자 외에 개인정보취급자가 함께 처벌되고 있다.

다. 민감정보의 처리

범죄경력은 민감정보에 해당하므로 개인정보 보호법 제23조 제1항 및 같은 법 시행령 제18조 제2호에 따라 해당 정보주체의 동의가 있거나 법령상 그러한 처리에 대한 근거가 있는 경우에 한하여 처리가 가능하다. 정보주체로부터 민간정보 처리에 대한 동의를 받는 경우, 같은 법 제22조에 따라 수집·이용 목적 등을 명확히 밝히고 동의를 받아야 한다는 점에서 정보주체의 동의는 명시적이고 요식적 행위에 해당한다.

2. 검토

가. 개인정보처리자 해당성 판단 기준

헌법재판소 2017헌마711 결정(이하, '대상 결정')은 청구인이 개인정보취급자이며, 청구인이 직원으로 있는 인천○○공단이 개인정보처리자라고 보았다.

개인정보처리자는 개인정보 보호법 제2조 제5호에 따라 '업무를 목적으로 개인정보파일을 운용하기 위하여 스스로 또는 다른 사람을 통하여 개인정보를 처리하는 공공기관, 법인, 단체 및 개인 등'을 의미한다. 따라서 사교를 목적으로 친구들의 연락처를 파일형태로 수집 및 보유하고 있거나, 서면 또는 전자적 형태를 불문하고 개인정보를 파일형태로 운용하지 않는 자는 개인정보처리자에 해당하지 않는다. 개인정보취급자는 개인정보 보호법 제28조 제1항에 따라 '임직원, 파견근로자, 시간제근로자 등 개인정보처리자의 지휘·감독을 받아 개인정보를 처리하는 자'를 의미한다. 따라서 청구인은 인천○○공단의 직원으로 사용자인 인천○○공단의 지휘와 감독에 따라서 개인정보를 처리하게 되므로 개인정보취급자에 해당되고, 인천○○공단이 개인정보처리자에 해당된다는 점에는 이론의 여지가 없어 보인다.

일부 사건에서 개인정보처리자인지 여부가 다투어진 바 있는데, '개인정보파일 운용 여부'가 주된 쟁점이었다. 다만, 개인정보파일(개인정보 데이터베이스)에 대한 접근권한이 있다는 사정만으로 개인정보처리자임을 판단할 수 없다는 판결,[1] 업무목적으로 개인정보 집합물을 운용한 경우 개인정보처리자에 해당할 여지가 많아 보인다는 판결[2] 등은 '개인정보파일의 운용'을 중심으로 하되 개인정보처리자의 요건을 종합적으로 검토하여 개인정보처리자 해당성을 판단한 것으로 보인다.

한편, 개인정보처리자의 범위와 관련하여 법인인 심리상담센터 자체가 아닌 '심리상담센터의 대표' 및 '심리상담센터를 실질적으로 운영하면서 업무를 목적으로 개인정보를 처리한 자'가 개인정보처리자에 해당한다고 보고 이들 모두에 대한 손해배상책임이 인정된 사례도 있다.[3]

개인정보취급자와 관련해서는 "개인정보처리자의 개념 중 '다른 사람을 통하여'에 상응하는 자로서 개인정보처리자의 지휘·감독하에 개인정보파일에 직접 관여하는 행위를 한 자를

---

1) 서울서부지방법원 2019. 2. 14. 선고 2018노556 판결. 이에 대한 상고심(대법원 2019. 7. 25. 선고 2019도3215 판결)은 이러한 원심이 개인정보처리자에 대한 법리를 오해한 잘못이 없다고 보았다.
2) 대법원 2016. 3. 10. 선고 2015도8766 판결.
3) 서울중앙지방법원 2020. 1. 10. 선고 2019나31794 판결.

의미"한다는 이유로 '대학수학능력시험 감독관으로 임명(위촉)되었던 자'의 개인정보취급자 해당성이 부인되기도 하였다.[4)]

이러한 판례들은 개인정보처리자와 개인정보취급자, 개인정보 보호법 제19조[5)] 및 제59조 제2호[6)]의 수범자 범위와의 구분, 개인정보처리자의 범위 등을 판단하는 데 개인정보 보호법을 해석 및 적용하는 데에 모호한 측면이 있음을 보여주고 있다. 개인정보처리자 등의 개념은 법 해석 및 적용을 위해 가장 우선시 되는 중요 사항이고, 어떠한 자에 해당되는 지에 따라 법상 의무가 달라지므로 EU의 'GDPR에 따른 개인정보처리자(controller) 및 수탁처리자(processor)의 개념에 관한 지침'[7)]과 같이 관련 지침을 마련하는 것도 고려할 필요가 있다. 개인정보처리자 해당성 판단 기준, 개인정보취급자 및 관련 유사 용어와의 구분, 구체적 사례, 법 적용상의 차이 및 유의사항 등에 관한 내용을 포함한 지침을 마련함으로써 법 해석 및 적용상 혼란을 줄이는 데 기여할 것으로 보인다.

나. 개인정보 보호법 처벌구조에 따른 처벌 대상의 범위

대상 결정은 개인정보 보호법 제23조가 개인정보처리자를 수범자로 정하고 있는데 청구인이 개인정보취급자이므로 해당 규정의 적용을 받지 않는다고 하였다.

개인정보 보호법은 제71조부터 제73조에 해당하는 법 위반과 관련하여, 제74조 양벌규정을 두어 "법인의 대표자나 법인 또는 개인의 대리인, 사용인, 그 밖의 종업원이 그 법인 또는 개인의 업무에 관하여 제71조부터 제73조에 해당하는 행위를 한 경우 행위자를 벌하는 외에 그 법인 또는 개인에게도 해당 조문의 벌금형을 과(科)"하고 있다. 개인정보 보호법의

---

4) 서울중앙지법 2020. 10. 15. 선고 2019노4259 판결: 상고. 본 판결은 대학수학능력시험 감독관으로 임명(위촉)되었던 자가 개인정보취급자가 아닌 개인정보 보호법 제19조의 개인정보처리자로부터 개인정보를 제공받은 자에 해당한다고 보았다.

5) 서울서부지방법원 2019. 2. 14. 선고 2018노556 판결.

6) 대전지방법원 논산지원 2013. 8. 9. 선고 2013고단17 판결은 업무 중 알게 된 개인정보를 누설한 것을 이유로 개인정보 보호법 제59조 제2호 위반으로 기소된 경찰공무원에게 해당 규정 위반이라고 판시하였고, 서울서부지방법원 2015. 12. 18. 선고 2015고정1144 판결은 개인정보처리자는 '개인정보파일 운용의 목적 없이 개인정보를 처리하는 자'와 구분되어야 한다는 점 등을 고려하여 개인정보 보호법 제59조의 '개인정보를 처리하거나 처리하였던 자'가 개인정보처리자라 할 수 없다고 하였다. 대법원 2016. 3. 10. 선고 2015도8766 판결 또한 개인정보 보호법 제59조의 '개인정보를 처리하거나 처리하였던 자'에는 개인정보처리자 외에 '업무상 알게 된 개인정보를 처리하거나 처리하였던 자'가 포함된다고 판시하였다.

7) European Data Protection Board, Guidelines 07/2020 on the concepts of controller and processor in the GDPR, version 2.0, adopted on 07 July 2021, available at https://edpb.europa.eu/system/files/2021－07/eppb_guidclines_202007_controllerprocessor_final_en.pdf.

이러한 구조는 다른 법률이 일반적으로 사용인 등을 수범자 및 처벌대상으로 하고 양벌규정을 통해 해당 사용인의 감독자의 지위에 있는 법인 등을 처벌하는 구조[8]와는 차이가 있다.

즉, 개인정보 보호법 위반에 대한 처벌은 실제 그 위반 행위를 한 자와 개인정보처리자가 모두 처벌을 받게 되나,[9] 오히려 법상 수범자인 개인정보처리자는 개인정보 보호법 제74조 제2항 단서에 따라 "그 위반행위를 방지하기 위하여 해당 업무에 관하여 상당한 주의와 감독을 게을리하지 않은 경우"에는 처벌이 면제될 수 있다.

실제 대상 결정을 전후로 각급 법원은 개인정보처리자 뿐 아니라 실제 개인정보취급을 하였던 자를 처벌해 오고 있다. 서울중앙지방법원 2016. 7. 15. 선고 2015고합336[10] 판결에서는 개인정보 보호법(2015. 7. 24. 법률 제13423호로 개정되기 전의 것) 제24조 제3항 제29조에 따른 안전성확보조치 의무에 관한 규정 위반 여부와 관련하여 개인정보취급자의 행위로 인한 관련 규정의 위반 여부를 먼저 판단한 후에 같은 법 제74조 양벌규정에 따른 개인정보처리자의 책임 부담 여부를 판단하는 접근법을 취하여 개인정보취급자와 개인정보처리자의 처벌을 결정하였다. 대법원 2017. 4. 7. 선고 2016도13263 판결 또한 개인정보취급자의 지위에 있는 자가 개인정보처리자를 수범자로 하는 규정을 위반하였다고 판시하고 있다.

개인정보 보호법상 구조 및 기존 판례의 태도를 고려할 때, 대상 결정에서 청구인의 개인정보 보호법 위반 여부, 청구인의 행위와 개인정보처리자 업무와의 관련성, 개인정보 보호법 제74조를 고려한 청구인 처벌 가능 여부 등을 함께 검토하여 명확한 법 해석 및 적용상의 기준이 제시되었으면 하는 아쉬움이 있다.

다. 민감정보의 처리의 정당성 여부

대상 결정은 청구인이 개인정보 보호법 제23조의 수범자인 개인정보처리자가 아니라는 이유로 해당 규정의 위반 여부를 판단하지 않았다. 다만, 앞서 언급한 바와 같이 청구인이 개인정보처리자에 해당하지 않더라도 개인정보 보호법의 수범자 및 처벌 대상자 관련 구조를 고려할 때 개인정보 보호법 위반 행위 여부에 대한 판단이 필요해 보인다.

---

8) 일반적으로 양벌규정은 "어떤 범죄가 이루어진 경우에 행위자를 벌할 뿐만 아니라 그 행위자와 일정한 관계가 있는 타인(자연인 또는 법인)에 대해서도 형을 과하도록 정한 규정을 말한다. 양벌 규정은 벌칙규정에 행위자만을 처벌하는 것만으로는 형벌의 목적을 달성하기 어렵다는 전제에서 비롯한다." 『법령입안심사기준』(법제처, 2020), 540면.

9) 서울중앙지방법원 2015. 2. 10. 선고 2014노2566 판결에서도 피고인이 개인정보처리자는 아니지만 "'당해 업무를 실제로 집행하는 자'로서 위 양벌규정에 의하여 처벌범위가 확장되어 같은 법 제71조 제2호의 적용대상자가 된다"고 판단하였다.

10) 항소심 및 상고심 모두 원심 확정으로 판시하였다.

대상 결정에서의 사건과 같이 이메일을 송부하고 이에 대하여 자발적으로 범죄경력을 이메일로 회신한 것이 개인정보 보호법상 정당한지에 대한 판단을 하였다면 개인정보 보호법의 해석 및 적용과 관련하여 유의미했을 것으로 보인다.

III. 판결(또는 결정)의 의의

법 규정상 의무 또는 책임을 부담하는 주체를 파악하는 것은 법 적용을 위한 가장 첫 단계에 해당한다. 이러한 의미에서 본 헌법재판소의 결정은 개인정보 보호법 적용 대상은 해당 규정상 수범자임을 명료하게 적시했다는 점에서 의의가 있다.

다만, 개인정보 보호법상 처벌구조의 특성을 고려할 때 개인정보처리자만 처벌대상이 되는 것은 아니므로 개인정보 보호법의 구조적 특징에 따른 법 적용 가능 여부, 청구인의 법 위반 여부에 대한 판단 등이 다루어지지 않은 것은 아쉬움으로 남는다.

022 개인정보처리자의 직원으로부터 동의 없는 제공을 받은 행위에 대한 형사처벌

- 삼성전자서비스 근로자 사찰사건 -

대법원 2021. 2. 4. 선고 2020도11559 판결

권창환(대법원 재판연구관/부장판사)

I. 판결의 개요

1. 사안의 개요

가. 사실관계

삼성그룹 미래전략실이 계열사인 삼성전자의 자회사인 삼성전자서비스의 협력업체들의 노조설립을 방해하기 위한 행동을 하는 과정에서, 위 미래전략실, 삼성전자, 삼성전자서비스 소속 임직원들은 ① 협력업체 팀장들로부터 협력업체 조합원(근로자)들의 정보('협력업체 개인정보 및 민감정보')를, ② 삼성 계열사 인사담당직원들로부터 계열사 직원들의 정보('삼성 계열사 개인정보 및 민감정보')를 각 제공받았는데, 위 각 정보에는 성명, 사번 등뿐만 아니라 성격, 품행 등 성향[1]에 관한 정보도 포함되어 있었다.

이에 관련 임직원들은 노동조합 및 노동관계조정법위반의 점 등과 함께 구 「개인정보 보호법」(2016. 3. 29. 법률 제14107호로 개정되기 전의 것. 이하 '개인정보 보호법'이라 한다) 위반의 점으로도 기소되었고,[2][3] 그 적용법조는 개인정보 보호법 제71조 제1호,[4] 제17조 제1

1) 노조 가입 및 탈퇴 사실, 노조 가입 및 탈퇴 동기, 노조 직책, 파업참여 여부 등.

2) 파견근로자 보호 등에 관한 법률위반, 근로기준법위반, 특정경제범죄 가중처벌 등에 관한 법률위반(횡령), 업무상횡령, 특정범죄 가중처벌 등에 관한 법률위반(뇌물), 뇌물공여, 배임증재, 배임수재, 조세범 처벌법위반, 공인노무사법위반의 점 등도 함께 기소되었고, 전자정보 등의 증거능력 인정 여부도 주된 쟁점이 되었으나, 본고에서는 개인정보 보호법위반의 점 특히 증거능력이 없는 전자매체와는 관련이 없는 개인정보 보호법위반의 점에 대해서만 논한다.

3) 본건과 함께 삼성에버랜드 관련 사건도 별건으로 기소되었다(서울중앙지방법원 2019. 12. 13. 선고 2019고합25 판결 → 서울고등법원 2020. 11. 26. 선고 2020노50 판결 → 대법원 2002. 3. 17. 선고 2020도17789 판결).

4) 개인정보 보호법 제71조(벌칙) 다음 각 호의 어느 하나에 해당하는 자는 5년 이하의 징역 또는 5천만 원 이하의 벌금에 처한다. 1. 제17조 제1항 제2호에 해당하지 아니함에도 같은 항 제1호를 위반하여 정보주체

항[5] 제1호,[6] 형법 제30조였다.

나. 소송경과

1) 제1심 판결(서울중앙지방법원 2019. 12. 17. 선고 2018고합557 판결): 유죄

협력업체는 개인정보처리자에 해당하고, 일부 정보는 협력업체 사장들을 통해 직접 취득하였고 일부 정보는 협력업체 팀장들을 통해 취득하였지만 사장과 공모하여 이행한 것이므로 사장이 제공한 것과 동일하게 볼 수 있다. 뿐만 아니라 개인정보 보호법 제17조 제1항은 개인정보처리자의 제공행위만을 처벌대상으로 삼고 있으나 제74조 제2항[7]의 양벌규정에 따라 팀장들도 제17조 제1항, 제71조 제1호의 적용대상자가 되기 때문에 팀장들로부터 개인정보를 수집한 행위도 처벌의 대상이 된다.

나아가 수리기사들의 성향에 관한 정보는 성명이나 소속 사번 등 개인식별정보뿐만 아니라 이와 결합하여 개인을 알아볼 수 있는 것이므로 개인정보에 해당한다. 따라서 피고인들의 협력업체 개인정보 및 민감정보를 제공받은 행위는 개인정보 보호법위반에 해당하고, 삼성 계열사 개인정보 및 민감정보를 제공받은 행위 역시 동일하다 할 것이다.

2) 항소심 판결(서울고등법원 2020. 8. 10. 선고 2020노115 판결): 유죄(항소기각)

개인정보 보호법 제71조 제1호 전단의 적용대상자에는 개인정보 보호법 제74조 제2항의 양벌규정 취지에 따라 '개인정보처리자'뿐만 아니라 개인정보처리자는 아니지만 '개인정보처리자의 지시나 위임에 따라 당해 업무를 실제로 집행하는 자'도 포함되고, 개인정보 보호법 제71조 제1호 후단의 '그 사정을 알고 개인정보를 제공받은 자'에는 '그 사정을 알고 개인정보처리자로부터 직접 개인정보를 제공받은 자'뿐만 아니라 '그 사정을 알고 양벌규정에 따라 처벌되는 개인정보처리자의 대표자, 대리인, 사용인, 그 밖의 종업원으로부터 개인정보를 제

의 동의를 받지 아니하고 개인정보를 제3자에게 제공한 자 및 그 사정을 알고 개인정보를 제공받은 자

5) 개인정보 보호법 제17조(개인정보의 제공) ① 개인정보처리자는 다음 각 호의 어느 하나에 해당되는 경우에는 정보주체의 개인정보를 제3자에게 제공(공유를 포함한다. 이하 같다)할 수 있다. 1. 정보주체의 동의를 받은 경우 2. 제15조 제1항 제2호·제3호 및 제5호에 따라 개인정보를 수집한 목적

6) 현재 시행 중인 개인정보 보호법 제17조 및 제71조와 동일하다.

7) 개인정보 보호법 제74조(양벌규정) ② 법인의 대표자나 법인 또는 개인의 대리인, 사용인, 그 밖의 종업원이 그 법인 또는 개인의 업무에 관하여 제71조부터 제73조까지의 어느 하나에 해당하는 위반행위를 하면 그 행위자를 벌하는 외에 그 법인 또는 개인에게도 해당 조문의 벌금형을 과한다. 다만, 법인 또는 개인이 그 위반행위를 방지하기 위하여 해당 업무에 관하여 상당한 주의와 감독을 게을리하지 아니한 경우에는 그러하지 아니하다.

공받은 자'도 포함된다고 봄이 타당하다. 따라서 개인정보취급자인 협력업체 팀장들로부터 정보주체의 동의 없이 개인정보를 제공한다는 사정을 알면서도 이들로부터 개인정보를 제공받은 행위도 개인정보 보호법 제71조 제1호 후단의 죄에 해당한다.

그리고 협력업체 수리기사들의 성격, 품행 등 성향에 관한 정보는 성명이나, 소속 사번 등 '개인식별정보와 결합하여 개인을 알아볼 수 있는 정보' 또는 '개인에 대한 정보로서 공개로 인하여 개인의 내밀한 사항 등이 알려지게 되고, 그 결과 인격적·정신적 내면생활에 지장을 초래하거나 자유로운 사생활을 영위할 수 없게 될 위험성이 있는 정보'에 해당하여 개인정보 보호법 제2조 제1호에서 규정한 '개인정보'에 해당한다고 봄이 타당하다.

3) 대법원 판결(대법원 2021. 2. 4. 선고 2020도11559 판결): 유죄(상고기각)

피고인들은 구 개인정보 보호법위반의 점과 관련하여 ① 개인정보 보호법이 규정한 개인정보처리자는 법인인 협력업체일 뿐 협력업체 팀장들이 아니므로 협력업체 팀장들이 삼성 측에 정보를 제공한 행위를 개인정보 보호법 제71조 제1호 전단으로 의율할 수 없고, ② 따라서 이들로부터 정보를 제공받은 행위 역시 같은 법 제71조 제1호 후단에 해당한다고 보기 어려우며, ③ 삼성전자서비스에서 보관 중인 조합원들의 개인정보가 협력업체로부터 제공된 것이라고 단정하기도 어렵고, ④ 협력업체 개인정보 및 민감정보에 포함된 조합원들에 대한 단순한 평가에 관한 사항까지 동조에 의해 제공이 금지되는 개인정보로 보기 어렵다는 상고이유를 주장하였으나, 모두 배척되었다.

2. 판결의 요지

원심은 그 판시와 같은 이유로 협력업체 팀장들이 제공한 조합원들의 성격, 품행 등 성향에 관한 정보는 '개인정보'에 해당하고, 개인정보처리자의 직원인 협력업체 팀장들이나 삼성 계열사 인사담당직원들이 개인정보를 제공하는 경우에도 구 「개인정보 보호법」 제71조 제1호 전단에 따라 처벌되며, 따라서 이들로부터 개인정보를 제공받는 행위는 구 「개인정보 보호법」 제71조 제1호 후단 위반에 해당하고, 개인정보 제공행위에 대한 피고인 A, B, C의 공모, 개인정보를 제공받는 행위에 대한 피고인 D, E, F의 공모사실도 인정된다고 판단하였다.

원심판결 이유를 적법하게 채택된 증거에 비추어 살펴보면, 원심의 판단은 「개인정보 보호법」 제74조 제2항 양벌규정의 해석 등 관련 법리에 따른 것으로, 거기에 상고이유 주장과 같이 구 「개인정보 보호법」 제71조 제1호가 규정한 구성요건에 관한 법리를 오해하거나 논리와 경험의 법칙을 위반하여 자유심증주의의 한계를 벗어나 사실을 오인한 잘못이 없다.

II. 해설

1. 쟁점의 정리

가. 대상 사건에서 개인정보 보호법 위반과 관련하여 문제된 주된 쟁점은 ① 피고인들에게 제공된 협력업체 개인정보 및 민감정보가 개인정보 보호법의 적용대상이 되는 개인정보에 해당하는지 여부와 ② 개인정보처리자인 협력업체가 아닌 그 직원으로부터 정보주체의 동의 없이 개인정보를 제공받은 피고인들이 개인정보 보호법 제71조 제1호 후단의 '그 사정을 알고 제공받은 자'에 해당하는지 여부에 관한 것이었다. 그 중 '개인정보에 해당하는지 여부'는 비교적 그 결론이 선명하여 본고에서는 '개인정보 보호법 제71조 제1호의 제공받은 자에 해당하는지 여부'에 대하여 논하고자 한다.

나. 해당 처벌조항은 개인정보 보호법 제71조 제1호 후단으로서 같은 호의 전단인 '정보주체의 동의 없는 제3자에 대한 개인정보 제공행위'에 대응되는 '그 사정을 알고 개인정보를 제공받는 행위'를 처벌하고자 하는 조항인데, 전단의 행위주체는 위 조항에서 인용하는 제17조 제1항에서 규율하는 '개인정보처리자'이다. 피고인들의 무죄 주장의 요지는 다음과 같다. 위 처벌 조항인 후단은 전단에 대응되는 행위이므로 전단의 개인정보처리자의 행위가 성립하지 않으면 후단의 행위도 성립하지 않고, 따라서 협력업체 개인정보 및 민감정보에 관한 개인정보처리자는 협력업체인 법인이고 그와 별개의 법인격을 가진 그 소속 직원은 개인정보처리자가 아니므로 이들로부터 개인정보를 제공받은 행위는 위 규정의 처벌대상이 되지 않는다는 것이다.

다. 결국 위 쟁점은 개인정보 보호법 제71조 제1호의 해석론에 관한 문제라 할 것인데, 이를 해결하기 위해서는 법인과 소속 직원을 함께 처벌하는 규정인 같은 법 제74조 제2항의 양벌규정에 관한 해석론도 함께 살펴보아야 하고, 더불어 유사한 처벌 규정인 같은 법 제71조 제5호,[8] 즉 개인정보를 처리하거나 처리하였던 자의 권한 없는 제공행위와 이를 제공받는 행위를 처벌하고자 하는 규정의 해석론도 참조하여야 할 것으로 보인다.

---

8) 개인정보 보호법 제71조(벌칙) 다음 각 호의 어느 하나에 해당하는 자는 5년 이하의 징역 또는 5천만 원 이하의 벌금에 처한다. 5. 제59조 제2호를 위반하여 업무상 알게 된 개인정보를 누설하거나 권한 없이 다른 사람이 이용하도록 제공한 자 및 그 사정을 알면서도 영리 또는 부정한 목적으로 개인정보를 제공받은 자 제59조(금지행위) 개인정보를 처리하거나 처리하였던 자는 다음 각 호의 어느 하나에 해당하는 행위를 하여서는 아니 된다. 2. 업무상 알게 된 개인정보를 누설하거나 권한 없이 다른 사람이 이용하도록 제공하는 행위

2. 관련 판례

가. 대법원 1999. 7. 15. 선고 95도2870 전원합의체 판결

구 건축법(1991. 5. 31. 법률 제4381호로 개정되어 1992. 6. 1. 시행되기 전의 것, 이하 같다) 제54조 내지 제56조의 벌칙규정에서 그 적용대상자를 건축주, 공사감리자, 공사시공자 등 일정한 업무주로 한정한 경우에 있어서, 같은 법 제57조의 양벌규정[9]은 업무주가 아니면서 당해 업무를 실제로 집행하는 자가 있는 때에 위 벌칙규정의 실효성을 확보하기 위하여 그 적용대상자를 당해 업무를 실제로 집행하는 자에게까지 확장함으로써 그러한 자가 당해 업무집행과 관련하여 위 벌칙규정의 위반행위를 한 경우 위 양벌규정에 의하여 처벌할 수 있도록 한 행위자의 처벌규정임과 동시에 그 위반행위의 이익귀속주체인 업무주에 대한 처벌규정이라고 할 것이다.

나. 대법원 2016. 3. 10. 선고 2015도8766 판결(아파트 관리사무소장 사건)

구 개인정보 보호법(2014. 3. 24. 법률 제12504호로 개정되기 전의 것, 이하 '개인정보 보호법'이라 한다) 제71조 제1호는 제17조 제1항을 위반하여 정보주체의 동의를 받지 아니하고 개인정보를 제3자에게 제공한 자 및 그 사정을 알고 개인정보를 제공받은 자를 처벌하도록 하고 있고, 제17조 제1항은 '개인정보처리자'가 정보주체의 동의를 받은 경우나 수집한 목적 범위 내에서는 개인정보를 제공할 수 있는 것으로 정하고 있어, '개인정보처리자'의 개인정보 무단 제공행위 및 그로부터 개인정보를 무단으로 제공받는 행위에 관하여는 제71조 제1호, 제17조 제1항에 의하여 별도로 규제되고 처벌할 수 있는 점, 개인정보 보호법 제59조 제2호의 의무주체는 '개인정보를 처리하거나 처리하였던 자'로서 제15조(개인정보의 수집·이용), 제17조(개인정보의 제공), 제18조(개인정보의 목적외 이용·제공 제한) 등의 의무주체인 '개인정보처리자'와는 법문에서 명백히 구별되는 점, 개인정보 보호법이 금지 및 행위규범을 정할 때 일반적으로 개인정보처리자를 규범준수자로 하여 규율함에 따라, 제8장 보칙의 장에 따로 제59조를 두어 '개인정보처리자' 외에도 '개인정보를 처리하거나 처리하였던 자'를 의무주체로 하는 금지행위에 관하여 규정함으로써 개인정보처리자 이외의 자에 의하여 이루어지는 개인정보 침해행위로 인한 폐해를 방지하여 사생활의 비밀 보호 등 개인정보 보호법의 입법 목적

9) 구 건축법 제74조 (양벌규정) 법인의 대표자 또는 법인이나 자연인의 대리인, 사용인 기타 종업원이 그 법인 또는 자연인의 업무에 관하여 제54조 내지 제56조의 규정에 해당하는 행위를 하였을 때에는 행위자를 벌하는 외에 그 법인 또는 자연인에 대하여도 각 본조의 벌금형을 과한다.

을 달성하려 한 것으로 볼 수 있는 점 등을 고려하면, 개인정보 보호법 제71조 제5호의 적용대상자로서 제59조 제2호의 의무주체인 '개인정보를 처리하거나 처리하였던 자'는 제2조 제5호의 '개인정보처리자', 즉 업무를 목적으로 개인정보파일을 운용하기 위하여 스스로 또는 다른 사람을 통하여 개인정보를 처리하는 공공기관, 법인, 단체 및 개인 등에 한정되지 않고, 업무상 알게 된 제2조 제1호의 '개인정보'를 제2조 제2호의 방법으로 '처리'하거나 '처리'하였던 자를 포함한다.

3. 검토

가. 양벌규정에 따라 개인정보처리자가 아닌 그 직원도 개인정보 보호법 제71조 제1호 전단의 행위를 이유로 처벌대상이 되는지 여부

대법원 1999. 7. 15. 선고 95도2870 전원합의체 판결(위 관련 판례 가.)은 '양벌규정은 업무주가 아니면서 당해 업무를 실제로 집행하는 자가 있는 때에 위 벌칙규정의 실효성을 확보하기 위하여 그 적용대상자를 당해 업무를 실제로 집행하는 자에게까지 확장함으로써 그러한 자가 당해 업무집행과 관련하여 위 벌칙규정의 위반행위를 한 경우 위 양벌규정에 의하여 처벌할 수 있도록 한 행위자의 처벌규정임과 동시에 그 위반행위의 이익귀속주체인 업무주에 대한 처벌규정이라고 할 것이다.'라고 판시하였는데, 이와 같은 판시 내용을 고려할 때, 벌칙규정에 선행하는 의무규정 또는 금지규정에서 적용대상자를 '업무주 등'으로 한정하거나 벌칙규정에서 비로소 적용대상자를 '업무주 등'으로 한정하는 경우 벌칙규정에 이어지는 양벌규정은 그 적용대상자를 당해 업무를 실제로 집행하는 자에게까지 확장하는 규정으로 해석된다고 볼 것이다.

따라서 개인정보 보호법 제74조 제2항의 양벌규정에 따라 같은 법 제71조, 제17조 제1항 제1호의 개인정보처리자뿐만 아니라 해당 업무를 실제로 처리하는 개인정보취급자 등의 직원도 동의 없는 정보제공행위의 처벌 대상이 된다고 할 것이다.

나. 개인정보처리자가 아닌 그 직원으로부터 개인정보를 제공받은 자도 개인정보 보호법 제71조 제1호 후단의 처벌대상이 되는지 여부

개인정보처리자가 아닌 해당 업무를 실제로 처리하는 직원도 동의 없는 정보제공행위의 처벌 대상이 된다고 하더라도, 개인정보 보호법 제71조 제1호 후단은 '그 사정을 알고 개인정보를 제공받은 자'를 처벌대상으로 하고 있어 문언의 의미상 '그 사정을 알고'라는 문구에

서 지칭하는 '그 사정'은 전단의 '제17조 제1항 제1호를 위반하여 정보주체의 동의를 받지 아니하고 개인정보를 제3자에게 제공하였다'는 점이라 할 것이므로, 제17조 제1항 제1호가 규정하는 개인정보처리자가 아닌 직원의 제공행위도 당연히 해당된다고 보기는 어렵다.

그런데 양벌규정은 영업주뿐 아니라 개별 행위자에게까지 처벌의 범위를 확장하는 규정이고 이 경우 행위자에 대한 처벌의 근거는 양벌규정이 아니라 본조의 처벌규정이라는 것이 판례의 태도이다. 즉 대법원 2013. 3. 14. 선고 2012도12582 판결[10]에서는 양벌규정에서 벌금형만을 규정하고 있더라도 양벌규정에서 행위자를 처벌한다는 문언은 본조에 의하여 처벌한다는 의미이므로 본조에 따른 벌금형뿐만 아니라 징역형도 부과할 수 있다고 보았다.

이러한 판례의 태도를 고려할 때, 개인정보처리자가 아닌 해당 업무를 실제로 처리하는 직원이 동의 없는 정보제공행위를 한 경우에 있어서, 개인정보 보호법 제71조 제1호 전단의 처벌 규정은 같은 법 제74조 제2항에 의하여 그 행위주체를 같은 법 제17조 제1항의 개인정보처리자에서 개별 행위자로 변경하게 되고, 따라서 같은 법 제71조 제1호 후단의 처벌규정에서 '그 사정'도 이를 전제로 하는 내용으로 변경되었다고 볼 것이다.

따라서 이와 같은 처벌규정의 해석에 따르면 개인정보처리자가 아닌 그 직원으로부터 개인정보를 제공받은 자도 개인정보 보호법 제71조 제1호 후단의 처벌대상이 된다고 볼 수 있고, 대상 판결은 이러한 취지를 명시적으로 인정한 것으로 이해된다.

다. 개인정보 보호법 제71조 제5호, 제59조 제2호와의 관계

1) 개인정보 보호법은 업무를 목적으로 개인정보를 처리하는 개인정보처리자[11]를 중심으

---

10) <대법원 2013. 3. 14. 선고 2012도12582 판결> (라. 벌금형 병과 관련 주장에 관하여) 다만 직권으로 살피건대, 구 상호저축은행법 제39조 제3항 제4의2호는 벌금형뿐만 아니라 징역형도 부과할 수 있도록 규정하고 있는 반면, 같은 법 제39조의2는 제39조 제3항 제4의2호에 규정된 벌금형을 부과할 수 있는 자를 위반행위로 인한 이익귀속주체에 한정하고 있는 점에 비추어 보면, 같은 법 제39조의2의 양벌규정 중 '행위자를 처벌'한다는 문언은 '행위자를 벌칙 본조인 같은 법 제39조 제3항 제4의2호에 의하여 처벌'한다는 의미로 해석함이 옳고, 따라서 같은 법 제39조 제3항 제4의2호 위반행위자에 대하여는 벌금형뿐만 아니라 징역형도 부과할 수 있다고 할 것이다. 그럼에도 원심은 위와 같이 이 부분 범행에 관하여는 위 피고인들에게 위 양벌규정상의 벌금형만이 가능하다고 보아 다른 범행에 대하여는 징역형을 선택한 다음 이 부분 범행에 대한 벌금형을 병과하였는바, 원심의 위와 같은 판단에는 양벌규정의 해석에 관한 법리를 오해하여 법령의 적용을 그르침으로써 판결에 영향을 미친 잘못이 있다.

11) 개인정보 보호법 제2조(정의) 법에서 사용하는 용어의 뜻은 다음과 같다. 4. "개인정보파일"이란 개인정보를 쉽게 검색할 수 있도록 일정한 규칙에 따라 체계적으로 배열하거나 구성한 개인정보의 집합물을 말한다. 5. "개인정보처리자"란 업무를 목적으로 개인정보파일을 운용하기 위하여 스스로 또는 다른 사람을 통하여 개인정보를 처리하는 공공기관, 법인, 단체 및 개인 등을 말한다.

로 규율되고 있어 개인정보처리자 이외의 자에 의한 개인정보 침해행위에 대해서는 원칙적으로 적용되지 않는다. 다만, 이러한 원칙을 고수하면 개인에 의한 사생활 침해 영역이 확대되기 때문에 누구든지 해서는 안 될 개인정보 침해행위에 대해서는 제59조의 금지행위로 규제하고 있다.[12)]

이에 따라 개인정보 보호법 제71조 제1호와 제2호[13)]에서는 '개인정보처리자'와 관련된 행위를 처벌하고, 이와 별개로 같은 법 제71조 제5호에서는 '개인정보를 처리하거나 처리하였던 자'의 행위를 처벌하고 있다. 그리고 '개인정보를 제공받은 자'에 대하여 개인정보 보호법 제71조 제1호에서는 '그 사정을 알고 개인정보를 제공받은 자'라고 규정하고 있는 반면, 제71조 제2호와 제5호에서는 '그 사정을 알면서도 영리 또는 부정한 목적으로 개인정보를 제공받은 자'라고 규정하여 그 요건을 가중하고 있다.

2) 그런데 대법원 2016. 3. 10. 선고 2015도8766 판결(위 관련 판례 나.)에서는 개인정보 보호법 제71조 제5호의 적용대상자로서 제59조 제2호의 의무주체인 '개인정보를 처리하거나 처리하였던 자'는 제2조 제5호의 '개인정보처리자', 즉 업무를 목적으로 개인정보파일을 운용하기 위하여 스스로 또는 다른 사람을 통하여 개인정보를 처리하는 공공기관, 법인, 단체 및 개인 등에 한정되지 않고, 업무상 알게 된 제2조 제1호의 '개인정보'를 제2조 제2호의 방법으로 '처리'하거나 '처리'하였던 자를 포함한다고 판시하였다. 따라서 개인정보처리자의 제공행위는 제71조 제1호와 제5호의 중첩적 적용을 받게 되고, 개인정보처리자로부터 개인정보를 제공받은 자도 제1호와 제5호가 중첩적으로 적용되나 다만 제1호의 경우와 달리 제5호의 경우에는 '영리 또는 부정한 목적'까지 요구한다.

3) 한편 대법원 2018. 1. 24. 선고 2015도16508 판결에서는 "개인정보 보호법 제71조 제5호 후단은 그 사정을 알면서도 영리 또는 부정한 목적으로 개인정보를 제공받은 자를 처벌하도록 규정하고 있을 뿐 개인정보를 제공하는 자가 누구인지에 관하여는 문언상 아무런 제한을 두지 않고 있는 점과 개인정보 보호법의 입법 목적 등을 고려할 때, 개인정보를 처리하거나 처리하였던 자가 업무상 알게 된 개인정보를 누설하거나 권한 없이 다른 사람이 이용하도록 제공한 것이라는 사정을 알면서도 영리 또는 부정한 목적으로 개인정보를 제공받은

---

12) 이창범, "개인정보 보호법", 법문사(2012), 404면.

13) 개인정보 보호법(2020. 2. 4. 법률 제16930호로 개정되어 2020. 8. 5. 시행된 것) 제71조(벌칙) 다음 각 호의 어느 하나에 해당하는 자는 5년 이하의 징역 또는 5천만 원 이하의 벌금에 처한다. 2. 제18조 제1항·제2항(제39조의14에 따라 준용되는 경우를 포함한다), 제19조, 제26조 제5항, 제27조 제3항 또는 제28조의2를 위반하여 개인정보를 이용하거나 제3자에게 제공한 자 및 그 사정을 알면서도 영리 또는 부정한 목적으로 개인정보를 제공받은 자

자라면, 개인정보를 처리하거나 처리하였던 자로부터 직접 개인정보를 제공받지 아니하더라도 개인정보 보호법 제71조 제5호의 '개인정보를 제공받은 자'에 해당한다."고 판시하였는데, 개인정보 보호법 제71조 제1호에 대하여도 같은 해석을 하여야 할 것이다.

즉 개인정보 보호법 제71조 제5호와 같은 구조를 취하고 있는 같은 법 제71조 제1호에 있어서도 개인정보처리자 내지 그 직원으로부터 '직접' 개인정보를 제공받지 아니하더라도 개인정보 보호법 제71조 제1호 후단의 '개인정보를 제공받은 자'에 해당한다고 봄이 타당하다.

Ⅲ. 판결의 의의

대상 판결은 개인정보처리자가 아닌 그 직원으로부터 개인정보를 제공받은 자도 개인정보 보호법 제71조 제1호 후단의 처벌대상이 된다는 점을 명확히 하였다는 데에서 그 의의를 찾을 수 있다. 나아가 대상 판결이 이러한 점을 명확히 함에 따라 불법적 개인정보 제공행위에 관한 개인정보 보호법의 규율체계의 정합성이 갖춰지게 되었다고 평가될 수 있다.

즉 위와 같은 대상 판결의 법리와 대법원 2016. 3. 10. 선고 2015도8766 판결 및 대법원 2018. 1. 24. 선고 2015도16508 판결의 법리를 종합할 때, 불법적인 개인정보 제공행위와 제공을 받는 행위에 대한 처벌규정의 적용범위는 다음과 같이 정리될 수 있다. 개인정보처리자뿐만 아니라 그 직원의 개인정보 제공행위도 개인정보 보호법 제71조 제1호 및 제5호의 중첩적 적용을 받되, 그 사정을 알고 제공받는 행위라면 직접 제공을 받지 않는 경우에도 처벌대상이 되고 다만 5호의 경우에는 '영리 또는 부정한 목적'까지 요구한다는 점에서 차이가 있을 뿐이다. 그런데 개인정보처리자와 개인정보취급자 이외의 순수한 개인도 개인정보를 처리하거나 처리하였던 자, 즉 사적인 목적으로 개인정보를 처리하는 일반인도 개인정보 보호법 제59조의 의무주체가 되므로[14] 이러한 경우에는 개인정보 보호법 제71조 제1호는 적용되지 않고 제5호의 처벌대상이 되어 독자적 의의를 가진다고 할 것이다. 이와 같이 관련 조항들의 체계적 해석이 명확해 짐에 따라 개인정보처리자를 중심으로 규율하고자 하는 개인정보 보호법의 기본적인 방향성을 충족할 수 있게 되었다고 평가될 수 있다.

개인정보 보호법은 개인정보의 보호와 이용의 조화를 꾀하고 과도한 규제를 억제하기 위하여 개인정보처리자와 그 외의 관여자에 대한 적용규정을 명확히 구분하고 있으나 구체적인 사안에서 어떠한 규정이 적용되는지, 그리고 그 한계는 어디까지인지가 모호한 경우가

14) 이창범, "개인정보 보호법", 법문사(2012), 434－435면.

적지 않다. 이러한 점을 고려하여 최근 데이터 3법의 개정이 이루어졌으나, 신설된 개인정보 보호법 제17조 제4항[15]이 제17조 제1항 특히 제2호와 어떠한 관계를 가지는지에 대한 해석론과 관련하여서도 논란이 있고 그에 따라 제71조 제1호의 처벌범위에도 영향을 미칠 수 있다.[16] 이러한 규제의 모호성은 형사처벌까지 관련된 부분인 만큼 데이터 3법의 취지를 무색케 할 수도 있다. 따라서 개인정보를 충실히 보호하면서도 데이터 기반 경제를 활성화하기 위해서는 개인정보 보호법과 관련하여 과도한 형사처벌 규정은 없는지, 그 규제의 경계는 어디까지인지 등 규제의 명확성과 합리성에 대한 꾸준한 모색을 하여야 할 것이다.

---

15) 개인정보 보호법 제17조(개인정보의 제공) ④ 개인정보처리자는 당초 수집 목적과 합리적으로 관련된 범위에서 정보주체에게 불이익이 발생하는지 여부, 암호화 등 안전성 확보에 필요한 조치를 하였는지 여부 등을 고려하여 대통령령으로 정하는 바에 따라 정보주체의 동의 없이 개인정보를 제공할 수 있다. <신설 2020. 2. 4>

16) 2021 개인정보 보호법학회 춘계학술대회 -개인정보 보호법 판례동향과 바람직한 해석론-, (2021. 6. 19.), 47-48면(김봉수 발제 부분).

023 개인정보처리자의 지위에 관한 판단기준

- 범죄수사를 목적으로 획득한 사실의 사적 제공 사건 -

대법원 2017. 9. 21. 선고 2016도19905 판결

이정념(숭실대학교 법과대학 교수, 법학박사)

I. 판결의 개요

1. 사안의 개요

가. 사실관계

피고인은 ○○서부경찰서 ○○소속 경찰공무원으로 근무하던 중 피고인에게 지급된 경찰 휴대용 단말기로 장모 갑의 지명수배 내역 등을 조회하여 ○○검찰청 및 ○○동부경찰서가 각각 체포영장을 발부받아 갑을 지명수배한 사실을 확인하고, 이를 피고인의 휴대전화로 카카오톡 메시지를 이용하여 처 을에게 "① 어머니 체포영장 2개, ② 유사수신은 공소시효 2021년까지, ③ 하나는 ○○동부경찰서에서 나온 거 2019년 공소시효"라고 전송하여 갑의 수배 내역 등을 알려줌으로써 개인정보를 제공하였다는 것이다.[1)]

나. 소송경과

1) 제1심 판결(제주지방법원 2016. 2. 3. 선고 2015고단1724 판결)

공공기관의 개인정보처리자는 범죄의 수사와 공소의 제기 및 유지를 위하여 필요한 경우 등 개인정보 보호법 제18조 제2항에서 규정하는 소정의 경우가 아니면 개인정보를 목적 외의 용도로 이용하거나 이를 제3자에게 제공할 수 없다. 그럼에도 불구하고 피고인은 피고인에게 지급된 경찰 휴대용 단말기로 장모 갑의 지명수배 내역 등을 조회하여 갑이 ○○검찰청 및 ○○동부경찰서에서 각 체포영장을 발부받아 지명수배 된 사실을 확인하고, 이를 피고인의 휴대전화로 카카오톡 메시지를 이용하여 처 을에게 전송하여 갑의 수배 내역 등을

1) 본 사건은 피고인의 형법상 직무유기 및 공무상비밀누설, 개인정보 보호법 위반 여부에 대한 것으로, 본 평석은 개인정보 보호법 위반 여부에 대하여만 한정하여 다룬다.

알려주었다. 이로써 피고인은 갑의 수배 내역 등 개인정보를 제공한 바 개인정보 보호법 제18조 제2항을 위반하였다.[2)]

2) 항소심 판결(제주지방법원 2016. 11. 10. 선고 2016노100 판결)

지명수배자의 수배 내역은 수배자의 성명, 주민등록번호 등을 통하여 그 대상자가 특정되는 개인에 관한 정보로서 개인정보 보호법에 정한 개인정보에 해당한다. 또한 개인정보 보호법 제3조 제2항은 '개인정보처리자는 개인정보의 처리 목적에 필요한 범위에서 적합하게 개인정보를 처리하여야 하며, 그 목적 외의 용도로 활용하여서는 아니 된다'는 원칙을 규정하고, 위 원칙에 따라 동법 제18조를 위반하여 개인정보를 이용하거나 제3자에게 이를 제공한 자를 처벌하도록 하고 있는 바, 위 제3자가 정보주체의 직계비속이라고 하더라도 개인정보처리자가 개인정보를 목적 외로 제공한 행위의 처벌가치가 달라진다고 볼 수 없다.[3)]

3) 대법원 판결(대법원 2017. 9. 21. 선고 2016도19905 판결)

개인정보 보호법 제18조 제1항과 제2항은 '개인정보처리자'를 의무주체로 규정하고 있는데, 이 사건 당시 ○○서부경찰서 ○○소속 경찰공무원이었던 피고인은 업무를 목적으로 개인정보파일을 운용하기 위하여 스스로 또는 다른 사람을 통하여 개인정보를 처리하는 개인정보 보호법 제2조 제3호에서 정한 '개인정보처리자'의 지위에 있었다고 볼 수 없다. 그러므로 피고인의 행위에 대하여 '개인정보처리자'를 의무주체로 규정하고 있는 개인정보 보호법 제71조 제2호와 제18조 제2항을 적용하여 처벌할 수 없다.[4)]

2. 판결의 요지

1심 법원과 항소심 법원은 피고인이 개인정보 보호법 제2조 제5호에 따른 '개인정보처리자'에 해당하고, 제3자가 정보주체의 직계비속이라고 하더라도 개인정보처리자가 개인정보를 목적 외로 제공한 행위의 처벌가치가 달라진다고 볼 수 없기 때문에, 피고인의 행위는 동법 제71조 제2호 및 제18조 제2항 위반죄를 구성한다고 판단하였다.

이에 반해 대법원은 피고인에게 개인정보 보호법에서 정하고 있는 '개인정보처리자'로서의 지위를 인정할 수 없음을 이유로 개인정보처리자에 대한 의무를 규정하고 있는 개인정보

2) 제주지방법원 2016. 2. 3. 선고 2015고단1724 판결, 2－3면.
3) 제주지방법원 2016. 11. 10. 선고 2016노100 판결, 5－6면.
4) 대법원 2017. 9. 21. 선고 2016도19905 판결, 3면.

보호법 제71조 제2호 및 제18조 제2항을 적용할 수 없다고 하면서, 원심 판결 중 개인정보 보호법 위반 부분은 파기되어야 한다고 판단하였다. 이후 2018년 1월 11일 제주지방법원 제2형사부 파기환송심(2017노586)에서도 같은 취지로 판단하였다.[5)]

II. 해설

1. 쟁점의 정리 – 개인정보 보호법상 '개인정보처리자'의 지위를 어떻게 판단할 것인가

대상 사건에 대한 원심, 항소심, 상고심, 파기환송심 등의 판시 내용을 토대로 할 때, 결국 이들 법원의 판결은 경찰공무원인 피고인이 갑의 수배사실과 공소시효 등의 내용을 획득하여 을에게 제공한 행위가 개인정보 보호법 위반죄를 구성하는지를 살피는 가운데 피고인에게 '개인정보 보호법상 개인정보처리자로서의 지위를 인정할 수 있을 것인가'에 초점이 맞추어져 있었던 것으로 판단된다.

가. 개인정보 보호법에 따른 개인정보처리자의 의미와 판단기준

개인정보 보호법 제2조 제5호는 개인정보처리자의 의미를 규정하면서도 동시에 개인정보처리자의 지위를 긍정하기 위한 다섯 가지 요건을 명시하고 있다.

즉, 개인정보 보호법 제2조 제5호에서 정하는 바에 따라 개인정보처리자로서의 지위는 '① 업무를 목적으로 ② 개인정보파일을 운용하기 위하여 ③ 스스로 또는 다른 사람을 통하여 ④ 개인정보를 처리하는 ⑤ 공공기관, 법인, 단체 및 개인 등'의 요건을 모두 충족한 때에 비로소 긍정될 수 있다.

나. 개인정보처리자의 개인정보 이용 · 제공을 위한 예외 사유

나아가 개인정보 보호법 제18조 제2항은 개인정보처리자가 (정보주체 또는 제3자의 이익을 부당하게 침해할 우려가 있을 때를 제외하고) 개인정보를 목적 외의 용도로 이용하거나 이를 제3자에게 제공할 수 있는 내용을 규정하고 있다. 동 조항에 따르면, 공공기관은 다음과 같은 다섯 가지 경우에 한하여 (정보주체 또는 제3자의 이익을 부당하게 침해할 우려가 있을 때를 제외하고) 개인정보를 목적 외의 용도로 이용하거나 이를 제3자에게 제공할 수 있다.

---

5) 제주지방법원 2018. 1. 11. 선고 2017노586 판결, 3면.

① 개인정보를 목적 외의 용도로 이용하거나 이를 제3자에게 제공하지 아니하면 다른 법률에서 정하는 소관 업무를 수행할 수 없는 경우로서 보호위원회의 심의·의결을 거친 경우
② 조약, 그 밖의 국제협정의 이행을 위하여 외국정부 또는 국제기구에 제공하기 위하여 필요한 경우
③ 범죄의 수사와 공소의 제기 및 유지를 위하여 필요한 경우
④ 법원의 재판업무 수행을 위하여 필요한 경우
⑤ 형(刑) 및 감호, 보호처분의 집행을 위하여 필요한 경우

2. 관련 판례

가. 대법원 2019. 7. 25. 선고 2019도3215 판결

대법원은 "개인정보처리자의 개념에 비추어 보면 피고인에게 다른 자가 운용하는 개인정보파일에 접근할 권한이 있다는 사정만으로 피고인 역시 곧바로 개인정보처리자에 해당한다고 보기 어렵다"고 판단하였다.

나. 대법원 2019. 6. 13. 선고 2019도1143 판결

대법원은 "업무상 알게 된 개인정보란 개인정보를 처리하거나 처리하였던 자가 그 업무 즉, 개인정보를 처리하는 업무와 관련하여 알게 된 개인정보만을 의미한다"고 판단하였다.

3. 검토

대법원은 경찰공무원인 피고인이 사건 당시 소속되어 있던 경찰서 사무실에서 피고인에게 지급된 경찰 휴대용 단말기로 갑의 지명수배 내역 등을 조회하여 획득한 내용을 을에게 제공한 행위가 개인정보 보호법 위반죄를 구성하는지, 나아가 피고인이 개인정보 보호법상 개인정보처리자의 지위를 지니는지의 여부에 대하여 하급심 법원과 달리 판단을 하고 있다는 점에서 관련 내용의 검토가 필요하다.

앞에서 살펴본 것처럼 개인정보 보호법 제2조 제5호를 근거로 할 때, 개인정보처리자로서의 지위를 긍정하기 위하여는 '① 업무를 목적으로 ② 개인정보파일을 운용하기 위하여 ③ 스스로 또는 다른 사람을 통하여 ④ 개인정보를 처리하는 ⑤ 공공기관, 법인, 단체 및 개인 등'의 다섯 가지 요건을 모두 충족하여야 한다.

사건 당시 피고인은 ○○서부경찰서 지명수배자 검거 전담팀에 편성되어 있던 경찰공무원으로, 개인정보 보호법에 따르면 공공기관의 개인정보처리자는 범죄의 수사와 공소의 제

기·유지를 위하여 필요한 경우 개인정보를 목적 외의 용도로 이용하거나 이를 제3자에게 제공할 수 있다. 대상 사건의 사실관계로부터 살펴볼 때, '피고인은 ○○서부경찰서 사무실에서 피고인에게 지급된 경찰 휴대용 단말기로 갑의 지명수배 내역 등을 조회하여 ○○검찰청 및 ○○동부경찰서가 각각 체포영장을 발부받아 갑을 지명수배 한 사실을 확인하였고, 이를 피고인의 휴대전화로 카카오톡 메시지를 이용하여 을에게 제공한 사실'은 인정된다.

피고인은 항소이유로 '피고인이 장모인 갑의 수배사실과 공소시효 등을 처 을에게 알려주었다고 하더라도 해당 내용이 개인정보 보호법에서 정한 개인정보에 해당한다고 할 수 없다는 점'을 들고 있지만, 항소심 법원은 "지명수배자의 수배 내역은 수배자의 성명, 주민등록번호 등을 통하여 그 대상자가 특정되는 개인에 관한 정보로서 개인정보 보호법에서 정한 개인정보에 해당하는 것이 명확하다"는 점을 밝히고 있다.[6] 나아가 항소심 법원은 피고인의 개인정보처리자로서의 지위를 긍정하면서, 피고인이 갑의 직계비속인 자신의 처 을에게 갑의 수배 내역 등을 제공하였다고 하더라도 개인정보처리자가 개인정보를 목적 외로 제공한 행위의 처벌가치가 달라진다고 볼 수 없다고 하였다.[7]

종합하여 대법원은 대상 사건에서 피고인이 경찰공무원의 신분으로 갑의 수배사실과 공소시효 등을 획득하여 을에게 제공하였다고 하더라도 피고인은 개인정보 보호법상 개인정보처리자에 해당하지 않는다고 판단하였다는 점에서, 결국 경찰공무원인 피고인이 '범죄 수사를 목적으로 건네받은 지명수배자 명단을 바탕으로 자신에게 지급된 경찰 휴대용 단말기로 갑의 지명수배 내역 등을 조회하여 획득한 내용을 다른 사람에게 제공하는 행위'를 하였음에도 해당 행위가 개인정보 보호법 위반죄를 구성하지 않게 되는 결과에 이른다.

III. 판결의 의의

대상 판결은 경찰공무원인 피고인이 장모 갑의 수배사실과 공소시효 등의 내용을 범죄 수사 목적이 아닌 사적으로 제공한 행위가 개인정보 보호법상 개인정보처리자의 지위에서 행하여진 것이라고 볼 수 없기 때문에 개인정보 보호법 위반죄를 구성하지 않는다는 점을 명확히 하고 있다. 이로써 대법원이 개인정보 보호법상 '개인정보처리자의 지위'를 명문 그대로 엄격히 해석하고 있다는 점에서 본 판결의 의미를 찾을 수 있을 것이다.

---

6) 제주지방법원 2016. 11. 10. 선고 2016노100 판결, 5면.
7) 제주지방법원 2016. 11. 10. 선고 2016노100 판결, 6면.

무엇보다도 (하급심 판결과 달리) 대법원이 피고인에 대하여 개인정보처리자로서의 지위를 긍정하지 않는 이유는 – 개인정보처리자의 지위를 규정하고 있는 개인정보 보호법 제2조 제5호에서 명시하는 내용 그대로 판단할 때 – 사실상 피고인이 개인정보파일을 운용하는 주체로서의 자격을 지니는 것은 아니라는 데에서 찾을 수 있을 것으로 보인다.

다만 대상 판결을 해석하는 데 있어 주지해야 할 점은 개인정보 보호법상 의무주체의 인적 지위에 따라 동법의 적용이 불합리해지는 경우가 발생할 수 있다는 데에 있다. 사실상 개인정보 보호법상 개인정보처리자, 개인정보처리자로부터 개인정보를 제공받은 자 또는 개인정보취급자 등의 지위에서 이루어진 행위가 같은 결과를 발생케 하였음에도 불구하고 어떤 자는 형사처벌을 받게 되고 어떤 자는 형사처벌을 피하게 되는 결과에 이르기도 한다는 점은 형법상 책임주의에 입각하여 입법적 검토가 필요할 것으로 판단한다.[8]

8) 관련된 논의에 대하여는 이정념, 개인정보 보호법 위반행위에 대한 형사제재, 『법학논총』, 제48권(숭실대학교 법학연구소, 2020), 525–528면 참조.

024 '개인정보를 제공받은 자'와 '개인정보취급자'의 구분 기준

- 대학수학능력시험 감독관의 수험생 개인정보 무단 이용 사건 -

서울중앙지방법원 2020. 10. 15. 선고 2019노4259 판결

장준영(쿠팡 주식회사 변호사)

I. 판결의 개요

1. 사안의 개요

가. 사실관계

고등학교 교사인 피고인은 2018. 11. 15.경 시(市)교육청으로부터 대학수학능력시험 감독관으로 임명되어 고사장 감독업무를 수행하면서 수험생의 성명, 주민등록번호, 연락처, 주소 등의 개인정보가 포함된 응시원서를 제공받고 이를 각 수험생의 수험표와 대조하는 과정에서 수험생인 A의 연락처를 알게 되자 A를 피고인의 카카오톡 친구로 추가한 후 A에게 '사실 A씨가 맘에 들어서요' 등의 사적(私的)인 메시지를 발송하였다. 이에 검사는 피고인이 구 개인정보 보호법(법률 2020. 2. 4. 법률 제16930호로 개정되기 전의 것, 이하 '개인정보 보호법'이라 한다) 제19조에서 의무주체로 규정하고 있는 '개인정보처리자로부터 개인정보를 제공받은 자'에 해당함을 전제로, 피고인이 개인정보를 제공받은 목적 외의 용도로 이용하였다고 주장하면서 그에 관한 처벌조항인 개인정보 보호법 제71조 제2호를 적용하여 이 사건 공소를 제기하였다.

나. 소송경과

1) 제1심 판결(서울중앙지방법원 2019. 12. 12. 선고 2019고단3278 판결)

제1심에서는, 개인정보 보호법이 ① 개인정보처리자로부터 개인정보를 제공 받은 뒤 일정한 법정 요건을 충족할 경우 개인정보처리자의 지휘·감독 등의 개입 없이 그 개인정보를 이용하거나 다른 제3자에게 제공할 수 있는 지위에 있는 사람과 ② 개인정보처리자의 지휘·감독을 받아 종속적인 의미에서 단순히 개인정보 처리업무를 수행하는 사람으로 구분하고 있다

는 전제 하에, 개인정보 보호법 제19조에서 정하고 있는 '개인정보처리자로부터 개인정보를 제공 받은 자'란 개인정보처리자가 아닌 자로서 개인정보처리자 그 자체 또는 개인정정보처리자의 지휘나 감독을 받지 아니하는 자, 즉 개인정보처리자와 무관한 제3자를 의미하고, 개인정보 보호법 제28조 소정의 '개인정보취급자'는 개인정보처리자의 지휘·감독을 받는 종속적 관계에 있는 자에 해당하여 위 제3자에서 제외되므로, 결국 '개인정보취급자'에는 개인정보 보호법 제19조가 적용될 수 없는 것으로 보았다.

따라서, 대학수학능력시험의 감독관으로 차출된 피고인의 경우 수험생의 동일성 확인 등 대학수학능력시험의 감독업무를 수행하기 위해 개인정보처리자로부터 제공받은 개인정보를 개인정보처리자의 지휘·감독을 받아 이용함으로써 개인정보를 처리하는 개인정보취급자에 불과하므로, 피고인은 개인정보 제19조에서 말하는 '개인정보처리자로부터 개인정보를 제공 받은 자'에 해당한다고 볼 수 없다고 보아, 피고인이 개인정보 보호법 제19조에서 정한 '개인정보처리자로부터 개인정보를 제공받은 자'에 해당함을 전제로 한 이 사건 공소사실은 범죄의 증명이 없는 때에 해당하여 형사소송법 제325조 후단에 의해 피고인에게 무죄를 선고하였다.[1]

2) 항소심 판결(서울중앙지방법원 2020. 10. 15. 선고 2019노4259 판결)

제2심에서는 다음과 같은 이유로 피고인은 제19조의 '개인정보처리자로부터 개인정보를 제공받은 자'에 포섭된다고 보아 제1심 판결을 파기하고 피고인에 대해 유죄를 선고하였다.

즉, ① 개인정보 보호법 제17조 제1항에서 개인정보 제3자 제공의 행위 태양에 '공유'를 포함하고 있어 개인정보처리자가 그 정보를 공유할 정도로 밀접한 관계에 있는 제3자도 개인정보를 제공받은 제3자에서 제외하고 있지 않고, ② 개인정보를 제3자에게 제공할 수 있는 경우로서 제2호에서 '제15조 제1항 제3호'를 규정하고 있는데 제15조 제1항 제3호는 '공

1) 제1심 판결에서는 '공소장변경절차를 전제로' 피고인이 개인정보 보호법 제59조에서 정한 '개인정보를 처리하거나 처리하였던 자'에 해당하는지 여부와 그에 따른 처벌 가능성 여부도 방론으로 설시하였는바, 제71조 제5호의 적용대상자인 '개인정보를 처리하거나 처리하였던 자'는 제2조 제5호의 개인정보처리자에 한정되지 않고 개인정보처리자의 지휘·감독을 받아 업무상 알게 된 개인정보를 처리하거나 처리하였던 제28조의 개인정보취급자도 포함되는 것으로 보아야 하므로 제71조 제5, 6호 또는 제72조 제2호 등에 의하여 형사처벌을 받을 수 있다고 보면서, 다만 제59조 소정의 금지행위에는 '부정한 수단이나 방법에 의한 개인정보 취득 및 처리에 관한 동의를 받는 행위', '누설 및 제공하는 행위', '훼손·멸실·변경·위조 또는 유출 행위'를 규정하고 있을 뿐 이 사건에서의 행위 태양에 해당하는 '이용'에 관해서는 별도로 규정하고 있지 아니하므로, 죄형법정주의의 내용인 확장해석금지에 따라 제59조에 포섭할 수 없으므로 결국 제71조 제5, 6호 또는 제72조 제2호의 처벌규정도 피고인에게 적용될 수 없다고 보았다.

공기관이 법령 등에서 정하는 소관 업무의 수행을 위하여 불가피한 경우'로 규정하고 있으므로, 공공공기관이 법령 등에 따른 소관 업무 수행을 위해 개인정보를 다른 사람에게 전달하는 행위는 개인정보 제공에 당연히 해당하며, ③ 제28조에서 '개인정보취급자' 규정을 별도로 두고 있으나 이는 개인정보처리자의 개인정보취급자에 대한 관리·감독 및 교육의무를 부과하는 규정으로서 개인정보처리자가 제3자에게 개인정보를 제공하는 경우 부담하는 의무사항과 명백히 구분되어 이를 제19조의 '개인정보를 제공받은 자'의 범위를 제한하는 근거로 보기 어렵고, ④ 개인정보취급자란 '다른 사람을 통하여' 개인정보를 처리하는 경우에 상응하는 개념으로서 자신의 의사에 따라 개인정보를 처리할 수 없고 오로지 개인정보처리자의 지휘·감독을 받아 개인정보파일 운용에 직접 관여하는 행위를 하는 자를 의미한다고 보아야 하는 점 등을 근거로, 피고인은 대학수학능력시험의 감독업무 수행을 위하여 개인정보처리자인 시(市)교육청으로부터 수험생들의 전화번호 등 개인정보를 받은 것이므로 제17조 제1항 제2호, 제15조 제1항 제3호의 '공공기관이 법령 등에서 정하는 소관 업무의 수행을 위하여 불가피한 경우'에 해당하여 제19조의 '개인정보처리자로부터 개인정보를 제공받은 자'에 해당한다고 보아 제71조 제2호 위반의 책임이 있다고 판단하였다.

이에 피고인은 상고하여 현재 상고심 절차가 진행 중에 있다.

2. 판결의 요지

가. '개인정보를 제공받은 자' 및 '개인정보취급자'의 범위

피고인은 시(市)교육청으로부터 대학수학능력시험 감독관으로 임명되어 시험감독업무수행을 위하여 개인정보처리자인 시(市)교육청으로부터 수험생들의 전화번호 등 개인정보를 받은 것이므로 개인정보 보호법 제17조 제1항 제2호, 제15조 제1항 제3호의 '공공기관이 법령 등에서 정하는 소관 업무의 수행을 위하여 불가피한 경우'에 해당하여 제19조 소정의 '개인정보처리자로부터 개인정보를 제공받은 자'에 포섭된다. 한편, 피고인은 개인정보파일 운용을 목적으로 수험생들의 개인정보를 받은 것이 아니므로 '개인정보취급자'에 해당한다고 볼 수 없다.

나. 형벌법규의 해석 기준

죄형법정주의 원칙상 형벌 법규의 해석은 엄격하여야 하고, 문언의 가능한 의미를 벗어나 피고인에게 불리한 방향으로 해석하는 것은 죄형법정주의의 내용인 확장해석금지에 따라

허용되지 않는 것은 원심이 지적하는 바와 같지만, 이 원칙이 입법 목적과 다르게 입법의 미비점을 일부러 드러내 조장하거나 확대하려는 의미는 아닐 것이다. 오히려 개인정보 보호법 제1조의 입법 목적에 비추어 볼 때 개인정보의 보호에 틈이 없도록 관련 규정을 체계적으로 해석하는 것이 보다 합리적인 해석원칙이다.

II. 해설

1. 쟁점의 정리

가. '개인정보를 제공받은 자'의 범위

제1심 및 대상 판결 모두 피고인이 수험생의 개인정보를 목적 외의 용도로 이용하였다는 점에 대해서는 동일하게 보았으나, 대학수학능력시험의 감독관인 피고인이 개인정보처리자[2]로부터 수험생 개인정보를 제공받은 자인지 개인정보처리자의 개인정보취급자에 해당하는지에 대해서 판단이 엇갈렸다. 즉, 제1심에서는 개인정보 보호법 제19조의 '개인정보를 제공받은 자'란 개인정보처리자와 무관한 제3자를 의미한다는 전제 하에 시험 감독관인 피고인의 경우 개인정보처리자로부터 제공받은 개인정보를 개인정보처리자의 지휘·감독을 받아 이용하는 '개인정보취급자'로 본 반면, 대상 판결에서는 개인정보처리자가 소관 업무 수행과 관련하여 내부의 구성원에게 자신이 수집한 개인정보를 공개하는 경우에도 개인정보 보호법 제17조 제1항의 '제공'에 해당한다고 판시하면서 피고인에게 개인정보처리자로부터 수험생의 '개인정보를 제공받은 자'에 해당한다고 보았다.

대상 판결은 제1심 판결과 같이 피고인을 개인정보취급자로 보는 경우 처벌의 공백이 발생하게 되어 개인정보 보호법의 목적 내지 체계정당성에 반할 우려를 고려하여 개인정보 보호법 제19조를 합목적적으로 해석한 것으로 생각되나, 개인정보 제3자 제공과 관련한 기존의 축적된 해석론 내지 선례 등을 고려하여 이 부분에 대하여 중점적으로 살펴볼 필요가 있을 것이다.

---

2) 제1심에서는 이 사건의 개인정보처리자를 대학수학능력시험 응시생들의 개인정보 집합물을 운용하기 위해 개인정보를 처리하는 공공기관인 교육부 또는 시(市)교육청으로 본 반면, 대상 판결에서는 피고인을 감독관으로 임명(위촉)한 시(市)교육청을 개인정보처리자로 보았다. 하지만, 이 사건에서 개인정보처리자의 특정 여부는 결론에 영향을 미치지 아니하는 점을 고려하여 대상 판결의 입장을 전제로 검토하기로 한다.

나. 개인정보취급자의 위반행위에 대한 형사처벌

제1심 및 대상 판결에서는 피고인의 법적 지위를 주된 쟁점으로 보아 해당 법적 지위에 따른 처벌 가능성을 판단한 것으로 보이는데, 일반적으로 개인정보처리자는 법인 내지 단체의 형태를 지니고 있고 실질적인 개인정보 처리 업무는 해당 개인정보처리자의 임직원, 종업원 기타 위수탁 관계 등에 있는 자연인이 수행하고 있는 점을 고려한 개인정보 보호법의 수범주체 범위에 대한 판단은 제외되어 있다.

즉, 개인정보 보호법상 개인정보처리자를 일종의 신분범으로 보는 경우 해당 신분을 보유하고 있지 않지만 개인정보처리업무를 실제로 집행하는 자가 있는 경우 벌칙 규정의 실효성을 확보하기 위한 개인정보 보호법 제74조의 양벌규정의 적용 가능성 역시 검토될 필요성이 있다.

2. 관련 판례

가. 대법원 2019. 10. 31. 선고 2019도11690 판결

서울서부지방검찰청 공판부검사로 근무하던 피고인이 개인정보처리자인 서울남부구치소장으로부터 제공받은 접견녹음파일을 선별하여 녹취하거나 증거 등으로 제출할 수 있다고 하여 개인정보파일을 운용하기 위하여 스스로 또는 다른 사람을 통하여 개인정보를 처리하는 개인정보 보호법 제2조 제5호에서 정한 '개인정보처리자'의 지위에 있었다고 보기 어려우므로 피고인의 이 부분 행위에 대하여 '개인정보처리자'를 의무주체로 규정하고 있는 개인정보 보호법 제71조 제1호, 제17조 제1항, 제71조 제3호, 제23조를 적용하여 처벌할 수 없다.

나. 대법원 2015. 12. 10. 선고 2015도3540 판결

벌칙규정에 선행하는 의무규정 또는 금지규정에서 적용대상자를 '업무주 등'으로 한정하거나 벌칙규정에서 비로소 적용대상자를 '업무주 등'으로 한정하는 경우 벌칙규정에 이어지는 양벌규정은 업무주 등 적용대상자가 아니면서 당해 업무를 실제로 집행하는 자가 있는 때에 벌칙 규정의 실효성을 확보하기 위하여 그 적용대상자를 당해 업무를 실제로 집행하는 자에게까지 확장함으로써 그러한 자가 당해 업무집행과 관련하여 벌칙규정의 위반행위를 한 경우 양벌규정에 의하여 처벌할 수 있도록 한 행위자의 처벌규정임과 동시에 그 위반행위의 이익귀속주체인 업무주 등 적용대상자에 대한 처벌규정이라고 할 것이다.

개인정보 보호법 제18조 제1항은 '개인정보처리자는 개인정보를 수집목적의 범위를 초과하여 이용하여서는 아니된다'고 규정하고 같은 법 제71조 제2호는 '제18조 제1항을 위반하여 개인정보를 이용한 자'를 처벌하고 있으므로, 피고인이 개인정보처리자가 아닌 개인정보취급자로서 직접적으로 개인정보 보호법 제71조 제2호의 적용대상자가 될 수 없음은 피고인이 주장하는 바와 같으나, 한편 같은 법 제74조 제2항은 '법인의 대표자나 법인 또는 개인의 대리인, 사용인, 그 밖의 종업원이 그 법인 또는 개인의 업무에 관하여 제71조부터 제73조까지의 어느 하나에 해당하는 위반행위를 하면 그 행위자를 벌하는 외에 그 법인 또는 개인에게도 해당 조문의 벌금을 과한다'고 규정하고 있어 자신의 개인적인 목적을 위하여 특정인에 대한 지명수배자료를 열람한 피고인은 비록 개인정보처리자는 아니나 '당해 업무를 실제로 집행하는 자'로서 위 양벌규정에 의하여 처벌범위가 확장되어 같은 법 제71조 제2호의 적용대상자가 된다 할 것이다.

3. 검토

가. 대학수학능력시험에 있어 시험감독관의 지위

개인정보처리자란 업무를 목적으로 개인정보파일을 운용하기 위하여 스스로 또는 다른 사람을 통하여 개인정보를 처리하는 공공기관, 법인, 단체 및 개인을 말한다.[3] 즉 개인정보 보호법은 제6조에서 밝히고 있듯이 개인정보 보호를 위한 일반법으로서 개인정보를 수집, 이용, 제공 등 처리하는 모든 자에게 적용될 수 있도록 '개인정보처리자'의 범위를 폭넓게 정의하고 있다. 또한, 개인정보처리자는 공공기관, 영리·비영리 법인 또는 단체, 개인이 모두 포함되는바, 시(市)교육청과 같은 공공기관,[4] 주식회사와 같은 영리기업은 물론 동창회·동호회와 같은 비영리단체도 개인정보처리자에 해당된다. 개인에는 1인 사업자, 개인활동가 등 본인의 업무를 목적으로 개인정보를 처리하는 경우가 포함된다고 할 것이다.[5]

개인정보처리자로서의 '개인'이란 '본인의 업무를 목적으로 개인정보를 처리하는 자'이므

---

3) 개인정보 보호법 제2조 제5호.
4) 시·도 등 지방자치단체의 교육에 관한 사무는 지방교육자치에 관한 법률 제2조에 따른 지방자치사무로서 시·도 교육청은 제32조에 의해 각 시·도 교육감이 설치한 직속기관인 점에 비추어 볼 때, 시·도 교육청은 지방자치단체에 포섭되는 결과 개인정보 보호법 제2조 제5호 가.목에 따라 '공공기관'에 해당된다.
5) 개인정보 보호법령 및 지침·고시 해설, 개인정보 보호위원회, 2020, 19면. 개인정보 보호법 제17조 제1항에서는 개인정보의 제3자 제공 유형 중 하나로 '공유'를 명시적으로 포함하고 있는바, 이는 개인정보의 제3자 제공이 개인정보 지배·관리권의 이전을 의미하는 것을 전제로 이전 뿐만 아니라 지배·관리권이 확대되는 경우도 제3자 제공에 해당됨을 명확히 한 것으로 보아야 할 것이다.

로 공공기관, 법인, 단체, 개인의 ‘대리인, 사용인, 그 밖의 종업원으로서의 지위에 있는 개인’은 개인정보처리자에 해당한다고 볼 수 없다. 이러한 경우를 위해 개인정보 보호법 제28조 제1항에서는 임직원, 파견근로자, 시간제근로자 등 개인정보처리자의 지휘·감독을 받아 개인정보를 처리하는 자를 ‘개인정보취급자’라고 정의하고 있다.

즉, 개인정보취급자는 개인정보 처리 업무를 담당하고 있는 자라면 정규직, 비정규직, 하도급, 시간제 등 모든 형태의 근로관계를 불문하고, 고용관계가 없더라도 실질적으로 개인정보처리자의 지휘·감독을 받아 개인정보를 처리하는 자라면 개인정보취급자에 해당한다고 할 것이므로 개인정보 처리업무 등을 수탁받아 처리하고 있는 수탁자도 개인정보취급자로 볼 수 있다.[6]

대학수학능력시험은 고등교육법 제34조 제3항 및 동법 시행령 제35조 제1항에 따라 교육부장관이 대학 입학전형의 자료로 활용하기 위한 목적으로 시행하는 시험으로서, 교육부장관은 대학수학능력시험의 시험응시원서 접수, 시험의 실시·감독, 답안지 회수 등 시험의 관리 업무에 대해 시·도 교육감에게 위임되어 있고,[7] 시행공고, 시험출제, 채점·성적통지, 시험 출제위원 및 관리요원의 지정 또는 위촉업무 등 대학수학능력시험 실시와 관련된 실무적인 업무는 한국교육평가원에 위탁[8]되어 있는바, 한국교육평가원이 매년 발표하는 대학수학능력시험시행 기본계획에 따르면 시험감독관은 시·도 교육감이 임명하고 있다.[9] 따라서, 대학수학능력시험 응시 수험생의 개인정보에 대한 처리주체는 시·도 교육감 또는 시·도 교육청으로 보는 것이 타당한 것으로 판단된다.[10]

한편, 시·도 교육청은 대학수학능력시험의 감독을 위해 시·도 중등교원 중에서 시험감독관을 임명하고 있고 시험감독관의 업무 방법 내지 범위는 한국교육평가원의 대학수학능력시험시험시행 기본계획에서 정하고 있는데, 이에 따르면 시험감독관에 대한 교육 내지 관리감독은 대학수학능력시험의 실시 및 감독업무가 시(市)교육청의 업무인 점에 비추어 시(市)교육청에서 수행한다.[11] 따라서, 대학수학능력시험의 감독관은 시(市)교육청이 시험관리 업무를 수행하기 위해 임명한 경우로서 감독관은 시(市)교육청의 교육 및 관리·감독 하에서

---

6) 개인정보 보호위원회, 전게서, 218면. 다만 수탁자에 대한 교육 및 관리·감독 규정은 개인정보 보호법 제26조에서 별도로 규정하고 있다.

7) 행정권한의 위임 및 위탁에 관한 규정 제22조 제1항 제16호부터 제19호.

8) 행정권한의 위임 및 위탁에 관한 규정 제45조 제3항 제2호.

9) 2021학년도 대학수학능력시험 시행기본계획, 한국교육과정평가원, 2020. 3. 31., 12면.

10) 이러한 점에서는 대상 판결의 개인정보처리자에 대한 판단은 타당한 것으로 보이고, 이하에서는 본 건 수험생 개인정보에 대한 개인정보처리자는 시(市)교육청라는 점을 전제로 검토하기로 한다.

11) 한국교육과정평가원, 전게서, 12, 16면.

시험관리 업무를 수행하는 지위에 있다고 할 것이다.

나. '개인정보를 제공받은 자'의 해석론

개인정보 보호법 제17조 제1항에서는 개인정보의 제3자 제공에 대해 규정하고 있는바, 개인정보의 제공이란 개인정보처리자 이외의 제3자에게 개인정보의 지배·관리권이 이전되는 것을 의미한다. 즉, 개인정보를 저장한 매체나 수기문서를 전달하는 경우 뿐만 아니라, DB시스템에 대한 접속권한을 허용하여 열람·복사가 가능하게 하여 개인정보를 공유하는 경우 등도 '제공'에 포함된다.[12] 개인정보의 '이용'이란 개인정보처리자 내에서 개인정보의 지배·관리권 이전 없이 스스로의 목적으로 쓰는 것을 의미하는 반면, 개인정보의 제공이란 개인정보처리자 및 정보주체 외의 제3자에게 개인정보의 지배·관리권이 이전되는 것을 말한다. 따라서, 같은 개인정보처리자 내의 다른 부서가 당초 수집 목적과 달리 이용하는 경우라면 제공이 아니라 목적외 이용에 해당한다고 보아야 할 것이다.

또한, 개인정보 처리 업무위탁과 제3자 제공 모두 개인정보가 다른 사람에게 이전되거나 공동으로 처리하게 된다는 측면에서는 동일하지만, '업무위탁'의 경우에는 개인정보처리자의 업무를 처리할 목적으로 개인정보가 제3자(수탁자)에게 이전되지만, '제공'은 제공받는 자의 업무를 처리할 목적 및 이익을 위해 개인정보가 이전된다는 점에서 다르다고 할 것이다.[13] 또한, 업무위탁의 경우에는 개인정보처리자의 관리·감독을 받지만, 제3자 제공은 개인정보가 제공된 이후에는 제3자가 자신의 책임 하에 개인정보를 처리하게 되며, 개인정보처리자의 관리·감독권이 미치지 못한다고 할 것이다.[14]

살피건대, 개인정보 보호법 제19조 제1항의 '개인정보처리자로부터 개인정보를 제공받은 자'의 경우 다음과 같은 이유로 제17조 제1항에 따라 제공받은 '제3자'를 의미하는 것이 타당한 것으로 보인다. 즉, ① 개인정보 보호법 제3장(개인정보의 처리) 이하에서는 개인정보의 '제공'은 개인정보처리자가 아닌 '제3자'에 대하여 이루어지는 것을 전제로 '수집', '이용'과는 별도의 개념으로 규정되어 있는 점, ② 개인정보의 제3자 제공을 위해서는 개인정보처리자가 직접 수집·이용할 때와 마찬가지로 정보주체에 대해 사전에 일정한 법정 고지사항을 알리고 동의를 받도록 하고 있는바,[15] 사실상 제3자가 직접 수집·이용 동의를 받는 것과 같은 효과가 있는 점을 고려할 때 개인정보의 지배·관리권이 이전되는 것을 전제로 하고 있

12) 개인정보 보호위원회, 전게서, 106면.
13) 대법원 2017. 4. 7. 선고 2016도13263 판결.
14) 개인정보 보호위원회, 전게서, 107면.
15) 개인정보 보호법 제17조 제2항.

다고 보아야 하는 점, ③ 개인정보처리자는 스스로 또는 다른 사람을 통하여 개인정보를 처리하는 자를 의미하는데, 개인정보처리자는 정보주체의 개인정보 수집·이용 등 처리를 통한 이익의 귀속주체라는 점을 고려할 때 여기서의 '다른 사람을 통하여'란 개인정보처리자의 개인정보 처리 업무위탁에 따른 수탁자를 의미하는 것으로 해석되는 점,[16] ④ 개인정보 보호법 제17조 제1항에서 개인정보 제3자 제공의 유형으로 '공유'를 규정하고 있으나, 여기서의 공유란 개인정보 지배·관리권을 개인정보처리자도 보유하고 있는 상황에서 제3자에게도 이전되는 것으로 보아야지 단순히 내부 임직원 등 개인정보처리자의 관리·감독 범위에 있는 개인정보처리 업무 이행보조자 등이 업무처리 과정에서 해당 개인정보를 접하게 되는 경우까지 공유라고 보기 어려운 점 등을 고려할 때, 개인정보 보호법 제19조 제1항의 '개인정보처리자로부터 개인정보를 제공받은 자'란 개인정보를 제공받은 '제3자'로 보아야 할 것이다.

따라서, 시(市)교육청으로부터 임명되고 관리·감독을 받으며 업무를 처리해야 하는 대학수학능력시험 감독관의 경우 시(市)교육청의 시험관리 업무를 위한 이행보조자로서 개인정보취급자로 보아야 할 것인바, 시(市)교육청으로부터 수험생의 개인정보 관리·지배권을 이전받은 것을 전제로 하는 '개인정보를 제공받은 자'로 포섭한 대상 판결의 태도는 타당하지 못한 것으로 판단된다.

다. 개인정보취급자의 개인정보 보호법 위반행위에 대한 형사처벌

개인정보 보호법 제74조에서는 위반행위를 개인정보처리자의 임직원, 대리인 등 이외에 개인정보처리자에 대해서까지 처벌하기 위한 양벌규정을 두고 있다. 한편, 양벌규정은 업무주 등 관련 법령의 직접적인 수범주체가 아니지만 당해 업무를 실제로 집행하는 자가 있는 때에 벌칙 규정의 실효성을 확보하기 위하여 그 적용대상자를 당해 업무를 실제로 집행하는 자에게까지 확장함으로써 그러한 자가 당해 업무집행과 관련하여 벌칙규정의 위반행위를 한 경우 양벌규정에 의하여 처벌할 수 있도록 한 행위자 처벌규정임과 동시에 그 위반행위의 이익귀속주체인 업무주 등 수범주체에 대한 처벌규정이다.[17]

살피건대, 제1심 및 대상 판결에서는 명시적으로 판단하고 있지 않지만, 개인정보 보호법 제18조 제1항은 '개인정보처리자는 개인정보를 수집목적의 범위를 초과하여 이용하여서는

16) 개인정보취급자의 경우 개인정보처리자의 임직원, 종업원 또는 업무 이행보조자로서 개인정보 처리에 따른 효과가 개인정보처리자에게 직접 귀속되는 면에서 개인정보처리자가 '스스로' 개인정보를 처리하는 경우에 포섭된다고 보아야 한다.

17) 대법원 1999. 7. 15. 선고 95도2870 전원합의체 판결, 대법원 2007. 12. 28. 선고 2007도8401 판결 등.

아니된다'고 규정하고 제71조 제2호는 '제18조 제1항을 위반하여 개인정보를 이용한 자'를 처벌하고 있으므로, 개인정보처리자가 아닌 개인정보취급자는 직접적으로 제71조 제2호의 적용대상자가 될 수 없는 것은 별론으로 하더라도, 이 사건에서 시험감독관인 피고인의 경우 개인정보취급자로서 '당해 업무를 실제로 집행하는 자'에 해당하는 것으로 보아 74조 제2항의 양벌규정 취지상 처벌범위가 확대되어 결국 제71조 제2호의 적용대상자가 될 수 있을 것이다.[18)]

III. 판결의 의의

대상 판결의 경우 개인정보 보호법의 목적 내지 체계정당성 등을 고려하여 '개인정보를 제공 받은 자'의 범위를 개인정보처리자의 관리·감독을 받는 제3자까지 확대함으로써 구체적인 타당성을 제고하기 위한 고민의 흔적이 보이지만, 개인정보 보호법상 개인정보처리자, 개인정보취급자 및 개인정보 제3자 제공과 관련된 해당 규정의 취지, 기존의 법리 내지 해석론과 상충될 소지가 있는 것으로 생각된다. 또한, 개인정보 보호법은 개인정보처리자가 대부분 법인 내지 단체인 점을 고려하여 벌칙 규정의 실효성을 확보하기 위하여 그 적용대상자를 '당해 업무를 실제로 집행하는 자'에게까지 확장하기 위해 양벌규정을 두고 있음에도 제1심과 대상 판결 모두 양벌규정의 적용 여부를 판단하지 않은 것은 아쉬움으로 남는다.

앞서 살핀 바와 같이 대학수학능력시험 감독관은 관련 법령에 따라 시(市)교육청의 임명 및 관리·감독을 받는 자로서 개인정보처리자인 시(市)교육청의 시험관리 업무의 이행보조자로 보아야 하고, 수험생 개인정보를 감독관 본인의 이익을 위해 이용하는 것이 아닌 점에 비추어 개인정보 보호법상 '개인정보취급자'로 해석하는 것이 타당할 것이다. 나아가, 개인정보취급자로 보는 경우 죄형법정주의 원칙상 '개인정보처리자'를 수범주체로 하는 형사처벌 규정의 직접적인 적용대상이 되기 어려울 것이지만, 개인정보 보호법상 양벌규정의 적용을 통해 개인정보처리자의 개인정보 처리 업무를 실제로 집행한 개인정보취급자에게까지도 위반행위의 책임을 물을 수 있을 것으로 보인다.

---

18) 서울중앙지방법원 2015. 2. 10. 선고 2014노2566 판결.

제3장

개인정보의 합법적 처리

025 거짓이나 그 밖의 부정한 수단이나 방법에 의한 동의

- 홈플러스 깨알고지 형사사건 -

대법원 2017. 4. 7. 선고 2016도13263 판결

이인석(법무법인(유한) 광장 변호사)

I. 판결의 개요

1. 사안의 개요

가. 사실관계

1) 개인정보 취득 부분

피고인 홈플러스 주식회사[1]는 경품행사를 진행하여 개인정보를 수집하고 이를 보험사에 건당 1,980원에 판매하는 방안을 기획하였다. 홈플러스는 2011년부터 2014년까지 11회의 경품행사를 진행하여 수집한 개인정보 합계 약 712만 건 중 600만 건을 보험회사에 제공하고 대가로 약 119억 원을 지급받았다. 홈플러스는 벤츠 승용차, 다이아몬드 반지 등 고가의 상품을 경품으로 내걸었다. 전단지, 인터넷 홈페이지, 영수증, 응모함 주변 곳곳에 경품행사를 광고하였다. 그런데 그 광고에는 개인정보 수집, 제공에 관한 내용은 기재되어 있지 않았고, '창립 14주년 고객감사 대축제', '그룹 탄생 5주년 기념' 등의 문구가 기재되어 있었다. 그러나 응모권과 응모화면에는 약 1mm 정도(한글 4포인트 정도)의 크기로 개인정보 보호법 제15조, 제17조에서 정한 필수 고지사항이 모두 기재되어 있었다. 개인정보 수집 및 제3자 제공에 관한 각 동의란에 모두 체크한 후 서명을 하도록 하였다. 한편 응모권, 응모화면에는 미동의나 서명 누락 시 추첨에서 제외된다는 내용이 기재되어 있었고, 응모권 뒷면의 주민등록번호, 휴대전화번호란 각 아래에는 "경품 당첨 시 본인 확인을 위하여 주민번호를 기재받고 있습니다.", "경품 추첨이 SMS로 고지되니 정확하게 기재하셔야 합니다."라고 기재하여 주민등록번호와 휴대전화번호를 입력하도록 하였다. 또한 성명·생년월일 또는 주민등록번호·휴대전화번호·자녀 수, 부모님과 동거 여부 등을 모두 기재하도록 하였다. 검찰은 홈

1) 이하 회사명에서 주식회사는 생략한다.

플러스의 행위가 "거짓이나 그 밖의 부정한 수단 또는 방법(이하 '부정한 방법 등'이라 한다)으로 개인정보를 취득하거나 동의를 받는 행위"에 해당한다면서 개인정보 보호법 제72조 제2호, 제59조 제1호 위반죄로 홈플러스와 그 담당자를 기소하였다.

2) 개인정보 제3자 제공 부분

피고인 등은 홈플러스의 영업방침에 따라 점포 또는 인터넷을 통해 가입한 홈플러스 패밀리카드 회원들의 동의 없이 그 개인정보를 보험회사에 임의로 제공하여 판매하되, 해당 보험회사에서 그중 보험모집에 적당한 대상자를 선별하여 다시 건네주면 제3자 제공의 불법성을 희석시키기 위해 공소외 회사 등과 같은 콜센터를 통해 선별(이른바 필터링)된 회원들에게 전화를 걸어 사후동의(이른바 퍼미션 콜)를 받는 편법을 동원하기로 하였다.

검찰은 피고인들이 정보주체 또는 정보통신서비스 이용자의 동의를 받지 아니한 홈플러스 회원정보를 제3자인 보험회사 등에게 임의로 제공하고 그 대가로 1명당 2,800원을 취득하였다는 공소사실로 개인정보 보호법 제71조 제1호, 제17조 제1항 제1호를 위반죄로 그 홈플러스와 그 담당자를 기소하였다.

나. 소송경과

1) 제1심 및 원심판결(서울중앙지법 2016. 1. 8. 선고 2015고단510 판결, 서울중앙지법 2016. 8. 12. 선고 2016노223 판결): 무죄

개인정보 취득과 관련하여 제1심과 원심은 다음과 같은 이유로 부정한 방법 등으로 동의를 얻은 경우에 해당하지 않는다고 보았다. 즉, 개인정보 보호법 제15조, 제17조에 의하면, 동의 시 개인정보의 '유상' 제공사실을 고지할 법적 의무가 없는 점, 유상 제공 여부는 동의 여부 선택에 중요한 요소가 아닌 점, 동의 없는 수집이나 필수 고지사항 누락 시 과태료만 규정된 점에 비추어 볼 때, 부정한 방법 등으로 동의를 받았다고 보려면, 법에 따른 사항을 모두 고지하여서는 동의를 받을 수 없는 경우로서, 단순 미고지만으로는 부족하고, 위계 기타 사회통념상 부정한 방법이라고 인정되는 것으로서 그 의사결정에 영향을 미칠 수 있는 적극, 소극적 행위를 하였다고 인정되어야 하는 점, 응모자들은 경품에 당첨되려면 개인정보를 보험사에 제공하여야 한다는 점을 인식하거나 인식할 수 있는 상태에서 그에 관한 동의를 하였다고 봄이 상당한 점, 응모자들은 동의 관련 내용을 확인하고 동의하지 않을 수 있었고, 응모권 4배 확대사진이 응모권 옆에 부착되어 있었던 점, 홈플러스가 의도적으로 작은

글자로 내용을 읽을 수 없도록 방해하였다고 보기 어려운 점, 1mm 크기는 복권, 품질표시, 사용설명서, 약관 등에서 통용되는 것인 점 등을 고려할 때 부정한 방법 등으로 동의를 얻은 경우에 해당하지 않는다.

개인정보 제3자 제공에 관하여 제1심과 원심은 다음과 같은 이유로 홈플러스의 업무를 위 보험회사들에 처리위탁한 것에 불과하므로 정보주체의 동의가 필요 없다고 판단하였다. 이른바 퍼미션 콜 업무나 그에 부수하여 퍼미션 콜 대상자를 선별하는 업무인 사전필터링은 홈플러스의 업무이고, 사전필터링에 따른 경제적 이익은 퍼미션 콜에 드는 시간과 비용을 절약할 수 있는 홈플러스에 귀속되었을 뿐 사전필터링을 통해 공소외 회사들이 유의미한 경제적 이익을 얻었다고 볼 수 없다. 그 밖에 위 보험회사들이 단순히 사전필터링을 해주기 위한 용도로 이전받은 개인정보 데이터베이스를 그 목적 범위 내에서 기계적으로 필터링한 후 위 데이터베이스를 자신들의 시스템에서 삭제하고 다른 용도로 사용하지 않은 점 등에 비추어 볼 때, 사전필터링에 있어 공소외 회사들은 홈플러스를 위하여 그의 퍼미션 콜 업무 일부를 수행한 수탁자로서의 지위를 가질 뿐, 개인정보 보호법 제17조와 정보통신망법 제24조의2에 정한 '제3자'로서의 지위를 가진다고 볼 수 없다.

2) 대법원 판결(대법원 2017. 4. 7. 선고 2016도13263 판결): 유죄취지 파기환송

대법원은 다음과 같은 이유로 유죄취지로 원심판결을 파기하여 환송하였다.

피고인들이 이 사건 광고 및 경품행사의 주된 목적을 숨긴 채 사은행사를 하는 것처럼 소비자들을 오인하게 한 다음 경품행사와는 무관한 고객들의 개인정보까지 수집하여 이를 제3자에게 제공한 점, 피고인들이 이와 같은 행위를 하면서 개인정보 보호법상의 개인정보 보호 원칙 및 제반 의무를 위반한 점, 피고인들이 수집한 개인정보에는 사생활의 비밀에 관한 정보나 심지어는 고유식별정보 등도 포함되어 있는 점 및 피고인들이 수집한 개인정보의 규모 및 이를 제3자에게 판매함으로써 얻은 이익 등을 종합적으로 고려하여 보면, 피고인들은 개인정보 보호법 제72조 제2호에 규정된 '거짓이나 그 밖의 부정한 수단이나 방법으로 개인정보를 취득하거나 개인정보 처리에 관한 동의를 받는 행위를 한 자'에 해당한다고 보는 것이 옳다.

공소외 회사들은 단순한 수탁자로서가 아니라 자신들의 독자적인 이익과 업무 처리를 위하여 홈플러스로부터 개인정보를 제공받은 '제3자'에 해당하고, 피고인들이 사전필터링을 위해 개인정보를 이전해준 행위는 개인정보 보호법 및 정보통신망법에서 말하는 개인정보 제3자 제공에 해당한다고 보는 것이 옳다.

2. 판결의 요지

가. 거짓이나 그 밖의 부정한 수단이나 방법의 의미 및 판단 방법

개인정보자기결정권의 법적 성질, 개인정보 보호법의 입법 목적, 개인정보 보호법상 개인정보 보호 원칙 및 개인정보처리자가 개인정보를 처리함에 있어서 준수하여야 할 의무의 내용 등을 고려하여 볼 때, 개인정보 보호법 제72조 제2호에 규정된 '거짓이나 그 밖의 부정한 수단이나 방법'이란 개인정보를 취득하거나 또는 그 처리에 관한 동의를 받기 위하여 사용하는 위계 기타 사회통념상 부정한 방법이라고 인정되는 것으로서 개인정보 취득 또는 그 처리에 동의할지에 관한 정보주체의 의사결정에 영향을 미칠 수 있는 적극적 또는 소극적 행위를 뜻한다. 그리고 거짓이나 그 밖의 부정한 수단이나 방법으로 개인정보를 취득하거나 그 처리에 관한 동의를 받았는지를 판단할 때에는 개인정보처리자가 그에 관한 동의를 받는 행위 자체만을 분리하여 개별적으로 판단하여서는 안 되고, 개인정보처리자가 개인정보를 취득하거나 처리에 관한 동의를 받게 된 전 과정을 살펴보아 거기에서 드러난 개인정보 수집 등의 동기와 목적, 수집 목적과 수집 대상인 개인정보의 관련성, 수집 등을 위하여 사용한 구체적인 방법, 개인정보 보호법 등 관련 법령을 준수하였는지 및 취득한 개인정보의 내용과 규모, 특히 민감정보 · 고유식별정보 등의 포함 여부 등을 종합적으로 고려하여 사회통념에 따라 판단하여야 한다.

나. 개인정보의 제공과 처리위탁의 구별

개인정보 보호법 제17조와 정보통신망법 제24조의2에서 말하는 개인정보의 '제3자 제공'은 본래의 개인정보 수집 · 이용 목적의 범위를 넘어 정보를 제공받는 자의 업무처리와 이익을 위하여 개인정보가 이전되는 경우인 반면, 개인정보 보호법 제26조와 정보통신망법 제25조에서 말하는 개인정보의 '처리위탁'은 본래의 개인정보 수집 · 이용 목적과 관련된 위탁자 본인의 업무 처리와 이익을 위하여 개인정보가 이전되는 경우를 의미한다. 어떠한 행위가 개인정보의 제공인지 아니면 처리위탁인지는 개인정보의 취득 목적과 방법, 대가 수수 여부, 수탁자에 대한 실질적인 관리 · 감독 여부, 정보주체 또는 이용자의 개인정보 보호 필요성에 미치는 영향 및 이러한 개인정보를 이용할 필요가 있는 자가 실질적으로 누구인지 등을 종합하여 판단하여야 한다.

II. 해설

1. 쟁점의 정리

가. 동의의 위법성 판단 – 거짓이나 그 밖의 부정한 수단이나 방법

개인정보 보호법 제72조 제2호에 규정된 '거짓이나 그 밖의 부정한 수단이나 방법'으로 개인정보를 취득하거나 개인정보 처리에 관한 동의를 받는 행위의 의미와 판단 방법이 문제된다. 원심은 '위계 기타 사회통념상 부정한 방법이라고 인정되는 것으로서 그 의사결정에 영향을 미칠 수 있는 적극적, 소극적 행위'라고 인정되어야 하며 단순 미고지 등에 비해 비난가능성이 더 큰 경우라야 한다고 판단하였다. 대법원은 여기에 그치지 않고 동의의 전 과정에서 여러 요소를 종합적으로 살펴야 한다고 하였다. 우리나라 개인정보 보호 관련법의 특징은 규율체계의 최초 단계에서 '고지 후 동의'를 보호수단으로 채택하고 있다는 점이다. 개인정보 보호법은 개인정보의 수집·이용이나 제공 등의 가장 중요한 허용기준으로서 '정보주체의 동의'를 요구하고 있으며, 정보통신망법, 위치정보법 또는 신용정보법도 정보주체의 동의를 합법적인 개인정보의 처리 기준으로서 공통적으로 요구한다. 형식적으로는 동의를 받는 경우가 많으므로 구체적인 사안에서 법에서 요구하는 고지 후 동의가 충족되었는지를 판단함에 있어서 해석상 논란이 제기된다.[2)]

나. 개인정보 제공과 처리위탁의 구별

개인정보의 '제3자 제공'은 본래의 개인정보 수집·이용 목적의 범위를 넘어 정보를 제공받는 자의 업무처리와 이익을 위하여 개인정보가 이전되는 경우인 반면, 개인정보의 '처리위탁'은 본래의 개인정보 수집·이용 목적과 관련된 위탁자 본인의 업무 처리와 이익을 위하여 개인정보가 이전되는 경우를 의미한다.

2. 관련 판례

가. 대법원 2014. 2. 27. 선고 2013도10461 판결

구 공공기관의 개인정보 보호에 관한 법률(2011. 3. 29. 법률 제10465호로 제정된 '개인정보 보호법'에 의하여 폐지) 제23조 제3항의 "거짓 그 밖의 부정한 방법"이란 법에 따른 절차에 의

---

2) 최경진, "개인정보 보호 관련법의 해석에 있어서 이익형량론과 일반적 이익형량 규정의 필요성에 관한 고찰", 사법 40호(사법발전재단, 2017), 85면.

해서는 처리정보 보유기관으로부터 처리정보를 열람 또는 제공받을 수 없음에도 이를 열람 또는 제공받기 위하여 행하는 위계 기타 사회통념상 부정한 방법이라고 인정되는 것으로서 처리정보 열람 또는 제공에 관한 의사결정에 영향을 미칠 수 있는 적극적 및 소극적 행위를 뜻한다고 봄이 타당하다.

나. 대법원 2016. 6. 28. 선고 2014두2638 판결

정보통신서비스 제공자가 이용자에게서 개인정보 수집·제공에 관하여 정보통신망법에 따라 적법한 동의를 받기 위하여는, 이용자가 개인정보 제공에 관한 결정권을 충분히 자유롭게 행사할 수 있도록, 정보통신서비스 제공자가 미리 인터넷 사이트에 통상의 이용자라면 용이하게 '개인정보를 제공받는 자, 개인정보를 제공받는 자의 개인정보 이용 목적, 제공하는 개인정보의 항목, 개인정보를 제공받는 자의 개인정보 보유 및 이용 기간'(이하 통틀어 '법정 고지사항'이라 한다)의 구체적 내용을 알아볼 수 있을 정도로 법정 고지사항 전부를 명확하게 게재하여야 한다. 아울러, 법정 고지사항을 게재하는 부분과 이용자의 동의 여부를 표시할 수 있는 부분을 밀접하게 배치하여 이용자가 법정 고지사항을 인지하여 확인할 수 있는 상태에서 개인정보의 수집·제공에 대한 동의 여부를 판단할 수 있어야 하고, 그에 따른 동의의 표시는 이용자가 개인정보의 수집·제공에 동의를 한다는 명확한 인식하에 행하여질 수 있도록 실행 방법이 마련되어야 한다.

3. 검토

가. 거짓이나 그 밖의 부정한 수단이나 방법에 의한 동의

대법원은 인간의 존엄과 가치, 행복추구권을 규정한 헌법 제10조 제1문에서 도출되는 일반적 인격권 및 헌법 제17조의 사생활의 비밀과 자유에 의하여 보장되는 개인정보자기결정권은 자신에 관한 정보가 언제 누구에게 어느 범위까지 알려지고 또 이용되도록 할 것인지를 그 정보주체가 스스로 결정할 수 있는 권리이며 그러한 개인정보를 대상으로 한 조사·수집·보관·처리·이용 등의 행위는 모두 원칙적으로 개인정보자기결정권에 대한 제한에 해당한다[3]는 점을 기초로 해석론을 전개한다. 개인정보 보호법과 정보통신망법은 위와 같은 개인정보자기결정권을 구체화하는 주요 법률이다.[4] 개인정보자기결정권의 실질적인 보호를

3) 대법원 2016. 8. 17. 선고 2014다235080 판결 등 참조.
4) 임규철, "개인정보의 보호 범위", 한독법학 제17호(한독법률학회, 2011), 223-248면.

위해서는 개인정보의 수집 및 이용이나 제공 등의 과정에서 명확한 고지의무 및 정보처리에 관한 규정이 중요하다.[5)]

유럽연합 일반 개인정보 보호법 'General Data Protection Regulation' 제12조 제1항은 정보주체의 자유로운 의사에 의한 동의를 보장하기 위해 "개인정보처리자는 정보처리에 따른 적절한 대책을 시행하는 데 있어 명백하고 쉬운 언어와 함께 간결성, 투명성, 이해성 및 접근의 수월성을 보장해야 한다."고 규정한다. 미국의 경우에는 정보주체의 명시적인 '동의'를 개인정보 처리의 요건으로 보고 있지는 아니하나, 정보처리에 대한 정보주체의 선택권을 보장하고 있으며, 그 전제로서 투명하고 공정한 정보의 고지가 필요하다고 보고 있다.[6)]

우리나라의 개인정보 보호법은 엄격한 동의요건을 설정하고 있는데, 이로 인하여 사실상 동의제도가 형해화되거나 형식화되는 문제가 발생할 수 있다. 많은 경우에 정보주체보다 훨씬 더 우월한 지위에 있는 개인정보처리자가 복잡하고 많은 동의 요건들을 요구하는 경우에 정보주체는 충분한 정보가 없는 상태에서 협상력도 충분히 가지고 있지 못하기 때문에 단순히 형식적으로 동의를 해 줄 가능성이 많다.[7)]

대법원은 동의 여부를 판단함에 있어서는 동의를 받게 된 전 과정을 종합적으로 살펴보아야 한다고 판시하였다. 이 사안에서 홈플러스는 형식적으로는 의무를 다했다고 볼 수도 있다. 법상 필수 고지사항을 기재하였고, 구분된 동의를 받았으며, 사생활 관련 정보나 고유식별정보의 처리에 관하여도 동의를 받았다. 제1심 및 원심법원은 형식적 측면에 방점을 두고 판단하여 동의가 유효하다고 판결하였다. 그러나 대법원은 위와 같은 해석론에 기초하여 보다 사안의 본질에 종합적인 방법으로 접근한다. 즉 실질적으로는 보험회사에 마케팅 목적으로 개인정보를 제공하여야 한다는 사실은 숨긴 채 경품 사은행사로 광고하여 사람들을 오인하게 만든 점, 중요한 동의 관련 사항을 1mm의 깨알 같은 글자로 고지하여 정보제공이 제대로 이루어지지 못한 것으로 보이는 점, 당첨 시 연락을 위해서 개인정보가 필요한 것처럼 기재한 점 등을 판단 근거로 삼았다. 대법원은 홈플러스의 이러한 행위는 다분히 의도적인 것이라고 인정하면서 개인정보 수집 등의 동기와 목적 등을 종합적으로 고려하여 볼 때 거짓이나 그 밖의 부정한 수단이나 방법으로 동의를 받았다고 판단하였다. 동의를 받은 전

5) 임규철, "개인정보의 상업적 판매 및 조건에 대한 비판적 고찰, 법제연구(법제연구원, 2017), 284면.
6) 윤주호, "개인정보 수집·이용 등을 위한 고지 및 동의 획득 방식에 대한 서울고등법원 판결 검토- 서울고등법원 2014. 1. 9. 선고 2013누14476 판결에 관하여", 경제규제와 법 7권 2호(2014), 216－217면.
7) 최경진, "개인정보 보호 관련법의 해석에 있어서 이익형량론과 일반적 이익형량 규정의 필요성에 관한 고찰", 사법 40호(사법발전재단, 2017), 93면; 문정국·김현경, "형식적인 개인정보 사전동의 규제와 이용자의 책임 간의 관계고찰", 한국심리학회 학술대회 자료집(2015. 8.).

후사정을 종합적으로 고려한 대법원의 판단은 형식적 동의로 개인정보를 수집·판매하는 관행에 제동을 건 것으로 정당하다고 할 것이다.

이 사건과 관련하여 형사소송 외에도 소비자 기만광고를 이유로 한 표시광고법 위반에 대한 과징금 부과처분 취소 행정소송, 민사 손해배상소송 등이 제기되었다. 법원은 민·형사, 표시광고법, 공정거래법 등 관점에서 다양하게 개인정보 보호 이슈에 판단을 하였다. 각 제도는 모두 개인정보자기결정권을 보호하는 데 역할을 한다. 그중 형사처벌은 가장 강한 제재라고 할 수 있다. 우리나라의 규제는 형사처벌에 의존하는 경우가 많은데 개인정보 관련법은 개인정보 보호를 위한 형벌규정의 체계적 정합성[8]과 과잉처벌, 형사벌의 보충성적 측면 등에서 문제가 제기되고 있다.[9] 정보주체는 자신의 정보를 침해한 자의 처벌보다는 그에 따른 손해의 구제에 관심이 클 수 있고, 정보를 침해한 자가 기업인 경우 형사적 처벌보다 민·형사적 제재가 더 효율적일 수도 있다. 따라서 민사 또는 행정상 제재로서 규율이 가능한 영역이라면 형사처벌을 최소화하는 것이 바람직하다.

나. 개인정보의 제공과 처리위탁

필터링 업무는 홈플러스의 업무임과 동시에 보험회사들의 업무로서의 성격을 가지고, 위 보험회사들은 위와 같은 업무 처리에 관하여 독자적인 이익을 가진다고 볼 수 있다. 또한 공소외 회사들의 담당 직원들은 일단 사전필터링에 필요한 개인정보 데이터베이스를 각자의 업무용 컴퓨터에 다운로드 받은 후에는 이를 자유롭게 복사, 편집, 이용, 전송할 수 있었고, 홈플러스는 그에 관하여 아무런 관리·감독을 하지 않았으며, 위 보험회사들에 명확한 필터링 기준을 정해준 것으로 보이지도 않는다. 따라서 이를 위해 개인정보를 이전해 준 행위는 개인정보 보호법 및 정보통신망법에서 말하는 개인정보 제3자 제공에 해당한다고 본 대법원의 판단은 정당하다.

다. 개인정보 보호법의 개정

동의의 방법에 관한 개인정보 보호법 제22조가 2017. 4. 18. 개정되어 2017. 10. 19. 시행되었다. 홈플러스 깨알고지 사건 등에서 처리자가 이러한 정보제공의무를 다하였는지에

---

8) 이성대, "개인정보 보호를 위한 현행 형벌체계의 문제점 검토", 형사정책연구 26권 1호, 한국형사정책연구원(2015), 40면.

9) 이성대, 전게서, 49－50면; 박광배, "개인정보 관련 법령의 실무적 운영과정에서 드러난 문제점과 개선방향", 시법 40호, 사법발전재단(2017), 29－33면.

관하여 논란이 있자 개인정보 보호법 제22조 제2항을 신설하여 개인정보처리자에게 동의 관련 사항을 "명확히 표시하여 알아보기 쉽게 하여야" 할 의무를 규정하고, 개인정보처리자는 동의를 받을 때에는 개인정보의 수집·이용 목적, 수집·이용하려는 개인정보의 항목 등 대통령령으로 정하는 중요한 내용을 보호위원회가 고시로 정하도록 위임하였다.

III. 판결의 의의

대법원은 개인정보 보호법 제72조 제2호에 규정된 '거짓이나 그 밖의 부정한 수단이나 방법'으로 개인정보를 취득하거나 동의를 받는 행위에 관한 해석론을 처음으로 밝혔다. 개인정보의 처리를 위해서는 정보 주체의 동의를 받아야 하고 이러한 동의는 충분한 정보가 제공된 상태에서 실질적으로 이루어져야만 유효하다는 원칙을 확인한 판결이다. 개인정보자기결정권이 형식에 그치지 않고 실질적으로 보호받기 위해서는 동의 시 개인정보의 수집 및 이용이나 제공 등의 과정에 관하여 명확하게 알려주는 것이 중요하다. 이 판결 이후 국회는 개인정보 보호법 제22조 제2항을 신설하여 개인정보처리자에게 동의 관련 사항을 "명확히 표시하여 알아보기 쉽게 하여야" 할 의무를 규정하였고, 시행령으로 구체적 표시방법을 정하였는데 바람직한 방향으로 생각된다. 이러한 점을 고려할 때 대법원이 동의 여부를 판단함에 있어서는 개인정보처리자가 그에 관한 동의를 받는 행위 그 자체만을 분리하여 개별적으로 판단하여서는 안 되고, 개인정보처리자가 개인정보를 취득하거나 처리에 관한 동의를 받게 된 전 과정을 종합적으로 고려하여 사회통념에 따라 판단하여야 한다고 판시한 것은 앞으로 동의의 실질적 유효성 여부를 판단하는 기준이 되는 타당한 판결이다. 다만, 사회통념에 따라 판단하는 기준이 개개의 사안에서 어떻게 작동할지는 관련 사례가 집적되면서 구체화 될 것으로 보인다.

대법원이 개인정보의 '제3자 제공'과 '처리위탁'을 제공받는 자의 업무처리와 이익을 위한 것인지 위탁자 본인의 업무 처리와 이익을 위한 것인지를 기준으로 구별한 것은 타당한 해석이다.

026 개인정보 수집 · 제공 조건 은폐와 기만적 광고

- 홈플러스 깨알고지 행정사건 -

대법원 2017. 4. 7. 선고 2016두61242 판결

이인석(법무법인(유한) 광장 변호사)

I. 판결의 개요

1. 사안의 개요

가. 사실관계

원고 홈플러스 주식회사 등은 소비자가 사용하는 상품을 다수의 사업자로부터 납품받아 판매하는 대규모 유통업자이다. 원고들은 2011. 8. 11.부터 2014. 6. 18.까지 12회에 걸쳐 경품행사(이하 '이 사건 경품행사'라 한다)를 실시하면서 홈페이지, 구매 영수증, 전단지 등을 통해 "홈플러스가 올해도 10대를 쏩니다", "홈플러스 창립 14주년 고객 감사 대축제", "2014 새해맞이 경품대축제, 홈플러스에서 다이아몬드가 내린다", "가정의 달 경품대축제, 황금이 쏟아진다", "그룹탄생 5주년 기념, 가을 愛 드리는 경품대축제" 등으로 광고(이하 '이 사건 광고'라 한다)하면서 경품행사를 통해 수집된 고객들의 개인정보를 보험사 등에 제공한다는 사실을 기재하지 아니하였다.

나. 소송경과

1) 공정거래위원회(2015. 5. 1. 의결 제2015-138호)

공정거래위원회는 '원고들은 이 사건 광고를 하면서 고객들에게 추첨의 형태로 고가의 자동차, 다이아몬드, 순금 등의 경품을 지급한다는 내용만 기재하고 경품을 받기 위해서는 고객들이 자신의 개인정보를 원고들 및 보험사 등 제3자에게 제공해야 하며 원고들이 그와 같이 고객의 개인정보를 수집하여 제3자에게 제공하는 것에 대해 동의해야 한다는 점을 누락하였다. 따라서 이 사건 광고는 마치 이 사건 경품행사가 고객 감사 차원에서 경품을 제공하는 것처럼 소비자를 기만하여 소비자의 합리적인 의사결정을 방해함으로써 공정한 거래질서

를 저해할 우려가 크다고 인정되므로 표시·광고의 공정화에 관한 법률(약칭: 표시광고법) 제3조 제1항 제2호의 기만적인 광고행위에 해당한다.'는 이유로 원고들에 대하여 표시광고법 제9조, 같은 법 시행령 제12조, 제14조, 제15조에 따라 시정명령 및 과징금납부명령을 하였다.

시정명령의 내용은 "원고들은 경품행사에 대해 광고하면서 소비자의 개인정보를 수집하여 제3자에게 제공하는 것을 조건으로 경품을 지급한다는 사실을 숨기고 마치 고객 사은행사의 일환으로 경품을 지급하는 것처럼 소비자를 속이거나 소비자로 하여금 잘못 알게 할 우려가 있는 기만적인 광고행위를 다시 하여서는 아니 된다."는 것이다. 과징금으로는 합계 435,000,000원이 부과되었다.

2) 원심판결(서울고등법원 2016. 10. 19. 선고 2015누45177 판결)[1]

원고들은 공정거래위원회의 처분의 취소를 구하는 소송을 제기하였다. 원심인 서울고등법원은 이 사건 광고는 원고들이 소비자의 개인정보 수집 및 제공을 조건으로 경품을 지급한다는 사실을 은폐하고 마치 고객 사은행사의 일환으로 경품행사를 진행하는 것처럼 소비자를 기만하고 잘못 알게 할 우려가 있는 기만적인 광고에 해당하여, 기만성, 소비자오인성 및 공정거래저해성이 인정된다고 판단하여 원고들의 청구를 모두 기각하였다.

3) 대법원 판결(대법원 2017. 4. 7. 선고 2016두61242 판결)

대법원은 이 사건 광고가 표시광고법 제3조 제1항 제2호에 정한 기만적인 광고에 해당한다고 판단하고, 원고들이 상고이유로 삼은 광고의 기만성, 소비자 오인성, 공정거래 저해성에 관한 법리오해 주장을 배척하고 상고를 기각하였다.

2. 판결의 요지

가. 기만적 광고의 의미 및 판단 방법

기만적인 광고는 사실을 은폐하거나 축소하는 등의 방법으로 소비자를 속이거나 소비자로 하여금 잘못 알게 할 우려가 있는 광고행위로서 공정한 거래질서를 해칠 우려가 있는 광고를 말한다. 일반 소비자는 광고에서 직접적으로 표현된 문장, 단어, 디자인, 도안, 소리 또는 이들의 결합에 의하여 제시되는 표현뿐만 아니라 거기에서 간접적으로 암시하고 있는 사항, 관례적이고 통상적인 상황 등도 종합하여 전체적·궁극적 인상을 형성하므로, 광고가 소

---

1) 공정거래위원회의 처분에 대한 불복의 소는 서울고등법원의 전속관할이다.

비자를 속이거나 소비자로 하여금 잘못 알게 할 우려가 있는지는 보통의 주의력을 가진 일반 소비자가 그 광고를 받아들이는 전체적 · 궁극적 인상을 기준으로 하여 객관적으로 판단하여야 한다.

원고들이 12회에 걸쳐 진행한 경품행사를 광고하면서 주민등록번호와 휴대전화번호 등 응모자의 개인정보를 수집하여 이를 보험회사에 제공하는 것에 동의하여야만 경품행사에 응모할 수 있다는 것을 기재하지 않은 사실이 인정되는바, 이는 소비자의 구매 선택에 중요한 영향을 미칠 수 있는 거래조건을 은폐하여 공정한 거래질서를 해칠 우려가 있는 것이므로 표시광고법 제3조 제1항 제2호에 정한 기만적인 광고에 해당한다.

나. 광고가 이루어진 후 소비자가 알게 된 사정 등을 고려해야 하는지 여부

표시광고법이 부당한 광고행위를 금지하는 목적은 소비자에게 바르고 유용한 정보의 제공을 촉진하여 소비자로 하여금 올바른 상품 또는 용역의 선택과 합리적인 구매결정을 할 수 있도록 함으로써 공정한 거래질서를 확립하고 소비자를 보호하는 데 있으므로, '기만적인 광고'에 해당하는지는 광고 그 자체를 대상으로 판단하면 되고, 특별한 사정이 없는 한 광고가 이루어진 후 그와 관련된 상품이나 용역의 거래 과정에서 소비자가 알게 된 사정 등까지 고려하여야 하는 것은 아니다.

II. 해설

1. 쟁점의 정리

가. 표시광고법상 기만적 광고의 의미 및 판단 방법

표시광고법 제3조 제1항은, 사업자등은 소비자를 속이거나 소비자로 하여금 잘못 알게 할 우려가 있는 표시 · 광고 행위로서 공정한 거래질서를 해칠 우려가 있는 각호의 4가지 유형의 표시 · 광고를 하거나 다른 사업자등으로 하여금 하게 하여서는 아니 된다고 규정하고 있다. 표시광고법 제3조에서 규정한 부당한 표시 · 광고가 성립하려면 ① 표시 또는 광고행위가 존재하여야 하고 ② 표시광고법이 열거하고 있는 4가지 유형, 즉 거짓 · 과장된 표시 · 광고, 기만적 표시 · 광고, 부당한 비교 표시 · 광고, 비방 표시 · 광고 중 하나에 해당하여야 하며 ③ 소비자를 속이거나 소비자로 하여금 잘못 알게 할 우려가 있고 ④ 공정한 거래질서를 저해할 우려가 있어야 한다. 위 각호 중 기만적 광고의 의미와 판단 방법이 문제된다. 이 사

건과 관련하여 행정소송 이외에도 개인정보 보호법 위반으로 인한 형사소송도 진행되었다. 형사소송에서는 개인정보 보호법 제72조 제2호에 규정된 '거짓이나 그 밖의 부정한 수단이나 방법'으로 개인정보를 취득하거나 개인정보 처리에 관한 동의를 받는 행위의 의미와 판단 방법이 쟁점이 되었다.

나. 기만적 광고의 위법성 판단 시점

'기만적인 광고'에 해당하는지를 판단함에 있어 광고 그 자체만을 대상으로 판단할지 광고가 이루어진 후 그와 관련된 상품이나 용역의 거래 과정에서 소비자가 알게 된 사정 등도 고려하여야 하는지 문제이다.

2. 관련 판례

가. 대법원 2013. 6. 14. 선고 2011두82 판결

일반 소비자는 광고에서 직접적으로 표현된 문장, 단어, 디자인, 도안, 소리 또는 이들의 결합에 의하여 제시되는 표현뿐만 아니라 거기에서 간접적으로 암시하고 있는 사항, 관례적이고 통상적인 상황 등도 종합하여 전체적·궁극적 인상을 형성하므로, 광고가 소비자를 속이거나 소비자로 하여금 잘못 알게 할 우려가 있는지는 보통의 주의력을 가진 일반 소비자가 그 광고를 받아들이는 전체적·궁극적 인상을 기준으로 하여 객관적으로 판단하여야 한다.[2)]

나. 헌재 2004. 8. 26. 2004헌마80 전원재판부 결정

광고 당시 광고의 내용이 사실과 다름이 없다면 가사 광고 후 광고 내용과 다른 행위가 있더라도 이를 들어 광고행위가 부당하다고 할 수는 없어 표시광고법에 위반된다고 할 수 없다.

3. 검토

가. 기만적 광고의 의의

표시광고법 제3조 제1항 제2호, 같은 법 시행령 제3조 제2항에 의하면, 기만적인 광고는 사실을 은폐하거나 축소하는 등의 방법으로 소비자를 속이거나 소비자로 하여금 잘못 알게

---

2) 대법원 2018. 7. 12. 선고 2017두60109 판결; 대법원 2019. 10. 17. 선고 2019두31815 판결 등도 같은 취지이다.

할 우려가 있는, 즉 소비자오인성이 있는 광고를 말한다. 미국법상 '기만적 광고'의 개념과 우리 표시 · 광고법상의 기만적 표시 · 광고는 일치하는 것은 아니다. 미국법상 기만적 광고는 우리 표시 · 광고법에 따르면 소비자를 오인시킬 우려에 해당하는 광의의 기만성을 의미하는 것으로 보인다.[3)]

표시 · 광고법 제3조는 부당한 표시 · 광고를 4가지 유형으로 구분하여 제1항 제1호 내지 제4호로 규정하고, 위 4가지 유형에 공통적인 부당성의 판단기준을 소비자오인성과 공정거래저해성에 두고 있다. 4가지 유형에 특유한 요건, 즉 거짓 · 과장성, 기만성, 비교의 부당성, 비방성과 소비자오인성은 별개의 요건임에도 불구하고 위 요건들 상호간에 중첩 및 혼동이 일어나는 경우가 있다.[4)] 이러한 이유는 법원 거짓 · 과장성 , 기만성 또는 소비자오인성을 판단할 때 광고주의 의도, 소비자의 인식 등 여러 가지 간접사실을 종합적으로 고려하고 있기 때문으로 보인다.[5)]

표시광고법 제3조 제1항 제1호의 거짓 · 과장의 표시 · 광고와 제2호의 기만적인 표시 · 광고는 소비자에게 사실과 다른 인식을 갖게 한다는 점에서는 공통된다. 전자는 적극적으로 진실하지 않은 진술 · 표시 등을 통하여 소비자의 오해 또는 사실과 다른 인식을 직접 초래하는 것이고, 후자는 소극적으로 진실의 전부 또는 일부에 대하여 은폐, 누락하거나 또는 축소하는 방법으로 소비자의 오해 또는 사실과 다른 인식을 유도하는 것이라는 점에서 차이가 있다.[6)]

공정거래위원회는 "기만적인 표시 · 광고 심사지침"을 제정하여 기만적인 표시 · 광고 여부의 심사를 위한 일반원칙 및 세부심사지침을 정하였다. 위 심사지침은 상품 등에 관한 표시 · 광고에 있어서 사업자 등이 소비자의 구매선택에 중요한 영향을 미칠 수 있는 사실이나 내용을 은폐하거나 축소하는 등의 방법으로 행하는 표시 · 광고에 적용한다. 시행령에는 은폐와 축소를 통한 기만적 광고에 대해서만 규정하고 있지만, 위 심사지침에는 은폐와 축소 외에 '누락'에 대하여도 정의하고 있다. 은폐와 누락, 축소는 모두 소비자의 구매선택에 중요한 영향

3) 이기종, "기만적 표시 · 광고의 규제", 경제법연구 제10권 2호(2011), 173면.

4) 이기종, 전게서, 169면.

5) 로앤비, 온주, 제3조(이선희 집필 부분)의 해설에서는 이를 거짓 "또는" 소비자오인성이 있을 경우에 규제하는 미국법의 영향을 받은 것으로 보고 있다. 그러나 우리 판례상 이러한 해석이 자주 나타나는 것은 미국법의 영향이라기보다 대법원이 다양한 간접사실을 종합하여 판단하는 방식을 선호하고 있는데, 소비자오인성과 거짓 · 과장성 및 기만성 판단에는 중첩되는 간접사실들이 존재할 수밖에 없기 때문으로 보인다.

6) 박수영, "부당한 표시 · 광고행위의 성립요건과 유형", 기업법연구 13권(2003. 6.), 218면에서는, 거짓 · 과장 여부는 표시 · 광고 자체가 판단대상이라는 점에서 표시 · 광고주의 태도에 중점을 두는 기만성과 구별된다고 한다. 그러나 기만성이 거짓 · 과장의 경우보다 표시 · 광고주의 태도에 중점을 둔다고 보기는 어렵다.

을 미칠 수 있는 사실이나 내용에 대한 것이다. 은폐는 위 사실이나 내용의 전부 또는 일부를 지나치게 작은 글씨로 표기하거나 지나치게 짧은 시간을 할애하는 등의 방법으로 소비자가 현실적으로 이를 인식하기 어렵게 표시·광고하는 것, 축소는 사실이나 내용을 표시 또는 설명하였으나, 지나치게 생략된 설명을 제공하는 등의 방법으로 보통의 주의력을 가진 소비자가 이를 사실대로 인식하기 어렵게 표시·광고하는 것, 누락은 위 사실이나 내용의 전부 또는 일부를 소비자가 인식하지 못하도록 당초부터 아예 밝히지 않거나 빠뜨린 것을 말한다.

중요한 표시·광고사항 고시[7]에서 정한 '중요정보'를 은폐·누락·축소하여 표시·광고한 경우 이를 기만적인 표시·광고행위로 볼 수는 있겠지만, 역으로 위 고시에서 정한 중요정보를 은폐·누락·축소한 경우에 한해서만 기만적인 표시·광고행위에 해당한다고 볼 것은 아니다.

나. 기만적 광고의 판단 방법

대법원은, 광고가 소비자를 속이거나 소비자로 하여금 잘못 알게 할 우려가 있는지는 보통의 주의력을 가진 일반 소비자가 그 광고를 받아들이는 전체적·궁극적 인상을 기준으로 하여 객관적으로 판단하여야 한다고 일관되게 판결하고 있다.[8]

공정거래위원회의 위 심시지침도, 기만적인 표시·광고를 심사할 때에는 특정 정보가 은폐·누락·축소되었다는 사실만으로 곧바로 부당한 표시·광고에 해당하는 것이 아니라, ① 은폐·누락·축소한 사실이 소비자의 구매선택에 중요한 영향을 미치는 것인지, ② 은폐·누락·축소함으로써 광고내용의 전후 맥락과 광고 전체 내용상 보통의 주의력을 가진 일반 소비자가 사업자나 상품에 대하여 그릇된 정보나 사실과 다른 인식을 가질 우려가 있는지, ③ 이를 통해서 소비자의 합리적인 의사결정이 저해될 우려가 있는지 등을 종합적으로 고려하여 판단한다.

이 사건 광고는 "홈플러스 창립 14, 고객 감사 대축제", "무더운 여름, 홈플러스에서 자동차 10대를 쏩니다" 등의 문구를 가장 큰 글씨로 전면에 배치하여 이 사건 경품행사를 광고하고 있을 뿐이고, 응모권 뒷면이나 홈페이지 응모화면이 아닌 이 사건 광고수단인 홈페이지, 구매 영수증, 전단지에는 원고들이 소비자의 개인정보를 수집하고 이를 제3자에게 제공하는 것에 소비자가 동의함을 조건으로 경품이 지급된다는 점에 관한 기재가 누락되어 있

7) 공정거래위원회 고시 제2014-8호.
8) 대법원 2013. 6. 14. 선고 2011두82 판결, 대법원 2018. 7. 12. 선고 2017두60109 판결, 대법원 2019. 10. 17. 선고 2019두31815 판결 등 참소.

다. 이 사건 광고를 접한 소비자 입장에서 이 사건 경품행사가 아무런 대가 없이 이루어지는 단순 사은행사인지, 아니면 자신의 개인정보를 수집하여 보험사 등 제3자에게 제공하는 대가로 추첨을 통하여 경품을 제공하는 행사인지 여부는 거래조건에 관한 핵심적인 사항이므로, 소비자가 이 사건 경품행사에 응모할지 여부에 영향을 미치는 결정적 요소라고 보인다. 따라서 원고들이 이 사건 경품행사를 광고하면서 경품행사의 목적이 실제로는 고객의 개인정보 수집 및 제3자에의 제공임에도 불구하고 이러한 목적을 은폐하고 광고한 것은 소비자의 구매선택에 중요한 영향을 미칠 수 있는 사실이나 내용을 은폐한 것이라고 봄이 상당하다. 또한 간략하게나마 개인정보가 제3자에게 제공된다는 것을 광고에 나타내고, 상세한 내용은 홈페이지를 참작하라고 기재하는 방식도 어렵지 않게 가능한 것으로 보임에도 실질적 내용은 제외한 채 "자세한 사항은 응모권이나 홈페이지 참고"라고만 기재하였다고 하더라도 은폐가 아니라고 볼 것은 아니다.

이 사건은 개인정보 수집 등 동의 관련 광고가 표시광고법상 기만적 광고에 해당한다는 이유로 공정거래위원회의 제재를 받은 사안이라는 점이 특색이 있다. 우리나라 개인정보 보호 관련 규율체계는 최초 단계에서 '고지 후 동의'를 보호수단으로 채택하고 있다는 점에 특징이 있다. 개인정보 보호법은 개인정보의 수집 · 이용이나 제공 등의 가장 중요한 허용기준으로서 '정보주체의 동의'를 요구하고 있으며, 정보통신망법, 위치정보법 또는 신용정보법도 정보주체의 동의를 합법적인 개인정보의 처리 기준으로서 공통적으로 요구한다. 형식적으로는 동의를 받는 경우가 많으므로 구체적인 사안에서 법에서 요구하는 고지 후 동의가 충족되었는지를 판단함에 있어서 해석상 논란이 제기된다.9) 본건은 개인정보 수집 등 관련 동의와 관련하여 광고에서 적절하게 고지가 이루어지지 않은 경우 표시광고법상 기만적 광고에도 해당할 수 있다고 밝힌 사안이다.

다. 기만적 광고의 위법성 판단 시점: 광고 후 이루어진 사정 고려 여부

원고들은 이 사건 광고를 보고 경품에 응모하기로 한 소비자는 필수적으로 응모권을 작성하는 단계를 거치게 되고, 이 과정에서 응모권 뒷면이나 홈페이지의 응모화면에 기재된 원고들의 개인정보 수집 및 제공 사실을 알게 되므로, 이 사건 광고가 전체적으로 볼 때 위와 같은 개인정보 수집 및 제공 사실을 은폐하여 소비자를 기만하였다고 볼 수 없다고 주장하였다. 그러나 표시광고법은 상품 또는 용역에 관한 표시 · 광고를 할 때 소비자를 속이거나

9) 최경진, "개인정보 보호 관련법의 해석에 있어서 이익형량론과 일반적 이익형량 규정의 필요성에 관한 고찰", 사법 40호(사법발전재단, 2017), 85면.

소비자로 하여금 잘못 알게 하는 부당한 표시·광고를 방지하고 소비자에게 바르고 유용한 정보의 제공을 촉진함으로써 공정한 거래질서를 확립하고 소비자를 보호함을 목적으로 하므로 이 사건 광고의 기만성을 판단함에 있어 광고를 게재한 시점을 기준으로 광고 그 자체로 판단해야 할 것이지 이 사건 광고 자체가 아닌 응모권 뒷면과 홈페이지 응모화면의 내용을 고려하여야 한다고 볼 수 없다. 따라서 원고들이 주장하는 바와 같이 광고 이후 응모권의 작성 단계에서 비로소 올바른 정보를 얻어 오인된 인식을 바로잡을 가능성이 있다는 사정만으로 이 사건 광고가 이 사건 경품행사에 관한 거래조건을 은폐한 기만적인 광고가 아니라고 할 수 없다. 이러한 점은 일반적인 상품광고의 경우에도 광고가 이미 이루어진 후 상품을 직접 구매할 단계에 이르러 실제로 구매로 나아간 사람이 광고의 잘못된 점을 알 수 있는 가능성이 있다고 하여도 이미 행해진 광고의 기만성이 없어지는 것이 아니라는 점과 유사하다.

III. 판결의 의의

이 판결은 기만적인 광고인지 여부 판단에 있어서도 거짓·과장성 등에 관한 종래의 대법원 판시에 따라 보통의 주의력을 가진 일반 소비자가 그 광고를 받아들이는 전체적·궁극적 인상을 기준으로 하여 객관적으로 판단하여야 한다는 점을 확인한 판결이다. 특히 원고들이 경품행사를 광고하면서 응모자의 개인정보를 수집하여 이를 보험회사에 제공하는 것에 동의하여야만 경품행사에 응모할 수 있다는 것을 기재하지 않은 것을 기만적인 광고에 해당한다고 판단하였다. 빅데이터의 수집이 필수적인 4차 산업혁명시대에 개인정보 수집에 관하여 표시광고법이 개입한 중요한 선례에 해당한다고 할 것이다.

기만성 판단 시점과 관련하여 헌법재판소는 광고 당시 광고의 내용이 사실과 다름이 없다면 가사 광고 후 광고 내용과 다른 행위가 있더라도 이를 들어 광고행위가 부당하다고 할 수는 없다고 결정한 바 있다. 대법원은 그와 반대의 상황에도 같은 논리를 전개하여 표시광고법상 '기만적인 광고'에 해당하는지는 광고 그 자체를 대상으로 판단하면 되고, 특별한 사정이 없는 한 광고가 이루어진 후 그와 관련된 상품이나 용역의 거래 과정에서 소비자가 알게 된 사정 등까지 고려하여야 하는 것은 아니라고 판단하였다. 기만성에 관한 판단이지만 소비자오인성, 거짓·과장성의 판단에도 동일한 법리가 적용될 것으로 보인다.

027 개인정보의 수집 · 제공 등을 위한 적법한 동의의 요건

- 인터넷 사이트에서 개인정보를 수집하면서 적법한 동의를 받았는지 문제된 사건 -

대법원 2016. 6. 28. 선고 2014두2638 판결

이인환(김 · 장 법률사무소 변호사)

I. 판결의 개요

1. 사안의 개요

가. 사실관계

원고 주식회사 열심히커뮤니케이션즈는 보험회사 등 거래사의 요청에 따라 이벤트의 방법을 통해 이용자에게 경제적 이익을 제공하면서 텔레마케팅 자료로 사용할 이용자의 개인정보를 수집하여 이벤트를 요청한 거래사에 제공하는 영업을 영위하는 회사이다.

피고 방송통신위원회는 원고가 2008. 2.경부터 2012. 2경까지 오픈마켓, 언론사, 포털 등 웹사이트의 배너 및 이벤트 광고 팝업창을 통해 이용자의 개인정보를 수집, 제공하면서 일부 이용자에 대해 개인정보 수집항목 및 목적, 보유기간, 개인정보를 제공받는 자, 제공받는 자의 이용목적, 제공항목, 제공받는 자의 보유 및 이용 기간(이하 통칭하여 "법정 고지사항") 등에 대한 안내 없이 "확인"을 선택하면 동의한 것으로 간주하는 등의 방법으로 이용자의 명시적인 동의를 받지 않아 「구 정보통신망 이용촉진 및 정보보호 등에 관한 법률(2013. 3. 23. 법률 제11690호로 개정되기 전의 것)」(이하 "정보통신망법") 제22조 제1항 및 제24조의2 제1항 등을 위반하였다는 이유로, 원고에 대하여 과징금, 시정조치 및 공표명령 등의 처분을 하였고, 원고는 이에 불복하여 위 처분의 취소를 구하는 소송을 제기하였다.

나. 소송경과

1) 제1심 판결(서울행정법원 2013. 5. 2. 선고 2012구합21154 판결)

법원은 정보통신서비스 제공자가 이용자로부터 개인정보 수집 · 제공에 대한 동의를 받는 경우에는 이용자에게 정보통신망법에 따른 동의를 얻어야 할 사항에 대한 단순한 인식 가능

성만을 부여하는 것으로는 충분하지 아니하고, 이용자가 동의를 얻어야 할 사항을 명확히 인식하고 확인함으로써 동의 의사를 명시적으로 표현할 수 있도록 하여야 한다고 봄이 타당하다고 판시하면서, 고지사항 및 체크박스 부분을 개인정보 입력 부분으로부터 멀리 떨어뜨려 배치하고 이용자가 체크박스에 아무런 체크를 하지 않고 이벤트에 참여하고자 할 때 개인정보를 수집·제공한다는 내용이 기재되어 있지 않거나 수집·제공의 대상이 개인정보인지가 명확하지 않은 내용으로 동의를 구하는 것은 결국 명시적인 동의가 없었음에도 동의 의사를 표시한 것으로 간주될 위험이 있다고 볼 수밖에 없고, 따라서 이와 관련된 피고의 처분에는 위법이 있다고 할 수 없다고 판단하였다.

2) 항소심 판결(서울고등법원 2014. 1. 9. 선고 2013누14476 판결)

항소심 법원은, 원심 법원의 법리에 이어, 원고와 같은 개인정보를 수집하기 위한 배너광고 이벤트형 사업자로서는 이벤트 참여자가 해당 이벤트 참여 여부를 결정하고 그 개인정보를 입력하기 전에 미리 법정 고지사항 및 그에 관한 동의 여부를 표시하기 위한 체크박스 등의 존재를 쉽게 알도록 이벤트 화면 상단에 법정 고지사항 등에 관한 안내 문구를 배치함과 아울러 그 표시도 굵고 큰 문자나 색채·부호 등을 이용하여 가능한 법정 고지사항 등의 존재·내용을 명확히 드러나게 하거나, 이벤트 참여자의 개인정보 입력 전에 미리 법정 고지사항 및 그 동의 여부를 개별적으로 확인·표시하게 한 이후에 개인정보 등을 입력하도록 조치할 필요가 있다고 판시하면서, 원고는 개인정보의 수집·제공에 필요한 이용자의 명시적 동의를 받지 않았다고 보았다.

한편, 이벤트에 참여한 정보주체의 경우 원고로부터 직접 정보통신서비스를 제공받는 것은 아니므로 원고의 이용자에 해당한다고 볼 수 없어 정보통신망법이 위 처분의 근거가 될 수 없고, 가사 정보통신망법이 적용된다고 하더라도 개인정보 보호법이 시행된 2011. 9. 30. 이후에는 동법 제15조 제1항 제4호("정보주체와의 계약 체결 및 이행을 위하여 불가피하게 필요한 경우")가 보충적으로 적용될 수 있다는 원고의 주장에 대해, 항소심 법원은 원고의 경우 영리를 목적으로 전기통신사업자의 전기통신역무를 이용하여 이벤트 화면을 통하여 이벤트에 관한 정보를 제공하거나 그 정보의 제공을 매개하는 자로서 정보통신서비스 제공자에 해당하고 개인정보의 수집·제공 등에 관하여 정보주체의 동의가 필요하지 아니한 예외 사유에 대하여는 정보통신망법의 관련 규정이 우선적으로 적용되어야 한다고 판단하였다.

3) 대법원 판결(대법원 2016. 6. 28. 선고 2014두2638 판결)

대법원은, 이벤트 화면에서 법정 고지사항을 제일 하단에 배치한 것은 법정 고지사항을 미리 명확하게 인지 · 확인할 수 있게 배치한 것으로 볼 수 없는 점, 이벤트 화면에 스크롤바를 설치한 것만으로는 개인정보 수집 · 이용 및 제3자 제공에 관한 동의를 구하고 있고 화면 하단에 법정 고지사항이 존재한다는 점을 쉽게 인지하여 확인할 수 있는 형태라고 볼 수 없는 점, 이벤트 화면에서 개인정보의 수집 · 제공에 관한 동의 여부를 표시하도록 되어 있는 체크박스에 아무런 표시도 하지 아니한 채 이벤트에 참여하려 하면 일련의 팝업창이 뜨는데, 그 팝업창 문구 자체만으로는 수집 · 제공의 대상이 '개인정보'이고 제공처가 제3자인 보험회사라는 점을 쉽고 명확하게 밝힌 것으로 볼 수 없음에도, 이용자가 팝업창에서 '확인' 버튼만 선택하면 개인정보 수집 · 제3자 제공에 동의한 것으로 간주되도록 한 점 등을 종합하면, 원고가 이용자의 개인정보 수집 등을 하면서 적법한 동의를 받은 것으로 볼 수 없다고 본 원심판단이 정당하다고 판시하였다.

나아가 대법원은 원고가 정보통신서비스 제공자에 해당하고, 개인정보 보호법 제15조 제1항 제4호를 근거로 이용자의 동의 없이도 개인정보를 수집 · 이용할 수 있다는 취지의 원고의 주장을 받아들이지 아니한 원심의 판단에 법리오해 등의 위법이 없다고 판단하였다.

2. 판결의 요지

정보통신서비스 제공자가 이용자에게서 개인정보 수집 · 제공에 관하여 정보통신망법에 따라 적법한 동의를 받기 위하여는, 이용자가 개인정보 제공에 관한 결정권을 충분히 자유롭게 행사할 수 있도록, 미리 인터넷 사이트에 통상의 이용자라면 법정 고지사항의 구체적 내용을 알아볼 수 있을 정도로 법정 고지사항 전부를 명확하게 게재해야 하고, 법정 고지사항을 게재하는 부분과 이용자의 동의 여부를 표시할 수 있는 부분을 밀접하게 배치하여 이용자가 법정 고지사항을 인지하여 확인할 수 있는 상태에서 개인정보의 수집 · 제공에 대한 동의 여부를 판단할 수 있어야 하고, 그에 따른 동의의 표시는 이용자가 개인정보의 수집 · 제공에 동의를 한다는 명확한 인식 하에 행하여 질 수 있도록 실행 방법이 마련되어야 한다.

II. 해설

1. 쟁점의 정리

가. 정보통신망법의 수범주체

정보통신망법 내 개인정보 보호 관련 규정의 수범주체는 정보통신서비스 제공자이며, 동 규정들은 이용자의 개인정보 처리에 관하여 규율하고 있다. 여기서 정보통신서비스 제공자란 전기통신사업법 제2조 제8호에 따른 전기통신사업자와 영리를 목적을 전기통신사업자의 전기통신역무를 이용하여 정보를 제공하거나 정보의 제공을 매개하는 자를 의미하며(정보통신망법 제2조 제3호), 이용자란 정보통신서비스 제공자가 제공하는 정보통신서비스를 이용하는 자를 말한다(동조 제4호).

회원가입이 이루어지는 웹사이트의 경우라면 그 웹사이트의 운영자를 정보통신서비스 제공자로, 해당 웹사이트의 회원을 이용자로 각 의율하는 데 특별한 의문은 없겠으나, 본건에서는 원고가 제작한 웹사이트를 통해 이벤트 응모가 이루어졌을 뿐이라는 점에서 차이가 있다.

나. 정보통신망법과 개인정보 보호법의 관계

이 사건 처분 대상 행위가 계속 중이던 2011. 9. 30. 개인정보 보호법이 시행되었다. 정보주체의 동의 없이 개인정보를 수집 · 이용할 수 있는 사유와 관련하여, 정보통신망법은 "정보통신서비스의 제공에 관한 계약을 이행하기 위하여 필요한 개인정보로서 경제적 · 기술적인 사유로 통상적인 동의를 받는 것이 뚜렷하게 곤란한 경우", "정보통신서비스의 제공에 따른 요금정산을 위하여 필요한 경우" 및 "이 법 또는 다른 법률에 특별한 규정이 있는 경우" 등을 규정하고 있는 반면(정보통신망법 제22조 제2항), 개인정보 보호법에서는 "정보주체와의 계약의 체결 및 이행을 위하여 불가피하게 필요한 경우"를 포함해 정보통신망법과는 다른 다섯 가지의 예외사유들을 규정하고 있다(개인정보 보호법 제15조 제1항 제2호 내지 제6호).

다. 개인정보의 수집 · 이용 및 제공 등에 대해 적법한 동의를 받기 위한 요건

정보통신망법에서는 정보통신서비스 제공자가 이용자의 개인정보를 이용하려고 수집하는 경우 또는 제3자에게 제공하려는 경우 법정 고지사항을 이용자에게 알리고 동의를 받아야 한다고 규정하고 있다(정보통신망법 제22조 제1항, 제24조의2 제1항). 이 사건에서 원고는 이벤트 배너를 클릭하면 연결되는 이벤트 페이지에 상기 법정 고지사항을 게시하고 체크박스 형식의 동의 표시란에서 "예" 또는 "아니오"를 선택하게 하여 개인정보의 수집 · 이용 및 제공

등에 대한 동의를 획득하고 있었으므로 이용자로부터 적법하게 동의를 받고 있었다고 주장하였는데, 후술하는 상기 페이지의 구성 방식 등에 비추어 이용자들이 법정 고지사항을 인지할 수 있었다고 볼 수 있는지가 쟁점이 되었다.

2. 검토

가. 원고가 정보통신서비스 제공자에 해당하는지 여부

항소심 법원은, 원고가 거래사와 텔레마케팅 영업을 위한 개인정보 제공 및 이벤트 행사 진행에 관한 계약을 체결한 다음, 거래사의 요청에 따라 배너를 클릭하면 연결되는 이벤트 웹사이트를 제작하였고, 위 웹사이트를 통해 이벤트 관련 정보를 확인할 수 있었다는 점 등을 근거로 원고가 영리를 목적으로 전기통신사업자의 전기통신역무를 이용하여 위 웹사이트를 통하여 이벤트에 관한 정보를 제공하거나 그 정보의 제공을 매개하는 자로서 정보통신서비스 제공자에 해당한다고 판단하였고, 그 이벤트에 참여하면서 개인정보를 제공한 자는 위 웹사이트를 통하여 제공한 이벤트 관련 내용을 정보통신서비스로 이용한 이용자에 해당한다고 보았다.

대법원은 위 항소심 법원의 판단을 수긍하였다. 본건 판결 이전에도 대법원은, 정보통신망법 제22조 제1항 전문에 의하여 보호되는 개인정보의 주체인 이용자는 자신의 개인정보를 수집하려고 하는 정보통신서비스 제공자로부터 정보통신서비스를 제공받아 이를 이용하는 관계를 전제로 하고 있다고 해석된다고 판시하였는바,[1] 회원제 웹사이트와 달리 계속적인 정보 제공이 예정되어 있지 않고 제공되는 정보 역시 제한된 기간 동안만 운영되는 이벤트에 관한 것이라 하더라도, 법문언상 '정보' 혹은 '제공'에 특별한 제한이 부가되어 있지 않으므로 정보통신서비스 제공 · 이용 관계의 형성에는 지장이 없다고 본 것으로 이해된다.

나. 원고가 개인정보 보호법 제15조 제1항 제4호에 따라 정보주체의 동의 없이 개인정보를 수집 · 이용할 수 있는지 여부

대법원은, 개인정보 보호법의 수범자는 '개인정보처리자'로서 정보통신망법의 수범자인 정보통신서비스 제공자와는 명확히 구분되는 점, 개인정보 보호법 제6조에서는 "개인정보 보호에 관하여는 「정보통신망 이용촉진 및 정보보호 등에 관한 법률」, 「신용정보의 이용 및 보호에 관한 법률」 등 다른 법률에 특별한 규정이 있는 경우를 제외하고는 이 법에서 정하는 바

1) 대법원 2013. 10. 17. 선고 2012도4387 판결.

에 따른다."라고 규정하고 있고 원고와 같은 정보통신서비스 제공자의 개인정보 수집·이용에 이용자의 동의가 필요하다는 것과 동의가 필요하지 아니한 예외 사유에 관하여 정보통신망법 제22조에서 별도로 규정하고 있으므로 정보통신망법 규정이 우선적으로 적용되어야 할 것인 점 등을 들어, 개인정보 보호법 제15조 제1항 제4호는 정보통신서비스 제공자인 원고가 이용자의 개인정보를 수집·이용할 수 있는 근거가 될 수 없다고 판단하였다.

개인정보 보호와 관련하여서는 일반법에 해당하는 개인정보 보호법이 더 늦게 제정·시행되면서 이미 시행되고 있던 정보통신망법이 특별법의 지위에 놓이게 되는 다소 이례적인 과정을 거치게 되었다. 정보통신서비스 제공자가 신법인 개인정보 보호법상의 규정을 근거로 개인정보 처리를 할 수 있는지에 대해 의문이 있었는데, 대법원의 위 입장에 따를 때 동일한 대상에 대해 개인정보 보호법과 정보통신망법이 다른 규율을 하고 있는 경우라면 정보통신서비스 제공자에 대해서는 정보통신망법 규정이 우선적으로 적용되는 것으로 판단될 가능성이 높다.

다. 원고가 이용자의 적법한 동의를 받았는지 여부

본 사안의 핵심은 원고가 이용자로부터 개인정보의 수집 및 이용, 제공 등에 대해 적법한 동의를 받았는지 여부이다. 특히 쟁점이 되었던 것은 원고가 법정 고지사항을 제시하였던 방식에 관한 것으로, (1) 이벤트 참여자가 응모를 위해 개인정보를 입력하는 란과 법정 고지사항 및 동의 표시란 사이에 이벤트 관련 상품평 이미지 등을 삽입하는 방법으로 상당한 간격을 두어 이용자가 개인정보 입력 후 고지사항을 확인하고 동의 여부를 표시하기 위해서는 화면을 아래로 내리는 작업(스크롤)을 해야 하는 방식으로 구성을 해둔 부분과 (2) 이용자가 동의 표시란에 아무런 표시를 하지 않은 상태에서 이벤트 응모를 진행하는 경우 팝업창이 제시되는데 해당 팝업창에서는 법정 고지사항이나 개인정보가 수집·이용, 제공될 것이라는 점이 명시되지 않았음에도 위 팝업창에서 '확인'을 클릭하는 경우 개인정보의 수집·이용, 제공에 대해 동의를 한 것으로 처리한 부분의 적법성이 특히 문제되었던 것으로 보인다.

정보통신망법에서는 법정 고지사항을 알리고 동의를 받으라고 규정하고 있을 뿐, 이를 알리는 방법에 대해 구체적인 규정을 두고 있지는 않고, 정보통신서비스 제공자가 이용자로부터 동의를 받음에 있어 준수해야 할 기본원칙에 대해서도 달리 정하고 있지 않으며, 단지 정보통신망법 제26조의2에 따라 동의를 받는 방법을 구체화하고 있는 동법 시행령 제12조 제1항 후문에서 "정보통신서비스 제공자 등은 동의를 얻어야 할 사항을 이용자가 명확하게 인지하고 확인할 수 있도록 표시하여야 한다."고 규정하고 있을 뿐이다. 나아가 정보통신망

법 제22조 제1항 위반을 이유로 정보통신서비스 제공자에게 과징금을 부과하기 위해서는 이용자의 동의를 받지 않았다는 것이 전제되어야 하는바(정보통신망법 제64조의3 제1호),[2] 이용자가 위 동의 표시란에서 '예'를 선택하였거나 팝업창의 '확인'을 클릭하였다면, 이용자의 동의를 받지 않았음을 전제로 한 피고의 처분은 부적법한 것 아닌지에 대한 의문이 있다.

이에 대해 대법원은 법정 고지사항을 게재해두는 것만으로는 적법한 동의를 받기에 충분하지 않다는 입장을 취한 것으로 이해된다. 즉, 대법원은 ① 통상의 이용자라면 법정 고지사항의 구체적 내용을 알아볼 수 있을 정도로 법정 고지사항 전부를 명확하게 게재해야 할 뿐만 아니라, ② 법정 고지사항을 게재하는 부분과 이용자의 동의 여부를 표시할 수 있는 부분을 밀접하게 배치하여 이용자가 법정 고지사항을 인지하여 확인할 수 있는 상태에서 개인정보의 수집 · 제공에 대한 동의 여부를 판단할 수 있어야 하고, ③ 그에 따른 동의의 표시는 이용자가 개인정보의 수집 · 제공에 동의를 한다는 명확한 인식 하에 행하여 질 수 있도록 실행 방법이 마련되어야 한다고 판시하면서, 원고는 이용자의 적법한 동의를 받았다고 볼 수 없다고 결론 내렸다.

침익적 행정행위의 근거가 되는 행정법규는 엄격하게 해석 · 적용하여야 하고 그 행정행위의 상대방에게 불리한 방향으로 지나치게 확장해석하거나 유추해석해서는 안 되며, 그 입법 취지와 목적 등을 고려한 목적론적 해석이 전적으로 배제되는 것은 아니라고 하더라도 그 해석이 문언의 통상적인 의미를 벗어나서는 안 된다는 판례의 입장에 비추어 보면,[3] 본건에서 대법원의 판단은 정보통신망법 제22조 제1항 및 제24조의2 제1항상 "정보통신서비스 제공자는... 다음 각 호의 모든 사항을 이용자에게 '알리고' 동의를 받아야 한다."는 문언에 대한 목적론적 해석으로 이해된다.

대법원은 이러한 해석의 근거를 헌법상 권리인 개인정보자기결정권에서 찾고 있다. 개인은 자신의 개인정보가 언제 누구에게 어느 범위까지 알려지고 또 이용되도록 할 것인지를 스스로 결정할 수 있는 권리, 즉 정보주체인 개인이 개인정보의 공개와 이용에 관한 스스로 결정할 권리에 해당하는 개인정보자기결정권을 갖는데,[4] 정보통신서비스 제공자가 이용자

2) 정보통신망법 제64조의3 제1호에서는 "제22조 제1항을 위반하여 이용자의 동의를 받지 아니하고 개인정보를 수집한 경우"를 과징금 부과 사유로 규정하고 있다. 반면, 동조 제4호에서는 "제24조의2를 위반하여 개인정보를 제3자에게 제공한 경우"를 과징금 부과 사유로 규정하고 있는바, 위 제1호와 달리 "이용자의 동의를 받지 아니하고"라는 요건을 두고 있지 않다.

3) 대법원 2013. 12. 12. 선고 2011두3388 판결, 대법원 2015. 7. 9. 선고 2014두47853 판결, 대법원 2017. 6. 29. 선고 2017두33824 판결 등 참조.

4) 헌재 2005. 5. 26. 선고 99헌마513, 2004헌마190(병합) 결정 등 참조.

로부터 개인정보 수집·제공에 관하여 동의를 받음에 있어서도 이용자가 개인정보자기결정권을 충분히 자유롭게 행사할 수 있도록 해야 하는바, 통상의 이용자가 법정 고지사항을 명확하게 인지·인식하지 못한 상태에서 동의 의사를 표시할 수 있는 형태로 구성이 되어 있다면, 설령 이용자가 동의 의사를 표시했더라도 이는 개인정보자기결정권의 자유로운 행사라고 볼 수 없기 때문에 적법한 동의가 될 수 없다는 것이다.

법문언의 해석이 헌법상의 권리를 보장하는 방향으로 이루어져야 함을 전제로 한 대법원의 기본적인 입장은 타당하다고 생각되나, 수범자로서는 개인정보자기결정권을 보장하기 위해 구체화된 조치가 바로 정보통신망법 제22조 제1항 및 제24조의2 제1항의 문언이라고 이해하였을 법한 면이 있다. 비록 유관 정부기관이 안내서 등을 통해 동의를 받는 방법에 관한 예시·권고들을 제시하고 있었다고 하지만, 과연 수범자가 이러한 예시·권고들을 통해, 대법원이 본 사안에서 제시한 위 ① 내지 ③의 요건들이 적법한 동의를 받기 위해 준수해야 하는 필수적인 요건이고 이를 따르지 않았을 때 과징금 등의 행정처분, 나아가 형사처벌[5]의 대상이 될 수 있을 것이라고 예측할 수 있었을지에 대해서는 다소 의문이 남는다.

III. 판결의 의의

본건 판결은 정보통신서비스 제공자가 이용자에게서 개인정보 수집·이용, 제공에 대한 적법한 동의를 받기 위해서는 이용자가 법정 고지사항 전부를 명확하게 인지하고 확인할 수 있는 상태에서 동의 여부를 판단할 수 있도록 하여야 함을 밝혔다는 점에서 의의가 있다.

상기와 같은 결론은 정보통신망법뿐만 아니라 개인정보 보호법의 해석에 있어서도 유효할 수 있을 것으로 보이는데, 본 판결은 데이터 기반 사회로의 전환이 가속화됨에 따라 개인정보의 처리 역시 전보다는 더욱 복잡다단해져가고 있는 상황에서 정보주체의 권리 보장과 법규범의 예측 가능성 확보 사이에 균형을 어떻게 찾아 나갈지에 대해서도 시사점을 제시한다.

5) 정보통신망법 제22조 제1항을 위반하여 이용자의 동의를 받지 아니하고 개인정보를 수집한 자, 동법 제24조의2 제1항을 위반하여 개인정보를 제3자에게 제공한 자 등에 대해서는 5년 이하의 징역 또는 5천만 원 이하의 벌금이 부과될 수 있다(정보통신방법 제71조 제1항 제1호, 제3호).

028 공개된 개인정보를 동의 없이 처리할 수 있는지의 판단기준

- 로앤비 인물정보 제공 사건 -

대법원 2016. 8. 17. 선고 2014다235080 판결

최경진(가천대학교 법과대학 교수)

I. 판결의 개요

1. 사안의 개요

가. 사실관계

원고는 대학교수인데, 법률정보 제공 사이트를 운영하는 피고가 원고의 동의 없이 원고의 생년월일, 직업, 직위, 출신대학, 사진 등의 개인정보를 무단으로 수집하여 피고 홈페이지를 통하여 이용자에게 제공하였다. 이에 원고는 피고가 원고의 개인정보를 방대하게 공유 및 확산되도록 함으로써 원고의 사생활과 자기정보통제권, 초상권 등 인격권을 침해하였다고 주장하면서 피고의 불법행위로 인한 손해배상을 청구하는 소송을 제기하였다.[1)]

나. 소송경과

1) 제1심 판결(서울중앙지방법원 2013. 8. 29. 선고 2012가단133614 판결)

피고의 불법행위로 인한 손해배상청구권은 원고가 그 불법행위가 있음을 안 날로부터 3년이 경과되어 시효로 소멸하였다고 하여 원고의 청구를 기각하였다.

2) 항소심 판결(서울중앙지방법원 2014. 11. 4. 선고 2013나49885 판결)

피고는 개인정보 제공 자체를 영업의 하나로 영위하는 회사로서 원고의 동의를 받지 않은 채 원고의 개인정보를 제3자에게 유료로 제공한 행위는 원고의 개인정보자기결정권을 침해하

1) 본건에서 법률정보 제공 사이트를 운영하는 피고 외에도 인물정보 제공 사이트를 운영하는 복수의 피고가 있었지만, 평석에서 다루는 피고 외에는 모두 소멸시효가 완성되어 그 청구가 기각되었고 평석이 다루는 핵심쟁점에 대한 대법원 판결도 피고만을 다루고 있기 때문에 '피고들'이라고 표기하지 않는다.

는 불법행위에 해당하여, 원고에게 위자료로 각 50만원 및 지연손해금을 지급할 의무가 있다.

3) 대법원 판결(대법원 2016. 8. 17. 선고 2014다235080 판결)

피고가 영리 목적으로 원고의 개인정보를 수집하여 제3자에게 제공하였더라도 그에 의하여 얻을 수 있는 법적 이익이 정보처리를 막음으로써 얻을 수 있는 정보주체의 인격적 법익에 비하여 우월하므로, 피고의 행위를 원고의 개인정보자기결정권을 침해하는 위법한 행위로 평가할 수 없고, 피고가 원고의 개인정보를 수집하여 제3자에게 제공한 행위는 원고의 동의가 있었다고 객관적으로 인정되는 범위 내이고, 피고에 영리 목적이 있었다고 하여 달리 볼 수 없으므로, 피고가 원고의 별도의 동의를 받지 아니하였다고 하여 개인정보 보호법 제15조나 제17조를 위반하였다고 볼 수 없다고 하여 원고의 상고를 모두 기각하고, 원심판결 중 피고 패소 부분을 파기 · 환송하였다.[2)]

2. 판결의 요지

가. 공개된 개인정보의 수집 시 정보주체의 동의 필요 여부

정보주체가 직접 또는 제3자를 통하여 이미 공개한 개인정보는 공개 당시 정보주체가 자신의 개인정보에 대한 수집이나 제3자 제공 등의 처리에 대하여 일정한 범위 내에서 동의를 하였다고 할 것이다. 이와 같이 공개된 개인정보를 객관적으로 보아 정보주체가 동의한 범위 내에서 처리하는 것으로 평가할 수 있는 경우에도 동의의 범위가 외부에 표시되지 아니하였다는 이유만으로 또다시 정보주체의 별도의 동의를 받을 것을 요구한다면 이는 정보주체의 공개의사에도 부합하지 아니하거니와 정보주체나 개인정보처리자에게 무의미한 동의절차를 밟기 위한 비용만을 부담시키는 결과가 된다. 다른 한편 개인정보 보호법 제20조는 공개된 개인정보 등을 수집 · 처리하는 때에는 정보주체의 요구가 있으면 즉시 개인정보의 수집 출처, 개인정보의 처리 목적, 제37조에 따른 개인정보 처리의 정지를 요구할 권리가 있다는 사실을 정보주체에게 알리도록 규정하고 있으므로, 공개된 개인정보에 대한 정보주체의 개인정보자기결정권은 이러한 사후통제에 의하여 보호받게 된다. 따라서 이미 공개된 개인정보를 정보주체의 동의가 있었다고 객관적으로 인정되는 범위 내에서 수집 · 이용 · 제공 등 처리를 할 때는 정보주체의 별도의 동의는 불필요하다고 보아야 하고, 별도의 동의를 받지

2) 대법원의 파기환송에 따라 서울중앙지방법원 2016. 12. 2. 선고 2016나50725 판결에서 개인정보자기결정권을 침해하는 위법한 행위로 평가할 수 없고, 원고의 별도의 동의를 받지 않았다고 하여 개인정보 보호법 제15조 또는 제17조를 위반하였다고도 볼 수 없다고 하여 최종적으로 원고의 항소를 기각하였다.

아니하였다고 하여 개인정보 보호법 제15조나 제17조를 위반한 것으로 볼 수 없다.

나. 정보주체의 동의가 있었다고 인정되는 범위의 판단 기준

정보주체의 동의가 있었다고 인정되는 범위 내인지는 공개된 개인정보의 성격, 공개의 형태와 대상 범위, 그로부터 추단되는 정보주체의 공개 의도 내지 목적뿐만 아니라, 정보처리자의 정보제공 등 처리의 형태와 정보제공으로 공개의 대상 범위가 원래의 것과 달라졌는지, 정보제공이 정보주체의 원래의 공개 목적과 상당한 관련성이 있는지 등을 검토하여 객관적으로 판단하여야 한다.

II. 해설

1. 쟁점의 정리

가. 공개된 개인정보를 동의 없이 처리할 수 있는지의 여부

개인정보 보호법 제15조 및 제17조는 개인정보를 수집·이용하거나 제3자에 제공하기 위해서는 정보주체의 동의 또는 법률의 규정 등 합법적 처리 근거를 요구하고 있지만, 그 보호대상인 개인정보에 대하여는 공개되어 있는지의 여부를 구분하지 않는다. 따라서 공개된 개인정보를 수집하는 경우에도 동법 제15조에 따라 다른 합법적 처리근거가 없는 이상 정보주체의 동의를 얻어야 하며, 동법 제15조 제2항은 동의를 받을 때에는 일정한 사항을 정보주체에게 알리도록 규정한다. 이와 같은 고지 후 동의(informed consent)는 제3자 제공을 위한 동의의 경우에도 마찬가지다(동법 제17조 제1항 및 제2항). 이러한 규정에도 불구하고 정보주체가 직접 또는 제3자를 통하여 공개한 개인정보에 대하여 동의 없이도 수집 및 제공할 수 있는지가 본건 판결의 핵심 쟁점이다.

나. 정보주체의 동의가 있었다고 볼 수 있는 범위의 판단기준

개인정보 보호법상의 명시적 규정에도 불구하고 예외적으로 정보주체의 동의가 있었다고 볼 수 있는 범위 내에서 공개된 개인정보를 수집·이용·제공할 수 있다면, 구체적으로 어떤 경우에 동의가 있었다고 볼 수 있는지가 문제된다. 즉, 정보주체의 동의가 있었다고 볼 수 있는 범위에 대한 판단기준에 따라 구체적 사실관계 하에서 명시적 동의 없이도 공개된 개인정보를 수집·이용·제공할 수 있는 범위가 달라진다.

2. 관련 판례

가. 대법원 2014. 7. 24. 선고 2012다49933 판결

인간의 존엄과 가치, 행복추구권을 규정한 헌법 제10조 제1문에서 도출되는 일반적 인격권 및 헌법 제17조의 사생활의 비밀과 자유에 의하여 보장되는 개인정보자기결정권은 자신에 관한 정보가 언제 누구에게 어느 범위까지 알려지고 또 이용되도록 할 것인지를 정보주체가 스스로 결정할 수 있는 권리이다. 개인정보자기결정권의 보호대상이 되는 개인정보는 개인의 신체, 신념, 사회적 지위, 신분 등과 같이 개인의 인격주체성을 특징짓는 사항으로서 개인의 동일성을 식별할 수 있게 하는 일체의 정보라고 할 수 있고, 반드시 개인의 내밀한 영역에 속하는 정보에 국한되지 않고 공적 생활에서 형성되었거나 이미 공개된 개인정보까지 포함한다. 또한 그러한 개인정보를 대상으로 한 조사·수집·보관·처리·이용 등의 행위는 모두 원칙적으로 개인정보자기결정권에 대한 제한에 해당한다.

나. 대법원 2011. 9. 2. 선고 2008다42430 전원합의체 판결

정보주체의 동의 없이 개인정보를 공개함으로써 침해되는 인격적 법익과 정보주체의 동의 없이 자유롭게 개인정보를 공개하는 표현행위로서 보호받을 수 있는 법적 이익이 하나의 법률관계를 둘러싸고 충돌하는 경우에는, 개인이 공적인 존재인지 여부, 개인정보의 공공성 및 공익성, 개인정보 수집의 목적·절차·이용형태의 상당성, 개인정보 이용의 필요성, 개인정보 이용으로 인해 침해되는 이익의 성질 및 내용 등 여러 사정을 종합적으로 고려하여, 개인정보에 관한 인격권 보호에 의하여 얻을 수 있는 이익(비공개 이익)과 표현행위에 의하여 얻을 수 있는 이익(공개 이익)을 구체적으로 비교 형량하여, 어느 쪽 이익이 더욱 우월한 것으로 평가할 수 있는지에 따라 그 행위의 최종적인 위법성 여부를 판단하여야 한다.

3. 검토

가. 동의가 있었다고 인정되는 범위 내에서의 공개된 개인정보의 처리

본건 판결은 이전의 대법원 판결에서 확립된 개인정보자기결정권의 의의[3] 및 그 행사·제한의 범위 설정과 관련한 이익형량[4]을 바탕으로 하여, 동의가 있었다고 인정할 수 있는 범

3) 대법원 2014. 7. 24. 선고 2012다49933 판결.
4) 대법원 2011. 9. 2. 선고 2008다42430 전원합의체 판결.

위 내에서 공개된 개인정보를 수집·이용·제3자 제공할 수 있다고 판시하였다. 개인정보 보호법 제15조 및 제17조는 개인정보의 수집·이용이나 제3자 제공을 위해서는 동의나 법률의 규정 등 합법적 처리근거를 갖추도록 요구하고 있다. 특히, 동의를 받을 때에는 법령에서 정하는 방법에 따라 일정한 사항을 정보주체가 명확히 인지할 수 있도록 알리고 동의를 받아야 한다.[5] 고지 후 동의 요건은 개인정보가 공개되어 있는지의 여부를 불문하고 모든 개인정보에 대하여 동일하게 적용된다. 이처럼 엄격한 고지 후 동의 절차를 규정하고 있음에도 불구하고 본건 판결에 따르면, 정보주체가 직접 또는 제3자를 통하여 이미 공개한 개인정보는 공개 당시 정보주체가 자신의 개인정보에 대한 수집이나 제3자 제공 등의 처리에 대하여 일정한 범위 내에서 동의를 하였다고 할 것이고, 이와 같이 공개된 개인정보를 객관적으로 보아 정보주체가 동의한 범위 내에서 처리하는 것으로 평가할 수 있는 경우에도 동의의 범위가 외부에 표시되지 아니하였다는 이유만으로 또다시 정보주체의 별도의 동의를 받을 것을 요구한다면 이는 정보주체의 공개의사에도 부합하지 않을 뿐만 아니라 정보주체나 개인정보처리자에게 무의미한 동의절차를 밟기 위한 비용만을 부담시키는 결과가 된다. 다른 한편 개인정보 보호법 제20조는 공개된 개인정보 등을 수집·처리하는 때에는 정보주체의 요구가 있으면 즉시 개인정보의 수집 출처, 개인정보의 처리 목적, 제37조에 따른 개인정보 처리의 정지를 요구할 권리가 있다는 사실을 정보주체에게 알리도록 규정하고 있으므로 공개된 개인정보에 대한 정보주체의 개인정보자기결정권은 이러한 사후통제에 의하여 보호받게 된다. 따라서 이미 공개된 개인정보를 정보주체의 동의가 있었다고 객관적으로 인정되는 범위 내에서 수집·이용·제공 등 처리를 할 때는 정보주체의 별도의 동의는 불필요하다고 보아야 하고, 별도의 동의를 받지 아니하였다고 해서 개인정보 보호법 제15조나 제17조를 위반한 것으로 볼 수 없다고 판시하였다. 이러한 판결을 둘러싸고 학설은 엄격하고 경직된 법의 한계를 고려한 불가피한 해석론으로서 공개된 개인정보에 대하여 동의가 있었다고 볼 수 있는 범위 내에서의 처리를 이익형량을 통하여 허용하는 견해[6]와 묵시적 동의는 배제된 것이고 동의는 특정 처리 목적에 대한 것이어야 하며 동의는 이익형량을 대신할 수 없다고 하면서 "이익형량이 객관적으로 이루어지고, 정보주체의 주관적 의사를 고려하되 반드시 그에 구속되지 아니하는 반면, 동의는 궁극적으로는 정보주체의 주관적 의사에 맡기는 것이고, 이익형량은 제3자에 의하여 공개된 정보도 그러한 사정을 하나의 형량요소로만 고려하여 이용

5) 개인정보 보호법 제15조 제2항, 제17조 제2항, 제22조 및 동법 시행령 제17조.

6) 최경진, "개인정보 보호 관련법의 해석에 있어서 이익형량론과 일반적 이익형량 규정의 필요성에 관한 고찰", 「사법」, 제40호(사법발전재단, 2017), 115－117면.

가능성을 범주적으로 배제하지 아니하는 반면 제3자에 의한 동의는 생각할 수 없기 때문이다"라고 하여 비판적인 견해[7]로 나뉜다.

나. 정보주체의 동의가 있었다고 볼 수 있는 범위의 판단기준과 이익형량

본건 판결은 개인정보 보호법이 요구하는 엄격한 동의 요건을 충족하지 않더라도 정보주체의 동의가 있었다고 볼만한 범위 내에서 공개된 개인정보를 수집·이용·제3자 제공할 수 있다고 하면서, 구체적으로 정보주체의 동의가 있었다고 인정되는 범위 내인지의 여부는 공개된 개인정보의 성격, 공개의 형태와 대상 범위, 그로부터 추단되는 정보주체의 공개 의도 내지 목적뿐만 아니라, 정보처리자의 정보제공 등 처리의 형태와 정보제공으로 공개의 대상 범위가 원래의 것과 달라졌는지, 정보제공이 정보주체의 원래의 공개 목적과 상당한 관련성이 있는지 등을 검토하여 객관적으로 판단하여야 한다고 판시하였다. 본건 판결에서 주목할 점은 개인정보처리자와 정보주체 사이의 이익형량을 통하여 개인정보처리의 허용 여부를 판단하였다는 점과 이 경우 개인정보처리자가 영리목적으로 개인정보를 처리하였는지의 여부가 결정적인 판단기준은 아니라는 점이다. 개인정보의 안전한 활용과 정보주체의 이익 사이의 조화로운 균형을 위해서 합리적인 기준을 바탕으로 한 이익형량을 활용할 필요가 있으며, 개인정보처리를 둘러싼 다양한 요소를 종합적으로 판단할 필요가 있다.[8]

Ⅲ. 판결의 의의

개인정보 보호법에 규정된 고지 후 동의의 요건과 방법의 엄격성에도 불구하고 이익형량을 통하여 정보주체가 공개한 개인정보를 동의가 있다고 인정할 수 있는 범위 내에서 처리할 수 있도록 허용한 점에서 본건 판결은 큰 의미를 가진다. 이익형량은 본건 판결과 같은 동의 규정의 해석뿐만 아니라 개인정보 보호법 전반의 해석에서도 개인정보의 안전한 활용과 정보주체의 이익 사이의 조화로운 균형을 위한 유용한 해석방법론으로 작용할 수 있다. 그러나 법 해석의 한계를 인정하지 않을 수 없기 때문에 일반적 이익형량을 도입하는 입법론도 함께 논의를 진행할 필요가 있다.[9]

---

7) 이동진, "일반적으로 접근 가능한 개인정보의 처리와 이익형량", 「정보법학」, 제24권 제2호(한국정보법학회, 2020), 76－77면.

8) 최경진, 전게논문, 119면.

9) 최경진, 전게논문, 117－119면. 이동진, 전게논문, 79면도 동일한 취지로 "이익형량에 의한 처리를 허용하는 개인정보 보호법 제15조 제1항 제6호를 GDPR과 같이 개정하는 것이 정도(正道)라고 보인다"고 주장한다.

029 위법한 인사검증에 근거한 개인정보제출 조례의 효력

- 전북지사 산하기관장 인사검증자료 사건 -

대법원 2017. 12. 13. 선고 2014추644 판결

김도승(목포대학교 법학과 교수)

I. 판결의 개요

1. 사안의 개요

가. 사실관계

전북개발공사 등 전라북도 산하 공기업과 출연기관 10곳의 기관장에 대해 전라북도지사가 임명한 이후 전라북도의회(이하 '도의회')가 이를 검증하도록 하는 것을 골자로 하는 「전라북도출연기관등의장에대한인사검증조례안」이 2014. 9. 5 의원발의되었고, 도의회는 같은 해 9. 30 동 조례를 의결하고 10. 2 전라북도지사에게 이송하였다. 동 조례안은 전라북도지사가 임명·추천하는 출연기관 등의 장과 도지사나 부지사가 이사장으로 있는 출연기관 등의 장을 인사검증 대상자로 하고(안 제3조), 인사검증 대상자에 대해 임명된 날부터 60일 이내에 소관위원회에 출석, 질의·답변 등으로 인사검증을 실시(안 제7조)하며, 특히 자질·태도 및 능력, 병역사항, 범죄 및 납세사항, 도덕적 흠결유무 등을 검증사항으로 정하고 자료제출 요구 및 제출의무(안 제8조, 제9조)에 대해 규정하였다.[1)]

---

1) ■「전라북도출연기관등의장에대한인사검증조례안」의 내용

① 이 조례는 전라북도 출연기관 등의 장에 대한 인사검증 실시에 필요한 사항을 규정함으로써, 인사의 투명성과 공정성을 높이고, 출연기관 등의 건실한 경영과 경쟁력 강화에 기여하는 것을 목적으로 한다(제1조).

② 인사검증의 대상자는 '도지사가 임명 또는 추천하는 출연기관 등의 장'과 '도지사나 부지사가 이사장으로 있는 출연기관 등의 장'이다(제4조). 소관 위원회는 인사검증의 대상자가 임명된 날부터 60일 이내에 인사검증을 실시하여야 하고(제7조 제1항), 인사검증은 인사검증 대상자를 출석하게 하여 질의·답변하고 의견을 듣는 방식으로 진행하며(제7조 제3항), 위원회는 필요한 경우 증인 또는 참고인으로부터 증언·진술을 청취할 수 있다(제7조 제4항).

③ 위원장은 위원회의 의결이나 위원으로부터 요구가 있는 경우, 인사검증과 직접 관련된 자료나 검증에 필요한 도정현안 등에 대하여 도지사에게 자료제출을 요구할 수 있고, 이를 요구받은 도지사는 법령이나 조례에서 특별히 규정한 외에는 자료제출을 요구받은 날로부터 4일 이내에 제출하여야 한다(제8조

동 조례에 대해 행정안전부장관은 지방자치단체장의 임명권 침해 등 일부 관련법에 위배된다는 유권해석을 하였으며, 10. 20 전라북도지사(이하 '원고')에게 재의요구를 지시하였다. 이에 원고는 행정안전부 장관의 재의요구 지시에 따라 10. 22 도의회에 재의를 요구하였다. 그러나 재의요구를 받은 도의회는 11. 25 원안대로 재의결함으로써 이 사건 조례안을 확정하였으며, 11. 30 의장 직권으로 동 조례를 공포하였다. 이에 원고는 동 조례안의 인사검증의 실시, 인사검증 사항 및 자료제출 요구 등의 규정은 법령의 근거가 없어 「지방자치법」상 조례제정권의 한계를 일탈하였고, 「지방공기업법」 등 법률에서 정한 단체장의 인사권을 침해한다는 점을 이유로 12. 23 대법원에 조례안의 재의결에 대한 무효확인소송을 제기하였다.[2)]

나. 소송경과

인사검증에 관한 조례 규정에 따른 출연기관 등의 장에 대한 도의회의 인사검증은 상위법령의 근거 없이 조례로써 도지사의 임명·위촉권을 제약하는 것이므로 허용되지 않고, 자료제출에 관한 조례 규정은 법률의 위임 없이 주민의 의무부과에 관한 사항을 조례로 규정한 것이므로 지방자치법 제22조 단서[3)]에 위반되어 허용되지 않으며, 이와 같은 것이 허용되

제1항, 제3항).

④ 인사검증 대상자에 대한 인사검증은 ① 직무수행과 관련된 사항, ② 병역에 관한 사항, ③ 과거의 형사처벌·행정제재 및 조세납부에 관한 기록 등 준법의식에 관한 사항, ④ 사회적 비난 가능성이 있는 도덕적 흠결 유무 및 도덕성에 관한 사항, ⑤ 공정성에 관한 사항에 대하여 실시한다(제9조 제1호부터 제5호). 위원회는 인사검증을 마친 날부터 3일 이내에 인사검증보고서를 의장에게 제출하고, 의장은 인사검증보고서가 제출되면 지체 없이 본회의에 보고하고 도지사에게 송부하여야 한다(제11조).

⑤ 인사검증회의는 공개가 원칙이나, 개인의 명예나 사생활을 부당하게 침해할 우려가 명백한 경우 등에 해당하면 위원회의 의결로 공개하지 않는다(제12조).

2) 위법 또는 부당한 조례에 대한 통제에 대해 지방자치법은 조례의 공포 전후 다양한 수단을 규정하고 있다. 지방자치단체의 장은 지방의회의 의결이 월권이거나 법령에 위반되거나 공익을 현저히 해친다고 인정되면 그 의결사항을 이송받은 날부터 20일 이내에 이유를 붙여 재의를 요구할 수 있다. 이에 대해 지방의회가 재의한 결과 재적의원 과반수의 출석과 출석의원 3분의 2 이상의 찬성으로 전과 같은 의결을 하면 그 의결사항은 확정된다. 이때 지방자치단체의 장은 재의결된 사항이 법령에 위반된다고 인정되면 대법원에 조례안의 재의결에 대한 무효확인소송을 제기할 수 있다(지방자치법 제120조). 이때 심리대상은 지방의회에 재의를 요구할 당시 이의사항으로 지적되어 재의결에서 심의의 대상이 된 것에 국한되며(대법원 2007. 12. 13. 선고 2006추52 판결), 조례안의 일부가 위법한 경우에도 위법한 부분만의 일부취소는 불가능하며 그 경우에는 조례안에 대한 재의결은 전부 효력이 부인된다(대법원 1996. 10. 26. 선고 96추107).

3) 이는 현행 지방자치법 제28조 제1항단서에 해당한다.
지방자치법 제28조(조례) ① 지방자치단체는 법령의 범위에서 그 사무에 관하여 조례를 제정할 수 있다. 다만, 주민의 권리 제한 또는 의무 부과에 관한 사항이나 벌칙을 정할 때에는 법률의 위임이 있어야 한다. ② 법령에서 조례로 정하도록 위임한 사항은 그 법령의 하위 법령에서 그 위임의 내용과 범위를 제한하거

지 않는 이상 개인정보제출에 관한 조례 규정은 개인정보 보호법 제15조 제1항 제3호,[4] 지방자치법 제40조 제1항 및 제41조 제4항의 허용범위를 벗어난다는 이유로, 위 조례안 중 인사검증, 자료제출, 개인정보제출에 관한 조례 규정이 위법하여 조례안에 대한 재의결은 전부의 효력이 부정된다.[5]

2. 판결의 요지

가. 인사검증 조례규정의 법령 위반 여부

지방자치법은 지방의회의 집행기관에 대한 견제장치로 서류제출요구권(제40조), 행정사무감사권 및 조사권(제41조 및 제41조의2), 지방자치단체장 등의 출석 및 답변 요구권(제42조) 등을 규정하고 있으나, 지방자치단체의 출연기관 등의 장에 대한 지방의회의 인사검증에 관한 사항을 규정하고 있지는 않다.[6] 따라서 이 사건 조례안 중 이 사건 인사검증 조례규정에 따른 출연기관 등의 장에 대한 피고의 인사검증은 상위 법령의 근거 없이 조례로써 원고의 임명·위촉권을 제약하는 것이므로 허용되지 않는다.

나. 자료제출 조례규정의 법령 위반 여부

지방자치단체가 조례를 제정할 때 그 내용이 주민의 권리제한 또는 의무부과에 관한 사항이나 벌칙인 경우에는 법률의 위임이 있어야 하므로, 법률의 위임 없이 주민의 권리제한 또는 의무부과에 관한 사항을 정한 조례는 그 효력이 없다(대법원 2012. 11. 22. 선고 2010두19270 전원합의체 판결 참조). 이 사건 조례안 제8조 제1항, 제3항(이하 '이 사건 자료제출 조례규정'이라 한다)은 비록 도지사가 인사검증 대상자의 인사검증과 관련한 자료 등을 소관 위원회에 제출하도록 명시하고 있으나, 이는 사실상 인사검증 대상자인 출연기관 등의 장에 대하여 자료를 제출할 의무를 부과하고 있는 것으로 볼 수 있다. 나아가 이 사건 조례안 전체를 살펴보더라도 법률의 위임 없이 인사검증 대상자로 하여금 소관위원회에 출석하여 진술하도록 의무를 부과하고 있고(제7조 제3항), 필요한 경우 증인 또는 참고인도 소관위원회에 출석하는 것을 전제로 증언·진술을 하도록 의무를 정하고 있다(제7조 제4항). 따라서 이 사건 자

나 직접 규정할 수 없다.

4) 개인정보 보호법 제15조 제1항 제3호 "3. 공공기관이 법령 등에서 정하는 소관 업무의 수행을 위하여 불가피한 경우"

5) 지방자치단체장이 제기하는 조례안재의결에 대한 무효확인소송은 지방자치법 제120조 제3항에 따라 대법원이 1심으로 단심으로 재판한다.

6) 이는 현행 지방자치법 제48조, 제49조, 제50조, 제51조 등에 해당한다(이하 같다).

료제출 조례규정은 법률의 위임 없이 주민의 의무부과에 관한 사항을 조례로 규정한 것이므로, 지방자치법에 위반되어 허용되지 않는다.

다. 개인정보제출 조례규정의 법령 위반 여부

개인정보 보호법 제15조 제1항 제3호는 공공기관이 법령 등에서 정하는 소관 업무의 수행을 위하여 불가피한 경우 개인정보 처리자는 개인정보를 수집할 수 있도록 규정하고 있는데, 위 '법령 등'은 적법한 법령 등이어야 함은 당연하다. 이 사건 이 사건 자료제출 조례규정이 법률의 위임 없이 주민의 의무부과에 관한 사항을 규정한 것이어서 허용될 수 없는 이상, 이러한 규정에 근거하여 인사검증 대상자의 형사처벌, 행정제재 및 도덕성 등에 관한 개인정보자료를 제출하게 하는 이 사건 조례안 제9조 제3호, 제4호(이하 '이 사건 개인정보제출 조례규정'이라 한다)는 개인정보 보호법 제15조 제1항 제3호에 위반된다.

지방자치법 제40조 제1항은 지방의회가 지방의회의 안건심의와 관련된 서류의 제출을 지방자치단체장에게 요구할 수 있도록 규정하고 있고, 제41조 제4항은 지방의회의 행정사무감사 또는 조사를 위하여 필요하면 서류제출을 요구할 수 있도록 규정하고 있다. 그런데 이 사건 조례안은 앞서 본 바와 같이 상위 법령의 근거 없이 출연기관 등의 장에 대한 피고(도의회)의 인사검증사항을 정하고 있는 것으로서 허용될 수 없기 때문에, 이러한 인사검증을 위하여 이 사건 개인정보제출 조례규정에서 도지사로 하여금 인사검증 대상자의 형사처벌, 행정제재 및 도덕성 등에 관한 개인정보자료를 제출하도록 하는 것은, 피고의 안건심의나 행정사무 조사 및 감사에 한하여 서류를 제출하도록 규정한 지방자치법 제40조 제1항 및 제41조 제4항의 허용범위를 벗어난다.

II. 해설

1. 쟁점의 정리

본 사건의 대상인 「전라북도출연기관등의장에대한인사검증조례안」은 도의회가 지방자치단체장이 임영하는 출연기관 등의 장에 대해 사후적 인사검증을 규정한 것이다. 특히 인사검증을 위해 "① 직무수행과 관련된 사항, ② 병역에 관한 사항, ③ 과거의 형사처벌·행정제재 및 조세납부에 관한 기록 등 준법의식에 관한 사항, ④ 사회적 비난 가능성이 있는 도덕적 흠결 유무 및 도덕성에 관한 사항, ⑤ 공정성에 관한 사항" 등을 인사검증위원회에 제

출하도록 하고 있으며, 이때 검증대상자의 개인정보가 제출정보에 포함된다. 통상 지방자치단체가 이러한 공무수행을 위해 개인정보의 수집하는 것은 허용된다. 개인정보 보호법도 제15조 제1항 제3호에서 공공기관이 법령 등에서 정하는 소관 업무의 수행을 위하여 불가피한 경우 개인정보 처리자는 개인정보를 수집할 수 있도록 규정하고 있다. 공공기관의 합법적 업무수행을 위한 개인정보 수집의 정당화를 고려한 것이므로 법치행정의 원리상 해당 업무의 근거인 '법령 등'은 적법한 법령이어야 함은 물론이다. 본 사안에서 소관업무의 근거법령은 「전라북도출연기관등의장에대한인사검증조례안」이며 이 조례가 담고 있는 인사검증제도가 상위법령을 위반한 것은 아닌지 그리고 검증대상자의 개인정보 제출이 법률의 위임 없이 주민의 의무부과에 관한 사항을 정한 것으로서 조례 제정의 합법성 범위를 일탈한 것인지가 쟁점이다.

2. 검토

공공기관의 개인정보 수집과 관련한 법규의 구조는 개인정보 수집의 원인이 되는 공무의 법적 근거(본 사안의 경우 '인사검증')와 구체적으로 수집되는 개인정보의 범위와 절차(본 사안의 경우 '인사검증을 위한 다양한 정보의 제출의무')로 이루어진다. 오로지 개인정보의 수집 자체가 목적인 경우는 예외적이라 할 것이고 어떠한 공적 업무를 원활하게 수행하는데 개인정보의 수집이 필요한 것이 일반적이기 때문이다. 개인정보 보호법은 제15조제1항에서 개인정보의 수집과 수집목적 범위내에서의 활용을 위한 합법성 조건을 규정하고 있다. 특히 정당한 업무수행과 관련해서 공공기관의 경우에는 '법률에 특별한 규정이 있거나 법령상 의무를 준수하기 위하여 불가피한 경우(법 제15조 제1항 제2호)' 보다 넓은 정당화 요건으로 '법령 등에서 정하는 소관사무의 수행을 위하여 불가피한 경우(법 제15조 제1항 제3호)'를 인정하고 있다. 이처럼 공공기관의 경우에는 개인정보를 수집할 수 있도록 명시적으로 허용하는 법률 규정이 없더라도 법령 등에서 소관 업무를 정하고 있고 그 소관 업무의 수행을 위하여 불가피하게 개인정보를 수집할 수밖에 없는 경우에는 정보주체의 동의 없이 개인정보 수집이 가능하다. '법령 등에서 정하는 소관업무'란 「정부조직법」 및 각 기관별 직제령·직제규칙, 개별 조직법 등에서 정하고 있는 소관 사무 이외에, 「주민등록법」, 「국세기본법」, 「의료법」, 「국민건강보험법」 등 각 분야 개별 법령에 의해서 부여된 권한과 의무, 지방자치단체의 경우 조례에서 정하고 있는 업무 등을 의미한다. '불가피한 경우'란 개인정보를 수집하지 아니하고는 법령 등에서 해당 공공기관에 부여하고 있는 권한의 행사나 의무의 이행이 불가능하거나 다른 방법을 사용하여 소관 업무를 수행하는 것이 현저히 곤란한 경우를 의미한다.[7)]

본 사안의 경우에는 구체적으로 대상 개인정보의 수집이 불가피한 경우인가에 대한 판단에 이르기 전에 그러한 개인정보의 수집의 계기가 되는 공공기관 소관업무의 법적 근거에 대해 다루고 있다.

먼저 본 사안에서 개인정보 수집의 원인이 된 업무인 '지방의회의 인사검증'과 관련한 조례 제정의 합법성 여부에 관해 대법원은 조례제정권의 범위와 한계에 관한 기존 입장에 충실하게 판단하고 있다. 즉, 대법원은 단체장이 지자체가 설립한 지방공기업 등의 대표에 대한 임명권의 행사에 앞서 지방의회의 인사청문을 거치도록 한 조례는 단체장의 임명권에 대한 견제나 제약에 해당하므로 법령 위반이라고 보았다.[8] 따라서 위법한 조례에 근거한 인사검증을 위한 개인정보의 수집은 그 정당성을 원천적으로 상실하게 된다. 한편 조례로 정한 '지방의회의 인사검증'이 위법하더라도 만약 문제된 개인정보의 수집이 그 자체로 정당한 근거가 있다면 허용될 수 있는데 이에 대해서도 대법원은 '주민의 권리제한 또는 의무부과'에 관한 조례는 법률의 위임이 있는 경우에만 허용된다는 점을 확인하였다. 즉, 본 사안에서 도지사가 인사검증 대상자의 인사검증과 관련한 자료 등을 소관 위원회에 제출하도록 명시하고 있는데, 이는 결국 인사검증 대상자에게 자료제출 의무를 부과하고 있는 것이며 이러한 조례규정은 법률의 위임 없이 주민의 의무부과에 관한 사항을 조례로 규정한 것이므로, 지방자치법 제28조제1항 단서에 위반되어 허용되지 않는다고 판단하였다.[9]

III. 판결의 의의

지방자치단체가 출자하거나 출연한 기관의 임원은 해당 지방자치단체장이 임명권을 가지고 관리감독권도 보유하는 것이 일반적이다. 그러나 그 과정에서 정실인사나 선거공신에 의한 보은인사 논란도 나타나며 전문성과 도덕성이 떨어지고 특혜성인사라는 비판을 받기도 한다. 전문성과 높은 도덕성을 갖추어야 할 공직에 단체장이 개인적인 친분과 코드로 부적격자를 임명한다면 그 폐해는 그대로 우리 공동체에게 전가될 것이다. 때문에 지방의회에서는 일정한 검증과정을 통해 부작용을 최소화하려는 시도를 하였지만 소관 부처인 행정안전

7) 「개인정보 보호 법령 및 지침·고시 해설」, 개인정보 보호위원회, 2020. 12, 87－88면.

8) 소위 인사청문회조례에 대한 대법원의 이 같은 입장은 이미 선행 판례(대법원 2004. 7. 22. 선고 2003추44 판결)에서 확인된 바 있다.

9) 참고로 조례제정권을 제한하고 있는 지방자치법 제28조 제1항 단서에 대해 위헌논란이 있으며, 대법원은 합헌설의 입장에 있다.

부는 지방공기업의 사장에 대한 임명권 행사에 있어 지방의회가 조례로써 인사청문회를 거치도록 하는 사항은 상위법령인 현행 지방공기업법령에 위배된다는 입장을 견지해 왔다. 우리 법원도 일찍이 전라북도가 설립한 지방공기업 등의 대표에 대한 임명권의 행사에 앞서 도의회의 인사청문회를 거치도록 한 「전라북도 공기업사장 등의 임명에 관한 인사청문회 조례안」이 도지사의 임명권에 대한 견제나 제약에 해당한다는 이유로 법령에 위반된다고 판시한 바 있다.[10)]

본 판례는 공공기관의 개인정보 수집 및 활용에 있어 정당화 요건이 되는 소관 업무는 합법적인 법령에 근거하여야 하는 바, 그 근거가 조례인 경우에는 지방자치법 제28조의 입법 취지를 준수하여 국가법령을 위반하여서는 아니 된다는 점을 확인하였다. 특히, 공공기관의 소관업무 근거 규정이 위법으로 평가된다면 이에 터잡아 이루어진 개인정보의 수집이 허용될 수 없다는 점을 명확히 하였다는 데 의의가 있다. 아울러 현행 지방자치법 제28조에 따라 지방자치단체는 법령의 범위 안에서 그 사무에 관하여 조례를 제정할 수 있지만 그 내용이 주민의 권리제한 또는 의무부과에 관한 사항인 경우에는 법률의 위임이 있어야 하는 바, 공공기관에 대한 개인정보의 제출이 권리제한 또는 의무부과에 해당하는 사항이라는 점을 확인하고 법률의 위임이 없이 개인정보의 제출을 규정한 조례가 개인정보 보호법 제15조 제1항 제3호에 반하여 효력이 없다고 선언한 점도 주목할 만하다.

10) 대법원 2004. 7. 22. 선고 2003추44 판결.

030 수집 시 미리 고지한 개인정보 이용목적 변경 시 변경동의 필요 여부

대법원 2011. 7. 14. 선고 2011도1960 판결

고환경(법무법인(유한) 광장 파트너 변호사)

I. 판결의 개요

1. 사실관계

피고인 회사는 2006. 4.경 전화권유판매사업자인 A 주식회사와 사이에 A 주식회사가 피고인 회사의 가입자유치 등 업무를 위탁받기로 하는 내용의 영업업무위탁계약을 체결하였다.

피고인 회사는 B 은행과 사이에 피고인 회사의 멤버십카드와 B 은행의 신용카드의 기능을 동시에 갖춘 제휴카드를 발행하기로 하고, 2006. 9. 28. 다음과 같은 내용의 제휴카드(하나포스sc 멤버스카드, 이하 '멤버스카드') 발행에 관한 업무제휴계약을 체결하였다.

(1) 피고인 2 주식회사의 고객 중 카드 발급을 희망하는 개인을 대상

(2) 회원 모집은 양 측의 공동 책임 하에 모집

(3) 제휴카드는 피고인 2 주식회사의 멤버십 기능과 공소외 2 은행의 신용카드 기능을 동시에 부여

피고인 회사는 2006. 9.경 A 주식회사와 사이에 멤버스카드 발급 및 운영을 포함한 고객관리 업무 전반에 관한 업무를 위탁하고, 유치 수수료로 제휴카드 발급 건당 30,000원을 지급하기로 하는 내용의 멤버스카드 발급에 관한 '고객관리업무 위탁 및 제휴프로그램 운영 관리 대행 협약'을 체결하였다.

한편 피고인 회사는 B 은행과의 업무제휴계약에 대한 법률자문결과 위 업무제휴를 실행하기 위해서는 '개인정보를 A 주식회사에 제공한다는 동의', '제공한 개인정보를 신용카드 회원모집에 활용한다는 데 대한 동의' 및 '멤버십카드 회원모집을 위한 영리목적의 광고성 정보를 전화를 통하여 제공한다는 데 대한 동의'가 필요하다는 점을 알게 되었다.

이에 피고인 회사는 2006. 9. 21. 소비자 이용약관의 '개인정보 보호방침'의 '개인정보 수

집 및 활용목적'에 다음 표와 같이 추가된 내용을 피고인 주식회사의 인터넷 홈페이지에 고지하였으나 고객들로부터 별도의 동의는 받지 아니하였다.

활용목적	고객만족프로그램 (서비스만족도 조사, 상품소개 등) 하나포스멤버스카드 소개
상품명	가디언 등 18종(기타내용 포함) 하나포스멤버스카드 소개
업체명	□ □ □ □ 등 유통망과 전산업체 다수 A 주식회사
요금관련정보	이용요금 청구/수납/미수채권관리 하나포스멤버스카드 발급

피고인 회사는 A 주식회사와의 위 협약에 따라 2006. 9. 30.경부터 2007. 7. 20.경까지 A 주식회사에게 피고인 회사의 초고속인터넷서비스인 하나포스 가입자 515,206명의 개인정보인 성명, 서비스명, 전화번호, 주민등록번호 중 앞부분 생년월일과 뒷자리 중 첫 번째 숫자, 주소, 사용요금조회 등의 정보를 제공하였다.

이때 피고인 회사가 A 주식회사에게 고객의 개인정보를 제공한 방법은, 별도의 저장장치를 통해 개인정보를 주고받은 것이 아니라, 피고인 회사가 설치하여 관리하고 있는 개인정보처리시스템인 중앙정보시스템에 접속할 수 있는 시스템을 A 주식회사에 설치한 후 아이디 및 비밀번호 등으로 인증을 거쳐 권한을 부여받은 사람만 접속하여 열람할 수 있도록 하는 방식이었다.

A 주식회사는 피고인 회사로부터 위와 같이 정보를 제공받아 2006. 9. 30.경부터 2007. 7. 20.경까지 하나포스 가입자를 대상으로 전화 통화를 통해 멤버스카드의 발급을 권유하였는데, 그 진행방식은 다음과 같다.

(1) A 주식회사는 피고인 회사로부터 기존 하나포스 이용 고객의 정보를 받아 고객에게 전화를 걸어 하나tv 상품과 멤버스카드를 신청하면 설치비 면제, 3개월의 무료 이용, 요금 할인 등의 혜택이 있다는 내용의 설명을 한다.
(2) 고객이 신청하겠다는 의사를 표시하면 그 정보를 피고인 회사와 B 은행에 넘겨준다.
(3) 피고인 회사와 B 은행에서 하나tv 설치와 제휴신용카드 발급 절차를 진행한다.

피고인 회사가 하나포스에 가입한 고객으로부터 가입 당시 받은 개통확인서에는 '하나포스 서비스 이용고객 안내문'이 포함되어 있는데, 그 내용은 다음과 같다.

1. 상기 계약과 관련하여 귀사가 본인으로부터 취득한 개인정보는 〈정보통신망이용촉진등에관한법률〉, 〈신용정보의이용및보호에관한법률〉 및 〈개인정보 보호지침〉에 따라 개인정보의 이용과 타인에게 제공, 활용 시 본인의 동의를 얻어야 하는 정보입니다. 이에 본인은 다음의 내용을 확인하며, 귀사의 개인정보이용에 동의합니다.
   ○ 개인정보 수집 및 이용목적: 서비스 이용목적 달성(개통, 서비스(관련 서비스 포함)이용, 요금계산, 요금납부), 상담, 고객만족 프로그램(서비스 만족도 조사, 상품 소개 등), 본인의 신용을 판단하기 위한 자료로써 활용, 공공기관에서 정책자료로써 활용
   ○ 수집대상 정보: 상기 신청서상의 필수 기재항목
   ○ 개인정보 이용 및 보유기간: 개인정보는 고객의 서비스 이용기간동안 활용되며, 해약 시 요금정산을 위하여 1년간 보유

(이하 생략)

또한 피고인 회사는 당시 서비스이용약관에 다음 표와 같은 규정을 두었다.

하나포스서비스 이용약관 제1조(적용 및 공지) ① 하나포스 서비스의 이용은 전기통신서비스이용기본약관(이하 "기본약관"이라 합니다)과 이 약관을 함께 적용합니다.
전기통신서비스이용기본약관 제5조(이용신청 및 승낙) ④ 피고인 2 주식회사은 정보통신망이용촉진 및 정보보호등에 관한 법률에 따라 서비스계약의 승낙 및 이행에 필요한 최소한의 고객정보(성명, 주민등록번호, 주소, 전화번호 등)를 고객에게 요청할 수 있습니다. 세부사항은 피고인 2 주식회사 홈페이지(www.○○○.com)의 개인정보 보호방침에 정리하여 게시합니다.

2. 소송경과

가. 제1심 판결(서울중앙지방법원 2010. 7. 15. 선고 2009고단1864 판결)

피고인 회사는 가입신청서 또는 개통확인서에 포함된 안내문에서 고객만족프로그램(서비스 만족도 조사, 상품소개) 등의 목적으로 개인정보 수집에 관한 동의를 받거나 피고인 회사 약관을 통하여 법에 따라 서비스계약의 승낙 및 이행에 필요한 최소한의 고객 정보를 고객에게 요청할 수 있도록 하되 세부사항은 피고인 회사 홈페이지에 게시한다는 점을 가입자에게 고지한 바 있고, 피고인 회사 인터넷 홈페이지에 개인정보 수집 및 활용 목적으로 '고객만족프로그램(서비스 만족도 조사, 상품소개, 하나포스멤버스카드 소개 등)', 상품명 '하나포스멤버스카드 소개', 업체명 'A 주식회사'라는 내용을 추가하여 기재함으로써 정보통신서비스이용

자에게 위 사실을 고지하였으며, 이에 근거하여 A 주식회사에게 고객만족프로그램의 일환으로 멤버스카드의 소개 등을 위탁하였음을 알 수 있고, 멤버스카드가 단순한 신용카드가 아니라 하나tv, 전화 가입이나 요금 할인 등 피고인 회사의 고객 혜택에 관련된 내용이 포함되어 있는 멤버십카드의 성격을 가지는 점을 고려하여 검사가 제출한 증거들만으로 피고인 회사가 정보통신망 이용촉진 및 정보보호에 관한 법률(이하 "정보통신망법" 또는 "법") 제22조와 제24조에 규정한 범위를 넘어 개인정보를 이용하였다고 보기 어렵고, 달리 이를 인정할 증거가 없다고 판단하면서 **무죄를 선고**하였다.

나. 항소심 판결(서울북부지방법원 2017. 9. 27. 선고 2016나37455 판결)

피고인 회사는 가입신청서 또는 개통확인서에 포함된 안내문에서 '고객만족프로그램(서비스 만족도 조사, 상품소개 등)' 등의 목적으로 개인정보를 수집 및 이용하겠다는 점을 기재하여 가입 고객들로부터 이에 대한 동의를 받았으나, 이후 B 은행과의 업무제휴계약에 대한 법률자문결과 '제공한 개인정보를 신용카드 회원모집에 활용한다는 데에 대한 동의' 등이 추가로 필요하다는 것을 알게 되자, 비로소 피고인 회사 인터넷 홈페이지의 개인정보 보호방침에 개인정보 수집 및 활용목적으로 '고객만족프로그램(서비스 만족도 조사, 상품소개, 하나포스멤버스카드 소개 등)', 상품명 '하나포스멤버스카드 소개', 업체명 'A 주식회사'라는 내용을 추가하여 고지한 점, 멤버스카드에는 하나tv, 전화 가입이나 요금 할인 등 피고인 회사의 고객 혜택에 관련된 내용이 포함되어 있으나 기본적으로는 신용카드에 해당하여 당초의 개인정보 제공에 대한 동의 당시 고객들이 예상한 목적 범위를 넘어서는 것으로 보이는 점 등을 종합하여 볼 때, 피고인 회사가 하나포스 고객들로부터 가입 신청을 받을 당시 개인정보의 수집 및 이용목적으로 고지하거나 정보통신서비스이용약관에 명시한 '고객만족프로그램'에 '하나포스멤버스카드 소개'가 당연히 포함되는 것으로 보기 어렵다는 이유로 검사의 항소를 인정하여 원심판결을 파기하고 정보통신망법 제22조와 제24조 위반에 관한 **유죄를 선고**하였다.

다. 대법원 판결(대법원 2018. 2. 13. 선고 2017다275447 판결)

구 정보통신망법(2007. 1. 26.법률 제8289호로 개정되기 전의 것) 제24조 제1항에 의하면, 정보통신서비스제공자는 당해 이용자의 동의가 없더라도 법 제22조 제2항의 규정에 의한 고지의 범위 또는 정보통신서비스이용약관에 명시한 범위 내에서 개인정보를 이용할 수 있다고 보아야 하고 법 제22조는 '개인정보의 수집'에 관한 규정이고, 법 제24조는 '개인정보의 이용 및 제공'에 관한 규정으로서, 법 제22조 제2항 제2호에 의하면 정보통신서비스 제공자

는 개인정보 수집을 위한 동의를 얻고자 하는 경우 '미리' '개인정보의 수집목적 및 이용목적'을 이용자에게 고지하거나 정보통신서비스이용약관에 명시하여야 한다고 규정하고 있으므로, 법 제24조 제1항에서 말하는 '법 제22조 제2항의 규정에 의한 고지의 범위 또는 약관에 명시한 범위'란 개인정보를 수집하면서 '미리' 고지하거나 약관에 명시한 '개인정보의 이용목적'의 범위를 말하고, 사후에 정보통신서비스이용약관이 변경된 경우 변경된 약관을 기준으로 법 제24조 제1항 위반 여부를 판단하여야 한다고 볼 수는 없다고 판시하면서 원심 판결을 그대로 유지하였다.

II. 해설

대법원 판결은 개인정보의 수집, 이용 및 제공에 관한 정보주체의 동의는 구 정보통신망법 제22조 제2항, 제24조 제1항의 문구 해석상 미리 고지된 개인정보의 이용 목적을 의미한다고 판시하고 있다. 이에 대해서는 구 정보통신망법(2007.1.26.법률 제8289호로 개정되기 전의 것) 제22조 제2항이 동의를 얻고자 하는 경우 미리 일정한 사항, 특히 개인정보의 수집 목적 및 이용 목적을 고지하도록 정하고 있었으므로 판시 취지는 법률 규정의 문언에 충실하게 이루어진 것으로 판단된다.

특히 2007. 1. 26. 법률 제8289호로 개정된 정보통신망법은 개정 전 정보통신망법 제22조 제2항을 제22조 제1항으로 조문 위치를 변경하면서 해당 조항의 단서로 '개인정보 수집·이용 목적'을 '변경하려는 때에도' 동의를 얻어야 한다는 문구를 신설하였다.

개정 전 정보통신망법 제22조 제2항의 해석으로도 수집 당시 미리 고지된 목적을 벗어난 것으로 해석되는 개인정보를 이용해야 하는 경우 정보주체의 새로운 동의를 받아야 하므로 개정 후 정보통신망법 변경 동의 조항이 신설되지 않더라도 사실상 변경 동의를 통해 수집, 이용을 할 수 있었던 사안으로 보인다.

다만 실무적으로는 정보주체로부터 새로운 수집·이용 목적 변경이 이루어지는 경우 동의를 구하는 것이 쉽지 않다. 특히 정보주체가 계속적으로 온라인을 통해 서비스를 이용하는 경우가 아니라면 정보주체에 대한 개인정보 수집·이용에 관한 변경 동의를 위해 연락을 취하는 것 자체가 개인정보의 목적외 이용에 해당하는지가 문제될 가능성도 있어 변경 동의를 받는 것 자체가 사실상 어려울 수도 있다.

개정 후 정보통신망법상 변경 동의 규정은 이러한 법적 문제점과 실무상 어려움을 간과

함으로써 개인정보를 처리하는 기업들의 개인정보 활용과 마케팅 등 기업의 영업 활동이 과도하게 위축될 우려가 있는 것으로 생각된다.

한편 2020. 8. 5. 시행된 개인정보 보호법(법률 제16930호)은 EU 개인정보 보호규정(General Data Protection Regulation)을 참고하여 제15조 제3항,[1] 제17조 제4항[2]에 개인정보처리자는 당초 수집 목적과 합리적으로 관련된 범위에서 정보주체에게 불이익 발생 여부, 암호화 등 안전성 확보에 필요한 조치 여부 등을 고려하여 정보주체의 동의 없이 개인정보를 이용 또는 제공할 수 있다는 규정을 마련하였다. 위 개인정보 보호법 규정들은 정보통신서비스제공자에 대해서도 적용되는 조항이므로 정보통신서비스제공자는 수집 당시 고지된 목적과 합리적으로 관련된 범위에서는 정보주체의 별도 동의, 특히 변경 동의 없는 이용 내지 제공이 가능해진 것으로 판단된다. 그리고 고지된 목적과 관련하여 합리적으로 관련된 범위를 어디까지로 볼 것인지와 관련하여서는 향후 개인정보 보호위원회의 유권해석 내지 법원의 판결을 통해 실무적으로 구체화될 것으로 예상된다.

---

1) 개인정보처리자는 당초 수집 목적과 합리적으로 관련된 범위에서 정보주체에게 불이익이 발생하는지 여부, 암호화 등 안전성 확보에 필요한 조치를 하였는지 여부 등을 고려하여 대통령령으로 정하는 바에 따라 정보주체의 동의 없이 개인정보를 이용할 수 있다.

2) 개인정보처리자는 당초 수집 목적과 합리적으로 관련된 범위에서 정보주체에게 불이익이 발생하는지 여부, 암호화 등 안전성 확보에 필요한 조치를 하였는지 여부 등을 고려하여 대통령령으로 정하는 바에 따라 정보주체의 동의 없이 개인정보를 제공할 수 있다.

031 개인정보처리 위탁자가 수탁자의 개인정보 보호법 위반행위에 대하여 양벌규정에 의한 형사책임을 부담하는지 여부 및 그 판단기준

- 택배 영업소의 개인정보 무단유출 사건 -

수원지방법원 2005. 7. 29. 선고 2005고합160 판결

채성희(법무법인(유한) 광장 변호사)

I. 판결의 개요

1. 사실관계

피고인은 화물운송업 등을 목적으로 설립된 법인이고, 정보통신서비스제공자인 A사로부터 고객 개인정보(전화번호, 주소 등)를 전달받아 A사 제품의 택배를 배송하는 업무를 담당하고 있다. 피고인은 위 택배 배송 업무를 위하여, 택배 영업소를 운영하는 B와 택배위수탁계약을 체결하였다. 피고인은 A사로부터 물품배송의뢰를 접수하고, 통합택배정보시스템을 운영하며 택배 서비스와 관련한 전산업무를 총괄한다. B는 피고인의 통합택배정보시스템에 입력된 고객 개인정보를 활용하여 피고인을 위하여 직접 택배를 배송하거나 타 영업소로 중계하고, 피고인의 콜센터로서의 역할도 수행한다. B는 자신의 물적·인적 시설을 이용하여 택배 업무를 처리하는 독립한 사업자로서 피고인과 고용 관계에 있지 아니하다. 그러나 B는 피고인의 상호 및 로고를 사용하여 영업을 하고 있으며, 피고인으로부터 택배운송으로 인한 이득금을 지급받고, 위 택배위수탁계약에 따라 피고인에 대하여 일정한 시설을 유지할 의무, 택배배송과 관련하여 고객에게 일정 수준 이상의 서비스를 유지할 의무, 고객정보 등에 대한 비밀을 유지할 의무를 부담한다. 더 나아가 B의 택배 서비스 수입이 피고인이 정한 연간 목표금액에 미달할 경우, B는 영업이 축소되거나 피고인과의 계약 갱신이 거절되는 등 피고인으로부터 제재를 받는 지위에 있다.

이러한 상황에서, B는 피고인의 통합택배정보시스템에 접속하여 A사의 고객정보 총 100만건을 다운로드받아 CD에 저장한 후, 이를 제3자인 홈쇼핑 업체 C사가 텔레마케팅 업무에 사용할 수 있도록 무단으로 C사에 제공하였다.

이와 같이 B가 정보통신서비스 이용자(A사 고객)의 개인정보를 정보통신서비스제공자(A)

로부터 제공받은 목적 외의 용도로 C에게 제공한 행위에 관하여, 피고인은 구 정보통신망 이용촉진 및 정보보호 등에 관한 법률(2004. 12. 30. 법률 제7262호로 개정되기 이전의 것, 이하 "구 정보통신망법") 제66조, 제62조 제2호, 제24조 제2항, 제58조에 기하여 기소되었다. 피고인은 B가 피고인의 사용인이 아니고, B의 범행이 피고인의 업무와 관련성이 없기 때문에 양벌규정인 구 정보통신망법 제66조가 적용될 여지가 없으며, 양벌규정이 적용된다 하더라도 B에 대한 선임, 감독상 과실이 없기 때문에 형사책임을 부담하지 않는다고 주장하였다.

2. 관련 규정

구 정보통신망법

제24조 (개인정보의 이용 및 제공 등)

② 정보통신서비스제공자로부터 이용자의 개인정보를 제공받은 자는 당해 이용자의 동의가 있거나 다른 법률에 특별한 규정이 있는 경우를 제외하고는 개인정보를 제공받은 목적외의 용도로 이를 이용하거나 제3자에게 제공하여서는 아니된다.

제58조 (정보통신서비스제공자외의 자에 대한 준용)

② 제22조 내지 제24조 및 제26조 내지 제31조의 규정은 제25조 제2항의 규정에 의한 수탁자에 관하여 이를 준용한다.

제62조 (벌칙) 다음 각호의 1에 해당하는 자는 5년 이하의 징역 또는 5천만원 이하의 벌금에 처한다.

2. 제24조 제2항(제58조의 규정에 의하여 준용되는 경우에 해당되는 자를 포함한다)의 규정을 위반하여 이용자의 개인정보를 제공받은 목적외의 용도로 이용하거나 제3자에게 제공한 자 (이하 생략)

제66조 (양벌규정) 법인의 대표자나 법인 또는 개인의 대리인 · 사용인 그 밖의 종업원이 그 법인 또는 개인의 업무에 관하여 제62조 내지 제64조, 제65조 제1항 또는 제65조의2의 위반행위를 한 때에는 행위자를 벌하는 외에 그 법인 또는 개인에 대하여도 각 해당 조의 벌금형을 과한다.

3. 소송경과 및 판결의 요지

법원은 B가 정보통신서비스제공자인 A사로부터 수탁받은 이용자의 개인정보를 이용자의 동의 없이 목적 외의 용도로 제3자인 C에 제공함으로써 구 정보통신망법 제58조 제2항에 의하여 준용되는 제24조 제2항을 위반하였다고 보았다(이하 "본건 위반행위"). 나아가 법원은 B가 양벌규정인 구 정보통신망법 제66조에 규정된 바와 같이 법인인 피고인의 사용인으로서 피고인의 업무에 관하여 위반행위를 한 것이라 보았다. 나아가 피고인 회사가 본건 위반행위를 방지하기 위하여 당해 업무에 대하여 상당한 주의와 감독을 하였다고 보기 어렵다고

보고 피고인에게 벌금 1,000만원을 선고하였다(수원지방법원 2005. 7. 29. 선고 2005고합160 판결, 이하 "대상 판결"). 이 판결은 그대로 확정되었다.

II. 해설

1. 쟁점의 정리

대상 판결에서는 피고인이 본건 위반행위에 관하여 구 정보통신망법 제66조의 양벌규정에 따른 책임을 부담하는지가 다투어졌다.

구 정보통신망법 제66조는 "법인의 대표자나 법인 또는 개인의 대리인·사용인 그 밖의 종업원이 그 법인 또는 개인의 업무에 관하여 (중략) 위반행위를 한 때에는 행위자를 벌하는 외에 그 법인 또는 개인에 대하여도 각 해당 조의 벌금형을 과한다"고 규정하고 있다. 본건에서는 (i) 피고인과 독립한 사업자인 B가 피고인 "법인의 사용인"에 해당하는지, (ii) B가 피고인의 지시 없이 오로지 자신의 이익을 위하여 한 본건 위반행위가 피고인 "법인의 업무에 관하여 위반행위를 한 때"에 해당하는지("업무관련성"), (iii) 피고인이 B와 택배위수탁계약을 체결하면서 B의 자격 등을 심사하고 계약서 내에 비밀유지의무를 규정함으로써 B에 대한 선임·감독상의 의무를 다하였다는 이유로 면책될 수 있는지 여부가 문제되었다. 대상 판결에서 법원은 (i), (ii) 요건의 해당을 인정하고, (iii)에 따른 면책을 부인함으로써 B의 위반 행위에 대하여 구 정보통신망법 제66조에 따른 피고인의 책임을 인정하였다.

이하에서는 각 쟁점 별로 대상 판결의 판시에 대하여 보다 구체적으로 검토하여 보기로 한다.

2. 쟁점별 검토

가. 법인의 사용인 해당 여부

1) 관련 판례

대법원 1987. 11. 10. 선고 87도1213 판결은 양벌규정상의 종업원이란 "영업주의 사업경영과정에서 직접 또는 간접으로 영업주의 감독통제 아래 그 사업에 종사하는 자를 일컫는 것이므로 영업주 스스로 고용한 자가 아니고 타인의 고용인으로서 타인으로부터 보수를 받고 있다고 하더라도 객관적 외형상으로 영업주의 업무를 처리하고 영업주의 종업원을 통하

여 간접적으로 감독통제를 받는 자"도 포함된다고 판시하였다. 대법원은 이 사안에서 공동피고인 영화 배급업자의 직원이 영화 관람 수익금 분배를 위하여 극장주인 피고인이 운영하는 극장에 방문하여 관람객 수를 확인하던 중, 피고인의 검표담당종업원이 자리를 비운 사이 피고인의 다른 직원의 부탁을 받아 검표업무를 하다가 미성년자를 입장시킴으로써 구 미성년자보호법을 위반한 사안에서, 극장주인 피고인에 대하여 양벌규정상 책임을 인정하였다.

위 대법원 87도1213 판결의 입장은 이후 선고된 1993. 5. 14. 선고 93도344판결 등에서 일관적으로 발견되고 있다. 93도344 판결은 피고인 D 증권회사의 지점 직원이 업무 폭주로 인하여 당해 지점에 상시적으로 출입하는 고객 E로 하여금 일시적으로 직원의 업무를 대행하도록 하였는데, E가 해당 업무를 수행하면서 증권거래법 위반행위를 한 사안에 관한 것이었다. 이 사안에서 대법원은, E가 지점장 이하 직원들의 통제·감독 하에 있음으로써 D의 간접적 통제·감독 하에 있게 되었다는 이유로 E의 증권거래법 위반행위에 대하여 D의 양벌규정상 책임을 인정하였다.

한편, 대상 판결에 인용된 2003. 6. 10. 선고 2001도2573 판결은 양벌규정에서의 '사용인 기타의 종업원'에는 "법인 또는 개인과 정식으로 고용계약을 체결하고 근무하는 자 뿐만 아니라 법인 또는 개인의 대리인, 사용인 등이 자기의 업무보조자로서 사용하면서 직접 또는 간접으로 법인 또는 개인의 통제·감독 아래에 있는 자도 포함된다"고 판시하면서도, "토지의 소유자가 토지를 임차하여 사용하는 사람에 대하여 소유자로서의 권리를 행사할 수 있다는 이유만으로 토지의 임차인을 그 토지 소유자의 사용인 기타의 종업원에 해당한다고 볼 수 없다"고 판시하였다.

이상에서 살펴본 바를 종합하면, 87도1213 판결은 양벌규정상의 종업원 또는 사용인 해당 여부를 판단함에 있어, 비록 행위자가 영업주인 법인의 종업원이 아니라고 하더라도 "객관적 외형상으로 영업주의 업무를 처리"하고 간접적으로라도 영업주의 "감독통제"를 받는 경우 양벌규정상의 종업원에 해당한다고 판시하였다. 다만 93도344판결 등 이후의 대법원 판결에서는 사용인 해당 여부를 판단함에 있어 "객관적 외형상으로 영업주의 업무를 처리"하는지 여부보다는 영업주의 "직접적 또는 간접적 통제·감독"을 받는지 여부를 보다 직접적으로 고려하는 것으로 보인다. 이에 전자의 "객관적 외형상으로 영업주의 업무를 처리"하는지 여부는 이후 살펴볼 업무관련성 요건과 보다 밀접한 관련이 있는 것으로 보이지만, 이후 살펴보는 바와 같이, 대상 판결에서도 사용인 해당 여부와 관련하여 고려되고 있다.

2) 대상 판결에서의 적용

대상 판결은 "양벌규정에 있어서 법인의 사용인 그 밖의 종업원에는 법인과 고용계약이 체결되어 근무하는 자 뿐 아니라 법인의 사업경영과정에 있어서 직접 또는 간접적으로 법인의 통제, 감독 하에 그 사업에 종사하는 자도 포함된다"고 판시함으로써 위에서 살펴본 대법원 판결들의 기본 입장을 따르고 있다.

구체적으로, 대상 판결의 사실관계에서 B는 피고인의 종업원도 아니고, 피고인과 별도의 사업자등록을 마친 독립된 사업자이다. 그러나 B는 피고인과 체결한 택배위수탁계약에 따라 피고인 부평영업소라는 명칭 및 피고인의 로고를 사용하여 물품배송 업무를 수행하였으며, 피고인의 콜센터 역할 또한 일부 부여받았다. 이를 위하여 B는 피고인이 운영하는 통합택배정보시스템에 접근하여 피고인이 관리하는 고객의 개인정보에 접근하고 이를 이용하였다. 또한, 그 구체적인 내용이 명시되어 있지는 않지만 대상 판결의 사실인정에 따르면 B가 피고인에 대하여 일정한 유지의무를 부담하였다고 하며, 더 나아가 피고인은 B에 대하여 "영업목표를 할당하고 영업실적을 월별로 관리하여 그에 따라 영업활동을 축소하거나 계약갱신을 거부"할 수 있었다고 한다. 법원은 이러한 점을 종합하여 B가 객관적 외형상으로 보아 피고인의 위임을 받아 피고인의 업무를 처리하는 자의 지위에 있고, 피고인이 B를 자신의 업무에 사용하며 그를 직접, 간접적으로 통제하고 있었다고 보아 B가 피고인의 사용인에 해당한다고 판단하였다.

나. 본건 위반행위의 업무관련성 여부

1) 관련 판례

대법원 1977. 5. 24. 선고 77도412 판결은, 양벌규정에 있어 종업원이 영업주의 업무를 수행함에 있어 소정의 법규 위반행위가 있을 때에는 "그 위반행위의 동기가 직접적으로 종업원 자신의 이익의 이익을 위한 것에 불과하고 그 영업에 이로운 행위가 아니라 하여도" 영업주가 책임을 부담한다고 판시하였다. 이를 근거로, 피고인이 경영하는 다방의 주방장인 주방장 및 그 보조인이 커피 재료를 빼돌리기 위하여 커피 대신 담배를 1개피씩 넣어 끓임으로써 구 식품위생법을 위반한 사안에서, 피고인에 대하여 구 식품위생법상 양벌규정에 따른 책임을 인정하였다. 앞서 살펴본 87도1213 판결은 위 77도412 판결의 판시를 그대로 원용하면서 "객관적 외관상으로 영업주의 업무에 관한 행위이고 종업원이 그 영업주의 업무를

수행함에 있어서 위법행위를 한 것이라면"이라는 조건을 덧붙임으로써 업무관련성의 적극적 요건으로서 "객관적 외관상으로 영업주의 업무에 관한 행위"라는 요소를 정의하였다.

대법원 판결들은 업무관련성이 성립하기 위하여 이러한 객관적 요소에 더하여 주관적 요소, 즉 "피용자 등이 법인의 업무를 위하여 한다는 의사를 가지고 행위"할 것까지 요구하고 있는 것으로 보인다. 대법원 1997. 2. 14. 선고 96도2699 판결은 업무관련성을 인정하기 위하여서는 위에서 살펴본 "객관적으로 법인의 업무를 위하여 하는 것으로 인정할 수 있는 행위"가 있어야 한다는 것 외에, "주관적으로 피용자 등이 법인의 업무를 위하여 한다는 의사를 가지고 행위함"을 요한다고 판시하였다. 이러한 판시는 동의 없는 개인신용정보의 제공이 문제된 대법원 2006. 6. 15. 선고 2004도1639 판결 등에서도 관찰되며, 이른바 카드 3사 개인정보 유출사건의 형사판결인 서울고등법원 2020. 1. 31. 선고 2016노2150 판결[1] 등 최근 사례에서도 관찰되고 있다. 다만 대법원 2002. 1. 25. 선고 2001도5595 판결은 이러한 주관적 요건에 대한 언급은 생략한 채, 양벌규정 조항상의 "법인의 업무라 함은 객관적 외형상으로 보아 법인의 업무에 해당하는 행위이면 족하고 그 행위가 법인 내부의 결재를 밟지 아니하였거나 그 행위의 동기가 직원 기타 제3자의 이익을 위한 것이라고 하여도 무방하다"고 판시함으로써 위반행위의 '동기'가 사용자의 이익을 위할 것까지 요구되는 것은 아니라고 보았다.

2) 대상 판결에서의 적용

대상 판결에서 법원은 업무관련성 요건에 관하여, 위 2001도5595 판결의 판시를 그대로 인용하고 있다. 즉, "양벌규정에 있어서 법인의 업무라 함은 객관적 외형상으로 법인의 업무에 해당하는 행위이면 족하고, 그 행위가 법인 내부의 결재를 밟지 아니하였거나 그 행위의 동기가 행위자 혹은 제3자의 이익을 위한 것이라고 하더라도 무방하다고 할 것이며, 위반행위가 업무행위 자체인 경우 뿐만 아니라, 위반행위의 동기 또는 원인이 업무와 관련이 있는 경우까지 포함한다"고 판시하였다.

이에 따라, 법원은 본건에서 B가 본건 위반행위를 한 동기가 피고인의 업무 수행이 아니라 C사에 개인정보를 제공함으로써 C사 물품의 독점적 배송권을 획득할 목적이었음에도 불구하고, (B의 본건 위반행위가 객관적 외형상으로 피고인의 업무에 해당하는 행위인지 여부를 살핌이 없이) 이러한 "위반행위의 동기가 업무와 관련이 있는 경우라고 할 것"이라고 판시하고 업무

---

1) 2020. 8. 27. 선고 2020도2432 판결에 의하여 확정됨.

관련성을 인정하였다.

다. 피고인이 B에 대한 선임·감독상 의무를 다하였는지 여부

1) 관련 판례

헌법재판소는 헌재 2007. 11. 29. 2005헌가10 결정 이후 일관되게 법인 또는 영업주의 고의·과실이 있는 경우 법인 또는 영업주를 면책한다는 규정(이하 "면책조항")이 없는 양벌규정이 위헌이라고 판시하여 왔다(헌재 2009. 7. 30. 2008헌가14 등, 이하 "본건 위헌결정").

대상 판결은 본건 위헌결정이 있기 전인 2005년에 선고되었고, 대상 판결에서 적용된 구 정보통신망법 제66조에는 면책조항이 포함되어 있지 않았다.[2] 이러한 상황에서, 대법원 판례는 면책조항 없는 양벌규정에 대하여 별도로 법인 또는 영업주의 고의·과실이 요구되지 않는다는 무과실책임설을 취한 것(대법원 1991. 11. 12. 선고 91도801 판결)과 과실책임설을 취한 것(1987. 11. 10. 87도1213)으로 나뉘어져 있었다.[3] 결과적으로 본건 위헌결정은 과실책임설과 유사한 입장에서 면책조항 없는 양벌규정이 위헌이라고 결정하였고, 대상 판결 또한 과실책임설을 취하고 있으므로 본고에서는 이러한 대립에 관하여 자세히 검토하지 아니한다. 대신, 면책조항이 있는 경우 고의·과실 없다는 점(이하 "면책사유")에 관한 입증책임 및 면책사유 유무의 판단 기준에 관한 기존 대법원 판례에 관하여 간단히 살펴보기로 한다.

우선, 면책사유에 관한 입증책임의 소재에 관하여 대법원 1980. 3. 11. 선고 80도138 판결이 "법인에게 무과실책임은 아니라 하더라도 입증책임을 부과함으로써 업무주체에 대한 과실의 추정을 강하게 하려는 데 그 목적이 있다"고 판시한 바 있다. 이후의 대법원 판결들은 면책조항 적용의 전제조건으로서 법인 또는 영업주에게 고의·과실이 없다는 점에 대한 입증책임이 법인 또는 영업주에게 있다고 판시하여 왔다(대법원 1992. 8. 18. 선고 92도1395 판결)[4]. 그런데 대법원 2010. 7. 8. 선고 2009도6968 판결은 법인의 구체적 관리·감독 "의무의 내용과 그 위반 여부에 관하여는 검사가 입증책임을 부담한다"고 판시함으로써 고의·과실 없음에 대한 입증책임이 법인 또는 영업주에게 있다는 기존 판례와 상반된 입장을 취하였다.[5]

---

2) 구 정보통신망법 제66조에 해당하는 개인정보 보호법 제74조 제1항은 "다만, 법인 또는 개인이 그 위반행위를 방지하기 위하여 해당 업무에 관하여 상당한 주의와 감독을 게을리한 경우에는 그러하지 아니하다"라는 면책조항을 두고 있다.

3) 이재상, 「형법총론」(제5판 보정판), 박영사, 2005, 98-99면.

4) 위 판결들에서는 면책조항부 양벌규정의 해석이 문제되었다.

5) 위 판결들에서 문제된 양벌조항에는 면책조항이 부가되어 있지 아니하였다.

한편 앞서 살펴본 헌법재판소 결정이 있은 후 선고된 대법원 2010. 2. 25. 선고 2009도5824 판결은 "형벌의 자기책임원칙에 비추어 보면 위반행위가 발생한 그 업무와 관련하여 법인이 상당한 주의 또는 관리감독 의무를 게을리한 때에 한하여 위 양벌조항이 적용된다고 봄이 상당하며, 구체적인 사안에서 법인이 상당한 주의 또는 관리감독 의무를 게을리하였는지 여부는 당해 위반행위와 관련된 모든 사정, 즉 당해 법률의 입법 취지, 처벌조항 위반으로 예상되는 법익 침해의 정도, 그 위반행위에 관하여 양벌조항을 마련한 취지 등은 물론 위반행위의 구체적인 모습과 그로 인하여 실제 야기된 피해 또는 결과의 정도, 법인의 영업 규모 및 행위자에 대한 감독가능성 또는 구체적인 지휘감독 관계, 법인이 위반행위 방지를 위하여 실제 행한 조치 등을 전체적으로 종합하여 판단하여야 한다."고 판시함으로써 면책사유 유무에 관한 판단 기준을 제시하였다.[6)]

2) 대상 판결에서의 적용

앞서 언급한 바와 같이, 대상 판결은 2005년에 선고되었고 대상 판결에서 적용된 구 정보통신망법 제66조는 면책조항을 포함하고 있지 아니하였다. 대상 판결은 80도138 판결의 입장과 같이 면책사유에 대한 입증책임이 법인 또는 영업주에게 있다고 판시하였다. 그러나 대상 판결 선고 이후 선고된 2009도6968판결의 판시 등에 비추어 볼 때, 이러한 입장이 현재에도 관철될 수 있다고 보기는 어려울 것으로 보인다.

어쨌든 대상 판결은 피고인이 B와 택배위수탁계약을 체결할 당시 B의 "자격 등을 자체적으로 심사하였고, 위 계약상 고객의 정보 등에 대하여 비밀유지의무를 규정하였으며, 그에 대한 다짐과 각서를 받았다고 하더라도 그와 같은 일반적이고 추상적인 감독을 하였다거나, 공소외 2가 피고인에게 알리지 않고 혼자 위반행위를 하였다는 사정만으로는 피고인이 사용인의 위반행위를 방지하기 위하여 당해 업무에 대하여 상당한 주의와 감독을 한 것이 증명되었다고 할 수 없"다고 판시하였다.

6) 위 판결에서는 면책사유 유무에 관한 입증책임이 영업주에게 있다고 보았으나, 앞서 살펴본 2009도6968 판결은 이를 뒤집었다. 그러나 2009도6968 판결은 면책사유 유무에 관한 판단기준에 관한 위 판결의 판시를 그대로 인용하였다.

Ⅲ. 판결의 의의

개인정보 처리에 있어 수탁자를 사용하는 경우는 매우 빈번하게 발생하고 있다. 그에 비하여 형사적으로 위탁자가 수탁자의 개인정보 보호법 위반 행위에 관하여 양벌규정에 의한 책임을 부담하는지 여부에 대한 사례는 상대적으로 많지 않아 보인다. 대상 판결은 그러한 사안에 관한 것으로서, 택배 배송을 위한 위수탁 관계에서 택배 회사이자 위탁자인 피고인이 택배 영업소 운영자인 B의 사용자가 될 수 있으며, 비록 B가 처리를 위탁받은 개인정보를 위탁업무의 목적 외로 사용하였더라도 업무관련성이 인정될 수 있다는 점, 그리고 택배 위수탁계약에 고객의 정보에 대한 비밀유지의무가 규정되어 있다는 사실만으로는 피고인의 면책을 인정하기 어렵다는 점을 구체적으로 밝히고 있다.

그러나 대상 판결의 판시를 현재에도 그대로 적용하기에는 무리가 있어 보인다.

첫째, 업무관련성과 관련하여 대상 판결의 판시는 최근의 대법원 입장과 다소 거리가 있어 보인다. 즉, 앞서 언급한 서울고등법원 2020. 1. 31. 선고 2016노2150 판결은 대상 판결과 사실관계의 패턴이 유사함에도 불구하고 상반된 판시를 하고 있다. 위 사건은 카드회사를 위하여 FDS(Fraud Detection System)를 개발하던 외주업체 직원이 개발 업무와 관련하여 획득한 접근권한을 남용하여 피고인 회사들의 고객정보를 획득하고 이를 제3자에게 제공한 사안이다. 서울고등법원은 이러한 외주업체 직원의 행위가 "고의적인 범죄행위로서, 객관적 외형상으로 피고인 회사들의 업무를 위하여 한 것이라고 볼 수 없고, 주관적으로도 피고인 회사들을 위하여 한다는 의사를 가지고 고객 개인정보를 유출하였다고 볼 수도 없다"고 판시하였다. 대상 판결에서는 B가 택배 배송 업무와 관련하여 획득한 시스템 접근권한을 남용하여 피고인 회사의 고객정보를 획득하고 이를 제3자에게 제공하였는바, 사실관계가 유사함에도 불구하고 업무관련성을 인정하였다. 2005년에 확정된 지방법원 판결인 대상 판결보다, 대법원에 의하여 확정된 2016노2150판결이 선례로서의 가치가 보다 높다는 점은 말할 필요도 없다.[7)]

둘째, 면책사유에 관한 입증책임에 관하여, 그러한 입증책임이 법인 또는 영업주에게 있다는 대상 판결의 입장과 다른 대법원 판결(2009도6968 판결)이 선고되었다는 점에 유의할 필요가 있다. 따라서, 대상 판결의 이 부분 판시 또한 큰 의미를 가지기 어려울 것으로 생각된다.

---

7) 직원이 개인정보를 무단으로 제3자에게 제공한 행위에 대하여 법인을 처벌한 사례로는 대법원 2006. 6. 15. 선고 2004도1639 판결이 있다. 이 판결의 업무관련성에 관한 판단 기준이 유사한 사안에 있어 선례로서의 가치가 높을 것으로 생각되나, 본고는 어디까지나 대상 판결에 관한 평석이므로, 자세히 다루지 않는다.

다만, 대상 판결은 위수탁계약 상에 비밀유지의무가 규정되어 있는 것만으로는 면책사유가 있었다고 볼 수 없다고 판시하였는바, 개인정보 처리자인 법인 내지는 영업주가 구체적으로 어느 수준의 관리·감독을 하여야 면책조항에 따라 면책을 받을 수 있는지는 향후 해결되어야 할 문제일 것으로 보인다. 이때 앞서 살펴본 대법원 2010. 2. 25. 선고 2009도5824 판결의 판시를 적용하여야 할 것이나, 구체적으로는 특히 개인정보 보호법 제26조 제1항, 동 시행령 제28조 제1항 제4호가 정하는 바와 같이 “위탁업무와 관련하여 보유하고 있는 개인정보의 관리 현황 점검 등 감독에 관한 사항”이 위탁자와 수탁자 간 계약에 규정되어 있고, 실제로 위탁자가 이러한 조항에 따라 감독을 수행하였다면 위탁자가 면책될 수 있는지, 구체적인 상황에서 어느 수준의 감독이 적절한 것으로 인정될 수 있을지가 문제가 될 것으로 보인다.

032 개인정보처리자의 정당한 이익의 판단 기준

- 학생대표 비상연락망을 학과장이 자신의 고소장에 이용한 사건 -

대법원 2017. 4. 13. 선고 2014도7598 판결

이창범(동국대학교 국제정보대학원 객원교수)

I. 판결의 개요

1. 사안의 개요

가. 사실관계

피고는 서울 소재 S대학의 레크리에이션 학과장으로 근무 중 같은 학과 학생대표를 명예훼손 혐의로 고소하면서 고소장에 비상연락망 구축 목적으로 수집한 학생대표의 이름, 주소, 휴대전화번호를 기재하여 제출하였다. 이에 학생대표가 피고를 개인정보 보호법 위반 혐의로 고소하였고, 검사는 학과장을 개인정보 보호법상 개인정보의 목적외 이용으로 기소하였다.

나. 소송경과

1) 제1심 판결(서울북부지방법원 2014. 2. 7. 선고 2013고정2030 판결)

법원은 비상연락망 구축을 위해 수집한 학생대표의 개인정보는 비상연락 목적으로만 이용할 수 있고 다른 목적으로는 이용할 수 없다고 보았다. 또한, 고소장에 학과장이 이미 알고 있던 학생대표의 이름 외에 주소, 휴대전화번호까지 기재할 필요가 없을 뿐 아니라 학과장이 고소를 통해 달성할 수 있는 이익이 학생대표의 권리보다 명백히 우선한다고 보기도 어렵다는 이유로 개인정보 보호법 제15조 제1항 제6호에 따른 정당한 이익 달성을 위한 요건도 충족하지 못했다고 보았다. 아울러 학생대표의 주소, 휴대전화번호 등까지 고소장에 기재해야 할 필요가 없었다는 점 등의 사정에 비추어 형법 제20조의 정당행위로서의 요건도 갖추지 못했다고 보았다.

2) 항소심 판결(서울북부지방법원 2014. 5. 29. 선고 2014노202 판결)

항소심 법원은 1심의 판결과 달리 개인정보 보호법 제15조 제1항 각 호 간 목적외 이용을 인정하고 있다. 다만, 학생대표의 이름과 대자보에 공개된 정보(S대학 레크리에션학과 학생회장)만 기재하는 방법으로 피고소인을 특정해 고소가 가능함에도 불구하고 업무상 수집·보관하고 있던 주소, 휴대전화번호를 고소장에 이용한 것은 '명백하게 정보주체의 권리보다 우선하며 개인정보처리자의 정당한 이익과 상당한 관련이 있고 합리적인 범위를 초과하지 아니한 경우'에 해당하는 것으로 보기 어렵다는 이유로 제6호의 적용을 인정하지 않았다. 형법 제20조의 정당행위에 해당한다는 주장에 대해서도 1심 법원과 마찬가지로 긴급성과 보충성의 요건을 갖추지 못했다고 보았다.

3) 대법원 판결(대법원 2017. 4. 13. 선고 2014도7598 판결)

대법원은 피고인이 학과장으로서 업무상 수집·보유하고 있던 학생대표의 주소, 휴대전화번호를 학생대표에 대한 고소장에 기재한 행위는 개인정보 보호법 제15조 제1항 제6호에서 규정하고 있는 '개인정보처리자의 정당한 이익을 달성하기 위하여 필요한 경우로서 명백하게 정보주체의 권리보다 우선하며, 개인정보 처리자의 정당한 이익과 상당한 관련이 있고, 합리적인 범위를 초과하지 아니하는 경우'에 해당한다고 보기 어렵고, 나아가 피고인의 행위는 긴급성과 보충성의 요건을 갖추지 못하여 형법 제20조의 정당행위에도 해당하지 않는다는 이유로 피고인의 주장을 배척하고 유죄로 판단한 원심의 판결이 타당하다는 취지로 피고의 상고를 기각하였다.

2. 판결의 요지

가. "정당한 이익 달성"에 해당하기 위한 요건

개인정보 보호법 제15조 제1항 제1호에 따라 비상연락망 구축 목적으로 이용하기 위하여 정보주체의 동의를 받아 수집한 개인정보도 다른 호의 목적에 해당하여 그 개인정보를 이용할 필요가 있는 경우에는 이용할 수 있으나, 제6호의 개인정보처리자의 정당한 이익 달성을 위한 것으로 인정받기 위해서는 '명백하게 정보주체의 권리보다 우선하며 개인정보처리자의 정당한 이익과 상당한 관련이 있고 합리적인 범위를 초과하지 아니한 경우'에 해당하여야 한다. 대자보 등을 통해 공개된 개인정보만으로 피고소인을 특정하여 고소를 할 수 있음에도

불구하고 업무상 수집·보관하고 있던 주소, 휴대전화번호를 고소장에 이용한 것은 정당한 이익 달성을 위한 것으로 인정받기 위한 요건을 갖추지 못한 것이다.

나. 형법상 "정당행위"로 인정받기 위한 요건

형법 제20조에 규정된 '사회상규에 위배되지 아니하는 행위'라 함은 법질서 전체의 정신이나 그 배후에 놓여 있는 사회윤리 내지 사회통념에 비추어 용인될 수 있는 행위를 말하고, 어떠한 행위가 사회상규에 위배되지 아니하는 정당한 행위로서 위법성이 조각되는 것인지는 구체적인 사정 아래에서 합목적적, 합리적으로 고찰하여 개별적으로 판단되어야 하므로, 이와 같은 정당행위를 인정하려면 첫째 그 행위의 동기나 목적의 정당성, 둘째 행위의 수단이나 방법의 상당성, 셋째 보호이익과 침해이익과의 법익 균형성, 넷째 긴급성, 다섯째 그 행위 외에 다른 수단이나 방법이 없다는 보충성 등의 요건을 갖추어야 한다. 고소장에 피고소인의 주소, 휴대전화번호를 반드시 기재할 필요는 없었다는 점에서, 피고인의 행위는 정당행위의 요건 중 적어도 긴급성, 보충성의 요건을 갖추었다고 보기 어렵다.

II. 해설

1. 쟁점의 정리

가. 개인정보 보호법 제15조 제1항과 제18조 제2항의 차이

학과장이 비상연락망 구축 목적으로 수집한 학생대표의 주소와 휴대전화번호를 학생대표를 상대로 한 명예훼손 고소장에 이용한 것이 개인정보의 목적 내 이용인지 목적외 이용인지 문제가 된다. 개인정보 보호법 제15조 제1항은 '개인정보처리자는 다음 각 호의 어느 하나에 해당하는 경우에는 개인정보를 수집할 수 있으며 그 수집 목적의 범위에서 이용할 수 있다'고 규정하고 있고, 제18조 제1항은 '개인정보처리자는 개인정보를 제15조제1항에 따른 범위를 초과하여 이용하거나 제17조 제1항 및 제3항에 따른 범위를 초과하여 제3자에게 제공하여서는 아니 된다'고 규정하면서, 제2항에서는 '제1항에도 불구하고 개인정보처리자는 다음 각 호의 어느 하나에 해당하는 경우에는 정보주체 또는 제3자의 이익을 부당하게 침해할 우려가 있을 때를 제외하고는 개인정보를 목적 외의 용도로 이용하거나 이를 제3자에게 제공할 수 있다'고 규정하고 있다.

이에 따라 1심 법원은 개인정보 보호법 제15조 제1항 제1호에 따라 비상연락망 구축 목

적으로 정보주체의 동의를 받아 수집한 개인정보는 비상연락 목적으로만 이용할 수 있고 개인정보처리자의 정당한 이익 달성을 위한 목적으로는 이용할 수 없다는 입장인 반면(1설), 2심 법원은 비상연락망 구축 목적으로 정보주체의 동의를 받아 수집한 개인정보라도 개인정보처리자의 정당한 이익 달성을 위한 요건에 해당하면 정보주체의 동의 없이 이용할 수 있다고 보았다(2설). 그 이유로 '그와 같이 보지 않으면 개인정보 보호법 제15조 제1항의 어느 한 호에 해당하여 이미 적법하게 개인정보가 수집되어 있는 경우에는, 그 개인정보가 다른 호에 해당하여 적법하게 수집·이용할 수 있는 것임에도 불구하고, 다른 목적으로 수집된 것이어서 이를 이용할 수 없다거나, 해당 개인정보를 새로이 수집하는 무익한 절차를 거쳐야 한다는 불합리한 결론에 이르게 되기 때문이다'라고 밝히고 있다.

1설에 따를 경우 2설이 지적한 것과 같은 불합리한 결과가 나올 수 있지만, 2설은 제18조 제1항 및 제2항의 존재 이유를 설명하지 못한다는 문제가 있다. 제18조 제1항에 따르면 제15조 제1항에 따라 적법하게 수집한 개인정보라도 제18조 제2항 각 호의 어느 하나에 해당하는 경우를 제외하고 제15조 제1항의 범위를 초과해서 이용할 수 없다. 그런데 제18조 제2항은 "개인정보처리자의 정당한 이익을 달성하기 위하여 필요한 경우"를 개인정보의 목적외 이용 사유로 규정하고 있지 않다. 따라서 문리적 해석에 따르면 제15조 제1항에 따라 정보주체의 동의를 받아 비상연락망 구축 목적으로 수집한 개인정보는 "개인정보처리자의 정당한 이익 달성" 목적으로는 이용할 수 없게 된다. 이미 수집된 개인정보는 목적외 이용이 안 되므로 고소장 제출에 필요한 개인정보는 정보주체의 동의를 받아 다시 수집하거나 공개된 정보를 수집해서 이용할 수밖에 없다.

그러나 2설에 따르면 제18조 제1항 및 제2항에 의한 목적외 이용 제한에도 불구하고 제15조 제1항 각 호의 어느 하나에만 해당하면 정보주체의 동의 없이 목적 간 상호 이용이 가능하게 된다. 또한, 2설에 의하면 제15조 제2항이 목적을 구체화해서 동의를 받도록 한 것도 의미가 없게 된다. 따라서 2설은 현행법의 문리해석을 뛰어넘은 해석이라는 비판이 가능하다. 결과가 불합리하다고 해서 현행법의 문리적 해석을 부정하는 것은 바람직스럽지 않다. 개인정보 보호법이 제15조 제1항과 제18조 제2항을 구분해서 규정한 취지는 개인정보의 목적외 이용을 수집·이용보다 강하게 제한하고자 하는 것이라고 할 수 있다. 2설이 지적한 불합리는 입법론적으로 해결해야 할 과제이다.[1]

---

1) 제15조 제1항과 제18조 제2항을 통합해야 한다는 주장으로는, 이창범, 개인정보 보호법, 법문사, 2012. 1, 162－164면 참조.

나. 정당한 이익 달성의 성립 요건

개인정보처리자의 정당한 이익을 달성하기 위하여 필요한 경우로 인정받기 위해서는 첫째, 이익이 개인정보처리자를 위한 것이어야 하고, 둘째, 이익이 정당해야 하며, 셋째, 이익이 명백하게 정보주체의 권리보다 우선해야 하고, 넷째, 해당 개인정보의 수집·이용이 개인정보처리자의 정당한 이익과 상당한 관련이 있고 합리적인 범위를 초과하지 않아야 한다.

먼저, 정보주체의 권리와 개인정보처리자의 이익을 비교형량한 결과 명백하게 개인정보처리자의 이익이 우선해야 한다. 개인정보처리자의 이익이 월등해야 한다는 견해도 있으나[2] 정보주체의 권리와 비교해서 개인정보처리자의 이익이 더 크면 된다고 본다. 유럽연합 일반개인정보 보호규정(GDPR)은 '정보주체의 이익 또는 기본적 권리와 자유가 개인정보처리자의 정당한 이익에 우선한(overridden) 경우에는 정당한 이익 추구를 주장할 수 없다'고 규정하고 있다(제6조 제1항 f). 2설이 "정당한 이익 달성"의 요건을 형법상 "정당행위"의 요건과 동일하게 파악한 것은 이 조의 취지를 오해한 것이라고 할 수 있다.

다음으로, 개인정보처리자의 정당한 이익이 존재하고 그것이 명백히 정보주체의 권리보다 우선한다고 하더라도 해당 개인정보가 정당한 이익과 상당한 관련성이 없으면 안 된다. 상당한 관련성이 있다고 하기 위해서는 개인정보처리자의 정당한 이익이 해당 개인정보를 처리하지 않고는 보호받을 수 없거나 어려운 상태에 있는 경우를 말하고,[3] 합리적인 범위란 객관적으로 판단하였을 때 목적 달성에 필요한 최소한의 개인정보를 의미한다. 2설에 따라 정보주체의 동의를 받아 비상연락망 목적으로 수집한 개인정보를 개인정보처리자의 정당한 이익 달성을 위한 목적으로 이용할 수 있다고 하더라도 학과장이 학사 업무와 관련이 없는 자신의 명예훼손 관련 고소장에 해당 정보를 이용하는 것은 상당한 관련성이 있다고 보기 어려울 것이다.

다만, 2심과 대법원은 고소장에 학생대표의 개인정보를 이용하는 것을 개인정보처리자의 정당한 이익 달성에 해당한다고 보면서도 학생대표의 이름과 소속만으로 피고소인의 특정이 가능하다는 이유로 학생대표의 주소와 휴대전화번호는 개인정보처리자의 정당한 이익과 상당한 관련이 없고 합리적인 범위를 초과했다고 보았다. 그러나 수사진행을 위해서는 피고소

---

2) 개인정보 보호위원회, 개인정보 보호 법령 및 지침·고시 해설서(2020. 12), 92면 참조. 필자도 앞의 책에서 월등해야 한다는 의견을 제시한 바 있으나, 월등은 정보주체의 권리를 압도해야 한다는 의미이고 우선이란 이익형량의 관점이라고 할 수 있다.

3) 이창범, 앞의 책, 133면 참조.

인의 이름 이외에 연락처가 반드시 필요하다. 고소인이 피고소인의 연락처를 알려주지 않으면 수사기관은 수사의 진행을 위하여 불가피하게 피고소인의 주소와 휴대전화번호를 수집·이용할 수밖에 없다. 학교의 비상연락망 구축 목적으로 수집한 개인정보도 학과장이 자신의 정당한 이익 달성을 위하여 이용할 수 있다고 본 이상 "상당한 관련과 합리적인 범위"는 전체적인 수사의 진행, 공소의 제기 및 유지 관점에서 보아야지 고소장만 떼어놓고 볼 일은 아니다. 피고소인의 주소와 전화번호를 기재하지 않더라도 고소를 할 수는 있으나 수사의 진행 및 재판을 위해서는 피고소인의 주소와 휴대전화번호는 반드시 필요하다. 고소장에 이름 이외에 주소와 휴대전화번호를 기재했다고 해서 피고소인의 개인정보가 더 침해된다거나 침해될 우려가 있다는 보기도 어렵다.

다. 개인정보처리자의 개념

법원은 학과장이 학사 목적으로 수집한 학생대표의 개인정보를 자신의 명예훼손 관련 고소장에 이용한 것을 "개인정보처리자"의 행위로 보았다. 개인정보 보호법상 "개인정보처리자"란 업무를 목적으로 개인정보파일을 운용하기 위하여 스스로 또는 다른 사람을 통하여 개인정보를 처리하는 공공기관, 법인, 단체 및 개인 등을 말한다(제2조 제5호). 법인이나 단체는 스스로 개인정보를 처리할 수 없으므로 임직원을 통해서 개인정보를 처리할 수밖에 없다. 이처럼 개인정보처리자의 지휘·감독을 받아 개인정보를 처리하는 임직원, 파견근로자, 시간제근로자 등을 "개인정보취급자"라 한다(제28조).

S대학은 학과장을 통해서 학사 업무를 목적으로 개인정보파일을 운용하는 자의 지위에 있으므로 개인정보처리자에 해당하고, 학과장은 S대학의 지휘·감독 하에 학생대표, 교직원 등의 개인정보를 처리하고 있으므로 개인정보취급자가 된다. 그런데 학과장이 비상연락망 구축 목적으로 수집·보관하고 있는 학생대표의 개인정보를 이용한 것은 학사 목적이 아니라 개인적인 고소 목적으로 이용한 것이다. 따라서 학과장이 학생대표의 개인정보를 자신의 고소장에 기재한 행위는 S대학의 학사 업무를 위하여 S대학의 지휘·감독을 받아 처리한 것으로 보기 어렵다. 따라서 학과장이 고소장에 학생대표의 개인정보를 기재하여 고소를 한 행위는 S대학의 개인정보취급자로서의 지위에서 한 행위로 보기보다는 학과장 개인의 사적인 행위로 보는 것이 타당하다.

라. 개인정보의 이용, 제공, 유출의 차이

법원은 학과장이 고소장에 학생대표의 주소와 휴대전화번호를 기재하여 수사기관에 고소

를 한 것이 개인정보의 이용 또는 목적외 이용에 해당하는 것인지, 제공에 해당하는 것인지, 유출에 해당하는 것인지에 대해서 어떤 판단도 내리지 않고 개인정보의 단순 이용으로 보고 있다. 개인정보 보호법은 개인정보의 이용, 목적외 이용, 제공, 유출 등의 단어를 매우 엄격하게 구분해서 이용하고 있지만 이에 대해서는 어떤 정의도 내리고 있지 않으므로 원칙적으로 사전적 해석을 따를 수밖에 없을 것이다.

일반적으로 "이용"이란 개인정보처리자가 자신의 업무처리를 목적으로 개인정보를 직접 또는 다른 사람을 통해서 이용하는 것을 말하고, "목적외 이용"이란 동일 조직 내에서 정보주체에게 최초 고지 또는 공개했던 목적과 다른 목적으로 이용하는 것을 말한다.[4] "제공"이란 법인격을 달리하는 제3자에게 그의 업무처리를 목적으로 개인정보의 지배권과 관리권이 이전되는 것을 의미한다.[5] 다만, 개인정보의 물리적인 지배·관리권을 완전히 이전하지 않고 제3자의 업무처리를 목적으로 제3자와 개인정보를 공유하는 것도 제공으로 본다.[6] 또한 "유출"이란 개인정보처리자의 진의(眞意)에 반해서 개인정보가 개인정보처리자의 통제권이 미치는 범위 밖으로 새나가거나 탈취되거나 제공 또는 공개된 것을 말한다.[7]

학과장이 학생대표의 개인정보를 고소장에 기재해서 수사기관에 제출한 행위는 학과장이 자신의 이익을 위해서 한 것이므로 개인정보의 이용에 해당한다고 볼 수도 있고, 고소장에 기재된 개인정보는 수사기관에 의해서도 이용될 것이므로 개인정보의 제공에 해당한다고 볼 여지도 있다. 고소장에 기재된 개인정보의 지배, 관리 및 처분권은 수사기관에게 있기 때문에 이용보다는 제공에 가까울 것이다. 그러나 개인정보의 이용이나 제공이 되려면 개인정보처리자의 의사에 따른 것이거나 개인정보처리자의 이익을 위한 것이어야 하는데 고소는 학과장 자신의 이익을 위한 것으로 개인정보처리자의 의사에 의한 것이라고 보기 어렵다. 따라서 개인정보 보호법 제15조의 이용, 제17조의 제공, 제18조의 목적외 이용·제공에 해당

4) 이창범, 앞의 책, 144면 참조.

5) 이창범, 앞의 책, 144면 참조.

6) 표준 개인정보 보호지침 제7조는 개인정보의 "제공"이란 '개인정보의 저장 매체나 개인정보가 담긴 출력물·책자 등을 물리적으로 이전하거나 네트워크를 통한 개인정보의 전송, 개인정보에 대한 제3자의 접근권한 부여, 개인정보처리자와 제3자의 개인정보 공유 등 개인정보의 이전 또는 공동 이용 상태를 초래하는 모든 행위를 말한다'라고 규정하고 있다.

7) 표준 개인정보 보호지침 제26조는 "유출"을 '법령이나 개인정보처리자의 자유로운 의사에 의하지 않고, 정보주체의 개인정보에 대하여 개인정보처리자가 통제를 상실하거나 권한 없는 자의 접근을 허용한 것으로서 1. 개인정보가 포함된 서면, 이동식 저장장치, 휴대용 컴퓨터 등을 분실하거나 도난당한 경우, 2. 개인정보가 저장된 데이터베이스 등 개인정보처리시스템에 정상적인 권한이 없는 자가 접근한 경우, 3. 개인정보처리자의 고의 또는 과실로 인해 개인정보가 포함된 파일 또는 종이문서, 기타 저장 매체가 권한이 없는 자에게 잘못 전달된 경우, 4. 기타 권한이 없는 자에게 개인정보가 전달된 경우로 정의하고 있다.

하는 것으로 보기는 어렵다.

결론적으로, 학과장이 자신의 소송을 위해서 업무상 수집한 개인정보를 고소장에 기재하여 수사기관에 제출된 것은, 개인정보처리자의 진의에 반하여 개인정보를 개인정보처리자의 지배·관리권 범위 밖으로 이전시킨 것이므로, 개인정보를 처리하거나 처리하였던 자가 업무상 알게 된 개인정보를 권한 없이 다른 사람이 이용하도록 제공하는 행위에 해당하는 것으로 보는 것이 더 타당하다(제59조 제2호 후단). 제59조 제2호를 제공받는 자가 제공받은 개인정보를 불법적인 목적에 이용할 것을 전제로 하는 것으로 제한할 필요는 없을 것이다. 수사기관에 제출된 개인정보가 수사 목적 이외에 전전유통될 가능성은 희박하므로 개인정보의 누설 또는 유출로 보는 것은 타당하지 않다(제59조 제2호 전단, 제3호).

2. 관련 판례

가. 대법원 2016. 3. 10. 선고 2015도8766 판결

'개인정보처리자'의 개인정보 무단 제공행위 및 그로부터 개인정보를 무단으로 제공받는 행위에 관하여는 제71조 제1호, 제17조 제1항에 의하여 별도로 규제되고 처벌할 수 있는 점, 개인정보 보호법 제59조 제2호의 의무주체는 '개인정보를 처리하거나 처리하였던 자'로서 제15조(개인정보의 수집·이용), 제17조(개인정보의 제공), 제18조(개인정보의 목적외 이용·제공 제한) 등의 의무주체인 '개인정보처리자'와는 법문에서 명백히 구별되는 점, 개인정보 보호법이 금지 및 행위규범을 정할 때 일반적으로 개인정보처리자를 규범준수자로 하여 규율함에 따라, 제8장 보칙의 장에 따로 제59조를 두어 '개인정보처리자' 외에도 '개인정보를 처리하거나 처리하였던 자'를 의무주체로 하는 금지행위에 관하여 규정함으로써 개인정보처리자 이외의 자에 의하여 이루어지는 개인정보 침해행위로 인한 폐해를 방지하여 사생활의 비밀 보호 등 개인정보 보호법의 입법 목적을 달성하려 한 것으로 볼 수 있는 점 등을 고려하면, 개인정보 보호법 제71조 제5호의 적용대상자로서 제59조 제2호의 의무주체인 '개인정보를 처리하거나 처리하였던 자'는 제2조 제5호의 '개인정보처리자', 즉 업무를 목적으로 개인정보파일을 운용하기 위하여 스스로 또는 다른 사람을 통하여 개인정보를 처리하는 공공기관, 법인, 단체 및 개인 등에 한정되지 않고, 업무상 알게 된 제2조 제1호의 '개인정보'를 제2조 제2호의 방법으로 '처리'하거나 '처리'하였던 자를 포함한다.

나. 대법원 2019. 7. 25. 선고 2019도3215 판결

개인정보 보호법은 금지 및 행위규범을 정함에 있어 일반적으로 '개인정보처리자'를 규범 준수자로 규율하면서도, 제8장 보칙의 장에 따로 위와 같이 제59조를 두어 '개인정보를 처리하거나 처리하였던 자'를 의무주체로 하는 금지행위를 규정하는 바, 이를 별도로 규정한 이유는 개인정보처리자 이외의 자에 의하여 이루어지는 개인정보 침해행위로 인한 폐해를 방지하여 개인정보 보호법의 입법 목적을 달성하려 함에 있는 것으로 보인다. 따라서 위 '개인정보를 처리하거나 처리하였던 자'는 '개인정보처리자', 즉 업무를 목적으로 개인정보파일을 운용하기 위하여 스스로 또는 다른 사람을 통하여 개인정보를 처리하는 공공기관, 법인, 단체 및 개인 등에 한정되지 아니하고, 업무상 알게 된 제2조 제1호 소정의 '개인정보'를 제2조 제2호 소정의 방법으로 '처리'하거나 '처리'하였던 자를 포함한다고 할 것이다.

다. 서울중앙지법 2020. 10. 15. 선고 2019노4259 판결(상고)

피고인은 서울특별시교육청으로부터 대학수학능력시험 감독관으로 임명(위촉)되어 시험 감독업무 수행을 위하여 개인정보처리자인 서울특별시교육청으로부터 수험생들의 전화번호 등 개인정보를 받은 것이므로 법 제17조 제1항 제2호, 제15조 제1항 제3호의 "공공기관이 법령 등에서 정하는 소관 업무의 수행을 위하여 불가피한 경우"에 해당하여 법 제19조 소정의 '개인정보처리자로부터 개인정보를 제공받은 자'에 포섭된다. 원심은 피고인이 '개인정보취급자'에 해당한다고 보았으나, 피고인은 개인정보파일 운용을 목적으로 수험생들의 개인정보를 받은 것이 아니므로 '개인정보취급자'에 해당한다고 볼 수 없다.

라. 창원지법 2020. 10. 6. 선고 2020고정111 판결(항소)

법 제71조 제5호, 제59조 제2호의 '업무상 알게 된 개인정보의 누설' 또는 법 제71조 제6호, 제59조 제3호의 '권한 없는 개인정보의 유출'에 해당하는지는 해당 개인정보의 내용 및 이로 인하여 개인을 특정할 수 있는 정도, 이를 누설하거나 유출한 상대방, 목적, 경위 등 제반 사정 및 개인정보 보호의 필요성과 개인정보를 사용할 정당한 이익 사이의 균형을 종합하여 판단하여야 하는바, 피고인이 '직원조회' 메뉴를 이용하여 같은 경찰공무원의 휴대전화번호를 알게 된 위 'e사람' 시스템은 경찰공무원이라면 누구나 자유롭게 동료직원을 찾을 때 사용할 수 있고, (중략) 피고인이 작성한 고소장에는 피고소인의 성명, 직업, 사무실 주소와 사무실 전화번호까지 모두 정확히 기재되고 주민등록번호와 집 주소만 '불상'으로 기재되어

있어 이미 피고소인이 충분히 특정된 상태인데, 여기에 부가하여 휴대전화번호를 기재한 것이 별도의 개인정보를 누설한 것이라고 볼 수 없는 점, 형사 및 민사절차에 따라 개인정보를 법원 및 수사기관에 제출하는 것은 적법한 절차에 따른 것이고 이와 같이 제출된 개인정보는 국가에서 엄격하게 관리되어 다른 제3자가 이에 접근할 수도 없으므로 이를 개인정보의 '누설'이라고 볼 수 없는 점, (중략) 수사기관에의 고소 및 법원에의 소송제기에 필요한 정보를 기재하는 행위까지 처벌범위를 확대하면 실제로 억울한 당사자의 고소·고발과 소송제기 등 개인의 정당한 권리의 행사까지 제한하게 되어 오히려 '개인의 자유와 권리를 보호하고, 나아가 개인의 존엄과 가치를 구현함을 목적으로 하는' 법의 제정 취지에도 반하며, 피고인의 행위가 형법 제20조의 사회상규에 위배되는 행위라고 보기도 어려운 점 등을 종합하면, 개인정보의 누설이나 유출에 해당하지 않는다.

마. 광주지방법원 2018. 1. 16. 선고 2017노2205 판결

농협에서 경제상무로 근무했던 피고인이 퇴사 후 농협법 위반 등의 혐의로 조합장을 고발하면서 근무기간 중 업무상 알게 된 조합장의 비위 사실관련 정보(조합장 명의 꽃배달 내역서, 축·조의금 송금 내역서 등)를 수사기관에 제출한 사건에서, 1심은 업무상 알게 된 개인정보의 누설로 판단하였으나, 2심은 고소·고발에 수반하여 수사기관에 개인정보를 알려주는 행위는 개인정보의 누설에 포함되지 않는다고 하면서 "오히려 고소·고발은 수사기관에 얼마든지 피고소인의 성명, 주민번호, 전화번호, 주소, 계좌번호, 차량번호, 재산상태와 같은 개인 관련 정보 등 개인 식별정보를 기술하는 것을 전제로 하고 있어서" 해당 정보를 증거자료로 제출한 행위를 문제 삼아 곧바로 개인정보의 누설로 처벌하는 것은 부당하다고 판시하였다.

III. 판결의 의의

본 판결은 개인정보 보호법 제15조 제1항에 따른 개인정보의 수집·이용 사유를 개인정보의 목적외 이용에 대해서까지 확대 적용함으로써 제18조 제2항에 따른 목적외 이용 사유의 미비점(개인정보처리자의 정당한 이익 달성을 위한 목적외 이용 등)을 보충·보완하였다는 점에서 의미 있는 판결로 보인다. 그러나 이는 개인정보 보호법이 제15조 제1항과 제18조 제2항을 구분해서 규정하고 있는 취지에 명백히 반한다. 역설적으로, 본 판결은 개인정보 보호

법이 제15조 제1항과 제18조 제2항을 구분해서 규율함으로써 발생할 수 있는 불합리 결과를 잘 드러냄으로써 개인정보 보호법 제15조 제1항과 제18조 제2항의 통합 필요성을 명확히 했다고 할 수 있다.[8)]

또한, 형법상 "정당행위"의 요건을 차용하여 개인정보처리자의 정당한 이익 달성의 성립요건을 지나치게 엄격하게 해석함으로써 개인정보 보호법 제15조 제1항 제6호의 도입 취지를 활용하지 못한 점, 개인정보취급자에 의한 개인정보의 이용·제공 행위를 업무 목적과 사적 목적으로 구분하지 않고 무조건 개인정보처리자의 처리 행위로 봄으로써 개인정보처리의 개념을 모호하게 하고 개인정보취급자에 의한 무단 개인정보 이용·제공에 대한 개인정보처리의 책임이 개인정보처리자 본인의 책임인지 관리·감독 책임인지 구분을 어렵게 한 점, 개인정보의 이용, 목적외 이용, 제공 등의 개념을 구분하지 않고 법을 적용함으로써 개인정보 보호법의 적용에 혼란을 초래한 점에서 아쉬움이 남는 판결이라고 할 수 있다.

8) 이창범, 비교법적 관점에서 본 개인정보 보호법의 문제점과 개정방향: 한국·EU·일본을 중심으로, Internet and Information Security 제3권 제2호(2012년 제2호), 한국인터넷진흥원, 70－71면 참조.

033 개인정보 처리업무를 담당하는 공공기관 직원으로부터 개인정보를 건네받은 타인이 구 개인정보 보호법 제23조 제2항 위반죄의 주체가 되는지 여부

- 공무원이 담당직원으로부터 받은 개인정보를 부당 이용한 사건 -

대법원 2006. 12. 7. 선고 2006도6966 판결

문선영(숙명여자대학교 법학부 교수)

I. 판결의 개요

1. 사안의 개요

가. 공소사실의 요지

피고인은 **군청 사회복지과 계장의 직위에 있는 공무원인바, 지방공무원은 선거운동을 할 수 없고, 선거운동기간 전에는 선거운동을 할 수 없으며, 개인정보의 처리를 행하는 공공기관에 종사하는 자는 직무상 알게 된 개인정보를 부당한 목적을 위하여 사용하여서는 아니됨에도 불구하고, ****. *. *.경 사회복지과 직원으로부터 장애인 및 저소득 노인 관련 사업을 위하여 **군 거주 국민생활보장수급권자 ***명의 인적사항, 연락처 등이 기재된 개인정보 출력물을 넘겨받아 소지하고, ****. *. *.경부터 *. *.경까지 피고인의 집에서 피고인의 집 전화번호를 발신번호 표시제한 조치를 하고서 위 명단을 토대로 ***명에게 "나는 **군수의 딸인데 도와줄 일은 없느냐"는 등의 질문을 하여 마치 **군수의 딸이 지역주민의 생활을 걱정하는 것 같은 행태를 보임으로써 **군선거에서 당시 군수 ***이 당선되는데 유리하도록 개인정보의 처리를 행하는 직원이 직무상 알게 된 개인정보를 부당한 목적으로 사용하였다.

나. 소송경과

1) 제1심 판결(춘천지방법원 2006. 6. 16. 선고 2006고합41 판결)

제1심법원은 피고인에 대한 공공기관의 개인정보 보호에 관한 법률(2011. 3. 29. 법률 제10465호로 폐지되기 전의 것, 이하 '구 개인정보 보호법'이라고 한다) 위반죄를 유죄로 인정하였다.

2) 항소심 판결(서울고등법원 2006. 9. 28. 선고 2006노1216 판결)

항소심 법원은 법 제11조와 법 제23조 제2항은 그 규정내용에 비추어 개인정보의 처리를 행하는 공공기관에 근무하는 직원 또는 직원이었던 자를 적용대상으로 하였다고 봄이 상당하고, 그 적용대상을 '개인정보를 직접 처리하는 직원 또는 직원이었던 자'로 제한하여야 할 합리적 이유도 없다고 하면서 비록 피고인이 개인정보를 직접 처리하는 직원이 아니라고 하더라도, **군청 소송 계장으로서 개인정보를 처리하는 공공기관에 근무하는 직원에 해당한다고 판단하면서 피고인의 항소를 기각하였다.

3) 대법원 판결(대법원 2006. 12. 7. 선고 2006도6966 판결)

대법원은 구 개인정보법 제23조 제2항은 개인정보의 처리를 행하는 직원 등이 개인정보를 누설하거나 타인에게 이를 이용하게 하는 행위를 처벌할 뿐이고, 개인정보를 건네받은 타인이 이를 이용하는 행위는 위 조항에 해당하지 않는다는 이유로 원심판결을 파기, 환송하였다.

2. 판결의 요지

구 개인정보 보호법 제11조의 문리해석상 '개인정보의 처리를 행하는'이라는 문언과 '공공기관의'라는 문언은 함께 '직원이나 직원이었던 자'를 수식하는 것으로 해석하여야 할 것이고, 한편 위 조문은 개인정보의 처리를 행하는 공공기관의 직원 등이 직무상 알게 된 개인정보를 누설하는 등의 행위를 하는 것을 금지하고 있을 뿐 그러한 자로부터 개인정보를 건네받은 타인이 그 개인정보를 이용하는 행위를 금지하는 것은 아니므로, 결국 같은 법 제23조 제2항은 개인정보의 처리를 행하는 직원 등이 개인정보를 누설하거나 타인에게 이를 이용하게 하는 행위를 처벌할 뿐이고, 개인정보를 건네받은 타인이 이를 이용하는 행위는 위 조항에 해당하지 않는다.

따라서 개인정보 처리업무를 담당하지 않는 군청 직원이 그 담당하는 직원으로부터 건네받은 개인정보를 부당하게 이용한 경우, 구 개인정보 보호법 제23조 제2항, 제11조에 의하여 처벌할 수 없다.

Ⅱ. 해설

1. 쟁점의 정리

본 판결은 개인정보 처리업무를 담당하는 공공기관 직원으로부터 개인정보를 건네받은 타인이 구 개인정보 보호법 제23조 제2항 위반죄의 주체가 되는지 여부가 문제된 사안으로, 개인정보 처리업무를 담당하지 않는 군청 직원이 그 담당하는 직원으로부터 건네받은 개인정보를 부당하게 이용한 경우, 구 개인정보 보호법 제23조 제2항, 제11조에 의하여 처벌할 수 있는지 여부에 대한 판결이다.

2. 관련 판례

가. 대법원 2008. 10. 23. 선고 2008도5526 판결

경찰공무원이 갑을 위증죄로 고소하면서 수사과정에서 취득한 갑과 을 사이의 통화내역을 첨부하여 제출한 행위가 구 개인정보 보호법 제23조 제2항, 제11조 위반죄에 해당한다고 한 사례로, 대법원은 원심이 경찰공무원인 피고인이 수사과정에서 취득한 개인정보인 공소외 1과 공소외 2의 통화내역을 임의로 공소외 2에 대한 고소장에 첨부하여 타 경찰서에 제출한 것은 공소외 2의 위증 혐의를 증명하기 위한 목적이 포함되어 있다고 하더라도, 공소외 1의 동의도 받지 아니하고 관련 법령에 정한 절차를 거치지 아니한 이상 부당한 목적 하에 이루어진 개인정보의 누설에 해당한다고 판단하였는바, 관련 법령과 기록에 비추어 살펴보면, 이러한 원심의 사실 인정과 판단은 옳고, 거기에 채증법칙위배로 인한 사실오인이나 공공기관의 개인정보 보호에 관한 법률 위반죄에 관한 법리오해 등의 위법이 없다.

나. 대법원 2015. 7. 9. 선고 2013도13070 판결

구 개인정보 보호법은 개인정보의 누설이나 권한 없는 처리 또는 타인의 이용에 제공하는 등 부당한 목적으로 사용한 행위를 처벌하도록 규정하고 있다(제23조 제2항, 제11조). 여기에서 '누설'이라 함은 아직 이를 알지 못하는 타인에게 알려주는 일체의 행위를 말하고, 구 개인정보 보호법 제2조 제3호, 구 개인정보 보호법 시행령(2011. 9. 29. 대통령령 제23169호로 폐지되기 전의 것) 제3조 제2호에 따르면 구 개인정보 보호법이 처벌하는 개인정보의 '처리'는 컴퓨터 · 폐쇄회로 텔레비전 등 정보의 처리 또는 송 · 수신 기능을 가진 장치를 사용하여 정보를 입력 · 저장 · 편집 · 검색 · 삭제 또는 출력하거나 기타 이와 유사한 행위를 가리키고 문서 또는 도면의 내용을 전기통신의 방법으로 전달하기만 하는 등의 단순업무처리를 위한 행

위는 제외되며, 한편 개인정보의 정보주체로부터 자신에 관한 개인정보의 취급을 위임받아 관련 사무를 수행하는 대리인은 위 조항에 의하여 처벌되는 누설이나 개인정보 이용 제공의 상대방인 '타인'에 해당하지 아니한다.

3. 검토

가. 구 개인정보 보호법 제23조 제2항, 제11조 위반죄의 주체

구 개인정보 보호법 제23조 제2항은 "법 제11조의 규정을 위반하여 개인정보를 누설 또는 권한없이 처리하거나 타인의 이용에 제공하는 등 부당한 목적으로 사용한 자는 3년 이하의 징역 또는 1천만원 이하의 벌금에 처한다."고 규정하고 있고, 같은 법 제11조는 '개인정보취급자의 의무'라는 표제하에, "개인정보의 처리를 행하는 공공기관의 직원이나 직원이었던 자 또는 공공기관으로부터 개인정보의 처리업무를 위탁받아 그 업무에 종사하거나 종사하였던 자는 직무상 알게 된 개인정보를 누설 또는 권한없이 처리하거나 타인의 이용에 제공하는 등 부당한 목적을 위하여 사용하여서는 아니된다."고 규정하고 있다.

따라서 구 개인정보 보호법 제23조 제2항 위반죄의 주체가 되기 위해서는 같은 법 제11조의 의무주체에 해당됨을 전제로 하고 있고, 같은 법 제11조는 '개인정보의 처리를 행하는 공공기관의 직원이나 직원이었던 자'를 의무주체로 규정하고 있으므로, 구 개인정보 보호법 제23조 제2항, 제11조 위반죄는 위 '개인정보의 처리를 행하는 공공기관의 직원 등'을 그 주체로 하는 신분범이라고 할 수 있다.

구 개인정보 보호법상 공공기관이란 국가행정기관·지방자치단체 그 밖의 공공단체 중 대통령령이 정하는 기관을 말하는데(법 제2조 제1호), 본 판결에서는 특히 개인정보를 처리업무 담당직원으로부터 개인정보를 건네받은 자가 해당 군청의 공무원이었기 때문에 이를 법 제23조 제2항, 제11조의 개인정보의 처리를 행하는 공공기관의 직원으로 볼 수 있는가가 문제되었다. 이에 대하여 대법원은 위 조항은 개인정보의 처리를 행하는 공공기관의 직원 등이 개인정보를 누설하거나 타인에게 이를 이용하게 하는 행위를 처벌하는 규정이므로, 피고인이 수급권자들의 개인정보의 처리업무 수행을 담당하지 않는 이상 구 개인정보 보호법 제11조 소정의 '개인정보의 처리를 행하는 공공기관의 직원이나 직원이었던 자'로 볼 수 없다고 판단한 것이다.

나. 현행 개인정보 보호법 제59조 제2호 금지행위의 의무 주체

본 판결에서 적용된 구 개인정보 보호법은 2011. 3. 29. 공공부문과 민간부문을 아우르는 통합 개인정보 보호법이 제정되면서 폐지된 법률이다.

현행 개인정보 보호법은 구 개인정보 보호법과는 달리 법 제59조 제2호에서 '개인정보를 처리하거나 처리하였던 자'가 업무상 알게 된 개인정보를 누설하거나 권한 없이 다른 사람이 이용하도록 제공하는 행위를 금지하고 있고, 같은 법 제71조 제5호는 제59조 제2호를 위반하여 업무상 알게 된 개인정보를 누설하거나 권한 없이 다른 사람이 이용하도록 제공한 자 및 그 사정을 알면서도 영리 또는 부정한 목적으로 개인정보를 제공받은 자에 대하여 5년 이하의 징역 또는 5천만원 이하의 벌금에 처한다고 규정하고 있다.

이와 관련하여 개인정보 보호법 제71조 제5호 및 제59조 제2호의 의무주체는 개인정보 처리자에 한정되지 않으며 업무상 알게 된 개인정보란 업무를 처리하는 과정에서 우연히 알게 된 것으로 충분하고 반드시 자신에게 부여된 업무를 처리하는 과정에서 적법하게 알게 된 것이어야 할 필요는 없다. 판례도 법 제59조 제2호의 '개인정보를 처리하거나 처리하였던 자'는 제2조 제5호의 '개인정보처리자', 즉 업무를 목적으로 개인정보파일을 운용하기 위하여 스스로 또는 다른 사람을 통하여 개인정보를 처리하는 공공기관, 법인, 단체 및 개인 등에 한정되지 않고, 업무상 알게 된 제2조 제1호의 '개인정보'를 제2조 제2호의 방법으로 '처리'하거나 '처리'하였던 자를 포함한다고 판시하고 있다(대법원 2016. 3. 10. 선고 2015도8766 판결).

또한 같은 법 제71조 제5호는 업무상 알게 된 개인정보를 누설하거나 권한 없이 다른 사람이 이용하도록 제공한 자 외에도 그들이 제공하는 개인정보가 본 호에 위반하여 제공된다는 사실을 알면서 영리 또는 부정한 목적으로 개인정보를 제공받은 자도 함께 처벌하고 있다(법 제71조 제5호 후단). 다만, 제공받은 자의 경우 해당 개인정보가 위법한 개인정보라는 인식뿐 아니라 영리 또는 부정한 목적이라는 주관적 구성요건요소가 필요한 목적범이라는 점에 차이가 있다. 한편, 판례는 개인정보를 처리하거나 처리하였던 자가 업무상 알게 된 개인정보를 누설하거나 권한 없이 다른 사람이 이용하도록 제공한 것이라는 사정을 알면서도 영리 또는 부정한 목적으로 개인정보를 제공받은 자라면, 개인정보를 처리하거나 처리하였던 자로부터 직접 개인정보를 제공받지 아니하더라도 개인정보 보호법 제71조 제5호의 '개인정보를 제공받은 자'에 해당한다고 판시하고 있다(대법원 2018. 1. 24. 선고 2015도16508 판결).

III. 판결의 의의

본 대상 판결은 구 개인정보 보호법 제23조 제2항, 제11조의 의무주체는 '개인정보의 처리를 행하는 공공기관의 직원이나 직원이었던 자'로서, 구 개인정보 보호법 제23조 제2항, 제11조 위반죄는 위 '개인정보의 처리를 행하는 공공기관의 직원 등'을 그 주체로 하는 신분범임을 분명히 하였다는 점에 의의가 있다. 따라서 본 판결에 의할 때 위 조항 위반죄가 성립하려면 행위자가 개인정보의 직접 처리를 행하는 자이어야 하고, 그러한 자로부터 개인정보를 건네받은 타인이 그 개인정보를 이용하는 행위에 대하여는 이를 적용할 수 없다.

다만, 본건 판결로 인해 개인정보를 누설받은 상대방에 대해 처벌의 흠결이 있을 수 있다는 반론이 있을 수 있으나, 구 개인정보 보호법 제73조 제3항에 의하면 "거짓 그 밖의 부정한 방법으로 공공기관으로부터 처리정보를 열람 또는 제공받은 자는 2년 이하의 징역 또는 700만원 이하의 벌금에 처한다."고 규정하여 '거짓 그 밖의 부정한 방법으로' 처리정보를 열람 또는 제공받은 자에 대하여는 별도로 처벌하는 규정을 두고 있었다. 나아가 현 개인정보 보호법 제71조 제5호, 제59조 제2항 위반죄는 '위법사실을 알면서도 영리 또는 부정한 목적으로' 해당 개인정보를 제공받은 자에 대하여도 이를 제공한 자와 함께 처벌하고 있다는 점도 주목하여야 할 것이다.

034 개인정보의 제3자 제공과 처리위탁의 구별기준

- 롯데멤버스 포인트 사건 -

대법원 2020. 3. 12. 선고 2017도13793 판결

권창환(대법원 재판연구관/부장판사)

I. 판결의 개요

1. 사안의 개요

가. 사실관계

경품대행업체 A사는 2006년경 B사와 사이에 B사 운영의 마트 매장 안에서 경품행사진행 및 보험영업에 필요한 고객정보수집을 위임받는 내용의 업무제휴계약을 체결하였다가, 2011. 9.경 개인정보 보호법이 시행되자, B사 대신 보험사인 C사 및 D사를 개인정보수집주체로 변경하여[1] 고객정보를 수집하였다. 한편 B사는 C사와는 2006년경, D사와는 2009년경 각 업무협약을 체결하였는데, 그 주요내용은 B사가 C사 및 D사로부터 매월 광고비를 지급받고, 이와 별도로 C사와 D사가 자체보험영업을 하여 보험계약이 체결될 경우 해당 고객에게 B사의 멤버스 포인트(마일리지)를 지급하되 C사 및 D사로부터 그에 상응하는 비용을 지급받기로 하는 것이었다. 이에 따라 C사와 D사는 위 멤버스 포인트의 지급을 위하여 보험계약 체결 고객들로부터 제3자 제공동의를 받아 그 개인정보를 B사에 제공하기로 합의하였다.

그런데 D사의 직원 E는 2011. 10.경부터 2013. 7.경까지 보험계약이 체결된 고객정보를 취합한 뒤 해당 고객들로부터 제3자 제공동의를 받지 않은 채 B사의 멤버스 회원이 아닌 비회원 고객들의 정보(이름, 주민번호)를 B사의 담당자에게 제공하였고, C사의 직원 F도 2012. 6.경부터 2013. 7.경까지 비회원 고객들의 정보(이름, 생년월일, 성별 등)를 B사의 담당자에게 제공하였다. 이에 피고인 E, F 및 C사와 D사는 정보주체의 동의를 받지 아니하고 개인정보를 제3자에게 제공하였다는 이유로 기소되었다.[2]

---

1) A사는 C사 및 D사와 관련 업무위탁계약을 각 체결하였다.

2) 포인트 지급을 위하여 B사의 멤버스 회원인 고객들의 정보도 제공하였으나, 이 부분은 기소되지 않았다. 피고인 E, F에 대해서는 개인정보 보호법 제71조 제1호, 제17조 제1항 제1호가, C사 및 D사에 대해서는 양벌

한편 B사의 멤버스 포인트 적립은 B사가 아닌 계열사인 H사의 업무인데, 형사재판과정에서 H사는 B사로부터 포인트 지급요청과 함께 전달받은 고객정보를 멤버스 포인트 적립을 위한 DB(Database)에 저장하였다는 증거는 제출되었으나,[3] 고객정보를 분석하는 DB나 마케팅을 위한 DB에 저장하였다는 증거는 제출되지 않았다.

나. 소송경과

1) 제1심 판결(서울중앙지방법원 2017. 2. 1. 선고 2015고정3374 판결): 유죄

피고인 E, F는 정보주체의 동의를 받지 아니하고 개인정보를 제3자에게 제공하였다고 인정되므로 각 개인정보 보호법 제71조 제1호, 제17조 제1항 제1호에 따라 벌금형에 처하고, C, D사는 양벌규정에 따라 벌금형에 처한다.

피고인들은 각 보험사로부터 B사로의 정보 이전은 개인정보의 제3자 제공이 아닌 보험사의 처리업무 위탁에 불과하다고 주장하나, ① 업무협약에서 고객 동의를 얻기로 하였고, ② 각 보험사 업무담당자는 이전된 정보의 관리를 하지 않았으며, ③ 정보를 전달받은 B사로서도 보험모집건수에 비례하여 각 보험사로부터 포인트 적립 비용을 지급받을 뿐만 아니라 매장 매출 증대의 이익도 누리는 점(공동 마케팅 광고 효과)에 비추어 단순히 보험사의 업무처리만을 위탁받은 것으로 보기는 어려운 점 등에 비추어 위 주장은 받아들이기 어렵다.

2) 항소심 판결(서울중앙지방법원 2017. 8. 18. 선고 2017노712 판결): 무죄

개인정보 취득의 목적과 방법, 대가 수수 여부, 정보를 이전받은 자에 대한 실질적인 관리·감독, 정보주체 또는 이용자의 개인정보 보호 필요성에 미치는 영향, 개인정보를 이용할 필요가 있는 자는 실질적으로 각 보험사인 점 등에 비추어 보면, B사가 각 보험사로부터 멤버스 비회원의 개인정보를 이전받음으로써 얻는 독자적인 이익이 없고, 멤버스 비회원의 경우 멤버스 회원 여부를 확인하는 데 그 정보가 사용되었을 뿐 B사의 업무 자체를 위하여 그 정보가 사용되지는 아니하였으므로, 결국 B사는 자신의 업무 처리와 이익을 위하여 개인정보를 제공받은 것이 아니라 이 사건 보험사의 업무 처리와 이익을 위하여 개인정보를 위탁받아 처리한 것에 불과하다고 봄이 옳다. 따라서 피고인들이 B사에 멤버스 포인트 적립을 위해 개인정보를 이전한 행위는 개인정보 보호법 제26조에서 말하는 개인정보의 '처리위탁'

규정인 개인정보 보호법 제74조 제2항이 적용되었다.

3) C사 및 D사로부터 받은 개인정보 엑셀파일은 폐기하였다.

에 해당한다.

3) 대법원 판결(대법원 2020. 3. 12. 선고 2017도13793 판결): 무죄

원심의 판단에 논리와 경험의 법칙을 위반하여 자유심증주의의 한계를 벗어나거나 개인정보 보호법에서 정한 개인정보의 '제3자 제공'과 '처리위탁'에 관한 법리를 오해한 잘못이 없다.

2. 판결의 요지

개인정보 보호법 제17조 제1항 제1호는 정보주체의 동의를 받은 경우에 정보주체의 개인정보를 제3자에게 제공할 수 있다고 규정하고 있고, 개인정보 보호법 제71조 제1호는 제17조 제1항 제1호를 위반하여 정보주체의 동의를 받지 않고 개인정보를 제3자에게 제공한 자 및 그 사정을 알고 개인정보를 제공받은 자를 처벌하도록 규정하고 있다. 한편 개인정보 보호법은 제26조에서 정보주체의 동의를 필요로 하지 않는 개인정보처리자의 개인정보 처리업무 위탁에 관한 내용을 정하고 있다.

위 법률 조항의 문언 및 취지에 비추어 보면, 개인정보 보호법 제17조에서 정한 개인정보의 '제3자 제공'은 본래의 개인정보 수집·이용 목적의 범위를 넘어 그 정보를 제공받는 자의 업무처리와 이익을 위하여 개인정보가 이전되는 경우이고, 개인정보 보호법 제26조에서 정한 개인정보의 '처리위탁'은 본래의 개인정보 수집·이용 목적과 관련된 위탁자 본인의 업무처리와 이익을 위하여 개인정보가 이전되는 경우를 의미한다. 개인정보 처리위탁에 있어 수탁자는 위탁자로부터 위탁사무 처리에 따른 대가를 지급받는 것 외에는 개인정보 처리에 관하여 독자적인 이익을 가지지 않고, 정보제공자의 관리·감독 아래 위탁받은 범위 내에서만 개인정보를 처리하게 되므로, 개인정보 보호법 제17조에서 정한 '제3자'에 해당하지 않는다.

어떠한 행위가 개인정보의 제공인지 아니면 처리위탁인지는 개인정보의 취득 목적과 방법, 대가 수수 여부, 수탁자에 대한 실질적인 관리·감독 여부, 정보주체 또는 이용자의 개인정보 보호 필요성에 미치는 영향 및 이러한 개인정보를 이용할 필요가 있는 자가 실질적으로 누구인지 등을 종합하여 판단하여야 한다(대법원 2017. 4. 7. 선고 2016도13263 판결 참조).

II. 해설

1. 쟁점의 정리

대상 사건은 보험사 및 그 직원들인 피고인들이 보험계약을 체결하면서 고객들에게 B사의 멤버스 포인트를 적립해주기로 약정하였으나 B사에 고객의 정보를 제공한다는 점에 대해서는 동의를 받지 않은 채 해당 개인정보를 B사에 제공한 사실에 대하여 개인정보 보호법 제71조 제1호, 제17조 제1항 제1호[4]로 기소된 사안으로서, 개인정보의 제3자 제공과 처리위탁 중 어느 것에 해당하는지가 쟁점이 되었다.

개인정보 보호법은 업무를 목적으로 개인정보를 처리하는 개인정보처리자[5]를 중심으로 규율되고 있고, 개인정보 처리자가 개인정보를 자신 이외의 타인에게 제공하는 것과 관련하여 개인정보의 제공(제17조)과 개인정보의 처리업무 위탁(제26조)을 구별하여 규정하고 있는데, 개인정보 제공의 경우에는 원칙적으로 이를 제공받는 자 및 그 이용목적 등을 알리고 정보주체의 사전 동의를 받아야 하는 반면, 개인정보 처리위탁의 경우 위탁하는 업무의 내용과 수탁자를 정보주체에게 고지하면 되고, 정보주체의 동의를 받을 필요가 없다는 점에서 차이가 있다. 그리고 개인정보 제공과 처리위탁은 개인정보가 제3자에게 이전된다는 점에서 차이가 없으나, 개인정보의 효율적인 처리와 활용을 위하여 개인정보의 처리위탁은 제3자 제공의 경우보다 규제를 완화하되 개인정보처리자에게 수탁자에 대한 감독의무 등을 부과하고 있다.

특히 동의 없는 제공행위가 제3자 제공에 해당하는 경우에는 그 자체로 제공자와 제공받는 자 모두 개인정보 보호법 제71조 제1호 위반으로 형사처벌을 받게 되나, 처리위탁에 해당하는 경우에는 수탁자는 위탁받은 해당 업무 범위를 초과하여 개인정보를 이용하거나 제3자에게 제공하는 때에야 비로소 개인정보 보호법 제71조 제2호 위반으로 형사처벌을 받게 되는 등 처리위탁에 관한 규율 내지 의무사항을 위반하는 별도의 행위가 있어야만 형사처

---

4) 제17조(개인정보의 제공) ① 개인정보처리자는 다음 각 호의 어느 하나에 해당되는 경우에는 정보주체의 개인정보를 제3자에게 제공(공유를 포함한다. 이하 같다)할 수 있다. 1. 정보주체의 동의를 받은 경우
제71조(벌칙) 다음 각 호의 어느 하나에 해당하는 자는 5년 이하의 징역 또는 5천만 원 이하의 벌금에 처한다. 1. 제17조 제1항 제2호에 해당하지 아니함에도 같은 항 제1호를 위반하여 정보주체의 동의를 받지 아니하고 개인정보를 제3자에게 제공한 자 및 그 사정을 알고 개인정보를 제공받은 자

5) 개인정보 보호법 제2조(정의) 법에서 사용하는 용어의 뜻은 다음과 같다. 4. "개인정보파일"이란 개인정보를 쉽게 검색할 수 있도록 일정한 규칙에 따라 체계적으로 배열하거나 구성한 개인정보의 집합물을 말한다. 5. "개인정보처리자"란 업무를 목적으로 개인정보파일을 운용하기 위하여 스스로 또는 다른 사람을 통하여 개인정보를 처리하는 공공기관, 법인, 단체 및 개인 등을 말한다.

벌, 과태료 등의 제재를 받게 된다는 점에서 큰 차이가 있다.

따라서 개인정보 처리자가 개인정보를 제3자에게 이전한 경우, 개인정보의 제3자 제공에 해당하는지 아니면 처리위탁에 해당하는지 여부에 따라 관련 제제규정과 처벌규정의 적용이 전혀 달라진다는 점에서 양자의 구분의 필요성이 크다고 할 것이다.

2. 관련 판례(대법원 2017. 4. 7. 선고 2016도13263 판결-홈플러스 깨알고지 사건)

개인정보 보호법 제71조 제1호는 제17조 제1항 제1호를 위반하여 정보주체의 동의를 받지 아니하고 개인정보를 제3자에게 제공한 자 및 그 사정을 알고 개인정보를 제공받은 자를 5년 이하의 징역 또는 5천만 원 이하의 벌금에 처한다고 규정하고 있다. 그리고 정보통신망 이용촉진 및 정보보호 등에 관한 법률(이하 '정보통신망법'이라고 한다) 제71조 제3호는 제24조의2[6] 제1항을 위반하여 이용자의 동의를 받지 아니하고 개인정보를 제3자에게 제공한 자 및 그 사정을 알면서도 영리 또는 부정한 목적으로 개인정보를 제공받은 자를 5년 이하의 징역 또는 5천만 원 이하의 벌금에 처한다고 규정하고 있다. 한편 개인정보 보호법 제26조와 정보통신망법 제25조는 개인정보처리자와 정보통신서비스 제공자의 개인정보 처리업무 위탁에 관한 내용을 정하고 있다.

위 각 법률 조항의 문언 및 취지에 비추어 보면, 개인정보 보호법 제17조와 정보통신망법 제24조의2에서 말하는 개인정보의 '제3자 제공'은 본래의 개인정보 수집·이용 목적의 범위를 넘어 그 정보를 제공받는 자의 업무처리와 이익을 위하여 개인정보가 이전되는 경우인 반면, 개인정보 보호법 제26조와 정보통신망법 제25조에서 말하는 개인정보의 '처리위탁'은 본래의 개인정보 수집·이용 목적과 관련된 위탁자 본인의 업무 처리와 이익을 위하여 개인정보가 이전되는 경우를 의미한다. 개인정보 처리위탁에 있어 수탁자는 위탁자로부터 위탁사무 처리에 따른 대가를 지급받는 것 외에는 개인정보 처리에 관하여 독자적인 이익을 가지지 않고, 정보제공자의 관리·감독 아래 위탁받은 범위 내에서만 개인정보를 처리하게 되므로, 개인정보 보호법 제17조와 정보통신망법 제24조의2에 정한 '제3자'에 해당하지 않는다.

한편 어떠한 행위가 개인정보의 제공인지 아니면 처리위탁인지는 개인정보의 취득 목적과 방법, 대가 수수 여부, 수탁자에 대한 실질적인 관리·감독 여부, 정보주체 또는 이용자의 개인정보 보호 필요성에 미치는 영향 및 이러한 개인정보를 이용할 필요가 있는 자가 실질

6) 관련 판례에서 언급한 정보통신망법 제24조의2, 제25조 등은 개인정보 보호법에 유사·중복된 조항이 있어, 2020. 2. 4. 법률 제16955호로 정보통신망법에서 삭제되고, 개인정보 보호법으로 이관되었다.

적으로 누구인지 등을 종합하여 판단하여야 한다.

3. 검토

가. 개인정보 제3자 제공과 처리위탁의 구별기준

개인정보 보호법이 제3자 제공과 별도로 규제를 완화하여 처리위탁[7]을 규정한 것은 개인정보의 효율적인 처리와 활용을 위하여서이다.[8] 처리위탁의 대표적인 모습으로는 개인정보 수집위탁, 배송업무위탁, 마케팅 및 시장조사업무 위탁 등이 있다.[9] 그런데 이와 같이 해당 업무가 위탁자의 이익을 위하여 이루어지는 것임이 비교적 명백한 경우도 있지만, 실무적으로는 계약관계나 이해관계가 복잡하기 때문에 개인정보를 제공하는 자와 제공받는 자 모두의 이익을 위하여 이루어지는 경우도 적지 않게 존재하고, 이러한 경우에는 동의를 요하는 제3자 제공에 해당하는지 아니면 처리위탁에 해당하는지에 대한 판단이 쉽지 않다.[10] TM(Tele－Marketing) 업체에 고객들의 개인정보를 제공한 사례인 대법원 2011. 7. 14. 선고 2011도1960 판결[11]은 위탁자의 이익을 위한 경우임이 비교적 분명한 사례이나, 대상 판례와 관련 판례(홈플러스 사건)의 사안은 양자의 이익이 모두 존재하는 경우여서 각 사건에서 심급 간의 판단도 일치하지 않았다.[12][13][14]

---

7) 개인정보 보호법 제26조는 '업무위탁', '개인정보의 처리업무를 위탁하는 경우'로 표현하고 있는데, 판례에서 사용하는 '처리위탁'과 같은 의미로 볼 것이다.

8) 「온주 개인정보 보호법, 제26조 해설(강태욱 집필 부분), 로앤비(2021. 8.)」에서는 '기업이 경영 효율성 제고 및 서비스 품질 향상 등을 위하여 개인정보와 관련된 업무를 외부에 아웃소싱하는 것이 요즈음의 일반적 추세이므로, 아웃소싱을 하거나 아웃소싱 업체가 변경될 때마다 일일이 정보주체의 동의를 얻게 하는 것은 비현실적인 측면이 있다.'는 점을 고려한 것이라고 설명하고 있다.

9) 처리위탁은 개인정보의 처리업무를 직접 위탁하는 경우(개인정보 수집업무의 위탁 등)도 있지만, 위탁된 업무의 수행에 개인정보의 처리가 수반되는 경우(배송위탁에 정보주체의 주소 이용이 포함)도 포함된다[온주 개인정보 보호법, 제26조 해설(강태욱 집필 부분), 로앤비(2021. 8.)].

10) 온주 개인정보 보호법, 제26조 해설(강태욱 집필 부분), 로앤비(2021. 8.)

11) 하나로텔레콤이 TM 업체에 고객들의 개인정보를 제공한 것을 개인정보의 제3자 제공이 아니라 개인정보의 취급위탁으로 본 원심의 판결을 수긍한 사례로서 개인정보 보호법이 아니라 정보통신망법이 적용된 사안이다.

12) 대상 판례는 '1심(제3자 제공)→항소심(처리위탁)→대법원(처리위탁)'으로, 관련 판례(홈플러스 사안)에서는 '1심(처리위탁)→항소심(처리위탁)→대법원(제3자 제공)'으로 판단하였다.

13) 개인정보 처리위탁과 제3자 제공이 병존하는 경우에는 양자의 요건을 모두 충족하여야 한다고 보는 견해가 있다[온주 정보통신망 이용촉진 및 정보보호 등에 관한 법률, 제25조 해설(김진환 집필부분), 로앤비(2016. 10.); 개인정보 보호 법령 및 지침·고시 해설, 개인정보 보호위원회(2020. 12.), 206면]. 「온주 정보통신망 이용촉진 및 정보보호 등에 관한 법률, 제25조 해설(김진환 집필부분), 로앤비(2016. 10.)」에서는 '다만 어느 하나의 목적이 다른 목적에 비하여 부수적·간접적인 이익에 불과한 때에는 규범적인 관점

제3자 제공과 처리위탁의 구별기준으로 대부분의 학설은 개인정보의 이전으로 인하여 발생하는 이익과 목적이 속하는 주체, 개인정보에 대한 지배·관리권의 유무 등을 구별 기준으로 들고 있고, 규제기관도 크게 다르지 않은 것으로 보이며, 판례 역시 개인정보의 이전이 누구의 업무를 처리할 목적인지와 누구의 이익을 위한 것인지를 기준으로 제3자 제공과 처리위탁을 구별하고 있다(이른바 업무－이익 기준설).[15]

그런데 대상 판례와 관련 판례는 모두 '본래의 개인정보 수집·이용 목적의 범위를 넘는지 여부'를 전제를 하고 있다는 점에서 그 본질적인 기준을 제공한다고 보인다. 즉 '제3자 제공'에 있어서 그 정보를 제공받는 자의 업무처리와 이익을 위하여 개인정보가 이전되는 경우라 함은 본래의 개인정보 수집·이용 목적의 범위를 넘어서는 것을 전제로 하고, 반대로 '처리위탁'에 있어서 위탁자 본인의 업무처리와 이익은 본래의 개인정보 수집·이용 목적과 관련된 것이어야 한다.

따라서 대상 판례와 관련 판례가 제3자 제공과 처리위탁의 구별을 위하여 제시한 고려요소들인 "개인정보의 취득 목적과 방법, 대가 수수 여부, 수탁자에 대한 실질적인 관리·감독 여부, 정보주체 또는 이용자의 개인정보 보호 필요성에 미치는 영향 및 이러한 개인정보를 이용할 필요가 있는 자가 실질적으로 누구인지 등"을 검토할 때에도 본래의 개인정보 수집·이용 목적의 범위가 무엇인지를 염두에 두어야 할 것이다.

그 중 '대가 수수 여부'와 관련하여, 논리적으로 생각해 보았을 때 수탁자의 업무처리는 위탁자를 위한 것이기도 하지만 개인정보 처리 활동으로 수입을 얻는 수탁자의 이익을 위한 것이기도 하다는 점을 들어 '업무－이익 기준설'이 제공하는 기준이 그 자체로는 큰 의미가

에서 어느 하나의 목적은 다른 목적에 완전히 종속된 것으로서 결코 독자적인 성격을 가지지 못한 경우도 있다'고 설명하는데, 양자의 이익이 동시에 존재하는 경우일지라도 개인정보 처리위탁과 제3자 제공이 별개의 계약조항으로서 명백히 병존하는 경우도 있고 또 그 구분이 모호한 경우도 있어 명백히 병존하는 경우에 한하여 양자의 요건을 모두 충족하여야 한다고 보는 것이 타당하다고 생각된다.

14) 「온주 개인정보 보호법, 제26조 해설(강태욱 집필 부분), 로앤비(2021. 8.)」에서는 계열사의 관계에서 처리위탁과 제3자 제공이 혼재된 경우가 자주 발생한다고 하면서 "계열사를 위하여 본사가 고객 정보를 대신하여 관리하여 주거나 인사 정보를 대신하여 관리하여 주는 경우에는 업무 위탁으로 볼 수 있지만, 본사에서 전체적인 그룹 내 인사관리를 위하여 계열사의 직원 인사 정보를 관리하는 경우에는 이는 제3자 제공으로 해석될 가능성이 충분히 있다."라고 설명하고 있다.

15) 박광배, "개인정보 관련 법령의 실무적 운영과정에서 드러난 문제점과 개선방향", 사법 40호, 사법발전재단(2017), 34면[학설에 대해서는 「문기탁, "정보통신망 이용촉진 및 정보보호 등에 관한 법률상의 '제3자 제공'과 '제3자 위탁'의 구별", 이화여자대학교 법학논집 14권 1호(2009), 248－249면; 이창범·이성엽(고학수 편), "개인정보 제3자 제공 및 처리위탁 규제의 법적 과제", 개인정보 보호의 법과 정책, 박영사(2014), 215면.」 재인용]. 위 박광재 논문에서 이를 '업무－이익기준설'이라 칭하였다.

없다고 비판하는 견해[16]도 있으나, 대부분의 경우 수탁자가 위탁자로부터 대가 내지 보수를 지급받기 때문에 구분 표지로서 제공받은 자를 위한 독자적인 목적으로 이해하는 것은 부적절하기 때문에 개인정보의 처리를 수탁받아 그 대가를 지급받는 경우 이외의 사업목적만을 기준으로 구별하여야 할 것이다.[17] 나아가 대가 수수 여부를 고려하는 것은 제3자 제공의 경우 정보수령자가 정보제공자에게 개인정보 제공의 대가로서 지급한다는 점에 착안한 것으로 보이므로 이러한 관점에서 '개인정보 제공의 대가 내지 이익이 존재하는지', '정보제공자가 그 이익 내지 대가를 얻는 것인지' 등을 신중히 살펴보아야 할 것이다.

나. 대상 판결에 대한 구체적 검토

대상 판결에 있어서 개인정보 제공자인 보험사 C사 및 D사와 개인정보를 제공받은 자인 B사가 체결한 업무협약은 개인정보 제공을 주된 목적으로 하는 것이 아니라 광고업무를 주된 목적으로 하는 것이었는데, 구체적으로는 B사가 보험사 C사 및 D사로 하여금 자신이 운영하는 마트 매장에서 마트방문고객들에게 보험상품 광고를 하도록 허락하고 이에 대한 대가로 광고비를 지급받는 것이었다. C사 및 D사가 B사에게 개인정보를 제공한 것은 보험계약을 청약하는 과정에서 그 유인책 중 하나로 제안한 B사의 마일리지 적립을 하기 위해서였다.

이러한 사실관계하에서 1심은 C사 및 D사가 ① 고객 동의를 얻지 않은 점과 ② 관리의무를 소홀히 한 점, 그리고 ③ 정보수령자인 B사도 공동마케팅 광고 효과라는 이익을 얻은 점에 중점을 두어 정보수령자인 B사의 이익을 위한 것으로 보아 제3자 제공으로 보았다.

그러나 위 ①의 사정은 제3자 제공임을 전제로 한 형사처벌의 구성요건이라는 점에서 이를 제3자 제공의 근거로 보는 것은 본말이 전도된 것으로 보이고, ②의 사정은 처리위탁으로 볼 경우 개인정보 보호법 제26조 제4항[18]의 위탁자로서의 관리의무 해태로 볼 수 있으며, ③의 사정은 개인정보 제공으로 인한 직접적인 이익으로 보기 어려울 뿐만 아니라 정보제공자가 아닌 정보수령자인 B사의 이익일 뿐이다.[19]

---

16) 박광배, "개인정보 관련 법령의 실무적 운영과정에서 드러난 문제점과 개선방향", 사법 40호, 사법발전재단(2017), 35면(위 글에서는 '문제의 정보처리 행위에 관한 기본적인 결정권이 누구에게 있는 것인지를 기준으로 책임 소재를 정하되, 개별 상황에서 판단에 고려하여야 할 요소들 및 이들 요소들을 평가하는 기준을 법률로든 가이드라인으로든 최대한 구체적으로 마련하는 것이 바람직하다'고 견해를 밝히고 있다).

17) 온주 정보통신망 이용촉진 및 정보보호 등에 관한 법률, 제25조 해설(김진환 집필부분), 로앤비(2016. 10.).

18) 개인정보 보호법 제26조(업무위탁에 따른 개인정보의 처리 제한) ④ 위탁자는 업무 위탁으로 인하여 정보주체의 개인정보가 분실·도난·유출·위조·변조 또는 훼손되지 아니하도록 수탁자를 교육하고, 처리 현황 점검 등 대통령령으로 정하는 바에 따라 수탁자가 개인정보를 안전하게 처리하는지를 감독하여야 한다.

19) C사 및 D사가 B사에게 지급한 마일리지에 상응하는 비용지급 역시 정보제공자가 아닌 정보수령자인 B사

C사 및 D사가 B사에게 고객정보를 제공한 것은 보험계약에 포함된 마일리지 제공의무를 이행하기 위한 불가피한 업무처리를 위탁한 행위라 할 것이고, 개인정보 제공의 대가로서 수수된 직접적인 이익 특히 정보수령자가 정보제공자에게 교부한 대가 내지 이익이 있다고 보이지 않고, B사가 적립된 포인트만큼 매출액 신장을 기대할 수 있는 이익은 간접적·반사적 이익을 얻는 것에 불과하다고 보인다. 그리고 B사의 멤버스 회원인 경우는 포인트 지급의 이익을 얻을 수 있고, 비회원인 경우는 향후 멤버스 회원 가입 시 포인트를 지급받는 이익을 얻을 수 있어 정보주체 또는 이용자의 개인정보 보호 필요성에 미치는 영향이 크다고 보이지도 않는다. 또한 B사가 개인정보를 제공받은 것은 적극적 마케팅을 위한 것이라는 증거가 없는 이상[20] 개인정보를 이용할 필요가 있는 자에 해당한다고 보기도 어렵다.

물론 C사 및 D사가 B사에게 개인정보를 제공한 이후 실질적인 관리·감독을 하였다고 보이 어려운 측면이 있기는 하나, 마일리지 적립 업무가 C사 및 D사의 고유업무가 아니라 B사의 고유업무라는 특수성에 기한 것으로 볼 여지도 있기 때문에 이를 이유로 제3자 제공으로 보기는 어렵다고 생각된다.

대상 판결에서의 개인정보 제공의 구조가 관련 판결(대법원 2017. 4. 7. 선고 2016도13263 판결)[21]과 유사하다는 점을 근거로 관련 판결의 결론과 마찬가지로 제3자 제공으로 보아야 한다는 견해가 있을 수도 있으나, 대상 판결과는 그 실질이 동일하다고 보기는 어렵다고 생각된다. 관련 판결과 대상 판결의 각 사안이 모두 정보제공자가 정보처리의 대상이 되는 정보주체[22]를 선별하지 않은 채 정보처리의 대상이 되지 않는 정보주체의 개인정보까지도 제공하였다는 점에서 일견 유사하나, 관련 판결 사안은 당초 개인정보를 수집할 당시에 정보주체가 동의한 범위 즉 본래의 개인정보 수집·이용 목적의 범위를 벗어난 제공[23]인 반면 대상 판결 사안은 마일리지 적립이라는 본래의 목적에 부합하는 제공이라는 점에서 본질적인 차이가 있다. 대상 판결에서의 정보제공자인 C사 및 D사가 멤버스 회원인지 여부를 선별

의 이익일 뿐이다.

20) 형사재판과정에서, B사측이 전달받은 고객정보를 멤버스 포인트 적립을 위한 DB(Database)에 저장하였다는 증거는 제출되었으나, 고객정보를 분석하는 DB나 마케팅을 위한 DB에 저장하였다는 증거는 제출되지 않았다.

21) 홈플러스가 고객에게 전화를 걸어 개인정보의 제3자 제공에 동의를 받은 후(퍼미션 콜) 보험사에 제공하고, 보험사가 이를 이용하여 필터링을 한 후 남은 고객들에 대해서 홈플러스에 수수료를 지급하다가, 업무효율이 떨어지고 비용이 많은 든다는 이유로 퍼미션 콜을 하지 않고 개인정보를 일괄적으로 보험사에 제공한 후 보험사가 필터링을 하고, 그 결과를 넘겨받은 홈플러스가 필터링을 거친 고객에게 퍼미션 콜을 하여 다시 개인정보를 보험사에 제공하는 방식으로 변경하였던 사안이다.

22) 대상 판결에서는 멤버스 회원을 의미하고, 관련 판결에서는 퍼미션 콜의 대상이 되는 고객을 의미한다.

23) 홈플러스 고객들은 보험가입에 관한 업무에 자신들의 정보가 제공될 것을 동의하지는 않은 것으로 보인다.

하는 절차를 거치지 않은 잘못은 마일리지 적립이 B사의 고유업무여서 업무처리의 편의를 추구한 것에 기인한다고 보이나,[24] 제3자 제공의 본질적인 측면으로 보기는 어렵다.

결국 B사가 각 보험사로부터 멤버스 비회원의 개인정보를 이전받음으로써 얻는 독자적인 이익이 없고, 멤버스 비회원의 경우 멤버스 회원 여부를 확인하는 데 그 정보가 사용되었을 뿐 B사의 업무 자체를 위하여 그 정보가 사용되지는 아니하였으므로, 결국 B사는 자신의 업무 처리와 이익을 위하여 개인정보를 제공받은 것이 아니라 보험사인 C사와 D사의 업무 처리와 이익을 위하여 개인정보를 위탁받아 처리한 것에 불과하다는 이유에서 피고인들이 B사에 멤버스 포인트 적립을 위해 개인정보를 이전한 행위는 개인정보의 '제3자 제공'이 아니라 '처리위탁'에 해당한다고 판단한 원심을 수긍한 대상 판결의 결론은 타당하다고 생각된다.

III. 판결의 의의

대상 판결은 관련 판례(홈플러스 사건)의 법리를 원용하면서 원심수긍형 상고기각판결을 선고하여 새로운 법리를 설시하지는 않았지만, 관련 판례와 함께 개인정보를 제공하는 자와 제공받는 자 모두의 이익을 위하여 이루어지는 경우에 있어서 제3자 제공과 처리위탁에 대한 구별기준을 구체적으로 적용한 모범 사례가 될 것으로 기대된다.

개인정보 보호법이 제3자 제공과 별도로 규제를 완화하여 처리위탁을 규정한 것은 개인정보의 효율적인 처리와 활용을 위하여서인 만큼 제3자 제공과 처리위탁의 구별은 '본래의 개인정보 수집·이용 목적의 범위를 넘는지 여부'를 중심으로 하여 업무처리와 이익이 누구를 위한 것인지에 따라 신중하게 판단하여야 할 것이고, 개별 고려요소인 '개인정보의 취득 목적과 방법, 대가 수수 여부, 수탁자에 대한 실질적인 관리·감독 여부, 정보주체 또는 이용자의 개인정보 보호 필요성에 미치는 영향 및 이러한 개인정보를 이용할 필요가 있는 자가 실질적으로 누구인지 등'도 이를 염두에 두고 살펴보아야 할 것이다.

처리위탁으로 볼 경우임에도 만연히 개인정보 보호법상 의무위반을 근거로 하여 제3자 제공으로 보아서는 아니 되고, 만일 의무위반의 의심이 드는 경우에는 개인정보 보호법 제75조 제2항 제1호, 제4항 제4, 5호의 과태료처분이나 제71조 제2호[25]의 형사처벌을 함이

24) 보험사인 C사 및 D사로서는 보험계약 체결 시 보험계약을 체결한 고객이 B사의 멤버스 회원인지 여부를 확인하지 않은 잘못이 있다고도 볼 수 있으나, 이를 제외하고는 직접 확인할 수 있는 방법이 없으므로, B사에 이를 확인하기 위하여 개인정보를 이전시킬 수밖에 없다고 보인다.

25) 개인정보 보호법 제71조(벌칙) 다음 각 호의 어느 하나에 해당하는 자는 5년 이하의 징역 또는 5천만 원

충분하다고 생각된다. 사안에 따라서는 정보수령자가 '본래의 개인정보 수집·이용 목적의 범위를 넘어서는 이용'을 하려는 숨겨진 의도 내지 진정한 의도가 있더라도 제3자 제공은 동의가 없다는 점만으로도 형사처벌이 된다는 점을 고려할 때 엄격히 판단하여야 할 것이고, 처리위탁으로 보더라도 형사처벌 규정이 존재하고, 수탁자의 불법행위로 인한 손해배상책임를 위탁자와 수탁자가 함께 부담한다는 점[26] 등도 함께 고려하여야 할 것이다.

이하의 벌금에 처한다. 2. 제18조 제1항·제2항(제39조의14에 따라 준용되는 경우를 포함한다), 제19조, 제26조 제5항, 제27조 제3항 또는 제28조의2를 위반하여 개인정보를 이용하거나 제3자에게 제공한 자 및 그 사정을 알면서도 영리 또는 부정한 목적으로 개인정보를 제공받은 자

개인정보 보호법 제26조 ⑤ 수탁자는 개인정보처리자로부터 위탁받은 해당 업무 범위를 초과하여 개인정보를 이용하거나 제3자에게 제공하여서는 아니 된다.

26) 개인정보 보호법 제26조(업무위탁에 따른 개인정보의 처리 제한) ⑥ 수탁자가 위탁받은 업무와 관련하여 개인정보를 처리하는 과정에서 이 법을 위반하여 발생한 손해배상책임에 대하여는 수탁자를 개인정보처리자의 소속 직원으로 본다.

035 실질주주명부 열람 · 등사청구와 실질주주의 개인정보 보호

- 대표소송 제기를 위한 실질주주명부 열람 · 등사청구 사건 -

대법원 2017. 11. 14. 선고 2015다246780, 2015다246797(병합) 판결

황정현(법무법인(유한) 세종 변호사)

I. 판결의 개요

1. 사안의 개요

가. 사실관계

주권상장법인인 피고들은 건설공사 입찰 과정에서 부당한 공동행위를 하였다는 이유로 공정거래위원회로부터 과징금 납부명령을 받았다. 이후 피고들의 주주인 원고는 주주대표소송을 제기할 계획이라면서, 피고들에게 '자본시장과 금융투자업에 관한 법률'(이하 '자본시장법'이라 한다)상 실질주주명부의 열람·등사를 허용해 달라고 요구하였다. 그러나 피고들은 자본시장법상 근거가 없음을 이유로 원고의 요구를 거부하였고, 이에 원고는 피고들을 상대로 상법 제396조 제2항의 주주명부 열람·등사청구권을 근거로 실질주주명부의 열람·등사를 청구하는 소송을 제기하였다.

나. 소송경과

1) 제1심 판결(서울중앙지방법원 2014. 12. 11. 선고 2014가합525955, 525962 판결)

열람·등사청구권 인정 여부와 필요성에서 상법상 주주명부와 자본시장법상 실질주주명부를 달리 취급할 이유가 없고, 실질주주명부 열람·등사 때문에 생길 수 있는 개인정보 보호 등의 문제도 열람·등사의 범위를 제한하는 방법으로 해결할 수 있으므로, 피고들은 상법 제396조 제2항을 유추적용하여 자본시장법에 따라 작성되어 보관 중인 실질주주명부 중 '실질주주의 명칭과 주소, 전자우편주소, 실질주주별 주식의 종류와 수'에 대한 열람·등사를 허용하여야 한다.

2) 항소심 판결(서울고등법원 2015. 10. 7. 선고 2015나2004199, 2015나2004205 (병합) 판결)

실질주주명부에 대한 열람·등사청구권은 주주명부 열람·등사청구권에 관한 상법 제396조 제2항을 유추적용하여 인정되는 것이므로, 상법상 주주명부의 기재사항이 아닌 사항들에 대하여 열람 및 등사를 허용하는 것은 적절하지 않다. 상법상 주주명부의 기재사항이 아닌 전자우편주소는 실질주주명부의 열람 및 등사청구의 대상이 될 수 없다.

3) 대법원 판결(대법원 2017. 11. 14. 선고 2015다246780, 2015다246797(병합) 판결)

주주명부의 기재사항에 해당하는 범위 내에서 행해지는 실질주주명부의 열람 또는 등사가 개인정보의 수집 또는 제3자 제공을 제한하고 있는 개인정보 보호법에 위반된다고 볼 수 없다. 항소심이 자본시장법상 실질주주명부에 대하여 상법 제396조 제2항을 유추적용하여 열람·등사가 허용된다고 판단한 것은 정당하다.

2. 판결의 요지

자본시장법에 따라 예탁결제원에 예탁된 상장주식 등에 관하여 작성되는 실질주주명부는 상법상 주주명부와 동일한 효력이 있으므로(자본시장법 제316조 제2항), 열람·등사청구권의 인정 여부와 필요성 판단에 있어서 실질주주명부와 주주명부를 달리 취급할 이유가 없다. 따라서 실질주주명부에 관하여도 상법 제396조 제2항이 유추적용되어 그 열람·등사가 허용된다.

열람 또는 등사청구가 허용되는 범위도 위와 같은 유추적용에 따라 '실질주주명부상의 기재사항 전부'가 아니라 그중 실질주주의 성명 및 주소, 실질주주별 주식의 종류 및 수와 같이 '주주명부의 기재사항'에 해당하는 것에 한정된다. 이러한 범위 내에서 행해지는 실질주주명부의 열람 또는 등사가 개인정보의 수집 또는 제3자 제공을 제한하고 있는 개인정보 보호법에 위반된다고 볼 수 없다.

II. 해설

1. 쟁점의 정리[1)]

주주명부란 주주 및 주권에 관한 사항을 명확하게 하기 위하여 회사가 작성하는 장부이며, 주주는 영업시간 내에 언제든지 주주명부의 열람 또는 등사를 청구할 수 있다(상법 제396조 제2항). 상장법인의 경우에는 주식이 예탁되어 있는 경우가 대부분인데, 이때 주주명부에는 실질주주가 아닌 예탁결제원이 등재된다. 예탁주식의 실질적인 소유자인 실질주주는 발행회사가 예탁결제원으로부터 통지받은 실질주주명세에 의하여 작성하는 실질주주명부에 등재된다(자본시장법 제315조 제3항).

그런데 상법과 달리 현행 자본시장법에는 주주가 실질주주명부에 대하여 열람·등사를 청구할 수 있다는 명문의 규정이 없다. 이에 주주명부에 관한 상법 제396조 제2항을 유추적용하여 실질주주명부 열람·등사청구권을 인정할 수 있는지 문제된다. 특히 실질주주명부에는 주주명부의 기재사항보다 더 자세한 개인정보가 기재되므로 실질주주명부 열람·등사 시 다른 주주들의 개인정보가 침해되지 않는지 고려되어야 한다.

또한 실질주주명부에 기재된 개인정보의 수집·이용·제3자 제공에 대해서는 개인정보 보호법이 적용되므로, 실질주주명부 열람·등사청구를 허용하는 것이 개인정보 보호법 위반에 해당하지 않는지 살펴볼 필요가 있다.

2. 검토

가. 회사법적 관점에서의 실질주주명부 열람 · 등사청구 허용의 필요성

상법 제396조 제2항이 실질주주명부 열람·등사청구권에 유추적용되는지 여부에 대하여 그동안 대법원 판결은 없었고, 하급심은 이를 부정하는 결정례[2)]와 긍정하는 결정례[3)]가 나뉘어 있었는데 최근에는 실질주주명부 열람·등사를 허용하는 경향이 있었다.

---

1) 주주 또는 회사채권자가 상법 제396조 제2항에 의하여 주주명부 등의 열람·등사청구를 한 경우 회사는 그 청구에 정당한 목적이 없는 등의 특별한 사정이 없는 한 이를 거절할 수 없다(대법원 1997. 3. 19.자 97그7 결정 참조). 이러한 법리는 실질주주명부의 열람·등사청구에도 동일하게 적용된다. 이에 본건 판결에서는 원고의 실질주주명부 열람·등사청구에 정당한 목적이 있는지 여부도 쟁점으로 다루어졌으나, 본 평석에서는 개인정보 보호와 관련된 쟁점을 위주로 검토하였다.

2) 서울중앙지방법원 2004. 3. 13.자 2004카합742 결정, 서울중앙지방법원 2006. 11. 2.자 2006카합3203 결정.

3) 서울중앙지방법원 2007. 3. 15.자 2007카합654 결정, 서울남부지방법원 2007. 5. 22.자 2007카합1346 결정, 서울중앙지방법원 2009. 5. 29. 선고 2009카합1711 판결.

자본시장법이 실질주주명부 열람·등사청구에 관한 규정을 두고 있지 않음에도 불구하고 상법을 유추적용하여 실질주주명부 열람·등사청구를 허용하려는 가장 중요한 이유는 주주명부 열람·등사만으로는 상장회사의 소수주주를 보호하기 어렵다는 점이다. 즉, 대부분의 주식이 예탁되어 있는 상장회사의 경우 주주명부에 예탁결제원이 기재되고 사실상 형해화되어 주식보유현황을 나타내는 명부로서의 기능을 하지 못하고 있다. 실질주주가 상법에 의해 보장되는 소수주주권을 함께 행사할 다른 주주를 찾거나 다른 주주에게 의결권 대리행사 권유 등을 하기 위해서는 주주명부가 아닌 실질주주명부를 확보하는 것이 필요하다.

만약 실질주주명부 열람·등사를 허용하지 않는다면 주주들이 소수주주권 등을 적정하게 행사하기 어려워지고, 이를 통해 지배주주의 주주권 남용을 방지하려는 제도의 입법목적 달성도 곤란해진다. 이는 소수주주 보호를 등한시하는 결과를 초래하고 사회적 정의관념에도 반한다고 볼 수 있다.[4] 나아가 실질주주명부는 상법상 주주명부와 동일한 효력이 있다고 규정한 법체계(자본시장법 제316조 제2항) 등을 고려하면, 상법 제396조 제2항을 유추적용하여 실질주주명부 열람·등사를 허용할 필요가 있다고 판단된다.[5]

나. 개인정보 보호의 관점에서의 실질주주명부 열람·등사청구의 허용 여부

상법상 주주명부의 기본적인 기재사항은 '주주의 성명과 주소, 각 주주가 가진 주식의 종류와 그 수, 각 주주가 가진 주식의 주권을 발행한 때에는 그 주권의 번호, 각 주식의 취득 연월일'이다(상법 제352조 제1항). 반면 실질주주명부에는 실질주주의 주민등록번호, 전자우편주소, 국적 등의 개인정보가 추가로 기재된다(증권 등 예탁업무 규정 제43조, 증권 등 예탁업무규정 시행세칙 제32조). 더욱이 증권시장에서 거래되는 상장회사는 개인인 주주가 많으므로 실질주주명부에 상당한 정보주체의 개인정보가 포함될 수 있다.

따라서 실질주주명부 열람·등사청구를 허용할지 여부를 판단함에 있어 다른 실질주주의 개인정보 침해 가능성도 충분히 고려하여야 한다. 실제로 이 사건에서 피고들은 실질주주명

4) 유추해석이 허용되는 경우와 관련하여 대법원 2020. 4. 29. 선고 2019다226135 판결은 "민사법의 실정법 조항의 문리해석 또는 논리해석만으로는 현실적인 법적 분쟁을 해결할 수 없거나 사회적 정의관념에 현저히 반하게 되는 결과가 초래되는 경우에는 법원이 실정법의 입법정신을 살려 법적 분쟁을 합리적으로 해결하고 정의관념에 적합한 결과를 도출할 수 있도록 유추적용을 할 수 있다. 법률의 유추적용은 법률의 흠결을 보충하는 것으로 법적 규율이 없는 사안에 대하여 그와 유사한 사안에 관한 법규범을 적용하는 것이다. 이러한 유추를 위해서는 법적 규율이 없는 사안과 법적 규율이 있는 사안 사이에 공통점 또는 유사점이 있어야 한다. 그러나 이것만으로 유추적용을 긍정할 수는 없다. 법규범의 체계, 입법 의도와 목적 등에 비추어 유추적용이 정당하다고 평가되는 경우에 비로소 유추적용을 인정할 수 있다."고 판시하였다.

5) 이철송, 『회사법강의』 제16판(박영사, 2009), 361면도 같은 취지이다.

부 열람·등사를 허용할 수 없는 중요한 근거로 개인정보 침해 가능성을 주장하였다.

그러나 개인정보 보호를 이유로 실질주주명부 열람·등사청구를 완전히 부정할 수는 없다고 판단된다. 본래 대체결제 제도는 주식거래의 편의를 위한 것이며, 비상장회사 주주에 비해 상장회사 주주의 개인정보를 더 보호하기 위한 취지는 아니다. 소수주주권 행사를 위해 다른 주주의 개인정보자기결정권[6]을 제한할 필요성도 비상장회사이든 상장회사이든 다르지 않다. 따라서 적어도 상법상 주주명부의 기재사항에 대하여 실질주주명부의 열람·등사를 허용하더라도 다른 실질주주의 개인정보자기결정권이 현저히 침해되는 것은 아니라고 사료된다.

더 나아가 실질주주명부 열람·등사청구권은 단독주주권으로서 다른 주주들도 자신의 이익을 위하여 언제든지 행사할 수 있는 점, 실질주주명부 열람·등사청구권 행사를 허용함으로써 얻을 수 있는 지배주주의 주주권 남용방지 등의 이익은 다른 주주들에게도 이득이 되는 점까지 고려해보면, 다른 주주들의 개인정보 보호를 이유로 실질주주명부 열람·등사청구를 전혀 인정하지 않는 것은 바람직하지 않다.

한편, 실질주주명부를 열람·등사한 자가 개인정보를 악용하거나 관리를 소홀히 하여 개인정보가 도난, 분실, 유출될 우려가 있다는 사정은 개인정보의 적정한 관리의 문제이지, 그 자체로 열람·등사청구를 금지할 사유가 될 수는 없다고 할 것이다. 처음부터 개인정보를 악용할 목적이 있는 경우 '정당한 목적' 요건을 갖추지 못한 것으로서 열람·등사청구 자체가 거부될 수 있으며, 당초 목적과 달리 개인정보를 이용하거나 개인정보가 유출된 경우는 개인정보 보호법상 처벌규정을 적용하여 규율할 수 있다.

다. 실질주주명부 열람 · 등사청구의 허용 범위

전술한 바와 같이 본결 판결은 실질주주명부의 열람·등사청구를 허용하면서도 '실질주주명부상의 기재사항 전부'가 아니라 그중 '주주명부의 기재사항'만 열람·등사할 수 있는 것으로 제한하였다. 상법상 주주명부의 기재사항만으로도 소수주주권 행사나 의결권 대리행사 권유 등의 열람·등사 목적을 충분히 달성할 수 있는바, 주주명부의 기재사항으로 실질주주명부 열람·등사의 범위를 제한한 것은 불필요한 개인정보자기결정권 제한을 최소화한다는

6) 헌재 2005. 7. 21. 2003헌마282, 425 결정은 개인정보자기결정권은 자신에 관한 정보가 언제 누구에게 어느 범위까지 알려지고 또 이용되도록 할 것인지를 그 정보주체가 스스로 결정할 수 있는 권리라고 설명하면서, 개인정보는 헌법 제10조 등으로부터 도출되는 헌법상 권리인 개인정보자기결정권에 의해 보호된다고 설시하였다.

측면에서 타당하다고 사료된다.[7)]

실질주주명부의 기재사항 중 특히 문제가 된 것은 전자우편주소이다. 실질주주명부에만 기재되는 전자우편주소가 열람·등사의 대상인지 여부에 대해 제1심[8)]과 항소심[9)]의 판단이 엇갈렸는데, 대법원은 전자우편주소는 열람·등사의 대상이 될 수 없다는 항소심의 판단을 유지하였다. 전자우편주소는 유출되더라도 이름과 집주소에 비해 개인정보 침해의 정도가 심하지 않으므로, 소수주주의 충실한 보호를 위해 간편한 연락수단인 전자우편주소의 열람·등사를 허용하여야 한다는 견해가 있을 수 있다. 그러나 주주명부의 기재사항에 한하여 열람·등사를 허용하는 것으로 판단하면서 실무상 필요성을 이유로 다시 전자우편주소만은 열람·등사가 허용된다고 해석한다면, 지나치게 편의지향적이고 법적 일관성을 해친다고 생각된다. 현행법하에서는 전자우편주소의 열람·등사는 허용되지 않는다고 봄이 상당하고, 필요시 입법적으로 문제를 해결하는 것이 바람직하다.

마지막으로 실질주주명부를 작성한 시점과 열람·등사청구권을 행사하는 시점에 차이가 있는 경우 현재 주주가 아닌 과거 주주들의 개인정보가 제공되는 문제가 있다.[10)] 본건에서 피고들도 평소 주식 거래량을 감안하면 실질주주명부상 실질주주 중 대부분은 현재는 피고들의 주주가 아니라고 주장하였다. 그러나 매일 이루어지는 대량의 거래를 실시간으로 반영한 실질주주명부를 작성하는 것은 불가능하며 가장 최근의 주주명부를 제공하라는 것이 열람·등사청구권을 인정한 법의 취지라고 할 것이다. 따라서 열람·등사의 대상인 실질주주명

---

7) 항소심은 "실질주주명부에 대한 열람·등사의 허용범위 자체를 제한함과 아울러, 실질주주명부를 열람·등사한 주주로 하여금 그 열람·등사로 알게 된 개인정보에 관하여 개인정보 보호법상의 보호의무 준수와 위 열람·등사 목적을 벗어난 개인정보의 부당한 이용 내지 제3자 제공에 관한 처벌 등을 통해 피고들의 주장과 같은 개인정보의 침해 문제를 어느 정도 해결할 수 있다고 보인다."고 설시하였다.

8) 제1심은 "이 사건에서 주주대표소송을 권유하고자 하는 원고의 문서 등 우편물이 발송될 곳인 '실질주주의 주소'가 열람·등사의 허용범위에 포함되는 이상, 이미 우리 사회에서 일상적이면서도 보편화된 의사연락수단인 전자우편(이메일)을 보낼 수 있는 '실질주주의 전자우편주소'도 열람·등사의 대상에 포함된다고 볼 수 있다."고 판시하였다.

9) 항소심은 "원고에게 실질주주명부에 대한 열람 및 등사청구권이 인정된다 하더라도 이는 앞서 본 바와 같이 상법 제396조 제2항이 유추적용됨을 근거로 한 것이므로, 상법상 주주명부에 기재되지 않는 사항들에 대하여 열람 및 등사를 허용하는 것은 적절하지 않다고 할 것이다. (중략) 전자우편주소는 상법상 전자주주명부의 기재사항에는 해당하나(상법 제392조의2) 전자주주명부 열람 및 복사의 대상에서는 명시적으로 제외되는 점(상법 시행령 제11조 제2항) 등을 더하여 보면, 전자우편이 이미 우리 사회에서 보편화되어 있고 간편하고 비용이 덜 드는 의사연락 수단이라는 이유만으로 상법에 마련된 주주명부 열람 등사청구권의 범위에 전자우편주소가 포함되는 것으로 확대해석하기는 어렵다."고 판시하였다.

10) 임재연, "개인정보 보호법과 실질주주명부에 대한 열람등사청구권", 『상장』, 2015년 4월호(한국상장회사협의회, 2015), 7면.

부가 가장 최근에 작성된 것인 이상, 이미 주식을 처분한 주주들의 개인정보가 포함되어 있다고 하더라도, 이를 과도한 개인정보 침해라고 보기는 어렵다고 판단된다.

라. 개인정보 보호법 위반 여부

개인정보 보호법은 "법률에 특별한 규정이 있거나 법령상 의무를 준수하기 위하여 불가피한 경우" 등의 사유 없이 개인정보를 수집 · 이용 및 제3자 제공하는 것을 금지하고 있다(제15조 제1항 제2호, 제17조 제1항 제2호). 본건 판결은 실질주주명부 열람 · 등사가 상법 제396조 제2항의 유추적용에 의하여 허용되는 것이기 때문에 법률에 특별한 규정이 있는 경우에 해당하고 개인정보 보호법 위반이 아니라고 판단하였다.

이와 관련하여 '다른 법률을 유추적용하는 경우'가 당연히 '법률에 특별한 규정이 있는 경우'에 해당하는지 의문이 들 수 있다. 법률의 특별한 규정이란 법률에서 특정한 개인정보의 처리를 구체적이고 명시적으로 허용하는 경우를 의미하므로,[11] 명백한 법률의 흠결을 전제로 법관의 해석으로 보충하는 유추적용은 법률의 특별한 규정으로 볼 수 없다고 볼 여지가 있다. 개인정보 보호를 중시하는 이러한 견해에 의하면, 실질주주명부의 열람 · 등사청구에 대해서는 현재 법적 규율이 없는 상황이므로, 상법 제396조 제2항의 유추적용을 고려해볼 수 있으나, 개인정보 보호법에 의하여 그 유추적용이 허용되지 않는 결론에 이른다.

그러나 개인정보 보호법의 영역에서도 법률의 흠결은 존재할 수 있고 구체적 타당성을 확보하기 위한 유추적용이 필요할 수 있는 점, 법률을 유추적용할 것인지 판단함에 있어 개인정보 침해 여부가 미리 고려될 수 있는 점 등을 감안하면, '다른 법률을 유추적용하는 경우'도 '법률에 특별한 규정이 있는 경우'로 봄이 타당하다고 판단된다. 이 사건에서도 개인정보 보호 필요성의 실질주주명부 열람 · 등사의 필요성을 이익형량하여 상법 제396조 제2항을 유추적용한 것이므로, 상법 제396조 제2항을 다른 법률의 특별한 규정으로 보더라도 정보주체의 개인정보 침해는 특별히 문제되지 않을 것이다.

11) 개인정보 보호위원회, 『개인정보 보호법령 및 지침 · 고시 해설』, (개인정보 보호위원회, 2020), 81면은 법률에서 개인정보의 수집 · 이용을 구체적으로 요구하거나 허용하고 있어야 하고, 수집 · 이용할 수 있는 개인정보의 대상 · 범위가 막연한 경우는 특별한 규정이라고 할 수 없다고 설명한다.

III. 판결의 의의

본건 판결은 자본시장법상 명시적인 규정이 없음에도 상법 제396조 제2항을 유추적용하여 실질주주명부 열람·등사청구권을 인정하고, 열람·등사의 범위를 분명히 하였다는 의의가 있다. 본건 판결로 인해 기업의 입장에서는 실질주주의 개인정보 보호를 이유로 실질주주명부 열람·등사청구를 거부하기 어려워졌고, 소수주주권 행사를 위한 실질주주명부 열람·등사청구가 활성화될 것으로 보인다.

한편, 개인정보 보호법의 실무에서는 개인정보 처리를 허용하는 법률의 특별한 규정이 있는지 여부가 자주 문제되는데, 본건 판결과 같이 자신의 개인정보 처리행위의 법적 근거로서 다른 법률의 유추적용을 주장하는 사례가 실무적으로 증가할 것으로 예상된다. 그러나 다른 법률의 유추적용은 어디까지나 예외적으로 허용되어야 하고, 남용되는 경우 자의적인 법집행으로 이어져 법적 안정성을 저해할 수 있음을 유의할 필요가 있다.

036 공무원의 개인정보 목적외 이용에 대한 형사처벌

- 경찰공무원이 사적 목적으로 지명수배 자료를 열람한 사건 -

대법원 2015. 12. 10. 선고 2015도3540 판결

이희정(고려대학교 법학전문대학원 교수)

I. 판결의 개요

1. 사안의 개요

가. 사실관계

피고는 ○○ 경찰서 ○지구대에 근무하는 경찰공무원으로서 자신이 돈을 빌려 준 ○지역 주택조합의 조합장 A와 연락이 되지 않자 A의 자신의 채권 회수를 위한 대책을 마련할 목적으로 ○지구대 사무실에서 6회에 걸쳐 경찰전산망에 자신의 아이디(ID)와 비밀번호를 입력하여 접속한 후 A의 인적사항(이름 및 출생년도)을 입력하여 수배조회를 함으로써 A의 수배자료를 열람하여 A의 수배 여부, 소재, 주민등록번호 등 인적사항, 죄명 등 구체적인 수배내용, 검거 여부 등을 확인하는 데 이용하였다. (이후 피고가 A를 만났으나 그를 검거하지 않았다는 사실이 '직무유기'에 해당하는가 여부도 쟁점이나 이에 대해서는 다루지 않기로 한다.)

나. 소송경과

1) 제1심 판결(서울중앙지방법원 2014. 7. 3. 선고 2013고단8015 판결)

법원은 피고인이 '개인정보처리자'로서 「개인정보 보호법」 제18조 제1항에 따라 법령 등에서 정하는 소관 업무의 수행을 위하여 불가피한 경우의 이용 범위를 초과하여 개인정보를 이용할 수 없음에도 불구하고 이를 초과하여 개인정보를 이용함으로써 개인정보 보호법 제71조 제2호에 해당하여 유죄라고 판단하였다.

동시에 이 행위는 형사사법업무에 종사하는 사람으로서 직무상 알게 된 형사사법 정보를 누설하거나 권한 없이 처리하거나 타인이 이용하도록 제공하는 등 부당한 목적으로 사용하여서는 아니됨에도 불구하고 부당한 목적으로 사용한 경우에 해당되어 「형사사법절차 전자

화촉진법」 제15조 제2항, 제14조 제3항에 해당하여 유죄이기도 하다. 다만 「개인정보 보호법」 및 「형사사법절차전자화촉진법」 위반은 상상적 경합에 해당되어 형법 제40조 및 제50조에 근거하여 형이 중한 개인정보 보호법 위반죄에 정한 형으로 처벌하여야 한다. 형량은 징역 6월, 집행유예 2년이다.

2) 항소심 판결(서울중앙지방법원 2015. 2. 10. 선고 2014노2566 판결)

「개인정보 보호법」 제71조 제2호는 '개인정보처리자'의 처벌을 규정한 신분범 규정이고, 피고인은 '개인정보처리자'가 아니라 개인정보처리자의 지휘·감독을 받아 개인정보를 처리하는 '개인정보취급자'이므로 제71조 제2호 범죄의 주체가 될 수 없지만, 같은 법 제74조 제2항의 양벌규정에 의하여 처벌범위가 확장되어 '당해 업무를 실제로 집행하는 자'로서 처벌대상이 된다.

「개인정보 보호법」의 적용대상이 되는 '개인정보'에는 이름·주소·주민등록번호 등과 같은 '개인식별 정보'뿐만 아니라 개인에 대한 정보로서 공개로 인하여 개인의 내밀한 사항 등이 알려지게 되고, 그 결과 인격적·정신적 내면생활에 지장을 초래하거나 자유로운 사생활을 영위할 수 없게 될 위험성이 있는 정보도 포함된다. 피고인이 열람한 지명수배자료는 개인식별정보가 포함되어 있을 뿐만 아니라 A가 감추고 싶어 하는 비밀스러운 상황으로 공개될 경우 인격적·정신적 내면생활에 지장을 받을 것이며, 자유로운 사생활을 영위할 수 없게 될 정보가 포함되어 있는 개인정보에 해당한다.

따라서 피고인은 개인정보 보호법 제18조 제1항, 제71조 제2호, 제74조 제2항에 따라 유죄이다.

피고인이 접속하여 A의 지명수배자료를 열람한 경찰전산망이 「형사사법절차 전자화 촉진법」 제2조 제4호가 정하고 있는 '형사사법정보시스템'에 해당함을 인정하기에 부족하여 같은 법 제15조 제2항 위반은 인정되지 않는다.

형량은 벌금 일천만원이다.

3) 대법원 판결(대법원 2015. 12. 10. 선고 2015도3540 판결)

개인정보 보호법 제18조 제1항, 제71조 제2호, 제74조 제2항에 따라 유죄라고 인정한 원심의 판단은 정당하다.

경찰전산망이 '형사사법정보시스템'에 해당한다고 인정하기에 부족하여 형사사법절차 전자와 촉진법 제15조 제2항에 위반한다는 범죄사실의 증명이 없는 때에 해당하여 무죄라는

원심의 판단은 정당하다.

2. 판결의 요지

가. 개인정보취급자의 개인정보 목적외 이용이 제71조 제2호 위반으로 처벌의 대상이 되는지 여부

「개인정보 보호법」 제71조 제2호는 '개인정보처리자'의 처벌을 규정한 신분범 규정이고, 피고인은 '개인정보처리자'가 아니라 개인정보처리자의 지휘·감독을 받아 개인정보를 처리하는 '개인정보취급자'이므로 제71조 제2호 범죄의 주체가 될 수 없지만, 같은 법 제74조 제2항의 양벌규정에 의하여 처벌범위가 확장되어 '당해 업무를 실제로 집행하는 자'로서 처벌대상이 된다.

나. 지명수배정보가 「개인정보 보호법」상 개인정보에 해당하는지 여부

「개인정보 보호법」의 적용대상이 되는 '개인정보'에는 이름·주소·주민등록번호 등과 같은 '개인식별 정보'뿐만 아니라 개인에 대한 정보로서 공개로 인하여 개인의 내밀한 사항 등이 알려지게 되고, 그 결과 인격적·정신적 내면생활에 지장을 초래하거나 자유로운 사생활을 영위할 수 없게 될 위험성이 있는 정보도 포함된다. 피고인이 열람한 지명수배자료는 개인식별정보가 포함되어 있을 뿐만 아니라 공개되는 경우 A가 감추고 싶어 하는 비밀스러운 상황으로 공개될 경우 인격적·정신적 내면생활에 지장을 받을 것이며, 자유로운 사생활을 영위할 수 없게 될 정보가 포함되어 있는 개인정보에 해당한다.

II. 해설

1. 쟁점의 정리

가. 개인정보취급자의 목적외 이용에 대한 형사처벌 여부

「개인정보 보호법」제18조 제1항은 같은 법상 '개인정보처리자'에게만 의무를 부과하고 있고, 제71조 제2호의 '제18조 제1항을 위반하여 … 개인정보를 이용하거나 제3자에게 제공한 자' 에 대한 벌칙 규정이 개인정보취급자에게도 적용되는지 여부, 적용되지 않는다면 제74조 제2항에 근거하여 제 18조를 위반한 법인의 사용인, 그 밖의 종업원을 처벌할 수 있는

지 여부이다.

나. 지명수배정보의 개인정보 해당 여부

이름·주소·주민등록번호 등과 같은 '개인식별 정보' 외에 개인의 수배 여부, 소재, 주민등록번호 등 인적 사항, 죄명 등 구체적인 수배 내용, 검거 여부 등의 정보도 '개인정보'에 해당하는지 여부이다.

2. 검토

가. 개인정보취급자의 목적외 이용에 대한 형사처벌 여부

「개인정보 보호법」이 규정하는 대부분의 규제 의무, 즉 같은 법 제3장과 제4장에서 규정하는 개인정보의 수집·이용, 제공 및 처리 제한, 안전한 관리에 관한 모든 의무는 '개인정보처리자'에게 부과된다. '개인정보처리자'는 제2조 제5호에 따르면 "업무를 목적으로 개인정보파일을 운용하기 위하여 스스로 또는 다른 사람을 통하여 개인정보를 처리하는 공공기관, 법인, 단체 및 개인 등"을 말한다. 법 제28조 제1항에서는 이와 구별되는 개념으로 '개인정보취급자'를 "임직원, 파견근로자, 시간제근로자 등 개인정보처리자의 지휘·감독을 받아 개인정보를 처리하는 자"로 정의하고 있다. 이 두 개념을 비교하면, '개인정보처리자'는 주체적으로 개인정보파일을 운영하는 지위에 있는 자이고, '개인정보취급자'는 개인정보처리자를 위해 실제로 처리행위를 하는 자를 의미하는 것으로 볼 수 있다.

「개인정보 보호법」상 규제의무는 '개인정보처리자'에게만 부과되어 있으므로, 이 규정을 위반할 수 있는 것도, 그 위반에 대한 벌칙규정에 의해 형사처벌을 받는 것도 '개인정보처리자'에 한한다. 즉, 이는 '신분범'에 해당된다. 따라서 원칙적으로 '개인정보처리자'가 아니라 그의 지휘·감독을 받아 실제로 처리행위를 하는 '개인정보취급자'는 법상 의무가 부과되지도, 그 위반으로 벌칙을 받지도 않는다. 이 사안에서 경찰공무원인 피고인은 개인정보처리자가 아니라 개인정보취급자에 불과함에도 1심 판결은 이를 간과하고 피고인이 「개인정보 보호법」 제18조 제1항에 따라 법령 등에서 정하는 소관 업무의 수행을 위하여 불가피한 경우의 이용 범위를 초과하여 개인정보를 이용할 수 없음에도 불구하고 이를 초과하여 개인정보를 이용함으로써 개인정보 보호법 제71조 제2호에 해당하여 유죄라고 판단하였다.

2심 판결과 대법원 판결은 '신분범'의 법리를 적용하여 1심 판결의 해석을 피고인은 '개인정보취급자'에 불과하므로 제71조 제2호에 직접 의거하여 처벌받을 수는 없지만, 제74조 제

2항의 양벌규정에 의해서 처벌받을 수 있다고 보았다. 통상 양벌규정의 취지는 행위자가 처벌됨을 전제로 행위자를 고용한 법인이나 사용인을 함께 처벌해야 한다는 데 있지만, 종종 이 사안에서와 같이 행위자를 처벌하는 1차적 근거로 해석되는 경우가 있다. 이러한 해석에 대해서는 “그 소정의 ‘행위자를 벌하는 외에’라고만 규정하여 그 규정에서 행위자 처벌을 새로이 정한 것인지 여부가 명확하지 않음에도 불구하고 형사처벌의 근거 규정이 된다고 해석하는 것은 죄형법정주의의 원칙에 배치되는 온당치 못한 해석”이라는 비판적 견해도 있다 (대법원 1999. 7. 15. 선고 95도2870 전원합의체 판결 [건축법위반] 반대의견 참조).

그러나 개인정보처리자에게만 의무를 부과하고 있는 현행 개인정보 보호법 하에서 제74조 제2항을 위 대법원판례와 같이 해석하지 않으면 개인정보취급자의 위반행위에 대해서는 행정제재도 벌칙도 부과될 수 없는 결과가 된다. 이는 입법의 흠결이라 할 수 있다. 양벌규정의 원래 취지는 사용인이나 종업원을 통해 자신의 이익을 추구하는 법인 또는 개인에게도 책임을 묻는 데 있지만, 현행법의 흠결을 해석론으로 메우는 것으로 볼 수 있다. 입법적으로는 벌칙규정에서 제18조 제1항을 위반한 개인정보처리자와 개인정보취급자를 모두 명시하는 방식이 법률의 명확성상 바람직할 것이다.

판례상 명시되지는 않았지만, 개인정보처리자가 공공기관일 경우 그에 소속된 개인정보취급자도 제74조 제2항에 의해 처벌될 수 있는지 검토가 필요하다. 법 제2조 제5호에 따르면 “개인정보처리자”는 “공공기관, 법인, 단체 및 개인 등을 말한다”고 규정되어 있으므로 ‘공공기관’은 ‘법인, 단체, 개인’에 해당하지 않고, 또한 법 제74조 제2항의 양벌규정은 ‘법인 또는 개인’에 대해서만 규정하고 있으므로 공공기관은 양벌규정의 적용대상이 아니라는 해석도 가능하다. 그렇다면 공공기관인 개인정보처리자의 ‘사용인’에 해당하는 ‘경찰공무원’도 이 규정의 적용을 받지 않는다고 보아야 하지 않을까?

그러나 공공기관에 속한 행위자들의 위반행위에 대해 벌칙을 적용하지 않는다면, 개인정보보호법이 공히 적용되는 민간의 법인이나 개인의 사용인, 종업원 등과의 관계에서 법이 평등하게 적용되었다고 보기가 어려울 것이다. 따라서 제74조 제2항에 따라 공공기관에 속한 개인정보취급자는 ‘(위반)행위자’로 처벌하되, 당해 공공기관에 대해서는 벌금형을 과하지 않는다는 해석이 더 합목적적일 것이다.

다만, 제74조의 양벌규정은 다수의 개별법률에 있는 양벌규정과 유사한 내용이므로, 이는 ‘공공기관’을 명시적으로 배제하려는 것이 아니라 전형적인 양벌규정을 그대로 옮긴 것에 불과하고, 따라서 양벌규정이 ‘공공기관’에도 적용된다는 해석이 가능하다. 그렇다 하더라도, 법 제2조 제6호에 따른 “공공기관”은 “가. 국회, 법원, 헌법재판소, 중앙선거관리위원회의 행

정사무를 처리하는 기관, 중앙행정기관(대통령 소속 기관과 국무총리 소속 기관을 포함한다) 및 그 소속 기관, 지방자치단체"와 "나. 그 밖의 국가기관 및 공공단체 중 대통령령으로 정하는 기관"으로 정의되어 있어, 이에는 법인인 지방자치단체, 공공단체와 법인이 아닌 국회 등 국가기관이 함께 포함된다. 이때 국가를 '법인'으로 본다면, 국회, 법원, 중앙행정기관의 공무원은 곧 국가가 고용한 공무원이므로 공무원을 개인정보취급자로 보아 처벌하는 데 큰 문제는 없을 것이다.

그러나 국가에 대해서는 양벌규정에 의한 벌금을 부과할 수 있는가? 최근까지 국가가 스스로 벌금을 부과하고 스스로에게 납부하는 것은 허용되지 않는다는 견해가 지배적인 것으로 보이나, 형사정책상 불가능한 것은 아니라는 견해도 있다. 아직 대법원이 국가에 대한 벌금 부과가 가능한지를 명시적으로 판단한 적은 없으나, 양벌규정에 의해 지방자치단체에 벌금을 부과할 수 있다고 인정한 바 있다(대법원 2005. 11. 10. 선고 2004도2657 판결). 최근 개인정보보호위원회는 지방자치단체나 국가기관과 같은 공공기관에 대해서도 법 위반행위를 한 경우 제75조의 과태료를 부과하고 있으므로, 제74조에 의한 벌금도 부과될 수 있다는 해석이 불가능한 것은 아니라고 생각된다. 「개인정보 보호법」은 공공기관과 민간기관을 모두 적용대상으로 하고 있는 독특한 법률이므로, 그 공통점과 차이를 적절히 고려하여 법을 해석해야 할 필요성이 크다.

나. 지명수배정보의 개인정보 해당 여부

개인정보 보호법 제2조 제1호에 따르면, '개인정보'란 '살아 있는 개인에 관한 정보'로서 '성명, 주민등록번호 및 영상 등을 통하여 개인을 알아볼 수 있는 정보' 또는 '해당 정보만으로는 특정 개인을 알아볼 수 없더라도 다른 정보와 쉽게 결합하여 알아볼 수 있는 정보'이다. 개인의 범죄혐의에 대한 정보는 그것이 누구에 관한 것인지 식별가능하다면, 개인으로서는 프라이버시 차원에서 가장 공개를 꺼릴 만한 (개인)정보에 해당된다. 대법원 판례 역시 "개인에 대한 정보로서 공개로 인하여 개인의 내밀한 사항 등이 알려지게 되고, 그 결과 인격적·정신적 내면생활에 지장을 초래하거나 자유로운 사생활을 영위할 수 없게 될 위험성이 있는 정보도 포함된다."고 함으로써 이 점을 지적하고 있다. 현재 통용되는 '개인정보'의 개념에 비추어 보면, 피고인이 열람한 지명수배자료는 내용적으로 당연히 개인정보에 해당한다고 보아야 하고, 그에는 개인식별정보 또한 포함되어 있으므로 이 정보가 '개인정보'에 해당됨은 당연하다.

다만, 이것이 '개인정보'라 하더라도, 개인정보 보호법이 개인정보자기결정권을 보호하는

법이고, 따라서 '개인정보'는 개인이 그 공유(공개) 여부를 결정(통제)할 수 있는 정보라고 본다면 과연 그 개인이 범죄 혐의로 수배 중인지 여부, 죄명 등 구체적인 수배 내용, 검거 여부 등이 개인의 통제권을 인정할 수 있는 정보인지 의문을 제기할 수 있다. 그러나 법률에 근거하여 법집행의 목적을 위해서는 개인정보자기결정권이 제한될 수 있지만, 경찰공무원이 그 밖의 사적 목적을 위해서 열람하는 행위에 대해서는 개인정보자기결정권이 존재하고 침해당한다고 할 수 있다.

3. 관련 판례

가. 대법원 1999. 7. 15. 선고 95도2870 전원합의체 판결 [건축법위반]

[다수의견] 구 건축법(1991. 5. 31. 법률 제4381호로 전문 개정되기 전의 것) 제54조 내지 제56조의 벌칙규정에서 그 적용대상자를 건축주, 공사감리자, 공사시공자 등 일정한 업무주(업무주)로 한정한 경우에 있어서, 같은 법 제57조의 양벌규정은 업무주가 아니면서 당해 업무를 실제로 집행하는 자가 있는 때에 위 벌칙규정의 실효성을 확보하기 위하여 그 적용대상자를 당해 업무를 실제로 집행하는 자에게까지 확장함으로써 그러한 자가 당해 업무집행과 관련하여 위 벌칙규정의 위반행위를 한 경우 위 양벌규정에 의하여 처벌할 수 있도록 한 행위자의 처벌규정임과 동시에 그 위반행위의 이익귀속주체인 업무주에 대한 처벌규정이라고 할 것이다.

나. 대법원 2007. 12. 28. 선고 2007도8401 판결 [폐기물관리법위반 · 관세법위반 · 식품위생법위반]

[1] 구 폐기물관리법(2007. 1. 3. 법률 제8213호로 개정되기 전의 것) 제62조의 양벌규정은, 사업장폐기물배출자가 아니면서 당해 업무를 실제로 집행하는 자가 있을 때 위 벌칙규정의 실효성을 확보하기 위하여 그 적용대상자를 당해 업무를 실제로 집행하는 자까지 확장함으로써 그러한 자가 당해 업무집행과 관련하여 위 벌칙규정의 위반행위를 한 경우 위 양벌규정에 의하여 처벌할 수 있도록 한 행위자의 처벌규정임과 동시에 그 위반행위의 이익귀속주체인 사업장폐기물배출자에 대한 처벌규정이다. 여기서 '당해 업무를 실제로 집행하는 자'란 그 법인 또는 개인의 업무에 관하여 자신의 독자적인 권한이 없이 오로지 상급자의 지시에 의하여 단순히 노무제공을 하는 것에 그치는 것이 아니라, 적어도 일정한 범위 내에서는 자신의 독자적인 판단이나 권한에 의하여 그 업무를 수행할 수 있는 자를 의미한다.

다. 대법원 2013. 12. 12. 선고 2011도9538 판결 [의료법위반 · 업무상과실치사]

법령 자체에 그 법령에서 사용하는 용어의 정의나 포섭의 구체적인 범위가 명확히 규정되어 있지 아니한 경우, 그 용어가 사용된 법령 조항의 해석은 그 법령의 전반적인 체계와 취지·목적, 당해 조항의 규정 형식과 내용 및 관련 법령을 종합적으로 고려하여 해석하여야 한다.

이러한 법리를 앞서 본 의료법의 개정 연혁, 내용 및 취지, 관련 법령의 규정, 의무기록에 기재된 정보와 사생활의 비밀 및 자유와의 관계 등에 비추어 보면, 이 사건 규정의 적용 대상이 되는 전자의무기록에 저장된 '개인정보'에는 환자의 이름·주소·주민등록번호 등과 같은 '개인식별정보'뿐만 아니라 환자에 대한 진단·치료·처방 등과 같이 공개로 인하여 개인의 건강과 관련된 내밀한 사항 등이 알려지게 되고, 그 결과 인격적·정신적 내면생활에 지장을 초래하거나 자유로운 사생활을 영위할 수 없게 될 위험성이 있는 의료내용에 관한 정보도 포함된다고 새기는 것이 타당하다.

라. 대법원 2005. 11. 10. 선고 2004도2657 판결 [도로법 위반]

헌법 제117조, 지방자치법 제3조 제1항, 제9조, 제93조, 도로법 제54조, 제83조, 제86조의 각 규정을 종합하여 보면, 국가가 본래 그의 사무의 일부를 지방자치단체의 장에게 위임하여 그 사무를 처리하게 하는 기관위임사무의 경우에는 지방자치단체는 국가기관의 일부로 볼 수 있는 것이지만, 지방자치단체가 그 고유의 자치사무를 처리하는 경우에는 지방자치단체는 국가기관의 일부가 아니라 국가기관과는 별도의 독립한 공법인이므로, 지방자치단체 소속 공무원이 지방자치단체 고유의 자치사무를 수행하던 중 도로법 제81조 내지 제85조의 규정에 의한 위반행위를 한 경우에는 지방자치단체는 도로법 제86조의 양벌규정에 따라 처벌대상이 되는 법인에 해당한다고 할 것이다.

III. 판결의 의의

공공기관에 소속된 개인정보취급자(경찰공무원)가 법 제18조 제1항의 개인정보처리자의 의무를 위반하였을 경우 '신분범'을 규정한 제71조 제2호에 직접 근거해서 처벌할 수는 없지만, 제74조 제2항의 양벌규정에 의해 '(위반)행위자'로서 처벌될 수 있음을 선언한 판결이다. 또한 개인식별정보 외에 공개될 경우 인격적·정신적 내면생활에 지장을 초래하거나 자유로운 사생활을 영위할 수 없게 될 위험성이 있는 정보도 포함됨을 명확히 한 판결이다.

037

「개인정보 보호법」상 '개인정보처리자'에 해당하는지 여부

- 라디오 방송국 프로그램 프리랜서 작가 사건 -

대법원 2019. 7. 25. 선고 2019도3215 판결

곽정민(법무법인(유한) 클라스 변호사)

I. 판결의 개요

1. 사실관계

A씨는 2010년경부터 한 지상파 라디오 프로그램의 작가로 근무하면서 라디오 청취자들의 개인정보를 관리하던 중, 이 프로그램의 경품에 당첨되었던 청취자 B씨가 2016년 10월경부터 프로그램 게시판, 국민신문고 등에 지속적으로 자신에 대한 항의글을 게시하자 B씨에게 이와 같은 행위의 중단을 요청하는 내용증명을 보내기로 했다. A씨는 2017년 2월경 정보주체인 B씨의 동의나 개인정보 보호법에 정한 사유 없이 B씨에 대한 고소사건에서 자신을 대리하던 법무법인의 변호사에게 B씨의 주소와 연락처를 주어 개인정보를 목적 외의 용도로 이용한 혐의로 기소됐다.

2. 소송경과

가. 제1심 판결(서울서부지방법원 2018. 4. 10. 선고 2018고단50 판결): 선고유예

피고인은 자신이 작가로 제작하던 라디오 프로그램의 경품 이벤트에 당첨된 고소인에게 상품을 배송하기 위하여 동의하여 제공한 개인정보를 수집하였고, 피고인은 개인정보 보호법 제15조 제1항 제1호에 따라 정보주체인 고소인의 동의를 얻어 개인정보를 수집한 것이지, 같은 법 제15조 제1항 제6호에 따라 피고인의 정당한 이익을 달성하기 위한 경우로서 명백하게 고소인의 권리보다 우선하는 경우에 해당되어 고소인의 개인정보를 취득한 것이 아니다. 따라서 피고인으로서는 고소인이 경품수령을 위하여 제공에 동의한 그의 개인정보를 그 수집 목적, 즉 경품배송 등을 위해서만 이용하였어야 할 것임에도, 그 목적 범위를 넘어 고소인에게 내용증명을 보내기 위하여 이용하였으니, 이러한 피고인의 행위는 수집 목적

범위 외의 이용에 해당된다고 봄이 타당하다.

나. 항소심 판결(서울서부지방법원 2019. 2. 14. 선고 2018노556 판결): 무죄

개인정보 보호법 제2조 제5호의 개인정보처리자가 되기 위하여서는 '업무를 목적으로 개인정보파일을 운용하기 위하여 스스로 또는 다른 사람을 통하여 개인정보를 처리'하는 자여야 하는데, 피고인은 자신의 업무를 목적으로 개인정보파일을 운용하였다고 보기 어렵다. 라디오 작가가 상품수령자로 결정된 청취자의 전화번호를 라디오의 운영팀에 알려주면 운영팀이 각 청취자로부터 개인정보의 이용 등에 관한 동의를 받아 주소와 인적사항 등을 제공받은 후, 이 개인정보를 상품배송 대행업체에 전달하여 이 업체를 통하여 선물을 발송하는 사실, 피고인은 라디오를 위하여 일하는 프리랜서 작가로서 그와 같은 과정에서 청취자에 대한 경품이 1차 배송한 주소로 배송이 되지 아니하는 경우 상품 미수령 민원 등을 해결하기 위하여 청취자의 주소 등을 라디오의 운영팀에 요청하여 제공받을 수 있는 사실은 인정되나, 나아가 피고인이 이 사건 당시 업무를 목적으로 상품배송자들의 개인정보 집합물을 쉽게 검색할 수 있도록 일정한 규칙에 따라 체계적으로 배열하거나 구성한 검색시스템을 구축하고 운용하고 있었는지에 관하여는 이를 인정할 아무런 증거가 없다.

검사는 "피고인에게 라디오가 마련한 개인정보 데이터베이스에 대한 접근권한이 있었으므로 이러한 점에서 피고인을 개인정보처리자로 보아야 한다"는 취지로 주장하나, 개인정보처리자의 개념에 비추어 보면 피고인에게 다른 자가 운용하는 개인정보파일에 접근할 권한이 있다는 사정만으로 피고인 역시 곧바로 개인정보처리자에 해당한다고 보기 어려울 뿐 아니라, 오히려 당초 개인정보 보호와 관련하여 공공부분은 공공기관의 개인정보 보호에 관한 법률로, 민간부분은 정보통신망 이용촉진 및 정보보호 등에 관한 법률로 나누어 규율하였던 것을, 정보사회의 고도화와 개인정보의 경제적 가치 증대로 사회 모든 영역에 걸쳐 개인정보의 수입과 이용이 보편화되고 있는 반면, 국가사회 전반을 규율하는 개인정보 보호원칙 및 개인정보 처리기준이 마련되지 못해 개인정보 보호의 사각지대가 발생할 뿐만 아니라, 개인정보의 유출·오용·남용 등 개인정보 침해 사례가 지속적으로 발생함에 따라 국민의 프라이버시 침해는 물론 명의도용, 전화사기 등 정신적·금전적 피해가 초래되고 있어, 공공부문과 민간부문을 망라하여 국제 수준에 부합하는 개인정보 처리원칙 등을 규정하고 개인정보 침해로 인한 국민의 피해 구제를 강화하여 국민의 사생활의 비밀을 보호하며 개인정보에 대한 권리와 이익을 보장하기 위한 필요가 있음을 이유로 2011. 3. 29. 개인정보 보호법이 제정되기에 이르렀고(시행일은 2011. 6. 29.이다), 위 법에서 '개인정보처리자'라는 개념이 신설

되었던 점, 개인정보 보호법은 공공기관 뿐만 아니라 비영리단체 등 업무상 개인정보파일을 운용하기 위하여 개인정보를 처리하는 자로 하여금 이 법에 따른 개인정보 보호규정을 준수하도록 하는 등 수범대상을 개인정보파일 운용자로 한정하고 있는 점 등에 비추어 볼 때, 검사의 주장과 같은 해석은 개인정보 보호법의 입법목적과 개인정보 보호법 제18조 제1항의 가능한 해석범위를 넘어서 확장해석을 하는 것으로 처벌범위를 지나치게 확대시킬 위험이 있고, 이와 같은 접근권한이 없는 자가 거짓이나 부정한 수단 내지 방법을 통하지 아니한 채 우연히 알게 된 개인정보를 이용하는 경우에는 별도의 처벌규정이 없는 것과도 형평이 맞지 않는다는 점에서 어느 모로 보나 이를 그대로 받아들이기 어렵다.

다. 대법원 판결(대법원 2019. 7. 25. 선고 2019다3215 판결): 원심유지

원심의 판단에 개인정보 보호법에서 정한 '개인정보처리자'에 관한 법리를 오해한 잘못이 없다.

Ⅱ. 해 설

1. 쟁점의 정리 - 개인정보처리자에 해당하는지 여부

개인정보의 목적외 이용·제공 제한에 관한 개인정보 보호법 제18조 제1항의 수범자는 '개인정보처리자'이다. '개인정보처리자'란 '업무를 목적으로 개인정보파일을 운용하기 위하여 스스로 또는 다른 사람을 통하여 개인정보를 처리하는 공공기관, 법인, 단체 및 개인 등'을 말한다(개인정보 보호법 제2조 제5호).

여기서 말하는 '개인정보파일'이란 '개인정보를 쉽게 검색할 수 있도록 일정한 규칙에 따라 체계적으로 배열하거나 구성한 개인정보의 집합물(集合物)'을 말하며(개인정보 보호법 제2조 제4호), '처리'란 '개인정보의 수집, 생성, 연계, 연동, 기록, 저장, 보유, 가공, 편집, 검색, 출력, 정정(訂正), 복구, 이용, 제공, 공개, 파기(破棄), 그 밖에 이와 유사한 행위'를 말한다(개인정보 보호법 제2조 제2호).

'개인정보처리자'는 '개인정보취급자'와 구별되는데, '개인정보취급자'는 개인정보처리자의 지휘·감독을 받아 개인정보를 처리하는 임직원, 파견근로자, 시간제 근로자 등을 말한다(제28조 제1항).

'개인정보처리자'의 개념에 따르면, '업무를 목적으로' 개인정보를 처리하여야 한다. '업무'

란 직업상 또는 사회생활상 지위에 기하여야 하므로 단순히 친분관계를 유지하기 위해 휴대폰에 연락처, 이메일 등을 저장하는 경우나 사적 모임 안내를 위해 전화번호를 수집하는 것은 업무를 목적으로 한 것이라 볼 수 없다. 또한 '개인정보파일을 운용하기 위하여' 개인정보를 처리하는 자만이 개인정보처리자가 된다. 따라서 본인의 업무를 목적으로 개인정보를 쉽게 검색할 수 있도록 일정한 규칙에 따라 체계적으로 배열하거나 구성한 검색시스템을 구축하고 운용하는 경우 개인정보처리자에 해당하고, 다른 자가 운용하는 개인정보파일에 접근할 권한이 있다는 것만으로 곧바로 개인정보처리자가 되는 것은 아니다. 개인정보를 반드시 직접 처리해야 하는 것은 아니고 수탁자, 대리인 등을 통해서 처리하는 경우에도 개인정보처리자에 해당한다.

2. 관련 판례

가. 대법원 2017. 4. 13. 선고 2014도7598 판결

모 대학교 학과장이 업무상 수집·보유하는 개인정보를 이용하여 학생회장을 고소하며 이름, 주소, 휴대전화번호를 기재한 행위의 개인정보 보호법 제18조 제1항 위반이 문제된 사안에서 유죄가 인정된 사건으로, 원심과 대법원은 피고인이 개인정보처리자에 해당한다는 전제하에 피고인의 행위가 수집·이용 목적의 범위를 초과하여 개인정보를 이용한 것이고, 개인정보 보호법 제15조 제1항 제6호의 개인정보처리자의 정당한 이익을 달성하기 위하여 필요한 경우에 해당하지 않으며, 정당행위에도 해당하지 않는다고 보았다.

나. 대법원 2015. 11. 26. 선고 2015도13739 판결

집합건물관리단의 대표위원회 위원 및 상가활성화 추진위원장인 피고인이 점포 구분소유자 및 입점 상인들의 입점신고서에 기재되어 있는 피해자의 이름과 주민등록번호, 주소 등 개인정보를 명예훼손죄의 고소장에 기재한 것이 문제된 사안으로, 제1심 및 제2심에서는 피고인을 개인정보처리자라 볼 수 없다는 이유로 무죄를 선고하였다. 다만, 제2심에서는 피고인이 위탁관리회사로부터 부정한 목적으로 개인정보를 제공 받았다는 예비적 공소사실이 추가되었고, 이 부분은 유죄로 확정되었다.

3. 검토

가. 피고인이 개인정보처리자인지 여부

피고인이 라디오 프로그램의 작가로서 청취자에 대한 경품이 배송되지 아니하는 경우 상품 미수령 민원 등을 해결하기 위하여 청취자의 주소를 라디오 운영팀으로부터 제공받은 것은 사실이나, 해당 개인정보를 일정한 규칙에 따라 체계적으로 배열하거나 구성한 검색시스템을 구축하고 운용하기 위하여 개인정보를 처리하는 자라고 볼 수는 없으므로 피고인은 개인정보처리자에 해당하지 않는다.

한편, 이 사건의 항소심에서 검사는 피고인이 라디오가 마련한 개인정보 데이터베이스에 대한 접근권한이 있었으므로 피고인을 개인정보처리자로 보아야 한다는 취지로 주장하였는데, 앞서 살펴본 개인정보처리자의 개념요소에 비추어 볼 때 피고인이 본인의 업무를 목적으로 개인정보파일을 운영하기 위해 개인정보를 처리한 것은 아니므로 개인정보 데이터베이스에 대한 접근권한이 있었다는 사정만으로 피고인을 개인정보처리자로 인정할 수는 없다.

나. 개인정보 보호법 제59조 제2호 및 제3호의 위반 가능성

개인정보 보호법은 '개인정보처리자'의 개인정보 수집 및 이용을 제한하고 있을 뿐만 아니라(제15조 내지 제18조), '개인정보를 처리하거나 처리하였던 자'의 행위도 제한하고 있다(제59조). 즉, 개인정보를 처리하거나 처리하였던 자의 업무상 알게 된 개인정보의 누설이나 권한없는 개인정보 유출 등도 금지하고 이를 위반한 경우 처벌하고 있다(개인정보 보호법 제71조 제5호 및 제6호, 제59조 제2호, 제3호).

제71조 제5호, 제59조 제2호의 해석과 관련하여 대법원은 "개인정보 보호법 제71조 제5호의 적용대상자인 제59조 제2호 소정의 의무주체인 '개인정보를 처리하거나 처리하였던 자'는 제2조 제5호 소정의 '개인정보처리자', 즉 업무를 목적으로 개인정보파일을 운용하기 위하여 스스로 또는 다른 사람을 통하여 개인정보를 처리하는 공공기관, 법인, 단체 및 개인 등에 한정되지 않고, 업무상 알게 된 제2조 제1호 소정의 '개인정보'를 제2조 제2호 소정의 방법으로 '처리'하거나 '처리'하였던 자를 포함한다(대법원 2016. 3. 10. 선고 2015도8766 판결)"라고 판시한 바 있다. 여기에서 '업무상 알게 된 제2조 제1호 소정의 개인정보'의 의미는, '개인정보를 처리하거나 처리하였던 자'가 그 업무, 즉 개인정보를 처리하는 업무와 관련하여 알게 된 개인정보만을 의미하는 것이지, 개인정보 처리와 관련 없이 '개인정보를 처리하

거나 처리하였던 자'가 담당한 모든 업무 과정에서 알게 된 일체의 개인정보를 의미하는 것은 아니다(대법원 2019. 6. 13. 선고 2019도1143 판결 등).

대상 판결의 경우 피고인이 방송작가로서 본인의 업무를 목적으로 개인정보파일을 운용하기 위해 개인정보를 처리하는 자는 아니라고 할지라도, '개인정보를 처리하는 업무상' 알게 된 개인정보를 처리하거나 처리하였던 자에 해당할 가능성은 여전히 남아 있다.

다만, 아래와 같은 사정에 비추어 보면 (검사가 공소장 변경을 하더라도) 피고인에게 제71조 제5호, 제6호, 제59조 제2호, 제3호를 적용하여 처벌하기도 어려워 보인다. 왜냐하면 제18조 제2항은 개인정보처리자의 경우에도 예외적으로 정보주체 또는 제3자의 이익을 부당하게 침해할 우려가 있을 때를 제외하고는 개인정보를 목적 외의 용도로 사용하거나 이를 제3자에게 제공할 수 있다고 규정하면서 그러한 예외사유로 '범죄의 수사와 공소의 제기 및 유지를 위하여 필요한 경우(제7호)', '법원의 재판업무 수행을 위하여 필요한 경우(제8호)'를 들고 있고, 법원에 소송을 제기하거나 고소를 하는 경우 관련 법령상 당사자를 특정할 수 있는 정보를 기재해야 하므로 결국 형사 및 민사절차에 따라 개인을 특정할 수 있는 정보를 법원 및 수사기관에 제출하는 것은 적법한 절차에 따른 것이고 이와 같이 제출된 개인정보는 국가에서 엄격히 관리되어 제3자가 이에 접근할 수 없으므로 이를 개인정보의 누설이나 권한없는 유출로 볼 수는 없다. 같은 맥락에서 피고인이 B씨에 대한 민·형사적 조치를 위해 자신을 대리하던 법무법인의 변호사에게 B씨의 주소와 연락처를 주어 개인정보를 이용한 행위는 형사 및 민사절차의 수행을 위한 일련의 과정에 있으므로 그 행위만을 떼어내어 개인정보의 누설 등으로 보기도 어렵다. 민·형사적 조치의 전단계로 B씨에게 행위의 중단을 요청하는 내용증명을 보내기 위해 B씨의 개인정보를 변호사에게 전달하는 행위 또한 마찬가지이다.

다. 헌법합치적 내지 규범조화적 해석의 필요성

개인정보 보호법의 해석·적용과 관련하여, 개인정보를 원래 수집된 목적 외의 용도로 사용하였다는 이유만으로 무분별하게 개인정보 보호법 위반으로 포섭하려 하는 것은 경계해야 한다. 특히 업무상 알게 된 개인정보를 이용하여 수사기관에의 고소 및 법원에의 소송 제기에 필요한 정보를 기재하는 행위까지 개인정보 보호법 위반으로 고소하거나 기소까지 되는 사례가 심심치 않게 있는데, 그 목적 및 경위나 개인정보의 내용, 이를 유출한 상대방, 개인정보 보호의 필요성과 개인정보를 사용할 정당한 이익 사이의 균형을 고려하지 않고 무분별하게 처벌의 범위를 확대한다면 헌법이 보장하는 재판청구권, 변호인의 조력을 받을 권리 등의 기본권을 지나치게 제한하게 될 뿐만 아니라, 개인의 자유와 권리를 보호하고 나아가

개인의 존엄과 가치를 구현함을 목적으로 하는 개인정보 보호법의 제정취지에도 반하는 불합리한 결과가 초래될 우려가 있다.

Ⅲ. 판결의 의의

대상 판결은 피고인이 '업무를 목적으로 개인정보파일을 운용'하는 자가 아니라는 이유로 제18조 제1항의 수범자인 개인정보처리자에 해당하지 않는다고 보았다. 이는 "형벌법규의 해석은 엄격해야 하고, 명문의 형벌법규의 의미를 피고인에게 불리한 방향으로 지나치게 확장해석하거나 유추해석하는 것은 헌법이 정하고 있는 죄형법정주의의 원칙에 반하여 부당하다"는 대법원 판결(대법원 2018. 7. 24. 선고 2018도3443 판결 등)의 취지에 부합하는 것으로 타당하다. 개인정보에 해당할 가능성이 있는 개인적인 정보를 그 사용 목적 및 경위와 관련 이익형량을 고려하지 않고 모두 개인정보의 목적외 이용으로 처벌하는 것은 지양되어야 한다는 점에서도 그러하다.

입법론으로, 제18조 제2항에 따라 개인정보를 목적 외의 용도로 사용하거나 이를 제3자에게 제공할 수 있는 예외사유로 규정된 '범죄의 수사와 공소의 제기 및 유지를 위하여 필요한 경우(제7호)' 및 '법원의 재판업무 수행을 위하여 필요한 경우(제8호)'의 전단계라 볼 수 있는 법원에 소송을 제기하거나 수사기관에 고소를 하는 경우에도 형법 제20조의 정당행위에 상응하는 상당성과 보충성이 인정되는 범위 내에서는 예외적으로 허용되는 것으로 명시함이 바람직하다.

038 개인정보의 목적외 이용이 정당방위로 인정되는지의 판단 기준

- 고등학교 담임의 추행 사건 -

수원지법 2018. 2. 20. 선고 2017고합281 판결

안정민(한림대학교 정보법과학전공 교수)

I. 판결의 개요

1. 사안의 개요

피고인은 담임교사로 근무하는 A고등학교 실습실에서, 공부를 하고 있는 피해자1 옆에 앉아 피해자에게 “남자 친구 있냐, 없으면 남자 친구 대신 그 사랑을 나한테 주면 안되냐”라고 말하며 몸을 밀착시키거나, 고등학교 교무실에서 피해자2에게 “다른 애들은 애교도 부리는데 너는 왜 애교를 부리지 않니”라고 말을 하며 몸을 피해자에게 가까이 밀착시키거나, 실습실에서 갑자기 학생인 피해자3의 옆 자리에 앉아 어깨동무를 하고 피해자3에게 “오늘도 지각을 안 했네. 앞으로 지각하지 말아라”라고 이야기를 하며 피고인3의 볼을 피해자의 볼에 수회 닿게 하는 등의 행위를 하였다. 피해자들을 포함한 학생들 중 9명의 학생이 2016. 11. 4. 자습시간에 피고인이 평소 학생들에게 부적절한 신체적 접촉을 해왔다는 취지의 대화를 나누는 것을 우연히 감독 중이던 수학교사가 듣고 학교에 문제제기를 하여 담임교사로서의 업무를 수행하지 않게 되었다.

피고인은 2016. 12. 12. 담임교사로서 학생들로부터 받았던 주민등록등본을 통해 학부모들의 주소를 미리 알고 있는 것을 이용하여 ‘피고인을 신고한 것에 대한 학부모들과 학생들의 사과’를 내용으로 하는 내용증명서를 발송하였고, 피고인의 변호사에게 학부모들에 대한 내용증명발송을 위임하면서 위 학부모들의 주소를 알려주었다. 이와 같이 피고인은 제공받은 개인정보를 제공받은 목적 외의 용도로 이용하였다고 하여 아동·청소년의 성보호에 관한 법률 위반 및 개인정보 보호법 위반으로 기소되었다.

2. 판결의 요지

가. 아동 · 청소년의 시각에서 수치심이나 혐오감을 느낄 수 있는 행위라면 '추행'에 해당함

아동·청소년의 성보호에 관한 법률은 아동·청소년에 대한 강제추행을 가중처벌하고, 위계·위력에 의한 추행을 별도로 처벌하는 규정을 두고 있다. 이러한 아동·청소년의 성보호에 관한 법률의 입법 취지 및 사회적으로 아동·청소년의 성적 자기결정권 및 성에 관한 건전한 가치관을 보호할 필요성이 늘고 있는 점을 고려할 때, 과거 교육현장에서 훈계 혹은 친밀감의 표시로서 관행적으로 묵인되어 오던 언행이라도, 피해자인 아동·청소년의 시각에서 수치심이나 혐오감을 느낄 수 있는 행위라면 형법이 정한 '추행'에 해당한다고 보는 것이 타당하다.

나. 개인정보 목적외 이용이 정당행위에 해당되는지의 여부

피고인은 비록 개인정보의 사용은 내용증명을 보내기 위한 것일 뿐 부정한 용도로 이를 사용하거나 제3자에게 그 정보를 누설한 것이 아니기 때문에 정당행위에 해당한다고 주장하나, 학생들의 개인정보를 이용한 것에 대한 목적의 정당성, 긴급성 또는 보충성의 요건을 충족시키지 못했으므로 정당행위에 해당한다고 보기 어렵다.

II. 해설

1. 쟁점의 정리 - 개인정보 목적외 이용이 정당한 행위가 되기 위한 요건

가. 개인정보의 수집

개인정보처리자는 개인정보를 정보주체로부터 동의를 받거나 법에서 정한 바에 따라 개인정보를 수집할 수 있고 그 수집 목적의 범위에서만 이용할 수 있다. 개인정보 수집의 동의를 받을 때는 1. 개인정보의 수집·이용 목적; 2. 수집하려는 개인정보의 항목; 3. 개인정보의 보유 및 이용 기간; 4. 동의를 거부할 권리가 있다는 사실 및 동의 거부에 따른 불이익이 있는 경우에는 그 불이익의 내용을 정보주체에게 알리고 받아야 한다. 어떠한 경우에도 개인정보처리자는 항상 처리 목적을 명확하게 하여야 하고 그 목적에 필요한 범위에서 최소한

의 개인정보만을 적법하고 정당하게 수집하여야 한다. 동의가 없더라도 개인정보처리자의 정당한 이익을 달성하기 위하여 필요한 경우로서 명백하게 정보주체의 권리보다 우선하는 경우, 개인정보처리자의 정당한 이익과 상당한 관련이 있고 합리적인 범위를 초과하지 아니하는 경우에 한하여 개인정보를 수집할 수 있다.

나. 개인정보의 목적외 이용

원칙적으로 개인정보처리자는 정보주체의 동의를 받은 수집의 목적 이외로 개인정보를 이용하거나 제공하여서는 아니 된다. 법은 정보주체로부터 별도의 동의를 받을 경우나 정보주체 또는 그 법정대리인이 의사표시를 할 수 없는 상태에 있거나 주소불명 등으로 사전 동의를 받을 수 없는 경우로서 명백히 정보주체 또는 제3자의 급박한 생명, 신체, 재산의 이익을 위하여 필요하다고 인정되는 경우, 정보주체나 제3자의 이익을 부당하게 침해하지 않는 한 개인정보를 목적 외의 용도로 이용하거나 이를 제3자에게 제공할 수 있다.

다. 정당화 사유와 이익형량

어떠한 행위가 위법성조각사유로서 정당행위나 정당방위가 되는지 여부는 구체적인 경우에 따라 합목적적·합리적으로 가려야 한다. 정당행위로 인정되려면 첫째 행위의 동기나 목적의 정당성, 둘째 행위의 수단이나 방법의 상당성, 셋째 보호법익과 침해법익의 법익균형성, 넷째 긴급성, 다섯째 그 행위 이외의 다른 수단이나 방법이 없다는 보충성의 요건을 모두 갖추어야 한다. 그리고 정당방위가 성립하려면 침해행위에 의하여 침해되는 법익의 종류, 정도, 침해의 방법, 침해행위의 완급과 방위행위에 의하여 침해될 법익의 종류, 정도 등 일체의 구체적 사정들을 참작하여 방위행위가 사회적으로 상당한 것이어야 한다.[1)]

라. 추행

추행이라 함은 객관적으로 일반인에게 성적 수치심이나 혐오감을 일으키게 하고 선량한 성적 도덕관념에 반하는 행위로서 피해자의 성적 자유를 침해하는 것이며, 이에 해당하는지 여부는 피해자의 의사, 성별, 연령, 행위자와 피해자의 이전부터의 관계, 그 행위에 이르게 된 경위, 구체적 행위태양, 주위의 객관적 상황과 그 시대의 성적 도덕관념 등을 종합적으로 고려하여 신중히 결정되어야 한다.[2)] 피고인이 피해자들과 정서적 유대관계 및 신체적 접촉

1) 대법원 2018. 12. 27. 선고 2017도15226 판결; 대법원 2008. 1. 18. 선고 2007도7096 판결.
2) 대법원 2002. 4. 26. 선고 2001도2417 판결.

을 동반한 지도의 필요성에 관하여 충분한 공감대를 형성하지 못한 상태에서, 학생들의 의사와 무관하게 신체적 접촉을 하면다면 교육적 목적이 있었더라도 이는 피해자의 성적 자유를 침해하는 행위로서 추행에 해당한다.

2. 관련 판례

가. 춘천지방법원 2019. 12. 10. 선고 2019고단581 판결

피고인이 의사로서 환자 진료 업무를 평온하게 수행할 목적으로 개인정보 보호법 위반의 가능성에 대한 인식이 다소 미약한 상태에서 변호사를 통해 위 가처분 사건의 소명자료로 판시 개인정보를 제출한 사정이 있더라도, 그 신청이 개인적 지위에서 이루어진 것인 점, 의사라 하더라도 진료 이외의 목적으로 동의 없이 환자의 개인정보를 누출하는 행위가 제한 없이 허용된다고 볼 수 없는 점, 이 사건에서는 식별되는 환자에 대한 의무기록인 민감정보가 그대로 유출된 점, 익명조치 등이 가능할 수 있었던 점, 다른 증거방법의 가능성(환자 진료 시간에 다른 교수의 확인, 법원을 통한 증거 확보의 가능성 등)을 종합하여 보면, 판시 행위가 정당행위의 요건을 구비하였다고 보기 어렵다.

나. 서울중앙지방법원 2018. 10. 25. 선고 2018고단2236, 3198(병합) 판결

피고인이 개인정보를 누설하게 된 경위나 목적, 누설한 개인정보의 내용, 피해자에 대한 보호법익, 긴급성, 보충성 등을 종합하여 보면, 개인정보가 기재되어 있는 이 사건 각 접견 녹음파일을 F에게 전달한 행위가 검사의 업무로 인한 행위이거나 사회통념상 용인되는 행위로서 정당행위에 해당한다고 보기는 어렵다.

3. 검토

가. 개인정보의 목적외 이용

수원지법 2018. 2. 20. 선고 2017고합281 판결(이하 “본건 판결”이라 함)은 고등학교 담임교사가 담임교사의 업무를 수행하지 않게 되었음에도 학생들의 개인정보를 이용하여 내용증명서를 발송한 것이 개인정보 보호법에서 정한 개인정보의 목적외 이용에 해당하는지의 여부가 다투어졌다. 개인정보처리자는 개인정보를 정보주체로부터 동의를 받거나 법에서 정한 바에 따라서 개인정보를 수집할 수 있고 수집 목적의 범위에서 그 정보를 이용할 수 있다. 즉, 개인정보 보호법은 개인정보의 불필요한 수집을 제한하고 있을 뿐만 아니라 수집된 정

보의 목적외 이용을 금지하고 있다. 개인정보 수집을 위한 동의를 받을 때 역시 구체적으로 1. 개인정보의 수집·이용 목적; 2. 수집하려는 개인정보의 항목; 3. 개인정보의 보유 및 이용 기간; 4. 동의를 거부할 권리가 있다는 사실 및 동의 거부에 따른 불이익이 있는 경우에는 그 불이익의 내용을 정보주체에게 알리고 받아야 하며, 모든 개인정보처리 절차에 있어 개인정보처리자는 처리 목적을 명확하게 밝혀야 하고 그 목적에 필요한 범위에서 최소한의 개인정보만을 적법하고 정당하게 수집하여야 한다.

원칙적으로 개인정보 보호법은 정보주체의 동의를 받은 범위에서만 개인정보를 수집하거나 이용할 수 있도록 정하고 있지만, 예외적으로 정보주체 또는 제3자의 이익을 부당하게 침해할 우려가 있는 경우가 아니라면 목적 외로 개인정보를 이용하거나 이를 제3자에게 제공할 수 있다고 규정한다. 정보주체로부터 별도의 동의를 받은 경우, 법은 법률에 특별한 규정이 있는 경우에는 그에 따른 개인정보의 목적외 이용이나 제3자 제공이 가능할 수 있다.

특히 공공기관의 경우 개인정보를 목적 외의 용도로 이용하거나 이를 제3자에게 제공하지 아니하면 다른 법률에서 정하는 소관 업무를 수행할 수 없는 경우로서 보호위원회의 심의·의결을 거친 경우; 조약, 그 밖의 국제협정의 이행을 위하여 외국정부 또는 국제기구에 제공하기 위하여 필요한 경우; 범죄의 수사와 공소의 제기 및 유지를 위하여 필요한 경우; 법원의 재판업무 수행을 위하여 필요한 경우; 형(刑) 및 감호, 보호처분의 집행을 위하여 필요한 경우 개인정보를 목적 외의 용도로 이용하거나 이를 제3자에게 제공할 수 있다. 그러나 이러한 경우에도 해당 공공기관은 개인정보를 목적외 이용 등을 한 날부터 30일 이내에 목적외 이용등을 한 날짜, 법적 근거, 목적, 목적외 이용등을 한 개인정보의 항목을 관보 또는 인터넷 홈페이지에 게재하여야 한다.[3] 다만, 범죄의 수사와 공소의 제기 및 유지를 위하여 필요한 경우는 위와 같은 사후적 공고의 의무를 두고 있지 않는데 이는 수사기관에의 고소 및 법원에의 소송제기에 필요한 정보를 이용하는 행위까지 범위를 확대하였을 때 당사자의 고소·고발과 소송제기 등 개인의 정당한 권리의 행사까지 제한하게 될 우려가 있기 때문이다.[4]

이 사건에서 피고인은 담임교사로서 학생의 주민등록등본을 통해 학부모의 주소를 알고 있었고 그러한 개인정보를 이용하여 내용증명서를 발송했을 때와 발송을 위임하면서 학부모의 주소를 변호사에게 알려주었을 때는 이미 담임의 업무를 수행하고 있지 않았을 뿐만 아니라, 개인정보를 제공받은 목적 외의 용도로 정보를 이용하였다. 이러한 사실은 개인정보의

3) 개인정보 처리 방법에 관한 고시 제2조.
4) 창원지방법원 2020. 10. 6. 선고 2020고정111 판결.

목적외 이용이 예외적으로 허용되는 위의 사항에 해당되지 않으므로 개인정보를 목적 외로 이용으로 봐야 할 것이다.

나. 개인정보 목적외 이용이 정당한 행위가 되기 위한 요건

본 사건에서 피고인은 개인정보의 사용은 학부모들에게 내용증명을 보내기 위한 것이며 그 사용으로 침해된 학생들의 이익 보다 피고인의 침해된 인격과 명예 회복의 필요성이 더 컸으므로 피고인이 정보주체의 개인정보(주소)를 이용한 행위는 정당행위에 해당한다고 주장하였다.

대법원은 대판 2017도15226 판결에서 위법성 조각사유로서 정당행위나 정당방위에 해당되는지 여부는 구체적인 경우에 따라 합목적적·합리적으로 가려야 한다고 판시하였다. 정당행위로 인정되기 위한 요건도 구체적으로 제시하였다. 먼저 행위의 동기나 목적의 정당성, 둘째 행위의 수단이나 방법의 상당성, 셋째 보호법익과 침해법익의 법익균형성, 넷째 긴급성, 다섯째 그 행위 이외의 다른 수단이나 방법이 없다는 보충성의 요건을 모두 갖추어야 한다고 보았다. 정당방위가 성립하기 위해서는 침해행위에 의하여 침해되는 법익의 종류, 정도, 침해의 방법, 침해행위의 완급과 방위행위에 의하여 침해될 법익의 종류, 정도 와 같이 모든 구체적 사정들을 참작했을 때 그 행위가 사회적으로 상당한 것이어야 한다.[5]

판례는 개인정보에 해당할 가능성이 있는 모든 개인적인 정보를 사용하는 것에 대해 사용목적이나 이유 같은 관련 이익형량을 고려함이 없이 엄격하게 해석하거나 지나치게 불리하게 해석하는 것은 죄형법정주의의 원칙에 어긋난다는 입장이다.[6] 따라서 간혹 피고인의 행동이 부적절할 수는 있어도, 예를 들어 개인정보 유출의 경우, 상대방이 누구였는지, 유출하게 된 이유나 목적, 경위 등 제반 사정 및 개인정보 보호의 필요성과 개인정보를 사용할 정당한 이익 사이의 균형을 종합하여 사회상규에까지 위배되는 행위가 아니라면 처벌하지 않는 경향도 볼 수 있다.[7]

그럼에도 불구하고 본건 판결의 사실관계에 비추어 본다면 그 목적의 정당성의 면에서 피고인인 교사가 보낸 내용증명은 사실관계의 전달이나 출석 필요성을 고지하는 객관적인 내용이 아니라 '자신의 입장과 조건을 수용하라'는 피고인의 주관적인 입장을 기재한 문서이고, 수단의 상당성의 측면에서 보아도 비록 담임 업무에서 배제되어 있었다고는 하나 학교

5) 대법원 2018. 12. 27. 선고 2017도15226 판결.
6) 대법원 2011. 8. 25. 선고 2011도7725 판결.
7) 창원지방법원 2020. 10. 6. 선고 2020고정111 판결.

에 계속 출근하고 있었으므로 학생들이나 학교를 통한 학부모들과 소통이 불가능하였던 것으로 보이지 않는다는 점에서 해당 요건을 충족시키지 못한다고 보았다. 법익균형성이나 긴급성, 보충성에 대해서도 피고인으로서는 학교나 수사기관에 징계 절차나 수사의 진행을 촉구하거나, 학교가 사실관계 확인 없이 피고인을 담임 직무에서 배제한 처분 자체의 정당성을 다투는 방법 등을 취할 수도 있었던 것으로 보이는 점 등을 고려하면 내용증명 발송을 위해 학생들의 개인정보를 이용한 것은 정당행위의 요건을 충족시킨다고 보기 어렵다.

Ⅲ. 판결의 의의

개인정보 보호법은 개인정보처리자에게 수집 · 이용에 대한 동의를 받은 범위를 초과하여 이용하여서는 아니 된다고 규정하고 있으며, 법에서 규정한 예외사유에 해당되지 않는 한 개인정보처리자는 정보주체의 정보를 목적 외로 이용해서는 아니 된다. 그러나 개인정보 보호법의 규정은 개인정보의 절대적이고 무조건적인 보호를 의미하는 것이 아니며, 제3자의 이익을 위해 필요하다고 인정되는 경우나(제18조 제2항 3호) 사회상규에 위배되지 않는 정당행위이거나(형법 제20조) 자기 또는 타인의 법익에 대한 현재의 부당한 침해를 방위하기 위해 상당한 이유가 있는 정당방위(제21조)의 경우에는 위법성이 조각된다고 할 것이다.

본건 판결을 통해 법원은 개인정보를 법이 규정한 목적 외로 사용하는 행위가 정당행위나 정당방위가 되기 위한 목적의 정당성, 수단의 상당성, 법익균형성, 긴급성, 보충성 등 충족해야 하는 구체적인 요건을 제시하였다. 이러한 해석에 따라 본 사건 담임교사의 경우와 같이 학생 개인정보의 이용이 학교의 운영이나 학생의 학습권을 제공하고 보장하기 위한 목적으로 이용된 것이 아니라 교사의 개인적인 이익을 추구할 목적으로 사용하였다는 점에서 개인정보의 목적외 이용을·정당화할 수 없다고 보았다. 본건 판결을 통해 법원은 정보주체의 개인정보 보호뿐만 아니라 정보처리자와 정보주체의 이익의 균형을 추구하기 위한 이익형량의 요건과 판단기준을 재확인하였다.

039 개인정보 보호법 제59조 금지행위 의무주체의 범위

- 아파트 관리소장의 동대표 해임동의서 열람 제공 사건 -

대법원 2016. 3. 10. 선고 2015도8766 판결

백대용(법무법인(유한) 세종 파트너 변호사)

I. 판결의 개요

1. 사안의 개요

가. 사실관계

피고인 A는 2013. 1. 16.부터 2014. 4. 13.까지 서울 노원구에서 아파트 관리소장으로 근무하였다. 공소외 1 등 위 아파트 1,320세대 중 312세대 입주자들은 2014. 2. 18. 선거관리위원장에게, 아파트 공사 입찰관련 부정행위 등을 문제삼아 동대표 9명에 대한 해임요청을 하면서, 312세대 입주자들의 동·호수, 성명, 전화번호, 서명이 연명으로 기재된 동대표 9명에 대한 해임동의서를 교부하였다.

위 선거관리위원장은 2014. 2. 18. 관리소장이던 피고인 A에게 동대표 해임요청에 대한 적법성여부 검토를 의뢰하면서 312세대 입주자들이 연명으로 작성한 동대표 해임동의서도 함께 교부하였다.

그런데 피고인 A는 2014. 2. 19. 위 입주자대표회의 기술이사로서 해임동의 대상 동대표 중 1인이던 102동 대표 피고인 B에게 위 해임동의서를 열람하도록 제공하였다. 피고인 B는 위 관리사무소에서 동대표 해임동의서를 열람하면서 동대표해임 동의서에 기재된 공소외 2의 성명과 전화번호를 메모지에 기재하였다.

피고인 B는 2014. 2. 24. 공소외 1의 남편 공소외 2를 상대로 형사고소를 제기하면서 그 고소장에 위 해임동의서 열람으로 알게 된 공소외 2의 전화번호를 기재하여 제출하였다.

나. 소송경과

1) 제1심 판결(서울북부지방법원 2015. 1. 13. 선고 2014고단2134 판결)

검찰은 피고인 A에 대해서는 개인정보처리자로서 업무상 알게 된 개인정보를 누설하였다는 혐의로, 피고인 B에 대해서는 개인정보처리자가 업무상 알게 된 개인정보를 누설한다는 사정을 알면서도 부정한 목적으로 이를 제공받았다는 혐의로 공소를 제기하였다(개인정보 보호법 제71조 제5호, 제59조 제2호 위반).

그러나 법원은 아파트 관리소장 피고인 A가 위 아파트 선거관리위원장으로부터, 동대표에 대한 입주자들의 해임요청 적법성여부 검토 의뢰와 함께 입주자들이 연명으로 작성한 동대표 '해임동의서'를 교부받음으로써, 위 동대표 해임동의서에 기재된 입주자들의 성명, 동호수, 전화번호 등 개인정보를 일시적으로 보유하게 되었다고 하여도, 개인정보 보호법 제2조 제5호 소정의 업무를 목적으로 '개인정보파일'을 '운용'하기 위하여 스스로 또는 다른 사람을 통하여 개인정보를 처리하는 자의 지위에 있게 되는 것이라 할 수는 없다고 판시하면서 피고인들에 대해 모두 무죄를 선고하였다.

2) 항소심 판결(서울북부지방법원 2015. 5. 21. 선고 2015노166 판결)

검찰은 피고인 A가 개인정보파일인 이 사건 해임동의서를 교부받아 보관하게 된 이상, 업무를 목적으로 개인정보파일을 운용하는 자로서, 개인정보 보호법에 규정된 개인정보처리자에 해당한다고 주장하며 항소를 하였다.

그러나 법원은 1심과 마찬가지로 피고인 A가 개인정보 보호법 제2조 제5호에 규정된 개인정보처리자에 해당하는 것으로 볼 수 없고, 피고인 A가 개인정보처리자의 지위에 있거나 있었던 것이 아닌 이상, 피고인들의 행위가 개인정보를 처리하거나 처리하였던 자의 개인정보 누설행위 등을 처벌하는 개인정보 보호법 제71조 제5호, 제59조 제2호 위반죄의 구성요건에 해당한다고 할 수 없다고 판시하면서 검찰의 항소를 기각하였다.

3) 대법원 판결(대법원 2016. 3. 10. 선고 2015도8766 판결)

대법원은 개인정보 보호법 제71조 제5호의 적용대상자로서 제59조 제2호의 의무주체인 '개인정보를 처리하거나 처리하였던 자'는 제2조 제5호의 '개인정보처리자', 즉 업무를 목적으로 개인정보파일을 운용하기 위하여 스스로 또는 다른 사람을 통하여 개인정보를 처리하

는 공공기관, 법인, 단체 및 개인 등에 한정되지 않고, 업무상 알게 된 제2조 제1호의 '개인정보'를 제2조 제2호의 방법으로 '처리'하거나 '처리'하였던 자를 포함한다고 판시하면서 원심판결을 파기하고 환송하였다.

2. 판결의 요지

가. 개인정보 보호법 제59조 제2호의 의무주체

법 제59조 제2호의 의무주체는 '개인정보를 처리하거나 처리하였던 자'로서 제15조(개인정보의 수집·이용), 제17조(개인정보의 제공), 제18조(개인정보의 목적외 이용·제공 제한)등의 의무주체인 '개인정보처리자'와는 법문에 있어 명백히 구별되는 점, 개인정보 보호법이 금지 및 행위규범을 정함에 있어 일반적으로 개인정보처리자를 규범준수자로 하여 규율하고 있음에 따라, 제8장 보칙의 장에 따로 제59조를 두어 '개인정보처리자'외에도 '개인정보를 처리하거나 처리하였던 자'를 의무주체로 하는 금지행위에 관하여 규정함으로써 개인정보처리자 이외의 자에 의하여 이루어지는 개인정보 침해행위로 인한 폐해를 방지하여 사생활의 비밀보호 등 개인정보 보호법의 입법 목적을 달성하려 한 것으로 볼 수 있는 점 등을 고려하여 보면, 개인정보 보호법 제71조 제5호의 적용대상자인 제59조 제2호 소정의 의무주체인 '개인정보를 처리하거나 처리하였던 자'는 제2조 제5호 소정의 '개인정보처리자', 즉 업무를 목적으로 개인정보파일을 운용하기 위하여 스스로 또는 다른 사람을 통하여 개인정보를 처리하는 공공기관, 법인, 단체 및 개인 등에 한정되지 않고, 업무상 알게 된 제2조 제1호 소정의 '개인정보'를 제2조 제2호 소정의 방법으로 '처리'하거나 '처리'하였던 자를 포함한다고 보아야 할 것이다.

나. 아파트 관리소장의 개인정보처리자 해당 여부

피고인 A는 주택법상 아파트관리소장으로 아파트 주거 생활의 질서 유지, 관리비 수납 등 효율적인 관리 업무를 위하여 입주자들의 성명, 생년월일, 전화번호 등 개인정보를 수집한 다음 동·호수 등 일정한 규칙에 따라 체계적으로 배열한 입주자카드 등 개인정보 집합물을 운용하고 있었을 것임이 비교적 명백하다고 보여 '개인정보처리자'에 해당한다고도 볼 여지가 많다.[1)]

1) 대법원은 아파트 관리소장이 개인정보처리자에 해당하는지에 대해서는 독자적으로 판단하지는 않았다. 다만 아파트 관리소장이 개인정보처리자에 해당될 가능성이 있음을 지적하면서 원심 법원이 이에 관해 충분한 심리를 하지 않은 점을 지적하였다.

II. 해설

1. 쟁점의 정리 - 개인정보 보호법 제59조의 수범대상

가. '개인정보를 처리하거나 처리하였던 자'의 의미

법 제2조 제5호에서는 개인정보처리자에 대하여 '개인정보파일을 운용하기 위하여 스스로 또는 다른 사람을 통하여 개인정보를 처리하는 공공기관, 법인, 단체 및 개인 등을 말한다'고 규정하여 '개인정보파일을 운영하기 위함'이라는 요건을 부과하고 있는데, 그로 인해 개인정보처리자와 개인정보파일을 운용하기 위한 목적 없이 개인정보를 처리하는 자가 구별될 수 있는지가 중요한 쟁점이다.

나. 아파트 관리소장의 개인정보처리자 해당 여부

법 제2조 제5호의 '개인정보처리자'는 업무를 목적으로 개인정보파일을 운용하기 위하여 스스로 또는 다른 사람을 통하여 개인정보를 처리하는 공공기관, 법인, 단체 및 개인을 의미하는데, 아파트 관리소장이 개인정보처리자에 해당되는지는 위 요건을 충족하는지에 달려 있다.[2)]

2. 관련 판례

가. 서울서부지방법원 2015. 12. 18. 선고 2015고정1144 판결

인터넷 신문 기자가 뉴스 사이트에 甲에 관한 기사를 게재하면서 취재 활동 중에 알게 된 甲의 성명, 지위, 주소 등의 개인정보를 누설하였다고 하여 개인정보 보호법 제71조 제5호, 제59조 위반으로 기소된 사안에서, 같은 법 제71조 제5호,제 59조의 '개인정보를 처리하거나 처리하였던 자'를 같은 법 제2조 제5호의 '개인정보처리자'와 동일한 개념으로 볼 수 없다고 판시하였다.

2) 아파트 관리소장이 아파트 입주자대표회의 회장의 요청에 따라 CCTV 영상을 휴대전화로 촬영하여 아파트 입주자대표회의 회장에게 제공한 사안에서, 법원은 아파트 관리소장이 개인정보처리자에 해당되고 정보주체의 동의없이 개인정보를 제3자에게 제공했다는 이유로 벌금 50만원에 처했다(울산지방법원 2020. 11. 25. 선고 2020고정536 판결).

나. 헌재 2020. 12. 23. 2018헌바222 결정[3]

'개인정보를 처리하거나 처리하였던 자' 부분은 모두 해당 부분의 의미가 문언상 명백하고, 법관의 법보충 작용인 해석을 통하여 위 조항들이 각 규정하고 있는 구체적인 의미와 내용을 명확히 정립하고 구체화할 수 있어, 건전한 상식과 통상적인 법감정을 가진 사람은 해당 부분의 의미와 내용을 명확히 이해하고 구별할 수 있으므로 죄형법정주의의 명확성원칙에 위반되지 아니한다.

심판대상조항 중 '개인정보를 처리하거나 처리하였던 자'의 개념 범위에는 개인정보 보호법 제2조 제5호의 '개인정보처리자' 뿐만 아니라, '업무상 알게 된 제2조 제1호의 개인정보를 제2조 제2호의 방법으로 처리하거나 처리하였던 자'도 포함되는 것이다.

3. 검토 – '개인정보를 처리하거나 처리하였던 자'의 의미

구 개인정보 보호법(2014. 3. 24.법률 제12504호로 개정되기 전의 것, 이하 '개인정보 보호법'이라 한다) 제71조 제1호는 제17조 제1항을 위반하여 정보주체의 동의를 받지 아니하고 개인정보를 제3자에게 제공한 자 및 그 사정을 알고 개인정보를 제공받은 자를 처벌하도록 하고 있고, 제17조 제1항은 '개인정보처리자'가 정보주체의 동의를 받은 경우나 수집한 목적 범위 내에서는 개인정보를 제공할 수 있는 것으로 정하고 있어, '개인정보처리자'의 개인정보 무단 제공행위 및 그로부터 개인정보를 무단으로 제공받는 행위에 관하여는 제71조 제1호, 제17조 제1항에 의하여 별도로 규제되고 처벌할 수 있다.

또한 개인정보 보호법이 금지 및 행위규범을 정할 때 일반적으로 개인정보처리자를 규범준수자로 하여 규율함에 따라, 제8장 보칙의 장에 따로 제59조를 두어 '개인정보처리자' 외에도 '개인정보를 처리하거나 처리하였던 자'를 의무주체로 하는 금지행위에 관하여 규정함으로써 개인정보처리자 이외의 자에 의하여 이루어지는 개인정보 침해행위로 인한 폐해를 방지하여 사생활의 비밀 보호 등 개인정보 보호법의 입법 목적을 달성하려 한 것으로 볼 수 있다.

3) 이 사건의 청구인은 변호사로서, 2017. 9. 20. 소송 사건과 관련하여 탄원서를 제출한 자들의 성명, 주민등록번호, 주소가 포함된 소송 사건 기록 일체를 대법원 전자소송사이트를 통해 다운받은 후 소송사건의 채권자 및 선정자 등이 포함된 네이버 밴드에 업로드함으로써 업무상 알게 된 개인정보를 누설하거나 권한 없이 다른 사람이 이용하도록 제공하여 개인정보 보호법 제71조 제5호, 제59조 제2호 등을 위반하였다는 이유로 불구속 기소되었다. 이에 청구인은 2018. 5. 28. 이 사건 헌법소원심판을 청구하였으나 헌법재판소는 위 관련조항들이 죄형법정주의의 명확성원칙, 평등원칙 등에 위반되지 않는다고 결정하였다.

아울러, 개인정보 보호법 제59조 제2호의 의무주체는 '개인정보를 처리하거나 처리하였던 자'로서 제15조(개인정보의 수집·이용), 제17조(개인정보의 제공), 제18조(개인정보의 목적외 이용·제공 제한) 등의 의무주체인 '개인정보처리자'와는 법문에서 명백히 구별하여 규정하고 있다.

그러므로 이런 점 등을 종합하여 볼 때, 법 제71조 제5호, 제59조의 '개인정보를 처리하거나 처리하였던 자'와 법 제2조 제5호의 '개인정보처리자'는 동일한 개념이라고 볼 수는 없다. 그런 이유에서 개인정보 보호법 제71조 제5호의 적용대상자로서 제59조 제2호의 의무주체인 '개인정보를 처리하거나 처리하였던 자'는 제2조 제5호의 '개인정보처리자', 즉 업무를 목적으로 개인정보파일을 운용하기 위하여 스스로 또는 다른 사람을 통하여 개인정보를 처리하는 공공기관, 법인, 단체 및 개인 등에 한정되지 않고, 업무상 알게 된 제2조 제1호의 '개인정보'를 제2조 제2호의 방법으로 '처리'하거나 '처리'하였던 자를 포함한다고 판시한 대법원의 판결은 기본적으로 타당하다.

III. 판결의 의의

법 제71조 제5호, 제59조의 '개인정보를 처리하거나 처리하였던 자'와 법 제2조 제5호의 '개인정보처리자'는 동일한 개념이라고 볼 수는 없기 때문에 같은 위반행위라고 하더라도 어떤 근거조항에 따라 기소하는지에 따라 처벌이 달라질 수 있다. 일례로 최근에 있었던 또 다른 사례를 살펴보면 아래와 같다.

피고인은 2010년경부터 A 라디오의 작가로 근무하던 중, 위 프로그램의 경품에 당첨되었던 청취자 B가 2016. 10.경부터 위 프로그램 게시판, 국민신문고 등에 지속적으로 피고인에 대한 항의글을 게시하자 위 B에게 위와 같은 행위의 중단을 요청하는 내용증명을 보내기로 마음먹었다. 피고인은 2017. 2.경 서울 양천구에 있는 사옥에서, 정보주체인 B의 동의나 개인정보 보호법에 정한 사유 없이 B에 대한 고소를 위해 피고인을 대리하던 법무법인의 변호사에게 B의 주소 및 연락처를 교부하였다. 검찰은 이에 대해 개인정보 보호법 제71조 제2호, 제18조 제1항 위반으로 기소하였고 1심 법원은 유죄를 인정하였다.[4)]

그러나 항소심은 개인정보 보호법 제18조 제1항은 '개인정보처리자'를 행위주체로 삼고 있음을 전제로, 피고인이 이 사건 당시 업무를 목적으로 상품배송자들의 개인정보 집합물을

4) 서울서부지방법원 2018. 4. 10. 선고 2018고난50 판결.

쉽게 검색할 수 있도록 일정한 규칙에 따라 체계적으로 배열하거나 구성한 검색시스템을 구축하고 운용하고 있었는지에 관하여는 이를 인정할 아무런 증거가 없다고 보아 피고인이 개인정보처리자에 해당되지 않는다고 보았다. 즉 개인정보 보호법 제18조 제1항은 개인정보처리자를 수범대상으로 하고 있는데, 피고인이 개인정보처리자에 해당되지 않으므로 법에 위반되지 않는다고 판시한 것이다.[5] 이에 검찰은 피고인에게 A라디오가 마련한 개인정보 데이터베이스에 대한 접근권한이 있었으므로 이러한 점에서 피고인을 개인정보처리자로 보아야 한다는 취지로 주장하였다. 그러나 법원은 개인정보처리자의 개념에 비추어 보면 피고인에게 다른 자가 운용하는 개인정보파일에 접근할 권한이 있다는 사정만으로 피고인이 곧바로 개인정보처리자에 해당한다고 보기 어렵다고 보았다.[6]

이에 검찰이 상고하였으나 대법원은 검찰의 상고를 기각하였다.[7]

위 사안은 개인정보파일에 접근할 권한이 있다는 사실만으로 곧바로 개인정보처리자에 해당된다고 볼 수는 없다는 점을 명확히 했다는 점에 의의가 있을 뿐만 아니라 개인정보처리자를 수범대상으로 하고 있는 개인정보 보호법 관련 조항의 위반 여부를 따질 때에는 개인정보처리자 해당 여부에 대한 철저한 입증이 요구된다는 점을 확인해 주었다. 이번 사건은 검찰이 개인정보 보호법 제18조 위반 혐의에 대해서만 기소함에 따라 무죄로 최종 결론 났지만, 개인정보 파일에 접근할 권한을 가진 사람이 정보주체의 동의 없이 해당 정보를 무단 사용한 경우 모두 면책됨을 의미하는 것은 아니다. 개인정보 보호법 제59조의 '개인정보를 처리하거나 처리하였던 자'에 해당하는 경우에는 위 규정 위반으로 처벌을 받을 가능성이 있기 때문이다. 동일한 행위라 할지라도 검찰이 어느 조항에 기초하여 공소를 제기하느냐에 따라 유무죄가 달라질 수 있는 지점이라 할 것이다.

---

5) 서울서부지방법원 2019. 2. 14. 선고 2018노556 판결.

6) 법원은 "개인정보 보호법은 공공기관 뿐만 아니라 비영리단체 등 업무상 개인정보파일을 운용하기 위하여 개인정보를 처리하는 자로 하여금 위 법에 따른 개인정보 보호규정을 준수하도록 하는 등 수범대상을 개인정보파일 운용자로 한정하고 있는 점 등에 비추어 볼 때, 다른 자가 운용하는 개인정보파일에 접근할 권한이 있다는 사정만으로 곧바로 개인정보처리자에 해당된다고 보는 것은 개인정보 보호법의 입법목적 및 위 규정의 가능한 해석범위를 넘어서 확장해석을 하는 것으로 처벌범위를 지나치게 확대시킬 위험이 있다. 위와 같은 접근권한이 없는 자가 거짓이나 부정한 수단 내지 방법을 통하지 아니한 채 우연히 알게 된 개인정보를 이용하는 경우에는 별도의 처벌규정이 없는 것과도 형평이 맞지 않는다는 점에서 어느 모로 보나 이를 그대로 받아들이기 어렵다"고 판시하였다.

7) 대법원 2019. 7. 25. 선고 2019도3215 판결.

040 개인정보 보호법 제71조 제5호의 '개인정보를 제공받은 자'는 개인정보를 처리하거나 처리하였던 자로부터 직접 개인정보를 제공받은 자에 한정되는지 여부

- 택시운송조합 재직시 취급했던 개인정보가 제3자에게 제공 · 再제공된 사건 -

대법원 2018. 1. 24. 선고 2015도16508 판결

권현준(한국인터넷진흥원)

I. 판결의 개요

1. 사안의 개요

가. 사실관계

피고인 1은 ○○○○택시운송조합 총무부장으로 재직하면서 조합원들의 개인정보를 업무상 취급하였던 사람으로서 위 조합에서 퇴사하면서 조합원들의 성명, 연령, 차량번호, 휴대전화번호, 주소 등이 기재된 조합원명부 엑셀 파일을 자신의 이메일 편지함에 옮겨 보관하였다. 피고인 2, 피고인 3, 피고인 4, 피고인 5, 피고인 6, 피고인 7은 피고인 1이 ○○○○택시조합원의 조합원명부 엑셀 파일을 보관하고 있다는 사실을 알고 있었다.

피고인 2는 ○○○○택시 운송사업조합 이사 후보 선거 운동, 피고인 3은 ○○○○택시신용협동조합 이사장 후보자 선거 운동, 피고인 5는 ○○○○택시신용협동조합 이사장 선거운동, △△자동차 ㅁㅁ지점 영업팀장 피고인 6은 AS 또는 영업활동, ◇◇◇◇◇충전소 운영자 피고인 7은 충전소 광고 등을 위하여 피고인 1에게 조합원 명부를 보내줄 것을 부탁하였고, 피고인 1은 위 조합원명부 엑셀 파일을 이메일로 각각 전송하였다. 광주 개인택시 조합 이사장 후보자 소외 A의 선거사무실 사무장인 피고인 4는 피고인 1과 친하게 지내는 소외 B에게 조합원 최신 연락처를 구해달라고 부탁하였고, 소외 B를 통하여 피고인 4의 이메일을 전달받은 피고인 1은 피고인 4에게 이메일로 위 조합원 명부 엑셀 파일을 전송하였다.

한편, 피고인 2는 개인택시운송조합 이사장 선거출마자였던 피고인 8에게 피고인 1로부터 받은 조합원 명부가 있다고 하고, 피고인 8은 자신의 처 소외 C의 이메일을 통하여 피고

인 2로부터 위 조합원명부 엑셀 파일을 전송받았다.

나. 소송경과

1) 제1심 판결(광주지방법원 2014. 11. 20. 선고 2014고단2754 판결)

법원은 개인정보 보호법 제59조 제2호에서 개인정보를 처리하거나 처리하였던 자는 업무상 알게 된 개인정보를 누설하거나 권한 없이 다른 사람이 이용하도록 제공하여서는 아니 된다고 규정하고 있음에도 불구하고, 피고인 1은 이를 위반하여 업무상 취급한 정보를 보관하고 있다가 총 6회에 걸쳐 업무상 알게 된 개인정보를 권한 없이 다른 사람이 이용하도록 제공하였으므로 피고인 1의 범죄사실을 인정하였으며, 유출된 개인정보의 양과 횟수 등을 참작하여 징역 10개월, 집행유예 2년을 선고하였다. 또한, 법원은 피고인 2를 포함한 6명의 피고인 모두가 피고인 1이 업무상 알게 된 개인정보를 다른 사람에게 이용하도록 제공할 권한이 없음을 알면서도 영리 또는 부정한 목적으로 개인정보를 제공받았으므로 개인정보 보호법 제71조 제5호에 근거하여 각 벌금 300만 원에 처하였다.

피고인 8은 개인정보 보호법 제71조 제5호, 제59조 제2호는 개인정보를 처리하였던 자로부터 그 정을 알면서도 개인정보를 직접 받은 경우에만 적용할 수 있다는 취지로 주장하였으나, 법원은 문언상 개인정보 보호법 제71조 제5는 개인정보 제공의 주체를 명시하지 않고 '그 사정을 알면서도 영리 또는 부정한 목적으로 개인정보를 제공받은 자'라고 기재되어 있으므로, 피고인 8은 피고인 2가 피고인 1로부터 제공받은 개인정보를 다른 사람에게 이용하도록 제공할 권한이 없음을 알면서도 영리 또는 부정한 목적으로 제공받았으므로 개인정보 보호법 제71조 제5호를 위반한 경우에 해당되므로 벌금 300만원에 처하였다.

2) 항소심 판결(광주지방법원 2015. 10. 13. 선고 2014노3113 판결)

법원은 피고인 3에 관한 이 사건 범죄와 이미 판결이 확정된 업무상횡령죄가 형법 제37조 후단의 경합범 관계에 있음을 인정하여 피고인 3에 대한 제1심 판결을 직권파기하였고, 피고인 3을 제외한 다른 피고인들과 검사의 모든 항소를 기각하였다.

피고인 6에 대하여 ① 피고인 6은 △△자동차가 직영으로 운영하는 판매지점의 영업팀장으로 재직하고 있고, AS를 직접 담당하고 있지 않은 점, ② 피고인 6은 AS를 위하여 조합원들의 개인정보를 전달받았다고 주장하나, 피고인 6으로부터 택시를 구입한 조합원들은 피고인 6이 개인정보를 이미 알고 있었고, 피고인 6으로부터 택시를 구입하지 않았지만 AS를

부탁한 조합원들에 대해서는 차종 등을 직접 물어볼 수 있었으므로 피고인 6이 AS만을 위하여 개인정보를 전달받았다고 보기 어려운 점, ③ 피고인 6이 먼저 조합원들의 개인정보를 요구하였고, △△자동차를 가지고 있지 않은 조합원들의 개인정보도 모두 받은 점 등을 종합하여, 법원은 피고인 6이 영리 목적으로 개인정보를 제공받은 사실을 인정하였다.

피고인 8의 법리오해 주장에 대하여, 법원은 개인정보 보호법 제71조 제5호는 개인정보를 제공받은 사람이 누구로부터 정보를 제공받았는지 제한하지 않고, 다만 제공받은 사람이 해당 정보가 개인정보를 처리하거나 처리하였던 자가 업무상 알게 된 개인정보를 누설하거나 권한 없이 다른 사람이 사용하도록 제공한 것이라는 사정을 알 것을 요구하고 있을 뿐이므로, 피고인이 개인정보를 처리하였던 피고인 1로부터 직접 개인정보를 제공받지 않았다고 하더라도 피고인 1이 권한 없이 다른 사람에게 제공한 정보라는 사정을 알고 있었던 이상 개인정보 보호법 제71조 제5호의 구성요건에 해당한다고 판시하였다.

3) 대법원 판결(대법원 2018. 1. 24. 선고 2015도16508 판결)

피고인(제1심 및 항소심 피고인 8)이 개인정보를 처리하였던 공소외 1(제1심 및 항소심 피고인 1)로부터 직접 개인정보를 제공받지 않았다고 하더라도, 공소외 1이 권한 없이 다른 사람에게 제공한 개인정보라는 사정을 알면서도 영리 또는 부정한 목적으로, 공소외 1로부터 개인정보를 제공받은 공소외 2(제1심 및 항소심 피고인 2)로부터 다시 그 개인정보를 제공받은 이상 개인정보 보호법 제71조 제5호의 구성요건에 해당한다는 취지의 원심판단은 정당하고 법리를 오해한 잘못이 없다고 판시하였다.

2. 판결의 요지 – 개인정보를 처리하거나 처리하였던 자로부터 직접 개인정보를 제공받지 아니하더라도 개인정보 보호법 제71조 제5호의 '개인정보를 제공받은 자'에 해당하는지 여부

개인정보 보호법 제71조 제5호 후단은 그 사정을 알면서도 영리 또는 부정한 목적으로 개인정보를 제공받은 자를 처벌하도록 규정하고 있을 뿐 개인정보를 제공하는 자가 누구인지에 관하여는 문언상 아무런 제한을 두지 않고 있는 점과 개인정보 보호법의 입법 목적 등을 고려할 때, 개인정보를 처리하거나 처리하였던 자가 업무상 알게 된 개인정보를 누설하거나 권한 없이 다른 사람이 이용하도록 제공한 것이라는 사정을 알면서도 영리 또는 부정한 목적으로 개인정보를 제공받은 자라면, 개인정보를 처리하거나 처리하였던 자로부터 직접 개인정보를 제공받지 아니하더라도 개인정보 보호법 제71조 제5호의 '개인정보를 제공받

은 자'에 해당한다.

II. 해설

1. 쟁점의 정리 – 개인정보 보호법 제71조 제5호 후단의 개인정보를 '제공받는 행위'의 개념

개인정보 보호법 제71조 제5호는 '제59조 제2호를 위반하여 업무상 알게 된 개인정보를 누설하거나 권한 없이 다른 사람이 이용하도록 제공한 자 및 그 사정을 알면서도 영리 또는 부정한 목적으로 개인정보를 제공받은 자'를 처벌하는 것으로 규정하고 있고, 제59조 제2호는 '개인정보를 처리하거나 처리하였던 자는 업무상 알게 된 개인정보를 누설하거나 권한 없이 다른 사람이 이용하도록 제공하는 행위를 하여서는 아니 된다'라고 규정하고 있다. 법 제71조 제5호는 전단에서 금지 행위의 의무주체를 개인정보를 처리하거나 처리하였던 자로 규정하고 있고, 후단에서는 그 사정을 알면서도 영리 또는 부정한 목적으로 개인정보를 제공받은 자를 의무주체로 보고 있다. 그런데 제71조 제5호 후단은 처벌의 대상이 되는 개인정보를 제공받는 행위를 규정하면서 개인정보를 제공하는 자가 누구인지를 명시하고 있지 아니하다. 따라서 제5호 후단의 제공받는 행위를 처벌하기 위해서 제5호 전단의 의무주체인 '개인정보를 처리하거나 처리하였던 자'로부터 제공받는 행위만을 처벌해야 할지, 아니면 개인정보를 제공하는 주체가 누구인지와 상관없이 '그 사정을 알면서도 영리 또는 부정한 목적으로' 제공받는 행위만으로 처벌할 수 있다고 해석해야 할지에 대한 논의가 필요할 것으로 보인다.

2. 검토

가. 개인정보 보호법 제71조 제5호의 '개인정보를 제공받은 자'의 범위

대법원 2018. 1. 24. 선고 2015도16508 판결(이하 "본건 판결"이라 함)은 제59조 제2호의 후단에서 그 사정을 알면서 영리 또는 부정한 목적으로 개인정보를 제공받은 자라고만 규정하고 있고, 문언상 개인정보를 제공한 주체를 규정하지 않은 것은 제공하는 자가 누구인지에 관하여 제한을 두고 있지 않는 것이라고 보았다. 또한 개인정보 보호법의 입법 목적[1]을

1) 개인정보 보호법은 제1조(목적)에서 '개인정보의 처리 및 보호에 관한 사항을 정함으로써 개인의 자유와 권리를 보호하고, 나아가 개인의 존엄과 가치를 구현함을 목적으로 한다'라고 규정하고 있다.

고려할 때, 개인정보를 처리하거나 처리하였던 자로부터 직접 개인정보를 제공받지 아니하더라도, 개인정보를 처리하거나 처리하였던 자가 업무상 알게 된 개인정보를 누설하거나 권한 없이 다른 사람이 이용하도록 제공한 것이라는 사정을 알면서도 영리 또는 부정한 목적으로 개인정보를 제공받은 자라면, 개인정보 보호법 제71조 제5호의 '개인정보를 제공받은 자'에 해당한다고 판시하고 있다.

본 사건의 피고인 1이 조합원 명부를 엑셀파일 형태로 자신의 이메일 편지함에 보관하였다가 다수의 피고인들에게 각기 다른 시점에 이메일로 제공하였던 것처럼 등 디지털 형태의 개인정보는 그 보관이 용이하고, 복제가 무제한으로 가능하고, 제공이 용이하다. 따라서 현재와 같은 지능정보사회에서는 일단 한번 누설되거나 권한 없이 다른 사람이 이용하도록 제공되어진 개인정보를 완전히 회수하는 것은 사실상 불가능하고 나아가 그 개인정보가 영리 또는 부정한 목적으로 무제한 유통되어 정보주체에 대한 피해가 발생할 수 있는 위험성이 있으므로, 본건 판결처럼 개인정보 보호법의 입법 목적을 고려하여 제71조 제5호의 개인정보를 제공받은 자는 개인정보를 처리하거나 처리하였던 자로부터 직접 개인정보를 제공받지 아니하더라도 처벌할 수 있어야 할 것이다.

본건 판결은 제71조 제5호를 중심으로 내려진 판결이지만 제59조 제2호와 밀접한 관련성이 있으므로 두 개의 조문에서 제기될 수 있는 쟁점도 아래에서 함께 검토하기로 한다.

나. 개인정보 보호법 제71조 제5호의 '영리 또는 부정한 목적'의 의미

본건 판결은 개인정보 보호법 제71조 제5호의 후단은 개인정보를 제공하는 자가 누구든지 상관없이 제5호 전단의 사정을 알면서도 영리 또는 부정한 목적으로 개인정보를 제공받은 자를 처벌하는 규정으로 해석하고 있으므로, 이는 다시 말하면 개인정보 제공자가 누구인지와 상관없이 전단의 사정을 알면서도 개인정보를 제공받았다면 '영리 또는 부정한 목적'이 있는 경우에 한하여 처벌하는 규정으로 해석할 수 있을 것이다. 따라서 제71조 제5호 후단은 '영리 또는 부정한 목적'을 가진 목적범을 처벌하는 규정이므로 이에 대한 검토가 필요할 것이다.

구 '아동 · 청소년의 성보호에 관한 법률' 제11조 제2항의 아동 · 청소년이용음란물에 관한 판례(대법원 2020. 9. 24. 선고 2020도8978 판결)에서 '영리의 목적'이란 재산적 이득을 얻으려는 의사 또는 이윤을 추구하는 의사를 말하며, 이는 널리 경제적인 이익을 취득할 목적을 말하는 것으로서 반드시 아동 · 청소년이용음란물 배포 등의 위반행위의 직접적인 대가가 아니라 위반행위를 통하여 간접적으로 얻게 될 이익을 위한 경우에도 영리의 목적을 인정하였

다. 본건 판결의 원심에서 법원은 자동차 판매지점의 영업팀장인 피고인 6이 기존 고객이 아닌 조합원들의 개인정보까지 제공받는 행위에는 영리의 목적이 있다고 판단하였는데, 이는 경제적 이익을 취득할 목적이 있음을 인정한 것으로 보인다.

'부정한 목적'의 개념은 매우 추상적이기 때문에 정보주체의 동의의 범위를 넘어 개인정보가 제공되는 경우에는 모두 부정한 목적에 해당할 여지가 크다. 특히 '부정한 목적'을 사회통념상 부정한 경우라고 볼 때에는 동의를 초과하거나 개인정보가 원래 제공된 용도를 벗어나 제공되는 그 자체로서 사실상 모두 '부정한 목적'에 해당될 여지가 있다. 대법원은[2] 해임동의의 대상이 된 동 대표에게 개인정보를 열람하게 한 사안에서 동 대표에게 부정한 목적이 있음을 인정한 바가 있다.[3] 또한 본건 판결과 원심 판결에서도 부정한 목적을 구체적으로 적시하지 않으면서, 피고인8이 개인정보를 처리하였던 피고인 1로부터 직접 개인정보를 제공받지 않았다고 하더라도 피고인 1이 권한 없이 조합원 명부를 다른 사람에게 제공한다는 사정을 알고 있었던 이상 개인정보 보호법 제71조 제5호의 구성요건에 해당한다고 보았다.

다. 개인정보 보호법 제59조의 '개인정보를 처리하거나 처리하였던 자'의 의미

개인정보 보호법 제59조 제2호는 '개인정보를 처리하거나 처리하였던 자는 업무상 알게 된 개인정보를 누설하거나 권한 없이 다른 사람이 이용하도록 제공하는 행위를 하여서는 아니 된다'라고 규정하면서 그 의무주체를 '개인정보를 처리하거나 처리하였던 자'로 하였다. 개인정보 보호법이 일반적인 규범 준수자로 정하고 있는 '개인정보처리자'와는 다르게 제9장 보칙에서 따로 제59조를 두어 '개인정보를 처리하거나 처리하였던 자'가 의무주체로서 규정하고 있으므로 양자를 구별하여 살펴볼 필요가 있다.

개인정보처리자는 '업무를 목적으로 개인정보파일을 운용하기 위하여' 스스로 또는 다른 사람을 통하여 개인정보를 처리하는 자[4]이기 때문에, 제59조의 '개인정보를 처리하거나 처리하였던 자'와 문언상 단순 비교를 한다면 '업무를 목적으로 개인정보파일을 운용'하지 않더라도 개인정보를 처리하거나 처리하였다면 '개인정보를 처리하거나 처리하였던 자'에 해당한다고 할 수 있다.

대법원 2016. 3. 10. 선고 2015도8766 판결에 따르면, '개인정보처리자'와 '개인정보를 처

---

2) 대법원 2016. 3. 10. 선고 2015도8766 판결 참조.

3) 이성기, "개인정보의 형사법적 보호 –「개인정보 보호법」상 개인정보의 무단수집 및 제공 행위를 중심으로 –", 『법학연구』, 제29권 제1호(2018. 6), 161–162면.

4) "개인정보처리자"란 업무를 목적으로 개인정보파일을 운용하기 위하여 스스로 또는 다른 사람을 통하여 개인정보를 처리하는 공공기관, 법인, 단체 및 개인 등을 말한다(개인정보 보호법 제2조 제5호 참조).

리하거나 처리하였던 자'로 문언상 구분하여 규정하고 있고, 개인정보처리자 이외의 사람에 의해 이루어지는 개인정보 침해행위로 인한 폐해를 방지하여 사생활의 비밀 보호 등 개인정보 보호법의 입법 목적을 고려하면, '개인정보를 처리하거나 처리하였던 자'는 '개인정보처리자'에 한정되지 않고 업무상 알게 된 개인정보를 개인정보 보호법 제2조 제2호의 방법[5]으로 처리하거나 처리하였던 자도 포함된다고 판시하였다.[6] 따라서 개인정보처리자에게 소속되어 개인정보를 처리하고 있거나 처리한 적이 있는 전·현직 임직원, 파견직, 수탁자 등이 '개인정보를 처리하거나 처리하였던 자'에 해당된다고 볼 수 있다.[7]

라. 개인정보 보호법 제59조의 '업무상 알게 된 개인정보'의 의미

대법원 2019. 6. 13. 선고 2019도1143 판결에 따르면, 개인정보 보호법 제59조 제2호의 '업무상 알게 된 개인정보'를 개인정보를 처리하거나 처리하였던 자가 담당한 모든 업무 과정에서 알게 된 개인정보로 해석할 경우에는 '개인정보를 처리하거나 처리하였던 자'라는 신분을 가진 자에 대한 개인정보 누설행위[8]에 대한 처벌범위가 지나치게 확대될 위험이 있을 뿐 아니라, '개인정보를 처리하거나 처리하였던 자'가 아닌 자가 업무상 알게 된 개인정보를 누설한 경우에는 별도의 처벌규정이 없는 것과 형평이 맞지 않는 점 등에 비추어 보면, 제59조 제2호의 "업무상 알게 된 개인정보"란 '개인정보를 처리하거나 처리하였던 자'가 그 업무, 즉 개인정보를 처리하는 업무와 관련하여 알게 된 개인정보만을 의미하는 것이지, 개인정보 처리와 관련 없이 '개인정보를 처리하거나 처리하였던 자'가 담당한 모든 업무 과정에서 알게 된 일체의 개인정보를 의미하는 것은 아니라고 보아야 한다고 판시하고 있다.[9]

---

5) "처리"란 개인정보의 수집, 생성, 연계, 연동, 기록, 저장, 보유, 가공, 편집, 검색, 출력, 정정(訂正), 복구, 이용, 제공, 공개, 파기(破棄), 그 밖에 이와 유사한 행위를 말한다(개인정보 보호법 제2조 제2호 참조).

6) 헌법재판소는 '개인정보를 처리하거나 처리하였던 자' 부분이 불명확하여 명확성의 원칙에 위배된다는 청구인의 주장에 대하여 대법원이 그 개념을 명확히 판시하고 있으며, 이러한 법관의 법보충 작용인 해석을 통하여 그 구체적인 의미와 내용이 명확히 정립되고 구체화되어 명확성의 원칙에 위반되지 않는다고 결정하였다(헌재 2020. 12. 23. 2018헌바222 결정).

7) 개인정보 보호위원회, 『개인정보 보호 법령 및 지침·고시 해설』, 2020. 12., 532면.

8) 대법원 2015. 7. 9. 선고 2013도13070 판결에서 구 '공공기관의 개인정보 보호에 관한 법률'(2011. 9. 30. 폐지)이 개인정보의 누설이나 권한 없는 처리 또는 타인의 이용에 제공하는 등 부당한 목적으로 사용한 행위를 처벌하는 제11조와 제23조 제2항에서, '누설'이라 함은 아직 이를 알지 못하는 타인에게 알려주는 일체의 행위라고 판시하였다.

9) 정세종, "개인정보 보호법 위반 사범 수사를 위한 법리적 검토 및 제언 - 개인정보 불법제공 및 누설을 중심으로 -", 『韓國公安行政學會報』, 제78호(2020), 244면.

III. 판결의 의의

현재 우리 시대는 클라우드, 빅데이터, 인공지능 기술 등이 급속도로 발달하면서 제4차 산업혁명, 데이터 혁명 등으로 인하여 급변하고 있고, 최근 코로나 사태로 인하여 비대면 환경이 발달하면서 디지털 사회로의 대전환이 촉진되고 있다. 동시에 이렇게 고도로 발달한 디지털 환경은 한번 유출된 개인정보가 더욱 손쉽게 다수에게 반복적으로 전달될 수 있게 함은 물론, 결과적으로 정보주체의 자유와 권리에 미치는 영향을 증가시킬 것이다. 만약 개인정보 보호법 제71조 제5호의 후단을 해석함에 있어서, 1차 무단 제공자인 개인정보를 처리하거나 처리하였던 자로부터 직접 개인정보를 제공받은 자만을 처벌할 수 있다고 해석한다면, 동일한 해석기준이 적용되어 제71조 제1호, 제2호, 제4의2호의 각 후단들도 개인정보 또는 가명정보를 무단으로 제공한 개인정보처리자부터 직접 제공받은 자만을 처벌하는 결과로 이어질 것이다. 이는 현재 개인정보 유출 이후 계속해서 많은 사람에게 전달되고 있는 현실을 반영하지 못하게 되고, 이는 정보주체의 침해된 자유와 권리를 제대로 보호하지 못하는 한계를 가져올 수밖에 없을 것이다.

따라서, 본건 판결에서 개인정보를 처리하거나 처리하였던 자가 업무상 알게 된 개인정보를 누설하거나 권한 없이 다른 사람이 이용하도록 제공한 것이라는 사정을 알면서도 영리 또는 부정한 목적으로 개인정보를 제공받은 자라면, 개인정보를 처리하거나 처리하였던 자로부터 직접 개인정보를 제공받지 아니하더라도 개인정보 보호법 제71조 제5호의 '개인정보를 제공받은 자'에 해당한다고 판시한 것은 현재의 개인정보 침해 현실을 반영하고, 개인정보 보호법의 입법 목적을 고려하였다는 점에서 그 의의가 있다 할 것이다.

041 언론보도에 있어 개인정보활용의 합법성 기준

- 인터넷신문 '회장님 댁' 보도사건 -

서울서부지방법원 2015. 12. 18. 선고 2015고정1144 판결

김도승(목포대학교 법학과 교수)

I. 판결의 개요

1. 사안의 개요

가. 사실관계

인터넷 신문 기자 A(이하 '피고인')는 2014. 11. 25. 15:07경 서울 마포구 소재 인터넷 신문인 ㅇㅇ의 인터넷 뉴스 사이트(www.ㅇㅇ.co.kr)에 "이곳에 △△을 공짜로 보는 '마▽ ㅁㅁ'이 살고 있다"라는 제목으로 "서울 용산구 xx동 xxx－xx번지(*주소 특정하여 기재*)는 아침 드라마에 나오는 '회장님 댁' 같았다. 맞다. 여기는 회장님이 살고 있는 곳이다. 서울지하철 **역 *번 출입구로 나와 걸어서 10분, 등에 땀이 송골송골 맺힐 즈음 도착한 곳은 고 박ㅇㅇ 명예회장의 사위이자 M&A(인수합병) 업계의 큰손인 김ㅇㅇ(이하 '甲 ')회장 저택이다. 우편함에는 저 멀리 뉴욕에서 날아온 편지가 있었다. 수신자는 'Mr. Mi▽Kim'이었고 발신자는 뉴욕의 한 금융회사인 것 같았다......"라는 내용의 기사를 게재하여 취재 활동 중에 알게 된 위 甲의 성명, 지위, 거주지주소 등의 개인정보를 일반인으로 하여금 이를 열람할 수 있도록 공개하였다.

나. 소송경과

2015. 8. 7 피고인이 甲의 성명, 지위, 거주지주소 등 개인정보를 누설한 행위가 개인정보 보호법 제71조 제5호,[1] 제59조 위반으로 약식기소되었으나(2015고약4497), 피고인은 이에 대해 정식재판을 청구하였다. 재판부는 인터넷 신문 기자인 피고인이 뉴스 사이트에 甲

1) 개인정보 보호법 제71조 제5호: "5. 제59조 제2호를 위반하여 업무상 알게 된 개인정보를 누설하거나 권한 없이 다른 사람이 이용하도록 제공한 자 및 그 사정을 알면서도 영리 또는 부정한 목적으로 개인정보를 제공받은 자"

에 관한 기사를 게재하면서 취재 활동 중에 알게 된 갑의 성명, 지위, 주소 등의 개인정보를 누설하였다고 하여 개인정보 보호법 제71조 제5호, 제59조 위반으로 기소된 본 사안에서, 같은 법 제71조 제5호, 제59조의 '개인정보를 처리하거나 처리하였던 자'를 같은 법 제2조 제5호의 '개인정보처리자'라 할 수 없다고 판단하였다. 아울러 개인정보 보호법 일부의 적용 제외에 관하여 규정한 제58조는 법 제3장부터 제7장까지에 한하는 것으로 제9장 보칙 규정인 제59조에 대한 위반을 다루는 본 사안에 적용되지 않는다고 판단하였다(이후 불복하지 않아 대상 판결은 그대로 확정되었다).

2. 판결의 요지

가. 개인정보 보호법 제59조의 "개인정보를 처리하거나 처리하였던 자"의 의미

개인정보 보호법(이하 '법'이라 한다) 법 제2조 제5호에서는 개인정보처리자에 대하여 '개인정보파일을 운용하기 위하여 스스로 또는 다른 사람을 통하여 개인정보를 처리하는 공공기관, 법인, 단체 및 개인 등을 말한다'고 규정하여 '개인정보파일을 운영하기 위함'이라는 요건을 부과하고 있는데, 이는 개인정보파일을 운용하기 위한 목적 없이 개인정보를 처리하는 자와 구별되어야 할 것인 점(법 제2조 제1호, 제2호에서 '개인정보'와 '처리'에 대하여도 별도로 정의하고 있다), 법 제59조에서는 개인정보처리자와 구별하여 '개인정보를 처리하거나 처리하였던 자'를 그 의무주체로 규정하고 있는 점, 법 제71조 제1호에서는 개인정보처리자가 정보주체의 동의를 받지 아니하고 개인정보를 제3자에게 제공한 경우를 처벌하고, 법 제71조 제2호, 제19조에서는 개인정보처리자로부터 정보를 제공받은 제3자가 이를 이용한 경우를 처벌하는 등 개인정보처리자가 제3자에게 개인정보를 제공한 경우를 별도로 처벌하고 있는 점 등을 종합하여 볼 때, 법 제71조 제5호, 제59조의 '개인정보를 처리하거나 처리하였던 자'가 법 제2조 제5호의 '개인정보처리자'라 할 수 없다.

나. 법 제58조 제1항 제4호의 적용 범위

법 제58조 제1항 제4호의 예외 규정은 법 제3장에서부터 제7장까지 적용하지 아니함에 반하여 피고인에 대한 처벌규정인 법 제58조 제1항 제4호는 제8장에 속하는 규정인 점, 법 제58조 제1항 제4호의 예외 규정은 개인정보의 '수집', '이용'에 한정하여 예외 규정을 두고 있는데, 개인정보 보호법에서는 '수집', '이용'과 '제공', '공개'를 구별하여 규정하고 있는 점, 개인정보 보호법의 취지에 비추어 언론이 취재, 보도를 위하여 개인정보를 이용한다고 하더

라도 그 이용에 개인정보를 일반 공중에게 보도하는 것이 포함된다고 보기 어렵다.

II. 해설

1. 쟁점의 정리

개인정보 보호법은 업무상 알게 된 개인정보를 누설하거나 권한 없이 다른 사람이 이용하도록 제공하는 행위를 금지하고(법 제59조 제2호) 이를 위반한 경우에는 5년 이하의 징역 또는 5천만원 이하의 벌금에 처한다(법 제71조 제5호)고 규정하고 있다. 다만 이때 수범자를 "개인정보를 처리하거나 처리하였던 자"로 규정하고 있어 개인정보 보호법상 개인정보의 수집, 이용 등에 있어 일반적 수범자인 "개인정보처리자(법 제2조 제5호)"와 상이한 문언으로 규정되어 있다. 이에 대해 피고인은 법 제59조는 '개인정보처리자'가 업무상 알게 된 개인정보를 누설한 경우를 처벌하는 것으로서, 피고인과 같은 신문기자는 개인정보처리자에 해당되지 아니하므로, 위 규정으로 피고인을 처벌할 수 없다고 주장하는 바, 법 제59조의 수범자가 '개인정보처리자'로 제한되는지 문제된다.

아울러 개인정보 보호법 제58조는 일정한 개인정보[2]에 관하여는 법 제3장부터 제7장까지를 적용하지 아니하면서 "4. 언론, 종교단체, 정당이 각각 취재·보도, 선교, 선거 입후보자 추천 등 고유 목적을 달성하기 위하여 수집·이용하는 개인정보"를 포함하고 있다. 이에 대해 기자인 피고인의 행위가 언론의 특성상 개인정보의 '이용'이라는 것은 취재 과정상 수집한 개인정보를 '보도'하는 것을 의미하므로, 피고인이 사건 보도를 위하여 甲의 개인정보를 보도한 것은 위와 같은 규정에 따라 개인정보를 이용한 것이어서, 개인정보 보호법이 적용되지 아니한다고 주장하는 바, 법 제58조의 적용 범위가 문제된다.

2. 관련 판결

「개인정보 보호법」 제71조 제5호의 적용대상자로서 제59조 제2호의 의무주체인 '개인정보를 처리하거나 처리하였던 자'에 대한 해석은 본 사건 이후 대법원 판례에서도 확인되었

2) 대상 정보는 다음과 같다: 1. 공공기관이 처리하는 개인정보 중 「통계법」에 따라 수집되는 개인정보, 2. 국가안전보장과 관련된 정보 분석을 목적으로 수집 또는 제공 요청되는 개인정보, 3. 공중위생 등 공공의 안전과 안녕을 위하여 긴급히 필요한 경우로서 일시적으로 처리되는 개인정보, 4. 언론, 종교단체, 정당이 각각 취재·보도, 선교, 선거 입후보자 추천 등 고유 목적을 달성하기 위하여 수집·이용하는 개인정보

다. 즉, 대법원은 "개인정보 보호법」 제71조 제5호의 적용대상자로서 제59조 제2호의 의무주체인 '개인정보를 처리하거나 처리하였던 자'는 제2조 제5호의 '개인정보처리자', 즉 업무를 목적으로 개인정보파일을 운용하기 위하여 스스로 또는 다른 사람을 통하여 개인정보를 처리하는 공공기관, 법인, 단체 및 개인 등에 한정되지 않고, 업무상 알게 된 제2조 제1호의 '개인정보'를 제2조 제2호의 방법으로 '처리'하거나 '처리'하였던 자를 포함한다"고 판시하였다.[3)]

한편 여기서 '업무상 알게 된 개인정보'의 의미에 대해서는 "'업무상 알게 된 개인정보'를 '개인정보를 처리하거나 처리하였던 자'가 담당한 모든 업무 과정에서 알게 된 일체의 개인정보로 해석할 경우에는 '개인정보를 처리하거나 처리하였던 자'라는 신분을 가진 자에 대한 개인정보 누설행위에 대한 처벌범위가 지나치게 확대될 위험이 있을 뿐 아니라, '개인정보를 처리하거나 처리하였던 자'가 아닌 자가 업무상 알게 된 개인정보를 누설한 경우에는 별도의 처벌규정이 없는 것과 형평이 맞지 않는 점 등에 비추어 보면, 제2호의 "업무상 알게 된 개인정보"란 '개인정보를 처리하거나 처리하였던 자'가 그 업무, 즉 개인정보를 처리하는 업무와 관련하여 알게 된 개인정보만을 의미하는 것이지, 개인정보 처리와 관련 없이 '개인정보를 처리하거나 처리하였던 자'가 담당한 모든 업무 과정에서 알게 된 일체의 개인정보를 의미하는 것은 아니라고 보아야 한다"고 판시한 바 있다.[4)]

3. 검토

가. 법 제59조(금지행위) 규율의 체계

개인정보 보호법이 전반적으로 규율하는 내용의 수범자로 개인정보처리자("업무를 목적으로 개인정보파일을 운용하기 위해 스스로 또는 다른 사람을 통하여 개인정보를 처리하는 공공기관, 법인, 단체 및 개인 등(법 제2조 제5호)")를 명시하고 있다.[5)] '개인정보파일'은 "개인정보를 쉽게 검색할 수 있도록 일정한 규칙에 따라 체계적으로 배열하거나 구성한 개인정보의 집합물(법 제2조 제4호)"이며, '처리'는 "개인정보의 수집, 생성, 연계, 연동, 기록, 저장, 보유, 가공, 편집, 검색, 출력, 정정, 복구, 이용, 제공, 공개, 파기, 그 밖에 이와 유사한 행위(법 제2조 제2

3) 대법원 2016. 3. 10. 선고 2015도8766 판결.

4) 대법원 2019. 6. 13. 선고 2019도1143 판결(원심: 서울고등법원 2019. 1. 10. 선고 2018노2498 판결).

5) 개인정보 보호법의 주요 수범자인 '개인정보처리자'는 법률에 특별한 규정이 있는 등 일정한 예외사유가 없는 한 정보주체의 동의를 받아야만 개인정보를 수집, 수집 목적의 범위 내에서 이용, 제3자에게 제공할 수 있으며(법 제15조, 제17조) 개인정보를 목적 외의 용도로 이용하거나 제3자에게 제공하려면 정보주체의 별도의 동의를 받아야 하고(법 제18조) 사상, 신념 등 민감정보를 처리할 경우에도 별도의 동의를 받아야 한다(법 제23조).

호)"를 말한다.[6] 그런데 개인정보처리자가 일정한 의무를 위반하는 경우 형벌을 부과하고 있는바, 형벌의 근거가 되는 같은 법 제2조 제5호에 따른 개인정보처리자의 범위는 엄격하게 해석해야 하며, 단순히 개인정보 파일에 접근할 권리한이 있다는 것만으로도 '개인정보처리자'로 볼 수 없다.[7] 피고인이 이 사건 당시 보도를 목적으로 甲의 개인정보 집합물을 쉽게 검색할 수 있도록 일정한 규칙에 따라 체계적으로 배열하거나 구성한 검색시스템을 구축하고 운용하고 있었다고 보기 어렵다. 이를 종합해 볼 때 기자인 피고인이 본 사안과 관련하여 개인정보처리자에 해당한다고 볼 수 없다. 그렇다면 본 사안에서 피고인의 처벌 근거인 법 제59조(제2호: "업무상 알게 된 개인정보를 누설하거나 권한 없이 다른 사람이 이용하도록 제공하는 행위")의 수범자가 개인정보파일을 운용하기 위한 목적 없이 개인정보를 처리하는 자와 구별되는 '개인정보처리자'로 제한되는가. 이에 대해 재판부는 제59조는 수범자를 "개인정보를 처리하거나 처리하였던 자"로 명시하여 '개인정보처리자'와 달리 규정하고 있고, 법 제71조 제1호에서는 개인정보처리자가 정보주체의 동의를 받지 아니하고 개인정보를 제3자에게 제공한 경우를 처벌하고, 법 제71조 제2호, 제19조에서는 개인정보처리자로부터 정보를 제공받은 제3자가 이를 이용한 경우를 처벌하는 등 개인정보처리자가 제3자에게 개인정보를 제공한 경우를 별도로 처벌하고 있는 점 등을 종합하여 볼 때, 법 제71조 제5호, 제59조의 '개인정보를 처리하거나 처리하였던 자'가 법 제2조 제5호의 '개인정보처리자'로 제한된다고 볼 수 없어, 피고인이 업무상 알게 된 甲의 개인정보를 누설한 이상 제59조 제2호 위반으로 판단하였다. 개인정보 보호법 제59조는 개인정보처리자 이외의 개인정보를 처리하거나 처리하였던 자의 개인정보 침해행위를 금지하고자 하는 규정으로서, 제1호에서는 개인정보취득 및 처리 과정에서의 개인정보침해행위를,[8] 제2호에서 업무상 알게 된 개인정보를 누설하거나 다른 사람에게 이용하도록 제공하는 행위를, 제3호에서 개인정보 처리 과정에서의 권한 남용행위를 금지하고 있는바,[9] 제2호의 규정은 '개인정보를 처리하거나 처리하였던 자'가 범하기 쉬운 개인정보침해행위 중 제1, 3호에 의하여 포섭되지 못한 개인정보 누설 등과 관련된 부분을 금지하고자 하는 취지로 이해된다.

---

6) 본 사안에서 피고인이 보도한 내용은 성명, 지위, 주소 등 익명화되어 있지 않은 갑의 신상정보가 포함되어 있으므로 개인정보 보호법의 규율을 받는 '개인정보'에 해당한다는 점은 분명하다.

7) 대법원 2019. 7. 25. 선고 2019도3215 판결.

8) 개인정보 보호법 제59조 제1호: "1. 거짓이나 그 밖의 부정한 수단이나 방법으로 개인정보를 취득하거나 처리에 관한 동의를 받는 행위"

9) 개인정보 보호법 제59조 제1호: "3. 정당한 권한 없이 또는 허용된 권한을 초과하여 다른 사람의 개인정보를 훼손, 멸실, 변경, 위조 또는 유출하는 행위"

나. 언론 활동과 개인정보 보호의 긴장관계

개인정보 보호법 제58조는 개인정보를 적절히 보호하면서도 다른 헌법적 가치들과 균형을 위하여 일정한 목적과 유형의 개인정보 처리에 대해서는 법률의 일부 적용을 제외할 필요가 있다는 점을 고려한 것이다. 즉, 언론, 종교단체, 정당이 각각 취재·보도, 선교, 선거 입후보자 추천 등 그 고유 목적을 달성하기 위하여 수집·이용하는 개인정보에 대해서는 제3장부터 제8장을 적용하지 아니한다. 언론의 취재 또는 보도 등 고유목적을 달성하기 위한 활동으로 취재란 언론이 보도·논평 및 여론 등을 전파할 목적으로 기사작성에 필요한 기초자료 또는 정보를 수집하는 행위를 말하며, 보도란 언론이 취재를 통하여 얻어진 것을 신문, 잡지, 방송 또는 인터넷 등의 매체를 통해 일반인에게 전달하는 행위를 말한다.[10)]본 사안의 개인정보는 법 제58조 제4호에 따른 언론 활동을 위한 고유한 목적 달성을 위해 수집·이용하는 개인정보로서 개인정보 보호법의 적용을 받지 않는다는 피고인의 주장은 개인정보 보호법 제58조가 법 제3장부터 제7장까지의 적용을 하지 아니한다고 명시하고 있으며 본 사안의 처벌근거인 법 제58조 제1항 제4호는 제8장에 속한다는 점에서 수용하기 어렵다. 위 제4호의 취지는 언론의 취재 또는 보도 등 고유목적을 달성하기 위한 활동에서 개인정보를 이용함에 있어 언론의 특수성을 고려하여 개인정보 보호법상 절차나 합법성 기준의 예외를 허용한 것으로 이해하는 것이 합리적이기 때문이다. 또한 그 고유 목적을 달성하기 위하여 처리되는 개인정보에 한하여 이 법의 일부가 적용 배제될 뿐, 언론기관 등이 처리하는 모든 개인정보에 대해서 이 법의 적용이 제외되는 것은 아니다. 다만, “개인정보 보호법의 취지에 비추어 언론이 취재, 보도를 위하여 개인정보를 이용한다고 하더라도 그 이용에 개인정보를 일반공중에게 보도하는 것이 포함된다고 보기 어렵다.”고 단언하여 판시한 부분은 언론활동과 개인정보 보호 문제에 대한 보다 입체적인 논의가 필요하다는 점을 상기할 때 아쉬움이 남는다.

III. 판결의 의의

본 판례는 개인정보 보호법 제59조 금지행위에 대한 수범자는 ‘개인정보처리자’에 제한되지 않는다는 점을 명확히 확인하였다. 그간 개인정보처리자의 인정범위와 관련하여 개인정보 파일에 접근할 권한이 있다는 사정만으로 곧바로 개인정보처리자에 해당한다고 보기

---

10) 「개인정보 보호 법령 및 지침·고시 해설」, 개인정보 보호위원회, 2020. 12, 527-528면.

어렵다고 판단한 사례[11])를 비롯하여 형사처벌 대상인 의무위반과 관련하여 개인정보처리자에 대한 엄격하고 제한된 해석이 지지받는 상황에서 개인정보의 불법적 활용으로 인한 프라이버시 침해를 대응하기 위한 적절한 제도적 장치로 제59조가 더욱 주목 받은 측면이 있다. 제59조는 개인정보처리자 외의 개인정보 관련 '접수·배정 담당자나 개별 담당자'에 의해 개인정보 침해행위가 발생한 경우에 개인정보 침해행위로 인한 폐해를 방지하고 사생활의 비밀 보호 등 개인정보 보호법의 입법 목적을 달성을 위한 장치로 기능한다. 앞에서 살펴본 바와 같이 제59조 제2호의 적용과 관련하여 '업무상 알게 된 개인정보'의 인정범위와 관련하여 대법원이 개인정보를 처리하거나 하였던 자가 그 업무, 즉 개인정보를 처리하는 업무와 관련하여 알게 된 개인정보만을 의미하는 것으로 한정한 것은 제59조가 지나치게 확대적용되는 것을 경계하기 위한 것으로 이해된다.

본 사안을 통해 법원이 언론활동과 관련한 개인정보 보호법의 규율체계를 정리하고, 언론보도에 의한 무분별한 개인정보의 공개에 경종을 울린 것은 의미가 있다. 그러나 제59조와 제58조의 적용범위와 관련한 판단에만 집중하고 언론활동과 관련하여 특히 보도에 포함될 개인정보 공개의 합법성 기준에 대해 보다 종합적인 판단을 포함하지 않은 것은 아쉬운 대목이다. 개인의 신상정보를 취재과정이나 보도내용에서 수없이 다루게 되는 언론활동에서는 개인정보 보호와 언론의 자유, 국민의 알권리 등과의 충돌 내지 긴장관계는 불가피하다고 본다. 최근에는 경찰심문과정의 강압수사를 폭로하는 동영상을 방송사에 제보한 변호사에 대해 수사관이 자신의 얼굴이 노출되었다며 해당 변호사를 개인정보 보호법 위반으로 고발한 사건이 논란이 된 바 있다.[12]) 이처럼 언론활동은 기자의 취재활동에서 제보자의 법적 위험까지 노출하는 현장이나 현행 개인정보 보호법은 신문사, 방송국과 같은 언론기관들만이 주체인 것으로 제한하고 언론에 정보를 제공하는 제보자에 대한 보호 장치는 없는 실정이다. 본 판례에서는 추가적인 판단없이 언론활동의 개인정보 활용 문제에서 보도를 위하여 개인정보를 활용하되 그 자체를 보도하는 것은 개인정보 보호법의 보호범위에 포함되지 않는다고 단언하여 판시함으로써 언론활동에 있어 개인정보 보호법 해석과 적용의 여지를 더

11) 대법원 2019. 7. 25. 선고 2019도3215 판결.

12) 경찰의 송치 1년4개월 뒤 검찰은 해당 개인정보가 개인정보 처리 업무와 관련해 취득한 개인정보가 아니라는 이유로 무혐의 처분하였다. 변호사가 정보공개청구를 통해 얻은 수사관의 CCTV 영상은 변호사가 변호사 업무 수행과정에서 취득한 것이지만, '개인정보 처리 업무를 하다가 얻은 정보'가 아니기에 법에 저촉되는 구성요건해당성을 갖추지 못했다고 본 것이다.
(출처: 미디어오늘(http://www.mediatoday.co.kr) "경찰 강압수사 의혹 CCTV 언론 제보한 변호사 무혐의"(20220107자)

제한한 측면도 보인다. 그간 언론활동에 대한 법원의 판단을 종합해 보면, 개인정보가 포함된 '보도'가 신문의 정당한 언론활동의 일환으로 평가받기 위해서는 기사 등에서 특정인의 개인정보가 포함되어 보도되는 것이 해당 기사의 목적과 취지, 내용 등을 고려할 때 특정인의 개인정보 노출이 불가피하고, 아울러 국민의 알권리 기타 공공의 이익을 위해 필요한 경우에 제한적으로 허용되는 것으로 이해된다.

앞서 살펴본 바와 같이 개인정보 보호법은 언론활동에 대해 일정한 적용상 예외를 허용하고 있다. 하지만 이러한 적용의 예외가 개인정보 활용의 무법지대를 허용하는 것으로 이해하면 곤란하다. 개인정보 보호법이 스스로 일정한 예외를 허용한 것은 그 해당영역의 특성과 고유한 가치를 반영하여 그에 걸맞는 개인정보 규율체계를 그 영역에서 마련하라는 취지이다. 뿐만 아니라 수집과 이용 등 직접적인 절차에 있어 개인정보 보호법의 기준을 강제하지 않겠다는 것일 뿐 최소수집의 원칙을 비롯한 개인정보 보호의 원칙과 정보주체의 권리 보호 이념은 예외없이 동일하게 존중할 것을 요구하고 있다. 법원이나 정부의 언론활동에 대한 몰이해를 비판하기에 앞서 언론의 공적 가치와 특수성을 고려하면서 언론활동과 개인정보 보호의 조화로운 동행을 위한 기준과 절차를 마련하는 언론 스스로의 노력이 절실하다.

042

"업무상 알게 된 개인정보"의 합리적 해석 방안

- 개인정보가 기재된 A4 용지 전달 사건 -

대법원 2019. 6. 13. 선고 2019도1143 판결

이해원(목포대학교 법학과 교수)

I. 판결의 개요

1. 사안의 개요

가. 사실관계[1)]

피고인 2는 부동산 개발회사인 A 주식회사의 대표이사이다.

A에서 근무하던 공소외 B는 2016. 8. 경 퇴사한 이후 피고인 2를 사기죄로 고소하고 노동청에 고발하는 등 피고인 2와 법적 분쟁을 벌여 왔다. 피고인 2는 2016. 11. 중순경 A 사무실에서 피고인 1을 만나 B와의 분쟁에 관하여 이야기를 하던 중 피고인 1로부터 "내가 잘 만나서 해결하겠으니 B의 사진이나 전화번호 등을 달라."는 취지의 제안을 받았다. 위 제안을 받은 피고인 2는 B의 사진과 함께 A가 업무상 관리해오던 B의 주민등록번호, 전화번호, 주소 등이 기재된 A4 용지(이하 '이 사건 A4 용지')를 전달하였다.

검사는 "피고인 2는 이 사건 A4 용지를 피고인 1에게 전달함으로써 업무상 알게 된 B의 개인정보를 누설하고 권한없이 피고인 1이 이를 이용하도록 제공하였으며, 피고인 1은 피고인 2로부터 이 사건 A4 용지를 전달받음으로써 부정한 목적으로 B의 개인정보를 제공받았다."라고 주장하며 피고인 1, 2를 각 개인정보 보호법 제71조 제5호, 제59조 제2호 위반죄로 기소하였다.[2)]

1) 대상 판결의 사실관계를 살펴보면 피고인 1은 공직선거법 위반죄, 횡령죄 및 개인정보 보호법 위반죄로, 피고인 2는 개인정보 보호법 위반죄로 각 기소되었다. 피고인 1의 공소사실 중 공직선거법 위반죄 및 횡령죄는 본고와는 무관하므로 생략하며, 공소사실 중 피고인 1, 2의 개인정보 보호법 위반의 점에 관하여만 살펴본다.

2) 관련 조문은 다음과 같다.
개인정보 보호법 제59조(금지행위) 개인정보를 처리하거나 처리하였던 자는 다음 각 호의 어느 하나에 해당하는 행위를 하여서는 아니 된다.

나. 소송경과

1) 제1심 판결(의정부지방법원 2018. 8. 24. 선고 2017고합458 판결)

제1심 법원은 이 사건 A4 용지에 기재된 정보는 B가 A 재직 당시 저지른 비리를 피고인 2가 조사하는 과정에서 알게 된 개인정보로서 개인정보 보호법 제59조 제2호가 규정한 "업무상 알게 된 개인정보"에 해당하고, 이 사건 A4 용지의 제공 및 취득에 있어 피고인 1, 피고인 2에게 'B의 개인정보 부정취득' 및 'B의 개인정보 누설'의 고의가 모두 인정된다고 판단하여 피고인 1, 피고인 2에게 각 유죄를 선고하였다.[3)]

2) 항소심 판결(서울고등법원 2019. 1. 10. 선고 2018노2498 판결)

항소심 법원은 개인정보 보호법 제59조 제2호의 '업무상 알게 된 개인정보'는 '개인정보를 처리하거나 처리하였던 자'가 그 업무, 즉 개인정보를 처리하는 업무와 관련하여 알게 된 개인정보만을 의미하는 것이고, 개인정보 처리와 관련 없이 '개인정보를 처리하거나 처리하였던 자'가 담당한 모든 업무 과정에서 알게 된 일체의 개인정보를 의미하는 것은 아니라고 판단하였다.

이러한 법리하에 항소심 법원은 피고인 2가 개인정보 처리 업무와 관련되어 이 사건 A4 용지에 기재된 B의 개인정보를 알게 되었다는 점이 합리적 의심의 여지가 없는 정도로 엄격하게 증명되지 않았으므로, 결과적으로 피고인 1, 2의 행위가 개인정보 보호법 제71조 제5호 및 제59조 제2호 위반죄에 해당한다는 점에 대한 증명이 부족하다 보아 원심판결을 파기하고 피고인 1, 2에게 각 무죄를 선고하였다.

3) 대법원 판결(대법원 2019. 6. 13. 선고 2019도1143 판결)

대법원은 개인정보 보호법 제59조 2항에 대한 원심의 판단을 그대로 수긍하여 검사의 상고를 기각하고 피고인 1, 2에게 각 무죄를 선고한 원심판결을 확정하였다.

---

2. 업무상 알게 된 개인정보를 누설하거나 권한 없이 다른 사람이 이용하도록 제공하는 행위
개인정보 보호법 제71조(벌칙) 다음 각 호의 어느 하나에 해당하는 자는 5년 이하의 징역 또는 5천만원 이하의 벌금에 처한다.
5. 제59조 제2호를 위반하여 업무상 알게 된 개인정보를 누설하거나 권한 없이 다른 사람이 이용하도록 제공한 자 및 그 사정을 알면서도 영리 또는 부정한 목적으로 개인정보를 제공받은 자

3) 피고인 1의 경우 징역 4월을, 피고인 2의 경우 벌금 5,000,000원을 각 선고하였다.

2. 판결의 요지

Ⅰ.1.에서 언급하였듯이 대법원 판결은 항소심 판결(서울고등법원 2019. 1. 10. 선고 2018노24988 판결)의 결론을 그대로 수긍하였으므로 본 사안에서 선례로써 유의미한 판결은 항소심 판결(이하 '대상 판결')이라 하겠다.

항소심에서의 핵심 쟁점은 개인정보 보호법 제59조 제2호의 '업무상 알게 된 개인정보'의 해석이었다. 이 점에 대하여 법원은 "개인정보 보호법 제59조 제2호의 '업무상 알게 된 개인정보'란 '개인정보를 처리하거나 처리하였던 자'가 그 업무, 즉 개인정보를 처리하는 업무와 관련하여 알게 된 개인정보만을 의미하는 것이지, 개인정보 처리와 관련 없이 '개인정보를 처리하거나 처리하였던 자'가 담당한 모든 업무 과정에서 알게 된 일체의 개인정보를 의미하는 것은 아니라고 보아야 한다."라고 판단하였다. 그 주요 논거는 다음과 같다.

① 형벌법규의 해석은 엄격하여야 하고, 명문의 형벌법규의 의미를 피고인에게 불리한 방향으로 지나치게 확장해석하거나 유추해석하는 것은 헌법이 정하고 있는 죄형법정주의의 원칙에 어긋나는 것으로서 허용되지 않는다.[4] ② 개인정보 보호법 제59조 제2호의 규정은 '개인정보를 처리하거나 처리하였던 자'가 범하기 쉬운 개인정보 침해행위 중 제1, 3호에 의하여 포섭되지 못한 개인정보 누설 등과 관련된 부분을 금지하고자 하는 취지로 보인다. ③ 개인정보 보호법은 개인정보처리자와 '개인정보를 처리하거나 처리하였던 자' 외의 사람에 대하여는 개인정보 누설 등과 관련한 별도로 처벌 규정을 두지 않고 있다. ④ 형사 관련 법규에서 '업무'란 통상 "직업 또는 계속적으로 종사하는 사무나 사업을 말하고, 여기서 '사무' 또는 '사업'은 단순히 경제적 활동만을 의미하는 것이 아니라 널리 사람이 그 사회생활상의 지위에서 계속적으로 행하는 일체의 사회적 활동"을 의미하여 그 범위가 매우 넓은 상황에서,[5] 위 제2호의 "업무상 알게 된 개인정보"를 '개인정보를 처리하거나 처리하였던 자'가 담당한 모든 업무 과정에서 알게 된 일체의 개인정보로 해석할 경우에는 '개인정보를 처리하거나 처리하였던 자'라는 신분을 가진 자에 대한 개인정보 누설행위에 대한 처벌범위가 지나치게 확대될 위험이 있을 뿐 아니라, '개인정보를 처리하거나 처리하였던 자'가 아닌 자가 업무상 알게 된 개인정보를 누설한 경우에는 별도의 처벌규정이 없는 것과 형평이 맞지 않는다.

4) 대법원 2017. 9. 21. 선고 2017도7687 판결, 대법원 2018. 7. 24. 선고 2018도3443 판결 등 참조.
5) 대표적으로 업무방해죄에서의 업무 개념에 관한 대법원 2005. 4. 15. 선고 2004도8701 판결을 들 수 있다.

II. 해설

1. 쟁점의 정리

개인정보 보호법 제59조는 '개인정보를 처리하거나 처리하였던 자'가 ① 부정한 방법으로 개인정보를 취득하거나 처리에 관한 동의를 획득하는 행위, ② 업무상 알게 된 개인정보를 부당 이용 또는 제공하는 행위, ③ 정당한 권한 없이 타인의 개인정보를 훼손·멸실·변경·위조·유출하는 행위를 금지하는 규정이다. 이를 위반한 자는 5년 이하의 징역형 또는 5천만 원 이하의 벌금형으로 형사처벌된다(개인정보 보호법 제71조 제5호).

개인정보 보호법 제59조의 규정 형식은 개인정보 보호법의 전반적 체계에 비추어 볼 때 다소 이질적이다. 주지하다시피 개인정보 보호법은 기본적으로 그 수범 주체를 '개인정보처리자', 즉 "업무를 목적으로 개인정보파일을 운용하기 위하여 스스로 또는 다른 사람을 통하여 개인정보를 처리하는 공공기관, 법인, 단체 및 개인 등"으로 규정하고 있기 때문이다.[6] 개인정보 보호법 제59조는 2011년 제정 당시부터 존재하였던 규정이나, 위 규정이 '개인정보처리자'가 아니라 '개인정보를 처리하거나 처리하였던 자'를 수범 주체로 규정한 입법자의 의도나 취지를 명쾌하게 설명한 자료는 찾아보기 어렵다.[7]

문제는 개인정보 보호법 제59조가 상정하고 있는 수범자인 '개인정보를 처리하거나 처리하였던 자'가 다의적으로 해석될 수 있다는 점에 있다. 문리적으로만 본다면 '개인정보를 처리하거나 처리하였던 자'는 말 그대로 '현재 개인정보처리자'(개인정보를 처리한 자) 또는 '과거 개인정보처리자였던 자'(개인정보를 처리하였던 자)로 읽힐 수 있으며 이는 시적(時的) 개념만을 더하였을 뿐 동법 제2조 제2호에서 정의한 '개인정보처리자'의 개념을 다시 풀어 쓴 것에 다름없다.[8] 반면 개인정보 보호법 제59조가 '개인정보처리자'라는 기존 개념을 사용하지 않고 굳이 '개인정보를 처리하거나 처리하였던 자'라는 문구를 새롭게 도입한 것은 양자를 다

---

6) 예컨대 '개인정보의 처리'(개인정보 보호법 제3장), '개인정보의 안전한 권리'(개인정보 보호법 제4장) 등 개인정보 보호법상의 핵심 규제 사항에 있어 수범 주체는 거의 예외없이 '개인정보처리자'이다. 사실 '개인정보를 처리하거나 처리하였던 자'라는 표현은 개인정보 보호법 전체 체계에서 볼 때 제59조에서 유일하게 등장한다.

7) 「정보통신망 이용촉진 및 정보보호등에 관한 법률」(이하 '정보통신망법')의 제·개정 연혁을 살펴보면, 2007. 1. 26.자 개정 법률 제8289호에서 제28조의2를 신설하면서 "이용자의 개인정보를 취급하거나 취급하였던 자는 직무상 알게 된 개인정보를 훼손·침해 또는 누설하여서는 아니 된다."라고 규정하였는바, 개인정보 보호법의 제정 과정에서 이를 참고하여 유사한 형태로 제59조를 입안한 것으로 추측되나, 확실한 것은 아니다.

8) 동일한 취지로 박민우, "개인정보 보호법상 불확정 개념에 있어 형법의 보장적 기능을 확인해주는 해석과 사회상규의 역할", 형사정책연구 제28권 제1호(2017. 3), 95면.

르게 취급하겠다는 입법자의 의도로 해석할 여지도 있다. 따라서 '개인정보를 처리하거나 처리하였던 자'로 포섭되는 행위자는 개인정보처리자의 지위에 있어야 한다는 견해(제1설)와 그렇지 않다는 견해(제2설)가 모두 논리적으로 구성이 가능하다. 실제로 법원 역시 위 문구의 해석에 관하여 혼란을 겪어 왔다. 대표적으로 아파트 관리소장인 피고인이 동대표 해임에 동의한 입주자들의 개인정보를 해당 동대표에게 열람시켜 주어 개인정보 보호법 제71조 제5호, 제59조 제2호 위반으로 기소된 사건에서 제1심 및 항소심 법원은 제1설을 취하여 무죄를 선고하였다.[9] 그러나 대법원은 '개인정보처리자'와 '개인정보를 처리하거나 처리하였던 자'는 문리적으로 명백히 구별되며, 후자(後者)에게도 금지행위를 규정함으로써 개인정보처리자 이외의 자에 의하여 이루어지는 개인정보 침해로 인한 폐해를 방지하여 입법 목적을 달성할 수 있다는 점 등을 들어 "…(중략)… '개인정보를 처리하거나 처리하였던 자'는 '개인정보처리자'에 한정되지 않고 업무상 알게 된 '개인정보'를 '처리'하거나 '처리'하였던 자를 포함한[다.]"고 판시하였다.[10]

위 대법원 판결이 선고됨으로써 개인정보 보호법 제59조의 의무 주체인 '개인정보를 처리하거나 처리하였던 자'의 해석에 관하여 적어도 실무적으로는 논란이 해소되었다. 그러나 위 대법원 판결의 사안에서 문제된 규정은 정확히 말하면 동법 제59조 제2호, 즉 '개인정보를 처리하거나 처리하였던 자가 업무상 알게 된 개인정보를 누설 또는 부당제공하는 행위의 금지'이다. 위 규정 위반을 이유로 형사처벌하기 위하여는 '개인정보를 처리하거나 처리하였던 자'라는 행위자의 신분 외에 그 행위의 객체가 '업무상 알게 된 개인정보'이어야 한다. 그런데 위 대법원 판결의 사안에서는 전자(前者)만 쟁점이 된 관계로 판결에서 설시된 법리 역시 전자의 해석론에 한정되어 있다. 따라서 위 대법원 판결의 선고에도 불구하고 여전히 '업무상 알게 된 개인정보'의 의미에 관하여는 논란이 계속되어 왔다.

'업무상 알게 된 개인정보'의 해석에 있어 핵심 쟁점은 '업무' 개념의 해석이라 할 수 있다. 업무방해죄나 업무상 횡령(또는 배임)죄의 경우와 같이 '업무' 개념을 일반화하여 폭넓게 해석할 경우에는 개인정보 보호법 제59조 제2호 위반으로 처벌되는 경우가 지나치게 확대될 우려가 있으며 특히 대법원이 '개인정보를 처리하거나 처리하였던 자'를 개인정보처리자로 국한하지 않는 해석론을 채택한 현 상황에서는 더욱 그러하기 때문이다.[11]

---

9) 서울북부지방법원 2015. 1. 13. 선고 2014고단2134 판결(제1심), 서울북부지방법원 2015. 5. 21. 선고 2015노166 판결(제2심).

10) 대법원 2016. 3. 10. 선고 2015도8766 판결 참조.

11) 박민우, 앞의 논문(각주 8), 98면 각주 55도 유사한 취지이다.

2. 검토

가. '업무상 알게 된 개인정보'의 개념에 관한 이론 구성

개인정보 보호법 제59조 제2호의 '업무상 알게 된 개인정보'의 개념에 관하여 학계에서의 특별한 논의는 없는 것으로 보이나, 이론적으로는 다음과 같이 두 가지 견해를 구성할 수 있다고 생각된다.

첫째, '업무'의 개념을 업무방해죄나 업무상 횡령죄 등과 같이 개인이 사생활이 아니라 개인의 사회생활상의 지위에서 계속적으로 행하는 일체의 사회적 활동을 의미하는 개념으로 폭넓게 해석하는 견해이다.[12] ① 개인정보 보호법 제59조 제2호가 '처리하는 개인정보'라는 문구가 아닌 '업무상 알게 된 개인정보'라는 문구를 사용하여 규정한 점, ② 개인정보 보호법의 입법 취지가 '개인의 자유와 권리 보호', '개인의 존엄과 가치 구현' 등에 방점을 두고 있는 점 등이 위 견해의 주요한 논거가 될 수 있다.

둘째, '업무'의 개념을 '개인정보를 처리하는 업무'로 제한하여 해석하는 견해이다. 즉 개인정보 보호법 제59조 제2호의 '업무상 알게 된 개인정보'를 위 규정의 행위 주체인 '개인정보를 처리하거나 처리하였던 자'가 그 업무, 즉 개인정보를 처리하는 업무와 관련하여 알게 된 개인정보만을 의미하는 것이고, 개인정보 처리와 관련 없이 '개인정보를 처리하거나 처리하였던 자'가 담당한 모든 업무 과정에서 알게 된 일체의 개인정보를 의미하는 것은 아니라고 해석하는 견해를 말한다.[13] ① '업무' 개념을 폭넓게 해석할 경우 개인정보 보호법 제59조 제2호 위반으로 처벌되는 대상이 지나치게 확대될 위험이 있는 점, ② 개인정보 보호법 제59조가 '개인정보를 처리하거나 처리하였던 자'를 의무 주체로 규정하고 있으므로 동조 제2호를 해석함에 있어 이를 체계적으로 고려해야 하는 점 등을 위 견해의 논거로 생각해 볼 수 있다.

나. '업무상 알게 된 개인정보'의 합리적 해석론

개인정보 보호법 제59조를 해석함에 있어 간과하지 말아야 할 것은, 위 규정이 형사처벌과 연결된다는 점이다. 특히 동법 제59조 제2호를 위반한 자는 5년 이하의 징역 또는 5천만원 이하의 벌금에 처하게 되는데(개인정보 보호법 제71조 제5호), 이는 개인정보 보호법 위반죄

12) 대상 판결의 제1심 판결(의정부지방법원 2018. 8. 24. 선고 2017고합458 판결)이 취한 견해이다.
13) 대상 판결이 취한 견해이다.

중 두 번째로 중한 처벌이다.[14] 동법 제59조 제2호에 규정된 '업무상 알게 된 개인정보'의 개념은 형사법의 측면에서 볼 때 동조 위반죄의 '구성요건'에 해당하므로 죄형법정주의 원칙에 따라 엄격하게 해석되어야 하며 피고인에게 불리한 방향으로 지나치게 확장해석하거나 유추해석하는 것은 금지된다.[15]

'업무'의 개념에 관하여 업무방해죄나 업무상 횡령(또는 배임)죄와 같은 전통적인 범죄의 경우 '사람이 그 사회생활상의 지위에서 계속적으로 행하는 일체의 사회적 활동'으로 폭넓게 해석하여 왔다는 점은 앞서 살펴보았다.[16] 그러나 위 범죄들의 보호법익은 '경제활동에서의 인격적 또는 재산적 법익'인 반면 개인정보 보호법 위반죄의 보호법익은 경제활동과는 기본적으로 결이 다른 '개인정보자기결정권'이라 할 것이므로, 업무방해죄 등에서의 '업무' 개념을 개인정보 보호법 제59조 제2호의 해석, 특히 형사처벌이 문제된 경우의 해석에 그대로 적용 또는 준용하기는 어렵다고 본다.

개인정보 보호법 제59조 제2호의 수범 대상은 '개인정보를 처리하거나 처리하였던 자'이다. 앞서 살펴보았듯이 대법원은 이를 '(과거 또는 현재의) 개인정보처리자'로 국한하지 않고 문언 그대로 '개인정보를 처리하거나 처리하였던 자'로 폭넓게 해석하고 있다.[17] 따라서 개인정보 보호법 제59조 제2호의 '업무' 개념까지 폭넓게 해석할 경우 '개인정보를 처리하거나 처리하였던 자'의 개념에 관한 대법원 판례와 결합하여 동조 위반죄의 죄책을 지게 될 대상이 광범위하게 확장될 수 있다. 이러한 해석론은 개인정보 보호법의 기본 체계나 입법 목적과 부합한다고 보기 어렵다. 개인정보 보호법은 우리 사회에서 발생하는 '모든' 개인정보 처리를 규율하는 법이 아니라, 디지털 형태로 집적되어 대량으로 유통될 수 있는 개인정보를 업무 목적으로 처리하는 경우를 규율하는 법이기 때문이다.[18] 법의 적용 범위가 무한히 확장되는 것을 방지하기 위하여 개인정보 보호법은 '개인정보파일'과 '개인정보처리자'라는 개념을 도입하여 수범자와 적용 대상을 한정하고 있다. 주지하다시피 '개인정보처리자'에 해당하기 위하여는 '업무' 목적과 '개인정보파일 운용' 목적을 모두 갖추어야 한다(개인정보 보호법 제2조 제5호). 그런데 개인정보 보호법 제59조 제2호의 의무 주체가 개인정보처리자에 한정

14) 개인정보 보호법 위반죄 중 가장 중한 처벌을 받는 경우는 공공기관의 개인정보 처리 업무를 방해할 목적으로 행한 범죄 또는 부정한 방법으로 개인정보를 취득한 후 영리나 부정한 목적으로 그 개인정보를 제공한 범죄이며, 이 경우 법정형은 10년 이하의 징역형 또는 1억 5천만 원 이하의 벌금형이다(개인정보 보호법 제70조).

15) 대법원 2012. 12. 13. 선고 2010도10576 판결 참조.

16) 업무방해죄의 경우 김대휘·김신 편집대표, 주석 형법(형법 각칙 제2편), 한국사법행정학회(2017), 17－27면.

17) 대법원 2016. 3. 10. 선고 2015도8766 판결 참조.

18) 동일한 취지로 김민호, "개인정보처리자에 관한 연구", 성균관법학 제26권 제4호(2016. 4.), 243－244면.

되지 않는다는 대법원 판례의 해석론을 제한하지 않고 일률적으로 적용한다면, 개인정보 보호법이 기본적으로 상정하고 있는 의무 주체인 '개인정보처리자'에게는 이와 같은 이중(二重)의 주관적 요건을 요구하면서 개인정보 보호법 제59조 제2호의 의무 주체인 '개인정보를 처리하거나 처리하였던 자'에게는 이러한 주관적 요건을 요구하지 않는다는 모순이 발생하고, '개인정보처리자'라는 개념을 도입하여 법의 모호성과 무분별한 확장성을 제한하고자 하였던 개인정보 보호법의 입법 취지가 퇴색하는 결과에 이르게 된다.[19] 개인정보 보호법 위반 행위에 대한 형사처벌의 무분별한 확장과 국가형벌권의 과도한 행사를 방지하기 위하여는 개인정보 보호법 제59조 제2호에서 규정한 '업무' 개념을 합리적인 범위 내에서 가급적 좁게 해석하는 것이 타당한바, 동조의 문리적 해석에 동조의 행위 주체인 '개인정보를 처리하거나 처리하였던 자'에 관한 대법원 판례 법리를 감안한 체계적 해석을 종합하면, '업무' 개념은 대상 판결의 결론과 같이 '개인정보를 처리하는 업무'를 의미한다고 봄이 타당하고 생각된다.

III. 판결의 의의

대상 판결은 개인정보 보호법 제59조의 의무 주체인 '개인정보를 처리하거나 처리하는 자'의 의미에 관하여 2016년 선고된 대법원 2015도8766 판결에서 언급되지 않았던 '업무상 알게 된 개인정보'의 개념에 관한 법리를 최초로 설시한 판결이다. 대상 판결은 '업무상 알게 된 개인정보'를 '개인정보 처리 업무와 관련되어 알게 된 개인정보'로 좁게 해석함으로써 개인정보 보호법 위반 행위의 무분별한 형사처벌에 일부 제동을 거는 한편 개인정보 보호법상의 모호한 문구에 관한 합리적이고 타당한 해석론을 제시하였다는 점에서 의의가 상당하다고 본다.

개인정보 보호법 제59조의 해석에 관하여 법원조차도 심급별로 판단이 갈릴 정도로 혼란이 야기되는 이유는 근본적으로 해당 조문의 규정 자체에 문제가 있기 때문이라고 생각된다. '개인정보를 처리하거나 처리하였던 자'라는 표현 자체가 모호할 뿐 아니라 '개인정보처리자'를 규율 대상으로 삼는 개인정보 보호법의 체계와 본질적으로 부합하지 않기 때문이라고 본다. 입법례를 보더라도 동조와 유사한 금지행위의 의무 주체에 관하여 「신용정보의 이용 및 보호에 관한 법률」 제42조는 "신용정보회사등과 신용정보업관련자(신용정보의 처리를 위탁받은 자의 임직원이거나 임직원이었던 자)"로 규정하고 있으며(제42조), 2011년 폐지된 「공

19) 박민우, 앞의 논문(각주 8), 97면.

공기관의 개인정보 보호에 관한 법률」 제11조 또한 “개인정보의 처리를 행하는 공공기관의 직원이나 직원이었던 자 또는 공공기관으로부터 개인정보의 처리업무를 위탁받아 그 업무에 종사하거나 종사하였던 자”로 규정하고 있는바, 이를 참고하여 ‘개인정보를 처리하거나 처리하였던 자’라는 표현을 개정할 필요가 있다.

043 업무상 알게 된 개인정보 누설의 판단 기준

- 경찰공무원 고소를 위한 개인정보 활용 사건 -

창원지방법원 2020. 10. 6. 선고 2020고정111 판결

박광배(법무법인(유한) 광장 변호사)

I. 판결의 개요

1. 사안의 개요

가. 사실관계

경찰공무원인 피고인이, 경찰 내부 통합포털시스템인 '폴넷(POL NET)' 게시판에 갑 등 경찰공무원 22명이 작성한 댓글이 피고인의 명예를 훼손하였다는 이유로 이들을 고소하면서 경찰청 표준인사시스템인 'e사람'에 접속한 후 '직원조회' 메뉴에 성명을 입력하여 위 22명의 휴대전화번호를 알아낸 다음 이를 고소장에 기재하여 5개 수사기관에 제출함으로써 개인정보를 처리하거나 처리하였던 자로서 업무상 알게 된 개인정보를 누설하고 권한 없이 개인정보를 유출하였다고 하여 개인정보 보호법(이하 '법'이라고 한다) 위반으로 기소된 사안이다.

나. 소송경과

1심 법원은 경찰공무원인 피고인은 위 사실관계에 비추어 피고인의 행위는 업무상 알게 된 개인정보의 누설이나 유출에 해당하지 않는다는 이유로 무죄를 선고하였고, 이 사건은 항소되었다.

2. 판결의 요지

가. 관련 규정

이 사건에서 피고인에게 적용된 법 조항은 법 제71조 제5호, 제59조 제2호(개인정보를 처리하거나 처리하였던 자의 업무상 알게 된 개인정보 누설 등) 및 법 제71조 제6호, 제59조 제3호(개인정보를 처리하거나 처리하였던 자의 권한 없는 개인정보 유출 등)이고, 위 의무주체는 '개인정

보를 처리하거나 처리하였던 자'로 규정되어 있다. 참고로, 개인정보 보호법은 '개인정보처리자'의 개인정보 수집 및 이용을 제한하고(제15조 내지 제18조), '개인정보처리자로부터 개인정보를 제공받은 자'의 행위도 제한하며(제19조), '개인정보를 처리하거나 처리하였던 자'의 행위도 제한하고 있다(제59조).

나. '업무상 알게 된 개인정보' 여부

법 제71조 제5호, 제59조 제2호에서의 '업무상 알게 된 개인정보의 누설' 해당 여부 판단에 있어서는, 해당 개인정보의 내용 및 이로 인하여 개인을 특정할 수 있는 정도, 이를 누설한 상대방, 목적, 경위 등 제반 사정 및 개인정보 보호의 필요성과 개인정보를 사용할 정당한 이익 사이의 균형을 종합하여 판단하여야 할 것이다.

그런데, "업무상 알게 된" 개인정보의 의미에 관하여, '개인정보를 처리하거나 처리하였던 자'가 그 업무, 즉 개인정보를 처리하는 업무와 관련하여 알게 된 개인정보만을 의미하는 것이지, 개인정보 처리와 관련 없이 '개인정보를 처리하거나 처리하였던 자'가 담당한 모든 업무 과정에서 알게 된 일체의 개인정보를 의미하는 것은 아니라는 판단하에, 본 사안에서의 경찰청 표준인사시스템은 경찰공무원이라면 누구나 자유롭게 동료직원을 찾을 때 사용할 수 있는 것이고, 휴대전화번호는 해당 직원이 공개를 허용한 경우에만 검색되는 점, 피고인은 이러한 내부 직원검색에 관한 직접적인 업무를 담당하지는 않는다는 점(다만 그 시스템 조회 화면에는 '내부직원 개인정보 사적 활용 금지'라는 경고문이 표시되어 있기는 하나, 경찰이 경찰업무를 위해 일반 국민 또는 수사대상자에 대한 정보를 조회하는 '온라인조회'와는 달리 직원들은 업무적인 일 또는 개인적인 일로 동료 직원의 연락처가 필요한 경우 별다른 제한 없이 사용할 수 있게 접근 및 사용이 허락되어 있음), 그러한 상황에서 동 사이트에 기재된 휴대폰번호는 피고인이 '업무상 알게 된 개인정보'라고 볼 수 없다고 판시하였다.

다. 개인정보 누설 대상이 되는 정보의 범위

이미 피고소인 특정에 필요한 정보(성명, 직업, 사무실 주소)의 사용에 대해서는 기소하지 않은 상태에서 휴대폰번호의 이용제공(고소장기재)한 점에 대해서만 기소한 상황인바, 개인정보 보호법에서 보호하는 개인정보는 '개인을 식별할 수 있는 정보'일 뿐 개인적인 모든 정보가 독립하여 개인정보로서 보호되는 것은 아니어서 별도의 개인정보의 누설로 볼 수 없다는 취지로 판시하였다.

라. 개인정보의 '누설' 또는 '유출' 여부 판단 시 이익형량의 고려 여부

법 제18조 제2항은 '개인정보처리자'의 경우에도 예외적으로 '정보주체 또는 제3자의 이익을 부당하게 침해할 우려가 있을 때를 제외하고는 개인정보를 목적 외의 용도로 이용하거나 이를 제3자에게 제공할 수 있다'고 규정하며, '범죄의 수사와 공소의 제기 및 유지를 위하여 필요한 경우(제7호)' 및 '법원의 재판업무 수행을 위하여 필요한 경우(제8호)'를 예외사유로 규정하고 있다는 점을 근거로, 형사 및 민사절차에 따라 법원 및 수사기관에 제출하는 것은 적법한 절차에 따른 것이고 이와 같이 제출된 개인정보는 국가에서 엄격하게 관리되어 다른 제3자가 이에 접근할 수도 없으므로, 고소장 제출과 같은 국가기관에 대한 적법한 자료의 제출을 두고 이를 개인정보의 '누설'이라고 볼 수도 없다고 판시하였다.

또한, 법 제71조 제6호, 제59조 제3호(개인정보를 처리하거나 처리하였던 자의 권한 없는 개인정보 유출 등) 적용 여부와 관련하여서도, 해당 개인정보의 내용 및 이로 인하여 개인을 특정할 수 있는 정도, 이를 유출한 상대방, 목적, 경위 등 제반 사정 및 개인정보 보호의 필요성과 개인정보를 사용할 정당한 이익 사이의 균형을 종합하면, 개인정보의 유출에 해당하지 않는다고 판단하였다.

마. 사회상규 위반 여부

이처럼, 개인정보에 해당할 가능성이 있는 모든 '개인적인' 정보를 그 사용 목적 및 경위와 관련 이익형량을 고려함이 없이 모두 '누설'로 처벌하는 것은, 형벌법규를 해석함에 있어 피고인에게 불리한 방향으로 지나치게 확장해석하거나 유추해석을 금지하는 헌법상의 죄형법정주의의 원칙'에 비추어 적절하지 않는 바, 수사기관에의 고소 및 법원에의 소송제기에 필요한 정보를 기재하는 행위까지 처벌범위를 확대하면, 실제로 억울한 당사자의 고소·고발과 소송제기 등 개인의 정당한 권리의 행사까지 제한하게 되어 오히려 "개인의 자유와 권리를 보호하고, 나아가 개인의 존엄과 가치를 구현함을 목적으로 하는" 개인정보 보호법의 제정 취지에도 반한다고 판시하고, 나아가 이러한 피고인의 행위가 형법 제20조의 사회상규에 위배되는 행위라고 보기도 어렵다는 취지로 판시하였다.

II. 해설

1. 쟁점의 정리

가. 개인정보처리자와 개인정보취급자의 구분

개인정보 보호법은 (개인정보 보호위원회 등 일부 내용을 제외하고는) 기본적으로 "정보주체"와 "개인정보처리자" 사이의 제반 법률관계 규율하는 것을 주된 내용으로 한다. 하지만, '개인정보처리자' 이외에도 '개인정보처리자로부터 개인정보를 제공받은 제3자', '개인정보취급자', '개인정보 처리 수탁자'로 그 지위와 역할에 따라 개념을 구분하여, 관련 당사자들의 책임과 의무를 명확히 구분하고 있다.

이중 개인정보취급자를 "임직원, 파견근로자, 시간제근로자 등 개인정보처리자의 지휘·감독을 받아 개인정보를 처리하는 자"로 정의하여, 개인정보처리자의 지배 영역 하에서 개인정보를 처리하는 개인으로 규정(제28조 제1항)하고, 개인정보처리자에게 이들에 대한 적절한 관리·감독, 정기적 교육을 시행할 의무를 부과시키고 있다. 그런데, 제 59조는 "개인정보를 처리하거나 처리하였던 자"에게 "업무상 알게 된 개인정보를 누설하거나 권한 없이 다른 사람이 이용하도록 제공하는 행위"(동조 제2호) 또는 "3. 정당한 권한 없이 또는 허용된 권한을 초과하여 다른 사람의 개인정보를 훼손, 멸실, 변경, 위조 또는 유출하는 행위"(동조 제3호)를 금지시키면서 그 대상을 개인정보취급자로 명시하고 있지는 않고 있다. 그리고 제71조(벌칙)에서 "제59조 제2호를 위반하여 업무상 알게 된 개인정보를 누설하거나 권한 없이 다른 사람이 이용하도록 제공한 자 및 그 사정을 알면서도 영리 또는 부정한 목적으로 개인정보를 제공받은 자"(동조 제5호) 또는 "제59조 제3호를 위반하여 다른 사람의 개인정보를 훼손, 멸실, 변경, 위조 또는 유출한 자"(동조 제6호)에게 5년 이하의 징역 또는 5천만원 이하의 벌금이라는 중대한 형사벌에 처하도록 하고 있다.

이러한 규정형식으로 인해 개인정보의 누설, 유출과 관련한 법 제59조나 제71조의 적용대상이 개인정보취급자에 한정되지는 않게 되는 결과가 초래되었다.

나. 누설, 유출의 수범주체의 범위

이렇게 법 제59조나 제71조의 규정의 수범주체를 개인정보 보호법이 정의하고 있는 개인정보처리자, 개인정보취급자(또는 개인정보취급자였던 자)로 규정하지 않음에 따라 실제 법적용시 수범 대상 여부가 애매한 상황이 발생할 수 있게 되었다.

우선 제59조, 제71조의 벌칙에 대한 가장 대표적인 적용대상이 개인정보취급자로서 개인

정보를 처리하거나 하였던 자라는 점은 명확해 보이지만, 개인정보처리자도 포함될 것인지가 애매해 보일 수가 있다. 법 문언상 개인인 개인정보처리자의 경우 개인정보취급자로 분류될 수는 없을 것이지만, 업무로 개인정보를 처리한다는 면에서 제59조, 제71조의 적용을 배제해야 할 이유는 없을 것이다. 마찬가지로 법인인 개인정보처리자의 대표자인 경우에도 지휘·감독의 주체일 뿐이어서 개인정보취급자가 될 수는 없을 것으로 보이지만, 업무로 개인정보를 처리한다면 법 제59조, 제71조의 적용을 배제해야 할 이유가 없을 것이다.

반면, 특정 개인이나 법인이 개인정보를 처리한다고 하더라도 개인정보파일을 운영하는 것이 아니어서 개인정보처리자로 볼 수 없는 상황에서 그 지휘·감독하에 있는 자에 의하여 이루어진 누설이나 유출행위나, 또는 개인정보처리자로 볼 수 있고 그 지휘 감독하에 있는 자에 의하여 이루어진 누설이나 유출행위이기는 하지만 개인정보파일 이외에 있는 (그러나 개인정보처리자의 지배하에 있는) 개인정보를 처리하는 행위에 대하여도 법 제59조, 제71조가 적용된다고 볼 수 있는지는 명확하지 않았다.

2. 관련 판례

가. 대법원 2016. 3. 10. 선고 2015도8766 판결

법 제71조 제5호의 적용대상자인 제59조 제2호 소정의 의무주체인 '개인정보를 처리하거나 처리하였던 자'는 제2조 제5호 소정의 '개인정보처리자', 즉 업무를 목적으로 개인정보파일을 운용하기 위하여 스스로 또는 다른 사람을 통하여 개인정보를 처리하는 공공기관, 법인, 단체 및 개인 등에 한정되지 않고, 업무상 알게 된 제2조 제1호 소정의 '개인정보'를 제2조 제2호 소정의 방법으로 '처리'하거나 '처리'하였던 자를 포함한다고 보아야 할 것이다. 위 대법원 판결은 주택법상 관리주체인 아파트 관리사무소장인 피고인이 개인정보파일을 운용하는 '개인정보처리자'라고 할 수 없어 제71조 제5호 및 제59조 제2호의 적용대상자가 아니라는 이유로 무죄를 선고한 원심을 파기하였다.

반면에, 대법원 2015. 11. 26. 선고 2015도13739 판결은, 집합건물관리단의 대표위원회 위원 및 상가활성화 추진위원장인 피고인이 점포 구분소유자 및 입점 상인들의 입점신고서에 기재되어 있는 피해자의 이름과 주민등록번호, 주소 등 개인정보를 명예훼손죄의 고소장에 기재한 것이 문제된 사안으로, 대법원은 피고인이 개인정보처리자라 볼 수 없다는 이유로 무죄를 선고한 원심(서울북부지방법원 2014. 5. 29. 선고 2014노202 판결)을 그대로 지지하였다. 또한, 대법원 2019. 7. 25. 선고 2019도3215 판결은 라디오 프리랜서(작가)가 지속적으

로 항의글을 게시한 청취자에 대하여 내용증명을 발송하며 경품수령을 위해 수집된 청취자의 주소 및 인적사항을 고소대리인인 변호사에게 제공한 사안에서, 해당 라디오사는 단순히 경품수령을 위해 수집된 정보를 데이터베이스화하여 보관 및 이용할 뿐이고 상품배송자들의 개인정보 집합물을 쉽게 검색할 수 있도록 일정한 규칙에 따라 체계적으로 배열하거나 구성한 검색시스템(즉, 개인정보파일)을 운용하였다고 볼 수 없어 개인정보처리자라 보기도 어렵고 다른 자가 운용하는 개인정보파일에 접근할 권한이 있다는 사정만으로 개인정보처리자에 해당한다고 볼 수도 어렵다는 이유로 무죄를 선고한 원심(서울서부지방법원 2019. 2. 14. 선고 2018노556 판결)을 그대로 지지하였다.

나. 대법원 2019. 6. 13. 선고 2019도1143 판결

"업무상 알게 된 제2조 제1호 소정의 개인정보"의 의미에 관하여 '개인정보를 처리하거나 처리하였던 자'가 그 업무, 즉 개인정보를 처리하는 업무와 관련하여 알게 된 개인정보만을 의미하는 것이지, 개인정보 처리와 관련 없이 '개인정보를 처리하거나 처리하였던 자'가 담당한 모든 업무 과정에서 알게 된 일체의 개인정보를 의미하는 것은 아니라고 보아야 한다고 해석한 원심(서울고등법원 2019. 1. 10. 선고 2018노2498 판결)을 지지하였다. 참고로, 원심은 그 근거로, "위 제2호의 '업무상 알게 된 개인정보'를 '개인정보를 처리하거나 처리하였던 자'가 담당한 모든 업무 과정에서 알게 된 일체의 개인정보로 해석할 경우에는 '개인정보를 처리하거나 처리하였던 자'라는 신분을 가진 자에 대한 개인정보 누설행위에 대한 처벌범위가 지나치게 확대될 위험이 있을 뿐 아니라, '개인정보를 처리하거나 처리하였던 자'가 아닌 자가 업무상 알게 된 개인정보를 누설한 경우에는 별도의 처벌 규정이 없는 것과 형평이 맞지 않는 점" 등을 들었다.

다. 대법원 2017. 4. 13. 선고 2014도7598 판결

대학교 학과장이 업무상 수집·보유하고 있던 학생의 개인정보인 주소, 휴대전화번호를 해당 학생에 대한 고소장에 기재한 행위는 개인정보 보호법 제15조 제1항 제6호에서 규정하고 있는 '개인정보처리자의 정당한 이익을 달성하기 위하여 필요한 경우로서 명백하게 정보주체의 권리보다 우선하며, 개인정보 처리자의 정당한 이익과 상당한 관련이 있고, 합리적인 범위를 초과하지 아니하는 경우'에 해당한다고 보기 어렵고, 나아가 긴급성, 보충성의 요건을 갖추지 못하여 정당행위에 해당하지 않는다고 판단하였다.

나아가, 대법원 2008. 10. 23. 선고 2008도5526 판결도, 경찰공무원인 피고인이 수사과

정에서 취득한 개인정보인 통화내역을 임의로 고소장에 첨부하여 타 경찰서에 제출한 것은 특정인 위증 혐의를 증명하기 위한 목적이 포함되어 있다고 하더라도, 이는 그 정보주체의 동의도 받지 아니하고 관련 법령에 정한 절차를 거치지 아니한 이상 부당한 목적하에 이루어진 개인정보의 누설에 해당하고, 형법 제20조의 사회상규에 위배되지 아니하는 정당행위로 보기 어렵다고 판단하였다.

3. 검토

가. '개인정보를 처리하거나 처리하였던 자'의 범위

위 창원지방법원의 판결의 경우, 피고인이 개인정보처리자인 경찰청의 지휘 감독하에서 각종 피의자 등의 개인정보를 처리하는 경찰공무원으로서 개인정보처리자의 지휘·감독하에 있는 것은 명백해 보인다. 다만, 1심재판부는 "e사람"의 직원조회 메뉴에 있는 정보와 같이 경찰공무원이라면 누구나 자유롭게 동료 직원을 찾을 때 사용할 수 있는 것이고, 휴대전화 번호는 해당 직원이 공개를 허용한 경우에만 검색되는 사실, 피고인은 이러한 내부 직원검색에 관한 직접적인 업무를 담당하지는 않은 사실을 기초로, 문제가 된 해당 개인정보에 대해서는 개인정보를 처리하거나 처리하였던 자에 해당되지 않는다는 판단을 내린 것이다.

이러한 판단은 비록 직원조회 메뉴라는 개인정보파일의 운용과정에 관여하지는 않는 단순 이용자라는 측면에 초점을 맞추어 그러한 이용자가 우연히 개인정보취급자의 지위에 있(었)다는 이유로 동 개인정보처리자의 지배하에 있는 모든 개인정보의 누설, 유출에 대해 법 제59조 제71조의 형사책임을 부담시키는 게 적절치 않다는 판단으로 보인다. 이는, 위 대법원 2019. 6. 13. 선고 2019도1143 판결에서 본 바와 같이 "업무상 알게 된 개인정보"의 의미를 '개인정보를 처리하거나 처리하였던 자'가 그 업무, 즉 개인정보를 처리하는 업무와 관련하여 알게 된 개인정보만을 의미하는 것으로 한정하여야 하고, 그가 담당한 모든 업무 과정에서 알게 된 일체의 개인정보를 의미하는 것은 아니라고 보아야 한다고 해석한 판단과도 궤를 같이한다. 이러한 판단은 법 제59조, 제71조의 취지가 업무로 개인정보를 처리하는 자에게 자신이 업무로 처리한 개인정보에 대한 강도 높은 보안과 관리책임을 부과한 것이라는 점을 고려하면, 수긍이 간다.

나. '업무상 알게 된 개인정보'의 범위

위 창원지방법원의 판결은 개인정보 보호법에서 보호하는 개인정보는 '개인을 식별할 수

있는 정보'일 뿐, 개인적인 모든 정보가 독립하여 개인정보로서 보호되는 것은 아니라고 판단하고 있다. 이러한 전제하에, 피고인이 작성한 고소장에는 피고소인의 성명, 직업, 사무실 주소와 사무실 전화번호까지 모두 정확히 기재되어 있고, 여기에 휴대폰번호만이 추가된 것이기 때문에 별도의 개인정보를 누설한 것이라고 볼 수도 없다고 판단하였다.

그러나, 개인정보의 누설, 유출 자체의 판단은 개인정보자기결정권의 의미과 귀속 범위내에서 판단하여야 하고, 그 일부의 개인정보가 어떻게 이용(피고소인 특정이라는 목적달성 여부 등)된 것인지를 기초로 판단하는 것은 이례적으로 보인다. 개인을 식별할 수 있는 지 여부는 개인정보인지 여부를 판단하는 기준일 뿐이다. 이미 개인을 식별할 수 있는 상태에 있는 정보(개인정보)에 부가한 추가적인 정보는 독립하여 보호 대상이 되는 개인정보가 아니라거나, 따라서 별도의 '누설'의 대상이 되는 개인정보가 아니라는 판단은 개인정보 보호법 체계와는 잘 맞지 않는 해석으로 보인다. 경우에 따라서는 그러한 추가적인 정보가 오히려 정보주체의 자기정보결정권에 더 큰 영향을 미칠 수 있는 정보가 될 수도 있기 때문이다.

다. 법 제18조 제2항과 제59조, 제71조의 관계

위 창원지방법원의 판결은 법 제18조 제2항이 '개인정보처리자'의 경우에도 예외적으로 '정보주체 또는 제3자의 이익을 부당하게 침해할 우려가 있을 때를 제외하고는', '범죄의 수사와 공소의 제기 및 유지를 위하여 필요한 경우(제7호)' 및 '법원의 재판업무 수행을 위하여 필요한 경우(제8호)' 등 일정한 경우 개인정보를 목적 외의 용도로 이용하거나 이를 제3자에게 제공할 수 있다는 예외 사유 규정이 있다는 점, 형사 및 민사절차에 따라 법원 및 수사기관에 개인정보를 제출하는 것은 적법한 절차에 따른 것이고 이와 같이 제출된 개인정보는 국가에서 엄격하게 관리되어 다른 제3자가 이에 접근할 수도 없으므로, 이를 개인정보의 '누설'이라고 볼 수도 없다고 판단하였다.

그런데 법 18조 제2항은 개인정보처리자에 대하여 적용되는 조항이여서 '개인정보를 처리하거나 처리하였던 자'에게 적용되는 제59조, 제71조의 규정에 그대로 원용할 수 있는 지는 의문이다. 더구나, 본건 사안에서는 개인정보처리자인 경찰청과 관련된 범죄의 수사, 공소제기, 재판업무라기 보다는 피고인 개인에 관련된 범죄 수사를 촉구하기 위한 고소장에 기재한 경우여서 이러한 경우까지 법 제18조 제2항을 원용할 수 있을지는 명확하지 않다.

라. 개인정보의 누설, 유출 여부 판단에 이익형량의 적용가능성 여부

위 창원지방법원의 판결은 피고인에 대해 내부규정 위반으로 징계 등 처분을 하는 것은

별론으로 하고 수사기관에의 고소 및 법원에의 소송제기에 필요한 정보를 기재하는 행위까지 처벌범위를 확대하면, 실제로 억울한 당사자의 고소·고발과 소송제기 등 개인의 정당한 권리의 행사까지 제한하게 되어 오히려 "개인의 자유와 권리를 보호하고, 나아가 개인의 존엄과 가치를 구현함을 목적으로 하는" 개인정보 보호법의 제정 취지에도 반하므로, 또한 피고인의 행위가 형법 제20조의 사회상규에 위배되는 행위라고 보기도 어렵다고 판단하고 있다. 또한, 이러한 판단은 해당 개인정보의 내용 및 이로 인하여 개인을 특정할 수 있는 정도, 이를 유출한 상대방, 목적, 경위 등 제반 사정 및 개인정보 보호의 필요성과 개인정보를 사용할 정당한 이익 사이의 균형을 종합하여 판단하여야 한다는 전제하에, 개인정보의 유출에도 해당하지 않는다고 판단하였다.

개별 사안에서의 이익형량의 타당성, 정당행위 해당여부에 대한 판단은 재판부의 전권으로서 본 평석의 대상은 아니다. 다만, 개인정보 보호법상 누설과 유출여부의 판단에 제반 사정을 감안한 이익형량의 개념을 도입한 것이 개인정보 보호법의 전체적인 법규정체계에 맞는 것인지에 대해서는 고민이 필요해 보인다. 현행 개인정보 보호법상 누설의 개념이나 유출의 개념에 대해 비교적 명확하기 때문이다. 즉, 대법원은 (정보통신망 이용촉진 및 정보보호 등에 관한 법률상의 개념이기는 하지만, 개인정보 보호법상 개인정보의 유출과 거의 동일한 개념인) '개인정보의 누출'을 '개인정보가 해당 정보통신서비스 제공자의 관리·통제권을 벗어나 제3자가 그 내용을 알 수 있는 상태에 이르게 된 것을 의미'한다고 판시하였고(대법원 2014. 5. 16. 선고 2011다24555, 24562 판결), (구 개인정보 보호법의 누설이기는 하지만) 개인정보의 '누설'이라 함은 '아직 이를 알지 못하는 타인에게 알려주는 일체의 행위'라고 하고 있어(대법원 2015. 7. 9. 선고 2013도13070 판결), 누설, 유출 여부 판단에 이익형량의 개념이 도입될 여지를 주고 있지 않기 때문이다. 그렇다고, 이익형량에 기초한 부당한 결과를 피할 수 있는 가능성을 거의 허용하지 않고 있는 개인정보 보호법의 해석 적용으로 인하여 발생하는 많은 문제의 해결책으로서 이익형량의 개념을 도입할 필요성을 부인하기는 어려울 것이다. 이러한 개념의 도입을 입법적으로 보다 명확히 하는 것을 진지하게 고민해 볼 필요가 있어 보인다.

III. 판결의 의의

이 판결은 개인정보 보호법상 개인정보를 처라하는 자 또는 처리하였던 자에 의한 개인정보의 누설이나 유출여부를 판단함에 있어 고려하여야 할 제반 요소를 검토하였다는 점에

서 향후 개인정보의 누설, 유출의 판단에 중요한 참고판례가 될 수 있을 것으로 보인다. 특히 개인정보를 업무상 처리하는 자에 의한 개인정보의 누설이나 유출의 해당 여부에 대한 중요한 기준을 확인하였다는 점은 의미가 커 보인다. 다만, 개인정보의 누설이나 유출 여부를 판단함에 있어, 개인정보의 식별가능성 판단개념과 혼동한 점이나, 이익형량의 개념을 명확한 근거없이 적용한 듯이 판시한 점에는 아쉬움이 남는다.

044 개인정보 제공 요청행위 위헌확인 등

헌재 2018. 8. 30. 2016헌마483 전원재판부 결정

김유향(국회입법조사처 사회문화조사심의관)

I. 결정의 개요

1. 사안의 개요

가. 사실관계

청구인 A는 '장애인활동 지원에 관한 법률'(이하 '장애인활동법'이라 한다) 제20조에 따른 활동지원기관인 김포시장애인주간보호센터에 소속되어 활동지원급여를 수행하는 활동보조인이고, 청구인 B, C, D는 활동지원급여를 받는 수급자이다. 피청구인 김포경찰서장(이하 '김포경찰서장'이라 한다)은 2015. 6. 26. 피청구인 김포시장(이하 '김포시장'이라 한다)에게 활동지원급여 부정 수급 사건의 수사를 위하여 필요하다는 사유로 김포시장애인복지관, 김포시장애인주간보호센터, 경기도지적장애인복지협회김포시지부, 복지콜원스톱노인센터에 소속된 활동보조인들의 인적사항, 휴대전화번호, 계약일, 종료일, 계약기간 및 수급자의 인적사항, 휴대전화번호 등을 확인할 수 있는 자료를 요청하였다. 이에 김포시장은 2015. 7. 3. 김포경찰서장에게 청구인 A를 포함한 활동보조인들의 이름, 생년월일, 전화번호, 주소, 계약일, 계약기간 및 청구인 B, C, D를 포함한 수급자들의 이름, 생년월일, 전화번호, 주소를 제공하였다.

청구인들은 ① 김포경찰서장이 2015. 6. 26. 김포시장에게 청구인들의 개인정보 제공을 요청한 행위, ② 김포시장이 2015. 7. 3. 김포경찰서장에게 청구인들의 이름, 생년월일, 전화번호, 주소를 제공한 행위, ③ 위 행위들의 근거 조항들인 형사소송법 제199조 제2항, 경찰관 직무집행법 제8조 제1항, 개인정보 보호법 제18조 제2항 제7호가 청구인들의 개인정보자기결정권 등을 침해한다고 주장하면서, 2016. 6. 15. 이 사건 헌법소원심판을 청구하였다.

나. 심판대상 및 조항

이 사건 심판대상 및 심판대상조항은 ① 김포경찰서장이 2015. 6. 26. 김포시장에게 김

포시장애인복지관, 김포시장애인주간보호센터, 경기도지적장애인복지협회김포시지부, 복지콜원스톱노인센터에 소속된 활동보조인과 그 수급자의 인적사항, 휴대전화번호 등을 확인할 수 있는 자료를 요청한 행위(이하 '이 사건 사실조회행위'라 한다), ② 김포시장이 2015. 7. 3. 김포경찰서장에게 청구인들의 이름, 생년월일, 전화번호, 주소를 제공한 행위(이하 '이 사건 정보제공행위'라 한다), ③ 형사소송법(1954. 9. 23. 법률 제341호로 제정된 것) 제199조 제2항, '경찰관 직무집행법'(2014. 5. 20. 법률 제12600호로 개정된 것) 제8조 제1항(이하 위 두 조항을 합하여 '이 사건 사실조회조항'이라 한다), ④ '개인정보 보호법'(2013. 8. 6. 법률 제11990호로 개정된 것, 이하 생략) 제18조 제2항 제7호(이하 '이 사건 정보제공조항'이라 한다)가 청구인들의 기본권을 침해하는지 여부이다.

2. 결정의 요지

가. 이 사건 사실조회행위의 공권력 행사성

이 사건 사실조회행위의 근거조항인 이 사건 사실조회조항은 수사기관에 공사단체 등에 대한 사실조회의 권한을 부여하고 있을 뿐이고, 김포시장은 김포경찰서장의 사실조회에 응하거나 협조하여야 할 의무를 부담하지 않는다. 따라서 이 사건 사실조회행위만으로는 청구인들의 법적 지위에 어떠한 영향을 미친다고 보기 어렵고, 김포시장의 자발적인 협조가 있어야만 비로소 청구인들의 개인정보자기결정권이 제한된다. 그러므로 이 사건 사실조회행위는 공권력 행사성이 인정되지 않는다.

나. 이 사건 사실조회조항의 공권력 행사성

이 사건 사실조회조항은 수사기관에 공사단체 등에 대한 사실조회의 권한을 부여하고 있을 뿐이고, 공사단체 등이 수사기관의 사실조회에 응하거나 협조하여야 할 의무를 부담하지 않으므로, 이 사건 사실조회조항만으로는 청구인들의 법적 지위에 어떠한 영향을 미친다고 보기 어렵다. 그러므로 이 사건 사실조회조항은 기본권침해의 가능성이 인정되지 않는다.

다. 이 사건 정보제공조항의 공권력 행사성

이 사건 정보제공조항은 개인정보처리자에게 개인정보의 수사기관 제공 여부를 결정할 수 있는 재량을 부여하고 있다. 따라서 '개인정보처리자의 개인정보 제공'이라는 구체적인 집행행위가 있어야 비로소 개인정보와 관련된 정보주체의 기본권이 제한되는 것이므로, 이

사건 정보제공조항은 기본권침해의 직접성이 인정되지 않는다.

라. 이 사건 정보제공행위의 개인정보자기결정권 침해 여부

이 사건 정보제공행위에 의하여 제공된 청구인들의 이름, 생년월일, 전화번호, 주소는 청구인들의 동일성을 식별할 수 있게 하는 개인정보에 해당한다. 이러한 개인정보를 정보주체인 청구인들의 동의 없이 수사기관에 제공하는 것은 청구인들의 개인정보자기결정권을 제한하는 것으로, 영장주의 및 과잉금지원칙에 위배되어 청구인들의 개인정보자기결정권을 침해하는지 여부에 관하여 살펴본다.

먼저, 강제력이 개입되지 아니한 임의수사에 해당하는 이 사건 사실조회행위에 응하여 이루어진 이 사건 정보제공행위에는 영장주의가 적용되지 않는다. 이 사건 사실조회조항은 수사기관이 공사단체 등에 대하여 범죄수사에 관련된 사실을 조회할 수 있다고 규정하여 수사기관에 사실조회의 권한을 부여하고 있을 뿐이고, 김포시장은 이 사건 사실조회행위에 응하거나 협조하여야 할 의무를 부담하지 않는다.

다음, (i) 활동보조인의 부정 수급과 관련된 수사를 할 수 있도록 함으로써 실체적 진실 발견과 국가형벌권의 적정한 행사에 기여하기 위한 것이므로 목적의 정당성이, (ii) 활동보조인과 수급자인 청구인들의 이름, 생년월일, 전화번호, 주소를 제공하면 활동보조인의 부정수급과 관련된 수사에 도움이 될 수 있으므로 수단의 적합성이 인정되고, (iii) 활동지원급여비용 부정 수급 여부를 수사하기 위하여 범죄의 수사를 위하여 필요한 정보를 제공하였고 이 사건 정보제공행위가 정보주체 또는 제3자의 이익을 부당하게 침해할 우려가 있는 경우에 해당한다고 보기도 어려우므로 침해의 최소성에 위배되지 않으며, (iv) 실체적 진실 발견과 국가형벌권의 적정한 행사에 기여하고자 하는 공익과 비교하였을 때 청구인들이 받는 불이익의 정도가 크다고 보기 어려우므로 법익의 균형도 갖추었으므로, 이 사건 정보제공행위가 과잉금지원칙에 위배되어 청구인들의 개인정보자기결정권을 침해하였다고 볼 수 없다.

II. 해설

1. 주요 쟁점

가. 사실조회행위와 정보제공행위의 공권력 여부

헌법재판소는 강제력이 없는 사실조회행위의 공권력 행사성을 인정하지 않고, 상대방의

정보제공행위에 대해서만 공권력 행사성을 인정하였다. 사실조회행위 요청을 받은 상대방이 사실조회에 응하거나 협조하여야 할 의무를 부담하거나 사실조회행위자와 상대방 사이에 어떠한 상하관계도 없고 상대방이 개인정보 제공 요청을 거절한다고 하여 어떠한 형태의 사실상의 불이익을 받는 것이 아니라면, 사실조회행위만으로는 청구인들의 법률관계 내지 법적 지위를 불리하게 변화시킨다고 볼 수 없고 김포시장의 자발적인 협조, 즉 정보제공행위가 있어야만 청구인들의 개인정보자기결정권이 제한된다고 보았다.

나. 수사기관에게의 정보 제공을 위한 개인정보자기결정권 제한

1) 개인정보 제공의 예외

'개인정보 보호법'은 정보주체의 동의를 받은 경우 및 법률에 특별한 규정이 있거나 법령상 의무를 준수하기 위하여 불가피한 경우 등에 해당하여 개인정보를 수집한 목적 범위에서 제3자에게 제공하는 경우 외에는 원칙적으로 개인정보를 제3자에게 제공할 수 없도록 규정하고 있다(제18조 제1항).

위와 같은 원칙에 대한 몇 가지 예외를 두고 있는데, 그중 하나가 이 사건 정보제공조항이다. '범죄의 수사와 공소의 제기 및 유지를 위하여 필요한 경우' 공공기관은 정보주체 또는 제3자의 이익을 부당하게 침해할 우려가 있을 때를 제외하고는 개인정보를 목적 외의 용도로 이용하거나 이를 제3자에게 제공할 수 있다.

2) 범죄 수사를 위해 필요한 정보인지 여부

헌법재판소는 수사의 필요성이 인지되었을 때, 수사기관에게 의심자와 사건 관련자에 대한 이름, 생년월일, 주소를 제공하는 것은 '개인정보 보호법' 제18조 제2항 제7호에서 말하는 '범죄의 수사를 위하여 필요한 경우'에 해당된다고 보았다. 이름, 생년월일, 주소를 수사의 초기 단계에서 범죄의 피의자를 특정하기 위하여 신속하게 확인하여야 할 가장 기초적인 정보로, 전화번호는 수사와 관련된 피의자, 참고인 등의 사람들에게 신속하고 빠짐없이 연락을 하기 위하여 필요한 정보로 판단하고, 특히 범죄 발생의 의심은 있으나 용의자가 특정되지 않는 초동수사 단계에서는 사건과 관련이 있을 수 있는 사람들의 개인정보를 제공받아 혐의의 진위 여부를 확인하고 용의자를 좁혀나갈 필요가 있다는 입장이다.

3) 정보주체를 부당하게 침해하는지 여부

범죄의 수사에 필요하더라도 이 사건 정보제공조항은 '정보주체 또는 제3자의 이익을 부당하게 침해할 우려가 없을 것'이라는 요건을 요구하고 있다. 위와 같은 요건을 요구하는 취지는 정보주체 또는 제3자의 이익 보호와 범죄수사의 신속성·효율성 확보 간의 조화를 도모하고자 하는 것이다. 헌법재판소는 이러한 점을 고려하여, '정보주체 또는 제3자의 이익을 부당하게 침해할 우려가 있을 때'란 '범죄의 수사를 위하여 필요한 개인정보를 수사기관에게 제공할 경우 정보주체나 제3자의 이익이 침해될 가능성이 있고, 개인정보 제공으로 얻을 수 있는 수사상의 이익보다 정보주체나 제3자의 이익이 큰 경우'를 의미한다고 해석하고 있다. 법익의 균형성이 판단되는데 수사상의 이익과 정보주체 또는 제3자의 이익을 형량함에 있어서는 수사 목적의 중대성, 수사 목적의 달성을 위하여 개인정보가 필요한 정도, 개인정보의 제공으로 인하여 정보주체나 제3자가 침해받는 이익의 성질 및 내용, 침해받는 정도, 수사 내용과 정보주체 또는 제3자와의 관련성 등 관련된 모든 사정들을 종합하여 객관적으로 판단하여야 한다.

이러한 판단 기준 하에 헌법재판소는 이 사건의 이름, 생년월일, 주소, 전화번호 제공이 '정보주체 또는 제3자의 이익을 부당하게 침해할 우려가 있는 때'에 해당하지 않는다고 보았다. 헌법재판소는 (i) 성명, 직명(職名)과 같이 인간이 공동체에서 어울려 살아가는 한 다른 사람들과의 사이에서 식별되고 전달되는 것이 필요한 기초정보들은 사회생활 영역에서 노출되는 것이 자연스러운 정보이고 국가가 그 기능을 제대로 수행하기 위해서도 일정하게 축적·이용하지 않을 수 없는 것으로, 다른 위험스런 정보에 접근하기 위한 식별자(識別子) 역할을 하거나, 다른 개인정보들과 결합함으로써 개인의 전체적·부분적 인격상을 추출해 내는 데 사용되지 않는 한 그 자체로 언제나 엄격한 보호의 대상이 되기 어렵고, (ii) 이름, 생년월일, 주소도 최소한의 개인식별정보로서 모든 행정 및 사법업무 처리에 불가결한 기초정보이며, (iii) 전화번호는 그 자체만으로 특정한 개인을 고유하게 구별할 수 있는 기능을 갖는다고 보기는 어렵고 개인의 신상이나 인격을 묘사하는 내용을 포함하지 않으므로 수사의 필요성과 상당성이 인정되지 않거나, 수사 목적 달성에 필요한 정도를 넘어 국민의 활동 전반을 들여다보고 통제하는 것과 같이 오·남용될 우려가 있는 정보 제공의 경우는 별론으로 하고, 전화번호 그 자체가 개인의 존엄과 인격권에 심대한 영향을 미칠 수 있는 정보에 해당한다고 보기는 어렵다고 판단하였다. (iv) 또한 헌법재판소는 '장애인활동법'상 국가 또는 지방자치단체로부터 활동지원급여 또는 그 비용을 받는 자로서 활동지원급여비용 청구가 적정한

지 여부에 관한 조사를 수인해야 하는 지위에 있다면 청구인들이 전혀 예상할 수 없는 목적으로 개인정보가 사용된 것이라고 보기는 어려운 점도 법익의 균형성 판단 시 고려하였다.

Ⅲ. 판결의 의의

헌법재판소는 개인정보자기결정권은 "자신에 관한 정보가 언제 누구에게 어느 범위까지 알려지고 또 이용되도록 할 것인지를 그 정보주체가 스스로 통제하고 결정할 수 있는 권리"로 정의하면서, 그 근거로 헌법 제17조의 사생활의 비밀과 자유, 헌법 제10조 제1문에서 도출되는 일반적 인격권 등을 고려할 수 있으나, 어느 한두 개에 그 헌법적 근거가 국한되기보다는 이들을 이념적 기초로 하는 독자적 기본권으로서 헌법에 명시되지 아니한 기본권이라고 명시하고 있다.[1] 개인정보를 대상으로 한 조사·수집·보관·처리·이용 등의 행위는 모두 원칙적으로 개인정보자기결정권에 대한 제한에 해당하나, 다른 상대적 기본권과 같이 개인정보자기결정권 또한 과잉금지원칙을 준수하여 제한할 수 있다. 즉 개인정보자기결정권은 절대적인 권리는 아니고 비례의 원칙과 규범 명확성원칙 등 기본권 제한의 일반 원칙에 따라 제한 가능한 권리이다.

대상 결정은 개인정보자기결정권에 관한 대부분의 헌법재판소 결정과 같이 공권력에 의한 개인정보자기결정권 제한의 필요성과 타당성이 있다고 판시한 것에 그 의의가 있다. 대상 결정은 특정 법률상 예측 가능한 범죄 수사에 필요한 경우 최소한의 개인식별정보로서 모든 행정 및 사법업무 처리에 사용하는 이름, 생년월일, 주소와 개인의 존엄과 인격권에 영향을 미치기 어려운 전화번호를 제공하는 것은 실체적 진실 발견과 국가형벌권의 적정한 행사에 기여하고자 하는 공익과 비교하였을 때 불이익의 정도가 크지 않으므로 제한될 수 있다고 판단하고 있다. 즉 개인정보 보호법이 공공기관에 대해서 개인정보의 목적외 이용 또는 제3자 제공을 보다 폭넓게 허용하는 것은 개인정보자기결정권 침해에 해당하지 않는다는 점을 재차 확인하고 있다.

다만, 개인정보 보호법제의 가장 중요한 개념적 토대로서의 개인정보자기결정권에 대한 사회의 인식이 점점 변화해오고 있다는 점을 유의할 필요가 있다. 개인정보를 보호하는 것은 곧 개인정보에 대한 개인의 결정권을 보호하는 것이라 할 때, 제공된 개인정보의 성격 여부와 관계없이 개인의 정보에 대한 개인의 권리는 존중되어야 한다. 즉 개인정보를 정보주

1) 헌재 2005. 5. 26. 99헌마513, 2004헌마190(병합) 결정.

체의 동의 없이 제공할 수 있도록 하는 조항은 공공기관의 공적 목적에 의한다 할지라도 그 허용은 필요한 최소한도에 그쳐야 한다는 것이다. 헌재가 엄격심사인 과잉금지원칙을 적용한 이유이다.

추가적으로 대상 결정은 사실조회행위에 대한 근거 조항이 있다고 하더라도 해당 조항이 사실조회의 권한을 부여하는 것에 불과하고 사실조회행위 요청을 받은 상대방이 응하거나 협조하여야 할 법적 근거가 명확하지 않다면 정보제공행위만을 공권력으로 보고 있다. 이에 따르면 개인정보 보호를 엄격히 요구하고, 개인정보통제권을 강조하는 현 사회 속에서 정보제공자에 대한 보호 규정이 불명확한 상태에서 정보제공자에게 개별적으로 정보제공 행위의 합법성을 판단할 부담이 증가하게 된다. 참고로, 수사기관의 사실조회에 응하여 개인정보를 제출한 행위에 대해 개인정보자기결정권 침해가 인정된 사례도 존재한다. 용산경찰서장이 수사과정에서 피의자 소재파악 목적으로 국민건강보험공단에 대하여 특정인들의 2－3년간 요양급여내역 제공을 요청하였고, 국민건강보험공단에 이에 응하여 수사기관에 요양급여내역을 제공한 사안이다. 해당 사건에서 헌법재판소는 다른 방법으로 위치확인이 가능하였다는 점에서 장기간의 요양급여내역 제공은 불필요하였고, 개인의 건강 및 질병 상태에 대한 지극히 민감한 정보를 포함하여 침해가 중대하였다고 보았다.[2)]

결국 공공기관의 사실조회에 응할 것인지 여부에 대한 결정의 책임을 개인정보처리자에게 넘기고 있는 구조이다. 개인정보처리자는 이에 대한 판단에 따라 위헌적 공권력 행사로 인한 책임을 부담하게 되는 것이다. 그러나, 공공기관의 사실조회요청이 강제력을 가지고 있지 않으며 협조요청에 불과하다고 하더라도 사실조회요청을 받은 자가 이를 거부하는 것은 현실적으로 쉽지 않다. 개인정보처리자의 입장에서는 수사기관을 포함한 공공기관이 법령에 근거하여 실시하는 사실조회요청에 대하여 개인정보자기결정권 침해를 이유로 거부하기는 어려울 것이다. 또한, 정보제공자에게 개별적으로 정보제공 조치의 위법·위헌 여부를 판단하여 대응할 것을 요구하는 것은 재량의 부담을 너무 무겁게 부과하는 것이기도 하다. 향후 입법과정에서 이에 대한 검토를 할 필요가 있으며, 개별법률에서 사실조회에 대한 근거 조항을 도입할 때에는 그 필요성과 균형성을 신중히 검토할 필요가 있다.

2) 헌재 2018. 8. 30. 2014헌마368 결정.

045 개인정보를 처리하거나 처리하였던 자의 개념 범위

헌재 2020. 12. 23. 2018헌바222 결정

김상순(법무법인(유한) 클라스 변호사)

I. 결정의 개요

1. 사안의 개요

가. 사실관계

청구인은 변호사로서, 2017. 9. 20. 소송 사건과 관련하여 탄원서를 제출한 자들의 성명, 주민등록번호, 주소가 포함된 소송 사건 기록 일체를 대법원 전자소송사이트를 통해 다운받은 후 소송사건의 채권자 및 선정자 등이 포함된 네이버 밴드에 업로드함으로써 업무상 알게 된 개인정보를 누설하거나 권한 없이 다른 사람이 이용하도록 제공하여 개인정보 보호법 제71조 제5호, 제59조 제2호 등을 위반하였다는 이유로 불구속 기소되었다.

나. 소송경과

청구인은 당해사건(울산지방법원 2017고단3229 개인정보 보호법 위반) 소송 계속 중인 2017. 12. 14. 개인정보 보호법(2016. 3. 29. 법률 제14107호로 개정된 것) 제2조 제2호, 제59조 본문 및 제2호, 제71조 제5호에 대하여 위헌법률심판제청신청을 하였으나, 2018. 4. 26. 기각되었다(울산지방법원 2017초기1140). 이에 청구인은 2018. 5. 28. 이 사건 헌법소원심판을 청구하였다.

2. 결정의 요지

가. 청구인은 개인정보를 '보유'한 것 외에도 '검색', '이용', '공개'하는 등의 방법으로 개인정보를 '처리'하였던 자임을 전제로 기소되었으므로, 설령 헌법재판소가 구 개인정보 보호법 제2조 제2호 중 '보유' 부분을 위헌으로 선언하여도 청구인은 여전히 개인정보를 '처리하였던 자'의 신분을 가지는 것은 변함이 없어 당해사건 재판의 결론이나 이유에 영향을 미치지

않는다. 따라서 구 개인정보 보호법 제2조 제2호 중 '보유' 부분에 대하여 재판의 전제성이 인정되지 않는다.[1)]

나. 심판대상조항 중 '개인정보를 처리하거나 처리하였던 자' 부분 및 '업무' 부분은 모두 해당 부분의 의미가 문언상 명백하고, 법관의 법보충 작용인 해석을 통하여 위 조항들이 각 규정하고 있는 구체적인 의미와 내용을 명확히 정립하고 구체화할 수 있어, 건전한 상식과 통상적인 법감정을 가진 사람은 해당 부분의 의미와 내용을 명확히 이해하고 구별할 수 있으므로 죄형법정주의의 명확성원칙에 위반되지 아니한다.

다. 심판대상조항 중 '개인정보를 처리하거나 처리하였던 자'의 개념 범위에는 개인정보 보호법 제2조 제5호의 '개인정보처리자' 뿐만 아니라, '업무상 알게 된 제2조 제1호의 개인정보를 제2조 제2호의 방법으로 처리하거나 처리하였던 자'도 포함되는 것이기 때문에, 양 집단 모두를 포섭하여 같게 취급하고 있고 차별취급을 하고 있지 않다. 나아가 심판대상조항의 의미와 목적에 비추어 볼 때, 개인정보 보호법 제2조 제5호의 '개인정보처리자'와 '업무상 알게 된 제2조 제1호의 개인정보를 제2조 제2호의 방법으로 처리하거나 처리하였던 자'가 본질적으로 다른 집단이라고 볼 수 없으므로 "본질적으로 다른 것을 같게 취급'하고 있다고 보기 어렵다. 따라서 평등원칙에 위반되지 않는다.

II. 해설

1. 쟁점의 정리

가. 심판대상 조항

1) 심판대상 조항인 구 개인정보 보호법(2014. 3. 24. 법률 제12504호로 개정되고, 2020. 2. 4. 법률 제16930호로 개정되기 전의 것) 제2조(정의) 제2호와 현행 개인정보 보호법(2020. 2. 4. 법률 제16930호로 개정되기 전의 것)) 제2조(정의) 제2호는 「2. "처리"란 개인정보의 수집, 생성, 연계, 연동, 기록, 저장, 보유, 가공, 편집, 검색, 출력, 정정(訂正), 복구, 이용, 제공, 공개, 파기(破棄), 그 밖에 이와 유사한 행위를 말한다.」라는 동일한 내용의 규정이다.

---

1) 청구인은 「이 사건 정의규정이 '처리'의 정의에 물리적 행위를 수반하지 않고 개인정보를 단순히 '보유'하는 행위까지 포함시켜 규정하고 있는 것은 '처리'의 사전적 정의를 벗어나 명확성의 원칙에 위배된다」는 취지로 주장하였다. 그러나, 헌법재판소는 청구인의 이 사건 정의규정에 대한 심판청구 부분은 이와 같이 재판의 전제성이 인정되지 아니한다고 판단하여 각하하였다.

2) 심판대상 조문인 개인정보 보호법 제59조(금지행위)는 「개인정보를 처리하거나 처리하였던 자는 업무상 알게 된 개인정보를 누설하거나 권한 없이 다른 사람이 이용하도록 제공하는 행위(제2호)를 하여서는 아니 된다.」고 규정하고 있다.

3) 심판대상 조문인 구 개인정보 보호법(2016. 3. 29. 법률 제14107호로 개정되고, 2020. 2. 4. 법률 제16930호로 개정되기 전의 것) 제71조(벌칙) 제5호와 현행 개인정보 보호법(2020. 2. 4. 법률 제16930호로 개정되기 전의 것) 제71조(벌칙) 제5호는 「제59조 제2호를 위반하여 업무상 알게 된 개인정보를 누설하거나 권한 없이 다른 사람이 이용하도록 제공한 자 및 그 사정을 알면서도 영리 또는 부정한 목적으로 개인정보를 제공받은 자(제5호)는 5년 이하의 징역 또는 5천만원 이하의 벌금에 처한다.」라는 동일한 내용의 규정이다.

나. 명확성원칙 - "개인정보를 처리하거나 처리하였던 자"

청구인은 「이 사건 금지규정 및 처벌규정 중 '개인정보를 처리하거나 처리하였던 자' 부분이 불명확하여 죄형법정주의의 명확성의 원칙에 위반된다」고, 또한 「이 사건 금지규정 및 처벌규정 중 '업무' 부분이 불명확하여 다수의 개인들의 정보를 수집하여 처리하는 것을 주된 내용으로 하는 업무에 한정되는 것인지 아니면 개인정보의 수집·처리 외의 일반적인 업무 내용을 주된 내용으로 하면서 부수적으로 개인정보의 수집·처리가 이루어지는 것까지 포함하는 것인지 그 범위가 불분명하다」고 각 주장하였다.

다. 평등원칙 – "개인정보처리자"와 "업무상 알게 된 개인정보를 처리하거나 처리하였던 자"

청구인은 「개인정보 보호법 제2조 제5호 소정의 '개인정보처리자' 와 '업무상 알게 된 제2조 제1호의 개인정보를 제2조 제2호의 방법으로 처리하거나 처리하였던 자'는 모두 타인의 정보를 취급하는 동일한 비교집단에 해당함에도 이 사건 금지규정 및 처벌규정이 양자를 불합리하게 차별취급을 하고 있어 평등원칙에 위반된다」고, 또한 「이 사건 금지규정 및 처벌규정은 '개인정보를 처리하거나 처리하였던 자'에 개인정보 보호법 제2조 제5호의 '개인정보처리자' 뿐만 아니라 '업무상 알게 된 제2조 제1호의 개인정보를 제2조 제2호의 방법으로 처리하거나 처리하였던 자'까지 의무주체로 포섭하여 결과적으로 '본질적으로 다른 것을 같게 취급'하고 있고, 이는 불합리한 차별에 해당하여 평등원칙에 위반된다」고 각 주장하였다.

2. 검토

가. 개인정보를 처리하거나 처리하였던 자

1) 개인정보 보호법 제2조(정의) 제5호는 「5. "개인정보처리자"란 업무를 목적으로 개인정보파일을 운용하기 위하여 스스로 또는 다른 사람을 통하여 개인정보를 처리하는 공공기관, 법인, 단체 및 개인 등을 말한다.」고 규정하고 있고, 제59조(금지행위)는 「개인정보를 처리하거나 처리하였던 자는 다음 각 호의 어느 하나에 해당하는 행위를 하여서는 아니 된다.」라고 규정하여 수범자를 '개인정보를 처리하거나 처리하였던 자'로 정하고 있다.

2) 대법원 판례(**대법원 2016. 3. 10. 선고 2015도8766 판결**[2])에 의하면, 개인정보 보호법 제59조 제2호 소정의 의무주체인 '개인정보를 처리하거나 처리하였던 자'는 제2조 제5호 소정의 '개인정보처리자'에 한정되지 않고, 업무상 알게 된 '개인정보'를 '처리'하거나 '처리'하였던 자를 포함한다. 대법원은 그 이유로, 「① '개인정보처리자'의 개인정보 무단 제공행위 및 그로부터 개인정보를 무단으로 제공받는 행위에 관하여는 제71조 제1호, 제17조 제1항에 의하여 별도로 규제되고 처벌할 수 있는 점, ② 개인정보 보호법 제59조 제2호의 의무주체는 '개인정보를 처리하거나 처리하였던 자'로서 제15조(개인정보의 수집·이용), 제17조(개인정보의 제공), 제18조(개인정보의 목적외 이용·제공 제한) 등의 의무주체인 '개인정보처리자'와는 법문에서 명백히 구별되는 점, ③ 개인정보 보호법이 금지 및 행위규범을 정할 때 일반적으로 개인정보처리자를 규범준수자로 하여 규율함에 따라, 제8장 보칙의 장에 따로 제59조를 두어 '개인정보처리자' 외에도 '개인정보를 처리하거나 처리하였던 자'를 의무주체로 하는 금지행

---

2) 아파트 선거관리위원장으로부터 일부 입주민들이 제출한 동·호수, 이름, 전화번호, 서명 등이 연명으로 기재된 동대표 해임동의서를 해임요청의 적법 여부 검토를 위해 교부받은 다음 해임동의 대상자에게 열람하도록 제공한 사안으로서, 공소사실은 이하와 같다. 「가. 피고인 2는 2013. 1. 16.부터 2014. 4. 13.까지 서울 노원구 (주소 생략) ○○○○아파트 관리소장으로 근무한 자로서 개인정보처리자이다. 피고인은 2014. 2. 18. 18:00경 위 관리사무소에서 위 아파트 선거관리위원장으로부터, 공소외 1 등이 입주민 1,320세대 중 312세대로부터 받은 동호(호)수, 이름, 연락처, 서명 등이 기재된 위 아파트 동대표 9명에 대한 '해임동의서'를 그 적법성 여부 검토 의뢰와 함께 교부받고, 2014. 2. 19. 14:00경 위 관리사무소에서 해임동의 대상자인 102동 동대표인 피고인 1에게 위 동의서를 열람하도록 제공하였다. 이로써 피고인은 개인정보처리자로서 업무상 알게 된 개인정보를 누설하였다. 나. 피고인 1은 2014. 2. 19. 14:00경 위 관리사무소에서 형사사건 고소에 이용할 목적으로 위와 같이 동대표 해임동의서를 열람하고, 동대표해임 동의서에 기재된 성명 '공소외 2', 전화번호 '(핸드폰 번호 생략)'을 메모지에 기재하는 방법으로 개인정보를 제공받았다. 이로써 피고인은 개인정보처리자가 업무상 알게 된 개인정보를 누설한다는 사정을 알면서도 부정한 목적으로 이를 제공받았다.」

위에 관하여 규정함으로써 개인정보처리자 이외의 자에 의한 개인정보 침해를 방지하여 사생활의 비밀 보호 등 개인정보 보호법의 입법 목적을 달성하려 한 것으로 볼 수 있는 점 등」을 들고 있다.

나. 업무상 알게 된 개인정보를 처리하였던 자

1) 위 대법원 2015도8766 판결의 취지에 의할 때, '업무상 알게 된 개인정보를 처리하였던 자'는 '개인정보처리자'(업무를 목적으로 개인정보파일을 운용하기 위하여 스스로 또는 다른 사람을 통하여 개인정보를 처리하는 개인)가 아니라고 하더라도 금지행위 규정의 수범자로서 그 위반을 이유로 하는 형벌규정의 적용을 받게 된다.

이러한 대법원 판례의 태도에 의할 때는 형사처벌의 범위가 넓어지게 될 우려가 있을 수 있다. 즉, 개인정보 보호법 제59조 소정의 의무주체인 '개인정보를 처리하거나 처리하였던 자'에 포함(되고 동조 제2호 소정의 '업무상 알게 된 개인정보를 누설하거나 권한 없이 다른 사람이 이용하도록 제공하는 행위'에 포함)된다는 이유로 형벌조항이 적용될 우려가 있다.

2) 한편, **청주지방법원 2021. 6. 3. 선고 2020노497 판결**[3](미확정)은 위 대법원 판례의 취지를 설시한 후 「(생략) ~ 제59조 금지행위의 주체인 '개인정보를 처리하거나 처리하였던 자'는 '개인정보처리자'는 아니지만 그 지휘·감독을 받아 개인정보를 처리하거나 처리하였던 자(즉 '개인정보취급자')를 그 전형적인 규율 대상으로 상정하고 있는 것으로 보이는 점, ~ (생략) ~ '개인정보처리자' 또는 '개인정보취급자'가 아닌 순수한 개인이 개인정보 처리 업무와는 무관하게 우연히 타인의 개인정보를 취득·보유하게 되는 경우는 일상생활에서 흔히 일어날 수 있는데, 그 경우까지도 타인의 개인정보를 '보유'함으로써 "개인정보를 '처리'하거나 '처리'하였던 자"에 해당한다고 보아 형벌로 처벌하려는 의사로 위와 같은 규정을 입법하였다고 보기도 어려운 점 등을 종합해보면, 개인정보 보호법 제59조 제2호에 의한 금지행위의 주체인 '개인정보를 처리하거나 처리하였던 자'는 ('개인정보처리자'의 지휘·감독을 받는 '개인정보취급자'까지는 아니더라도 적어도) '업무상' 개인정보를 처리하거나 처리하였던 자를 의미한다고 해석함이 상당하다.」라고 판시하여 피고인에게 무죄를 선고하였다.

따라서, 최근의 판례 경향은 규정의 해석을 통하여, 개인정보를 처리하거나 처리하였던 자의 범위를 보다 한정하고 구체적 해석을 통하여 '업무상' 개인정보를 처리하거나 처리하였

3) 피고인이 조합사무실에서 보관 중이던 조합원 명부 중 일부 조합원의 이름, 주소, 연락처 부분을 휴대전화기로 촬영한 다음 이를 이용하여 위 조합원들을 포함하는 카카오톡 단체 채팅방을 개설한 행위가 부정한 방법으로 개인정보를 취득하여 처리한 것에 해당한다는 이유로 기소된 사안이다.

던 자의 의미를 명확히 하여 형사처벌의 범위가 지나치게 확대되는 것을 피하고 있는 것으로 보인다.4)

III. 결정의 의의

‘개인정보를 처리하거나 처리하였던 자’의 범위는 대법원 및 하급심의 판례를 통하여 구체화되고 있다. 당 헌법재판소 결정은 위 대법원 2015도8766 판결이 이 사건 금지규정 중 ‘개인정보를 처리하거나 처리하였던 자’의 개념을 명확히 하였으므로 이 사건 금지규정 및 처벌규정의 해당 부분이 법관의 법보충 작용인 해석을 통하여 그 구체적인 의미와 내용이 명확히 정립되고 구체화되었으므로 명확성의 원칙에 반하지 않는다고 정면으로 밝힌 결정이다.

4) **대법원** 2008. 10. 23. **선고** 2008도5526 **판결**은, 경찰공무원인 피고인이 수사과정에서 취득한 개인정보인 통화내역을 임의로 고소장에 첨부하여 타 경찰서에 제출한 것은 특정인 위증 혐의를 증명하기 위한 목적이 포함되어 있다고 하더라도, 동의도 받지 아니하고 관련 법령에 정한 절차를 거치지 아니한 이상 부당한 목적하에 이루어진 개인정보의 누설에 해당하고, 형법 제20조의 사회상규에 위배되지 아니하는 정당행위로 보기 어렵다고 판단한 원심을 수긍하였다.

대법원 2014도7598 **판결**에서는, 대학교 학과장이 업무상 수집·보유하는 개인정보를 이용하여 학생회장을 고소하며 주소 및 휴대전화번호를 기재한 사안에서 유죄가 인정된 사안으로, 상고기각으로 확정되었다.

대법원 2015. 11. 26. **선고** 2015도13739 **판결**(판시 없음)은, 집합건물관리단의 대표위원회 위원 및 상가활성화 추진위원장인 피고인이 점포 구분소유자 및 입점 상인들의 입점신고서에 기재되어 있는 피해자의 이름과 주민등록번호, 주소 등 개인정보를 명예훼손죄의 고소장에 기재한 것이 문제된 사안으로, 제1심 및 제2심은 피고인이 개인정보처리자라 볼 수 없다는 이유로 무죄를 선고하였다(다만 제2심에서는 피고인이 위탁관리회사로부터 부정한 목적으로 개인정보를 제공받았다는 예비적 공소사실을 추가하였고, 이는 유죄로 확정되었다).

대법원 2019. 7. 25. **선고** 2019도3215 **판결**(서울서부지방법원 2019. 2. 14. 선고 2018노556 판결)은, 라디오 프리랜서가 지속적으로 항의글을 게시한 청취자에 대하여 내용증명을 발송하며 경품수령을 위해 수집된 청취자의 주소 및 인적사항을 고소대리인인 변호사에게 제공한 사안에서, 프리랜서가 개인정보처리자에 해당한다고 볼 수 없다는 이유로 무죄를 선고한 사안으로, 상고기각 확정되었다.

046 오프라인 사진의 온라인 게재 시 정보통신망법의 적용여부

- 성형 수술 전후 비교사진의 온라인 블로그 게재 사건 -

헌재 2018. 4. 26. 2017헌마747 결정

박민철(김 · 장 법률사무소 변호사)

I. 결정의 개요

1. 사안의 개요

가. 사실관계

청구인은 서울 강남구 ○○로 ○○에 있는 '○○ 이비인후과'(이하 '이 사건 병원'이라 한다)를 운영하는 의사이고, 고소인은 2011. 8. 29. 이 사건 병원에서 코 성형수술을 받은 사람이다. 청구인은 수술 전후 비교를 위하여 고소인의 얼굴을 촬영하였고, 위 사진은 이 사건 병원에서 개설 · 운영하는 인터넷 블로그에 게재되었다. 고소인은 청구인이 자신의 동의를 받지 아니하고 수술 전후 사진을 홍보 목적으로 인터넷 블로그에 게재하였음을 이유로 2015년경 형사고소(서울중앙지방검찰청 2015년 형제103130호)함과 동시에 2015. 9. 30. 청구인을 상대로 손해배상청구소송을 제기하였다(인천지방법원 2015가단55808).

나. 소송경과

소송 계속 중인 2015. 12. 4. 고소인과 청구인 사이에 조정(인천지방법원 2015머76643, 이하 '이 사건 조정'이라 한다)이 성립되어, 고소인은 이 사건 조정에 따라 고소를 취소하였고, 서울중앙지방검찰청 검사는 2015. 12. 17. 청구인의 업무상비밀누설, 개인정보 보호법 위반, 정보통신망법 위반(정보통신망침해등), 의료법 위반, 명예훼손 혐의에 대하여 각하 처분을 하였다. 하지만, 고소인은 이 사건 조정 당시 청구인이 게재한 사진을 삭제하고 재발방지를 약속하였으므로 이를 믿고 조정에 이르렀는데 여전히 수술 전후 사진이 인터넷 블로그에 게재되어 있다고 하며 2017. 1. 4. 다시 청구인을 상대로 형사고소하였다. 결국, 피청구인은 2017. 6. 14. 피의사실 중 의료법 제88조, 제19조 (정보누설금지) 위반은 친고죄, 명예훼손은

반의사불벌죄로서, 위 서울중앙지방검찰청 2015년 형제103130호 사건 당시 고소인의 고소 취소 및 처벌불원의사가 있었음을 이유로 공소권없음의 불기소처분을 하고, 정보통신망법 위반에 대하여만 기소유예처분을 하였다.

2. 결정의 요지

청구인에게 개인정보 누설에 관한 정보통신망법 위반 혐의가 인정되기 위해서는 청구인이 정보통신서비스 제공자인 동시에 고소인이 이용자이어야 하고, 청구인이 고소인의 개인정보를 취급하고 있거나 취급하였던 자로서 직무상 알게 된 고소인의 개인정보를 누설하였어야 한다. 이 사건 기록에 비추어 보면 고소인은 청구인으로부터 정보통신서비스를 제공받아 이를 이용하는 관계에 있지 아니하므로 고소인을 이용자라고 볼 수 없고, 또 문제된 고소인의 사진이 청구인이 직무상 알게 된 개인정보라고 인정할 만한 아무런 자료가 없다. 따라서 청구인에게 정보통신망법 위반 혐의를 인정한 피청구인의 기소유예처분은 자의적인 검찰권 행사로서 청구인의 평등권과 행복추구권을 침해하였다.

II. 해설

1. 쟁점의 정리

정보통신망법 제71조 제5호는 제28조의2 제1항을 위반하여 이용자의 개인정보를 누설한 자를 처벌하도록 규정하고 있고, 같은 법 제28조의2 제1항(2016. 3. 22. 법률 제14080호로 개정되기 전의 것, 이하 '이 사건 근거조항'이라 한다)은 "이용자의 개인정보를 취급하고 있거나 취급하였던 자는 직무상 알게 된 개인정보를 훼손·침해 또는 누설하여서는 아니 된다."고 규정하고 있다. 따라서 이 사건 근거조항이 적용되기 위해서는 청구인이 정보통신망법 제2조 제1항 제3호에서 정한 '정보통신서비스 제공자'이어야 하고 고소인이 같은 법 제2조 제1항 제4호에서 정한 '이용자'이어야 하며, 청구인이 고소인에 대한 관계에서 '고소인의 개인정보를 취급하고 있거나 취급하였던 자로서 직무상 알게 된 고소인의 개인정보'를 누설하였어야 한다.

2. 검토

가. 정보통신망법상 '정보통신서비스 제공자'

정보통신망법 제2조 제1항 제3호는 "'정보통신서비스 제공자'란 「전기통신사업법」 제2조

제8호에 따른 전기통신사업자와 영리를 목적으로 전기통신사업자의 전기통신역무를 이용하여 정보를 제공하거나 정보의 제공을 매개하는 자를 말한다."고 규정하고 있다. 동 헌재 결정에서, 청구인은 의사로서 병원 홍보를 위하여 광고 등을 할 목적으로 인터넷 블로그를 개설·운영하였고, 위 인터넷 블로그에 코 성형수술 전후의 고소인의 사진을 게재하였는바, 이는 청구인이 영리의 목적, 즉 널리 경제적인 이익을 취득할 목적으로 자신의 정보를 정보통신망에 게시하거나 정보의 유통이 가능하도록 연결시켜 주는 행위를 한 것이므로, 청구인은 정보통신망법 제2조 제1항 제3호 소정의 '정보통신서비스 제공자'에 해당한다고 판시하고 있다.

정보통신망법은 전기통신사업자가 아니더라도 '영리를 목적으로 전기통신사업자의 전기통신역무를 이용하여 정보를 제공 또는 정보의 제공을 매개하는 자'는 정보통신서비스 제공자에 해당된다고 규정하고 있는데, 이때 '영리를 목적으로'의 의미는 널리 경제적 이익을 취할 목적을 의미하며, 특히 상법상의 상인 및 회사는 그 목적이 영리를 목적으로 사업을 영위하므로, 구체적인 영리행위가 없어도 기본적으로 정보통신서비스 제공자에 해당하므로, 성형외과와 같은 병원의 인터넷 블로그 역시, 해당 블로그에서 직접적인 용역 및 재화의 판매 등이 없다고 하더라도 병원의 영리를 목적으로 광고 등의 정보를 제공하므로, 정보통신서비스 제공자에 해당된다고 할 것이다.

나. 정보통신망법상 '이용자'

1) 동 헌법재판소의 '이용자' 해당 여부 판단

정보통신망법 제2조 제1항 제4호는 "'이용자'란 정보통신서비스 제공자가 제공하는 정보통신서비스를 이용하는 자를 말한다."고 규정하고 있는바, 헌법재판소는 여기에서 규정하고 있는 '이용자'란 자신의 개인정보를 수집하려고 하는 정보통신서비스 제공자로부터 정보통신서비스를 제공받아 이를 이용하는 관계를 전제로 한다(대법원 2013. 10. 17. 선고 2012도4387 판결 참조)고 하면서, 그런데 고소인은 청구인으로부터 코 성형수술을 받았을 뿐, 이 사건 기록상 고소인이 위 성형수술 전후에 걸쳐 청구인 운영의 인터넷 블로그에 회원으로 가입하였다거나 또는 위 인터넷 블로그에 접속하여 상담을 하거나 진료예약을 하는 등 서비스를 이용한 사실이 있음을 인정할 아무런 자료가 없고, 오로지 자신의 성형수술 전후의 사진이 위 인터넷 블로그에 게재되어 있음을 지인을 통하여 알게 된 이후 이를 확인하기 위하여 비로소 위 인터넷 블로그에 접속하였던 것에 불과하다. 따라서 고소인은 청구인으로부터 정보통

신서비스를 제공받아 이를 이용하는 관계에 있지 아니하여 정보통신망법 제2조 제1항 제4호 및 이 사건 근거조항의 '이용자'에 해당하지 아니한다고 판시하였다.

2) 관련 판례(대법원 2013. 10. 17. 선고 2012도4387 판결)

정보통신망법 제22조 제1항 전문(이하 '이 사건 조항'이라 한다)은, 정보통신서비스제공자가 이용자의 개인정보를 이용하려고 수집하는 경우에는 개인정보의 수집·이용 목적(제1호), 수집하는 개인정보의 항목(제2호), 개인정보의 보유·이용 기간(제3호)의 모든 사항을 이용자에게 알리고 동의를 받아야 하는 것으로 규정하고 있다. 이와 같이 이 사건 조항은 그 적용 대상자를 정보통신서비스 제공자로 정하고 나아가 수집 시에 동의를 받아야 하는 개인정보의 주체를 이용자로 제한하고 있으며, 같은 법 제2조 제1항 제4호는 '이용자'를 '정보통신서비스 제공자가 제공하는 정보통신서비스를 이용하는 자'로 정의하고 있다. 그리고 같은 법 제22조 제2항은 이용자의 동의 없이 이용자의 개인정보를 수집·이용할 수 있는 이 사건 조항의 예외적인 경우로서, 정보통신서비스의 제공에 관한 계약을 이행하기 위하여 필요한 개인정보로서 경제적·기술적인 사유로 통상적인 동의를 받는 것이 뚜렷하게 곤란한 경우(제1호), 정보통신서비스의 제공에 따른 요금정산을 위하여 필요한 경우(제2호) 등과 같이 정보통신서비스 제공자와 이용자 사이에 이용관계에 있음을 전제로 하는 상황에서의 특별한 경우를 규정하고 있다. 또한 같은 법 제23조 제2항은 "정보통신서비스 제공자는 이용자의 개인정보를 수집하는 경우에는 정보통신서비스의 제공을 위하여 필요한 최소한의 정보를 수집하여야 하며, 필요한 최소한의 정보 외의 개인정보를 제공하지 아니한다는 이유로 그 서비스의 제공을 거부하여서는 아니 된다."고 규정하여, 이 사건 조항 등에 의하여 수집 가능한 개인정보를 "정보통신서비스의 제공을 위하여 필요한 최소한의 정보"로 제한하고 있다. 구 정보통신망법(2011. 3. 29. 법률 제10465호로 개정되기 전의 것) 제67조 제1항은 정보통신서비스 제공자 외의 자로서 재화 등을 제공하는 자 중 대통령령으로 정하는 자에 대하여 이 사건 조항을 준용하면서, 이 경우 이 사건 조항의 '정보통신서비스 제공자'는 '재화 등을 제공하는 자'로, '이용자'는 '재화 등을 제공받는 자'로 본다고 규정하고 있었다.

위에서 살펴본 이 사건 조항의 문언, 관련 조항들을 포함한 정보통신망법의 전반적인 체계와 취지, 목적 등을 종합하여 볼 때, 이 사건 조항에 의하여 보호되는 개인정보의 주체인 이용자는 자신의 개인정보를 수집하려고 하는 정보통신서비스 제공자로부터 정보통신서비스를 제공받아 이를 이용하는 관계를 전제로 하고 있다고 해석된다.

3) '이용자' – 정보통신서비스 제공자와 이용관계를 맺고 있는 경우

위에서 소개한 대법원 판결 이전 울산지방법원 2013. 3. 8. 선고 2012노582 판결에서도 동일한 논리를 통해 "정보통신망법이 적용되기 위해서는 정보통신서비스 제공자가 이용자와 정보통신서비스 이용관계를 맺고 있는 경우에 적용된다"고 판시하고 있었다. 해당 판결에서도, "정보통신망법 제71조에서는 같은 법 제22조 제1항을 위반하여 이용자의 동의를 받지 아니하고 개인정보를 수집한 자를 처벌하고 있고, 같은 법 제22조 제1항에서는 정보통신서비스 제공자는 이용자의 개인정보를 이용하려고 수집하는 경우에는 개인정보의 수집·이용 목적 등의 사항을 이용자에게 알리고 동의를 받아야 한다고 규정하고 있는바, 그 문언의 취지나 정보통신망의 제공 및 이용에 관한 사항을 규정하는 정보통신망법이 정보통신서비스 이용자의 개인정보 보호를 위해 정보통신서비스 제공자에 대한 규제를 강화하고자 이용자의 개인정보 보호제도에 관한 사항을 규정하게 된 점 등 개정취지 내지 경과 등에 비추어 보면, 위 조항은 정보통신서비스의 제공자가 자신이 제공하는 서비스를 받는 이용자의 개인정보를 수집하는 경우에 적용된다고 할 것이다."라고 판시한 바 있다.

다. '직무상 알게 된 개인정보'

한편, 헌법재판소는 '직무상 알게 된 개인정보'인지 여부와 관련하여, 이 사건에서 문제된 고소인의 사진은 청구인이 위 인터넷 블로그를 통해 수집한 정보가 아니라 순수하게 오프라인(off–line) 의료행위(코 성형수술) 과정에서 수집·취득한 것이고, 나아가 청구인이 정보통신서비스 제공자로서 고소인의 개인정보를 취급하는 과정에서 '직무상 알게 된 개인정보'라고 인정할 만한 아무런 자료도 없다고 이를 부인하였다. 위에서 살펴본 "정보통신서비스 제공자", "이용자"와 마찬가지로 "직무상 알게 된 개인정보" 해당여부도 인터넷 블로그라는 정보통신서비스 제공과정과 그 관계에서 수집 취득된 정보여야 한다는 점을 명확히 판시한 것으로 이해된다.

III. 결정의 의의

개인정보와 관련한 규정이 구 정보통신망법에 포함되어 있었으나, 현재는 종전의 정보통신망법 규정 중 개인정보 관련 규정을 개인정보 보호법 제6장 '정보통신서비스 제공자 등의

개인정보 처리 등 특례'로 반영하였다. 기존의 정보통신망법이나 현재의 개인정보 보호법상 '정보통신서비스 제공자 등의 개인정보 처리 등 특례' 규정은 정보통신서비스의 특성을 반영하여, 정보통신서비스 제공자 등이 처리하는 이용자의 개인정보를 보호하는 것을 목적으로 한다. 동 사안과 같이 오프라인 영업과 함께 온라인 블로그 등 사이트를 개설하여 이를 함께 운영하는 경우, 이용자의 개인정보와 관련하여 어떤 법과 규정을 적용해야 하는지, 해당 이용자의 개인정보가 어떻게 수집되고 처리되는지와 밀접한 관련이 있다고 할 것이다.

본건 사안과 같이 오프라인 영업을 하는 경우에도, 최근에는 해당 영업을 오프라인만으로 진행하지 않고, 해당 영업자체를 온라인으로 병행하거나 적어도 온라인을 통해 해당 영업의 정보를 안내하는 것이 일반적이다. 그렇다면 오프라인 영업을 하는 자도 정보통신서비스 제공자의 지위를 동시에 가지게 됨에 따라, 개인정보를 수집하고 활용하는 경우가 어느 지위와 관련한 것인지 판단이 필요한 경우가 많아 졌다. 즉 정보통신서비스 제공자의 지위를 가진다고 하더라도, 수집되고 활용하는 경우가 정보통신서비스 제공자의 지위와 관련되지 않았다면 정보통신서비스 제공자에 적용되는 정보통신망법이 적용되어서는 안 될 것이다. 만약 정보통신서비스 제공자의 지위를 가진다는 이유로 해당 개인정보가 이용관계에서 수집, 활용되는 것이 아님에도 불구하고 해당 규정을 적용하게 되면, 온라인 사이트를 개설 운영하는 모든 사업자에게 정보통신망법을 적용하게 되는 불합리한 결과를 초래할 것이다. 정보통신망법이 정보통신서비스 이용자의 개인정보 보호를 위해 정보통신서비스 제공자에 대한 규제를 강화한 취지를 감안하여, 해당 법 적용을 정보통신서비스 제공자와 해당 서비스에 대한 이용관계가 형성된 이용자의 개인정보가 문제된 경우로 해석하여 판시한 동 헌재 결정은 합리적인 결론이라고 할 것이다.

한편, 본건과 같이 성형사진과 같은 개인정보를 오프라인을 통해 수집하고, 자신이 운영하는 온라인 사이트 등에 고객의 동의 없이 게재한 경우, 이상과 같이 정보통신서비스 제공자와 이용자에 해당되지 않아 정보통신망법이 적용되지 않는다고 하더라도, '개인정보처리자'를 대상으로 하는 개인정보 보호법이 적용될 수는 있을 것이다. 즉, 개인정보처리자는 개인정보를 수집하는 경우 '수집 및 이용 목적'을 고지하고 동의를 얻어야 하고, 개인정보처리자가 수입한 개인정보는 그 수집 및 이용 목적의 범위 내에서만 이용할 수 있으며, 수집한 개인정보를 별도의 동의 절차 없이 홍보 목적으로 임의로 이용한다면 이는 개인정보 보호법 제18조 제2항에 따른 개인정보의 목적외 이용 행위에 해당한다. 본건의 경우에도 온라인 블로그에 개인정보가 게시되었다는 이유만으로 정보통신망법을 적용할 수는 없고, 해당 정보의 수집과 활용이 온라인 서비스와 관련된 것인지를 판단하여 정보통신망빕을 적용할 것인

지, 개인정보 보호법을 적용할 것인지를 결정해야 할 것이다.

현재는 정보통신망법상의 개인정보 규정이 개인정보 보호법상 특례 규정으로 포함되었으므로, 향후에도 해당 정보통신서비스 특례 규정을 적용할지 여부는 동 판결의 취지와 판단기준을 적용하여야 할 것이다.

047 정보통신서비스 제공 시 보호되는 이용자의 범위

- 타사 정보통신서비스 이용자의 전화번호 무단수집 사건 -

대법원 2013. 10. 17. 선고 2012도4387 판결

이강혜(법무법인(유한) 태평양 변호사)

I. 판결의 개요

1. 사안의 개요

가. 사실관계

피고인들은 정보통신서비스 제공자인 피고인 회사의 직원들이다. 피고인들은 피고인 회사 소속 각 지사의 아파트 통신장비실에 들어가 타 정보통신서비스 제공자(이하 "타사")의 정보통신서비스 가입자가 동의하지 않았음에도 장애처리용 전화기를 타사 주배전반의 통신포트에 연결 후 자신의 휴대폰에 전화 연결하여 타사 가입 전화번호가 자신의 휴대폰에 착신되도록 하고 이를 A4용지에 기재하는 방법 등으로 순차적으로 타사 가입자의 개인정보인 전화번호를 수집하였다.

나. 소송경과

1) 제1심 판결(서울서부지방법원 2011. 12. 14. 선고 2011고정1406 판결: 무죄)

법원은 피고인들이 타사 가입 전화번호를 해당 전화번호 보유자들의 동의를 받지 않고 수집한 것이 이용자의 동의를 받지 않고 개인정보를 이용하려고 수집한 경우에 해당하여 구 정보통신망 이용촉진 및 정보보호 등에 관한 법률(2020. 2. 4. 제16955호로 개정되기 전) 제22조 제1항을 위반한 것인지 판단함에 있어서 위 전화번호 보유자들이 피고인 회사의 정보통신서비스를 이용하고 있는 사람이라는 사실을 인정할만한 증거가 없으므로 정보통신망 이용촉진 및 정보보호 등에 관한 법률(이하 "정보통신망법") 제2조 제1항 제4호의 '이용자'에 해당한다고 보기 어려워 피고인들이 타사 정보통신서비스 가입자의 개인정보인 전화번호를 수집하였다는 부분에 관하여 무죄를 선고하였다.

2) 항소심 판결(서울서부지방법원 2012. 4. 5. 선고 2012노10 판결: 무죄)

항소심 법원은 구 정보통신망법 제22조 제1항은 문리해석상 정보통신서비스 제공자가 그 서비스의 제공을 받는 이용자의 개인정보를 수집하는 경우에 적용되는 것인 점, 같은 법 제2조 제1항 제4호에 따르더라도 이용자는 정보통신서비스 제공자가 제공하는 정보통신서비스를 이용하는 자를 뜻한다고 명시적으로 규정되어 있는 점에 비추어 볼 때 피고인들이 수집한 전화번호의 보유자들이 피고인 회사의 정보통신서비스의 이용자에 해당한다고 인정할 증거가 없으므로 정보통신망법상 이용자에 해당한다고 보기 어려워 1심의 판단대로 무죄로 판단하였다.

3) 대법원 판결(대법원 2013. 10. 17. 선고 2012도4387 판결: 무죄)

구 정보통신망법 제22조 제1항에 의하여 보호되는 개인정보의 주체인 이용자는 자신의 개인정보를 수집하려고 하는 정보통신서비스 제공자로부터 정보통신서비스를 제공받아 이를 이용하는 관계를 전제로 하고 있으므로 피고인들이 수집한 타사 전화번호의 보유자는 피고인 회사에 대하여 정보통신망법상 이용자에 해당한다고 인정할 증거가 없어 정보통신망법상 이용자에 해당한다고 보기 어려워 개인정보 수집으로 인한 정보통신망법 위반에 대해서 무죄로 판단하였다.

2. 판결의 요지

정보통신서비스 제공자가 이용자의 개인정보를 이용하려고 수집하는 경우에는 이용자에게 개인정보의 수집·이용 목적, 수집하는 개인정보의 항목, 개인정보의 보유·이용 기간을 알리고 동의를 받아야 한다. 구 정보통신망법에서는 정보통신서비스 제공자가 동의를 받아야 하는 주체를 이용자로 제한하고 있으며 같은 법에서 이용자를 정보통신서비스 제공자가 제공하는 정보통신서비스를 이용하는 자로 정의하고 있다. 따라서 정보통신서비스 제공자가 이용하려고 수집하는 이용자의 개인정보에 대하여 보호되는 이용자는 자신의 개인정보를 수집하려고 하는 정보통신서비스 제공자로부터 정보통신서비스를 제공받아 이를 이용하는 자로 보아야 한다.

II. 해설

1. 쟁점의 정리 - 정보통신망법상 이용자의 범위

가. 정보통신망법상 동의의 주체

구 정보통신망법 제22조 제1항은 정보통신서비스 제공자가 '이용자'의 개인정보를 이용하려고 수집하는 경우에 각 호의 사항을 이용자에게 알리고 동의를 받아야 한다고 규정하고 있으므로 위 조항이 적용되기 위해서는 정보통신서비스 제공자가 수집하는 개인정보의 보유자가 같은 법상의 '이용자'에 해당하여야 한다.

나. 정보통신망법상 이용자의 정의

정보통신망법 제2조 제1항 제4호에서는 '이용자'를 '정보통신서비스 제공자가 제공하는 정보통신서비스를 이용하는 자'로 정의하고 있다. 따라서 구 정보통신망법 제22조 제1항에서 보호되는 개인정보의 주체인 이용자는 자신의 개인정보를 수집하려고 하는 정보통신서비스 제공자로부터 정보통신서비스를 제공받아 이를 이용하는 자로 해석하여야 한다.

2. 관련 판례

가. 울산지방법원 2013. 3. 8. 선고 2012노582 판결

구 정보통신망법 제22조 제1항에서는 정보통신서비스 제공자가 이용자의 개인정보를 이용하려고 수집하는 경우 개인정보의 수집·이용 목적 등을 알리고 동의를 받도록 규정하고 있다. 위 조항은 정보통신서비스 제공자가 자신이 제공하는 서비스를 받는 이용자의 개인정보를 수집하는 경우에 적용된다고 할 것이다.

나. 대법원 2019. 9. 26. 선고 2018다222303, 222310(병합), 222327(병합) 판결

구 정보통신망법상의 개인정보 보호조항은 기본적으로 정보통신서비스 제공자가 제공하는 정보통신서비스를 이용하는 상대방으로서의 정보주체를 보호하기 위한 것으로서 정보통신서비스 제공자가 개인정보를 취급할 때에 법률적 의무로 부담해야 하는 개인정보의 안전성 확보에 필요한 기술적·관리적 조치는 불특정 다수의 개인정보를 수집·이용하는 경우를 전제로 하는 것이 아니라 해당 정보통신서비스를 이용하는 이용자의 개인정보 취급에 관한 것이다.

3. 검토

대상 판결에 따르면 구 정보통신망법 제22조 제1항은 정보통신서비스 제공자가 이용자의 개인정보를 이용하려고 수집하는 경우 동 조항 각 호의 사항을 이용자에게 알리고 동의를 받아야 한다고 규정하고 있다. 정보통신망법 제2조 제4호에서 이용자는 정보통신서비스 제공자가 제공하는 정보통신서비스를 이용하는 자로 정의되어 있으므로 구 정보통신망법 제22조 제1항 규정의 적용 대상은 이용관계가 존재하는 정보통신서비스 제공자와 이용자로 보아야 한다고 판시하였다.

대법원은 구 정보통신망법 제22조 제1항에 의하여 보호되는 이용자의 범위를 자신의 개인정보를 수집하려고 하는 정보통신서비스 제공자로부터 정보통신서비스를 제공받아 이를 이용하는 자로 한정하는 것과 관련하여, 정보통신망법에서는 명시적으로 이용자를 정보통신서비스 제공자가 제공하는 정보통신서비스를 이용하는 자로 정의하고 있는 점, 동조 제2항에서 규정하고 있는 이용자의 동의 없이 이용자의 개인정보를 수집·이용할 수 있는 경우는 정보통신서비스의 제공에 관한 계약을 이행하기 위하여 필요한 개인정보로서 경제적·기술적인 사유로 통상적인 동의를 받는 것이 뚜렷하게 곤란한 경우 또는 정보통신서비스 제공에 따른 요금정산을 위하여 필요한 경우 등과 같이 정보통신서비스 제공자와 이용자 사이에 이용관계가 있음을 전제로 하는 상황인 점을 근거로 판단하였다.

III. 판결의 의의

대상 판결은 정보통신망을 이용한 개인정보의 처리가 나날이 확대되고 있는 현대 사회에서 정보통신서비스의 제공 시 개인정보 보호조항으로 보호되는 이용자의 범위를 명확히 하였다는 점에서 매우 중요하다. 구 정보통신망법 제22조 제1항의 이용자를 대상 판결과 같이 개인정보를 수집·이용하려는 정보통신서비스 제공자와 이용관계에 있는 이용자로 한정하지 않고 정보통신서비스를 이용하는 모든 이용자로 해석할 경우 정보통신망을 이용하는 대다수의 정보주체가 모두 포함될 것이므로 이용자의 범위가 매우 확대되는 결과를 초래할 수 있다. 정보통신망법 제2조 제4호에서 이용자의 개념을 명시적으로 정의하고 있는 점 및 정보보호 분야의 개인정보 보호조항을 별도로 규정한 취지를 고려할 때 대상 판결과 같은 해석이 적절하다고 사료된다.

더불어 정보통신서비스 제공자가 이용자의 동의를 받지 않고 개인정보를 수집하는 경우 형사처벌을 받으므로 죄형법정주의의 원칙상으로도 개인정보 보호규정은 엄격하게 해석하여야 할 것으로 보인다. 대법원[1]도 “형벌 법규의 해석은 엄격하여야 하고 명문 규정의 의미를 피고인에게 불리한 방향으로 지나치게 확장해석하거나 유추해석하는 것은 죄형법정주의의 원칙에 어긋나는 것으로 허용되지 않는다” 입장을 견지해 오고 있다. 이와 같은 관점에서 이용자의 개념은 확장해석을 하기 보다는 법 규정을 문리적으로 해석하는 것이 타당하다고 생각된다.

대상 판결의 기초가 되는 범죄 사실이 행해진 시점은 개인정보 보호법이 제정되기 전[2]이므로 형법 제1조 제1항의 행위시법주의의 원칙에 따라 개인정보 보호법은 적용되지 않았다. 그러나 설령 개인정보 보호법이 적용된다고 하더라도 개인정보처리자가 정보주체의 동의를 받지 않고 개인정보를 수집한 경우 과태료 부과 규정만 있으므로 결론에 있어서는 대상 판결과 동일할 것으로 예상된다.

한편, 2020. 2. 4. 정보통신망법 및 개인정보 보호법의 개정으로 개인정보 보호조항이 개인정보 보호법으로 일원화되었다. 위 개정으로 정보통신망법상의 개인정보 보호규정 중 개인정보 보호법과 상이하거나 정보통신망법에만 있던 규정은 정보통신서비스 제공자 등에 적용되는 특례규정으로 반영되었으며 그중 구 정보통신망법 제22조 제1항의 규정도 개인정보 보호법(2020. 2. 4. 법률 제16930호)으로 편입되었다.

개인정보 보호법 제39조의3 제1항에 따르면 정보통신서비스 제공자는 개인정보의 수집·이용 동의와 관련하여 개인정보처리자의 개인정보의 수집·이용에 대해 규정하고 있는 같은 법 제15조 제1항이 있음에도 불구하고 위 특례규정의 적용을 받으므로 이용자의 개인정보를 이용하려고 수집하는 경우에는 이용자에게 동 조항 각 호에서 정한 사항을 알리고 동의를 받아야 한다. 개인정보 보호법상 일반규정이 있음에도 위와 같이 정보통신서비스 제공자에게 적용되는 특례규정을 마련한 점, 위 특례규정에서는 동의의 주체를 개인정보 보호법상의 정보주체가 아닌 이용자라고 명시한 점을 고려하였을 때 위 개정 이후로도 대상 판결의 이용자의 개념은 여전히 유효하다고 할 것이다.

1) 대법원 2005. 11. 24. 선고 2002도4758 판결 등.
2) 개인정보 보호법은 2011. 3. 29.(법률 제10465호) 제정되었다.

048

'개인정보를 이용자로부터 동의받은 목적과 다른 목적'으로 이용한 행위에 해당하는지의 판단 기준

- 부활충전 사건 -

대법원 2018. 7. 12. 선고 2016두55117 판결

김이경(대법원 재판연구관/부장판사)

I. 판결의 개요

1. 사안의 개요

가. 사실관계

원고는 충전금액에 따라 30일 내지 150일 동안 발신 및 수신이 가능한 선불폰 서비스를 제공하는 이동전화 이용계약을 서비스이용자들과 체결하였다. 충전된 선불요금 금액이 소진되거나 정해진 사용기간이 만료되면 서비스이용자들에게 부여한 이동전화번호는 일시정지 상태가 된다. 사용기간 만료일로부터 10일간은 수신만 가능하고, 사용기간 만료일 다음날부터 90일 이내(이하 '번호유지기간'이라 한다)에 서비스이용자가 충전을 하면 사용하던 번호를 계속 사용할 수 있다. 그러나 충전하지 않고 90일의 번호유지기간을 경과하면 이동전화 이용 서비스계약이 자동해지되어 그 번호는 가입회선에서 제외된다. 원고는 이미 가입된 이용자들 중 번호유지기간이 경과하지 않은 이용자들에 대하여 이용금액과 수수료를 원고가 부담하면서 임의로 서비스 이용기간을 연장하는, 이른바 '부활충전'행위를 하였고, 그 과정에서 이용자들의 이름, 전화번호, 이동전화 이용계약 가입일 등의 정보를 이용하였다.

피고는 원고의 '부활충전'행위가 서비스이용자들로부터 동의 받은 목적 외로 위 이용자들의 개인정보를 이용한 것에 해당하여 구 정보통신망 이용촉진 및 정보보호 등에 관한 법률(2014. 5. 28. 법률 제12681호로 개정되기 전의 것, 이하 '구 정보통신망법'이라 한다) 제24조를 위반하였다며 원고에 대하여 시정명령, 공표명령, 3억 6,000만 원의 과징금 부과 등의 처분(이하 '이 사건 처분'이라 한다)을 하였고, 원고는 이 사건 처분의 취소를 구하는 소를 제기하였다.

나. 소송경과

1) 제1심 판결(서울행정법원 2015. 12. 11. 선고 2015구합66752 판결): 원고 패소

2012. 11.경까지 가입한 서비스이용자들로부터 '서비스 이용에 따른 본인 식별' 목적으로 이용자들의 개인정보를 이용할 수 있다는 점에 대하여 동의를 받았지만, 원고가 이용자의 의사와 무관하게 선불폰 이용요금을 충전한 이상 이는 '서비스 이용에 따른 본인 식별 등'에 해당하지 않아 '개인정보의 목적외 이용'에 해당한다.

2012. 12.경 이후 가입한 서비스이용자들로부터 '서비스 제공'과 '개인 맞춤 서비스 제공' 목적으로 이용자들의 개인정보를 이용할 수 있다는 점에 대한 동의를 받았다 하더라도, 원고가 이용자의 개인정보를 이용하여 임의로 충전을 한 것은 이용자의 추정적 의사에 반하여 선불폰 서비스이용계약을 연장하는 결과가 되어 이용자의 개인정보자기결정권을 침해할 여지가 있고, '서비스 제공'은 이용자의 동의 없이 원고가 이동전화 서비스 등을 일방적으로 공급하는 것은 포함하지 않으며, 부활충전의 대상자를 이용자의 개별적 상황을 전혀 고려하지 아니하고 무작위로 선정하였으므로 '개인 맞춤서비스 제공'에도 해당하지 않는다. 따라서 이용자들로부터 동의 받은 목적과 다른 목적으로 이용자들의 개인정보를 이용한 경우에 해당한다.

2) 항소심 판결(서울고등법원 2016. 10. 5. 선고 2016누30912 판결): 원고 항소기각

'부활충전'은, ① 이용자의 충전금액에 따라 서비스 사용기간이 변동되고 이용자가 더 이상 충전하지 않으면 일정 기간 경과 후 자동으로 해지되는 선불폰 서비스 이용계약의 핵심적인 내용에 비추어 선불폰 서비스 제공자인 원고가 고객인 이용자들을 위하여 일정한 금액을 충전하여 주는 것도 이용자들의 의사에 합치할 때에만 허용된다고 보아야 하는 점, ② 선불폰 서비스를 계속 이용할 의사가 확인되지 아니한 이용자에게 원고가 임의로 일정 금액을 충전한 것은 선불폰 서비스 이용계약을 체결한 이용자들이 당연히 예상할 수 있는 범위 내의 서비스라고 보기 어려운 점, ③ 선불폰 서비스 이용계약에서 정한 일정 기간이 경과하면 당연히 계약이 해지될 것을 기대하고 있던 이용자의 경우에는 더 이상 자신의 명의로 사용할 의사가 없는 선불폰 가입번호가 계속 사용할 수 있는 상태로 유지됨으로 인하여 불측의 손해를 입게 될 염려도 배제할 수 없는 점 등을 종합하면, 구 정보통신망법 제24조에서 금지하는 '이용자로부터 동의받은 목적과 다른 목적으로 개인정보를 이용한 것'에 해된다고 봄

이 타당하다.

3) 대법원 판결(대법원 2018. 7. 12. 선고 2016두55117 판결): 원고 상고기각

'부활충전'행위가 구 정보통신망법 제24조에서 금지하는 '이용자로부터 동의받은 목적과 다른 목적으로 개인정보를 이용한 것'에 해당된다고 봄이 타당하다는 이유로 이 사건 처분 취소를 구하는 원고의 청구를 받아들이지 않은 원심 판단은 정당하다.

2. 판결의 요지

이동통신서비스업자인 원고가 번호유지기간 내에 있는 선불폰 서비스 이용자들을 대상으로 개인정보를 이용하여 임의로 일정 금액을 충전하는 이른바 '부활충전' 행위는 구 정보통신망법 제24조에서 금지하는 '이용자로부터 동의받은 목적과 다른 목적으로 개인정보를 이용한 것'에 해당한다(원심 수긍형 판시).

II. 해설

1. 쟁점의 정리

원고는 2012. 11.경까지 가입한 서비스이용자들에게 '서비스 이용에 따른 본인 식별' 목적으로 개인정보 이용을 동의받았고, 2012. 12.경부터 가입한 서비스이용자들에게는 '서비스 제공'과 '개인 맞춤 서비스 제공'을 목적으로 개인정보 이용을 동의받았다. 원고가 한 '부활충전'행위가 위와 같이 서비스이용자들로부터 '개인정보를 동의받은 목적'과 다른 목적으로 이용한 행위에 해당하는지, 그 판단 기준은 무엇인지가 이 사건의 쟁점이다.

2. 관련 판례: 대법원 2018. 7. 11. 선고 2016도10102 판결

피고인들(원고의 직원 2인과 원고)이 원고의 선불이동전화 서비스에 가입한 이용자들 중 번호유지기간에 있는 이용자들의 선불이동전화에 피고인 회사의 비용으로 선불요금을 임의로 충전하기 위해 해당 이용자들의 개인정보를 이용한 것(이 사건 처분의 대상행위인 '부활충전'과 동일한 행위임)은 가입 당시 위 이용자들로부터 수집한 개인정보를 그 동의받은 목적과 다른 목적으로 이용한 행위에 해당하므로 구 정보통신망법 제24조의 개인정보 이용 제한을 위반하였다는 범죄사실로, 원고의 직원 2인에게는 각 징역 2년에 집행유예 3년을, 원고에게는

벌금 5,000만 원을 각 선고하였다.

3. 검토

가. 2012. 11.경까지 가입한 서비스이용자들에게 받은 동의서에서 밝힌 성명, 주민등록번호의 수집·이용 목적은 '서비스 이용에 따른 본인 식별 절차 및 다른 항목의 정보와 결합하여 각 항목의 수집·이용 목적으로 활용'하는 것이었고, 주소, 전화번호의 수집·이용 목적은 '청구서 송부, 상품배송, 고지사항 전달, 본인의사 확인, 불만처리 등 원활한 의사소통 경로의 확보 등'이었으며, 이동전화 가입일의 수집·이용 목적은 '제휴서비스 제공'이었다. 2012. 12.경부터 가입한 서비스이용자들에게 받은 동의서에서 밝힌 식별정보(성명, 주민등록번호, 전화번호) 수집·이용 목적은 '서비스 제공 및 본인 식별 등', '서비스 관련 정보 제공 등', '요금정산 및 과금 등', '통계분석', '개인맞춤서비스 제공'이었다.

원고가 '부활충전'을 하게 된 동기는 기존 가입회선 유지를 통하여 시장점유율을 50% 이상 유지하기 위한 것으로서, 원고는 '부활충전' 과정에서 서비스이용자들에게 고지 없이 임의로 그들의 이름, 전화번호, 이동전화 가입일 등의 개인정보를 이용하였다.

'부활충전'이 서비스이용자들로부터 받은 위 각 동의서상의 정보 수집·이용 목적 중 어디에 해당하는지 쉽게 찾을 수 없으므로, 결국 서비스이용자가 원고와 선불폰 서비스이용계약을 체결하며 동의한 개인정보 수집·이용 목적의 범위가 어디까지인지는 계약 내용의 해석 문제라고 볼 수 있다. 즉, '부활충전'이 서비스 이용 또는 제공, 개인맞춤서비스 제공이라는 범주에 속할 수 있다고 볼 수 있는지가 이 사건의 쟁점이다.

나. 계약 내용을 해석함에 있어서는 서비스이용자가 계약 체결 당시 예정했던 것이 무엇이었는지가 중요하다. 이 사건에서는 원칙적으로 선불폰 이용계약기간 연장권 및 그에 따른 개인정보 보유·이용기간의 연장권을 서비스이용자에게 부여하거나 그 연장 여부를 서비스이용자의 의사에 따르기로 약정한 것으로 해석함이 타당하다. 또한 이용자의 계약 연장 의사를 추정하는 데 있어 '부활충전'으로 인해 이용자에게 발생할 불이익이나 위험성, 원고가 '부활충전'을 행한 실제 목적 등도 고려할 수 있을 것이다. 서비스이용자에게 불이익이나 위험성이 조금이라도 있거나, 주된 목적이 원고 자신의 이익 추구라는 것을 알고도 이용자가 계약을 연장하고, 그에 따른 개인정보의 수집·이용에 동의할 것으로 추정할 수는 없기 때문이다. 개인맞춤서비스 역시 마찬가지이다. 기존의 개인맞춤서비스는 해지징후 고객에 대한 혜택제안과 같은 해지방어활동과 상품 구매기록 등을 바탕으로 한 할인쿠폰 발송 등의 최적화 상품제안활동 등이었는데, 이는 그 제안의 상대방인 서비스이용자의 선택 없이 서비스가

개시되는 것까지를 포함하는 것이 아니다. 따라서 이용자의 의사 확인 없이 이루어진 계약 연장이 개인맞춤서비스에 해당된다고 보기도 어렵다.

다. 원고는 상고이유에서 대법원 2016. 8. 17. 선고 2014다235080 판결을 들어 '개인정보자기결정권이 일부 제한되었더라도 바로 위법하지는 않고 개인정보 처리의 목적, 절차 및 이용형태의 상당성 등을 함께 고려해야 한다.'고 주장하였는데, 위 대법원 2014다235080 판결은 일반 대중에 공개된 개인정보에 관하여 정보주체의 동의가 있었다고 객관적으로 인정되는 범위의 판단이 문제된 것으로, 계약체결의 당사자 사이에 이루어진 동의의 범위가 문제된 이 사건과 사안이 달라 위 대법원 2014다235080 판결에서 판시한 기준을 그대로 적용할 수는 없다.

라. 한편 대법원이 '부활충전'이 이용자의 추정적 의사에 반하여 선불폰 서비스이용계약을 연장하는 결과가 되어 이용자의 개인정보자기결정권을 침해할 여지가 있다고 본 1심, 원심의 판단을 그대로 수긍한 데 대하여 이를 비판하는 견해[1]가 있다. 원고는 통신비밀보호법, 전자상거래소비자보호법 등에 의해 최장 5년까지 개인정보를 계속 보유할 의무를 부담하는데, 원고가 해지 전 이용자에게 본인 대신 선불폰 금액을 소액 충전해 주었다 하더라도 이로 인해 늘어나는 계약기간은 법상 개인정보 보관기간에 비하면 상대적으로 단기에 불과하고 이와 같이 이용자의 개인정보를 보유하는 기간이 소폭 늘어난다 하더라도 이는 원고만이 열람 가능한 상태로 머물러 있는 것이지 외부에 공개되는 것이 아니므로 정보주체의 법익침해 여지가 현실적으로 극히 미미하다는 것이다. 그러나 개인정보를 계속 보유할 의무를 부담한다는 것이 개인정보의 목적외 이용을 허용한다고 추정할 수 없다. 위 견해는 개인정보 처리의 합리성이 있음에도 단지 '동의 절차'를 거치지 않았다는 이유로 이를 금지한다면, 개인정보 수집 당시 시장 환경 및 기술적 수준에서는 예상치 못했던 개인정보 활용이 일률적으로 금지되어 산업에 지나친 제약이 될 수 있음을 지적하였다.[2] 그러나 이 사건은 개인정보의 외부 공개 여부와 관계없이 정보주체의 의사를 고려하지 않고 원고가 의도적으로 서비스이용자들의 개인정보를 목적외로 사용한 것이므로 '예상치 못했던 개인정보 활용의 일률적 금지'에 대한 우려까지 고려하였어야 할 필요는 없다.

1) 전승재, "개인정보 수집, 이용, 제3자 제공에 관한 4개국 법제 비교분석", 선진상사법률연구 통권 제85호 (2019. 1.), 186면.
2) 전승재, "개인정보 수집, 이용, 제3자 제공에 관한 4개국 법제 비교분석", 선진상사법률연구 통권 제85호 (2019. 1.), 187면.

III. 판결의 의의

본건 판결은 이용자의 개인정보를 수집한 정보통신서비스 제공자가 직접 그 정보를 사용한 행위를 목적외 이용으로 본 최초의 판례이다.

본건 판결 이전에도 구 정보통신망법 제24조의 개인정보의 목적외 이용을 적용한 대법원 판결이 있었으나, 구 정보통신망법 제24조에서 규정한 '목적'의 개념이나 동의받은 목적의 범주 등에 관하여 명시적으로 판시하지는 않았다. 이 사건 역시 구 정보통신망법 제24조에서 규정한 '목적'의 개념이라든지 동의받은 목적의 범주가 무엇인지에 관하여 명시적으로 판시하지는 않고, 다만 어떤 행위를 '이용자로부터 동의받은 목적과 다른 목적으로 개인정보를 이용한 것'에 해당된다고 볼 수 있는지에 관하여 상세히 설시한 원심의 판단을 수긍하였을 뿐이다.

정보통신망법은 개인정보의 목적외 이용을 허용하는 특칙을 별도로 두지 않고 있으므로, 우리나라에서는 비식별조치를 하지 않는 한 수집한 개인정보는 그 당초 수집 목적을 위해서만 활용될 수 있으며, 새로운 목적으로 개인정보를 활용하려면 정보주체의 동의를 다시 받아야 한다. 따라서 '당초 수집 목적' 범위 내인지, 혹은 '새로운 목적'인지의 구분이 중요하다.[3] 이러한 점에서, 본건 판결은 이용자로부터 동의받은 목적과 다른 목적으로 개인정보를 이용한 것에 해당하는지 여부를 판단함에 있어, 이용자들의 의사에 합치하는지, 이용자들이 당연히 예상할 수 있는 범위 내인지, 이용자들이 불측의 손해를 입게 될 염려가 있는지를 판단기준의 예시로 들고 있다는 데 그 의의가 있다.

---

3) 전승재, "개인정보 수집, 이용, 제3자 제공에 관한 4개국 법제 비교분석", 선진상사법률연구 통권 제85호 (2019. 1.), 181면.

049

정보통신서비스 제공자와 이용자 및 ARS 전화 여론조사 결과 등이 개인정보에 해당하는지 여부

- 전화 여론조사업체 운영자의 조사결과 및 응답 상대방의 개인정보 제공 사건 -

대법원 2011. 9. 29. 선고 2011도6213 판결

서인덕(대법원 재판연구관/부장판사)

I. 판결의 개요

1. 사안의 개요

가. 사실관계

여론조사업체 운영자인 피고인은 여러 곳의 선거구에 거주하는 선거구민들을 대상으로 ARS 전화 여론조사를 실시하면서, 선거 입후보 예정자들의 인지도 및 적합도, 지지 후보, 지지 정당 등을 묻고 응답자들로부터 해당 정보를 취득한 후 이를 정리하여 여론조사를 의뢰한 컨설팅 담당자나 후보자 측에 제공하였다.

나. 소송경과

1) 제1심 판결(울산지방법원 2011. 2. 11. 선고 2010고합313 판결: 유죄)

피고인은 정보통신사업자로서, 여론조사 이용자인 선거구민들로부터 지지 후보 및 정당, 투표 여부 등 개인정보를 취득한 후 응답자들의 동의 없이 제3자인 여론조사 의뢰자에게 제공하였다는 이유로 정보통신망 이용촉진 및 정보보호 등에 관한 법률(2016. 3. 22. 법률 제14080호로 개정되기 전의 것, 이하 '구 정보통신망법'이라 한다) 위반죄(제71조 제3호, 제24조의2 제1항[1])로 기소[2]되었는데, 1심은 피고인에 대한 공소사실을 유죄로 판단하였다.

---

1) 제71조(벌칙) 다음 각 호의 어느 하나에 해당하는 자는 5년 이하의 징역 또는 5천만 원 이하의 벌금에 처한다.

3. 제24조, 제24조의2 제1항 및 제2항 또는 제26조 제3항(제67조에 따라 준용되는 경우를 포함한다)을 위반하여 개인정보를 이용하거나 제3자에게 제공한 자 및 그 사정을 알면서도 영리 또는 부정한 목적으로 개인정보를 제공받은 자

2) 항소심 판결(부산고등법원 2011. 5. 4. 선고 2011노155 판결: 유죄)

항소심 법원은 아래와 같이 판단하면서 피고인의 이 부분 항소를 기각하였다.

① 피고인이 대표자로 있는 A는 선거후보자나 정당으로부터 ARS에 의한 여론조사를 의뢰받아 설문지를 작성하고 대상 지역 및 대상자를 선정하여 의뢰받은 표본 수에 도달할 때까지 ARS를 발송한 후 수집된 표본을 근거로 통계분석을 하여 보고서를 작성하여 의뢰자에게 제출하면서 비용을 정산받는 업무를 하는 회사이므로, A는 전기통신인 전화를 통하여 선거구민의 지지 후보와 같은 정보를 통계 처리하여 의뢰자에게 전달하는 등의 매개행위를 하는 것으로 정보통신서비스 제공자에 해당한다.

② 피고인은 각 여론조사를 통하여 취득한 전화번호의 가입자들 주소, 지지 후보 및 정당 등의 정보를 제공하였고, 피고인이 취득한 정보는 전화통화를 한 응답자들의 개인정보로서 전화번호, 주소 등에 의하여 특정할 수 있는 개인정보에 해당한다.

3) 대법원 판결(대법원 2011. 9. 29. 선고 2011도6213 판결: 유죄)

대법원은 피고인의 이 부분 상고를 기각하였다.[3]

2. 판결의 요지

원심은, 그 판시와 같은 사실을 인정한 다음, 피고인은 ○○○이라는 상호로 전기통신인 전화를 통하여 이용자인 선거구민의 지지 정당, 지지 후보와 같은 정보를 통계 처리하여 의뢰자에게 전달하는 등의 매개행위를 한 정보통신서비스 제공자에 해당하고, 피고인이 제공한 정보는 전화번호, 주소 등에 의하여 특정할 수 있는 전화 응답 상대방의 개인정보에 해당한다는 이유로, 이 부분 공소사실을 유죄로 인정한 제1심의 판단을 그대로 유지하였다. 관련

제24조의2(개인정보의 제공 동의 등) ① 정보통신서비스 제공자는 이용자의 개인정보를 제3자에게 제공하려면 제22조 제2항 제2호 및 제3호에 해당하는 경우 외에는 다음 각 호의 모든 사항을 이용자에게 알리고 동의를 받아야 한다. 다음 각 호의 어느 하나의 사항이 변경되는 경우에도 또한 같다.

1. 개인정보를 제공받는 자, 2. 개인정보를 제공받는 자의 개인정보 이용 목적,

3. 제공하는 개인정보의 항목, 4. 개인정보를 제공받는 자의 개인정보 보유 및 이용 기간

2) 피고인은 위 공소사실 외에도 정치자금법 위반(여론조사결과를 선거에 출마할 의사가 있는 특정 정당 소속 정치인 甲 측에 무상으로 제공하였다) 및 공직선거법 위반(특정 후보자에 대한 인지도를 높이기 위하여 여론조사를 가장한 사전 선거운동을 하였다)으로 기소되었다.

3) 다만 대법원은 기부행위에 관한 정치자금법 위반죄의 범의가 있었음을 전제로 정치자금법 위반죄를 유죄로 인정한 원심 판단에는 범의에 관한 법리오해가 있다는 이유로 정치자금법 위반 부분을 파기·환송하였다.

법리와 기록에 비추어 살펴보면, 원심의 위와 같은 판단은 정당한 것으로 수긍할 수 있고, 거기에 상고이유로 주장하는 바와 같은 "구 정보통신망법" 소정의 정보통신서비스 제공자, 이용자, 개인정보에 관한 법리오해의 위법이 없다.

II. 해설

1. 쟁점의 정리

대상 판결은 여론조사업체 A의 운영자인 피고인이 선거후보자 등으로부터 여론조사를 의뢰받아 선거구민들을 상대로 ARS 전화 여론조사를 실시한 후 응답자들의 개인정보가 포함된 통계분석 결과를 응답자들의 동의 없이 여론조사 의뢰인에게 제공한 것이 문제된 사안으로, 구 정보통신망법상 '정보통신서비스 제공자'와 '이용자', ARS 전화 여론조사 결과 등이 '개인정보'에 해당하는지가 쟁점이었다.

2. 관련 판례

가. 대법원 2013. 10. 17. 선고 2012도4387 판결(정보통신회사 사건)

정보통신서비스를 제공하는 피고인 회사의 직원들이 경쟁사인 B 회사의 정보통신망에 침입하고 B 회사 가입자들의 동의 없이 개인정보인 전화번호를 수집하였다는 이유로 피고인 회사 및 그 직원들이 '개인정보 수집으로 인한 정보통신망법위반죄'(구 정보통신망법 제71조 제1호, 제22조 제1항[4])로 기소된 사안[5]에서, 대법원은 '제22조 제1항 전문에 의하여 보호되는 개인정보의 주체인 이용자는 자신의 개인정보를 수집하려고 하는 정보통신서비스 제공자로부터 정보통신서비스를 제공받아 이를 이용하는 관계를 전제로 하고 있다고 해석된다'고 판시하면서, '피고인 회사 직원들인 나머지 피고인들에 의하여 수집된 B 회사 가입자 전화번호의 보유자들이 피고인 회사가 제공하는 정보통신서비스를 이용하고 있음을 인정하기에 부족하므로 그 전화번호 보유자들이 피고인 회사에 대한 관계에서 위 조항이 정하는 이용자에

4) 제22조(개인정보의 수집·이용 동의 등) ① 정보통신서비스 제공자는 이용자의 개인정보를 이용하려고 수집하는 경우에는 다음 각 호의 모든 사항을 이용자에게 알리고 동의를 받아야 한다. 다음 각 호의 어느 하나의 사항을 변경하려는 경우에도 또한 같다. 1. 개인정보의 수집·이용 목적, 2. 수집하는 개인정보의 항목, 3. 개인정보의 보유·이용 기간

5) 피고인들은 정보통신망침해로 인한 정보통신망법위반죄로도 기소되었는데, 이 부분에 대해서는 유죄로 판단되었다.

해당한다고 보기 어렵다'는 이유로 피고인들에 대하여 무죄를 선고한 1심 판결을 그대로 유지한 원심판단을 수긍하여 검사의 이 부분 상고를 기각하였다.

나. 대법원 2019. 9. 26. 선고 2018다222303, 222310(병합), 222327(병합) 판결 (신용카드회사 사건)

신용카드 등 발행·관리 등의 사업을 영위하는 甲 주식회사가 乙 주식회사에 카드사고분석시스템의 업데이트에 관한 용역을 의뢰하고, 업무상 필요를 이유로 乙 회사의 직원들에게 신용카드 회원의 개인정보를 제공하였는데, 乙 회사의 직원인 丙이 甲 회사의 사무실에서 업무용 하드디스크에 C 등을 비롯한 신용카드 회원의 개인정보를 저장하여 사용한 뒤 업무용 하드디스크를 포맷하지 않고 몰래 숨겨서 가지고 나와 자신의 컴퓨터에 위 개인정보를 저장한 후 대출중개 영업 등에 개인정보를 활용할 의도를 가지고 있는 丁에게 전달하였고, 이에 C 등(원고들)이 甲 회사(피고)를 상대로 개인정보 유출 등으로 인한 손해의 배상을 구한 사안에서, 대법원은 아래와 같은 법리를 판시하고 '甲 회사와 C 등 사이에 정보통신서비스 제공자와 이용자의 관계가 성립되었다고 볼 수 없으므로 위 개인정보 유출사고에 정보통신망법이 적용된다고 할 수 없다[6]'고 판단하였다.[7]

① 정보통신서비스 제공자가 정보주체로부터 개인정보를 최초로 수집할 때 반드시 정보통신서비스를 이용하여 수집하여야 하는 것은 아니다. 그러나 정보통신서비스 제공자가 부담하는 개인정보 보호조치의무는 불특정 다수의 개인정보를 수집·이용하는 경우를 전제로 하는 것이 아니라, 해당 정보통신서비스를 이용하는 이용자의 개인정보 취급에 관한 것이고, 정보통신서비스라 함은 정보통신서비스 제공자가 정보통신망을 통하여 행하는 각종 정보의 게시·전송·대여·공유 등 일련의 정보 제공 행위를 직접 행하거나 정보를 제공하려는 자와

---

6) 대법원은 '유출된 C 등의 개인정보는 甲 회사와 신용카드 등에 대한 사용 및 금융거래계약을 맺고 신용카드 등을 발급받아 사용하기 위한 목적으로 수집·이용된 개인정보(업무용 하드디스크에 저장된 신용카드 회원의 개인정보)로서 C 등과 甲 회사 사이에 개인정보 보호에 관한 다른 법령이 적용되는 것은 별론으로 하더라도 정보통신망법상 정보통신서비스 제공자와 이용자의 관계가 성립되었다고 볼 수 없고, 달리 C 등이 甲 회사가 제공하는 홈페이지 서비스에 회원가입 절차를 거쳐 이를 이용하는 등으로 정보통신서비스 이용관계가 있었음을 인정할 증거도 없다'는 점과 'C 등이 신용카드를 이용하여 물품대금 등 결제서비스나 신용대출서비스를 받는 과정에서 정보통신망을 통하여 개인정보가 제공·이용되는 경우 이러한 개인정보는 신용정보법에서 규정하는 신용정보에 해당하여 정보통신망법이 아니라 신용정보법이 적용된다'는 점을 그 이유로 들었다.

7) 다만 대법원은 원심판단에 정보통신망법에 관한 법리를 오해하여 필요한 심리를 다하지 못한 잘못이 있기는 하나, 甲 회사는 여전히 민법상 불법행위에 따른 손해배상책임을 부담하므로, 원심의 위 잘못은 판결 결과에 영향을 미치지 않았다고 보았다.

제공받으려는 자를 연결시켜 정보의 제공이 가능하도록 하는 매개행위를 말한다.

② 정보통신수단이 고도로 발달된 현대사회에서는 일상생활에서 대부분의 개인정보처리가 정보통신망을 통하여 이루어지고 수시로 정보전송이 일어나는데, 개인정보 보호법을 비롯하여 금융, 전자거래, 보건의료 등 각 해당 분야의 개인정보를 다루는 개별 법령과의 관계나 정보통신망법의 입법 취지와 관련 규정의 내용에 비추어 보면, 이처럼 정보통신망을 활용하여 정보를 제공받거나 정보 제공의 매개 서비스를 이용하는 모든 이용자를 통틀어 정보통신망법에서 예정한 정보통신서비스 이용자에 해당한다고 할 수는 없다.

3. 검토

가. 정보통신서비스 제공자

1) 정보통신서비스 제공자는 ① 전기통신사업법 제2조 제8호[8]에 의한 전기통신사업자와 ② 영리를 목적으로 전기통신사업자의 전기통신역무를 이용하여 정보를 제공하거나 정보의 제공을 매개하는 자를 의미한다(정보통신망법 제2조 제1항 제3호). 이때 정보통신서비스는 전통적인 통신서비스와 대량의 정보를 전달하는 정보서비스를 모두 포함한다.

① 전기통신사업자는 종래 허가 대상인 기간통신사업자(초고속인터넷기업, 이동통신사 등), 등록 대상인 별정통신사업자(기간통신사업자의 전기통신회선설비 등을 이용하여 기간통신역무를 제공하거나 법령에서 정하는 바에 따라 구내에서 전기통신역무를 제공하는 사업자로서 국제전화서비스, 재판매 사업자 등), 신고 내지 신고의무 면제 대상인 부가통신사업자(기간통신사업자의 전기통신회선설비를 임차하여 기간통신역무 이외의 전기통신역무를 제공하는 사업자로서, 포털사이트, 게임사이트, 온라인 쇼핑몰, 커뮤니티 등 일반적 인터넷 웹사이트 운영자 등)으로 구분되었으나,[9] 2018. 12. 24. 전기통신사업법이 법률 제16019호로 개정되면서 등록 대상인 기간통신사업자(기존 별정통신사업자도 포섭됨, 부칙 제2조, 제3조 제3항), 신고 내지 신고의무 면제 대상인 부가통신사업자로 구분된다.

② 영리 목적 정보제공과 제공매개자는 인터넷 상에 상업적인 목적으로 웹사이트를 개설·운영하거나 인터넷 기반 서비스를 제공하는 경우를 의미한다.[10]

2) 대상 판결은 여론조사업체 A의 운영자인 피고인이 선거구민을 대상으로 ARS 전화 여

8) '전기통신사업법에 따라 등록 또는 신고(신고가 면제된 경우를 포함한다)를 하고 전기통신역무를 제공하는 자'를 의미한다.

9) 방송통신위원회·한국인터넷진흥원, 정보통신서비스 제공자를 위한 개인정보 보호 법령 해설서, 2012, 10면.

10) 방송통신위원회·한국인터넷진흥원, 정보통신서비스 제공자를 위한 개인정보 보호 법령 해설서, 2012, 13면.

론조사를 실시하여 선거에 관한 정보를 제3자에게 제공한 경우를 '정보통신서비스 제공'으로 판단하였다. 위 사안에서 A가 ① 전기통신사업자에 해당하는지 다소 불분명하나, 'A는 전기통신인 전화를 통하여 선거구민의 지지 후보와 같은 정보를 통계 처리하여 의뢰자에게 전달하는 등의 매개행위를 하고 비용을 정산받았다'는 원심판단에 비추어 ② 영리 목적 정보 제공매개자로 본 것으로 보인다.

이러한 측면에서 대법원은 영리 목적 정보제공과 제공매개자의 의미를 '인터넷'으로만 한정하지는 않고 있는 것으로 보인다. 본건과 유사하게 ARS 여론조사 결과(응답자들 개인정보 포함)를 의뢰인에게 누설한 사안이 문제된 대법원 2009. 5. 14. 선고 2009도2336 판결도 정보통신서비스임을 전제로 정보통신망법위반죄를 인정한 바 있다.[11] 다만 일부 대법원 판결은 설시내용 중 일부에서 "정보통신서비스가 '개방성'을 특징으로 하는 인터넷을 통하여 이루어지고"라고 적시하여 정보통신서비스가 (주로) 인터넷을 통해 이루어지는 것임을 전제로 설시하고 있기도 하다.[12]

나. 정보통신서비스 이용자

정보통신서비스 이용자는 정보통신서비스 제공자가 제공하는 정보통신서비스를 이용하는 자를 의미한다(정보통신망법 제2조 제1항 제4호). 여기서 이용자는 일반 불특정 다수가 아닌 정보통신서비스 제공자가 제공하는 정보통신서비스를 이용하는 자를 의미한다.[13] 대법원 2018다222303 판결은 정보통신서비스 제공자가 정보통신서비스를 이용하지 않는 자에 대하여 정보통신망법상 개인정보 보호조치의무를 부담하지 않는다는 취지로, 대법원 2012도4387 판결은 정보통신서비스 제공자가 정보통신서비스를 이용하지 않는 자의 개인정보를 수집하더라도 정보통신망법의 적용대상이 되지 않는다는 취지로 판시하였다.

대상 판결은 응답자들이 정보통신서비스 이용자임을 전제로 응답자들의 동의 없이 그들의 개인정보를 여론조사 의뢰인들에게 제공한 것이 정보통신망법 위반이라고 판단하였다. 대법원의 구체적인 설시가 없어 어떤 사정을 토대로 응답자들을 '이용자'로 인정하였는지 다소 불명확하나, '피고인이 여론조사 응답자들에게 정보통신서비스를 제공하였다고 보기 어렵

11) 다만 대법원 2009도2336 판결은 검사가 '개인정보 제공으로 인한 정보통신망법위반죄'가 아니라 '비밀누설로 인한 정보통신망법위반죄'로 기소한 사안이었다[정보통신망법 제49조(비밀 등의 보호) 누구든지 정보통신망에 의하여 처리·보관 또는 전송되는 타인의 정보를 훼손하거나 타인의 비밀을 침해·도용 또는 누설하여서는 아니 된다].

12) 대법원 2015. 2. 12. 선고 2013다64847 판결, 대법원 2018. 6. 28. 선고 2014다20905 판결 등.

13) 방송통신위원회·한국인터넷진흥원, 정보통신서비스 제공자를 위한 개인정보 보호 법령 해설서, 2012, 16면.

고, 오히려 그들로부터 여론조사 결과 도출을 위하여 필요한 정보를 제공받은 점, 피고인이 정보통신서비스 제공자로서 정보를 제공하거나 정보의 제공을 매개한 상대방은 응답자들이라기보다는 여론조사를 의뢰한 사람들로 보이는 점' 등에 비추어, '이용자'에 대한 판단에는 다소 의문의 여지가 있다.

이러한 측면에서 대상 판결은 앞서 본 대법원 2018다222303 판결 등과 그 맥락을 달리하는 면이 있다고 생각한다.

다. 개인정보

개인정보는 생존하는 개인에 관한 정보로서 성명·주민등록번호 등에 의하여 특정한 개인을 알아볼 수 있는 부호·문자·음성·음향 및 영상 등의 정보(해당 정보만으로는 특정 개인을 알아볼 수 없어도 다른 정보와 쉽게 결합하여 알아볼 수 있는 경우에는 그 정보를 포함한다)를 의미한다.[14]

특정인에 대한 식별정보 없이 '지지 후보, 지지 정당, 투표 여부에 관한 정보'만 있는 경우에는 개인정보라고 단정하기 어려운 측면이 있으나, 특정인의 성명, 전화번호, 주소는 특정한 개인을 알아볼 수 있는 개인정보에 해당함이 명백하다. 본건의 경우 피고인은 여론조사를 통하여 수집한 응답자들의 성명, 전화번호, 주소 등 개인정보와 함께 지지 후보, 지지 정당, 투표 여부에 관한 정보도 제공하였으므로, 응답자들의 개인정보를 그들의 동의 없이 제3자에게 제공한 것으로 충분히 인정할 수 있다.

III. 판결의 의의

대상 판결은 구체적인 법리 판시 없이 원심 판시 내용을 기재한 후 원심판단에 잘못이 없다고 본 사례이기는 하나, ① ARS 여론조사업체의 대표자가 정보통신서비스 제공자이고, ② 응답자들이 정보통신서비스 이용자며, ③ 응답자들의 성명, 전화번호, 주소, 지지 후보, 지지 정당, 투표 여부에 관한 정보가 개인정보라고 판단하였다는 점에서 그 의의가 있다. '정보통신서비스 제공자', '개인정보'에 대한 판단은 대상 판결 전·후의 대법원 판결들과 그

14) 구 정보통신망법은 위 내용과 같은 정의 규정(제2조 제1항 제6호)을 두고 있었으나, 2020. 2. 4. 법률 제16955호로 정보통신망법 개정 당시 개인정보 관련 법령에서 유사·중복조항을 정비하기 위하여 위 "개인정보" 정의 규정 및 개인정보 보호에 관한 규정들이 삭제되고 「개인정보 보호법」으로 이관되었다(위 개정 법률안의 의안 원문 참조).

맥락을 같이 하고 있는 것으로 보이나, '이용자'에 대한 판단은 앞서 본 바와 같이 다소 의문의 여지가 있고, 향후 유사한 사안이 문제되었을 때 대법원의 명시적인 판시가 필요할 것으로 생각한다.

ARS 전화를 통한 여론조사업체들은 대상 판결의 취지(ARS 전화 여론조사 결과를 제공하는 것이 개인정보 보호법이 아니라 정보통신망법 위반의 문제가 발생할 수 있음)를 고려하여 여론조사 결과를 수집하거나 그 결과를 의뢰자에게 제공함에 있어 응답자들의 개인정보 보호에 유념하여야 할 것이고, 이러한 법리는 인터넷 등을 통한 여론조사에 있어서도 마찬가지로 적용될 수 있을 것으로 생각한다.

050

대화 데이터의 수집과 이용

- '이루다' 사건 개인정보 보호위원회 결정-

개인정보 보호위원회 2021. 4. 28. 결정 제2021-007-072호

김병필(KAIST 기술경영학부 교수/변호사)

I. 결정의 개요

1. 사안의 개요

가. 사실관계

주식회사 스캐터랩(이하 '스캐터랩'이라 한다)은 '텍스트앳'과 '연애의 과학' 앱을 통한 심리 분석 서비스를 제공하면서, 이용자가 업로드한 카카오톡 대화를 수집하여 서비스 데이터베이스(이하 '서비스 DB라 한다)에 저장하였다. 스캐터랩은 이와 같이 수집된 카카오톡 대화를 '이루다' 챗봇 서비스를 개발, 운영하기 위하여 사용하였는데, 이는 ① '이루다' 인공지능 모델의 학습 데이터로서의 활용과 ② '이루다' 챗봇의 응답 데이터로서의 활용으로 구분된다.

우선, 스캐터랩은 '텍스트앳'과 '연애의 과학' 서비스 DB에 저장된 이용자 중 약 60만 명의 회원정보 일부와 카카오톡 대화 문장 약 94억 건을 서비스 DB와 구분되는 별도의 데이터베이스(이하 '학습 DB'라 한다)에 저장하였는데, 학습 DB에 저장된 정보에는 로그인아이디, 닉네임 등의 식별자가 포함되어 있지 않으나, SHA-256 해쉬함수로 일방향 암호화된 회원번호, 성별·나이·대화 상대방과의 관계(친구, 연인, 배우자, 소개팅 상대, 아는 사람 중 하나) 정보, 카카오톡 대화 문장이 변경 없이 원문 그대로 포함되어 있었다. 스캐터랩은 2020. 2.부터 2020. 12.까지 학습 DB에 저장된 카카오톡 대화 문장 약 94억 건을 '이루다' 인공지능 모델을 학습하는 데 사용하였다.

다음으로, '이루다' 챗봇은 인공지능 모델이 대화 내용을 직접 생성하는 것이 아니라 응답 후보군 문장 중 가장 적절한 문장을 선택하여 발화하는 형태로 작동하는데, 스캐터랩은 '이루다' 모델이 선택할 수 있는 응답을 저장한 데이터베이스 약 1억 건(이하 '응답 DB'라 한다)을 별도로 구축하였다. 응답 DB는 학습 DB에 저장된 카카오톡 대화 문장 약 94억 건 중

20대 여성이 발화한 대화 문장을 추출한 후, 2020. 2. 18.부터 2020. 12. 17.까지의 기간에 걸쳐 스캐터랩이 자체 개발한 필터링 모델 등을 이용하여 실명, 장소명, 숫자/영문, 선정적 표현이라고 보여지는 단어 등이 포함된 대화 문장을 반복하여 제거하는 방식으로 구축되었다.

'이루다' 챗봇 서비스는 2020. 12. 22. 출시되었는데, 서비스 개시 이후 언론 보도를 통해 대화 내용 중 편향된 발화 내용이 사회적으로 쟁점이 되었고, 이후 이루다 서비스에 의해 개인정보가 발화된다는 문제 제기도 이어졌다. 이에 '이루다' 챗봇 서비스는 약 3주간 제공되다가 결국 그 서비스가 중단되었다.

나. 처분 경과

개인정보 보호위원회는 스캐터랩의 개인정보 보호법 위반 여부를 조사하여 2021. 4. 28. 총 8가지 항목에 대해 개인정보 보호법을 위반하였다고 판단하고,[1] 과징금 5,550만 원과 과태료 4,780만 원을 부과하고, 시정명령을 발하였다.

2. 결정의 요지[2]

가. 개인정보 해당성

스캐터랩이 '이루다' 모델 개발을 목적으로 알고리즘 학습 과정에 이용한 약 94억 건의 카카오톡 대화 문장과 이루다 서비스 운영 시 이용한 약 1억 건의 카카오톡 대화 문장은 개인정보 보호법상 보호되는 개인정보에 해당한다.

나. 수집 목적 내 이용에 해당하는지 여부

이용자 의사와의 합치성, 이용자의 예상가능성, 이용자가 불측의 손해를 입을 우려 등을

1) 개인정보 보호위원회는 (i) '텍스트앳'과 '연애의 과학' 내 개인정보 처리에 대해서는 ① 개인정보를 수집하면서 정보주체에게 명확하게 인지할 수 있도록 알리고 동의를 받지 않은 행위, ② 법정대리인의 동의 없이 만 14세 미만 아동의 개인정보를 수집한 행위, ③ 성생활 등에 관한 정보를 처리하면서 별도의 동의를 받지 않은 행위, ④ 회원탈퇴한 자의 개인정보를 파기하지 않은 행위 ⑤ 1년 이상 서비스 미사용자의 개인정보를 파기하거나 분리·보관하지 않은 행위에 대해서, (ii) '이루다' 서비스 관련 개인정보 처리에 관하여서는 ⑥ 법정대리인의 동의 없이 만 14세 미만 아동의 개인정보를 수집한 행위, ⑦ 수집 목적 외로 이루다 학습·운영에 카카오톡 대화 문장을 이용한 행위, (iii) 'Github' 관련 개인정보 처리에 관하여서는 ⑧ Github에 이용자의 카카오톡 대화 문장을 공유한 행위가 각 위법하다고 판단하였다.

2) 본 평석에서는 개인정보 보호위원회가 위법하다고 판단한 사안 중 개인정보 보호법의 해석과 관련하여 가장 큰 논란이 된 쟁점인 "이용자로부터 동의를 얻은 수집 목적 외로 '이루다' 개발·운영에 카카오톡 대화 문장을 이용한 행위"에 관한 부분만을 다룬다.

고려할 때, 스캐터랩이 개인정보처리방침에 '신규 서비스 개발'을 기재한 것만으로 '이루다' 개발·운영에 개인정보를 이용하는 것까지 허용된다고 할 수 없고, 피심인이 이용자로부터 동의받은 목적 내에서 개인정보를 이용한 것이라고 할 수 없다.

다. 가명정보 처리 특례 규정의 적용 여부

'이루다' 서비스 운영에 이용된 응답 DB의 경우, 여러 단계에 걸쳐 이름, 주소, 숫자, 영문자 등을 제외하는 절차를 거친 것이므로 가명처리한 것으로 인정될 여지가 있으나, 과학적 연구는 기술 개발과 실증, 기초연구, 응용연구 및 민간 투자 연구 등 과학적 방법을 적용하는 '연구'를 의미하고 응답 DB에 포함된 카카오톡 대화 문장을 일반 이용자에게 그대로 발화되도록 서비스하는 행위는 과학적인 연구를 위한 것이라고 할 수 없어 개인정보 보호법 제28조의2에 규정된 가명정보 처리 특례 규정을 적용할 수 없다.

II. 해설

1. 대화 정보의 개인정보 해당 여부

대화 정보에는 개인정보에 해당하는 정보와 그렇지 않은 정보가 혼재되어 있으므로 이를 개인정보 보호법상 어떻게 평가할 것인지가 문제된다. 가령 메신저 대화 중 안부를 묻는 부분이나 일상적 내용의 대화를 나누는 부분만으로는 특정 개인을 알아볼 수 없으므로 이를 개인정보라 평가하기 어려울 수 있다. 이러한 경우까지도 데이터베이스에 저장된 대화 정보 전체를 개인정보로 판단할 수 있는지가 쟁점이 된다.

대화 정보가 개인정보에 해당하는지 여부를 판단함에 있어서는 다음 3가지 경우로 나누어 볼 수 있다.[3] ① 대화 내용 자체에는 개인을 알아볼 수 있는 정보가 포함되어 있지 않더라도, 대화 문장이 대화자의 아이디, 성명, 전화번호 등 대화자에 관한 식별정보[4]와 연결될 수 있는 경우이다. 예컨대 개인정보처리자가 어떤 카카오톡 대화 문장을 특정 이용자의 아이디나 전화번호와 연결시킬 수 있다면, 위 대화 문장도 개인정보로 보아야 할 필요가 있다.[5]

3) 이러한 분석은 강태욱, "이루다 서비스와 AI 모형학습에서의 개인정보의 처리", DAIG 제2호, (2021)을 참조하였다.
4) 이를 대화 내용에 대한 메타 데이터(meta data)라 할 수 있다.
5) 강태욱, 위의 글(2021)은 대체로 이러한 경우에는 개인정보로 보아야 한다고 논의가 모인다고 평가한다.

대상 사건에서는 스캐터랩이 구축한 학습 DB 상으로 회원번호가 일방향 암호화되어 저장되어 있었는데, 스캐터랩은 이처럼 일방향 암호화된 회원정보를 이용하여 학습 DB 상의 대화 문장을 서비스 DB에 저장된 특정 개인의 회원정보와 결합시킬 수 있었다. 따라서 개인정보 보호위원회는 학습 DB에 저장된 대화 내용은 개인정보에 해당한다고 판단하였다. 다만, 위 사건에서 응답 DB 상으로는 발화자에 대한 정보 없이 오직 일반적인 대화 문장 약 1억 건만이 배열되어 있을 뿐이었으므로, 응답 DB에 저장된 대화 문장은 위와 같은 경우에는 해당한다고 보기 어렵다.

② 다음으로 대화 내용 자체에 개인을 식별할 수 있는 정보가 포함된 경우이다. 이러한 경우 역시 해당 대화 문장 자체를 개인정보로 보는 것에는 어려움이 없다. 대상 사건의 학습 DB에는 학교 · 전공 · 학년 · 휴대전화번호 등이 모두 한 대화 안에 기재되어 있는 사례가 존재하였고, 응답 DB 총 1억 건 중에는 상세주소 1건, 휴대전화번호 20여 건이 포함되어 있었다. 이때 식별정보가 포함된 해당 대화 문장만을 개인정보로 볼 것인지, 해당 대화 문장이 포함된 데이터베이스 전체를 개인정보로 볼 것인지 어려움이 있다. 이에 대해 개인정보 보호위원회는 서울고등법원 2017. 8. 30. 2015노1998 판결에서 법원은 트위터 정보에는 개인정보에 해당하는 정보와 해당하지 않는 정보가 혼재되어 있어 전부가 개인정보에 해당한다고 할 수는 없는 경우라고 하더라도 트위터 정보를 전체적으로 개인정보로 취급하여 개인정보 보호법에 따라 보호하는 것이 타당하다는 취지로 판단[6]한 바 있음을 근거로 하여, 대화정보 전체를 개인정보로 보호하는 것이 타당하다고 판단하였다.

③ 마지막으로 대화 내용 자체에 식별정보는 포함되어 있지 않으나 배경 지식 등 다른 정보를 이용하여 발화자를 알아볼 수 있는 경우이다. 예를 들어 대화를 통해 발화자의 소속이나 인적 사항을 추정할 수 있고, 다른 정보를 이용하면 그 발화자가 누구인지 알아볼 수 있는 경우를 상정할 수 있다. 개인정보 보호위원회는 식별정보 이외에 인간관계, 소속 등을 추정할 수 있는 대량의 대화를 통해서도 개인을 알아볼 가능성이 높은 경우에는 개인정보로

---

6) 이는 대법원 2015. 7. 16. 선고 2015도2625 전원합의체 판결(빅데이터 업체의 트위터 정보 수집 및 임의제출 사건)의 파기환송심사건이다(본 평석집의 해당 판결 평석 참조). 이 사건에서 법원은 트위터 정보에는 개인정보에 해당하는 정보와 해당하지 않는 정보가 혼재되어 있을 수 있으므로 전부가 개인정보에 해당한다고 할 수는 없으나, 각 트위터 정보가 개인정보에 해당하는지 사전에 개별적으로 판단하여 「개인정보 보호법」 적용 여부를 달리하는 것은 사실상 불가능한 점과 개인의 일반적인 인격권 및 사생활의 비밀과 자유에 의하여 보장되는 개인정보자기결정권을 두텁게 보호하고자 하는 「개인정보 보호법」의 입법 취지까지 고려하여 보면, 결국 트위터 정보를 전체적으로 개인정보로 취급하여 「개인정보 보호법」에 따라 보호하는 것이 타당하다는 취지로 설시하였다.

보는 것이 타당하다고 보았다.

2. 대화 정보의 수집 목적 내 이용

본 사건에서는 스캐터랩이 제공하는 '텍스트앳'과 '연애의 과학' 앱을 통한 심리분석 서비스를 이용하는 이용자가 카카오톡 대화를 업로드할 때, 이용자로부터 '분석의 대상이 되는 메시지'를 '신규 서비스 개발' 목적으로 이용한다는 점에 대해 동의를 얻었다. 따라서 스캐터랩은 카카오톡 대화 문장이 개인정보에 해당한다고 하더라도 동의를 얻은 수집 목적 범위 내에서 이를 이용한 것이라고 주장하였다.

그러나, 개인정보 보호위원회는 "'텍스트앳'과 '연애의 과학' 서비스 개인정보처리방침에 서비스 이용 과정에서 '분석의 대상이 되는 메시지'를 수집한다는 점과 개인정보의 수집 및 이용 목적으로는 '신규 서비스 개발'이 명시되어 있다는 이유만으로, 이용자가 '이루다'와 같은 기존 서비스와 전혀 다른 신규 서비스의 개발과 서비스 운영에 자신의 개인정보가 이용될 것을 예상하고 이에 동의하였다고 보기 어렵다"고 판단하였다(결정문 제27면). 개인정보 보호위원회는 위와 같이 '신규 서비스 개발'을 위해 수집된 메시지를 사용하는 것에 대해 ① '이루다' 개발·운영과 같은 목적으로 개인정보를 이용하는 것은 이용자의 의사에 합치된다고 보기 어렵고, ② 이용자가 예상할 수 있는 범위를 넘어서는 것이며, ③ 오히려 개인정보가 예상치 못한 방법으로 처리되어 이용자의 개인정보자기결정권이 제한되는 등 이용자가 예측할 수 없는 손해를 입을 우려가 있다는 점을 위와 같은 판단의 주된 논거로 삼았다.

이러한 개인정보 보호위원회의 결정은 결국 '신규 서비스 개발'이란 기존 서비스 내에 새로운 기능을 추가하는 수준과 같이 좁게 해석해야 한다는 취지로 일응 이해된다. 이러한 결정에 대해 학계에서는 그 취지에 동의하는 견해[7]와 사업자의 개인정보의 이용 범위를 과도하게 제한하는 것으로서 타당하지 못하다는 견해[8]가 모두 제기되고 있다.

3. 가명정보 처리 특례 규정의 적용 가능성

2020년 개인정보 보호법 개정에 따라 가명정보의 처리에 관한 특례 규정(제28조의2 내지 제28조의7)이 신설되었다. 개인정보 보호법상 '가명처리'란 "개인정보의 일부를 삭제하거나 일부 또는 전부를 대체하는 등의 방법으로 추가 정보가 없이는 특정 개인을 알아볼 수 없도록 처리하는 것"을 뜻하고(개인정보 보호법 제2조 제1의2호), '가명정보'란 개인정보 보호법 제2

7) 소병수·김형진, 소셜미디어상의 개인정보 활용과 보호, 법학연구 24집 1호, 인하대학교 법학연구소 등.
8) 강태욱, "이루다 서비스와 AI 모형학습에서의 개인정보의 처리", DAIG 제2호, (2021).

조 제1호 가목 또는 나목에서 정한 개인정보를 가명처리함으로써 원래의 상태로 복원하기 위한 추가 정보의 사용·결합 없이는 특정 개인을 알아볼 수 없는 정보를 의미한다(개인정보 보호법 제2조 제1호 다목). 한편 개인정보 보호법 제28조의2 제1항에 따르면 개인정보처리자는 통계작성, 과학적 연구, 공익적 기록보존 등을 위하여 정보주체의 동의 없이 가명정보를 처리할 수 있는데, 이때 '과학적 연구'란 "기술의 개발과 실증, 기초연구, 응용연구 및 민간 투자 연구 등 과학적 방법을 적용하는 연구"를 말한다(개인정보 보호법 제2조 제8호).

대상 사건에 있어 스캐터랩은 ① 학습 DB의 경우, 이용자를 식별할 수 있는 '회원번호'를 SHA－256 해쉬함수를 이용하여 일방향 암호화하는 조치를 취하였으나, 대화 문장에 대해서는 개인정보의 일부를 삭제하거나 그 일부 또는 전부를 대체하는 등의 처리를 하지 않았다. 개인정보 보호위원회는 학습 DB에 대해서는 스캐터랩이 대화 문장에 대한 가명처리하려는 노력이나 의도가 없었으므로, 학습 DB에 포함된 대화 문장은 가명정보에 해당하지 않고, 가명처리 특례 규정을 적용할 수 없다고 판단하였다.

한편, ② 응답 DB의 경우, 스캐터랩은 실명, 장소명, 숫자/영문, 선정적 표현이라고 보여지는 단어 등이 포함된 대화 문장을 반복하여 제거하는 절차를 거쳤다. 이에 대해 개인정보 보호위원회는 "여러 단계에 걸쳐 이름, 주소, 숫자, 영문자 등을 제외하는 절차를 거친 것이므로 가명처리한 것으로 인정될 여지가 있다"고 판단하였다(결정문 제30면). 그러나 '이루다' 챗봇은 응답 DB에 포함된 응답 후보군 문장 중 가장 적절한 문장을 선택하여 발화하는 형태로 서비스되는데, 이처럼 응답 DB에 포함된 카카오톡 대화 문장을 일반 이용자에게 그대로 발화되도록 서비스하는 행위는 과학적인 연구를 위한 것이라 할 수 없다고 보았다.

개인정보 보호위원회의 결정에 명시적으로 설시되어 있지는 않으나, 그 결정 취지에 비추어 보면 만약 스캐터랩이 학습 DB 상의 대화 문장에 대해서도 응답 DB와 마찬가지로 이름, 주소, 숫자, 영문자 등을 제외하는 조치를 취했더라면, 이는 개인정보 보호법상의 '가명정보'로 인정될 수 있고, 이를 인공지능 학습을 사용하였다면 이는 과학적 연구에 해당하여 가명정보 처리 특례 규정이 적용될 수 있다는 취지로 해석할 여지가 있다.

다만, 실무상으로는 대화 문장이나 기타 텍스트 데이터에 대한 가명처리 기법에 있어 적절한 기준이 수립되어 있지 못하다는 한계에 유의해야 한다. 개인정보 보호위원회가 발간한 '가명정보 처리 가이드라인'(2020. 8.)에는 텍스트 데이터와 같은 비정형 데이터에 대한 가명처리 방법에 대한 내용이 포함되어 있지 않다. 오히려 개인정보 보호위원회와 보건복지부가 공동으로 발간한 "보건의료 데이터 활용 가이드라인"(2021. 1.)은 "정형화되지 않은 자유입력 정보는 안전한 가명처리 방법이 개발될 때까지 가명처리 기능여부를 유보"한다고 명시하고

있기까지 하다. 따라서 개인정보 보호위원회나 유관 감독기관, 학계, 사업자 및 시민사회 간의 공동의 노력을 통해 적절한 기준이 마련될 필요가 있을 것이다.

III. 판결의 의의

최근 인공지능을 이용한 자연어 처리(Natural Language Processing) 기술이 급속히 발전하고 있다. 예컨대, 비영리 인공지능 연구기관인 OpenAI가 2020. 6. 발표한 GPT－3 인공지능은 인간과 구분하기 불가능한 수준으로 작문을 수행할 수 있다. 이처럼 발전하는 인공지능 자연어 처리 기술을 이용하여 인간과 자연스럽게 대화할 수 있는 챗봇 기술의 활용도 더불어 증가하고 있다. 더욱이 기업들은 비대면 고객 응대의 중요성이 커지면서 챗봇 기술을 이용할 필요성도 크게 증가하고 있다.

그런데 상당수 기업은 종래 고객 콜센터, 채팅 응답, 이메일 질의, 답변 등 다양한 고객과의 의사소통 데이터를 확보하고 있는 상황인바, 기업들이 챗봇 인공지능 학습을 위해 이러한 데이터를 활용할 수 있는지 여부가 향후 쟁점이 될 것으로 전망된다. 대상 결정은 인공지능 학습을 위해 사용되는 대화 데이터가 개인정보에 해당하는지, 개인정보에 해당할 경우 이를 인공지능 학습에 사용하기 위해서는 정보주체로부터 어떠한 방식으로 동의를 얻어야 하는지, 대화정보에 대해 가명처리를 수행할 경우 정보주체의 동의없이 인공지능 학습에 사용할 수 있는지 실무상 중요한 쟁점을 직접적으로 다루고 있다는 점에서 의의를 갖는 것으로 평가된다.

제4장

개인정보 유출사고

051 개인정보 유출로 인한 손해 발생 여부에 대한 판단기준

- 리니지II 사건 -

대법원 2008. 8. 21. 선고 2007다17888 판결

이소은(영남대학교 법학전문대학원 조교수)

I. 판결의 개요

1. 사안의 개요

가. 사실관계

피고는 다중 이용자 온라인 롤플레잉게임(MMORPG)인 리니지 II 게임(이하 '이 사건 게임'이라고 한다)을 개발하여 그 이용서비스를 제공하는 회사이다. 이 사건 게임 서비스를 이용하기 위해서는 피고가 운영하는 이 사건 게임의 인터넷 홈페이지에서 회원가입을 하여 피고로부터 아이디 및 회원번호를 부여 받은 후, 이를 통해 이 사건 게임서버에 접속하여야 한다.

피고의 담당직원은 2005. 5. 11. 08:00부터 10:00까지 이 사건 게임 서버 및 네트워크의 정기점검 · 업데이트 작업을 실시하면서, 아이디 및 비밀번호 입력과 관련된 기능을 점검하기 위해 키보드로 입력한 아이디 및 비밀번호가 이용자의 컴퓨터에 생성 · 저장되는 로그파일(log file)에 임시로 기록되도록 하였다. 그런데 위 직원은 실수로 아이디 및 비밀번호 기록 기능을 삭제하지 않은 채 정기점검 · 업데이트 작업을 완료하였다. 그에 따라 2005. 5. 11. 10:00부터 이 사건 게임 서버에 접속한 이용자의 경우 이용자가 사용한 컴퓨터에 생성 · 기록된 로그파일에 이용자의 아이디 및 비밀번호가 기록되는 사고(이하 '이 사건 사고'라고 한다)가 발생하였다. 위와 같이 생성된 로그파일은 이용자가 사용한 컴퓨터의 하드디스크에 "12.log"라는 이름으로 저장되었는데, 위 로그파일이 저장된 위치를 알기만 하면 이를 열어서 그 내용을 쉽게 확인할 수 있었다.

피고는 2005. 5. 16. 10:10경에 이 사건 게임의 동호회원으로부터 제보를 받고 이 사건 사고가 발생하였다는 사실을 인지하게 되었다. 같은 날 12:20경 피고는 이용자들의 이 사건 게임 서버 접속을 차단한 후 아이디 및 비밀번호 기록 기능을 삭제하였고, 이용자의 컴퓨터

에 이미 생성·저장된 로그파일이 자동삭제되도록 하는 시스템 패치 작업을 하였다. 또한 피고는 아이디 및 비밀번호 기록 기능이 활성화되어 있던 기간 동안 이 사건 게임 서버에 접속했던 모든 이용자들로 하여금 주민등록번호를 통한 동일인 확인을 거쳐 새로운 비밀번호로 변경한 후에만 이 사건 게임에 접속할 수 있도록 하는 비밀번호 강제변경 조치를 취하는 한편, 이 사건 게임의 홈페이지에 이 사건 사고와 관련한 사과문도 게시하였다.

원고들은 이 사건 게임의 이용자로서, 아이디 및 비밀번호 기록 기능이 활성화되어 있던 기간 동안 자신들이 아이디 및 비밀번호를 입력하여 이 사건 게임 서버에 접속한 바 있었다. 접속 당시 원고 1, 2, 3은 PC방 컴퓨터를 이용하였고, 원고 4, 5는 집에 있는 개인용 컴퓨터를 이용하였다. 원고들은 피고를 상대로 손해배상을 청구하는 소송을 제기하였다.

나. 소송경과

1) 제1심 판결(서울중앙지방법원 2006. 4. 28. 선고 2005가단240057 판결)

제1심법원은 원고들의 청구를 일부인용하여, 원고들 모두에게 손해배상을 명하였다. 피고는 원고 4, 5의 경우 집에 있는 개인용 컴퓨터를 이용하였으므로 개인정보 유출이나 그에 따른 손해 발생 위험이 없다고 주장하였는데, 법원은 이러한 피고의 주장을 받아들이지 않았다. 오늘날과 같이 컴퓨터 기술과 인터넷의 발전에 수반하여 해킹 등 타인의 정보를 불법적으로 수집하는 방법도 고도로 발달되어 있는 상황에서는 해당 로그파일이 개인용 컴퓨터에 저장되었다고 하더라도 원고들의 개인정보 유출의 위험이 없다고 볼 수 없고, 이러한 상황에서는 원고들이 정신적 손해를 입지 않았다고 말할 수 없다는 이유에서였다.

2) 항소심 판결(서울중앙지방법원 2007. 1. 26. 선고 2006나12182 판결)

항소심법원은 원고 4, 5의 청구는 기각하고 나머지 원고들의 청구만 일부인용하는 판결을 하였다. 원고 4, 5의 경우 그들의 개인정보가 정보주체의 관리·통제권의 범위를 벗어나 제3자가 그 내용을 알 수 있는 상태에 이르렀다고 보기 어렵다는 이유에서였다. 원고 4, 5가 상고를 제기하여, 상고심에서는 원고 4, 5의 청구 부분만이 판단 대상이 되었다.

3) 대법원 판결(대법원 2008. 8. 21. 선고 2007다17888 판결)

대법원은 원고 4, 5의 청구를 기각한 원심법원의 판단을 지지하였다.

2. 판결의 요지

원심판결 이유에 의하면, 이 사건 게임서버 접속에 관한 원고들의 아이디(ID)와 비밀번호가 기록된 로그파일은 원고들이 집에서 사용하는 개인용 컴퓨터에 생성·저장되었을 뿐이라는 것이고, 이에 따르면 원고들의 아이디와 비밀번호가 다른 사람에게 실제로 유출되었다고 볼 만한 아무런 자료가 없는 이 사건에서, 로그파일의 저장기간 및 유출가능성 등에 비추어, 그와 같은 사정만으로는 원고들이 피고의 손해배상책임을 인정할 만한 정신적 고통을 입었다고 보기 어렵다 할 것이므로, 원고들의 손해배상청구를 배척한 원심의 판단은 그 결론에 있어 정당하고, 거기에 상고이유에서 주장하는 바와 같은 판결결과에 영향을 미친 법리오해 등의 위법이 없다.

II. 해설

1. 쟁점의 정리

대상 판결에서는 원고 4, 5의 아이디와 비밀번호가 다른 사람에게 유출(누출)되었는가,[1] 혹은 유출될 가능성이 있는가, 나아가 그로 인하여 원고 4, 5에게 정신적 고통이 발생하였는가 하는 점이 가장 중요한 쟁점으로 다루어졌다.

개인정보 유출은 개념상 개인정보가 정보주체의 의사에 반하여 외부로 흘러나가는 것을 전제한다.[2] 이러한 사태는 곧 정보주체의 개인정보자기결정권 침해로 이어진다. 개인정보자기결정권은 개인이 "자신에 관한 정보가 언제 누구에게 어느 범위까지 알려지고 또 이용되도록 할 것인지를 정보주체가 스스로 결정할 수 있는 권리"로 정의되는데,[3] 개인정보 유출

---

1) 원심판결은 '유출' 대신 '누출'이라는 표현을 사용하였다. 이는 당시의 「정보통신망 이용촉진 및 정보보호 등에 관한 법률」 제28조가 정보통신서비스제공자가 이용자의 개인정보를 취급할 때 개인정보가 분실·도난·누출·변조 또는 훼손되지 않도록 안전성 확보에 필요한 기술적·관리적 조치를 하여야 한다고 규정하였기 때문이라고 보인다. 위 조문은 「정보통신망 이용촉진 및 정보보호 등에 관한 법률」이 2020. 2. 4. 법률 제16955호로 개정되면서 삭제되었다. '유출'과 '누출' 사이에 본질적인 차이는 없다는 견해로 김진환, "개인정보 유출 또는 누출의 의미", 한국정보법학회 편, 『정보법 판례백선(II)』(박영사, 2016), 635면.

2) '유출'의 사전적 의미는 '밖으로 흘러 나가거나 흘려 내보냄', '귀중한 물품이나 정보 따위가 불법적으로 나라나 조직의 밖으로 나가버림 또는 그것을 내보냄'이다. 국립국어원 표준국어대사전, https://stdict.korean.go.kr/search/searchView.do (2021. 9. 14. 확인).

3) 헌재 2005. 5. 26. 99헌마513 결정; 헌재 2005. 7. 21. 2003헌마282, 425 결정; 헌재 2008. 10. 30. 2006헌마1401, 1409 결정 외 다수. 대법원 판결로는 대법원 2014. 7. 24. 선고 2012다49933 판결; 대법원 2015.

은 정보주체의 자기결정에 반하는 사태이기 때문이다.

이처럼 개인정보 유출로 인하여 개인정보자기결정권이 침해되었을 때, 정보주체는 일정한 정신적 고통을 겪을 수 있다. 자신의 개인정보가 범죄에 악용될지 모른다는 불안감, 그 개인정보를 매개로 자신의 사생활이 타인에게 알려질지 모른다는 불안감 등이 그것이다. 그런데 이러한 정신적 고통이 법적으로 배상되어야 할 '손해'인지는 생각해볼 문제이다. 이에 관해서는 아래에서 좀 더 자세히 살펴본다.

2. 검토

가. 개인정보 '유출'의 개념

개인정보 보호법은 여러 조문에서 '유출'이라는 표현을 사용하고 있지만(제23조, 제24조, 제24조의2 등), 그 의미를 분명히 정의하고 있지는 않다. 행정안전부의 「표준 개인정보 보호지침」[4] 제26조는 개인정보 유출을 "법령이나 개인정보처리자의 자유로운 의사에 의하지 않고, 정보주체의 개인정보에 대하여 개인정보처리자가 통제를 상실하거나 또는 권한 없는 자의 접근을 허용한 것"이라고 정의한다. 구체적으로는 개인정보가 포함된 서면, 이동식 저장장치, 휴대용 컴퓨터 등을 분실하거나 도난당한 경우(제1호), 개인정보가 저장된 데이터베이스 등 개인정보처리시스템에 정상적인 권한이 없는 자가 접근한 경우(제2호), 개인정보처리자의 고의 또는 과실로 인해 개인정보가 포함된 파일 또는 종이문서, 기타 저장매체가 권한이 없는 자에게 잘못 전달된 경우(제3호), 기타 권한이 없는 자에게 개인정보가 전달되거나 개인정보처리시스템 등에 접근 가능하게 된 경우(제4호)가 이에 해당한다고 한다. 개인정보보호위원회는 개인정보 유출을 "고의·과실 여부를 불문하고 개인정보처리자의 관리 범위를 벗어나 개인정보가 외부에 공개, 제공, 누출, 누설된 모든 상태"라고 정의한다.[5]

대법원은 개인정보 유출 여부가 문제되었던 사건에서, 개인정보의 유출이란 (i) 개인정보가 해당 개인정보처리자의 관리·통제권을 벗어나, (ii) 제3자가 그 내용을 알 수 있는 상태에 이르게 된 것을 의미한다고 보았다.[6] 판례에 따르면 개인정보가 해당 개인정보처리자의 관리·통제권을 벗어난 것만으로는 개인정보 유출이 인정되지 않고, 제3자가 그 내용을 알

10. 15. 선고 2014다77970 판결; 대법원 2016. 3. 10. 선고 2012다105482 판결 등.

4) 2011. 9. 30. 행정안전부예규 제45호로 제정된 것을 말한다.

5) 개인정보 보호위원회, 개인정보 보호 법령 및 지침, 고시 해설서(2020. 12), 353면.

6) 대법원 2014. 5. 16. 선고 2011다24555, 24562 판결. 위 판결에서도 개인정보 보호법상 '유출'이 아닌 「정보통신망 이용촉진 및 정보보호 등에 관한 법률」상 '누출'이 문제 되었기 때문에, 판결 원문에서는 '유출'이 아닌 '누출'이라는 용어를 사용하고 있다는 점을 밝혀 둔다.

수 있는 상태에 이르러야 개인정보 유출이 인정될 수 있다.[7)]

나. 개인정보 유출로 인한 손해

개인정보 유출로 인하여 정보주체가 불이익을 입는다는 점은 부정하기 어렵다. 하지만 어떤 법익에 가해진 불이익이 언제나 손해로 인정되는 것은 아니다. 피해자의 불이익이 '법질서가 가해자에게 손해배상책임을 지움으로써 피해자의 손해를 전보하도록 할 필요가 있는 불이익'이어야 비로소 가해자에게 손해배상책임이 인정될 수 있다.[8)] 판례도 "불법행위로 인한 손해배상청구권은 현실적으로 손해가 발생한 때에 성립하는 것이고, 현실적으로 손해가 발생하였는지 여부는 사회통념에 비추어 객관적이고 합리적으로 판단되어야" 한다고 하여, 손해 발생 판단이 단순히 사실적인 판단이 아니라 규범적인 판단이라고 보고 있다.[9)] 이러한 손해 발생 판단의 규범성은 개인정보 유출 사건에도 마찬가지로 적용된다.[10)]

나아가 개인정보 유출 사건과 같이 정신적 손해가 문제 되는 사건에서는 손해 발생 판단의 규범성이 더욱 두드러진다.[11)] 개인정보가 유출되었을 때 정보주체에게 현실적으로 손해가 발생하였는지 판단하는 것은 매우 어려운 문제이다. 정보주체가 개인정보 유출로 인하여 겪는 정신적 고통은 앞서 살펴본 것처럼 자신의 개인정보가 범죄에 악용될지 모른다는 불안감, 그 개인정보를 매개로 자신의 사생활이 타인에게 알려질지 모른다는 불안감 등으로 표현될 수 있는데, 이러한 불안감이 어느 정도에 이르러야 현실적으로 발생한 손해로서 배상되어야 하는지는 명확히 규정하기 어렵다. 이는 결국 법익 주체가 처한 객관적 상황을 기초로 하여, 통상 그러한 상황에서 법익 주체가 느끼는 정신적 고통이 법적으로 배상되어야 할 손해인지를 살펴서 결정할 문제라고 생각된다.[12)]

그렇다면 구체적인 사건에서 어떠한 사정들을 고려하여 정보주체에게 현실적인 손해가 발생하였는지를 판단할 것인가? 이와 관련해서는 대법원이 'GS칼텍스 개인정보 유출 사건

7) 실제로 그 제3자가 해당 개인정보를 열람하거나 저장하였을 것까지 요구되는 것은 아니다. 이소은, "개인정보자기결정권의 민사법적 보호", 서울대학교 박사학위논문(2018), 219면. "제3자가 현실적으로 그 내용을 알게 되었다거나 적어도 이와 동일시 할 수 있는 정도의 구체적이고 현실적인 고도의 위험이 발생할 것 또는 당해 개인정보를 모르는 제3자에게 그 내용을 알릴 것 또는 이를 도용할 것까지 요구하는 것은 아니"라고 본 서울중앙지방법원 2007. 1. 26. 선고 2006나12182 판결도 참조.

8) 서광민, "손해의 개념", 서강법학연구 제6권(2014), 142면; 신동현, 민법상 손해의 개념, 경인문화사(2014), 92면.

9) 대법원 2003. 4. 8. 선고 2000다53038 판결; 대법원 2004. 11. 26. 선고 2003다58959 판결 등.

10) 송혜정, "개인정보 유출로 인한 손해배상책임", 『민사판례연구』, 제37권, 박영사(2015), 401면.

11) 이소은, "개인정보자기결정권의 민사법적 보호", 서울대학교 박사학위논문(2018), 148면.

12) 이소은, "개인정보자기결정권의 민사법적 보호", 서울대학교 박사학위논문(2018), 149면.

(대법원 2012. 12. 26. 선고 2011다59834, 59858, 59841 판결)'에서 제시한 고려 요소들을 출발점으로 삼을 수 있을 것이다. 위 사건에서 대법원은 개인정보 유출로 인하여 정보주체에게 위자료로 배상할 만한 정신적 손해가 발생하였는지를 판단하기 위한 고려 요소로 "유출된 개인정보의 종류와 성격이 무엇인지, 개인정보 유출로 정보주체를 식별할 가능성이 발생하였는지, 제3자가 유출된 개인정보를 열람하였는지 또는 제3자의 열람 여부가 밝혀지지 않았다면 제3자의 열람 가능성이 있었거나 앞으로 열람 가능성이 있는지, 유출된 개인정보가 어느 범위까지 확산되었는지, 개인정보 유출로 추가적인 법익침해 가능성이 발생하였는지, 개인정보를 처리하는 자가 개인정보를 관리해온 실태와 개인정보가 유출된 구체적인 경위는 어떠한지, 개인정보 유출로 인한 피해 발생 및 확산을 방지하기 위하여 어떠한 조치가 취하여졌는지 등"을 제시하였다.[13)]

이처럼 구체적 사건에서 고려할 수 있는 거의 모든 사정을 종합적으로 고려하여 정신적 손해 발생 여부를 개별적으로 판단하여야 한다는 것은 현실적이고 타당한 해답이다.[14)] 하지만 위 판결과 같이 여러 고려 요소를 단순히 나열하는 것은 앞으로 발생할 수 있는 유사한 사건에서 당사자 및 이해관계자들이 법원의 판단을 예측하기 어렵게 하는 문제가 있다. 여러 고려 요소 중에서 가장 중요한 고려 요소를 가려내고, 그 요소에 무게를 두되 다른 요소들도 함께 고려하여 판단하는 것이 바람직하다고 생각된다.[15)]

앞의 고려 요소 중에서는 '추가 피해의 가능성'을 시사하는 고려 요소들(제3자가 유출된 개인정보를 열람하였는지 또는 제3자의 열람 여부가 밝혀지지 않았다면 제3자의 열람 가능성이 있었거나 앞으로 열람 가능성이 있는지, 유출된 개인정보가 어느 범위까지 확산되었는지, 개인정보 유출로 추가적인 법익침해 가능성이 발생하였는지)이 가장 중요한 의미를 가진다. 개인정보가 유출되었을 때 정보주체가 느끼는 정신적 고통은 자신의 개인정보가 범죄에 악용될지 모른다는 불안감, 그 개인정보를 매개로 자신의 사생활이 타인에게 알려질지 모른다는 불안감 등, 추가 피해의 가능성에 기인한 불안감이기 때문이다.

다. 검토

이 사건의 원심법원은 PC방 컴퓨터를 이용하여 이 사건 게임서비스에 접속한 원고 1, 2,

---

13) 이후에 선고된 대법원 2018. 10. 25. 선고 2018다219352 판결; 대법원 2019. 9. 26. 선고 2018다222303, 222310, 222327 판결도 위 판결과 같은 취지이다.
14) 이소은, "개인정보자기결정권의 민사법적 보호", 서울대학교 박사학위논문(2018), 222면.
15) 이소은, "개인징보자기길정권의 빈사법적 보호", 서울대학교 박사학위논문(2018), 222면.

3에 대해서는 손해 발생을 인정하고, 집에 있는 개인용 컴퓨터를 이용하여 이 사건 게임서비스에 접속한 원고 4, 5에 대해서는 손해 발생을 인정하지 않았다. 원심법원은 원고 1, 2, 3의 경우 컴퓨터에 관한 일정 수준의 지식이 있는 제3자라면 누구라도 로그파일에 접근하여 해당 원고들의 아이디와 비밀번호를 알 수 있는 상태에 이르렀다는 이유에서 개인정보 유출 및 그로 인한 정신적 손해 발생을 인정하였다. 반면 원고 4, 5의 경우 해당 원고들의 아이디와 비밀번호가 위 원고들의 개인정보 관리·통제권의 범위를 벗어나 제3자가 그 내용을 알 수 있는 상태에 이르렀다고 보기 어렵다는 이유에서 개인정보 유출을 인정하지 않았다.[16) 판결문에 명시적으로 드러나 있지는 않으나, 원고 4, 5의 경우에는 개인정보가 유출되지 않았으므로 정신적 손해도 발생하지 않았다고 전제한 것으로 보인다. 대법원은 개인정보 유출 여부에 대한 판단과 손해 발생 여부에 대한 판단을 구분하지 않고, 원고 4, 5가 "피고의 손해배상책임을 인정할 만한 정신적 고통을 입었다고 보기 어렵다"고 하였다.

원고 4, 5의 청구부분에 대한 원심법원 및 대법원의 판단은 타당하였다고 생각한다. '추가 피해의 가능성'의 관점에서 보면, 원고 1, 2, 3의 경우에는 아이디와 비밀번호가 PC방 컴퓨터에 저장되어 해당 컴퓨터를 사용하는 제3자가 이를 열람할 가능성이 있었다. 반면 원고 4, 5의 경우에는 아이디와 비밀번호가 집에 있는 개인용 컴퓨터에 저장되어 제3자의 열람 가능성이 없거나 매우 낮았다. 원고 4, 5의 아이디와 비밀번호가 그들의 개인용 컴퓨터로부터 반출되어 널리 확산되었다거나, 이 사건 사고로 인하여 추가적인 법익침해 가능성이 발생하였다고 볼 근거도 없었다. 따라서 법원이 원고 4, 5의 개인정보 유출 및 그로 인한 정신적 손해 발생을 인정하지 않은 것은 충분히 수긍할 수 있다.

한편 원고 1, 2, 3의 청구부분에 대한 원심법원의 판단은 다소 수긍하기 어려운 측면이 있다. PC방 컴퓨터의 특정 폴더에 로그파일이 저장되었고, 그 컴퓨터를 이용하는 제3자가 그 파일에 접근하여 원고 1, 2, 3의 아이디와 비밀번호를 알 수 있게 된 것은 사실이다. 그러나 그로 인하여 원고 1, 2, 3이 정신적 고통을 받았다고 볼 수 있는지는 의문이다. 피고는 이 사건 사고로부터 약 5일 후 이용자의 컴퓨터에 이미 생성·저장된 로그파일이 자동삭제되도록 하는 시스템 패치 작업을 하였다. 그에 따라 제3자가 로그파일에 담겨 있는 개인정보를 열람할 가능성은 제거되었다. PC방 컴퓨터의 특정 폴더에 단 5일 동안 로그파일이 저장되어 있었다는 것만으로 원고 1, 2, 3에게 현실적인 손해가 발생하였다고 인정하기에는

16) 같은 사고를 원인으로 하여 다른 이용자들이 제기한 다른 사건에서는 개인용 컴퓨터를 이용하였던 원고들의 경우에도 개인정보 유출 자체는 인정되었다. 이에 관한 설명으로 송혜정, "개인정보 유출로 인한 손해배상책임", 『민사판례연구』, 제37권, 박영사(2015), 392면.

부족하다고 보인다. 실제로 제3자가 해당 파일을 열람한 사실이 있는지, 해당 파일이 외부로 반출된 사실이 있는지 등, 이 사건 사고로 인하여 원고 1, 2, 3에게 추가 피해의 가능성이 발생하였는지를 좀 더 면밀히 심리하였어야 한다고 생각된다.

III. 판결의 의의

대상 판결은 아이디와 비밀번호가 기록된 로그파일이 컴퓨터에 저장되는 사고가 발생하였던 사안에서, 개인정보 유출 여부와 손해 발생 여부를 다루었다. 위와 같은 사고가 발생하였을 때 정보주체가 느끼는 정신적 고통이 어느 정도에 이르러야 법적으로 배상되어야 할 손해로 볼 수 있는지, 개인정보 유출 사건에서 손해 발생 여부를 어떻게 판단하여야 하는지를 고민해보게 하는 판결이다.

052

민사상 손해배상책임과 관련한 개인정보 유출 및 개인정보처리자의 주의의무위반 여부에 대한 판단기준

- LG전자 입사지원서 사건 -

서울고등법원 2008. 11. 25. 선고 2008나25888, 25895(병합), 25901(병합) 판결1)

염호준(법무법인(유한) 태평양 변호사)

I. 판결의 개요

1. 사안의 개요

가. 사실관계

1) 피고는 이 사건 채용사이트를 통하여 인터넷으로 신입사원지원을 받은 후 2006. 9. 26. 서류전형 합격자를 발표하였는데, A는 2006. 9. 26. 22:30경 포털사이트의 취업 관련 정보공유 카페 게시판에 'LG전자의 모든 지원서는 누구나 볼 수 있다'라는 제목 하에 "지원서마다 내부적으로 process id를 부여하는데 그 값만 변경하면 모두 볼 수 있습니다."라는 취지의 글과 함께 링크파일을 첨부하여 게시하였다.

2) 2006. 9. 26. 23:25경까지 위 글의 조회수는 3,056회에 달하였는데, 위 링크파일을 실행하면 성명, 주민등록번호, 이메일 주소, 비밀번호 등의 입력이 없어도 초기화면에 Process ID가 500000부터 500049인 입사지원자들의 사진이 50매 나타나고, '이전'이나 '다음' 항목을 클릭하면 이전 또는 다음의 입사지원자들 사진이 50매씩 나타나는 방식으로 원고들을 포함한 입사지원자 2만여 명의 사진이 나타나는데, 위 사진을 개별적으로 클릭하면 도움말, 기본인적사항(성명 등), 상세인적사항(학력사항 등), 자기소개, 경력/인턴, 연구실적의 하부메뉴가 있는 페이지가 나타난다.

3) 원래 이 사건 채용사이트의 작성 및 조회 페이지는 모두 팝업 형식으로 화면에 나타나도록 되어 있어 해당 페이지의 URL 주소가 바로 노출되어 있지는 않았는데, A는 인터넷

1) 쌍방에 의하여 대법원 2008다96826, 96840(병합), 96833(병합)호로 상고되었으나 2009. 3. 26. 심리불속행기각으로 확정됨.

익스플로러의 새창 열기(Ctrl+N)를 실행하여 해당 페이지의 URL 주소를 확인, 그 소스를 확보한 다음 그 소스 중 Process ID에 자신의 Process ID와 비슷한 값을 넣고 실행해 본 결과 다른 입사지원자들의 등록정보가 나타나는 것을 발견하였고, 이에 A는 위 URL 정보를 분석하고 불필요한 정보를 제거한 후 일반인들도 쉽게 조회해 볼 수 있도록 구조화하여 위 링크 파일을 만들어 냈다.

4) 피고의 웹서버들은 모두 웹방화벽의 탐지를 받고 있었으나, 이 사건 채용사이트의 웹서버는 Passive Mode로서 비정상적인 접속이 있을 경우 접속 자체는 허용하되 로그에만 기록을 남기는 방식으로 운영되고 있었다.

5) 위 글과 첨부파일을 발견한 카페 회원 B는 2006. 9. 26. 23:20경 카페 운영자인 C에게 신고하였고, C는 같은 날 23:25경 A를 강퇴(카페 회원 자격을 강제로 박탈하는 것)시키고 위 게시물을 삭제하였는데, 피고 인사팀 채용그룹의 D는 인터넷 모니터링 과정에서 같은 날 23:00경 위 게시물을 발견하자 같은 날 23:15경 내부에 보고한 후 이 사건 채용사이트의 제작, 운영 및 유지보수를 맡고 있는 피고의 계열사 담당자에게 위와 같은 상황을 통보하고, 같은 날 23:39경에 이르러 C에게 증거자료 등을 요청하는 쪽지를 보냈으며, C는 D에게 전화하여 입사지원자들의 등록정보가 더 이상 조회되지 않도록 내부적으로 긴급히 처리해달라고 요청하는 한편 이메일로 증거자료 등을 전달해 주었다.

6) 피고는 2006. 9. 27. 00:08경 입사지원자들의 등록정보 열람이 불가능하도록 이 사건 채용사이트 서버의 접속을 차단하였고, 같은 날 19:40경 피고 홈페이지에 공식 사과문을 게재하였다.

7) 위 링크파일을 실행하여 비정상적 방법으로 입사지원자들의 등록정보를 열람한 IP 주소는 671개이고, 3천여 명의 입사지원서가 열람당하였는데, 원고들 중 입사지원을 위한 등록정보를 열람당한 사람은 31명이다.

나. 소송경과

1) 제1심 판결[서울중앙지방법원 2008. 1. 3. 선고 2006가합87762, 95947(병합), 106212(병합) 판결]: 청구 일부인용

피고는 원고들이 입사지원을 위하여 등록한 정보를 스스로 유출하지 않아야 할 뿐만 아니라, 제3자에 의한 침해나 유출에 대비하여 충분한 보안조치를 다함으로써 이를 방지하여야 할 의무가 있음에도 불구하고, Process ID 변수에 특정한 값을 입력하면 입사지원자들의

등록정보가 열람된다는 사실을 알지 못한 채 이를 방치함으로써 A가 URL 정보를 분석하여 만든 링크파일을 통해 일반인들도 쉽게 이 사건 채용사이트에 접속하고 원고들의 등록정보를 열람할 수 있도록 함으로써 주의의무를 위반하였다.

원고들은 이로 인하여 자신들이 입사지원을 위하여 등록한 정보가 열람당함으로써 정신적 고통을 받았을 것임은 경험칙상 쉽게 인정할 수 있으므로, 피고는 불법행위책임으로서 등록정보를 실제로 열람당한 원고들의 정신적 고통을 금전으로나마 위자할 의무가 있고, 원고들에게 배상하여야 위자료는 각 700,000원으로 정함이 상당하다.

2) 항소심 판결[서울고등법원 2008. 11. 25. 선고 2008나25888, 25895(병합), 25901(병합) 판결]: 항소 일부인용

항소심 판결(대상 판결)에서는 제1심 판결에서와 마찬가지로 등록정보를 열람당한 원고들에 대한 피고의 손해배상책임을 인정하면서도 위자료 액수를 각 300,000원으로 감액하였다.

3) 대법원 판결[대법원 2009. 3. 26.자 2008다96826, 96840(병합), 96833(병합) 판결]: 심리불속행 상고기각

쌍방에 의하여 상고되었으나 2009. 3. 26. 심리불속행 상고기각으로 확정되었다.

2. 판결의 요지

가. 등록정보를 열람당한 원고들의 청구에 대한 판단

1) 손해배상책임 발생

구 공공기관의 개인정보 보호에 관한 법률(2007. 5. 17. 법률 제8448호로 개정되기 전의 것, 이하 '구 공공기관정보보호법'이라 한다) 제9조 제1항에 의하면, 공공기관의 장은 개인정보를 처리함에 있어 개인정보가 분실·도난·누출·변조 또는 훼손되지 않도록 안전성 확보에 필요한 조치를 강구할 의무가 있고, 동법 제22조는 공공기관 외의 개인 또는 단체는 컴퓨터를 사용하여 개인정보를 처리함에 있어 공공기관의 예에 준하여 개인정보의 보호를 위한 조치를 강구하도록 규정하고 있다.

피고는 자신의 웹사이트를 통하여 온라인으로 입사지원을 받음으로써 인력과 비용의 절감 및 관리의 편의를 얻고 있고, 온라인 입사지원사이트를 통하여 입사지원서를 제출하는 지원자들은 자신이 제공하는 정보가 채용 및 인사담당자에게만 공개될 것으로 신뢰하고 사

적인 영역에 속한 민감한 정보까지 제공하였을 것인 점(이 점에서 이용자들이 통상의 전자상거래 사이트 가입 시 개인정보의 유출 또는 제3자에의 제공 가능성을 염두에 두어, 민감한 개인정보의 제공을 요구하는 사이트에는 가입을 자제하는 것과 비교된다)에 비추어 보면, 피고는 정보주체인 입사지원자들이 자신의 개인정보를 제공한 목적에 반하여 유출되거나 훼손되지 않도록 당시의 기술수준에 부합하는 보안조치를 취하여야 할 주의의무가 있다고 할 것이다.

피고는 당시의 기술수준에 비추어 보더라도 피고가 그 신입사원의 채용을 위한 목적으로 보관 중인 개인정보의 분실·도난·누출 등 방지에 필요한 보안조치를 강구하여야 할 주의의무를 위반하였다고 할 것이고, 이로 말미암아 A가 위 URL정보를 분석하여 위 링크파일을 만들고 이를 통하여 일반인들도 쉽게 이 사건 채용사이트에 접속하여 위 원고들의 입사지원정보를 열람하게 되는 결과(이하 '이 사건 사고')가 발생하였으니, 피고의 위와 같은 과실과 이 사건 사고 사이에는 상당인과관계가 있다.

2) 손해배상책임 범위

① 개인정보를 처리하는 자가 취한 사고 당시의 보안조치의 수준, ② 사고발생 후 얼마나 신속하게 사고를 파악하고 적시에 적절한 피해확산방지조치를 취하였는지 여부, ③ 피해자의 자기정보통제권과 관련하여 피해자에 대한 사고발생 안내의 적절성 및 피해접수 내지 확인, 피해회복조치 이행 여부, ④ 유출된 정보의 성격 및 유출된 정보의 양, ⑤ 정보가 유출된 범위 및 유출된 정보의 전파가능성, ⑥ 스팸메일이나 명의도용 등 추가적인 피해 발생 여부, ⑦ 개인정보를 처리하는 자가 개인정보를 수집, 처리함으로써 얻는 이익 등 제반사정을 모두 고려하면, 피고가 위 원고들에게 배상하여야 할 위자료의 액수는 각 300,000원으로 정함이 상당하다.

나. 나머지 원고들의 청구에 대한 판단

위 원고들의 사진이나 다른 개인정보가 실제로 유출되었음을 인정할 증거가 부족하고, 가사 위 원고들의 사진이 유출되었다고 하더라도 성명 등 다른 식별정보 없이 한 화면에 50명의 증명사진이 표시되는 형태에 불과하여, 화면에 나타난 개별 사진의 크기나 전체 사진의 개수에 비추어 보면, 해당 화면을 열람한 사람이라도 그 화면에 표시된 사진을 기억하거나 이로부터 위 원고들을 식별할 수 있을 것으로는 보이지 아니하므로, 이로 인하여 위 원고들이 금전으로 위자할 만한 정신적 손해를 입었다고 볼 수 없다.

II. 해설

1. 개인정보의 유출 여부

대상 판결에서는 개인정보 유출 여부의 판단기준에 관하여 단순한 접근가능성만으로는 유출되었다고 볼 수 없고 개인정보를 실제로 열람하였는지 여부를 기준으로 삼아 판단하였다(제1심 판결에서도 이와 마찬가지로 판단하였다). 즉 '열람이 가능한 상태로 방치된 정도'로는 '유출'에 이르지 않았다는 것이다.[2)]

이에 대하여는 개인정보 유출과정을 "① 접근 가능성 → ② 접근 완료 및 인지 가능성 → ③ 인지 완료 및 물리적 외부 반출 가능성 → ④ 물리적 외부 반출 가능성 → ⑤ 물리적 외부 반출 완료"의 5단계로 나누어 대상 판결에서는 5단계에 이른 것을 유출로 인정하였는데 이는 적정히 판단한 것이라는 평가가 있다.[3)]

이후 대법원에서는 대상 판결과 같은 취지에서 "정보통신망 이용촉진 및 정보보호 등에 관한 법률로 보호되는 개인정보의 누출이란 개인정보가 해당 정보통신서비스 제공자의 관리·통제권을 벗어나 제3자가 그 내용을 알 수 있는 상태에 이르게 된 것을 의미하는바, 어느 개인정보가 정보통신서비스 제공자의 관리·통제하에 있고 개인정보가 제3자에게 실제 열람되거나 접근되지 아니한 상태라면, 정보통신서비스 제공자의 기술적·관리적 보호조치에 미흡한 점이 있어서 제3자가 인터넷상 특정 사이트를 통해 정보통신서비스 제공자가 보관하고 있는 개인정보에 접근할 수 있는 상태에 놓여 있었다고 하더라도 그것만으로 바로 개인정보가 정보통신서비스 제공자의 관리·통제권을 벗어나 제3자가 내용을 알 수 있는 상태에 이르게 되었다고 할 수는 없다."고 판시한 바 있는데,[4)] 결국 개인정보의 유출에 해당하려면 단순히 접근가능성, 열람가능성이 있는 상태에 놓인 것만으로는 부족하고, 개인정보처리자의 관리·통제권을 벗어나 제3자가 실제로 접근·열람하였는지 여부에 따라 판단하여야 한다.

2. 주의의무 위반 여부

가. 제1심 판결에서는 피고에게 제3자에 의한 침해나 유출에 대비하여 '충분한' 보안조치를 다함으로써 이를 방지하여야 할 의무가 있다고 판단하였는데, 대상 판결에서는, 어느 정도를 충분한 보안조치로 볼 것인지에 관하여, 다음과 같은 점 등에 비추어 보면 피고에게 정

2) 전승재, 『해커 출신 변호사가 해부한 해킹판결』, 삼일인포마인(2020), 42면.
3) 김진환, "개인정보 유출 또는 누출의 의미", 정보법 판례백선(II), 한국정보법학회(2016), 638-639면.
4) 대법원 2014. 5. 16. 선고 2011다24555, 24562 판결(LG 유플러스 판결).

보주체인 입사지원자들이 자신의 개인정보를 제공한 목적에 반하여 유출되거나 훼손되지 않도록 '당시의 기술수준에 부합하는' 보안조치를 취하여야 할 주의의무가 있다고 판시하였다.

『① 피고는, 입사지원자 중 비정상적인 행위를 하거나 입사지원을 가장하여 해킹을 시도할 사람이 있을 가능성을 배제할 수 없으므로, 이에 상응하는 보안조치를 취하고 입사지원 기간이 종료된 후에는 외부로부터 관련 웹서버나 DB서버에 접근하는 것을 차단하는 등의 조치를 취하여야 함에도 불구하고, 입사지원사이트의 URL이 Ctrl+N의 간단한 조작(새창열기)으로 노출되고, 입사지원자의 지원서 내용을 열람할 수 있는 URL 중 특정 변수의 인자값을 변경하여 입력하면 위 사이트에 침입하여 타인의 입사지원서를 열람할 수 있는 보안취약점을 간과하였고 입사지원사이트의 웹서버에 웹방화벽을 적용하지 않고 있었던 점

② A는 2006. 9. 21.부터 2006. 9. 26. 이 사건 게시물을 올리기 전까지 인터넷 웹브라우저 프로그램의 주소 입력창에 피고의 입사지원사이트의 주소를 입력하고 Process ID에 임의의 값을 입력하는 방법으로 44회에 걸쳐 피고의 입사지원사이트를 방문하여 다른 사람의 입사지원정보를 열람하였으나, 피고의 전산시스템은 이와 같은 침입에 대한 탐지장치가 구비되어 있지 않았던 점(피고의 웹서버는 비정상적인 접속이 있을 경우 접속 자체는 허용하되 로그에만 기록을 남기는 방식으로 운영되었는바, 남겨진 로그기록에 대한 사후 모니터링 등의 조치도 없었던 것으로 보인다)

③ A가 만든 간단한 자바스크립트 링크파일을 실행하기만 하면 로그인 등 아무런 인증절차 없이 피고의 DB서버에 저장된 입사지원자 50명의 사진(화상정보)이 한꺼번에 보여지고 사진을 클릭하면 당해 개인의 학력, 자기소개서 등의 정보가 노출되었던 점

④ A는 같은 방법으로 다른 대기업의 입사지원사이트에도 침입을 시도하였으나, 피고 등 4개 회사를 제외하고는 보안장치에 막혀 그 뜻을 이루지 못한 점』

나. 한편 대상 판결과 사안이 유사한 서울고등법원 2018. 10. 12. 선고 2017나2004117 판결(KT 마이올레 판결)[5]에 대하여는 행정소송의 결론만을 민사소송에서 답습하면서 과실이 없다고 판단한 것을 비판하면서 동일한 유형의 취약점을 방지하지 못했던 대상 판결과의 차별성에 대하여 충분한 심리를 하였어야 한다고 하여 결과적으로 대상 판결의 주의의무 기준에 대하여 긍정적으로 평가하는 견해가 있다.[6]

5) 원고들이 상고하였으나 대법원 2021. 8. 19. 선고 2018다287782 판결로 상고기각됨.

6) 전승재, 『해커 출신 변호사가 해부한 해킹판결』, 삼일인포마인(2020), 90면. 개인정보처리자의 주의의무에 관하여 민사상 손해배상 기준은 공법상·형사상 제재 기준보다 높아야 한다는 점에 관하여는 같은 책 29-38면 참조.

다. 대상 판결은 선행 행정처분 없이 민사소송만 제기되어 진행되었다는 점에서 법령이나 고시에서 정한 기준(공법상·형사상 제재 기준)에 구애되지 않고 민사상의 독자적인 판단기준을 제시할 수 있었던 것으로 볼 수 있다. 오늘날 눈부신 IT기술의 발전속도에 비추어 개인정보처리에 있어서의 기술수준도 나날이 높아질 수밖에 없고 관련 법령이나 고시가 실시간으로 이를 따라잡을 수는 없기 때문에 죄형법정주의나 규제법정주의의 관점에서 최소한의 주의의무를 명확히 규정한 법령이나 고시에서 정한 기준이 민사상의 손해배상 기준에도 똑같이 적용될 필요는 없다는 점에서 대상 판결의 설시는 타당하다고 판단된다.

3. 손해액 판단

가. 대상 판결에서는 손해액 판단기준을 보다 객관화하여 위자료 액수 산정 시 고려요소로 앞서 본 7가지 사항을 도출하고, 이를 중심으로 다음과 같은 가중 및 감경사유가 있다고 판단한 후 위자료 액수를 각 300,000원으로 정하였다.

<가중사유>

① 피고의 보안조치는 당시의 기술수준에 비추어 충분하다고 볼 수 없는 점

② 피고는 피고 시스템의 모니터링이 아니라 다른 인터넷 게시판의 모니터링을 통하여 이 사건 사고를 발견하였고(피고의 전산시스템 담당자가 아닌 인사팀 직원이 인터넷 게시판을 모니터링한 것을 들어 피고의 시스템에 대한 적절한 사후 보안조치로 볼 수 없다), 그로부터 1시간 8분이 경과한 후에야 해당 웹서버가 차단되었는데, 이 사건 게시글에 첨부된 링크파일을 다운로드받은 사람들은 위 게시글이 삭제된 후에도 위 웹서버가 차단되기까지 계속하여 입사지원자들의 정보를 열람할 수 있었던 점

③ 피고는 사고발생 하루 후인 2007. 9. 27. 19:40경 피고의 입사지원사이트에 사고발생사실을 게시하였을 뿐 입사지원자들에게 이메일 등을 통하여 안내한 바 없었고, 이 사건 소송에 이르기 전에는 입사지원자들에게 개인정보 유출 여부와 유출된 정보가 무엇인지 확인하여 준 바 없는 점

④ 원고들은 학력사항(학점 포함), 어학성적, 경력사항, 연구실적 등은 물론 피고의 채용 및 인사담당자만 볼 것으로 믿고 작성·제출하였을 개인사나 가족관계, 가치관이나 장래계획 등 사적인 영역의 민감한 정보까지 침범당하였던 점

⑤ 위 게시글이 3,056회의 조회수를 기록하였고 입사지원자들의 등록정보를 열람한 IP주소가 671개이며 3천여 명의 입사지원서가 열람당한 점

<감경사유>

① 피고는 성명, 주민등록번호 등 기본적 인적사항은 별도로 보관하고 Master ID에 의하여서만 접근할 수 있도록 하였고, URL이 직접적으로 노출되지 않도록 하는 등 나름대로 보안조치를 취하

였던 점

② 피고는 사고발생 후 해킹방지시스템을 보완하는 등의 조치를 취한 점

③ 피고가 미흡하나마 입사지원사이트에 사고발생사실을 알리고 사과 및 재발방지를 다짐한 점

④ 위 원고들의 성명, 주민등록번호 등은 열람된 바 없고, 유출된 정보에 의하더라도 위 원고들의 지인이나 주변사람이 아니면 실제 위 원고들의 신원을 구체적으로 특정하기는 어려웠을 것으로 보이는 점

⑤ 위 원고들의 개인정보는 저장이나 재전송이 어려운 방식으로 열람되었고(이용자가 화면 캡처나 일괄다운로드 방식으로 저장하였을 가능성까지 배제할 수는 없으나, 이에 소요되는 시간과 툴, 위 정보가 노출되었던 시간을 고려하여 보면, 위와 같은 방식으로 저장된 정보는 많지 않았을 것으로 짐작된다), 유출된 정보의 경제적 가치에 비추어 2차적인 피해 확산가능성은 높지 아니한 점

⑥ 위 원고들의 정보가 추가로 외부에 확산되거나 불법적인 용도에 사용되었음을 인정할 증거는 발견되지 않는 점

⑦ 피고가 입사지원자들의 개인정보를 처리하는 데에 영리의 목적이 없었던 점

나. 대법원은 이후 대법원 2012. 12. 26. 선고 2011다59834, 59858(병합), 59841(병합) 판결(GS 칼텍스 사건)에서 개인정보 유출로 인한 손해발생 여부에 대하여 "유출된 개인정보의 종류와 성격이 무엇인지, 개인정보 유출로 정보주체를 식별할 가능성이 발생하였는지, 제3자가 유출된 개인정보를 열람하였는지 또는 제3자의 열람 여부가 밝혀지지 않았다면 제3자의 열람 가능성이 있었거나 앞으로 열람 가능성이 있는지, 유출된 개인정보가 어느 범위까지 확산되었는지, 개인정보 유출로 추가적인 법익침해 가능성이 발생하였는지, 개인정보를 처리하는 자가 개인정보를 관리해 온 실태와 개인정보가 유출된 구체적인 경위는 어떠한지, 개인정보 유출로 인한 피해 발생 및 확산을 방지하기 위하여 어떠한 조치가 취하여졌는지 등 여러 사정을 종합적으로 고려하여 구체적 사건에 따라 개별적으로 판단"하여야 한다고 판시하였고, 이러한 판단기준은 그 후 대법원에서 선고된 개인정보 침해사건[7]에서도 유사하게 반복되고 있다.[8]

7) 대법원 2016. 9. 28. 선고 2014다56652 판결(택시 위치정보 사건); 대법원 2018. 5. 30. 선고 2015다251539, 251546(병합), 251553(병합), 251560(병합), 251577(병합) 판결(애플 위치정보 사건) 등.

8) 권영준, "정보주체의 동의 없이 개인 위치정보를 수집한 경우 손해배상책임", 민법판례연구I(2019), 326-327면.

Ⅲ. 판결의 의의

대상 판결은 ① 개인정보 유출 여부의 판단기준에 관하여 단순한 접근가능성만으로는 유출되었다고 볼 수 없고 개인정보를 실제로 열람하였는지 여부를 기준으로 삼았다는 점, ② 개인정보 유출로 인한 민사상 손해배상책임 판단기준인 개인정보처리자의 주의의무에 관하여 법령이나 고시에서 정한 기준(공법상·형사상 제재 기준)을 넘어 당시의 기술수준에 부합하는 보안조치를 취하여야 할 주의의무를 인정하였다는 점, ③ 개인정보 유출로 인한 위자료 액수 산정 시의 고려요소를 보다 객관화하여 제시하였다는 점에서 그 의의가 있다고 할 것이다.

053

개인정보 유출의 의미

- LG유플러스 개인정보 유출 사건 -

대법원 2014. 5. 16. 선고 2011다24555, 24562(병합) 판결

김이경(대법원 재판연구관/부장판사)

I. 판결의 개요

1. 사안의 개요

가. 사실관계

피고 엘지유플러스는 연예인화보 서비스를 제공하는 A에 피고 엘지유플러스의 2G 서버에 연동할 수 있는 아이디와 비밀번호를 제공하였다. A가 위 아이디와 비밀번호를 이용하여 피고 엘지유플러스 가입자의 휴대폰번호를 2G서버로 전송하면, 피고 엘지유플러스는 A에게 해당 가입자의 주민등록번호, 가입일, 휴대폰 기종 등의 개인정보를 URL에 덧붙여 전송하였다.

피고 甲은 모바일콘텐츠서비스 사이트인 엠샵사이트를 개설하며 A의 아이디와 비밀번호를 제공받았고, 이로써 엠샵사이트와 피고 엘지유플러스의 2G서버가 연동하는 상태가 되었다. 즉, 엠샵사이트의 폰정보 조회 페이지에 휴대폰번호를 입력하면 피고 엘지유플러스로부터 해당 가입자의 주민등록번호, 가입일, 휴대폰 기종 등의 개인정보가 끝 부분에 평문으로 나타나는 URL을 전송받을 수 있었다.

B는 엠샵사이트를 분석하여, 휴대폰번호를 입력하면 피고 엘지유플러스의 2G서버로부터 제공받은 개인정보를 확인할 수 있는 '휴대폰정보 조회 페이지'가 포함된 개인 사이트를 만들었다.

나. 소송경과

1) 제1심 판결(서울중앙지방법원 2009. 11. 6. 선고 2008가합75268 판결)

1심 법원은 엠샵사이트를 통한 원고들[1]의 개인정보 누출[2]이 인정됨을 이유로 피고 엘지

1) 엘지유플러스 서비스이용자 278명.

유플러스에 대한 청구를 일부 인용하였고, 피고 甲은 개인정보 누출에 주의의무 위반이나 과실이 없다며 피고 甲에 대한 청구를 기각하였다.

2) 항소심 판결(서울고등법원 2011. 2. 10. 선고 2009나119131 판결)

항소심 법원은 엠샵사이트를 통하여 원고들의 개인정보가 누출되었다고 할 수 없고, 원고들의 개인정보가 실제 열람되지 않은 이상 그 정신적 손해 또한 인정되지 않는다며, 원고들 전부 패소판결을 선고하였다.

3) 대법원 판결(대법원 2014. 5. 16. 선고 2011다24555 판결)

A가 개인휴대통신서비스를 제공하는 피고 엘지유플러스로부터 서버와 연동하는 웹사이트의 시스템 점검을 위하여 서버와 연동할 수 있는 아이디와 비밀번호를 임시로 부여받았으나 시스템 점검 후 아이디와 비밀번호를 삭제하지 아니하여 위 웹사이트의 폰정보 조회 페이지에 휴대폰번호를 입력하면 휴대폰번호 가입자의 개인정보가 서버로부터 전송되는 상태에 있었음을 이유로, 피고 엘지유플러스가 제공하는 개인휴대통신서비스에 가입한 원고들이 피고 엘지유플러스와 피고 甲을 상대로 개인정보 누출로 인한 손해배상을 구한 사안에서, 위 웹사이트의 폰정보 조회 페이지에 휴대폰번호를 입력하기 전에는 원고들의 개인정보는 서버에 그대로 보관된 채 아무런 접근이 이루어지지 않으며 피고 엘지유플러스가 관리·통제권을 행사하여 위 웹사이트와 서버가 더 이상 연동하지 않도록 함으로써 원고들의 개인정보에 대한 접근과 전송 가능성을 없앨 수 있었던 상태에 있었으므로, 원고들의 휴대폰번호가 위 웹사이트의 폰정보 조회 페이지에 입력되었는지가 확인되지 않은 상황에서 위 웹사이트와 서버가 연동하고 있었다 하더라도 원고들의 개인정보가 피고 엘지유플러스의 관리·통제권을 벗어나 제3자가 내용을 알 수 있는 상태에 이르게 되었다고 볼 수 없다.

2. 판결의 요지

'구 정보통신망법으로 보호되는 개인정보의 누출'이란 개인정보가 해당 정보통신서비스

2) 구 정보통신망 이용촉진 및 정보보호 등에 관한 법률(2020. 2. 4. 법률 제16955호로 개정되기 전의 것, 이하 '구 정보통신망법'이라 한다) 제28조는 '누출'이라는 단어를, 개인정보 보호법 제29조에서는 '유출'이라는 단어를 각 사용하는데 같은 개념으로 보인다. 본건은 구 정보통신망법 제28조가 적용된 사건이나, 2020. 2. 4. 정보통신망법의 개정으로 인하여 개인정보 보호 관련 규정이 개인정보 보호법으로 이관되었으므로 이하에서는 구 정보통신망법 제28조를 직접 언급하거나 판결을 직접 인용하는 외에는 '유출'로 용어를 통일하기로 한다.

제공자의 관리·통제권을 벗어나 제3자가 그 내용을 알 수 있는 상태에 이르게 된 것을 의미하는바, 어느 개인정보가 정보통신서비스 제공자의 관리·통제하에 있고 개인정보가 제3자에게 실제 열람되거나 접근되지 아니한 상태라면, 정보통신서비스 제공자의 기술적·관리적 보호조치에 미흡한 점이 있어서 제3자가 인터넷상 특정 사이트를 통해 정보통신서비스 제공자가 보관하고 있는 개인정보에 접근할 수 있는 상태에 놓여 있었다고 하더라도 그것만으로 바로 개인정보가 정보통신서비스 제공자의 관리·통제권을 벗어나 제3자가 내용을 알 수 있는 상태에 이르게 되었다고 할 수는 없다.

II. 해설

1. 쟁점의 정리

가. 개인정보 유출의 개념

1) 개인정보 유출의 규범적 의미

유출이라는 문언적 의미에서 출발하면 개인정보 유출의 가장 넓은 개념은 정보통신서비스 제공자의 관리·통제권에서 벗어난 상태 전부를 가리킬 것이다. 반면 개인정보라는 것은 결국 제3자가 이를 열람함으로써 그 침해가 최종적으로 완성된다는 점에서 출발하면 개인정보 유출의 가장 좁은 개념은 제3자가 해당 개인정보를 실제로 열람한 상태를 가리킬 것이다. 개인정보 유출로 개인정보자기결정권이 침해되었다고 보려면 관리·통제권 이탈이 곧 개인정보자기결정권 침해라고 보기는 어렵다. 그러나 제3자가 개인정보를 실제로 열람하였거나 열람할 구체적이고 고도의 위험성이 발생한 상태로 한정한다면 개인정보 보호에 취약해질 염려가 있다. 따라서 개인정보 유출의 개념, 즉 규범적 의미를 어떻게 볼 것이냐가 이 사건의 쟁점이다.

2) 제3자는 당해 개인정보를 모르는 자에 한정되는지

당해 개인정보를 모르는 제3자가 그 내용을 알 수 있는 상태에 이른 경우에만 개인정보 유출에 해당하는지도 역시 이 사건의 숨은 쟁점이다. 구 정보통신망법 제28조는 '누출'과 '누설'을 구분하고, 개인정보 보호법 제29조도 '유출'과 '누설'을 구분하고 있다. '누설'이란 이를 알지 못하는 타인에게 이를 알려주는 행위[3]를 의미한다는 점을 고려할 필요가 있다.

3) 대법원 2008. 4. 24. 선고 2006도8644 판결.

나. 이 사건에서 개인정보 유출 여부

1) 폰정보 조회 기능 그 자체로 개인정보가 유출되었다고 볼 수 있는지: 부정

이 사건에서 피고 엘지유플러스의 2G 서버에 저장, 관리되고 있는 가입자의 개인정보가 그 휴대폰번호가 입력되기만 하면 언제든지 엠샵사이트의 폰정보 조회 기능을 통해 전송될 수 있는 상태에 있기는 하였으나, 전송될 수 있는 상태에 있었다는 것과 실제 전송되었다는 것 사이에는 분명히 차이가 있고, 전송될 수 있는 상태에 있었다는 것만으로 관리·통제권을 벗어나 제3자가 이를 알 수 있는 상태에 이르렀다고는 보기 어렵다.

2) 폰정보 조회 기능을 통한 실제 개인정보 전송으로 개인정보 유출이 있었는지: 부정

불법행위의 성립요건 중 침해행위에 해당하므로 원고들이 주장·입증할 사항이다. 원고 중 1인이 스스로 엠샵사이트 폰정보 조회 페이지에 자신의 휴대폰번호를 입력하여 개인정보가 전송된 사실이 있지만 이는 '제3자'가 알 수 있는 상태가 아니라 '정보주체 자신'이 알 수 있는 상태에 이른 것에 불과하다.

2. 관련 판례: 대법원 2009. 3. 26.자 2008다96826, 96840(병합), 96833(병합) 판결(LG전자 입사지원서 사건)

이 사건과 사실관계가 매우 유사한 사건이다. 원고들을 포함한 입사지원자들이 피고 채용사이트에서 인터넷으로 입사지원서를 작성하였는데, 불합격통지를 받은 丙이 취업정보공유 카페게시판에 피고의 모든 지원서를 볼 수 있는 링크파일을 만들었다. 그 링크파일을 실행하면 누구나 피고의 입사지원서 서버에 접속할 수 있었는데, 접속시 초기화면에 지원자의 사진이 50명씩 나타나고, 사진을 클릭하면 해당 입사지원자의 입사지원서를 열람할 수 있었던 사안이다. 피고가 개인정보 누출 방지를 위한 충분한 보안조치의무를 하였는지 여부가 쟁점이 된 사건이다.

개인 컴퓨터의 쿠키 값을 이용하여 다른 사용자들의 접속을 금하는 기법을 사용하는 기법이 사건 발생 2년 전 개발되었지만 피고의 입사지원서 서버는 이를 적용하지 않고 운영되고 있었고, 그 결과 丙은 피고 입사지원서 확인페이지의 URL에서 숫자만 조작하면 다른 사람의 입사지원서를 인증과정 없이 볼 수 있었다. 이러한 사실관계를 토대로 피고가 개인정

보 유출 방지를 위한 보안조치의무를 위반하였다는 원심 판단을 그대로 유지하였다.

입사지원을 위한 등록정보를 열람당한 일부 원고들의 청구에 대하여는 '개인정보 유출'을 인정하여 정신적 손해로 인한 위자료 30만 원을 인정하였다.

3. 검토

개인정보 유출의 개념은 다음 범위 내에서 결정될 수 있을 것이다.

① 개인정보가 정보통신서비스 제공자의 관리·통제권에서 벗어난 상태 전부
② 개인정보가 정보통신서비스 제공자의 관리·통제권에서 벗어났지만, 아직 제3자가 이를 열람할 수 있는 상태에 놓이지 않은 상태
③ 개인정보가 정보통신서비스 제공자의 관리·통제권에서 벗어나 제3자가 이를 열람할 수 있는 상태에 놓인 상태
④ 개인정보가 정보통신서비스 제공자의 관리·통제권에서 벗어나 제3자가 이를 열람할 구체적이고 고도의 위험이 발생한 상태
⑤ 개인정보가 정보통신서비스 제공자의 관리·통제권에서 벗어나 제3자가 실제로 이를 열람한 상태

대상 판결은 ③과 같이 해당 개인정보가 정보통신서비스 제공자의 관리·통제권에서 벗어나 제3자가 이를 열람할 수 있는 상태에 이르면 개인정보 유출에 해당한다고 판단하였다. 이는 기존 하급심 판결(서울중앙지방법원 2007. 1. 26. 선고 2006나12182 판결[4])에서 설시했던 '개인정보의 유출'의 개념과 크게 다르지 않다.

대상 판결의 판시내용으로는 '제3자'가 당해 개인정보를 모르는 자에 한정되는지에 관하여는 드러나지 않는다. 대상 판결의 원심을 포함하여 위 서울중앙지방법원 2006나12182 판결, 뒤에서 볼 행정안전부 발간 해설서에서도 개인정보의 유출을 당해 개인정보가 정보통신서비스 제공자의 관리·통제권에서 벗어나 당해 개인정보를 모르는 제3자가 그 내용을 알

4) 대법원 2008. 8. 21. 선고 2007다17888 판결의 원심이다. 리니지게임을 하면 게임한 컴퓨터에 자동으로 게임이용자의 아이디 및 비밀번호가 생성·저장되는 로그파일에 기록되도록 하는 사고가 발생한 사안으로, PC방 컴퓨터에 아이디 및 비밀번호가 담긴 로그파일이 저장되어 컴퓨터에 관한 일정 수준의 지식이 있는 제3자라면 누구라도 로그파일에 접근하여 아이디 및 비밀번호를 알 수 있는 상태에 이르렀으므로, 개인정보가 '누출'되었다고 판단하였다. 위 원심은 '누출'을 '정보통신서비스제공자 및 이용자'의 관리·통제권을 벗어나는 것이라고 정의하였다. 그러나 개인정보 보호책무가 부여된 것은 정보통신서비스제공자일 뿐이어서 '누출' 여부를 판단함에 있어서도 정보통신서비스제공자를 기준으로 해야 한다. 다만 당해 이용자의 의사에 의한 것은 제외하여야 할 것이므로 정확히는 '당해 이용자의 의사에 반하여 정보통신서비스제공자의 관리·통제권에서 벗어나는 것'을 '누출'의 개념으로 삼는 것이 타당하다고 보인다.

수 있는 상태에 이르는 것이라고 서술하고 있다. 그러나 개인정보가 관리·통제권을 벗어나 제3자가 이를 알 수 있는 상태에 이르렀다고 할 경우 그 제3자가 반드시 해당 개인정보를 모르는 제3자에 해당할 필요는 없다고 생각한다. 개인정보가 관리·통제권을 벗어나 제3자에 의해 열람될 상태에 이르는 것 자체가 위 ③의 '유출'의 개념에 해당하고, 그 제3자가 해당 정보를 이미 알고 있었는지 여부에 따라 '유출'에 해당하는지 여부의 결론이 달라지는 것은 타당하지 않기 때문이다. 그 제3자가 해당 개인정보를 이미 알고 있었다면, 개인정보 유출에는 해당하되, 그로 인한 손해의 발생 여부를 판단할 때 고려하면 족하다.

III. 판결의 의의

정보통신망법이나 개인정보 보호법 등 관련 법률에서 개인정보 '누출'의 개념에 대해 정의를 내리고 있는 규정이 없고, 이 사건 이전에 대법원이 개인정보 누출의 의미에 관하여 판시한 적도 없었다. 개인정보자기결정권을 침해하는 '개인정보 누출'의 의미에 대하여는 타인이 개인의 의사와 무관하게 개인정보를 그 통제의 영역에서 벗어나게 하는 행위,[5] 고의·과실 여부를 불문하고 개인정보처리자의 관리 범위를 벗어나 개인정보가 제3자에게 공개·제공·누출·누설된 모든 상태,[6] 개인정보가 개인정보 파일에 접근한 침해자의 관리하에 놓인 상태[7]라는 견해들이 있었다.

행정안전부 발간 「개인정보 보호법령 및 지침·고시 해설서」(2020. 12.)는 '유출'의 개념을 '고의·과실 여부를 불문하고 개인정보처리자의 관리 범위를 벗어나 개인정보가 외부에 공개, 제공, 누출, 누설된 모든 상태'라고 설명하고 있다. 위 해설서에서는 개인정보가 해당 개인정보처리자의 관리·통제권을 벗어나 당해 개인정보를 모르는 제3자가 그 내용을 알 수 있는 상태에 이르게 되면 개인정보가 유출된 것인데, 이때 제3자가 개인정보의 내용을 취득하여야만 유출되었다고 보는 것은 아니며, 일반적 수준의 제3자가 해당 정보를 알 수 있는 상태에 이르렀다면 개인정보가 유출된 것이라며, 대상 판결을 참고하도록 하고 있다.

대상 판결은 구 정보통신망법으로 보호되는 개인정보 '누출'의 의미를 판시하였다. 개인정보가 유출되어 개인정보자기결정권이 침해되었다고 할 때, 그러한 개인정보자기결정권의

5) 정상조·권영준, "개인정보 보호와 민사적 구제수단", 법조 제630호(2009. 3.), 23면.
6) 이창범, 『개인정보 보호법』, 법문사(2012), 317면.
7) 배대헌, 「'잰걸음으로 나선' 개인정보 보호법을 보완하는 논의 -개인정보 보호법 개정 논의 및 관련법률 검토」, IT와 법연구 제6집(2012. 02), 19면.

침해를 이루는 개인정보 유출의 의미도 대상 판결과 마찬가지로 파악할 수 있을 것이다.[8] 대상 판결은 개인정보가 관리·통제권을 벗어나 제3자가 이를 알 수 있는 상태에 이르렀다고 할 경우, 그 제3자가 반드시 해당 개인정보를 모르는 제3자에 해당하여야 할 것까지를 요구하지는 않는다. 개인정보의 '누설'에 관한 대법원 판례[9]의 태도와 차이가 있고, 이는 구 정보통신망법상 '누출'과 '누설'을 구별하는 데서 오는 자연스러운 해석으로 볼 수 있을 것이다. 개인정보 보호법 역시 '유출'과 '누설'을 구분하고 있으므로, 이러한 해석은 개인정보 보호법 하에서도 적용될 수 있다고 본다.

8) 고홍석, '개인정보 유출로 인하여 위자료로 배상할 만한 정신적 손해의 발생 여부 – 대법원 2012. 12. 26. 선고 2011다59834, 59841, 59858 판결', 이상훈 대법관 재임기념 문집, 사법발전재단(2017), 410면.
9) 대법원 2008. 4. 24. 선고 2006도8644 판결: 정보통신망법 제49조는 "누구든지 정보통신망에 의하여 처리·보관 또는 전송되는 타인의 정보를 훼손하거나 타인의 비밀을 침해·도용 또는 누설하여서는 아니 된다."고 규정하고 있고, 제62조 제6호에서는 "제49조의 규정을 위반하여 타인의 정보를 훼손하거나 타인의 비밀을 침해·도용 또는 누설한 자"를 5년 이하의 징역 또는 5천만 원 이하의 벌금에 처하도록 규정하고 있는바, 여기서 비밀의 '누설'이란 비밀을 아직 알지 못하는 타인에게 이를 알려 주는 행위를 말하고, 그 방법에 제한이 있다고 볼 수 없으므로 구두의 고지, 서면에 의한 통지 등 모든 방법이 가능하다.

054 개인정보 유출로 인한 정신적 손해 발생의 판단 기준

- 보너스카드 회원 정보 유출 사건 -

대법원 2012. 12. 26. 선고 2011다59834, 59858(병합), 59841(병합) 판결

오병철(연세대학교 법학전문대학원 교수)

I. 판결의 개요

1. 사안의 개요

가. 사실관계

주유 보너스카드 회원 가입 고객의 개인정보를 관리하고 이를 기반으로 고객서비스센터를 운영하는 피고1 회사로부터 고객서비스센터 운영 및 관리 업무를 위탁받아 수행하는 피고2 회사의 관리팀 직원 소외1은 동료 직원 및 그 지인들(이하 소외2 등)과 접근권한을 이용하여 고객정보를 빼낸 후 판매하여 금원을 취득키로 모의하였다. 소외1은 사무실의 컴퓨터로 업무상 지득한 계정명과 비밀번호를 이용하여 원고들을 포함한 회원 1,150여만 명의 성명, 주민등록번호, 주소, 전화번호, 이메일 주소 등 고객정보를 전송받아 엑셀 파일 형태로 저장하고, 이를 외부 보조기억장치에 옮긴 후 소외2 등에게 판매를 위해 전달하였다. 개인정보 파일을 전달받은 소외2 등은 변호사 사무장에게서 "언론보도를 통해 사회문제가 되어야 집단소송에 활용하여 수익을 발생시킬 수 있다"는 말을 듣고 언론사 기자들에게 개인정보를 전달하여 '서울 도심 한복판 쓰레기 더미에서 1,100만 명이 넘는 개인정보가 담긴 CD가 발견되었다'는 취지의 기사가 보도되었다. 그 직후 소외1과 소외2 등은 수사기관에 검거되었고 유출된 개인정보 전부가 관련자 모두로부터 압수되거나 폐기되었으며 그 외의 개인정보가 다른 경로로 유출된 흔적은 발견되지 아니하였다. 이에 자신의 개인정보가 유출된 원고들은 소외인들의 사용자인 피고1과 피고2를 상대로 정신적 손해에 대한 배상청구를 하였다.

나. 소송경과

1) 제1심 판결[서울중앙지방법원 2010. 9. 16. 선고 2008가합1111003, 2009가합26041, 2009가합121922(병합) 판결]

법원은 개인정보 누출로 인한 손해배상책임을 지우기 위해서는 원고들의 개인정보가 피고들의 지배영역을 떠나 외부로 누출됨으로써 원고들에게 정신적 손해가 발생하였다는 사정이 구체적으로 입증되어야 할 것인데, 개인정보의 누출로 인하여 제3자가 현실적으로 그 내용을 알게 되었다거나 적어도 이와 동일시할 수 있는 정도의 구체적이고 현실적인 고도의 위험이 발생할 것까지 요구되는 것은 아닐지라도 불특정 다수에게 공개되어 이를 열람할 수 있는 상태 또는 원고들의 의사에 반하여 원고들의 개인정보가 수집·이용될 수 있는 상태에 이르러 원고들의 개인정보자기결정권이 침해되었거나 침해될 상당한 위험성이 발생하여야 원고들에게 정신적 손해가 발생하였다고 인정할 수 있다고 판시하였다.

본 사건의 경우에는 설령 범행공모자나 언론기관 관계자에게 누출되어 위험성이 일시 발생하였다고 하더라도 조기에 전부 회수 또는 폐기되었으므로 막연한 불안감이나 불쾌감을 가질 수 있었을지라도 수인한도를 초과하여 피고들이 금전으로 위자할 만한 정신적 손해를 입었다고 할 수 없으며, 소외인들이 형사처벌을 받았다고 하더라도 원고에게 사용자책임을 지울 수는 없다고 하여 원고의 손해배상청구를 기각하였다.

2) 항소심 판결[서울고등법원 2011. 6. 24. 선고 2010나111478, 2010나111485(병합), 2010나111492(병합) 판결]

항소심에서는 원심 판결에 덧붙여, 개인정보가 유출되어 자기정보결정권이 침해되기에 이르렀다는 사실만으로 곧바로 그 개인에게 '정신적 손해'가 발생하였다고 할 수는 없고, 개인정보의 유출로 인하여 그 개인에게 정신적 손해가 발생하였는지는 그 유출된 개인정보의 종류와 성격, 개인정보와 개인정보 주체와의 관계, 유출의 정도 및 이에 따라 예상되는 위험성, 정보수집 주체가 유출된 개인정보를 이용한 방식과 규모 등 여러 요소를 고려하여 개별적, 구체적으로 판단되어야 한다고 구체적인 판단기준을 제시하였다. 나아가 유출된 개인정보가 민감한 정보가 아닐 뿐만 아니라 경제적 이익을 침해할 우려가 높은 정보도 아니고, 유출 직후 곧바로 전체가 회수되어 폐기되었으며, 유출된 개인정보로 원고들이 개별적, 구체적인 피해를 입은 사실을 인정할 증거가 없거나 부족한 상태에서 개인정보가 한때나마 유출된

적이 있다는 사실만으로 정신적 피해가 있었을 것이라고 단정하기는 어렵다고 판시하였다.

3) 대법원 판결[대법원 2012. 12. 26. 선고 2011다59834, 59858(병합), 59841(병합) 판결]

대법원은 원심과 마찬가지로 개인정보가 유출되었다고 하더라도 언론 보도 직후 개인정보가 저장된 매체 모두가 압수, 임의제출되거나 폐기되었고 사건 관계자 이외의 제3자에게 유출되지 않았으며, 언론관계자는 보도를 위해 개인정보를 열람한 것으로 개인정보의 구체적 내용을 인식한 것으로 보이지 아니하고, 후속 피해가 발생한 바 없으므로 원고에게 위자료로 배상할 만한 정신적 손해가 발생하였다고 보기 어렵다고 판시하였다.

2. 판결의 요지

가. 개인정보자기결정권의 침해와 정신적 손해 발생

개인정보가 정보주체의 의사에 반하여 유출된 경우에 막연한 불안감이나 불쾌감을 가지게 될 수는 있으나, 그 사정만으로 곧바로 정신적 손해가 발생하는 것은 아니다. 즉 개인정보자기결정권의 침해가 있어도 수인한도를 초과한 경우에만 정보주체에게 정신적 손해가 발생하는 것이다.

나. 개인정보 유출의 경우 정신적 손해 발생의 판단 기준

개인정보를 처리하는 자가 수집한 개인정보를 피용자가 정보주체의 의사에 반하여 유출한 경우, 그로 인하여 정보주체에게 위자료로 배상할 만한 정신적 손해가 발생하였는지는 유출된 개인정보의 종류와 성격이 무엇인지, 개인정보 유출로 정보주체를 식별할 가능성이 발생하였는지, 제3자가 유출된 개인정보를 열람하였는지 또는 제3자의 열람 여부가 밝혀지지 않았다면 제3자의 열람 가능성이 있었거나 앞으로 열람 가능성이 있는지, 유출된 개인정보가 어느 범위까지 확산되었는지, 개인정보 유출로 추가적인 법익침해 가능성이 발생하였는지, 개인정보를 처리하는 자가 개인정보를 관리해온 실태와 개인정보가 유출된 구체적인 경위는 어떠한지, 개인정보 유출로 인한 피해 발생 및 확산을 방지하기 위하여 어떠한 조치가 취하여졌는지 등 여러 사정을 종합적으로 고려하여 구체적 사건에 따라 개별적으로 판단하여야 한다.

II. 해설

1. 쟁점의 정리

가. 정신적 손해 발생의 증명

대상 판결의 가장 중요한 쟁점은 정보주체의 의사에 반하여 개인정보가 유출되면 곧바로 정보주체에게 정신적 손해가 발생하였다고 볼 수 있는가의 문제이다. 원고들은 주민등록번호 등 중요한 개인정보가 도용 내지는 악용될지도 모른다는 불안감을 가지게 되었는바, 이는 곧 정신적 손해에 해당되므로 정보주체 마다 100만 원의 위자료를 청구하였다. 이에 항소심은 명확히 “개인정보가 유출되어 자기정보결정권이 침해되기에 이르렀다는 사실만으로 곧바로 그 개인에게 정신적 손해가 발생하였다고 할 수는 없다”는 태도를 취하였고, 대법원도 이러한 입장을 긍정하여 여러 사정을 종합적으로 고려하여 구체적인 사건에 따라 개별적으로 판단하여야 한다고 판시하였다. 그러므로 정보주체가 느끼는 주관적인 막연한 불안감이나 불쾌감과 객관적인 정신적 손해 발생은 규범적으로 구별되어야 한다는 취지의 판례이론이라 할 수 있다.

나. 정신적 손해 발생의 판단 기준

판례는 개인정보가 정보주체의 의사에 반하여 유출된 경우에 정보주체에게 정신적 손해가 발생되었는가를 판단하는 다양한 요소들에 대해, ① 유출된 개인정보의 종류와 성격, ② 정보주체의 식별 가능성, ③ 제3자의 열람 여부 또는 열람가능성, ④ 유출된 개인정보의 확산 범위, ⑤ 추가적인 법익 침해가능성, ⑥ 개인정보 관리 실태, ⑦ 유출된 경위, ⑧ 피해 발생 및 확산 방지 조치의 내용을 제시하고 있다. 이를 종합적으로 고려하여 해당 사안을 개별적으로 판단한바, 정신적 손해의 발생을 인정하기 어렵다고 판시하였다.

2. 관련 판례

가. 대법원 2018. 10. 25. 선고 2018다219406 판결 등

신용카드회사와 카드사고분석시스템 업그레이드 관련 개발용역을 체결한 회사의 개발업무를 수행하는 직원이 개인정보를 유출한 경우에, 신용과 밀접한 개인정보가 전파 및 확산과정에서 이미 제3자에게 열람되었거나 열람될 가능성이 크므로 사회통념상 개인정보 유출로 인한 정신적 손해가 현실적으로 발행하였다고 인정하여 위자료를 10만 원으로 결정하였다.

나. 대법원 2019. 9. 26. 선고 2018다222303, 222310(병합), 222327(병합) 판결

신용카드회사와 신용카드 등에 대한 사용 및 금융거래계약을 맺고 신용카드 등을 발급받아 사용하기 위한 목적으로 수집·이용된 가입자들의 개인정보가 신용카드회사 사무실에 FDS 업데이트를 위하여 반입된 업무용 하드디스크에 저장되어 있다가 유출된 경우에, 신용카드회사에게 민법상 불법행위책임에 따라 위자료를 7만 원으로 결정하였다. 그 근거로 유출된 개인정보에는 각 개인에게 유일하고 영구적이며 일신전속적인 성격을 지닌 주민등록번호가 포함되어 있고, 이를 도용한 2차적 피해 발생과 확대의 가능성을 배제하기 어려우며, 전파 및 확산과정에서 이미 제3자에 의해 열람되었거나 앞으로 개인정보가 열람될 가능성이 크다는 점을 들고 있다.

3. 검토

가. 개인정보자기결정권의 침해와 정신적 손해의 발생

불법행위의 손해에 대해 판례는 손해 3분설을 취해, 손해를 '재산상 적극적 손해'와 '재산상 소극적 손해' 그리고 '정신적 손해'의 독립된 별도의 소송물로 인정하고, 각각의 손해마다 따로 판단하고 있다.[1] 그리고 손해의 발생에 대한 증명책임은 피해자가 부담하여야 한다.[2] 개인정보가 유출된 경우에 재산상 적극적 손해 및 정신적 손해의 발생 여부는 피해자인 정보주체가 증명책임을 부담하여야 한다. 대상 판결의 경우에 재산상 적극적 손해의 발생은 쟁점이 아니고, 오로지 정신적 손해의 발생이 문제가 되고 있다.

핵심 쟁점은 개인정보가 유출되면 정보주체의 개인정보자기결정권이 침해되는 것이므로, 초상권이나 인격권이 침해된 경우에 특별한 사정이 없는 한 정신적 고통이 뒤따르므로 위자료가 인정된다는 판례[3]를 유추적용하여 정신적 손해의 발생이 당연히 인정된다고 볼 것인가이다. 이를 정면으로 긍정하는 견해[4]를 찾아볼 수 있으며, 특히 정보주체의 결정권 자체가 침해된 것으로 이로 인한 정신적 손해를 인정하는 것이 보다 자연스럽다고 한다.[5] 나아가 개

1) 대법원 2002. 9. 10. 선고 2002다34581 판결.
2) 대법원 2003. 4. 8. 선고 2000다53038 판결.
3) 대법원 2013. 6. 27. 선고 2012다31628 판결.
4) 송오식, "개인정보침해에 대한 합리적 구제방안", 『법학논총 제36권 제1호(전남대학교 법학연구소, 2016), 747면.
5) 권태상, "개인정보 보호와 인격권 -사법(私法)측면에서의 검토", 『법학논집』 제17권 제1호(이화여자대학교 법학연구소, 2013), 103면.

인정보자기결정권이 침해된 경우에는 피해자가 어떠한 정신적 고통을 입었는지 또는 어떠한 정신적 이익을 상실했는지 증명할 것을 요구하는 것은 바람직하지 아니하고 권리침해를 규범적으로 평가하여 비재산적 손해를 인정해야 한다는 다소 파격적인 주장[6]도 있다.

반면에 개인정보자기결정권이 침해되면 정신적 손해가 발생할 개연성은 크지만 정신적 손해의 발생을 의제할 수는 없다는 견해[7]와 개인정보자기결정권이 침해되었다고 해서 논리필연적으로 정신적 손해가 곧바로 발생하는 것은 아니고 실체적인 사권에 대한 침해가 실제로 발생하여야 정신적 손해가 발생하였다고 할 수 있다는 주장[8]도 있다. 특히 리스크나 위험 단계에서 배상을 인정한다면 손해 없는 손해배상 또는 중복 내지 초과배상 문제가 생긴다[9]고 지적한다.

대상 판결은 후자의 견해와 같이 개인정보가 유출되었다고 해서 곧바로 정보주체에게 정신적 손해가 있다고 인정할 수는 없다는 것이고, 이는 불법행위법에서 전통적으로 유지되어 온 손해 발생의 증명책임은 피해자에게 있다는 확립된 원리를 고수하는 것이다. 개인정보자기결정권의 침해를 민법 제750조 불법행위의 틀로 규율한다면, 이와 같은 태도는 전통적인 법리의 논리적 귀결이다. 다만 정보주체가 자신의 개인정보 유출로 인한 정신적 손해를 증명하는 것은 현실적으로 쉽지 않은 부담이고, 특히 추가적인 재산상 손해가 없는 단순 유출의 경우에는 더욱 그러할 것이다. 결국 개인정보의 단순한 유출은 객관적으로는 개인정보자기결정권의 침해임에도 불구하고, 정보주체에게는 어떠한 위자도 없이 스스로 불안감과 불쾌함을 감내해야만 하는 생활위험(Lebensrisiko)이 될 가능성이 높다.

나. 정신적 손해 발생의 판단 기준

비물질적인 정신적 손해 발생의 판단은 그 성질상 완전히 객관적으로 이루어질 수는 없다. 그러나 이를 법관의 전적인 주관에 맡기게 되면 사건마다 그 결과가 달라져 법적 안정성

6) 권태상, "개인정보의 수집으로 인한 손해배상책임", 『법학논집』 제24권 제3호(이화여자대학교 법학연구소, 2020), 19면.

7) 정상조 · 권영준, "개인정보의 보호와 민사적 구제수단", 『법조』 제58권 제3호(법조협회, 2009), 33면; 한승수, "개인정보 관련 민사판례상 손해배상책임의 인정기준 -2010년 이후의 판례의 동향과 그 분석을 중심으로-", 『문화 · 미디어 · 엔터테인먼트법』 제13권 제1호(중앙대학교 법학연구원 문화 · 미디어 · 엔터테인먼트법연구소, 2019), 28면.

8) 김진환, "개인정보 보호의 규범적 의의와 한계 - 사법(私法) 영역에서의 두 가지 주요 쟁점을 중심으로 -", 『저스티스』 통권 제144호(한국법학원, 2014), 57－58면.

9) 이동진, "개인정보 보호법 제18조 제2항 제4호, 비식별화, 비재산적 손해", 『정보법학』 제21권 제3호(한국정보법학회, 2017), 275－277면.

이나 예측가능성을 해칠 위험이 크다. 따라서 현실적으로 정신적 손해가 발생되었는가는 사회통념에 비추어 객관적이고 합리적으로 판단되어야 한다.[10] 이를 위해서는 판단 기준이 정립되어야 하므로 대상 판결에서는 개인정보의 유출로 인하여 정신적 손해가 발생하였는가를 판단하는 구체적인 기준을 8개의 항목으로 제시하고 있어서, 정신적 손해 발생 판단의 객관화 노력으로서 긍정적으로 평가된다.

그러나 '개인정보처리자의 개인정보 관리 실태'나 '피해 발생 및 확산 방지 조치의 내용' 항목은 결과발생의 회피가능성이라는 측면에서 귀책사유인 개인정보처리자의 과실을 판단하는 기준으로는 적절하지만, 정신적 손해의 발생 여부를 판단하는 기준으로는 의문이 아닐 수 없다. 또한 개인정보가 유출된 경위는 이른바 행위불법론의 관점에서 위법성 판단의 고려요소로는 몰라도, 이를 통해 현실적으로 정신적 손해가 발생되었는가를 판단한다는 것은 이론적으로는 수긍하기 어렵다.

다. 2015년 개정 개인정보 보호법상 법정 손해배상제도의 적용 검토

2008년 일어난 개인정보 유출 행위에 대해 2012년 대상 판결이 이루어진 이후, 2015년 개인정보 보호법이 개정되어 제39조의2에서 법정손해배상의 청구 조항을 신설하였다. 즉 정보주체는 개인정보처리자의 고의 또는 과실로 인하여 개인정보가 분실·도난·유출·위조·변조 또는 훼손된 경우에는 300만 원 이하의 범위에서 상당한 금액을 손해액으로 하여 배상을 청구할 수 있으며, 이 경우 해당 개인정보처리자는 고의 또는 과실이 없음을 입증하지 아니하면 책임을 면할 수 없다고 규정하였다. 이 법정손해배상제도는 실손해배상을 대체하는 보상적 손해배상으로서 민법 제750조와 상호모순되는 것은 아니라고 하지만,[11] 실손해배상을 대체하는 것이 아니라 병존적인 배상책임으로 보아 하나의 개인정보 누출 사고에 대해 일부는 법정 손해배상으로, 또 일부는 일반적인 손해배상으로 각각 청구하는 것도 가능하다고 보는 것이 적절하다.[12]

앞서 살펴본 바와 같이 개인정보의 침해가 곧바로 정신적 손해를 가져오는 것인가의 이론적 난점 그리고 정신적 손해 발생 증명의 어려움을 입법적으로 해결하는데 제39조의2를 신설하는 의의가 있다고 할 것이다. 따라서 개인정보 보호법상 법정손해배상에서는 정보주

---

10) 대법원 1998. 4. 24. 선고 97다28568 판결.
11) 최경진, "새로 도입된 법정손해배상에 관한 비판적 검토 －개인정보 보호 관련법에서의 법정손해배상을 중심으로－", 『성균관법학』 제27권 제2호(성균관대학교 법학연구원, 2015), 186면.
12) 이동진, "개정 정보통신망법 제32조의2의 법정손해배상", 『서울대학교 법학』 제55권 제4호(서울대학교 법학연구소, 2014), 396면.

체가 정신적 손해 발생을 적극적으로 증명할 필요가 없다. 다만 개인정보 보호법 제39조의2 제1항에서 "300만 원 이하의 범위에서 상당한 금액을 손해액으로 하여 배상을 청구"하도록 규정하였으므로, 적어도 정보주체는 손해 3분설에 따른 손해의 항목과 300만 원 이하의 구체적인 액수를 주장하여 청구하여야 한다.

이에 대해 증명이 불필요한 것이 아니라, 상당한 개연성 있는 증명만으로 손해액에 대한 증명의 정도를 완화하는 것이라는 반대 견해[13]도 찾아볼 수 있다. 한편으로 유리하게 산정을 받기 위해서는 각종 증거를 제시할 필요가 있다는 견해[14]도 있으나, 이는 임의적인 것에 불과한 것이지 의무적인 것은 아니라고 할 것이다. 그러므로 대상 판결과 같은 사건이 2015년 개인정보 보호법 개정 이후에 발생하였다면, 대상 판결과는 달리 정보주체가 300만 원 이하의 법정손해배상을 받을 가능성이 매우 크다.

III. 판결의 의의

대상 판결의 가장 큰 의의는 정보주체의 의사에 반하여 개인정보가 유출되어 막연한 불안감이나 불쾌감을 느꼈다고 해서 곧바로 정보주체에게 정신적 손해가 발생하였다고 볼 수는 없으며, 정신적 손해의 발생에 대해 정보주체가 충분한 증명을 해야 한다는 점을 명확히 밝힌 데 있다. 나아가 개인정보가 정보주체의 의사에 반하여 유출된 경우에 ① 유출된 개인정보의 종류와 성격, ② 정보주체의 식별 가능성, ③ 제3자의 열람 여부 또는 열람가능성, ④ 유출된 개인정보의 확산 범위, ⑤ 추가적인 법익 침해가능성, ⑥ 개인정보 관리 실태, ⑦ 유출된 경위, ⑧ 피해 발생 및 확산 방지 조치의 내용을 정보주체에게 정신적 손해가 발생되었는가를 판단하는 구체적인 기준으로 명확히 제시한 점도 중요하다.

그러나 2015년 개인정보 보호법의 개정으로 제39조의2 법정손해배상제도가 도입되어, 정보주체의 정신적 손해 발생의 증명책임 부담을 완화시켜 주었다. 따라서 개정 법률이 적용되는 시점 이후에 그러한 유출사건이 발생된다면, 대상 판결과 다르게 정보주체는 정신적 손해 발생을 증명하지 않더라도 300만 원 이하의 범위에서 상당한 금액을 손해액으로 하여 배상을 청구할 수 있을 것이다. 그러므로 대상 판결이 보여준 법이론적 의의는 상당 부분 입법을 통해 보완되고 고양되었다.

---

13) 노갑영, "개인정보 보호법상 개인정보주체의 권리보장수단으로서 징벌적 손해배상", 『법학논총』 제40권 제4호(전남대학교 법학연구소, 2020), 221면.

14) 최경진(각주 11), 199면.

055 정보통신서비스 제공자가 준수해야 할 보호조치의 수준

- 이베이옥션 해킹 사건 -

대법원 2015. 2. 12. 선고 2013다43994, 44003(병합) 판결

이진규(네이버 이사)

I. 판결의 개요

1. 사안의 개요

가. 사실관계

피고 주식회사 이베이옥션(피고 주식회사 이베이코리아가 소송수계를 함. 이하 '피고 옥션'이라 함)는 2008년 1월경 불상의 외부 침입자에 의한 해킹을 경험하였다. 이로 인해 데이터베이스 서버에 저장되어 있던 회원의 이름, 주민등록번호 등 약 1,800만 명 가량의 회원 정보를 누출(유출)하였다. 또 다른 피고 인포섹 주식회사(이하 '피고 인포섹'이라 함)는 피고 옥션의 보안관제 업무를 담당하고 있었으나, 옥션 해킹사고를 사전에 방지하지 못하였다. 침입자는 옥션의 웹 어플리케이션 서버(톰캣 서버) 일부가 초기설정 상태인 아이디와 비밀번호로 접속할 수 있는 상태인 점을 스캐닝하여 확인하였고, 이를 경유하여 데이터베이스 서버에 접속하였다. 데이터베이스 서버의 접속계정이 아이디 'auction', 비밀번호 'auctionuser' 등의 단순한 조합으로 구성되었던바, 해커는 이를 탈취하여 회원정보를 유출할 수 있었던 것이다. 이로 인해 개인정보 유출을 경험한 옥션 이용자들은 피고들이 연대하여 원고들에게 각 200만 원을 지급하도록 하는 손해배상청구 소송을 제기하였다.

나. 소송경과

1) 제1심 판결[서울중앙지방법원 2010. 1. 14. 선고 2008가합31411, 58638(병합) 판결][1]

항소심 판결의 내용과 같다.

2) 항소심 판결[서울고등법원 2013. 5. 2. 선고 2010나31510, 31527(병합) 판결][2]

1심과 항소심 판결은 피고들의 손해배상책임을 모두 부정했다. 피고 옥션의 손해배상책임을 부정하는 근거에 대해선 사안에 따라 정보통신망법상의 의무 혹은 계약상의 의무 위반이 없다거나, 주의의무 위반이 없다고 이유를 제시했다.

피고 인포섹에 대해선 ① 정보통신서비스 제공자가 아니며, ② 원고들과 직접 계약관계가 없으며, ③ 사건의 해킹사고 당시 엘지데이콤과 체결한 계약에 따른 이행에 있어 요구되는 제반 합리적인 조치를 취한 것으로 보이므로 손해배상책임이 없다고 판시했다.

3) 대법원 판결(대법원 2015. 2. 12. 선고 2013다43994, 44003 판결)

원심(항소심)의 판단을 정당한 것으로 수긍할 수 있고, 상고이유 주장과 같이 이 사건 고시 및 지침의 해석이나 정보통신서비스 제공자의 손해배상책임 등에 관한 법리를 오해하는 등의 위법이 없어 피고 옥션에 손해배상책임이 없다고 판결하였다. 또한, 피고 인포섹에 대한 손해배상청구에 관하여서도 같은 취지로 손해배상책임을 부정하였다.

2. 판결의 요지

가. 정보통신서비스 제공자의 의무

정보통신서비스 제공자는 정보통신망법 시행규칙이 정하고 있는 개인정보의 안전성 확보

1) 이외에도 서울중앙지방법원 2010. 1. 14. 선고 2008가합45021, 55097(병합), 111010(병합), 2009가합26034(병합), 127661(병합) 판결; 서울중앙지방법원 2010. 1. 14. 선고 2008가합60808, 86220(병합), 110779(병합) 판결; 대구지방법원 2010. 4. 6. 선고 2008가합5046 판결 등이 있다. 서울중앙지방법원 판결은 모두 동일한 재판부가 선고하였다.

2) 이외에도 대구등법원 2013. 1. 18. 선고 2010나3910 판결; 서울고등법원 2013. 5. 8. 선고 2010나31534, 31572(병합), 31565(병합), 31541(병합), 31558(병합) 판결; 서울고등법원 2013. 7. 12. 선고 2010나29555, 29562(병합), 29579(병합) 판결 등이 있다.

에 필요한 기술적·관리적 조치를 취하여야 할 법률상 의무를 부담한다. 또한, 정보통신서비스를 이용하려는 이용자와 정보통신서비스 이용계약을 체결하면서, 이용자로 하여금 이용약관 등을 통해 개인정보 등 회원정보를 필수적으로 제공하도록 요청하여 이를 수집하였다면, 정보통신서비스 제공자는 이와 같은 방식으로 수집한 이용자의 개인정보 등이 침해되지 누출(유출)되지 않도록 개인정보 등의 안전성 확보에 필요한 보호조치를 이행해야 할 정보통신서비스 이용계약상의 의무를 부담한다. 즉, 이용자의 개인정보 보호에 관하여 정보통신서비스 제공자는 법률(여기에선 정보통신망법)상의 의무와 더불어 이용계약상의 의무를 부담한다.

나. 의무 위반 판단의 기준

이른바 '해커' 등의 불법적 침입 행위에 대한 노출을 피하거나, 완벽한 보안을 갖춘다는 것은 기술의 발전 속도나 사회 전체적인 거래비용 등을 고려할 때 기대하기 쉽지 않다. 또한, 해커의 공격 기법에 정보통신서비스 제공자는 사후적으로 대응하여 보완하는 방식으로 이뤄지는 등의 특수한 사정이 있다. 이에, 법률이 정하는 정보통신서비스 제공자의 의무 내지 이용계약상의 의무를 위반하였는지 여부를 판단함에 있어서는 ① 해킹 등 침해사고 당시 보편적으로 알려져 있는 정보보안의 기술 수준, ② 정보통신서비스 제공자의 업종·영업규모와 정보통신서비스 제공자가 취하고 있던 전체적인 보안조치의 내용, ③ 정보보안에 필요한 경제적 비용 및 효용의 정도, ④ 해킹기술의 수준과 정보보안기술의 발전 정도에 따른 피해발생의 회피 가능성, ⑤ 정보통신서비스 제공자가 수집한 개인정보의 내용과 개인정보의 누출로 인하여 이용자가 입게 되는 피해의 정도 등의 사정을 종합적으로 고려하여 정보통신서비스 제공자가 해킹 등 침해사고 당시 사회통념상 합리적으로 기대 가능한 정도의 보호조치를 다하였는지 여부를 기준으로 판단하여야 한다.

특히, 정보통신서비스 제공자가 고시(정보통신부 고시 제2005－18호 및 제2007－3호)에서 정하고 있는 기술적·관리적 보호조치를 다하였다면, 특별한 사정이 없는 한, 정보통신서비스 제공자가 개인정보의 안전성 확보에 필요한 보호조치를 취하여야 할 법률상 또는 계약상 의무를 위반하였다고 보기는 어렵다.

다. 기타

1) 주민등록번호가 본인 인증정보인지 여부

원심은 "정보통신서비스에서의 '본인 인증'이란 이용자가 정보통신서비스 제공자에게 이

용자로서의 신분확인을 요청하고, 정보통신서비스 제공자가 미리 등록된 이용자의 개인정보와의 일치 여부 확인을 통해 이용자의 신분을 확증하는 것을 의미한다."라고 판시하면서, 주민등록번호는 개인정보에 해당될 뿐, 암호화 대상으로 정하고 있는 본인 인증 정보에는 해당하지 않는다고 판단했다. 서비스 이용 과정에서 아이디와 비밀번호를 입력받아 일치 여부를 확인하는 것이 일반적이며, 주민등록번호는 그 과정에 사용되지 않는다는 점에 기반한 판단이다. 대법원은 이러한 원심 판단이 정당한 것임을 확인했다.

2) 정보보호 서비스를 제공한 협력 업체의 손해배상 책임

원심은 피고 인포섹이 정보통신망법 제28조 위반에 따라, 제32조에 따른 손해배상책임이 존재하는지 여부와 관련하여 피고 인포섹은 정보통신망법에서 규정하고 있는 '정보통신서비스 제공자 등'에 해당할 여지가 없다고 판단했다. 정보통신서비스 제공자 등이라 함은 「전기통신사업법」 제2조 제1항 제1호의 규정에 따른 전기통신사업자와 영리를 목적으로 전기통신사업자의 전기통신 역무를 이용하여 정보를 제공하거나 정보의 제공을 매개하는 자 및 그로부터 이용자의 개인정보를 제공받은 자를 의미(정보통신망법 제2조 제1항 제2호, 제25조 제1항)하는데, 피고 인포섹은 이에 해당하지 않는다는 것이다.

아울러, 피고 인포섹이 보안관제 업무를 소홀히 하여 이 사건 해킹사고를 사전에 방지하지 못하였다는 점을 인정할 만한 증거가 없고, 해킹사고가 피고 인포섹이 담당하고 있던 보안 관제 업무 범위 내에서 발생하였다고 단정할 수도 없으며, 더욱이 "어떠한 경우를 이상징후로 감지하여 침입탐지시스템 등에 경고가 발생하도록 할 것인지의 기준을 정하는 주체는 정보통신서비스 제공자이자 개인정보의 보관자로서 침입탐지시스템 등을 운영할 의무가 있는 피고 옥션"이라고 설시한 상고심의 주장이 대법원에서도 그대로 수긍되었다.

II. 해설

1. 쟁점의 정리

가. 사회통념상 합리적으로 기대 가능한 정도의 보호조치

원고는 사고 당시 회사의 업무 특성상 인터넷을 통해 외부접속이 필요하였던 이노믹스 서버에 설치가 되어야 했었어야 한다는 '웹 방화벽'의 설치, 이노믹스 서버 지원을 위해 설치된 톰캣 서버의 아이디와 비밀번호 취약점에 대해 사건 발생 전에 수행되었어야 할 스캐닝

및 취약점 개선 조치, 해커의 해킹 대상 정보에 대한 쿼리수행 모니터링 및 탐지, 해커가 사용한 웹쉘(Webshell) 프로그램의 탐지 등 불상의 외부 침입자에 의해 수행된 해킹 행위를 예방하기 위한 보호조치를 충분히 이행하지 못한 것 아닌가 하는 점을 문제로 제기했다.

나. 선량한 관리자로서의 의무 위반

원고는 정보통신서비스 제공자가 정보통신서비스를 제공하기 위하여 이용자로부터 수집한 개인정보를 해킹으로 인하여 도난당하였을 때 정보통신서비스 제공자에게 이용자들에 대한 손해배상책임을 지우기 위하여는, 정보통신서비스 제공자가 해킹사고를 방지하기 위해서 선량한 관리자로서 취해야 할 기술적·관리적 조치의무를 위반함으로써 해킹사고를 예방하지 못한 경우여야 한다며, 피고들이 선량한 관리자로서의 의무를 위반하였기에 손해배상 책임이 있다고 주장하였다.

2. 검토

가. 사회통념상 합리적으로 기대가능한 수준의 보호조치 이행 여부

대법원은 "개개 항목의 취약점만을 이유로 피고 옥션이 개인정보의 안전성 확보에 필요한 보호조치를 다하지 않았다고 볼 수는 없다."고 설명하면서, "피고 옥션이 원고들이 주장하는 바와 같이 구 정보통신망법 제28조 제1항에서 정한 기술적·관리적 조치를 취하여야 할 의무나 정보통신서비스 이용계약에 따른 개인정보의 안전성 확보에 필요한 보호조치를 취하여야 할 의무를 위반하였다고 보기 어려울 뿐만 아니라, 피고 옥션이 위와 같이 개인정보의 안전성 확보에 필요한 보호조치를 취하지 않음으로써 이 사건 해킹사고를 방지하지 못한 것으로 단정하기도 어렵다."라고 설시하였다.

이를 통해 법령이 요구하는 기술적·관리적 보호조치 의무의 이행이 있었다면, '특별한 사정이 없는 한' 과실이 없다는 것이 대법원의 입장으로 확인되었다. 즉, 고시에 규정된 기준의 준수는 면책을 위한 충분조건이라는 것이 확인된 것이다.[3)]

이와 같은 대법원의 태도는 하천이 범람하여 주민들이 그 관리청을 상대로 관련 법령상의 의무위반을 이유로 국가배상을 청구한 사건에서 하천 관리의 특수성을 고려하여 관리청의 계획홍수위를 정할 의무의 범위를 제한하고, 이를 준수한 관리청에 대한 손해배상책임을

3) 전승재, 권헌영, "해킹을 방지하지 못한 사업자의 법적 책임 판단기준의 문제점 – 행정제재·형사처벌의 기준과 민사상 과실판단 기준의 차이점을 중심으로 –", 정보법학 제21권 제2호(2017. 8.), 113면.

부정한 대법원 판례와 그 궤를 같이한 것으로 보인다는 평가도 있다.[4)]

나. 정보통신서비스의 특수한 사정에 대한 검토

대법원은 "정보통신서비스가 '개방성'을 특징으로 하는 인터넷을 통하여 이루어지고 정보통신서비스 제공자가 구축한 네트워크나 시스템 및 그 운영체제 등은 불가피하게 내재적인 취약점을 내포하고 있어서 이른바 '해커' 등의 불법적인 침입행위에 노출될 수밖에 없고, 완벽한 보안을 갖춘다는 것도 기술의 발전 속도나 사회 전체적인 거래비용 등을 고려할 때 기대하기 쉽지 아니한 점, 해커 등은 여러 공격기법을 통해 정보통신서비스 제공자가 취하고 있는 보안조치를 우회하거나 무력화하는 방법으로 정보통신서비스 제공자의 정보통신망 및 이와 관련된 정보시스템에 침입하고, 해커의 침입행위를 방지하기 위한 보안기술은 해커의 새로운 공격방법에 대하여 사후적으로 대응하여 이를 보완하는 방식으로 이루어지는 것이 일반적인 점 등의 특수한 사정"이 있다고 설시하였다.

이와 같은 특수한 사정을 고려하여 법률이 정하는 정보통신서비스 제공자의 의무 내지 이용계약상의 의무를 위반하였는지 여부를 판단해야 한다는 것이 원심 및 대법원 판결의 일관된 입장이다. 이에 반해, 원고는 웹 방화벽의 설치, 서버에 대한 인증 및 접근제어 시스템 도입과 적절한 운용, 웹쉘 생성을 가능하게 하는 취약점 분석 및 패치 등 이용자인 원고들의 개인정보를 취급하는 정보통신서비스 제공자로서 피고 옥션이 보유하고 있는 원고들의 개인정보가 분실·도난·누출·변조되지 않도록 개인정보를 보호·관리하고 그에 필요한 기술적 조치를 다하여야 할 주의의무가 있음에도 그 의무를 위반하여 이 사건 해킹사고를 통해 원고들의 개인정보가 유출된 것이라며 원고들이 선량한 관리자로서의 의무를 위반했다고 주장하였으나 종국적으로 배척당하였다.

III. 판결의 의의

대상 판결은 법 및 그 하위 행정규칙에 보호조치를 요구하는 의무가 규정되어 있지 않다면, 그러한 의무를 준수하지 않았다고 하여 손해배상 책임을 부담시킬 수 없다는 기준을 수립하였다. 이러한 판단은 정보통신서비스의 특수한 사정을 고려한 것이지만, 해당 대법원 판

4) 이병준·김건호 "개인정보 침해와 관련된 최근 대법원 판례 소개 – 소위 '옥션판결'을 중심으로 –", 정보통신기술진흥센터 주간기술동향(2015. 4.), 21면.

결 직후 방송통신위원회는 관련 고시 제1조를 "이 기준은 개인정보를 취급함에 있어서 취하여야 하는 기술적·관리적 보호조치의 '최소한의 기준'을 정하는 것을 목적으로 한다."라고 개정하여 대법원이 수립한 기준을 무용하게 만들었다.

변화하는 개인정보 처리 환경을 고려하여 개인정보 처리시스템에 적용해야 하는 기술적·관리적 보호조치의 기준을 상향하는 것은 당연하다 할 것이나, 대상 판결이 기준으로 삼았던 최소한의 기준에서 상향된 것이 관련 규제의 baseline이 되어버린 것은 대법원 판결이 다소 정보통신서비스 제공자에게 경도되었다는 점에 대한 반발일 수도 있다. 이러한 점에서 status quo(현상)를 유지하기 위한 판결과, 장래의 정책적 판단에 새로운 지평을 열어주기 위한 형성적 성격의 판결 사이의 미묘한 선을 잘 밟아나갈 필요가 있다는 점을 생각해볼 여지가 있을 것이다.

056 개인정보의 안전성 확보에 필요한 보호조치 의무의 판단기준

- 네이트 · 싸이월드 회원들의 개인정보 유출로 인한 손해배상 청구사건 -

대법원 2018. 1. 25. 선고 2015다24904, 24911, 24928, 24935 판결

최경진(가천대학교 법과대학 교수)

I. 판결의 개요

1. 사안의 개요

가. 사실관계

원고들은 인터넷 상에서 검색, 커뮤니티 등을 기반으로 각종 정보를 제공하는 포털서비스사업을 하는 회사인 피고가 제공하는 온라인 서비스의 이용자이다. 2011. 7. 26. 피고의 온라인 서비스에 가입한 회원들의 개인정보가 해킹사고로 유출되는 사고가 발생하였는데, 유출된 개인정보에는 성명, 주민등록번호, 아이디(ID), 비밀번호, 이메일 주소, 주소, 전화번호 등이 포함되어 있었다. 피고는 2011. 7. 28. 이 사건 해킹사고를 경찰과 방송통신위원회에 신고하였고, 회원들에게 이 사건 해킹사고로 인한 개인정보 유출사실을 공지하였다. 이에 서비스 이용자인 원고들은 피고를 상대로 손해배상을 청구하는 소송을 제기하였다.

나. 소송경과

1) 제1심 판결(서울서부지방법원 2013. 2. 15. 선고 2011가합11733, 2011가합13234(병합), 2011가합14138(병합), 2012가합1122(병합) 판결)

피고는 정보통신서비스 제공자로서 정보통신망법 및 같은 법 시행령 등에 따라 위 피고가 운영하는 온라인 서비스의 회원인 원고들이 회원 가입 시 제공한 개인정보를 보호할 의무를 위반하여 이 사건 해킹사고를 방지하지 못하고, 그로 인하여 원고들의 개인정보가 유출되도록 하였으므로 정보통신망법 제32조에 따라 원고들에게 개인정보 유출에 따른 손해배상을 할 의무가 있다. 아울러 피고는 온라인 서비스 이용약관에 따라 개인정보를 보호할 계약상 의무를 위반하여 해킹사고를 방지하지 못하고, 그로 인하여 개인정보가 유출되었기 때

문에 채무불이행에 따른 손해배상책임도 부담한다. 이에 따라 피고는 원고들에게 해킹사고로 인한 정신적 손해를 배상할 의무가 있고, 그 범위는 각 20만원으로 판시하였다.

2) 항소심 판결(서울고등법원 2015. 3. 20. 선고 2013나20047, 2013나20054(병합), 2013나20061(병합), 2013나20078(병합) 판결)

법원은 해킹사고 당시 정보통신망 관련 법령에서 정한 기술적·관리적 보호조치의 내용, 당시 보편적으로 알려져 있는 정보보안의 기술 수준, 피고가 취하고 있던 전체적인 보안조치의 내용, 정보보안에 필요한 경제적 비용 및 그 효용의 정도, 해킹기술의 수준과 정보보안 기술의 발전 정도에 따른 피해발생의 회피가능성, 정보통신서비스 제공자가 수집한 개인정보의 내용과 개인정보의 누출로 인하여 이용자가 입게 되는 피해의 정도 등의 사정을 종합적으로 고려하면, 피고가 개인정보 유출 방지에 관한 기술적·관리적 보호조치를 이행하지 아니한 과실로 인하여 이 사건 해킹사고가 발생하였다고 보기 어려우므로, 이와 달리 피고가 계약상 또는 정보통신망 관련 법령상의 기술적·관리적 보호조치를 위반하였음을 전제로 한 나머지 원고들의 이 사건 청구는 나머지 점에 대하여 더 나아가 살펴볼 필요 없이 모두 이유 없다고 하여 원고들의 청구를 기각하였다.

3) 대법원 판결(대법원 2018. 1. 25. 선고 2015다24904, 24911, 24928, 24935 판결)

피고가 침입탐지시스템과 DLP 솔루션을 통하여 트래픽과 FTP 파일전송을 실시간 모니터링하여 이상 징후를 탐지하거나 개인정보에 대한 불법적인 접근을 차단하기 위한 기술적·관리적 보호조치 등 정보통신서비스 제공자가 이 사건 고시에서 정하고 있는 기술적·관리적 보호조치를 위반하였다고 보기 어렵고, 정보처리시스템에 접속한 개인정보취급자로 하여금 작업 종료 후 로그아웃을 하도록 하는 것은 보호조치 의무에 해당하지만, 이러한 보호조치의 미이행과 해킹사고의 발생 사이에 상당인과관계가 인정되지 않기 때문에 피고의 손해배상책임은 인정되지 않는다.

2. 판결의 요지

가. 정보통신서비스 제공자의 개인정보 보호조치 의무 위반 여부 판단 기준

정보통신서비스 제공자가 구 정보통신망법 제28조 제1항이나 정보통신서비스 이용계약에 따른 개인정보의 안전성 확보에 필요한 보호조치를 취하여야 할 법률상 또는 계약상 의

무를 위반하였는지 여부를 판단함에 있어서는, 해킹 등 침해사고 당시 보편적으로 알려져 있는 정보보안의 기술 수준, 정보통신서비스 제공자의 업종·영업규모와 정보통신서비스 제공자가 취하고 있던 전체적인 보안조치의 내용, 정보보안에 필요한 경제적 비용 및 효용의 정도, 해킹기술의 수준과 정보보안기술의 발전 정도에 따른 피해 발생의 회피 가능성, 정보통신서비스 제공자가 수집한 개인정보의 내용과 개인정보의 누출로 인하여 이용자가 입게 되는 피해의 정도 등의 사정을 종합적으로 고려하여 정보통신서비스 제공자가 해킹 등 침해사고 당시 사회통념상 합리적으로 기대 가능한 정도의 보호조치를 다하였는지 여부를 기준으로 판단하여야 한다.

나. 법령에서 정하는 구체적인 보호조치 기준을 준수한 경우 법률상 또는 계약상 의무를 다하였다고 볼 수 있는지의 여부

정보통신서비스 제공자가 고시에서 정하고 있는 기술적·관리적 보호조치를 다하였다면, 특별한 사정이 없는 한 정보통신서비스 제공자가 개인정보의 안전성 확보에 필요한 보호조치를 취하여야 할 법률상 또는 계약상 의무를 위반하였다고 보기는 어렵다.

다만 고시는 정보통신서비스 제공자가 반드시 준수해야 할 최소한의 기준을 정한 것으로 보는 것이 타당하다. 따라서 정보통신서비스 제공자가 고시에서 정하고 있는 기술적·관리적 보호조치를 다하였다고 하더라도, 정보통신서비스 제공자가 마땅히 준수해야 한다고 일반적으로 쉽게 예상할 수 있고 사회통념상으로도 합리적으로 기대 가능한 보호조치를 다하지 아니한 경우에는 위법행위로 평가될 수 있다. 나아가 정보통신서비스 제공자가 고시에서 정하고 있는 기술적·관리적 보호조치를 다하였다고 하더라도, 불법행위에 도움을 주지 말아야 할 주의의무를 위반하여 타인의 불법행위를 용이하게 하였고 이러한 방조행위와 불법행위에 의한 피해자의 손해 발생 사이에 상당인과관계가 인정된다면 민법 제760조 제3항에 따른 책임을 면할 수 없다.

II. 해설

1. 쟁점의 정리

가. 손해배상책임의 법적 성질

개인정보의 유출이나 오남용 등으로 인한 손해배상책임의 법적 성질을 개인정보 보호 관

련법령에서 정하는 의무를 위반함으로 인한 불법행위책임으로 볼 것인지 개인정보처리자나 정보통신서비스 제공자의 이용약관 등에서 정하는 의무 위반에 따른 계약책임으로 볼 것인지에 따라 구체적인 법적 취급이 달라질 수 있다.

나. 개인정보 보호의무 위반 여부의 판단기준

개인정보 보호의무 위반 여부의 판단을 개인정보 보호 관련법령에서 정하는 구체적인 의무를 기준으로 할 것인지 아니면 그러한 법령상 의무와는 다른 별도의 기준을 요구할 것인지에 따라 개인정보처리자나 정보통신서비스 제공자의 의무의 내용과 책임의 수준이 달라질 수 있다.

2. 관련 판례 – 대법원 2015. 2. 12. 선고 2013다43994, 44003 판결

가. 정보통신서비스제공자는 구 정보통신망 이용촉진 및 정보보호 등에 관한 법률 시행규칙(2008. 9. 23. 행정안전부령 제34호로 전부 개정되기 전의 것) 제3조의3 제1항 각 호에서 정하고 있는 개인정보의 안전성 확보에 필요한 기술적·관리적 조치를 취하여야 할 법률상 의무를 부담한다. 나아가 정보통신서비스제공자가 정보통신서비스를 이용하려는 이용자와 정보통신서비스 이용계약을 체결하면서, 이용자로 하여금 이용약관 등을 통해 개인정보 등 회원정보를 필수적으로 제공하도록 요청하여 이를 수집하였다면, 정보통신서비스제공자는 위와 같이 수집한 이용자의 개인정보 등이 분실·도난·누출·변조 또는 훼손되지 않도록 개인정보 등의 안전성 확보에 필요한 보호조치를 취하여야 할 정보통신서비스 이용계약상의 의무를 부담한다.

나. 정보통신서비스제공자가 구 정보통신망 이용촉진 및 정보보호 등에 관한 법률(2008. 2. 29. 법률 제8852호로 개정되기 전의 것, 이하 '구 정보통신망법'이라 한다) 제28조 제1항이나 정보통신서비스 이용계약에 따른 개인정보의 안전성 확보에 필요한 보호조치를 취하여야 할 법률상 또는 계약상 의무를 위반하였는지 여부를 판단함에 있어서는 해킹 등 침해사고 당시 보편적으로 알려져 있는 정보보안의 기술 수준, 정보통신서비스제공자의 업종·영업규모와 정보통신서비스제공자가 취하고 있던 전체적인 보안조치의 내용, 정보보안에 필요한 경제적 비용 및 효용의 정도, 해킹기술의 수준과 정보보안기술의 발전 정도에 따른 피해발생의 회피 가능성, 정보통신서비스제공자가 수집한 개인정보의 내용과 개인정보의 누출로 인하여 이용자가 입게 되는 피해의 정도 등의 사정을 종합적으로 고려하여 정보통신서비스제공자가 해킹 등 침해사고 당시 사회통념상 합리적으로 기대 가능한 정도의 보호조치를 다하였는지

여부를 기준으로 판단하여야 한다.

특히 구 정보통신망 이용촉진 및 정보보호 등에 관한 법률 시행규칙(2008. 9. 23. 행정안전부령 제34호로 전부 개정되기 전의 것) 제3조의3 제2항은 "정보통신부장관은 제1항 각 호의 규정에 의한 보호조치의 구체적인 기준을 정하여 고시하여야 한다."라고 규정하고 있고, 이에 따라 정보통신부장관이 마련한 「개인정보의 기술적·관리적 보호조치 기준」(정보통신부 고시 제2005-18호 및 제2007-3호, 이하 '고시'라 한다)은 해킹 등 침해사고 당시의 기술수준 등을 고려하여 정보통신서비스제공자가 구 정보통신망법 제28조 제1항에 따라 준수해야 할 기술적·관리적 보호조치를 구체적으로 규정하고 있으므로, 정보통신서비스제공자가 고시에서 정하고 있는 기술적·관리적 보호조치를 다하였다면, 특별한 사정이 없는 한, 정보통신서비스제공자가 개인정보의 안전성 확보에 필요한 보호조치를 취하여야 할 법률상 또는 계약상 의무를 위반하였다고 보기는 어렵다.

3. 검토

가. 개인정보 보호의무 위반에 따른 불법행위책임과 계약책임

해킹 등과 같은 개인정보 유출사고로 인하여 정보주체의 개인정보가 유출된 경우에 정보주체는 개인정보처리자나 정보통신서비스 제공자를 상대로 개인정보 보호의무 위반에 따른 손해배상책임을 청구할 수 있으며, 그 법적 성질은 법률상 의무 위반에 따른 불법행위책임일 수도 있고 정보주체와 개인정보처리자 사이의 계약에 따른 개인정보 보호의무를 위반함으로 인한 채무불이행책임일 수도 있다. 이 경우 구체적인 의무의 내용은 법령에서 구체적으로 정하는 개인정보의 안전성 확보에 필요한 기술적·관리적 조치를 취할 법률상 의무나 이용계약에 따라 개인정보를 수집하였다면 개인정보 등이 분실·도난·누출·변조 또는 훼손되지 않도록 개인정보 등의 안전성 확보에 필요한 보호조치를 취하여야 할 이용계약상의 의무가 해당된다.

나. 개인정보 보호의무 위반 여부의 판단기준 – 해킹 사고에 있어서의 과실판단기준

본건 판결 이전의 소위 "이베이 옥션 고객 개인정보 유출 사건"의 대법원 판결[1])에서는 "구 정보통신망 이용촉진 및 정보보호 등에 관한 법률 시행규칙(2008. 9. 23. 행정안전부령 제34호로 전부 개정되기 전의 것) 제3조의3 제2항은 "정보통신부장관은 제1항 각 호의 규정에 의

1) 대법원 2015. 2. 12. 선고 2013다43994, 44003 판결.

한 보호조치의 구체적인 기준을 정하여 고시하여야 한다."라고 규정하고 있고, 이에 따라 정보통신부장관이 마련한 「개인정보의 기술적·관리적 보호조치 기준」(정보통신부 고시 제2005-18호 및 제2007-3호, 이하 '고시'라 한다)은 해킹 등 침해사고 당시의 기술수준 등을 고려하여 정보통신서비스제공자가 구 정보통신망법 제28조 제1항에 따라 준수해야 할 기술적·관리적 보호조치를 구체적으로 규정하고 있으므로, 정보통신서비스제공자가 고시에서 정하고 있는 기술적·관리적 보호조치를 다하였다면, 특별한 사정이 없는 한, 정보통신서비스제공자가 개인정보의 안전성 확보에 필요한 보호조치를 취하여야 할 법률상 또는 계약상 의무를 위반하였다고 보기는 어렵다"고 하여 법령상 구체적 기준만 준수하면 면책된다는 취지로 판시하였다. 그러나 개인정보 유출에 따른 불법행위책임을 인정하기 위해서는 과실, 인과관계, 손해 등의 요건을 충족해야 하는데, 구체적인 주의의무 위반에 대한 판단을 법령상 의무 준수에만 의존하는 것은 바람직하지 않고 법령상 의무를 포함하여 사회통념상 합리적으로 기대 가능한 범위 내에서의 주의의무도 함께 고려되어야 한다. 보통의 경우에는 법령상 구체적인 주의의무가 사회통념상 합리적으로 기대되는 주의의무에 해당되어 법령상 의무만 준수하면 면책될 가능성이 매우 높을 것이다. 본건 판결은 대법원 2015. 2. 12. 선고 2013다43994, 44003 판결을 기초로 하면서도 과실판단에 있어서의 주의의무의 내용에 대하여 보다 명확히 하여 정보통신서비스의 특성을 바탕으로 한 특별한 사정[2]을 고려하되, 기술 수준이나 보안조치의 내용, 개인정보의 내용과 누출로 인한 피해 발생의 회피 가능성 등 침해사고 당시 사회통념상 합리적으로 기대 가능한 정도의 보호조치를 다하였는지 여부를 기준으로 판단하여야 한다고 판시하였다. 법령에서 정하는 기술적·관리적 보호조치를 다하면 면책될 수 있는가 하는 점에 대하여는 "정보통신서비스 제공자가 고시에서 정하고 있는 기술적·관리적 보호조치를 다하였다면, 특별한 사정이 없는 한 정보통신서비스 제공자가 개인정보의 안전성 확보에 필요한 보호조치를 취하여야 할 법률상 또는 계약상 의무를 위반하였다고 보기는 어렵다"고 하면서도, "고시는 정보통신서비스 제공자가 반드시 준수해야 할 최소한의 기준을 정한 것으로 보는 것이 타당하다. 따라서 정보통신서비스 제공자가 고시에서

2) 정보통신서비스의 특별한 사정이란 "정보통신서비스가 '개방성'을 특징으로 하는 인터넷을 통하여 이루어지고 정보통신서비스 제공자가 구축한 네트워크나 시스템과 운영체제 등은 불가피하게 내재적인 취약점을 내포하고 있어서 이른바 '해커' 등의 불법적인 침입행위에 노출될 수밖에 없고, 완벽한 보안을 갖춘다는 것도 기술의 발전 속도나 사회 전체적인 거래비용 등을 고려할 때 기대하기 쉽지 않다. 또한 해커 등은 여러 공격기법을 통해 정보통신서비스 제공자가 취하고 있는 보안조치를 우회하거나 무력화하는 방법으로 정보통신서비스 제공자의 정보통신망 및 이와 관련된 정보시스템에 침입하고, 해커의 침입행위를 방지하기 위한 보안기술은 해커의 새로운 공격방법에 대하여 사후적으로 대응하여 이를 보완하는 방식으로 이루어지는 것이 일반적"이라는 것이다.

정하고 있는 기술적·관리적 보호조치를 다하였다고 하더라도, 정보통신서비스 제공자가 마땅히 준수해야 한다고 일반적으로 쉽게 예상할 수 있고 사회통념상으로도 합리적으로 기대가능한 보호조치를 다하지 아니한 경우에는 위법행위로 평가될 수 있다"고 하여 법령상 구체적 기준은 최소 기준(minimum standard)이고 사회통념상 합리적 기대 가능성이 있는 보호조치의무도 고려하여야 함을 명확히 하였다.[3)]

Ⅲ. 판결의 의의

본건 판결은 해킹으로 인한 개인정보 유출 사고에 따른 손해배상책임을 인정하기 위한 요건을 기존의 대법원 판결보다 더 구체화하고 명확화 하였다는 점에서 의미가 있다. 즉, 기본적으로는 개인정보 보호법령이나 정보통신서비스 이용계약에 따른 개인정보의 안전성 확보에 필요한 보호조치를 취하여야 할 법률상 또는 계약상 의무를 위반하였는지 여부를 판단함에 있어서는, 여러 사정을 종합적으로 고려해서 정보통신서비스 제공자가 해킹 등 침해사고 당시 사회통념상 합리적으로 기대 가능한 정도의 보호조치를 다하였는지 여부를 기준으로 판단하여야 한다. 만약 법령에서 기술적·관리적 보호조치를 구체적으로 규정하고 있다면, 그러한 기준을 준수하는 이상 특별한 사정이 없는 한 정보통신서비스 제공자가 개인정보의 안전성 확보에 필요한 보호조치를 취하여야 할 법률상 또는 계약상 의무를 위반하였다고 보기는 어렵다. 다만, 그러한 법령상 구체적 기준은 최소 기준으로 보아야 하고, 정보통신서비스 제공자가 마땅히 준수해야 한다고 일반적으로 쉽게 예상할 수 있고 사회통념상으로도 합리적으로 기대 가능한 보호조치를 다하지 않은 경우에는 위법행위로 평가할 수 있다. 대체로 법령상 구체적 기준과 사회통념상 요구되는 합리적 기준이 일치하는 경우가 많겠지만, 기술이나 개인정보 처리 환경이 변화·발전함에 따라 다르게 평가할 수 있기 때문에 구체적인 상황에서 다양한 사정을 종합적으로 고려하여 주의의무의 내용과 수준을 판단하여야 한다.

---

3) 본건에서는 "정보통신서비스 제공자가 고시에서 정하고 있는 기술적·관리적 보호조치를 다하였다고 하더라도, 불법행위에 도움을 주지 말아야 할 주의의무를 위반하여 타인의 불법행위를 용이하게 하였고 이러한 방조행위와 불법행위에 의한 피해자의 손해 발생 사이에 상당인과관계가 인정된다면 민법 제760조 제3항에 따른 책임을 면할 수 없다"는 전제를 바탕으로 하여, 정보통신서비스 제공자가 '작업 종료 후 로그아웃 조치'를 취하지 않은 것은 방송통신위원회 고시를 위반하지 않지만 정보통신서비스 제공자가 마땅히 준수해야 한다고 일반적으로 쉽게 예상할 수 있고 사회통념상으로도 합리적으로 기대 가능한 보호조치를 위반한 방조행위로서 해커의 불법행위와의 상당인과관계가 인정되지 않기 때문에 손해배상책임은 인정되지 않는다고 판결하였다.

057 해킹에 의한 개인정보유출과 정보통신서비스 제공자의 채무불이행책임

- SK 컴즈 개인정보유출 사건 -

대구지방법원 2014. 2. 13. 선고 2012나9865 판결[1)2)]

김현수(부산대학교 법학전문대학원 교수)

I. 판결의 개요

1. 사안의 개요

가. 사실관계

원고는 정보통신서비스 제공자인 피고 회사와 서비스 이용계약을 체결하고 피고 회사가 제공하는 온라인 서비스인 네이트와 싸이월드에 회원으로 가입하면서, 피고 회사의 서비스 이용약관에 따라 피고 회사에게 이름, 주민등록번호, 아이디, 비밀번호, 전화번호, 이메일 주소 등의 개인정보를 제공하였다. 피고 회사가 운영하는 데이터베이스 서버에 중국 거주로 추정되는 해커가 침입하는 해킹사고가 발생하여 네이트·싸이월드 회원들의 아이디, 비밀번호, 주민등록번호, 성명, 생년월일, 이메일 주소 등이 포함된 개인정보가 유출되었다. 피고 회사는 해킹사고 발생 다음날 이를 경찰 등에 신고하고 위 각 서비스의 회원들에게 개인정보유출 사실을 공지하였다.

해킹사고 당시 피고 회사는 침입차단 및 탐지의 목적으로 정보보안 회사들과 계약을 체결하여 침입차단시스템, 침입탐지시스템, 자료유출방지시스템을 설치·운영하고 있었다. 그러나 피고 회사가 설치·운영하고 있던 침입차단시스템이나 자료유출방지시스템은 해킹사고 당시 개인정보의 유출을 탐지하지 못하였다. 원고는 피고 회사가 대규모의 개인정보를 관리

---

1) 대법원 2018. 6. 28. 선고 2014다20905 판결로 파기환송된 뒤 환송 후 원심에서 소취하로 종결되었다(위 파기환송판결은 소액사건임에도 적용법령의 해석에 관한 대법원 판례가 없는 상황에서 다수의 소액사건이 하급심에 있고 재판부에 따라 엇갈리는 판단을 하는 사례가 있다는 점을 고려하여 판단을 하였다).

2) 대구지방법원 2014. 2. 13. 선고 2012나9865 판결을 대상 판결로 선정한 것은 채무불이행 책임 및 증명책임에 대한 구체적 판시를 하였기 때문이다. 관련 사건으로 대법원 2018. 1. 25. 선고 2015다24904, 24911, 24928(병합), 24935(병합) 판결이 있는데, 대상 판결과 동일한 법리를 선언하였으나 불법행위책임에 대해서만 판단을 하고 계약상 의무위반에 대해서는 언급하지 않았다.

하는 인터넷 사업자로서 서비스이용계약(약관)과 정보통신망법 등 관련 법령에서 정한 기술적·관리적 보호조치 및 보안조치의무 등을 제대로 이행하지 않은 과실로 인하여 원고의 개인정보가 유출되는 이 사건 해킹사고가 발생하였으므로, 피고 회사를 상대로 개인정보 유출로 원고가 입은 손해에 대한 배상을 청구하는 소송을 제기하였다.

나. 소송경과

1) 제1심 판결(대구지방법원 김천지원 구미시법원 2012. 4. 26 선고 2011가소17384 판결): 원고 일부승

싸이월드와 네이트를 운영하는 피고 회사는 개인정보 보호를 위한 통상적인 수준의 주의의무를 다했다고 주장하고 해킹 사고에 대해 경찰 등이 조사 중이라는 사유를 드는 등 정신적 고통을 보상하려는 노력을 보이지 않았다. 원고가 불특정 다수와 정보를 공유하는 직업을 가지고 있다는 점을 고려해도 유출사고로 인한 정신적 고통을 배상해야 한다.

2) 항소심 판결(대구지방법원 2014. 2. 13. 선고 2012나9865 판결): 항소기각(대상 판결)

피고 회사는 구 정보통신망 이용촉진 및 정보보호 등에 관한 법률(이하 '구 정보통신망법'이라 한다) 및 동법 시행령 등에 따라 이용자의 개인정보를 보호할 의무가 있으며, 서비스 이용약관에 따라 이용자의 개인정보를 보호하기 위한 보안시스템을 구축하고, 개인정보를 취급하면서 안전성 확보에 필요한 합리적인 수준의 기술적 및 관리적 대책을 수립·운영할 계약상 의무가 있다. 이를 위반하여 해킹사고를 방지하지 못하고, 그 때문에 원고의 개인정보가 유출되도록 하였으므로 구 정보통신망법 제32조에 따른 손해배상책임은 물론 계약상 채무불이행에 따른 손해배상책임도 부담한다.

3) 대법원 판결(대법원 2018. 6. 28. 선고 2014다20905 판결): 파기환송

피고 회사가 구 정보통신망법 제28조 제1항이나 정보통신서비스 이용계약에 따른 개인정보의 안전성 확보에 필요한 보호조치를 취하여야 할 법률상·계약상 의무를 위반하였다고 판단한 것은 구 정보통신망법 제28조 제1항 제2호의 해석 등에 관한 법리를 오해하여 판결에 영향을 미친 위법이 있다. 이 점을 지적하는 상고이유 주장은 이유 있다.

2. 판결의 요지

가. 개인정보유출 방지를 위한 정보통신서비스 제공자의 의무

정보통신서비스 제공자는 구 정보통신망법 및 구 정보통신망법 시행령 등의 규정을 준수함으로써 이용자가 제공한 성명, 주민등록번호, 아이디, 비밀번호 등의 개인정보를 보호할 의무가 있다. 나아가 정보통신서비스 제공자가 서비스 이용약관을 통해 이용자로 하여금 개인정보를 필수적으로 제공하도록 요청하여 이를 수집하는 경우에는 위와 같이 수집한 이용자의 개인정보가 유출되지 않도록 적절한 보안시스템을 구축하고, 개인정보의 취급과정에서 안정성 확보에 필요한 합리적인 수준의 기술적 및 관리적 대책을 수립·운영할 계약상의 의무를 부담한다.

나. 증명책임

서비스 이용자는 정보통신서비스 제공자 등이 구 정보통신망법상의 규정을 위반한 행위로 손해를 입으면 정보통신서비스 제공자 등에게 손해배상을 청구할 수 있고, 이 경우 해당 정보통신서비스 제공자 등은 고의 또는 과실이 없음을 입증하지 아니하면 책임을 면할 수 없다(구 정보통신망법 제32조). 나아가 서비스 이용자는 정보통신서비스 제공자가 개인정보 보호에 실패하여 개인정보유출사고가 발생했을 경우 계약상 채무불이행에 따른 손해배상을 청구할 수 있고, 이 경우 이용자로서는 정보통신서비스 제공자가 기술적·관리적 보호조치의무를 위반한 사실을 주장·증명하여야 하며, 정보통신서비스 제공자로서는 통상의 채무불이행에 있어서와 마찬가지로 채무불이행에 관하여 자기에게 과실이 없음을 주장·증명하지 못하는 한 책임을 면할 수 없다.

II. 해설

1. 쟁점의 정리

가. 정보통신서비스 제공자의 개인정보 보호 의무

이용자의 개인정보를 취급하는 정보통신서비스 제공자는 개인정보의 분실·도난·변조 또는 훼손을 방지하기 위하여 구 정보통신망법 및 동법 시행령, 그리고 이에 따라 방송통신

위원회의 고시로 제정된 '개인정보의 기술적·관리적 보호조치 기준'에서 정하고 있는 개인정보의 안전성 확보에 필요한 기술적·관리적 조치를 취하여야 할 법률상 의무를 부담한다.

아울러 정보통신서비스 제공자는 이용자와 정보통신서비스 이용계약에 따른 개인정보를 제공받은 계약당사자이므로 개인정보를 취급하는 자로서 고객의 개인정보가 분실·도난·변조 또는 훼손되지 않도록 보호하고 관리해야 할 주의의무가 있다. 정보통신서비스 제공자가 이러한 주의의무를 위반하는 경우 민법상 채무불이행책임을 부담하게 된다.

나. 증명책임

구 정보통신망법 제32조는 정보통신서비스 제공자가 동법의 개인정보의 보호에 관한 규정(제4장)을 위반한 때에 이용자에게 손해배상책임을 진다고 규정하고 있다.[3] 그리고 동조 단서에서 정보통신서비스 제공자가 고의 또는 과실이 없음을 입증하지 아니하면 책임을 면할 수 없다고 규정하고 있다. 동조의 손해배상책임을 인정하기 위해서는 이용자가 정보통신서비스 제공자의 해당 규정을 위반하였음을 입증하여야 한다.

불법행위책임에 있어서 고의 또는 과실은 불법행위의 성립요건이기 때문에 불법행위의 성립을 주장하는 피해자가 가해자의 고의나 과실을 입증하여야 한다(민법 제750조). 채무불이행의 경우에는 채무자가 그 책임을 면하기 위해 자신에게 과실이 없음을 입증하여야 한다(민법 제390조 참조).

2. 관련 판례

가. 대법원 2015. 2. 12. 선고 2013다43994, 44003(병합) 판결(이베이옥션 해킹 사건)

구 정보통신망 이용촉진 및 정보보호 등에 관한 법률 시행규칙 제3조의3 제2항은 "정보통신부장관은 제1항 각 호의 규정에 의한 보호조치의 구체적인 기준을 정하여 고시하여야 한다."라고 규정하고 있고, 이에 따라 정보통신부장관이 마련한 「개인정보의 기술적·관리적 보호조치 기준」은 해킹 등 침해사고 당시의 기술수준 등을 고려하여 정보통신서비스제공자가 구 정보통신망법 제28조 제1항에 따라 준수해야 할 기술적·관리적 보호조치를 구체적으

3) 구 정보통신망법 제32조(손해배상) 이용자는 정보통신서비스 제공자등이 이 장의 규정을 위반한 행위로 손해를 입으면 그 정보통신서비스 제공자등에게 손해배상을 청구할 수 있다. 이 경우 해당 정보통신서비스 제공자등은 고의 또는 과실이 없음을 입증하지 아니하면 책임을 면할 수 없다. [전문개정 2008. 6. 13.] [시행일 2008. 12. 14.]

로 규정하고 있으므로, 정보통신서비스제공자가 고시에서 정하고 있는 기술적·관리적 보호조치를 다하였다면, 특별한 사정이 없는 한, 정보통신서비스제공자가 개인정보의 안전성 확보에 필요한 보호조치를 취하여야 할 법률상 또는 계약상 의무를 위반하였다고 보기는 어렵다.

나. 대법원 2000. 11. 24. 선고 2000다38718, 38725(병합) 판결

공중접객업인 숙박업을 경영하는 자가 투숙객과 체결하는 숙박계약은 숙박업자가 고객에게 숙박을 할 수 있는 객실을 제공하여 고객으로 하여금 이를 사용할 수 있도록 하고 고객으로부터 그 대가를 받는 일종의 일시 사용을 위한 임대차계약으로서 객실 및 관련 시설은 오로지 숙박업자의 지배 아래 놓여 있는 것이므로 숙박업자는 통상의 임대차와 같이 단순히 여관 등의 객실 및 관련 시설을 제공하여 고객으로 하여금 이를 사용·수익하게 할 의무를 부담하는 것에서 한 걸음 더 나아가 고객에게 위험이 없는 안전하고 편안한 객실 및 관련 시설을 제공함으로써 고객의 안전을 배려하여야 할 보호의무를 부담하며 이러한 의무는 숙박계약의 특수성을 고려하여 신의칙상 인정되는 부수적인 의무로서 숙박업자가 이를 위반하여 고객의 생명·신체를 침해하여 투숙객에게 손해를 입힌 경우 불완전이행으로 인한 채무불이행책임을 부담하고, 이 경우 피해자로서는 구체적 보호의무의 존재와 그 위반 사실을 주장·입증하여야 하며 숙박업자로서는 통상의 채무불이행에 있어서와 마찬가지로 그 채무불이행에 관하여 자기에게 과실이 없음을 주장·입증하지 못하는 한 그 책임을 면할 수는 없다.

3. 검토

가. 개인정보유출 사고 시 정보통신서비스 제공자의 손해배상책임

대상 판결은 정보통신서비스 제공자의 개인정보 보호 의무에 대해 판시하고 있다. 대상 판결은 우선 정보통신서비스 제공자는 구 정보통신망법 제28조 등의 관련 규정[4])을 준수함으로써 이용자가 제공한 성명, 주민등록번호, 아이디, 비밀번호 등의 개인정보를 보호할 법률상 의무가 있다고 확인하였다. 동법 제32조는 정보통신서비스 제공자가 동법에서 정하는

---

4) 구 정보통신망법 제28조에서는 개인정보에 관한 보호조치에 관해 규정하고 있었고, 그 구체적인 내용은 동법 시행령 제15조와 방송통신위원회 고시인 '개인정보의 기술적·관리적 보호조치 기준'에서 구체적으로 정하는 보호조치 의무기준을 정하고 있었다. 구 정보통신망법 제32조를 포함한 동법상 개인정보 관련 규정은 2020. 8. 5. 개인정보 관련 유사·중복 법령이 산재되어 있는 것을 정비할 목적으로 개인정보 보호법으로 이관되었다. 개인정보 보호법은 제39조 제1항에서 관련 내용을 규정하고 있다.

개인정보의 보호의무를 위반한 행위로 손해를 입으면 정보통신서비스 제공자에게 손해배상을 청구할 수 있도록 규정하고 있다. 동법 제32조에서 규정하고 있는 손해배상책임의 성격에 대해서는 이용자와 정보통신서비스 제공자의 계약관계의 존재에도 불구하고 불법행위책임으로 보는 견해가 다수이다.[5)]

정보통신서비스 제공자는 이용자와 서비스 이용계약을 체결하면서 개인정보를 제공하도록 요청하는 경우가 일반적이다. 이처럼 이용자와 서비스 이용약관을 통해 계약관계에 있는 정보통신서비스 제공자에게는 계약상 채무불이행책임을 물을 수 있다. 대상 판결에서는 정보통신서비스 제공자가 서비스 이용약관을 통해 이용자로 하여금 개인정보를 필수적으로 제공하도록 요청하여 이를 수집하는 경우에는 위와 같이 수집한 이용자의 개인정보가 유출되지 않도록 적절한 보안시스템을 구축하고, 개인정보의 취급과정에서 안정성 확보에 필요한 합리적인 수준의 기술적 및 관리적 대책을 수립·운영할 계약상 의무를 부담한다고 판시하였다.

그 의무의 내용은 이용계약 등에서 의무가 구체적으로 명시되어 있는지 여부에 따라 달라질 수 있다. 즉, 정보통신서비스 제공자의 개인정보의 기술적·관리적 보호조치 등 개인정보에 대한 보호의무가 이용자와의 서비스 이용계약, 이용약관, 정보통신서비스 제공자의 개인정보 보호정책에서 명시되어 있어 구체적인 계약내용으로 인정되는 경우, 그 의무위반에 대하여 채무불이행책임을 물을 수 있다. 다만, 일반적으로 개인정보처리에 관한 모든 의무가 계약의 내용에 포함된다고 볼 수는 없을 것이다.[6)] 이와 함께, 서비스 이용계약이나 이용약관에 정보통신서비스 제공자의 개인정보 보호의무의 내용이 명시되어 있지 않은 경우에도 계약의 이행과정에서 이용자의 개인정보를 보호하고 이에 대한 유출을 방지할 주의의무(부수의무)를 부담한다고 할 것이다. 따라서 정보통신서비스 제공자가 이와 같은 이용계약 등에서의 주의의무를 위반하는 경우에도 채무불이행책임을 물을 수 있을 것이다.[7)]

대상 판결에서 피고 회사는 구 정보통신망법 등 관련 규정에 의하여 개인정보에 대한 불법적인 접근 및 유출을 차단하기 위하여 개인정보가 보관된 DB의 접속내역 및 DB에 접속하여 수행하는 업무내역을 감시해야 할 의무가 포함되지 않는다고 주장하였다. 이에 대하여 법원은 구 정보통신망법 제28조 제1항, 동법 시행령 제15조, 고시 제8조의 규정에서 정한

5) 송혜정, "개인정보유출로 인한 손해배상책임", 『민사판례연구』, 제37호(민사판례연구회, 2015), 400면; 정상조·권영준, "개인정보의 보호와 민사적 구제수단", 『법조』, 제58권 제3호(법조협회, 2009), 22면.

6) 권태상, "개인정보 보호와 인격권-사법(私法) 측면에서의 검토", 『법학연구』, 제37권 제4호(이화여자대학교 법학연구소, 2013), 102면.

7) 임건면, "개인정보에 대한 민사법적 구제", 『비교사법』 제8권 제1호(한국비교사법학회, 2001), 1046면.

기술적·관리적 보호조치에 해당한다고 판시하였다.

이와 함께 법원은 대상 판결의 해킹사고 이전에 정보통신서비스 제공자가 보관하는 대량의 개인정보유출 사고가 있었고, 피고 회사는 해킹 등으로 인한 개인정보 유출 사례와 원인을 잘 알고 있었으며, 피고 회사 역시 해커로부터 다수의 공격을 받은 전력이 있었던 점을 적시하였다. 법원은 이러한 사정을 기초로 피고 회사는 이와 같은 사고가 발생할 수 있음을 충분히 예측할 수 있었기 때문에 이에 대비한 합리적 수준의 기술적·관리적 보호조치를 취했어야 할 의무가 있다고 판시하였다.

법원은 구체적으로 피고 회사는 원고를 포함하여 3천만 명 이상이 되는 대규모의 개인정보를 수집하고 있던 정보통신서비스 제공자로서 그 이용자들에 대하여 이 사건 해킹사고와 같이 접근권한 없는 해커가 DB 관리자의 아이디와 비밀번호를 도용하여 불법적으로 접근하는 경우에 대비하여 개인정보가 보관된 DB의 접속내역 및 DB에 접속하여 수행하는 업무내역을 실시간으로 감시하고, 비정상적이거나 수상한 업무내역이 탐지되는 경우 이를 보안관리자에게 즉시 경고함으로써 보안관리자가 이에 대해 조처를 할 수 있도록 하는 침입탐지시스템을 갖출 계약상 의무를 부담한다고 판시하였다. 그리고 피고 회사가 설정한 침입탐지시스템의 수준이 지나치게 완화되어 있어서 개인정보를 보호하기에 매우 부족한 수준이었고, 이 때문에 이 사건 해킹사고를 탐지하지 못하였다고 판시하였다.

나. 증명책임

구 정보통신망법 제32조 제1항에서는 이용자는 정보통신서비스 제공자가 동법 제3장(개인정보 보호)의 규정을 위반한 행위로 손해를 입으면 정보통신서비스 제공자에게 손해배상을 청구할 수 있으며, 이 경우 해당 정보통신서비스 제공자는 고의 또는 과실이 없음을 입증하지 아니하면 책임을 면할 수 없다고 규정하고 있다. 동법 제32조 제1항 단서 조항은 불법행위책임에서 의미있는 것으로서 이용자 등 정보주체를 위하여 손해배상책임의 입증책임을 전환하는 규정으로 이해된다.[8)]

민법 제390조에 따른 채무불이행책임을 묻기 위해서는 우선 채권자는 채무의 불이행을 증명하여야 한다. 대상 판결에서는 이용자가 계약상 채무불이행에 따른 손해배상을 청구하는 경우 이용자는 정보통신서비스 제공자의 채무불이행, 즉 정보통신서비스 제공자가 기술적·관리적 보호조치의무를 위반한 사실을 주장·증명하도록 판시하였다. 이와 함께, 채권자

8) 정상조·권영준, 앞의 논문, 22면.

는 손해의 발생과 인과관계에 대해서도 채권자가 주장·증명할 책임을 부담한다. 그리고 계약상 채무불이행에 기한 손해배상책임에 있어서 채무자의 귀책사유는 추정된다. 따라서 정보통신서비스 제공자는 자신에게 고의·과실 등 귀책사유가 없음을 증명하여야 책임을 면할 수 있다. 대상 판결에서도 정보통신서비스 제공자는 통상의 채무불이행에 있어서와 마찬가지로 채무불이행에 관하여 자기에게 과실이 없음을 주장·증명하지 못하는 한 책임을 면할 수 없다고 판시하였다.

Ⅲ. 판결의 의의

개인정보유출에 있어서의 정보통신서비스 제공자 등 개인정보처리자의 손해배상책임에 관한 다수의 판례에서 구 정보통신망법 제32조 등 관련 규정을 근거로 한 법률상의 의무와 함께 계약상 의무를 인정하였다. 따라서 개인정보 보호에 관한 기술적·관리적 보호조치를 다하여 법률상 의무를 위반하지 않은 경우에도 여전히 정보통신서비스 제공자는 계약상의 의무를 위반했는지 여부에 따라 채무불이행책임을 부담할 여지가 있다.[9] 그러나 종래 법원은 법률상 의무와 계약상 의무의 관계 또는 법률상 의무와 구별되는 계약상 의무에 대해서는 구체적으로 판시하지 않았다.[10]

대상 판결은 해킹 사고에 따른 정보통신서비스 제공자의 손해배상책임에 관한 논의에서 구 정보통신망법 등 관련 규정에 의한 법률상의 의무와 더불어 서비스 이용약관에 따라 계약 당사자 간의 자발적 합의의 결과 발생하는 계약상 주의의무의 내용과 함께 이를 위반한 경우의 채무불이행책임에 대해 판시한 점에서 그 의의가 있다.

---

9) 최호진, "해킹에 의한 개인정보유출과 정보통신서비스 제공자에 대한 손해배상책임에 관한 고찰–SK컴즈 사건을 중심으로–", 『법조』, 제689호(법조협회, 2014), 141–143면 참조.

10) 예를 들어, 대법원 2015. 2. 12. 선고 2013다43994, 44003 판결에서도 법원은 "정보통신서비스제공자가 구 정보통신망법 제28조 제1항에 따라 준수해야 할 기술적·관리적 보호조치를 구체적으로 규정하고 있으므로, 정보통신서비스제공자가 고시에서 정하고 있는 기술적·관리적 보호조치를 다하였다면, 특별한 사정이 없는 한, 정보통신서비스제공자가 개인정보의 안전성 확보에 필요한 보호조치를 취하여야 할 법률상 또는 계약상 의무를 위반하였다고 보기는 어렵다"고 판시하여 법률상 의무와 계약상 의무를 구별하여 검토하지 않고 있다.

058 구 정보통신망법이 개인정보 유출사고에 적용되는지의 판단 기준

- 롯데카드 개인정보 유출 사건 -

대법원 2019. 9. 26. 선고 2018다222303 판결

권영준(서울대학교 법학전문대학원 교수)

I. 판결의 개요

1. 사안의 개요

가. 사실관계

원고들은 신용카드, 선불카드, 직불카드 발행, 판매와 관리 등의 사업을 영위하는 피고와 신용카드 등에 대한 사용과 금융거래계약을 맺고, 피고로부터 신용카드를 발급받아 사용한 사람들이다. 피고는 2006년 카드 도난·분실 및 위·변조 등으로 인한 이상 거래 또는 부정 사용을 탐지하기 위한 카드사고분석시스템(Fraud Detection System, 이하 'FDS'라 한다)을 도입하였고, 정기적으로 그 시스템을 업데이트하여 왔다. 피고는 2009. 10.경 외주업체에 FDS 업데이트 용역을 의뢰하였는데, 당시 위 외주업체의 직원이었던 소외 1이 프로젝트 총괄 매니저로서 위 업무에 관여하였다. 피고는 업무상 필요 때문에 위 외주업체 직원들에게 카드회원들의 개인정보를 제공하였다. 그런데 피고는 외주업체 직원들이 FDS 업데이트를 위해 피고의 사무실에 반입한 컴퓨터에 대해서만 장비반입증을 제출받았을 뿐, 그들이 반입하는 내·외장 하드디스크의 수량을 파악하지 않았다. 또한 피고 사무실에서 작업을 마치고 철수하는 외주업체 직원들에게 하드디스크 포맷을 지시하였을 뿐 피고가 스스로 이를 포맷하거나 위 직원들의 포맷 여부를 감독하지 않았다.

소외 1은 피고가 피고의 사무실에 반입되는 하드디스크를 관리·감독하지 않는 것을 틈타, 2010. 4.경 피고의 사무실에서 업무용 하드디스크에 원고들을 비롯한 카드회원 약 1,023만 명의 개인정보를 저장하여 사용한 뒤, 위 하드디스크를 포맷하지 않고 몰래 숨겨서 가지고 나와 2010. 7.경 자신의 컴퓨터에 위 개인정보를 저장하였다. 소외 1은 2011. 1.경 대출중개 영업 등에 개인정보를 활용할 의도를 가지고 있는 소외 2에게 위와 같이 빼내어 온 카

드회원 약 1,023만 명 중 약 255만 명의 개인정보를 전달하였다. 그 개인정보에는 성명, 주민등록번호, 카드번호 및 유효기간, 결제계좌번호, 회사주소, 집주소, 기타주소, 회사전화번호, 집전화번호, 휴대전화번호, 타사 카드보유상황 중 전부 또는 일부가 포함되어 있었다. 소외 1은 관련 형사소송에서 피고의 고객정보를 침해·누설함과 동시에 신용정보 관련자로서 업무상 알게 된 타인의 신용정보를 누설한 범죄사실 등으로 기소되어 징역 3년을 선고 받았고, 그 판결이 2014. 10. 16. 확정되었다.

피고는 소외 1에 대한 수사가 개시될 무렵 위와 같은 개인정보 유출사고를 인지하고, 2014. 1.경 자사 인터넷 홈페이지에 사과문을 게재하면서 카드고객정보 유출사실을 알리고 개인정보 유출 여부를 확인할 수 있는 방법을 안내하였다. 또한 피고는 유출정보 조회 서비스를 실시하였으며, 콜센터 운영시간을 연장하고 개인정보 피해사실 신고센터를 운영하는 등의 조치를 취하였다.

원고들은 자신들의 개인정보가 유출되었음을 이유로 피고에게 손해배상을 구하는 소를 제기하였다.

나. 소송경과

1) 제1심 판결(서울중앙지방법원 2016. 10. 13. 선고 2014가합511956 등 판결)

제1심법원은 이 사건에 구 정보통신망 이용촉진 및 정보보호에 관한 법률(2008. 2. 29. 법률 제8852호로 개정되기 전의 것, 이하 "구 정보통신망법"이라고 한다) 이 적용된다고 보았다. 피고는 인터넷 홈페이지를 통해서도 카드회원을 모집하고 카드회원들에게 정보통신망을 이용하여 각종 서비스를 제공하였으므로, 구 정보통신망법상 정보통신서비스 제공자에 해당한다는 것이었다. 그리고 피고는 ① 외주업체 직원들이 피고의 사무실에 반입한 내·외장 하드디스크의 관리를 소홀히 하여 구 전자금융감독규정시행세칙(2012. 5. 24. 전부 개정되기 전의 것) 제9조 제1항 제7호를 위반하였고, ② FDS 업데이트 작업 시 고객정보를 암호화하고 이에 대한 보호를 하지 않아 구 전자금융거래법(2013. 5. 22. 법률 제11814호로 개정되기 전의 것) 제21조 제2항, 구 전자금융감독규정시행세칙 제9조 제1항 제10호, 구 정보통신망법 시행령 제15조 제4항 제2호·제4호를 위반하였다고 판단하였다.

또한 제1심법원은 위와 같이 유출된 개인정보가 원고들의 의사에 반하여 이미 제3자에게 열람되었거나 장차 열람될 가능성이 매우 높다는 이유에서, 소외 1이 원고들을 비롯한 카드회원 약 1,023만 명의 개인정보가 저장된 하드디스크를 포맷하지 않고 반출한 2010. 4.경

원고들에게 정신적 손해가 현실적으로 발생하였다고 보았다. 원고들의 손해배상액은 각 100,000원으로 인정되었다.

2) 항소심 판결(서울고등법원 2018. 2. 2. 선고 2016나2090012 등 판결)

항소심법원도 이 사건에 구 정보통신망법이 적용된다고 보면서, 다음과 같은 근거를 제시하였다. 피고는 원고들이 피고로부터 발급받은 카드를 이용하여 물품대금 등을 결제하거나 신용대출을 받을 때 가맹점 또는 대출업체에게 카드단말기, 컴퓨터 프로그램, ARS 서비스 등을 통하여 성명 등으로 특정된 결제정보 또는 인적사항을 제공하거나 매개한다. 이러한 결제서비스 또는 신용대출서비스를 이용하고 있는 원고들은 피고가 제공하는 정보통신서비스를 이용하는 자로서 결국 정보통신망법상 이용자에 해당한다. 피고는 원고들의 카드 가입 방법이 오프라인이었는지 온라인이었는지 여부를 불문하고 위와 같이 전기통신역무를 이용하여 원고들의 결제정보를 제공하거나 매개하고 있다.

항소심법원도 제1심법원과 같이 피고의 주의의무 위반을 인정하고, 피고는 원고들에게 정신적 손해를 배상할 의무가 있다고 판단하였다. 다만 원고들에게 배상되어야 할 위자료 액수는 70,000원으로 감액되었다.

3) 대법원 판결(대법원 2019. 9. 26. 선고 2018다222303 등 판결)

대법원은 이 사건에 구 정보통신망법이 적용되지 않는다고 보았다. 따라서 원심판결이 피고의 주의의무 위반 여부를 판단하면서 피고의 구 정보통신망법 시행령 위반사실을 근거로 든 부분에는 문제가 있다고 하였다. 하지만 피고가 외주업체에 FDS 업데이트에 관한 용역을 의뢰하고 위 외주업체 직원들에게 카드회원의 개인정보를 제공하여 취급하도록 하는 과정에서 개인정보 유출을 막기 위한 조치를 취할 주의의무를 다하지 않은 잘못이 있으므로 여전히 민법상 불법행위에 따른 손해배상책임을 부담한다고 보았다. 한편 위자료 액수 판단에 관하여는 원심법원이 정한 위자료 액수가 형평의 원칙에 현저히 반하여 재량의 한계를 일탈하였다고 인정할 만큼 과다하다고 볼 수 없다고 하면서, 원심법원의 판단을 지지하였다.

2. 판결의 요지

가. 정보통신망법의 적용 여부

정보통신서비스 제공자가 구 정보통신망법 제28조 제1항에 따라 부담하는 개인정보 보호

조치의무는 불특정 다수의 개인정보를 수집·이용하는 경우를 전제로 하는 것이 아니라, 해당 정보통신서비스를 이용하는 이용자의 개인정보 취급에 관한 것이고, 여기서 정보통신서비스라 함은 정보통신서비스 제공자가 정보통신망을 통하여 행하는 각종 정보의 게시·전송·대여·공유 등 일련의 정보 제공 행위를 직접 행하거나 정보를 제공하려는 자와 제공받으려는 자를 연결시켜 정보의 제공이 가능하도록 하는 매개행위를 말한다.

또한 정보통신수단이 고도로 발달된 현대사회에서는 일상생활에서 대부분의 개인정보처리가 정보통신망을 통하여 이루어지고 이를 통해 수시로 정보전송이 일어나는데, 개인정보 보호법을 비롯하여 금융, 전자거래, 보건의료 등 각 해당 분야의 개인정보를 다루는 개별 법령과의 관계나 정보통신망법의 입법 취지와 관련 규정의 내용에 비추어 보면, 이처럼 정보통신망을 활용하여 정보를 제공받거나 정보 제공의 매개 서비스를 이용하는 모든 이용자를 통틀어 정보통신망법에서 예정한 정보통신서비스 이용자에 해당한다고 할 수는 없다.

이 사건 개인정보 유출사고에서 유출된 원고들의 개인정보는 피고와 신용카드 등에 대한 사용 및 금융거래계약을 맺고 신용카드 등을 발급받아 사용하기 위한 목적으로 수집·이용된 개인정보로서 피고 사무실에 FDS 업데이트를 위하여 반입된 업무용 하드디스크에 저장되어 있다가 유출된 것이다. 이는 신용카드 회원의 개인정보로서 앞서 본 사실관계만으로는 원고들과 피고 사이에 개인정보 보호에 관한 다른 법령이 적용되는 것은 별론으로 하더라도 정보통신망법상 정보통신서비스 제공자와 이용자의 관계가 성립되었다고 볼 수 없고, 달리 원고들이 피고가 제공하는 홈페이지 서비스에 회원가입 절차를 거쳐 이를 이용하는 등으로 정보통신서비스 이용관계가 있었음을 인정할 증거도 없다. 따라서 원심이 이 사건 개인정보 유출사고에 정보통신망법이 적용된다고 판단하기 위하여는 신용카드 회원인 원고들이 별도로 피고가 제공하는 정보통신서비스를 이용하여 정보통신망법에서 정하는 정보통신서비스 이용자에도 해당하는지를 살폈어야 한다. 따라서 원심판단에는 정보통신망법에 관한 법리를 오해하여 필요한 심리를 다하지 못한 잘못이 있다.

나. 위자료 판단

개인정보를 처리하는 자가 수집한 개인정보가 정보주체의 의사에 반하여 유출된 경우, 그로 인하여 정보주체에게 위자료로 배상할 만한 정신적 손해가 발생하였는지는 유출된 개인정보의 종류와 성격이 무엇인지, 개인정보 유출로 정보주체를 식별할 가능성이 발생하였는지, 제3자가 유출된 개인정보를 열람하였는지 또는 제3자의 열람 여부가 밝혀지지 않았다면 제3자의 열람 가능성이 있었거나 앞으로 열람 가능성이 있는지, 유출된 개인정보가 어느

범위까지 확산되었는지, 개인정보 유출로 추가적인 법익침해 가능성이 발생하였는지, 개인정보를 처리하는 자가 개인정보를 관리해 온 실태와 개인정보가 유출된 구체적인 경위는 어떠한지, 개인정보 유출로 인한 피해 발생 및 확산을 방지하기 위하여 어떠한 조치가 취하여졌는지 등 여러 사정을 종합적으로 고려하여 구체적 사건에 따라 개별적으로 판단하여야 한다. 또한 불법행위로 입은 정신적 고통에 대한 위자료 액수에 관하여는 사실심 법원이 제반 사정을 참작하여 그 직권에 속하는 재량에 의하여 확정할 수 있다.

정신적 손해 발생 여부에 관한 원심의 판단은 정당하고, 원심이 정한 위자료 액수 또한 형평의 원칙에 현저히 반하여 재량의 한계를 일탈하였다고 인정할 만큼 과다하다고 볼 수 없다. 따라서 원심의 판단에 상고이유 주장과 같이 필요한 심리를 다하지 아니한 채 논리와 경험의 법칙을 위반하여 자유심증주의의 한계를 벗어나거나 개인정보의 유출로 인한 정신적 손해의 발생과 그 증명책임 및 정도에 관한 법리를 오해하고 판례를 위반하는 등의 잘못이 없다.

II. 해설

1. 쟁점의 정리

대상 판결에서는 피고의 주의의무 위반 여부, 원고들의 손해 발생 여부, 손해배상액 산정 문제가 쟁점으로 다루어졌다. 그리고 피고의 주의의무 위반 여부를 판단하는 과정에서 구 정보통신망법의 적용 범위를 어떻게 파악할 것인지, 이 사건 개인정보 유출 사고에 구 정보통신망법이 적용되는지도 중요한 쟁점이 되었다.

2. 검토

가. 구 정보통신망법과 피고의 주의의무 위반

우리나라에는 개인정보 보호를 내용으로 하는 다수의 법령이 있다. 그 법령 중 어떤 법령이 적용되는가가 문제되는 경우도 있다. 구체적인 법령이 없다면 종국적으로는 민법이 적용될 것이다. 가장 먼저 참고하여야 할 법령은 개인정보 보호법이다. 개인정보 보호법과 같은 법 시행령, 개인정보 보호위원회의 고시는 개인정보처리자가 취하여야 할 안전성 확보 조치에 관하여 매우 상세한 규정을 두고 있다. 그런데 이 사건 개인정보 유출사고가 발생한 2010. 4.경에는 아직 개인정보 보호법이 제정되지 않은 상태였다.[1] 구 정보통신망법을 제외

1) 개인정보 보호법은 2011. 3. 29. 법률 제10465호로 제정되었고, 같은 해 9. 30.부터 시행되었다.

하고는 개인정보의 안전성 확보조치를 포괄적이고도 세밀하게 규율하는 법령을 찾아보기 어려웠다. 구 정보통신망법 시행령 제15조 제4항은 '정보통신서비스 제공자등은 개인정보가 안전하게 저장·전송될 수 있도록 다음 각 호의 보안조치를 하여야 한다'고 규정하면서, 제2호에서는 '주민등록번호 및 계좌정보 등 금융정보의 암호화 저장'을, 제4호에서는 '그 밖에 암호화 기술을 이용한 보안조치'를 각각 규정하고 있었다. 이 사건에서 원고는 피고에게 FDS 업데이트 작업 시 고객정보를 암호화하고 이에 대한 보호를 하지 않은 과실이 있다고 주장하면서, 구 정보통신망법 시행령 제15조 제4항 제2호·제4호를 그 근거로 들었다. 반면 피고는 원고들 대부분이 오프라인으로 카드를 발급받은 회원으로서 정보통신망법상 '이용자'라고 할 수 없어, 이 사건 개인정보 유출사고에 정보통신망법이 적용될 수 없다고 주장하였다.

오늘날 정보통신망의 이용은 사업의 종류를 불문하고 필수적이다. 그런데 어떤 사업자가 정보통신망을 이용하여 어떤 정보를 제공한다거나 그 밖에 사업 수행에 필요한 서비스를 제공한다고 하더라도 그 사업자의 지배 영역에서 발생한 개인정보 유출에 대해 언제나 정보통신망법이 적용된다고 할 수는 없다. 정보통신망법이 적용된다고 하려면 정보통신서비스 제공자와 정보통신서비스 이용자의 관계에 있어서 개인정보 보호의무 위반이 발생하였어야 한다. 그런데 피고가 정보통신서비스 제공자에 해당하더라도 원고들이 그 서비스를 실제로 이용하는 이용자인지도 불분명할 뿐만 아니라, 이 사건에서는 업무용 하드디스크에 저장되어 있던 개인정보가 외부로 반출되어 개인정보 유출이 발생하였으므로 정보통신서비스 이용관계와는 무관한 개인정보 유출이다. 대법원은 그러한 점에서 구 정보통신망법을 적용하지 않았다.

다만 피고와 원고들의 법률관계에 구 정보통신망법이 적용되지 않는다고 하여 FDS 업데이트 작업 시 고객정보를 암호화하고 이를 보호할 피고의 주의의무를 도출하는 것이 불가능하지는 않다. 민법상 불법행위책임 또는 계약책임이 여전히 성립할 수 있기 때문이다. 실제로 대법원은 구 정보통신망법의 적용을 부정하면서도 결과적으로는 민법상 불법행위책임을 인정함으로써 원심과 같은 결론에 이르렀다.

나. 원고들의 손해 발생

이 사건에서는 원고들의 손해 발생 여부 및 그 액수에 관하여서도 다루었다. 먼저 손해 발생 여부에 관하여 살펴본다. 일반적으로는 개인정보 보호의무 위반이 언제나 곧바로 정신적 손해 발생으로 이어지는 것은 아니다.[2] 정신적 고통은 개인이 일상에서 경험하는 단순한

2) 정상조·권영준, "개인정보의 보호와 민사적 구제수단", 『법조』, 제58권 제3호(법조협회, 2009), 34면.

불쾌감 또는 불안감으로부터 정신질환을 야기할 정도의 충격에 이르기까지 넓은 스펙트럼으로 발생할 수 있다.[3] 정신적 손해의 범위가 비합리적으로 확정되는 것을 막기 위해서는, 그 사이 어딘가에 손해와 비손해의 경계선이 설정되어야 한다.

개인정보 유출 사건에서 손해 발생 판단기준을 제시한 리딩케이스는 이른바 GS칼텍스 개인정보 유출 사건이다.[4] 이 사건에서 대법원은 정보주체의 의사에 반하여 개인정보가 유출되었다고 하여 곧바로 정보주체에게 위자료로 배상할 만한 정신적 손해가 발생하는 것은 아니라는 전제 아래, "유출된 개인정보의 종류와 성격이 무엇인지, 개인정보 유출로 정보주체를 식별할 가능성이 발생하였는지, 제3자가 유출된 개인정보를 열람하였는지 또는 제3자의 열람 여부가 밝혀지지 않았다면 제3자의 열람 가능성이 있었거나 앞으로 열람 가능성이 있는지, 유출된 개인정보가 어느 범위까지 확산되었는지, 개인정보 유출로 추가적인 법익침해 가능성이 발생하였는지, 개인정보를 처리하는 자가 개인정보를 관리해 온 실태와 개인정보가 유출된 구체적인 경위는 어떠한지, 개인정보 유출로 인한 피해 발생 및 확산을 방지하기 위하여 어떠한 조치가 취하여졌는지 등 여러 사정을 종합적으로 고려하여 구체적 사건에 따라 개별적으로 판단하여야 한다"는 판단기준을 제시하였다.

대법원이 위 사건에서 제시한 고려 요소들은 행위 자체의 악성과 관련되는 행위불법적 요소,[5] 그 행위로 인한 결과의 중대성과 관련되는 결과불법적 요소[6]로 나누어볼 수 있다.[7] 행위불법적 요소는 대체로 이를 통해 불법행위를 예방·제재하기 위한 것으로서, 불법행위의 양대 목적 중 하나인 '예방'에 대응한다. 반면 결과불법적 요소는 대체로 이를 통해 불법행위로 인하여 발생한 피해를 회복시키기 위한 것으로서, 불법행위의 양대 목적 중 하나인 '회복'에 대응한다.[8] 그런데 불법행위의 1차적 목적은 예방이 아니라 회복이다. 특히 불법행위책임의 성립요건 중 '손해'는 회복되어야 할 바로 그 대상을 가리키는 것이므로, 손해 발생 판단에서는 '회복'에 대응하는 결과불법적 요소가 훨씬 중요하게 고려되어야 한다.[9]

대상 판결에서 대법원은 원고들의 손해를 인정한 원심법원의 판단을 지지하면서 ① 이

---

3) 정상조·권영준, "개인정보의 보호와 민사적 구제수단", 『법조』, 제58권 제3호(법조협회, 2009), 44면.
4) 대법원 2012. 12. 26. 선고 2011다59834 등 판결.
5) ① 개인정보처리자가 개인정보를 관리해 온 실태, ② 개인정보가 유출된 구체적 경위가 이에 해당한다.
6) ③ 유출된 개인정보의 종류와 성격, ④ 정보주체의 식별 가능성, ⑤ 제3자의 열람 여부 또는 열람 가능성, ⑥ 유출된 개인정보의 확산 범위, ⑦ 추가적인 법익침해 가능성, ⑧ 개인정보 유출로 인한 피해 발생 및 확산 방지 조치가 이에 해당한다.
7) 권영준, 『민법판례연구』(박영사, 2020), 327−328면.
8) 권영준, 『민법판례연구』(박영사, 2020), 328면.
9) 권영준, 『민법판례연구』(박영사, 2020), 328면.

사건 개인정보 유출사고에서 유출된 개인정보에는 주민등록번호가 포함되어 있고, 이를 도용한 2차적 피해 발생과 확대의 가능성을 배제하기 어렵다는 점, ② 유출사고의 전반적 경위 등을 종합해볼 때 그 전파 및 확산 과정에서 이미 제3자에 의해 열람되었거나 앞으로 개인정보가 열람될 가능성이 크다는 점을 들었다. 이처럼 결과불법적 요소에 무게를 두어 손해 발생 여부를 판단한 것은 타당하였다고 생각한다.

다. 손해배상액 산정

손해배상액 산정, 특히 위자료 산정은 개인정보 유출 사건에서 가장 중요한 쟁점이다.[10] 손해 발생 판단이 손해와 비손해의 경계를 설정하는 작업이라면, 위자료 산정은 배상되어야 할 손해의 크기를 가늠하는 작업이다. 그러므로 손해 발생 판단과 위자료 산정에서 고려되어야 할 요소는 본질적으로 다르지 않다.[11] 대상 판결에서 대법원도 손해 발생 판단의 고려 요소와 위자료 산정의 고려 요소를 엄격하게 구분하지 않았다.

대상 판결에서 원심법원이 인정한 70,000원이라는 액수가 적정한지에 관해서는 서로 다른 시각이 존재할 수 있다. 개인정보 유출 사건과 같이 손해가 다수의 피해자들에게 소규모로 분산되어 있는 사건 유형에서 흔히 일어나는 과소보상의 문제를 고려하면, 70,000원이라는 액수는 지나치게 적은 액수로 보이기도 한다.[12] 하지만 위자료 산정에 관한 재판실무의 흐름에 비추어볼 때, 개인정보 유출 사건에서 70,000원이라는 위자료 액수가 지나치게 적다고 평가하기는 어려울 것이다. 과소보상의 문제는 개별 사건에서 고액의 위자료를 인정함으로써 해결할 것이 아니라, 위자료 산정 기준을 전반적으로 상향 조정함으로써 해결할 문제라고 본다.

III. 판결의 의의

대상 판결은 구 정보통신망법의 적용 범위를 명확히 제시하였다는 점에서 중요한 의미가 있다. 2020. 2. 개인정보 보호법과 정보통신망법이 개정되기 전까지는 개인정보 보호법과 구 정보통신망법 중 어느 것이 적용되는지가 실무상 매우 중요한 쟁점이었다. 개인정보 보호법이 규정하는 개인정보처리자의 주의의무와 구 정보통신망법이 규정하는 정보통신서비스 제

10) 정상조 · 권영준, "개인정보의 보호와 민사적 구제수단", 『법조』, 제58권 제3호(법조협회, 2009), 46면.
11) 정상조 · 권영준, "개인정보의 보호와 민사적 구제수단", 『법조』, 제58권 제3호(법조협회, 2009), 45면.
12) 과소보상의 문제에 관하여는 권영준, 『민법학의 기본원리』(박영사, 2020), 182－185면 참조.

공자의 주의의무가 완전히 같지 않았고, 두 법률의 적용 범위가 반드시 명확하지는 않았기 때문이다.[13] 정보통신망법이 2020. 2. 4. 법률 제16955호로 개정되면서 정보통신망법의 개인정보 보호 관련 규정들이 개인정보 보호법으로 흡수되기는 하였지만, 해당 규정들은 '정보통신서비스 제공자 등의 개인정보 처리 등 특례' 규정의 형태로 여전히 존재하고 있다. 이처럼 법이 개정된 이후에도 대상 판결이 제시한 법리는 위 특례 규정의 적용 범위를 결정하는 기준으로서 의미를 가진다.

13) 개정 전 개인정보 보호법 및 정보통신망법의 적용 범위 문제에 관하여는 이소은, 개인정보자기결정권의 민사법적 보호, 서울대학교 박사학위논문(2018), 59면 이하 참조.

059 개인정보를 유출한 경우의 보호조치 위반행위에 대한 과징금 부과 기준
- 인터파크 해킹 사건 -

서울고등법원 2019. 11. 1. 선고 2018누56291 판결[1)]

홍대식(서강대학교 법학전문대학원 교수)

I. 판결의 개요

1. 사안의 개요

가. 사실관계

원고는 구 「정보통신망 이용촉진 및 정보보호 등에 관한 법률」(2017. 7. 26. 법률 제14839호로 개정되기 전의 것, 이하 "구 정보통신망법")에 따른 정보통신서비스 제공자로서, 인터넷 쇼핑몰인 A를 운영하는 법인이다. 원고는 이용자의 개인정보를 저장하고 있는 HQDB 서버에 대한 해커의 공격을 받아 2016. 5. 5.부터 2016. 5. 6.까지 사이에 이용자의 개인정보가 유출되었다. 해커는 스피어 피싱으로 직원 D의 PC에 악성코드를 최초 감염시킨 후 다수의 단말기에 악성코드 확산과 함께 내부정보를 수집하고, HQDB 서버에 접근 가능한 직원 C의 PC의 제어권을 획득한 후 HQDB 서버에 접속하여 개인정보를 탈취하고 외부로 몰래 유출한 것으로 조사되었다. 피고인 방송통신위원회(이하 "방통위")는 이 사건이 원고가 이용자의 개인정보를 유출한 경우로서, 원고가 개인정보처리시스템에 최대접속시간 제한조치 등 접근통제를 소홀히 한 행위(이하 "제1 처분사유")와 HQDB 서버 등을 포함한 시스템 비밀번호 관리를 소홀히 한 행위(이하 "제2 처분사유")가 구 정보통신망법 제28조 제1항 제2호, 제4호에 정한 조치를 하지 아니한 경우에 해당한다고 판단하였다. 그에 따라 방통위는 2016. 12. 6. 원고에 대하여 구 정보통신망법 제64조, 제64조의3, 제76조 등에 따라 시정명령, 시정명령을 받은 사실의 공표, 교육 및 대책 수립 후 보고, 과징금 44억 8,000만 원, 과태료 2,500만 원 등을 명하는 처분을 하였다. 원고는 이 처분에 불복하여 서울행정법원에 처분취소를 구하는 행정소송을 제기하였다.

---

1) 대법원 2020. 3. 12.자 2019두60851 판결(심리불속행 기각)로 종결되었다.

나. 소송경과

1) 제1심 판결(서울행정법원 2018. 7. 5. 선고 2017구합53156 판결): 청구기각

법원은 이 사건에서 이용자의 개인정보가 유출되었다고 봄이 상당하고 이 사건 제1 처분사유와 제2 처분사유가 존재하며, 과징금 부과 근거 규정인 구 정보통신망법 제64조의3 제1항 제6호는 이용자의 개인정보 유출과 구 정보통신망법 제28조 제1항 제2호부터 제5호까지의 조치를 하지 아니한 행위 사이에 인과관계를 요구하지 않으므로, 방통위의 처분 근거가 존재한다고 판단하였다. 또한 방통위의 과징금 산정도 적법하다고 보아 원고의 청구를 기각하였다.

2) 항소심 판결(서울고등법원 2019. 11. 1. 선고 2018누56291 판결): 항소기각

법원은 이 사건 제1 처분사유와 제2 처분사유, 그리고 과징금 부과 및 산정의 근거가 된 규정의 해석론과 관계된 원고의 새로운 주장을 모두 배척하고 원고의 청구를 기각한 원심의 결론을 유지하면서, 원고의 항소를 기각하였다.

3) 대법원 판결(대법원 2020. 3. 12.자 2019두60851 판결): 상고기각(심리불속행)

대법원은 원고의 상고를 심리불속행 판결로 기각하였다.

2. 판결의 요지

가. 정보통신망법 제64조의3 제1항 제6호의 요건인 개인정보의 유출과 개인정보 보호조치를 하지 아니한 행위의 관계

구 정보통신망법 제64조의3 제1항 제6호 규정의 형식과 내용, 개정이유 등을 종합해 보면, 2014. 5. 28. 개정 이후에는 이용자 개인정보의 분실·도난·유출·변조 또는 훼손과 구 정보통신망법 제28조 제1항 제2호부터 제5호까지의 조치를 하지 아니한 행위 사이의 인과관계는 요구되지 않는다고 할 것이다. 헌법상 자기책임의 원칙에는 특수한 입법목적을 달성하기 위해 일정한 예외가 설정될 수 있는데, 개인정보 유출의 피해 정도가 지대하고 2차 피해 발생 가능성도 높아 사전에 개인정보가 유출되지 못하도록 법적·제도적 장치를 마련할 필요성이 있는 점에 비추어 볼 때, 위와 같이 인과관계가 요구되지 않는 것으로 해석하는 것이 헌법상 자기책임 원칙에 반한다고 할 수 없다.

나. 위반행위와 관련된 매출액의 의미

구 정보통신망법 시행령 제69조의2 제1항은 구 정보통신망법 제64조의3 제1항이 정한 “위반행위와 관련한 매출액”을 “해당 정보통신서비스 제공자 등의 위반행위와 관련된 정보통신서비스의 직전 3개 사업연도의 연평균 매출액”으로 규정하고 있고, 이에 근거한 ‘개인정보 보호 법규 위반에 대한 과징금 부과기준’(방통위 고시 제2015-30호, 이하 “이 사건 과징금부과기준”) 제4조 제1항은 위반행위 관련 매출액을 정보통신서비스 제공자 등의 위반행위로 인하여 직접 또는 간접적으로 영향을 받은 서비스의 직전 3개 사업연도의 연평균 매출액으로 정하고 있다. 구 정보통신망법 제64조의3 제1항 제6호는 개인정보의 유출 등으로 인한 이익이 직접적으로 존재하지 않더라도, 그 개인정보의 보유를 통하여 얻은 이익을 박탈함과 동시에 행정제재적인 측면에서 그 개인정보와 관련된 매출액 중 100분의 3 이하에 해당하는 금액을 과징금으로 부과할 수 있다고 정하였다고 봄이 상당하다. 개인정보 보호조치 위반행위는 그 개인정보가 사용되는 서비스의 운영에 관하여 위험을 증가시키는 영향을 직·간접적으로 미치게 되는 것이 분명하다. 따라서 개인정보를 이용한 서비스를 통해 얻은 매출액을 기준으로 과징금을 산정·부과한 것을 두고 법령에 위반한 것이라거나 재량권을 일탈·남용한 위법이 있다고 할 수 없다.

다. 위반행위의 중대성 판단

구 정보통신망법 제64조의3의 위임에 따른 같은 법 시행령 제69조의2 제4항 [별표 8]은 기준금액은 영 제69조의2 제1항에 따른 관련 매출액에 위반행위의 중대성에 따른 과징금 산정비율(부과기준율)을 곱하여 산출한 금액으로 한다고 규정하고, 위반행위의 중대성은 고의·중과실 여부, 영리목적의 유무, 위반행위로 인한 개인정보의 피해규모, 개인정보의 공중에 노출 여부 및 위반행위로 인하여 취득한 이익의 규모 등을 종합적으로 고려하여 판단한다고 규정하고 있다. 또한 이 사건 과징금부과기준 제5조 제1항은 위반행위의 중대성 판단기준 중 고의·중과실 여부는 영리목적의 유무, 법 제28조 제1항에 따른 기술적·관리적 보호조치 이행 여부 등을 고려하여 판단한다고 규정하고 있는데, 고의·중과실의 평가를 함에 있어 개인정보 유출 건수가 전혀 고려될 수 없다고 할 수 없다. 또한 영리목적 유무는 위반행위가 아닌 서비스를 기준으로 평가하는 것이 타당하므로, 원고가 자신의 이익을 위한 영리목적으로 개인정보를 수집·활용하는 행위는 영리목적에 포함된다고 봄이 상당하다.

II. 해설

1. 쟁점의 정리

가. 개인정보 보호조치 위반행위의 요건

구 정보통신망법 제64조의3 제1항 제6호는 "방송통신위원회는 이용자의 개인정보를 분실·도난·유출·변조 또는 훼손한 경우로서 제28조 제1항 제2호부터 제5호까지(제67조에 따른 준용되는 경우를 포함한다)의 조치를 하지 아니한 경우에는 해당 정보통신서비스 제공자 등에게 위반행위와 관련한 매출액의 100분의 3 이하에 해당하는 금액을 과징금으로 부과할 수 있다"고 규정하였다. 규정 형식으로 보면, 위반행위의 요건으로서 "이용자의 개인정보를 분실·도난·유출·변조 또는 훼손한 경우"(이하 "이용자의 개인정보 유출등 요건")와 "제28조 제1항 제2호부터 제5호까지(제67조에 따른 준용되는 경우를 포함한다)의 조치를 하지 아니한 경우"(이하 "개인정보 보호조치 미이행 요건")가 나란히 규정되어 있었다. 2014. 5. 28. 개정 전에는 이 부분이 "제28조 제1항 제2호부터 제5호까지의 조치를 하지 아니하여 이용자의 개인정보를 분실·도난·유출·변조 또는 훼손한 경우"로 규정되어 있었다. 이처럼 2014. 5. 28. 개정 전후로 위반행위의 2가지 요건인 이용자의 개인정보 유출등 요건과 개인정보 보호조치 미이행 요건의 관계에 대한 법문의 표현 방식이 달라짐에 따라 2가지 요건의 관계에 대한 해석이 달라져야 할 것인지에 대한 논란이 제기된다. 2014. 5. 28. 개정 전의 법문은 분명히 개인정보 보호조치 미이행으로 인한 개인정보 유출등이 발생하는 경우로 규정하여 2가지 요건 간의 인과관계를 필요로 하지만, 2014. 5. 28. 개정 후에도 법문의 표현 방식과 관계없이 여전히 2가지 요건 간의 인과관계가 요구되는지가 쟁점이 된다.

나. 개인정보 보호조치 위반행위에 대한 과징금 산정

구 정보통신망법 제64조의3 제1항 제6호는 개인정보 보호조치 위반행위에 대해 방통위는 해당 정보통신서비스 제공자등에게 위반행위와 관련한 매출액의 100분의 3 이하에 해당하는 금액을 과징금으로 부과할 수 있다고 규정하였다. 같은 조에서는 과징금을 산정할 때 위반행위의 내용 및 정도, 위반행위의 기간 및 횟수, 위반행위로 인하여 취득한 이익의 규모를 반드시 고려하도록 규정하면서, 구체적인 산정기준과 산정절차는 시행령에 위임하였다(제3항, 제4항). 법의 위임에 따라 같은 법 시행령 제69조의2 제4항 [별표 8]은 과징금의 산정기준과 산정절차를 구체적으로 규정하면서, 세부기준 및 부과방법 등에 관한 사항을 고시에 위임하였다. 이런 단계적 위임에 따라 방통위가 제정, 운영하던 고시가 이 사건 과징금

부과기준이었다. 방통위는 법령 및 이 사건 과징금 부과기준을 적용하여 이 사건 개인정보 유출과 관련한 원고의 매출액을 원고가 인터넷쇼핑몰을 운영하면서 발생한 매출액으로 보고 위반행위의 중대성의 정도를 '중대한 위반행위'로 평가하여 기준금액을 산출한 후, 이 금액에 필수적 가중·감경과 추가적 가중·감경을 거쳐 최종 과징금으로 44억 8,000만 원을 결정하였다. 방통위의 이런 과징금 산정은 적법·타당한지, 구체적으로 기준금액 산정의 기초가 되는 위반행위 관련 매출액의 산정과 위반행위의 중대성 판단, 필수적 가중과 추가적 가중의 적용이 적법·타당한지가 소송에서 다투어졌다.

2. 검토

가. 개인정보 보호조치 위반행위의 요건

2014. 5. 28. 구 정보통신망법 제64조의3 제1항 제6호 규정이 개정되어 이 규정에 따른 위반행위의 요건에서 개인정보 보호조치 미이행 요건과 개인정보 유출등 요건 간의 인과관계를 명시적으로 표현한 부분("조치를 하지 아니하여")이 없어지고 개인정보 유출등 요건과 개인정보 보호조치 미이행 요건이 나란히 규정되었다. 그에 따라 적어도 문언으로는 인과관계를 명시적인 요건으로 볼 수 있는지에 대한 의문이 제기될 수 있다.[2] 법원은 문언상 규정의 형식과 내용의 변화에 중요한 의미를 부여하면서, 개정이유에도 주목하였다. 이 규정의 개정이유는 정보통신망을 통한 개인정보 유출을 사전에 방지하기 위한 법적·제도적 장치 마련의 필요성 때문에 개인정보 보호조치를 강화함과 동시에 정보통신망법상의 의무 위반에 대한 정보통신서비스 제공자의 처벌을 엄격히 하는 것이었다. 법원은 이와 같은 규정의 형식과 내용, 개정이유 등을 종합하여 위 개정 이후에는 2가지 요건 사이의 인과관계가 요구되지 않는다고 해석하였다.

구 정보통신망법 제28조 제1항은 정보통신서비스 제공자등이 개인정보를 처리할 때 개인정보의 분실·도난·유출·위조·변조 또는 훼손을 방지하고 개인정보의 안전성을 확보하기 위해 이행하여야 할 기술적·관리적 조치로서 6가지 유형을 열거하고, 시행령에서 이를 구체화하도록 하였다. 이러한 조치 미이행은 그 자체로 과태료 부과 대상이 되었다(같은 법 제76조 제1항 제3호). 그런데 관리적 조치에 해당하는 제1호(내부관리계획의 수립·시행)와 법에 구체적으로 내용이 명시되지 않은 제6호의 조치(기타의 조치)를 제외한 제2호(접근 통제장치의

2) 이와 달리 개정이유 가운데 '인과관계' 요건을 뺀다는 취지의 언급이 없기 때문에 여전히 인과관계 요건이 요구된다는 견해로는 전승재·권헌영, "개인정보의 기술적·관리적 보호조치에 대한 공적집행과 사적집행", 『경제규제와 법』, 제11권 제2호(서울대 공익산업법센터, 2018), 283면.

설치·운영), 제3호(접속기록의 위조·변조조치), 제4호(암호화기술 등을 이용한 보안조치), 제5호(컴퓨터 바이러스에 의한 침해 방지조치)의 4가지 조치 미이행에 대해서는 그 조치 미이행과 관계없이 개인정보 유출등의 사실이 발생할 경우 과징금 부과 대상도 되었다. 이 4가지 조치는 모두 기술적 조치에 해당한다. 따라서 인과관계 요건이 없다고 볼 경우, 구 정보통신망법 제64조의3 제1항 제6호 규정은 개인정보 보호조치 중 특히 기술적 조치 미이행이라는 위반행위가 있는 경우 개인정보 유출등의 사실에 대하여 행정적인 결과책임을 부과하는 것이 된다.

원고는 개인정보 유출등의 사실에 대하여 개인정보 보호조치 미이행과의 인과관계를 인정해야 헌법상 자기책임의 원칙과 합헌적 법률해석의 원칙에 부합하는 해석이 된다고 주장하였다. 이 규정은 개인정보 보호조치 중 특히 기술적 조치 미이행이라는 정보통신서비스 제공자등의 위반행위를 대상으로 하므로, 그 범위에서는 이에 대한 행정적 제재가 자기책임에 기한 것이라고 할 수도 있다. 그러나 기술적 조치 미이행 행위 그 자체에 대해서는 과태료 부과라는 제재 규정이 마련되어 있으므로, 과징금 부과는 위반행위와 관계없는 개인정보 유출등의 추가적 사정 발생에 근거한 것이라고 보아야 별도의 행정적 제재로서 의의를 갖는다. 따라서 동일한 위반행위라고 하더라도 특정한 상황에서 가중된 제재 규정을 적용하는 것이 헌법상 자기책임의 원칙상 허용되는지, 그 원칙에 비추어 인과관계가 요구되는 것으로 해석하여야 합헌적 법률해석의 원칙에 부합하는 해석이 될 것인지가 문제될 수 있다. 이에 대하여 제2심법원은 원고의 항소이유에 대한 추가적 판단으로, 헌법상 자기책임의 원칙에는 특수한 입법목적을 달성하기 위해 일정한 예외가 설정될 수 있다는 전제하에, 특히 정보통신망을 통한 개인정보 유출을 방지하기 위한 법적·제도적 장치를 마련할 필요성이 있다는 개정이유에 비추어 볼 때 인과관계가 요구되지 않는 것으로 해석하더라도 헌법상 자기책임의 원칙에 반한다고 할 수 없다고 판시하였다.

헌법재판소는 자기책임의 원리를 민, 형사를 막론한 모든 법적 책임의 기본원리이자 헌법상의 원리로서 선언하고 있다. 헌법재판소 판례[3]에 따르면, 헌법 제10조가 정하고 있는 행복추구권에서 파생되는 자기결정권 내지 일반적 행동자유권은 이성적이고 책임감 있는 사람의 자기의 운명에 대한 결정·선택을 존중하되 그에 대한 책임은 스스로 부담함을 전제로 한다. 자기책임의 원리는 이와 같이 자기결정권의 한계논리로서 책임부담의 근거로 기능하는 동시에 책임부담의 범위가 스스로 결정한 결과에 귀속되는 부분에 국한됨을 의미하는 책임의 한정원리로 기능한다. 법적 제재가 위반행위에 대한 책임의 소재와 전혀 상관없이 이

3) 헌재 2004. 6. 24. 2002헌가27 결정.

루어지도록 법률이 규정하고 있다면 이는 자기책임의 범위를 벗어나는 제재로서 헌법위반의 문제를 일으킨다는 것이 헌법재판소의 일관된 판례이다.[4] 헌법재판소에서는 자기책임의 원리를 법률의 위헌 여부를 판단하기 위한 기준으로서 적용하였으나, 법률 자체에 위헌의 문제가 없더라도 그 법률을 적용하는 과정에서 자기책임의 원리에 반하는 해석과 적용을 하는 경우에도 역시 헌법 위반의 문제가 발생하는 데에는 차이가 없다.

이와 같은 헌법상 원리로서의 자기책임의 원칙에 비추어 볼 때, 제2심판결의 판시가 행정적 목적만으로 헌법상 자기책임의 원칙의 예외를 입법적으로 설정할 수 있다는 취지로 읽힌다면 찬성할 수 없다. 이 사건에서 대법원은 심리불속행 판결로 사건을 종결하여 제2심판결의 판시에 대한 대법원의 입장은 알 수 없다. 그러나 이 사건에서는 2가지 요건 간의 인과관계를 요구하더라도 적어도 제1처분사유와 이 사건 개인정보 유출 사이에 인과관계가 인정된다고 한 것이 사실심법원의 판단이므로, 대법원은 이런 판단을 존중하여 결론을 내린 것으로 볼 수 있다. 따라서 구 정보통신망법 제64조의3 제1항 제6호 규정의 해석에서 인과관계가 요구된다고 볼 수 있는지 여부 또는 적어도 헌법상 자기책임의 원칙에 부합하게 이 규정의 요건을 어떻게 한정 해석하여야 할 것인지는 아직 확립된 법리가 선언되었다고 보기 어렵다.

나. 개인정보 보호조치 위반행위에 대한 과징금 산정

구 정보통신망법 위반행위에 대한 과징금 산정의 기본구조는 기준금액의 산정, 필수적 가중·감경, 추가적 가중·감경의 단계별 산정구조로 되어 있으면서, 각 단계별로 참작사유와 상한이 구체적으로 정해져 있다. 필수적 가중·감경, 추가적 가중·감경의 단계는 기준금액의 산정 단계에서 정해진 금액을 기준으로 가중·감경을 하는 단계이므로, 출발점이 되는 기준금액을 어떻게 산정할 것인지가 최종 과징금액 결정에 큰 영향을 미친다. 기준금액의 산정식은 '위반행위 관련 매출액 × 부과기준율'이다. 여기서 위반행위 관련 매출액은 위반행위의 전체 규모에 대응하는 것으로, 위반행위의 효과적인 억제라는 면을 고려하여 위반행위의 크기와 비례하도록 설정하는 것이 원칙이다. 다음으로 부과기준율은 위반행위에 따른 사회적 후생의 감소분의 비율에 대비되는 것으로, 이를 반영하기 위한 대리변수(proxy)로서

4) 헌재 2003. 7. 24. 2001헌가25 결정; 헌재 2004. 6. 24. 2002헌가27 결정 등. 나아가 헌재 2005. 12. 22. 2005헌마19 결정의 별개의견에서는 '자기책임의 원리에 반하는 제재를 받지 아니할 권리', 즉 자기행위와 무관한 제재를 받지 아니할 권리가 헌법 제37조 제1항이 규정하고 있는 '헌법에 열거되지 아니한 권리'로서 기본권적 성격을 갖는다고 설명한다.

위반행위 관련 매출액 대비 일정 비율을 적용한다. 위반행위 관련 매출액이 없거나 산정이 곤란한 일정한 경우에는 4억 원 이하의 정액 기준을 적용한다(법 제64조의3 제2항).

방통위는 이 사건에서 원고가 인터넷쇼핑몰을 운영하면서 발생한 매출액을 위반행위 관련 매출액으로 보았다. 이에 반해 원고의 매출액 중 원고의 홈페이지를 이용하지 않고 현장판매나 외부판매 등에 의한 매출액은 제외한 것으로 보인다. 원고가 정보통신서비스 제공자로서 수집한 이용자 개인정보는 인터넷쇼핑몰을 이용하는 회원에 관한 개인정보이고 이 개인정보가 유출된 것이 이 사건 행위와 관련된 사실이므로, 관련 매출액을 인터넷쇼핑몰에 한정하여 산정한 것은 타당하다. 다만 위반행위 관련 매출액은 위반행위 관련 서비스에서 발생한 매출액이므로, 위반행위 관련 서비스의 범위가 명확히 특정될 필요가 있다. 인터넷쇼핑몰을 운영하면서 발생하는 매출 중에는 인터넷쇼핑몰을 이용하는 회원에 의하여 발생하는 거래 매출도 있고 인터넷쇼핑몰을 이용하는 회원을 대상으로 광고하는 광고주에 의하여 발생하는 광고 매출도 있는데, 방통위는 이 두 매출을 구별하지 않고 모두 관련 매출액에 포함하였다. 이는 인터넷쇼핑몰 서비스뿐만 아니라 인터넷 광고 서비스도 위반행위 관련 서비스로 본 것이다.[5)]

법원은 위반행위 관련 매출액에 개인정보의 유출과 관련하여 직접적으로 영향을 받는 서비스의 매출액뿐만 아니라 간접적으로 영향을 받는 서비스의 매출액도 포함되고, 원고의 광고 매출은 원고가 인터넷쇼핑몰을 운영하면서 발생한 것으로 회원의 개인정보와 간접적으로 관련이 있어 보인다는 점을 근거로 하여 방통위의 산정방법이 부당하지 않다고 보았다. 이는 위반행위를 개인정보 유출 행위로 보면서도 '개인정보와의 간접적 관련성'이라는 보다 포괄적인 기준에 의하여 위반행위 관련 서비스로 인정될 수 있는 여지를 인정하는 취지이다. 위반행위 관련 서비스를 이처럼 유연하게 인정할 경우 개인정보를 이용한 서비스를 제공하더라도 개인정보의 정보주체가 당사자가 되는 거래 등 상호작용을 매개로 할 뿐 그로 인하여 직접적인 매출을 얻지는 않고 이용사업자로부터 얻는 수수료 또는 이용자 네트워크를 기반으로 한 광고 매출에 의존하는 온라인 플랫폼 사업자의 경우에도 위반행위 관련 매출액이 폭넓게 인정될 가능성이 있다.

---

5) 인터넷쇼핑몰 서비스와 인터넷 광고 서비스는 경쟁법상 관련시장 획정 방법론에 의할 때, 동일한 관련시장에 속한다고 보기 어렵다. 오픈마켓 운영시장과 종합쇼핑몰 시장, 오픈마켓 운영시장과 포털사이트 등 광고시장을 하나의 관련시장으로 볼 수 없다고 판단된 공정거래 사건으로 이베이지마켓 사건을 들 수 있다(대법원 2011. 6. 10. 선고 2008두16322 판결 및 그 원심판결인 서울고등법원 2008. 8. 20. 선고 2008누2851 판결).

III. 판결의 의의

구 정보통신망법 제64조의3은 2020. 2. 24. 법 개정으로 삭제되고 유사한 조항이 개인정보 보호법에 제39조의15로 신설되었다. 따라서 개인정보 보호조치 위반행위가 개인정보 유출등 사실이 발생한 상황에서 행정적인 결과책임에 따른 과징금 부과 대상이 되고, 유출된 개인정보와 직접 관련되지 않더라도 개인정보가 직, 간접적으로 이용된 서비스에서 발생한 매출액이 과징금 산정의 근거가 되는 제도적 기반은 여전히 유지되고 있다. 대법원이 비록 과징금 부과 여부와 과징금 부과액수 결정에 대하여 행정청의 재량을 인정하고[6] 위반행위 유형에 따라 과징금의 경제적 이익 박탈의 성격과 행정제재로서의 성격의 관계와 비중을 다르게 보고 있지만,[7] 경제적 이익 박탈의 성격이 전혀 없는 과징금은 그 속성상 허용되기 어렵다. 따라서 과징금이 위반행위자가 개인정보 보호법 위반행위로 얻은 경제적 이익[8] 또는 적어도 그 행위로 인한 사회적 피해에 비례하면서 수범자가 위반행위를 할 유인을 억제하는 효과성을 가질 수 있는 과징금이 산정될 수 있도록 그 산정기준을 합리적으로 설계하여 적용하여야 한다. 특히 2021년 9월 정부가 국회에 제출한 개인정보 보호법 개정안은 종전에 위반행위 관련 매출액으로 되어 있던 과징금 부과상한액 기준을 전체 매출액으로 상향하면서 수범자의 범위를 정보통신서비스 제공자등에서 개인정보처리자 전체로 확대하고 있으므로, 합리적인 산정기준의 필요성이 더욱 커지고 있다. 그런 점에서 대상 판결은 개인정보 보호조치 위반행위의 요건 해석과 과징금 산정에 관한 중요한 선례가 될 수 있지만, 그와 동시에 앞으로 풀어가야 할 법적 과제도 남겨놓고 있다.

---

6) 공정거래위원회의 과징금부과처분에 관하여는 대법원 2002. 5. 28. 선고 2000두6121 판결 등 참조.

7) 대법원은 위반행위자의 경제적 이익이 문제되는 부당한 공동행위를 행한 사업자에게 부과되는 과징금에 대해서는 경제적 이익 박탈의 기본적 성격을 강조하면서도(대법원 2002. 5. 28. 선고 2000두6121 판결, 대법원 2008. 9. 25. 선고 2007두3756 판결 등), 위반행위자보다는 상대방 또는 그가 속하는 기업집단의 경제적 이익이 문제되는 부당지원행위를 행한 사업자에게 부과되는 과징금에 대해서는 경제적 제재금의 기본적 성격을 강조한다(대법원 2004. 4. 9. 선고 2001두6197 판결 등).

8) 이와 관련하여 법원은 '개인정보의 보유를 통하여 얻은 이익을 박탈함'이라는 표현을 사용하고 있는데, 위반행위를 하였다고 하여 과징금에 의하여 위반행위와 관계없이 얻을 수 있는 개인정보 보유를 통한 이익을 박탈하는 것이 정당화될 수 있는지는 의문이다.

060 개인용 PC가 구 정보통신망법[1]상 보호조치 대상이 되는지 여부

- 빗썸 해킹 사건 -

서울동부지방법원 2020. 2. 12. 선고 2019고단1838 판결

이영상(법무법인(유한) 율촌 변호사)

I. 판결의 개요

1. 사안의 개요

가. 사실관계[2]

2017. 4.경 성명불상자는 악성프로그램이 숨겨진 '이력서.hwp' 파일이 첨부된 스피어피싱 이메일을 빗썸의 실질적인 운영자인 피고인 A에게 발송하였고, 성명불상자는 이러한 방법으로 피고인 A의 개인 PC를 점거하였다. 피고인 A의 개인 PC를 점거한 성명불상자는 피고인 A의 개인 PC에 저장되어 있던 고객의 개인정보(성명 · 전화번호 · 이메일 · 암호화폐 거래내역) 약 3만 1천 건을 유출하였다.

성명불상자는 2017. 5. ~ 10. 사전대입공격(생년월일 · 전화번호 등 ID/PW로 사용될 가능성이 있는 단어를 사전과 같이 체계화하여 순차입력 · 탐지하는 해킹수법) 등으로 빗썸 고객 계정에 침입하여 암호화폐 거래정보 등을 확보하였다. 성명불상자는 피해 고객에게 빗썸 고객센터를 사칭하여 전화를 걸어 확보한 인증번호 등을 이용하여, 200여 회에 걸쳐 고객이 보유한 암호화폐 약 70억 원을 탈취하였다.

1) 「정보통신망 이용촉진 및 정보보호 등에 관한 법률」을 이하 줄여서 '구 정보통신망법'으로 칭한다. 한편, 본 사안에서 인용된 구 정보통신망법 관련 조문들은 동법 2020. 2. 4. 법률 제16955호 개정 시 「개인정보 보호법」으로 이관되어 현재는 「개인정보 보호법」 및 그 하위 법령에서 동일한 사항을 규정하고 있으며, 이하의 논의는 개정 전을 전제한다.

2) 서울동부지방검찰청 2019. 6. 18.자 보도자료 참조.

나. 소송경과

1) 공소의 제기(2019. 6. 18. 정보통신서비스 제공자의 운영자 A 불구속기소)[3]

주식회사 빗썸코리아는 전자화폐 환전 및 중개업 등을 목적으로 설립된 법인으로 암호화폐 중개 웹사이트 빗썸을 운영하는 정보통신서비스 제공자이고, 피고인 A는 위 회사의 전 감사 겸 대주주로서 2017. 1.경부터 회사의 업무 전반을 총괄하며 운영하였다.

정보통신서비스 제공자는 악성 프로그램 등을 방지·치료할 수 있는 백신 소프트웨어 등 보안 프로그램을 설치·운영하여야 하고, 보안프로그램 자동 업데이트 기능을 사용하거나 일 1회 이상 업데이트하여 최신 상태를 유지하고, 악성프로그램 관련 정보가 발령된 경우 또는 사용 중인 응용 프로그램이나 운영체제 소프트웨어 제작업체에서 보안 업데이트 공지가 있는 경우, 즉시 업데이트를 실시하여야 함에도 피고인 A는 피고인의 컴퓨터에 설치된 '한글' 프로그램을 업데이트 하거나 백신소프트웨어를 설치하거나 업데이트 한 사실이 없어 개인정보 보호조치 의무를 위반하였다(구 정보통신망법 제28조 제1항 제4, 5호).

정보통신서비스 제공자는 정보통신망을 통한 불법적인 접근 및 침해사고 방지를 위해 개인정보처리시스템에 대한 접속 권한을 IP주소 등으로 제한하여 인가받지 않은 접근을 제한하고, 개인정보처리시스템에 접속한 IP주소 등을 재분석하여 불법 개인정보유출 시도를 탐지하는 시스템을 설치·운영하여야 한다. 그리고 접근 제한 기능 및 유출 탐지기능을 충족하기 위해서는 단순히 시스템을 설치하는 것만으로는 부족하고, 신규 위협 대응 및 정책 관리를 위하여 접근 제한 정책 및 유출 탐지 정책을 설정하고 신규 취약점 또는 침해사고 발생 시 보안 업데이트를 적용하는 등으로 운영·관리하여야 한다. 동일 IP, 해외 IP 주소에서의 과도한 또는 비정상적인 접속시도 탐지 및 차단 조치, 개인정보처리시스템에서 과도한 또는 비정상적인 트래픽 발생 시 탐지 및 차단 조치 등을 통해 인가받지 않은 접근을 제한하거나 인가자의 비정상적인 행동에 대응하여야 하고, 로그 등의 대조 또는 분석을 통하여 이상 행위를 탐지 또는 차단하여야 한다.

또한 정보통신서비스 제공자는 개인정보의 유출 등 사실을 안 때에는 지체 없이 유출된 개인정보 항목, 발생 시점, 대응 조치 등을 이용자에게 알리고 방송통신위원회 또는 한국인터넷진흥원에 신고하여야 하고, 개인정보의 유출 등에 대한 대책을 마련하고 피해를 최소화할 수 있는 조치를 강구하여야 한다.

---

3) 서울동부지방법원 2020. 2. 12. 선고 2019고단1838 판결문 '범죄사실' 인용.

그럼에도 피고인 A는 개인정보 분실·도난·유출·위조·변조 또는 훼손을 방지하고 개인정보의 안전성을 확보하기 위하여 개인정보에 대한 불법적인 접근을 차단하기 위한 침입차단시스템 등 접근 통제장치의 설치·운영의 기술적·관리적 조치를 취하여야 했음에도 이를 제대로 지키지 아니하여 개인정보의 보호조치의무를 위반하였다(구 정보통신망법 제28조 제1항 제2호).

이처럼 피고인 A는 개인정보 보호조치 의무를 위반함으로써 빗썸 이용자의 개인정보가 유출되게 하였다(구 정보통신망법 제73조 제1호).

2) 제1심 법원 판결(서울동부지방법원 2020. 2. 12. 선고 2019고단1838 판결[4])

(스피어피싱 관련) 개인용 PC를 업무에 사용하였으면 업무용 PC가 되는 것이고, 피고인 A는 그의 PC를 업무에 사용하였으므로 요구되는 보호조치를 하여야 함에도 이를 하지 않았다. 구 정보통신망법 제28조 제1항의 '정보통신서비스 제공자등'은 관념적으로 존재할 뿐이며, 양벌규정에 따라 실제 처벌대상이 되는 행위자로서 직원은 '업무에 관여한 위반행위'를 한 것이면 직급에 관계없이 모두 처벌대상이 되는 것이지 같은 법 제27조 제1, 2항의 '개인정보 보호책임자', '사업주', '대표자' 등으로 한정할 것은 아니다.

(사전대입공격 관련) 사전대입공격에 대한 빗썸의 캡차 기능, P처리 정책, 다계정 접속 차단 정책이 시행된 것은 인정되나 해당 조치들이 제대로 작동하지 않거나, 부실하여 보호조치가 미흡한 점도 인정된다. 피고인 A는 개인정보 보호책임자가 지정되지 않은 상황에서 실질적인 '사업주' 또는 '대표자'로서 개인정보 보호책임자로서 역할을 하였으므로, 피고인 A의 법 위반행위가 인정된다.

2. 판결의 요지

가. 개인용 PC가 구 정보통신망법상 보호조치 대상이 되는지 여부

구 정보통신망법상 보호조치가 요구되는 대상은 개인용과 회사 업무용으로 구분되지 않으며, 개인용 PC를 업무에 사용한 이상 해당 PC는 업무용 PC가 되는 것이다. 피고인 A는 회사 외부에서 개인적으로 사용하는 PC는 구 정보통신망법이 정하는 보호조치가 요구되지 않는다고 주장하나 피고인 A는 그의 PC를 업무에 사용한 사실이 인정되므로 구 정보통신망법상 요구되는 보호조치를 해야 한다.

4) 현재 서울동부지방법원 2020노343호 사건으로 계속 중.

나. 정보통신방법 제28조 제1항 위반의 실행위자(개인) 처벌 대상 여부

구 정보통신망법 제28조 제1항은 처벌대상을 행위자 개인으로 규정한 것이 아니라 '정보통신서비스 제공자등'이라고 하여 사업자로 규정하고 있다. 사업자가 회사인 경우 관념적으로 존재할 뿐이므로, 의무위반행위에 관여한 직원이 있을 수밖에 없고 양벌규정에 의하여 그 직원도 처벌대상이 되는 것이며, 그 직원은 양벌규정이 규정한대로 '업무에 관하여 위반행위'를 한 것이면 직급에 관계없이 모두 처벌대상이 되는 것이지 '개인정보 보호책임자', '사업주', '대표자' 등으로 한정할 것은 아니다. 따라서 피고인 A는 직책과 무관하게 회사의 사용인 지위에서 업무상 행위 중 구 정보통신망법이 요구하는 조치를 하지 않아 개인정보를 유출한 것이어서 책임을 피할 수 없다.

다. 구 정보통신망법상 '개인정보 보호책임자'

개인정보 보호법은 개인정보 보호책임자가 지정되지 않은 경우 '사업주' 또는 '대표자'에게 개인정보 보호책임자의 역할을 부과하므로 당시의 '사업주' 또는 '대표자'가 구체적인 행위위반자가 되는 것이다. 판단기준은 다른 법률에서와 마찬가지로 실질적으로 '사업주' 또는 '대표자' 역할을 하였는지 여부로 판단하여야 한다.

이 사건의 경우 당시 P가 사내이사로 등기되어 형식적 대표자이었으나, 개인적인 사유로 대표자 업무에서 이탈하였고, 피고인 A가 대주주로서 회사업무를 전반적으로 관리하며 실질적으로 운영하여 실질 '사업주' 또는 '대표자' 역할을 한 것으로 인정된다.

II. 해설

해설에 앞서 구 정보통신망법 제28조 제1항 위반의 실행위자인 개인의 처벌 문제는 다른 법률에서도 사업자를 의무 부과 대상으로 삼는 경우에는 양벌규정을 근거로 실행위자를 처벌할 수 있다는 것이 확립된 이론이므로 추가 논의를 생략한다. 그리고 구 정보통신망법 제27조 제2항은 개인정보 보호책임자의 지정이 없는 경우, 그 사업주 또는 대표자에게 개인정보 보호책임자의 역할을 부과하고, 실질 사업주 또는 대표자로서 이에 해당하는지 여부는 사실관계 판단의 문제이므로 생략한다. 이하는 개인용 PC가 구 정보통신망법상 보호조치 대상이 되는지 여부를 중심으로 논의를 전개하도록 한다.

1. 쟁점의 정리 - 개인용 PC가 구 정보통신망법상 보호조치 대상이 되는지 여부

① 피고인 A가 회사 외부에서 개인적으로 사용하는 PC에도 구 정보통신망법이 정하는 보호조치가 필요한지 여부, 그리고 ② 피고인 A가 직원에게 개인정보가 담긴 파일의 작성을 지시하지도 않았고, 해당 파일을 열기 전까지 개인정보가 담긴 것을 몰랐다는 사정이 피고인이 암호화 등 조치를 하지 않은 것에 영향을 미치는지 여부 등이 문제된다.

대상 판결은 빗썸의 사업 형태가 ① 회원들이 신뢰하고 온라인 거래를 하여 이로부터 발생하는 수수료 등이 주된 수익인 점, ② 회원들의 자산은 전부 인터넷 가상 공간에서 관리가 되는 점, ③ 해커들의 표적이 되기 쉬운 점 등을 종합할 때, 개인정보를 처리하는 업무를 하는 PC인 이상 개인용 PC인지 업무용 PC인지 불문하고 법상 요구되는 보호조치를 모두 하여야 한다고 보았다.

2. 관련 판례

가. 대법원 2018. 12. 27. 선고 2017도15226 판결

구 정보통신망법 제49조 위반 행위의 객체인 '정보통신망에 의해 처리 · 보관 또는 전송되는 타인의 비밀'에는 정보통신망으로 실시간 처리 · 전송 중인 비밀, 나아가 정보통신망으로 처리 · 전송이 완료되어 원격지 서버에 저장 · 보관된 것으로 통신기능을 이용한 처리 · 전송을 거쳐야만 열람 · 검색이 가능한 비밀이 포함됨은 당연하다. 그러나 이에 한정되는 것은 아니다. 정보통신망으로 처리 · 전송이 완료된 다음 사용자의 개인용 컴퓨터(PC)에 저장 · 보관되어 있더라도, 그 처리 · 전송과 저장 · 보관이 서로 밀접하게 연계됨으로써 정보통신망과 관련된 컴퓨터 프로그램을 활용해서만 열람 · 검색이 가능한 경우 등 정보통신체제 내에서 저장 · 보관 중인 것으로 볼 수 있는 비밀도 여기서 말하는 '타인의 비밀'에 포함된다고 보아야 한다. 이러한 결론은 구 정보통신망법 제49조의 문언, 구 정보통신망법상 정보통신망의 개념, 구성요소와 기능, 구 정보통신망법의 입법목적 등에 비추어 도출할 수 있다.

나. 대법원 2018. 12. 28. 선고 2017다207994 판결(KT 고객정보 해킹 사건)

방송통신위원회가 마련한 「개인정보의 기술적 · 관리적 보호조치 기준」(방송통신위원회 고시 제2011-1호, 이하 '이 사건 고시'라고 한다)은 해킹 등 침해사고 당시의 기술 수준 등을 고려

하여 정보통신서비스 제공자가 구 정보통신망법 제28조 제1항 등에 따라 하여야 할 기술적·관리적 보호조치의 구체적 기준을 정하고 있다. 그러므로 정보통신서비스 제공자가 이 사건 고시에서 정하고 있는 기술적·관리적 보호조치를 다하였다면, 특별한 사정이 없는 한 정보통신서비스 제공자가 개인정보의 안전성 확보에 필요한 보호조치를 취하여야 할 법률상 또는 계약상 의무를 위반하였다고 보기는 어렵다.

이 사건 고시 제6조 제3항에 의하면, 정보통신서비스 제공자 등은 정보통신망을 통해 이용자의 개인정보 등을 송·수신할 때에는 안전한 보안서버 구축 등의 조치를 통해 이를 암호화하여야 한다. 피고는 N－STEP 시스템을 통해 대리점 컴퓨터에 고객정보를 전송함에 있어 두 가지 방식(IPSec 방식과 3－DES 방식)으로 이를 암호화하여 전송하였다. 다만 대리점의 VPN(가상사설망) 장비를 거친 후 대리점 컴퓨터에 이르는 구간에서 여러 고객정보 중 '실사용자의 주민등록번호'가 암호화되지 않은 상태로 노출된 것으로 보이지만, 피고의 고객정보를 유출한 소외 2가 이를 확인한 곳은 대리점 PC의 내부 영역이므로 위 규정에 따라 암호화가 요구되는 영역이 아니다. 그러므로 피고가 위 고시 규정을 위반하였다고 보기 어렵다.

3. 검토

가. 위 대법원 2018. 12. 27. 선고 2017도15226 판결은 "정보통신망으로 처리·전송이 완료된 다음 사용자의 개인용 컴퓨터(PC)에 저장·보관되어 있더라도, 그 처리·전송과 저장·보관이 서로 밀접하게 연계됨으로써 정보통신망과 관련된 컴퓨터 프로그램을 활용해서만 열람·검색이 가능한 경우 등 정보통신체제 내에서 저장·보관 중인 것으로 볼 수 있는 비밀도 여기서 말하는 '타인의 비밀'에 포함된다고 보아야 한다"고 판시하며 저장 장치와 무관하게 정보통신체제 내에서 저장·보관 중인 것으로 볼 수 있는 이상 '타인의 비밀'에 포함된다고 보았다.

비록 개인정보의 보호조치에 관한 판례가 아닌 타인의 비밀에 관한 판례이지만, 위 판례 역시 개인용 PC에 담긴 정보도 구 정보통신망법상 보호의 대상이 된다는 전제에서, 개인용 PC에 저장·보관된 타인의 비밀일지라도 정보통신체제 내에서 저장·보관 중인 타인의 비밀에도 해당된다고 보았다. 이는 대상 판결에서 개인용 PC가 보호조치 대상에 해당하는지 여부를 판단할 때, 정보의 저장위치라는 형식적인 판단기준보다 구 정보통신망법상 개인정보인지 여부라는 실질적 기준으로 판단한 것과 맥락을 같이 한다.

나. 대법원 2018. 12. 28. 선고 2017다207994 판결은 「개인정보의 기술적·관리적 보호조치 기준」에서 정하고 있는 기술적·관리적 보호조치를 다하였다면, 특별한 사징이 없는 한

정보통신서비스 제공자가 구 정보통신망법 제28조 제1항이 규정한 개인정보의 안전성 확보에 필요한 보호조치를 취하여야 할 법률상 또는 계약상 의무를 위반하였다고 보기는 어렵다는 기준을 제시하였다. 그리고 대리점 컴퓨터에 이르는 구간에서 여러 고객정보 중 '실사용자의 주민등록번호'가 암호화되지 않은 상태로 노출된 것으로 보이지만, 피고의 고객정보를 유출한 소외 2가 이를 확인한 곳은 대리점 PC의 내부 영역이므로 위 규정에 따라 암호화가 요구되는 영역이 아니라고 보았다.

위 대법원 판결은 표면적으로는 업무용으로 이용되는 대리점 PC임에도 불구하고 그 내부 영역에 있는 정보의 경우 암호화가 요구되는 영역이 아니라고 보아 대상 판결과 다른 취지의 판단을 한 것으로 보이기도 한다. 그러나 대상 판결과 위 대법원 판결의 핵심적인 차이는 대상 판결의 경우 본사의 통상적 업무 수행 과정에서 본사의 실질적 지배·관리 대상이 되는 사람이 개인용 PC를 사용한 것에 반해, 위 대법원 판결은 대리점의 업무에 관하여 본사와 완전히 분리되어 본사의 실질적 지배·관리 대상이 되지 않는 대리점의 PC의 내부 영역에 있는 정보의 암호화 여부에 관한 것이라는 점이다. 결국 대상 판결 및 위 대법원 판결 모두 ① 본인의 업무인지, 그리고 ② 본인의 실질적 지배·관리 대상인지라는 일반적인 자기책임의 원리에 따라 판단한 것으로 보인다.

III. 판결의 의의

개인정보 보호 영역의 흐름은 크게 정보제공자의 권리 보호와 정보 이용자들의 편의의 대결의 역사였다. 개인정보 이용자들은 개인정보의 제공을 전제로 개인정보 제공자들에게 서비스를 제공하여왔음에도 개인정보에 대한 관리에는 미흡한 점이 많이 있었다. 지금까지 수차례에 걸쳐 개인정보 유출 사고가 있었음에도 개인정보를 수집한 주체가 민·형사상 책임을 진 경우는 많지 않았다.

이러한 측면에서 대상 판결은 크게 ① 구 정보통신망법상 보호조치가 요구되는 대상은 개인정보를 업무적으로 처리하는지 여부에 따라 판단하여야 하며, ② 구 정보통신망법상 '업무에 관하여 위반행위'를 한 것이면 직급에 관계없이 모두 처벌대상이 되고, ③ 개인정보 보호책임자가 따로 지정되어 있지 않으면 그 역할은 당시의 '사업주' 또는 '대표자'가 지게 되며, '사업주' 또는 '대표자'의 판단 기준은 실질적으로 '사업주' 또는 '대표자' 역할을 하였는지에 따라 판단된다는 점을 제시하여 개인정보를 수집하고 활용하는 정보통신서비스 제공자

들의 책임기준을 마련하였다는 점에 의의가 있다.

4차 산업 발전의 영향으로 정보통신서비스 제공회사가 수집하는 개인정보에는 개인의 건강, 신용, 금융, 위치정보, 연락처 등 개인의 일반 생활 전반에 관한 정보가 모두 포함되어있다는 점에서 그 어느 때보다 개인정보 보호의 필요성이 중요하다. 이에 개인정보를 다루는 사람은 개인정보의 보호를 위하여 최대한의 노력을 하여야 할 것이다.

특히 코로나 19로 인하여 재택근무가 늘어 개인용 PC로 업무를 하는 사람 역시 늘고 있다. 이에 각 회사는 재택근무를 하는 직원의 개인용 PC에 법상 필요한 보호조치가 완비되어 있는지 확인을 하여야 할 것이다. 이러한 점에서 대상 판결은 ① 회사의 통상적인 업무 수행 중에, ② 회사의 실질적인 지배·관리에 있는 사람이 개인용 PC를 사용하는 경우, ③ 개인용 PC에도 회사가 경제적·기술적 여건상 제공할 수 있는 최대한의 구 정보통신망법상 보호조치가 필요하다고 판시하며 정보통신서비스 제공자가 따라야 할 원칙과 그 책임의 한계를 제시하였다는 데에 의의가 있다. 대상 판결은 정보통신서비스 제공자의 형사책임의 기준을 제시하면서도, 제시한 기준을 따르면 형사책임을 면할 가능성을 내비치고 있다는 측면에서 대법원에서 이러한 기준이 확정된다면 우리나라 개인정보 보호에 관한 선구적인 판례가 될 것으로 보인다.

061

N-STEP 대법원 판결 이유의 3가지 문제점

- ㈜KT N-STEP 고객정보 유출 사건 -

대법원 2018. 12. 28. 선고 2017다207994 판결

오현석(서울중앙지방법원 부장판사)

I. 판결의 개요

1. 사안의 개요

가. 사실관계

최○○ 등은 피고(주식회사 케이티)의 고객정보를 저장한 데이터베이스에 해킹프로그램을 이용하여 침입하여, 2012. 2. 20.부터 2012. 7. 13.까지 피고의 고객들의 개인정보(주민등록번호, 휴대전화번호, 주소 등) 1,000만 건 이상을 취득·유출하였다.

피해자 중 341명이 피고를 상대로 하여 정보유출사고로 개인정보통제에 관한 인격권이 침해되었다고 주장하면서 위자료로 각 50만 원의 지급을 구하는 소를 제기한 사안에서는 1, 2심을 거쳐 상고심의 대상 판결로써 마무리되었다.

또 다른 피해자 100명이 피고를 상대로 하여 마찬가지의 취지로 위자료 각 50만 원의 지급을 구하는 소를 제기한 사안은 1, 2심을 거치고 쌍둥이 대법원 판결 등이 있었다.

나. 소송경과

1) 제1심

각 1심 판결은 원고들 일부 승소였고 인용액은 원고당 10만 원씩이다.

2) 제2심

대상 판결의 원심인 서울고법 2014나2032746 판결은 피고가 법령을 위반하였거나 피고의 주의의무 위반으로 인하여 정보유출사고가 발생한 것으로 볼 수 없다고 판단하였다. 다음의 ①부터 ④까지 모두 부정하였고, 1심 판결을 파기하고 원고들 청구를 모두 기각하였다.

① 별도 인증서버를 두는 대신 중개 서버나 데이터베이스 서버 자체에는 인증절차를 두지 않은 피고의 접근통제시스템 자체가 불완전하다고 볼 수 없음.
② 피고가 퇴직자의 개인정보처리시스템에 대한 접근권한을 말소하지 않았다거나, 그로 인하여 이 사건 정보유출사고가 발생했다고 볼 수 없음.
③ 피고가 개인정보처리시스템의 개인정보 처리 내역 등에 관한 확인·감독을 게을리하였다고 보기 어려움.
④ 피고가 개인정보 등 송수신시 암호화 의무를 위반하였다고 볼 수 없음.

부연하면, ② 항목에서, 피고는 N－STEP 포털 및 AUT 서버에만 접속권한의 인증절차를 두고 ESB 서버 이후에는 접속권한의 인증절차를 두고 있지 않았고, 퇴직자의 N－STEP 계정을 AUT 서버에서 인증할 수 없도록 말소한 점, ESB 서버에 전송하는 데이터에 퇴직자의 계정 외에 임의의 숫자를 넣었더라도 ESB 서버와의 통신이 가능해 최○○이 그 이전에 이미 인증서버를 우회하는 방법을 찾아낸 사실에 비추어 보면 피고가 위 계정을 말소하였는지 여부는 이 사건 정보유출사고 발생과 인과관계도 인정하기 어려운 점 등을 근거로 하였다.

③ 항목에서는, N－STEP 시스템은 N－STEP 포털 및 AUT 서버에서 적법하게 인증을 거친 사용자에 대해서만 ESB 서버에 접근할 수 있도록 순차적인 구조로 설계되어 있었고, 적어도 국내에서는 이 사건 정보유출사고와 같이 인증서버를 우회하는 방식의 해킹이 성공한 적이 없었던 상황에서 피고가 AUT 서버 단계에서 저장된 접속기록을 관리·감독했으니 개인정보처리시스템의 개인정보 처리 내역 등에 관한 확인·감독을 게을리 하였다고 보기 어렵다는 점 등을 근거로 하였다.

한편, 쌍둥이 대법원 판결의 원심은 위 서울고법 판결보다 약 6개월 뒤에 선고한 서울중앙지방법원 2014나70589 판결인데 피고의 법령 위반 및 정보유출사고와의 인과관계를 인정하였다. ②, ③을 달리 본 것이다. 위 ①, ④ 쟁점에 관해서는 대상 판결의 원심과 같은 결론이었지만, 쌍둥이 대법원 판결의 원심은 피고가 ②, ③에서의 그러한 조치를 다하지 않은 탓으로 정보유출사고가 발생하였다고 보아서 피고의 항소를 기각함으로써 원고들 일부승소라는 1심의 결론을 유지하였다. ② 항목에서 피고의 대리점 직원이 퇴직하였음에도 피고가 지체 없이 그의 개인정보처리시스템에 대한 접근권한을 말소하지 아니하여 해커가 그의 N－STEP 사용자 계정을 사용해서 해킹프로그램을 제작할 수 있었다는 점 등을 근거로 하였다. ③ 항목에서 피고가 ESB 서버에 퇴직자의 N－STEP 사용자 계정이 과다하게 전송되고 있는 사실을 파악하지 못하였다는 점 등을 근거로 하였다.

위 사실심 판결들은 법원 홈페이지 통해서 제공요청 가능하다(민사소송법 제163조의2). 종합법률정보와 법원 홈페이지의 전국법원 주요판결 게시판에서는 미등록이라 아쉽다. 반면에 각 대법원 판결은 2019. 2. 15. 판례공보에 싣지 않은 미간행 등급이지만, 선고 당일에 대법원 웹사이트에 게시된 공보관 보도자료가 있어 사건번호로써 쉽게 찾을 수 있을 뿐만 아니라 종합법률정보 등으로 판결이 공개되어 있다.

3) 제3심

논하려는 대법원 판결이 둘인데 그중 상고기각 판결을 대상 판결이라고 하겠다.

대법원 2018. 12. 28. 선고 2017다207994 상고기각 판결이 본 평석의 대상 판결이다. 대법원 제1부로서 대법관 박정화(재판장), 권순일(주심), 이기택, 김선수이다. 원고들 청구를 기각한 2심 판결은 정당하다며 원고들 상고를 기각하였다. 원심은 서울고등법원 2017. 1. 13. 선고 2014나2032746 원고패 판결이다. 1심은 서울중앙지방법원 2014. 8. 22. 선고 2012가합533204 원고일부승 판결이다.[1)]

대상 판결과 쌍둥이라 할 수 있는 상고심 판결이 있으니 대법원 2018. 12. 28. 선고 2017다256910 파기환송 판결이다. 같은 소부가 같은 날 선고하였고 주심 대법관도 같다. 원고들 청구를 일부 인용한 판결이 부당하다며 피고 상고를 인용하여 2심판결을 파기하고 환송한 판결이다. 그 원심은 서울중앙지방법원 2017. 7. 21. 선고 2014나70589 항소기각 판결이다. 1심은 서울중앙지방법원 2014. 12. 5. 선고 2012가단216564 원고일부승 판결이다. 파기환송심은 서울중앙지방법원 2020. 7. 8. 선고 2019나7258 원고패 판결이며 이것이 그대로 확정되었다.[2)]

다. 유사 사건의 사실심 판결들

사안, 쟁점과 피고가 같은 사건들이 많다. 일부나마 경과를 소개하면 다음과 같다:

---

1) 서울고법 제10민사부[판사 김인욱(재판장), 박정기, 김수영] 및 서울중앙지법 제32민사부[판사 이인규(재판장), 김세용, 정혜승]이다. 원고들 소송대리인은 1~3심에서 법무법인 인본 담당변호사 김종규, 정한철, 김호산 등이다. 피고 소송대리인은 1심에서 김·장, 2~3심에서 법무법인(유한) 태평양.

2) 원심 서울중앙지법 제62민사부[판사 함석천(재판장), 김병만, 박혜림] 및 1심 판사 이진화, 그리고 파기환송심 제11-3민사부[판사 김우현(재판장), 허일승, 신한미]이다. 원고들 소송대리인은 1심 변호사 노경희, 김진영이고 2심부터 원고들 소송대리인이 없다. 피고 소송대리인은 1심에서 김·장, 2심부터 법무법인(유한) 태평양.

1 서울중앙지방법원 2014. 8. 22. 선고 2012가합81628 원고일부승 판결이 있고[3] 항소심 서울고등법원 2014나2032739 계속 중이다.
2 서울중앙지방법원 2014. 8. 22. 선고 2012가합108974 판결은 청구를 일부 받아들였으나, 항소심은 서울고등법원 2019. 11. 28. 선고 2014나2032708 청구기각 판결이다(확정).[4]
3 서울중앙지방법원 2015. 10. 6. 선고 2013가단5033204 판결은 청구를 일부 받아들였으나, 항소심은 서울중앙지방법원 2018. 1. 17. 선고 2015나61155 청구기각 판결이다(확정).[5]

한편, 정보유출범들이 받은 처벌은 실형 1년 6개월 또는 징역형의 집행유예 또는 벌금 1,000만 원 등이다(서울중앙지방법원 2012. 10. 26. 선고 2012고단4098, 4147 판결; 2012고단4892; 2012고단6817; 2012고단6821).

2. 대상 판결의 요지

정보통신서비스 제공자가 구 정보통신망법 제28조 제1항 및 정보통신서비스 이용계약에 근거하여 개인정보의 안전성 확보에 필요한 보호조치를 취하여야 할 법률상 또는 계약상 의무를 위반하였는지 여부를 판단할 때에는 해킹 등 침해사고 당시 일반적으로 알려져 있는 정보보안 기술 수준, 정보통신서비스 제공자의 업종과 영업 규모, 정보통신서비스 제공자가 취하고 있던 전체적인 보안조치의 내용, 정보보안조치에 필요한 경제적 비용 및 그 효용의 정도, 해킹기술 수준과 정보보안기술 발전 정도에 따른 피해 발생 회피 가능성, 정보통신서비스 제공자가 수집한 개인정보의 내용과 개인정보 누출로 인하여 이용자가 입게 되는 피해 정도 등의 사정을 종합적으로 고려하여 정보통신서비스 제공자가 침해사고 당시 사회통념상 합리적으로 기대 가능한 정도의 보호조치를 다하였는지 여부를 기준으로 하여야 한다.

한편 구 정보통신망법 시행령(2014. 11. 28. 대통령령 제25789호로 개정되기 전의 것, 이하 '구 정보통신망법 시행령'이라고 한다) 제15조는 제1항 내지 제5항에서 구 정보통신망법 제28조 제1항에 의하여 정보통신서비스 제공자가 취하여야 할 기술적·관리적 조치를 구체적으로 규정하고, 제6항에서 "방송통신위원회는 제1항부터 제5항까지의 규정에 따른 사항과 법 제28조 제1항 제6호에 따른 그 밖에 개인정보의 안전성 확보를 위하여 필요한 보호조치의 구체적인 기준을 정하여 고시하여야 한다."라고 규정하고 있다. 이에 따라 방송통신위원회가 마

3) 제32민사부[판사 이인규(재판장), 김세용, 정혜승].
4) 서울중앙지법 제32민사부[판사 이인규(재판장), 김세용, 정혜승] 및 서울고법 제5민사부[판사 강영수(재판장), 박원철, 윤주탁].
5) 1심 판사 양은상 및 서울중앙지법 제4민사부[판사 송인권(재판장), 김언경, 신시은].

련한 「개인정보의 기술적·관리적 보호조치 기준」(방송통신위원회 고시 제2011-1호, 이하 '이 사건 고시'라고 한다)은 해킹 등 침해사고 당시의 기술 수준 등을 고려하여 정보통신서비스 제공자가 구 정보통신망법 제28조 제1항 등에 따라 하여야 할 기술적·관리적 보호조치의 구체적 기준을 정하고 있다. 그러므로 정보통신서비스 제공자가 이 사건 고시에서 정하고 있는 기술적·관리적 보호조치를 다하였다면, 특별한 사정이 없는 한 정보통신서비스 제공자가 개인정보의 안전성 확보에 필요한 보호조치를 취하여야 할 법률상 또는 계약상 의무를 위반하였다고 보기는 어렵다(대법원 2018. 1. 25. 선고 2015다24904, 24911, 24928, 24935 판결 등 참조).

원심은 다음과 같은 이유를 들어, 피고가 이 사건 고시에서 정한 기술적·관리적 보호조치를 취하지 않았다거나 정보통신서비스 제공자에게 요구되는 개인정보의 안전성 확보에 필요한 기술적·관리적 조치를 취하지 않아 이 사건 정보유출사고가 발생하였다고 보기 어렵다고 판단하였다. (중략) 앞서 본 법리와 기록에 비추어 원심판결 이유를 살펴보면, 원심의 위와 같은 판단에 상고이유 주장과 같이 정보통신망법 제28조 제1항 에 정한 개인정보 보호를 위한 기술적·관리적 보호조치, 위 각 고시 규정의 해석 등에 관한 법리를 오해하거나, 필요한 심리를 다하지 아니한 채 논리와 경험의 법칙에 반하여 자유심증주의의 한계를 벗어나는 등의 잘못이 없다.

II. 해설

1. 쟁점의 정리

대상 판결은 주의의무 위반 여부를 판단하기 위하여 고시 위반 여부를 판단한 원심을 수긍하였는데 그 판단만으로 족한가 여부가 문제된다.

구체적 사실관계를 하나하나 따져서 피고의 주의의무 위반 여부를 판단해야 하는 세부 쟁점들을 나누자면, ① 별도 인증서버를 두는 대신 중개 서버나 데이터베이스 서버 자체에는 인증절차를 두지 않은 피고의 접근통제시스템이 불완전한 것인가, ② 퇴직자의 계정을 말소하는 조치를 게을리했는가, ③ 접속기록을 확인·감독하는 모니터링의 미흡, ④ 암호화 의무 위반 등이다. ②, ③이 주로 문제된다.

2. 검토

가. 법리 제시의 미흡

대상 판결은 상고심의 법리 제시 역할 면에서 미흡하다고 여겨진다. 법률심인 대법원이 판결이유에서 법리를 설명하는 것은 통일적 판단 기준을 일관되게 제시하여야 하는 상고심 판결의 중요한 역할 중 하나이다.

널리 알려져 있듯이, 대법원이 11개월 전인 2018. 1. 선고한 SK컴즈 싸이월드·네이트 판결[6]에서 추가한 판결이유 부분, 즉 2015년 옥션 판결[7]과 구별되는 차이를 드러내는 중요한 단락이 있다. 대상 판결은 그 단락을 그대로 원용하지 않고 빼놓았다.

그 단락은, 고시의 성격을 감안하면 당연한 법리를 제시한 내용이다. 방통위 고시에 없는 행위의무라도, 일반적으로 쉽게 예상할 수 있고 사회통념상으로도 합리적으로 기대 가능한 보호조치를 다하지 아니한 경우에는 위법행위로 평가될 수 있으며, 방조행위와 손해 발생 사이에 상당인과관계가 인정된다면 방조자의 손해배상책임이 있다는 취지의 단락이다.

대상 판결은 11개월 앞선 위 싸이월드 판결을 괄호 안에 참조판결이라고 적시하면서도, 법리의 중요한 부분인 마지막 단락을 빼놓고 그 앞까지만 원용하였다. 이로 인하여 대상 판결의 판결이유는 과거 많은 비판을 불러일으킨 2015년 옥션 판결과 그저 비슷한 듯한 모양새가 되고 말았다. 상고심 법리해석의 일관성과 통일성을 해치는 판결이 되었다.

대상 판결은 위 2018. 1. 판결의 법리를 그대로 원용한 후, 원심 이유의 부적절함(고시에

---

6) 싸이월드 판결은 대법원 2018. 1. 25. 선고 2015다24904, 24911, 24928, 24935 판결이며 대법원 제1부[대법관 김신(재판장), 박상옥, 이기택(주심), 박정화]. 대상 판결은 싸이월드 판결 이유 중에서 법리 선언인 9쪽의 제3의 가. (4)항과 이에 해당하는 구체적 사안 대입 부분인 14쪽의 제3의 다.항을 원용하지 아니하고 제외한 것이다. 싸이월드 판결의 그 (4)항 내용을 원문에서 옮기면 다음과 같다:

(4) 다만 이 사건 고시는 정보통신서비스 제공자가 반드시 준수해야 할 최소한의 기준을 정한 것으로 보는 것이 타당하다. 따라서 정보통신서비스 제공자가 이 사건 고시에서 정하고 있는 기술적·관리적 보호조치를 다하였다고 하더라도, 정보통신서비스 제공자가 마땅히 준수해야 한다고 일반적으로 쉽게 예상할 수 있고 사회통념상으로도 합리적으로 기대 가능한 보호조치를 다하지 아니한 경우에는 위법행위로 평가될 수 있다. 나아가 정보통신서비스 제공자가 이 사건 고시에서 정하고 있는 기술적·관리적 보호조치를 다하였다고 하더라도, 불법행위에 도움을 주지 말아야 할 주의의무를 위반하여 타인의 불법행위를 용이하게 하였고 이러한 방조행위와 불법행위에 의한 피해자의 손해 발생 사이에 상당인과관계가 인정된다면 민법 제760조 제3항에 따른 책임을 면할 수 없다(대법원 2007. 6. 14. 선고 2005다32999 판결 등 참조).

7) 대법원 2015. 2. 12. 선고 2013다43994, 44003 판결이며 대법원 제1부[대법관 이인복(재판장), 김용덕, 고영한(주심), 김소영].

관하여만 판단한 것은 부적절함)을 간단하게라도 짚어 주고 설명했더라면 한결 나았겠다. 좀 더 치밀한 완성도 또는 상세한 설명적 이유 제시가 요구되는 사건이었는데 오히려 설명이 미흡해졌기에, 대상 판결을 높게 평가하기 어렵다. 쌍둥이 대법원 판결도 마찬가지다.

대상 판결의 결론이 상고기각임을 고려해 본다 하더라도 역시 그러하다. 나아가, 쌍둥이 대법원 판결은 원심을 파기환송하는 마당이므로, 고시에 관한 판단만으로 사안의 결론을 내리지 말았어야 할 필요성이 더 높다. '사회통념상 합리적으로 기대 가능한 보호조치' 준수 여부를 본격적으로 판단했어야 하는 필요성이 더 높다는 뜻이다. 나중에 선고된 판결인, 쌍둥이 대법원 판결 이후의 파기환송심(2심) 판결도 그러한 점에서 미흡하였다.

배대헌은, 대상 판결을 2015년 옥션 판결, 2018년 싸이월드 판결과 비교하면 사회통념상 합리적으로 기대 가능한 정도의 보호조치라는 동일한 기준을 정하여 판단하였다고 하였고 2018년 싸이월드 판결보다 다소 후퇴한 판시내용을 담았다고 평한다.[8)]

전승재는, 대상 판결과 쌍둥이 대법원 판결에 대하여 '여전히 방통위 고시에 집착'이라는 소제목 하에 적절한 비판을 시도하였다.[9)] 그러면서도 위 대법원 판결들이 싸이월드 판결보다 '추가된 판시사항'을 인용하지 않은 이유는 추측컨대 상고이유로 다툰 부분만이 심판대상이 되는 상고심의 소송구조 때문일 것이라고 하였다. "사회통념상 합리적으로 기대 가능한 보호조치 준수 여부는 상고심의 심판범위가 아니었(다)."고 하였다. 그러나 수긍하기 어려운 의견이다. 승소/패소의 결론에 영향을 미치고, 상고심 판결의 주문에 영향을 미칠 여지가 있는 쟁점이었기 때문이다.[10)] 한편, 추가된 판시사항이 여전히 유효한 법리라고 이해하여야 한다는 결론이 전승재의 주된 논지로 보이는데, 이는 합당한 논지이다.

---

8) 배대헌, "'명목을 앞세운' 개인정보 보호법의 손해배상책임 규정에 대한 비판적 검토", 『IT와 法연구』, 제19집(경북대학교, 2019. 8.), 72면.

9) 전승재, 『해커 출신 변호사가 해부한 해킹 판결』, 초판(삼일인포마인, 2020), 69면.

10) 전승재, 76면은 쌍둥이 대법원 판결에 대하여 "(설령 이 쟁점이 상고이유로 개진되었다 하더라도 사실심이 아닌 법률심인 상고심에서 심리되기는 어려웠을 것이다)"라고 덧붙였으나, 수긍하기 어려운 문장이다. 상고심이 법률심이라는 차이 내지 한계는 종종 무의미해지는 경우가 있다. 이 사건에서 보더라도 예컨대 쌍둥이 대법원 판결의 원심이 "여기서 더 나아가 ESB 서버에 전송하는 데이터 헤더에 임의로 뽑은 7자리 숫자를 입력해도 정보가 마찬가지로 유출되었을 것이라는 점에 관한 증명은 없는 상태다."라고 판단한 데 대하여, 쌍둥이 대법원 판결은 "최○○로서는 이○○의 ID 대신 N-STEP ID의 규격에 맞게 임의의 7자리 숫자를 입력하였더라도 이 사건 해킹프로그램을 통해 ESB 서버에 접속할 수 있었을 것으로 보인다."라고 판단하였다.

나. 주의의무 세부 쟁점에 관한 논증의 불충분

대상 판결은 치밀한 논증을 제시하여 설득력을 확보한 판결이라고 보기 어렵다. 대상 판결은 고시 위반 여부를 판단하는 데 그친 원심을 추인하는 데 그쳤다. 그 다음 단계로 나아가서 판단했어야 하는 '사회통념상 합리적으로 기대 가능한 보호조치'에 관한 구체적 사실관계에 관하여는 아무런 언급을 하지 아니하였다. 그러한 연유로 인하여 대법원 판결의 권위와 설득력을 확보하기가 어려워진 듯하다. 선고 당일 보도자료를 낼 만큼의 중요한 사안이라고 본 만큼, 싸이월드 판결 법리를 아우르는 완전한 법리 제시가, 그리고 그에 따른 충실한 사실관계 분석·설명이 바람직하였다.

N-STEP 클라이언트 프로그램 중 SsoCipher.dll 파일에 암호화 키를 아스키 문자열로 저장해놓고 있었던 부분은 그것이 설령 고시 위반은 아니라고 할지라도 그 기술적, 관리적 보호조치를 할 주의의무를 위반한 것인지 여부를 판단하여야 하는 중요 쟁점이다.

그리고 예컨대 암호화 키를 클라이언트 내 저장하지 않고 서버에서 그때그때 받아오는 구조를 취하여 해커가 탈취하기 어렵게 한다거나, 설령 클라이언트 내에 암호화 키를 저장하더라도 코드 난독화를 함으로써 알아보기 어렵게 만드는 기술은 상용화되어 있으니 피고가 그러한 기술을 쓰지 않은 것이 동종업계 평균인의 수준에 미달했는지 여부를 좀 더 심리했어야 할 필요가 있었다는 지적이 있다.[11)]

최신·최적의 보안기술로써 개인정보를 제대로 보호하려면 현행 고시의 제한적 열거주의를 포기하고, 대신에 IT 보안기술 관점에서 합목적적 확장 해석이나 열린 규제가 가능하도록 해야 한다는 의견도 경청할 필요가 있다.[12)] 고시는 민사 손해배상책임에 관한 주의의무의 기준인 것은 맞지만, 그러나 그것만이 기준인 것은 아니다.

다. 상당인과관계 인정여부에 관한 설명의 부족

쌍둥이 대법원 판결의 원심은 다음과 같이 지적하였다:

> 무엇보다도, 포털 서버와 AUT 서버만 우회하면 별다른 인증절차를 거칠 필요도 없이 주된 정보 처리 기능을 가진 ESB 서버를 비롯한 다른 서버들에 바로 접속해서 정보를 불법 수집할

11) 전승재·권헌영, "해킹을 방지하지 못한 사업자의 과실책임에 관한 세 번째 대법원 판결에 부쳐", 『법학논총』, 제36권 제3호(한양대학교 법학연구소, 2019. 9.), 122면.

12) 김진환, "데이터 경제시대의 바람직한 개인정보 보호 및 활용 방안", 법률신문 2019. 11. 18. 자 4748호 12면 연구논단.

> 수 있도록 시스템이 설계되었다면, 그것도 임의의 숫자 7개만 입력하면 바로 접속이 가능하도록 시스템이 설계된 것이라면, 이 사건 고시와 같은 구체적인 법령상 주의의무를 따져 물을 필요도 없이 피고는 개인정보 보안을 위한 시스템 설계 자체를 잘못한 주의의무 위반 상태에 있었던 것으로밖에 볼 수 없다.

그 상고심인 쌍둥이 대법원 판결은 다음과 같이 결론만 제시하였다:

> 최○○로서는 퇴직자 이○○의 ID 대신 N-STEP ID의 규격에 맞게 임의의 7자리 숫자를 입력하였더라도 이 사건 해킹프로그램을 통해 ESB 서버에 접속할 수 있었을 것으로 보인다. 따라서 설령 피고가 퇴직자 이○○의 접근권한을 말소하지 않아 위 고시 규정을 위반하였다고 하더라도, 그것과 이 사건 정보유출사고 발생 사이에 상당인과관계를 인정하기 어렵다.

대법원은 결론을 달리 하되, 상세한 이유를 설명하지 아니한 것이다. 대법원 판결이 충실한 논증의 제시 없이 이처럼 결론만 앙상하게 한 문장 써놓는다면 과연 원심의 판사들과 소송대리인들, 당사자들, 국민을 설득하기에 충분하다 할 수 있을까? 상당인과관계를 인정할 것인지 여부에 관하여 분분한 논란을 잠재우기에는 쌍둥이 대법원 판결이 역부족인 듯하다.

III. 판결의 의의

대상 판결은 개인정보 유출 사고에 관한 대법원 판례를 정립해 나가는, 아직 끝나지 아니한 여정의 가운데에서 나올 수 있는 미완성 판결이다. 그에 앞선 2015년 옥션 판결과 2018년 싸이월드 판결과의 관계를 면밀히 검토하여, 통합적이고 성숙된 법리를 밝혀 나가야 하는 과제는 여전히 남아 있다고 할 수 있다.

062 글로벌 인터넷서비스 이용에 있어서 정보공개청구권의 행사

- 구글에 대한 정보공개청구 사건 -

서울고등법원 2017. 2. 16. 선고 2015나2065729 판결[1)]

박지연(법무법인(유한) 태평양 변호사)

I. 판결의 개요

1. 사안의 개요

가. 사실관계

피고는 캘리포니아 주법에 의하여 설립되어 전 세계에 인터넷을 기반으로 한 검색, 유튜브, 지메일 등 서비스를 제공하는 구글 인코퍼레이티드(이하 "구글 Inc")와 온라인 광고상품과 서비스 판매 및 마케팅 사업을 영위하는 국내의 유한회사인 구글코리아이다. 원고들은 구글이 제공하는 이메일(G-mail 또는 기업메일) 등 서비스에 가입한 자들로서, 원고 A, B는 개인적으로 구글 개인 메일 계정을 생성하여 이용하고 있고, 원고 C, D는 구글 기업 메일 서비스를 이용하고 있으며, 원고 E, F는 구글 개인 메일 계정을 생성하여 주로 업무 목적으로 이용하고 있다. 원고들은 피고들에게 구글 계정상 개인정보 등을 제3자에게 제공하였는지 여부 및 제공하였다면 구체적인 제공 내역을 알려줄 것을 요청하였다. 이에 대하여 피고 구글코리아는 아무런 답변을 하지 않았고, 피고 구글 Inc.는 '법률에 의한 경우에만 이용자 정보를 정부기관에 제공하며, 법무팀이 개별 요청을 검토하고 적법한 절차를 거치지 않거나 광범위한 요청은 대부분 거절한다'는 취지의 원론적인 답변을 원고들에게 전자우편을 통하여 통지하였다. 이에 원고들은 다시 원고들 개인정보의 제3자 제공 여부 및 제공 내역 제공요청서를 발송하였으나, 피고들은 이에 대하여 답변하지 않았다.

한편, 구글 서비스 약관상 서비스 제공주체는 구글 Inc., 준거법은 캘리포니아 주법으로 되어 있으며, 위치정보 서비스 약관상 서비스 제공주체는 구글코리아로 명시되어 있다.

---

1) 대법원 2017다219232호로 상고심 계속 중.

나. 소송경과

1) 제1심 판결(서울중앙지방법원 2015. 10. 16. 선고 2014가합38116 판결)

1심 판결은 국제사법 제27조 제1항에 따라 당사자가 선택한 준거법에 의하더라도 소비자들의 상거소가 있는 한국의 강행규정인 「정보통신망 이용촉진 및 정보보호에 관한 법률(이하, "정보통신망법")」 제30조 제2항에 의하여 소비자에게 부여된 정보공개청구권을 박탈할 수 없다고 보아, 원고들 중 구글 개인메일 계정 사용자인 원고 A, B, E, F의 서비스 제공주체인 구글 Inc.에 대한 정보공개청구를 인용하고, 구글 기업메일 계정 사용자인 C, D의 구글 Inc.에 대한 소는 각하였다. 한편, 원고들의 피고 구글코리아에 대한 정보공개청구는 기각하였다.

2) 항소심 판결(서울고등법원 2017. 2. 16. 선고 2015나2065729 판결)

항소심 판결(이하 "대상 판결")도 정보통신망법 제30조 제2항에 의한 정보공개청구권이 준거법 합의에 의하여 박탈될 수 없는 강행규정에 의하여 소비자에게 부여된 권리임을 인정하고, 개인메일 계정을 개설하여 이를 개인적인 목적으로 사용하고 있는 원고 A, B의 구글 Inc.에 대한 정보공개청구를 인용하였다. 그러나, 기업메일 계정을 개설한 원고 C, D 및 개인메일 계정을 개설하였으나 이를 영업목적으로 이용한 E, F는 소비자가 아니라고 판단하고 이들의 구글 Inc.에 대한 소는 각하하였다. 한편, 구글코리아는 위치정보서비스 및 위치기반서비스 제공과 관련하여 정보통신서비스 제공자로 볼 수 있으므로, 모든 원고들에 대하여 정보통신망법 제30조에 따른 정보공개의무가 있다고 판단하고, 원고들의 구글코리아에 대한 정보공개청구를 인용하였다.[2)]

2. 판결의 요지

가. 준거법이 외국법인 계약관계에서 정보공개청구권 인정

정보통신망법 제30조 제2항은 국제사법 제7조의 국제적 강행규정에 해당한다고 볼 수 없다. 다만, 구글 개인메일 계정을 생성하여 이를 개인적 용도로 사용하는 이용자와 구글 Inc. 간에 체결된 계약은 국제사법 제27조 제1항이 정한 소비자계약에 해당하고, 이용자의 정보통신서비스 제공자에 대한 정보공개청구권을 규정한 정보통신망법 제30조는 국제사법 제27조

---

2) 다만, 미국법령상 개인정보 요청사실의 공개가 금지된 것으로 피고가 입증한 해외정보감시법 등에 의한 요청과 관련된 정보에 대해서는 구글 Inc. 및 구글코리아의 정보공개 범위에서 제외하였다.

제1항의 '준거법 선택에 의하더라도 박탈할 수 없는 소비자에게 부여되는 보호에 관한 강행규정'에 해당하므로, 당사자가 선택한 준거법이 외국법이라고 하더라도 국내 강행규정인 정보통신망법 제30조에 의하여 소비자인 이용자에게 부여된 정보공개청구권을 박탈할 수 없다.

나. 위치정보사업자에 대한 정보공개청구권 인정

구글코리아는 부가통신사업 신고, 위치정보서비스 및 위치기반서비스 사업 허가 신청을 하고, 위치정보서비스 및 위치기반서비스 이용약관에도 서비스 제공주체로 표시되어 있으며, 구글서비스 도메인 주소의 등록인으로 표시되어 있는 등 위치정보서비스의 제공주체로 볼 수 있으며, 위치정보서비스 제공자는 정보통신망법상 정보통신서비스 제공자에 해당하므로, 구글코리아는 정보통신망법 제30조에 따라 이용자의 정보공개청구에 따라 본인이 수집·보유하고 있는 이용자의 개인정보와 이를 제3자에게 제공한 현황을 제공할 의무가 있다.

II. 해설

1. 쟁점의 정리 – 정보공개청구권의 적용 범위

가. 준거법 지정에 의한 정보공개청구권 배제 가능성

개정 전 정보통신망법 제30조 제2항[3]은 이용자가 정보통신서비스 제공자에게 개인정보 이용 및 제3자 제공 현황의 열람이나 제공을 요구할 수 있는 권리(이하 "정보공개청구권")를 규정하고 있다. 그런데, 정보통신서비스 제공자인 인터넷서비스 사업자가 외국인이고, 해당 서비스의 이용약관에서 준거법을 외국법으로 정하고 있는 경우, 이러한 준거법 지정에도 불구하고 정보통신망법 제30조가 강행규정으로서 인터넷서비스 이용계약 관계에 적용되어 이용자가 동법상 정보공개청구권을 행사할 수 있는지 문제된다. 특히, 구글을 포함하여 국내에서 널리 이용되고 있는 인터넷 서비스의 제공자 중 상당수가 외국 법인이고 이용약관상 준거법을 외국법으로 정하고 있는 경우가 있으므로, 정보통신망법 제30조가 외국법을 준거법으로 정한 계약관계에도 적용되는 강행규정인지 여부에 따라 국내 인터넷 서비스 이용자에 대한 보호 정도가 달라질 수 있을 것으로 보인다.

---

3) 정보통신망법 제30조 제2항의 이용자의 정보공개청구권은 2020. 2. 4. 개인정보 보호법이 정보통신망법 일부 규정을 흡수하여 개정됨에 따라 정보통신망법에서 삭제되었다.

나. 정보공개청구권 행사의 상대방인 정보통신서비스 제공자의 범위

정보통신망법 제30조는 정보공개청구권 행사의 상대방을 '정보통신서비스 제공자'로 규정하고 있는바, 「위치정보보호의 보호 및 이용 등에 관한 법률(이하 "위치정보법")」상 위치정보사업자 및 위치기반서비스사업자(이하 "위치정보사업자 등")가 위 정보통신망법 제30조의 적용을 받는 정보통신서비스 제공자에 해당한다고 볼 수 있는지 여부가 문제된다. 위치정보사업자 등이 위치정보사업 등을 영위하기 위해서는 개인위치정보 등을 처리하게 되는데, 위치정보법상에는 개인위치정보의 이용 및 제3자 제공 현황에 대한 이용자의 포괄적인 정보공개청구권이 명시되어 있지 않으므로, 위치정보사업자가 정보통신망법상 정보통신서비스 제공자에 해당하는지 여부에 따라 이용자가 위치정보사업자에게 개인정보의 이용 및 제3자 제공 내역에 대한 정보공개청구를 할 수 있는지 여부가 결정된다.

2. 검토

가. 정보통신망법상 이용자의 정보공개청구권

개정 전 정보통신망법 제30조 제2항(이하 "정보통신망법")은 이용자가 정보통신서비스 제공자 등에 대하여 정보통신서비스 제공자 등이 이용자의 개인정보를 이용하거나 제3자에게 제공한 현황 등에 대한 열람이나 제공을 요구할 수 있고 오류가 있는 경우에는 그 정정을 요구할 수 있도록 규정하고 있었다. 이와 같은 정보통신망법상 정보공개청구권은 헌법 제10조 제1문의 일반적 인격권 및 헌법 제17조의 사생활의 비밀과 자유에 의하여 보장되는 개인정보자기결정권의 한 내용으로 법률상 구체화된 권리이다(헌재 2005. 7. 21. 2003헌마282 결정).

나. 준거법이 외국법인 계약관계에서 정보공개청구권 인정 요건

대상 판결의 사안에서 문제된 구글 서비스 이용 약관에는 캘리포니아 주법이 준거법으로 명시되어 있으므로, 원칙적으로 원고들과 구글 서비스의 제공 주체인 구글 Inc.와의 계약관계에는 캘리포니아 주법이 적용될 것이다.[4] 그런데, 국제사법 제7조는 입법 목적에 비추어 준거법에 관계없이 해당 법률관계에 적용되어야 하는 강행규정은 외국법이 준거법으로 지정

4) 거래 당사자의 국적, 주소, 물건 소재지, 행위지, 사실발생지 등에서 외국과 밀접하게 관련되어 있어 국제사법에 의하여 준거법을 결정하여야 하는데(대법원 2008. 1. 31. 선고 200426454 판결), 국제사법 제25조 제1항은 당사자의 준거법 합의의 효력을 인정하고 있으므로, 구글 서비스 이용계약은 준거법 합의에 따라 캘리포니아법이 적용된다.

된 경우에도 적용되는 것으로 규정하고 있으므로, 정보통신망법 제30조 제2항이 이와 같은 국제적 강행규정에 해당한다면 구글 서비스 약관상 준거법 합의에도 불구하고 구글 서비스 이용자들인 원고들이 구글 Inc.에 대하여 동법에 의한 정보공개청구권을 행사할 수 있을 것이다. 이와 관련하여 대상 판결은 정보통신망법에는 당사자가 준거법을 외국법으로 정한 경우에도 정보통신망법을 적용하고자 하는 입법자의 의지가 표현되어 있다고 보기 어려우므로 정보통신망법 제30조 제2항을 국제적 강행법규로 보기 어렵다고 판단하였다.

한편, 국제사법 제27조 제1항에 의하면, (1) 소비자가 (2) 직업 또는 영업활동 외의 목적으로 체결하는 계약이 (3) 소비자의 상대방이 계약체결에 앞서 그 국가에서 광고에 의한 거래의 권유 등 직업 또는 영업활동을 행하거나 그 국가 외의 지역에서 그 국가로 광고에 의한 거래의 권유 등 직업 또는 영업활동을 행하고, 소비자가 그 국가에서 계약체결에 필요한 행위를 한 경우 등에 해당하면, 당사자가 준거법을 선택하더라도 소비자의 상거소가 있는 국가의 강행규정에 의하여 소비자에게 부여되는 보호를 박탈할 수 없는 것으로 규정하고 있다.

대상 판결은 정보통신망법의 규정 내용과 체계 및 위반 시 제재, 개인정보자기결정권의 의미와 취지, 개인정보를 대상으로 한 조사, 수집, 보관, 처리, 이용 등의 행위는 모두 헌법상 권리인 개인정보자기결정권에 대한 제한에 해당한다는 점 등을 고려할 때, 이용자의 정보통신서비스 제공자에 대한 정보공개청구권을 규정한 정보통신망법 제30조 제2항은 국제사법 제27조 제1항이 규정하는 '준거법 선택에 의하더라도 박탈할 수 없는 소비자에게 부여되는 보호에 관한 강행규정'에 해당한다고 보았다. 또한, 구글 Inc.는 국내 이용자를 위한 별도 도메인주소를 운영하면서 한국어 특화 서비스를 제공하고 대한민국을 향하여 구글서비스에 관한 광고를 하는 등 영업활동을 하고 있으므로 '소비자의 상대방이 그 국가 외의 지역에서 그 국가로 광고에 의한 거래의 권유 등 직업 또는 영업활동을 한 경우'에 해당하고, 구글 서비스 이용자가 국내에서 구글 서비스에 가입하여 구글 계정을 생성하는 것은 '소비자가 그 국가에서 계약체결에 필요한 행위를 한 경우'에 해당한다고 보았다.

따라서, 구글 개인메일 계정을 개설하여 이를 개인적 목적으로 사용한 원고 A, B와 구글 Inc.와의 계약은 국제사법 제27조 제1항의 소비자계약에 해당한다고 보아 이들의 구글 Inc.에 대한 정보공개청구권을 인정하였다. 다만, 원고 C, D는 구글 기업메일 계정을 개설하였고, 원고 E, F는 개인메일 계정을 개설하였으나 이를 영업 목적으로 사용하였다는 점에서, 이들과 구글 Inc.간의 계약은 국제사법 제27조 제1항의 소비자계약, 즉 '직업 또는 영업활동 외의 목적으로 체결하는 계약'에 해당하지 않으므로, 원고 C, D, E, F는 정보통신망법에 의하여 부여된 권리를 행사할 수 없다고 판시하였다.

이는 인터넷서비스 이용약관상 준거법이 외국법인 경우 정보통신망법에 의하여 정보공개청구권을 행사할 수 있는 이용자와 이용계약의 범위를 주관적인 서비스 사용목적을 고려하여 결정하는 입장으로 인터넷 서비스 이용자 보호에 미흡한 점이 있다. 개인메일 계정을 영업목적으로 사용한 원고 E, F의 경우, 메일 계정 설정 시 개인 자격에서 이용계약을 체결하였고 기업용 약관이 아닌 개인용 약관의 적용을 받는다는 점에서 보호의 필요성이 크고, 대상 판결의 기준에 의하면 인터넷 서비스 제공자인 구글 Inc.로서는 알기 어려운 이용자의 내부적인 서비스 사용목적까지 고려하여 이용자의 정보공개청구 수용 여부를 결정하여야 하는 불합리한 상황이 발생할 수 있다. 따라서, 인터넷서비스 제공자와 이용자 간 계약이 국제사법 제27조 제1항에서 규정하는 '직업 또는 영업활동 외의 목적으로 체결하는 계약'에 해당하여 이용자가 정보통신망법상 정보공개청구권을 행사할 수 있는지 여부는 외부로 드러나는 객관적인 사항만을 기준으로 판단하는 것이 합리적이다. 따라서 대상 판결의 사안에서 개인메일 계정을 개설하여 영업목적으로 사용한 E, F의 경우에도 정보통신망법상 정보공개청구권을 행사할 수 있다고 보는 것이 타당하다.

다. 정보공개의무를 부담하는 정보통신서비스 제공자의 범위

이용자는 정보공개청구권을 '정보통신서비스 제공자'에 대하여 행사할 수 있는데, 정보통신망법은 정보통신서비스 제공자를 '전기통신사업법 제2조 제8호에 따른 전기통신사업자와 전기통신사업자의 전기통신역무를 이용하여 정보를 제공하거나 정보의 제공을 매개하는 자'로 정의하고 있다(제2조 제1항 제3호). 그런데, 대상 판결은 위치정보 사업자 및 위치기반서비스 사업자는 영리를 목적으로 전기통신사업자의 전기통신역무를 이용하여 위치정보 등의 제공 등을 하는 자이므로, 정보통신서비스 제공자에 해당한다고 판단하였다. 구글코리아가 전기통신사업법에 의하여 부가통신사업신고를 하고, 위치정보법에 따라 위치정보서비스 및 위치기반서비스(이하 "위치정보 서비스 등") 사업 허가 신청을 하였으며, 약관에서 위치정보서비스 등의 제공 주체를 구글코리아로 표시한 이상, 구글코리아는 구글의 위치정보서비스 제공자임과 동시에 정보통신서비스 제공자에 해당하며, 따라서 정보통신망법 제30조 제2항에 따라 원고들에게 구글코리아가 보유하고 있는 개인정보 및 서비스 이용내역을 제공하여야 한다는 것이다.

위치정보사업자 등도 영리를 목적으로 전기통신역무를 이용하여 정보 제공 등을 한다는 점에서 정보통신서비스 제공자로 볼 수 있다는 결론은 타당하다.[5] 다만, 피고 구글코리아는

---

5) 구글코리아는 부가통신사업자로서 '전기통신사업법 제2조 제8호에 따른 전기통신사업자'에 해당하므로, 더

위치정보사업자로서 이용자들의 정보 등을 수집한 것이므로, 피고 구글코리아가 원고들에게 공개 의무를 부담하는 정보도 구글코리아가 보유하고 있는 원고들에 대한 일체의 개인정보 및 서비스 이용내역이 아니라, 위치정보사업자 등의 지위에서 위치정보사업 등을 수행하기 위하여 수집, 보유하고 있는 개인정보 및 서비스 이용내역으로 보는 것이 합리적이다.

라. 정보공개청구에 대하여 취하여야 할 조치

정보통신망법 제30조 제4항은 이용자의 정보공개요청이 있을 경우 정보통신서비스 제공자는 지체없이 '필요한 조치'를 취하여야 한다고 하고 있는데, 대상 판결은 여기서 필요한 조치는 법령에 의하여 비공개 의무가 있는 사항을 제외하고, 수집·보유하고 있는 이용자들이 요청한 개인정보의 이용내역 및 제3자 제공 내역 등을 공개하는 것이라고 판시하였다. 또한 비식별정보도 다른 정보와 쉽게 결합하여 특정 개인을 알아볼 수 있는 경우에는 개인정보에 해당하므로 이용자의 정보공개청구 시 이러한 비식별정보 관련 내역도 제공하여야 한다는 점, 이용자의 개인정보 및 서비스 이용 및 제3자 제공 내역 등에 대하여 분명하게 밝히지 않고 일반적인 개인정보 처리 원칙만을 설명하거나 대시보드 등을 통하여 개인정보 제공 내역의 일부만을 확인할 수 있도록 한 것은 정보통신망법 제30조 제4항에서 정하는 필요한 조치를 다한 것으로 볼 수 없다는 점을 명확히 하였다.

III. 판결의 의의

대상 판결은 인터넷 서비스 이용약관 상 준거법을 외국법으로 정한 경우에도 정보통신망법 제30조 제2항이 이용자에게 부여한 정보공개청구권을 박탈할 수 없다고 하여 동 규정이 국제사법 제27조 제1항에서 정한 강행규정임을 분명히 하고, 위치정보사업자도 정보통신서비스 제공자로서 정보통신망법상 정보공개 의무가 있다는 점을 확인하는 한편, 정보통신서비스 제공자가 이용자의 정보공개청구에 대하여 취하여야 할 필요한 조치의 내용을 명확히 하였다는 점에서 의미가 있다. 다만, 정보통신망법 제30조 제2항이 강행규정인지 여부를 판단함에 있어서 이용자의 주관적인 인터넷 서비스 이용목적을 고려하는 것은 적정하지 않고,

---

나아가 살펴볼 필요도 없이 정보통신망법 제2조 제1항 제3호에서 정하는 정보통신서비스 제공자에 해당한다. 다만, 대상 판결은 구글코리아가 위치정보서비스 이외의 서비스에 대해서는 한국 내 제공주체가 아니므로 구글코리아가 주로 위치정보사업자의 지위에서 이용자의 개인정보를 처리할 것이라는 점을 고려하여, 위치정보사업자가 정보통신서비스 제공자에 해당하는지 여부를 검토한 것으로 생각된다.

정보통신서비스 제공자의 이용자에 대한 정보공개 범위를 정함에 있어서 정보통신서비스 제공자가 어떠한 지위에서 이용자 정보를 수집·이용·제공한 것인지 명확하게 고려하지 않았다는 점에 대해서는 검토가 필요한 것으로 생각된다.

063 개인정보 유출에 관한 위법성 판단구조 및 정신적 손해의 인정 기준
- KB국민카드 개인정보 유출 사건 -

대법원 2018. 12. 28. 선고 2018다214142 판결

이상용(건국대학교 법과대학 부교수)

I. 판결의 개요

1. 사안의 개요

가. 사실관계

신용카드업을 영위하는 피고 1은 2013. 1. 30. 신용정보업을 영위하는 피고 2에게 카드사고분석시스템(Fraud Detection System; FDS) 개발 용역을 발주하였다. 피고 1은 피고 2에게 FDS 개발을 위하여 암호화나 변환 처리가 되어 있지 않은 고객정보를 제공하였고, 피고 2의 직원들은 피고 1이 제공한 장소들(첫 번째 장소인 본사 사옥에서는 피고 1의 직원이 함께 상주하였으나, 두 번째 장소는 그렇지 않았다)에서 위 고객정보를 업무용 컴퓨터에 저장한 다음 그 저장 폴더를 공유하는 방식으로 개발 업무에 활용하였다.

피고 2의 직원 A는 위 FDS 개발 작업을 하던 중 2013. 2.경 및 2013. 6.경 업무용 컴퓨터로부터 자신의 USB 메모리로 원고들을 포함한 피고 1의 고객 약 5,378만 명의 고객정보를 복사한 뒤 대출 중개업에 종사하는 B에게 위 고객정보를 전달하였고, B는 적어도 15차례에 걸쳐 직접 또는 이메일 등을 통하여 다수의 대출 중개업자 등에게 대가를 받고 위 고객정보의 일부를 제공하였다(이하 '이 사건 유출사고'라고 한다). 위와 같이 유출된 고객정보에는 주민등록번호, 휴대전화번호, 이메일 주소, 자택과 직장의 주소 및 전화번호, 직장정보, 주거상황, 소득정보, 결제계좌, 신용한도금액, 신용등급, 거래실적금액, 카드연체금액 등이 포함되어 있었다.

피고 1은 고객정보 유출사고를 인지한 후 2014. 1.경 홈페이지에 사과문을 게재하여 고객들에게 보이스피싱 등에 유의할 것을 당부하였고, 유출정보 조회 서비스를 제공하였으며, 개인정보 피해예상센터를 운영하였고, 카드 위변조 또는 복제 등에 의한 피해 보상을 약속

하였으며, 피고 2가 무료로 제공하는 금융명의보호서비스를 안내하였다.

원고들은 피고 1을 상대로 ① 신용카드이용계약상 개인정보가 유출되지 않도록 선량한 관리자로서의 주의를 기울여야 채무의 불이행으로 인한 책임, ② 고객정보 유출을 방지해야 할 주의의무의 위반으로 인한 민법 제750조의 일반불법행위 책임, ③ 개인정보 처리업무의 수탁자를 개인정보처리자의 직원으로 간주하는 구 개인정보 보호법(2015. 7. 24. 법률 제13423호로 개정되기 전의 것, 이하 '개인정보 보호법'이라고만 한다) 제26조 제6항을 근거로 한 민법 제756조의 사용자책임, ④ 개인정보 보호법 위반으로 인한 동법 제39조의 손해배상책임, ⑤ 구 신용정보법(2015. 3. 11. 법률 제13216호로 개정되기 전의 것) 제43조 제1항, 제4항에 따라 신용정보 처리 위탁자로서 수탁자인 피고 2와 연대하여 부담하는 손해배상책임의 이행을 청구하는 한편, 피고 2를 상대로 민법 제756조의 사용자책임의 이행을 청구하였다.

나. 소송경과

1) 제1심 판결(서울중앙지방법원 2016. 6. 7. 선고 2015가합508261 판결)[1)]

제1심 법원은 원고들의 주장을 받아들여 피고들이 공동하여 각 원고에게 100,000원을 지급할 손해배상책임이 있다고 판단하였다. 즉, 피고 1은 개인정보처리자로서 개인정보 보호를 위하여 준수하여야 할 법령상 의무[2)] 또는 계약상 의무를 위반하여 원고들의 개인정보가 유출되게 하였으므로 민법상 채무불이행책임, 불법행위책임, 사용자책임 및 개인정보 보호법 제39조에 의한 책임이 있고, 피고 2는 피용자 A의 개인정보 유출행위에 관하여 사용자책임이 있다는 것이다. 그리고 이 사건 유출사고에서 유출된 개인정보는 개인의 사생활과 밀

1) 이 사건 유출사고로 인한 다른 피해자들도 피고 1, 2를 상대로 동일한 주장을 하며 별도로 손해배상청구를 하였다. 위 사건의 제1심 판결(서울중앙지방법원 2016. 7. 21. 선고 2014가합554748호 판결), 항소심 판결(서울고등법원 2018. 2. 2. 선고 2016나2057381 판결) 및 상고심 판결(대법원 2019. 1. 31. 선고 2018다221010 판결) 역시 원고들의 주장을 받아들이며 본 평석 대상 사건의 판결들과 같은 취지로 판시한 바 있다.

2) 제1심 법원은 피고 1이 다음과 같은 법령상 의무, 즉 개인정보 보호법 제29조, 동법 시행령 제30조 제1항 제5호를 구체화한 「개인정보 안전성 확보조치 기준」 제9조에 따른 보안프로그램 설치 및 관리·감독의무, 개인정보 보호법 제26조 제1항에 따른 개인정보 처리업무 위탁 시 기술적·관리적 보호조치에 관한 서면약정의무 및 동조 제4항에 따른 수탁자에 대한 교육·감독의무, 개인정보 보호법 제29조, 동법 시행령 제30조 제1항 제3호를 구체화한 「개인정보의 안전성 확보조치 기준」 제7조 제2항의 개인정보 암호화 의무, 구 전자금융거래법(2013. 5. 22. 법률 제11814호로 개정되기 전의 것) 제21조 제2항을 구체화한 「구 전자금융감독규정」(2013. 12. 3. 금융위원회고시 제2013－39호로 개정되기 전의 것, 이하 '전자금융감독규정'이라고만 한다) 제13조 제1항 제10호에 따른 변환하지 않은 이용자 정보의 사용금지의무, 「개인정보 안전성 확보조치 기준」 제6조에 따른 접근통제의무, 「전자금융감독규정」 제13조 제1항 제13호의 이용자정보의 단말기 보관 금지의무 등을 위반하였다고 인정하였다.

접한 관련이 있고 이를 이용한 2차 범죄에 악용될 수 있는 것들로서 이미 제3자에 의해 열람되었거나 앞으로 열람될 가능성이 크므로 사회통념상 원고들에게 개인정보 유출로 인한 정신적 손해가 현실적으로 발생하였다고 인정하였다.

2) 항소심 판결(서울고등법원 2018. 1. 12. 선고 2016나2049021 판결)

피고들은 제1심 판결에 불복하여 항소하면서 다음과 같이 주장하였으나 항소심 법원은 이를 배척하고 피고들의 항소를 기각하였다. 먼저 피고 1은, 개인정보처리자가 부담하는 기술적, 물리적, 관리적 조치의무는 합리적으로 기대할 수 있는 범위 내로 제한되어야 함에도 제1심 법원은 법령상 의무를 잘못 해석하였다면서, 자신은 주의의무를 다하였고, 그렇지 않더라도 이 사건 유출사고로 인한 손해는 A의 범죄행위의 결과일 뿐 피고 1의 행위와는 인과관계가 없다는 제1심에서의 주장을 반복하였다. 피고 2는 이 사건 유출사고는 직무관련성이 없고, 자신은 A의 선임 및 그 사무감독에 상당한 주의를 하였을 뿐만 아니라, 상당한 주의를 하여도 이 사건 유출사고가 발생하였을 것이므로 책임이 없다는 제1심에서의 주장을 반복하였다.

3) 상고심(대법원 2018. 12. 28. 선고 2018다214142 판결) - 대상 판결

피고들은 항소심 판결에 불복하여 상고하였으나, 대법원은 원심법원의 판단을 수긍하며 상고를 기각하였다.

2. 판결의 요지

가. 법령상 의무 위반과 손해배상책임

개인정보처리자 또는 금융기관이 법령의 규정에 의한 의무를 다하지 않은 경우, 이로 인해 개인정보가 유출된 정보주체들에게 대하여 손해배상책임을 부담한다.

나. 개인정보 유출 시 정신적 손해 발생 여부의 판단 방법

개인정보를 처리하는 자가 수집한 개인정보가 정보주체의 의사에 반하여 유출된 경우, 그로 인하여 정보주체에게 위자료로 배상할 만한 정신적 손해가 발생하였는지는, 유출된 개인정보의 종류와 성격이 무엇인지, 개인정보 유출로 정보주체를 식별할 가능성이 발생하였는지, 제3자가 유출된 개인정보를 열람하였는지 또는 제3자의 열람 여부가 밝혀지지 않았다

면 제3자의 열람 가능성이 있었거나 앞으로 열람 가능성이 있는지, 유출된 개인정보가 어느 범위까지 확산되었는지, 개인정보 유출로 추가적인 법익침해 가능성이 발생하였는지, 개인정보를 처리하는 자가 개인정보를 관리해 온 실태와 개인정보가 유출된 구체적인 경위는 어떠한지, 개인정보 유출로 인한 피해 발생 및 확산을 방지하기 위하여 어떠한 조치가 취하여졌는지 등 여러 사정을 종합적으로 고려하여 구체적 사건에 따라 개별적으로 판단하여야 한다.

II. 해설

1. 쟁점의 정리

대상 판결의 사안에서 원고들의 청구들은 피고 1에 대한 계약상 채무불이행 청구를 제외하면 모두 불법행위 책임의 성격을 띤다. 불법행위 책임은 ① 고의·과실에 의한 가해행위, ② 책임능력, ③ 위법성, ④ 가해행위로 인한 손해의 발생을 공통적인 요건으로 한다.[3] 또한 계약상 채무불이행 역시 위법행위이므로 귀책사유의 부존재에 대한 증명책임이 채무자에게 전환되어 있다는 점을 제외하면 이와 유사한 요건으로 되어 있다고 할 수 있다.

위 요건들 가운데 대상 판결의 사안에서 주로 문제되는 것은 위법성과 손해이다. 위 판결의 요지에서 본 것처럼, 대상 판결은 법령상 또는 계약상 의무 위반을 위법성 판단을 위한 핵심 요소로 삼고 있다. 이러한 접근이 갖는 의미는 불법행위에 있어서 위법성 판단의 구조라는 큰 틀 안에서 이해될 필요가 있다. 또한 대상 판결은 개인정보 유출 시 정신적 손해 발생 여부의 판단 방법을 제시하고 있다. 개인정보 유출로 인한 개인정보자기결정권의 침해 자체로 정신적 손해가 있다고 보아야 하는지 여부에 관하여는 첨예한 학설 대립이 있으므로 이에 관한 검토가 필요하다. 나아가 정신적 손해 여부의 판단과 위법성의 판단 사이의 관계도 점검할 필요가 있다.

2. 검토

가. 위법성

1) 위법성의 판단 기준

일반적으로 위법성이란 법질서에 반하는 것을 가리킨다. 법질서에 반한다는 것의 실질이

---

3) 곽윤직, 『채권각론』, 제6판(박영사, 2009), 386면.

무엇인가에 관하여는 권리나 법익에 대한 침해라는 결과에서 위법성을 찾는 결과불법론과 가해행위에서 위법성을 찾는 행위불법론이 대립한다. 그러나 우리나라의 통설은 일본의 판례와 통설의 영향을 받아 침해이익의 종류와 침해행위의 성질을 모두 고려하는 상관관계설(相關關係說)을 취하고 있다.[4)]

우리 민법은 독일 민법과 달리 권리침해를 불법행위의 요건으로 하지 않지만(제750조), 침해이익의 성질은 위법성 판단의 구조에 영향을 미친다. 즉 물권과 같이 배타적으로 할당된 보호영역(할당내용; Zuweisungsgehalt)이 있는 절대적 지배권이 침해되는 경우에는 일응 위법성이 징표되어 가해자가 위법성조각사유를 주장·증명하는 등의 특별한 사정이 없는 한 위법성이 인정된다. 그렇지 않은 경우 위법성은 침해행위와의 상관관계를 고려하여 판단해야 한다.[5)] 판례가 배타적 효력이 없는 채권 침해[6)]나 아직 형성 중의 권리인 조망이익의 침해[7)]로 인한 불법행위의 성부에 있어서 침해행위의 태양을 고려하고 있는 것은 이 때문이다. 한편, 절대적 지배권의 침해가 아닌 경우에도 법률이 특정한 침해행위를 금지하고 있는 경우에는 그러한 침해행위가 있으면 위법성이 징표될 수 있는데, 「부정경쟁방지 및 영업비밀보호에 관한 법률」에 규정된 부정경쟁행위들이 좋은 예이다. 다만 이 경우 이익형량 등을 고려할 때 침해행위가 공서양속에 위반하지 않는다고 판단된다면 위법성이 부정될 수도 있다.[8)]

2) 개인정보 침해의 위법성

고의·과실에 의한 개인정보 유출로 손해가 발행한 경우 위법성의 판단 구조는 어떠할까. 개인정보 유출로 인한 침해이익은 정보주체의 개인정보자기결정권이다. 개인정보자기결정권이란 "자신에 관한 정보가 언제 누구에게 어느 범위까지 알려지고 또 이용되도록 할 것인지를 그 정보주체가 스스로 결정할 수 있는 권리", 즉 "정보주체가 개인정보의 공개와 이용에 관하여 스스로 결정할 권리"로서, 인간의 존엄과 가치 및 행복추구권을 규정한 헌법 제10조 제1문에서 도출되는 일반적 인격권과 헌법 제17조의 사생활의 비밀과 자유에 의하여 보장되는 헌법상 기본권이다.[9)] 이러한 법리는 일반적 인격권에 근거하여 개인정보자기결정권을 인정한 1983년 독일 연방헌법재판소의 '인구조사 판결(Volkszahlungsurteil)'[10)]로부터 많은 영향

4) 김용담 편, 『주석민법 채권각칙 (6)』, 제4판(한국사법행정학회, 2016), 184-185면(이연갑 집필부분); 곽윤직 편, 『민법주해 제18권 채권(11)』(박영사, 2005), 209-210면(이상훈 집필부분).
5) 윤태영, "영업이익의 침해와 위법성", 『민사법학』, 통권 제30호(한국민사법학회, 2005), 98면 이하.
6) 대법원 2003. 3. 14. 선고 2000다32437 판결.
7) 대법원 2004. 9. 13. 선고 2003다64602 판결.
8) 대법원 2001. 7. 13. 선고 98다51091 판결 참조.
9) 헌재 2005. 7. 21. 2003헌마282, 425(병합) 결정; 대법원 2014. 7. 24. 선고 2012다49933 판결.

을 받은 것이다. 개인정보자기결정권은 기본권으로서 원칙적으로 국가에 대한 주관적 공권의 성격을 갖지만, 사법상의 일반조항의 내용을 형성하고 그 해석기준이 됨으로써 간접적으로 사법관계에도 효력을 미치게 되며, 사법상 인격권의 형태로 구체화된다.[11]

인격권은 물권, 지적재산권과 함께 전형적인 지배권의 하나이지만,[12] 그럼에도 불구하고 인격권은 보호범위가 넓고 법적으로 보호받을 구체적인 내용을 정하기가 어렵기 때문에 그 침해로부터 바로 위법성이 추정되지는 않는다.[13] 개인정보자기결정권의 경우에도 마찬가지이다. 개인정보에 대한 지배권적 보호는 20세기 후반에 프라이버시가 '영역' 개념에서 '정보' 개념으로 전환되고, 유럽을 중심으로 하여 '정보'가 종래 생명, 신체, 정조 등 중대한 법익과 결부되어 사용되어 오던 '자기결정권'과 개념적으로 결합한 결과로서 비로소 탄생하였다.[14] 독일 연방헌법재판소의 '인구조사 판결'은 개인정보자기결정권의 근거를 개인의 자기결정과 인격발현의 기회를 보장하고 공공복리를 증진하기 위한 수단이라는 점에서 찾으면서, 개인정보자기결정권은 무제한적으로 보장되는 것이 아니라 우월한 공익이 있다면 헌법에 의거한 법적 근거에 따라 제한될 수 있다고 보았다.[15] 대법원은 정보주체의 동의 없이 개인정보를 공개함으로써 침해되는 인격적 법익과 정보주체의 동의 없이 자유롭게 개인정보를 공개하는 표현행위로서 보호받을 수 있는 법적 이익이 하나의 법률관계를 둘러싸고 충돌하는 경우 개인정보 수집의 목적 · 절차 · 이용형태의 상당성, 개인정보 이용의 필요성, 개인정보 이용으로 인해 침해되는 이익의 성질 및 내용 등 여러 사정을 종합적으로 고려한 이익형량의 결과에 따라 개인정보 공개행위의 위법성 여부를 판단하여야 한다고 판시하였다.[16] 즉, 개인정보자기결정권은 절대적 지배권인 인격권에 해당하지만, 그 침해가 바로 위법성을 징표하지는 않

10) BVerfG, Urteil v. 15. Dezember 1983, Az. 1 BvR 209, 269, 362, 420, 440, 484/83.

11) 대법원 2011. 9. 2. 선고 2008다42430 전원합의체 판결 참조.

12) 곽윤직 · 김재형, 『민법총칙』, 제9판(박영사, 2013), 64면.

13) 양창수, "불법행위법의 변천과 가능성: 그 제도 목적과 관련하여", 『민법연구 제3권』(박영사, 1995), 331−332면; 김용담 편, 『주석민법 채권각칙 (6)』, 제4판(한국사법행정학회, 2016), 397면(김재형 집필부분).

14) 권영준, "데이터 귀속 · 보호 · 거래에 관한 법리 체계와 방향", 비교사법 제28권 제1호, 한국비교사법학회, 2021, 7−8면. 위 견해는 개인정보자기결정권이 그 모체이자 보호가치가 더 높은 프라이버시보다 더욱 절대화되고 있는 점에 대하여 우려를 제기하고 있다.

15) 이혜미, "개인정보 침해로 인한 손해배상책임", 『민사판례연구』, 통권 제41권(박영사, 2019), 685면; 그런 점에서 개인정보자기결정권은 축차적 서열에 따라 구성된 롤즈(J. Rawls)의 정의 원칙 가운데 효율성이나 복지를 이유로 제한될 수 없는 기본적 자유(basic liberty)에 해당하는 것은 아니다. 이상용, "알고리즘 규제를 위한 지도 − 원리, 구조, 내용 −", 『경제규제와 법』, 제13권 제2호(서울대학교 법학연구소, 2020), 148면.

16) 대법원 2011. 9. 2. 선고 2008다42430 전원합의체 판결. 다만 이 판결은 공개된 정보를 가공하여 법조인 간의 친밀도라는 사적이고 인격적인 새로운 정보를 제공한 사안에서 손해배상청구가 아닌 금지청구에 대한 판결임을 유의할 필요가 있다.

는다.

그러나 개인정보자기결정권을 구체화하는 개인정보 보호 관련 법제의 정비로 침해이익의 내용과 침해행위의 성질 및 이익형량의 요소들을 반영한 특정한 침해행위 유형들이 법령에 명시됨에 따라, 이러한 침해행위가 있는 경우 위법성이 징표될 수 있게 되었다. 대법원은 정보통신망법과 동법 시행령에 근거한 고시에 규정된 행위의무 위반을 근거로 위법성을 인정한 바 있다.[17] 대상 판결은 위 판례의 취지를 확장하여 개인정보 보호법령 및 이에 기한 고시인「개인정보 안전성 확보조치 기준」등에서 정한 행위의무의 위반을 근거로 위법성을 인정하였다. 이러한 위법성 판단 구조 하에서 원고는 법령상 의무의 위반을 주장·증명함으로써 위법성의 증명에 대한 부담을 덜 수 있다. 반면에 피고는 법령상 의무를 다하였음을 주장함으로써 책임에서 벗어날 수 있고, 그 밖에 이익형량 등을 고려할 때 침해행위가 공서양속에 위반하지 않음을 증명하여 책임에서 벗어날 수도 있다.

나. 손해

1) 개인정보 침해와 손해의 발생

불법행위법에서 손해란 법익의 침해로 피해자가 입은 불이익을 말한다. 손해의 의미에 관하여는 견해의 대립이 있어 왔는데, 자연적 손해 개념에 기반한 것으로서 불법행위로 인한 총재산의 감소가 손해라고 보는 차액설과 법익에 대한 구체적·현실적 불이익이 손해라고 보는 구체적 손해설, 그리고 규범적 손해 개념에 기반하여 손해를 법적 가치 평가를 통해 규범적으로 파악해야 한다고 보는 평가설 등이 그것이다.[18] 일반적으로는 차액설이 타당하지만, 비재산적 손해의 경우에는 총재산의 감소로 파악할 수 없기 때문에 구체적 손해설이나 평가설에 의하여 보완할 수밖에 없다.[19] 위자료로서 배상을 청구할 수 있는 비재산적 손해에는 정신상 고통(제751조 제1항 참조)이 포함되지만 그것에 한정되지는 않는다.[20] 한편, 비재산적 손해의 경우에도 그 손해는 사회통념상 현실적·확정적으로 발생한 것이어야 한다.[21] 그렇다면 개인정보의 유출로 인한 개인정보자기결정권 침해의 경우 그 침해 자체만으

17) 대법원 2015. 2. 12. 선고 2013다43994, 44003 판결.

18) 김용담 편, 주석민법(제4판), 채권각칙(6), 한국사법행정학회, 2016, 235－239면(이연갑 집필부분).

19) 곽윤직,『채권총론』, 제6판(박영사, 2003), 113면; 김용담 편, 주석민법(제4판), 채권각칙(6), 한국사법행정학회, 2016, 237, 239면(이연갑 집필부분).

20) 곽윤직 편,『민법주해 제18권 채권(11)』(박영사, 2005), 330면(윤용섭 집필부분); 김용담 편, 주석민법(제4판), 채권각칙(6), 한국사법행정학회, 2016, 248면(이연갑 집필부분).

21) 대법원 2003. 4. 8. 선고 2000다53038 판결 참조.

로 손해가 발생하였다고 볼 수 있을까?

학자들의 견해는 나뉘어 있다. 제1설은 개인정보자기결정권의 침해가 있는 경우 그 자체가 인격적 법익의 침해에 해당하므로 비재산적 손해가 발생하는 것으로 보아야 한다고 주장한다.[22] 제2설은 개인정보의 침해로 프라이버시권 또는 실체적인 권리가 침해되어야 손해의 발생이 인정될 수 있다고 주장한다.[23] 제3설은 권리의 침해와 손해의 발생을 구별하면서 개인정보자기결정권이 침해되었다고 하여 필연적으로 정신적 손해가 발생하는 것은 아니라고 주장한다.[24]

대상 판결은 개인정보 유출로 인한 자기결정권 침해를 인정하면서도 그로 인한 정신적 손해의 발생은 부정했던 종전 대법원 판결[25]의 판시 내용을 재확인하였다. 즉 개인정보 유출로 인한 정신적 손해의 발생 여부는, 유출된 개인정보의 종류와 성격, 제3자에 의한 열람 여부 및 열람 가능성의 존부, 추가적인 법익침해의 가능성, 유출의 경위와 유출 이후 피해

---

22) 이재경, "개인정보 유출에 따른 정신적 손해와 위자료의 인정가능성 – 대법원 2012. 12. 26. 선고 2011다59834 판결 –", 『동북아법연구』, 제8권 제3호(전북대학교 동북아법연구소, 2015), 533–535면; 송재일, "개인정보 보호의 민사법적 쟁점", 『법학연구』, 통권 제54권(한국법학회, 2014), 48면; 권태상, "개인정보 보호와 인격권: 사법(私法) 측면에서의 검토", 『법학논집』, 제17권 제4호(이화여자대학교 법학연구소, 2013), 103면; 송오식, "개인정보 침해에 대한 합리적 구제방안: 사권으로서 개인정보권의 정립을 위한 시론", 『법학논총』, 제36권 제1호(전남대학교 법학연구소, 2016), 761면; 이승길, "정보화 사회에서의 개인정보권의 침해와 그 구제", 『중앙법학』 제11권 제1호(중앙법학회, 2009), 75면.

23) 박경신, "사생활의 비밀의 절차적 보호규범으로서의 개인정보 보호법리", 『공법연구』, 제40집 제1호(2011), 149면(개인정보자기결정권을 사생활의 비밀의 보호를 위한 절차적 보호규범으로 보는 전제에서, 프라이버시권 침해의 위험을 동반하지 않는다면 개인정보자기결정권의 침해로 보지 않을 수 있다고 주장한다); 김진환, "개인정보 보호의 규범적 의의와 한계", 『저스티스』, 통권 제144권(한국법학원, 2014), 78–79면(개인정보자기결정권을 절차적·형식적 규제수단으로서의 권리로 규정하면서, 손해가 인정되기 위해서는 개인정보의 침해가 있더라도 다른 실체적인 사권에 대한 침해가 인정되어야 한다고 주장한다).

24) 정상조·권영준, "개인정보의 보호와 민사적 구제수단", 『법조』 제58권 제3호(법조협회, 2009), 15면, 44–46면(특히 위 견해는 손해배상제도에서 전보되어야 할 손해는 확정적이고 현실적인 손해여야 한다면서, 개인정보가 민감한 정보이거나 사생활 등 다른 법익을 침해하는지 여부, 개인정보 유출의 경우 다수인에게 공개되었는지 여부 및 유출의 범위, 개인의 의사에 반하여 개인정보가 개인정보를 업무로 활용하는 기업에 양도 또는 위탁되었는지 여부, 개인정보의 악용으로 2차 피해가 발생하였는지 여부 등을 손해 여부 판단의 기준으로 제시하였다); 오일석, "개인정보 보호의무 위반에 따른 배상 가능한 손해에 대한 고찰", 『법학논집』, 제19권 제3호(이화여자대학교 법학연구소, 2015), 8면, 13면; 고홍석, "개인정보 유출로 인하여 위자료로 배상할 만한 정신적 손해의 발생 여부 – 대법원 2012. 12. 26. 선고 2011다59834, 59841, 59858 판결", 『Business Finance Law』, 통권 제66권(서울대학교 금융법센터, 2014), 79면; 이원우, "개인정보 보호를 위한 공법적 규제와 손해배상책임", 『행정법연구』, 통권 제30권(행정법이론실무학회, 2011), 262–265면.

25) 대법원 2012. 12. 26. 선고 2011다59834, 59858, 59841 판결.

방지를 위한 조치 등의 사정을 종합적으로 고려하여 구체적 사건에 따라 개별적으로 판단하여야 한다는 것이다. 이러한 태도는 제3설에 가까운 것으로 평가할 수 있으며, 위치정보와 관련된 사건에서도 유사한 판시[26]가 이어지고 있는 것으로 보아 확립된 판례라고 여겨진다. 이러한 판례는 개인정보자기결정권의 내용과 개인정보의 보호 범위에 관한 논의가 충분히 성숙되어 있지 않은 상황에서 현실적이고 유연한 판단 기준을 제시한 것으로서 일응 긍정적으로 평가할 수 있다.[27]

2) 손해배상액의 산정

대상 판결의 제1심 판결은 피고들의 고객정보 관리 실태와 유출의 경위, 유출된 개인정보의 전파 및 확산 범위, 피고들의 사후 조치 등을 고려하여 원고 1인당 손해배상액을 100,000원으로 인정하였고, 항소심 판결과 대상 판결은 이를 수긍하였다. 비재산적 손해의 배상액은 사실심 법원의 전권 사항으로서 법관이 개별 사건의 구체적인 제반 사정을 고려하여 자유재량에 따라 정할 수 있다.[28] 제1심 판결의 고려사항은 대체로 타당하지만, 추가적으로 손해배상의 기능에 관한 고려가 있어야 할 것이다. 불법행위법을 바라보는 관점은 기능적 측면에서 예방 패러다임과 회복 패러다임으로 나누어 볼 수 있다.[29] 예방 패러다임은 사회 구성원들에게 바람직한 행위지침을 제시하고 그러한 행위로 나아갈 인센티브를 부여함으로써 불법행위를 예방하고자 하는 반면, 전통적인 회복 패러다임은 가해자의 잘못으로 인하여 파괴된 본래의 정의로운 상태를 회복해주는 것을 강조한다. 개인정보 유출의 경우 피해자의 수가 매우 많은 반면 개별 피해자의 피해는 크지 않아 소송에 이르는 경우가 많지 않으므로, 예방 패러다임의 관점이 보다 중요해질 수 있다. 이때 개인정보 보호법상 최대 매출액의 3%에 이르는 과징금이 부과될 수 있다[30]는 점도 함께 고려되어야 할 것이다.

3) 위법성과 손해와의 관계

개인정보에 대한 침해행위는 개인정보 보호법제의 위반행위로서 위법성이 인정되는 경우가 많으므로, 종래 인격권 침해 사안에서 위법성의 판단이 주로 문제되었던 것과 달리 행위

---

26) 대법원 2016. 9. 28. 선고 2014다56652 판결; 대법원 2018. 5. 30. 선고 2015다251539, 251546, 251553, 251560, 251577 판결.
27) 이혜미, "개인정보 침해로 인한 손해배상책임", 『민사판례연구』, 통권 제41권(박영사, 2019), 718면.
28) 대법원 2001. 10. 26. 선고 99다68829 판결; 대법원 2006. 1. 26. 선고 2005다47014,47021,47038 판결.
29) 권영준, "불법행위법의 사상적 기초와 그 시사점", 『저스티스』, 통권 제109권(한국법학원, 2009), 76-92면.
30) 개인정보 보호법 제28조의6, 제34조의2, 제39조의15 등 참조.

의 위법성 여부보다 개인정보 침해로 인한 손해의 발생 여부가 주로 쟁점이 되어 왔다.[31] 그런데 손해 발생 여부의 판단을 위하여 대상 판결이 제시하는 고려사항의 상당 부분은 전통적으로 위법성 여부의 판단을 위한 고려사항에도 해당한다. 예컨대 침해이익의 종류와 내용, 침해의 정도, 침해행위의 태양 등이 그러하다. 개인정보 침해 사안에서 위법성 판단을 위해 이익형량을 거치는 경우 위법성이 인정되면 법익 침해가 현저한 것으로 볼 수 있을 것이므로 그로 인한 정신적 손해도 비교적 용이하게 인정될 것이라는 주장[32]은 이와 관련된 것이다. 대상 판결은 손해배상청구에 관한 것이지만, 금지청구가 문제되는 사건이었다면[33] 손해 발생 여부의 판단을 위하여 제시되었던 고려사항들의 상당 부분은 위법성 판단의 요소로 고려되었을 것이다.

III. 판결의 의의

대상 판결은 개인정보 유출로 인한 손해배상청구에 있어서 법령상 의무 위반에 의하여 위법성을 인정하는 위법성 판단 구조를 재확인하고 확장하였으며, 개인정보 유출 시 정신적 손해 발생 여부의 판단 방법에 관한 종래의 판시 내용을 재확인하였다는 점에서 의미가 있다.

---

31) 이혜미, “개인정보 침해로 인한 손해배상책임”, 『민사판례연구』, 통권 제41권(박영사, 2019), 695－696면.

32) 송혜정, “개인정보 유출로 인한 손해배상책임”, 『민사판례연구』, 통권 제37권(박영사, 2015), 388－390면; 이재경, “개인정보 유출에 따른 정신적 손해와 위자료의 인정가능성 － 대법원 2012. 12. 26. 선고 2011다59834 판결 －”, 『동북아법연구』, 제8권 제3호(2015, 전북대학교 동북아법연구소), 541－542면도 참고.

33) 대법원 2011. 9. 2. 선고 2008다42430 전원합의체 판결의 사안이 금지청구와 관련된 것이었다. 한편, 금지청구에 있어서의 위법성 판단기준은 제3자가 받게 될 불이익도 수인한도의 판단에 고려되어야 한다는 점에서 손해배상청구에 있어서의 위법성 판단기준보다 강화되어 있음을 유의할 필요가 있다(대법원 2016. 11. 10. 선고 2013다71098 판결 참조).

제5장

특수한 유형의 개인정보

제1절 위치정보

064 위치정보의 개념과 수집 제한
- 개인택시차량의 위치정보 무단 열람 사건 -

대법원 2016. 9. 28. 선고 2014다56652 판결

김병필(KAIST 기술경영학부 교수/변호사)

I. 판결의 개요

1. 사안의 개요

가. 사실관계

원고들은 개인택시 사업자들로서 경기도 광주시 개인택시조합의 조합원이다. 광주시 소재 법인택시와 개인택시 운전자들은 2008. 2. '광주시 브랜드택시사업 추진위원회'(이하 '추진위원회'라 함)를 결성하고 주식회사 인솔라인(이하 '인솔라인'이라 함)으로부터 콜 관제 시스템(이하 '이 사건 콜 관제 시스템'이라 함)을 공급받았다. 추진위원회는 위와 같이 공급받은 콜장비를 원고들을 포함한 가입 회원들의 차량에 장착하였고, 2008. 4. 30.부터 콜 서비스를 실시하였다.

추진위원회의 일부 회원들은 2008. 6.초경 콜장비 구입에 따른 세금 처리와 콜 센터 운영을 위하여 주식회사 지제이콜서비스(이하 '지제이콜'이라 함)를 설립하였다. 지제이콜은 추진위원회를 대신하여 이 사건 콜 관제시스템을 운영하면서 원고들을 비롯한 콜 서비스 회원에게 택시 콜 서비스를 계속 제공하였다.

한편, 광주시 소재 법인택시 사업자인 광주택시 주식회사(이하 '광주택시'라 함)는 지제이콜과 같은 건물 1, 2층을 각 사무실로 사용하고 있었다. 광주택시는 인솔라인에 요청하여 지제이콜의 이 사건 콜 관제 시스템 컴퓨터에서 광주택시 사무실 컴퓨터까지 연결선을 설치하여 이 사건 콜 관제시스템 구동 현황이 광주택시 사무실 모니터에 나타나도록 하였다. 그 결과

광주택시 사무실 컴퓨터에서 원고들을 비롯한 회원의 위치정보를 볼 수 있게 되었다. 이 과정에서 광주택시는 원고들을 포함한 광주시 개인택시 사업자들로부터 개인택시의 위치정보 수집에 대해 동의를 얻지 않았다.

피고 1과 피고 2는 추진위원회에서 추진위원으로 활동했던 사람들로서, 피고 1은 위와 같이 개인택시의 위치정보를 수집한 광주택시의 전무이고, 피고 2는 이 사건 콜 관제시스템을 운영하면서 개인택시의 위치정보를 광주택시에 제공한 지제이콜의 대표이사이다. 피고 1은 광주시 개인택시 사업자들의 동의를 구하지 아니하고 위와 같이 광주시 개인택시의 위치정보를 수집한 사실로 「위치정보의 보호 및 이용 등에 관한 법률」(이하 '위치정보법'이라 한다) 위반죄로 벌금 300만 원의 약식명령을 받았고, 그 약식명령이 확정되었다.

이에 원고들은 피고들을 상대로 불법행위에 기한 손해배상으로 원고 1인당 위자료 50만 원 및 이에 대한 지연손해금을 지급하라는 손해배상 소송을 제기하였다.

나. 소송경과

1) 제1심 판결(수원지방법원 성남지원 2013. 9. 24. 선고 2012가단49376 판결)

제1심 법원은 피고 1이 원고들로부터 위치정보의 열람 및 이용에 대해 동의를 얻지 않고 콜 관제시스템 프로그램이 구동되는 것을 모니터링하면서 원고들의 택시 위치정보를 열람한 것은 위치정보법 제15조 제1항에서 금지하고 있는 동의없는 위치정보의 수집·이용에 해당하여 불법행위를 구성한다고 판단하였다. 또한 피고 2가 추진위원회의 추진위원으로서 광주택시 사무실에 이 사건 콜 관제 시스템의 에이전트 컴퓨터를 설치하는 것에 동의하였고, 지제이콜의 대표이사로 취임한 이후에도 이러한 위법상태를 묵인하거나 방조하였으며 적극적으로 위법상태를 해소하지 아니하였으므로, 피고 1과 공동으로 불법행위를 하였거나 적어도 그 불법행위를 방조하였다고 판단하였다.

나아가 1심 법원은 피고들의 위법한 위치정보 수집으로 인해 원고들이 자신들의 택시 운행정보가 노출되는 등 상당한 정신적 고통을 입었을 것임이 경험칙상 추단된다고 판시하면서 그에 대한 위자료 액수는 원고 1인당 20만원으로 정하였다.

2) 항소심 판결(수원지방법원 2014. 7. 17. 선고 2013나41513 판결)

항소심 법원은 피고들이 개인택시 운전자들의 동의를 얻지 아니한 채 위치정보를 수집하였다고 볼 여지가 있다는 점을 인정하면서도, 피고들의 위와 같은 행위로 인하여 원고들이

정신적 손해를 입었다고 인정하기 어렵다고 판단하였다. 이러한 판단의 근거로는 ① 이 사건 콜 관제시스템이 타코정보[1] 수집 시스템과 연동되어 구동되는데, 광주택시가 여객자동차 운수사업법 등에 따라 타코정보를 수집할 필요가 있었기 때문에 타코정보 수집 시스템을 구동하는 과정에서 이 사건 콜 관제시스템의 구동상황을 보게 된 것에 불과한 점, ② 원고들이 주장하는 바와 같이 피고들이 광주택시 운전자들에게 유리하게 차량을 배차하여 손해를 입었다고 볼 수 없는 점, ③ 피고들이 원고들의 위치정보를 어떠한 형태로 수집하여 어떤 방법으로 이용하였는지가 구체적으로 특정되지 않는 점, ④ 콜 서비스 회원들은 2010. 7.경 이 사건 콜 관제시스템과 타코정보 수집 시스템을 분리하는 방식으로 소프트웨어를 변경할 때까지 별다른 이의를 제기하지 아니한 채 지제이콜에 운영비 등을 납부하면서 콜센터를 이용하여 왔고, 원고들은 위와 같이 소프트웨어가 변경된 때로부터 약 2년 5개월이 경과한 후인 2012. 12. 10.에야 이 사건 소를 제기한 점 등을 들었다.

3) 대법원 판결(대법원 2016. 9. 28. 선고 2014다56652 판결)

대법원은 피고 1이 원고들로부터 위치정보의 수집에 대하여 동의를 받지 아니하고 광주택시 사무실 컴퓨터에서 이 사건 콜 관제시스템을 통하여 원고들의 개인택시 위치정보를 차량번호와 함께 실시간으로 수집·열람한 행위와, 피고 2는 광주택시가 원고들로부터 위치정보의 수집에 대한 동의를 받지 않은 사실을 알고 있음에도 피고 1이 원고들의 위치정보를 열람할 수 있도록 이 사건 콜 관제시스템을 연결시켜준 행위는 위치정보법에 위반된 행위로서 원고들에 대한 불법행위를 구성한다고 판단하였다.

나아가 대법원은 특별한 사정이 없는 한 원고들은 피고들의 위법한 개인위치정보 수집행위로 인하여 정신적 고통을 입었다고 보는 것이 상당하다고 판단하여 원심판결을 파기·환송하였다. 즉, ① 위치정보 수집에 사용된 이 사건 콜 관제시스템은 5초에서 1분 주기로 모든 회원 차량의 위치를 수집한 후 그 데이터를 KT IDC 센터에 있는 메인서버에 저장하여, 고객이 전화하는 경우 이미 수집된 위치정보를 활용하여 일정 거리 내에 있는 택시의 내비게이션 화면에 문자를 전송하는 것으로, 회원의 차량번호를 입력하면 개별 회원의 위치도 추적할 수 있어 정보주체를 바로 식별할 수 있는 점, ② 피고 1은 수시로 이 사건 콜관제

1) '타코정보'란 운행기록장치(tachograph)에 의해 기록된 운행기록을 의미한다. 여객자동차 운수사업법에 따른 여객자동차 운송사업자는 그 운행하는 차량에 운행기록장치를 장착하여야 하고, 운행기록장치에 기록된 운행기록을 대통령령으로 정하는 기간 동안 보관하여야 하며, 교통행정기관이 제출을 요청하는 경우 이에 따라야 한다(교통안전법 제55조).

시스템의 위치정보 프로그램을 통해 광주택시 소속 기사들이 원고들을 포함한 다른 택시기사들과 모여 있는지 여부, 모여 있는 사람들의 성향과 그 장소 등을 파악하였고, 이에 따라 직접 현장에 가서 택시기사들의 도박행위 또는 음주행위 등을 확인하는 등 택시기사들의 평소의 동향 확인에 위치정보를 이용하였고 그 기간이 2년이 넘는 장기간인 점 등을 종합하여 보면, 이 사건 개인위치정보가 광주택시에 장기간 제공되어 원고들의 평소의 동향 확인에 이용됨으로써 원고들의 사생활의 비밀 등이 침해되었다고 할 것이므로, 특별한 사정이 없는 한 원고들은 피고들의 위법한 개인위치정보 수집행위로 인하여 정신적 고통을 입었다고 보는 것이 상당하다고 판시하였다.

2. 판결의 요지

가. 위치정보법에서 정한 '개인위치정보'의 의미 및 개인위치정보 수집 제한의 취지

'개인의 위치정보'는 특정 개인이 특정한 시간에 존재하거나 존재하였던 장소에 관한 정보로서 전기통신기본법 제2조 제2호 및 제3호의 규정에 따른 전기통신설비 및 전기통신회선설비를 이용하여 수집된 것인데, 위치정보만으로는 특정 개인의 위치를 알 수 없는 경우에도 다른 정보와 용이하게 결합하여 특정 개인의 위치를 알 수 있는 것을 포함한다(위치정보의 보호 및 이용 등에 관한 법률 제2조 제1호, 제2호).

위치정보를 다른 정보와 종합적으로 분석하면 개인의 종교, 대인관계, 취미, 자주 가는 곳 등 주요한 사적 영역을 파악할 수 있어 위치정보가 유출 또는 오용·남용될 경우 사생활의 비밀 등이 침해될 우려가 매우 크다. 이에 구 위치정보의 보호 및 이용 등에 관한 법률(2015. 12. 1. 법률 제13540호로 개정되기 전의 것)은 누구든지 개인 또는 소유자의 동의를 얻지 아니하고 개인 또는 이동성이 있는 물건의 위치정보를 수집·이용 또는 제공하여서는 아니된다고 정하고, 이를 위반한 경우에 형사처벌하고 있다(제15조 제1항, 제40조 참조).

나. 개인위치정보주체의 동의 없이 개인위치정보를 수집한 경우 정신적 손해 발생 여부의 판단 기준

제3자가 정보주체의 동의를 얻지 아니하고 개인의 위치정보를 수집·이용 또는 제공한 경우, 그로 인하여 정보주체에게 위자료로 배상할 만한 정신적 손해가 발생하였는지는 위치정보 수집으로 정보주체를 식별할 가능성이 발생하였는지, 제3자가 수집된 위치정보를 열람 등 이용하였는지, 위치정보가 수집·이용된 기간이 장기간인지, 위치정보를 수집하게 된 경

위와 수집한 정보를 관리해 온 실태는 어떠한지, 위치정보 수집·이용으로 인한 피해 발생 및 확산을 방지하기 위하여 어떠한 조치가 취하여졌는지 등 여러 사정을 종합적으로 고려하여 구체적 사건에 따라 개별적으로 판단하여야 한다.

II. 해설

1. 쟁점의 정리 - 위치정보의 개념과 수집 · 이용 규제

가. 위치정보의 개념

위치정보법상 '위치정보'란 "이동성이 있는 물건 또는 개인이 특정한 시간에 존재하거나 존재하였던 장소에 관한 정보로서 「전기통신사업법」 제2조제2호 및 제3호에 따른 전기통신설비 및 전기통신회선설비를 이용하여 수집된 것"을 말한다. 위치정보의 핵심적 개념 지표는 ① 이동성 ② 특정한 시간 ③ 전기통신설비 및 전기통신회선설비를 이용하여 수집될 것 등을 들 수 있다.[2]

즉, ① 위치정보란 휴대전화, 차량 등의 이동성이 있는 물건이나 개인에 관한 정보이므로, 건물 등 부동산의 위치정보나 자연적인 지형·지물 등 지리정보는 위치정보에 포함되지 않는다. ② 또한 '위치정보'의 정의상 '특정한 시간'이란 매우 제한적인 범위의 시간대를 의미하는 것으로서, 고정된 개인의 주소 또는 개인의 출신지역, 특정 지방 거주사실 등에 관한 정보는 위치정보에 포함되지 않는다. 다만, 이러한 정보는 개인정보 보호법상의 일반적인 '개인정보'에 해당할 수는 있을 것이다. ③ 또한 위치정보법상 '위치정보'란 전기통신설비[3] 및 전기통신회선설비[4]를 이용하여 수집된 정보를 의미하는데, 이는 휴대전화, RFID, GPS 등 각종 전기통신설비 및 회선설비를 이용하여 수집된 정보를 가리킨다. 따라서 대면상 구두로 수집된 정보, 사진촬영을 통해 수집된 정보, 전화통화의 내용을 통해 수집된 정보 등은 위치정보법상의 '위치정보'에는 포함되지 않는다.

---

2) 방송통신위원회·한국인터넷진흥원, "위치정보의 보호 및 이용 등에 관한 법률 해설서", (2010. 1.), 13면.

3) '전기통신설비'란 "전기통신을 하기 위한 기계·기구·선로 기타 전기통신에 필요한 설비"를 말한다(전기통신기본법 제2조 제2호).

4) '전기통신회선설비'란 전기통신설비중 전기통신을 행하기 위한 송·수신 장소간의 통신로 구성설비로서 전송·선로설비 및 이것과 일체로 설치되는 교환설비 및 이들의 부속설비를 말한다(전기통신기본법 제2조 제3호).

나. 개인위치정보의 개념

위치정보 중 "특정 개인의 위치정보"를 '개인위치정보'라 한다(위치정보법 제2조 제2호). 개인위치정보의 대표적인 예로는 휴대전화 통화내역상의 기지국 정보, 개인의 위치를 확인하기 위한 목적으로 수집되는 GPS 단말기의 좌표값(단말기 소지자에 관한 개인신상정보와 결합되는 경우), 개인의 신체 일부분에 이식된 RFID태그 인식정보 등이 있다.[5]

한편 위치정보법은 "위치정보만으로는 특정 개인의 위치를 알 수 없는 경우에도 다른 정보와 용이하게 결합하여 특정 개인의 위치를 알 수 있는" 정보도 개인위치정보에 포함된다는 점을 명시하고 있다. 따라서 위치좌표값과 같이 그 자체로는 누구의 위치인지 알 수 없는 경우에는 개인위치정보에 해당하지 않을 수 있지만, 해당 위치좌표값을 통신단말기 번호 또는 단말기 소지자의 이름 등과 결합하여 특정인의 위치를 알 수 있을 때에는 개인위치정보로 볼 수 있게 된다. 이처럼 개인위치정보에 해당하는 것인지 여부는 다른 정보와 "용이하게 결합"할 수 있는지를 기준으로 판단하게 된다. 용이하게 결합할 수 있다는 것은 결합될 수 있는 정보들이 반드시 하나의 데이터베이스나 단일 시스템 내에 존재해야 할 것을 요구하는 것은 아니고, 회사 내의 여러 데이터베이스로 분산되어 있거나 제휴회사에서 별도로 보유하고 있더라도 위치정보 관련 서비스를 제공하기 위해 상호 결합될 가능성이 많은 경우도 포함한다.[6]

예를 들어 차량에 설치된 GPS 단말기를 이용하여 이동통신망을 통해 차량의 위치를 수집하는 경우를 고려한다면, 만약 위치정보를 수집하는 주체가 차량 보유자나 이용자 등 특정 개인을 식별할 수 있는 정보를 따로 보유하지 않고 단순히 도로교통상황을 파악하는 등의 목적으로 위치정보를 수집하는 경우에는 개인위치정보에는 해당하지 않고 사물의 위치정보에 그친다고 볼 수 있을 것이다.[7] 이와는 달리 차량 위치정보가 차량 보유자, 운행자, 이용자 등의 특정 개인에 관한 정보와 결합되어 특정 개인의 위치가 식별될 수 있다면 개인위치정보에 해당하게 된다.

다. 위치정보 수집 · 이용 규제

개인위치정보는 특정 개인이 특정한 시간에 특정 위치에 있었다는 사실을 나타내는 것이

5) 방송통신위원회 · 한국인터넷진흥원, "위치정보의 보호 및 이용 등에 관한 법률 해설서", (2010. 1.), 15면.
6) 위의 글.
7) 김태선, "자율주행과 데이터 보호", 비교사법 제26권 4호(통권 제87호).

므로 정보주체의 생명과 신체에 대한 위험을 초래할 수 있다.[8] 특히 스토킹범죄와 같은 사례에 있어 개인위치정보가 오·남용될 경우 정보주체에 대한 직접적·물리적 위협이 될 수 있다. 더욱이 최근 모바일 기술이 빠르게 발전하면서 개인의 위치정보를 실시간으로 상당히 정확하게 측정될 수 있다는 점에서 이러한 침해의 위험성은 즉각적으로 발생할 수 있다. 나아가 데이터마이닝 기술을 통해 수집된 다른 정보를 활용하면 미래의 위치정보까지도 예측하여 정보주체의 장래 안전에 대한 위협도 제기될 수 있다. 그뿐만 아니라 개인위치정보를 이용하여 정보주체의 사생활의 비밀에 대한 중대한 침해가 이루어질 수 있다. 일정한 기간 동안 수집된 특정 개인의 위치정보는 프로파일링 작업을 통해 해당 개인의 주요 활동 반경이나 이동 방향, 취미나 관심사까지도 예측할 수 있는 단서가 될 수 있다.[9] 그 결과 개인의 인격권에 대한 중대한 침해가 이루어질 수 있는 것이다.

이러한 이유에서 위치정보법은 개인위치정보의 수집, 이용 및 제공을 엄격하게 규율하고 있다. 위치정보법은 당해 개인의 동의를 얻지 않고서는 개인위치정보를 수집·이용 또는 제공하여서는 아니 된다고 규정하고 있다. 다만, 위치정보법 제29조의 규정에 의한 긴급구조기관의 긴급구조 또는 경보발송 요청이 있거나 다른 법률에 특별한 규정이 있는 경우만을 예외로 인정하고 있을 뿐이다(위치정보법 제15조 제1항). 나아가 위 규정을 위반하여 개인위치정보주체의 동의를 받지 아니하고 해당 개인위치정보를 수집·이용 또는 제공한 자를 형사처벌하고 있다. 또한 위치정보법은 위치정보사업[10]의 허가제(위치정보법 제5조),[11] 위치기반서비스사업[12]의 신고제[13]를 도입하여, 개인위치정보를 사용한 사업자들에 대해 행정적인 관리체계를 마련하고 있다. 나아가 개인위치정보의 오·남용을 막기 위하여 위치정보사업자 및 위치기반서비스사업자가 개인위치정보의 수집·이용 및 제공목적을 달성한 때에는 원칙적으로 즉시 개인위치정보를 파기하도록 규정하고 있다(위치정보법 제23조).

---

8) 전응준, "위치정보법의 규제 및 개선방안에 관한 연구", 정보법학 제18권 제1호, (2014).

9) 방송통신위원회·한국인터넷진흥원, "위치정보의 보호 및 이용 등에 관한 법률 해설서", (2010. 1.), 3면.

10) '위치정보사업'이란 "위치정보를 수집하여 위치기반서비스사업을 하는 자에게 제공하는 것을 사업으로 영위하는 것"을 말한다(위치정보법 제2조 제6호).

11) 위치정보법은 2021. 10. 19. 개정되어 개인위치정보를 대상으로 하는 위치정보사업은 등록제로, 개인위치정보를 대상으로 하지 않는 위치정보사업은 신고제로 전환될 예정이다.

12) '위치기반서비스사업'이란 "위치정보를 이용한 서비스를 제공하는 것을 사업으로 영위하는 것"을 말한다(위치정보법 제2조 제7호).

13) 위치정보법은 2021. 10. 19. 개정되어 개인위치정보를 대상으로 하지 않는 위치기반서비스사업에 대한 신고제는 폐지될 예정이다.

2. 검토

가. 개인위치정보에 해당하는지 여부

이 사건의 경우 광주택시회사 임원인 피고 1은 사무실 컴퓨터를 통해 콜택시 서비스 회원의 차량 번호를 입력하면 개별 회원의 위치를 추적할 수 있어 정보주체를 바로 식별할 수 있었다. 따라서 차량 번호로 파악되는 차량의 위치는 특정 개인을 식별할 수 있는 개인위치정보에 해당하는 점은 비교적 분명한 것으로 보인다.

앞서 살펴본 바와 같이 개인위치정보가 오·남용될 경우 개인의 생명, 신체에 대한 위험을 초래할 수 있고, 개인의 사생활의 비밀에 대한 중대한 침해가 이루어질 수 있다. 이 사건에서 대법원은 "위치정보를 다른 정보와 종합적으로 분석하면 개인의 종교, 대인관계, 취미, 자주 가는 곳 등 주요한 사적 영역을 파악할 수 있어 위치정보가 유출 또는 오용·남용될 경우 사생활의 비밀 등이 침해될 우려가 매우 크다"고 판시하여 개인위치정보의 민감성과 그 보호의 중요성을 강조하였다.

나. 개인위치정보 침해에 따른 손해배상 책임

개인위치정보주체의 동의를 얻지 아니하고 개인위치정보를 수집·이용 또는 제공하였다고 하더라도 그로 인해 개인위치정보주체에게 필연적으로 손해가 발생하는 것은 아니다. 특히 동의없이 수집된 개인위치정보로 인하여 개인위치정보주체에게 금전상의 손해가 발생하지 않았거나 그 입증이 곤란한 경우, 개인위치정보주체에게 정신적 손해가 인정될 수 있는지 여부가 쟁점이 된다. 개인위치정보도 개인정보의 일종이므로, 일응 개인정보자기결정권 침해 사건에 있어서 정신적 손해 판단 기준을 정한 다른 선례들을 참고할 수 있다.[14]

그런데 이 사건에서 대법원은 개인위치정보주체의 동의 없이 개인위치정보를 수집·이용 또는 제공한 경우 손해발생 여부를 판단하는 기준을 제시하고 있다. 즉, 대법원은 위와 같은 경우 개인위치정보주체에게 위자료로 배상할 만한 정신적 손해가 발생하였는지는 ① 위치정보 수집으로 정보주체를 식별할 가능성이 발생하였는지, ② 제3자가 수집된 위치정보를 열람 등 이용하였는지, ③ 위치정보가 수집·이용된 기간이 장기간인지, ④ 위치정보를 수집하게 된 경위와 수집한 정보를 관리해 온 실태는 어떠한지, ⑤ 위치정보 수집·이용으로 인한

14) 개인정보자기결정권 침해 사건에 있어 정신적 손해 발생 판단 기준에 관한 주요한 사건으로는 대법원 2012. 12. 26. 선고 2011다59834, 59858, 59841 판결(이른바 'GS 칼텍스 개인정보 유출 사건')에 관한 평석을 참조.

피해 발생 및 확산을 방지하기 위하여 어떠한 조치가 취하여졌는지 등 여러 사정을 종합적으로 고려하여 구체적 사건에 따라 개별적으로 판단하여야 한다고 판시하고 있다.

이 사건 항소심 법원은 이 사건 개인위치정보의 수집 경위(피고 1은 법률상 요구되는 정보를 수집하는 과정에 수반하여 원고들의 개인위치정보를 수집한 것에 불과하다는 점), 원고들에게 재산상 손해가 발생하였는지(원고들에게 불리하게 배차가 이루어지지 않은 점), 개인위치정보 수집·이용의 양태(개인위치정보의 수집 형태와 이용 방법이 구체적으로 특정되지 않은 점), 원고들의 묵시적 동의를 추단할 수 있는 정황(원고들이 상당한 기간 동안 이의를 제기하지 않은 점) 등을 근거로 원고들이 정신적 손해를 입었다고 보기 어렵다고 판단하였다.

그러나 대법원은 이 사건에서 수집·이용된 개인위치정보의 민감성과 특수성을 고려할 때 심각한 사생활의 침해가 발생하였다고 판단하여 정신적 손해를 인정하였다. 무엇보다도 대법원은 피고 1이 수시로 택시기사들의 위치를 파악하여 도박행위나 음주행위 등을 확인하는 등 평소의 동향 확인에 개인위치정보를 이용하였고 그 기간이 2년이 넘는 장기간인 점을 중요한 판단 근거로 삼았다. 이처럼 원고 개개인이 직접적인 감시의 대상이 되지 않았다고 하더라도 포괄적인 감시의 대상이 된 것만으로도 정신적 손해를 인정한 것은 특히 주목할 만하다.[15)]

Ⅲ. 판결의 의의

최근 여러 스마트 모바일 장치가 널리 보급되고, 이를 통한 개인위치정보의 수집이 증가하면서 개인위치정보를 활용한 다양한 사업 기회가 생겨나고 있다. 그와 함께 개인위치정보를 보호할 필요성 역시 커지고 있다. 이 사건에서 대법원은 개인위치정보가 유출되거나 오용·남용될 경우 사생활의 비밀 등이 침해될 우려가 크다는 점을 명시하면서 그 보호의 중요성을 강조하였다. 이처럼 개인위치정보는 개인의 생명, 신체의 안전이나 사생활의 비밀과 밀접하게 관련되어 있다는 점에서 민감성이 높다. 법원은 이제까지 일반적인 개인정보의 유출 사건의 경우 정신적 손해를 인정함에 있어 비교적 소극적 입장을 취한 경우가 많았음에 비해, 이 사건에서는 정신적 손해가 인정되었는바, 이처럼 정신적 손해가 인정된 것은, 위와 같은 개인위치정보의 특수성이 고려된 것으로 이해할 수 있을 것이다.[16)]

---

15) 양승엽, “개인위치정보 침해에 따른 정신적 손해발생의 요건”, 노동리뷰 2016년 11월호(통권 제140호), (2016. 11.).

16) 권영준, “2018년 민법 판례 동향”, 서울대학교 法學, 제60권 제1호, (2019. 3.), 255－397면.

065 정보주체 동의 없는 개인위치정보 수집에 대한 손해배상책임

- iOS 위치정보 수집 사건 -

대법원 2018. 5. 30. 선고 2015다251539 등 판결

김병필(KAIST 기술경영학부 교수/변호사)

I. 판결의 개요

1. 사안의 개요

가. 사실관계

애플은 2010. 6. 21. 아이폰 3, 아이폰 4, 아이패드 등의 모바일 기기(이하 “이 사건 기기”라 한다)에 사용되는 운영체제인 iOS 4.0을 출시하였다. 그런데 iOS 4.0에서는 사용자가 위치서비스 기능을 “끔”으로 설정한 경우에도 기기나 사용자의 위치에 관한 정보가 수집되는 버그[1]가 발견되었다. 구체적으로, ① 위치서비스 기능이 꺼진 상태에서도 사용자 기기의 위치정보가 애플의 서버에 주기적으로 전송되는 문제가 있었고, ② 사용자가 위치기반서비스 앱을 실행할 경우, 위치서비스 기능을 “켬”으로 전환하지 않더라도 이 사건 기기가 애플의 위치정보시스템에 실시간으로 접속하여 현재 위치정보를 계산한 뒤 해당 기기 내의 데이터베이스에 저장하는 문제도 존재하였다. 또한 ③ 사용자 기기의 데이터베이스에 저장된 위치정보는 암호화가 되어 있지 않아, 만약 기기의 분실·도난·해킹 등이 발생하는 경우에는 사용자의 위치 궤적이 유출될 위험이 있었다. 이에 이 사건 기기의 사용자들은 애플과 애플 코리아를 상대로 위법한 위치정보 또는 개인위치정보 수집으로 인한 손해배상을 구하였다.

나. 소송경과

1) 제1심 판결(창원지방법원 2014. 6. 26. 선고 2011가합7291 등 판결)

제1심 법원은 이용자가 위치서비스 기능을 끈 상태에서도 애플의 서버로 이 사건 기기의

1) ‘버그(bug)’란 컴퓨터 프로그램이나 시스템의 착오, 또는 시스템 오동작의 원인이 되는 프로그램의 잘못을 지칭하는 용어이다.

위치정보가 전송되도록 한 것은 구 "위치정보의 보호 및 이용 등에 관한 법률"(2018. 4. 17. 법률 제15608호로 개정되기 전의 것, 이하 "위치정보법"이라고 한다) 제15조(위치정보의 수집 등의 금지) 제1항 위반에 해당하고, 이 사건 기기 내에 그 기기의 위치정보를 암호화하지 않고 저장한 것은 위치정보법 제16조(위치정보의 보호조치 등) 제1항 위반에 해당한다고 판단하였다. 다만, 애플이 수집한 정보는 개인을 식별할 수 없는 형태이고, 원고들의 위치정보가 외부로 유출된 사례가 없으며, 이 사건 버그 현상은 제한된 기간 동안 일부 기기에서만 발생하였고, 해당 위치정보가 유출되더라도 사용자에게 중대한 법익침해가 초래될 가능성이 낮다는 등의 이유로 원고들에게 위자료로 배상받아야 할 만한 정신적 손해가 발생하였다고 보기 어렵다고 판단하였다.

2) 항소심 판결(부산고등법원 2015. 11. 5. 선고 (창원)2014나21277 등 판결)

항소심 법원은 제1심 판결의 결론을 유지하고 원고들의 항소를 기각하였다. 다만, 이 사건 기기에 저장된 위치정보는 특정 사용자가 존재했던 장소에 관한 것으로서 '개인위치정보'에 해당하므로, 개인위치정보 수집에 대한 사용자의 동의가 철회되었음에도 애플이 개인위치정보를 수집한 것은 위치정보법 제18조 제1항 위반에도 해당한다고 보았다. 하지만 제1심과 마찬가지로 원고들에게 손해배상을 받을 만한 정신적 손해가 발생하였다고 보기 어렵다는 결론을 유지하였다.

3) 대법원 판결(대법원 2018. 5. 30. 선고 2015다251539 등 판결)

대법원은 이 사건 기기로부터 전송되는 정보만으로는 특정 기기나 사용자가 누구인지 알 수 없고, 이 사건 기기 내 데이터베이스에 저장된 정보도 외부 유출 가능성이 거의 없으며, 수집된 위치정보나 개인위치정보가 위치정보시스템 정확도 향상 목적과 달리 이용되거나 유출된 것으로 보이지 않는다는 등의 이유로 손해배상책임이 없다고 보아 원고들의 상고를 기각하였다.

2. 판결의 요지

가. 정보주체의 동의 없이 개인의 위치정보를 수집한 경우 손해배상책임 인정 여부의 판단 기준

정보주체의 동의를 얻지 아니하고 개인의 위치정보를 수집한 경우, 그로 인하여 손해배

상책임이 인정되는지는 위치정보 수집으로 정보주체를 식별할 가능성이 발생하였는지, 정보를 수집한 자가 수집된 위치정보를 열람 등 이용하였는지, 위치정보가 수집된 기간이 장기간인지, 위치정보를 수집하게 된 경위와 그 수집한 정보를 관리해 온 실태는 어떠한지, 위치정보 수집으로 인한 피해 발생 및 확산을 방지하기 위하여 어떠한 조치가 취하여졌는지 등 여러 사정을 종합적으로 고려하여 구체적 사건에 따라 개별적으로 판단하여야 한다.

나. 사용자의 동의 없이 휴대폰 등의 위치정보와 사용자의 개인위치정보를 수집한 경우 손해배상책임을 부정한 사례

이 사건에서 애플의 휴대폰 등으로부터 애플의 서버로 전송되는 정보만으로는 해당 통신기지국 등의 식별정보나 공인 아이피(IP)만 알 수 있을 뿐, 특정 기기나 사용자가 누구인지를 알 수는 없고, 휴대폰 등의 데이터베이스에 저장된 정보는 기기의 분실·도난·해킹 등이 발생하는 경우 외에는 외부로 유출될 가능성이 없는 점, 휴대폰 등의 사용자들은 애플 및 애플코리아가 위치정보를 수집하여 위치서비스제공에 이용하는 것을 충분히 알 수 있었던 점, 위 버그가 애플과 애플코리아가 휴대폰 등의 위치정보나 사용자의 개인위치정보를 침해하기 위한 목적으로 이루어진 것으로 보이지 않는 점, 애플은 버그가 존재한다는 사실이 알려지자 신속하게 새로운 운영체계를 개발하여 배포하는 등 그로 인한 피해 발생이나 확산을 막기 위해 노력한 점, 수집된 위치정보나 개인위치정보가 수집목적과 달리 이용되거나 제3자에게 유출된 것으로 보이지 않는 점에 비추어, 애플과 애플 코리아의 위치정보 또는 개인위치정보의 수집으로 인하여 사용자 등에 대한 손해배상책임이 인정된다고 보기 어렵다.

II. 해설

1. 쟁점의 정리 - 이 사건의 기술적 배경

가. 모바일 기기에 대한 위치 측정 방식

우리가 사용하는 많은 휴대전화, 태블릿, 웨어러블 장치 등은 다양한 위치기반서비스를 제공하고 있다. 이러한 장치는 어떻게 위치를 알 수 있는 것일까? 일반적인 방법은 이미 위치를 알고 있는 기준점과 얼마나 떨어져 있는지 측정하는 것이다. 예를 들어, GPS(Global Positioning System) 방식은 인공위성을 기준점으로 삼는다. 인공위성은 지정된 궤도를 돌고 있으므로 그 위치를 정확히 알 수 있다. 또한 GPS 수신기가 인공위성으로 정보를 수신한 시

간을 이용하면 인공위성과 GPS 수신기 간의 거리도 정밀하게 측정할 수 있다. GPS 수신기는 위와 같은 정보들을 이용하여 자신의 위치를 상당히 정확하게 파악한다.[2)]

하지만 GPS 방식은 모바일 기기가 실내나 인공위성 신호가 닿지 않는 곳에 있는 경우에는 그 위치를 파악하기 어렵다는 한계가 있다. 또한 모바일 기기에 GPS 수신기가 없는 경우도 적지 않다. 이러한 GPS 방식의 한계를 극복하기 위해서, 무선이동통신사가 설치한 통신기지국이나 Wi－Fi 무선접속장치(Access Point, 이하 "Wi－Fi AP"라 하고, 통신기지국와 Wi－Fi AP를 통칭하여 "통신기지국 등"이라 한다)를 기준점으로 삼는 기술도 사용된다.

모바일 기기는 무선통신 연결 신호가 얼마나 강한지에 따라 통신기지국이나 Wi－Fi AP와의 거리를 추정할 수 있다. 통신기지국 등은 그 위치가 비교적 고정되어 있으므로, 이를 기준점으로 삼아 삼각측량 방식으로 계산하면 기기의 현재 위치를 파악할 수 있게 된다. 특히 휴대전화와 같이 실내에서 사용되는 빈도가 높은 모바일 기기는 GPS위성 신호를 수신하기 어려운 경우가 많으므로, 그 위치를 파악하기 위해 통신기지국이나 Wi－Fi AP를 이용한 위치 측정 방식이 널리 사용되고 있다.

나. 크라우드소싱을 통한 위치정보시스템 데이터베이스 구축

통신기지국 등을 이용하여 모바일 기기의 위치를 측정하기 위한 중요한 전제는 그 통신기지국 등의 위치를 미리 알고 있어야 한다는 것이다. 통신기지국 등의 위치는 비교적 고정적이기는 하지만, 계속해서 추가, 교체, 변경이 이루어진다는 문제가 있다. 그래서 통신기지국 등의 위치정보에 대한 최신의 데이터베이스를 유지·관리하기 위해서는 별도의 인력이나 장비가 필요하게 된다.

애플은 iOS 출시 초기에는 사용자 기기의 위치 측정을 위해 구글(Google) 및 스카이훅와이어리스(Skyhook Wireless)가 구축한 위치정보시스템을 사용해 왔다. 그런데, 2010. 4. 출시한 iOS 3.2버전부터는 자체적인 위치정보시스템 데이터베이스를 구축하여 활용하기 시작하였다.

특히 애플이 구축한 데이터베이스의 특징은 크라우드소싱(crowdsourcing) 방식으로 구현된다는 점이다. 즉, 애플이 직접 통신기지국 등의 위치정보를 일일이 실측하는 것이 아니라, 수많은 아이폰 사용자들이 자신의 기기와 가장 근접한 통신기지국 등의 위치정보를 주기적으로 애플로 전송하고, 애플은 사용자들이 보내온 데이터를 축적하고 비교함으로써 통신기

2) GPS 수신기는 4개의 GPS 위성으로부터 정보를 수신해야 정확한 3차원 위치를 파악할 수 있다. 위도, 경도, 고도뿐만 아니라 수신기의 시간 편향(bias) 값을 결정해야 하기 때문이다.

지국 등의 위치를 추정하는 것이다. 가령 통신기지국이 새로 설치된 상황을 고려해 보자. 애플이 보유한 기존의 위치정보시스템 데이터베이스에는 새로운 통신기지국의 위치정보가 없으므로 새로운 통신기지국은 모바일 기기의 위치 측정을 위한 기준점으로 활용될 수 없다. 하지만 그 통신기지국 근처의 아이폰은 이미 위치를 알고 있는 다른 기준점들을 활용하여 자신의 위치를 파악할 수 있다. 이후 해당 아이폰은 새로 설치된 통신기지국의 위치를 추정하여 애플의 서버로 전송한다. 그러면 애플은 다수의 사용자로부터 새로운 통신기지국 위치에 관한 정보를 수집, 축적함으로써 새로운 통신기지국의 위치정보를 정확하게 파악하고, 이 정보를 자신의 데이터베이스에 추가할 수 있게 된다. 이러한 과정을 거쳐 애플은 새로 설치된 통신기지국을 기준점으로 활용할 수 있는 것이다. 한편, 통신기지국이나 Wi-Fi AP의 위치가 변경·제거된 경우에도 다수 사용자가 전송한 정보를 축적하여 기존 데이터베이스의 내용과 비교하면 이를 파악할 수 있다.

이처럼 크라우드소싱 방식을 활용하면 일일이 통신기지국이나 Wi-Fi AP의 위치정보를 실제로 측정하지 않고서도 그 위치에 관한 데이터베이스를 정확하게 유지할 수 있다는 장점이 있다. 다만, 이러한 방식이 구동되기 위해서는 사용자 기기가 주변 통신기지국과 Wi-Fi AP 정보를 애플의 서버로 전송해야 하는데, 애플은 사용자 기기가 해당 정보를 주기적으로 애플 서버에 전송되도록 하였다(참고로 사용자가 그 과정에서 무선통신망 데이터 이용료를 부담하지 않도록 Wi-Fi에 접속된 환경에서만 그 정보를 전송한 것으로 보인다).

다. iOS 상의 위치기반서비스 애플리케이션의 구동 방식

이처럼 애플이 구축한 위치정보시스템을 이용하여 iOS에서 구동되는 위치기반서비스 앱이 작동하는 방식은 다음과 같다. 사용자가 위치정보를 이용하는 앱을 실행시키면, 아이폰 등의 모바일 기기는 인접한 통신기지국이나 Wi-Fi AP 등의 식별정보를 애플의 위치정보시스템 서버로 전송한다. 그러면 애플은 해당 통신기지국이나 Wi-Fi AP 등의 위치 추정치를 해당 기기로 전송한다. iOS는 애플이 서버로부터 전송받은 추정 위치값을 이용하여 삼각측량 방식으로 기기의 현재 위치를 계산하고, 해당 앱에 위치정보를 제공한다. 한편 iOS는 위와 같이 계산한 기기의 위치정보를 자신의 기기 내의 파일에 저장하여 둔다.

이처럼 사용자가 iOS 상에서 위치기반서비스 앱을 구동한다고 하더라도, 애플이 자신의 위치정보시스템 서버에 특정 기기나 사용자의 위치정보를 기록하는 것은 아니다. 다만 애플의 위치정보시스템 서버는 사용자의 기기가 현재 위치를 파악하기 위해 필요한 정보를 전송하여 주고, 사용자 기기의 저장장치에 자신의 위치정보가 저장된다.

2. 애플의 위치정보 및 개인위치정보 수집상 문제점과 그 법적 평가

이 사건에서는 iOS 4.0 버전에서 발생한 위치정보 수집과 관련된 버그가 문제되었다. 이러한 버그는 크게 2가지로 나누어 볼 수 있는데, 우선 사용자가 위치서비스 기능을 껐음에도 애플의 서버로 사용자 기기의 위치정보가 전송되는 문제가 있었고(이를 "위치정보시스템 구축상 버그"라 한다), 다음으로 사용자가 위치서비스 기능을 껐음에도 사용자의 기기에 개인위치정보가 저장되는 문제가 있었다(이를 "위치정보 서비스상 버그"라 한다). 양자는 그 법적 쟁점을 달리하므로 이하에서는 나누어 검토한다.

가. 애플의 위치정보시스템 구축상 버그

1) 문제의 소재

앞서 본 바와 같이 애플은 크라우드소싱 방식으로 위치정보시스템을 구축하였으므로, iOS는 사용자 기기의 주변에 있는 통신기지국이나 Wi-Fi AP의 위치정보를 애플의 서버로 전송하는데, 이는 해당 사용자의 위치를 파악하기 위한 것은 아니고, 통신기지국 등의 위치정보를 파악하여 다른 사용자의 위치정보를 정확하게 파악하는 것을 돕기 위한 용도로 활용되는 것이었다. 그런데, iOS 4.0 버전에서는 사용자가 위치서비스 기능을 껐음에도 애플의 서버로 사용자 기기의 위치정보가 전송되는 버그가 존재하였고, 이 문제는 애플이 2010. 9. 8. iOS 4.1 버전을 배포하기 전까지 지속되었다.

이와 관련하여, 사용자 기기에서 애플의 서버로 전송된 주변 통신기지국 등의 위치에 관한 정보가 위치정보법 상의 '위치정보' 또는 '개인위치정보'에 해당하는지가 핵심적 쟁점이 되었다.

2) 애플 서버로 전송된 주변 통신기지국 등의 위치에 관한 정보가 위치정보법상 '위치정보' 또는 '개인위치정보'에 해당하는지 여부

애플은 (i) 사용자의 기기에서 애플 서버로 전송된 통신기지국 또는 Wi-Fi AP의 식별정보나 그 위치에 관한 정보는 공중에 제공되고 있는 통신기지국이나 Wi-Fi AP에 관한 것일 뿐이고, (ii) 해당 정보는 익명으로 전송되어 특정한 사용자 기기를 식별할 수 없는 형태였으므로, 사용자 기기에 관한 위치정보가 아니라고 주장하였다.

그러나, 방송통신위원회는 애플의 서버가 사용자 기기로부터 수집한 정보를 통해 사용자

의 휴대단말기의 대략적인 위치를 추정할 수 있으므로, 이동성이 있는 물건이 존재한 '장소'에 대한 정보로서 일응 위치정보법 제2조 제1호의 '위치정보"로 해석된다고 보았다. 나아가 제1심 및 항소심 법원 역시 애플에 전송된 통신기지국 또는 Wi-Fi AP의 위치에 관한 정보는 사용자 기기의 GPS 위치정보를 수집한 후 이를 토대로 특정 통신기지국이나 Wi-Fi AP의 위치를 추정한 것에 불과하므로, 사용자 기기가 특정한 시간에 존재하거나 존재하였던 장소에 관한 정보로서 위치정보법 제2조 제1호에서 정의한 '위치정보'에 해당한다고 판단하였으며, 대법원은 이러한 원심판결을 수긍하였다.

다만, 이 사건 법원은 위와 같이 애플이 수집한 정보가 위치정보법 제2조 제2호의 '개인위치정보'는 아니라고 보았다. 그 이유는 사용자 기기에서 애플의 서버로 전송되는 정보에는 기지국 등을 특정하는 데 사용되는 식별정보만을 포함하고 있고, 특정 기기나 사용자를 식별할 수 있는 정보는 포함되어 있지 않았기 때문이었다.

3) 애플의 위치정보법 제15조 제1항 위반 여부

이 사건에 적용된 구 위치정보법 제15조 제1항 본문은 "누구든지 개인 또는 소유자의 동의를 얻지 아니하고 당해 개인 또는 이동성이 있는 물건의 위치정보를 수집·이용 또는 제공하여서는 아니 된다."고 규정하고 있었다. 그런데 사용자가 위치서비스 기능을 껐음에도 불구하고 애플이 사용자 기기의 위치정보를 수집한 행위는, 소유자의 동의 없이 물건의 위치정보를 수집한 것이므로 위치정보법 제15조 제1항 위반으로 평가된다. 따라서 이 사건 법원은 애플 및 애플코리아가 위 조항을 위반한 것으로 판단하였다.

한편 위치정보법 제15조 제1항은 2018. 4. 17. "누구든지 개인위치정보주체의 동의를 받지 아니하고 해당 개인위치정보를 수집·이용 또는 제공하여서는 아니 된다."고 개정되었다. 즉, 사물의 위치정보를 그 소유자의 동의 없이 수집을 금지하는 규정이 삭제된 것이다. 따라서 현행 위치정보법에 따르면 단순히 사물의 소유자의 동의 없이 해당 사물의 위치정보만을 수집한 경우에는 현행 위치정보법 위반에 해당하지 않는다는 점에 유의할 필요가 있다.

4) 검토

생각건대, 애플이 통신기지국 등의 위치정보를 수집한 목적이 사용자 기기의 위치를 파악하기 위한 것이 아니라, 앞서 설명한 바와 같이 크라우드소싱 방식을 통해 통신기지국 등의 위치에 관한 데이터베이스를 구축하기 위한 것이었다는 점에서, 해당 정보를 위치정보법에 의해 규제할 필요가 있는지에 대해 논란의 여지가 있는 것은 사실이다. 그러나, 방송통신

위원회 및 법원이 판단한 바와 같이 사용자 기기 주변의 통신기지국이나 Wi-Fi AP의 위치를 통해 사용자 기기의 위치를 파악할 수 있다는 점에서 해당 정보를 위치정보법상의 '위치정보'로 인정하는 것은 그 법문에 비추어 자연스러운 해석으로 보인다. 나아가 해당 정보는 익명으로 전송되어, 특정 기기나 사용자를 식별할 수 없었다는 점에서 '개인위치정보'에는 해당하지 않는다고 본 것도 타당하다 할 것이다.

나. 애플의 위치정보 서비스상 버그

1) 사용자 기기에 위치정보를 저장한 것이 '개인위치정보'의 '수집'에 해당하는지

다른 한편, iOS 4.0에서는 사용자가 위치서비스 기능을 끄더라도, 위치정보를 이용하는 앱을 실행시킬 경우, 사용자 기기가 애플의 위치정보시스템에 접속하여 기기의 현재 위치정보를 계산한 다음, 이를 사용자 기기 내의 데이터베이스에 저장하는 문제가 존재하였다. 이러한 버그는 애플이 2011. 5. 4. iOS 4.3.3 버전을 배포하기 전까지 지속되었다.

이처럼 사용자가 위치서비스 기능을 "끔" 상태로 둠으로써 개인위치정보 수집에 대한 사용자 동의가 철회되었음에도 불구하고, 이 사건 기기의 데이터베이스 내에 그 위치정보를 저장한 것은 사용자의 동의 없이 '개인위치정보'를 '수집'한 것에 해당하는지 여부가 문제 되었다. 이와 관련하여 항소심 법원은 이 사건 기기에 저장된 위치정보는 특정 사용자가 존재했던 장소에 관한 것으로서 위치정보법상의 '개인위치정보'에 해당한다고 보았다.[3)]

이에 대해 애플은 사용자 기기 내 데이터베이스는 애플이 아닌 사용자가 관리하는 것이므로 애플의 위치정보시스템의 일부가 아니고, 따라서 사용자 기기 내에 기기의 위치정보를 저장하는 것은 애플이 개인위치정보를 '수집'한 것으로 볼 수 없다는 취지로 주장하였다.

이러한 애플의 주장에 대해 항소심 법원은 사용자 기기의 데이터베이스 파일은 물리적으로 애플의 위치정보시스템 서버와 분리되어 있다는 점은 인정하였다. 하지만, 위 데이터베이스는 iOS에서 자동으로 생성되어 데이터가 저장되는데, 사용자가 이 과정에 전혀 관여할 수 없고, 애플은 사용자의 의도와 무관하게 iOS를 통해 기기에 특정 정보를 생성하거나 삭제하는 등 관리하여 오고 있다는 점 등에 비추어, 사용자 기기 상의 데이터베이스 역시 애플의 위치정보시스템의 일부라고 판단하였다. 따라서 사용자 기기에 개인위치정보를 저장하는 것 역시 애플이 개인위치정보를 '수집'하는 것에 해당하게 된다.

나아가, 항소심 법원은 이 사건 위치정보 서비스상 버그로 인하여, 사용자가 개인위치정

3) 제1심에서는 이러한 쟁점이 명시적으로 다투어지지 않은 것으로 보인다.

보 수집에 대한 동의를 철회하였음에도 개인위치정보를 이 사건 기기에 저장한 것은 위치정보법 제18조 제1항에서 정한 개인위치정보의 수집상 제한을 위반한 것으로 판단하였고, 대법원은 이러한 항소심 법원의 판단을 유지하였다.

2) 개인위치정보를 암호화하지 않고 저장한 것이 위치정보 보호조치 의무 위반에 해당하는지 여부

다른 한편, 위치정보법 제16조 제1항은 위치정보의 누출, 변조, 훼손 등을 방지하기 위한 관리적·기술적 조치를 취할 의무를 부과하고 있다. 그런데 애플은 위와 같은 위치정보를 암호화하지 않은 상태로 이 사건 기기에 저장하였는데, 기기의 위치정보를 암호화하지 않은 상태로 저장한 것이 위치정보법상의 위치정보 보호조치 의무를 위반한 것인지도 쟁점이 되었다.

이에 대해 방송통신위원회는 휴대단말기에 저장된 위치정보가 암호화되어 있지 않을 경우, 휴대단말기를 분실하거나 해킹 당하게 될 경우 사용자의 위치궤적이 그대로 타인에게 노출되어 프라이버시 침해 위험이 존재한다는 점을 주된 근거로 하여 위치정보법 제16조 제1항(위치정보의 보호조치 등) 위반으로 판단하였다. 다만, 사용자 휴대단말기에 저장된 위치정보에 대해 암호화할 의무가 있다는 점은 사업자가 사전에 법적 의무로 인지하기 어려웠다는 이유로 과징금을 부과하지는 아니하였다. 이 사건 제1심 및 항소심 법원도 방송통신위원회의 판단과 마찬가지로 사용자 기기의 위치정보를 암호화하지 않은 상태로 저장하는 것은 기기 내 데이터베이스에 저장된 위치정보의 누출, 변조, 훼손 등을 방지하기 위한 충분한 기술적·관리적 조치를 하지 않은 것으로서, 애플이 위치정보법 제16조 제1항을 위반한 것으로 판단하였다.[4)]

3) 검토

생각건대, 사용자 기기에 개인위치정보를 저장하는 것까지도 모두 개인위치정보의 수집으로 보는 것은 '수집'의 의미를 지나치게 확장하는 것이라는 비판도 가능하다. 그러나 이 사건의 경우 iOS 운영체제가 어떠한 정보를 생성, 저장, 삭제하는지는 전적으로 애플의 관리하에 있고 사용자가 이에 전혀 관여할 수 없으며, 사용자 기기에 저장된 정보가 애플의 서버로 전송되어 애플의 위치정보시스템을 유지하는 데 중요한 기능을 수행하고 있다는 점을 고

4) 대법원 판결은 사용자 기기에 저장되는 위치정보를 암호화해야 하는지에 관하여는 명시적으로 판시하지 않고 있다.

려한다면, 사용자 기기의 데이터베이스에 개인위치정보를 저장하는 행위 역시 법적으로 개인위치정보의 수집에 해당한다고 평가하는 것이 타당해 보인다. 나아가 방송통신위원회나 제1심 및 항소심 법원이 적절히 지적한 바와 같이 휴대단말기가 분실 또는 절취당하는 경우 암호화되지 않은 사용자의 개인위치정보가 그대로 유출되는 문제가 발생할 수 있다는 점에서 이를 암호화할 의무가 있다고 판단한 것도 그 취지에 충분히 공감할 수 있다.

3. 손해배상책임의 발생 여부

가. 정보주체에게 '재산상의 손해'가 발생하였는지 여부

이상에서 살펴본 바와 같이 애플의 iOS 4.0 버전에서 발견된 버그는 위치정보법을 위반한 것으로 평가된다. 그러나 이러한 애플의 위법한 행위로 인하여 사용자에게 손해배상책임을 부담하게 되는지는 별도의 법적 평가가 필요하다.

우선 이 사건에서는 사용자에게 어떠한 재산상 손해도 발생하지 않은 것으로 보인다. 사용자의 기기에서 애플의 위치정보시스템 서버로 전송된 정보는 익명에 불과하고 그 기기의 '위치정보'에 해당할 뿐이고, '개인위치정보'가 외부로 유출된 바는 없었던 것으로 보인다. 또한 사용자 기기 내에 저장된 개인위치정보가 해킹되어 개인위치정보가 권한 없이 유출된 사례 또한 없었던 상황이었다. 즉, 사용자가 기기를 분실하는 등의 상황에서 사용자의 개인위치정보가 유출된 위험성은 존재하지만, 그러한 위험이 현실화되어 실제 재산상의 손해가 발생하였다는 증거는 없었던 것이다. 따라서 이 사건에서는 이러한 위험으로 인해 사용자에게 정신적 손해가 발생하였는지 여부만이 쟁점이 되었다.

나. 정보주체에게 '정신적 손해'가 발생하였는지 여부

대상 판결은 정보주체의 동의를 얻지 않고 개인의 위치정보가 수집된 경우, 정보주체에게 위자료로 배상받아야 할 정신적 손해가 발생하였는지에 관한 판단 기준으로서, 개인택시 차량의 위치정보 무단 열람 사건에서 설시한 기준을 인용하였다.[5] 즉, 대법원은 "정보주체의 동의를 얻지 아니하고 개인의 위치정보를 수집한 경우, 그로 인하여 손해배상책임이 인정되는지는 위치정보 수집으로 정보주체를 식별할 가능성이 발생하였는지, 정보를 수집한 자가 수집된 위치정보를 열람 등 이용하였는지, 위치정보가 수집된 기간이 장기간인지, 위치정보를 수집하게 된 경위와 그 수집한 정보를 관리해 온 실태는 어떠한지, 위치정보 수집으

5) 대법원 2016. 9. 28. 선고 2014다56652 판결. 해당 판결에 대해서는 본 평석집 해당 부분을 참조.

로 인한 피해 발생 및 확산을 방지하기 위하여 어떠한 조치가 취하여졌는지 등 여러 사정을 종합적으로 고려하여 구체적 사건에 따라 개별적으로 판단하여야 한다."고 판시하였다.

이 사건에서 법원은 제1심에서 상고심에 이르기까지 일관되게 피해자에게 위자료로 배상받아야 할 정신적 손해가 발생하였다고 보기 어렵다고 판단하였다. 대법원이 설시한 기준에 비추어 이 사건에 정신적 손해 발생을 인정하지 않은 근거를 살펴 보면 다음과 같이 정리할 수 있다: ① **(정보주체의 식별 가능성)** 사용자 기기에서 애플의 서버로 전송된 정보를 통해서는 특정 기기나 사용자가 누구인지 알 수 없고, 사용자 기기 데이터베이스에 저장된 정보는 기기의 분실·도난·해킹 등이 발생하는 경우 외에는 외부로 유출될 가능성이 없다. ② **(위치정보의 이용)** 수집된 위치정보나 개인위치정보가 수집목적과 달리 이용되거나 제3자에게 유출된 것으로 보이지 않는다. ③ **(수집된 기간)** iOS 4.0 버전의 버그는 일종의 기술적 시행착오의 성격을 가지고 일시적으로 발생한 것에 불과하다. ④ **(위치정보의 수집 경위와 관리 실태)** 이 사건 위치정보나 개인위치정보의 수집은 사용자에게 위치서비스를 제공하기 위한 것이지, 달리 위치정보나 개인위치정보를 침해하기 위한 목적으로 이루어진 것이 아니다. ⑤ **(피해 발생 및 확산 방지 조치)** 이 사건 버그가 존재한다는 사실이 알려지자 애플은 신속하게 새로운 운영체제를 개발하여 배포하는 등 그로 인한 피해 발생이나 확산을 막기 위해 노력하였다.

이러한 결론에 대해 비판하는 견해도 제기된다.[6] 즉, 개인위치정보는 개인의 생명, 신체의 안전이나 사생활과 밀접하게 관련되는 민감성이 높은 정보이고, 개인위치정보는 일반적인 개인정보에 비해 강화된 보호를 받을 필요가 있으므로, 개인위치정보에 대한 자기결정권이 침해된 경우에는 피해자가 어떠한 정신적 고통을 입었는지 또는 어떠한 정신적 이익을 상실했는지 사실적으로 증명할 것을 요구하는 것은 바람직하지 않고, 그러한 권리 침해 자체를 규범적으로 평가하여 비재산적 손해를 인정해야 한다는 것이다. 다른 한편, 개인정보자기결정권 침해에 대한 손해배상책임 인정 여부에 대해서는 정보주체에게 2차적으로 발생할 수 있는 피해를 중요하게 고려해야 하고, 개인위치정보의 민감성이 2차 피해 발생가능성을 판단할 때 충분히 고려되어야 하는 것은 맞지만, 이 사건의 경우에는 2차 피해 발생가능성이 거의 없고, 달리 개인위치정보의 수집 과정에서 현저한 행위불법적 요소도 발견되지 않는다는 점에 비추어 대상 판결에 찬성하는 견해도 있다.[7]

---

6) 권태상, "개인위치정보의 수집으로 인한 손해배상책임 – 대법원 2018. 5. 30. 선고 2015다251539, 251546, 251553, 251560, 251577 판결", 법학논집 제24권 제4호(2020. 6.).

7) 권영준, "2018년 민법 판례 동향", 서울대학교 법학 제60권 제1호(2019. 3.).

III. 판결의 의의

모바일 기기를 통한 위치정보 서비스는 매우 폭넓게 활용되고 있다. 모바일 기기의 위치정보는 지도 검색이나 내비게이션, 개인 맞춤형 광고나 이용자 프로파일링을 통한 콘텐츠 추천 등에도 널리 활용되고 있다. 또한 자율주행 시대가 점차 도래하면서 차량의 위치정보 또한 그 중요성이 날로 커지고 있다. 이렇듯 빠르게 변화하는 기술 환경 하에서 개인의 위치정보를 보호해야 할 필요성 또한 커지고 있다.

이 판결은 모바일 기기에 의해 수집되는 기기나 사용자의 위치에 관한 정보가 위치정보법에 의해 어떻게 규율되는지를 잘 보여준다는 점에서 의의가 있다. 이 사건에서는 특정 기기나 이용자의 위치를 알고자 하는 것이 아니라, 기기 주변의 통신기지국 등의 위치를 파악하고자 관련 정보를 익명으로 수집한 경우에도 위치정보법상의 '위치정보'에 해당한다고 보았다. 나아가 사업자의 서버로 관련 데이터가 전송되지 않고 사용자의 기기에만 저장되어 있는 경우라고 하더라도, 해당 정보의 생성·삭제·전송 등의 관리가 전적으로 사업자에 의해 이루어지는 경우에는 사업자가 해당 정보를 수집한 것으로 볼 수 있다고 판단한 점도 유의할 필요가 있다.

한편, 이 판결은 위치정보사업자나 위치기반서비스사업자가 위치정보법을 위반한 경우, 법에 따른 행정 제재나 형사 처벌의 대상이 되는 것을 넘어 정보주체에 대해 손해배상 책임을 부담하는지 여부도 다루었다. 특히 정보주체에게 재산상의 손해가 발생하지 않은 경우, 위자료로 배상할 만한 정신적 손해가 발생하였는지 여부를 판단하는 기준을 제시하고, 이를 구체적으로 적용하였다는 점에서 그 의의가 크다 하겠다.

066 통신사실 확인자료 제공의 기본권 침해 여부

- 통신비밀보호법 제13조 제1항 통신사실 확인자료 제공 요청 및 허가 -

헌재 2018. 6. 28. 2012헌마538 결정

오태원(경일대학교 경찰행정학과 교수)

I. 판결의 개요

1. 사안의 개요 - 사실관계

2011. 12. 26. 서울 서초구 ○○동에 있는 ○○회관에서 ○○당 당대표 선출을 위한 예비경선 과정 중 성명불상자의 선거인들에 대한 금품살포 의혹이 언론보도 등을 통해 제기되었다. 수사에 착수한 피청구인은 사건 현장에 설치되어 있던 폐쇄회로 텔레비전(CCTV) 자료를 확인하여 위 성명불상자가 이동전화로 통화하는 시각에 기초하여, 2012. 1. 25. 18:10경 법원의 허가를 얻어 전기통신사업자들에게 2011. 12. 26. 17:00부터 17:10 사이 ○○회관을 관할하는 기지국을 이용하여 착·발신한 전화번호, 착·발신 시간, 통화시간, 수·발신 번호 등의 통신사실 확인자료 제공을 요청하였고, 전기통신사업자들로부터 청구인을 포함한 총 659명의 통신사실 확인자료를 제공받았다.

청구인은 인터넷 언론의 기자로서 위 시각에 ○○회관에서 ○○당 당대표 선출을 위한 예비경선을 취재하였는데, 2012. 3. 20. 피청구인으로부터 위와 같은 통신사실 확인자료 제공요청 집행사실을 통지받아 위 수사에 관하여 알게 되었다.

이에 청구인은 위 수사 및 그 근거조항인 통신비밀보호법 제13조 제1항, 제2항이 청구인의 통신의 자유, 사생활의 비밀과 자유, 개인정보자기결정권 등 기본권을 침해한다고 주장하면서, 2012. 6. 14. 이 사건 헌법소원심판을 청구하였다.

2. 판결의 요지

가. 과잉금지원칙 위반 여부

청구인은 이 사건 요청조항이 통신사실 확인자료 제공요청 사유를 불확실하고 포괄적으

로 규정하고 있고, 기지국 수사를 허용하는지 여부가 불분명하므로 명확성원칙에 위배된다는 취지로 주장하였는데, 헌법재판소는 이 사건 요청조항의 내용이 광범위하여 정보주체의 기본권을 과도하게 제한한다는 취지의 주장으로 해석하여 과잉금지원칙 위반 여부에 포함하여 판단하였다.

먼저 헌법재판소는 목적의 정당성에 관하여 이 사건 요청조항은 수사활동을 보장하기 위한 목적으로 범죄수사를 위하여 필요한 경우 수사기관이 법원의 허가를 얻어 전기통신사업자에게 해당 가입자의 전기통신일시, 상대방의 전화번호 등 통신사실 확인자료를 제공요청할 수 있도록 하고 있으므로, 그 입법목적이 정당하고 수단도 적정하다고 보았다.

침해의 최소성과 관련하여 범죄와 아무런 관련도 없는 사람들의 정보를 대량으로 제공받는 것은 예외적으로 허용되어야 하며, 강제처분에 관한 법률에 수사기관의 남용을 방지할 수 있는 여러 조치들을 마련하여 정보주체의 기본권 보장과 조화를 꾀하여야 한다고 보고, 통신사실 확인자료는 비내용적 정보이긴 하지만 강력한 보호가 필요한 민감한 정보로서 통신의 내용과 더불어 통신의 자유를 구성하는 본질적인 요소에 해당하므로, 기지국 수사를 위하여 통신사실 확인자료 제공요청을 하는 경우에는 엄격한 요건 하에 예외적으로 허용하여야 한다고 하였다. 그럼에도 이 사건 요청조항은 수사의 필요성만을 요건으로 규정함으로써 수사기관의 통신사실 확인자료 제공요청을 모든 범죄에 대하여 광범위하게 허용하고 있을 뿐만 아니라 범죄의 의혹만으로도 특정 시간대 특정 기지국에서 발신된 불특정 다수의 통신사실 확인자료를 제공받는 수사방식을 허용하여 정보주체의 기본권을 과도하게 제한하고 있다고 하면서 침해의 최소성을 인정하지 않았다. 마찬가지의 논리로 법익의 균형성도 인정하지 않았다.

나. 헌법상 영장주의 위배 여부

청구인은 수사기관이 통신비밀보호법 제13조 제1항을 근거로 불특정 다수인의 통신사실 확인자료를 제공받는 형태의 기지국 수사가 법원의 영장이 아닌 법원의 허가만으로 가능하게 규정된 것에 대하여 영장주의에 위반한다는 주장을 하였다. 즉, 기지국을 이용하여 착·발신 전화번호, 시간, 통화시간, 번호 등의 정보가 담겨져 있는 통신사실 확인자료를 수사하는 것은 그 실질이 압수수색과 동일한데, 이를 법원의 영장이 아닌 허가만으로 가능하도록 하고 있는 것은 헌법상 영장주의에 반한다고 주장한 것이다. 그러나 헌법재판소는 영장주의의 본질은 인적, 물적 독립을 보장받는 중립적인 법관의 구체적 판단을 거쳐야 한다는 것이기 때문에 검사의 청구와 그에 따른 법원의 영장발부라는 절차를 거치지 않더라도 법원의 허가

를 통해 법관의 구체적 판단을 거친 것이기 때문에 이는 영장주의에 반하지 않는다고 보았다. 이와 더불어 "입법자는 수사기관의 강제처분에 관한 법률을 제정함에 있어, 헌법 제12조 제3항을 준수하는 범위 내에서 해당 강제처분의 특수성, 그 강제처분과 관련된 우리 사회의 법현실, 수사관행, 수사기관과 국민의 법의식수준 등을 종합적으로 검토한 다음 구체적 사정에 따라서 다양한 정책적인 선택을 할 수 있다"고 하였다.

II. 해설

1. 쟁점의 정리 - 통신비밀보호법 제13조 제1항, 제2항의 위헌 여부

가. 과잉금지원칙의 위반 여부

과잉금지의 원칙은 국가가 국민의 기본권을 제한함에 있어서 준수하여야 하는 기본원칙으로 목적의 정당성, 방법의 적정성, 피해의 최소성, 법익의 균형성 등을 의미하는 것으로 이해되고 있다. 이 사안에서도 헌법재판소는 통신비밀보호법 제13조 제1항에 대하여 과잉금지의 원칙을 위반하였는가를 판단함에 있어 목적의 정당성, 방법의 적정성, 피해의 최소성, 법익의 균형성 등을 따져 보았고 그중에서 특히 침해의 최소성에 대한 문제를 들어 위헌결정을 내리게 되었다. 결국 가장 중요한 쟁점은 통신비밀보호법 제13조 제1항이 피해의 최소성 기준을 충족하고 있느냐의 문제라고 할 것이다.

나. 영장주의 위반 여부

국가의 강제력이 발동되는 강제수사는 필연적으로 국민의 기본권을 침해할 수밖에 없으며 이를 견제하기 위하여 현대 헌법은 강제수사에 있어서 영장주의라는 제도를 채택하고 있다. 즉, 강제수사 이전에 영장이라는 절차를 통하여 인적, 물적으로 독립된 법관이 강제수사의 필요성과 타당성을 검토하고 허가하도록 한 것이다. 이 사안에서 통신비밀보호법 제13조 제1항과 제2항을 통하여 규정하고 있는 통신사실 확인자료 제공 허가가 헌법에서 요구하고 있는 영장주의를 충족하고 있는가가 문제된다고 할 수 있다.

2. 심판 대상 조항

가. 통신비밀보호법(2005. 5. 26. 법률 제7503호로 개정된 것)

제13조(범죄수사를 위한 통신사실 확인자료제공의 절차) ① 검사 또는 사법경찰관은 수사 또

는 형의 집행을 위하여 필요한 경우 전기통신사업법에 의한 전기통신사업자(이하 "전기통신사업자"라 한다)에게 통신사실 확인자료의 열람이나 제출(이하 "통신사실 확인자료제공"이라 한다)을 요청할 수 있다.

② 제1항의 규정에 의한 통신사실 확인자료제공을 요청하는 경우에는 요청사유, 해당 가입자와의 연관성 및 필요한 자료의 범위를 기록한 서면으로 관할지방법원(보통군사법원을 포함한다. 이하 같다) 또는 지원의 허가를 받아야 한다. 다만, 관할 지방법원 또는 지원의 허가를 받을 수 없는 긴급한 사유가 있는 때에는 통신사실 확인자료제공을 요청한 후 지체 없이 그 허가를 받아 전기통신사업자에게 송부하여야 한다.

나. 관련조항

통신비밀보호법(2005. 1. 27. 법률 제7371호로 개정된 것)

제2조(정의) 이 법에서 사용하는 용어의 정의는 다음과 같다.

11. "통신사실확인자료"라 함은 다음 각 목의 어느 하나에 해당하는 전기통신사실에 관한 자료를 말한다.
    가. 가입자의 전기통신일시
    나. 전기통신개시 · 종료시간
    다. 발 · 착신 통신번호 등 상대방의 가입자번호
    라. 사용도수

3. 검토

가. 과잉금지원칙의 위반 여부

헌법상 과잉금지원칙을 충족하기 위해서는 목적의 정당성, 침해의 최소성, 수단의 적정성, 법익의 균형성을 모두 충족하여야 한다. 헌법재판소도 이 사안에서 이러한 요소를 모두 검토하였는데 먼저 목적의 정당성과 수단의 적정성에 대하여 이동전화나 인터넷의 사용이 일상화되면서 그 사용에 관한 정보를 활용하여 범죄의 증거를 수집하거나 범인의 신상 또는 소재를 파악하는 방법이 중요한 수사기법으로 자리를 잡게 된 현실을 고려할 때, 범죄수사를 위하여 필요한 경우 수사기관이 법원의 허가를 얻어 전기통신사업자에게 해당 가입자의 전기통신일시, 상대방의 전화번호 등 통신사실 확인자료를 제공요청 할 수 있도록 하고 있

는 것은 입법목적이 정당하고 수단도 적정하다고 보았다. 현실적으로도 수사기관에서 통신사실 확인자료가 매우 유용한 수사방법으로 활용되고 있으며, 통신사실 확인자료가 초기 수사에 있어서 상당히 도움이 많이 된다고 한다. 이러한 점을 고려할 때, 목적의 정당성이나 수단의 적정성이 인정되는 것은 분명하다.

가장 중요한 쟁점은 침해의 최소성인데, 헌법재판소는 먼저 죄와 아무런 관련도 없는 사람들의 정보를 대량으로 제공받는 것은 예외적으로 허용되어야 하며, 강제처분에 관한 법률에 수사기관의 남용을 방지할 수 있는 여러 조치들을 마련하여 정보주체의 기본권 보장과 조화를 꾀하여야 한다고 전제하고, 통신사실 확인자료는 비내용적 정보이긴 하지만 강력한 보호가 필요한 민감한 정보로서 통신의 내용과 더불어 통신의 자유를 구성하는 본질적인 요소에 해당하므로, 기지국 수사를 위하여 통신사실 확인자료 제공요청을 하는 경우에는 엄격한 요건 하에 예외적으로 허용하여야 한다고 설시하였다. 아울러 통신사실 확인자료 제공건수의 거의 대부분은 기지국 수사 방식에 의한 것이며 1개의 허가서 당 수천여 개의 전화번호가 집계되고 있는 실정인 점, 통신제한조치 허가신청에 대한 법원의 기각률은 약 4%인데 반하여, 통신사실 확인자료 제공요청 허가신청에 대한 법원의 기각률은 약 1%에 불과하다는 점을 지적하였다. 따라서 이 사건 요청조항이 보충성 등을 요구하지 않은 채 수사의 필요성만을 요건으로 규정하고 있음에 기인하는 점을 고려할 때, 현재와 같이 통신사실 확인자료 제공요청에 대한 요건이 완화되어 있는 상태에서는 법원이 허가를 담당하고 있다는 사정만으로 수사기관의 제공 요청 남용에 대한 통제가 충분히 이루어지고 있다고 단정하기 어렵다고 보았다.

그리고 ① 유괴, 납치, 성폭력범죄 등 강력범죄나 국가안보를 위협하는 각종 범죄와 같이 피해자나 피의자의 통신사실 확인자료가 반드시 필요한 범죄로 그 대상을 한정하는 방안, ② 위 중요 범죄와 더불어 통신을 수단으로 하는 범죄 일반을 포함시키는 방안, ③ 위 요건에 더하여 다른 방법으로는 범죄수사가 어려운 경우(보충성)를 요건으로 추가하거나, 또는 위 중요 범죄 이외의 경우에만 보충성을 요건으로 추가하는 방안, ④ 1건의 허가서로 불특정 다수인에 대한 통신사실 확인자료 제공요청을 못하도록 하는 방안 등을 독립적 또는 중첩적으로 검토함으로써, 수사에 지장을 초래하지 않으면서도 불특정 다수의 기본권을 덜 침해하는 수단이 존재할 수 있음을 제시하면서, 결론적으로 이 사건의 요청조항은 정보주체의 기본권 제한을 최소화하려는 노력은 전혀 하지 아니한 채 수사기관의 수사편의 및 효율성만을 도모하고 있다고 보고, 침해의 최소성을 위반하였다고 보았다.

이에 대하여 소수의견[1])으로 통신사실 확인자료는 통신을 하기 위하여 필연적으로 발생

하는 통신이용의 전반적 상황에 관한 정보로서 전자적으로 저장되는 '비내용적 정보'라는 점에서 구체적인 통신내용을 대상으로 하는 '범죄수사를 위한 통신제한조치'(통신비밀보호법 제5조 이하)와 달리 기본권 제한의 정도가 그리 심각하지 아니하다는 의견이 있었다.

소수의견에 주장하는 바와 같이 통신사실 확인자료가 이른바 '비내용적 정보'이긴 하지만 기지국 기준 통신사실 확인자료 제공 허가 하나로 불특정 다수인의 개인정보를 정보주체의 동의없이 수사기관이 가질 수 있다는 점에서 개인정보의 침해가능성이 상당하다고 볼 수 있다. 특히 범죄가 발생한 지역의 주변에서 범죄가 발생한 시간대에 통화를 했다는 것을 이유로 수사기관에 불특정 다수인의 사생활이 노출될 수 있고 수사의 대상이 될 수 있다는 것이다.[2] 즉 통신사실 확인자료가 범죄수사의 대상이 되는 피의자 또는 특정인의 통신사실 확인자료만을 의미하는 것이 아니라 기지국의 기준으로 불특정 다수인의 통신사실 확인자료가 제공된다는 점을 고려할 때, 침해의 최소성을 부인한 다수의견이 타당하다고 판단된다.

나. 영장주의 위반 여부

헌법재판소는 이 사건 요청조항이 영장주의를 위반하였는가에 관하여 통신사실 확인자료는 주로 범죄의 수사를 시작하는 초동 수사단계에서 활용되고, 특히 특정 시간 및 장소에서 범죄가 발생하였지만 수사기관이 아무런 단서도 찾지 못하고 있는 경우에 그 특정 시간대 특정 기지국에서 발신된 모든 전화번호를 수사의 단서로 삼으면 용의자를 좁혀 검거나 관련 증거를 수집하는 데 유용하게 활용될 수 있다는 점에서, 수사실무상 범죄예방과 사건의 조기해결을 위하여 기지국 수사를 허용할 현실적인 필요성이 있음을 부정하기 어렵다고 보고, 이 사건 허가조항은 기지국 수사의 필요성, 실체진실의 발견 및 신속한 범죄수사의 요청, 통신사실 확인자료의 특성, 수사현실 등을 종합적으로 고려하여, 수사기관으로 하여금 법원의 허가를 받아 특정 시간대 특정 기지국에서 발신된 모든 전화번호 등 통신사실 확인자료의 제공을 요청할 수 있도록 하고 있다고 보았다. 결론적으로 영장주의의 본질이 강제처분을 함에 있어서는 인적·물적 독립을 보장받는 중립적인 법관이 구체적 판단을 거쳐야만 한다는 데에 있음을 고려할 때, 통신비밀보호법이 정하는 방식에 따라 관할 지방법원 또는 지원의 허가를 받도록 하고 있는 이 사건 허가조항은 실질적으로 영장주의를 충족하고 있다고 판단하였다.

이는 헌법에서 엄격하게 영장주의의 대상으로 하고 있는 체포, 구속, 압수, 수색 중 하나

---

1) 재판관 김창종, 재판관 서기석, 재판관 조용호.

2) 박찬걸, "통신사실확인자료 제공제도의 현황 및 개선방안", 형사법의 신동향, 통권 제44호, 2014, 210면.

에 해당하는 것은 아니지만 어느 정도 영장주의의 기준이 적용되어야 함은 인정하면서도 강제수사의 강도가 그에는 못 미치기 때문에 법에서 규정하고 있는 허가절차로 실질적 영장주의를 충족하고 있다고 본 것이다.

III. 판결의 의의

판례를 논함에 있어서 다소 싱거운 결말일 수 있겠으나, 이 사건에 대한 헌법재판소의 헌법불합치결정에 따라 통신비밀보호법의 통신사실 확인자료관련 조항은 2019년 12월 31일 개정되었다.

먼저 기존의 제13조 제2항이 제3항으로 옮겨지고, 제13조 제2항이 신설되어서 검사나 사법경찰관은 다른 방법으로는 범죄실행을 저지하기 어렵거나 범인의 발견·확보 또는 증거의 수집·보전이 어렵다는 등의 보충적인 요건(보충성 요건)을 갖춘 경우에만 실시간 위치정보 추적자료 요청 및 특정한 기지국에 대하여 통신사실 확인자료제공을 요청할 수 있도록 하여 실시간 위치정보 추적자료 및 기지국에 대한 통신사실 확인자료제공과 관련한 국민의 권리보호를 명확히 하였다.

또한 제13조의3 조문을 대폭 개정하여 통신사실 확인자료제공을 받은 검사 또는 사법경찰관은 기소중지결정이나 참고인중지결정의 처분을 한 날부터 1년(국가안보 관련 범죄 등의 수사 등을 목적으로 하는 경우에는 3년)이 경과한 때 또는 수사가 진행 중인 경우 통신사실 확인자료제공을 받은 날부터 1년(국가안보 관련 범죄 등의 수사 등을 목적으로 하는 경우에는 3년)이 경과한 때에는 그 기간이 경과한 날부터 30일 이내에 통신사실 확인자료제공을 받은 사실, 제공요청기관 및 그 기간 등을 정보주체인 전기통신가입자에게 서면으로 통지하도록 하여 국민의 절차적 권리와 개인정보자기결정권 보장을 강화하고(제13조의3 제1항), 검사 또는 사법경찰관은 국가안전보장, 사건관계인의 생명·신체의 안전, 공정한 사법절차의 진행, 사건관계인의 명예·사생활 등을 해칠 우려가 있는 경우 등의 사유가 있으면 관할 지방검찰청 검사장의 승인을 받아 통신사실 확인자료제공 관련 통지를 유예할 수 있도록 하고, 그 사유가 해소된 때에는 그 날부터 30일 이내에 정보주체에게 통신사실 확인자료제공 관련 통지를 하도록 하였다(제13조의3 제2항부터 제4항까지 신설). 아울러 통신사실 확인자료제공 사실을 통지받은 당사자는 그 통신사실 확인자료제공 요청 사유를 알려주도록 수사기관에 신청할 수 있게 하고, 수사기관은 국가안전보장을 해칠 우려가 있는 등의 사유가 있는 경우 외에는 30

일 이내에 그 사유를 통지하도록 하여 국민의 절차적 권리와 개인정보자기결정권보장을 강화하였다(제13조의3 제5항 및 제6항 신설).

이 헌법재판소의 판례는 '비내용적 정보'라 하더라도 불특정 다수인의 개인정보가 대량으로 수사기관에 제공되는 것에 대하여 개인정보자기결정권을 상당하게 보호해야 함을 인정하였다는 점에서 큰 의미가 있다고 할 것이다.

그러나 개정된 법률이 주로 통신수사의 대상을 제한하고 통지제도를 강화하는 등 제도의 측면을 개선하고 있을 뿐, 비식별화 방법을 통한 통신수사 방식의 개선과 같은 방법을 도입하는 등의 노력이 필요하다는 의견[3]도 있으며, 영장주의에 관하여도 압수, 수색 등 강제처분의 본질에 대하여 물리적인 침해라는 기준에서 벗어나 개인의 합리적인 프라이버시의 기대라는 새로운 기준을 설정하면 통신사실 확인자료의 제공도 수색에 해당될 가능성이 있다는 의견[4]도 주목할 만하다.

거의 모든 사람이 스마트폰을 분신처럼 사용하는 현대의 삶을 생각해볼 때, 통신사실 확인자료의 활용성과 중요성은 계속해서 증대될 것이다. 그에 맞추어 통신사실 확인자료의 제공 즉 수사활동에서 통신사실 확인자료를 활용하는 방식이나 절차에 대한 개선은 지속적으로 이루어져야 할 것이라고 생각한다.

---

3) 박현준, 이상진, "비식별화된 통신사실확인자료의 제공 절차 도입을 통한 수사기관의 기본권 침해 최소화 방안", 형사정책연구 제30권 제1호, 한국형사정책연구원, 2019. 3. 참조.

4) 박혜림, "범죄수사를 위한 통신사실확인자료 수집에 대한 소고 –위치정보추적수사를 중심으로–", 법학연구 통권 제64집, 전북대학교 법학연구소, 2020. 12. 참조.

067

개인정보자기결정권 침해의 판단기준

- 통신비밀보호법 위치정보 추적자료 사건 -

헌재 2018. 6. 28. 2012헌마191, 550(병합), 2014헌마357(병합) 결정

임현(고려대학교 행정학과 교수)

I. 판결의 개요

1. 사안의 개요

가. 사실관계

1) 2012헌마191, 550 사건

이 사건 청구인들은 ○○중공업이 영도조선소 근로자를 정리해고한 것에 항의하여 크레인 점거 농성 중이던 甲 등을 응원하고자 2011. 6. 11.부터 2011. 10. 9. 사이에 희망버스 집회를 개최하였다는 취지의 '집회 및 시위에 관한 법률' 위반 등 혐의로 기소된 사람들이다. 해당 수사기관은 위 사건의 수사 또는 체포영장의 집행을 위하여 법원의 허가를 얻어 전기통신사업자에게 청구인들에 대한 통신비밀보호법 제2조 제11호 바목에 해당하는 통신사실 확인자료의 제출을 요청하여 이를 제공받았고, 위 청구인들은 2011. 12. 22.경부터 2012. 4. 4.경 사이에 해당 수사기관으로부터 위와 같은 통신사실 확인자료 제공사실을 통지받았다. 이에 청구인들은 2012. 2. 29.(2012헌마191), 2012. 6. 19.(2012헌마550), 구 통신비밀보호법(2005. 1. 27. 법률 제7371호로 개정된 것) 제2조 제11호 바목, 제13조 제1항, 제2항, 제13조의3이 청구인들의 통신의 자유, 사생활의 비밀과 자유, 개인정보자기결정권 등 기본권을 침해한다고 주장하면서 헌법소원심판을 청구하였다.

2) 2014헌마357 사건

이 사건 청구인들은 국토교통부에서 발표한 '철도산업 발전방안'이 한국철도공사를 민영화하는 방안이라고 주장하면서 이를 막겠다는 명목으로 2013. 12. 9.부터 2013. 12. 30.까지 파업을 벌여 한국철도공사의 여객·화물 수송업무를 방해하였다는 취지의 업무방해혐의로

기소되거나, 동일한 이유로 고소되었으나 기소에는 이르지 않은 사람 등이다. 해당 수사기관은 위 사건의 수사 또는 체포영장의 집행을 위하여 법원의 허가를 얻어 전기통신사업자에게 위 청구인들에 대한 통신비밀보호법 제2조 제11호 바목 및 사목에 해당하는 통신사실 확인자료의 제출을 요청하여 이를 제공받았고, 위 청구인들은 2014. 2. 10.경부터 해당 수사기관으로부터 위와 같은 통신사실 확인자료 제공사실을 통지받았다.

이에 청구인들은 구 통신비밀보호법(2005. 1. 27. 법률 제7371호로 개정된 것) 제2조 제11호 바목, 사목, 제13조 제1항, 제2항, 제13조의3이 청구인들의 통신의 자유, 사생활의 비밀과 자유, 개인정보자기결정권 등 기본권을 침해한다고 주장하면서 헌법소원심판을 청구하였다.

나. 소송경과

2012. 2. 2012헌마191 사건이 헌법재판소에 청구된 이후 2017. 7. 공개변론을 거쳐 2018. 6. 28. 만 6년이 지나 헌법불합치결정이 내려졌다. 헌법재판소는 구 통신비밀보호법(2005. 5. 26. 법률 제7503호로 개정된 것) 제13조 제1항 중 '검사 또는 사법경찰관은 수사를 위하여 필요한 경우 전기통신사업법에 의한 전기통신사업자에게 제2조 제11호 바목, 사목의 통신사실 확인자료의 열람이나 제출을 요청할 수 있다' 부분이 과잉금지원칙에 위반되어 청구인들의 개인정보자기결정권을 침해한다고 보았다. 또한 '제13조의 규정에 의하여 통신사실 확인자료제공을 받은 사건에 관하여 공소를 제기하거나, 공소의 제기 또는 입건을 하지 아니하는 처분(기소중지결정을 제외한다)을 한 때에는 그 처분을 한 날부터 30일 이내에 통신사실 확인자료제공을 받은 사실과 제공요청기관 및 그 기간 등을 서면으로 통지하여야 한다'는 구 통신비밀보호법 제13조의3 제1항 중 제2조 제11호 바목, 사목의 통신사실 확인자료에 관한 부분이 적법절차원칙에 위반되어 청구인들의 개인정보자기결정권을 침해한다고 판단하였다.

다만, 헌법재판소는 위 조항들에 대하여 단순위헌결정을 함으로써 그 효력을 즉시 상실시킨다면 수사기관이 수사·내사의 대상이 된 정보주체에 대해 위치정보 추적자료의 제공을 요청하거나 위 자료의 제공사실을 정보주체에게 통지할 법률적 근거가 사라져 법적 공백 사태가 발생한다는 점을 고려하여, 단순위헌결정을 하는 대신 헌법불합치결정을 선고하되, 2020. 3. 31.을 시한으로 입법자가 이들 조항의 위헌성을 제거하고 합리적인 내용으로 법률을 개정할 때까지 계속 적용되도록 하였다.

2. 판결의 요지

가. 수사기관의 전기통신사업자에 대한 위치정보 추적자료 요청조항이 과잉금지원칙을 위반하여 개인정보자기결정권을 침해하는지 여부

수사기관은 위치정보 추적자료를 통해 특정 시간대 정보주체의 위치 및 이동상황에 대한 정보를 취득할 수 있으므로 위치정보 추적자료는 충분한 보호가 필요한 민감한 정보에 해당되는 점, 그럼에도 이 사건 요청조항은 수사기관의 광범위한 위치정보 추적자료 제공요청을 허용하여 정보주체의 기본권을 과도하게 제한하는 점, 위치정보 추적자료의 제공요청과 관련하여서는 실시간 위치추적 또는 불특정 다수에 대한 위치추적의 경우 보충성 요건을 추가하거나 대상범죄의 경중에 따라 보충성 요건을 차등적으로 적용함으로써 수사에 지장을 초래하지 않으면서도 정보주체의 기본권을 덜 침해하는 수단이 존재하는 점, 수사기관의 위치정보 추적자료 제공요청에 대해 법원의 허가를 거치도록 규정하고 있으나 수사의 필요성만을 그 요건으로 하고 있어 절차적 통제마저도 제대로 이루어지기 어려운 현실인 점 등을 고려할 때, 이 사건 요청조항은 과잉금지원칙에 반하여 청구인들의 개인정보자기결정권과 통신의 자유를 침해한다.

나. 정보주체에 대한 위치정보 추적자료의 수사기관 제공사실 통지조항이 적법절차원칙을 위반하여 개인정보자기결정권을 침해하는지 여부

수사의 밀행성 확보는 필요하지만, 적법절차원칙을 통하여 수사기관의 권한남용을 방지하고 정보주체의 기본권을 보호하기 위해서는, 위치정보 추적자료 제공과 관련하여 정보주체에게 적절한 고지와 실질적인 의견진술의 기회를 부여해야 한다. 그런데 이 사건 통지조항은 수사가 장기간 진행되거나 기소중지결정이 있는 경우에는 정보주체에게 위치정보 추적자료 제공사실을 통지할 의무를 규정하지 아니하고, 그 밖의 경우에 제공사실을 통지받더라도 그 제공사유가 통지되지 아니하며, 수사목적을 달성한 이후 해당 자료가 파기되었는지 여부도 확인할 수 없게 되어 있어, 정보주체로서는 위치정보 추적자료와 관련된 수사기관의 권한남용에 대해 적절한 대응을 할 수 없게 되었다. 이에 대해서는, 수사가 장기간 계속되거나 기소중지된 경우라도 일정 기간이 경과하면 원칙적으로 정보주체에게 그 제공사실을 통지하도록 하되 수사에 지장을 초래하는 경우에는 중립적 기관의 허가를 얻어 통지를 유예하는 방법, 일정한 조건 하에서 정보주체가 그 제공요청 사유의 통지를 신청할 수 있도록 하는

방법, 통지의무를 위반한 수사기관을 제재하는 방법 등의 개선방안이 있다. 이러한 점들을 종합할 때, 이 사건 통지조항은 적법절차원칙에 위배되어 청구인들의 개인정보자기결정권을 침해한다.

II. 해설

1. 쟁점의 정리 - 위치정보 추적자료의 요청과 제공사실 통지의 개인정보자기결정권 침해 여부

가. 위치정보 추적자료 요청의 과잉금지원칙 위반

헌법재판소는 과잉금지원칙의 내용이 입법목적의 정당성, 방법의 적합성, 피해의 최소성, 법익의 균형성으로 구성된다고 보고 있다.[1] 수사기관이 범인을 발견·확보하고 증거를 수집·보전하기 위해 위치정보 추적자료를 요청할 수 있도록 한 것은 입법목적의 정당성 및 수단의 적정성은 인정되나, 수사기관의 위치정보 추적자료 제공요청의 남용을 방지하고 정보주체의 기본권 보장을 도모할 수 있는지의 측면에서 침해의 최소성 요건을 충족하지 못하며, 달성하려는 공익이 그로 인해 제한되는 정보주체의 기본권보다 중요하다고 단정할 수 없어 법익의 균형성 또한 충족하지 못한다. 따라서 수사기관의 위치정보 추적자료 요청조항은 과잉금지원칙을 위반하여 정보주체의 개인정보자기결정권을 침해한다.

나. 위치정보 추적자료 제공사실 통지의 적법절차원칙 위반

헌법재판소는 헌법 제12조 제1항과 제3항 본문이 함께 적법절차원리의 일반조항에 해당하는 것으로서, 형사절차상의 영역에 한정되지 않고 입법, 행정 등 국가의 모든 공권력의 작용에는 절차상의 적법성뿐만 아니라 법률의 구체적 내용도 합리성과 정당성을 갖춘 실체적인 적법성이 있어야 한다는 적법절차의 원칙을 헌법의 기본원리로 명시하고 있는 것이라고 보았다.[2] 또한 적법절차원칙에서 도출되는 중요한 절차적 요청으로, 당사자에게 적절한 고지를 행할 것, 당사자에게 의견 및 자료 제출의 기회를 부여할 것 등을 들 수 있으나, 이 원칙이 구체적으로 어떠한 절차를 어느 정도로 요구하는지는 규율되는 사항의 성질, 관련 당사자의 권리와 이익, 절차의 이행으로 제고될 가치, 국가작용의 효율성, 절차에 소요되는 비

---

1) 헌재 1989. 12. 22. 88헌가13 결정.
2) 헌재 1992. 12. 24. 92헌가8 결정.

용, 불복의 기회 등 다양한 요소를 비교하여 개별적으로 판단할 수밖에 없다고 하였다.3)

이 사건 위치정보 추적자료 제공사실의 통지조항은 수사가 장기간 진행되거나 기소중지 결정이 있는 경우에는 정보주체에게 위치정보 추적자료 제공사실을 통지할 의무를 규정하지 아니하고, 그 밖의 경우에 제공사실을 통지받더라도 그 제공사유가 통지되지 아니하며, 수사 목적을 달성한 이후 해당 자료가 파기되었는지 여부도 확인할 수 없게 되어 있어, 정보주체로서는 위치정보 추적자료와 관련된 수사기관의 권한남용에 대해 적절한 대응을 할 수 없어 적법절차원칙을 위반하여 정보주체의 개인정보자기결정권을 침해한다.

2. 관련 판례

가. 헌재 2005. 5. 26. 99헌마513 결정

개인정보자기결정권은 자신에 관한 정보가 언제 누구에게 어느 범위까지 알려지고 또 이용되도록 할 것인지를 그 정보주체가 스스로 결정할 수 있는 권리, 즉 정보주체가 개인정보의 공개와 이용에 관하여 스스로 결정할 권리를 말한다.

나. 헌재 2018. 6. 28. 2012헌마538 결정

구 통신비밀보호법(2005. 5. 26. 법률 제7503호로 개정된 것) 제13조 제1항 중 '검사 또는 사법경찰관은 수사를 위하여 필요한 경우 전기통신사업법에 의한 전기통신사업자에게 제2조 제11호 가목 내지 라목의 통신사실 확인자료의 열람이나 제출을 요청할 수 있다' 부분은 과잉금지원칙에 위반되어 청구인의 개인정보자기결정권을 침해한다.

3. 검토

가. 위치정보 추적자료 요청조항의 과잉금지원칙 위반 여부

헌법재판소는 구 통신비밀보호법상 위치정보 추적자료 요청조항이 과잉금지원칙을 위반하여 청구인들의 개인정보자기결정권을 침해한다고 보았는데, 그 구체적 근거는 다음과 같다. 먼저 위치정보 추적자료의 요청조항은 수사의 신속성과 효율성을 도모하고 이를 통하여 실체적 진실발견과 국가형벌권의 적정한 행사에 기여하고자 하는 것이므로 입법목적이 정당성이 인정되며, 이러한 입법목적을 달성하는데 효과적인 방법이 될 수 있으므로 수단의 적절성이 인정된다. 그러나 위치정보 추적자료는 충분한 보호가 필요한 민감한 정보에 해당되

3) 헌재 2003. 7. 24. 2001헌가25 결정; 헌재 2015. 9. 24. 2012헌바302 결정 등.

는 점, 그럼에도 이 사건 요청조항은 수사기관의 광범위한 위치정보 추적자료 제공요청을 허용하여 정보주체의 기본권을 과도하게 제한하는 점, 위치정보 추적자료의 제공요청과 관련하여서는 실시간 위치추적 또는 불특정 다수에 대한 위치추적의 경우 보충성 요건을 추가하거나 대상범죄의 경중에 따라 보충성 요건을 차등적으로 적용함으로써 수사에 지장을 초래하지 않으면서도 정보주체의 기본권을 덜 침해하는 수단이 존재하는 점, 수사기관의 위치정보 추적자료 제공요청에 대해 법원의 허가를 거치도록 규정하고 있으나 수사의 필요성만을 그 요건으로 하고 있어 절차적 통제마저도 제대로 이루어지기 어려운 현실인 점 등을 고려할 때, 이 사건 요청조항은 과잉금지원칙에 반하여 청구인들의 개인정보자기결정권과 통신의 자유를 침해한다고 보았다.

위치정보 추적자료 요청조항이 과잉금지원칙을 위반하는지에 대해서는 반대의견도 제시되었는데, 초동수사 단계에서 활용되는 통신사실 확인자료의 특성상 위치정보는 피의자 등의 행적을 추적하거나 그 신병을 확보하기 위해 사용되는 점, 범죄예방과 사건의 조기해결을 위하여 수사기관으로 하여금 모든 범죄에서 피의자 등의 통신사실 확인자료를 제공요청할 수 있게 할 필요성이 인정되는 점, 위치정보 등 통신사실 확인자료는 비내용적 정보로서 기본권 제한의 정도가 심각하지 않은 점, 보충성 요건이 반드시 필요한 범죄와 그렇지 않은 범죄를 나누는 기준도 모호하고 보충성 요건을 추가할 경우 피의자의 소재나 이동경로를 파악하기 어려워 수사지연과 추가범죄로 연결될 가능성이 있는 점, 관련규정에 의하면 수사기관이 통신사실 확인자료의 제공을 요청하는 경우 그 요청사유, 가입자와의 연관성, 필요한 자료의 범위를 기록한 서면을 통해 법원의 허가를 얻어 실시하도록 하고 있어 필요 최소한의 범위에서 이를 허용하고 있는 점 등을 종합하여 볼 때, 이 사건 요청조항은 과잉금지원칙에 반하여 개인정보자기결정권 및 통신의 자유를 침해하지 아니한다는 것이 그 내용이다.[4]

나. 위치정보 추적자료 제공사실 통지조항의 적법절차원칙 위반 여부

위치정보 추적자료 제공사실 통지조항에 대해 헌법재판소는 위치정보 추적자료 제공과 관련하여 정보주체에게 적절한 고지와 실질적인 의견진술의 기회를 부여되고 있지 않아 적법절차원칙에 위배되어 청구인들의 개인정보자기결정권을 침해한다고 보았다.

위치정보 추적자료 제공사실 통지조항이 적법절차원칙을 위반하는 것인지에 대해서도 반대의견이 제시되었는데, 통신사실 확인자료 제공사실을 수사 진행 중에 정보주체에게 알려

4) 같은 견해로 차진아, 통신비밀보호법 제13조 제1항 및 제2항 등의 합헌성 여부에 대한 검토 －헌재 2012헌마191등 헌법소원심판청구 사건에 대한 검토를 중심으로 －, 법조 제66권 제4호, 2017, 277－286면.

준다면, 피의자 및 그와 관계있는 자들이 이동전화·인터넷의 이용을 중단하거나 도주·증거인멸할 가능성을 배제할 수 없고, 그로 인하여 범죄수사에 지장을 초래하거나 추가 범행에 대처하기 어려워지게 된다는 점, 반면 제공사실을 공소제기 또는 불기소처분 이후에 통지받는다 하더라도, 통신사실 확인자료의 비내용적 성격을 고려할 때, 그로 인해 제한되는 정보주체의 사익은 크다고 보기 어려운 점, 정보주체가 피의자인 경우에는 공소장부본을 송달받거나 불기소처분결과를 통지받음으로써 통신사실 확인자료 제공요청 사유를 알 수 있고, 정보주체가 피의자 아닌 경우에는 피의자의 명예와 사생활 보호 필요성이 있기 때문에 그 제공요청 사유를 통지하지 않는 것이 바람직할 수 있다는 점, 그 밖에 이 사건 요청조항 및 허가조항을 위반하여 취득한 통신사실 확인자료에 대해서는 형사절차에서 위법수집증거 배제법칙을 통해 증거능력을 부정하거나, 해당 수사관 및 국가에 대해 손해배상을 청구하는 등 사후적인 권리구제수단도 마련되어 있다는 점 등을 감안하면 이 사건 통지조항이 통신사실 확인자료 제공사실을 수사 종료 후에 통지하도록 하고, 그 사유를 통지사항으로 정하지 아니하였다고 하여, 적법절차원칙에 위배된다고 보기 어렵다는 것이 그 내용이다.

III. 판결의 의의

헌법재판소의 헌법불합치 결정을 통해 범죄수사를 위한 공익과 정보주체의 기본권 보호라는 사익의 조화를 위한 통신비밀보호법의 개정이(법률 제16849호, 2019. 12. 31.) 이루어졌다는 점을 중요한 의의로 들 수 있다.[5] 구체적으로는 검사나 사법경찰관은 다른 방법으로는 범죄실행을 저지하기 어렵거나 범인의 발견·확보 또는 증거의 수집·보전이 어렵다는 등의 보충적인 요건(보충성 요건)을 갖춘 경우에만 실시간 위치정보 추적자료를 요청할 수 있도록 하였다(제13조 제2항 신설). 또한 통신사실 확인자료 제공을 받은 검사 또는 사법경찰관은 기소중지결정이나 참고인중지결정의 처분을 한 날부터 1년(국가안보 관련 범죄 등의 수사 등을 목적으로 하는 경우에는 3년)이 경과한 때 또는 수사가 진행 중인 경우 통신사실 확인자료제공을 받은 날부터 1년(국가안보 관련 범죄 등의 수사 등을 목적으로 하는 경우에는 3년)이 경과한 때에는 그 기간이 경과한 날부터 30일 이내에 통신사실 확인자료 제공을 받은 사실, 제공요청기

5) 국가법령정보센터 홈페이지 (https://www.law.go.kr/LSW/lsInfoP.do?lsiSeq=213017&ancYd=20191231&ancNo=16849&efYd=20191231&nwJoYnInfo=N&efGubun=Y&chrClsCd=010202&ancYnChk=0#0000).

관 및 그 기간 등을 정보주체인 전기통신가입자에게 서면으로 통지하도록 하였다(제13조의3 제1항). 검사 또는 사법경찰관은 국가안전보장, 사건관계인의 생명·신체의 안전, 공정한 사법절차의 진행, 사건관계인의 명예·사생활 등을 해칠 우려가 있는 경우 등의 사유가 있으면 관할 지방검찰청 검사장의 승인을 받아 통신사실 확인자료 제공 관련 통지를 유예할 수 있도록 하고, 그 사유가 해소된 때에는 그 날부터 30일 이내에 정보주체에게 통신사실 확인자료제공 관련 통지를 하도록 하였다(제13조의3 제2항부터 제4항까지 신설). 통신사실 확인자료 제공 사실을 통지받은 당사자는 그 통신사실 확인자료 제공 요청 사유를 알려주도록 수사기관에 신청할 수 있게 하고, 수사기관은 국가안전보장을 해칠 우려가 있는 등의 사유가 있는 경우 외에는 30일 이내에 그 사유를 통지하도록 하였다(제13조의3 제5항 및 제6항 신설).

이러한 통신비밀보호법의 개정은 정보주체의 개인정보자기결정권과 절차적 권리를 강화한 것으로 평가할 수 있으나, 여전히 입법적 보완이 필요하다는 의견이 제시되고 있다. 구체적으로는 확인자료 제공 요청 사유를 환인자료 제공사실의 통지 이후 당사자의 신청을 통해 알려주는 방식이 아니라 통신사실 확인자료 제공사실의 통지의 내용에 포함시키는 것이 바람직하다는 의견[6] 등이 그 내용이다. 이러한 논의는 향후의 입법론으로 검토될 수 있을 것이며, 입법에 있어서는 범죄수사를 위한 공익과 정보주체의 기본권 보호의 조화를 모색하는 것이 필요할 것이다.

---

6) 박종현, 「통신비밀보호법」상 통신사실 확인자료 제공관련 조항들에 대한 헌법적 검토 – 2018. 6. 28. 2012헌마191등 결정례와 2018. 6. 28. 2012헌마538 결정례에 대한 검토를 중심으로 –, 헌법학연구 제25권 제2호, 2019, 38면.

제2절 의료정보

068 전자의무기록상 개인정보의 범위

- 전자의무기록 변조행위 사건 -

대법원 2013. 12. 12. 선고 2011도9538 판결

고학수(서울대학교 법학전문대학원 교수)

I. 판결의 개요

1. 사안의 개요

가. 사실관계

이 사건은 계단에서 떨어져 두부열상을 입고 병원을 찾게 된 환자의 진료와 관련된 사건이다. 한 피고인은 환자가 내원했던 병원의 응급실 의사(이하 "피고 의사"라 함)이고, 또 다른 피고인은 같은 병원의 응급실 간호사(이하 "피고 간호사"라 함)이다. 피고 의사는 2008. 8. 23. 내원한 환자에 대해 두부 CT 촬영 등의 검사를 한 뒤 열상부위를 봉합하는 치료를 하였고, 그리고 나서 환자를 퇴원하도록 하였다. 피고 간호사는 피고 의사를 보조하는 역할을 하였다. 그런데 환자는 퇴원 후 숙소에서 잠을 자다가 입에 거품을 무는 등의 뇌출혈 증상을 보여 2008. 8. 24. 다른 병원 응급실에 후송되었고, 응급 뇌수술을 받았지만 상태가 호전되지 않다가 결국 뇌실질 혈종 등으로 인한 뇌연수 마비로 2008. 9. 17. 사망하였다.

피고 의사는 2008. 8. 29. 병원의 전자의무기록 관리시스템에 접속한 뒤 전자펜을 이용하여 환자에 대한 전자진료기록부 끝부분에 '지연성 뇌출혈에 대한 가능성 설명하고 의식상태 변화나 오심, 구토 증상 있을 시 대학병원에 가보시라 함'이라는 취지의 내용을 추가한 뒤 자신의 전자서명을 하였다. 한편, 피고 간호사는 2008. 8. 24. 이후의 어느 날 병원의 전자의무기록 관리시스템에 접속한 뒤 전자펜을 이용하여 환자에 대한 전자간호기록부 끝부분에 있던 자신의 전자서명을 시스템의 지우기 기능을 이용하여 삭제한 후 그 아래에 이어서 '두

통 계속되고 오심 심해지면 신경외과 있는 병원으로 가라고 설명함'이라는 취지의 내용을 추가한 후 자신의 전자서명을 하였다.

나. 소송경과

1) 제1심 판결(서울서부지방법원 2011. 3. 30. 선고 2009고단1218 판결)

법원에서는 피고 의사의 업무상과실치사 및 의료법위반 그리고 피고 간호사의 의료법위반을 나누어 판단하였다. 피고 의사의 업무상과실치사와 관련하여, 법원은 피고 의사가 환자의 CT 촬영 필름을 정확히 판독하여 뇌출혈 등의 여부를 확인하고, 뇌출혈 등이 확인되는 경우에 보다 정확한 진찰, 치료를 위하여 신경외과가 있는 다른 병원으로 후송하여 뇌출혈 등으로 인한 사망 등의 위험을 방지해야 할 업무상 주의의무가 있다고 하고, 피고 의사의 중대한 업무상 과실로 인해 환자가 사망에 이르게 되었다고 판단하였다.

피고 의사와 피고 간호사의 의료법위반 사안은, 두 피고인이 각각 전자의무기록을 사후적으로 수정한 것에 관한 것이다. 이 사안에 관하여, 법원은 누구든지 정당한 사유 없이 전자의무기록에 저장된 개인정보를 탐지하거나 누출, 변조, 훼손해서는 아니 됨에도 불구하고, 두 피고인 모두 정당한 사유 없이 전자의무기록에 저장된 환자의 개인정보를 변조하여 구 의료법(2009. 1. 30. 법률 제9386호로 개정되기 전의 것, 이하 "구 의료법"이라 함) 제87조 제1항 제2호, 제23조 제3항을 위반하였다고 판단하였다.

2) 항소심 판결(서울서부지방법원 2011. 6. 30. 선고 2011노317 판결)

피고 의사의 업무상과실치사에 관하여, 법원은 환자의 양 전두엽의 점상출혈 등의 증상이 있음에도 자신의 CT 필름 판독결과를 과신하는 등의 중대한 과실로 뇌출혈 등의 증상을 확인하지 못하고, 두부열상 부위의 봉합 및 약물 처방만을 한 채 정상적인 상태로 판단하여 피해자에게 별다른 이상이 없다면서 퇴원하도록 했고, 이로써 중대한 업무상 과실로 환자를 사망에 이르게 했다고 판단하였다.

피고인들의 의료법위반과 관련해서는, 법원은 피고인들이 진료기록과 간호일지에 내용을 가필하거나 전자서명을 지우고 새롭게 전자서명한 것이 구 의료법 제87조 제1항 제2호, 제23조 제3항을 위반하여 (1) '개인정보'에 관하여 (2) '변조' 행위를 한 것인지에 대하여 직권으로 검토하였다. 법원은, 구 의료법 제23조 제3항이 '개인정보'에 대해 별도의 개념 정의를 하고 있지 않음에 주목하고, 이 규정에 담긴 '개인정보'란 개인에 관한 정보로서 성명 · 주민

등록번호 등에 의하여 당해 개인을 알아볼 수 있는 부호·문자·음성·음향·영상 및 생체특성 등에 관한 정보(당해 정보만으로는 특정 개인을 알아볼 수 없는 경우에도 다른 정보와 용이하게 결합하여 알아볼 수 있는 것을 포함한다)를 말한다고 봄이 타당하다고 판단하였다. 그리고 진료기록과 간호일지에 내용을 가필하거나 전자서명을 지우고 새롭게 전자서명한 것은 가필 내용의 진실 여부를 떠나 진료기록과 간호일지의 내용을 고친 것에 불과하지 당해 개인을 알아볼 수 있는 부호·문자·음성·음향·영상 및 생체특성 등에 관한 정보를 고친 것이 아니므로, 이 사건 법조항이 정한 '개인정보'를 변조한 경우에 해당하지 아니하고, 따라서 무죄라고 판단하였다.

3) 대법원 판결(대법원 2013. 12. 12. 선고 2011도9538 판결)

대법원은 피고인들에 대한 공소사실 중 의료법위반 여부에 관해 판단하였다. 대법원은 이 사건 규정의 적용 대상이 되는 전자의무기록에 저장된 '개인정보'에는 환자의 이름·주소·주민등록번호 등과 같은 '개인식별정보'뿐만 아니라 환자에 대한 진단·치료·처방 등과 같이 공개로 인하여 개인의 건강과 관련된 내밀한 사항 등이 알려지게 되고, 그 결과 인격적·정신적 내면생활에 지장을 초래하거나 자유로운 사생활을 영위할 수 없게 될 위험성이 있는 의료내용에 관한 정보도 포함된다고 해석하는 것이 타당하다고 설시하였다. 다만, 전자의무기록을 작성한 당해 의료인이 그 전자의무기록에 기재된 의료내용 중 일부에 대해 사후적으로 추가, 수정할 경우에 그 의료인이 구 의료법 규정이 정한 변조 행위의 주체가 될 수는 없다고 보아야 한다고 판단하였다. 결론적으로, 원심의 이유 설시 중 구 의료법 규정에서 정한 '개인정보'가 개인식별정보에 한정됨을 전제로 한 판단 부분은 부적절하지만, 의료법위반에 관한 공소사실이 죄가 되지 않는다는 원심 판단은 결론에서 정당하다고 판단하였다.

2. 판결의 요지

가. 의료법상 개인정보의 의미

의료법 제23조 제3항은 "누구든지 정당한 사유 없이 전자의무기록에 저장된 개인정보를 탐지하거나 누출·변조 또는 훼손하여서는 아니 된다"고 규정하고 있다. 그런데 '개인정보'에 대해서는 의료법에 별도의 정의가 제시되어 있지 않다. 법령 자체에 그 법령에서 사용하는 용어의 정의나 포섭의 구체적인 범위가 명확히 규정되어 있지 않은 경우, 그 용어가 사용된 법령 조항의 해석은 그 법령의 전반적인 체계와 취지·목적, 당해 조항의 규정 형식과 내용

및 관련 법령을 종합적으로 고려하여 해석하여야 한다.

의료법의 개정 연혁, 내용 및 취지, 관련 법령의 규정, 의무기록에 기재된 정보와 사생활의 비밀 및 자유와의 관계 등에 비추어 보면, 전자의무기록에 저장된 '개인정보'에는 환자의 이름·주소·주민등록번호 등과 같은 '개인식별정보'뿐만 아니라 환자에 대한 진단·치료·처방 등과 같이 공개로 인하여 개인의 건강과 관련된 내밀한 사항 등이 알려지게 되고, 그 결과 인격적·정신적 내면생활에 지장을 초래하거나 자유로운 사생활을 영위할 수 없게 될 위험성이 있는 의료내용에 관한 정보도 포함된다고 해석하는 것이 타당하다.

나. 전자의무기록 변조의 주체

의료법 제23조 제3항이 정하고 있는 개인정보에 대한 "누출·변조 또는 훼손"에 대한 금지 규정과 관련하여, 이 규정이 도입된 이유는 전자의무기록의 경우 전자문서의 속성상 진료기록부 등에 비하여 이들 정보가 손쉽게 위·변조되거나 대량으로 유출될 수 있는 위험성이 상존하기 때문이다. 그런데, 환자를 진료한 당해 의료인은 의무기록 작성권자로서 보다 정확하고 상세한 기재를 위하여 사후에 자신이 작성한 의무기록을 가필, 정정할 권한이 있다고 보이는 점, 2011. 4. 7. 의료법을 개정하면서 허위작성 금지규정을 신설함에 따라 의료인이 고의로 사실과 다르게 자신이 작성한 진료기록부 등을 추가기재·수정하는 행위가 금지되었는데 이때의 진료기록부 등은 의무기록을 가리키는 것으로 봄이 타당한 점, 문서변조죄에 있어서 통상적인 변조의 개념 등을 종합하여 보면, 전자의무기록을 작성한 당해 의료인이 그 전자의무기록에 기재된 의료내용 중 일부를 추가, 수정하였다 하더라도 그 의료인은 이 규정이 정한 변조 행위의 주체가 될 수 없다고 보아야 한다. 따라서 피고인들이 전자의무기록에 기재된 내용을 수정했다고 해서 개인정보를 변조한 것이라 볼 수는 없다.

II. 해설

1. 의료법상 개인정보의 의미

의료법은 개인정보에 대한 별도의 정의규정을 두고 있지 않다. 이로 인해, 의료법상 개인정보의 의미에 대한 해석이 필요한 경우에, 정의규정을 검토하는 것이 아닌 다른 방식을 통해 개인정보의 개념을 해석할 필요가 있다. 이 사건 판결은 법령 조항의 해석은 그 법령의 전반적인 체계와 취지·목적, 당해 조항의 규정 형식과 내용 및 관련 법령을 종합적으로 고

려하여 해석하여야 한다는 원칙을 적용하여 개인정보의 개념을 구체화하였다.

의료 맥락에서의 개인정보의 개념과 관련하여, 좁게 해석하면 개인의 이름·주소·주민등록번호 등과 같은 '개인식별정보'를 의미하는 것으로 파악할 수 있고, 넓게 해석하면 환자에 대한 진단·치료·처방 등과 관련된 정보와 같이 공개될 경우에 개인의 건강과 관련된 내밀한 사항이 알려지게 되고, 그 결과 인격적·정신적 내면생활에 지장을 초래하거나 자유로운 사생활을 영위할 수 없게 될 위험성이 있는 의료내용에 관한 정보를 포함하는 것으로 파악할 수 있다. 이 사건 판결은, 의료 맥락에서의 개인정보의 개념은 개인식별정보에 국한되지 않고 개인의 의료내용에 관한 정보를 포함하는 것으로 넓게 해석해야 한다는 것을 분명히 하였다.

2. 전자의무기록 변조행위의 주체

의료법 제23조 제3항은 전자의무기록에 저장된 개인정보에 대하여 "누출·변조 또는 훼손"을 금지하는 내용을 담고 있다. 전자의무기록을 작성한 의료인이 추후에 해당 기록을 수정할 경우에 이러한 행위가 이 조항이 금지하는 '변조' 행위에 해당하는 것은 아닌지에 관한 질문이 제기될 수 있다.

이와 관련하여 이 사건 판결은, 전자의무기록의 경우 전자문서의 속성상 진료기록부에 비하여 상대적으로 손쉽게 위·변조되거나 대량으로 유출될 수 있는 위험성이 상존하고 있음을 지적하고, 이러한 위험성을 고려하여 전자의무기록에 관한 규정이 마련되는 과정에서 작성권자로 하여금 전자서명법에 따른 전자서명을 하도록 하는 한편 전자의무기록에 저장된 개인정보를 탐지, 누출, 변조 또는 훼손하는 행위를 금지하는 규정이 함께 도입된 입법연혁에 주목하였다. 판결은, 입법연혁을 고려할 때, 당초 전자의무기록을 작성한 의료인이 자신이 작성한 기록을 수정할 경우에는 그 자체로 이 조항이 금지하는 변조행위에 해당한다고 볼 수는 없다고 판단하였다.

III. 판결의 의의

이 판결은 우리나라에서 개인정보 보호법제가 정립이 되어가던 초기 단계에 개인정보의 개념을 수립함에 있어서 의미있는 기여를 한 판결이다. 이 사건의 제1심 및 항소심 판결은 2011년에 내려졌다. 2011년은 국내에 개인정보 보호법이 처음으로 마련되고 시행되기 시작

한 해이다. 이 판결은 개인정보에 관한 규율체계가 본격적으로 논의되기 시작하던 시대적 배경을 염두에 두고 바라볼 필요가 있다. 항소심 판결은 개인정보 보호법을 언급하고 있지는 않지만, 정보통신망 이용촉진 및 정보보호 등에 관한 법률에 담긴 '개인정보'의 개념 및 전자서명법상의 '개인정보' 개념을 명시적으로 언급하고 있다. 이 두 법에 담긴 개인정보의 개념을 포함하여, 개인정보의 법적 개념을 어떻게 정의하고 해석할 것인지에 관해서는 이 무렵 많은 논의가 이루어진 바 있다.

개인정보의 개념과 관련하여, 이를 좁게 바라보는 시각에서는 이름·주소·주민등록번호 등과 같은 개인식별정보를 의미하는 것으로 해석하는 것이 타당하다는 입장이 있을 수 있다. 그렇게 해석된다면 개인정보의 범위를 구체화하고 명확하게 정하는 것이 좀 더 수월할 수 있다. 한편, 개인정보를 이처럼 좁게 해석한다면, 당초에 개인정보의 보호를 강조하는 법제도를 마련한 취지 자체를 무너뜨리는 결과를 가져올 수 있다는 커다란 한계가 있다. 개인정보를 보호하는 것은, 이름이나 주소와 같은 개인식별정보나 신원정보가 함부로 노출되는 것을 방지하기 위한 목적도 있을 수 있지만 여기서 더 나아가 개인의 건강에 관한 정보를 포함하여 개인의 내밀한 정보가 당사자의 의지와 무관하게 노출될 가능성을 방지하기 위한 목적도 있을 수 있기 때문이다. 실제로는 후자가 훨씬 더 중요하다는 시각도 있다. 의료와 관련하여 생각해 보면, 아무런 맥락이나 관련 정보 없이 이름만 노출되는 것은 그 자체로는 문제가 그리 크지 않을 수도 있지만, 예컨대 특정 이름을 가진 사람이 언제 어떤 병원을 방문했는지에 관한 정보라든가 어떤 검사를 받았는지 또는 어떤 진단이 내려졌는지에 관한 정보가 노출되면 매우 심각한 문제가 발생할 수도 있다는 것이다. 이 사건 판결은, 개인정보 보호의 법제도적 취지를 고려할 때 개인정보의 개념을 개인식별정보로 좁게 해석해서는 곤란하다는 원칙을 명확히 한 판결이다.

069 수사기관에 대한 요양급여내역 제공의 개인정보자기결정권 침해 여부

- 경찰 요청에 따른 국민건강보험공단의 요양급여제공 사건 -

헌재 2018. 8. 30. 2014헌마368 결정

안정민(한림대학교 정보법과학전공 교수)

I. 판결의 개요

1. 사안의 개요

가. 사실관계

청구인들은 전국철도노동조합('철도노조')의 위원장과 수석부위원장으로서 철도노조 조합원 8,639명과 공모하여 국토교통부의 '철도산업 발전방안'에 반대하거나 이를 저지할 목적으로 2013. 12. 9.부터 2013. 12. 31.까지 집단적으로 노무제공을 거부하였다. 이들은 위력으로써 한국철도공사의 여객·화물 수송 업무를 방해하였다는 업무방해 혐의로 2014. 3. 11. 기소된 바 있다. 피청구인 서울용산경찰서장은 위 사건의 수사과정에서 형사소송법 제199조 제2항, '경찰관 직무집행법' 제8조 제1항에 근거하여 피청구인 국민건강보험공단에게 업무방해 사건의 피의자인 청구인들을 검거하고자 한다는 사유를 밝히고 2013. 12. 18. 청구인1의 2010. 12. 18.부터 2013. 12. 18.까지의 상병명, 요양기관명, 요양기관주소, 전화번호의 제공과 청구인2에 대해서는 2012. 1. 1.부터 2013. 12. 20.까지의 병원 내방 기록의 제공을 요청하였다. 이에 국민건강보험공단은 '개인정보 보호법' 제18조 제2항 제7호에 근거하여 2013. 12. 20. 청구인2의 2012. 1. 1.부터 2013. 12. 20.까지의 급여일자, 요양기관명 등을 포함한 총 44회의 요양급여내역 및 청구인1의 2010. 12. 1.부터 2013. 12. 19.까지의 급여일자, 요양기관명, 전화번호를 포함한 총 38회의 요양급여내역을 서울용산경찰서장에게 제공하였다.

청구인들은 위와 같은 서울용산경찰서장의 사실조회행위와 국민건강보험공단의 정보제공행위 및 그 근거조항들인 형사소송법 제199조 제2항, '경찰관 직무집행법' 제8조 제1항, '개인정보 보호법' 제18조 제2항 제7호가 청구인들의 개인정보자기결정권 등을 침해한다는 취지의 헌법소원심판을 청구하였다.

나. 심판대상

청구인들은 서울용산경찰서장의 사실조회행위와 국민건강보험공단의 정보제공행위가 청구인들의 개인정보자기결정권을 침해한다고 주장했으므로, 심판대상은 서울용산경찰서장이 요청한 정보와 국민건강보험공단이 제공한 정보 중에서 개인정보에 해당하는 정보에 관한 부분으로 한정하였다.

2. 판결의 요지

가. 개인정보 목적 외 제공 여부를 결정할 수 있는 개인정보처리자의 재량

개인정보 보호법 제18조 제2항 7호는 공공기관으로 하여금 범죄의 수사와 공소의 제기 및 유지를 위하여 필요한 경우 정보주체 또는 제3자의 이익을 부당하게 침해할 우려가 있을 때를 제외하고는 개인정보처리자가 개인정보를 목적 외의 용도로 이를 제3자에게 제공할 수 있다고 규정하여 개인정보처리자에게 개인정보의 수사기관 제공 여부를 결정할 수 있는 재량을 부여하고 있다.

나. 요양급여정보의 법적 성격

요양급여정보는 가입자와 피부양자의 질병, 부상, 출산 등에 대하여 국민건강보험공단이 실시한 진찰·검사, 약제·치료재료의 지급, 처치·수술 및 그 밖의 치료 등의 요양급여와 관련된 정보로서 요양급여개시일, 요양기관의 명칭, 상병명, 입내원일수, 공단부담금, 본인부담금 등을 포함한다. 이 중 상병명은 그 자체로 개인의 정신이나 신체에 관한 단점을 나타내기 때문에 인격의 내적 핵심에 근접하는 민감한 정보에 해당한다. 요양급여정보는 개인정보자기결정권에 의하여 보호되는 개인정보에 해당하고, 급여일자, 요양기관명을 포함한 총 38회의 요양급여내역은 건강에 관한 정보로서 '개인정보 보호법' 제23조 제1항이 규정한 민감정보에 해당한다.

다. 요양급여제공행위의 개인정보자기결정권 침해 여부

이 사건 요양급여에 대한 정보제공행위는 국민건강보험공단이 정보주체인 청구인들의 동의 없이 민감정보에 해당하는 청구인들의 요양급여정보를 서울용산경찰서장에게 제공한 것으로서 청구인들의 개인정보자기결정권을 제한하므로 헌법 제37조 제2항의 과잉금지원칙을

준수하여야 한다.

II. 해설

1. 쟁점의 정리 - 요양급여제공행위가 개인정보자기결정권을 침해하는지의 여부

가. 개인정보 목적 외 제공 여부를 결정할 수 있는 개인정보처리자의 재량

개인정보 보호법은 정보주체의 동의를 받은 경우 및 법률에 특별한 규정이 있거나 법령상 의무를 준수하기 위하여 불가피한 경우 등에 해당하여 개인정보를 수집한 목적 범위에서 제3자에게 제공하는 경우 외에는 원칙적으로 개인정보를 제3자에게 제공할 수 없도록 규정하고 있다(제18조 제1항). 위와 같은 원칙에 대한 예외로서 공공기관인 개인정보처리자는 '범죄의 수사와 공소의 제기 및 유지를 위하여 필요한 경우'에는 정보주체 또는 제3자의 이익을 부당하게 침해할 우려가 있을 때를 제외하고 개인정보를 목적 외의 용도로 제3자에게 제공할 수 있다고 개인정보의 수사기관 제공 여부를 개인정보처리자의 재량사항으로 규정하고 있다.

나. 요양급여정보가 개인정보인지의 여부

개인정보자기결정권의 보호대상이 되는 개인정보란 개인의 신체, 신념, 사회적 지위, 신분 등과 같이 개인의 인격주체성을 특징짓는 사항으로서 그 개인의 동일성을 식별할 수 있게 하는 일체의 정보이다. 요양급여정보는 가입자와 피부양자의 질병, 부상, 출산 등에 대하여 국민건강보험공단이 실시한 진찰·검사, 약제·치료재료의 지급, 처치·수술 및 그 밖의 치료 등의 요양급여와 관련된 정보로서 요양급여개시일, 요양기관의 명칭, 상병명, 입내원일수, 공단부담금, 본인부담금 등을 포함한다. 이 중 상병명은 그 자체로 개인의 정신이나 신체에 관한 단점을 나타내기 때문에 인격의 내적 핵심에 근접하는 민감한 정보에 해당한다.

그 외에 누가, 언제, 어디에서 진료를 받고 얼마를 지불했는가는 그 자체만으로도 보호되어야 할 사생활의 비밀이며, 요양기관이 산부인과, 비뇨기과, 정신건강의학과 등과 같은 전문의의 병원인 경우에는 요양기관명만으로도 질병의 종류를 예측할 수 있고, 요양급여횟수, 입내원일수, 공단부담금, 본인부담금 등의 정보를 통합하면 구체적인 신체적·정신적 결함이나 진료의 내용까지도 유추할 수 있다. 거의 모든 국민의 국민건강보험에 관한 방대한 정보가

국민건강보험공단에 집적되고 있으므로, 국민건강보험공단이 처리하는 요양급여정보는 정보주체의 건강에 관한 포괄적이고 통합적인 정보이므로 개인정보자기결정권에 의하여 보호되는 개인정보에 해당하며, 개인정보 보호법 제23조 제1항이 규정하는 '민감정보'에 해당한다.

다. 요양급여정보 제공행위의 개인정보자기결정권 침해 여부

개인정보자기결정권이란 자신에 관한 정보가 언제 누구에게 어느 범위까지 알려지고 또 이용되도록 할 것인지를 그 정보주체가 스스로 결정할 수 있는 권리로서, 헌법 제10조 제1문에서 도출되는 일반적 인격권 및 헌법 제17조의 사생활의 비밀과 자유에 의하여 보장된다. 개인정보를 대상으로 한 조사·수집·보관·처리·이용 등의 행위는 모두 원칙적으로 개인정보자기결정권에 대한 제한에 해당한다.[1] 특히 국민건강보험공단의 요양급여정보 제공행위는 민감정보에 해당하는 개인정보를 정보주체의 동의 없이 서울용산경찰서장에게 제공한 것으로서 정보주체의 개인정보자기결정권을 제한하는 것이므로 헌법 제37조 제2항의 과잉금지원칙을 준수하여 제공되어야 한다.

2. 관련 판례

가. 헌재 2018. 8. 30. 2016헌마483 전원재판부 결정

이 사건 정보제공조항은 '정보주체 또는 제3자의 이익을 부당하게 침해할 우려가 없을 것'이라는 요건을 요구하고 있다. 이 사건 정보제공조항은 개인정보의 목적 외 제3자 제공이 원칙적으로 금지된다는 전제 하에 예외적으로 수사의 신속성과 효율성을 도모하기 위하여 범죄의 수사 등을 위하여 필요한 경우 그 제공을 허용하는 것이므로, 위와 같은 요건을 요구하는 취지는 정보주체 또는 제3자의 이익 보호와 범죄수사의 신속성·효율성 확보 간의 조화를 도모하고자 하는 것이다. 이러한 점을 고려하면, '정보주체 또는 제3자의 이익을 부당하게 침해할 우려가 있을 때'란 '범죄의 수사를 위하여 필요한 개인정보를 수사기관에게 제공할 경우 정보주체나 제3자의 이익이 침해될 가능성이 있고, 개인정보 제공으로 얻을 수 있는 수사상의 이익보다 정보주체나 제3자의 이익이 큰 경우'를 의미한다고 해석된다. 그리고 이와 같이 수사상의 이익과 정보주체 또는 제3자의 이익을 형량함에 있어서는 수사 목적의 중대성, 수사 목적의 달성을 위하여 개인정보가 필요한 정도, 개인정보의 제공으로 인하여 정보주체나 제3자가 침해받는 이익의 성질 및 내용, 침해받는 정도, 수사 내용과 정보주

1) 헌재 2005. 7. 21. 2003헌마282 결정; 헌재 2012. 12. 27. 2010헌마153 결정 참조.

체 또는 제3자와의 관련성 등 관련된 모든 사정들을 종합하여 객관적으로 판단하여야 할 것이다.

나. 헌재 2012. 8. 23. 2010헌마439 전원재판부(제공 여부 판례)

통신자료 취득행위의 근거가 된 이 사건 법률조항('수사관서의 장으로부터 수사를 위하여 통신자료제공을 요청받은 때')은 전기통신사업자에게 이용자에 관한 통신자료를 수사관서의 장의 요청에 응하여 합법적으로 제공할 수 있는 권한을 부여하고 있을 뿐이지 어떠한 의무도 부과하고 있지 않으므로, 전기통신사업자는 수사관서의 장의 요청이 있더라도 이에 응하지 아니할 수 있고, 이 경우 아무런 제재도 받지 아니한다. 그러므로 이 사건 통신자료 취득행위는 강제력이 개입되지 아니한 임의수사에 해당하는 것이어서 헌법재판소법 제68조 제1항에 의한 헌법소원의 대상이 되는 공권력의 행사에 해당하지 아니한다.

다. 헌재 2005. 5. 26. 99헌마513, 2004헌마190(병합)

개인정보자기결정권은 자신에 관한 정보가 언제 누구에게 어느 범위까지 알려지고 또 이용되도록 할 것인지를 그 정보주체가 스스로 결정할 수 있는 권리, 즉 정보주체가 개인정보의 공개와 이용에 관하여 스스로 결정할 권리를 말하는바, 개인의 고유성, 동일성을 나타내는 지문은 그 정보주체를 타인으로부터 식별가능하게 하는 개인정보이므로, 시장·군수 또는 구청장이 개인의 지문정보를 수집하고, 경찰청장이 이를 보관·전산화하여 범죄수사목적에 이용하는 것은 모두 개인정보자기결정권을 제한하는 것이다.

3. 검토

가. 개인정보 목적 외 제공 여부는 개인정보처리자의 재량사항

법원은 여러 차례에 걸쳐서 개인정보 보호법의 개인정보의 목적 외 제공을 예외적으로 허용하고 있는 제18조 제2항을 재량행위로 보고 있다. 재량행위란 행정권을 행사함에 있어서 다른 내용으로 선택하거나 결정할 수 있는 권한을 의미하며, 재량권 행사의 구체적 타당성은 입법자에 의해 행정권에 부여된다.[2] 제18조는 제1항에서 개인정보처리자에게 수집 및 이용 목적을 초과한 개인정보의 이용 및 제3자 제공은 "하여서는 아니 된다"라고 금지하면서, 제2항에서는 "제1항에도 불구하고 개인정보처리자는 다음 각 호의 어느 하나에 해당하는

---

2) 박균성, 『행정법강의』, 제18판(박영사, 2021), 204면.

경우에는 정보주체 또는 제3자의 이익을 부당하게 침해할 우려가 있을 때를 제외하고는 개인정보를 목적 외의 용도로 이용하거나 이를 제3자에게 제공할 수 있다"라고 표현하고 있다.

재량행위인지 기속행위인지를 판단하는 기준은 법률의 문리적 표현뿐만 아니라 근거 법규의 체재 · 형식과 그 문언, 당해 행위가 속하는 행정 분야의 주된 목적과 특성, 당해 행위 자체의 개별적 성질과 유형 등을 모두 고려하여 판단하여야 한다.[3] 헌법재판소는 본건 판결의 정보제공조항은 범죄의 수사 등을 위하여 필요한 경우 정보주체 또는 제3자의 이익을 부당하게 침해할 우려가 있을 때를 제외하고는 개인정보처리자가 개인정보를 목적 외의 용도로 수사기관에게 제공할 수 있다고 규정함으로써 개인정보처리자에게 개인정보의 수사기관 제공 여부를 결정할 수 있는 재량을 부여하고 있다고 보았다.

참고로 이와 유사한 수사기관의 통신자료제공 요청행위에 대해서도 헌법재판소는 사업자의 거절에 따른 불이익이 불분명하고, 이러한 요청행위에 대한 규정은 통신자료를 제공함에 있어 합법성을 부여할 뿐 의무를 부과하고 있지 않으며, 사업자의 거절이 가능하고 이에 따른 사업자에 대한 제재도 없기 때문에 강제력이 없는 행위로 보고 있다.[4] 이에 대해서 현실적으로 사업자의 임의적 결정이 가능한지의 여부와 사업자가 이용자 개인의 정보를 제공할 수 있는 적법한 권한이 있는지에 의문을 제기하며 이러한 요청행위는 권력적 사실행위로 보아야 한다는 견해도 제기되어 있는 상황이다. 이와 같은 법원의 입장에 입각하여 '범죄의 수사와 공소의 제기 및 유지를 위하여 필요'하다는 수사기관의 요청이 있더라도 국민건강보험공단으로서는 사실조회에 응하거나 협조하여야 할 의무가 없기 때문에 거절할 수도 있다고 해석된다.

나. 민감정보로써 요양급여정보

개인정보 보호법은 개인정보 중에서도 유출이 되었을 때 정보주체에게 특별한 손해를 야기하는 사상 · 신념, 노동조합 · 정당의 가입 · 탈퇴, 정치적 견해, 건강, 성생활 등에 관한 정보, 그 밖에 정보주체의 사생활을 현저히 침해할 우려가 있는 개인정보(유전자검사 등의 결과로 얻어진 유전정보, 범죄경력자료, 개인의 신체적, 생리적, 행동적 특징에 관한 정보로서 특정 개인을 알아볼 목적으로 일정한 기술적 수단을 통해 생성한 정보, 인종이나 민족에 관한 정보)[5]를 민감정보로 규정하고 그 처리에 있어 특별한 제한을 두고 있다.

---

3) 대법원 2001. 2. 9. 선고 98두17593 판결.
4) 헌재 2012. 8. 23. 2010헌마439 결정.
5) 개인정보 보호법 시행령 제18조(민간정보의 범위).

민감정보란 특히 개인의 사생활과 생명, 신체에 중대한 영향을 미칠 수 있는 정보이기 때문에 보다 더 엄격하게 규율할 필요가 있기 때문에 개인정보 보호법은 개인정보처리자로 하여금 정보주체에게 민감정보의 처리에 대한 별도의 동의를 받은 경우나 법령에서 민감정보의 처리를 요구하거나 허용하는 경우를 제외하고는 민간정보의 처리를 금지하고 있다. 다만 개인정보 보호법 시행령 제18조에서 공공기관이 법 제18조 제2항 제5호부터 제9호까지의 규정[6]에 따라 민감정보를 처리하는 경우에는 예외로 하고 있어 원활한 공행정 목적의 수행에 필요한 최소한을 허용하고 있다.

요양급여정보에는 가입자뿐만 아니라 피부양자의 질병, 부상, 출산 등에 대하여 국민건강보험공단이 실시한 진찰·검사, 약제·치료재료의 지급, 처치·수술 및 그 밖의 치료 등의 요양급여와 관련된 정보가 포함되며, 요양급여개시일, 요양기관명, 상병명, 입내원일수, 공단부담금, 본인부담금 등이 포함된다. 국민건강보험공단이 처리하는 요양급여정보는 누가 언제 얼마나 어떤 병원에 다녔는지 알 수 있는 포괄적이고 통합적인 정보이며, 이 중 상병명은 그 자체로 개인의 정신이나 신체에 관한 단점을 나타내기 때문에 인격의 내적 핵심에 근접하는 민감한 정보에 해당한다. 우리 판례는 개인정보자기결정권의 보호대상이 되는 개인정보를 개인의 신체, 신념, 사회적 지위, 신분 등과 같이 개인의 인격주체성을 특징짓는 사항으로 그 개인의 동일성을 식별할 수 있게 하는 일체의 정보라고 보고 있다. 따라서 요양급여정보는 건강에 관한 정보로서 '개인정보 보호법' 제23조 제1항이 규정한 민감정보에 해당한다.

다. 요양급여정보 제공행위의 개인정보자기결정권 침해 여부

개인정보자기결정권이란 자신에 관한 정보가 언제 누구에게 어느 범위까지 알려지고 또 이용되도록 할 것인지를 그 정보주체가 스스로 결정할 수 있는 권리이며, 개인정보를 대상으로 한 조사·수집·보관·처리·이용 등의 행위는 모두 원칙적으로 개인정보자기결정권에 대한 제한에 해당한다.[7] 우리 헌법은 명문으로 개인정보자기결정권을 규정하고 있지는 않지

6) 제18조 제2항

5. 개인정보를 목적 외의 용도로 이용하거나 이를 제3자에게 제공하지 아니하면 다른 법률에서 정하는 소관 업무를 수행할 수 없는 경우로서 보호위원회의 심의·의결을 거친 경우
6. 조약, 그 밖의 국제협정의 이행을 위하여 외국정부 또는 국제기구에 제공하기 위하여 필요한 경우
7. 범죄의 수사와 공소의 제기 및 유지를 위하여 필요한 경우
8. 법원의 재판업무 수행을 위하여 필요한 경우
9. 형(刑) 및 감호, 보호처분의 집행을 위하여 필요한 경우

7) 헌재 2005. 7. 21. 2003헌마282 결정; 헌재 2012. 12. 27. 2010헌마153 결정 참조.

만 헌법재판소가 열 손가락 지문날인제도에 관한 결정에서 이를 기본권으로 확인한 이후 확립된 기본권으로 인정되고 있다.[8)]

대법원은 2012다105482 판결에서 헌법상 기본권의 행사는 국가공동체 내에서 타인과의 공동생활을 가능하게 하고 다른 헌법적 가치나 국가의 법질서를 위태롭게 하지 않는 범위 내에서 이루어져야 하므로, 개인정보자기결정권이나 익명표현의 자유도 국가안전보장·질서유지 또는 공공복리를 위하여 필요한 경우에는 헌법 제37조 제2항에 따라 법률로써 제한될 수 있다고 판시한 바 있다. 이 사건에서 정보주체의 동의 없이 민감정보인 요양급여정보를 수사기관에게 제공한 것은 개인정보자기결정권을 제한하는 행위이다. 따라서 중대한 공익적 이유 등이 존재하거나 헌법 제37조 제2항의 과잉금지원칙의 준수 등 헌법적으로 정당화되지 않는다면 개인정보자기결정권에 대한 침해가 될 것이다.

개인정보자기결정권에 대한 제한에 대해서 법원은 과잉금지원칙이 준수되었는지 법익균형성을 살핀다. 과잉금지의 원칙이란 국민의 기본권을 제한하는 입법은 입법목적의 정당성, 그 목적달성을 위한 수단의 적합성, 침해의 최소성 그리고 보호하려는 공익과 침해되는 사익의 법익균형성을 갖추어야 한다는 것이다. 과잉금지의 원칙을 준수하지 않는 법률은 기본권제한의 입법적 한계를 벗어난 위헌적인 법률이 된다. 이 사건 정보제공행위를 살펴보면 서울용산경찰서장이 체포영장이 발부된 피의자의 소재를 신속하게 파악하여 국가형벌권의 적정한 수행에 기여하기 위한 것이므로 목적의 정당성을 인정하였다. 수단의 적합성 역시 피의자들이 언제 어느 요양기관을 방문하였는지에 관한 정보는 소재 파악에 도움이 될 수 있으므로, 이 사건 정보제공행위는 위와 같은 목적을 달성하기 위한 적합한 수단이라고 보았다.

특히 이 사건에서 문제가 되는 민간정보는 개인의 인격 및 사생활의 핵심에 해당하기 때문에 다른 일반적인 개인정보보다 더 높은 수준의 보호가 필요하며, 민감정보의 제공에 있어서 위와 같은 요건에 해당하는지 여부를 엄격하게 판단하여 정보주체의 개인정보자기결정권에 대한 침해가 최소화되어야 한다. 개인정보 보호법 제23조 제1항 제2호는 2. 법령에서 민감정보의 처리를 요구하거나 허용하는 경우 민감정보를 처리할 수 있는 예외를 규정하고 있고, '경찰관 직무집행법 시행령' 제8조[9)]은 범죄 수사 등의 직무를 수행하기 위하여 '불가

8) 헌재 2005. 5. 26. 99헌마513, 2004헌마190(병합).

9) 경찰관 직무집행법 시행령 제8조(민감정보 및 고유식별정보의 처리) 경찰공무원은 법 제2조에 따른 경찰관의 직무를 수행하기 위하여 불가피한 경우 「개인정보 보호법」 제23조에 따른 건강에 관한 정보, 같은 법 시행령 제18조 제2호에 따른 범죄경력자료에 해당하는 정보, 같은 영 제19조에 따른 주민등록번호, 여권번호, 운전면허의 면허번호 또는 외국인등록번호가 포함된 자료를 처리할 수 있다.

피한 경우' 민감정보를 제공받을 수 있다고 규정하고 있으므로 침해의 최소성이 성립되는지는 범죄수사를 위해 불가피한 경우에 해당하는지를 살펴보아야 한다.

다수의견은 서울용산경찰서장이 요양급여정보를 요청하기 이전에 휴대폰 위치추적자료를 제공받아 확인한 바 있다는 점, 소재파악을 위해서는 피의자들의 현재 위치를 추정하거나 향후 어떠한 요양기관을 이용할 것인지 예측할 수 있는 정도의 요양급여정보면 충분함에도 불구하고 요청일로부터 소급하여 각각 약 2년, 약3년 동안의 요양급여정보를 제공 받는 것이 불가피하였다는 특별한 사정을 인정하지 않았다. 또한 경찰에게는 통신사실확인자료 요청 등 피의자를 위치를 파악할 수 있는 다른 수사방법이 존재했음에도 불구하고 정보주체의 질병까지 예측할 수 있는 민감한 정보가 포함된 요양급여정보를 제공받은 것은 개인정보 보호법상의 개인정보의 목적 외 제공의 요건인 '정보주체 또는 제3자의 이익을 부당하게 침해할 우려가 없을 것'이라는 요건도 충족하지 못하여 최소침해의 원칙을 충족하지 못한다고 보았다. 결국 침해의 정도가 약한 다른 수단이 있었고 사건 정보제공행위로 얻을 수 있는 수사상의 이익은 거의 없거나 미약하였던 반면, 정보주체인 피고인들은 민감정보가 수사기관에 제공되는 개인정보자기결정권에 대한 중대한 불이익을 받게 되었으므로 법익의 균형성도 갖추지 못하여 과잉금지원칙에 위배되는 개인정보자기결정권 침해행위로 보았다.

한편 이 결정에서 반대의견은 정보제공행위가 과잉금지의 원칙에 위배되지 않으며 따라서 개인정보자기결정권을 침해하지 않는다고 보았다. 반대의견 역시 정보제공행위는 국가형벌권의 적정한 수행에 기여하기 위한 것이므로, 그 목적의 정당성과 수단의 적합성이 인정된다고 보았다. 그러나 침해의 최소성이나 법익균형성의 요건은 모두 갖추었다고 보았는데, 정보제공행위 당시 검거하기 위해서 피고인의 요양기관 방문에 관한 정보를 제공받는 것이 불가피한 상황이었고, 제공된 정보는 청구인들의 소재지 파악을 위하여서만 사용되었다는 점, 제공된 정보도 검거 목적에 필요한 최소한의 정보인 '급여일자와 요양기관명'만을 제공하여 개인정보자기결정권에 대한 침해를 최소화하였다 보았다.

반대의견은 법익의 균형성에 대해서도 정보제공행위에 의하여 피고인의 정보가 수사기관에 제공되는 불이익을 받았으나, 체포영장이 발부된 청구인들을 검거하여 국가형벌권의 적정한 수행에 기여하고자 하는 공익은 침해된 사익의 제한보다 훨씬 크고 중요한 것이므로 이 사건 정보제공행위는 법익의 균형성도 갖추었다고 보았다.

III. 판결의 의의

헌법재판소는 특정 정보가 개인정보자기결정권 보호대상인 '개인정보'인지를 살핌에 있어 개인정보 보호법에서 정하는 '개인정보'에 해당하는지와 함께, 판례를 통해 정립된 "개인의 신체, 신념, 사회적 지위, 신분 등과 같이 개인의 인격주체성을 특징짓는 사항으로 그 개인의 동일성을 식별할 수 있게 하는 일체의 정보"를 기준으로 삼는다. 그러나 이러한 접근은 사실상 개인을 특정할 수 있는 정보라면 모두 개인정보로도 볼 수 있게 되어 그 보호영역이 부당하게 넓어질 수 있다는 문제도 있다.

이러한 상황에서 수사기관에 제공하는 개인정보가 개인정보자기결정권을 침해하는가는 제공되는 개인정보의 내용 및 성격에 따라 다르게 보아야 할 것이다. 사익 침해 정도가 크지 않고 신속한 수사 혹은 다른 범죄의 예방을 위해 필요한 경우에는 반대의견이 제시한 논리도 타당하게 적용될 수 있을 것이다. 이 사건 요양급여내역 정보는 직접적으로 혐의사실을 입증하는 정보도 아니며 당시의 소재 추적에 반드시 필요한 정보도 아니었기 때문에 과잉금지원칙에 위배된다고 보는 것이 합당하다. 다만 개인정보 보호를 통한 정보주체의 권리보장과 수사 필요성 사이의 법적 균형을 위해 제도적인 대안이 마련될 필요는 있을 것이다.

특히 최근 헌법재판소가 개인정보자기결정권과 인간으로서의 존엄과 가치, 행복추구권, 인격권, 사생활의 비밀과 자유, 평등권 등 다른 기본권이 경합하는 사건에 대하여 다른 기본권의 침해 여부를 개인정보자기결정권 침해 여부의 판단에 포함되었다는 이유로 별도로 판단하지 않고 있어 다른 기본권 영역이 축소될 위험이 있다는 지적도 눈여겨 볼 필요가 있다.[10]

10) 전상현, "개인정보자기결정권의 헌법상 근거와 보호영역", 『저스티스』, 통권 169호(한국법학원, 2018), 11면.

070 민감정보의 법령에 의한 신고의무 부과 및 공개 조치의 한계

- 공직자등의 병역사항 신고 및 공개의 위헌확인 사건 -

헌재 2007. 5. 31. 2005헌마1139 결정

김기중(법무법인 동서양재 변호사)

I. 결정의 개요

1. 사안의 개요

청구인은 1990년 징병검사에서 한쪽 눈 실명으로 병역면제 처분을 받았다. 청구인은 2005년 3월부터 국회 정책연구위원으로 근무하고 있는 공무원으로서, 공직자등의 병역사항 신고 및 공개에 관한 법률(이하 "병역공개법")에 따라 2005년 8월 병역사항을 신고하였는데, 병역공개법 제3조에 따라 병역처분을 할 때의 질병명을 신고하여야 하였고, 이 신고사항은 병역공개법 제8조에 의하여 관보와 인터넷에 게재하는 방식으로 공개되었다.

이에 청구인은 질병명까지 신고, 공개토록 하고 있는 위 법률조항들 및 공직선거의 후보자가 되려는 사람으로 하여금 후보자등록을 하는 때에 그와 같은 병역사항을 신고토록 규정하고 있는 병역공개법 제9조, 공직선거 후보자의 병역정보 공개에 관한 공직선거법 제65조가 자신이 사생활의 비밀과 자유, 직업선택의 자유 등의 기본권을 침해한다고 주장하면서 2005년 11월 22일 그 위헌확인을 구하는 헌법소원심판을 청구하였다.

2. 결정의 요지

가. 심판대상 조문

1) 공직선거법 제65조 중 후보자 및 후보자의 직계비속의 군별, 계급, 복무기간, 복무분야, 병역처분사항 및 병역처분사유를 후보자 정보공개자료로 선거공보에 게재하도록 한 부분

2) 병역공개법 제3조 중 제4호 나목에서 병역이 면제되거나 병적에서 제적된 신고의무자는 최종 병역처분을 할 때의 질병명 또는 처분사유를 포함한 병역사항을 신고하도록 한 부분

3) 병역공개법 제8조 제1항 본문, 제9조 제1항, 제3항 제1문 중 4급 이상의 공무원 본인

의 질병명에 관한 부분, 구체적으로 그 병역사항을 통보받은 병무청장이 해당 사항을 관보와 인터넷에 게재하여 공개하도록 한 부분

나. 청구요건의 충족 여부

1) 공직선거법 제65조 부분은 기본권침해의 자기관련성이 없어 부적법하고, 병역공개법 제3조 제4호 나목의 병역면제자 부분 가운데 '4급 이상의 공무원 본인의 질병명에 관한 부분'은 청구인이 2005. 8. 1. 병역사항을 신고한 후 90일이 경과한 2005. 11. 22.에 헌법소원이 제기되어, 청구기간 도과로 부적법하다.

2) 병역공개법 제8조 제1항 본문 중 '4급 이상의 공무원 본인의 질병명' 부분, 즉 '4급 이상의 공무원 본인의 질병명'의 통보를 받은 병무청장이 이를 관보와 인터넷에 게재하여 공개하도록 한 부분은 적법하다.

다. 결정의 주문

병역공개법 제8조 제1항 본문 중 '4급 이상의 공무원 본인의 질병명에 관한 부분'은 헌법에 합치하지 아니한다. 이 헌법조항 부분은 입법자가 2007. 12. 31.을 시한으로 개정할 때까지 계속 적용한다(나머지 청구는 각하).

라. 결정이유의 요지

1) 사람의 육체적·정신적 상태나 건강에 관한 정보, 성생활에 대한 정보와 같은 것은 인간의 존엄성이나 인격의 내적 핵심을 이루는 요소이다. 따라서 외부세계의 어떤 이해관계에 따라 그에 대한 정보를 수집하고 공표하는 것이 쉽게 허용되어서는 개인이 내밀한 인격과 자기정체성이 유지될 수 없다. 병역공개법에 의하여 공개가 강제되는 질병명은 내밀한 사적 영역에 근접하는 민감한 개인정보로서, 특별한 사정이 없는 한 타인이 지득, 외부에 대한 공개로부터 차단되어 개인의 내밀한 영역 내에 유보되어야 하는 정보이다. 이러한 성격의 개인정보를 공개함으로써 사생활의 비밀과 자유를 제한하는 국가적 조치는 엄격한 기준과 방법에 따라 섬세하게 행하여지지 않으면 아니 된다.

2) 병무행정에 관한 부정과 비리가 근절되지 않고 있으며, 그 척결 및 병역부담평등에 대한 사회적 요구가 대단히 강한 우리 사회에서, '부정한 병역면탈의 방지'와 '병역의무의 자진이행에 기여'라는 입법목적을 달성하기 위해서는 병역사항 신고와 공개가 필요하다고 할 수 있다. 한편, 질병은 병역처분에 있어 고려되는 본질적 요소이므로 병역공개제도의 실현을 위

해 질병명에 대한 신고와 그 적정한 공개 자체는 필요하다 할 수 있다.

3) 그런데 이 사건 법률조항은 사생활 보호의 헌법적 요청을 거의 고려하지 않은 채 인격 또는 사생활의 핵심에 관련되는 질병명과 그렇지 않은 것을 가리지 않고 무차별적으로 공개토록 하고 있으며, 일정한 질병에 대한 비공개요구권도 인정하고 있지 않다. 그리하여 그 공개 시 인격이나 사생활의 심각한 침해를 초래할 수 있는 질병이나 심신장애내용까지도 예외 없이 공개함으로써 신고의무자인 공무원의 사생활의 비밀을 심각하게 침해하고 있다.

4) 우리 현실에 비추어 질병명 공개와 같은 처방을 통한 병역풍토의 쇄신이 필요하다 하더라도 특별한 책임과 희생을 추궁할 수 있는 소수 사회지도층에 국한하여야 할 것이다.

5) 결론적으로, 이 사건 법률조항이 공적 관심의 정도가 약한 4급 이상의 공무원들까지 대상으로 삼아 모든 질병명을 아무런 예외 없이 공개토록 한 것은 입법목적 실현에 치중한 나머지 사생활 보호의 헌법적 요청을 현저히 무시한 것이고, 이로 인하여 청구인들을 비롯한 해당 공무원들의 헌법 제17조가 보장하는 기본권인 사생활의 비밀과 자유를 침해하는 것이다.

II. 해설

1. 쟁점 – '민감한 개인정보'의 법령에 의한 신고의무 부과 및 공개 조치의 한계

헌법재판소는 위 결정에서 병역의무의 공평하고 충실한 이행을 담보하고 병역의무의 기피를 차단하기 위한 적절한 규제와 조치를 강구하는 것은 입법자의 시대적 소명이라고 하며, 이러한 입법목적을 달성하기 위해서는 병역사항을 신고하게 하고 적정한 방법으로 이를 공개하도록 하는 것이 필요함을 인정하였다. 또한 병역사항 공개의 일환으로 질병명을 공개토록 한 것도 질병명이 병역처분에 있어 고려되는 본질적 요소임을 이유로 질병명에 대한 신고와 그 적정한 공개 자체는 필요하다고 판단하였다.

하지만 헌법재판소는 이어 질병명을 '민감한 개인정보'로 분류한 후, '민감한 개인정보'의 일방적 공개의 범위와 방법을 정함에 있어서는 사생활의 비밀과 자유를 보장하는 헌법규정의 의미와 적용을 충분히 감안해야 하고, 질병 중에는 인격 또는 사생활의 핵심에 관련되는 것과 그렇지 않은 것이 있는데, 인격 또는 사생활의 핵심에 관련되는 질병까지 무차별적으로 공개토록 하는 것은 사생활 보호의 헌법적 요청을 거의 고려하지 않은 것이며, 특별한 책

임과 희생을 추궁할 수 있는 소수 사회지도층이라 할 수 없는 4급 공무원까지 대상으로 하는 것은 비례의 원칙을 벗어나는 것이라 판단하였다.

다만, 헌법재판소는 공개 대상 공무원 및 질병명의 범위가 지나치게 포괄적이어서 위헌이기는 하나, 이러한 위헌성을 어떻게 제거할 것인지는 1차적으로 입법형성의 권한을 가진 입법자의 몫이라고 하며, 신고의무자에게 비공개 요구권을 부여하거나 심사절차를 둘 수 있다고 언급을 하는 외에 구체적인 입법기준을 제시하지는 않았다.

2. ‘민감한 개인정보’의 연혁과 그 의미

1994년 제정되어 1995년 시행된 공공기관의 개인정보 보호에 관한 법률(2011. 3. 29. 폐지)은 민감정보라는 용어를 사용하지는 않았으나, 제4조에서 “공공기관의 장은 사상·신조등 개인의 기본적 인권을 현저하게 침해할 우려가 있는 개인정보를 수집하여서는 아니 된다”고 규정하여 ‘민감한 개인정보’의 원칙적인 개념을 규정한 적이 있고, 2001. 1. 16. 전부개정된 정보통신망이용촉진및정보보호등에관한법률도 민감정보라는 용어를 사용하지는 않았으나, 제23조 제1항에 “정보통신서비스제공자는 사상·신념·과거의 병력 등[1] 개인의 권리·이익 및 사생활을 현저하게 침해할 우려가 있는 개인정보를 수집하여서는 아니 된다.”고 규정하여 공공기관의 개인정보 보호에 관한 법률의 취지를 반영하였다.

헌법재판소는 2005. 7. 21. 2003헌마282, 425(병합) 결정(개인정보 수집 등 위헌확인사건, 이른바 ‘NEIS 사건’)에서 “종교적 신조, 육체적·정신적 결함, 성생활에 대한 정보와 같이 인간의 존엄성이나 인격의 내적 핵심, 내밀한 사적 영역에 근접하는 민감한 개인정보”라고 하여, ‘민감한 개인정보’라는 용어를 처음으로 사용하였으며, 그 이후 선고된 위 대상 결정에서는 질병명을 ‘내밀한 사적영역에 근접하는 민감한 개인정보’라고 하여 유사한 취지로 판단하고, 2011. 12. 29. 2010헌마293 결정(교원의 노동조합 가입정보 공개금지 결정)에서는 “그 자체로 개인의 민감한 내밀한 영역을 드러내는 개인정보”를 ‘민감한 개인정보’라고 하여, 유사한 취지의 결정을 유지하고 있으나, ‘민감한 개인정보’의 구체적인 기준을 제시하지는 않았다.

‘민감정보’라는 용어는 2011. 3. 29. 제정된 개인정보 보호법 제23조에 수용되어, “사상·신념, 노동조합·정당의 가입·탈퇴, 정치적 견해, 건강, 성생활 등에 관한 정보, 그 밖에 정보주체의 사생활을 현저히 침해할 우려가 있는 개인정보”라는 의미로 규정되었다.

1) 이후 2014. 5. 28. 개정법률에 의해 “사상, 신념, 가족 및 친인척관계, 학력·병력, 기타 사회활동 경력 등”으로 확대, 개정되었다.(밑줄 친 부분이 추가된 항목이다.) 하지만, 2011. 3. 29.자 제정 개인정보 보호법 제23조에서는 위 밑줄 친 항목은 모두 제외되었다.

대략 개인정보 보호 법령에서는 '민감정보'를 '사생활 침해 또는 권리 침해의 우려가 현저히 높은 정보'로 구성하여 '침해 가능성'의 측면으로 접근하고, 헌법재판소는 '인격의 내적 핵심' 또는 '내밀한 사적 영역'에 관한 정보라 하여 '영역'(인격 영역 또는 사적 영역)의 측면에서 접근하므로, 그 접근방식에 차이가 있는 것으로 보이나, 구체적인 사례에 관하여 두 접근방식에서 결론의 차이를 보일지는 불분명하다.

반면 유럽연합의 GDPR은 "기본권 및 자유와 관련하여 특히 민감한 개인정보"("personal data which ar, by their nature, particulary sensitive in relation to fundamental rights and freedoms"[2])라는 문구를 사용하고 있기는 하나, 원칙적으로 '민감한 개인정보'라는 범주를 따로 규율하지는 않고 "특수 범주의 개인정보(special categories of personal data)"라고 하고 그 범위를 "출신 인종 또는 민족, 정치적 견해, 종교 또는 철학적 신념, 노동조합 가입 여부를 드러내는 개인정보의 처리, 유전 정보, 자연인의 고유 식별을 목적으로 한 생체 정보, 건강 관련 정보나 자연인의 성생활 또는 성적 지향에 관련한 정보"라고 규정하여 규율하고,[3] 범죄경력 및 범죄행위에 관한 개인정보의 처리에 대해서는 제10조에서 따로 규율하고 있다.

'민감'하다라는 용어는 불분명하고 적어도 주관적이거나 추상적이기에 그 범위를 파악하기 어렵다. 예를 들면, 위 2005. 7. 21. 선고 2003헌마282 사건(개인정보수집 등 위헌확인 사건)에서 권성 재판관은 다수 의견과 달리 '학력'도 민감한 정보라고 보았는데,[4] 이는 '민감성'에 대한 주관적 판단의 차이에서 기인한 것으로 보아야 한다.[5]

이런 점에서 '민감정보'라는 용어보다는 유럽연합의 GDPR과 같이 '특수 유형의 개인정보'라는 보다 객관적인 용어를 사용하고, 그 판단 기준으로 '정보주체의 자유와 사생활을 현저히 침해할 우려가 있는 정보'로 해야 한다는 주장[6]이 타당하다고 본다.

---

2) GDPR 전문 51항.

3) GDPR 제9조 제1항, 전문 52항, 53항. 이러한 "특수 범주의 개인정보"에 대한 처리는 원칙적으로 금지되며, "상당한 공익을 이유로 처리가 필요한 경우"에 처리할 수 있으나, "정보주체의 기본권과 이익을 보호하기 위한 적절하고 구체적인 조치를 규정하는 법률을 바탕으로 해야 한다."(제9조 제2항 g.)

4) "많은 사람들에게 학력은 미묘한 정서적 반응을 불러일으킬 뿐만 아니라 여러 가지 사회적·경제적 판단과 평가의 주요 지표가 되는 사항으로서 어느 단계의 어떤 학교를 언제 졸업하였는지는 자신의 동의 없이 타인에게 알리고 싶지 않은 민감한 정보가 될 수 있다."

5) 한편, '학력' 정보는 2014. 5. 28.자 정보통신망법 개정법률 제23조에 민감정보의 일부로 포함되었으나, 2011. 3. 29.자 제정 개인정보 보호법 제23조에서는 제외되었다.

6) 김민호, 김현경, 김선아, 『정보통신서비스 분야의 민감정보 유형과 보호방안 연구』, 방송통신위원회 방통융합정책연구KCC－2017－21, 2017. 11., 7면.

3. '민감한 개인정보' 신고의무에 의해 제한되는 기본권

위 대상 결정에서 문제된 사안은 법률에 의해 일부 공직자에게 '민감한 개인정보'인 질병명을 신고할 의무를 부과하고 이를 공개하도록 한 사안이므로, 사생활의 비밀과 자유와 함께 개인정보자기결정권이라는 두 기본권이 모두 쟁점이 된다.

하지만, 위 대상 결정에서는 개인정보자기결정권에 대한 제한을 검토하지 아니하고, 헌법 제17조에 의한 사생활의 비밀과 자유에 대한 제한만을 검토하였는데, 그 이유는 불분명하다. 헌법재판소는 이미 위 대상 결정이 선고(2007. 5. 31.자)되기 전인 2005. 5. 26.에 선고한 99헌마513, 2004헌마190(병합) 결정에서 개인정보자기결정권을 헌법상 기본권으로 인정한 바 있으므로, '민감한 개인정보'에 관한 사안인 위 대상 결정에서 개인정보자기결정권에 대한 제한을 검토하지 않은 이유를 납득하기는 어렵다.[7)]

개인정보자기결정권은 헌법 제19조 및 제17조에 의해 보장되는 기본권으로 보는 것이 일반적인 견해이므로, '민감한 개인정보'에 대한 신고의무의 헌법적 한계를 헌법 제17조에 의한 사생활의 비밀과 자유의 문제로 살펴보는 데에 문제가 있는 것은 아니나, 동시에 개인정보자기결정권의 제한이기도 하므로, 두 기본권(사생활의 비밀과 자유와 개인정보자기결정권)을 동시에 검토하거나, 오히려 보다 직접적인 개인정보자기결정권의 문제를 검토하는 것이 더 타당할 수도 있다.

헌법재판소도 위 2011. 12. 29. 2010헌마293 결정(교원의 노동조합 가입정보 공개금지 결정)에서 교원의 노동조합 가입정보의 공개는 해당 교원의 사생활의 비밀과 자유 및 개인정보자기결정권에 대한 제한에 해당한다고 하면서, "그 자체로 개인의 내밀한 영역을 드러내는 민감한 개인정보의 경우에는 그 수집 내지 보유만으로 기본권 침해의 가능성이 크기 때문에 공개·활용에 있어서도 특별히 강화된 보호를 필요로 한다."고 한 바 있다는 점에서, 위 대상 결정에서 제한되는 기본권으로 개인정보자기결정권을 제시하고, 비례의 원칙 준수 여부를 살펴볼 필요가 있었다고 본다.

4. 검토

헌법재판소가 질병명을 '내밀한 사적 영역에 근접하는 민감한 개인정보'로 분류하고 4급

7) 청구인이 개인정보자기결정권 침해를 주장하지는 않았으나, 헌법소원심판청구에는 변론주의가 적용되지 않으므로(헌재 1995. 1. 20. 93헌아1 결정), 위 대상 결정에서 개인정보자기결정권을 살펴보지 않은 이유라 하기는 어렵다.

이상의 모든 공무원에게 질병의 종류를 불문하고 신고의무를 부과하고 제공정보를 공개하도록 한 병역공개법 제8조 제1항 본문 중 '4급 이상의 공무원 본인의 질병명에 관한 부분'이 비례의 원칙에 위반하여 청구인의 사생활의 비밀과 자유를 과도하게 제한하는 위헌 규정이라고 판단한 것은 타당하다. 하지만, 헌법재판소는 위 대상 결정 이후 여러 사건에서 '민감한 개인정보'에 관한 판단을 하였으나, 그 결론이 타당한 것인지 의문이 있다.

즉, 헌법재판소는 2008. 4. 24. 2006헌마402 결정(공직선거법 제49조 제10항 위헌확인 사건)에서 전과기록은 내밀한 사적 영역에 근접하는 개인정보라고 판단하였으나, 2014. 8. 28. 2011헌마28 결정(디엔에이감식시료의 채취 및 디엔에이신원확인정보 수집·이용 관련조항 사건)에서 유전정보를 기초로 한 디엔에이신원확인정보를 '민감한 정보'로 보기 어렵다고 판단하고,[8] 2015. 5. 28. 2011헌마731 결정(열 손가락 지문 날인 사건)에서 "지문정보는 일반적인 개인정보와는 달리 생체정보에 해당하기는 하지만, 개인의 동일성을 확인할 수 있는 하나의 징표일 뿐, 종교, 학력, 병력, 소속 정당, 직업 등과 같이 정보 주체의 신상에 대한 인격적·신체적·사회적·경제적 평가가 가능한 내용이 담겨 있지 아니하므로, 그 자체로는 타인의 평가로부터 단절된 중립적인 정보라는 특성을 가지고 있어, 유전자정보와 같은 다른 생체정보와는 달리 개인의 인격에 밀접히 연관된 민감한 정보라고 보기는 어렵"다는 이유로 지문정보에 대해 민감정보가 아니라고 판단하였다.

하지만 유전정보와 식별 목적의 생체정보를 민감정보로 규정하고 있는 개인정보 보호법 제23조 제1항 본문, 같은 법 시행령 제18조 제3호[9] 및 식별 목적의 생체정보를 '특수 범주의 개인정보'라고 하여 일반개인정보와 다른 규율을 하고 있는 GDPR의 기준(제9조)에 비추어 볼 때, 디엔에이신원확인정보나 지문정보를 민감정보에서 제외한 헌법재판소의 위 판단을 타당하다고 보기는 어렵다.[10] 헌법재판소가 위와 같은 생체정보를 민감정보에서 제외한

---

8) "디엔에이신원확인정보는 개인식별을 위한 최소한의 정보인 단순한 숫자에 불과하여 이로부터 개인의 유전정보를 확인할 수 없는 것이어서 개인의 존엄과 인격권에 심대한 영향을 미칠 수 있는 민감한 정보라 보기 어렵다."

9) 개인정보 보호법 시행령 제18조 제3호 "개인의 신체적, 생리적, 행동적 특징에 관한 정보로서 특정 개인을 알아볼 목적으로 일정한 기술적 수단을 통해 생성한 정보".
위 생체정보에는 생체정보 자체(생체인식 원본정보)뿐만 아니라 그로부터 일정한 특징점을 추출하는 등의 방법의 인식정보로 재구성한 생체인식정보가 포함된다. (개인정보 보호위원회, 생체정보보호 가이드라인, 2021. 9., 4－5면)

10) 대상 정보를 민감정보로 분류한 후, 비례의 원칙을 벗어난 것이 아니라고 평가하는 것은 별개의 문제이다. 예를 들면, 헌법재판소는 2017. 7. 27. 2015헌마1094 결정(2015년 인구주택총조사 위헌확인 사건)에서 '민감정보'임이 분명한 '종교', '출산계획'과 같은 통계청의 조사 및 수집 행위에 대해 과잉금지의 원칙에 위배되지 않는다고 판단하였다.

이유는 '내밀한 사적 영역' 또는 '민감한' 정보라는 주관적 기준으로 '민감정보'를 판단하는 한계 때문인 것으로 보인다. 이런 점에서도, 앞에서 이미 언급하였듯이, '민감정보'는 '정보주체의 자유와 사생활을 현저히 침해할 우려가 있는 정보'라는 객관적 기준으로 분류하는 것이 타당하다고 할 수 있다.

III. 결정의 의미

위 대상 결정은 '민감한 개인정보'라는 용어를 사용하고 '내밀한 사적 영역에 근접'하는 것으로 그 의미를 구체화한 후, 이러한 민감한 개인정보에 대한 제한은 법령에 의해서도 쉽게 허용되어서는 아니 된다는 점을 분명히 하고, 민감정보 수집, 이용, 공개에 관한 헌법적 한계를 밝혔다는 데에 그 의미가 크다.

하지만, 이후 반복되는 여러 결정들과 함께 민감정보에 해당는 개인정보의 범위를 '내밀한 사적영역' 또는 '민감성'이라는 주관적 기준을 제시하여, 현대정보사회에서 그 중요성이 더욱 커지고 있고, 경우에 따라서는 '민감'할 수도 있는 '식별 목적의 생체정보'를 민감정보에서 제외되도록 하는 한계를 보인 결정이다.

071 연말정산 간소화를 위한 의료기관의 진료정보제출과 개인정보자기결정권

헌재 2008. 10. 30. 2006헌마1401 · 1409(병합) 전원재판부 결정

최성경(단국대학교 법과대학 교수)

I. 결정의 개요

1. 사안의 개요

가. 사실관계

1) 2006헌마1401

청구인 이○은은 미혼여성으로서, 2006.경 방광염으로 서울 마포구 소재 ○○산부인과에서 진료를 받은 외에 같은 해 신경성 우울증으로 마포구 소재 ○○정신과의원에서 치료를 받은 자이고, 청구인 구○일은 신경정신과 전문의, 청구인 주○은 산부인과 전문의로서 현재 의료업에 종사하고 있다. 청구인들은 소득공제제도와 관련하여 환자의 진료비 내역에 관한 정보를 국세청에 제출하도록 의무를 부과하고 있는 소득세법[1] 제165조 제1항, 제4항 및 소득세법 시행령 제216조의3 제2항이 자신들의 개인정보자기결정권, 양심의 자유 등을 침해하여 헌법에 위반된다는 이유로 2006. 12. 11. 이 사건 심판을 청구하였다.

2) 2006헌마1409

청구인 김○영 등 14인은 의료인이고(김○영 등 7명은 의사이고, 문○식 등 4인은 치과의사이며, 이○환 등 3인은 한의사이다), 청구인 김○영 등 11인은 근로소득자로서 병원 또는 한의원에서 진료를 받은 사람이다. 청구인들은 2006. 12. 16. 의료비에 관한 소득공제증빙서류를 제출하도록 하는 소득세법 제165조가 자신들의 헌법상 보장된 양심의 자유, 개인정보자기결정권 등을 침해하여 헌법에 위반된다는 이유로 이 사건 심판을 청구하였다.

1) 구 소득세법(2005. 12. 31. 법률 제7837호로 개정된 것)이지만, 이하에서는 대상 결정 원문 그대로 소득세법으로 칭한다.

나. 심판대상 및 청구인의 주장

1) 심판대상

2006헌마1401 사건 · 2006헌마1409 사건 청구인들은 각각 청구취지에서 소득세법 제165조 제1항, 제4항 및 소득세법 시행령 제216조의3 제2항, 소득세법 제165조 제1항 내지 제5항을 심판청구의 대상으로 삼고 있다. 그런데 헌법재판소는 소득세법 시행령 제216조의3 제1항 제3호는 소득세법 제165조 제1항의 규정을 구체화하는 것으로서 양자가 일체를 이루어 동일한 법률관계를 규율대상으로 하고 있고, 시행령규정은 모법규정을 떠나 존재할 수 없다고 하면서, 이 사건의 심판대상을 동 시행령규정까지 심판대상으로 확장하였다.

따라서 이 사건 심판의 대상은 그 제출의무를 규정한 소득세법 제165조 제1항 중 「조세특례제한법」을 제외한 부분과, 이를 구체화한 같은 법 제165조 제4항, 그리고 소득세법 시행령 제216조의3 제1항 제3호 본문, 제2항(이하 위 규정을 합하여 '이 사건 법령조항'이라고 한다)이다.

2) 청구인의 주장[2]

청구인은 이 사건 법률조항에 의하여, 근로소득자인 청구인들의 진료 정보가 본인들의 동의 없이 국민건강보험공단과 국세청으로 전송되어 평생 보관되는데, 이 과정에서 청구인들의 진료 정보가 불법 유출될 가능성이 있다고 지적하였다. 따라서 이 사건 조항은 헌법 제17조에 규정된 사생활의 비밀과 자유, 헌법 제10조에 규정된 인격권 및 행복추구권 등 근로소득자들의 기본권을 침해하고 있다고 주장하였다.

2. 결정의 요지[3] - 이 사건 법령조항이 환자인 청구인들의 개인정보자기결정권을 침해하였는지 여부

1~3. 생략

4. 근로소득자인 청구인들의 진료정보가 본인들의 동의 없이 국세청 등으로 제출 · 전송 ·

---

2) 이 사건 법령조항에 대하여 의사인 청구인들은 의사로서의 양심의 자유 침해에 대한 주장을 하였으나, 여기서는 대주제에 집중하기 위하여 환자인 청구인들의 개인정보자기결정권 침해 여부에 한정하여 서술하였다.

3) 이 결정은 사건 법령조항이 청구인인 의사의 양심의 자유, 직업수행의 자유, 평등권을 침해하는지 여부를 함께 판단의 대상으로 삼고 있으나, 여기서는 개인정보 주제에 집중하기 위하여 환자인 청구인들의 개인정보자기결정권을 침해하였는지 여부만을 논의의 대상으로 한정한다.

보관되는 것은 위 청구인들의 개인정보자기결정권을 제한하는 것이지만, 이 사건 법령조항은 의료비 특별공제를 받고자 하는 근로소득자의 연말정산을 위한 소득공제증빙자료 제출의 불편을 해소하는 동시에 이에 따른 근로자와 사업자의 시간적·경제적 비용을 절감하고 부당한 소득공제를 방지하려는 데 그 목적이 있고, 위 목적을 달성하기 위하여, 연말정산에 필요한 항목 등을 제출대상으로 삼고 있으므로, 그 방법의 적절성 또한 인정된다.

또 소득공제증빙서류를 발급받는 자는 본인의 의료비내역과 관련된 자료의 제출을 자료집중기관이 국세청장에게 소득공제증빙서류를 제출하기 전까지 거부할 수 있도록 하고, 근로소득자 내지 부양가족 본인만이 자료를 조회하고 출력할 수 있도록 하는 등 이 사건 자료제출제도가 개인의 자기정보결정권에 대한 제한이 최소화되도록 제반 장치를 갖추어 개인의 자기정보결정권이 필요최소한 범위 내에서 제한되도록 피해최소성의 원칙을 충족하고 있으며, 이 사건 법령조항에 의하여 얻게 되는 공익이 이로 인하여 제한되는 개인정보자기결정권인 사익보다 커서 법익의 균형성을 갖추었다고 할 것이므로 이 사건 법령조항이 헌법상 과잉금지원칙에 위배하여 청구인들의 개인정보자기결정권을 침해하였다고 볼 수 없다.

II. 해설

1. 쟁점의 정리 - 개인정보자기결정권의 침해 여부

가. 개인정보자기결정권의 제한

1) 개인정보자기결정권의 의의

대상 결정 이전에 이미 우리 헌법재판소는 주민등록 지문날인제도와 관련한 헌법소원사건[4]에서 개인정보자기결정권이란 '자신에 관한 정보가 언제 누구에게 어느 범위까지 알려지고 또 이용되도록 할 것인지를 그 정보주체가 스스로 결정할 수 있는 권리, 즉 정보주체가 개인정보의 공개여부와 이용에 관하여 스스로 결정할 권리'라고 한 바 있다. 현대사회의 과학기술의 발전은 과거 다양한 목적으로 과도하게 시간과 비용이 요구되던 문서형태의 개인정보 수집을 효율적인 방법으로 전환시켰다. 그 중의 하나가 소득공제와 관련하여 국세청 인터넷 홈페이지를 통한 자신의 자료를 조회·출력하여 원천징수의무자에게 제출하도록 한 것이다. 이러한 전환은 정보주체의 의지와는 상관 없이 개인정보가 광범위하게 유통될 수

4) 헌재 2005. 5. 26. 99헌마513, 2004헌마190 전원재판부 결정.

있는 문제 상황을 야기하기도 하였다. 이에 따라 개인정보 그 자체에 중점을 두고 수집·이용·폐기 등을 정보주체 스스로 결정할 수 있는 적극적 성격의 기본권의 개념이 필요하게 되었으며, 그에 따라 새롭게 생겨낸 개념이 바로 개인정보자기결정권이다.[5)]

또 개인정보자기결정권의 보호대상이 되는 개인정보는 개인의 신체, 신념, 사회적 지위, 신분 등과 같이 개인의 인격주체성을 특징짓는 사항으로서 그 개인의 동일성을 식별할 수 있게 하는 일체의 정보라고 하였다. 이 사건에서도 같은 입장을 유지하면서, 헌법재판소는 대상 결정의 연말정산 간소화를 위한 진료비 내역 등에 대하여 개인정보에 해당한다고 하였다.

2) 개인정보자기결정권 제한 해당성

헌법재판소는 헌재 2005. 7. 21. 2003헌마282 결정에서 이미 밝힌 바와 같이 대상 결정에서도 개인정보를 대상으로 한 조사·수집·보관·처리·이용 등의 행위는 모두 원칙적으로 개인정보자기결정권에 대한 제한에 해당한다고 보았다.

또한 "이 사건 소득공제증빙서류에 기재될 내용은 누가, 언제, 어디서 진료를 받고 얼마를 지불했는가라는 의료비의 지급 및 영수(領收)에 관한 것으로 병명이나 구체적인 진료내역과 같은 인격의 내적 핵심에 근접하는 의료정보는 아니다. 그러나 누가, 언제, 어디서 진료를 받고 얼마를 지불했는가라는 사실은 그 자체만으로도 보호되어야 할 사생활의 비밀일 뿐 아니라, 이러한 정보를 통합하면 구체적인 신체적·정신적 결함이나 진료의 내용까지도 유추할 수 있게 되므로, 개인정보자기결정권에 의하여 보호되어야 할 의료정보"라고 설시하면서, "근로소득자인 청구인들의 진료정보가 본인들의 동의 없이 국세청 등으로 제출·전송·보관되는 것은 위 청구인들의 개인정보자기결정권을 제한하는 것"임을 명백히 하였다.

3) 개인정보자기결정권의 헌법상 근거

개인정보자기결정권의 헌법상 근거에 관해서 대상 결정에서 "헌법 제10조 제1문에서 도출되는 일반적 인격권 및 헌법 제17조의 사생활의 비밀과 자유에 의하여 보장된다"고 밝히고 있다. 그러나 개인정보자기결정권의 헌법상 근거와 관련하여서 헌법재판소는 약간의 차이를 보인 입장을 밝힌 바 있다. 즉 주민등록법상의 지문날인제도사건[6)]에서는 "개인정보자기결정권의 헌법상 근거로는 헌법 제17조의 사생활의 비밀과 자유, 헌법 제10조 제1문의 인

---

5) 허창환, "과세정보 공개에 관한 헌법적 고찰", 『성균관법학』, 제31권 제1호(성균관대학교 법학연구원, 2019), 7면.

6) 헌재 2005. 5. 26. 99헌마513, 2004헌마190(병합) 전원재판부 결정.

간의 존엄과 가치 및 행복추구권에 근거를 둔 일반적 인격권 또는 위 조문들과 동시에 우리 헌법의 자유민주적 기본질서 규정 또는 국민주권원리와 민주주의원리 등을 고려할 수 있으나, 개인정보자기결정권으로 보호하려는 내용을 위 각 기본권들 및 헌법원리들 중 일부에 완전히 포섭시키는 것은 불가능하다고 할 것이므로, 그 헌법적 근거를 굳이 어느 한두 개에 국한시키는 것은 바람직하지 않은 것으로 보이고, 오히려 개인정보자기결정권은 이들을 이념적 기초로 하는 독자적 기본권으로서 헌법에 명시되지 아니한 기본권이라고 보아야 할 것이다"라는 입장을 취한 바 있다. 이후 헌법재판소는 교육행정정보시스템사건[7])에서부터 최근의 변호사시험 합격자 명단공고 사건[8])에 이르기까지 대상 결정의 입장과 같은 인간의 존엄과 가치, 행복추구권을 규정한 헌법 제10조 제1문에서 도출되는 일반적 인격권 및 헌법 제17조의 사생활의 비밀과 자유에 의하여 보장된다는 입장에서 설시하고 있다.

나. 비례원칙 위반 여부

근로소득자인 청구인들의 진료정보가 본인들의 동의 없이 국세청 등으로 제출·전송·보관되는 것은 위 청구인들의 개인정보자기결정권을 제한하는 것으로서, 그 제한에 있어서는 헌법 제37조 제2항의 과잉금지원칙이 준수되어야 한다. 이를 판단한 결과 목적의 정당성, 방법의 적정성, 피해의 최소성, 법익균형성을 모두 준수한 것으로 인정하여 비례원칙에 반하지 않는다고 보았다.

2. 검토

이 사건 법령조항을 통한 제도의 시행으로 소득공제를 위한 증빙서류제출이 간편해지고 근로자와 의료기관의 부담이 경감됨으로써 비효율적인 시간적·경제적 비용의 지출이 감소되며, 의료비의 부당공제도 방지할 수 있으므로, 이 사건 법령조항의 목적은 정당하다. 이와 같은 입법목적을 달성하기 위하여 연말정산에 필요한 부분만을 최소한도로 노출되게 하고, 공인인증서 등의 엄격한 본인 확인절차 등을 활용하는 등 침해의 최소성과 방법의 적절성을 충족하고 있다.

대상 결정에서는 이 사건 법령조항에 의하여 얻게 되는 근로소득자의 연말정산 편의 및 사회적 비용 절감이라는 공익이 이로 인하여 제한되는 개인정보자기결정권인 사익보다는 크다고 보아, 개인정보자기결정권 등의 기본권들은 공공복리 등의 이유로 제한이 가능하다는

7) 헌재 2005. 7. 21. 2003헌마282, 425(병합) 전원재판부 결정.
8) 헌재 2020. 3. 26. 2018헌마77·283·1024(병합) 전원재판부 결정.

입장을 확인하였다.[9] 한편 개인정보자기결정권 제한을 타인의 기본권, 과세관청 또는 공익과의 비교 형량을 떠나 청구인 개인에 국한하여 살펴보더라도 법익의 균형성이 인정된다. 연말정산을 위한 특정 정보의 제공이 청구인 개인에게 기본권 제한만을 하는 것이 아니라 개인도 이를 통하여 과세절차상의 효율성과 편익을 누리기 때문이다.

III. 판결의 의의

헌법재판소의 대상 결정은 구체적인 병명 등을 담지 않아 인격의 내적 핵심에 근접하지 않은 진료비내역의 최소한의 정보도 개인정보자기결정권에 의하여 보호되어야 할 의료정보라고 판단한 것 자체로도 의미가 있는 결정이다. 인격의 내적 핵심에 근접하지 않는 최소한의 정보라도 개인이 스스로 제출·전송·보관을 결정하도록 하여야 하며, 이는 사생활의 비밀을 노출당하지 않을 자유의 영역에서 이해할 수 있다. 그러므로 진료정보가 본인들의 동의 없이 국세청 등으로 제출·전송·보관되는 것은 위 청구인들의 개인정보자기결정권을 제한하는 것이라는 점은 부인할 수 없다. 이 사건에서 개인정보자기결정권도 무제한 보호되는 것이 아니라 공·사익의 비교형량 측면에서 제한이 가능한 경우가 있을 수 있음을 알 수 있다. 그런 측면에서 바라보면 이 대상 결정은 소득공제증빙자료 제출의 불편 해소 및 조세행정의 효율성 확보 등 공공의 이익이 개인의 진료정보에 대한 개인정보자기결정권에 우선한다고 판단하면서 일정한 방향을 제시한 결정이기도 하다.[10] 그러나 자칫 공공의 이익과 효율성이 만능의 정당화 요소인 것으로 추상적으로 오인되어, 개인의 자신에 대한 정보 결정권을 쉽게 제한당해도 되는 것으로 인식될 우려가 있다. 그러므로 이와 같은 공익과 사익의 형량에서는 세심한 주의가 필요하다. 그렇지 않으면 사생활 보호 및 개인정보자기결정권은 매우 위험한 환경에 놓이게 된다. 실제로 비례원칙심사의 구도에서, 이익형량의 관문을 통과하는 공적 이익에 우선하는 사적 이익을 찾기는 매우 어려울 것이다. 현실에서는 종종 인격주체성 내지 정체성을 보호하기 위한 자신의 정보라는 사적 이익이 거대한 공동체적 목표 앞에서 결백논리(nothing to hide)[11]에 의하여 스스로 포기되기도 하기 때문이다. 이 대상사

9) 국세기본법의 고액·상습 체납자 등의 명단공개(제85조의5), 통계자료의 작성 및 공개(제85조의6) 등도 공익적 목적으로 개인정보자기결정권을 제한하는 제도라고 할 수 있다.

10) 동지; 허창환, 앞의 글, 17면.

11) 결백 논리는 비록 내 정보가 국가를 비롯한 누군가에 의하여 수집되고 이용될 수도 있겠지만, 나는 '숨길 것이 없기' 때문에 국가 안보 등 더 큰 이익을 위해서 기꺼이 나의 프라이버시를 포기할 수 있어야 한다는 논리이다(장철준, "프라이버시의 기본권적 실질화를 위한 입론", 『언론과 법』 제15권 제3호(한국언론법학

건에서는 청구인 개인의 사익 침해 보완을 위한 선택적 방법이 존재하고 있어 구체적인 상황을 탐색하여 보면, 기존의 이익형량의 방법론에서도 해결이 가능하였다. 그러나 장기적으로는 개인정보자기결정권의 문제는 워낙 변이가 다양할 수 있으므로, 프라이버시 문제와 더불어 그 본질에 대한 기본권적 근거 구도를 수정하거나, 프라이버시 제한에 대한 비례심사의 해석을 달리 하면서 이익형량의 방법론에서 벗어나게 하는 방법도 고려해 보아야 한다.[12)][13)]

이 대상 결정을 공익과의 형량을 떠나 청구인 개인의 영역에 국한하여 살펴볼 필요도 있다. 그리하면 연말정산을 위한 특정 정보의 제공이 청구인 개인에게 기본권 제한과 개인의 과세절차상의 효율성과 편익 상승을 함께 가져 오기 때문에 그 균형이 유지되고 있음도 알 수 있다.

한편 정보공개를 원하지 않는 수진자들의 개인정보는 거부권의 행사로써 보호될 수 있다는 점이나, 근로소득자가 원하지 않는다면 그 부분에 대한 소득공제를 포기하고 의료비 공제내역서 자체를 제출하지 않을 수 있다는 점, 심지어 의료비 내역 가운데 원하지 않는 의료비 항목이 있다면 그 항목만을 제외하고 나머지 부분만을 선택하여 출력할 수도 있어 알려지기를 원하지 않는 정보를 제외하는 것도 가능하다는 점도 고려하여야 한다. 그렇다면 개인이 혜택을 포기하는 대신 정보제공을 거부할 수는 있으나, 이익만 누리고 그 이익을 누리기 위하여 필요한 정보 제공을 거부하는 것은 안 된다는 적극적 성격의 기본권의 양면적 특징을 이해할 수 있다.

회, 2016), 10면 이하).

12) 장철준, 앞의 글, 5면.

13) 장철준, 앞의 글, 10면 이하. 이 논문에서는 미국 학자 다니엘 솔로브(Daniel Solove)의 실용주의적 프라이버시 이론을 소개하고 있는데, 하나의 방법론으로 참고하여야 할 유용한 이론이라고 생각된다.

072 의료소송 과정 중 환자 동의 없는 진료기록 제출의 위법성

- 의료소송 중 치과의사의 CT 사진 제출 사건 -

헌재 2016. 12. 29. 2016헌마94 결정

백대용(법무법인(유한) 세종 파트너 변호사)

I. 결정의 개요

1. 사안의 개요

가. 사실관계

피청구인[1]은 2015. 10. 30. 청구인에 대하여 의료법위반 혐의로 기소유예처분(청주지방검찰청 충주지청 2015년 형제9098호)을 하였는데, 피의사실의 요지는 다음과 같다.

"청구인은 치과의원 원장으로서, 의료인은 환자가 아닌 다른 사람에게 환자에 관한 기록을 열람하게 하거나 그 사본을 내주는 등 내용을 확인할 수 있게 하여서는 아니 됨에도 불구하고, 2015. 7. 9.경 춘천지방법원에서 위 법원 2015나1448 손해배상 사건의 준비서면을 제출하면서 2012. 11. 2. 촬영한 A의 치아 CT 사진 사본 및 엑스레이 사진 사본을 A의 동의없이 제출하였다."

청구인은 이 사건 기소유예처분이 청구인의 평등권과 행복추구권을 침해하였다고 주장하면서 2016. 2. 3. 그 취소를 구하는 이 사건 헌법소원심판을 청구하였다. 이 청구에서 청구인은 의료인이 환자와의 의료소송 과정에서 환자(A)의 동의 없이 환자에 대한 CT 사진 등을 법원에 제출하는 행위는 사회상규에 위배되지 아니하는 행위로서 정당행위에 해당하므로 위법성이 없다고 주장하였다.

나. 분쟁경과

1) 한국의료분쟁조정중재원의 조정

청구인은 2012. 8.경부터 2014. 1. 1.경까지 원주시에서 치과를 운영하였고, 2012. 11. 2.

---

1) 청주지방검찰청 충주지청 검사.

경 위 치과에서 A의 사랑니 발치를 하였다. A는 사랑니 발치 후 2012. 11. 5.경부터 염증으로 인한 고통을 호소하면서 청구인의 병원에서 수차례에 걸쳐 치료를 받았으나, 청구인은 그때부터 같은 달 14.경까지 항생제 근육주사 등을 하였을 뿐 추가적인 CT 촬영 등을 하지 아니하였다.

2012. 11. 14.경 A가 말을 하지 못할 지경에 이르자 청구인은 협력병원에 방문할 것을 권유하여 A는 위 병원에 입원하였으나 여기에는 치과, 이비인후과 등이 없었다. 결국 A는 2012. 11. 15.경 다른 병원에 입원하였고, CT 촬영 결과 농양이 심한 상태였으며, 감염이 가슴부위까지 번져 있어 편도주위 절개 수술 등 2차례에 걸쳐 수술을 받은 다음 2012. 12. 8.경 퇴원하였다.

A는 2012. 12. 24.경 한국의료분쟁조정중재원에 중재를 신청하였으나, 청구인의 조정 참여 불응으로 각하되었다. A는 2013. 2. 28.경 소비자분쟁조정위원회에 피해구제신청서를 제출하면서 '진료기록 열람 및 사본발급 동의서', '진료기록 열람 및 사본발급 위임장', '개인정보활용 동의서' 등을 제출하였고, 이에 따라 소비자분쟁조정위원회에서는 청구인에게 해명자료를 요청하였으며, 청구인은 2013. 7. 4.경 A에 대한 엑스레이 사진 사본, CT 사진 사본, 진료기록부 사본 등을 해명자료로 제출하였다.

소비자분쟁조정위원회는 2013. 10. 14.경 청구인의 책임을 일부 인정하여 A에게 3,833,000원을 지급하라는 조정결정을 하였다.

2) 수사기관에 대한 고소 및 수사

한편, 청구인은 2014. 1.경 자신이 운영하던 치과를 다른 의료인에게 양도(의료기관 개설자 변경)하였다. 청구인은 위와 같이 병원을 양도하였음에도 A와의 소송에 대비하기 위하여 2012. 11. 2.경 A에 대한 발치시 촬영한 CT 및 엑스레이 사진 사본(이하 'CT 사진 등'이라 한다)을 보관하고 있었다.

A는 2014. 2. 12.경 춘천지방법원 원주지원에 청구인을 상대로 손해배상청구 소송(2014가소1877)을 제기하면서 진료기록부 사본은 제출하였으나, CT 사진 등은 제출하지 아니하였다. 2015. 2. 13.경 원고인 A가 제1심 재판에서 일부 승소하였으나, 청구인이 2015. 2. 24.경 춘천지방법원에 항소(2015나1448)한 후 2015. 7. 9.경 준비서면을 제출하면서 위와 같이 보관하고 있던 CT 사진 등을 법원에 제출하였다.

이에 A는 2015. 8. 7. 경찰서에 청구인을 의료법위반죄로 고소하였다.

2. 결정의 요지

가. 환자 의료기록정보의 중요성

의료법(2009. 1. 30. 법률 제9386호로 개정되고, 2016. 12. 20. 법률 제14438호로 개정되기 전의 것) 제21조의 입법 취지는 환자의 기록정보는 가장 엄밀하게 보호되어야 할 개인정보이므로 환자 본인이 아닌 경우에는 열람을 엄격히 제한하고, 법률에 근거가 있는 경우에만 예외적으로 열람을 허용함으로써 환자의 개인정보를 보호하려는 것이다.

나. 소송당사자의 증거서류 제출의 한계

청구인은 다른 의료인에게 본인이 운영하던 치과를 양도하였고 이로 인해 양수인이 A에 대한 의료기록 원본을 보관 중에 있었다. 그러므로 의료법 제21조 제2항 제7호[2]에 따라 병원 양수인을 상대로 법원에 문서제출명령 신청을 하여 CT 사진 등을 법원에 제출할 수 있었음에도 위와 같은 절차를 따르지 아니하였다. 청구인이 법원에 문서제출명령을 신청할 경우 법원에서 문서제출의 필요성이나 범위를 심사하는 과정에서 환자의 개인정보 보호 필요성 등에 대한 검토도 이루어질 수 있으므로 청구인에게 의료법에 따른 절차를 이행하도록 하는 것이 무익한 절차라고 보기는 어렵다.

II. 해설

1. 쟁점의 정리 – 소송과정 중 환자 동의없는 의료기록정보 제출의 적법성

가. 정당행위의 요건

형법 제20조 소정의 '사회상규에 위배되지 아니하는 행위'라 함은 법질서 전체의 정신이나 그 배후에 놓여 있는 사회윤리 내지 사회통념에 비추어 용인될 수 있는 행위를 말하고,

---

2) 제21조(기록 열람 등) ① 의료인이나 의료기관 종사자는 환자가 아닌 다른 사람에게 환자에 관한 기록을 열람하게 하거나 그 사본을 내주는 등 내용을 확인할 수 있게 하여서는 아니 된다.

② 제1항에도 불구하고 의료인이나 의료기관 종사자는 다음 각 호의 어느 하나에 해당하면 그 기록을 열람하게 하거나 그 사본을 교부하는 등 그 내용을 확인할 수 있게 하여야 한다. 다만, 의사·치과의사 또는 한의사가 환자의 진료를 위하여 불가피하다고 인정한 경우에는 그러하지 아니하다.

7. 「민사소송법」 제347조에 따라 문서제출을 명한 경우

어떠한 행위가 사회상규에 위배되지 아니하는 정당한 행위로서 위법성이 조각되는 것인지는 구체적인 사정 아래에서 합목적적, 합리적으로 고찰하여 개별적으로 판단되어야 할 것이다. 대법원과 헌법재판소는 이와 같은 정당행위 인정 요건과 관련하여 명확한 기준을 제시하고 있는데, 이를 구체적으로 살펴보면 첫째 그 행위의 동기나 목적의 정당성, 둘째 행위의 수단이나 방법의 상당성, 셋째 보호이익과 침해이익과의 법익균형성, 넷째 긴급성, 다섯째 그 행위 외의 다른 수단이나 방법이 없다는 보충성 등의 요건이다.

나. 민감정보인 의료기록정보의 처리

개인정보 보호법 제23조 제1항에 의할 경우 건강에 관한 정보는 정보주체의 사생활을 현저히 침해할 우려가 있는 개인정보로서 민감정보에 해당된다. 이러한 민감정보는 원칙적으로 처리가 금지되지만 정보주체로부터 별도의 동의를 받는 경우 또는 법령에서 민감정보의 처리를 요구하거나 허용하는 경우에는 그 처리가 예외적으로 허용된다. 법령에서 민감정보의 처리를 요구하거나 허용하는 경우의 대표적인 예가 의료법 제21조 제2항이다.

2. 관련 판례

가. 헌재 2018. 8. 30. 2014헌마368 결정

이 사건 정보제공행위에 의하여 제공된 청구인 A의 약 2년 동안의 총 44회 요양급여내역 및 청구인 B의 약 3년 동안의 총 38회 요양급여내역은 건강에 관한 정보로서 '개인정보 보호법' 제23조 제1항이 규정한 민감정보에 해당한다.

나. 헌재 2016. 6. 30. 2015헌마924 결정

가족관계등록법상 각종 증명서에 기재되는 개인정보는 본인의 등록기준지·성명·성별·본·출생연월일 및 주민등록번호와 같은 개인식별정보와 이혼, 파양, 인지, 성(性)전환 등에 관한 정보와 같은 민감정보이다. 이러한 정보가 유출될 경우 명의도용이나 보이스피싱과 같은 범죄에 악용될 우려가 있고, 특히 민감정보의 경우는 의사에 반하여 타인에게 알려지는 것 자체가 개인의 인격에 대한 침해가 될 수 있으며, 유출될 경우 그 피해회복이 사실상 불가능한 경우도 발생한다.

3. 검토 – 환자 동의없는 의료기록정보 제출의 적법성

헌재 2016. 12. 29. 2016헌마94 결정(이하 "본건 결정"이라 함)에서는 청구인의 행위가 사회상규에 위배되지 아니하는 행위로 보기는 어렵다는 결정을 하였다.

가. 동기나 목적의 정당성

의료법 제21조는 환자 본인이 아닌 경우에는 환자의 기록정보에 대한 열람을 엄격히 제한하고, 형사소송법, 민사소송법 등 의료법에서 열거한 법률에 열람근거가 있는 경우에만 예외적으로 환자기록의 열람 및 사본 교부가 가능하도록 함으로써 환자의 개인정보를 보호하고 있으며, 의료법에서 규정한 예외사유에 해당하지 않더라도 의료법 제21조 제2항 단서에 따라 의사가 환자의 진료를 위하여 불가피한 경우에는 환자기록의 열람 및 사본 교부가 가능하도록 함으로써 환자의 진료를 위한 경우에는 예외를 인정하고 있으므로, 의료법 제21조의 입법취지는 환자의 진료를 위하여 불가피한 경우가 아니고, 의료법에서 규정된 예외사유에 해당되지 않는 경우에는 환자기록의 열람 및 사본 교부가 엄격히 제한된다고 보아야 한다.

본건 결정에서는 이러한 취지에서 청구인이 의료법 제21조 제2항 제7호에 따라 양수인을 상대로 법원에 문서제출명령 신청을 하여 CT 사진 등을 법원에 제출하면 되는 것이므로 청구인이 의료소송 중에 있었다고 하더라도 병원 양도 이후 의료기록을 보유할 아무런 권한이 없이 임의로 보관하고 있던 CT 사진 등을 법원에 제출한 행위는 행위의 동기나 목적이 정당하다고 볼 수 없다고 보았다.

그러나 이에 대해 청구인이 자신과 관련된 의료소송에서 자신의 의료상 과실 부존재를 입증하기 위한 목적에서 CT 사진 등을 증거서류로 제출한 것에 불과하므로 동기나 목적의 정당성을 인정할 수 있다는 반대의견도 존재한다.[3)]

나. 수단이나 방법의 상당성

본건 결정은 앞에서 설명한 이유로 행위의 수단이나 방법의 상당성도 부인하였다. 그러나 청구인이 한국소비자원 소비자분쟁조정위원회에 해명자료를 제출할 당시부터 앞으로 제기할 것으로 예상되는 의료소송에서 증거로 사용하기 위하여 이 사건 방사선 사진 사본을 자신이 따로 보관하고 있었던 상황에서, 청구인이 증거로 제출할 당시에 그 사진의 원본을

---

3) 재판관 김창종의 반대의견.

제3자인 양수인이 보관하고 있다는 이유만으로 청구인에게 이 사건 방사선 사진을 문서제출명령 신청을 통해서만 증거로 제출하라고 요구하는 것은 무익한 절차를 형식적으로 거치도록 강제하는 것에 불과하므로 수단이나 방법의 상당성도 인정된다는 반대의견도 존재한다.

다. 법익의 균형성

본건 결정은 의료소송 중에 있었다는 이유로 청구인이 병원 양도 이후 환자에 대한 CT 사진 등을 임의로 보관하고 있다가 의료법에 규정된 적법한 절차를 따르지 않고 CT 사진 등을 법원에 제출하는 행위를 허용한다면 환자기록의 열람을 엄격하게 제한함으로써 환자의 개인정보를 보호하려는 의료법 제21조의 입법 취지가 훼손되므로 법익균형성도 갖추었다고 보기 어렵다고 보았다.

그러나 의사에게 의무적으로 진료기록부 등을 작성하도록 한 취지는 환자치료에 필요한 정보를 이용 또는 제공하려는 데 주된 목적이 있지만, 나아가 그 의료행위의 적정성 여부나 의료상 과실 유무를 판단하는 자료로 사용할 수 있도록 하고자 하는 것도 중요한 목적 중의 하나이다. 그러므로 의료소송의 당사자가 직접 의료상 과실 유무를 입증하기 위하여 환자의 진료기록부나 방사선 사진 등을 증거로 제출하는 것은 그것이 본래 예정하고 있는 목적에 부합하는 사용행위라고 볼 수 있다. 그러므로 의사가 설사 이러한 증거자료를 환자의 동의 없이 증거로 제출하였고 이로 인하여 환자의 개인정보가 일부 침해된다 하더라도, 이는 의료소송의 특수성에 비추어 부득이한 것이며 환자가 제기한 의료소송에서 의사가 환자의 동의 없이 진료기록부 사본 등을 증거로 제출하더라도 그 소송 담당 재판부 등 제한적인 범위의 제3자만이 그 재판업무를 처리하는 과정에서 소송기록을 열람할 수 있을 뿐이므로, 환자 본인이 받는 진료와 관련한 개인정보의 침해 정도는 극히 미미하다고 할 수 있으므로 법익의 균형성도 인정된다는 반대의견도 존재한다.

라. 긴급성 및 보충성

본건 결정은 청구인이 CT 사진 등을 제출할 필요가 있다고 하더라도 의료법 제21조 제2항 제7호에 따라 문서제출명령 신청을 통해 법원에 제출할 수 있었음에도 청구인이 위와 같은 절차를 따르지 아니하고 임의로 보관하고 있던 CT 사진 등을 법원에 제출한 것이므로 긴급성이나 보충성의 요건을 갖추었다고 보기도 어렵다고 보았다.

그러나 이에 대해 청구인은 이미 그 전부터 자신이 보관 중이던 이 사건 방사선 사진 사본을 직접 증거로 제출할 수 있었으므로, 굳이 문서제출명령 신청이라는 우회적인 절차를

거칠 필요성이 없었던 점 등의 제반 사정을 종합하면, 긴급성이나 보충성의 요건을 그렇게 엄격하게 적용할 것은 아니라는 반대의견도 존재한다.

III. 판결의 의의

개인정보 보호법상 민감정보는 원칙적으로 처리가 금지되지만 정보주체로부터 별도의 동의를 받는 경우 또는 법령에서 민감정보의 처리를 요구하거나 허용하는 경우에는 그 처리가 예외적으로 허용된다. 이에 비추어 볼 때 환자의 의료기록정보는 가장 엄밀하게 보호되어야 할 개인정보이므로 환자 본인이 아닌 경우에는 열람을 엄격히 제한하고, 법률에 근거가 있는 경우에만 예외적으로 열람을 허용함으로써 환자의 개인정보를 보호하여야만 한다. 헌법재판소는 이러한 원칙을 기본적으로 인정하고 있고 이는 타당한 판단이다.

다만 환자의 의료기록정보를 보유하고 있는 의료인이 민사소송인 의료소송의 당사자가 되었을 경우 이러한 의료기록정보를 자신의 소송 과정에서 증거서류로 제출할 수 있는지에 대해서는 좀 더 신중한 접근이 필요하다.

본건 결정은 소송당사자인 의료인의 증거서류 제출과 관련하여 정당행위 요건을 판단함에 있어 의료법 제21조 제2항 제7호에 따라 문서제출명령 신청을 통해 법원에 제출할 수 있었음에도 청구인이 위와 같은 절차를 따르지 아니한 점을 정당행위 성립을 부정하는 중요한 근거로 삼았다. 본건은 양도한 사정이 있어 청구인이 A의 의료기록을 보유할 아무런 권한이 없었다는 특수한 사정이 있었기 때문이다.

그렇다면 청구인이 A의 의료기록을 보유할 적법한 권한이 있는 경우에는 어떨까. 만약 청구인이 병원을 양도하지 않고 계속 병원을 운영하였다면 그 경우는 문서제출명령 신청 요건에 해당하지 않으므로 자신이 보관하고 있던 이 사건 방사선 사진을 사본하여 직접 증거로 제출할 수 있다고 보아야 할 것이다. 민사소송에서 서증 신청의 경우 신청자가 가지고 있는 문서는 직접 제출하는 방법으로(민사소송법 제343조 전단) 하면 되기 때문이다. 소송당사자가 자신의 주장을 입증하기 위해 자신이 보유하고 있는 증거를 제출할 수 있고, 의료소송에 있어 의료기록정보는 당사자의 주장을 입증하는 데 있어 가장 유효하고도 적절한 증거로서 이는 실체적 진실을 발견하기 위해 필수적인 자료에 해당되며, 제출받는 당사자인 법원은 위 증거자료를 재판 업무처리 목적으로 활용하는 것에 불과하고 이러한 증거자료를 제공받게 되는 소송상대방 또한 의료기록정보의 주체로서 의료소송의 특수성에 비추어 볼 때 특별

한 개인정보침해가 발생한다고는 보기 어려울 뿐만 아니라 이러한 증거자료 제출은 헌법 제27조 제1항에 규정된 재판받을 권리의 핵심이라는 점을 고려해야 한다.

한편 최근 민사소송 또는 형사고발 과정 등과 관련된 개인정보 보호법 위반 사건이 종종 문제되고 있는데, 적어도 분쟁사건의 당사자가 대리인으로 변호사를 선임하는 과정, 변호사가 분쟁사건에서 소장이나 고소장 등 다양한 서면을 작성하여 제출하는 과정, 변호사가 의뢰인의 주장을 입증하기 위하여 의뢰인으로부터 제공받은 자료 등을 증거로 제출하는 과정 등에 있어서의 개인정보 보호법 위반 문제에 대해서는 사법제도 전반에 대한 심층적인 검토에 기반한 전향적인 접근이 필요하다. 사법제도가 원활히 작동하기 위한 차원에서 개인정보를 이용하는 경우와 그러한 특수한 사정이 없음에도 정보주체의 개인정보를 함부로 누출한 일반적인 경우와는 그 동기나 목적 등 구체적 사정이 많이 다르므로, 그 위법성을 평가함에 있어서 동일한 기준을 적용하여서는 아니 되기 때문이다. 본건 결정에도 불구하고 사법제도와 관련해서는 사회통념에 비추어 용인될 수 있는 행위에 대한 보다 깊은 논의가 요구된다.

073 범죄수사를 위한 디엔에이신원확인정보 수집 · 이용 · 보관의 위헌 여부

- 디엔에이신원확인정보의 이용 및 보호에 관한 법률 부칙 제2조 제1항 위헌 확인 -

헌재 2014. 9. 28 2011헌마28 전원재판부 결정

권헌영(고려대학교 정보보호대학원 교수)

I. 결정의 개요

1. 사안의 개요

가. 청구이유

해당 결정은 2011헌마28, 2011헌마106, 2011헌마141, 2011헌마156, 2011헌마326, 2013헌마215, 2013헌마360 사건들을 병합하여 판단한 것이다. 총 7개 사안에 대한 11명의 청구인들은 각기 다른 이유로 범죄를 저질러 형을 선고받고, 해당 형이 확정되어 각기 수감되거나 혹은 집행유예 상황에서 '디엔에이신원확인정보의 이용 및 보호에 관한 법률'(이하 디엔에이법이라 한다.) 제5조에 따라 디엔에이감식시료가 채취되거나 채취 출석 안내문을 수취하였다. 시료를 채취한 청구인들 중 일부는 채취과정에서 채취를 거부하여 채취영장에 의해 감식시료 채취가 이루어졌으며, 그 외 청구인들은 채취 거부 시 영장에 의한 강제 채취가 이루어질 수 있다는 설명에 따라 채취에 응하였다. 이에 청구인들은 디엔에이법 제2조, 제5조, 제6조, 제8조, 제9조, 제10조, 제11조, 제13조 및 부칙 제2조 제1항이 자신의 기본권을 침해한다는 이유를 들어 해당 조항의 위헌 확인을 구하는 헌법소원심판을 청구하였다.

나. 심판대상

헌법재판소는 청구인들이 위헌심판을 구한 조항들 중 제5조 제1항 제1호, 제4호, 제6호(2010. 1. 25. 법률 제9944호로 제정된 것), 제8호(2010. 4. 15. 법률 제10258호로 개정된 것), 제8조 제1항 및 제3항, 제10조 제1항, 제11조 제1항(이하 검색·회보조항이라 한다.), 제13조 제3항(이하 삭제조항이라 한다.), 부칙 제2조 제1항(이하 부칙조항이라 한다.)(2010. 1. 25. 법률 제9944호로 제정된 것)만을 심판대상으로 인정하였다. 그 이외의 청구인들이 위헌확인을 청구한 조항

에 대해서는 청구인과 관련이 없거나, 절차에 관한 규정에 불과하고, 청구인 역시 그 위헌성에 대해 구체적인 주장이 없다는 이유로 심판대상에서 제외하고 있다.

다. 청구인의 주장

개인정보자기결정권에 한정하여 청구인들의 주장을 살펴보면 다음과 같다. 청구인들은 이 사건 법률조항들이 재범의 위험성과 관련 없이 청구인들을 잠재적 범죄자로 취급하여 발생 여부가 불분명한 범죄의 범인을 색출하도록 청구인들의 디엔에이신원확인정보를 채취할 수 있도록 한다고 본다. 따라서 청구인들은 이 사건 법률조항들이 개인정보자기결정권, 인간의 존엄과 가치, 행복추구권, 인격권, 사생활의 비밀과 자유를 침해한다고 주장한다. 특히, 청구인들은 법률조항 중 삭제조항에 대해서는 수형인 등의 사망을 이유로만 디엔에이신원정보 삭제가 가능하도록 규정하고 있어 디엔에이신원확인정보가 기한 없이 데이터베이스에 수록될 수 있도록 하여 과잉금지원칙에 반한다고 주장하였다. 또한, 이 사건 부칙조항에 대해서 청구인들은 해당 조항이 대상자의 범위를 소급적으로 과도하게 확대시켜 이미 형이 확정된 사람들의 신뢰를 침해하고 있어 과잉금지원칙에 위배된다고 주장하고 있다.

2. 결정의 요지

개인정보자기결정권과 관련된 청구인의 주장에 대하여 헌법재판소는 다음과 같이 판시하고 있다. 먼저 디엔에이신원정보의 삭제조항과 관련하여 헌법재판소는 해당 조항에 대하여 수형인 등이 범한 범죄를 재범 위험성이 높은 범죄로 판단하여 재범의 가능성에 대비하기 위해 해당 정보를 수형인 등이 사망할 때까지 관리하여 범죄 수사 및 예방에 이바지하고자 하기에 입법목적의 정당성과 수단의 적절성이 인정된다고 한다. 또한, 디엔에이신원확인정보는 개인을 식별하기 위한 최소한의 정보만을 수록하고 있고, 해당 정보의 수록 이후 개인정보를 보호하기 위한 규정을 두고 있어 이 사건 삭제조항은 침해최소성 원칙에 반하지 않는다고 봤다. 나아가 디엔에이 신원확인정보를 범죄수사 등에 이용함으로써 달성할 수 있는 공익의 중요성에 비하여 청구인의 불이익이 크다고 보기 어려워 법익균형성도 갖추었으므로, 이 사건 삭제조항이 과도하게 개인정보자기결정권을 침해하지 않는다고 판단하고 있다.

그리고 이 사건 검색·회보조항과 관련하여 헌법재판소는 검색·회보 사유의 필요성이 있고, 검색·회보 사유가 한정되어 있으며, 개인정보 보호를 위한 조치들을 규정하고 있고, 범죄수사 등을 위한 공익이 청구인들의 불이익보다 커 해당 조항이 과도하게 개인정보자기결정권을 침해하지 않는다고 명시하고 있다.

그리고 마지막으로 헌법재판소는 이 사건 부칙조항과 관련하여 전과자 중 수용 중인 사람에 대하여만 이 사건 법률을 소급 적용하는 것은 입법형성권의 범위 내에 있으며, 법률 시행 전 형이 확정되어 수용 중인 자의 신뢰가치에 비하여 재범의 가능성과 데이터베이스 제도의 실효성 추구라는 공익이 상대적으로 더 크다고 판단하고 있다. 이에 따라 헌법재판소는 이 사건 부칙조항이 법률 시행 전 형이 확정되어 수용 중인 자의 개인정보자기결정권을 과도하게 침해하지 않는다고 판단하고 있다.

II. 해설

1. 쟁점의 정리

가. 이 사건 삭제조항에 관한 판단

1) 제한되는 기본권

청구인들은 이 사건 삭제조항이 인간의 존엄권, 행복추구권, 인격권을 비롯하여 사생활의 비밀과 자유, 그리고 개인정보자기결정권을 침해하였다고 주장한다. 이에 대해 헌법재판소는 이 사건 삭제조항은 특별한 사유가 없는 한 사망할 때까지 개인정보인 디엔에이신원확인정보를 데이터베이스에 수록, 관리할 수 있도록 규정하여 개인정보자기결정권을 제한한다고 보고 있다. 아울러 인간의 존엄권, 행복추구권, 인격권을 비롯하여 사생활의 비밀과 자유는 개인정보자기결정권의 헌법적 근거로 거론되는 것들로서, 특별한 사정이 없는 이상 개인정보자기결정권에 대한 침해 여부를 판단함으로써 위 기본권들의 침해 여부에 대한 판단이 함께 이루어지므로 그 침해 여부를 별도로 다루지 않는다고 하였다.

2) 개인정보자기결정권 침해 여부

가) 목적의 정당성 및 수단의 적절성

헌법재판소는 상대적으로 재범의 위험성이 높은 범죄를 범한 수형인등은 언제 다시 동종의 범죄를 저지를지 알 수 없어 그가 생존하는 동안에는 재범의 위험성이 있다고 한다. 따라서 데이터베이스에 수록된 디엔에이신원확인정보를 수형인 등이 사망할 때까지 관리하여 범죄수사 및 범죄예방에 이바지하고자 하는 이 사건 삭제조항은 입법 목적의 정당성과 수단의 적절성이 인정된다고 명시하고 있다.

나) 침해의 최소성

헌법재판소는 디엔에이신원확인정보는 단순한 숫자에 불과하고 이로부터 어떠한 개인의 유전적 특성에 대한 유전정보를 확인할 수 없고 동일인 여부의 확인기능만 함에 따라 디엔에이신원확인정보는 개인정보 누설의 염려가 적어 그 자체로 개인의 존엄과 인격권에 심대한 영향을 미칠 수 있는 민감한 정보라고 보기 어렵고, 개인식별을 위하여 필요한 사항만이 포함된 최소한의 정보라고 한다. 이러한 디엔에이신원확인정보에 대하여 헌법재판소는 해당 법률 내에 개인정보 오·남용 등을 방지하기 위해 무죄 판결 이후 해당 정보의 삭제, 디엔에이인적관리자와 디엔에이신원확인정보담당자의 분리, 디엔에이신원확인정보데이터베이스 관리위원회의 설치 등 개인정보 보호에 관한 규정을 두고 있다는 것을 확인한다. 이러한 점들을 바탕으로 헌법재판소는 이 사건 삭제조항이 디엔에이신원확인정보를 수형인등이 사망할 때까지 데이터베이스에 수록하도록 규정하더라도 침해최소성 원칙에 반한다고 보기 어렵다고 판단내리고 있다.

다) 법익의 균형성

헌법재판소는 디엔에이신원확인정보가 중립성, 이용주체 제한성 등의 특성을 가지고 있음을 고려하면, 이 사건 삭제조항에 의하여 청구인의 디엔에이신원확인정보를 평생토록 데이터베이스에 수록하더라도 그로 인해 청구인이 현실적으로 입게 되는 불이익은 크지 않다고 보고 있다. 그에 반해 저장하고 있는 디엔에이신원확인정보를 장래의 범죄수사 등에 신원확인을 위하여 이용함으로써 달성할 수 있게 되는 공익은 중요하다고 한다. 이에 따라 헌법재판소는 이 사건 삭제 조항에 대한 공익이 청구인의 불이익에 비해 더 커기에 법익균형성 원칙을 위배되지 않는다고 판단하고 있다.

나. 이 사건 검색·회보 조항에 관한 판단

1) 제한되는 기본권

디엔에이신원확인정보담당자는 이 사건 검색·회보조항에 따라 데이터베이스에 새로운 디엔에이신원확인정보를 수록하는 경우(제1호), 범죄수사 또는 변사자 신원확인을 위한 경우(제2호), 법원이 형사재판에서 사실조회를 하는 경우(제3호), 데이터베이스 상호 간의 대조를 위하여 필요한 경우(제4호)에는 디엔에이신원 확인정보를 검색하거나 그 결과를 회보할 수

있도록 되어 있다. 이에 따라 헌법재판소는 해당 조항의 검색 및 회보가 개인정보의 이용으로 판단하고 해당 조항도 개인정보자기결정권을 제한한다고 언급한다.

2) 개인정보자기결정권 침해 여부

이 사건 검색 · 회보조항과 관련하여 헌법재판소는 여죄 여부 확인, 범죄수사, 변사자 신원확인 등 검색 · 회보 사유의 필요성이 있는 경우, 수단의 적절성을 만족한다고 본다. 또한, 검색 · 회보 사유가 한정되어 있으며, 개인정보 보호를 위한 조치들을 규정하고 있어 해당 조항은 침해최소성 원칙에도 반하지 않는다고 명시하고 있다. 그리고 범죄수사 등을 위한 공익이 청구인들의 현실적인 불이익보다 크기 때문에 법익균형성도 충족한다고 한다. 이에 따라 헌법재판소는 이 사건 검색 · 회보조항이 개인정보자기결정권을 침해하지 않는다고 명시하고 있다.

다. 이 사건 부칙조항에 관한 판단

1) 제한되는 기본권

이 사건 부칙조항은 법률 시행 당시 디엔에이감식시료 채취 대상범죄로 이미 징역이나 금고 이상의 실형을 선고받아 그 형이 확정되어 수용 중인 사람에 대하여도 디엔에이감식시료를 채취하고 디엔에이신원확인정보를 데이터베이스에 수록 및 관리할 수 있도록 하고 있다. 헌법재판소는 이러한 디엔에이신원확인정보의 수집, 수록, 검색, 회보를 포함하는 개인정보의 수집 및 이용은 형사 처분이며, 해당 조항은 헌법 제13조 제1항 전단에서 규정하고 있는 소급적인 범죄구성요건의 제정과 소급적인 형벌의 가중 금지가 적용될 수 있다고 본다. 따라서 헌법재판소는 해당 디엔에이신원확인정보의 수집 · 이용의 법적 성격을 살펴보고 이에 따라 소급입법금지원칙 적용 여부 및 과잉금지원칙에 반하여 신체의 자유 및 개인정보자기결정권 침해가 일어나는지 여부를 살펴보려 한다.

2) 디엔에이신원확인정보의 수집 · 이용의 법적 성격

헌법재판소는 디엔에이신원확인정보의 수집 · 이용에 대하여 재범의 위험성이 높은 범죄를 저지른 사람의 디엔에이신원확인정보를 미리 확보, 관리하여 조속히 범인을 검거함으로써 추가 피해를 방지하고 무고한 용의자를 조기에 수사선상에서 배제하며, 아울러 범죄예방의 효과를 높이기 위한 것으로, 범죄수사와 범죄예방에 주된 목적이 있는 행위라고 정의한

다. 이러한 행위는 대상자의 동의 또는 영장에 의해 이루어지며, 대상자의 신체의 자유를 미약하고 일시적이며, 일회성에 한하여 제한하고, 정보의 수집 이후 이루어지는 일련의 행위는 수형인들에 대한 심리적 압박에서 나오는 위하효과로 인한 범죄의 예방효과를 가지고 있으나, 그 이상의 신체의 자유에 대한 직접적인 제한은 없다고 한다. 따라서 헌법재판소는 디엔에이신원확인정보의 수집·이용 행위를 행위자의 장래 위험성에 근거하여 범죄자의 개선을 통해 범죄를 예방하고 장래의 위험을 방지하여 사회를 보호하기 위해서 부과되는 보안처분으로서의 성격을 가진다고 정의내리고 있다.

3) 소급입법금지원칙 위배 여부

헌법재판소는 보안처분은 형벌과는 달리 장래 재범위험성에 근거하는 것으로 재판 시의 재범위험성 여부에 대한 판단에 따르기에 재판 당시 현행법을 소급적용할 수 있다고 본다. 하지만 이러한 보안처분도 형벌적 성격이 강하여 신체의 자유를 박탈하거나 박탈에 준하는 정도로 신체의 자유를 제한하는 경우에는 소급입법금지원칙을 적용하는 것이 법치주의 및 죄형법정주의에 부합한다고 보고 있다.[1] 이에 따라 볼 때, 헌법재판소는 이 사건 법률의 입법목적과 신체의 자유의 제한 정도, 기본권제한의 최소화를 위한 최소한의 정보 수집 및 개인정보 보호 규정 등을 가진 해당 법률의 행위는 처벌적인 효과를 가져오는 것도 아니기에 비형벌적 보안처분으로 소급입법금지원칙이 적용되지 않는다고 본다. 또한, 소급적용으로 발생하는 당사자의 손실에 비하여 소급적용으로 인한 공익적 목적이 더 크다고 할 것이므로, 이 사건 법률 시행 당시 디엔에이감식시료 채취 대상범죄로 이미 징역이나 금고 이상의 실형을 선고받아 그 형이 확정되어 수용 중인 사람들까지 이 사건 법률을 적용한다고 하여 소급입법금지원칙에 위배되는 것은 아니라고 판단하고 있다.

4) 과잉금지원칙 위배 여부

헌법재판소는 범죄자의 재범의 위험성에 효과적으로 대처하기 위하여는 이 사건 법률의 시행 전에 이미 실형을 선고받아 그 형이 확정되어 수용 중인 사람의 경우에도 미리 디엔에이신원확인정보를 확보할 필요성은 인정되며, 해당 정보의 효율성과 활용도를 높인다는 점에서도 수용 중인 사람에 대하여 이 사건 법률조항들을 적용하는 부칙조항은 목적의 정당성과 수단의 적절성을 충족한다고 본다. 또한, 전과자들 모두에 대하여 이 사건 부칙조항을 적

---

1) 헌재 2012. 12. 27. 2010헌가82 등.

용하는 것이 아니라 징역이나 금고 이상의 실형을 선고받아 그 형이 확정되어 수용 중인 사람에 대하여만 소급하여 이 사건 법률조항들을 적용하는 것은 입법형성권의 범위 내에 있어 침해의 최소성 원칙에도 반하지 않는다고 판단하고 있다. 마지막으로 헌법재판소는 법률 시행 전 이미 형이 확정되어 수용 중인 사람의 신뢰 보호가치는 낮은 반면 재범의 가능성, 데이터베이스 제도의 실효성 추구라는 공익은 상대적으로 더 크다고 보아 법익균형성도 갖추고 있다고 판단하여, 이 사건 부칙조항은 과잉금지원칙에 위배되지 않아 이 사건 법률 시행 전 형이 확정되어 수용 중인 사람의 신체의 자유 및 개인정보자기결정권을 침해하지 않는다고 명시하고 있다.

2. 검토

가. 재범의 위험성과 개인정보자기결정권

개인정보자기결정권은 정보주체가 스스로 자신에 관한 정보, 즉 개인정보를 언제 누구에게 어느 범위까지 알리고 이용하도록 할 것이며, 더 나아가 해당 정보를 정정하고 삭제할 수 있는 권리를 의미한다. 그러므로 개인정보를 조사 · 수집 · 보관 · 처리 · 이용하는 등의 행위는 모두 개인정보자기결정권을 제한하는 것이다.[2] 이러한 의미에서 개인정보인 자신의 유전자와 관련된 정보인 디엔에이신원확인정보의 수집 · 활용 · 검색 · 보관하는 행위는 개인정보자기결정권을 제한하는 행위이며, 이러한 행위는 반드시 헌법 제37조 제2항에 따라 본질적인 내용을 침해하지 않는 범위 내에서 제한할 수 있다.

본 결정의 판단대상인 디엔에이법은 특정범죄를 저질러 그 형을 확정한 자의 디엔에이신원확인정보를 수집하여 범죄수사 등에 이용할 수 있게 하는 것을 목적으로 하며, 이는 해당 법률에서 채취 대상으로 규정하고 있는 범죄는 재범의 위험성이 높다는 점을 전제로 하고 있다. 그리고 헌법재판소도 바로 이러한 점을 근거로 디엔에이법의 입법 목적의 정당성과 해당 법률에 의해 수집한 디엔에이신원확정정보에 대한 보관기관(수형인등이 사망할 때까지)에 따른 수단의 적절성을 인정하고 있다.

나. 비판

이 사건 삭제조항의 수단의 적절성을 인정한 부분에 대하여 비판의 여지가 있다. 본 결정의 반대의견에서는 이 사건의 삭제조항에 대해 재범의 위험성에 대한 통계적인 근거를 들어

2) 헌재 2005. 5. 26. 99헌마513 결정.

개인정보자기결정권을 침해한다고 언급하고 있다. 외국의 연구결과에 의하면 범죄자의 52%가 6년 이내에 범죄를 다시 저지르고, 15년이 지나면 재범의 위험성에 있어서는 범죄전력이 없는 자와 같아진다고 언급하면서, 대상자가 재범하지 않고 상당 기간을 경과하는 경우에는 재범의 위험성이 그만큼 줄어든다고 한다. 그럼에도 불구하고 이 사건 삭제조항은 수집한 디엔에이신원확인정보에 대하여 수형인등이 사망하기 전까지는 지속적으로 보관할 수 있도록 하여 침해의 최소성을 충족하지 못하고 있다고 보고 있다. 즉, 이 사건 삭제조항은 디엔에이법의 입법 목적을 달성하기 위해 국민의 개인정보자기통제권에 헌법 제37조 제2항에 따른 기본권 제한의 기준을 넘어선 지나치게 과도한 제한을 가하는 것으로 판단하는 것이다.

학계에서도 이러한 반대의견과 동일한 맥락의 비판을 제기하고 있다. 해당 결정에 대하여 특정범죄를 범한 수형자 등은 미래에 예외없이 특정범죄를 재차 범할 위험성이 있는 사람들이라는 전제로부터 출발하여, 재사회화 정도뿐만 아니라 특정범죄의 경중, 기간의 경과 등에 따라 재범의 위험성은 얼마든지 감소될 수 있다는 점을 고려하지 않은 경직되고 도식적인 결정이라는 비판을 내리고 있다. 이러한 비판에 의하면 디엔에이법에 일정한 기한의 경과에 따라 디엔에이신원확인정보의 삭제 여부를 심사하거나 일률적인 삭제를 명하는 조항이 필요하다고 언급하고 있다.[3] 이 외에도 디엔에이법에 개인정보 보호법 제36조에 따른 개인정보삭제권과 관련하여 이 사건 삭제조항이 존재하나, 삭제가 가능한 경우는 무죄, 면소, 공소기각, 불기소처분 등으로 한정되어 있으며 정보의 주체인 디엔에이신원확정정보주체의 삭제청구권에 대한 내용이 없다는 점에 대해 비판적으로 바라보고 있다.[4]

III. 결정의 의의

과학기술의 발전과 환경의 변화로 다양한 개인에 대한 정보들이 수집·활용되면서 보호되어야 하는 개인정보의 범위가 일부 변화되고 있다. 또한, 이에 따라 정보주체들의 개인정보자기결정권을 법적으로 보장하고, 헌법이 요구하는 범위 내에서 제한하는 실질적인 변화가 일어나야 하는 상황이다. 헌법재판소는 디엔에이법에 대하여 합헌결정을 내림에 따라 특히, 수형자등의 개인정보자기결정권 보장보다는 효율적인 범죄수사라는 입법자의 의지를 더

3) 조성용, "『디엔에이신원확인정보의 이용 및 보호에 관한 법률』에 관한 헌법재판소 결정(2011헌마28)에 대한 비판적 검토", 『인권과 정의』, 제446호(대한변호사협회, 2014), 107면.
4) 류성진, "[판례평석] 디엔에이신원확인정보 이용 및 보호에 관한 법률 사건 2011헌마28·106·141·156·326, 2013헌마215·360(병합)", 『헌법판례연구』, 제16권(한국헌법판례연구학회, 2015), 171면.

욱 중하게 판단하였다. 따라서 이러한 본 결정은 변화하고 있는 현 상황을 제대로 반영하지 않고 있으며, 수형자등의 기본권 보호와 효율적인 범죄수사 사이의 적절한 균형점을 제시하지 못하고 있다.

2020년 개인정보 보호법 및 시행령의 개정으로 인해 민감정보의 범위에 개인의 신체적, 생리적, 행동적 특징에 관한 정보로서 특정 개인을 알아볼 목적으로 일정한 기술적 수단을 통해 생성한 정보가 포함되었다. 이로 인해 디엔에이신원확인정보는 유전자에 대한 STR 분석기법을 통해 생성한 특정 개인을 알아볼 목적을 가진 고유한 신원정보로, 개인정보 보호법상 민감정보로 분류될 수 있게 되었다. 이는 본 결정에서 디엔에이신원확인정보를 민감정보가 아니라고 판단한 바와 배치되고 있다. 본 결정은 이러한 변화점들을 포착하여 수형자등의 개인정보자기결정권과 효율적인 범죄수사 사이의 균형을 맞추기 위해 필요한 방안을 찾기 위한 기초자료로서 그 의의가 있다고 할 것이다.

제3절 신용정보

074 동의 없이 개인신용정보를 이용하지 말아야 할 주체의 범위

- 개인이 개인신용정보를 무단 이용하여 대출알선영업을 한 사건 -

대법원 2010. 4. 8. 선고 2009도13542 판결

정성구(김 · 장 법률사무소 변호사)

I. 판결(또는 결정)의 개요

1. 사안의 개요

가. 사실관계

모 캐피탈 회사의 직원인 피고인은 2008. 6. 경 지인으로부터 소개를 받은 이름을 알 수 없는 자로부터 2회에 걸쳐 대출업체 3곳의 고객인 15,922명의 개인신용정보가 기재된 엑셀파일을 제공받았다. 엑셀파일에는 개인의 이름, 주민등록번호, 휴대전화번호, 직장명, 대출내역 등이 기재되어 있었다.

피고인은 위 엑셀파일에 포함된 개인신용정보를 이용해 텔레마케팅의 형태로 대출알선영업을 하다가 적발되어 신용정보의 이용 및 보호에 관한 법률(2009. 4. 1. 법률 제9617호로 전부개정되기 전의 것을 말한다. 이하 "구 신용정보법") 제24조 제1항(이하 "이 사건 금지조항") 위반의 혐의로 기소되었다.

나. 소송경과

1심에서는 피고인에 대하여 이 사건 금지조항 위반의 혐의를 유죄로 인정하여 징역 6월에 집행유예 2년을 선고하였다. 그러나, 2심에서는 이 사건 금지조항은 '신용정보업자등'[1]이

1) 구 신용정보법 제13조에 의거 '신용정보업자등'이란 신용정보업자, 신용정보집중기관, 신용정보제공이용자를 합쳐 부르는 말이다.

신용정보주체의 개인신용정보를 제공하거나 이용하는 경우에 그 제공·이용 목적 및 범위를 제한하고 이를 위반한 행위를 처벌하기 위한 규정일 뿐이지, 피고인과 같이 신용정보업자등이 아닌 자가 개인신용정보를 제공하거나 이용하는 경우까지 처벌하려는 규정으로는 볼 수 없다는 이유로, 피고인에 대하여 무죄를 선고하였다.

그러나, 대법원은 2심 판결을 다시 번복하고 1심의 판결 취지대로 피고인의 혐의에 대하여 유죄를 인정하였다. 즉, 이 사건 금지조항이 금지하는 행위의 주체를 신용정보업자등에 국한하여 볼 이유가 없고, 이렇게 신용정보업자등에 국한하여 해석하지 않는다 하여 죄형법정주의에 위반한다고 보지 않은 것이다.

2. 판결(또는 결정)의 요지

이 사건 금지조항은 "개인신용정보가 금융거래 등 상거래관계의 설정 및 유지 여부 등의 판단목적으로만 제공·이용되어야 한다"고 규정하면서 해당 의무의 준수주체를 따로 규정하지 않고 있다. 이는 '신용정보제공·이용자'의 의무에 관하여 규정하는 구 신용정보법 제23조, '신용정보업자등'의 의무에 관하여 규정하는 구 신용정보법 제24조 제2항 및 제24조의2 등과 명확히 구별된다.

구 신용정보법은 신용정보업을 건전하게 육성하고 신용정보의 효율적 이용과 체계적 관리를 기하며 신용정보의 오용·남용으로부터 사생활의 비밀 등을 적절히 보호함으로써 건전한 신용질서의 확립에 이바지함을 목적으로 하는 것인데, '신용정보업자등이 아닌 자'가 개인신용정보를 이 사건 금지조항이 정하는 목적 외로 사용하는 경우에도 해당 개인신용정보의 오용, 남용으로 인한 사생활의 비밀 등이 침해될 우려는 존재하는 것이므로, 신용정보업자등이 아닌 자의 그와 같은 위반행위를 처벌대상에서 제외한다면 당해 법률의 입법목적을 달성하기 어려울 것이고, 따라서 신용정보업자등이 아닌 자의 행위를 이 사건 금지조항 위반의 처벌대상에서 제외하려고 한 것이 입법자의 의도였다고 보기는 어렵다.

이 사건 금지조항은 본연의 목적 이외로 개인신용정보를 '제공·이용'하는 행위를 금지하는 것인데, 위 제공행위나 이용행위를 사전적인 의미로 해석하더라도 구 신용정보법의 입법취지나 일반인의 예측가능성에 위배되는 것으로 보이지는 아니하므로 구 신용정보법에 위 제공·이용에 관한 별도의 정의규정이 없다고 하여 이를 반드시 신용정보제공·이용자를 포함하는 '신용정보업자등'의 행위로 제한할 필연성은 없는 것으로 보인다.

이상을 종합하면, 결국 이 사건 금지조항의 적용대상에는 신용정보업자등이 아닌 자도 포함된다고 보는 것이 체계적이고도 논리적인 해석이라 할 것이고, 그와 같은 해석이 죄형

법정주의에 위배된다고 볼 수는 없다.

II. 해설

1. 쟁점의 정리

구 신용정보법은 2009. 4. 1. 전면 개정되어 이 사건 금지조항인 구 신용정보법 제24조는 현재 유효한 신용정보법(이하 "현 신용정보법") 제33조에 해당한다. 한편, 구 신용정보법 제24조 제1항, 즉 이 사건 금지조항을 위반한 경우의 처벌조항은 구 신용정보법 제32조 제2항 제7호였는데 이 조항에서 이 사건 금지조항의 위반자를 5년 이하의 징역 또는 5천만 원 이하의 벌금에 처하도록 규정하고 있었으며, 현 신용정보법 제33조의 처벌조항은 현 신용정보법 제50조 제2항 제7호인데 법정형은 변경되지 아니하였다. 참고로, 이 사건 금지조항과 현 신용정보법 제33조를 비교해 보면 다음과 같다.

구 신용정보법	현 신용정보법
① 개인신용정보는 당해 신용정보주체와의 금융거래등 상거래관계(고용관계를 제외한다)의 설정 및 유지여부 등의 판단목적으로만 제공·이용되어야 한다. 다만, 다음 각 호의 어느 하나에 해당하는 경우에는 그러하지 아니하다. 1. 개인이 서면 또는 공인전자서명이 있는 전자문서에 의하여 금융거래등 상거래관계의 설정 및 유지여부 등의 판단목적외의 다른 목적에의 제공·이용에 동의하거나 개인이 자신의 신용정보를 제공하는 경우 2. 법원의 제출명령 또는 법관이 발부한 영장에 의하여 제공·이용되는 경우 2의2. 범죄로 인하여 피해자의 생명이나 신체에 심각한 위해가 예상되는 등 긴박한 상황에 있고 제2호의 규정에 따른 법관의 영장을 발부받을 시간적 여유가 없는 경우로서 검사 또는 사법경찰관의 요구에 따라 제공·이용되는 경우. 이 경우 개인신용정보를 제	① 개인신용정보는 다음 각 호의 어느 하나에 해당하는 경우에만 이용하여야 한다. 1. 해당 신용정보주체가 신청한 금융거래 등 상거래관계의 설정 및 유지 여부 등을 판단하기 위한 목적으로 이용하는 경우 2. 제1호의 목적 외의 다른 목적으로 이용하는 것에 대하여 신용정보주체로부터 동의를 받은 경우 3. 개인이 직접 제공한 개인신용정보(그 개인과의 상거래에서 생긴 신용정보를 포함한다)를 제공받은 목적으로 이용하는 경우(상품과 서비스를 소개하거나 그 구매를 권유할 목적으로 이용하는 경우는 제외한다) 4. 제32조 제6항 각 호의 경우 5. 그 밖에 제1호부터 제4호까지의 규정에 준하는 경우로서 대통령령으로 정하는 경우

공받은 검사는 지체 없이 법관에게 영장을 청구하여야 하고, 사법경찰관은 검사에게 신청하여 검사의 청구로 영장을 청구하여야 하며, 개인신용정보를 제공받은 때부터 36시간 이내에 영장을 발부받지 못한 때에는 지체 없이 제공받은 개인신용정보를 폐기하여야 한다.

3. 신용정보업자 및 신용정보집중기관 상호간에 집중관리·활용하기 위하여 제공·이용되는 경우
4. 조세에 관한 법률의 규정에 의한 질문·조사를 위하여 관할관서의 장이 서면으로 요구하거나 조세에 관한 법률의 규정에 의하여 제출의무가 있는 과세자료의 제공을 요구함에 따라 제공·이용되는 경우
5. 기타 다른 법률의 규정에 의하여 제공·이용되는 경우
6. 채권추심, 인·허가의 목적 등 대통령령이 정하는 목적으로 사용하기 위하여 제공·이용되는 경우

이 사건의 쟁점은 단 하나로서, 이 사건 금지조항이 '신용정보업자등'이 아닌 자에게도 적용이 되는지 여부이다.

이 사건 금지조항의 문리해석상으로는 1심과 대법원의 판단이 옳아 보인다. 조문 자체에 이 사건 금지조항에서 금지하는 행위의 주체(즉 문장의 주어에 해당하는 자)가 생략되어 있기 때문이다. 통상적으로 이러한 경우에는 해당 금지 의무가 모든 국민에게 부여되는 것이기 때문에 주어를 생략한 것이라고 보는 것이 합리적인 해석이다. 예를 들면 상법 제30조는 "회계장부에는 거래와 기타 영업상의 재산에 영향이 있는 사항을 기재하여야 한다."라고 규정하는데, 주어가 분명하지는 않지만 회계장부를 기재하는 모든 국민이 준수해야 할 의무로 이해하는 데 무리가 없다.

대법원과 견해를 달리한 제2심 또한 그러한 문리해석이 가능하다는 점은 인식하고 있는 것으로 보이나, 이 사건 금지조항의 바로 다음 조항인 구 신용정보법 제24조 제2항이 "신용정보업자등은 개인신용정보를 제공할 경우에는 금융위원회가 정하는 바에 의하여 의뢰인의

신원 및 이용목적을 확인해야 한다."라고 하고 있는바, 구 신용정보법 제24조 제2항은 신용정보업자등이 의뢰인(주로 개인신용정보를 제공받아 이용할 자로 이해된다)에게 제공하는 경우의 이용목적을 확인하라는 취지의 조문으로서 내용상 이 사건 금지조항인 제1항과 대구를 이뤄야 하고 따라서 제1항의 생략된 주어는 제2항과 같은 '신용정보업자등'이어야 한다고 해석한 것으로 이해된다.

2. 검토

가. 입법상 오류

단순하고 단일한 하나의 쟁점에 관한 판단에 있어서 1심에서의 결론이 2심에서 번복되고, 다시 3심에서 1심의 결론으로 돌아가는 혼란이 발생한 것은 전적으로 입법상 오류의 문제로 볼 수 있다.

현재의 개인정보 보호 체계는 현 신용정보법이건 개인정보 보호의 일반법인 개인정보 보호법이건 간에 개인신용정보 또는 개인정보의 수집행위와 제3자에 대한 제공행위를 각각 규제하는 조항을 두고 있다.[2] 논리적으로 따져보아도 개인신용정보를 이용하기 위해서는 이용자는 해당 정보를 정보주체로부터 ① 직접 받거나(수집), ② 제3자로부터 제공받거나(제공) 또는 ③ 위 ①과 ②가 아닌 방법으로 획득하여야 한다(예를 들어 공개된 정보의 수집). 이 중 ③의 경우는 대개의 경우 정보주체와 연락하기 어렵거나 정보주체가 해당 정보에 관한 통제권을 상실하거나 방기한 경우에 해당하므로, ③의 방법으로 정보를 획득하는 것에 대하여 정보주체의 동의를 얻게 하는 것은 지나치다. 따라서, 개인정보 보호법의 경우에는 정보주체의 요구가 있는 경우에 수집출처를 고지할 의무만을 부과하고 있고(개인정보 보호법 제20조), 현 신용정보법의 경우 공개된 정보에 대하여는 일정한 범위 내에서 수집 동의를 면제하고 있다(현 신용정보법 제15조 제2항).

그러나, 위 ①과 ②의 방법으로 개인신용정보를 획득하고자 하면 (특별한 예외에 해당하지 않는 한) 정보주체로부터 동의를 받아야 하는 것이 원칙이다. 일반적으로 ①의 방법으로 개인신용정보를 획득할 때는 수집자가 정보주체를 대면하므로 이때 정보주체로부터 직접 동의를 받으며 이를 '수집동의'라 한다. 한편, ②의 방법으로 개인신용정보를 획득할 때는 제공자가 정보주체를 대면하므로 제공자가 정보주체로부터 동의를 받으며 이를 '제공동의'라 한다. 그러나, 구 신용정보법은 이러한 수집동의 및 제공동의의 원칙을 조문화함에 있어 이해할

2) 현 신용정보법 제15조, 제32조. 개인정보 보호법 제15조, 제17조, 제18조.

수 없도록 복잡한 태도를 취하였다. 그로 인하여 아래와 같이 다양한 해석의 가능성이 존재하였다.

첫째, 이 사건 금지조항은 상거래설정 유지의 판단 목적으로 개인신용정보를 이용하는 경우를 제외하면(구 신용정보법 제24조 제1항 본문), 구 신용정보법 제24조 제1항 제2호부터 제6호까지의 예외에 해당하지 아니하는 한 개인신용정보를 이용하기 위하여는 해당 개인신용정보의 정보주체로부터 동의를 받을 것을 요구하는 취지이다. 따라서, 누구든지 어떤 경위로 개인신용정보를 보유하게 되었든 간에 관계없이 (즉, 위 ①의 방법이든 ②의 방법이든 관계없이) 동의가 없이는 개인신용정보를 이용하지 못하는 원칙을 선언한 것으로 볼 수 있다. 문리에만 의존하여 해석하면 이와 다른 해석이 나오기 어렵고, 대법원도 이러한 해석에 입각한 것으로 보인다.

둘째, 그런데 다른 조문까지 함께 고려하면 다른 해석의 여지가 발생한다. 구 신용정보법 제23조 제1항은 신용정보제공·이용자가 개인신용정보를 신용정보업자등에게 제공하기 위하여는 사전에 동의를 받을 것을 규정하였는데, 이는 명백히 위 ②의 방법으로 정보를 획득하기 위한 동의절차, 즉 제공동의 절차를 규정한 조항으로 이해될 수 있었다. 따라서, 이와 같이 명백히 제공동의에 관한 조문이 있는 한 굳이 이 사건 금지조항이 제공동의까지 포함한 조문이라고 이해할 필요가 없는 것이다. 그렇다면, 이 사건 금지조항은 오로지 수집동의를 위한 조항으로 해석할 수 있는데, 이렇게 해석하면 제공동의 조항은 신용정보제공·이용자가 신용정보업자등에게 개인신용정보를 제공할 때만 적용되는데, 왜 수집동의 조항은 누구에게나 적용되어야 하는가의 문제가 발생한다. 양자의 의무주체를 달리 취급할 특별한 이유를 찾기 어렵기 때문이다. 이렇게 보면, 이 사건 금지조항의 의무주체도 신용정보제공·이용자로 봐야 하는 것 아니냐는 해석이 가능하다.

셋째, 앞서도 보았듯이 구 신용정보법 제24조 제2항은 신용정보업자등이 의뢰인에게 개인신용정보를 제공하는 경우 의뢰인의 이용목적을 확인하라는 취지이다. 그런데, 제3자(즉, 의뢰인)의 의뢰를 받아 개인신용정보를 제공하는 자는 구 신용정보법상 신용조사업자나 신용조회업자 뿐이므로 '신용정보업자등'이 의뢰인에게 정보를 제공하는 것을 상정하는 구 신용정보법 제24조 제2항의 조문 자체도 사실 논리에 맞지 않는다. 아무튼, 이를 선해(善解)하여 구 신용정보법 제24조 제2항이 '신용정보업자등'이 제3자에게 정보를 제공하는 경우에 적용되는 조문으로 해석하더라도, 같은 조 제1항인 이 사건 금지조항에서는 누구로부터든지 개인신용정보를 제공받아 이용할 경우 이용목적 제한이 적용되는데, 왜 제2항에서는 그러한 이용자의 이용목적 확인의무를 신용정보업자등에게만 지우는지를 이해하기 어렵다. 따라서,

양 조항의 균형을 위해서는 이 사건 금지조항의 주체를 신용정보업자등으로만 한정하는 것이 바람직하다.

이상과 같이 신용정보법상 개인신용정보의 수집규제는 관련된 조항이 적용되는 범위가 들쭉날쭉하여 일관된 이해가 어려우며, 이는 전적으로 입법 자체의 오류로 볼 수 있다. 이 사건 금지조항의 해석에 관하여 심급마다 판단이 바뀐 것도 입법적 미스를 어떻게 해석으로 보완할 것인가에 관한 법원의 고민 때문이었을 것이다. 실무계에서도 이 판례가 나오기 전부터 이 사건 금지조항이 해석하기 어렵다는 문제가 지속적으로 제기되고 있었다.[3)]

결국 이 사건 금지조항의 문리해석만으로는 이 사건 금지조항의 취지를 이해하기 어려우므로 논리적, 합목적적 해석이 필요하게 된다.

나. 논리적, 합목적적 해석의 근거

대법원의 판단과 2심의 판단의 차이는 신용정보법의 적용범위를 일반인으로 확대해야 하는 것이 맞는가(이하 "적극설") 아니면 신용정보를 영업적으로 다루어야 하는 신용정보업자, 신용정보집중기관 및 신용정보제공·이용자(주로 금융회사)로 국한해야 하는가 하는가(이하 "소극설") 문제와 맞닿아 있다. 물론 앞서도 언급하였지만, 이는 입법자가 정책적으로 결정해야 하는 문제이긴 한데, 당시 입법자료에는 이 사건 금지조항의 취지를 그러한 관점에서 언급한 내용이 없었다.

이에 대법원은 적극설을 취하면서 그 논거로 다음의 2가지를 언급하였다.

첫째, 대법원은 이 사건 금지조항과 인접한 구 신용정보법 제23조는 신용정보제공·이용자에게 해당 조문이 적용됨을, 구 신용정보법 제24조의2에서는 신용정보주체에게 해당 조문이 적용됨을, 심지어는 같은 조에 있는 제24조 제2항에서는 '신용정보업자등'에게 해당 조문이 적용됨을 명시한 점에 비춰보아, 이 사건 금지조항에서 문장의 주어를 명시하지 않음으로 인하여 사실상 모든 국민에게 해당 조문이 적용되는 결과가 초래된 것은 입법상 실수가 아니라 입법자가 의도한 문구라는 것이다.

둘째, 구 신용정보법은 신용정보업을 건전하게 육성하고 신용정보의 효율적 이용과 체계적 관리를 기하며 신용정보의 오용·남용으로부터 사생활의 비밀 등을 적절히 보호함으로써

3) 실무계에서는 많이 거론되었던 문제이긴 하지만, 이를 논문으로 지적한 사례를 찾기는 어렵다. 유니스김 교수와 김성은 변호사는 이 사건 금지조항에 주어가 생략되어 해석이 어려운 문제를 지적하면서, 이 사건 금지조항은 신용정보집중기관 및 신용정보집중기관으로부터 개인신용정보를 제공받아 이용하는 자로 조문을 바꿀 것을 제안하였다. 유니스김·김성은, "신용정보법 제23조 및 제24조의 개선방향에 대하여", BFL 제16호(2006. 3.), 서울대금융법센터, 104면.

건전한 신용질서의 확립에 이바지함을 목적으로 하는 것으로서, 신용정보업자등이 아닌 자의 경우에도 개인신용정보를 신용정보법 제24조 제1항 소정의 목적 외로 사용한다면 해당 정보가 오용, 남용되어 사생활의 비밀 등이 침해될 우려가 높은 것이므로, 신용정보업자등이 아닌 자의 위와 같은 위반행위를 처벌대상에서 제외한다면 신용정보법의 입법목적을 달성하기 어려울 것이라는 점(따라서, 이를 처벌대상에서 제외하려고 한 것이 입법자의 의도였다고 보기는 어려운 점)을 감안해야 한다는 것이다.

셋째, 이 사건 금지조항은 본연의 목적 이외로 개인신용정보를 '제공, 이용'하는 행위를 금지하는 것인데, 위 제공행위나 이용행위를 사전적인 의미로 해석하더라도 신용정보법의 입법 취지나 일반인의 예측가능성에 위배되는 것으로 보이지는 아니하므로 일반인에게 적용되는 조항으로 충분히 해석가능하고, 굳이 신용정보법에 위 '제공, 이용'에 관한 별도의 정의 규정이 없다고 하여 반드시 '신용정보제공·이용자'를 포함하는 신용정보업자등의 행위로 제한할 필연성은 없는 것으로 보인다는 것이다.

위 3가지 논거 모두 부분적인 설득력은 있으나, 가장 중요한 것은 사실 두 번째 논거이다. 즉, 개인신용정보의 수집규제를 전 국민에게 적용해야 한다는 당위에 근거한 논거이기 때문이다. 참고로 판결 당시에는 개인정보 보호법과 같이 개인정보를 일반적으로 보호하는 법령이 없었기 때문에, 대법원이 신용정보법의 적용범위를 넓게 보아야 한다는 대법원의 판시에 공감이 가는 것은 사실이다.

다. 죄형법정주의에 관한 논점

2심과 대법원의 판결은 이 사건 금지조항을 일반 국민도 처벌대상으로 삼는 조항으로 해석하는 것이 형벌법규를 확장 또는 유추해석하는 것인가에 대한 쟁점이 포함되어 있다. 그러나 이 사건 금지조항에 관한 대법원의 해석이 오히려 문리해석에 부합하므로, 확장·유추해석의 논란은 수긍하기 어렵다.

대법원은 "형벌법규의 해석에 있어서도 가능한 문언의 의미 내에서 당해 규정의 입법 취지와 목적 등을 고려한 법률체계적 연관성에 따라 그 문언의 논리적 의미를 분명히 밝히는 체계적·논리적 해석방법은 그 규정의 본질적 내용에 가장 접근한 해석을 위한 것으로서 죄형법정주의의 원칙에 부합한다."고 판시하면서 이 사건 금지조항이 일반 국민에게 적용된다고 해석하는 것은 "가능한 문언의 의미 내에서의 체계적·논리적 해석"으로 죄형법정주의에 어긋나지 않는다고 판시하였다.[4)]

---

4) 대법원 2003. 1. 10. 선고 2002도2363 판결, 대법원 2007. 6. 14. 선고 2007도2162 판결 등과 같은 취지이

III. 판결(또는 결정)의 의의

이 대법원 판결로 인하여 정보주체의 동의없이 개인신용정보를 제공·이용하는 행위가 일반적으로 금지될 수 있었다. 대법원의 판결에서 밝혀진 입법상의 문제는 후속입법(2009. 4. 1. 개정되어 2009. 10. 2. 시행된 신용정보법, 이하 "후속입법")으로 정비가 되었는데, 이 사건 금지조항에서의 "제공·이용"은 후속입법 제33조 제1항의 "이용"으로 바뀌었고, 구 신용정보법 제23조 제1항에서의 "신용정보업자등"은 후속입법 제32조 제1항의 "타인"으로 바뀌었다. 요약하면, 후속 입법 제33조 제1항에 의거 모든 국민은 정보주체로부터 직접 개인신용정보를 수집할 때 만약 해당 수집의 목적이 상거래관계의 설정 및 유지여부 등을 판단하기 위한 목적이 아닌 한 동의가 필요하게 되었고, 후속입법 제32조 제1항에 의거 모든 국민은 신용정보제공·이용자로부터 정보를 제공받기 위하여는 동의가 필요하게 되었다. 또한, 의미를 알기 힘들었던 구 신용정보법 제24조 제2항은 삭제되었다.

후속입법의 취지는 명확히 이 사건 대법원 판결의 취지에 부합하므로, 실제 입법을 주도하였던 감독당국(금융위원회)의 의도 또한 대법원 판결과 동일하였던 것으로 이해된다. 단, 이후 개인정보 보호법이 2011. 3. 29. 제정되어 같은 해 9. 30. 시행됨에 의하여 신용정보법에 의하여 개인정보를 규율해야 할 필요성이 사라지게 되었고, 2015. 3. 11. 개정되어 같은 해 9. 2. 시행된 신용정보법에서 신용정보업자등이 정보주체로부터 직접 개인신용정보를 수집하는 경우 신용정보주체의 동의를 구하는 조항(동법 제15조 제2항)이 신설되었기 때문에, 현 신용정보법의 시각에서는 이 사건 금지조항의 후신인 현 신용정보법 제33조의 존재 의의는 크지 않다고 볼 수 있다.

참고로 이 판결이 선고된 두 달 후에, 대법원은 한국의 변호사가 일본에서 유산분배소송을 진행하던 의뢰인의 부탁을 받아 그 소송에 사용할 목적으로 신용정보업체로부터 제공받은 제3자의 개인신용정보를 이용, 제공한 사안에 있어서 해당 변호사가 이 사건 금지조항을 위반한 이유로 해당 변호사에게 벌금 200만 원을 선고한 원심을 확정했다.[5] 원심은 "신용정보의 오·남용으로부터 사생활의 비밀 등을 보호함으로써 건전한 신용질서를 확립하고자 하는 신용정보보호법의 목적에 비춰 볼 때, 변호사가 채권추심에 관한 소송을 이미 위임받았거나 소송위임에 관한 구체적인 논의가 있는 상태에서 그 채권관계를 확인할 수 있는 서류

다. 그러나 필자는 대법원의 이 사건 금지조항의 해석이 문리해석에 오히려 가까운 해석이므로(이 사건 금지조항의 논리적, 합목적적 해석은 문리해석을 보강하기 위한 의도로 이용되었다), 이 사건에서 죄형법정주의의 논점이 검토될 여지는 없다는 생각이다.

5) 대법원 2010 6. 24. 선고 2007도9493 판결.

를 의뢰인으로부터 제공받아 이를 신용정보업자에게 제출하면서 소송 상대방의 신용정보를 제공받는 경우에 한하여 신용정보 제공·이용행위에 채권추심의 목적이 인정된다."고 판시하고 해당 사건에서 변호사가 제3자의 개인신용정보를 이용한 것은 해당 제3자에 대한 채권추심의 목적이 아니므로 동의없이 개인신용정보를 이용할 수 있는 경우에 해당하지 않는다고 설시하였다.[6] 이 판결 또한 누구든지 이 사건 금지조항 위반의 주체가 될 수 있음을 간접적으로 확인된 판결이라 하겠다.

6) 정수정, "개인정보 의뢰인에 제공 다른 용도로 사용한 경우 변호사는 형사처벌 대상", 법률신문(2010. 6. 30.) (https://m.lawtimes.co.kr/Content/Case-Curation?serial=53098# 2021. 12. 12. 검색)

제6장

영상정보와 음성정보

제1절 영상정보처리기기와 영상정보

075 CCTV를 사용한 수용자 계호의 위헌 여부

- 엄중격리대상자의 수용거실내 CCTV 설치 사건 -

헌재 2008. 5. 29. 2005헌마137, 247, 376, 2007헌마187, 1274(병합) 결정

박현정(한양대학교 법학전문대학원 교수)

I. 결정의 개요

1. 사안의 개요

가. 사실관계

2004. 7.경 수형자가 교도관을 살해하는 사건이 발생하자, 법무부는 2004. 11. 16.「특별관리대상자 수용관리계획」을 수립하여 시행하게 한 뒤, 2005. 8. 17. 법무부 예규 제731호로「특별관리대상자 관리지침」(이하 '지침'이라 함)을 제정하여 시행하였다. 지침은 합리적이고 효율적인 수용관리를 통하여 교정시설의 안전과 질서를 유지하기 위하여 수용자 중에서 조직폭력사범, 마약류사범, 중점관리대상자, 엄중격리대상자를 특별관리대상자로 지정하여 특별처우하는 것을 내용으로 하였다.

엄중격리대상자로 지정된 수형자는 엄중경비시설인 청송제2교도소로 이송하고(지침 제52조), 독거실에 1년 이내의 기간 수용하고(지침 제53조 제1항, 제4항), 독거실에 폐쇄회로 텔레비전(CCTV)을 설치할 수 있으며(지침 제53조 제3항), 이동 중에는 손목에 수갑을 채우고(지침 제55조 제2항), 2인 이상 교도관이 계호하며(지침 제55조 제3항), 운동도 5.5평 정도로 구획된 운동장에서 혼자 하게 하였다(지침 제56조).

청구인들은 엄중격리대상자로 선정되어 지침에 의한 엄중격리처우를 받게 된 사람들로, 지침에 의하여 자신들의 기본권이 침해되었다고 주장하면서 이 사건 헌법소원심판을 청구하였다.

나. 소송경과

헌법재판소는 교도소 내 엄중격리대상자에 대하여 이동 시 계구를 사용하고 교도관이 동행계호하는 행위 및 1인 운동장을 사용하게 하는 처우가 청구인들의 신체의 자유를 과도하게 제한한다고 볼 수 없으며, 엄중격리대상자의 수용거실에 CCTV를 설치하여 24시간 감시·녹화하는 행위(이하 '이 사건 CCTV 설치행위'라 함)가 법률유보의 원칙에 위배되어 사생활의 자유·비밀을 침해한다고 볼 수도 없다고 보았다. 헌법재판소는 청구인들의 청구를 기각하였다. 그런데 이 사건 CCTV 설치행위에 대하여는 이것이 헌법 제17조 및 제37조 제2항에 위반하여 청구인들의 사생활의 비밀과 자유를 침해한 것이라는 재판관 5인의 반대의견이 있었음에도 정족수 미달로 청구기각 결정에 이르게 되었다. 이하에서는 이 사건 CCTV 설치행위에 대한 헌법재판소의 판단 부분만을 살펴본다.

2. 결정의 요지

가. CCTV 설치를 통한 계호행위의 합헌성

이 사건 CCTV 설치행위는 행형법 및 교도관직무규칙 등에 규정된 교도관의 계호활동 중 육안에 의한 시선계호를 CCTV 장비에 의한 시선계호로 대체한 것에 불과하므로, 이 사건 CCTV 설치행위에 대한 특별한 법적 근거가 없더라도 일반적인 계호활동을 허용하는 법률 규정에 의하여 허용된다고 보아야 한다.

한편 CCTV에 의하여 감시되는 엄중격리대상자에 대하여 지속적이고 부단한 감시가 필요한 점과 자살·자해나 흉기 제작 등의 위험성 등 제반사정을 종합하여 볼 때, 이 사건 CCTV 설치행위는 기본권 제한의 최소성 요건이나 법익균형성의 요건도 충족하고 있다.

나. 재판관 이강국, 김종대, 민형기, 목영준, 송두환의 반대의견

구금시설 내 CCTV 설치·운용에 관하여 직접적으로 규정한 법률규정은 없으며, CCTV에 의하여 녹화된 내용은 얼마든지 재생이 가능하고 복사 또는 편집되어 유포될 가능성이 있는 것이어서 교도관의 시선계호를 전제로 한 행형법 규정을 CCTV 설치행위에 대한 근거법률로 보기는 어려우므로, 결국 이 사건 CCTV 설치행위는 헌법 제17조 및 제37조 제2항에 위반된다.

II. 해설

1. 쟁점의 정리

가. 제한되는 기본권: 사생활의 비밀과 자유

이 사건에서 교정시설의 수용거실 내 CCTV 설치행위는 수형자의 일거수·일투족을 24시간 지속적으로 감시하고 녹화하는 것으로서 헌법 제17조에서 보호하는 사생활 비밀 및 자유에 대한 제한에 해당한다. 위와 같은 행위는 개인정보를 수집·저장하는 행위에 해당하지만, 헌법재판소는 기본권 중의 하나로 인정되는 개인정보자기결정권의 침해 여부에 대하여는 별도로 판단하지 않았다.

하나의 행위로 인해 여러 기본권이 동시에 제약을 받는 '기본권경합'의 경우 헌법재판소는 "기본권침해를 주장하는 청구인의 의도 및 기본권을 제한하는 입법자의 객관적 동기 등을 참작하여 사안과 가장 밀접한 관계에 있고 또 침해의 정도가 큰 주된 기본권을 중심으로 해서 그 제한의 한계를 따"지는 방식을 취하고 있다.[1] 이 사건에서 CCTV 설치 및 이를 통한 계호는 수집한 정보의 이용보다는 "피청구인이 청구인 등의 사생활영역을 들여다보고 사생활정보를 수집함으로써 사생활을 침해"한다는 점에서 문제가 되므로, 사생활의 비밀 및 자유가 더 밀접한 관계에 있고 침해의 정도가 큰 주된 기본권이라 할 수 있다.[2][3] 헌법재판소는 이러한 전제에서 사생활의 비밀 및 자유에 대한 제한의 위헌 여부만을 심사하였다.

나. 기본권 제한의 한계

헌법 제37조 제2항에 따르면, 국민의 모든 자유와 권리는 국가안전보장·질서유지 또는 공공복리를 위하여 필요한 경우에 한하여 법률로써 제한할 수 있으며(법률유보원칙), 제한하는 경우에도 자유와 권리의 본질적인 내용을 침해할 수 없다(과잉금지원칙). 이 사건 CCTV 설치행위 당시 시행 중이던 「행형법」(이하 '구 행형법'이라 함)에는 수용거실 내의 CCTV 설치를 허용하는 명문의 규정이 없었으므로, 교도관의 계호활동에 관한 일반 규정을 그 법적 근거로 삼을 수 있는지가 문제되었다. 한편, 교정시설의 수용거실 내에 CCTV를 설치할 법률

---

1) 헌재 1998. 4. 30. 95헌가16 결정 등 참조. 헌법재판소의 판단 방식에 대한 비판으로는 정광현, "기본권경합과 본안심사 – 기부금품 모집 등록제 합헌결정에 대한 비판", 중앙법학 제20집 제4호, 2018, 특히 80–83면 참조.
2) 이은희, "계구사용행위 등 위헌확인 등", 헌법재판소결정해설집 7집, 헌법재판소, 2009, 204–205면 참조.
3) 사생활의 비밀 및 자유와 개인정보자기결정권의 관계에 대하여는 헌재 2012. 12. 27. 2010헌마153 결정에 대한 평석(078) 참조.

의 근거가 있다 하더라도 그에 따른 기본권의 제한이 과잉금지원칙에 반하는 경우 그 행위는 헌법에 반하는 것이 된다.

2. 검토

가. CCTV 설치행위와 관련 법제도의 변화

1) 구 행형법의 내용과 헌법소원심판청구 이전의 상황

구 행형법은 교정시설 내 CCTV 설치의 기준이나 한계에 관한 명문의 규정을 두고 있지 않았다. 다만, 제14조 내지 제17조의2에서 계구의 사용, 교도봉 등 보안장비나 무기의 사용, 신체검사 등 일반적인 계호활동의 근거규정을 두고 있을 뿐이었다. 법무부는 이러한 상황에서 훈령 및 예규인 보안장비관리규정과 법무시설기준규칙에 근거를 두고 CCTV에 의한 계호를 시작하였다. 이에 대하여는 이 사건 헌법소원심판청구 이전부터 수용자들의 반발이 있었다. 2004년에는 국가인권위원회가 인권 침해를 이유로 구금시설 내 CCTV 설치·운영에 관한 법률적 근거와 기준을 마련할 것과 법률적 근거와 기준이 마련될 때까지 별도의 인권 침해 방지 대책을 마련할 것을 권고하는 결정을 하기도 하였다.[4)]

2) 헌법소원심판청구 이후의 법제도 보완

헌법재판소의 결정이 있기 전인 2007. 5. 17. 구「공공기관의 개인정보 보호에 관한 법률」[5)]에 제4조의2가 신설되어, 일정한 경우 공공기관이 공청회 등 의견수렴 절차를 거쳐 CCTV를 설치·운영할 수 있도록 법적 근거가 마련되었다. 또한, 2007. 12. 21. 구 행형법이「형의 집행 및 수용자의 처우에 관한 법률」(이하 '형집행법'이라 함)로 전부개정되어, 2008. 12. 22.부터 시행되게 되었다. 형집행법은 CCTV 등 전자영상장비를 이용하여 수용자를 계호할 수 있는 근거규정을 별도로 두고 있는데, 특히 전자영상장비로 거실에 있는 수용자를 계호하는 것은 자살등의 우려가 큰 때에만 할 수 있도록 하고(제94조 제1항 단서), 피계호자의 인권이 침해되지 아니하도록 유의하여야 함을 명시하였다(제94조 제3항). 또한「형의 집행 및 수용자의 처우에 관한 법률 시행규칙」(이하 '형집행법 시행규칙'이라 함)은 형집행법의 위임에 따라 영상정보처리기기의 설치·관리 등에 관한 규정을 두면서, 거실에 영상정보처리기기 카메라를 설치하는 경우에는 용변을 보는 하반신의 모습이 촬영되지 않도록 카메라의 각도를 한정하

---

4) 국가인권위원회 2004. 10. 12.자 03진인833, 971, 5806 병합결정 참조.
5) 2011. 3. 29. 제정된「개인정보 보호법」부칙 제2조에 따라 2011. 9. 30. 폐지되었다.

거나 화장실 차폐시설을 설치하도록 하였다(형집행법 시행규칙 제162조 제3항).

헌법재판소의 결정은 위와 같이 구금시설 내 CCTV 설치의 근거와 기준을 마련한 형집행법의 시행을 앞둔 상태에서 이루어졌다.

나. CCTV 설치행위의 법적 근거

1) 재판관 5인의 위헌의견

재판관 5인은 교도관의 시선계호와 CCTV에 의한 녹화의 차이점에 주목하였다. 교도관의 시선계호는 인간의 불완전한 기억 속에 보관될 뿐이고 재현될 수 없으나, CCTV에 의하여 녹화된 내용은 얼마든지 재생이 가능하고 복사되어 유포될 수 있으며, 원하는 특정 부분을 정밀하게 촬영하거나 확대할 수 있고 편집이 가능하다. 따라서 수용거실을 24시간 CCTV로 감시하는 것은 수용자의 사생활에 극심한 제약을 주는 것이므로 기본권 침해가 최소한도에 그치도록 요건과 방법 및 한계를 구체적으로 법률로 규정하여 실시하여야 한다. 구 행형법 제14조 내지 제17조의2는 교도관의 일반적인 시선계호활동의 근거가 될 뿐, CCTV 설치의 요건과 방법 및 한계를 규정하지 않았으므로, 이 사건 CCTV 설치행위의 근거규정이 될 수 없다. 결국, 이 사건 CCTV 설치행위는 법률의 근거 없이 수형자의 사생활의 비밀과 자유를 침해하는 것이므로 헌법 제17조 및 제37조 제2항에 위반된다.

2) 재판관 4인의 합헌의견

재판관 4인은 CCTV에 의한 계호와 교도관의 시선계호의 유사성에 집중하였다. CCTV에 의한 계호는 시선계호에 필요한 인력이 부족한 문제를 해결하고 계호의 지속성과 효율성을 확보하여 교정사고를 방지하고 수용질서를 유지하기 위해 도입된 것이다. CCTV는 교도관의 시선에 의한 감시를 대신하는 기술적 장비에 불과하므로, 교도관의 시선에 의한 감시가 허용되는 이상 CCTV에 의한 감시 또한 허용된다고 보아야 한다. 즉, 구 행형법 제14조 내지 제17조의2는 이 사건 CCTV 설치행위의 근거규정이 된다는 것이다.

다. CCTV 설치행위와 과잉금지원칙

위헌의견을 제시한 재판관 5인은 이 사건 CCTV 설치행위가 법률유보원칙에 반한다고 보았으며, 이 사건 CCTV 설치행위로 청구인들이 과잉금지원칙에 반하여 사생활의 비밀과 자유를 침해당하였는지에 대해서는 나아가 판단하지 않았다. 반면, 합헌의견을 제시한 재판관

4인은 아래와 같은 이유로 이 사건 CCTV 설치행위가 과잉금지원칙을 위반하지 않았다고 판단하였다.

이 사건 CCTV에 의해 감시되는 엄중격리대상자[6]는 상습적으로 폭행·소란·자살·자해 등을 하거나 도주한 전력이 있는 수형자들 중에서 엄중한 격리와 계호가 필요한 자들로, 이들을 독거실에 수용함으로써 폭행·소란 등의 위험성이 제거되었다 하더라도 자살·자해나 흉기 제작 등의 위험성은 해소되지 못하므로 CCTV에 의한 계속적인 감시는 그 목적의 정당성과 수단의 적정성을 인정할 수 있다. 또한, 이 사건에서 설치된 CCTV 카메라는 상하좌우 이동기능 및 줌 기능이 없고, 관찰 모니터는 화면만 나타날 뿐 소리는 들리지 않으며, 19인치 화면을 16분할하여 사용하고 있어 수형자의 미세한 동작이나 표정을 확인하기 어려운 점, 카메라 밑 부분에 촬영이 불가능한 약 50cm 내외의 사각지대가 존재하여 옷을 갈아입는 사적 공간 등으로 활용할 수 있는 점, 독거실 내의 화장실에 칸막이가 설치되어 있어 CCTV를 통하여 용변을 보는 수형자의 상반신의 움직임만 확인할 수 있는 점, 녹화된 자료는 교정 목적 외의 용도로 사용되기 어려우며, 특별히 저장되지 않는 한 1－2주일 이내에 자동적으로 삭제되도록 하고 있는 점 등을 종합하면, 이 사건 CCTV 설치행위가 기본권 제한의 최소성 요건이나 법익균형성의 요건을 충족시키지 못한다고 보기 어렵다.[7]

3. 관련 판례

헌법재판소의 결정 이후에도 CCTV를 사용한 계호행위에 대하여 헌법소원심판청구가 다수 제기되었으나, 대부분 심판청구요건 불비로 각하되었다. 형집행법 시행 이후 CCTV를 사용한 계호행위의 위헌 여부에 대하여 헌법재판소가 본안판단을 한 주요 사례로 아래의 두 결정을 들 수 있다.

6) 현재는 형집행법 시행규칙 제194조 이하에서 조직폭력수용자, 마약류수용자, 관심대상수용자 등 엄중관리대상자의 지정대상과 지정·해제 절차, 처우상의 유의사항 등을 규정하고 있다.

7) 2004년 국가인권위원회는 CCTV를 통한 계호에 별도의 법적 근거가 필요한 이유 중의 하나로 교도관에 의한 시선계호와 달리 특정 부분 또는 부위를 확대·축소하는 기능이 있어 원하는 특정부위를 정밀하게 촬영할 수 있다는 점을 들었고(이 점은 헌법재판소 다수의견도 지적하고 있다), 가장 기본적인 인간의 생리적인 문제를 해결하는 부분이나 목욕하는 모습 등 사생활의 내밀한 부분까지 무차별적으로 CCTV에 노출, 촬영되는 것이 인격권과 사생활의 비밀과 자유의 침해에 해당함을 강조한 바 있다. 합헌의견은 국가인권위원회가 지적한 문제가 이 사건 CCTV 설치행위에 의하여 발생할 우려가 없다고 판단한 것이다.

가. 헌재 2011. 9. 29. 2010헌마413 결정

이 사건 CCTV 계호행위[8]는 청구인의 생명·신체의 안전을 보호하기 위한 것으로서 그 목적이 정당하고, 교도관의 시선에 의한 감시만으로는 자살·자해 등의 교정사고 발생을 막는 데 시간적·공간적 공백이 있으므로 이를 메우기 위하여 CCTV를 설치하여 수형자를 상시적으로 관찰하는 것은 위 목적 달성에 적합한 수단이라 할 것이며, 형집행법 및 동법 시행규칙은 CCTV 계호행위로 인하여 수용자가 입게 되는 피해를 최소화하기 위하여 CCTV의 설치·운용에 관한 여러 가지 규정을 두고 있고, 이에 따라 피청구인이 청구인의 사생활의 비밀 및 자유에 대한 제한을 최소화하기 위한 조치를 취하고 있는 점, 상시적으로 청구인을 시선계호할 인력을 확보하는 것이 불가능한 현실에서 자살이 시도되는 경우 신속하게 이를 파악하여 응급조치를 실행하기 위하여는 CCTV를 설치하여 청구인의 행동을 지속적으로 관찰하는 방법 외에 더 효과적인 다른 방법을 찾기 어려운 점 등에 비추어 보면, 이 사건 CCTV 계호행위는 피해의 최소성 요건을 갖추었다 할 것이고, 이로 인하여 청구인의 사생활에 상당한 제약이 가하여진다고 하더라도, 청구인의 행동을 상시적으로 관찰함으로써 그의 생명·신체를 보호하고 교정시설 내의 안전과 질서를 보호하려는 공익 또한 그보다 결코 작다고 할 수 없으므로, 법익의 균형성도 갖추었다. 따라서 이 사건 CCTV 계호행위가 과잉금지원칙을 위배하여 청구인의 사생활의 비밀 및 자유를 침해하였다고 볼 수 없다.

나. 헌재 2016. 4. 28. 2015헌마243 결정

1. 이 사건 CCTV 관찰행위[9]는 형집행법 제94조 제1항과 제4항에 근거를 두고 이루어진 것이므로 법률유보원칙에 위배되지 않는다.[10]

2. 이 사건 CCTV 관찰행위는 금지물품의 수수나 교정사고를 방지하거나 이에 적절하게 대처하기 위한 것으로 교도관의 육안에 의한 시선계호를 CCTV 장비에 의한 시선계호로 대체한 것에 불과하므로 그 목적의 정당성과 수단의 적합성이 인정된다. 형집행법 및 형집행

---

8) 이 사건에서 청구인은 자살 등 교정사고 발생 우려가 크다는 이유로 CCTV에 의한 계호의 대상이 되었다.

9) 변호인접견실에 CCTV를 설치하여 미결수용자와 변호인 간의 접견을 감시한 행위가 문제된 사건이다. 청구인은 피청구인인 구치소장이 CCTV로 미결수용자와 변호인 간의 접견을 녹화하였다고 주장하였으나 이를 인정할 증거가 없어, 녹화 부분은 심판대상에서 제외되었다. 헌법재판소는 위 결정에 앞서 수형자와 변호사의 접견내용을 녹음·녹화하는 행위가 청구인의 재판받을 권리를 침해하여 위헌이라 판단한 바 있다(헌재 2013. 9. 26. 2011헌마398 결정, 판결 요지는 헌재 2012. 12. 27. 2010헌마153 결정에 대한 평석(80) 참조).

10) 형집행법 제94조 제4항의 위임에 따라, 형집행법 시행규칙 제160조 제1호 및 제162조 제1항은 변호인접견실에도 CCTV를 설치할 수 있도록 하였다.

법 시행규칙은 수용자가 입게 되는 피해를 최소화하기 위하여 CCTV의 설치·운용에 관한 여러 가지 규정을 두고 있고, 이에 따라 변호인접견실에 설치된 CCTV는 교도관이 CCTV를 통해 미결수용자와 변호인 간의 접견을 관찰하더라도 접견내용의 비밀이 침해되거나 접견교통에 방해가 되지 않도록 조치를 취하고 있는 점, 금지물품의 수수를 적발하거나 교정사고를 효과적으로 방지하고 교정사고가 발생하였을 때 신속하게 대응하기 위하여는 CCTV를 통해 관찰하는 방법 외에 더 효과적인 다른 방법을 찾기 어려운 점 등에 비추어 보면, 이 사건 CCTV 관찰행위는 그 목적을 달성하기 위하여 필요한 범위 내의 제한으로 침해의 최소성을 갖추었다. CCTV 관찰행위로 침해되는 법익은 변호인접견 내용의 비밀이 폭로될 수 있다는 막연한 추측과 감시받고 있다는 심리적인 불안 내지 위축으로 법익의 침해가 현실적이고 구체화되어 있다고 보기 어려운 반면, 이를 통하여 구치소 내의 수용질서 및 규율을 유지하고 교정사고를 방지하고자 하는 것은 교정시설의 운영에 꼭 필요하고 중요한 공익이므로, 법익의 균형성도 갖추었다. 따라서 이 사건 CCTV 관찰행위가 청구인의 변호인의 조력을 받을 권리를 침해한다고 할 수 없다.

III. 결정의 의의

이 사건 결정에서 헌법재판소는 재판관 9인 중 5인이 CCTV를 통한 수용자 감시와 계호에 구체적인 법적 근거가 필요하다는 판단을 하였음에도 심판정족수를 충족하지 못하여 청구인의 헌법소원을 인용하지 못하였다. 다만, 이 사건 헌법소원심판청구와 그에 앞선 국가인권위원회의 권고 등이 계기가 되어 형집행법 제94조에 그 법적 근거를 둠으로써 법률유보원칙 위반 문제는 입법적으로 해결되었다. 비록 이 사건 CCTV 설치행위가 위헌임을 선언하지는 못하였으나, 재판관 중 다수가 CCTV에 의한 계호행위의 요건과 방법 및 한계 등이 법에 명시되어야 함을 인정함으로써 이후 시행된 형집행법에 정당성을 부여하였다는 점에서 이 사건 결정의 의의를 찾을 수 있다.

이 사건 결정 이후 제정된 「개인정보 보호법」은 개인의 사생활을 현저히 침해할 우려가 있는 장소의 내부를 볼 수 있도록 영상정보기기를 설치·운영하여서는 아니 됨을 원칙으로 선언하였으나, 교도소 등 법령에 근거하여 사람을 구금하거나 보호하는 시설에는 예외적으로 영상정보기기를 설치·운영할 수 있도록 하였다(제25조 제2항). 또한 영상정보처리기기운영자에게 설치 목적과 다른 목적으로 영상정보처리기기를 임의조작하거나 다른 곳을 비추지

않을 것, 녹음기능을 사용하지 않을 것, 안전성 확보에 필요한 조치를 할 것, 영상정보처리기기 운영·관리 방침을 마련할 것 등의 제한을 두었다(같은 조 제5항 내지 제7항). 위 규정은 형집행법에 더하여 CCTV 설치 및 계호행위에 적용되지만, CCTV 설치의 요건과 감시방법 및 한계 등의 구체적인 내용은 형집행법과 그 하위법령에서 정할 수밖에 없다. 이 사건 재판관 중 4인만이 과잉금지원칙 위반 문제를 판단하였는데, 재판관 전원이 CCTV를 이용한 계호행위의 헌법적 한계를 명확히 밝히는 데까지 나아가지 못한 것 또한 이 사건 결정의 한계라고 할 것이다.

076 원격지 서버에 저장된 이메일 정보에 대한 압수수색의 적법성

대법원 2017. 11. 29. 선고 2017도9747 판결

강태욱(법무법인(유한) 태평양 변호사, 법학박사)

I. 판결의 개요

1. 사안의 개요

가. 사실관계

피고인은 인터넷 신문 발행인 겸 편집국장으로 활동하면서, 이적표현물 소지 및 북한 대남공작조직인 노동당 산하 통일전선부 소속 225국과 회합, 통신, 금품수수, 편의제공, 이적동조 등의 사유로 수사를 받았다. 수사 과정에서 수사기관은 피고인 명의의 차량 안에서 발견한 USB 저장장치에서 이메일 주소와 암호를 알게 되었고 또한 압수·수색·검증할 물건을 '피고인이 사용한 중국 인터넷서비스제공자 1, 2의 이메일 계정 중 혐의와 관련한 부분, 각종 편지함, 보관한 문서함', 압수·수색·검증할 장소를 '한국인터넷진흥원 사무실에 설치된 인터넷용 PC', 압수·수색·검증 방법으로 '한국인터넷진흥원 사무실에 설치된 인터넷용 PC에서 전문가가 입회한 가운데, 이메일 홈페이지 로그인 입력창에 수사기관이 압수수색 과정에서 입수한 이메일 계정·비밀번호를 입력, 로그인한 후 국가보안법위반 범증 자료 출력물 및 동자료를 선별하여 저장한 저장매체 봉인·압수'로 각 특정하여 압수·수색·검증영장을 청구하였고, 법원은 '피고인에게 압수·수색에 참여할 기회를 부여'할 것 등의 이메일에 압수방법을 제한하여 영장을 발부하였다(이하 '이 사건 영장'). 수사기관은 피고인 및 변호인에게 참여의사를 묻고 참여의사를 밝히지 아니함을 확인 후 이 사건 영장에 근거하여 이메일 주소 및 비밀번호를 입력하고 총 17건의 이메일을 선별 압수·수색, 총 15건의 이메일 및 그 첨부파일을 추출하여 출력·저장함으로써 압수하였다.

이와 같은 같은 절차를 거쳐서 압수·수색·검증된 이메일 및 그 첨부파일이 형사소송법상 증거능력이 인정되는지 여부가 쟁점이 되었다.

나. 소송경과

1) 제1심 판결(서울중앙지방법원 2016. 12. 15. 선고 2016고합538, 588(병합) 판결)

서울중앙지방법원은, ① 정보통신망 이용촉진 및 정보보호 등에 관한 법률 제48조는 '정당한 접근권한 없이 또는 허용된 접근권한을 넘어 정보통신망에 침입하는 행위'를 금지하고 있으나 수사기관이 피고인 이메일에 접속한 것은 수사의 필요상 법원의 영장에 기재된 상당한 방법에 따라 채증활동을 한 것이므로 수사관은 정당한 접근권한을 가지고 피고인의 이메일에 접속한 것에 해당하고, ② 형사소송법 제120조 제1항에서 '압수·수색영장의 집행에 있어서는 건정(자물쇠)을 열거나 개봉 기타 필요한 처분을 할 수 있다'고 규정하고 있고 이는 검증영장을 집행하는 경우에도 준용되므로 수사관이 적법하게 알아낸 피고인의 이메일 아이디와 비밀번호를 입력하는 것도 이러한 '기타 필요한 처분에 해당한다고 봄이 상당하다고 보았으며, ③ 개인정보 보호법은 개인정보처리자가 정보주체의 동의를 얻지 않고 개인정보를 제3자에게 제공하는 등의 행위를 금지하고 있을 뿐 법원의 영장에 의한 개인정보의 취득까지 모두 금지하는 법률이라고 볼 수 없으므로 이러한 수사방식이 개인정보 보호법을 위반한 것으로 볼 수도 없으며, ④ 나아가 수사기관이 외국계 서버에 접속하여 범죄혐의와 관련한 파일을 추출하는 방법으로 압수할 것일 뿐 외국에 위치한 서버 그 자체에 대해서 압수·수색을 한 것이 아니고, 국정원 수사관의 이러한 행위가 국제법상 관할의 원인이 되는 특별한 문제를 야기하는 것도 아니므로 이러한 수사를 함에 있어서 반드시 사법공조를 거쳐야 한다고 볼 수도 없다고 하여 위와 같은 방법으로 압수한 이메일에 대하여 그 증거능력을 인정하였다.

2) 항소심 판결(서울고등법원 2017. 6. 13. 선고 2017노23 판결)

서울고등법원은, ① 형사소송법에서 규정하고 있는 압수·수색은 대인적 강제처분이 아닌 대물적 강제처분으로 외국에 위치한 서버에서 해당 디지털 정보 자체를 보관하고 있는 이메일서비스제공자에 대한 강제처분이 아닌 그 밖의 방법에 의하여 해당 이메일 계정에 접근하여 전기통신 등에 관한 자료를 확보하는 것은 형사소송법이 상정하고 있는 압수·수색의 방법에 해당하지 아니하고, ② 이 경우 외국 소재 서버에서 보관 중인 전기통신 등을 압수·수색의 대상으로 하면서도 영장상 압수·수색의 장소는 국내의 임의의 장소로 기재하고 실제로 그 장소에서 압수·수색을 진행하게 되는바 이는 형사소송법 제106, 제107조와 저촉

되며, ③ 이러한 압수·수색을 허용하게 되면 처분을 받는 자에게 영장을 제시하도록 하고 있는 형사소송법 제118조와 피의자 주거지 외의 장소에서 압수·수색이 이루어질 경우 해당 거주자 또는 간수자 등을 참여하도록 정하고 있는 형사소송법 제123조의 규정을 실질적으로 회피하는 결과가 되고, ④ 이 방식은 압수·수색을 받게 되는 이메일서비스제공자의 참여를 배제한 채 이루어지게 됨으로써 수집된 증거의 원본성과 무결성을 실질적으로 담보할 수 없는 문제가 발생하며, ⑤ 형사소송법 제120조 제1항이 건정을 열거나 개봉하여 압수·수색하는 장소 내지 대상물이 해외에서 존재하여 대한민국의 사법관할권이 미치지 아니하는 해외 이메일서비스제공자의 해외 서버 및 그 해외 서버에 소재하는 저장매체 속 디지털 정보에 대하여까지 압수·수색·검증영장의 효력이 미친다고 보기 어려우므로, 이를 통하여 취득된 이메일 내용은 위법하게 수집된 증거로서 그 위법성이 중대하여 증거능력이 없다고 판단하였다.

3) 대법원 판결(대법원 2017. 11. 29. 선고 2017도9747 판결)

대법원은, ① 압수·수색할 전자정보가 원격지의 서버 등 저장매체에 저장되어 있는 경우에도 수사기관이 피의자가 접근하는 통상적인 방법에 따라 원격지의 저장매체에 접속하고 그곳에 저장되어 있는 피의자의 이메일 관련 전자정보를 내려받는 등의 경우에도 피의자의 소유에 속하거나 소지하는 전자정보를 대상으로 이루어지는 것이므로 이를 피의자의 컴퓨터 등 전자정보처리장치 내에 저장되어 있는 전자정보를 압수·수색하는 경우와 달리 볼 필요가 없고, ② 이러한 행위는 특별한 사정이 없는 한 인터넷서비스제공자의 의사에 반하는 것이라고 단정할 수도 없으며, ③ 수색에서 압수에 이르는 일련의 과정이 압수·수색영장에 기재된 장소에서 행하여지는 것으로 볼 수 있으므로, 피의자의 이메일 계정에 대한 접근권한에 갈음하여 발부받은 압수·수색영장에 따라 원격지의 저장매체에 적법하게 접속하여 내려받거나 현출된 전자정보를 대상으로 범죄 혐의사실과 관련된 부분에 대하여 압수·수색하는 것은, 압수·수색영장의 집행을 원활하고 적정하게 행하기 위하여 필요한 최소한도의 범위 내에서 이루어지며 그 수단과 목적에 비추어 사회통념상 타당하다고 인정되는 대물적 강제처분 행위로서 허용되며, 형사소송법 제120조 제1항에서 정한 압수·수색영장의 집행에 필요한 처분에 해당한다고 할 것이고 이러한 법리는 원격지의 저장매체가 국외에 있는 경우라 하더라도 그 사정만으로 달리 볼 것은 아니다고 하여 그 증거능력을 인정하였다.

2. 판결의 요지 – 압수·수색영장에 근거하여 해외 원격지의 서버에 저장된 이메일 정보를 다운로드 받아 압수하는 행위가 영장의 적법한 집행에 해당하여 증거능력이 인정되는지 여부

해외 원격지 서버에 저장된 이메일 등 전자정보 역시 피의자의 소유에 속하거나 소지하는 전자정보로 볼 수 있고, 이메일 계정에 대한 접근권한에 갈음하여 발부받은 압수·수색영장에 따라 해외 원격지에 저장한 이메일 등 전자정보를 다운로드 받아 압수함으로써 획득된 이메일 등 전자정보는 적법한 증거능력이 인정된다.[1)]

II. 해설

1. 쟁점의 정리 – 원격지 이메일 정보의 압수·수색의 적법성 여부

대상 판결에서 주된 쟁점이 된 것 중의 하나는 원격지 소재 서버에 저장된 이메일 압수·수색의 적법성 여부에 대한 판단이다. 형사소송법 제114조 제1항은 압수·수색영장에 "압수할 물건", "수색할 장소"를 기재하도록 하고 있고, "압수·수색할 물건이 전기통신에 관한 것인 경우에는 작성기간을 기재하여야 한다."라고 규정함으로써, 압수대상인 물건과 수색대상인 장소를 특정하도록 하고 있다. 그에 따라 원격지에 소재한 서버 등에 저장된 정보를 압수·수색하기 위해서는 원칙적으로는 해당 서버에 소재한 곳을 수색하거나 해당 서버에 저장된 정보를 특정한 영장에 의하여야 함이 원칙이다. 그런데, 이처럼 서버 소재지를 직접 방문하는 방법 이외에(실제로 방문하더라도 해당 정보를 수색, 압수하기는 매우 어려운 작업이다) 피압수자의 컴퓨터 내지 원격지에 소재한 컴퓨터를 통하여 해당 서버에 정보통신망을 통하여 접속하여 해당 정보를 수색 및 압수할 수 있도록 하여야 할 실무상의 필요가 있다.

원격지 압수·수색은 그 실무상의 필요에도 불구하고, 포괄영장 금지의 원칙과 관련하여 압수·수색영장의 장소적 범위를 부당하게 확장하는 것으로 볼 여지가 있으므로 그 적법성 여부에 대한 논란이 지속적으로 있어 왔는데, 대법원은 대상 판결에서 그에 대한 결론을 제

---

1) 대상 사건을 간략하게 정리한 것으로는 이상원, 2016년 12월 – 2018년 10월 사이에 선고된 중요판결들의 요약, 형사소송 핵심판례 130선, 한국형사소송법학회, 2020, 354면 참조. 대상 판결 이전의 원격지 압수수색의 적법성 여부에 대한 평가로는 박석훈, 제3자 보관 디지털 증거에 대한 업격지 압수수색 체계에 관한 연구, 고려대학교 박사학위 논문, 2016. 6. 참조.

시하였다.

2. 원격지 압수·수색의 적법성 여부에 대한 견해

가. 원격지 이메일 압수수색의 적법성을 인정하는 견해

긍정설은, 국외 소재한 이메일 서버에 저장한 이메일 등의 정보에 대하여 긍정하는 입장이며, 대상 사건에서의 대법원의 견해이기도 하다.

이 견해는 다음과 같은 점을 근거로 든다.

첫째, 해당 집행행위는 수색장소에서 해당 사이트에 접속하여 다운로드 받게 되므로 해당 디지털 정보가 수색장소에 존재하게 되고 영장에서 허용할 집행의 범위를 초월할 것인지의 문제는 실제로 발생하지 않는다.[2)]

둘째, 해당 압수·수색 행위는 인터넷서비스제공자의 의사에 반하는 것이 아니다. 즉, 누구든지 아이디와 비밀번호만 입력하면 로그인을 할 수 있도록 하는 것이 인터넷서비스제공자의 의사이므로 법원의 영장에 의하여 적법하게 취득된 접속 정보를 이용하여 통상적인 방법으로 이메일 계정에 접속하여 해당 정보를 다운로드 받는 것은 인터넷서비스 제공자의 의사에 반하지 아니한다.

셋째, 수사기관이 압수·수색행위를 통하여 정보를 다운로드 받더라도 압수된 이메일이 여전히 인터넷서비스제공자의 서버에 잔존하고 있으므로 국내에 소재한 컴퓨터로부터 해외 소재 서버에 접속하여 이메일 정보를 다운로드, 저장하더라도 이는 '국외에서 행해진 강제처분'에 해당하지 아니한다.[3)]

넷째, 형사소송법 제106조 제1항의 '압수'는 물건의 점유를 취득하는 강제처분을 말하고, 점유를 취득하는 방법에 대하여 동조에서 특별한 제한을 두고 있지 아니하며[4)], 형사소송법 제120조의 '집행에 필요한 처분'의 범위에 상당한 침익적 처분까지 허용되는 것으로 보는 이상 실질적으로 영장의 집행에 필요한 처분이라면 외부에 정보가 저장된 서버에 접속하여 이를 다운로드 받는 행위 역시 그 집행에 필요한 처분에 해당한다.

나. 원격지 이메일 압수수색의 적법성을 부인하는 견해

---

2) 이숙연, 형사소송에서의 디지털 증거의 취급능력과 증거능력, 고려대학교, 2010, 34－35면 참조.
3) 이순옥, 디지털 증거의 역외 압수·수색, 중앙법학 제20집 제1호, 중앙법학회, 2018, 117면 이하.
4) 신도욱, 원격 압수·수색의 적법성 － 해외에 존재한 서버에 저장된 이메일 압수·수색을 중심으로－, 법조, 2018, 509－510면.

부정설은 국외에 소재한 서버에 대하여는 근거 조문의 미비로 집행이 불가능하다고 한다. 이는 항소심 법원의 판단이기도 하다. 이 견해는 다음과 같은 점을 근거로 든다.

첫째, 형사소송법 제106조 제3항은 원칙적으로 저장매체 '내'의 전자정보를 대상으로 하고,[5] 대상 사건에서 압수·수색 방법은 형사소송법에서 예정한 집행방식에 부합하지 아니하며, 형사소송법 제120조의 위반으로 강제처분 법정주의에 위반된다.

둘째, 대법원은 형사소송법 제114조 제1항의 '압수할 물건'을 특정하기 위하여 기재한 문언을 엄격하게 해석하여야 하고, 따라서 '압수장소에 보관 중인 물건'의 의미에 대하여 '압수장소에 현존하는 물건'으로 해석할 수 없다고 판시한 바 있는데,[6] 수색 당시에 압수장소에서 원격으로 존재하고 있던 정보는 접근권한을 부여받아 수색을 통하여 압수장소로 다운로드 받은 정보이므로 '압수장소에 보관 중인 물건'에 해당하지 아니한다.

셋째, 다른 컴퓨터에 대한 접속권한은 개인에게 귀속되는 권한이지 컴퓨터라는 물건(즉, 압수대상물)에 주어진 것이 아니므로 접속권한이 컴퓨터 관리권의 일부로 볼 수 없다.[7]

3. 관련 판결례 – 대법원 2017. 10. 31. 선고 2017도12643 판결

피고인들의 국가보안법 위반 혐의에 대하여 수사를 하던 수사기관은 압수한 피고인들의 메모 등에서 취득한 이메일 아이디와 비밀번호를 이용하여 해당 이메일 계정에 접속하여 범죄혐의 관련 정보를 수집하였다. 이에 대하여 피고인들은 위와 같은 방식으로 수집된 증거의 증거능력이 배제되어야 한다고 주장하였다.

이에 대하여 1심(서울중앙지방법원 2016. 12. 23. 선고 2016고합675 판결) 법원은 수사기관이 법원의 영장에 의하여 정당한 접근권한을 가지고 영장에 기재된 상당한 방법에 따라 해당 이메일 계정에 접속하였고, 압수·수색 시 취득한 피고인들의 이메일 아이디와 비밀번호를 가지고 법원에 영장에 기하여 외국계 이메일에 접근하더라도 어떠한 위법이나 국제적인 관할권의 문제가 없다고 판단하였다. 항소심(서울고등법원 2017. 7. 5. 선고 2017노146 판결) 역시 원심의 판단을 유지하면서 수사기관이 적법하게 피의자의 아이디와 비밀번호를 지득하고,

---

5) 차종진, 이메일 원격지 압수·수색의 적법성에 대한 소고, 비교형사법연구 제21권 제2호, 한국비교형사법학회, 2019, 155면.

6) 대법원 2009. 3. 12. 선고 2008도763 판결. 이 사건은 수사기관이 압수·수색에 착수하면서 해당 사무실에 있던 자에게 압수·수색영장을 제시하였다고 하더라도 그 뒤 해당 사무실로 이 사건 압수물을 들고 온 공소외인으로부터 이를 압수하면서 따로 압수·수색영장을 제시하지 않은 행위는 '압수장소에 보관중인 물건'에 대한 압수·수색에 해당하지 아니하므로 영상의 범위를 벗어나 해당 압수물을 증거능력이 없다고 판단한 사안이다.

7) 정대용·김기범·이상진, 수색 대상 컴퓨터를 이용한 원격 압수수색의 쟁점과 입법론, 법조, 2016, 57면.

피의자가 이메일 계정에 있는 자료의 임의제출을 거부하는 상황에서 이에 갈음하여 법관으로부터 압수·수색영장을 발부받아 국내에서 전문가의 참여하에 해당 이메일 계정의 아이디와 비밀번호를 입력하는 방식으로 외국 인터넷서비스제공자의 해외 서버에 접속한 후 송·수신이 완료된 이메일 등 전자정보를 무결한 방법으로 취득하여 이를 압수·수색하는 것은 적법하다고 판단하였다. 대법원(대법원 2017. 10. 31. 선고 2017도12643 판결)은 이러한 판단에 대하여 상고를 기각하고 원심을 유지하였다.

III. 대상 판결의 의의

특정한 저장매체에 저장되어 있는 정보만큼이나 그 위치가 어디인지 알 수 없는 클라우드 내 원격지에 존재하는 서버에 정보를 저장하여 두는 경우가 많은 현재 상황에서 죄형법정주의의 원칙에 따라서 특정한 장소를 기반으로 하는 압수·수색에 관한 형사소송법의 제정 취지를 온전하게 받아 해석함으로써 피의자의 방어권을 보장하는 데에 중점을 둘 것인지, 아니면 다소 확대하여 해석될 수 있는 위험이 있음에도 불구하고 원격지 소재 서버에 저장된 정보에 대한 압수·수색의 필요성이 있음을 인정하여 접근 권한이 확보되는 한 그에 따른 압수·수색을 허용함으로써 새롭게 변화되는 현실과 이를 미처 따르지 못하는 입법의 간극을 메꾸기 위하여 합목적적 해석을 할 것인지 여부가 논란이 되었는 바, 대상 판결은 후자의 입장을 따라 원격지 압수·수색이 현행법상 허용되는 집행방법에 해당하고, 이러한 집행이 영장의 장소적 범위를 확대하는 것으로 볼 수 없으며, 그 법적 근거는 형사소송법 제120조 제1항에 있다고 판단하였다.

077 영유아보육법 제54조 제3항의 '안전성 확보에 필요한 조치를 하지 아니하여 영상정보를 훼손당한 자'의 의미

대법원 2022. 3. 17. 선고 2019도9044 판결

전응준(법무법인 로고스 변호사)

I. 판결의 개요

1. 사안의 개요

가. 사실관계

이 사건 공소사실은, "피고인은 울산 동구(주소 생략)에 있는 ○○○어린이집을 운영하는 사람으로서, 2017. 11. 22.경 위 어린이집 ○○○반에 다니고 있는 ○○○(5세)의 부모로부터 담임교사가 ○○○을 방치한 것 같으니 CCTV 녹화내용을 보여 달라는 요구를 받게 되자 공공형 어린이집 취소 등을 우려한 나머지 영상정보가 저장된 장치를 훼손시키기로 결심하였다. 피고인은 위 어린이집 사무실에 설치된 폐쇄회로 화면 저장장치에 저장된 영상정보가 훼손되지 아니하도록 안전성을 확보하기 위한 아무런 조치를 하지 아니하고, 2017. 11. 26. 12:00경 CCTV 수리업자인 ○○○으로 하여금 위 폐쇄회로 저장장치를 교체하도록 하고, 교체되기 전 영상정보가 기록되어 있는 저장장치를 은닉하는 방법으로 2017. 11. 26. 이전의 녹화영상정보가 전부 삭제되도록 하였다. 이로써 피고인은 폐쇄회로 텔레비전의 녹화영상정보가 **<u>훼손되게</u>** 하였다"는 것이다(적용법조는 영유아보육법 제54조 제3항, 제15조의5 제3항[1]).

검사는 항소심에 이르러 위 영유아보육법(이하 '법'이라 한다) 위반의 공소사실을 주위적 공소사실로 유지하면서, 예비적 공소사실로 "개인정보를 처리하거나 처리하였던 자인 피고

---

1) 영유아보육법 제15조의5 제3항: 어린이집을 설치·운영하는 자는 제15조의4 제1항의 영상정보가 분실·도난·유출·변조 또는 훼손되지 아니하도록 내부 관리계획의 수립, 접속기록 보관 등 대통령령으로 정하는 바에 따라 안전성 확보에 필요한 기술적·관리적 및 물리적 조치를 하여야 한다.
영유아보육법 제54조 제3항: 제15조의5 제3항에 따른 안전성 확보에 필요한 조치를 하지 아니하여 영상정보를 분실·도난·유출·변조 또는 훼손당한 자는 2년 이하의 징역 또는 2천만원 이하의 벌금에 처한다.

인은 허용된 권한을 초과하여 다른 사람의 개인정보를 **멸실**하였다"는 취지의 개인정보 보호법 위반의 점을 추가하였고(적용법조는 개인정보 보호법 제71조 제6호, 제59조 제3호), 항소심 법원은 이를 허가하였다.

나. 소송경과

1) 제1심 판결(울산지방법원 2018. 12. 5. 선고 2018고단1724 판결)

법원은 죄형법정주의의 내용인 확장해석금지 원칙을 원용하면서, 법 제15조의5 제3항은 "어린이집을 설치·운영하는 자가 설치한 CCTV의 영상정보 분실·훼손 등을 막기 위한 안전성 확보에 필요한 기술적·관리적 및 물리적 조치를 하여야 할 의무"를 규정하고 있고, 처벌법규인 법 제54조 제3항은 위 "제15조의5 제3항에 따른 안전성 확보에 필요한 조치를 하지 아니하여 영상정보를 분실·도난·유출·변조 또는 훼손**당한 자**는 2년 이하의 징역 또는 2천만원 이하의 벌금에 처한다."고 규정하고 있을 뿐이므로, 법 제54조 제3항의 문언은 제15조의5 제3항의 안전성 확보에 필요한 조치를 하지 아니함으로써 그 주의의무 위반으로 인해 **결과적으로 영상정보를 훼손당한** 어린이집 운영자를 처벌한다는 취지로 해석하여야 하지, 이 사건처럼 어린이집을 운영하는 자가 스스로 영상정보를 훼손하거나 분실한 경우에는 위 조항을 적용하여 처벌할 수는 없다고 판단하여 무죄를 선고하였다.

2) 항소심 판결(울산지방법원 2019. 6. 13. 선고 2018노1287 판결)

항소심 법원은 '영상정보를 훼손당한 자'의 의미에 대해 다음과 같이 판단하였다.

"법 제54조 제3항의 '영상정보를 분실·도난·유출·변조 또는 훼손당한 자'에서 '훼손당한'의 주체는 '영상정보'라 할 것인데, 어린이집 운영자가 저장장치를 버리거나 파기하는 행위는 '폐쇄회로 텔레비전의 해상도 등 고시'(이하 '고시'라고 한다)에 규정된 저장장치를 구획된 장소에 보관하여야 하는 의무를 위반하는 것에 해당하고 그 위반의 결과 영상정보가 훼손을 당하는 것이므로, 이러한 경우도 법 제54조 제3항의 문언처럼 '(어린이집 운영자가) 안전성 확보에 필요한 조치를 하지 아니하여 영상정보를 분실·도난·유출·변조 또는 훼손당한'이라고 표현하는 것이 충분히 가능하다."

이러한 판단에 따라 항소심 법원은, 피고인이 CCTV의 영상정보가 저장된 하드디스크를 버리는 등의 방법으로 적극적으로 은닉한 행위는 법 제15조의5 제3항에 따른 안전성 확보에 필요한 조치를 하지 아니하여 이로 인해 CCTV의 영상정보가 훼손당한 것에 해당한다고 보

아 이 사건 주위적 공소사실을 유죄로 판단하고 벌금 500만원을 선고하였다.

3) 대법원 판결(대법원 2022. 3. 17. 선고 2019도9044 판결)

그러나 대법원은, 어린이집을 운영하는 피고인이 CCTV 영상정보가 저장된 저장장치를 '은닉'하는 방법으로 '영상정보를 훼손하였다'는 사실만으로는 법 제54조 제3항, 제15조의5 제3항에서 정한 '영상정보를 훼손당한 자'에 해당한다고 할 수 없다고 판단하고, 이 사건 주위적 공소사실을 유죄로 인정한 원심판결을 파기하면서 사건을 원심법원에 환송하였다.

2. 대상 판결의 요지

대법원은 죄형법정주의 원칙을 강조한 대법원 2017. 12. 21. 선고 2015도8335 전원합의체 판결의 법리와 아래의 이유들을 들어, '영상정보를 훼손당한 자'란 어린이집을 설치·운영하는 자로서 법 제15조의5 제3항에서 정한 폐쇄회로 영상정보에 대한 안전성 확보에 필요한 조치를 하지 않았고 그로 인해 영상정보를 훼손당한 자를 뜻하고, 영상정보를 삭제·은닉 등의 방법으로 직접 훼손하는 행위를 한 자는 위 규정의 처벌대상이 아니고 행위자가 어린이집을 설치·운영하는 자라고 해도 마찬가지이다라고 판시하였다.

① '당한 자'라는 문언은 타인이 어떠한 행위를 하여 그로부터 위해 등을 입는 것을 뜻하고 스스로 어떠한 행위를 한 자를 포함하는 개념이 아니다. 형사법은 고의범과 과실범을 구분하여 구성요건을 정하고 있는데, 위와 같은 문언은 과실범을 처벌하는 경우에 사용하는 것으로 볼 수 있다. 폐쇄회로 영상정보를 직접 훼손한 어린이집 설치·운영자가 '영상정보를 훼손당한 자'에 포함된다고 해석하는 것은 문언의 가능한 범위를 벗어나는 것이다.

② 법 규정 체계나 취지에 비추어 볼 때, 법 제54조 제3항에 따라 처벌되는 자는 안전성 확보에 필요한 조치를 취할 의무를 위반하여 영상정보가 훼손당하는 등으로 결과적으로 원장, 보육교사와 영유아의 사생활을 노출시키지 않을 의무를 위반한 자를 가리킨다. 여기에 스스로 영상정보를 훼손한 자까지 포함한다고 볼 수 없다.

③ 영유아보육법은 제56조에서 제15조의4 규정을 위반하여 폐쇄회로 텔레비전을 설치하지 않거나 설치·관리의무를 위반한 자에 대해서는 과태료를 부과하는 규정을 두고 있을 뿐 개인정보 보호법 제59조, 제71조와 같이 '다른 사람의 개인정보를 훼손·멸실·변경·위조 또는 유출한 자'를 처벌하는 명시적인 규정을 두고 있지 않다. 이러한 영유아보육법의 규정 태도는 '영상정보를 스스로 훼손·멸실·변경·위조 또는 유출한 자'에 대해서 형사처벌을 하려는 것은 아니라고 볼 수 있다.

II. 해설

1. 쟁점의 정리

이 사건의 쟁점은 영유아보육법 제54조 제3항의 '제15조의5 제3항에 따른 안전성 확보에 필요한 조치를 하지 아니하여 영상정보를 훼손당한 자'의 범위에 영상정보를 직접 내지 적극적으로 훼손한 자도 포함되는지 여부이다.

제1심과 항소심 모두 죄형법정주의의 확장해석금지를 언급하면서 형벌법규 문언의 가능한 의미를 탐구하였음에도 불구하고 위 쟁점에 대해 상반된 결론을 내렸다. 그 원인은 개인정보 보호법, 구 정보통신망법과 달리 영유아보육법에 어린이집 운영자가 영상정보를 스스로 내지 적극적으로 침해하는 행위를 처벌하는 규정이 없기 때문이다.

개인정보가 훼손되는 상황은 크게 보아 내부인인 개인정보처리자 측이 적극적으로 개인정보를 훼손하는 경우와 안전성 확보조치를 미이행하여 외부인의 해킹 등에 의해 개인정보가 훼손되는 경우를 상정할 수 있다.

전자의 경우 개인정보 보호법 제59조 제3호, 구 정보통신망법 제28조의2 제1항은 개인정보처리자 측의 적극적인 개인정보 훼손행위를 규율하고 있으나 영유아보육법은 이에 대한 특별한 규정을 가지고 있지 않다.[2] 후자의 경우 영유아보육법 제15조의5 제3항, 개인정보 보호법 제29조, 구 정보통신망법 제28조가 안전성 확보조치 의무를 두면서 관련 형벌법규에 의해 안전성 확보조치 미이행으로 인한 개인정보 훼손행위를 형사처벌하고 있다.[3]

영유아보육법이 어린이집 운영자의 적극적인 영상정보 훼손행위에 대한 형사처벌 규정을 명문으로 두고 있지 않은 상황에서 이러한 행위를 영유아보육법 제54조 제3항에 포섭시킬

---

2) 개인정보 보호법 제59조 개인정보를 처리하거나 처리하였던 자는 다음 각 호의 어느 하나에 해당하는 행위를 하여서는 아니 된다. 제3호. 정당한 권한 없이 또는 허용된 권한을 초과하여 다른 사람의 개인정보를 훼손, 멸실, 변경, 위조 또는 유출하는 행위;
구 정보통신망법 제28조의2 제1항 이용자의 개인정보를 처리하고 있거나 처리하였던 자는 직무상 알게 된 개인정보를 훼손·침해 또는 누설하여서는 아니 된다.

3) 개인정보 보호법 제73조 다음 각 호의 어느 하나에 해당하는 자는 2년 이하의 징역 또는 2천만원 이하의 벌금에 처한다. 제1호. 제23조 제2항, 제24조 제3항, 제25조 제6항 또는 제29조를 위반하여 안전성 확보에 필요한 조치를 하지 아니하여 개인정보를 분실·도난·유출·위조·변조 또는 **훼손당한 자**;
구 정보통신망법 제73조 다음 각 호의 어느 하나에 해당하는 자는 2년 이하의 징역 또는 2천만원 이하의 벌금에 처한다. 제1호. 제28조 제1항 제2호부터 제5호까지(제67조에 따라 준용되는 경우를 포함한다)의 규정에 따른 기술적·관리적 조치를 하지 아니하여 이용자의 개인정보를 분실·도난·유출·위조·변조 또는 **훼손한 자**
개인정보 보호법과 달리 구 정보통신망법 제73조 제1호는 '훼손한 자'로 규정하고 있다.

것인지 아니면 개인정보 보호의 일반법이라고 할 수 있는 개인정보 보호법에 의해 규율할 것인지 여부가 이 사건의 핵심이라고 할 수 있으며, 이를 위해 죄형법정주의의 원칙에 따른 문언적 해석, 체계적·논리적 해석 등의 법률해석의 방법론이 본 사안에 어떻게 적용될 수 있는지 검토할 필요가 있다.

2. 검토

가. 형벌법규의 해석에 관한 원칙

이 사건의 쟁점은 '안전성 확보에 필요한 조치를 하지 아니하여 영상정보를 훼손당한 자'의 법률해석에 관한 것으로서, 제1심은 위 문언의 내용이 명확하다고 보고 문언에 충실한 해석을 한 반면 항소심은 처벌의 공백을 의식하여 문언의 가능한 의미를 적극적으로 탐구하였다고 볼 수 있다.

법률해석 방법에 대한 대법원의 민사판결 리딩케이스는 대법원 2009. 4. 23. 선고 2006다81035 판결이라고 생각된다. 위 판결에서 대법원은 원칙적으로 문언의 통상적인 의미에 충실한 법률해석을 하여야 하고 추가적으로 법률의 입법 취지와 목적, 그 제·개정 연혁, 법질서 전체와의 조화, 다른 법령과의 관계 등을 고려하는 체계적·논리적 해석방법을 동원해야 한다고 보았다.[4] 또한 법률의 문언 자체가 비교적 명확한 개념으로 구성되어 있다면 원칙적으로 다른 해석 방법은 활용할 필요가 없거나 제한된다고 하였다.

이와 같이 문언적 해석과 체계적·논리적 해석을 강조한 대법원의 태도는 형사판결례에서도 유사하게 나타나는데 형사사건의 특성상 이러한 법률해석 방법은 피고인에게 불리한 확장해석이나 유추해석을 금지하는 죄형법정주의 원칙과 결합된다.[5]

그 후 등장한 판결이 대법원 2009. 4. 23. 선고 2006다81035 판결과 종래 형사판결례의 설시를 통합한 대법원 2017. 12. 21. 선고 2015도8335 전원합의체 판결이다.[6] 위 판결은

---

4) 위 판결에 대해, 체계적·논리적 해석이 입법목적이나 취지, 제·개정의 연역까지도 고려하는 것처럼 판시하여 목적론적 해석과 역사적 해석이 마치 체계적·논리적 해석의 하위 범주인 것처럼 혼란을 야기하고 있다는 비판이 있다. 오세혁, '법해석방법의 우선순위에 대한 시론적 고찰', 중앙법학 제21집 제4호(통권 제74호), 2019, 34면.

5) 형벌법규는 문언에 따라 엄격하게 해석·적용하여야 하고 피고인에게 불리한 방향으로 지나치게 확장해석하거나 유추해석하여서는 아니 된다. 그러나 형벌법규의 해석에서도 문언의 가능한 의미 안에서 입법 취지와 목적 등을 고려한 법률 규정의 체계적 연관성에 따라 문언의 논리적 의미를 분명히 밝히는 체계적·논리적 해석방법은 규정의 본질적 내용에 가장 접근한 해석을 위한 것으로서 죄형법정주의의 원칙에 부합한다(대법원 2007. 6. 14. 선고 2007도2162 판결 등).

6) 대법원 2017. 12. 21. 선고 2015도8335 전원합의체 판결.

문언의 가능한 의미 내에서 체계적·논리적 해석 방법이 가능하다고 보면서도 죄형법정주의 원칙상 문언 자체가 비교적 명확한 개념으로 구성되어 있다면 체계적·논리적 해석 방법이 필요없거나 제한될 수밖에 없다고 판시하였다.[7)]

이 사건의 경우 항소심과 제1심 판결의 법률해석이 모두 위 법리에 근거하고 있기는 하나, 논란이 있는 사건에서 문언 자체가 명확한 개념으로 이루어진 경우는 드물다는 점에서 이 사건 조항의 입법 취지와 목적, 법질서 전체와의 조화, 다른 법령과의 관계를 검토하는 체계적·논리적 법률해석이 추가적으로 이루어질 필요가 있었다고 생각된다.

나. 법 제54조 제3항의 "제15조의5 제3항에 따른 안전성 확보에 필요한 조치를 하지 아니하여 영상정보를 훼손당한 자"의 범위에 영상정보를 적극적으로 훼손한 자도 포함되는지 여부

1) 입법 취지 및 목적

법 제15조의5 제3항은 영유아의 보호를 위해 어린이집에 폐쇄회로 텔레비전(CCTV)의 설치가 의무화되면서 개인정보에 해당하는 CCTV 영상정보가 분실·도난·유출·변조 또는 훼손되지 않도록 안전성 확보에 필요한 기술적·관리적 및 물리적 조치를 하도록 규정한 것이다. 법 제54조 제3항은 이러한 안전성 확보조치를 미이행하여 영상정보의 훼손 등의 결과가 발생한 경우 이에 대해 형사처벌을 하는 규정이다.

CCTV 영상정보에 대한 안전성 확보조치를 두는 이유에는 영유아 보호자들이 영상정보를 온전하게 열람할 수 있도록 하는 취지도 있겠지만, 규정형식이나 보호객체의 성질을 고려하면 영유아와 보육교직원의 개인정보인 영상정보를 개인정보 보호의 관점에서 안전하게 관리되도록 하는 것이 본질적인 목적으로 판단된다. 그에 따라 CCTV의 설치·관리와 그 영상정보의 열람에 관하여는 보충적으로 개인정보 보호법(제25조는 제외)이 적용된다.[8)]

죄형법정주의는 국가형벌권의 자의적인 행사로부터 개인의 자유와 권리를 보호하기 위하여 범죄와 형벌을 법률로 정할 것을 요구한다. 그러한 취지에 비추어 보면 형벌법규의 해석은 엄격하여야 하고, 문언의 가능한 의미를 벗어나 피고인에게 불리한 방향으로 해석하는 것은 죄형법정주의의 내용인 확장해석금지에 따라 허용되지 아니한다. 법률을 해석할 때 입법 취지와 목적, 제·개정 연혁, 법질서 전체와의 조화, 다른 법령과의 관계 등을 고려하는 체계적·논리적 해석 방법을 사용할 수 있으나, 문언 자체가 비교적 명확한 개념으로 구성되어 있다면 원칙적으로 이러한 해석 방법은 활용할 필요가 없거나 제한될 수밖에 없다. 죄형법정주의 원칙이 적용되는 형벌법규의 해석에서는 더욱 그러하다.

7) 그 외 목적론적 해석을 언급한 판례도 있다. "형벌법규의 해석에서도 법률문언의 통상적인 의미를 벗어나지 않는 한 그 법률의 입법 취지와 목적, 입법연혁 등을 고려한 목적론적 해석이 배제되는 것은 아니다"(대법원 2018. 7. 24. 선고 2018도3443 판결 등)

2) 개인정보 보호법 제73조 제1호와의 관계

영유아보육법에서 규정한 안전성 확보조치의 내용과 개인정보 보호법에서 규정한 안전성 확보조치의 내용은 실질적으로 동일하다.[9] 또한 법 제54조 제3항의 구성요건은 개인정보 보호법 제73조 제1호의 그것과 거의 같다(영유아보육법 제54조 제3항에는 위조의 행위태양이 없다).[10] 법 제54조 제3항과 개인정보 보호법 제73조 제1호는 보호법익, 구성요건, 법정형이 동일하므로 양자는 법조경합의 관계에 있다.

3) 영상정보의 훼손 등에 대해 고의가 있는 경우

서울고등법원 2020. 1. 31. 선고 2016노2150 판결(대법원 2020. 8. 27. 선고 2020도2432 판결으로 상고기각)은 체계적·논리적 및 문리적 해석상 개인정보 보호법 제73조 제1호 후단의 '개인정보를 분실·도난·유출·변조 또는 훼손당한'이라는 결과발생 부분까지 고의의 대상이 된다고 보기 어렵고 책임주의 원칙상 결과발생에 대한 예견가능성, 즉 과실이 필요하다고 판단하였다. 만약 개인정보처리자가 훼손 등의 결과를 인식하고 의욕하였다면 안전성 확보조치 불이행은 의도적인 개인정보 침해행위가 되어 개인정보 보호법 제59조 제3호 위반죄의 (공동)정범 또는 적어도 방조범이 성립한다고 보아야 한다.[11] 법 제54조 제3항의 해석에도 마찬가지로 적용될 수 있는 견해라고 생각된다.

4) 결론

법 제54조 제3항과 개인정보 보호법 제73조 제1호는 법조경합 관계에 있고 실질적으로 동일한 형벌조항이다(영유아보호법상의 영상정보가 아닌 일반 영상정보의 경우 개인정보 보호법 제25조 제6항이 적용되어 결국 같은 법 제73조 제1호가 적용된다). 개인정보 보호법의 해석상 개인정보처리자측의 적극적인 훼손행위는 같은 법 제59조 위반죄(제71조 제6호)에 해당하고 안전

---

8) 법 제15조의5 제5항.

9) 법 시행령 제20조의8(영상정보의 안전성 확보조치), 폐쇄회로 텔레비전의 해상도 등 고시(보건복지부 고시); 개인정보 보호법 제30조(개인정보의 안전성 확보조치), 개인정보의 안전성 확보조치 기준(개인정보 보호위원회 고시) 등.

10) 현행 개인정보 보호법 제73조 제1호는 위조의 행위 태양을 규정하고 있으나 영유아보육법에 이 사건 조항이 도입된 2015. 5.18. 당시에는 개인정보 보호법 제73조 제1호에 위조의 행위 태양이 없었다.

11) 제1심인 서울중앙지방법원 2016. 7. 15. 선고 2015고합336 판결은 이 점을 명확히 지적하고 있다. 위 제1심 판결은 훼손 등의 결과발생 부분에 대해 인식과 의사가 없어야 개인정보 보호법 제73조 제1호 위반죄가 성립한다고 보고 있다.

성 확보조치 미이행으로 인한 개인정보의 과실적 침해행위는 같은 법 제73조 제1호에 의해 규율된다고 보아야 한다.

법 제54조 제3항에 대한 문언적 해석 및 법질서 전체와의 조화, 개인정보 보호법 등 다른 법령과의 관계를 고려한 체계적·논리적 해석의 관점에서 보면, '법 제15조의5 제3항에 따른 안전성 확보에 필요한 조치를 하지 아니하여 영상정보를 훼손당한 자'의 범위에 영상정보를 직접 내지 적극적으로 훼손한 자는 포함되지 않고 일반법인 개인정보 보호법 제71조 제6호(제59조 제3호 위반죄)의 성립 여부가 문제될 뿐이라고 판단된다.[12)]

관련하여 개인정보 보호법 제59조 제3호는 '정당한 권한 없이 또는 허용된 권한을 초과하여'라는 요건을 가지고 있다. 영유아보육법상 어린이집 운영자는 60일 이상 CCTV 영상정보를 보관할 의무가 있고 그 범위 내에서 CCTV 영상정보를 삭제할 권한이 없으므로, 이를 위반하여 영상정보를 임의로 훼손한 행위는 '정당한 권한 없이 또는 허용된 권한을 초과'하였다고 볼 여지가 있다.[13)]

다만, 대상 판결은 "영유아보육법의 규정 태도는 영상정보를 스스로 훼손·멸실·변경·위조 또는 유출한 자에 대해서 형사처벌을 하려는 것은 아니라고 볼 수 있다"고 표현하고 있는바, 위 설시를 개인정보 보호법 제6조의 관점에서 검토할 필요가 있다.[14)] 어린이집 설치·운영자의 직접적인 CCTV 영상정보 훼손행위에 대해 형사처벌하지 않겠다는 영유아보육법의 규정 태도를 개인정보 보호법 제6조의 '다른 법률에 특별한 규정'으로 보아야 한다면, 개인정보 보호법의 적용은 불가능하다. 법질서 전체적인 관점에서, 과실범 내지 부작위범에 해당하는 '안전성 확보조치 미이행에 따른 개인정보 피침해행위'에 대해서 형사처벌을 하면서 고의범 내지 작위범에 해당하는 개인정보 침해행위를 면책할 수 있는지 문제될 것이다.

III. 판결의 의의

대법원은 문언의 가능한 범위, 영유아보육법 규정의 체계 및 취지, 명시적인 처벌규정의

12) 다만, 개인정보 보호법 제71조 제6호의 법정형은 5년 이하의 징역 또는 5천만원 이하의 벌금이어서 법 제54조 제3항의 법정형인 2년 이하의 징역 또는 2천만원 이하의 벌금과 큰 차이가 있다.

13) 개인정보 보호법 제59조 제3호에 대응하는 구 정보통신망법 제28조의2 제1항 "개인정보의 훼손·침해 또는 누설"의 해석에 있어서, "개인정보의 훼손·침해"는 개인정보를 "정당한 권한 없이" 훼손·침해한 경우를 의미한다고 해석되었다. 김진환, 온주 정보통신망법 제28조의2, 2016.

14) 개인정보 보호법 제6조(다른 법률과의 관계) 개인정보 보호에 관하여는 다른 법률에 특별한 규정이 있는 경우를 제외하고는 이 법에서 정하는 바에 따른다.

부재를 이유로 스스로 영상정보를 훼손한 어린이집 운영자는 '영상정보를 훼손당한 자'에 포함되지 않는다고 판단하였다. 항소심 판결의 논리와 비교하여 보면 대상 판결은 형벌법규의 해석에서 문언해석, 엄격해석을 더욱 강조한 것에 의의가 있다고 생각된다.

다만, 영상정보를 스스로 훼손·멸실하는 행위에 대해서 형사처벌을 할 수 없다는 영유아보육법의 결론에 근거하여 위 행위를 개인정보 보호법 전체의 관점에서도 형사면책할 수 있는지 여부에 관하여, 개인정보 보호법 제6조의 '다른 법률에 특별한 규정'의 해석이 문제된다고 보인다.

078 아동학대 방지 목적의 CCTV 감시와 과잉금지원칙

- 어린이집 CCTV 설치 및 열람 의무화 관련 조항 -

헌재 2017. 12. 28. 2015헌마994 결정

이창범(동국대학교 국제정보대학원 객원교수)

I. 판결의 개요

1. 사안의 개요

가. 사실관계

영유아보육법(법률 제13321호)은 아동학대 등을 방지하기 위한 대책으로 보호자 전원의 동의를 받은 경우를 제외하고 어린이집에 CCTV를 설치하도록 의무화하고(CCTV 설치 조항), CCTV에 영상정보를 저장할 때 녹음기능을 사용하지 못하게 하고 있으며(녹음 금지 조항), 보호자의 CCTV 영상정보 열람 요청이 있으면 어린이집 원장은 원칙적으로 이에 응하도록 하고 있다(CCTV 열람 조항). 또한, 보호자는 어린이집 운영실태를 확인하기 위하여 어린이집 원장에게 어린이집 참관을 요구할 수 있고, 이 경우 어린이집 원장은 특별한 사유가 없으면 이에 따라야 한다고 규정하고 있다(보호자 참관 조항). 이에 청구인들(어린이집의 대표자 A, 원장 B, 보육교사 C, 보호자 D, 영유아 E)은 영유아보육법상 위와 같은 사항을 정한 조항들이 청구인들의 기본권을 침해하여 위헌이라고 주장하며 2015. 10. 13. 이 사건 헌법소원심판을 청구하였다.

나. 청구인들의 주장

i) CCTV 설치 조항은 어린이집 설치·운영자가 보호자 전원의 동의를 받아야 그 설치의무를 면할 수 있도록 정하고 있으므로 다수결원칙에 반하고, CCTV 설치에 반대하는 어린이집 설치·운영자 내지 원장의 직업수행의 자유 및 자기의사결정권을, CCTV 설치에 반대하는 보호자의 자기의사결정권 및 행복추구권을 각각 침해하며, CCTV로 촬영될 보육교사 및 영유아의 인격권 및 사생활의 비밀과 자유를 침해한다. ii) CCTV 영상을 통해 아동학대 여

부를 판단하기 위해서는 녹음된 소리가 영상과 함께 필요한 경우가 있는데 녹음 금지 조항은 CCTV에 녹음기능 사용을 절대적으로 금지하고 있으므로 어린이집 설치·운영자와 원장 및 보육교사의 직업수행의 자유 내지 교육권을 침해한다. iii) CCTV 열람 조항은 정보주체 이외의 자의 인격권 및 사생활의 비밀과 자유를 침해하고, 보호자의 열람 요청에 응해야 하는 어린이집 대표자의 자기의사결정권 및 직업수행의 자유를 침해한다. iv) 보호자가 어린이집 참관을 요구하면 어린이집 원장은 특별한 사유가 없는 한 응해야 하므로, 보호자 참관 조항은 어린이집 원장의 운영권, 직업수행의 자유, 교육권, 행복추구권, 자기의사결정권 등을 침해한다.

다. 심판결과

영유아보육법(법률 제13321호) 제15조의4 제1항 제1호, 제15조의5 제1항 제1호, 제15조의5 제2항 제2호 중 “녹음기능을 사용하거나” 부분 및 제25조의3 제1항에 대한 심판청구를 기각한다.

2. 결정의 요지

가. CCTV 설치 조항

CCTV 설치 조항(제15조의4 제1항 제1호)은 어린이집 내 CCTV 설치를 반대하는 어린이집 설치·운영자나 부모의 기본권, 보육교사 및 영유아의 사생활의 비밀과 자유 등을 제한하고 어린이집 설치·운영자인 청구인들의 직업수행의 자유를 제한하며 CCTV 설치를 원하지 않는 부모의 자녀교육권을 제한하나, 어린이집에서 발생하는 안전사고와 아동학대를 방지하기 위한 것으로 목적의 정당성과 수단의 적합성이 인정되고, 설치 가능한 영상정보처리기기를 원칙적으로 CCTV로 제한하고 있고 설치목적 외의 목적으로 CCTV를 임의로 조작하거나 다른 곳을 비추는 행위, 지정된 저장장치 이외의 장치 또는 기기에 영상정보를 저장하는 행위 등을 금지하는 등 기본권 침해가 최소화되도록 여러 가지 조치를 마련해 두고 있어 침해의 최소성이 인정되며, CCTV 설치 조항으로 인하여 침해되는 청구인들의 사익이 영유아 보호라는 공익보다 크다고 보기 어렵다. 따라서 과잉금지원칙에 위배되지 아니한다.

나. 녹음 금지 조항

녹음 금지 조항(제15조의5 제2항 제2호)은 CCTV 녹화자료를 통해 어린이집 내 아동학대

발생 여부를 확인할 때 영상과 함께 음성까지 확인하여야 단순 훈육에 불과한지 아니면 아동학대인지 여부의 판단이 명확하고 용이한 경우가 있을 수 있음에도 불구하고 녹음기능을 사용하지 못하게 함으로써 어린이집 설치·운영자인 청구인들의 직업수행의 자유를 제한하게 되나, CCTV에 음성까지 녹음되는 경우 보육활동과 무관한 사인 간 대화까지 모두 녹음될 수 있어 어린이집 보육교사와 영유아의 사생활 침해 및 노출의 정도가 더욱 커질 수밖에 없다는 점을 고려한 것으로 그 목적의 정당성, 수단의 적합성, 침해의 최소성, 법익의 균형성이 인정되므로 과잉금지원칙에 위배되지 아니한다.

다. CCTV 열람 조항

CCTV 열람 조항(제15조의5 제1항 제1호)은 열람 요청을 한 보호자의 영유아를 제외한 보육교사나 다른 영유아들의 개인정보자기결정권을 제한하고 어린이집 원장의 직업수행의 자유를 제한하지만, CCTV 열람 조항은 보호아동의 안전을 확인할 목적 등으로만 열람 요청을 할 수 있도록 사유를 제한하고 있고,[1] 어린이집 원장은 열람 시간 지정 등을 통해 어린이집 운영이나 보육활동에 지장이 없도록 보호자의 CCTV 열람 요청에 대해 대응할 수 있게 하고 있으며, 어린이집 원장 등은 개인영상정보의 보관기간이 경과하여 파기한 경우나 어린이집 운영위원장이 피해의 정도, 사생활 침해 등 제반 사항을 고려하여 열람을 거부하는 것이 영유아의 이익에 부합한다고 판단하는 경우에는 열람 요구를 거부할 수 있다는 점을 고려하면 그 목적의 정당성, 수단의 적합성, 침해의 최소성, 법익의 균형성을 인정할 수 있으므로 과잉금지원칙에 위배되지 아니한다.

라. 보호자 참관 조항

보호자 참관 조항(제25조의3 제1항)에 따라 어린이집 원장은 특별한 사유가 없는 한 어린이집에 재원 중인 영유아의 보호자가 참관 요구를 하면 이를 허용하여야 하므로 직업수행의 자유를 제한받게 되지만, 보호자 참관은 어린이집 운영의 투명성을 제고하고 보호자와 어린이집 사이의 신뢰를 회복하기 위한 것으로 입법 목적의 정당성 및 수단의 적합성이 인정되고, 어린이집 원장은 참관 방법이나 참관 시간 등에 대해서 보호자와 개별적으로 협의할 수

1) 이 밖에 1) 「개인정보 보호법」 제2조 제6호 가목에 따른 공공기관이 제42조 또는 「아동복지법」 제66조 등 법령에서 정하는 영유아의 안전업무 수행을 위하여 요청하는 경우, 2) 범죄의 수사와 공소의 제기 및 유지, 법원의 재판업무 수행을 위하여 필요한 경우, 3) 그 밖에 보육관련 안전업무를 수행하는 기관으로서 보건복지부령으로 정하는 자가 업무의 수행을 위하여 열람시기·절차 및 방법 등 보건복지부령으로 정하는 바에 따라 요청하는 경우에 열람이 가능하다(제15조의5 제1항).

있고 과도한 참관 요구는 거부할 수도 있으므로 침해의 최소성이 인정되며, 아동학대 등 예방, 보호자의 신뢰 회복, 어린이집 운영의 투명성 제고라는 공익의 중대성에 비하여 보호자 참관 요구로 인한 어린이집 운영상의 제약은 크지 아니하므로 법익의 균형성도 인정된다. 따라서 과잉금지원칙에 위배되지 아니한다.

II. 해설

1. 쟁점의 정리

가. CCTV 설치 및 열람 의무가 청구인들의 기본권을 침해하는지 여부

CCTV 설치 조항으로 인해 보호자 전원이 반대하지 않는 한 어린이집 설치·운영자는 어린이집에 CCTV를 설치할 의무를 지게 되고 CCTV 설치 시 녹음기능 사용을 할 수 없으므로 어린이집 설치·운영자인 청구인들의 직업수행의 자유를 제한하며, 어린이집에 CCTV 설치로 어린이집 원장을 포함하여 보육교사 및 영유아의 신체나 행동이 그대로 CCTV에 촬영·녹화되므로 CCTV 설치 조항은 이들의 사생활의 비밀과 자유를 제한하게 되고, 어린이집에 CCTV 설치를 원하지 않는 부모의 자녀교육권도 제한한다.

또한, CCTV 열람 요청 조항으로 인해 보육교사나 다른 영유아는 자신들의 영상이 담긴 개인정보의 공개 여부나 그 범위에 대하여 아무런 결정권한을 행사할 수 없으므로 어린이집 내 보육일상이 담긴 영상의 수집·보관·이용 측면에서 피촬영자인 보육교사 등의 개인정보 자기결정권이 제한하고, 어린이집 원장은 원칙적으로 보호자의 CCTV 영상정보 열람 요청에 응해야 하므로 어린이집 원장의 직업수행의 자유도 제한한다. 또한, 어린이집 원장은 특별한 사유가 없는 한 어린이집에 재원 중인 영유아의 보호자가 참관 요구를 하면 이를 허용해야 하므로 이 역시 자신의 결정에 따라 어린이집을 운영하고자 하는 어린이집 원장의 직업수행의 자유를 제한한다.

나. CCTV 설치 및 열람 의무가 과잉금지원칙에 위반하는지 여부

CCTV 설치 및 열람, 녹음 금지, 보호자 참관 등의 조항은 청구인들의 기본권을 제한함에도 불구하고 그 목적의 정당성과 수단의 적합성, 침해의 최소성, 법익의 균형성 등이 인정되므로 과잉금지원칙에 위배된다고 볼 수 없다.

첫째, 목적의 정당성과 수단의 적합성이 인정된다. CCTV 설치, 열람 및 보호자 참관은

어린이집에서 발생하는 안전사고와 아동학대를 방지하기 위한 것으로, 그 자체로 어린이집 운영자나 보육교사 등으로 하여금 사전에 영유아 안전사고 방지에 만전을 기하고 아동학대 행위를 저지르지 못하도록 하는 효과가 있고, 어린이집 내 안전사고나 아동학대 발생 여부의 확인이 필요한 경우 도움이 될 수 있다. 어린이집은 영유아가 일정 시간 동안 보호자의 양육과 관리에서 벗어나 보육교사 및 다른 영유아들과만 생활하는 공간이다. 따라서 어린이집에서 영유아에 대한 신체적·정신적·성적 폭력 내지 가혹행위가 발생하거나 보육 자체가 방임되더라도 그 적발이 쉽지 않다. 또한 어린이집 내 안전사고나 폭력, 가혹행위 등은 일순간 발생할 수 있고, 보육교사의 방임으로 인한 아동학대는 일정 기간 동안의 보육활동을 지켜보아야 확인이 가능한 것이어서, 일시적으로 이루어지는 보호자의 어린이집 참관이나 어린이집 운영상황 모니터링만으로 어린이집 내 아동학대를 방지하거나 적발하기에 충분하다고 할 수 없다.

둘째, 입법목적 달성을 위한 덜 제약적인 수단이 있다고 보기 어렵다. 어린이집에 설치 가능한 영상정보처리기기를 원칙적으로 CCTV로 제한하고 있고, 설치목적 이외의 목적으로 CCTV를 임의로 조작하거나 다른 곳을 비추는 행위, 지정된 저장장치 이외의 장치 또는 기기에 영상정보를 저장하는 행위 등을 금지하고 있으며, 열람은 보호자가 보호아동의 안전을 확인할 목적으로 요청하는 경우 등으로 제한적으로 허용하고 있고,[2] 원장은 일정한 경우 열람 또는 참관을 거부하거나 제한할 수 있다.[3] 또한, 보호자 전원이 설치 반대에 동의하는 경우에는 CCTV를 설치하지 않을 수 있는 가능성을 열어두고 있으므로 어린이집 CCTV 설치

---

2) 구체적인 열람시기·절차 및 방법 등에 대해서는 보건복지부령에서 정하고 있는데, 보호자는 자녀 또는 보호아동이 아동학대, 안전사고 등으로 정신적 피해 또는 신체적 피해를 입었다고 의심되는 등의 경우에 CCTV를 설치·관리하는 자에게 영상정보 열람요청서나 의사소견서를 제출하여 영상정보의 열람을 요청할 수 있다(시행규칙 제9조의4).

3) 어린이집 원장 등은 개인영상정보의 보관기간이 경과하여 파기한 경우나 어린이집 운영위원장이 피해의 정도, 사생활 침해 등 제반 사항을 고려하여 열람을 거부하는 것이 영유아의 이익에 부합한다고 판단하는 경우에는 열람 요구를 거부할 수 있고, 어린이집 운영위원장은 영유아의 안전 등 영유아의 복리를 최우선적으로 고려하여 필요 최소한의 수준에서 열람될 수 있도록 권고할 수 있다. 또한, 열람 요청자가 다수이거나 열람 분량이 상당하여 수시 열람하게 할 경우 보육에 차질이 빚어질 우려가 있는 경우에 어린이집 원장은 법 시행령 제20조의8에 따른 영상정보 내부 관리계획에 따라 특정한 일시를 정하여 일괄하여 열람하게 할 수도 있다. 또한, 어린이집 원장은 구체적인 참관 방법이나 참관 시간 등에 대해서 보호자와 개별적으로 협의하여 정함으로써 보육활동에 대한 실질적인 제약을 피할 수 있고, 일부 보호자들이 과도하게 어린이집 참관을 요구하여 어린이집 운영에 차질이 발생할 정도에 이르는 경우에는 참관 요구를 거부할 수도 있다(법 제15조의5 제1항 제1호, 시행규칙 제9조의4 제3항, 보건복지부, 어린이집 영상정보처리기기 설치·운영 가이드라인, 2016. 1).

가 법으로 무조건 강제된다고 볼 수도 없다.

셋째, 법익의 균형성이 인정된다. 영유아 보육을 위탁받아 행하는 어린이집에서의 아동학대근절과 보육환경의 안전성 확보는 단순히 보호자의 불안을 해소하는 차원을 넘어 사회적·국가적 차원에서도 보호할 필요가 있는 중대한 공익이고, 그로 인해 지켜질 수 있는 영유아의 안전과 건강한 성장이라는 공익 또한 매우 중요한 것임은 명백하다. 따라서 CCTV 설치, 열람 및 보호자 참관 조항에 의해 어린이집 설치·운영자나 부모의 기본권, 보육교사 및 영유아의 사생활의 비밀과 자유 등이 제한된다고 해도 관련 기본권 침해가 최소화되도록 여러 가지 조치가 마련되어 있어 침해되는 사익이 공익보다 크다고 할 수 없다.

2. 관련 판례

가. 헌재 2015. 7. 30. 2014헌마340 결정

인간의 존엄과 가치, 행복추구권을 규정한 헌법 제10조 제1문에서 도출되는 일반적 인격권 및 헌법 제17조의 사생활의 비밀과 자유에 의하여 보장되는 개인정보자기결정권은 자신에 관한 정보가 언제 누구에게 어느 범위까지 알려지고 또 이용되도록 할 것인지를 그 정보주체가 스스로 결정할 수 있는 권리이다. 개인정보자기결정권의 보호대상이 되는 개인정보는 개인의 신체, 신념, 사회적 지위, 신분 등과 같이 개인의 인격주체성을 특징짓는 사항으로서 그 개인의 동일성을 식별할 수 있게 하는 일체의 정보라고 할 수 있고, 반드시 개인의 내밀한 영역이나 사사(私事)의 영역에 속하는 정보에 국한되지 않으며, 공적 생활에서 형성되었거나 이미 공개된 개인정보까지 포함한다. 또한 그러한 개인정보를 대상으로 한 조사·수집·보관·처리·이용 등의 행위는 모두 원칙적으로 개인정보자기결정권에 대한 제한에 해당한다.

나. 헌재 1989. 12. 22. 88헌가13 결정

사유재산제도의 전면적인 부정, 재산권의 무상몰수, 소급입법에 의한 재산권박탈 등이 본질적인 침해가 된다는데 대하여서는 이론의 여지가 없으나 본건 심판대상인 토지거래허가제는 헌법의 해석이나 국가, 사회공동체에 대한 철학과 가치관의 여하에 따라 결론이 달라질 수 있는 것이다. 그리고 헌법의 기본정신(헌법 제37조 제2항)에 비추어 볼 때 기본권의 본질적인 내용의 침해가 설사 없다고 하더라도 과잉금지의 원칙에 위반되면 역시 위헌임을 면하지 못한다고 할 것이다. 과잉금지의 원칙은 국가작용의 한계를 명시하는 것인데 목적의 정

당성, 방법의 적정성, 피해의 최소성, 법익의 균형성(보호하려는 공익이 침해되는 사익보다 더 커야 한다는 것으로서 그래야만 수인(受忍)의 기대가능성이 있다는 것)을 의미하는 것으로서 그 어느 하나에라도 저촉되면 위헌이 된다는 헌법상의 원칙이다.

3. 검토

가. 사생활 침해를 줄일 수 있는 다른 방법의 유무

청구인들은 개인정보 수집·이용 거부권, 처리정지 요구권, 삭제 요구권 등을 행사할 수 없고 어린이집 원장은 보호자의 CCTV 열람 요청에 응해야 하므로 개인정보자기결정권이 침해받았다고 주장한다. 이에 대해 헌법재판소는 보육교사 등의 사생활 보호라는 사익보다 아동학대 방지 등의 공익이 더 크고, CCTV 열람은 아동학대, 안전사고 등으로 정신적 피해 또는 신체적 피해를 입었다고 의심되는 등의 경우에 한해 열람이 가능하도록 엄격히 제한되어 있으며(법 제15조의5 제1항 제1호, 시행규칙 제9조의4), 설치목적 이외의 목적으로 CCTV를 임의로 조작하거나 다른 곳을 비추는 행위, 지정된 저장장치 이외의 장치 또는 기기에 영상정보를 저장하는 행위 등을 금지하고 있으므로(법 제15조의5 제2항 제1호, 제2호, 제54조 제2항 제2호, 제3호), 이들을 종합해 보면 입법목적의 효과적인 달성을 위하여 달리 덜 제약적인 수단이 있다고 보기 어렵다고 판시하고 있다. 그러나 CCTV 열람 목적이 제한되어 있다고 하나 열람 여부가 완전히 원장과 보호자의 손에 맡겨져 있어 보육교사에 대한 감시 및 해고 수단으로 악용될 우려가 적지 않고, 이해당사자라고 할 수 있는 원장, 보호자, 운영위원장이 아무런 통제장치 없이 열람할 수 있어 보육교사 및 다른 아동의 사생활 침해 위험이 피해아동의 이익에 비해 결코 적지 않다. 따라서 이해관계가 없는 객관적인 제3자(경찰관, 지자체, 전문기관 등)가 1차적으로 열람하게 하고 문제가 있다고 판단되는 경우에 한해서 해당 화면에 대해서만 이해당사자의 접근을 허용해야 하고,[4] 이의제기절차를 마련하여 보호자의 권리를 보완하는 것으로 충분하다. 또한, 원장이라도 CCTV를 함부로 열람할 수 없게 하여야 하며, 영상정보의 저장도 보완이 갖추어진 공영 서버(보육통합정보시스템 등)에 저장·관리하는 것이 바람직할 것이다.

---

4) 운영위원, 보육교사, 지역사회 위원, 아동보호전문가 등으로 구성된 'CCTV 영상정보 판독위원회'의 설치·운영을 제안하는 견해도 있으나, 보육교사 및 영유아에 대한 제2차 피해를 야기할 수 있고, 판독에 소요되는 비용, 시간 등을 고려한다면 실효성이 우려된다. 김미정, 어린이집 CCTV 설치 의무화에 따른 쟁점과 향후 과제, (재)경기도가족여성연구원, 2015. 12. 참조.

나. 보호자 전원 동의가 다수결원칙에 반하는지 여부

청구인들은 CCTV 설치 조항은 어린이집 설치·운영자가 보호자 전원의 동의를 받아야 그 설치의무를 면할 수 있도록 정하고 있으므로 다수결원칙에 반하고, CCTV 설치에 반대하는 어린이집 설치·운영자 내지 원장의 직업수행의 자유 및 자기의사결정권을, CCTV 설치에 반대하는 보호자의 자기의사결정권 및 행복추구권을 각각 침해하며, CCTV로 촬영될 보육교사 및 영유아의 인격권 및 사생활의 비밀과 자유를 침해한다고 주장한다. 이에 대해 헌법재판소는 보호자 전원이 설치 반대에 동의하는 경우에는 CCTV를 설치하지 않을 수 있는 가능성을 열어두고 있으므로 어린이집 CCTV 설치가 법으로 무조건 강제된다고 볼 수도 없다는 입장이다. 그러나 CCTV 설치와 같이 첨예한 이슈에 대해서 전원 반대란 있을 수 없고 매년 입원하는 영유아가 바뀔 수 있는 상황에서 100% 반대를 유지한다는 것은 불가능에 가깝다. 따라서 어린이집 원장과 보육교사들이 보호자와의 신뢰를 바탕으로 CCTV를 설치하지 않을 수 있는 기회를 보다 많이 부여하기 위해서는 보호자 3분의 2 또는 5분의 3의 반대만으로 CCTV를 설치하지 않을 수 있게 하는 것이 오히려 아동복지 목적 달성에 부합할 것이다.

다. CCTV 영상정보 녹화 시 녹음기능의 사용 필요성

청구인들은 CCTV 영상을 통해 아동학대 여부를 판단하기 위해서는 녹음된 소리가 영상과 함께 필요한 경우가 있는데 녹음 금지 조항은 CCTV에 녹음기능 사용을 절대적으로 금지하고 있으므로 어린이집 설치·운영자와 원장 및 보육교사의 직업수행의 자유 내지 교육권을 침해한다고 주장한다. 그러나 녹음된 소리가 있어야 아동학대 여부를 판단할 수 있는 것은 아니며, 훈육이라는 이름으로 아동에게 벌을 주거나 물리력을 행사해서는 안 되므로 보육교사 등의 음성은 그다지 중요하지 않다. 더 나아가 CCTV에 음성까지 녹음되는 경우 보육활동과 무관한 사인 간 대화까지 모두 녹음될 수 있어 오히려 어린이집 보육교사와 영유아의 사생활 침해 및 노출의 정도가 더욱 커질 수밖에 없다. 따라서 영유아보육법이 녹음기능을 사용하지 못하게 한 것은 청구인들의 사생활의 비밀과 자유의 침해를 최소화하기 위한 불가피한 조치라고 할 수 있다.[5)]

---

5) 개인정보 보호법에서도 영상정보처리기기로 인한 사생활 침해를 최소화하기 위해서 영상정보처리기기를 설치·관리하여야 하는 경우라 하더라도 녹음기능은 사용할 수 없도록 정하고 있고(제25조 제5항), 통신비밀보호법은 '공개되지 아니한 타인간의 대화를 녹음 또는 청취'한 경우 형사처벌 대상으로 정하고 있다(제16조 제1항 제1호).

III. 결정의 의의

본 결정은 아동학대 및 안전사고 방지라는 국가적 대의(大義)에 부응하는 것임에도 불구하고, 공익을 지나치게 앞세운 나머지 가해자이자 동시에 또 다른 약자라고 할 수 있는 보육교사, 다른 영유아들의 기본권을 전혀 고려하지 않음으로써, 그 목적의 정당성과 수단의 적합성이 인정되는 것에 비하여 침해의 최소성과 법익의 균형성까지 충족했다고 볼 수 있을지 의문이다. 또한, CCTV 설치 의무 면제 조건으로 보호자 전원의 동의라는 실현 불가능한 조건을 붙임으로써 CCTV 설치를 둘러싼 어린이집 운영자의 반발, 학부모간 갈등 소지 등에 대해서 합리적인 해결책을 제시하기보다는 CCTV 설치 반대 가능성의 원천 봉쇄라는 강압적·강제적 방법을 인정하는 결과를 초래하고 있다.

아동학대 및 안전사고 방지를 위해 CCTV의 설치 및 열람이 불가피하다는 점을 충분히 인정하더라도, 어린이집 운영자 및 보육교사와 보호자 간의 신뢰 구축에 보다 초점을 두고 가능한 CCTV 감시에 의존하지 않은 어린이집 환경을 조성·유도하고 CCTV의 무분별한 설치와 남용을 방지하는 데 앞장서야 할 책임이 있는 정부가 보호자 전원의 동의라는 책임 회피성 입법을 통해서 어린이집과 보호자가 상호 신뢰를 기반으로 CCTV를 설치·운영하지 않을 수 있는 기회를 완전히 차단하고, 객관적인 제3자를 통한 CCTV 열람 절차를 마련하고 영상정보를 안전한 공영 서버에 저장하도록 하는 것이 어렵지 않고 큰 비용이 수반되는 것이 아님에도 불구하고 이 모든 것을 이해당사자들에게 맡김으로써 CCTV 설치 및 열람의 공익성, 편의성, 효율성만을 고려했다는 비판을 받지 않을 수 없을 것으로 보인다.

079 개인정보처리자, 개인정보 제공 허용 및 정당행위 여부

- 아파트 관리사무소장의 CCTV 영상 무단 제공 사건 -

대법원 2017. 11. 9. 선고 2017도9388 판결

서인덕(대법원 재판연구관/부장판사)

I. 판결의 개요

1. 사안의 개요

가. 사실관계

피고인은 아파트관리소장으로서 CCTV 등 전반적인 시설 관리역할을 하였다. 해당 아파트에서 선거관리위원회(이하 '선관위'라 한다) 위원장(이하 '정보주체'라 한다)과 일부 위원(이하 '선관위원'이라 한다) 사이에 분쟁이 발생하였고 선관위원 A 등이 선관위 회의를 개최하여 정보주체를 해임하는 결의를 하고 A가 직무대행자가 되었다. 이에 정보주체는 A 등을 상대로 A 등의 직무집행정지 등을 구하는 가처분을 신청하였고, A 등은 법무법인 B를 대리인으로 선임하였다.

피고인은 관리사무실 내에서 법무법인 B 소속 변호사로부터 '㉮ 6월경 선관위 회의 영상, ㉯ 7월경 회장후보 등록일에 정보주체가 행한 발언을 녹화한 영상, ㉰ 8월경 선관위 회의 영상, ㉱ 8월경 당사자들이 8월 회의 개최 소집요구서를 배부하는 CCTV 장면이 담긴 영상 캡쳐사진의 열람 및 복제를 의뢰받고, 관리사무실에 보관 중인 영상을 열람한 후 이를 변호사에게 CD로 복제하여 주었다.

나. 소송경과

1) 제1심 판결(서울동부지방법원 2016. 9. 21. 선고 2016고정1013 판결)

피고인은 위와 같은 행위로 인하여 정보주체의 동의 없이 개인정보를 누설하였다는 이유로 개인정보 보호법 위반죄[구 「개인정보 보호법」(2016. 3. 29. 법률 제14107호로 개정되기 전의 것, 이하 '법'이라 한다) 제71조 제1호, 제17조 제1항 제2호, 제1호[1])]로 기소되었는데, 법원은

1) 제71조(벌칙) 다음 각 호의 어느 하나에 해당하는 자는 5년 이하의 징역 또는 5천만원 이하의 벌금에 처한다.

피고인에 대한 공소사실을 유죄로 판단하였다.[2)]

2) 항소심 판결(서울동부지방법원 2017. 5. 26. 선고 2016노1510 판결)

법원은 아래와 같이 판단하면서 피고인의 항소를 기각하였다.

① 이 사건 각 영상은 정보주체를 알아볼 수 있는 정보를 담고 있고, 아파트 관리소장인 피고인은 회의 등에 관한 다량의 영상 개인정보 등을 수집·생성·저장 등의 방법으로 처리하기 위하여 개인정보파일을 운용한 사람이어서 '개인정보처리자'에 해당한다.

② 법에 따른 개인정보의 처리에 대하여 정보주체의 동의를 받을 때에는 각각의 동의 사항을 구분하여 정보주체가 이를 명확하게 인지할 수 있도록 알리고 각각 동의를 받아야 하는데(제22조 제1항), 정보주체가 위 각 영상의 출력, 제공, 공개 등에까지 동의한 적은 없다.

③ 사건 발생 당시 시행 중이던 아파트 관리규약에 의하면, 입주민은 선관위 회의록에 대하여 열람·복사를 요구할 수 있으나, 회의록과 회의를 촬영한 영상은 그 안에 담긴 정보의 양이 본질적으로 다르므로 위 관리규약에 기하여 당연히 '회의 영상'이 열람·복사의 대상이 된다고 볼 수 없고, 피고인이 위 각 영상을 정보주체의 동의 없이 제공한 행위를 공동주택관리법에 따른 관리규약을 준수하기 위한 불가피한 경우에 해당한다고 볼 수 없다.

④ 위 각 영상은 입주자가 열람·복사를 신청할 수 있는 선관위 회의록에 해당하지 않고 관리규약에서 정한 그 밖에 관리업무에 필요한 서류에도 해당하지 않으므로, 피고인의 행위

---

1. 제17조 제1항 제2호에 해당하지 아니함에도 같은 항 제1호를 위반하여 정보주체의 동의를 받지 아니하고 개인정보를 제3자에게 제공한 자

제17조(개인정보의 제공) ① 개인정보처리자는 다음 각 호의 어느 하나에 해당되는 경우에는 정보주체의 개인정보를 제3자에게 제공(공유를 포함한다. 이하 같다)할 수 있다.

1. 정보주체의 동의를 받은 경우
2. 제15조 제1항 제2호·제3호 및 제5호에 따라 개인정보를 수집한 목적 범위에서 개인정보를 제공하는 경우

2) [1심 판단의 근거] ① 피고인이 CCTV 등을 설치하여 영상물을 촬영하여 개인정보를 수집하여 처리하는 자에 해당하고, 나아가 피고인은 업무상 목적으로 개인정보파일을 운영하기 위하여 CCTV 영상 등 개인정보를 수집하여 처리하는 지위에 있다.

② 정보주체가 각 회의 등이 개최될 무렵 선관위 회의 영상을 촬영하는 것을 동의하였다고 하여 상당한 기간이 경과한 후 민사소송의 상대방에 의하여 개인정보가 열람 및 복제되는 것에 관하여 사전에 동의한 것으로 볼 수 없다.

③ 선관위 회의록이 아닌 '회의 영상'이 회의록과 마찬가지로 당연히 열람·복사의 대상이 된다고 볼 수 없고, 나아가 회의 영상 등의 제출 목적, 경위 등에 비추어 볼 때 피고인의 행위가 공동주택관리법 등 법령상 의무를 준수하기 위하여 불가피한 경우에 해당한다고 볼 수 없다.

④ 피고인의 행위를 업무로 인한 행위거나 사회상규에 위배되지 아니하는 정당한 행위로서 위법성이 조각된다고 할 수 없다.

를 관리규약에 따른 업무로 인한 정당행위라고 볼 수 없다.

⑤ 피고인이 개인정보의 침해를 감수하면서까지 위 각 영상을 제공할 긴급한 필요가 있었다고 보이지 않고, 정보주체와 분쟁 중인 상대방에게는 위 각 영상을 제공하였으면서도 정작 정보주체와 감독기관인 관할구청의 제공요청에 대하여는 제공하기를 거부했던 점 등에 비추어 보면, 피고인의 행위가 사회상규에 위배되지 않는 행위라고 볼 수 없다.

2. 대법원 판결(대법원 2017. 11. 9. 선고 2017도9388 판결)

대법원은 '원심의 판단에 상고이유 주장과 같이 법에서 정한 개인정보처리자, 정보주체의 동의, 개인정보 제공이 허용되는 요건, 형법상 정당행위, 면소 요건 등에 관한 법리를 오해하거나 필요한 심리를 다하지 아니하여 판결에 영향을 미친 잘못이 있다고 볼 수 없다'는 이유로 피고인의 상고를 기각하였다.

II. 해설

1. 쟁점의 정리

대상 판결은 아파트관리소장인 피고인이 정보주체의 개인정보가 담긴 CCTV 영상을 민사소송의 상대방에게 정보주체의 동의 없이 제공한 것이 문제된 사안으로, 법상 개인정보처리자, 정보주체의 동의, 개인정보 제공이 허용되는 요건, 형법상 정당행위가 쟁점이었다. 특히 피고인이 유죄로 인정되기 위해서는 그 주체로서 '개인정보처리자'의 지위를 인정할 수 있는지가 문제되었다.

현행 개인정보 보호법은 개인정보(第2조 第1호[3]), 개인정보파일(第2조 第4호[4]), 개인정보처리자(第2조 第5호[5])의 정의, 정보주체의 동의를 받는 방법(第22조[6]) 등을 규정하고 있는데,

---

3) 1. "개인정보"란 살아 있는 개인에 관한 정보로서 다음 각 목의 어느 하나에 해당하는 정보를 말한다.
가. 성명, 주민등록번호 및 영상 등을 통하여 개인을 알아볼 수 있는 정보
나. 해당 정보만으로는 특정 개인을 알아볼 수 없더라도 다른 정보와 쉽게 결합하여 알아볼 수 있는 정보. 이 경우 쉽게 결합할 수 있는지 여부는 다른 정보의 입수 가능성 등 개인을 알아보는 데 소요되는 시간, 비용, 기술 등을 합리적으로 고려하여야 한다.
다. 가목 또는 나목을 제1호의2에 따라 가명처리함으로써 원래의 상태로 복원하기 위한 추가 정보의 사용·결합 없이는 특정 개인을 알아볼 수 없는 정보(가명정보)

4) 4. "개인정보파일"이란 개인정보를 쉽게 검색할 수 있도록 일정한 규칙에 따라 체계적으로 배열하거나 구성한 개인정보의 집합물(집합물)을 말한다.

현실에 있어서 개인정보와 개인정보처리자의 개념 및 범위, 정보주체의 동의 여부 등을 판단하는 것이 쉽지 않고, 나아가 개인정보 제공이 허용되는 요건과 형법상 정당행위 해당 여부에 대한 명확한 판단 기준을 설정하는 것도 어려운 측면이 있다.

2. 관련 판례

가. 대법원 2016. 3. 10. 선고 2015도8766 판결

아파트 관리사무소장인 피고인 A가 아파트 선거관리위원장으로부터 일부 입주민들이 제출한 동·호수, 이름, 전화번호, 서명 등이 연명으로 기재된 동대표 해임동의서를 해임요청의 적법 여부 검토를 위해 교부받은 다음, 해임 동의 대상자인 동대표 피고인 B에게 열람하도록 제공함으로써 업무상 알게 된 개인정보를 누설하고, 피고인 B가 위와 같은 사정을 알면서도 피고인 A로부터 부정한 목적으로 개인정보를 제공받은 행위가 법 제71조 제5호, 제59조 제2호[7] 위반으로 기소된 사안에서, 대법원은 피고인들에 대하여 무죄를 선고한 1심 판결을 그대로 유지한 원심판결[8]을 아래와 같은 이유로 파기·환송하였다.[9]

① 법 59조 제2호의 의무주체인 '개인정보를 처리하거나 처리하였던 자'는 제2조 제5호의 '개인정보처리자'에 한정되지 않고 업무상 알게 된 법 제2조 제1호의 '개인정보'를 제2조 제2호[10] 소정의 방법으로 처리하거나 처리하였던 자를 포함한다.

---

5) 5. "개인정보처리자"란 업무를 목적으로 개인정보파일을 운용하기 위하여 스스로 또는 다른 사람을 통하여 개인정보를 처리하는 공공기관, 법인, 단체 및 개인 등을 말한다.

6) 제22조(동의를 받는 방법) ① 개인정보처리자는 이 법에 따른 개인정보의 처리에 대하여 정보주체(제6항에 따른 법정대리인을 포함한다. 이하 이 조에서 같다)의 동의를 받을 때에는 각각의 동의 사항을 구분하여 정보주체가 이를 명확하게 인지할 수 있도록 알리고 각각 동의를 받아야 한다.

7) 제71조(벌칙) 다음 각 호의 어느 하나에 해당하는 자는 5년 이하의 징역 또는 5천만원 이하의 벌금에 처한다.
5. 제59조 제2호를 위반하여 업무상 알게 된 개인정보를 누설하거나 권한 없이 다른 사람이 이용하도록 제공한 자 및 그 사정을 알면서도 영리 또는 부정한 목적으로 개인정보를 제공받은 자
제59조(금지행위) 개인정보를 처리하거나 처리하였던 자는 다음 각 호의 어느 하나에 해당하는 행위를 하여서는 아니 된다.
2. 업무상 알게 된 개인정보를 누설하거나 권한 없이 다른 사람이 이용하도록 제공하는 행위

8) "피고인 A가 해임동의서에 기재된 입주자들의 개인정보를 일시적으로 보유하고 있었다고 하더라도, 법 제2조 제5호 '개인정보처리자'의 지위에 있게 되는 것이 아니다"는 이유로 피고인들에 대하여 무죄를 선고하였다.

9) 환송 후 원심(서울북부지방법원 2016노533 판결)은 피고인 A에 대하여는 유죄를, 피고인 B에 대하여는 자신의 해임에 동의한 사람이 누구인지 확인할 목적을 법 제71조 제5호 소정의 '부정한' 목적이라고 평가하기 어렵다는 이유로 무죄를 선고하였다. 피고인 B에 대하여 검사가 다시 상고하였으나, 상고심(대법원 2016도20351 판결)은 검사의 상고를 기각하였다.

10) 제2조(정의) 2. "처리"란 개인정보의 수집, 생성, 연계, 연동, 기록, 저장, 보유, 가공, 편집, 검색, 출력, 정정(정정), 복구, 이용, 제공, 공개, 파기(파기), 그 밖에 이와 유사한 행위를 말한다.

② 나아가 피고인 A는 주택법상 관리주체인 아파트 관리사무소장으로서 아파트 주거생활의 질서유지, 관리비 수납 등 효율적인 관리업무를 위하여 입주자들의 성명, 생년월일, 전화번호 등 개인정보를 수집한 다음 동·호수 등 일정한 규칙에 따라 체계적으로 배열한 입주자카드 등 개인정보 집합물을 운용하고 있었을 것임이 비교적 명백하다고 보여 '개인정보처리자'에 해당한다고도 볼 여지가 많을 것임에도, 그에 대하여 심리를 하지 않은 채 만연히 개인정보처리자가 아니라고 본 원심판단도 쉽게 수긍하기 어렵다.

나. 대법원 2020. 12. 30. 선고 2020도14227 판결

아파트 관리사무소장인 피고인이 입주자대표회의에서 본인이 제안한 안건을 설명할 목적으로 관리사무실 내에 도난 및 화재 예방 목적으로 설치된 CCTV를 통해 수집된 전직 동대표자 A의 모습이 담긴 영상을 캡쳐하여 만든 동영상 자료를 제작하고 이를 입주자대표회의 참석자들에게 상영한 행위가 법 제71조 제2호, 제18조 제1항 위반으로 기소된 사안에서, 대법원은 '이 사건 동영상은 A의 개인정보[11]를 담고 있고, 피고인의 개인정보 이용행위가 업무의 정당한 수행을 위하여 합목적적으로 요구되는 행위라거나 사회상규에 위배되지 않는 행위라고 볼 수 없다'는 이유로 유죄를 선고한 원심판단을 수긍하여 피고인의 상고를 기각하였다.

3. 검토

가. 개인정보처리자

주체로서 '개인정보를 처리하거나 처리하였던 자'에 해당하는지가 문제된 대법원 2015도8766 판결은 아파트 관리사무소장이 '개인정보를 처리하거나 처리하였던 자'에 해당한다고 보면서, 나아가 '개인정보처리자'에도 해당한다고 볼 여지가 많다는 취지로 판단하였다. 대상판결은 위 판결과 같은 입장에서 아파트 관리사무소장이 개인정보처리자의 지위에 있다고 판단하였고, 이러한 판단은 이후의 대법원 2020도14227 판결 등에서도 그대로 유지되고 있다.

오늘날 상당수의 아파트에서 관리사무소장은 관리하는 시설의 CCTV 영상자료뿐만 아니라 주거생활의 질서 유지, 관리비 수납, 주차 관리 등 효율적인 관리업무를 위하여 입주자들

11) 피고인은 A의 얼굴을 모자이크 처리하고 음성을 삭제하여 누군지 알아볼 수 없게 하였으므로 동영상 자료에 개인정보가 담겨있다고 볼 수 없다고 다투었으나, 원심은 "동영상에는 그 등장인물이 '전직 동대표'라고 기재되어 있고 특정 장소에 무단게시물을 게시한 주체라고 명시하는 등의 정보를 통해 동영상에 명시된 사람이 A임을 특정할 수 있었다"는 이유로 받아들이지 않았다.

의 성명, 생년월일, 주소, 전화번호 등 개인정보를 수집한 다음 동·호수 등 일정한 규칙에 따라 배열한 입주자카드 등 개인정보 집합물을 운용하고 있으므로, 아파트 관리사무소장은 개인정보파일을 운용하기 위하여 개인정보를 처리하는 사람으로서 개인정보처리자의 지위에 있다고 볼 수 있을 것이다.

나아가 대상 판결의 취지에 비추어, 보안 등의 목적으로 CCTV를 설치·운용하고 있는 사람들의 경우에도 개인정보처리자의 지위가 인정될 여지가 크다고 생각한다. 피고인이 배우자의 부정행위 관련 증거를 확보하기 위하여 배우자가 방문한 식당 및 커피전문점의 업주들에게 '물건을 분실했다'고 거짓말을 하면서 CCTV 열람 신청을 하고 배우자의 동의 없이 배우자의 영상을 휴대전화로 촬영한 것이 문제된 사안에서, 대법원은 CCTV를 설치·운용한 식당 및 커피전문점의 업주들이 '개인정보처리자'의 지위에 있음을 전제로 업주들로부터 개인정보를 제공받은 피고인을 유죄로 판단한 원심을 수긍하여 피고인의 상고를 기각한 바 있다.[12]

한편 경찰관인 피고인이 휴대용 단말기로 장모의 지명수배 내역을 조회하여 이를 자신의 처에게 전송한 것이 문제된 사안에서, 대법원은 '경찰관 개인이 개인정보처리자의 지위에 있었다고 볼 수 없으므로 개인정보처리자를 의무주체로 규정하고 있는 조항을 적용하여 처벌할 수는 없다'는 이유로 개인정보 보호법 위반 부분을 유죄로 인정한 원심을 파기·환송하였다.[13]

나. 개인정보 제공이 허용되는 요건

개인정보의 제공이 허용되는 '법령상 의무를 준수하기 위하여 불가피한 경우'(법 제17조 제1항 제2호, 제15조 제1항 제2호)에 해당하려면, 법령상 의무를 준수하기 위하여 불가피하게 개인정보를 수집하고 그 수집 목적의 범위 내에 개인정보를 제공하였을 것이 요구된다.

그런데 이 사건 당시 시행 중이던 관리규약[14]에는 회의록과 달리 '회의 영상'이 열람·복사의 대상이 아니었고, 이 사건 각 영상이 회의록을 대체하기 위하여 촬영되었다고 단정하

---

12) 대법원 2021. 4. 8. 선고 2021도177 판결.

13) 대법원 2017. 9. 21. 선고 2016도19905 판결. 대법원은 수사정보에 대한 '개인정보처리자(제2조 제5호)'를 '공공기관'인 경찰청 및 그 소속 관서로 판단한 것으로 보인다. 이 경우 경찰관인 피고인은 개인정보처리자의 지휘·감독을 받아 개인정보를 처리하는 '개인정보취급자(제28조)'가 될 수 있을 뿐 개인정보처리자의 지위에 있다고 보기는 어렵다.

14) 사건 후 개정된 서울시 공동주택관리규약 준칙은 녹화물을 포함하는 것으로 변경되었다.
제55조(자료의 종류 및 열람방법 등) ① 관리주체가 보관 및 관리해야 하는 자료의 종류는 다음 각 호와 같으며 자료의 보존기간은 주택법령 및 자료의 중요도에 따라서 최소 5년 이상으로 입주자대표회의에서 정할 수 있다.
5. 입주자대표회의, 선거관리위원회, 지원금을 수령하는 공동체활성화단체 회의록(녹음, 녹화물을 포함한다).

기도 어려웠다. 특히 ㉯ 회장 후보 등록일에 정보주체가 행한 발언을 녹화한 영상, ㉱ 당사자들이 8월 회의 개최 소집요구서를 배부하는 영상은 회의 영상이 아니라 단순히 '보안 목적'으로 24시간 촬영된 CCTV 영상 중 일부였던 것으로 보인다.

나아가 설령 관리규약에 '회의 영상'에 대한 열람·복사 규정이 있었다고 하더라도, 개인정보 보호의 취지 등에 비추어 관리규약이 있었다는 사정만으로 '정보주체의 동의 없는 개인정보 제공'을 바로 '법령상 의무를 준수하기 위하여 불가피한 경우'로 보기는 어렵다고 생각한다. 대법원 2015도8766 판결의 환송 후 원심인 서울북부지방법원 2016노533 판결도 동일한 취지로 판단한 바 있다.15)

다. 형법상 정당행위

형법 제20조(정당행위)는 '법령에 의한 행위 또는 업무로 인한 행위 기타 사회상규에 위배되지 아니하는 행위는 벌하지 아니한다.'고 규정하고 있다.

우선 '업무로 인한 행위'에 해당하는지 보건대, 이 사건 각 영상이 선관위 회의록에 해당하지 않고 관리규약에서 정한 '그 밖에 필요한 서류'에도 해당하지 않으며, 회의실에 보안상 설치된 CCTV에 녹화된 영상으로 보이고, 특히 ㉯ 및 ㉱ 영상은 회의와 무관한 영상이라는 점에서, 영상이 곧 회의록임을 전제로 한 '업무로 인한 행위'라고 보기는 어렵다.

다음으로 '사회상규에 위배되지 아니하는 행위'에 해당하는지 보건대, 대법원은 '사회상규에 위배되지 아니하는 행위'를 인정하기 위해서는 ① 그 행위의 동기나 목적의 정당성, ② 행위의 수단이나 방법의 상당성, ③ 보호이익과 침해이익과의 법익균형성, ④ 긴급성, ⑤ 그 행위 외에 다른 수단이나 방법이 없다는 보충성 등의 요건을 갖추어야 한다고 판단하고 있는데, 대상 판결의 사안은 '민사소송의 상대방 측이 해당 소송의 증거수집절차를 통하여 영상 확보가 가능한 상황이었고, 피고인이 정보주체와 소송 중인 상대방에게만 이를 제공하고 정보주체 및 감독기관인 지자체의 제공요청에 대하여는 오히려 개인정보 보호법 위반 소지가 있다는 이유 등으로 이를 거부하였다'는 점에서, 특히 ②, ④, ⑤ 요건이 갖추어지지 않은 것으로 볼 수 있다.

이와 관련하여 대법원 2020도14227 판결도 본인이 제안한 안건을 설명하기 위하여 본인

---

15) 개인정보 보호법 제6조에서 "개인정보 보호에 관하여는 다른 법률에 특별한 규정이 있는 경우를 제외하고는 이 법에서 정하는 바에 따른다"고 하여 특별히 개인정보를 보호하고 있는 취지에 비추어, 관리규약 등만으로는 정보주체의 동의 없는 개인정보 누설을 정당한 열람업무처리라고 평가할 수 없다(서울북부지방법원 2016노533 판결 중 일부이다).

의 주장을 담은 자막이 주된 내용인 동영상을 편집·제작하면서 정보주체의 CCTV 동영상 캡쳐화면을 사용한 사안에서 정당행위를 인정하지 않았는데, 이는 CCTV 설치목적인 보안 등과 직접 관련되어 있다고 보기 어렵고, 개인정보를 침해하지 않는 방법으로 안건을 제안하는 것이 충분히 가능하였으며, 위 화면에 피고인이 임의로 작성한 자막이 기재되어 있어 사실관계 왜곡 또는 명예훼손 등의 여지가 있었음을 고려한 것으로 보인다.

반면 아파트 관리사무소의 관리과장인 피고인이 아파트 동대표였던 A의 개인정보(성명, 생년월일, 휴대전화번호, 재직하는 회사 등)가 기재된 안내문을 작성하여 입주민 수십 명에게 우편을 통해 발송하고 위 안내문을 게시판 등에 부착한 행위가 법 제71조 제5호, 제59조 제2호 위반으로 기소된 사안에서, 대법원은 정당행위를 인정하여 무죄를 선고한 원심을 수긍하여 검사의 상고를 기각하였다.[16] 이는 '피고인이 관리규약 및 입주자대표회의와 선거관리위원회의 지시 및 승인을 받아 해당 동 입주민들에게 A에 대한 해임사유를 설명하기 위한 행위인 점(① 동기와 목적의 정당성, ② 수단의 상당성), 해당 동 입주민들에게만 우편을 통해 발송하고 해당 동 엘리베이터 내 게시판 및 계단 입구 공용게시판에만 부착하였으며 주민등록번호 뒷자리를 삭제한 점(③ 법익균형성), 해임사유와 소명자료를 해임투표일 10일 전에 미리 공개하여야 하는 상황이었던 점(④ 긴급성, ⑤ 보충성)' 등을 고려하였던 것으로 보인다.

Ⅲ. 판결의 의의

대상 판결은 구체적인 법리 판시 없이 원심 판시 내용을 상세히 기재한 후 원심 판단에 잘못이 없다고 본 사례이기는 하나, ① 아파트관리소장이 정보주체를 알아볼 수 있는 개인정보를 담고 있는 CCTV 영상 등을 처리하는 개인정보처리자이고, ② 정보주체가 회의나 영상 촬영에 동의하였다는 사정만으로 CCTV 영상을 민사소송의 상대방에게 제공·공개 등에까지 동의하였다고 보기 어려우며, ③ 피고인이 민사소송의 상대방에게 정보주체의 CCTV 영상을 제공한 것이 '법령상 의무를 준수하기 위하여 불가피한 경우'나 '형법상 정당행위'에 해당한다고 보기 어렵다고 판단하였다는 점에서 그 의의가 있다. 이러한 판단은 대상 판결 전·후의 대법원 판결들과 그 맥락을 같이 하고 있다고 생각한다.

최근 아파트 등 집합건물의 증대로 인하여 입주자대표회의나 관리사무소를 둘러싼 분쟁이 많아지고 있는데, 관련자들은 대상 판결을 유념하여 CCTV 영상 수집 및 제3자 제공에

16) 대법원 2018. 4. 12. 선고 2017도17532 판결.

있어서 정보주체의 개인정보 보호에 유념할 필요가 있다. 나아가 시설의 보안 등을 목적으로 CCTV 설치가 많아지고 있는 상황에서, 해당 시설의 CCTV 관리자들도 마찬가지로 적용될 수 있을 것으로 생각한다.

제2절 음성정보

080 구치소 접견 녹음 및 녹음파일 제공의 허용범위

- 구치소장의 접견녹음파일 제공 사건 -

헌재 2012. 12. 27. 2010헌마153 결정

박현정(한양대학교 법학전문대학원 교수)

I. 결정의 개요

1. 사안의 개요

가. 사실관계

청구인은 마약류관리에 관한 법률위반(향정)으로 구속·기소된 사람이다. 피청구인인 부산구치소장은 청구인이 부산구치소에 수용된 이후 청구인과 배우자 사이에 이루어진 접견내용을 녹음하였고(이하 '이 사건 녹음행위'라 함), 부산지방검찰청 검사장의 요구에 따라 청구인에 대한 접견녹음파일을 제공하였다(이하 '이 사건 제공행위'라 함). 청구인은 구치소 수용 중 마약류관리에 관한 법률위반(향정)으로 또다시 기소되었는데, 위 접견녹음파일이 추가로 공소 제기된 위 사건에서 범죄사실 인정의 증거로 사용되었다. 청구인은 이 사건 녹음행위 및 제공행위로 미결수용자인 청구인의 사생활의 자유 등 헌법상 보장된 기본권이 침해하였다고 주장하며 헌법소원심판을 청구하였다.

나. 소송경과

헌법재판소는 이 사건 녹음행위가 과잉금지원칙에 위반하여 청구인의 사생활의 비밀과 자유를 침해하였다고 볼 수 없다고 판단하였고, 이 사건 제공행위도 과잉금지원칙에 위반하여 청구인의 개인정보자기결정권을 침해하였다고 볼 수 없다고 판단하였다. 헌법재판소는 청구인의 청구를 기각하였다. 이 사건 제공행위에 대하여는 재판관 이진성의 반대의견이 있

었다.

2. 결정의 요지

가. 이 사건 녹음행위의 합헌성

이 사건 녹음행위는 교정시설 내의 안전과 질서유지에 기여하기 위한 것으로서 그 목적이 정당할 뿐 아니라 수단이 적절하다. 또한, 소장이 미리 접견내용의 녹음 사실 등을 고지하는 점, 접견기록물의 엄격한 관리를 위한 제도적 장치도 마련되어 있는 점 등을 고려할 때 침해의 최소성 요건도 갖추었다. 이 사건 녹음행위가 미리 고지되어 청구인의 접견내용의 사생활의 비밀로서의 보호가치가 그리 크지 않다고 할 것이므로 법익의 불균형을 인정하기도 어렵다. 이 사건 녹음행위는 과잉금지원칙에 위반하여 청구인의 사생활의 비밀과 자유를 침해하였다고 볼 수 없다.

나. 이 사건 제공행위의 합헌성

이 사건 제공행위에 의하여 제공된 접견녹음파일로 특정개인을 식별할 수 있고, 그 대화내용 등은 인격주체성을 특징짓는 사항으로 그 개인의 동일성을 식별할 수 있게 하는 정보이므로, 정보주체인 청구인의 동의 없이 접견녹음파일을 관계기관에 제공하는 것은 청구인의 개인정보자기결정권을 제한하는 것이다. 그런데 이 사건 제공행위는 형사사법의 실체적 진실을 발견하고 이를 통해 형사사법의 적정한 수행을 도모하기 위한 것으로 그 목적이 정당하고, 수단 역시 적합하다. 또한, 접견기록물의 제공은 제한적으로 이루어지고, 제공된 접견내용은 수사와 공소제기 등에 필요한 범위 내에서만 사용하도록 제도적 장치가 마련되어 있으며, 사적 대화내용을 분리하여 제공하는 것은 그 구분이 실질적으로 불가능하고, 범죄와 관련 있는 대화내용을 쉽게 파악하기 어려워 전체제공이 불가피한 점 등을 고려할 때 침해의 최소성 요건도 갖추고 있다. 나아가 접견내용이 기록된다는 사실이 미리 고지되어 그에 대한 보호가치가 그리 크다고 볼 수 없는 점 등을 고려할 때, 법익의 불균형을 인정하기도 어렵다. 이 사건 제공행위는 과잉금지원칙에 위반하여 청구인의 개인정보자기결정권을 침해하였다고 볼 수 없다.

다. 이 사건 제공행위에 대한 재판관 이진성의 반대의견

이 사건 제공행위는 청구인 개인의 인격주체성을 특징짓는 정보뿐만 아니라 사적인 대화

내용 전체를 제공의 대상으로 삼고 있으므로, 이에 의하여 제한되는 기본권은 사생활의 비밀과 자유로 봄이 타당하다.

이 사건 제공행위로 제공된 접견녹음파일에는 청구인의 사사로운 대화내용 등이 포함되어 정보주체 또는 제3자의 권리와 이익을 부당하게 침해할 우려가 있으므로 구 「공공기관의 개인정보 보호에 관한 법률」 제10조 제3항에 의한 적법한 제공이 아니고, 접견기록물의 제공을 요하는 '범죄의 수사와 공소의 제기 및 유지'란 '구금의 원인이 된 당해 범죄사건'에 한정되는 것으로 해석하여야 하므로, 이 사건 제공행위는 「형의 집행 및 수용자의 처우에 관한 법률」 시행령 제62조 제4항 제2호의 제공요건을 충족하지도 아니하였다.

이 사건 제공행위는 청구인의 접견녹음파일을 필요로 하는 범죄혐의사실이 구체적으로 적시되지 아니하고, 그 결과 범죄수사에 필요한 범위를 넘어서서 범죄수사와 무관한 청구인의 사사로운 대화내용이 누설되었으므로 범죄의 수사에 필요한 최소한의 범위를 벗어난 행위이다.

또한, 이 사건 제공행위는 그 실질이 압수와 동일하여 그에 준하는 정도의 적법절차의 원칙이 적용되어야 하는데, 구체적인 범죄혐의사실과 접견내용과의 관련성을 인정할 수 없고, 청구인에게 제공사실이 통지되는 등의 절차적 보장도 없으므로, 적법절차의 원칙에 위배된다.

II. 해설

1. 쟁점의 정리

가. 접견실에서의 녹음 및 녹음파일 제공과 제한되는 기본권

이 사건에서 교정시설의 장인 피청구인은 미결수용자인 청구인이 배우자와 접견하여 나눈 내용을 녹음하고 그 녹음파일을 수사기관에 제공하였다. 이는 청구인의 사생활의 비밀 및 자유에 대한 제한임과 동시에 개인정보의 수집·보관·이용으로서 개인정보자기결정권에 대한 제한에 해당한다. 이와 같이 하나의 행위로 인해 여러 기본권이 동시에 제약을 받는 '기본권경합'의 경우 헌법재판소는 "기본권침해를 주장하는 청구인의 의도 및 기본권을 제한하는 입법자의 객관적 동기 등을 참작하여 사안과 가장 밀접한 관계에 있고 또 침해의 정도가 큰 주된 기본권을 중심으로 해서 그 제한의 한계를 따"지는 방식을 취한다.[1] 따라서, 사

1) 헌재 1998. 4. 30. 95헌가16 결정 등 참조.

생활의 비밀 및 자유와 개인정보자기결정권의 관계를 살펴 제한되는 기본권을 특정할 필요가 있다.

나. 접견실에서의 녹음 및 녹음파일 제공과 과잉금지원칙

이 사건 녹음행위는 구 「형의 집행 및 수용자의 처우에 관한 법률」(2019. 4. 23. 법률 제16345호로 개정되기 전의 것, 이하 '형집행법'이라 함)에, 이 사건 제공행위는 「형사소송법」 및 구 「공공기관의 개인정보 보호에 관한 법률」(2011. 3. 29. 법률 제10465호로 폐지되기 전의 것, 이하 '구 개인정보 보호법'이라 함)에 근거를 두고 있다. 그러나 법에 근거가 있다 하더라도 기본권의 제한은 헌법 제37조 제2항에 따라 필요한 경우에 최소한도로 이루어져야 한다. 이 사건에서는 근거법령 자체가 아니라 청구인에 대한 특정된 녹음행위와 녹음파일 제공행위의 과잉금지원칙 위반 여부가 문제되었다.

2. 검토

가. 접견실에서의 녹음 및 녹음파일 제공과 제한되는 기본권

1) 사생활의 비밀 및 자유와 개인정보자기결정권의 관계

헌법 제17조에 의하여 보호되는 사생활의 비밀 및 자유란 "사생활과 관련된 사사로운 자신만의 영역이 본인의 의사에 반해서 타인에게 알려지지 않도록 할 수 있는 권리"(사생활의 비밀)와 "사회공동체의 일반적인 생활규범의 범위 내에서 사생활을 자유롭게 형성해 나가고 그 설계 및 내용에 대해서 외부로부터의 간섭을 받지 아니할 권리"(사생활의 자유)를 의미한다.[2] 개인정보자기결정권이란 "자신에 관한 정보가 언제 누구에게 어느 범위까지 알려지고 또 이용되도록 할 것인지를 그 정보주체가 스스로 통제하고 결정할 수 있는 권리", 즉 "정보주체가 개인정보의 공개와 이용에 관하여 스스로 결정할 권리"를 의미한다.[3][4] 개인정보자기결정권은 개인정보의 '공개'와 '이용'을 주로 문제삼지만, 개인정보의 '수집' 또한 공개 및

---

2) 헌재 2001. 8. 30. 99헌바92 등 결정; 헌재 2003. 10. 30. 2002헌마518 결정 등.
3) 헌재 2005. 5. 26. 99헌마513 등 결정.
4) 개인정보자기결정권의 헌법적 근거로 헌법 제17조의 사생활의 비밀과 자유를 드는 견해, 인간의 존엄과 가치를 규정한 헌법 제10조를 드는 견해, 헌법 제10조 및 제17조 모두를 근거로 드는 견해 등이 있다. 헌법재판소는 개인정보자기결정권이 헌법 제10조 제1문에서 도출되는 일반적 인격권 및 헌법 제17조의 사생활의 비밀과 자유에 의하여 보장된다고 하면서도, 개인정보자기결정권이 헌법상의 각 기본권과 헌법원리들 중 일부에 완전히 포섭되는 것이 아니라 "이들을 이념적 기초로 하는 독자적 기본권으로서 헌법에 명시되지 아니한 기본권"이라는 입장을 취하고 있다(헌재 2005. 5. 26. 99헌마513 등 결정 참조).

이용의 전제가 되는 것이므로, 개인정보를 대상으로 한 조사, 수집, 보관, 처리, 이용 등의 행위 모두를 개인정보자기결정권에 대한 제한으로 보는 것이 일반적이다.[5]

개인정보자기결정의 보호대상인 개인정보는 "개인의 신체, 신념, 사회적 지위, 신분 등과 같이 개인의 인격주체성을 특징짓는 사항으로서 그 개인의 동일성을 식별할 수 있게 하는 일체의 정보"를 말한다.[6] 개인정보는 개인의 사적 영역에 속하는 정보에 국한되지 않고 공적 생활에서 형성되었거나 이미 공개된 개인정보까지 포함하지만,[7] 다른 한편으로 사적인 물리적 공간의 보호나 사적인 사항에 대한 자율적 결정의 보호는 개인정보의 보호와 직접적인 관련이 없다. 따라서 사생활의 비밀 및 자유와 개인정보자기결정권이라는 두 기본권의 관계는 어느 하나가 다른 하나에 완전히 포섭되는 관계는 아니나 "대체로 양자가 상호 중첩되는" 경우로 볼 수 있다.[8]

2) 개인정보의 범위와 제한되는 기본권의 결정

이 사건 녹음행위 및 제공행위는 청구인의 사적 영역에 속하는 개인정보를 수집하고 이용하는 행위이므로 사생활의 비밀 및 자유의 제한임과 동시에 개인정보자기결정권의 제한으로 볼 수 있다. 헌법재판소는 일반적으로 공권력에 의해 사적 영역의 내밀성이 침범되는 것 자체를 문제삼는 경우에는 사생활의 비밀 및 자유를 주된 기본권으로 보는 반면, 이를 넘어서 사적 영역에서의 개인정보가 정보주체의 의사에 반하여 이용되는 것을 문제삼는 경우 개인정보자기결정권을 주된 기본권으로 보아 그 제한의 위헌 여부를 판단하고 있다.[9] 이 사건에서도 위와 같은 기준에 따라서 이 사건 녹음행위는 사생활의 비밀 및 자유의 제한 문제로, 이 사건 제공행위는 개인정보자기결정권의 제한 문제로 다루어졌다.

반대의견은 녹음파일에 담긴 대화내용 중에 개인의 사생활 영역에 포함되나 개인의 인격주체성을 특징짓는 개인정보의 범위를 넘어서는 부분이 있음을 전제로 이 사건 제공행위를 사생활의 비밀 및 자유의 제한 문제로 다룬 것으로 보인다. 그러나 사적 영역에서의 대화내용에서 개인정보에 해당하는 부분과 그렇지 않은 부분을 분리하는 것은 불가능에 가깝다. 대화내용 전체가 개인의 인격주체성을 특징짓는 것으로서 개인정보에 해당한다고 보아야 할

---

5) 헌재 2005. 7. 21. 2003헌마282 등 결정; 헌재 2010. 9. 30. 2008헌바132 결정 등 참조.
6) 헌재 2005. 5. 26. 99헌마513 등 결정;
7) 헌재 2005. 5. 26. 99헌마513 등 결정; 헌재 2005. 7. 21. 2003헌마282 등 결정 참조.
8) 사생활의 비밀 및 자유와 개인정보자기결정권의 관계에 관한 분석은 권건보, "개인정보자기결정권의 보호범위에 대한 분석 – 개인정보의 개념을 중심으로 –", 공법학연구 제18권 제3호, 2017, 204–206면 참조.
9) 전자의 예로 헌재 2008. 5. 29. 2005헌마137 등 결정에 대한 평석(075) 참조.

것이다.

나. 접견내용 녹음행위의 합헌성

1) 이 사건 녹음행위의 법적 근거

형집행법 제41조 제2항 제1호 및 제3호에 따르면, 교정시설의 장은 수용자가 범죄의 증거를 인멸하거나 형사 법령에 저촉되는 행위를 할 우려가 있는 때, 또는 시설의 안전과 질서유지를 위하여 필요한 때 교도관으로 하여금 수용자의 접견내용을 청취·기록·녹음 또는 녹화하게 할 수 있다.[10] 한편, 접견내용의 녹음에 관한 구체적 시행지침인 「수용관리 업무지침」(법무부예규)은 미결수용자의 접견 시 변호인과 접견하는 경우를 제외하고는 녹음녹화접견을 실시하도록 규정하고 있었다. 이 사건 녹음행위는 위 형집행법 규정과 하위법령 및 「수용관리 업무지침」에 따라 이루어졌다.

2) 이 사건 녹음행위와 과잉금지원칙

기본권의 제한은 헌법 제37조 제2항에 따라 과잉금지원칙의 한계 내에서 이루어져야 한다. 헌법재판소는 다음과 같은 이유로 이 사건 녹음행위가 과잉금지원칙에 반하지 않는다고 판단하였다.

먼저, 청구인은 마약류사범이자 미결수용자로서 가족 등을 통해 자신의 범죄에 대한 증거를 인멸할 가능성이 있고 교정시설 내부로 마약을 반입할 위험성이 존재하여 엄중한 관리감독이 요구된다. 따라서, 이 사건 녹음행위는 형집행법 제41조 제2항 제1호 및 제3호에 따라 증거인멸의 가능성 및 추가범죄의 발생 가능성을 차단하고 교정시설 내의 안전과 질서를 유지하기 위한 목적으로 이루어진 것으로서 그 목적이 정당하고 수단이 적합하다.

다음으로, 접견내용 녹음은 교도관의 동석 없는 접견을 가능하게 하므로 사생활의 자유와 비밀 보장 차원에서 종전보다 제한이 완화된 것이라는 점, 영장에 의해 구금되어 강제적 공동생활을 하는 상황에서 미결수용자가 갖는 사생활의 비밀과 자유에 대한 기대는 일반 개인에게 인정되는 것보다 제한적이라는 점, 접견내용 녹음·녹화 시에는 수용자 및 그 상대방에게 미리 녹음·녹화사실을 알리도록 하고, 접견정보 취급자가 접견정보를 누설하거나 권한 없이 처리하거나 제3자에게 제공하는 등 부당한 목적을 위하여 사용할 수 없도록 규정하는 등 접견기록물의 엄격한 관리를 위한 제도적 장치가 마련되어 있는 점(형집행법 시행령 제

10) 현재는 2019. 4. 23. 법개정에 따라 같은 조 제4항으로 이동된 상태이다.

62조 제2항, 제3항)을 종합하면, 이 사건 녹음행위는 침해의 최소성 요건도 갖추었다.

마지막으로, 위와 같이 녹음사실이 미리 고지되는 점과 미결수용자로서의 청구인의 지위를 고려하면, 청구인의 접견내용을 녹음함으로써 증거인멸이나 형사법령 저촉행위의 위험을 방지하고 교정시설 내의 안전과 질서유지에 기여하려는 공익은 청구인의 사익의 제한보다 크고 중요하므로, 이 사건 녹음행위에 법익의 불균형을 인정하기도 어렵다.

다. 접견내용 녹음파일 제공의 합헌성과 허용범위

1) 접견내용 녹음파일 제공의 법적 근거와 요건

형집행법 시행령 제62조 제4항 제2호는 교정시설의 장은 관계기관으로부터 “범죄의 수사와 공소의 제기 및 유지에 필요한 때”에 해당한다는 사유로 접견기록물의 제출을 요청받은 경우에는 기록물을 제공할 수 있다고 규정하고 있으나, 형집행법에는 접견내용 녹음파일을 수사기관에 제공할 수 있는 명문의 법적 근거가 없다. 그러나 헌법재판소는 검사 등 관계기관이 수사에 관하여 공무소 기타 공사단체에 조회하여 필요한 사항의 보고를 요구할 수 있도록 한 형사소송법 제199조 제2항과 “범죄의 수사와 공소의 제기 및 유지에 필요한 경우” 개인정보를 보유목적 외의 목적으로 이용하게 하거나 제공할 수 있다고 규정한 구 개인정보보호법 제10조 제3항 제6호[11]가 이 사건 제공행위의 법적 근거가 된다고 보았다.

녹음파일 제공의 요건인 “범죄의 수사와 공소의 제기 및 유지에 필요한 때”의 의미에 대하여는 재판관 사이에 견해가 나뉘었다. 다수의견은 근거 법령에서 제공대상 접견기록물의 범위를 제한하지 않은 점, 접견녹음 사실이 미리 고지되는 점, 수사기관의 증거수집을 통한 실체적 진실의 발견 및 형사사법의 적정한 수행도모라는 입법목적 등을 고려하면, 제공되는 접견기록물은 구금의 근거가 된 범죄사실에 한정되지 않고 관련 범죄나 다른 범죄의 수사와 공소의 제기 및 유지를 위해서도 제공될 수 있다고 보았다. 반면에, 반대의견은 미결수용자의 구금 목적이 구금의 원인이 된 당해 사건의 증거인멸 방지 및 강제수사, 재판절차의 원활한 진행을 도모하기 위한 것인 이상 “범죄의 수사와 공소의 제기 및 유지”를 “구금의 원인이 된 당해 범죄사건”의 수사와 공소제기 및 유지에 필요한 사항으로 한정되는 것으로 해석하여야 한다고 보았다.

---

11) 2011. 9. 30.부터 시행된 「개인정보 보호법」 제18조 제2항 제7호의 내용도 이와 동일하다.

2) 녹음파일 제공과 영장주의

접견녹음파일 제공은 미결수용자의 의사에 반하여 이루어진다는 점에서 헌법 제12조 제3항 및 형사소송법에 정한 영장주의와의 관계가 문제되었다. 반대의견은 접견녹음파일의 제공이 실질적으로 미결수용자의 의사에 반하여 접견녹음파일에 기록된 전자정보를 압수하는 것이므로 압수영장의 발부 및 집행에 준하는 정도의 적법절차 원칙이 적용되어야 한다고 보았으나, 다수의견은 이에 동의하지 않았다. 이 사건 제공행위가 구 개인정보 보호법 등 관계 법령에 근거하여 물리적 강제력 행사 없이 이루어지는 것이기 때문에 영장주의가 적용되지 않는다고 보았기 때문이다. 녹음파일의 제공은 정보주체의 의사에는 반하지만 근거 법령에서 개인정보처리자에게 정보제공의무를 부과하고 있지 않은 이상 그 정보의 제공이 개인정보처리자의 의사에 반하여 강제되는 것으로 보기 어렵다는 점에서 다수의견의 타당성을 인정할 수 있다.

3) 녹음파일 제공과 과잉금지원칙

재판관 1인은 이 사건 제공행위가 과잉금지원칙에 위배된다고 보았다. 접견녹음파일의 제공이 구금의 원인이 된 당해 범죄사건의 수사와 공소유지를 위한 것이 아니고, 접견녹음파일에 개인정보에 해당하지 아니한 청구인의 사사로운 대화내용이나 접견자의 개인정보 등이 포함되어 있을 가능성이 있어 정보주체 또는 제3자의 권리와 이익을 부당하게 침해할 우려가 있으므로, 이는 구 개인정보 보호법 제10조 제3항[12]에 의한 적법한 정보제공이라 볼 수 없다. 따라서 파일제공의 필요성도 침해의 최소성도 인정되지 않는다는 것이다. 그러나 이는 헌법재판소의 결론으로 받아들여지지 않았다. 다수의견은 녹음파일 제공의 범위가 한정되지 않고 녹음파일의 제공에 영장주의 원칙도 적용되지 않음을 전제로, 이 사건 제공행위가 과잉금지원칙을 위반하지 않았다고 판단하였다.

녹음파일의 제공은 그 근거법령에 정한 목적이 정당하고 수단이 적합하다. 미결수용자의 사생활의 비밀과 자유에 대한 기대는 일반 개인의 그것보다 제한적인 점, 녹음사실이 사전에 고지되는 점, 접견기록물의 제공은 수사기관과 법원 등에 대한 제공으로서 범죄의 수사

---

12) 구 개인정보 보호법 제10조 제3항 단서는 정보주체 또는 제3자의 권리와 이익을 부당하게 침해할 우려가 있다고 인정되는 때에는 범죄의 수사와 공소의 제기 및 유지에 필요한 경우라 하더라도 보유목적 외의 목적으로 처리정보를 이용하게 하거나 제공할 수 없도록 하였다. 현행 「개인정보 보호법」 제18조 제2항도 동일한 내용을 개인정보의 목적외 이용·제공의 소극적 요건으로 요구하고 있다.

와 공소제기 및 유지, 법원의 재판업무 수행 등을 위하여 필요한 경우로 한정되는 점, 구 개인정보 보호법에서 개인정보를 제공받은 자가 보유기관의 동의 없이 당해 처리정보를 제3자에게 이용하게 하거나 제공하여서는 아니 된다고 규정하는 등(제10조 제5항)[13] 녹음·제공된 접견내용이 수사와 공소제기 등에 필요한 범위 내에서만 사용되기 위한 제도적 장치가 마련되어 있는 점 등을 종합하면 침해의 최소성 요건도 갖추었다. 마약류사범이자 미결수용자인 청구인의 접견내용을 수사기관 등에 제공하여 형사사법의 실체적 진실을 발견하고 형사적 정의를 구현하려는 공익이 제한되는 청구인의 사익보다 크므로 법익의 균형성도 갖추었다고 본 것이다.

다수의견은 미결수용자라는 특수한 지위에 있는 사람에 한하여 미리 고지된 상태에서 녹음이 이루어진다는 점, 그리고 변호인과의 접견은 녹음대상에서 제외된다는 점에서 그 타당성을 인정할 수 있다. 다수의견도 인정한 바와 같이, 녹음내용 중 범죄의 수사와 공소의 제기 및 유지에 필요한 부분과 그렇지 않은 부분을 교정시설의 장이 미리 구분하는 것은 실질적으로 불가능하다는 점도 고려되어야 한다. 그러나 이 점 때문에 접견녹음파일의 제공 범위가 무한히 확대될 우려가 있는 것도 사실이다. 반대의견은 이 점을 지적하였다는 점에서 의미가 있다.

3. 관련 판례 - 헌재 2013. 9. 26. 2011헌마398 결정

수형자와 변호사와의 접견내용을 녹음, 녹화하게 되면 그로 인해 제3자인 교도소 측에 접견내용이 그대로 노출되므로 수형자와 변호사는 상담과정에서 상당히 위축될 수밖에 없고, 특히 국가나 교도소 등의 구금시설을 상대로 구금시설 등의 부당처우를 다투기 위하여 변호사와 접견하는 경우 접견내용에 대한 녹음, 녹화는 당사자대등의 원칙에 따른 무기평등을 무력화시킬 수 있다.

변호사는 다른 전문직에 비하여도 더욱 엄격한 직무의 공공성 등이 강조되고 있는 지위에 있으므로, 소송사건의 변호사가 접견을 통하여 수형자와 모의하는 등으로 법령에 저촉되는 행위를 하거나 이에 가담하는 등의 행위를 할 우려는 거의 없다. 또한, 접견의 내용이 소송준비를 위한 상담내용일 수밖에 없는 변호사와의 접견에 있어서 수형자의 교화나 건전한 사회복귀를 위해 접견내용을 녹음, 녹화할 필요성을 생각하는 것도 어렵다.

13) 현행 「개인정보 보호법」 제19조는 이와 달리 '정보주체'로부터 별도의 동의를 받거나 다른 법률에 특별한 규정이 있는 경우를 제외하고는 개인정보처리자로부터 개인정보를 제공받은 자가 그 개인정보를 제공받은 목적 외의 용도로 이용하거나 이를 제3자에게 제공할 수 없도록 하고 있다.

이 사건에 있어서 청구인과 헌법소원 사건의 국선대리인인 변호사의 접견내용에 대해서는 접견의 목적이나 접견의 상대방 등을 고려할 때 녹음, 기록이 허용되어서는 아니 될 것임에도, 이를 녹음, 기록한 행위는 청구인의 재판을 받을 권리를 침해한다.[14)]

III. 결정의 의의

이 사건 결정은 미결수용자의 접견내용 녹음과 수사기관의 요청에 따른 파일 제공이 법률상 근거를 둔 것으로서 헌법 제37조 제2항에 따른 과잉금지원칙에 반하지 않음을 밝힘과 동시에, 미결수용자 구금의 원인이 된 당해 범죄사실과 무관한 별건의 범죄수사와 공소제기 등을 위하여도 개인정보인 접견녹음파일의 목적외 이용이 허용됨을 명확히 하였다는 점에서 의미가 있다. 한편, 헌법재판소가 미결수용자와 변호인의 접견내용을 녹음·녹화하는 것까지 허용하지는 않았다는 점에 유의할 필요가 있다. 헌법재판소는 이 사건 결정 이후 수형자와 변호사의 접견내용을 녹음·녹화하는 행위가 수형자의 재판받을 권리를 침해하는 것으로서 형집행법 규정에 따라 허용되는 녹음·녹화의 범위에 포함되지 않음을 명확히 하였다.

14) 이에 대하여 재판관 2인의 반대의견이 있었다.

081

무단녹음과 이익형량

서울중앙지방법원 2019. 7. 10. 선고 2018나68478 판결

이동진(서울대학교 법학전문대학원 교수)

I. 판결의 개요

1. 사안의 개요

가. 사실관계

1. 원고와 피고는 서울 소재 한 중학교의 교사들이다. 사건 당시 원고는 1학년 담당, 피고는 3학년 담당교사로 근무하고 있었다.

2. 피고는 자신이 담임을 맡은 3학년 학생들의 학교 행사 참여와 관련하여 문제가 발생하자, 2017. 7. 12. 17:40경 위 행사를 주관하던 1학년 담당교사 소외 A에게 전화로 의견을 이야기를 하였고, 의견 차이가 좁혀지지 아니하자 1학년 교무실로 찾아왔다. 당시 1학년 교무실에는 소외 A 외에 소외 B, C 및 원고가 있었다.

3. 피고가 1학년 교무실에 들어가자 원고는 피고를 향해 다소 다급한 어조로 반복하여 교무실에서 나가라고 하였고, 피고는 이에 대응하지 아니한 채 소외 A의 옆자리에 앉아 소외 A와 학생들의 문제에 관하여 대화를 하였다. 원고가 계속하여 피고에게 교무실에서 나가라고 소리를 치자, 피고는 자신의 스마트폰을 꺼내 녹음하기 시작하였다.

4. 원고는 피고가 녹음하고 있는 것을 발견하고 피고의 스마트폰을 빼앗았고, 피고의 스마트폰을 돌려달라는 요구에도 불구하고 이를 돌려주지 않았다. 원고는 이와 관련하여 재물손괴죄로 기소되어 2018. 8. 14. 벌금 300,000원의 유죄판결(서울서부지방법원 2017고정1644호)을 받았다.[1)]

1) 원고는 형사판결에 대하여 항소하였다. 그 이후의 경과는 여기에서는 추적하지 아니하였다.

나. 소송경과

1) 원고는 피고가 원고의 음성을 비밀리에 녹음함으로써 원고의 음성권을 침해하였다면서 그로 인한 손해배상을 구하는 소를 제기하였다. 이에 대하여 피고는 음성권이 구체화된 권리로 인정되는지 불분명할 뿐 아니라, 음성권을 인정한다 하더라도 피고가 원고의 불법행위를 제지하거나 회피할 목적으로 녹음하는 경우와 같이 법익충돌이 발생하는 경우에까지 음성권이 그 보호범위에 포함된다고 할 수 없으며, 음성권이 침해되었다 하더라도 녹음의 경위와 원·피고의 관계, 녹음내용 등에 비추어 정당방위 또는 사회상규에 반하지 아니하는 행위로 위법성이 없다고 다투었다.

2) 제1심 법원은 대체로 아래 [판결이유 1]과 같은 이유를 들어 원고의 청구를 전부 기각하는 판결을 선고하였다.[2] 이에 원고가 항소하였으나 항소심판결은[3] 대체로 제1심과 같은 이유를 드는 외에 아래 [판결이유 2]의 판단을 덧붙여 이를 기각하였다. 원고가 상고하였으나 대법원은[4] 소액사건심판법 제3조에서 정하는 적법한 상고이유가 없다는 이유로 실질적 판단 없이 상고를 기각하였다.

2. 판결의 요지

가. [판결이유 1]

사람은 누구나 자신의 음성이 자신의 의사에 반하여 함부로 녹음, 재생, 녹취, 방송, 복제, 배포되지 않을 권리를 가지는데, 이러한 음성권은 헌법적으로도 보장되고 있는 인격권에 속하는 권리이다(헌법 제10조 제1문). 그러므로 동의 없이 상대방의 음성을 녹음하고 이를 재생하는 행위는 특별한 사정이 없는 한 음성권을 침해하는 행위에 해당하여 불법행위를 구성한다.

그러나 한편, 녹음자에게 비밀녹음을 통해 달성하려는 정당한 목적 또는 이익이 있고 녹음자의 비밀녹음이 이를 위하여 필요한 범위 내에서 상당한 방법으로 이루어져 사회 윤리 내지 사회통념에 비추어 용인될 수 있는 행위라고 평가할 수 있는 경우에는, 녹음자의 비밀녹음은 사회상규에 위배되지 않은 행위로서 그 위법성이 조각된다고 할 것이다.

---

2) 서울중앙지방법원 2018. 10. 17. 선고 2018가소1358597 판결. 제1심 판결이지만 사실관계의 핵심이 간결하면서도 더 잘 드러나 있다고 판단되어 사실관계에 대한 설시는 제1심 판결의 것을 인용한다.
3) 서울중앙지방법원 2019. 7. 10. 선고 2018나68478 판결.
4) 대법원 2019. 10. 31. 선고 2019다256037 판결.

제출된 증거들과 변론의 전취지를 종합하여 보면, (1) 원고가 피고에게 종전에도 고성을 지르는 일이 있어 피고가 원고에 대한 피해의식이 있었던 점, (2) 녹음한 장소가 1학년 교사 선생들이 있는 교무실이고 당시에 여러 명의 교사들이 그 자리에 있었고, 그 녹음한 내용도 대부분 원고와 D 교사 사이에 이야기하는 부분이고, 원고가 이야기한 부분은 극히 일부분인데 그 내용도 "데리고 나가, 넌 내 말 안 들리니" 등으로 소리치는 것 외에는 원고의 명예를 훼손할만한 내용도 없는 점, (3) 피고가 이 사건과 관련된 소송 외에는 이 사건 녹음이나 녹취록을 사용하지 아니한 점 등을 인정할 수 있다. 피고의 녹음행위가 교무실이라는 공개된 장소와 여러 교사가 있는 곳에서 이루어졌고, 녹음한 동기도 원고가 D 교사와 대화에 끼어들며 고함을 치자 녹음을 시작한 것이고, 그 녹음 내용과 분량 등에 비추어 보면, 피고의 녹음행위를 사회윤리 내지 사회통념에 비추어 도저히 용인될 수 없는 행위라고 평가하기 어렵다. 따라서 피고의 행위는 위법성이 조각되어 불법행위에 해당하지 아니한다 할 것이다.

나. [판결이유 2]

원고는, 이 사건 녹음 내용에 원고의 발언이 얼마 없다거나 피고가 녹음내용을 다른 곳에 사용하지 않았다는 점, 원고에 대한 명예훼손적 내용이 포함되어 있지 않은 점을 정당행위의 근거로 삼는 것은 부당하다고 주장한다. 그러나 원고의 음성권 침해행위를 둘러싸고 원고와 피고의 이익이 충돌하는 경우 구체적 사정을 종합적으로 고려한 이익형량을 통하여 침해행위의 위법성을 가려야 한다. 이러한 이익형량과정에서 침해행위의 영역에 속하는 요소 외에도 피해이익의 영역에 속하는 요소도 고려대상이 되며, 피해이익의 영역에 속하는 고려요소로서 피해법익의 내용과 중대성 및 침해행위로 인하여 피해자가 입는 피해의 정도, 피해이익의 보호가치 등이 있는바, 이 사건 녹음과 관련하여 원고의 발언 분량, 발언 내용, 녹음파일 및 녹취록의 사용에 관한 것은 피해이익의 영역에 속하는 고려요소로서 충분히 정당행위 판단의 근거로 삼을 수 있다.

Ⅱ. 해설

1. 쟁점의 정리

가. 무단녹음에서 이익형량

대상 판결은 무단녹음이 이른바 음성권(音聲權) 침해가 될 수 있음을 전제로, 이익형량을

통하여 그 책임을 부정한 예이다. 이른바 음성권을 일반적 인격권의 한 발현으로 본 판례는 대상 판결 이전에도 있었고,[5] 무단녹음이 음성권 침해가 될 수 있다는 점 또한 하급심 재판례에서 여러 차례 확인되었다.[6] 대법원은 실질적인 이유설시 없이 소액사건심판법상의 이유로 상고를 기각하였으므로, 이를 최초의 대법원 판결이라고 하기도 어렵다.

그럼에도 불구하고 대상 판결 내지 사건이 의미를 갖는 것은 무엇보다도 (대부분의) 선행 하급심 재판례와 달리 대상 판결이 원고의 청구를 기각하였다는 점에 있다. 즉, 대상 판결은 무단녹음이 이익형량을 통하여 허용될 수 있는 한 예를 제시하고 있는 것이다. 대법원은 초상권에 관하여 비슷한 문제를 이미 다룬바 있으나 아직까지는 예가 적어 명확한 기준을 확보하기 어렵다. 음성권에 관한 대상 판결의 판단은, 대법원이 직접 설시한 것은 아니나, 초상권에 관한 다른 판결들과 함께 이러한 기준을 구체화하는 데 기여한다. [판결이유 1] 부분이 이에 해당한다.

나. 이익형량의 체계적 지위

대상 판결이 의미를 갖는 또 다른 지점은 피고의 주장과 [판결이유 2]에 나타난 원고의 주장 및 그에 대한 판단이다. 대상 판결은 초상권에 관한 판례의 태도를 따라 이익형량을 위법성조각, 특히 정당행위(형법 제20조)의 문제로 보면서도 여기에서 피해자 측의 이익을 함께 고려할 수 있다는 입장을 취한다. 그러나 원고와 피고는 이러한 접근이 법리적으로 갖는 어떤 문제 내지 모순, 긴장을 지적하면서 각자 자신에게 유리한 판단방식과 기준을 제안하였던 것으로 보인다. 대상 판결이 이 논쟁에 직접 뛰어든 것은 아니나, 이러한 주장의 의미와 그 당부는 여전히 음미할 필요가 있다.

2. 검토

가. 무단녹음에서 이익형량

대상 판결은 일반적 인격권의 일부로서 이른바 음성권을 인정하고, 특히 무단녹음이 이를 침해할 수 있음을 긍정한다. 음성은 그 자체 중요한 인격표지(Persönlichkeitsverzeichnis)

---

5) 음성권을 직접 언급한 대법원 판결로는 2009. 10. 29. 선고 2009다49766 판결이 있다. 그러나 당해 판결은 원고가 음성권과 초상권이 침해당하였다고 주장하면서도 초상권 침해에 대한 손해배상만 구한 경우 원고가 구하는 것이 "어느 채권에 대한 청구인지" 분명하지 아니하므로, 석명 없이 법원이 포괄적으로 인용금액을 정한 것은 위법하다는 취지로, 음성권이 별개의 권리임을 시사할 뿐 실체법적인 판단을 포함하지 아니한다.

6) 가령 수원지방법원 2013. 8. 22. 선고 2013나8981 판결; 의정부지방법원 2016. 5. 20. 선고 2016나258 판결; 대구지방법원 2016. 7. 14. 선고 2015나17294 판결.

에 속하므로, 이에 대하여 일반적 인격권을 관념할 수 있다.7) 그리고 무단녹음은 음성권의 침해라고 할 수 있다. 음성이 녹음되면 그 녹음이 발화의 시간과 장소를 떠나 영속적으로 고정되어 이전될 수 있고, 그 결과 거리낌 없는 발화나 대화가 위축될 것이기 때문이다.8)

그러나 발화주체가 녹음에 동의하지 아니하였어도 이익형량을 통하여 녹음이 적법한 경우가 있을 수 있다. 무단녹음이 위법하지 아니하다면 손해배상청구도 인정될 수 없다. 대상판결은 실제로 이 사건에 그러한 사정이 있다고 보아 피고의 책임을 부정하였다.

피고의 녹음에 대하여 책임을 인정하지 아니함이 상당하다는 판단에는 동의할 만하다. 피고가 A와 제3자가 보는 앞에서 업무상 대화를 하는데 원고가 고함을 치며 끼어든 상황이었고, 이전에도 비슷한 일이 있었던 것으로 보이며, 결과적으로 피고는 원고가 스마트폰을 빼앗자 그에 대하여 책임을 묻는 과정에서 이 녹음을 썼을 뿐이다. 종래 판례는 증거수집 목적으로 무단촬영을 한 경우 공개된 장소에서 한 것이어도 의도적·계속적으로 주시하고 미행하면서 사진을 촬영하였다면 위법하지만,9) 아파트 입주자가 단지 내 현수막을 게시하던 중 다른 입주자의 제지를 당하자 욕설을 하였는데 이를 본 아파트 부녀회장이 말다툼을 동영상 촬영하여 전송하였거나, 층간소음에 항의하러 와 욕설과 폭력이 행사될 가능성이 있는 상황에서 동영상을 촬영한 경우, 이는 행위 목적의 정당성, 수단·방법의 보충성과 상당성 등을 참작할 때 수인하여야 하는 범위에 속한다고 한다.10) 앞 사건은 민사소송의 증거를 수집하기 위하여 보험사 직원이 적극적으로 미행하여 촬영한 것으로 피해자의 불법 또는 불법의 가능성이 확인되지 아니한 상태에서 의도적·계속적 주시가 이루어진 점이 문제된 반면,

---

7) 언론중재 및 피해구제 등에 관한 법률 제5조 제1항은 "언론[...]은 타인의 [...] 초상(肖像), 성명, 음성, 대화 [...] 그 밖의 인격적 가치 등에 관한 권리(이하 "인격권"이라 한다)를 침해하여서는 아니 되며, 언론등이 타인의 인격권을 침해한 경우에는 이 법에서 정한 절차에 따라 그 피해를 신속하게 구제하여야 한다"고 규정한다.

8) 이와 관련하여 독일연방헌법재판소가 형사소송에서 무단녹음의 증거능력이 문제된 사건(Tonband)에서 한 다음 판시는 시사적이다: "사람의 말과 소리는 녹음되면 그에게서 떨어져 처분할 수 있는 형태로 독립한다. 다른 사람이 피해자의 의사에 의하지 아니하고 또는 그의 의사에 반하여 공개적으로 하지 아니한 말을 임의로 처분할 수 있다면 인격의 불가침성은 현저하게 축소될 것이다. 누구나 자기 말이, 어쩌면 생각 없이 하였거나 통제되지 아니한 표현, 진행 중인 대화의 맥락에서 이루어진 단지 잠정적인 입장 또는 특별한 상황을 전제로만 이해될 수 있는 표현이, 다른 기회나 다른 맥락에서 자신에게 불리하게 쓰일 수 있다는 사실을 의식하면서 살아야 한다면, 거리낌 없는 의사소통(Die Unbefangenheit der menschlichen Kommunikation)은 방해받을 것이다. 사적 대화는 발화자의 동의 없이 또는 심지어 그의 표시된 의사에 반하여 비밀녹음을 하리라는 의심과 두려움 없이 이루어질 수 있어야 한다." BVerGE 34, 238. 이 결정을 소개한 국내문헌으로 이수종, "일반적 인격권으로서 음성권에 관한 비교법적 연구", 『언론과법』, 제15권 제3호(2016), 164면 이하.

9) 대법원 2006. 10. 13. 선고 2004다16280 판결.

10) 대법원 2021. 4. 29. 선고 2020다227455 판결.

뒷 사건은 형사절차 기타 피해자의 불법에 대한 대응이 문제된 상황으로 대면 중 불법이 임박하여 직접 또는 공개된 장소에서 (불법의) 개시 후 촬영하였다는 차이가 있다. 사안의 경우 피해자가 고함을 친 것이 그 자체 불법이라고 단정하기는 어려우나 향후 전개에 따라 명예훼손, 모욕, 폭행 기타 불법이 행해질 가능성을, 적어도 가해자의 주관적 관점에서는, 배제할 수 없는데, 그러한 일이 일어나는 경우 비로소 녹음을 개시하여서는 그 순간을 녹음하기 어려우므로 이를 막거나 그 증거를 확보하려면 미리 녹음을 개시하는 것이 합리적이라고 보인다. 또한 원고와 피고는 동료 관계이고, 피고가 A와 사이의 대화를 녹음하면서 원고의 고함소리가 함께 녹음된 것이며, 원고가 이를 발견하고 피고의 스마트폰을 빼앗은 점에 비추어 볼 때 피고가 녹음을 하고 있음을 의도적으로 숨겼다고 할 수도 없고, 녹음은 주로 불법으로부터 녹음자 자신을 방어하는 데 관련되어 있었다. 이러한 상황에서도 동의 없이는 녹음을 할 수 없다면 아마도 그 자체 일반적 행동자유(헌법 제10조)에 대한 과도한 제한일 것이고, 적어도 법원이 해석으로 추구할 바는 아닐 것이다.

나. 이익형량의 체계적 지위

그러나 이것이 위법성조각으로 처리될 문제인지는 의문이다. 대상 판결 내지 사건에서 원고는 침해행위의 영역에 속하는 요소가 아닌 피해이익의 영역에 속하는 요소를 위법성조각과 관련하여 고려하여서는 안 된다는 주장을 하였다. 반면 피고는 음성권이 구체적 권리인지 불분명할 뿐 아니라 음성권을 인정한다 하더라도 법익충돌이 발생하는 경우에까지 보호범위에 포함된다고 할 수 없다고 주장하였다. 이들 주장은 판례가 초상권 침해, 특히 무단촬영에 관하여 설시한 바에[11] 반하고, [판결이유 2]에서 보듯 어느 것도 받아들여지지 아니하였다. 그러나 그 취지에는 음미할 부분이 있다. 무단녹음은 내용과 관계없고, 무단녹음의 금지도 내용과 무관하다. 즉, 이는 동의 없는 녹음이라는 형식적인 행위유형을 표지로 삼는다. 만일 헌법상 음성권으로부터 무단녹음 자체가 일응 불법정형에 해당한다는 결론을 도출할 수 있다면, 위법성조각 단계에서 모든 종류의 피해이익을 다시 전면적으로 형량하는 것은 이해하기 어렵다. 구성요건은 특정 행위가 일응 불법임을 징표한다. 행동자유와 피해이익의 경중은 이 단계에서 전형적으로 고려된다. 위법성조각 내지 정당화와 관련하여 일반적으로 피해이익이 침해행위의 측면보다 보호가치가 낮다는 점으로 만족하지 아니하고, 일반적 행동자유가 아닌 구체적 이익과 형량하며, 긴급성, 보충성, 법익균형 등 추가적인 요건이 엄

11) 대법원 2006. 10. 13. 선고 2004다16280 판결; 2021. 4. 29. 선고 2020다227455 판결. 한편, 같은 판시는 대법원 2013. 6. 27. 선고 2012다31628 판결에도 나오는데, 이 사건에서는 사생활의 공개가 문제되었다.

격하게 요구되는 까닭이 여기에 있다. 공개적이지 아니한 발화의 무단녹음을 처벌하는 독일 형법 제201조와 관련하여서도 정당화, 즉 위법성조각은 상대방이나 제3자의 협박, 강요 등 형사처벌의 대상이 되는 불법을 방어하거나 그에 대한 증거를 확보함에 있어 생기는 곤란을 피하기 위하거나 중대한 불법을 막기 위하여 '필요한' 경우에 한하여 인정된다고 해석한다.[12] 명문의 구성요건이 있는 한, 예외는 엄격하게 허용될 수 있을 뿐이다. 대상 판결의 사안이 이러한 요건을 충족하는가? 대상 판결의 사안에서 원고는 피고에게 고함을 치고 있었을 뿐 아직 불법, 적어도 형사처벌을 고려할 만한 불법을 개시하지 아니하였다. 원고가 처벌받은 재물손괴는 바로 피고의 무단녹음에서 비롯된 것이고, 그것이 범죄라 하더라도 재물손괴를 막기 위하여 무단녹음을 하였다고 할 수는 없다. 이러한 경우에 법질서가 원칙적으로 불법화한 유형의 행위를 예외적으로 정당화할 수 있을까? 원고가 항소심에서 주장한 바는 이러한 점이었다고 보인다.

대상 판결에서 '피해이익'의 경중은 이러한 곤란을 피하는 데 기여한다. 사안에서 원고의 발화가, 특히 피고에 대한 관계에서, 민감하다거나[13] 보호가치가 높다고 하기는 어렵다. 어떤 전제 없이 전면적으로 이익을 형량한다면 이러한 무단녹음을 금지하여야 할 이유를 찾기 어렵다. 그러나 그러한 전면적 이익형량은 무단녹음을 음성권 침해로 구성한다는 말이, 가령 헌법상 기본권을 매개로, "권한 없이 타인의 음성을 녹음하여서는 안 된다"와 같은 규칙(Regel; rule)으로서 구성요건이 존재한다는 뜻은 아님을 보여준다. 헌법상 음성권은 다양한 이익을 헌법적 차원에서 형량하기 위한 하나의 토포스(topos)이고, 무수히 많은 대립하는 이익 및 권리와의 관계에서 그 보호범위가 정해지는 원칙(Prinzip; principle)에 속한다. 일반적·정형적으로 무단녹음을 금지하는, 그리하여 무단녹음의 금지라는 구성요건을 창설하는 결정은

---

12) 그 이외에도 여러 문제가 있다. 가령 독일이혼법이 파탄주의로 전환하기 전 혼인과오의 증명을 위한 녹음이 가능한가 하는 점이 지속적으로 문제 되었다. 또한, 녹음은 추후 소송과정에서 상대방이 부인할 때 비로소 필요해지므로 증명곤란에 대하여는 정당방위나 긴급피난의 현재성이 없고, 현재의 불법행위를 직접 막는 데 적합하지는 아니하므로 불법행위의 방어에 대하여는 필요성이 없는 것 아닌가 하는 의문도 있다. Larenz는 이로부터 정당방위유사상황(Notwehrähnliche Lagen)이라는 개념범주를 발전시켜 독자적 위법성조각사유로 삼았다. 이에 대하여 오늘날 독일형법학의 다수의 견해는 불법행위의 방어와 향후 증명곤란에 대한 대응을 분리하지 아니하고 하나로 봄으로써 이 문제를 정당방위 규정으로 해결할 수 있다는 입장을 취한다고 한다. Helle, Besondere Persönlichkeitsrechte im Privatrecht. Das Recht am eigenen Bild, das Recht am gesprochenen Wort und der Schutz des geschriebenen Wortes, 1991, S. 285 ff.

13) 독일에서는 무단녹음을 형사처벌하는 형법 제201조와 관련하여 사회적 상당성(Sozialadäquanz)을 이유로 처벌이 배제되는 예가 있는데, 대체로 업무상의 발화로서 녹음이 예상되는 범위에 있는 경우, 가령 증권매매거래과정에서의 발화 등이고, 이는 구성요건해당성배제사유로 이해된다. Helle(주 12), S. 282 ff. 물론 이는 피해이익이 (거의) 존재하지 아니한다는 사정을 고려할 뿐 침해이익과의 형량을 행하는 것은 아니다.

입법부의 권한에 속하고, 개개의 사안을 해결하는 사법부의 권한에 속하지 아니한다. 입법부로서는 독일과 달리 훨씬 제한적인 상황에서만 무단녹음을 처벌하는 것으로도 기본권보호의무(헌법 제10조 참조)를 이행할 수 있다. 명문 규정이 없는 한 법원은 개별 사안에서 구체적 형량을 행하여야 한다. 그 경우 무단녹음이 인격의 자유로운 전개에 실제로 방해가 되는지, (일반적 행동)자유를 포함하여 그에 대립하는 배려할 만한 이익은 없는지 등이 사안에 비추어 판단되어야 하는 것이다.[14] 대상 판결은 이를 위법성조각으로 다루고 있고 대법원은 같은 전제하에 그 증명책임이 피고에게 있다고 하나, 굳이 이야기한다면 피고의 두 번째 주장과 같이 여기에서는 위법성조각에 앞서 기본권 보호범위 내지 구성요건의 '구체화'가 문제되는 것이다.

III. 판결의 의의

대상 판결은 무단녹음이 음성권을 침해할 수 있음을 전제로, 이 경우에도 무단촬영에서와 같이 이익형량이 행해져야 함을 밝히고 있다. 그리고 그 결과 갈등 관계에 있는 두 직장동료 사이에 직장 내에서 다른 사람과의 업무상 대화에 끼어들어 소리를 치고 있는 상황에서 동의 없이 녹음을 한 것이 위법하지 아니할 수 있다고 한다. 당해 사안의 구체적 내용에 비추어볼 때 이러한 이익형량은 수긍할 수 있고, 향후 무단촬영에 관한 일련의 판결과 함께 이러한 사안에서 이익형량의 기준을 규명하는 데 참조가 되리라고 여겨진다. 그러나 그 법적 구성에는 의문이 있다. 일반적 인격권으로서 음성권에, 특히 무단녹음에 대하여까지, 구체적 권리 내지 구체적 구성요건과 같은 지위를 부여하고 매우 대담한 이익형량을 위법성조각으로 포장하고 있기 때문이다. 이는 일반적 인격권에 대한 오해에서 비롯한 것으로 이론적으로 정확하지 아니하고 자칫 동의 없는 녹음을 너무 광범위하게 불법화할 위험이 있다. 이익형량은 구성요건의 구체화에 관한 문제로 파악함이 옳을 것이다.

14) 형법상 사회상규는 이전에도 이러한 방식으로 작용한 일이 있다. 가령 수지침 시술행위가 사회상규에 반하지 아니하여 무면허의료행위가 되지 아니한다는 대법원 2000. 4. 25. 선고 98도2389 판결 참조.

제7장

정보 프라이버시

082 국가의 위헌적인 사찰행위와 국가배상책임

- 국군보안사령부 민간인 사찰 사건 -

대법원 1998. 7. 24. 선고 96다42789 판결

이인호(중앙대학교 법학전문대학원 교수)

I. 판결의 개요

1. 사안의 개요

가. 사실관계

147명의 원고들은 정치인, 법조인, 언론인, 종교인, 교수, 재야인사 등의 시민들이다. 원고들은 아래와 같이 국군보안사령부가 민간인의 신분을 가진 자신들의 사생활에 대하여 미행, 도청, 탐문채집 등의 수단을 통하여 지속적으로 사찰해 왔고, 이로 인해 원고들은 헌법상 보장된 인간으로서의 존엄과 가치 및 행복추구권, 사생활의 비밀과 자유, 통신의 자유 등 기본권을 침해받았으며, 그로 인해 원고들이 입은 정신적 손해의 배상을 구하는 소를 대한민국을 피고로 하여 1991. 6. 27. 서울지방법원에 제기하였다.

소외인 A는 군의 수사정보기관인 국군보안사령부(이하 '보안사')[1]에서 군인으로 근무하던 중 1990. 9. 23. 위 원고들에 대한 동향파악 자료들(개인별 색인카드 1,303명분, 개인카드 450명분, 개인신상자료철 4명분)을 가지고 동 부대를 이탈하여 같은 해 10. 4. 한국기독교협의회 인권위원회 사무실에서 보안사의 민간인 사찰행위를 폭로하고 위 자료를 공개하였다.[2]

위 '개인별 색인카드'에는 동향파악대상자의 성명, 생년월일, 카드번호, 본적, 직책, 비고란이 기재되어 있고, '개인카드'에는 각 개인에 대한 인적 사항, 가족사항, 학력과 경력, 전과관계, 자격면허, 해외여행, 정당 및 사회활동, 교우 및 배후인물, 개인특성, 주요 동향이 기재되어 있었다. 그리고 '개인신상자료철'에는 신문, 잡지기사 등을 포함하여 직책, 주소, 전화

---

1) 국군보안사령부는 1991년 국군기무사령부로 개칭되었다가 2018년부터 군사안보지원사령부로 개편되었음.

2) 1심 법원이 인정한 사실임. 1심 판결문(서울지방법원 1995. 9. 29. 선고 91가합49346 판결)에서 인용함. 한편, 2심 법원은 소외인 A가 부대를 이탈할 당시 보안사는 민간인 1,323명 정도에 대하여 동향파악 자료를 보관·관리하여 왔다고 인정하였다(서울고등법원 1996. 8. 20. 선고 95나44148 판결 참조).

번호, 종교, 혈액형 등 인적 사항과 신장, 체중, 체형, 얼굴형태, 수염정도, 안경착용 유무, 두발특징 기타 흉터 등 용모 및 외형, 가옥형태, 담장형태 및 높이, 출입구의 형태 및 색깔, 비상문 등 거주환경, 경비원 상황, 주변 가옥형태 등 주변상황, 동거인 현황, 직장위치, 출퇴근수단, 차량색깔 및 번호, 주접촉 연계자 등 생활동향, 예상 은신처, 주거지 약도 등이 조사, 기재되어 있었다.[3)]

또한 위 자료들에 담긴 동향파악 내용에는 원고들의 출근 및 귀가시간, 사무실 등에서의 출발 및 복귀시간, 기차, 항공기 등 이용교통편 및 그 구체적 출발·도착 시간, 참여집회 및 접촉인물과 그 대화내용, 개인 사무실, 식당 등에서의 대화내용, 가정 내에서의 가족 및 친지와의 대화내용 등이 상세히 수집되어 있었다. 1심 법원은, 이들 내용이 공개된 자료로부터는 파악하기 어려운 정보들이고 이로 미루어 볼 때 사찰방법으로서 미행, 망원, 탐문채집 등의 방법이 행하여졌다고 판단하였다.[4)]

나. 소송경과

1) 제1심 판결(서울지방법원 1995. 9. 29. 선고 91가합49346 판결): 국가배상 인정

보안사가 군사보안이나 군방첩 등 군과는 아무런 관련이 없는 민간인 신분의 원고들을 사찰대상으로 하여 상시적으로 개인정보를 수집하고 동향을 파악하는 행위는 보안사의 직무범위를 일탈한 것이고, 자료수집 및 관리가 비밀리에 이루어졌으며, 시간적 지속성을 가지고 일반적으로 금지되는 사상, 신조 등을 포함하여 개인에 대한 포괄적인 정보가 수집되었고, 그 수집방법도 미행, 망원, 탐문채집의 방법이 사용된 것으로 추인되는 점에 비추어, 이러한 민간인 사찰행위는 헌법이 보장하는 사생활의 비밀과 자유를 침해하는 위헌 또는 위법한 것이다.

이러한 침해행위로 인해 원고들이 인격적 존재로서 자유로운 의사발현과 행동구현에 대하여 심대한 타격을 입었고 사찰 등의 피해의식에서 헤어나기 쉽지 않을 것이므로 국가는 그 산하 보안사 소속 군인이 고의 또는 과실로 그 직무집행에 있어서 가한 정신적 손해를 배상할 책임이 있다.

---

3) 서울지방법원 1995. 9. 29. 선고 91가합49346 판결에서 인용.

4) 서울지방법원 1995. 9. 29. 선고 91가합49346 판결 참조. 이후 항소심 재판부는 사찰방법에 있어서 '미행, 망원, 탐문채집' 외에 '도청'이 사용되었다는 점을 인정하고 있다. 서울고등법원 1996. 8. 20. 선고 95나44148 판결 참조.

2) 항소심 판결(서울고등법원 1996. 8. 20. 선고 95나44148 판결): 국가배상 인정

보안사의 민간인 사찰행위는 특별한 사정이 없는 한 군에 관련한 정보수집 및 수사에 한정된 보안사의 직무범위를 일탈한 것일 뿐만 아니라 정보의 수집·관리에 있어 미행·망원·탐문채집·도청 등의 방법으로 사상·신조 등을 포함하여 개인에 대한 사적 정보를 무제한적으로 비밀리에 수집·관리한 점, 나아가 이러한 정보의 관리 소홀로 그 사적 정보가 유출·공개되게 한 점 등에 비추어 볼 때, 그 절차상의 제한이 전혀 고려되지 아니한 채 이루어진 것이어서 위법하다. 따라서 원고들은 이러한 보안사의 위법한 정보 수집 및 관리로 인하여 자기정보통제권을 침해당하고, 나아가 이 사건 자료가 유출되어 일반에게 공개됨으로써 사생활의 비밀의 자유를 침해당하였다고 할 것이다.

2. 대법원 판결의 요지[5]: 기본권침해 및 국가배상 인정

가. 헌법 제10조 및 제17조에 의한 사생활의 비밀과 자유의 보호 범위

헌법 제10조 및 제17조는 개인의 사생활 활동이 타인으로부터 침해되거나 사생활이 함부로 공개되지 아니할 소극적인 권리는 물론, 오늘날 고도로 정보화된 현대사회에서 자신에 대한 정보를 자율적으로 통제할 수 있는 적극적인 권리까지도 보장하려는 데에 그 취지가 있는 것으로 해석된다.

나. 군 정보기관이 민간인에 관한 정보를 비밀리에 수집·관리하는 행위의 기본권침해 및 불법행위의 성립 여부(적극)

국군보안사령부가 군과 관련된 첩보 수집, 특정한 군사법원 관할 범죄의 수사 등 법령에 규정된 직무범위를 벗어나 민간인들을 대상으로 평소의 동향을 감시·파악할 목적으로 지속적으로 개인의 집회·결사에 관한 활동이나 사생활에 관한 정보를 미행, 망원 활용, 탐문채집 등의 방법으로 비밀리에 수집·관리한 경우, 이는 헌법에 의하여 보장된 기본권을 침해한 것으로서 불법행위를 구성한다.

다. 사찰대상자가 공적 인물인 경우 국가의 사찰행위가 면책될 수 있는지 여부(소극)

공적 인물에 대하여는 사생활의 비밀과 자유가 일정한 범위 내에서 제한되어 그 사생활

---

5) 대법원 1998. 7. 24. 선고 96다42789 판결 참조.

의 공개가 면책되는 경우도 있을 수 있으나, 이는 공적 인물은 통상인에 비하여 일반 국민의 알 권리의 대상이 되고 그 공개가 공공의 이익이 된다는 데 근거한 것이므로, 일반 국민의 알 권리와는 무관하게 국가기관이 평소의 동향을 감시할 목적으로 개인의 정보를 비밀리에 수집한 경우에는 그 대상자가 공적 인물이라는 이유만으로 면책될 수 없다.

II. 해설

1. 쟁점의 정리

가. 보안사의 민간인 사찰행위가 어떤 기본권 제한에 해당하는지 여부

보안사는 민간인 원고들의 개인적 동향을 미행, 망원 활용, 탐문채집 등의 방법으로 비밀리에 수집하여 개인별로 색인카드, 개인카드, 개인신상자료철의 형식으로 보관·관리하여 왔다. 민간인에 대한 이러한 사찰행위 및 개인정보 수집·관리행위가 원고들의 어떤 기본권을 제한하는지가 우선 문제된다. 헌법 제17조가 명시적으로 보장하는 사생활비밀의 불가침권 외에도 개인정보자기결정권까지 제한하는지 여부가 문제된다.

나. 헌법 제17조의 사생활비밀불가침권 침해의 판단기준

보안사의 민간인 사찰행위가 그 대상자의 사생활비밀불가침권, 나아가 개인정보자기결정권을 제한하는 행위라고 할 때, 어떤 판단기준으로 그 침해를 인정할 것인가 하는 점이 문제될 수 있다.

2. 검토

가. 헌법 제17조가 보장하는 사생활보호권의 두 가지 보호이익

헌법 제17조는 "모든 국민은 사생활의 비밀과 자유를 침해받지 아니한다."고 규정한다. 이 사생활보호권은 '사생활비밀의 불가침'과 '사생활의 자유'를 함께 보장한다. 이 양자는 그 보호이익을 달리한다. '사생활비밀의 불가침'은 자신의 사적인 비밀이 국가에 의해서 폭로되거나 공개되지 않을 이익을 보장하는 것임에 비해, '사생활의 자유'는 개인이 국가의 간섭 없이 자신의 사적 생활을 어떤 방식과 내용으로 형성할 것인가에 관한 자기결정을 보장한다.[6)]

---

6) 한국 헌법 제17조가 보장하는 이 두 가지 보호이익은 미국에서 근본적 권리(fundamental right)로 인정되

엄밀한 헌법적 분석을 위해서는 위 양자의 이익을 구별할 필요가 있다.

헌법재판소도 2007년의 공직자 병역면제질병 공개 사건[7]에서 헌법 제17조가 보장하는 "사생활 비밀은 국가가 사생활영역을 들여다보는 것에 대한 보호를 제공하는 기본권이며, 사생활의 자유는 국가가 사생활의 자유로운 형성을 방해하거나 금지하는 것에 대한 보호를 의미한다."고 판시하고 있다. 그렇다면 보안사의 민간인 사찰행위는 헌법 제17조가 보장하는 사생활비밀의 불가침권과 관련되고, 사생활의 자유와는 무관한 사안이다.

나. 헌법상 사생활비밀불가침권과 개인정보자기결정권의 구별

헌법 제17조가 명시적으로 보장하는 '사생활비밀의 불가침권'과 헌법재판소가 2005년에 판례[8]로 새롭게 인정한 '개인정보자기결정권'은 서로 구별되는 기본권으로 이해되어야 한다. 왜냐하면, 권리의 생성배경, 권리보호의 취지와 목적, 보호대상이 되는 정보의 범위, 보호의 방식 등 권리의 성격과 내용이 다르고, 그만큼 기본권침해의 판단기준이 동일하다고 볼 수 없기 때문이다.

우선, 사생활비밀의 불가침권은 전통적인 사생활보호권으로서, 널리 알려지지 않은 개인의 사적 비밀(private or confidential matters)을 국가에 의한 공개나 폭로로부터 보호하는 기본권이다. 나아가 헌법재판소는 2007년의 결정(2005헌마1139)에서 국가가 사생활영역을 들여다보는 것에 대해서도 보호를 제공하는 기본권이라고 판시한 바 있다. 따라서 이 사건에서처럼 보안사가 개인을 비밀리에 사찰해서 널리 알려지지 않은 사적 비밀을 캐내어 수집하

는 프라이버시권(right of privacy)의 보호내용과 동일하다. 미국 연방대법원은 연방헌법상 인정되는 프라이버시권에는 두 가지 보호이익이 있음을 인정하고 있다. 하나는 사적인 사항이 공개되는 것을 원치 않는 이익(interest in avoiding disclosure of personal matters)이며, 다른 하나는 개인이 자신의 중요한 문제에 대해 자율적이고 독자적으로 결정을 내리고자 하는 이익(interest in independence in making certain kinds of imprtant decisions)이다. 피임도구를 사용할 것인지, 낙태를 할 것인지, 동성애를 할 것인지에 관한 자기결정이 후자에 해당한다. 전자의 보호이익이 한국의 사생활비밀불가침에 해당하고, 후자가 한국의 사생활의 자유에 해당한다.

7) 헌재 2007. 5. 31. 2005헌마1139.

8) 헌재 2005. 5. 26. 99헌마513등(주민등록 지문정보DB 사건). 이 결정에서 헌법재판소는 9인 전원일치로 '개인정보자기결정권'이라는 새로운 기본권을 인정하였다: "개인정보자기결정권은 자신에 관한 정보가 언제 누구에게 어느 범위까지 알려지고 또 이용되도록 할 것인지를 그 정보주체가 스스로 결정할 수 있는 권리이다. 즉 정보주체가 개인정보의 공개와 이용에 관하여 스스로 결정할 권리를 말한다. 개인정보자기결정권의 보호대상이 되는 개인정보는 개인의 신체, 신념, 사회적 지위, 신분 등과 같이 개인의 인격주체성을 특징짓는 사항으로서 그 개인의 동일성을 식별할 수 있게 하는 일체의 정보라고 할 수 있고, 반드시 개인의 내밀한 영역이나 사사(私事)의 영역에 속하는 정보에 국한되지 않고 공적 생활에서 형성되었거나 이미 공개된 개인정보까지 포함한다."

는 행위도 사생활비밀의 보호를 훼손하는 행위에 해당한다. 은밀하게 사생활영역을 들여다보는 것이기 때문이다. 따라서 보안사의 민간인 사찰행위는 헌법 제17조가 보장하는 전통적인 사생활비밀의 불가침권을 제한하는 공권력의 행사이다. 헌법이 이 권리를 전통적으로 보장해 온 것은 사생활의 평온을 보장하는 데 그 목적이 있다. 이 기본권적 이익의 침해에 관한 판단에는 매우 엄격한 비례심사가 적용되어야 한다. 특히 사찰의 행태가 사생활의 평온을 심각하게 위협하는 방식이거나 수집하는 사생활정보가 비밀스러운 것일수록 더욱 그러하다.

이에 비해 새로운 기본권으로 인정된 개인정보자기결정권은 1980년대 컴퓨터와 디지털 정보기술이 발전하면서 전자정부 개념이 도입되어 국가가 전 국민의 개인정보를 디지털의 형태로 기록하고 축적하며 쉽게 검색이 체계적으로 가능한 데이터베이스(DB)로 관리하고 나아가 그들 개인정보에 근거해서 국민에 대한 다양한 결정을 내리게 되는 달라진 행정업무환경에서 생겨난 것이다. 이 기본권이 2005년에 판례로 인정되기 전부터, 개인정보 보호의 필요성에 따라 제정된 법률이 '공공기관의 개인정보 보호에 관한 법률'(1994. 1. 7. 제정되고 2011. 9. 30. 폐지됨)이다. 그리고 이 법률은 2011년에 공공부문과 민간부문을 아우르는 일반법인 '개인정보 보호법'(2011. 3. 29. 제정)이 제정되면서 이에 흡수되었다. 이 두 법률에서 보호의 대상이 되는 '개인정보'란 살아 있는 개인을 식별할 수 있는 개인에 관한 일체의 정보이지만, 그러나 그 개인정보가 데이터베이스('개인정보파일')로 처리되는 경우에 한하여 보호된다.[9] 그리고 법률에서 보장하는 정보주체의 권리('개인정보 보호권')란 자신의 개인정보에 대한 열람권, 정정권, 삭제권, 처리정지권 등이다(제35조–제37조).

요컨대, 개인정보자기결정권이란 국가기관이 자신의 업무수행을 위해 국민의 개인정보를 체계적으로 조직화된 데이터베이스로 수집·관리하고 일정한 목적을 위해 처리(이용·가공·제공 등)하는 과정에서 고의나 과실에 의한 오·남용 또는 보안침해(data breach)로 인해 야기될 수 있는 위험성을 예방하기 위한 목적에서 정보주체인 개인에게 새롭게 인정되는 권리이다. 이러한 정보주체의 권리를 헌법상의 권리, 즉 기본권으로까지 격상할 것인지 아니면 법

9) '개인정보 보호법' 제2조는 "개인정보파일이란 개인정보를 쉽게 검색할 수 있도록 일정한 규칙에 따라 체계적으로 배열하거나 구성한 개인정보의 집합물(集合物)을 말한다."(제4호)고 규정하고, "개인정보처리자란 업무를 목적으로 개인정보파일을 운용하기 위하여 스스로 또는 다른 사람을 통하여 개인정보를 처리하는 공공기관, 법인, 단체 및 개인 등을 말한다."(제5호)고 규정하고 있음에 유의할 필요가 있다. 여기서 개인정보파일에는 수기파일도 포함된다. 한편, 유럽연합의 개인정보 보호법인 일반개인정보 보호규칙(GDPR)에서도 보호대상은 개인정보파일('filing system')에 담겨 있거나 담기게 될 개인정보이다. GDPR 제4조(정의) 제6항은 "파일시스템"(filing system)이란 "특정 기준에 따라 접근할 수 있도록 조직화된 개인데이터의 묶음을 의미한다."고 규정하고 있고, 전문(Recital) 제15항은 "특정 기준에 따라 조직화되지 않은 파일들은 본 규칙의 적용범위에 속하지 않는다."고 분명히 밝히고 있다.

률로 보호할 것인지는 국가마다 다르다. 2010년에 제정된 유럽연합의 기본권헌장[10]은 전통적인 사생활보호권(제7조)과는 별도로 제8조에서 '개인정보 보호권'(the right to the protection of personal data)이라는 이름으로, 스위스 헌법[11]과 그리스 헌법[12]은 '개인정보를 보호받을 권리'라는 이름으로, 기본권의 지위를 인정하고 있지만, 아직 많은 국가의 헌법에서 채택되어 있지는 않다.

다. 보안사의 민간인 사찰행위가 개인정보자기결정권을 제한하는 행위인지 여부

이 사건에서 원고들은 청구원인으로, 보안사 소속 군인 및 군무원들이 자신들의 개인적 동향을 미행, 망원 활용, 탐문채집 등의 방법으로 사찰하여 수집하였고 이로 인해 자신들의 행복추구권, 사생활의 비밀과 자유 등 기본권을 침해당함으로써 정신적 피해를 입었다고 주장하였다. 이에 따라 1심 법원은 사찰행위에 초점을 맞추어 동향자료의 수집 및 관리가 비밀리에 이루어졌고 일반적으로 수집이 금지된 개인에 대한 포괄적인 정보가 수집되었으며 미행, 망원, 탐문채집의 방법이 사용되었다는 점에서, "이 사건 사찰행위는 원고들의 사생활의 비밀과 자유를 침해하는 위헌 또는 위법한 것이다."라고 판단하였다.

그런데 2심 법원은 사찰행위에 방점을 전적으로 두지 않고, 보안사가 개인별로 색인카드, 개인카드, 개인신상자료철의 형식으로 보관·관리한 행위 및 관리 소홀로 원고들의 사적 정보가 유출 공개되게 한 행위에 더 방점을 두어 판단을 내렸다. 즉, "직무범위를 넘어 정보수집 및 관리가 이루어졌고, 이에 대한 수집 및 이용목적의 명시와 입력제한, 정보의 수집방법과 보유에 관한 적정성의 유지, 개인정보체계의 공시, 정보의 부당한 유출 방지 등이 전혀 고려되지 아니한 채 이루어진 것이어서 위법하다 할 것이고, 따라서 원고들은 자기정보통제권을 침해당하고, 나아가 이 사건 자료가 유출되어 일반에게 공개됨으로써 사생활의 비밀의 자유를 침해당하였다."고 판단하였다.

아마도 2심 법원은 은밀한 사찰행위 그 자체만으로는 헌법 제17조의 사생활비밀불가침권 침해를 인정하고 나아가 불법행위책임을 인정하기에는 부족하다고 판단했던 것이 아닌가 추

10) 유럽연합 기본권헌장(EU Charter of Fundamental Rights) 제8조(개인정보의 보호) 1. 모든 사람은 자신에 관한 개인정보의 보호를 받을 권리를 가진다. 2. 개인정보는 명시된 목적을 위해 공정하게 처리되어야 하고, 정보주체의 동의에 근거하거나 **또는** 그 밖에 법률이 정하는 다른 정당한 근거에 의거해서 처리되어야 한다. 모든 사람은 수집되어 있는 자신에 관한 정보에 접근할 권리를 가지며, 그 정보를 교정할 권리를 가진다. 3. 이들 준칙의 준수는 독립된 기관에 의한 통제를 받아야 한다.

11) 스위스 헌법 제13조 제2항: "모든 사람은 자신의 개인정보가 오·남용되지 않도록 보호받을 권리를 가진다."

12) 그리스 헌법 제9A조: "모든 사람은 법률이 정하는 바에 따라 특히 개인정보의 전자적 수단에 의한 수집, 처리 및 이용으로부터 보호를 받을 권리를 가진다."

론된다. 그 배경에는 사생활비밀불가침권(법원은 '사생활 비밀의 자유'로 표현)의 보호내용에 '사생활을 공개당하지 않을 이익'만이 포함된다고 이해하고서, 사찰행위와 같이 국가가 개인의 사생활을 들여다보는 것에 대한 보호가 포함된다는 점을 미처 고려하지 못했던 것이 아닌가 하는 의문이 든다. 그래서 원고들의 자료가 유출되어 공개됨으로써 사생활의 비밀의 자유가 침해되었다고 판시하고 있는 것으로 보인다. 그러나 양심에 의한 공익제보자의 폭로에 따른 결과를 기본권침해의 원인으로 구성하는 것은 어색해 보인다. 그보다는 은밀한 사찰행위 그 자체를 법적으로 비난하는 것이 더 적절하지 않았을까 생각된다.

나아가, 2심 법원은 개인정보자기결정권(법원은 '자기정보통제권'이라고 표현) 침해를 인정했는데, 이 판시는 1996년의 판결 시점에서 상당히 선구적인 법리를 전개했던 것으로 평가될 수 있다. 2심 법원은 헌법 제10조(행복추구권조항), 제17조(사생활보호권조항), 제37조 제1항(헌법에 열거되지 않은 자유와 권리의 존중)을 근거로 들면서 "자신에 관한 정보를 관리 통제할 수 있는 권리(정보관리통제권)"를 인정하고, 이 기본권에는 "최소한 자기정보접근권, 자기정보정정청구권, 자기정보사용중지청구권이 포함"된다고 판시하고 있다.[13] 이 법리는 2005년에 헌법재판소에 의해 받아들여졌다고 할 수 있다.[14] 다만, 보안사의 민간인 사찰행위가 개인정보자기결정권을 훼손하는 문제인지는 모호한 측면이 있다. 민간인 사찰행위가 보안사의 업무범위를 명백히 벗어났고 법률에 아무런 근거가 없는 것이라면, 그리하여 그 자체가 위헌·위법한 행위라면, 그 결과로 생성된 개인정보파일은 폐기되어야 마땅하고, 달리 개인정보파일의 구축·관리의 적정성을 법적으로 평가할 여지가 있는가 하는 점이다.

그러나 대법원은 이에 관한 깊은 고민 없이 위 2심 법원의 논리전개를 타당한 것으로 받아들인 것으로 보인다. 즉 대법원은 헌법 제10조와 제17조를 근거로 들어 "이들 헌법 규정은 개인의 사생활 활동이 타인으로부터 침해되거나 사생활이 함부로 공개되지 아니할 소극적인 권리는 물론, 오늘날 고도로 정보화된 현대사회에서 자신에 대한 정보를 자율적으로 통제할 수 있는 적극적인 권리까지도 보장하려는 데에 그 취지가 있는 것으로 해석된다"고 판시하면서, "원심이 적법하게 확정한 바와 같이, 피고 산하 국군보안사령부가 법령에 규정된 직무범위를 벗어나 민간인인 원고들을 대상으로 평소의 동향을 감시·파악할 목적으로 지속적으로 개인의 집회·결사에 관한 활동이나 사생활에 관한 정보를 미행, 망원 활용, 탐문채집 등의 방법으로 비밀리에 수집·관리하였다면, 이는 헌법에 의하여 보장된 원고들의 기본권을 침해한 것으로서 불법행위를 구성한다고 하지 않을 수 없다."고 판단하고 있다. 위

13) 서울고등법원 1996. 8. 20. 선고 95나44148 판결 참조.
14) 헌재 2005. 5. 26. 99헌마513등(주민등록 지문정보DB 사건) 참조.

에서 본 바와 같이, 1심과 2심 법원이 불법행위책임을 동일하게 인정하긴 했지만, 청구의 원인이 되는 위헌적 행위가 사찰행위 그 자체인지, 아니면 개인정보파일의 보관·관리행위 및 유출공개행위인지에 대한 판단이 달랐고, 또 그로 인해 어떤 기본권이 침해되었는지에 관해 판단이 달랐기 때문에, 대법원으로서는 좀 더 깊은 분석을 통해 이 점을 가려주었으면 하는 아쉬움이 남는다.

Ⅲ. 판결의 의의

군정보기관인 국군보안사령부가 정치인, 법조인, 언론인, 종교인, 교수, 재야인사 등 민간인들의 개인적 동향을 미행, 망원 활용, 탐문채집 등의 방법으로 비밀리에 수집하여 개인별로 색인카드, 개인카드, 개인신상자료철의 형식으로 보관·관리하여 온 행위는 위헌·위법한 행위로서 손해배상책임을 지는 불법행위를 구성한다는 점에 대해 1심, 2심 법원과 대법원 모두 일치하고 있다. 국가의 불법적인 사찰행위가 손해배상책임을 지는 위헌·위법한 행위라는 점을 분명히 선언한 중요한 판결이다. 아울러 헌법 제17조가 보장하는 사생활비밀의 보호내용이 무엇인지를 해명하는데 중요한 지침을 제시한 선구적인 판결이라고 하겠다.

083 고시에 있어서 기술적 보호조치의 내용과 범위

- KT마이올레 해킹사건 -

대법원 2021. 8. 19. 선고 2018두56404 판결

김현경(서울과학기술대학교 IT정책전문대학원 교수)

I. 판결의 개요

1. 사안의 개요

가. 사실관계

K통신사는 해킹으로 인하여 2013. 8. 8.부터 2014. 2. 25.까지 약 11,708,875건의 개인정보가 유출되었다. 해커는 자신의 계정으로 통신사의 홈페이지에 접속한 후 파로스프로그램을 이용하여 이용자별로 부과되는 '서비스계약번호'를 자동으로 임의의 숫자로 변환하고 웹서버에 전송된 임의의 숫자인 '서비스계약번호'에 대응되는 고객에 대한 요금명세서를 조회하는 과정을 반복하여 통신사 고객정보를 유출하였다. 이에 대하여 방송통신위원회는 2014. 6. 26. 이 사건 해킹사고와 관련하여 K통신사가 구 정보통신망법 제28조 제1항 제2호, 그 시행령 제15조, 구 「개인정보의 기술적·관리적 보호조치 기준」(2015. 5. 19. 방송통신위원회 고시 제2015-3호로 개정되기 전의 것, "이 사건 고시"라 한다.) 제4조 제2항, 제5항, 제9항을 위반하였다고 보아, 구 정보통신망법 제64조의3 제1항 제6호에 따라 과징금 7,000만 원을 부과하는 처분을 하였다. K통신사는 위 처분에 대하여 불복하는 행정소송을 제기하였다.

이 사건 고시 제4조(접근통제) ② 정보통신서비스 제공자등은 전보 또는 퇴직 등 인사이동이 발생하여 개인정보취급자가 변경되었을 경우 지체 없이 개인정보처리시스템의 접근권한을 변경 또는 말소한다. ⑤ 정보통신서비스 제공자등은 정보통신망을 통한 불법적인 접근 및 침해사고 방지를 위해 다음 각 호의 기능을 포함한 시스템을 설치·운영하여야 한다. 1. 개인정보처리시스템에 대한 접속 권한을 IP주소 등으로 제한하여 인가받지 않은 접근을 제한

> 2. 개인정보처리시스템에 접속한 IP주소 등을 재분석하여 불법적인 개인정보 유출 시도를 탐지
> ⑨ 정보통신서비스 제공자등은 취급중인 개인정보가 인터넷 홈페이지, P2P, 공유설정 등을 통하여 열람권한이 없는 자에게 공개되거나 외부에 유출되지 않도록 개인정보처리시스템 및 개인정보취급자의 컴퓨터에 조치를 취하여야 한다.

나. 소송경과

1) 제1심 판결(서울행정법원 2016. 8. 18. 선고 2014 구합 15108 판결)

원고(이하 "K통신사"라 한다)가 이 사건 고시 제4조 제2항을 위반하였으나 이 사건 고시 제4조 제5항, 제9항을 위반하였다고 볼 수 없으므로, K통신사가 이 사건 고시 제4조 제5항, 제9항도 위반하였음을 전제로 한 이 사건 처분은 재량권을 일탈·남용하여 위법하다.

2) 항소심 판결(서울고등법원 2018. 8. 24. 선고 2016누64533 판결)

이 사건 고시 제4조 제9항은 ① 기본적으로 정보통신서비스 제공자 측의 내부적 요인으로 개인정보가 유출되지 않도록 조치를 취하라는 것으로, 파라미터 변조와 같은 해킹을 통한 개인정보 누출 방지를 직접적으로 규율하지는 않고, ② 이 사건 고시 제4조 제9항의 개인정보처리시스템은 기본적으로 소위 내부 영역에 있는 데이터베이스관리시스템을 의미하여, 웹 서버나 웹 페이지는 이에 포함되지 않으며, ③ 원고가 수차례에 걸쳐 웹 취약점을 점검하고 이를 최소화하는 조치를 취하였다는 등의 이유를 들어 이 사건 해킹사고 중 마이올레 홈페이지 부분과 관련하여 K통신사가 이 사건 고시 제4조 제9항에 따른 보호조치의무를 위반한 것으로 볼 수 없다.

3) 대법원 판결(대법원 2021. 8. 19. 선고 2018두56404 판결)

원심이 개인정보처리시스템에 웹 서버가 포함되지 않는다고 설시한 것은 부적절하나 그 외 K통신사가 마이올레 홈페이지의 개발 당시부터 해킹사고에 이르기까지 오랜 기간 당시 정보보안의 기술 수준에 적합한 자동화된 점검 도구를 활용하거나 모의해킹을 수행하는 등 웹 취약점의 존재를 최소화하도록 하는 조치를 충분히 수행한 바, 이 사건 고시 제4조 제5항 및 제9항 관련 원심 판단에 상고이유 주장과 같이 과징금 산정에 관한 재량권의 일탈·남용 판단 법리를 오해한 잘못이 없다.

2. 판결의 요지

가. 개인정보처리시스템의 범위

이 사건 고시 제4조 제9항은 정보통신서비스 제공자 등의 내부적인 부주의로 인하여 개인정보가 외부로 유출되는 사고뿐만 아니라 정보통신서비스 제공자 등이 기술적 보호조치를 충분히 다하지 못하여 해킹과 같이 외부로부터의 불법적인 접근에 의해 개인정보가 외부로 유출되는 사고(이하 내부적 부주의 또는 외부로부터의 불법적인 접근 등으로 인한 개인정보 유출사고를 통틀어 '해킹 등 침해사고'라고 한다)를 방지하기 위한 목적에서 마련되었다. 이러한 목적에 비추어 볼 때 구 정보통신망 이용촉진 및 정보보호 등에 관한 법률(이하 "구 정보통신망법"이라 한다) 시행령 제15조 제2항 제1호, 이 사건 고시 제2조 제4호에서 모두 '개인정보처리시스템'을 '개인정보를 처리할 수 있도록 체계적으로 구성한 데이터베이스시스템'으로 정의하고 있는 점 등에 비추어 볼 때, 이 사건 고시 제4조 제9항의 '개인정보처리시스템'은 개인정보의 생성, 기록, 저장, 검색, 이용과정 등 데이터베이스시스템(DBS) 전체를 의미하는 것으로, 데이터베이스(DB)와 연동되어 개인정보의 처리 과정에 관여하는 웹 서버 등을 포함한다고 봄이 타당하다. 따라서 원심이 개인정보처리시스템에 웹 서버가 포함되지 않는다고 설시한 것은 부적절하다.

나. 기술적 보호조치의 범위

이 사건 고시 제4조 제9항에서 정한 보호조치를 다하였는지 여부는 해킹 등 침해사고 당시 보편적으로 알려져 있는 정보보안의 기술 수준, 정보통신서비스 제공자의 업종·영업규모, 정보통신서비스 제공자 등이 인터넷 홈페이지 등의 설계에 반영하여 개발에 적용한 보안대책·보안기술의 내용과 실제 개발된 인터넷 홈페이지 등을 운영·관리하면서 실시한 보안기술의 적정성 검증 및 그에 따른 개선 조치의 내용, 정보보안에 필요한 경제적 비용 및 효용의 정도, 해킹에 의한 개인정보 유출의 경우 이에 실제 사용된 해킹기술의 수준과 정보보안기술의 발전 정도에 따른 피해발생의 회피 가능성, 정보통신서비스 제공자 등이 수집한 개인정보의 내용과 개인정보의 유출로 인하여 이용자가 입게 되는 피해의 정도 등의 사정을 종합적으로 고려하여 판단하여야 한다. 이러한 종합적 판단에 비추어 볼 때 K통신사는 마이올레 홈페이지의 개발 당시부터 해킹사고에 이르기까지 오랜 기간 당시 정보보안의 기술 수준에 적합한 자동화된 점검 도구를 활용하거나 모의해킹을 수행하는 등 웹 취약점의 존재를

최소화하도록 하는 조치를 충분히 수행한 바, 이 사건 해킹사고 중 마이올레 홈페이지 부분과 관련하여 이 사건 고시 제4조 제9항에 따른 보호조치의무를 위반하지 않았다고 본 원심 판단은 정당하다.

II. 해설

1. 쟁점의 정리

가. 개인정보처리시스템의 의미

원고는 구 정보통신망법 시행령 제15조 제2항 제1호, 이 사건 고시 제2조 제4호에서 모두 '개인정보처리시스템'을 '개인정보를 처리할 수 있도록 체계적으로 구성한 데이터베이스 시스템'으로 한정하고 있으므로 이사건 마이올레 홈페이지는 개인정보처리시스템이 아니며 이 사건 고시 제4조 제9항에서 정한 개인정보 보호를 위한 일정한 조치의무의 적용을 받지 않는다고 주장하였고, 원심에서 이를 인용하였다.

그러나 이 사건 고시 제4조 제9항은 정보통신서비스 제공자 등의 내부적인 부주의로 인하여 개인정보가 외부로 유출되는 사고뿐만 아니라 해킹과 같이 외부로부터의 불법적인 접근에 의해 개인정보가 외부로 유출되는 사고를 방지하기 위한 목적에서 마련된 바, 이 사건 고시 제4조 제9항의 '개인정보처리시스템'은 데이터베이스(DB)와 연동되어 개인정보의 처리 과정에 관여하는 웹 서버 등을 포함한다고 판시하였다.

나. 법률상 의무로 규정된 기술적 보호조치의 내용

이 사안에서 대법원은 고시가 규정하는 기술적 보호조치의 범위에 대하여 기존 판례(대법원 2015. 2. 12. 선고 2013다43994 판결)의 법률상 또는 계약상 의무를 위반의 판단 기준을 그대로 인용하고 있다. 그러나 기존 판례는 "정보통신서비스제공자가 고시에서 정하고 있는 기술적 관리적 보호조치를 다하였다면, 특별한 사정이 없는 한, 정보통신서비스제공자가 개인정보의 안전성 확보에 필요한 보호조치를 취하여야 할 법률상 또는 계약상 의무를 위반하였다고 보기는 어렵다"고 함으로서 공법상 보호조치가 사법상 주의의무 면책의 기준이 될 수 있음을 선고한 판결이다. 본 사안은 행정청의 과징금 처분의 기준이 되는 고시의 기술적 보호조치의 범위에 대한 사안으로 민사상 주의의무와 동일시된 기준을 그대로 인용하는 것이 바람직한가에 대한 검토가 필요하다.

2. 관련 판례

가. 대법원 2015. 2. 12. 선고 2013다43994 판결(옥션 판결)

개인정보의 안전성 확보 여부에 대한 판단 법리에 대하여 대법원은 정보통신서비스제공자가 구 정보통신망법 제28조 제1항이나 정보통신 서비스이용계약에 따른 개인정보의 안전성 확보에 필요한 보호조치를 취하여야 할 **법률상 또는 계약상 의무를 위반하였는지 여부를 판단함**에 있어서는, ① 해킹 등 침해사고 당시 보편적으로 알려져 있는 정보보안의 기술 수준, ② 정보통신서비스 제공자의 업종·영업 규모와 정보통신서비스 제공자가 취하고 있던 전체적인 보안조치의 내용, ③ 정보보안에 필요한 경제적 비용 및 효용의 정도, ④ 해킹 기술의 수준과 정보보안기술의 발전 정도에 따른 피해 발생의 회피 가능성, ⑤ 정보통신서비스 제공자가 수집한 개인정보의 내용과 개인정보의 누출로 인하여 이용자가 입게 되는 피해의 정도 등의 사정을 종합적으로 고려하여, 정보통신서비스제공자가 해킹 등 침해사고 당시 사회통념상 합리적으로 기대 가능한 정도의 보호조치를 다하였는지 여부를 기준으로 판단하여야 한다. 한편 이 사건에서 대법원은 '고시'상의 조치의무를 다하였다면, 특별한 사정이 없는 한 '민사상의 주의의무'도 모두 준수한 것으로 설시했다.

나. 대법원 2018. 1. 25. 선고 2015다24904 판결(싸이월드 판결)

대법원은 기존 옥션 판결 판시사항에 더하여 "이 사건 고시는 정보통신서비스 제공자가 반드시 준수해야 할 최소한의 기준을 정한 것으로 보는 것이 타당하다. 따라서 정보통신서비스 제공자가 ① 이 사건 고시에서 정하고 있는 기술적·관리적 보호조치를 다 하였다고 하더라도, ② 정보통신서비스 제공자가 마땅히 준수해야 한다고 일반적으로 쉽게 예상할 수 있고 사회 통념상으로도 합리적으로 기대 가능한 보호조치를 다 하지 아니한 경우에는 위법행위로 평가될 수 있다."라는 법리를 추가 설명하여 제시하였다.

3. 검토

가. 기술적 보호조치의 대상이 되는 개인정보처리시스템의 범위

기존 판례는 기술적 보호조치의 대상이 되는 개인정보처리시스템은 기본적으로 소위 '내부 영역'에 있는 데이터베이스관리시스템(DBMS, Database Management System)을 의미하고, 웹 서버나 웹 페이지는 이에 포함되지 않는 것으로 보았다. 그 근거로 정보통신망법 시행령

제15조 제2항 제1호 및 이 사건 고시 제2조 제4호에서 동일하게 개인정보처리시스템에 대하여 '개인정보를 처리할 수 있도록 체계적으로 구성한 데이터베이스시스템'이라고 규정하고 있으며, 그 시행령 제15조 제3항, 제5항의 규정 내용까지 감안할 때, 개인정보처리시스템은 기본적으로 DB 서버를 의미하는 것으로 보았다. 또한 이 사건 고시 해설서는 '개인정보처리시스템'에 대하여 "일반적으로 체계적인 데이터 처리를 위해 DBMS(Database Management System)를 사용하고 있으나, 이용자의 개인정보 보관·처리를 위해 파일처리시스템 등을 구성한 경우 개인정보처리시스템에 포함시키는 것이 타당하다"고 설명하고 있을 뿐, DB 서버와 연동된 시스템이나 웹 서버 등을 포함하고 있지 않고 있음을 이유로 들고 있다.

웹 서버는 '내부 네트워크와 외부 네트워크 사이에 일종의 중립 지역에 설치되는 호스트 또는 네트워크'를 의미하는 'DMZ 영역'에 존재하며 이를 통해 외부 사용자가 정보를 담고 있는 내부 서버에 직접 접근하는 것을 방지한다.[1] 즉 외부 사용자가 DMZ 호스트의 보안을 뚫고 들어오더라도 내부 정보가 유출되지 않도록 하기 위해서 설치하는 것이다. 따라서 'DMZ 영역'에 존재하는 웹 서버는 '내부 영역'에 존재하는 다른 시스템들에 비해 DB와의 연계성이 다르고, 다수 일반 이용자들의 접속이 상시적으로 이루어지므로 특성상 기술적·관리적 보호조치 관점에서도 달리 고려할 필요가 있다.

한편 이번 판결은 "이 사건 고시 제4조 제9항의 '개인정보처리시스템'은 개인정보의 생성, 기록, 저장, 검색, 이용과정 등 데이터베이스시스템(DBS) 전체를 의미하는 것으로, 데이터베이스(DB)와 연동되어 개인정보의 처리 과정에 관여하는 웹 서버 등을 포함한다"고 하였다. 이러한 '개인정보처리시스템'의 개념은 정보통신망법 시행령과 고시에서 동일하게 규정하고 있는 바 비단 이 사건 고시 제4조 제9항에 국한되는 것이라고 보기 어렵다. 따라서 이러한 웹 서버를 포함한 '개인정보처리시스템'의 개념이 이 사건 고시 제4조 제5항에 적용될 경우 지금까지 웹 서버는 이러한 '침입차단시스템' 및 '침입탐지시스템' 설치·운영의 대상에서 벗어나 있었으나, 앞으로는 웹 서버까지 이러한 시스템의 설치·운영의무가 추가될 수 있다.[2] 따라서 침입차단 및 탐지시스템에서 차단 및 탐지하는 'IP 등'은 이 판결 이전에는 IP(Intemet Protocol) 주소, 포트(port)를 의미하였으나, 이번 대법원 판례로 인해 '웹 서버 접속 로그 기록 등'이 포함되는 것으로 해석될 수 있다.

---

1) 정보통신용어사전, 한국정보통신기술협회.

2) 구 정보통신망법 시행령 제15조 제2항 제2호는 "정보통신망법 제28조 제1항 제2호에 따라 정보통신서비스 제공자 등은 개인정보에 대한 불법적인 접근을 차단하기 위하여 개인정보처리시스템에 대한 '침입차단시스템' 및 '침입탐지시스템'을 설치·운영하여야 한다"는 취지로 규정하고 있으며, 그에 따라 이 사건 고시 제4조 제5항은 그 '침입차단시스템 및 침입탐지시스템'의 내용을 구체화하고 있다.

그러나 본 판례에서는 이 사건 고시 제4조 제5항과 관련하여서는 원심을 그대로 인용하면서 '침입차단시스템' 및 '침입탐지시스템' 설치·운영의 대상이 되는 범위에 대하여 별도로 판단하지 않았다. 원심은 고시 제4조 제5항과 관련하여, 해당 규정에서 "'시스템 설치'란 침입탐지 기능을 갖춘 상용화되고 인증된 설비를 설치하는 것으로 충분하고, '시스템 운영'이란 그러한 설비를 그 통상적인 기능과 용법에 맞게 제대로 운영하는 것을 말하며, 여기에 서버 접속기록을 실시간·상시적으로 분석하는 것까지는 포함될 수 없다"고 판시하는 데 그쳤다.

나. 기술적 보호조치에 있어서 법률상 의무와 계약상 의무의 관계

이 판례는 고시에 있어서 기술적 보호조치 의무범위에 대한 선결정례를 재확인한 것이라고 할 수 있다. 한편 이 사건 관련하여 K통신사의 정보통신서비스를 이용하거나 이용하였던 사람들이 K통신사를 상대로 이 사건 개인정보 유출로 인한 민사상 손해배상 청구소송을 제기하였으나, 법원은 2017. 1. 20. '원고들의 청구를 모두 기각한다'는 판결을 선고하였다.[3] 판결 이유로 "이 사건 고시에서 정하고 있는 기술적·관리적 보호조치를 다하여 개인정보의 안전성 확보에 필요한 보호조치를 취하여야 할 법률상 의무를 위반하였다고 보기 어렵다"고 하면서 법령규정에서 정한 주의의무를 사법상 주의의무와 일치시켰다.

앞선 옥션 판결에서는 '고시'상의 조치의무를 다하였다면, 특별한 사정이 없는 한 '민사상의 주의의무'도 모두 준수한 것으로 보는 반면, 싸이월드 판결에서는 "정보통신서비스 제공자가 마땅히 준수해야 한다고 일반적으로 쉽게 예상할 수 있고 사회 통념상으로도 합리적으로 기대 가능한 보호조치를 다하지 아니한 경우에는 위법행위로 평가될 수 있다"고 하여 고시 이상의 주의의무를 인정하였다. 어느 사안이건 간에 고시의 주의의무가 민사상 책임인정에 연동되어 영향을 미친다는 점에 있어서 고시의 기술적 보호조치 의무를 민사상 책임의무와 완전히 분리하여 논의될 수 없다.

그럼에도 불구하고 양자는 입법 취지와 목적이 다르다. 고시에서 정하는 기술적 보호조치 의무는 위반 시 과징금 등 행정처분이 부과될 수 있는 공법상 의무로서 공익적 목적이 근간이 되어야 하며 '비례원칙', '신뢰보호의 원칙', '평등의 원칙' 등이 준수되어야 한다. 반면 사법상 책임은 계약에 기반하므로 계약상의 주의의무 위반이 우선되어야 한다. 이렇게 볼 때 고시나 법령에서 정하는 기술적 보호조치에 대한 공법상 의무범위가 실제로 사법상 책임을 고려하여 사법상 주의의무를 포괄할 정도로 세밀하고 광범위할 수 있을지 의문이다.

---

3) 서울중앙지방법원 2017. 1. 20. 선고 2014가합553622 판결.

대법원 역시 싸이월드 판결에서 "다만 고시는 정보통신서비스 제공자가 반드시 준수해야 할 최소한의 기준을 정한 것으로 보는 것이 타당하다"는 것을 전제로 사법상 주의의무 판단에 있어서 추가적 보호조치의 필요성을 인정한 만큼 고시에서 정하는 기술적 보호조치의 범위에 대한 고민이 필요하다. 특히 개방성을 속성으로 하는 인터넷을 통하여 이루어지는 정보통신서비스의 특성상 기술을 선점하는 완벽한 보안을 갖춘다는 것이 불가능하며, 특히 해커에 대응하는 보안기술은 사후적 보완을 통해 이루어지는 것이 통상적이다. 정부가 공적기준으로 이러한 기술적 환경에 시의적절하게 대응할 수 있을지 의문이며, 이러한 기준이 민사상 책임의무의 근간이 되어야 하는지도 의문이다.

행정청의 과징금 부과는 국가가 정하는 최소한의 기준을 위반하였다는 사실을 국가기관이 대외적으로 확인하는 것을 의미한다. 비록 이 사건의 경우에는 방송통신위원회의 K통신사에 대한 과징금부과처분이 취소되었지만, 다른 대부분의 행정소송 사건에서 행정처분이 취소되는 것은 매우 드물다.[4] 일례로 APT 공격을 당한 인터파크는 행정청으로부터 과징금 처분을 부과받은 후 거의 동일한 유형의 공격에 대하여 민사상 손해배상책임이 없다고 인정된 싸이월드 대법원 판례를 인용하며 다투었지만 서울행정법원에서 법위반책임이 인정되었다.[5] 2014년 뽐뿌,[6] 2017년 알툴바 사건[7]등도 모두 패소한 사건이다.

그럼에도 불구하고 사건이 터질 때마다 국가책임론이 여론화 되면서 우리나라의 고시는 점점 촘촘한 규제틀을 갖추어 나가고 있다. 행정처분의 존재만으로 사업자의 과실이 쉽게 추정될 수 있는 상황에 비추어 볼 때 고시의 규범방향에 대한 신중한 고민과 검토가 필요하다.

III. 판결의 의의

이 판결은 행정처분에 대한 취소소송으로, 정보통신서비스 제공자가 개인정보 보호를 위한 법률상 의무 판단의 기준을 확인한 사건이다. 새로운 기준을 제시하였다기보다는 기존의 기준을 확인한 것에 불과하다. 다만 기술적 보호조치의 대상이 되는 개인정보처리시스템에

---

4) 통계청에 따르면 2011년~2020년 행정소송에서 국가가 패소한 비율은 연간 최저 9.6%에서 최고 14.2%에 불과하다(e－나라지표(https://www.index.go.kr/potal/stts/idxMain/selectPoSttsIdxMainPrint.do?idx_cd＝1724 2021. 9. 15. 최종확인).

5) 서울행정법원 2018. 7. 5. 선고 2017구합53156 판결. 이에 대한 평석은 전승재, 권헌영, "개인정보의 기술적·관리적 보호조치에 대한 공적집행과 사적집행", 경제규제와 법 제11권 제2호, 2018, 282－284면 참조.

6) 서울고법 2018누45055.

7) 서울행정 2018구합65682.

대하여 “개인정보의 생성, 기록, 저장, 검색, 이용과정 등 데이터베이스시스템(DBS) 전체를 의미하는 것으로, 데이터베이스(DB)와 연동되어 개인정보의 처리 과정에 관여하는 웹 서버 등을 포함한다”고 함으로서 기존 판례와는 달리 개인정보처리시스템에 ‘웹 서버’를 포함시켰다. 따라서 향후 ‘침입차단 및 침입탐지 시스템 설치·운영의 범위’가 확장될 수 있으며, 내부시스템과 DMZ영역에 속하는 웹 서버의 경우 보호하고자 하는 데이터와의 연계성이 다르므로 이에 부합하게 고시 혹은 기술적 보호조치에 대한 정부 가이드의 변경이 요구된다.

한편 이 판결은 고시상의 기술적 보호조치에 대하여 새로운 기준을 제안하지는 않았다. 하지만 공법상 주의의무와 민사상 주의의무는 다름에도 불구하고 민사상 책임의 주의의무의 핵심 기준으로 고시의 기술적 보호조치 기준이 인용되고 있음에 비추어 볼 때, 고시에서 기술적 보호조치의 기준 및 범위를 어떻게 설정할 것인가에 대한 근본적 고민이 필요하다.

084 초상권 및 사생활의 비밀과 자유의 침해행위의 위법성 판단 기준

- 보험사 직원이 증거 수집목적으로 교통사고 피해자들의 일상생활을 촬영한 사건 -

대법원 2006. 10. 13. 선고 2004다16280 판결

배대헌(경북대학교 법학전문대학원 교수)

I. 판결의 개요

1. 사안의 개요

가. 사실관계

2000. 10. 3. 일가족이 탑승한 카니발 승용차가 영동고속도로 주행하던 중 이를 뒤따르던 봉고트럭이 추돌하였다. 이 사고로 승용차 탑승자 1과 탑승자 2는 각각 안정가료를 요하는 경추부 및 요추부 염좌상을, 탑승자 3은 1일 치료를 받았다. 가해차량의 보험사(신동아화재)는 탑승자들이 다소 부상을 입었지만, 후유장해 없이 치료가 종료되었다고 판단하였다. 이에 보험사는 피해자들에게 합의금 2백만 원 정도를 제시하였으나, 피해자들의 요구에 미치지 못하였다. 2001. 3. 14. 위 피해자들(원고)은 보험사(피고)를 상대로 손해배상청구의 소를 제기하였고, 법원의 신체감정촉탁을 받은 성모병원의 감정의는 2001. 7. 12. 경 탑승자 1에 대하여 요추부의 한시적 장해 37%(2년), 경추부 17%(1년), 탑승자 2에 대하여 경추부의 한시적 장해 14%(2년)로 진단하였다.

원고는 이 감정결과에 따라 9,700만 원 정도의 손해배상액을 청구하는 것으로 청구취지를 변경하였다. 이에 피고(보험사) 직원들은 원고들의 후유장해에 대한 증거를 수집할 목적으로 2001. 9. 18.~ 25.까지(총 8일) 피해자의 주택 · 직장 부근에서 이들 가족 3인의 활동을 담은 사진 54장(수영장으로 가는 모습, 아파트 주차장에 서 있는 모습, 자동차를 타는 모습, 쓰레기를 버리는 장면 등)을 몰래 촬영하여 법원에 제출하고 재감정을 신청하였다. 재감정 결과는 탑승자 1의 장해율은 장애 26.1%로 1차 감정의 85% 정도에 해당하였다. 2차 감정 후 원고와 피고는 법원의 화해권고결정을 받아 들여 원고는 4,600만 원의 보험금을 지급받고 보험금 청구소송을 종료하였다.

한편, 피해자들(원고)은 보험사(피고) 직원 2인이 원고의 승낙 없이 비밀리에 원고들을 추적하면서 사생활에 대한 사진을 몰래 촬영하여 이를 법원에 제출함으로써 원고들의 초상권 및 사생활의 비밀과 자유를 침해하였다고 주장하였다. 원고 3인은 피고에 대하여 5,000만 원의 손해배상액 지급을 청구하는 소를 제기하였다.

나. 소송경과

1) 제1심 판결(서울중앙지방법원 2003. 2. 13. 선고 2002가단234723 판결)

제1심 법원은 사진을 무단 촬영함으로써 그 자체로 초상권 및 사생활의 비밀과 자유를 침해하였고, 사진촬영행위는 사회상규상 일반인이 참아야 할 정도를 넘어섰다. 이에 원고1, 2에게 각 200만원, 원고3에게 1백만 원의 위자료를 지급하라고 판결하였다.

이에 불복한 피고는 원고의 초상권 및 사생활의 비밀과 자유를 침해하였다 할지라도 그 위법성이 조각된다고 이유를 들어 항소하였다.

2) 항소심 판결(서울중앙지방법원 2004. 2. 6. 선고 2003나13979 판결)

항소심 법원은 "원고들이 감정의에게 증상을 과장하여 부당한 감정 결과가 나왔다고 생각한 나머지, 별다른 반증이 없는 상태에서의 신체 재감정 신청은 법원에서 좀체 받아들여지지 않는 실정이므로, 법원에 신체 재감정을 신청하면서 그 필요성을 뒷받침하기 위한 증거자료를 수집할 목적으로 · · · (중략) 민사재판의 증거수집 및 그 제출을 위하여 필요하고도 부득이한 것이었다고 하겠으므로, 이로 인하여 원고들이 초상권 및 사생활의 비밀을 침해당하는 결과를 초래하였다고 하더라도, 이러한 결과는 그 행위 목적의 정당성, 수단·방법의 보충성과 상당성 등을 참작할 때 공정한 민사재판권의 실현이라는 우월한 이익을 위하여 원고들이 수인하여야 하는 범위 내에 속한다 할 것이므로, 피고들의 행위는 그 위법성을 인정할 수 없다고 할 것이다"고 판시하였다.

항소심법원은 제1심 판결 중 피고의 패소부분을 취소하였고, 이에 원고는 상고하였다.

3) 상고심 판결(대법원 2006. 10. 13. 선고 2004다16280 판결, 대상 판결)

대법원은 "피고들의 행위는 · · · (중략) 민사소송의 증거를 수집할 목적으로 이루어졌다고 하더라도 초상권 및 사생활의 비밀과 자유의 보호영역을 침범한 것으로서 불법행위를 구성한다고 할 것이다.

한편, 피고들에게는 · · · (중략) 손해배상소송에서 승소함으로써 손해배상책임을 면하여 얻는 재산상 이익, 허위 또는 과장된 청구를 밝혀내어야 할 소송에서의 진실발견이라는 이익, 부당한 손해배상책임을 면함으로써 보험료를 낮출 수 있다는 보험가입자들의 공동이익 등이 있고, 이는 원고들의 초상권 및 사생활의 비밀과 자유와 충돌하는 이익이 된다. 이처럼 초상권이나 사생활의 비밀과 자유를 침해하는 행위를 둘러싸고 서로 다른 두 방향의 이익이 충돌하는 경우에는 구체적 사안에서의 사정을 종합적으로 고려한 이익형량을 통하여 위 침해행위의 최종적인 위법성이 가려진다"고 판시하였다.

원고들의 초상권 및 사생활의 비밀과 자유로부터 얻는 인격적 이익과 피고들의 민사소송의 증거를 수집하여 소송에서의 진실발견이라는 법익을 비교할 때, 어느 한 쪽이 더 우월하다고 단정할 수 없다는 점에서 두 이익을 형량하여 판단할 수밖에 없다.

초상권 및 사생활의 비밀과 자유에 관한 법리와 위법성조각에 관한 법리를 오해하여 판결에 영향을 미친 위법이 있다. 이에 원심판결을 파기하였다.

2. 판결의 요지

가. 초상권과 초상권침해의 개념

대상 판결은 초상권을 "누구나 자신의 얼굴 기타 사회통념상 특정인임을 식별할 수 있는 신체적 특징에 관하여 함부로 촬영 또는 그림묘사되거나 공표되지 아니하며 영리적으로 이용당하지 않을 권리"라고 확인하였다. 초상권은 그 근거로 헌법에 "모든 국민은 인간으로서의 존엄과 가치를 가지며, 행복을 추구할 권리를 가진다"(헌법 제10조 제1문)는 규정을 통하여 보장된다.

헌법 제10조에 따른 일반적 인격권은 대상 판결의 초상권의 경우와 같이 개별적 인격권으로 구체화하여 보호된다. 개별적 인격권으로서 초상권이 민법에 명시적으로 규정하고 있지 않다 할지라도 제3자에 의하여 침해된 경우에 그 법익에 대한 전보배상이 요구된다. 초상권에 대한 부당한 침해는 불법행위(민법 제750조)를 구성하고, 피해자는 손해배상청구를 통하여 피해를 구제받을 수 있다.

나. 초상권 또는 사생활의 비밀과 자유에 대한 침해행위의 위법성 판단 기준

서로 충돌하는 법익 중 어느 하나가 우월적 지위를 가지지 못하는 사정 하에서 서로 대립하는 법익을 놓고 판단할 때, 일정한 기준을 가지고 판단하게 되는데 그 판단기준이 이익

형량론에 근거한 것이다. 대법원은 이러한 이익형량과정을 통하여 침해행위와 피해이익의 두 영역 모두 고려하여 판단하여야 함을 밝혔다.

초상권이나 사생활의 비밀과 자유를 침해하는 행위를 둘러싸고 서로 다른 두 방향의 이익이 충돌하는 경우에 구체적 사안에서 그 사정을 종합적으로 고려한 이익형량을 통하여 위 침해행위의 최종적인 위법성이 가려진다. 상고심의 판단에 따를 때, 어느 하나의 법익을 가지고 다른 법익을 형량할 때, 타방의 행위는 침해행위의 영역에 속하는 반면, 그 반대의 행위는 피해이익의 영역에 속하게 되게 된다. 간단히 말하면, 형량(balancing)이란 비교하여 저울질하는 것(較量)과 다르지 않다.

II. 해설

1. 쟁점의 정리

가. 초상권이란 무엇인가

초상권이란 간략히 정의하면, 개인이 자신의 초상에 대해 가지는 일체의 인격적·재산적 이익이라고 말할 수 있다. 1990년대 하급심 판결에서 "사람이 자신의 초상에 대하여 갖는 인격적·재산적 이익, 즉 사람이 자기의 얼굴 기타 사회 통념상 특정인임을 식별할 수 있는 신체적 특징에 관하여 함부로 촬영되어 공표되지 아니하며 광고 등에 영리적으로 이용되지 아니하는 법적 보장"으로 이를 개별적 인격권으로 설명하였다.[1)]

이 사건판결에서 초상권을 "누구나 자신의 얼굴 기타 사회통념상 특정인임을 식별할 수 있는 신체적 특징에 관하여 함부로 촬영 또는 그림묘사되거나 공표되지 아니하며 영리적으로 이용당하지 않을 권리"로 정의한[2)] 후 이후 실무에서 이를 그대로 인용하고 있다.[3)] 우리

1) "초상권에 대하여 현행 법령상 명문의 규정은 없으나, 헌법 제10조가 "모든 국민은 인간으로서의 존엄과 가치를 가지며 행복을 추구할 권리를 가진다. 국가는 개인이 가지는 불가침의 기본적 인권을 확인하고 이를 보장할 의무를 진다."고 규정하고 있는바, 여기서 국가가 보장하여야 할 인간으로서의 존엄과 가치는 생명권, 명예권, 성명권 등을 포괄하는 일반적 인격권을 의미하고, 이 일반적 인격권에는 개별적인 인격권으로서의 초상권이 포함된다고 보아야"한다고 판시하였다(서울지방법원 1997. 8. 7. 선고 97가합8022 판결).

2) 초상권 개념의 '영리적 이용'과 관련하여 살펴볼 대상이 퍼블릭시티권(Right of Publicity)이다. 퍼블릭시티권이란 성명·초상 등이 가지는 경제적 이익 내지 가치를 상업적으로 사용·통제하거나 배타적으로 지배하는 권리로 개념이 정의되고 있다. 그 보호객체는 성명·초상 등의 인격권적 보호대상이지만, 보호체계는 준물권적 법리를 원용하고 있다.
인격권으로서 초상권과 구별되어 국내에 소개된 재산권으로서 퍼블릭시티권은 법적 개념 및 적용에서 많은

법제에는 초상권을 직접 규정하지 않았지만, 이는 헌법 제10조 제1문(인간의 존엄과 가치)에서 도출되는 일반적 인격권에 포섭되는 대상으로 인정하고 있다.

이 사건판결에서 초상권이 헌법상 보장되는 권리임을 다시 한 번 확인하면서 초상권 개념을 명확히 밝혔다. 초상권이 헌법상 보장되는 권리라 할지라도 초상권 침해가 민법상 불법행위에 해당하므로[4] 피해자는 손해배상청구의 민사적 구제방법을 행사할 수 있다.

나. 서로 다른 법익이 충돌할 때 문제해결 방안은 무엇인가

일반 사법에 초상권을 보호하는 명문규정이 없지만, 헌법상 보장되는 권리로 초상권 침해가 불법행위를 구성한다는 점에서 그 법익은 법체계 전체에서 보호된다. 이를 전제로 민사소송의 증거를 수집하여 소송에서의 진실발견이라는 법익실현을 꾀하기 위하여 개인의 초상권 및 사생활의 비밀과 자유를 침해하게 될 때, 어느 법익을 우선하여 보호하는가.

이 사건판결에서 초상권이나 사생활의 비밀과 자유를 침해하는 행위를 둘러싸고 서로 다른 두 방향의 이익이 충돌하는 경우에는 구체적 사정을 종합적으로 고려한 이익형량을 통하여 침해행위에 대한 최종적인 위법성을 판단하게 된다.

이익형량과정에서 두 가지를 고려하여 침해행위 영역·피해이익 영역에 속하는 고려요소를 살펴보았다. 첫째, 침해행위의 영역에 속하는 고려요소로는 침해행위로 달성하려는 이익의 내용 및 그 중대성, 침해행위의 필요성과 효과성, 침해행위의 보충성과 긴급성, 침해방법의 상당성 등이 있다. 둘째, 피해이익의 영역에 속하는 고려요소로는 피해법익의 내용과 중대성 및 침해행위로 인하여 피해자가 입는 피해의 정도, 피해이익의 보호가치 등이다.

혼란을 겪고 있다. 1990년대에 들어서면서 미국법의 퍼블릭시티권이 소위 '이휘소 사건'(서울지방법원 1995. 6. 23. 선고 94카합9230 판결)에 처음 다루어졌고, 2000년대 후반까지 법원은 하급심을 중심으로 이를 인정하거나 인정하는 것을 전제로 판결에 반영하였다. 하지만, 2010년대 중반에 들어 명문규정으로 보호하지 않는다는 점, 사법상 인격권 법리(예컨대, 초상권 등)로 문제해결이 가능하다는 점 등을 이유로 퍼블릭시티권의 독립성을 부인하는 사례(서울고등법원 2019. 12. 18. 선고 2019나2037296 판결; 서울고등법원 2015. 6. 19. 선고 2014나2028495 판결; 서울중앙지방법원 2014. 7. 16. 선고 2013나48424 판결; 서울중앙지방법원 2014. 12. 4. 선고 2014나4681 판결)가 많아지고 있다.

3) 대법원 2012. 1. 27. 선고 2010다39277 판결; 2013. 6. 27. 선고 2012다31628 판결; 2019. 5. 30. 선고 2016다254047 판결; 2021. 4. 29. 선고 2020다227455 판결; 2021. 7. 21. 선고 2021다219116 판결.

4) 1980년대 말 사례에서 초상권침해로 인한 불법행위가 인정된다고 판단한 사례(서울고등법원 1989. 1. 23. 선고 88나38770 판결)에서 초상권 개념을 정면으로 정의하지는 않았다.

2. 관련 판례

부부의 상견례 장면을 몰래 촬영하고 엿들은 대화내용을 보도한 것과 관련하여 대법원은 다음과 같이 판시하였다.

"초상권이나 사생활의 비밀과 자유를 침해하는 행위를 둘러싸고 서로 다른 두 방향의 이익이 충돌하는 경우에는 구체적 사안에서의 사정을 종합적으로 고려한 이익형량을 통하여 침해행위의 최종적인 위법성이 가려진다. 이러한 이익형량과정에서, 첫째 침해행위의 영역에 속하는 고려요소로는 침해행위로 달성하려는 이익의 내용 및 중대성, 침해행위의 필요성과 효과성, 침해행위의 보충성과 긴급성, 침해방법의 상당성 등이 있고, 둘째 피해이익의 영역에 속하는 고려요소로는 피해법익의 내용과 중대성 및 침해행위로 인하여 피해자가 입는 피해의 정도, 피해이익의 보호가치 등이 있다."[5)]

위 판결은 대상 판결의 판시사항을 그대로 인용하였다.

한편, 대법원은 아파트 입주자 甲이 아파트 단지 내에 현수막을 게시하던 중 다른 입주자 乙로부터 제지를 당하자 乙에게 욕설을 하였는데, 위 아파트의 부녀회장 丙이 말다툼을 하고 있는 甲의 동영상을 촬영하여 입주자대표회의 회장 丁에게 전송하였고, 丁이 다시 이를 아파트 관리소장과 동대표들에게 전송한 사안에서, 다음과 같이 판시하였다.

"초상권이나 사생활의 비밀과 자유를 침해하는 행위를 둘러싸고 서로 다른 두 방향의 이익이 충돌하는 경우에는 구체적 사안에서 여러 사정을 종합적으로 고려한 이익형량을 통하여 침해행위의 최종적인 위법성이 가려진다. · · · (중략)

공동주택관리법 시행령 제19조 제2항 제3호에 따르면 입주자는 공동주택에 광고물 · 표지물 또는 표지를 부착하는 행위를 하려는 경우에 관리주체의 동의를 받아야 하는데, 甲은 그러한 동의를 받지 않고 무단으로 현수막을 게시하였던 점, 甲이 게시한 현수막의 내용은 관리주체의 아파트 관리방법에 관한 반대의 의사표시로서 자신의 주장을 입주자들에게 널리 알리기 위한 것이고, 이러한 공적 논의의 장에 나선 사람은 사진 촬영이나 공표에 묵시적으로 동의하였다고 볼 수 있는 점, 甲에 대한 동영상이 관리주체의 구성원에 해당하는 관리소장과 동대표들에게만 제한적으로 전송된 점을 고려하면 甲의 동영상을 촬영한 것은 초상권 침해행위이지만, 행위 목적의 정당성, 수단 · 방법의 보충성과 상당성 등을 참작할 때 甲이 수인하여야 하는 범위에 속하므로, 위법성이 조각된다."[6)]

---

5) 대법원 2013. 6. 27. 선고 2012다31628 판결.
6) 대법원 2021. 4. 29. 선고 2020다227455 판결.

위 판결에서도 대상 판결에서 다루었던 법리를 그대로 받아들여 판단하였다.

3. 검토

대상 판결은 초상권이 헌법상 보장되는 권리임을 확인하였을 뿐만 아니라, 이에 관한 침해행위의 위법성 판단기준을 명확히 제시하였다는 점에서 이후 관련 사례에 모범을 보였다.

초상권은 얼굴 기타 사회통념상 특정인임을 식별할 수 있는 신체적 특징을 촬영하거나 그림묘사하게 될 때, 그 특정인이 공표되지 아니할 법적 지위를 가진다는 점에 주목하게 된다. 특정인을 식별할 수 있는 신체적 특징이라 함은 그 특정인(정보주체)의 개인정보를 말하는 것임을 알 수 있다.[7)]

여기에서 초상권과 개인정보 보호는 어떤 차이를 드러내는지 간단히 살펴보자. 특정한 개인을 식별할 수 있는 대상에 대하여 규범적으로 논의한다는 점에서 공통점을 가지고 있다. 하지만, 초상권은 함부로 촬영 또는 그림묘사되거나 공표되지 아니하며 영리적으로 이용당하지 아니할 권리로 헌법 제10조 제1문에 의하여 헌법적으로 보장된다. 반면에 정보주체는 자신의 개인정보 처리와 관련하여 개인정보의 처리에 관한 정보를 제공받을 권리·개인정보의 처리에 관한 동의 여부 등을 선택하고 결정할 권리 등을 가진다.[8)] 이 개인정보자기결정권은 헌법 제17조의 사생활의 비밀과 자유에서 도출되는 것으로 자신에 관한 정보가 언제 누구에게 어느 범위까지 알려지고 또 이용되도록 할 것인지를 정보주체가 스스로 결정할 수 있는 권리를 말한다. 이 점에서 초상권과 마찬가지로 사적 생활관계를 보호하는 데에 주안점을 두고 있다.

초상권 및 사생활의 비밀과 자유에 대한 부당한 침해는 불법행위(민법 제750조)를 구성하는 반면, 개인정보인 영상이 불법적으로 수집·이용되는 경우에는 그 행위자는 개인정보 보호법에 규정한 제재를 받는다.[9)] 또한, 정보주체는 개인정보처리자가 개인정보 보호법을 위반한 행위로 손해를 입으면 개인정보처리자에 대하여 손해배상을 청구할 수 있다.[10)]

---

7) 초상권의 내용 중 '특정인이 누구인지 식별할 수 있다'는 점에 주목하여 살펴본다면, 이는 명확히 정보주체의 개인정보에 해당한다. 정보주체의 동의를 구하지 아니한 채 촬영 등의 방법을 이용하여 사람의 얼굴 등을 영상으로 확보하면 이는 개인정보의 불법적 수집이다.

8) 개인정보 보호법 제4조 참조.

9) 개인정보 보호법 제75조 참조.

10) 개인정보 보호법 제39조.

III. 판결의 의의

대상 판결에서 다루어진 쟁점을 살펴볼 때, 특정인임을 식별할 수 있는 신체적 특징에 관하여 함부로 촬영하여 공표함으로써[11] 빚어진 것이라는 점에 따른 초상권 침해가 불법행위를 구성하여 손해배상 청구로 이어졌고, 이에 대하여 보험회사 직원이 교통사고 피해자들의 장해 정도에 관한 증거자료를 수집할 목적에 따라 사진을 촬영한 것이 서로 다른 두 방향의 이익이 충돌하는 결과로 이익형량 논의를 불러왔다.

대상 판결의 이익형량 논의는 서로 충돌하는 법익 중 어느 하나가 우월적 지위에 있지 않은 경우에 두 법익을 대등한 관계에 놓고 침해행위의 영역과 피해이익의 영역을 서로 비교하여 보호 여부를 종합적으로 판단한다. 만약, 인격권적 가치가 중요하게 고려되어야 한다는 견해를 가지고 충돌하는 다른 법익을 비교한다면, 개인의 경도된 가치로 인하여 규범적 판단이 왜곡될 수 있다. 서로 다른 두 방향의 이익이 충돌하는 경우에 어느 한 쪽에 기울어지지 않는 균형 잡힌 규범에 대한 인식과 그 태도가 중요한 의미를 가진다.

11) 개인정보 보호법상 개인정보의 유출과 다르다.

085 사생활 보도와 프라이버시권 침해의 판단 기준

- 은퇴한 연예인의 사생활 보도 사건 -

서울중앙지방법원 2007. 1. 24. 선고 2006가합24129 판결

조은별(법무법인 비트 변호사)

I. 판결의 개요

1. 사안의 개요

가. 사실관계

원고는 1980년대 인기드라마의 여자 주인공으로 출연한 인기 배우였으나, 그 후 연예인으로서 활동하지 않고 주부로 살고 있었다. 2006년 초 원고가 출연했던 드라마가 리메이크되며 원고가 대중의 관심을 받자, 여성잡지사인 피고들은 원고에게 인터뷰 요청을 하였으나 원고는 인터뷰 요청을 명확히 거절하였다. 그럼에도 피고 1, 3은 '○○○ 심경고백, 근황 인터뷰'라는 제목으로 원고가 연예인 시절 힘든 일을 많이 겪었으나 독실한 기독교 신자가 된 후 마음의 평화를 얻었고, 지금은 행복한 가정주부로 살고 있다는 내용 및 남편의 직업, 실명, 성격 등 가족관계, 거주지 등의 사생활을 보도하였으며, 피고 2는 원고의 인터뷰 거절 의사를 밝히고 몇 년 전 일간신문에 실린 기사를 축약·인용하여 실었으며, 피고들은 원고가 연예인으로 활동할 당시 사진과 원고가 선교 목적으로 온누리교회의 위성방송TV에 출연한 최근 사진을 게재하였다.

원고를 인터뷰한 사실이 없음에도 인터뷰한 것처럼 원고의 사생활에 대하여 기사를 작성하고 배포한 행위에 대하여, 원고는 명예훼손, 초상권, 프라이버시권 침해를 이유로 하여 손해배상 및 정정보도를 청구하였다.

나. 소송경과

1) 제1심 판결(서울중앙지방법원 2017. 1. 24. 선고 2006가합24129 판결)

법원은 기사의 전반적인 취지가 원고에 대하여 주로 긍정적인 측면을 다루고 있어 명예

를 훼손하였다고 볼 수 없으며, 원고가 연예인 활동 당시 사진은 원고의 과거 연예활동 과정에서 적법하게 촬영되어 공개된 것이며 당시 모습을 촬영한 사진 역시 원고의 동의하에 적법하게 촬영된 것이었으므로, 초상권을 침해하는 것으로 볼 수 없다고 판단하였다.

그러나 원고가 연예 활동 당시 자살충동까지 느꼈던 일, 원고의 가족관계와 거주지, 원고 남편의 신상과 성격 등은 원고와 관련한 사적인 사실에 해당하고, 아직 일반인들에게 알려지지 않은 사실이라는 점을 고려하면 피고 1, 피고 3이 원고의 프라이버시권을 침해한 것으로 볼 수 있음을 이유로 손해배상청구권을 인정하였으며, 다만 피고 2의 경우 인터뷰 기사가 아님을 명시적으로 밝히고 있는 점, 사생활에 관한 구체적인 적시가 없는 점을 이유로 원고의 손해배상 청구를 기각하였다.

2) 항소취하

제1심 법원의 판결에 대하여 피고 2가 항소하였다가 항소를 취하하였으며(원고는 부대항소를 제기하였다), 나머지 피고들은 항소하지 않아 제1심 판결이 확정되었다.

2. 판결의 요지

가. 명예훼손 해당 여부

기사의 전반적인 취지가 TV드라마에 여주인공으로 출연하여 상당한 인기를 끌었던 원고가 1988년 결혼과 함께 홀연히 연예계를 은퇴한 뒤 오랜 세월이 흐른 후 현재 평범한 가정의 아내이자 어머니로서 행복하게 지내면서 교회에서 적극적으로 봉사활동 및 신앙활동을 하기도 하는 등 연예인이 아닌 현재의 삶에 만족하고 있다는 것으로서 원고에 대하여 주로 긍정적인 측면을 다루고 있으므로, 명예를 훼손하였다고 볼 수 없다.

나. 초상권 침해 여부

원고가 연예인 활동을 할 당시의 사진은 원고의 과거 연예활동과 관련하여 적법하게 촬영되어 이미 세상에 널리 공개된 사진이고, 원고의 현재 모습을 담은 사진은 원고의 동의하에 촬영된 것으로 보이고, 이미지도 부정적으로 보이지 않으므로 초상권을 침해하였다고 볼 수 없다.

다. 프라이버시권의 침해 여부

우리 헌법 제10조, 제17조 등을 종합하여 보면, 사람은 자신의 사생활을 함부로 공개당하지 아니하고 사생활의 평온과 비밀을 요구할 수 있는 권리가 있다. 그러나 사생활 보도가 전부 프라이버시권의 침해로서 불법행위가 된다고는 할 수 없고, 그것이 "일반 사람들에게 아직 알려지지 아니한 사항이고, 일반인의 감수성을 기준으로 해서 당해 사인의 입장에 선 경우 공개를 바라지 않을 것이라고 인정되는 사항일 것"을 전제로 한다. 이 사건의 경우 원고가 자살충동까지 느꼈던 일, 원고의 가족관계와 거주지, 원고의 남편의 신상과 성격 등은 원고와 관련된 사적인 사실에 해당하고, 위 사실들은 일반인에게 아직 알려지지 않은 사실이라 할 것이다(특정교회의 선교목적 위성채널에서 간증한 것을 '공지의 사실'이라 할 수 없음). 평범한 일반인의 감수성을 기준으로 하였을 때 왕따를 당해 자살충동을 느꼈다거나 배우자가 남존여비 사상이 짙은 보수적인 성향의 사람이라는 보도, 가족의 실명공개는 바라지 않을 것으로 보이는 점, 원고가 위 피고들과의 인터뷰 요청을 거절하였는데도, 피고 1, 3의 기사의 경우, 제목 및 그 표현에 있어 일반 독자들로 하여금 기사내용의 상당부분이 원고와의 인터뷰에 기초하여 작성된 것처럼 오해를 불러일으킬 수 있는 소지가 있는 점, 정보화 시대의 특성상 잡지에 기사가 보도되면 다른 많은 매체를 통하여 인터넷에 광범위하게 유포되고 세간의 관심이 더욱 커지며, 실제로 인터넷에 이 사건 기사를 인용한 글이 다수 게재된 점 등을 감안할 때, 피고 1, 3은 원고의 프라이버시권을 침해하였다 할 것이다(피고 2의 경우 인터뷰기사가 아님을 명시적으로 밝히고 있고, 사생활에 관한 구체적 적시가 없으므로 프라이버시권을 침해한 것으로 볼 수 없다).

라. 공적인물 이론

사생활 침해의 위법성 여부는 개인의 사생활 보호의 필요성과 표현의 자유의 보호의 필요성을 비교 형량하여 그 침해가 사회생활상 수인할 만한 한도를 넘었는지 여부에 따라 판단하여야 할 것이다. 이러한 견지에서 사생활 공표의 위법성은 공표된 사생활이 공중의 정당한 관심의 대상이 되는 사항인지 여부(표현 목적의 공공성), 본인의 승낙을 받았는지 여부, 공표된 내용이 진실에 부합하는지 여부(표현 내용의 진실성) 등을 종합하여 개별·구체적으로 판단함이 상당하다. 원고는 1978년경부터 TV 탤런트로 활동하여 왔으므로 공인으로서의 신분을 가지고 있었다고 할 수 있으나, 1988년 결혼과 함께 연예계를 은퇴한 후 일체의 언론매체와의 인터뷰에도 응하지 않은 채 가정생활에만 전념하고 있음은 앞에서 본 바와 같아,

원고는 더 이상 공적 인물이 아니라 할 것이고, 공적 인물이 아닌 원고의 사생활에 대하여 대중의 관심이 갑자기 많아졌다는 이유만으로 공중의 정당한 관심사라고 볼 수도 없고, 원고의 사생활보도에 공익적 목적이 있었다고도 보기 어렵다.

II. 해설

1. 쟁점의 정리

본 판결은 과거 연예인으로 활동하였던 원고의 사생활을 보도한 것이 프라이버시권을 침해하는지 여부를 판단함에 있어, 일반 사람들에게 아직 알려지지 아니한 사항이고, 일반인의 감수성을 기준으로 해서 당해 사인의 입장에 선 경우 공개를 바라지 않을 것이라고 인정되는 사항을 공개함에 대하여 프라이버시권의 침해로서 불법행위를 인정하고 있으며, 프라이버시권 침해와 관련한 위법성 조각사유를 판단함에 있어 개인의 사생활 보호의 필요성과 표현의 자유의 보호 필요성을 비교형량하는 기준으로서 '공적인물' 이론을 적용하였다.

2. 관련 판결

가. 헌재 2005. 7. 21. 2003헌마282 결정

인간의 존엄과 가치, 행복추구권을 규정한 헌법 제10조 제1문에서 도출되는 일반적 인격권 및 헌법 제17조의 사생활의 비밀과 자유에 의하여 보장되는 개인정보자기결정권은 자신에 관한 정보가 언제 누구에게 어느 범위까지 알려지고 또 이용되도록 할 것인지를 그 정보주체가 스스로 결정할 수 있는 권리이다. 즉 정보주체가 개인정보의 공개와 이용에 관하여 스스로 결정할 권리를 말한다. 개인정보자기결정권의 보호대상이 되는 개인정보는 개인의 신체, 신념, 사회적 지위, 신분 등과 같이 개인의 인격주체성을 특징짓는 사항으로서 그 개인의 동일성을 식별할 수 있게 하는 일체의 정보라고 할 수 있고, 반드시 개인의 내밀한 영역이나 사사(私事)의 영역에 속하는 정보에 국한되지 않고 공적 생활에서 형성되었거나 이미 공개된 개인정보까지 포함한다. 또한 그러한 개인정보를 대상으로 한 조사·수집·보관·처리·이용 등의 행위는 모두 원칙적으로 개인정보자기결정권에 대한 제한에 해당한다(헌재 2005. 5. 26. 99헌마513 결정 등).

나. 대법원 1998. 7. 24. 선고 96다42789 판결

헌법 제10조는 "모든 국민은 인간으로서의 존엄과 가치를 가지며, 행복을 추구할 권리를 가진다. 국가는 개인이 가지는 불가침의 기본적 인권을 확인하고 이를 보장할 의무를 진다." 고 규정하고, 헌법 제17조는 "모든 국민은 사생활의 비밀과 자유를 침해받지 아니한다."라고 규정하고 있는바, 이들 헌법 규정은 개인의 사생활 활동이 타인으로부터 침해되거나 사생활이 함부로 공개되지 아니할 소극적인 권리는 물론, 오늘날 고도로 정보화된 현대사회에서 자신에 대한 정보를 자율적으로 통제할 수 있는 적극적인 권리까지도 보장하려는 데에 그 취지가 있는 것으로 해석된다.

다. 서울중앙지방법원 1995. 9. 27. 선고 95카합3438 판결

우리나라 국민들에게 많은 귀감이 될 수 있는 뛰어난 기업인으로서 이미 우리 사회의 공적 인물이 되었다고 볼 수 있는 경우 그 사람은 자신의 사진, 성명, 가족들의 생활상이 공표되는 것을 어느 정도 수인하여야 하고, 그 사람을 모델로 하여 쓰여진 평전의 표지 및 그 신문광고에 사진을 사용하거나 성명을 표기하는 것, 그 내용에 가족관계를 기재하는 것은 위 평전이 그 사람의 명예를 훼손시키는 내용이 아닌 한 허용되어야 한다(확정).

3. 검토

가. 프라이버시권의 인정 근거 및 범위

대상 판결은 정보주체의 사생활 보호에 대한 권리를 '프라이버시권'으로 명명하며, 개인정보에 대한 정보주체의 결정권을 적극적으로 보호하고 있는데, 이러한 보호가치 있는 사생활의 범위를 일반 사람들에게 아직 알려지지 아니한 사항이면서, 일반인의 감수성을 기준으로 해서 당해 사인의 입장에 선 경우 공개를 바라지 않을 것이라고 인정되는 사항으로 한정하고 있다. 이러한 사생활에 대하여 보호받을 권리 또는 스스로 공개 여부를 결정할 권리를 '프라이버시권'으로 인정하고 있다.

실제 '프라이버시권'이라는 개념은 미국에서 주로 불법행위법상의 권리로서 발전한 것으로서 재산권 개념을 기초로 하여 사진과 초상, 편지 등의 공개의 금지를 주된 내용으로 인정되고 있다.[1] 구체적으로 미국 연방대법원은 헌법상의 프라이버시권이 두 가지 내용의 보호

---

1) 백윤철 · 김상겸 · 이준복, 『인터넷과 개인정보 보호법』, 판수(한국학술정보, 2012), 104면.

법익을 가지고 있는 것으로 판시하였는데, 그 하나는 '사적인 사항이 공개되는 것을 원치 않는 이익(interest in avoiding disclosure of personal matters)'이며, 다른 하나는 '자신의 중요한 문제에 대하여 자율적이고 독자적으로 결정을 내리고자 하는 이익(interest in independence in making certain kinds of important decisions)'이다.[2] 국내 헌법학자들은 전자를 소극적 침해배제권으로서 '프라이버시권'으로, 후자를 적극적 보호형성권으로 '개인정보자기결정권'으로 보고 있으며, 헌법 제17조의 '모든 국민은 사생활의 비밀과 자유를 침해받지 아니한다'의 규정을 전단과 후단으로 나누어 전단의 '비밀 침해배제'를 프라이버시권으로 후단의 '자유 침해배제'를 개인정보자기결정권으로 설명하기도 한다.[3]

대상 판결은 이러한 프라이버시권의 두 가지 측면에 대한 침해를 인정한 것으로 볼 수 있는데, 우선, 원고가 자살충동까지 느꼈던 일, 원고의 가족관계와 거주지, 원고의 남편의 신상과 성격 등은 원고와 관련된 사적인 사실에 해당하고, 일반인에게 아직 알려지지 않은 사실로서 해당 부분에 대하여 사생활로서 보호받을 권리를 침해받았으며 동시에 원고가 피고들의 인터뷰 요청을 거절하였음에도 피고들이 해당 내용을 기사화하여 원고가 스스로 공개여부를 결정할 권리를 침해한 데 대하여 프라이버시권의 침해를 인정한 것으로 볼 수 있다. 나아가, 대상 판결은 원고가 피고들의 인터뷰에 대한 거부의사를 밝혔다는 점을 프라이버시권 침해의 주된 이유로 설시하고 있는바, 대상 판결은 원고의 적극적 권리로서 개인의 사생활 공개에 대한 결정권을 프라이버시권의 주된 내용으로 보고 있는 것으로 볼 수 있다.

나. 공적 인물 이론

대상 판결은 프라이버시권 침해와 관련하여 위법성 조각사유를 판단함에 있어 ① 공표된 사생활이 공중의 정당한 관심의 대상이 되는 사항인지 여부(표현 목적의 공공성), ② 본인의 승낙을 받았는지 여부, ③ 공표된 내용이 진실에 부합하는지 여부(표현 내용의 진실성)을 종합하여 개별·구체적으로 판단하여야 한다고 하여 그 기준을 제시하고 있다. 이 중 '표현 목적의 공공성' 부분은 판례상 인정되고 있는 '공적인물' 이론을 기반으로 '공중의 정당한 관심사인지 여부'를 판단하고 있다.

우리 법원은 '공적인물'의 범위 또는 정의를 구체적으로 명시하고 있지는 않다.[4] 판결로

---

2) Whalen v. Roe, 429 U.S.589, 599-600, 1977.

3) 강경근, "프라이버시 보호와 진료정보", 『헌법학연구』, 제10권 제2호(한국헌법학회, 2004), 187면.

4) 다만 2010년 1월 제정된 법무부 훈령인 "인권보호를 위한 수사공보준칙"은 수사 단계에서 실명을 공개할 수 있는 공적 인물의 범위를 고위공직자, 정치인, 공공기관의 장, 금융기관의 장, 특정한 범위의 기업집단 대표이사 등으로 정하여 구체적으로 열거하고 있는데, 판례상 인정되는 '공적인물'의 범위는 유명인사 등을

써 인정한 '공적 인물'의 범위는 TV뉴스 앵커,[5] 유명 언론인,[6] 전국민주노동조합연맹,[7] 신문사[8] 등이며, 모두 일반인들에게 널리 알려진 개인이나 단체이다. 이러한 공적인물에 대하여 일반적인 국민들이 정당한 관심을 가질 수 있는 점을 고려하여 국민의 알권리, 보도주체의 표현의 자유 등을 보장하여야 한다는 관점에서 도입된 개념으로 볼 수 있다.

대상 판결은 원고가 과거 일정 기간 동안 연예인으로서 활동하였음을 이유로 '공인'으로서의 신분을 인정하면서도 그 후 연예계를 은퇴하고 언론매체의 인터뷰에도 응하지 않은 채 가정생활에만 전념하고 있음을 이유로 더 이상 공적인물에 해당하지 않는다고 보았으며, 원고의 사생활에 대하여 대중의 관심이 많아졌다는 이유만으로 공중의 정당한 관심사가 형성되었다고 볼 수 없다고 판시하여, 피고 1, 3의 행위에 대한 위법성의 조각을 인정하지 아니하였다. 법원은 단순히 '공적인물'이라는 점을 넘어 해당 인물에 대한 관심의 내용이 정당한 관심사에 해당하는지 여부까지 기준으로 하고 있는데, 이는 '공적인물'에 해당한다 하더라도 그들의 내밀한 영역과 비밀 영역은 원칙적으로 보호되어야 하기 때문에 공표된 정보의 내용을 기준으로 공공의 정당한 관심의 대상에 해당하는지 여부를 한 차례 더 판단한 것으로 볼 수 있다.

Ⅲ. 판결의 의의

대상 판결은 2011년 정보주체의 개인정보 보호에 관한 일반법으로서 「개인정보 보호법」이 시행되기 이전의 판결로서, 헌법 제10조 및 제17조에 따른 권리로서 '프라이버시권'을 인정하고 이러한 정보주체의 권리를 침해한 행위에 대하여 불법행위에 따른 손해배상책임을 인정하고 있다. 대상 판결은 프라이버시권의 중요한 요소로서 보호의 대상이 되는 사생활의 범위와 보호하여야 하는 권리의 기준을 제시하고 있는데, 프라이버시권으로 보호되는 사생활의 범위를 일반 사람들에게 아직 알려지지 아니한 사항이면서, 일반인의 감수성을 기준으로 해서 당해 사인의 입장에 선 경우 공개를 바라지 않을 것이라고 인정되는 사항으로 한정하여 보호의 범위를 명확히 하였으며, 이러한 사생활에 대하여 보호받을 권리와 함께 사생

포함하고 있어 두 개념이 일치하는 것으로 볼 수는 없다.

5) 서울지방법원 1997. 9. 3. 선고 96가합82966 판결.
6) 대법원 1998. 5. 8. 선고 97다34563 판결.
7) 대법원 2002. 1. 22. 선고 2000다37524, 37531 판결.
8) 대법원 2006. 3. 23. 선고 2003다52142 판결.

활에 대하여 스스로 공개 여부를 결정할 권리를 보장하고 있다는 점에서 특히 의의가 있다.

나아가 언론보도에 대한 표현의 자유 보호의 필요성을 고려하여 위법성 조각의 대상이 되는지를 판단하면서, 공적인물 이론과 공공의 정당한 관심사를 기준으로 삼았다. 그런데, 대상 판결은 정보주체인 원고가 일정 기간 동안 연예인으로 활동하였다는 사정만으로 원고를 공적인물로 단정하지 않고 현재 원고의 상황을 기준으로 공적인물 여부를 판단하였으며, 원고의 사적이고 내밀한 생활에 대한 정보가 공공의 정당한 관심사의 범위에 있다고 볼 수 없음을 명확히 하였는데, 이는 특정 정보주체를 기준으로 '공적인물'의 범위를 판단하고, 이와 별도로 또는 이에 더하여 정보의 내용을 고려하여 공공의 정당한 관심사의 범위를 판단한 것으로서 공적인물에 관한 정보라 하여 모두 공공의 정당한 관심의 대상이 되지 않을 수 있음을 다시 한 번 확인한 것으로 볼 수 있다.

결국, 대상 판결은 언론보도를 통한 사생활의 공표가 프라이버시권 침해로 인정되는 기준과 함께 위법성 조각 사유의 기준을 정하고, 프라이버시권 침해로 인한 불법행위에 따른 손해배상청구권이 인정되기 위한 요건을 명확히 하였다는 점에 시사점이 있다.

086

정보통신망법 제49조의 '정보통신망에 의하여 처리 · 보관 또는 전송되는 타인의 비밀 누설'의 의미

- 교적부 파일 업로드 사건 -

대법원 2012. 12. 13. 선고 2010도10576 판결

전응준(법무법인 로고스 변호사)

I. 판결의 개요

1. 사안의 개요

가. 사실관계

이 사건 공소사실의 요지는, "피고인은 목사로서 인터넷 '△△△' 사이트의 'ㅁㅁㅁ' 카페 운영자인바, 누구든지 정보통신망에 의하여 처리·보관 또는 전송되는 타인의 정보를 훼손하거나 타인의 비밀을 침해·도용 또는 누설하여서는 아니 됨에도, 2008. 6. 15.경 위 카페 게시판에 '○○○교인명단'이라는 제목으로, ○○○교인의 성명과 주소, 집, 전화번호, 휴대전화번호 등 개인정보가 담겨 있는 '교적부(수정완료)'라는 압축파일을 업로드하여 놓음으로써 그 무렵 위 카페에 접속하는 다른 회원들로 하여금 이를 다운로드받아 볼 수 있게 하여 정보통신망에 의하여 처리·보관 또는 전송되는 타인의 비밀을 침해·도용 또는 누설하였다"는 것이다. 위 ○○○교인명단은 피고인이 성명 불상의 대학동창으로부터 이메일로 전달받은 것이었다.

나. 소송경과

1) 제1심 판결(인천지방법원 2010. 5. 14. 선고 2010고정792 판결)

법원은 이 사건 공소사실을 유죄로 인정하고 100만 원의 벌금형을 선고하였다. 범죄사실 인정에 관하여 특별한 법리 설시는 없었다.

2) 제2심 판결(인천지방법원 2010. 7. 23. 선고 2010노1441 판결)

피고인만이 양형부당을 이유로 항소하였다. 법원은 위 항소이유에 대한 판단에 앞서 다음과 같은 이유로 직권으로 제1심 판결을 파기하고 무죄를 선고하였다.

"형벌법규에 대한 체계적·논리적 해석방법에 따르면, 정보통신망 이용촉진 및 정보보호 등에 관한 법률(이하 '정보통신망법'이라 한다) 제71조 제11호에서 규정하는 '제49조를 위반하여 타인의 비밀을 침해·도용 또는 누설한 자'라 함은 정보통신망을 침해하는 방법 등으로 정보통신망에 의하여 처리·보관 또는 전송되는 타인의 정보를 침해하거나 그렇게 침해된 정보를 도용 또는 누설한 자를 의미한다 할 것이다.

그런데 위 '○○○교인명단'은 피고인이 성명불상인 대학교동창으로부터 이메일로 전달받은 것임이 인정될 뿐이다.

그렇다면, 이 사건 명단이 원래 정보통신망에 의하여 처리·보관 또는 전송되던 것을 정보통신망을 침해하는 방법 등에 의하여 이 사건 명단의 작성자나 관리자의 승낙 없이 취득한 것이라는 점을 인정할 증거가 없는 이상, 피고인의 위와 같은 행위가 정보통신망법 제49조에 규정된 정보통신망에 의하여 처리·보관 또는 전송되는 타인의 비밀을 침해, 도용 또는 누설한 경우에 해당하는 것이라고 볼 수 없다."

2. 판결의 요지(대법원 2012. 12. 13. 선고 2010도10576 판결)

대법원은, 형벌법규의 해석 법리, 정보통신망법의 입법 목적과 규정 체제, 정보통신망법 제49조의 입법 취지, 비밀 누설행위에 대한 형사법의 전반적 규율 체계와의 균형 및 개인정보 누설행위에 대한 정보통신망법 제28조의2 제1항과의 관계 등 여러 사정에 비추어 정보통신망법 제49조의 본질적 내용에 가장 근접한 체계적·합리적 해석을 해 보면, 정보통신망법 제49조에 규정된 '정보통신망에 의하여 처리·보관 또는 전송되는 타인의 비밀 누설'이란 타인의 비밀에 관한 일체의 누설행위를 의미하는 것이 아니라, 정보통신망에 의하여 처리·보관 또는 전송되는 타인의 비밀을 정보통신망에 침입하는 등 부정한 수단 또는 방법으로 취득한 사람이나, 그 비밀이 위와 같은 방법으로 취득된 것을 알고 있는 사람이 그 비밀을 아직 알지 못하는 타인에게 이를 알려주는 행위만을 의미하는 것으로 제한하여 해석함이 타당하다고 판시하면서 무죄를 선고한 원심판단을 수긍하였다.

II. 해설

1. 쟁점의 정리

위 판결의 쟁점은 다음과 같이 정리할 수 있다.

가. 이 사건 '교적부'라는 압축파일 내 ○○○교인명단이 정보통신망법 제49조가 규정한 '타인의 비밀'에 해당하는지 여부

나. 이 사건 '교적부(수정완료)'라는 압축파일이 '정보통신망'에 의하여 '처리 · 보관 또는 전송되는 것'인지 여부

다. 피고인이 '○○○교인 명단 파일'을 이메일로 전송받아 인터넷 카페에 게시한 행위가 정보통신망법 제71조 제11호, 제49조가 규정하는 '타인의 비밀을 누설하는 행위'에 해당하는지 여부

2. 검토

가. 이 사건 '교적부(수정완료)'라는 압축파일 내 ○○○교인명단이 '타인의 비밀'에 해당하는지 여부

정보통신망법 제49조(이하 '이 사건 조항'이라고 한다)에서 말하는 타인의 비밀이란 일반적으로 알려져 있지 않은 사실로서 이를 다른 사람에게 알리지 않는 것이 본인에게 이익이 있는 것을 의미한다고 제한적으로 해석해야 한다는 것이 판례의 입장이다.[1] 개인의 사생활의 비밀 내지 평온에 속하는 사항이 그 내용에 관계없이 타인의 비밀에 해당하는 것은 아니므로 이 사건 조항을 적용하기 위해서는 실제 침해되었다는 비밀의 내용을 살펴보아야 한다는 것이 그 취지이다.[2] 그리고 이 사건 조항의 '타인'에는 이미 사망한 자도 포함된다는 것이 판례의 태도이다.[3]

이 사건 ○○○교인명단은 종교적으로 비판받는 ○○○교인을 선별하기 위해 작성된 것으로서 ○○○교인의 성명과 주소, 집, 전화번호, 이동전화번호 등 개인정보를 담고 있다.

---

1) 대법원 2006. 3. 24. 선고 2005도7309 판결. 피해자의 이메일 아이디와 비밀번호를 기억하였다가 몰래 피해자의 이메일 계정에 접근하여 이메일 내용을 출력하고 타인에게 보여준 사안에서, 대법원은 이메일의 내용이 비밀성과 비밀이익의 요건을 갖추어야 한다고 판단하였다.

2) 박진환, "정보통신망 이용촉진 및 정보보호 등에 관한 법률 제71조 제11호, 제49조에 규정된 '정보통신망에 의하여 처리 · 보관 또는 전송되는 타인의 비밀 누설'의 의미", 대법원판례해설 제94호(2012년 하), 법원도서관, 1019면.

3) 대법원 2007. 6. 14. 선고 2007도2162 판결.

이러한 내용은 정보주체의 인적 사항과 종교적 성향을 나타내고 있으므로 이를 타인에게 알리지 않는 것이 주관적으로나 객관적으로 정보주체에게 이익이 있는 것으로 보아야 한다. 그러므로 이 사건 ○○○교인명단은 이 사건 조항의 '타인의 비밀'에 해당한다.

나. 이 사건 '교적부(수정완료)'라는 압축파일이 '정보통신망에 의하여 처리 · 보관 또는 전송되는 것'인지 여부

1) '정보통신망'의 범위

'정보통신망'이란 「전기통신사업법」 제2조 제2호에 따른 전기통신설비를 이용하거나 전기통신설비와 컴퓨터 및 컴퓨터의 이용기술을 활용하여 정보를 수집 · 가공 · 저장 · 검색 · 송신 또는 수신하는 정보통신체제를 말한다(정보통신망법 제2조 제1항 제1호). 위와 같이 정의된 정보통신망 개념에서 중요한 요소는 원격통신과 컴퓨터에 의한 정보처리이다. 즉 '정보통신망'은 원격지 간 정보를 주고받는 전기통신설비, 정보를 처리하고 저장하는 컴퓨터와 관련 하드웨어 및 소프트웨어(컴퓨터 이용기술)가 통합된 시스템을 의미한다.[4)]

과거 전화통신이나 특정 시스템 간의 네트워크 연결만이 존재했던 시절에서는 위와 같이 정의된 정보통신망의 범위가 비교적 분명하였다. 그러나 전 세계가 연결된 인터넷 시대에서 위와 같은 정보통신망의 범위는 더 이상 명확하다고 보기 어렵다.[5)] 정보통신망법 제48조, 제49조가 문제되는 사안에서 '정보통신망'이 인터넷에 접속하는 개인 컴퓨터를 포함하는 로컬 네트워크를 의미하는지, 인터넷서비스를 제공하는 인터넷서비스제공자(ISP)의 네트워크를 의미하는지, 최종 목적지 전의 중간 접속 네트워크를 의미하는지, 실제 응용서비스를 제공하는 웹서버 내지 데이터베이스서버를 의미하는지 불분명한 경우가 많다.[6)] 본 사안에서는 '정보통신망'의 범위에 인터넷 이용자의 개인 컴퓨터(로컬 컴퓨터)가 포함되는지 검토할 필요가 있다. 인터넷 내지 무선와이파이를 이용하여 특정 웹서버 등에 접속할 뿐인 개인 컴퓨터 또

4) 박진환, 위의 글, 1016면; 하태한, "정보통신망 이용촉진 및 정보보호 등에 관한 법률 제49조에서 '정보통신망에 의하여 처리 · 보관 또는 전송되는 타인의 비밀 침해"의 의미, 대법원판례해설 제118호, 법원도서관, 2019, 750면.

5) 조성훈, "정보통신망 침입에 대한 연구", 법조 제62권 제12호, 2013, 153면; 장윤식 · 김기범 · 이관희, "정보통신망법상 정보통신망침입죄에 대한 비판적 고찰", 경찰학연구 14(4), 2014, 59면; 최호진, '정보통신망침입죄에서 정보통신망 개념과 실행의 착수' 형사법연구 제28권 제3호, 2016, 74면.

6) 대법원 2013. 3. 28. 선고 2010도14607 판결은 '피해 컴퓨터에 이 사건 프로그램이 설치됨으로써 피해 컴퓨터 사용자들이 사용하는 정보통신망에 침입'하였다고 판시하였는바, 이 사건에서 피해 컴퓨터는 인터넷 이용자의 개인 컴퓨터이므로 침입의 대상이 된 '정보통신망'이 해당 개인의 로컬 네트워크인지 아니면 ISP의 네트워크인지 명확히 특정되지 않는다.

는 스마트폰에 저장·보관된 정보가 '정보통신망'에 의하여 '처리·보관 또는 전송되는' 타인의 비밀에 속할 수 있는지 문제된다. 인터넷 시대에 들어오면서 개인 컴퓨터를 포함한 모든 컴퓨터가 정보통신망법상 '정보통신망'에 포함된다고 볼 여지가 있으나 이렇게 해석하는 경우 관련 형벌법규 및 침해사고 대응조치의 범위가 무한히 넓어지는 단점이 발생한다.[7] 반면 인터넷에 상시 접속하고 있는 개인 컴퓨터를 일률적으로 '정보통신망'에서 제외한다면 정보통신망 침입에 대응하는 정보통신망법 제48조, 제48조의2, 정보통신망에서 유통되는 타인의 비밀을 보호하는 이 사건 조항(제49조)의 운용이 어려워질 수 있다.

판례는 정보통신망에서 처리·전송이 완료되어 피해자의 회사 내 개인용 컴퓨터에 보관 중인 피해자의 메신저 대화내용을 피고인이 피해자가 잠시 자리를 비운 틈을 타 피해자의 컴퓨터에서 열람·복사 후 제3자에게 전송한 사안에서, "정보통신망으로 처리·전송이 완료된 다음 사용자의 개인용 컴퓨터(PC)에 저장·보관되어 있더라도, 그 처리·전송과 저장·보관이 서로 밀접하게 연계됨으로써 정보통신망과 관련된 컴퓨터 프로그램을 활용해서만 열람·검색이 가능한 경우 등 정보통신체제 내에서 저장·보관 중인 것으로 볼 수 있는 비밀도 여기서 말하는 '타인의 비밀'에 포함된다고 보아야 한다"고 판시하였다.[8] 정보통신망법상 '정보통신망'의 범위에 전기통신 및 정보처리에 관련된 소프트웨어가 포함되므로 일단 메신저 내용이 개인용 컴퓨터로 전송 완료된 후라고 하더라도 해당 메신저 내용이 계정인증이 전제되는 메신저 프로그램에 의해서만 확인될 수 있는 경우라면 '정보통신망'의 범위를 탄력적으로 해석하여 위 메신저 내용을 '정보통신망' 내에서 '보관' 중인 정보로 볼 수 있다는 취지로 이해된다.[9]

2) '정보통신망'에 의한 '처리 · 보관 또는 전송되는'의 의미

원심판결 및 대상 판결은 어떠한 근거에서 이 사건 교적부(수정완료).zip 압축파일이 정보통신망에서 처리·보관 또는 전송되는 것인지 명확히 설명하고 있지는 않다. 이에 대하여, 관련 대법원판례해설은 성명불상자(피고인의 대학동창)가 오프라인에서 위 압축파일을 만들어

7) 대상 판결의 대법원판례해설은, 인터넷망에 접속되어 있는 상태에서 개인 PC에 보관된 자료는 정보통신망에 의해 처리·보관 또는 전송되는 정보에 해당한다고 보고 있다. 박진환, 위의 글, 1016면.

8) 대법원 2018. 12. 27. 선고 2017도15226 판결. 메일, 메신저 메시지는 당사자간의 전송이 완료된 후 개인용 컴퓨터에 저장되거나 아니면 관련 원격지 서버에 저장될 수 있는데, 원격지 서버에 저장·보관된 메일, 메시지가 이 사건 조항의 '타인의 비밀'에 포함되는 것에는 이론이 없으나 메일, 메시지 자체가 개인용 컴퓨터에 저장·보관된 경우에도 '정보통신망'에 의하여 '보관'된 타인의 비밀인지가 문제된 것이다.

9) 하태한, 위의 글, 760면.

자신의 컴퓨터에 저장한 후 전송을 하기 위해 온라인에 업로드하는 순간 '정보통신망에 의해 처리, 전송되는 것'에 해당한다고 보고 있다.[10)]

그러나 피고인은 이와 같이 이메일로 전송된 위 압축파일을 다운로드하여 이를 다시 자신의 컴퓨터에 저장하고(이 시점에서 전송은 종료됨) 그 후 위 압축파일을 인터넷 카페에 업로드하는 방식으로 타인의 비밀을 누설하였으므로, 이러한 피고인의 누설행위 당시 위 압축파일이 '정보통신망에서 처리 · 보관 또는 전송되는' 타인의 비밀인지 여부를 판단하여야 한다고 생각된다. 피고인의 누설행위, 즉 업로드 시점에서는 성명불상자에 의한 '전송'은 종료되었고 위 압축파일은 피고인 점유의 개인 컴퓨터에 '보관'되어 '전송'을 위해 준비 중인 상태인 것으로 보인다.[11)] 피고인 점유의 개인 컴퓨터를 원칙적으로 '정보통신망'의 일부로 보기 어렵다는 전제에 선다면, 이 사건 압축파일은 '정보통신망'에 의한 처리 · 전송이 완료된 후 '개인 컴퓨터'에 '보관'되고 있을 뿐이므로 '정보통신망에서 처리 · 보관 또는 전송되는' 타인의 비밀에 해당하지 않는다고 판단된다.[12)]

다. 피고인이 '○○○교인 명단 파일'을 이메일로 전송받아 인터넷 카페에 게시한 행위가 '타인의 비밀을 누설하는 행위'에 해당하는지 여부

피고인은 이 사건 교인명단을 성명불상의 대학동창으로부터 이메일로 전달받았을 뿐 정보통신망을 침입하는 것과 같은 방법으로 이 사건 교인명단을 취득한 것은 아니었다. 정보통신망법 제71조 제11호, 제49조의 범죄구성요건이 '타인 비밀의 누설 행위'의 태양을 특별히 한정하지 않고 있고 수범자도 '누구든지'라고 하고 있기 때문에 이를 문언 그대로 해석한다면 피고인의 행위도 '타인의 비밀을 누설하는 행위'로 볼 여지가 많다. 그러나 이와 같이 해석할 경우, 일반인이 인터넷 등 정보통신망을 정상적으로 이용하면서 접근하게 된 타인에

---

10) 박진환, 위의 글, 1029면.

11) 저작권법상의 '전송' 개념 및 문언의 일반적 의미를 고려할 때 피고인의 누설행위 이전 단계에서 성명불상자에 의한 전송행위는 종료되었다고 생각된다. 이 사건 조항은 '전송되는' 타인의 비밀을 보호하는 것이고 이미 전송이 완료된 타인의 비밀을 보호대상으로 하지 않는다. 전송이 완료된 타인의 비밀은 '정보통신망'에 의하여 '처리 · 보관'되고 있는 경우에 이 사건 조항의 보호를 받는다.

12) 대법원 2012. 12. 13. 선고 2011도1450 판결의 예비적 공소사실(정보통신망법 제49조 위반)은 피고인이 국토교통부로부터 문서로 제공받은 회원개인정보를 엑셀(excel)파일로 정리하여 컴퓨터에 보관하던 중 이를 부하직원의 전자우편으로 상조회사에 전송하게 한 점이었는데, 원심은 피고인이 개인정보를 문서로 제공받아 컴퓨터로 입력하여 파일 형태로 보관한 사실만으로는 누설대상인 회원개인정보 등이 '정보통신망에 의하여' 처리 · 보관 · 전송되는 타인의 비밀에 해당한다고 보기 어렵다고 판단하였고 대법원도 이러한 원심의 판단을 수긍하면서 상고를 기각하였다.

관한 정보를 구술, 이메일 등으로 제3자에게 전달하는 일상적 행위까지 이 사건 조항의 형벌 범위에 포섭할 우려가 있다.13)

대상 판결도 문언의 형식적 해석에 따른 형벌법규의 지나친 확장을 경계하는 관점에서 형법법규의 체계적 · 논리적 해석 법리, 정보통신망법 제49조의 입법 취지, 비밀 누설행위에 대한 형사법의 전반적 규율 체계와의 균형, 개인정보 누설행위에 대한 조항과의 관계 등을 고려하여, 이 사건 조항의 '타인비밀 누설행위'는 타인의 비밀에 관한 일체의 누설행위를 의미하는 것이 아니라 타인의 비밀을 정보통신망에 침입하는 등의 부정한 수단 또는 방법으로 취득한 사람 또는 그 비밀이 위와 같은 방법으로 취득된 것임을 알고 있는 사람이 그 비밀을 아직 알지 못하는 타인에게 이를 알려주는 행위만을 의미하는 것으로 제한하여 해석하는 것이 이 사건 조항의 본질적 내용에 가장 근접한 체계적 · 합리적 해석이라고 판시하였다. 다만 대상 판결은 형법 제316조 제2항과 달리 '정보통신망을 직접 침입하지 않았더라도 그러한 방법으로 취득된 타인의 비밀임을 알면서 이를 누설한 행위'도 처벌대상으로 포함된다고 판시하였는바, 이는 기존 선례인 대법원 2008. 4. 24. 선고 2006도8644 판결의 법리를 모순 없이 통합하기 위한 것으로 보인다.14)

대상 판결은 위와 같은 제한적 해석의 타당성을 다음과 같이 설명한다. ① 정당한 방법으로 정보통신망을 이용한 결과 취득하게 된 타인의 비밀을 누설하는 행위는 이 사건 조항의 입법 취지인 '정보통신망의 안정성과 정보의 신뢰성 확보'와 무관하므로 이러한 행위를 처벌하는 것은 입법 취지에 비추어 처벌범위를 지나치게 넓히는 결과가 되어 부당하다. ② 비밀 누설행위에 대한 형사법 전체적인 규율방식은 수범자를 일정한 범위의 신분범으로 제한하거나(형법 제127조, 정보통신망법 제66조, 전기통신사업법 제83조 제2항 등) 비밀장치 내지 차단조치의 해제를 요구하고(형법 제316조) 통신 당사자의 누설행위는 처벌하지 아니하고 있으므로(통신비밀보호법 제3조, 전기통신사업법 제83조 제1항), 누설 대상 비밀이 정보통신망에 의하여 처리 · 보관 또는 전송되는 것이라는 이유만으로는 정당한 방법으로 취득한 비밀의 누설행위를 형사처벌의 대상으로 삼아야 할 합리적 근거를 발견할 수 없다. ③ 이 사건 조항의 비밀누설

13) 박진환, 위의 글, 1032면; 박형준, '정보통신망법 제49조 비밀누설행위의 범위', 신영철 대법관 퇴임기념 논문집, 사법발전재단, 2015, 637면.

14) 대법원 2008. 4. 24. 선고 2006도8644 판결은 타인의 이메일 내용을 몰래 취득한 자로부터 이를 넘겨받은 자가 다시 제3자에게 누설한 행위에 대해, '정보통신망에 의하여 처리 · 보관 또는 전송되는 타인의 비밀'을 정보통신망으로부터 직접 취득하지 아니하고 제3자를 통하여 취득한 자라 하더라도 그 정을 알면서 그 비밀을 알지 못하는 제3자에게 이를 알려 준 경우에는 이 사건 조항의 비밀누설죄가 성립한다고 판시한 바 있다.

행위를 위와 같이 제한하여 해석하지 않는다면 정보통신망법 제28조의2 제1항이 개인정보 누설행위를 '이용자의 개인정보를 취급하고 있거나 취급하였던 자'에 한하여 처벌하도록 한 취지는 몰각되어 버린다.[15)]

한편, 대상 판결은 비밀누설행위에 포섭되는 '타인의 비밀'의 취득방법으로 정보통신망법 제48조의 정보통신망 침입 외에 '부정한 수단 또는 방법'에 의한 취득을 제시하고 있으므로, 어떠한 행위 태양이 '부정한 수단 또는 방법'에 속할 것인지도 검토할 필요가 있다. 이에 대해서 대법원 2012. 1. 12. 선고 2010도2212 판결을 정보통신망 침해행위 등에 해당하지 않는 경우에도 이 사건 조항의 위반으로 인정한 사례로 이해하는 견해가 있다.[16)] 대법원 2018. 12. 27. 선고 2017도15226 판결도 '타인의 비밀 침해 또는 누설'에서 요구되는 '정보통신망에 침입하는 등 부정한 수단 또는 방법'에는 사용자가 식별부호를 입력하여 정보통신망에 접속된 상태에 있는 것을 기화로 정당한 접근권한 없는 사람이 사용자 몰래 정보통신망의 장치나 기능을 이용하는 등의 방법으로 타인의 비밀을 취득·누설하는 행위도 포함된다고 판시하여 정보통신망법 제48조 위반으로 보기 어려운 행위에 대해서도 이 사건 조항의 위반 가능성을 인정하였다.

III. 판결의 의의

정보통신망법 제49조는 '정보통신망'에 의해 처리·보관 또는 전송되는 타인의 정보와 비밀을 보호하는 규정인바, 인터넷이 일반적으로 사용됨에 따라 종래 정보통신망법이 상정하였던 '정보통신망'의 범위가 확대 해석되는 상황에서 범죄행위주체인 수범자 및 비밀누설행위의 태양에 대한 특별한 한정이 없는 위 조항을 문언 그대로 형식적으로 해석하는 경우 일반 국민의 일상적인 인터넷 이용행위도 위 조항에 의해 형사처벌될 가능성이 높다. 대상 판결은 형벌법규의 지나친 확장을 막기 위해 처벌조항의 본질적 내용을 탐구하는 체계적·합리적 해석 법리에 따라 정보통신망법 제49조 소정의 비밀누설행위를 제한적으로 해석하였다는 점에서 큰 의미가 있는 판결이라고 할 것이다.

---

15) 정보통신망법 제28조의2 (개인정보의 누설금지) ① 이용자의 개인정보를 취급하고 있거나 취급하였던 자는 직무상 알게 된 개인정보를 훼손·침해 또는 누설하여서는 아니 된다. 위 조항은 개인정보 보호법과의 통합과정에서 삭제되었다.

16) 윤종수, "정보통신망법상 악성프로그램 유포와 비밀침해", 정보법 판례백선(II), 박영사, 2016, 694면.

087 실효된 범죄경력을 공개하도록 한 공직선거법의 위헌 여부

- 공직선거법 제49조 제10항 등 위헌확인 등 -

헌재 2008. 4. 24. 2006헌마402 · 531(병합) 결정

김일환(성균관대학교 법학전문대학원 교수)

I. 결정의 개요

1. 사안의 개요

청구인은 2006. 5. 31. 실시 예정인 제4회 전국동시지방선거에서 서울시 광진구 제3선거구 시의원에 입후보하기 위하여 선거관리위원회에 예비후보자로 등록한 자로서, 한나라당 서울시당 공천심사위원회에 공천신청을 하였는데 위 공천심사위원회로부터 전과조회기록의 제출을 요청받자 공직선거법 제49조 제10항에 따라 관할 경찰서에 범죄경력조회를 신청하여 1985. 사문서위조 등으로 집행유예 판결을 받은 전과가 기재된 범죄경력회보서를 회보받아 위 공천심사위원회에 제출하였다. 청구인이 회보 받은 전과는 '형의 실효 등에 관한 법률' 제7조 제1항에 따라 이미 형이 실효된 것이었다. 청구인은 공직선거법 제49조 제10항 및 제12항이 형의 실효 여부와 관계없이 일률적으로 전과기록을 조회 · 공개하도록 강제하고 있어 청구인의 평등권, 사생활의 비밀과 자유, 공무담임권을 침해하는 것이라며 2006. 3. 28. 이 사건 헌법소원을 청구하였다.

청구인 이○호는 서울 ○○구의회 의원인 자, 청구인 유○성은 서울 ○○구의회 의원인 자로서, 2006. 5. 31. 실시 예정인 제4회 전국동시지방선거에서 선거관리위원회에 후보자로 등록하였다. 청구인들은 공직선거법 제49조 제10항에 따라 관할 경찰서에 범죄경력조회를 신청하여 청구인 이○호는 1976. 서울고등법원에서 폭력행위 등으로 징역 1년, 집행유예 2년, 1977. 춘천지방법원에서 특수절도로 징역 8월, 1981. 서울고등법원에서 특정범죄가중처벌등에관한법률위반으로 징역 2년 6월의 판결을 받은 전과가 기재된 범죄경력회보서를, 청구인 유○성은 1979. 서울북부지방법원에서 '폭력행위 등 처벌에 관한 법률' 위반으로 징역 10월, 집행유예 2년의 판결을 받은 전과가 기재된 범죄경력회보서를 각 회보 받아 후보자등록 신청 시 이를 제출하였다. 청구인들의 전과는 '형의 실효 등에 관한 법률' 제7조 제1항에

따라 이미 형이 실효된 것이었다. 청구인들은 공직선거법 제49조 제4항 제5호 중 "실효된 형을 포함하며" 부분 및 제10항 내지 제12항 중 실효된 형이 포함된 전과기록의 조회·공개·열람 부분이 청구인들의 인간으로서의 존엄과 가치, 행복추구권, 프라이버시권, 평등권, 공무담임권, 공정한 선거관리원칙을 침해하는 것이라며 2006. 5. 23. 이 사건 헌법소원을 청구하였다.

2. 결정의 요지

가. 후보자의 실효된 형까지 포함한 금고 이상의 형의 범죄경력을 공개함으로써 국민의 알권리를 충족하고 공정하고 정당한 선거권 행사를 보장하고자 하는 이 사건 법률조항의 입법목적은 정당하며, 이러한 입법목적을 달성하기 위하여는 선거권자가 후보자의 모든 범죄경력을 인지한 후 그 공직적합성을 판단하는 것이 효과적이다. 또한 금고 이상의 범죄경력에 실효된 형을 포함시키는 이유는 선거권자가 공직후보자의 자질과 적격성을 판단할 수 있도록 하기 위한 점, 전과기록은 통상 공개재판에서 이루어진 국가의 사법작용의 결과라는 점, 전과기록의 범위와 공개시기 등이 한정되어 있는 점 등을 종합하면, 이 사건 법률조항은 피해최소성의 원칙에 반한다고 볼 수 없고, 공익적 목적을 위하여 공직선거 후보자의 사생활의 비밀과 자유를 한정적으로 제한하는 것이어서 법익균형성의 원칙도 충족한다. 따라서 이 사건 법률조항은 청구인들의 사생활의 비밀과 자유를 침해한다고 볼 수 없다.

나. 이 사건 법률조항은 후보자에게 자격제한 등 법적 불이익을 가하고 있는 것이 아니며, '형의 실효 등에 관한 법률' 제7조 제1항에 의하여 형이 실효되었다고 하더라도 그 형의 선고가 있었다는 기왕의 사실 자체까지 소멸하는 것은 아닌 이상, 실효된 금고 이상의 범죄경력이 있는 공직선거 후보자가 그 출마 시까지의 전경력을 공개하는 데 있어서 금고 이상의 형의 범죄경력이 전혀 없는 후보자와 반드시 동일한 취급을 받아야 된다고 볼 수 없어 불합리한 차별이라고 볼 수 없다. 한편 선거권자의 신임에 의하여 정당성을 부여받는 지방의회의원의 경우 선거권자는 후보자의 도덕성·준법성 등을 판단하기 위한 충분한 정보를 제공받아야 할 필요성이 큰 반면, 직업공무원인 지방공무원은 그 선발에 있어서 공직이 요구하는 전문성·능력·적성 등을 기준으로 하는 능력주의 내지 성적주의가 바탕이 되어야 하므로, 실효된 형을 포함하는 전과기록을 제출·공개하는 데 있어서 양자를 달리 취급한다 하더라도 이를 불합리한 차별이라고 보기 어렵다.

II. 해설

1. 쟁점의 정리

가. 전과기록의 민감성에 대한 검토

공직선거법 제49조 제10항 등 위헌확인 등 결정에서 헌법재판소에 따르면 헌법 제17조는 “모든 국민은 사생활의 비밀과 자유를 침해받지 아니한다.”고 규정하여 사생활의 비밀과 자유를 국민의 기본권의 하나로 보장하고 있다. 사생활의 비밀은 국가가 사생활영역을 들여다보는 것에 대한 보호를 제공하는 기본권이며, 사생활의 자유는 국가가 사생활의 자유로운 형성을 방해하거나 금지하는 것에 대한 보호를 의미한다. 구체적으로 사생활의 비밀과 자유가 보호하는 것은 개인의 내밀한 내용의 비밀을 유지할 권리, 개인이 자신의 사생활의 불가침을 보장받을 수 있는 권리, 개인의 양심영역이나 성적 영역과 같은 내밀한 영역에 대한 보호, 인격적인 감정세계의 존중의 권리와 정신적인 내면생활이 침해받지 아니할 권리 등이다. 요컨대 헌법 제17조가 보호하고자 하는 기본권은 사생활영역의 자유로운 형성과 비밀유지라고 할 것이다. 따라서 전과기록은 형의 선고 및 재판의 확정이 있었다는 것에 관한 개인정보로서 그 보관주체는 국가이다. 이러한 전과기록은 내밀한 사적 영역에 근접하는 민감한 개인정보에 해당한다.

나. 민감정보인 전과기록의 공개에 대한 검토

전과기록은 내밀한 사적 영역에 근접하는 민감한 개인정보에 해당한다고 할 수 있으므로 그 제한의 허용성은 엄격히 검증되어야 한다. 즉, 개인정보의 민감성과 그에 대립하는 공익 사이의 비례적 형량을 통하여 중대한 공적 이익을 달성하기 위한 불가피한 수단이라고 인정될 때에 한하여 제한이 허용되어야 한다. 따라서 금고 이상의 형의 범죄경력에 실효된 형을 포함시키는 이 사건 법률조항은 개인의 사생활의 비밀과 자유를 제한하는 것으로서, 공공복리 등을 위하여 법률로써 제한하는 경우에도 헌법 제37조 제2항에 따라 기본권제한의 한계원리인 비례의 원칙을 준수하여야 한다.

헌법 제24조는 “모든 국민은 법률이 정하는 바에 의하여 선거권을 가진다.”고 규정하고 있다. 원칙적으로 간접민주정치를 채택하고 있는 우리나라에서 이처럼 공무원을 선거하는 권리는 국민의 참정권 중 가장 중요한 기본적 권리라고 할 것이므로, 그러한 선거권의 행사를 위하여는 그 전제로 충분한 정보가 제공되어야 한다. 즉 후보자가 누구인지, 후보자의 정견은 무엇인지, 정당의 정책과 공약은 무엇인지 등에 대한 충분한 정보가 있어야 선거권을

공정하고 정당하게 행사할 수 있다. 나아가 공직선거 후보자의 도덕성, 청렴성 및 자질 등은 선거권자가 후보자의 공직적합성을 판단하는 데 가장 중요한 요소 중의 하나이므로 선거권자에게 후보자의 객관적이고 사실적인 범죄관련 이력을 제공하여 줄 필요성도 매우 크다. 따라서 후보자의 실효된 형까지 포함한 금고 이상의 형의 범죄경력을 공개함으로써 국민의 알권리를 충족하고 공정하고 정당한 선거권 행사를 보장하고자 하는 이 사건 법률조항의 입법목적은 정당하다 할 것이다. 다음으로 위와 같은 입법목적을 달성하기 위하여는 선거권자가 후보자의 모든 범죄경력을 인지한 후 그 공직적합성을 판단하는 것이 효과적이라고 할 것이므로, 이 사건 법률조항과 같이 후보자의 범죄경력에 실효된 형까지 포함시키는 것은 그 방법에 있어서 적절하다. 금고 이상의 형의 범죄경력에 실효된 형을 포함하고 있는 이 사건 법률조항은 국민의 참정권 중 가장 중요한 선거권의 적정한 행사를 위하여 선거권자에게 후보자에 관한 충분한 정보를 제공함으로써 선거권자의 알권리 및 공정하고 정당한 선거권 행사를 보장한다는 월등한 공익을 실현하기 위한 규정이다. 위와 같은 공익적 목적을 위하여 공직선거 후보자의 사생활의 비밀과 자유를 위와 같이 한정적으로 제한하는 것은 법익간의 균형성이 침해된 것이라고 볼 수 없다. 결국 이 사건 법률조항이 과잉금지원칙에 위배하여 청구인들의 사생활의 비밀과 자유를 침해한다고 볼 수 없다.

III. 결정의 의의

1. 전과기록과 같은 민감정보의 헌법상 근거에 대한 검토

주민등록법 제17조의8 등 위헌확인 사건에서 헌법재판소는 "개인정보자기결정권은 자신에 관한 정보가 언제 누구에게 어느 범위까지 알려지고 또 이용되도록 할 것인지를 그 정보주체가 스스로 결정할 수 있는 권리이다. 즉 정보주체가 개인정보의 공개와 이용에 관하여 스스로 결정할 권리를 말한다."[1]라고 하면서 "개인정보자기결정권의 보호대상이 되는 개인정보는 개인의 신체, 신념, 사회적 지위, 신분 등과 같이 개인의 인격주체성을 특징짓는 사항으로서 그 개인의 동일성을 식별할 수 있게 하는 일체의 정보라고 할 수 있고, 반드시 개인의 내밀한 영역이나 사사(私事)의 영역에 속하는 정보에 국한되지 않고 공적 생활에서 형성되었거나 이미 공개된 개인정보까지 포함한다. 또한 그러한 개인정보를 대상으로 한 조사·수집·보관·처리·이용 등의 행위는 모두 원칙적으로 개인정보자기결정권에 대한 제한에 해

1) 헌재 2005. 5. 26. 99헌마513, 2004헌마190(병합) 결정.

당한다."[2]고 결정하여 개인의 동일성을 식별할 수 있는 모든 개인정보는 개인정보자기결정권을 통하여 보호됨을 인정하였다.

보호대상이 되는 개인정보의 범위를 헌법재판소는 이처럼 폭넓게 인정한 다음에, 공직자 등의 병역사항 신고 및 공개에 관한 법률 제3조 등 위헌확인[3]사건에서 "사람의 육체적·정신적 상태나 건강에 대한 정보, 성생활에 대한 정보와 같은 것은 인간의 존엄성이나 인격의 내적 핵심을 이루는 요소이다. 따라서 외부세계의 어떤 이해관계에 따라 그에 대한 정보를 수집하고 공표하는 것이 쉽게 허용되어서는 개인의 내밀한 인격과 자기정체성이 유지될 수 없다. '공직자등의 병역사항 신고 및 공개에 관한 법률' 제8조 제1항 본문 가운데 '4급 이상의 공무원 본인의 질병명에 관한 부분'에 의하여 그 공개가 강제되는 질병명은 내밀한 사적 영역에 근접하는 민감한 개인정보로서, 특별한 사정이 없는 한 타인의 지득(知得), 외부에 대한 공개로부터 차단되어 개인의 내밀한 영역 내에 유보되어야 하는 정보이다. 이러한 성격의 개인정보를 공개함으로써 사생활의 비밀과 자유를 제한하는 국가적 조치는 엄격한 기준과 방법에 따라 섬세하게 행하여지지 않으면 아니 된다."[4]고 결정하여 '민감한' 개인정보는 헌법 제17조에 속하는 것으로서 더 엄격하게 보호되어야만 한다고 결정하였다.

위와 같은 판례들을 종합해보면 헌법재판소는 헌법상 보장되는 개인정보자기결정권의 보호대상을 "개인의 동일성을 식별할 수 있게 하는 일체의 정보"로 넓게 인정한 다음에, 민감한 개인정보는 더 엄격하게 보호받아야 한다고 결정하였음을 알 수 있다.

그런데 헌법재판소는 개인정보'자기결정권'에 대해서는 '자기결정권'에 관한 기존의 판례와는 달리 헌법에 명시되지 아니한 독자적 기본권이라고 언급한 위 결정 이후 개인정보자기결정권에 관한 헌법재판소의 결정들을 보면 이러한 기본권의 헌법상 근거가 일관되지 못하다. 곧 헌법재판소는 주민등록법 제17조의8 등 위헌확인 사건에서는 개인정보자기결정권을 독자적 기본권으로서 헌법에 명시되지 아니한 기본권[5]이라고 하였으나 그 뒤 공직자 등의

2) 헌재 2005. 5. 26. 99헌마513, 2004헌마190(병합) 결정.
3) 헌재 2007. 5. 31. 2005헌마1139 결정.
4) 결론적으로, 이 사건 법률조항이 공적 관심의 정도가 약한 4급 이상의 공무원들까지 대상으로 삼아 모든 질병명을 아무런 예외 없이 공개토록 한 것은 입법목적 실현에 치중한 나머지 사생활 보호의 헌법적 요청을 현저히 무시한 것이고, 이로 인하여 청구인들을 비롯한 해당 공무원들의 헌법 제17조가 보장하는 기본권인 사생활의 비밀과 자유를 침해한다고 헌법재판소는 결정하였다.
5) 헌재 2005. 5. 26. 99헌마513, 2004헌마190(병합) 결정. 이와 관련하여 대법원은 96다42789 판결에서 "헌법 제17조(사생활의 비밀과 자유)는 개인의 사생활 활동이 타인으로부터 침해되거나 사생활이 함부로 공개되지 아니할 소극적인 권리는 물론, 오늘날 고도로 정보화된 현대사회에서 자신에 대한 정보를 자율적으로 통제 할 수 있는 적극적 권리까지도 보장하려는 데에 그 취지가 있다"며 개인정보자기결정권의 근거로 헌

병역사항신고 및 공개에 관한 법률 제3조 등 위헌확인[6]사건과 공직선거법 제49조 제10항 등 위헌확인[7]사건에서는 질병이나 전과기록과 같은 내밀한 사적 영역에 근접하는 민감한 개인정보의 공개는 헌법 제17조의 사생활의 비밀과 자유를 침해한다고 결정하였다. 헌법재판소 결정에 따르면 '민감하지 않은' 개인정보는 헌법 제10조에서, '민감한' 개인정보는 헌법 제17조에서 도출된다는 결론에 이르게 된다.[8]

2. 민감정보인 전과기록의 공개에 대한 검토

개인정보자기결정권은 원칙적으로 자기의 개인정보를 공개하고 이용하는 것에 관하여 스스로 결정할 개개인의 권리를 뜻한다. 그러나 이러한 개인정보자기결정권은 자기의 정보에 관한 절대적인 지배권을 개인에게 부여하지는 않는다. 표현의 자유와 학문의 자유 등을 행사하기 위해서는 불가피하게 다른 사람의 개인정보를 처리하여야 한다. 곧 일정한 개인정보의 처리는 이러한 자유들을 행사하기 위한 전제조건이다. 이와 관련하여 국민의 적극적인 참여가 없다면 민주적 의사형성을 통하여 국가를 조정, 안내, 통제하려는 어떤 노력도 의미 없을 것이다. 결국 국민이 그들에게 부여된 정치적 자유 등을 적극적으로 행사하기 위해서는 정당, 여론매체, 시민단체 등을 통하여 언론, 출판의 자유가 보장됨과 동시에 국가가 행하고 있거나, 행하고자 하는 일들에 대하여 잘 알고 있어야만 한다.[9] 그 목표는 행정의 공개와 투명성을 높임으로써 국민들이 현실문제에 관한 독자적 판단을 가능하게 하며 정치생활에 능동적이고 책임감 있게 참여하는 것이다. 결국 이렇게 국가의 투명성[10]을 보장함으로써 진정한 의미의 국민주권을 실현하고 민주주의가 꽃피울 수 있도록 하고자 하는 것이 알 권리와 정보공개의 기본취지이다. 이에 따라서 얼핏 보기에 개인정보자기결정권과 정보공개청구권을 동시에 보장하는 것이 모순된 것처럼 보일지도 모른다. 그러나 개인정보 보호와 정보공개는 결코 서로 분리되거나 상호 대립되는 것이 아니라 국민의 의사소통능력과 민주사

법 제17조를 언급하였다.

6) 헌재 2007. 5. 31. 2005헌마1139 결정.

7) 헌재 2008. 4. 24. 2006헌마402 · 531(병합) 결정.

8) 이에 관하여 자세한 것은 김일환, 성폭력범죄의 처벌 등에 관한 특례법 제42조 제1항 위헌확인(헌재 2016. 3. 31. 2015헌마688 결정) 사건에 관한 평석 헌법재판연구 제3권 제2호, 헌법재판소 헌법재판연구원, 2016. 12. 31, 100면 이하 참조.

9) 이에 관하여는 김일환, 개인정보의 보호와 이용법제의 분석을 위한 헌법상 고찰, 헌법학연구 제17권 제2호, 2011. 370면 이하 참조.

10) 이에 관하여는 김일환 · 백수원, 헌법상 투명성원칙에 관한 *試論的 考察*, 공법연구 제39집 제2호, 2010, 369면 이하 참조.

회의 기능을 촉진하기 위하여 모두 필요한 것이다.[11)]

따라서 전과기록은 민감한 개인정보의 경우에는 중대한 공적 이익을 달성하기 위한 불가피한 수단이라고 인정될 때에 한하여 제한이 허용되어야 하는바, 국민의 알 권리를 충족하고 공정하고 정당한 선거권 행사를 보장하고자 하는 이 사건 법률조항을 합헌으로 보는 헌법재판소의 결정은 긍정적으로 판단된다.

11) Spiros Simitis, Informationelle Selbstbestimmung und Informationsfreiheit als Verfassungsprinzipien, Thomas Kreuder(Hrsg.), Der orientierungslose Leviathan, 1992, 145면.

088 정보공개청구에서 개인에 관한 정보의 판단 기준

- 불기소처분된 사건기록의 공개청구 사건 -

대법원 2012. 6. 18. 선고 2011두2361 판결

김보라미(법률사무소 디케)

I. 판결의 개요

1. 사안의 개요

가. 사실관계

원고는 2010. 1. 22. 피고 서울서부지방검찰청 검사장(이하 '피고')에게 원고가 고소하여 증거불충분으로 혐의없음 처분이 확정된 2건의 피의사건기록의 각 피의자신문조서(대질신문 부분 포함), 참고인 진술조서, 기록목록, 사건송치서 중 개인의 인적사항을 제외한 부분(이하 '공개청구정보')에 관하여 정보공개청구를 하였다. 피고는 2010. 1. 28. 원고에 대하여, 위 공개청구정보 중 기록목록, 사건송치서 부분을 공개하되 나머지 부분(이하 '비공개정보')에 관하여는 검찰보존사무규칙 제20조의2 제3호, 제22조 제1항 제2호에 따라 고소인은 본인의 진술이 기재된 서류와 본인이 제출한 서류에 대하여만 열람·등사를 청구할 수 있고, 기록의 공개로 인하여 사건관계인의 명의나 사생활의 비밀 또는 생명·신체의 안전이나 생활의 평온을 현저히 해칠 우려가 있는 경우에 해당한다는 이유로 비공개하기로 결정하였다.

원고는 이에 피고를 상대로 피의자신문조서 중 개인 인적사항을 각 제외한 나머지 부분은 공개되더라도 개인의 사생활의 비밀 또는 자유를 침해할 우려가 없으므로 정보공개법 제9조에서 정한 비공개대상정보에 해당하지 않는다는 이유로 피고의 위 비공개결정의 취소를 구하는 정보공개거부처분취소의 소를 제기하였다.

나. 소송경과

1) 제1심 판결(서울행정법원 2010. 6. 4. 선고 2010구합5455 판결)

검찰보존사무규칙은 법무부령으로, 법률상의 위임근거가 없어 행정기관 내부의 사무처리

준칙으로서 행정규칙에 불과하므로, 위 규칙상의 열람·등사의 제한을 정보공개법 제9조 제1항 제1호의 '다른 법률 또는 법률에 의한 명령에 의하여 비공개사항으로 규정된 경우'에 해당한다고 볼 수 없다.

'비공개정보' 중 관련자들의 이름은 수사기록의 공개를 구하는 필요성이나 유용성, 개인의 권리구제라는 관점에서 특별한 사정이 없는 한 원칙적으로 공개되어야 할 것이나, 나머지는 특별한 사정이 없는 한 원칙적으로 원고의 권리구제를 위하여 필요하다고 볼 수 없거나 공개될 경우 악용될 가능성이나 사생활이 침해될 가능성이 높아 비공개됨아 상당하다. 한편, '비공개정보' 중 개인에 관한 정보를 제외한 부분은 위 정보공개법 조항이 정한 개인에 관한 정보로서 공개될 경우 개인의 사생활의 비밀 또는 자유를 침해할 우려가 있는 정보에 해당한다고 볼 수 없다.

따라서 '비공개정보' 중 개인에 관한 정보(관련자들의 이름 제외)를 뺀 나머지 부분은 정보공개법 제9조 제1항에 의하여 공개대상이 되고, 위 법 조항에 따라 앞서 본 정보를 공개하는 것이 헌법상 사생활의 비밀과 자유를 침해한다고 볼 수 없다.

2) 항소심 판결(서울고등법원 2010. 12. 24. 선고 2010누21954 판결)

피고가 항소한 사건에서 제1심 판결을 그대로 인용하여 피고의 항소를 기각하였다.

2. 대상 판결(대법원 2012. 6. 18. 선고 2011두2361 전원합의체) 상고 기각 판단의 요지

가. 다수의견(8인)

정보공개법의 개정 연혁, 내용 및 취지 등에 헌법상 보장되는 사생활의 비밀 및 자유의 내용을 보태어 보면, 정보공개법 제9조 제1항 제6호 본문의 규정에 따라 비공개대상이 되는 정보에는 구 정보공개법상 이름·주민등록번호 등 정보 형식이나 유형을 기준으로 비공개대상정보에 해당하는지를 판단하는 '개인식별정보'뿐만 아니라 그 외에 정보의 내용을 구체적으로 살펴 '개인에 관한 사항의 공개로 개인의 내밀한 내용의 비밀 등이 알려지게 되고, 그 결과 인격적·정신적 내면생활에 지장을 초래하거나 자유로운 사생활을 영위할 수 없게 될 위험성이 있는 정보'도 포함된다고 새겨야 한다.[1] 따라서 불기소처분 기록 중 피의자신문조

1) 대상 판결의 판시 당시의 정보공개법과 구 정보공개법 간 비교

① 대상 판결 판시 당시의 정보공개법 제9조 제1항 제6호 본문

서 등에 기재된 피의자 등의 인적사항 이외의 진술내용 역시 개인의 사생활의 비밀 또는 자유를 침해할 우려가 인정되는 경우 정보공개법 제9조 제1항 제6호 본문 소정의 비공개대상에 해당한다.

나. 대법관 전수안, 대법관 이인복, 대법관 이상훈, 대법관 박보영의 별개의견

정보공개법 제9조 제1항 제6호 본문 소정의 '당해 정보에 포함되어 있는 이름·주민등록번호 등 개인에 관한 사항으로서 공개될 경우 개인의 사생활의 비밀 또는 자유를 침해할 우려가 있다고 인정되는 정보'의 의미와 범위는, 구 정보공개법 제7조 제1항 제6호 본문 소정의 '당해 정보에 포함되어 있는 이름·주민등록번호 등에 의하여 특정인을 식별할 수 있는 개인에 관한 정보'와 다르지 않다고 새기는 것이 정보공개법의 문언뿐 아니라 그 개정 경우 및 취지, 종래 대법원 판례가 취한 견해, 관련 법령과의 조화로운 해석에 두루 부합하면서 국민의 알권리를 두텁게 보호하는 합리적인 해석이라고 할 것이다.

상고를 기각하여야 한다는 다수의견의 결론에는 찬성하나, 불기소처분기록 중 피의자신문조서 등에 기재된 피의자등의 인적사항 이외의 진술 내용이 개인의 사생활의 비밀 또는 자유를 침해할 우려가 인정되는 경우 정보공개법 제9조 제1항 제6호 본문 소정의 비공개대

---

6. 당해 정보에 포함되어 있는 이름·주민등록번호 등 개인에 관한 사항으로서 공개될 경우 개인의 사생활의 비밀 또는 자유를 침해할 우려가 있다고 인정되는 정보. 다만, 다음에 열거한 개인에 관한 정보는 제외한다. 가. 법령이 정하는 바에 따라 열람할 수 있는 정보 나. 공공기관이 공표를 목적으로 작성하거나 취득한 정보로서 개인의 사생활의 비밀과 자유를 부당하게 침해하지 않는 정보 다. 공공기관이 작성하거나 취득한 정보로서 공개하는 것이 공익 또는 개인의 권리구제를 위하여 필요하다고 인정되는 정보 라. 직무를 수행한 공무원의 성명·직위 마. 공개하는 것이 공익을 위하여 필요한 경우로써 법령에 의하여 국가 또는 지방자치단체가 업무의 일부를 위탁 또는 위촉한 개인의 성명·직업

② 구정보공개법 제7조 제1항 제6호

6. 당해 정보에 포함되어 있는 이름·주민등록번호 등에 의하여 특정인을 식별할 수 있는 개인에 관한 정보. 다만, 다음에 열거한 개인에 관한 정보를 제외한다. 가. 법령등이 정하는 바에 의하여 열람할 수 있는 정보 나. 공공기관이 작성하거나 취득한 정보로서 공표를 목적으로 하는 정보 다. 공공기관이 작성하거나 취득한 정보로서 공개하는 것이 공익 또는 개인의 권리구제를 위하여 필요하다고 인정되는 정보

상에 해당한다는 등의 다수의견의 인식과 논리에는 견해를 달리하므로 별개의견으로 이를 밝혀둔다.

다. 대법관 안대희의 보충의견

정보공개법 제9조 제1항 제6호 본문의 문언 및 취지 등에 비추어 보면, 정보공개법 제9조 제1항 제6호 본문의 비공개 대상정보에는 종래 '개인식별정보'뿐만 아니라 그 외에도 해당 정보만으로는 특정 개인의 동일성을 식별할 수 없다고 하더라도 그 정보가 공개될 경우 개인의 사생활의 비밀 또는 자유를 침해할 우려가 있는 정보까지 포함하는 것으로 해석하는 것이 합리적이다.

따라서 피의자신문조서나 진술조서의 내용 중 피의자나 참고인 등(이하 '피의자 등')의 이름·주민등록번호·주거·연락처·직업·나이 등의 인적사항 이외의 진술내용 역시 개인에 관한 사항에 속한다면, 이러한 정보가 개인의 사생활의 비밀 또는 자유를 침해할 우려가 인정되는 경우에는 정보공개법 제9조 제1항 제6호 본문 소정의 비공개대상정보에 해당한다고 보아야 한다.

II. 해설

1. 2004년 정보공개법의 개정취지

정보공개법은 국민의 알권리를 보장함과 아울러 국정에 대한 국민의 참여와 국정운영의 투명성을 확보하기 위하여 1996. 12. 31. 제정되어 1998. 1. 1.부터 시행되어왔다. 제정 당시 정보공개법 제7조 제1항 제6호는 '당해 정보에 포함되어 있는 이름·주민등록번호 등에 의하여 특정인을 식별할 수 있는 개인에 관한 정보'를 '비공개대상정보'로 규정하고 있었으나, 마치 '개인정보' 그 자체를 비공개대상정보로 규정함으로써 특정인을 식별할 수 있는 개인정보가 포함된 행정정보라면 모두 공개를 거부할 수 있는 것처럼 오해를 낳아 공공기관들이 정보공개의 필요성에도 불구하고 개인정보 보호라는 명분으로 공개를 거부할 수 있는 법적 빌미를 제공해 주었다. 결국 국민의 알권리를 신장하고 국정운영의 투명성을 강화하고자 2004년 정보공개법이 전면개정되면서 제9조 제1항 제6호는 종전 비공개대상인 '특정인을 식별할 수 있는 개인에 관한 정보'를 '개인의 사생활의 비밀 또는 자유를 침해할 우려가 있는 정보'로 축소하고 비공개대상정보의 예외 항목을 추가함으로써 비공개대상정보의 요건을

강화하였다(헌재 2010. 12. 28. 2009헌바258 결정). 행정안전부의 2004. 8. 발행 개정 정보공개법 해설 제29면에서도 개정전후 법률을 비교하면서 '개인정보에 대한 비공개요건을 변경하여 특정인을 식별할 수 있는 개인에 관한 정보라고 하더라도 공개할 경우 개인의 사생활의 비밀 또는 자유를 침해할 우려가 있다고 인정되는 경우에 비공개하도록 함'이라고 그 변경내용을 설명하면서 비공개대상정보의 요건을 강화하는 것을 입법 취지로 설명하였다.

이후 정보공개법은 2020. 12. 22. 비공개사유로 정한 '개인에 관한 사항으로서'를 '「개인정보 보호법」 제2조 제1호에 따른 개인정보로서'로 개정하여, 위 조항이 규율하는 정보가 「개인정보 보호법」상의 개인정보임을 보다 정확하게 규정하였다(대법원 2021. 11. 11. 선고 2015두53770 판결).

2. 개인정보 관련 정보공개 제한하는 입법례

개인정보를 이유로 한 정보공개를 제한하는 입법례는 세 가지 종류로 나눌 수 있다. 첫째, 미국이나 뉴질랜드와 같이 개인식별정보 가운데 프라이버시로서 보호할 가치가 있는 것만을 비공개 사유로 정하는 방식(프라이버시 정보형)이 있고, 둘째, 호주와 같이 개인식별형 정보를 일괄해서 비공개 사유로 정하는 방식(개인식별형)이 있으며, 마지막으로 일본과 같이 개인식별형 정보와 프라이버시 등의 권리이익침해를 병치하는 입법방식(혼합형)이 존재한다. 우리의 정보공개법은 처음에는 개인식별형을 채택하였다가 2004년의 정보공개법의 개정으로 프라이버시 정보형으로 변경하였다고 해석될 수 있다.[2)]

3. 대상 판결에서 비공개대상이 되는 정보에 대한 해석

비공개 결정한 정보 중 '개인에 관한 정보'에 대하여, 다수의견은, '개인식별정보' 이외에도 '개인에 관한 사항의 공개로 개인의 내밀한 내용의 비밀 등이 알려지게 되고, 그 결과 인격적·정신적 내면생활에 지장을 초래하거나 자유로운 사생활을 영위할 수 없게 될 위험성이 있는 정보'도 포함된다고 해석하고 있고, 별개의견은 '특정인을 식별할 수 있는 개인에 관한 정보'라고 해석하면서도 인적사항 이외의 진술내용은 이에 포함되지 않는다고 해석하고 있으며, 보충의견은 종래 '개인식별정보'뿐만 아니라 개인을 식별할 수 없더라도 개인의 사생활의 비밀 또는 자유를 침해할 우려가 있는 정보까지 포함하는 것으로 해석해야 한다고 판시하였다.

---

2) 김용섭, 검사의 불기소사건기록에 대한 정보공개를 둘러싼 법적 쟁점, 행정법연구 제35호, 2013. 4.

정보·통신 기술의 성장과 확산을 기반으로 하는 현대성의 기본적인 특성으로 나타난 '육체의 소멸' 현상, 즉 개인에 대한 파편화, 순간적, 사소한 정보들이 유동화됨은, 모호한 공과 사의 경계를 이동하며 개인을 추적하여 개인의 사생활을 침해하는 원인이 되고 있다.[3] 이러한 현대성의 특성을 고려할 때, '개인에 관한 정보'를 종래의 개인식별정보보다 확대하여 해석한 다수의견과 보충의견의 방향은 타당한 면이 존재한다. (이러한 해석과 유사한 맥락에서 정보공개법상 개인에 관한 정보는 2020년에 개인정보 보호법상 정의하는 개인정보로도 개정되었다.) 다만, 위와 같은 해석은 '사생활의 비밀 또는 자유를 침해할 우려가 있는 정보'의 해석을 개인에 관한 정보를 확장시키는데 이용되었다는 점에서, 2004년 정보공개법의 비공개정보를 한정하려던 입법 취지와 모순되는 면이 존재한다.

대상 판결 이후의 대법원 2021. 11. 11. 선고 2015두53770 판결에서도 사생활의 비밀 또는 자유를 침해할 우려가 있는 정보에 대한 구체적 검토 없이 '구 정보공개법 제9조 제1항 제6호 단서 다목에서 말하는 공개하는 것이 공익을 위하여 필요하다고 인정되는 정보에 해당하는지 여부는 비공개로 보호되는 개인의 사생활 보호 등의 이익과 공개될 경우의 국정운영 투명성 확보 등 공익을 비교·교량하여 구체적 사안에 따라 신중히 판단하여야 한다'고 해석하여 단서에서 이익형량을 하고 있을 뿐이다.

오늘날 정보를 수집·처리하는 기술의 발전으로 개인정보의 범위가 확대되어 오고 있는 바, '공개될 경우 사생활의 비밀 또는 자유를 침해할 우려가 있는 정보'의 해석을 구체화할 필요가 크다. 대상 판결에서 검토되었던 불기소결정문의 공개에 대하여도, 법무검찰개혁위원회가 2019. 12. 9. '국회의원, 판검사 장차관 등 관련 중요 사건의 검찰 불기소 결정문의 공개, 수사기록 등의 전자문서화 열람등사 범위 확대 방안에 대하여 심의, 의결하고 즉시 추진할 것을 권고'한 바 있을 정도[4]로, 국민의 알권리 및 국정운영의 투명성을 보장을 위하여 공개되어야 할 자료들이 정보공개법을 통해서 충분히 공개되지 못하고 있다.

III. 판결의 의의

대상 판결은 2004년 정보공개법 개정 이후 개인식별정보 이외에도 개인에 관한 정보로서 보호해야 할 범위를 확대하여 개인정보자기결정권을 보호하려고 시도하였다는 점에서 의미

3) 데이비드라이언, 「감시사회로의 유혹」, 후마니타스, 2014. 36면.
4) 이탄희 의원은 2020. 12. 22. 고위공직자에 대한 불기소 결정문을 공개하도록 하는 내용의 형사소송법 개정안을 대표 발의했다.

가 있다. 그러나 정보공개법이 2004년 개정되면서 “사생활의 비밀 또는 자유를 침해할 우려가 있는 정보”를 추가하여 비공개정보를 제한하려던 입법 취지가 반영되어 그 판단 기준을 구체화시켰어야 했다고 생각된다.

089 정보공개법 제9조 제1항 제5호에서 정한 '공개될 경우 업무의 공정한 수행에 현저한 지장을 초래한다고 인정할 만한 상당한 이유'의 판단 기준

- 수능성적 원데이터 공개청구 사건 -

대법원 2010. 2. 25. 선고 2007두9877 판결

윤종수(법무법인(유한) 광장 변호사)

I. 판결의 개요

1. 사안의 개요

가. 사실관계

원고들은 우리나라의 교육실태를 연구하기 위한 목적으로 i) 2002년도, 2003년도의 국가수준 학업성취도 평가자료(학생고유번호, 학생의 번호, 이름을 제외한 모든 정보), ii) 2002년부터 2005년도까지의 수능시험 원데이터(학교별 데이터 반드시 포함, 개인식별자료 제외)에 관한 공개를 피고에게 청구하였다. 이에 피고는 국가수준 학업성취도 평가자료에 대하여는 "개인, 학교, 시·도 교육청별 자료를 산출하지 않는다는 것을 전제로 표집평가를 시행하고 있고, 시행 당시의 약속을 무시하고 표집에 참여한 학교의 성적을 공개할 경우, 향후 학교 및 시·도 교육청의 협조를 받아 시행하는 국가수준 학업성취도 평가 업무에 차질을 주게 된다."는 등의 이유로, 수능시험 원데이터에 대하여는 "대학입학전형을 위한 자료로 개인별 자료만 산출하고, 학교 시·도 교육청별 자료를 산출하지 않아 보유하고 있지 않다."는 등의 이유로 원고들의 청구를 모두 거부하였다.

나. 소송경과

1) 제1심 판결(서울행정법원 2006. 9. 6. 선고 2005구합20825 판결)

제1심 법원은 i) 2002년도부터 2005년도까지의 대학입학수학능력시험 원데이터에 관한 정보는, 수능시험 문제의 선정, 시험의 시행, 채점 등 공정한 수능시험의 시행을 위한 업무

와 관련한 정보가 아니라 이미 수능시험을 치른 수험생들의 답안지를 채점하여 그 결과를 기록한 정보로서 위 정보를 공개한다고 하여 수능시험 업무의 공정성을 해치거나 방해하는 것은 아니며, 이로 인하여 시험의 평가 또는 판단업무에 중대한 지장을 초래한다고 볼 수도 없으므로, 공공기관의 정보공개에 관한 법률 제9조 제1항 제5호 및 공공기관의 개인정보 보호에 관한 법률 제13조 제1호 (다)목에서 정한 비공개대상 내지 열람제한대상의 정보에 해당한다고 볼 수 없다는 이유로 이에 관한 피고의 공개거부처분을 취소하고, ii) 2002년도와 2003년도 국가수준 학업성취도 평가 연구자용 분석자료에 관한 정보는 단순히 수험생에 대한 성적정보뿐만 아니라, 학부모, 학교장 및 교사들의 답변 내용도 포함되어 있어, 그대로 공개될 경우 공공기관의 개인정보 보호에 관한 법률의 취지에 반하여 개인정보가 누설될 가능성이 높고, 차후에 자료 수집 업무가 불가능해져 앞으로 이어질 국가수준 학업성취도 평가 업무 수행에 중대한 지장을 초래할 개연성이 존재하므로 공공기관의 정보공개에 관한 법률 제9조 제1항 제1호, 제5호 및 공공기관의 개인정보 보호에 관한 법률 제13조 제1호 (나)목, (다)목에서 정한 비공개대상내지 열람제한대상의 정보에 해당한다는 이유로 원고들의 청구를 기각하였다.

2) 항소심 판결(서울고등법원 2007. 4. 27. 선고 2006누23588 판결)

항소심 법원은 2002년도, 2003년도의 국가수준 학업성취도 평가자료 공개거부처분 중 학생 개인을 특정할 수 있는 ① 학생고유번호, ② 학생의 번호, ③ 이름을 제외한 원자료에 대한 부분 및 2002년부터 2005년도까지의 수능시험 원데이터는 비공개에 의하여 보호되는 피고의 업무수행의 공정성 등의 이익보다는 공개에 의하여 보호되는 국민의 알권리의 보장과 교육정책에 대한 국민의 참여 및 교육정책의 투명성 확보 등의 이익이 더 크다는 이유로 피고의 공개거부처분을 각 취소하는 것으로 제1심 판결을 변경하였다.

3) 대법원 판결(대법원 2010. 2. 25. 선고 2007두9877 판결)

대법원은 원심판결 중 2002년도 및 2003년도 국가수준 학업성취도평가 자료에 관한 피고 패소 부분을 파기하고, 이 부분 사건을 서울고등법원에 환송하였다.

2. 판결의 요지

가. 정보공개법 제9조 제1항 제5호의 '시험에 관한 사항으로서 공개될 경우 업무의 공정한 수행에 현저한 지장을 초래한다고 인정할 만한 상당한 이유가 있는 경우'의 의미와 판단기준

1) '공개될 경우 업무의 공정한 수행에 현저한 지장을 초래한다고 인정할 만한 상당한 이유가 있는 경우'란 공개될 경우 업무의 공정한 수행이 객관적으로 현저하게 지장을 받을 것이라는 고도의 개연성이 존재하는 경우를 의미한다.

2) 알 권리와 학생의 학습권, 부모의 자녀교육권의 성격 등에 비추어 볼 때, 학교교육에서의 시험에 관한 정보로서 공개될 경우 업무의 공정한 수행에 현저한 지장을 초래하는지 여부는 공공기관의 정보공개에 관한 법률의 목적 및 시험정보를 공개하지 아니할 수 있도록 하고 있는 입법 취지, 당해 시험 및 그에 대한 평가행위의 성격과 내용, 공개의 내용과 공개로 인한 업무의 증가, 공개로 인한 파급효과 등을 종합하여, 비공개에 의하여 보호되는 업무수행의 공정성 등의 이익과 공개에 의하여 보호되는 국민의 알 권리와 학생의 학습권 및 부모의 자녀교육권의 보장, 학교교육에 대한 국민의 참여 및 교육행정의 투명성 확보 등의 이익을 비교·교량하여 구체적인 사안에 따라 신중하게 판단하여야 한다.

3) '2002년도 및 2003년도 국가수준 학업성취도평가 자료'는 표본조사 방식으로 이루어졌을 뿐만 아니라 학교식별정보 등도 포함되어 있어서 그 원자료 전부가 그대로 공개될 경우 학업성취도평가 업무의 공정한 수행이 객관적으로 현저하게 지장을 받을 것이라는 고도의 개연성이 존재한다고 볼 여지가 있어 공공기관의 정보공개에 관한 법률 제9조 제1항 제5호에서 정한 비공개대상정보에 해당하는 부분이 있으나, '2002학년도부터 2005학년도까지의 대학수학능력시험 원데이터'는 연구 목적으로 그 정보의 공개를 청구하는 경우, 공개로 인하여 초래될 부작용이 공개로 얻을 수 있는 이익보다 더 클 것이라고 단정하기 어려우므로 그 공개로 대학수학능력시험 업무의 공정한 수행이 객관적으로 현저하게 지장을 받을 것이라는 고도의 개연성이 존재한다고 볼 수 없어 위 조항의 비공개대상정보에 해당하지 않는다.

나. 기관이 아닌 개인이 타인에 관한 정보의 공개를 청구하는 경우의 적용 법률

기관이 아닌 개인이 타인에 관한 정보의 공개를 청구하는 경우에는 구 공공기관의 개인정보 보호에 관한 법률에 의할 것이 아니라, 공공기관의 정보공개에 관한 법률 제9조 제1항

제6호에 따라 개인에 관한 정보의 공개 여부를 판단하여야 한다.

II. 해설

1. 쟁점의 정리

가. 정보공개법상 공개제외사유의 판단기준

국민의 '알 권리', 즉 정보에 대한 접근·수집·처리의 자유는 자유권적 성질과 청구권적 성질을 겸유하는 것으로서 헌법 제21조에 의하여 직접 보장되는 권리이고, 정보공개청구권은 그러한 알 권리의 당연한 내용이 되는 것이며, 그 구체적 실현을 위하여 제정된 '공공기관의 정보공개에 관한 법률'(이하 '정보공개법'이라고 한다) 역시 제3조에서 공공기관이 보유·관리하는 정보를 원칙적으로 공개하도록 하여 정보공개의 원칙을 천명하는 한편, 제9조에서 예외적인 공개제외사유들을 열거하고 있다. 그중 정보공개법 제9조 제1항 제5호는 시험에 관한 사항으로서 공개될 경우 업무의 공정한 수행에 현저한 지장을 초래한다고 인정할 만한 상당한 이유가 있는 정보는 공개하지 아니한다고 규정하고 있는바, '업무의 공정한 수행', '현저한 지장', '상당한 이유' 등과 같은 추상적이고 불확정한 개념을 사용하고 있어 그 의미와 판단기준이 문제된다.[1)]

나. 정보공개법과 구 공공기관의 개인정보에 관한 법률의 관계

정보공개법 제4조 제1항은 "정보의 공개에 관하여는 다른 법률에 특별한 규정이 있는 경우를 제외하고는 이 법이 정하는 바에 의한다"고 규정하고 있는바, 공공기관의 컴퓨터에 의하여 처리되는 개인정보의 보호에 관하여 규정하고 있는 구 공공기관의 개인정보 보호에 관

1) 헌법재판소는 "공공기관이 주관하는 시험의 종류는 700여 건에 이르고, 각 시험마다 주관부처, 시험의 목적, 응시자격, 시험에 의하여 취득하는 자격이 사회에 미치는 영향, 해당 시험의 시행을 위하여 해당 부처가 투여할 수 있는 비용 및 노력의 한계 등에 있어서 매우 다양하다. 따라서 입법자로서는 공공기관이 주관하는 시험의 다양한 특성을 감안하여 공공기관 시험정보의 공개범위 등에 관하여 추상적인 기준만을 설정하고, 그 구체적인 범위는 개별 시험 주관기관의 전문적·자율적 판단에 맡기는 것이 바람직하다고 할 수 있다. 한편 '업무의 공정한 수행'이나 '연구개발에 현저한 지장'이라고 하는 개념이 다소 추상적인 점은 부인할 수 없지만, 시험정보를 공개하지 아니할 수 있도록 하고 있는 입법 취지, 당해 시험의 특성, 해당 정보와 관련된 시험관리 업무의 특성 등을 감안하면 그 의미의 대강을 예측할 수 있으므로 이 사건 법률조항이 기본권 제한에 관한 명확성의 원칙에 위반될 정도로 지나치게 불명확한 개념이라고 보기는 어렵다"고 판시한 바 있다(헌재 2009. 9. 24. 2007헌바107 결정).

한 법률(2007. 5. 17. 법률 제8448호로 개정되기 전의 것)이 '정보공개에 관하여 다른 법률에 특별한 규정이 있는 경우'에 해당하는지에 따라서 개인에 관한 정보의 공개 여부 판단의 근거 법률이 달라지게 된다.

2. 관련 판례

가. 대법원 2003. 3. 14. 선고 2000두6114 판결

사법시험 제2차 시험의 답안지 및 시험문항에 대한 채점위원별 채점 결과의 열람과 관련해서, 채점위원별 채점 결과의 열람은 법의 입법 취지와 논술형 시험의 속성 및 시험 관리와 그 평가사무의 본질, 공개로 인한 파장 등에 비추어 볼 때 시험문항에 대한 채점위원별 채점 결과를 열람하도록 할 경우 시험업무의 공정한 수행에 현저한 지장을 초래한다고 인정할 상당한 이유가 있어 비공개정보에 해당하나, 답안지 열람은 답안지는 응시자가 자신의 답안지를 열람한다고 하더라도 시험문항에 대한 채점위원별 채점 결과가 열람되는 경우와 달리 평가자가 시험에 대한 평가업무를 수행함에 있어서 지장을 초래할 가능성이 적은 점, 답안지에 대한 열람이 허용된다고 하더라도 답안지를 상호 비교함으로써 생기는 부작용이 생길 가능성이 희박하고, 열람업무의 폭증이 예상된다고 볼만한 자료도 없는 점 등을 종합적으로 고려하면, 답안지의 열람으로 인하여 시험업무의 수행에 현저한 지장을 초래한다고 볼 수 없다.

나. 대법원 2003. 8. 22. 선고 2002두12946 판결

학교환경위생정화위원회의 자유롭고 활발한 심의가 보장되기 위하여는 심의회의가 종료된 이후에도 심의과정에서 누가 어떤 발언을 하였는지에 관하여는 외부에 공개되지 않도록 이를 철저히 보장하여야 할 필요성이 있으므로, '회의록에 기재된 발언내용에 대한 해당 발언자의 인적 사항' 부분은 그것이 공개될 경우 정화위원회의 심의업무의 공정한 수행에 현저한 지장을 초래한다고 인정할 만한 상당한 이유가 있다.

3. 검토

가. 정보공개법상 공개제외사유의 판단기준

1) 국민의 알권리를 보장하기 위한 정보공개법은 "공공기관이 보유·관리하는 정보에 대한 국민의 공개 청구 및 공공기관의 공개 의무에 관하여 필요한 사항을 정함으로써 국민의

알권리를 보장하고 국정에 대한 국민의 참여와 국정 운영의 투명성을 확보함을 목적"으로 한다(법 제1조). 특히 동법은 정보공개의 원칙을 천명하고 있는 바, 제3조에서 "공공기관이 보유 관리하는 정보는 국민의 알권리 보장 등을 위하여 이 법에서 정하는 바에 따라 적극적으로 공개하여야 한다"고 규정하고 있다. 즉 정보공개법은 국민에게 개인적 이해관계의 유무에 관계없이 공개청구권이라는 권리를 보유하고 공공기관은 그러한 공개청구권의 행사에 응하여 정보를 공개할 의무를 부과하는 정보공개청구제도를 도입한 것이라 할 수 있다. 정보공개청구제도는 국민주권원리와 국정신탁의 이론에 의거하여 공공기관이 공권력을 행사함에 있어서 작성·취득하여 현재 보유하고 있는 정보를 국민의 공통재산으로 하여 본래의 권리주체인 국민에 대하여 그것을 활용할 권리를 인정하여 그 보장을 구체화한 제도로서 그와 같은 권리의 보장을 통하여 정치나 행정 등 국정에의 감시, 참가를 확보하는 수단을 마련하고 또한 헌법상의 권리로서의 '알 권리'를 공개청구권이라는 형태로 실정법화 하여 그 보장을 구체화한 의미를 지닌다.[2)]

2) 한편, 정보공개법 제9조 제1항에서는 공공기관이 보유·관리하는 정보 중에서 공개하지 아니할 수 있는 정보에 대하여 제1호부터 제8호까지 한정적으로 열거하고 있다. 그 중 제5호에 의하면, 시험에 관한 사항으로서 공개될 경우 업무의 공정한 수행에 현저한 지장을 초래한다고 인정할 만한 상당한 이유가 있는 정보는 비공개로 할 수 있다. 알권리가 헌법상 권리로서 인정되고 알권리가 갖는 의미와 역할을 고려하더라도 알권리가 헌법이나 법률이 보호하는 공공의 이익이나 다른 가치와 충돌하는 경우에는 규범조화적인 해석을 모색해야 하는 바, 이를 위해서는 비공개에 의하여 보호되는 업무수행의 공정성 등의 이익과 공개에 의하여 보호되는 국민의 알권리의 보장 등의 이익을 비교형량하여 결정하여야 한다.[3)]

3) 본건 판결 역시 알권리와 함께 헌법 제31조 제1항에서 규정하고 있는 기본권으로서의 학습권과 혼인과 가족생활을 보장하는 헌법 제36조 제1항, 행복추구권을 보장하는 헌법 제10조 및 "국민의 자유와 권리는 헌법에 열거되지 아니한 이유로 경시되지 아니한다"고 규정하는 헌법 제37조 제1항에서 나오는 부모의 자녀에 대한 교육권을 정보공개를 통해 보호되는 이익으로 전제하고, 시험에 관한 사항으로서 비공개에 의하여 보호되는 업무수행의 공정성 등의 이익과 공개에 의하여 보호되는 국민의 알 권리와 학생의 학습권 및 부모의 자녀교육권의 보장, 학교교육에 대한 국민의 참여 및 교육행정의 투명성 확보 등의 이익을 비교·교량하

2) 김의환, "정보공개법 일반론", 『행정소송(II)』 (한국사법행정학회, 2008), 153면.
3) 이일세, "공공기관의 정보공개에 관한 판례분석", 『강원법학』, 제45호(강원대학교 비교법학연구소, 2015), 17면.

여 구체적인 사안에 따라 공개될 경우 업무의 공정한 수행에 현저한 지장을 초래하는지 여부를 신중하게 판단하되, 고려해야 할 사항으로 정보공개법의 목적 및 시험정보를 공개하지 아니할 수 있도록 하고 있는 입법 취지, 당해 시험 및 그에 대한 평가행위의 성격과 내용, 공개의 내용과 공개로 인한 업무의 증가, 공개로 인한 파급효과 등을 제시하고 있다.

특히 공개청구의 대상이 된 당해 정보의 내용뿐만 아니라 그것을 공개함으로써 장래 동종 업무의 공정한 수행에 현저한 지장을 가져올지를 중요한 고려 사항으로 제시하였다. 즉 2002년도 및 2003년도 학업성취도평가는 표본조사로서 표본의 대표성에 관하여 의문이 있을 수 있다는 점 외에 학교식별정보 등을 포함한 학업성취도평가정보 전부가 그대로 공개될 경우에는 교육청 및 학교에서 그 공개에 부담을 느낀 나머지 차후 학업성취도평가에 대한 협조를 꺼리게 되고 교원들이 양호한 학업성취도평가 결과를 보여주기 위한 대책에만 몰두하게 될 우려가 있다는 점을 업무의 공정한 수행이 객관적으로 현저하게 지장을 받을 것이라는 고도의 개연성이 존재한다고 볼 근거로 판단하고 있다.

반면, 학교식별정보를 포함하는 수능시험정보의 경우에는 시험성적으로 인한 학교 간 서열화에 따라 수능시험의 목적을 달성하는 데에 지장이 생길 수 있다는 우려를 인정하면서도, 학교 간 학력격차가 엄연히 존재하고 있는 현실에서 학교식별정보를 포함한 수능시험정보를 연구자 등에게 공개하여 위와 같은 현실의 개선에 활용될 수 있도록 하는 것이 더 정보공개법의 목적에 부합하는 것으로 판단함으로써 정보공개의 원칙을 최대한 보장하고자 한 것으로 보인다.

4. 정보공개법과 구 공공기관의 개인정보에 관한 법률의 관계

정보공개법 제4조 제1항은 "정보의 공개에 관하여는 다른 법률에 특별한 규정이 있는 경우를 제외하고는 이 법이 정하는 바에 의한다"고 규정하고, 제9조 제1항 제6호(2008. 2. 29. 법률 제8871호로 개정되기 전의 것)에서 "당해 정보에 포함되어 있는 이름·주민등록번호 등 개인에 관한 사항으로서 공개될 경우 개인의 사생활의 비밀 또는 자유를 침해할 우려가 있다고 인정되는 정보"를 비공개대상 정보로 규정하고 있다. 한편 구 '공공기관의 개인정보 보호에 관한 법률'(2007. 5. 17. 법률 제8448호로 개정되기 전의 것)[4]은 제3조 제1항에서 "공공기관의 컴퓨터에 의하여 처리되는 개인정보의 보호에 관하여는 다른 법률에 특별한 규정이 있는 경우를 제외하고는 이 법이 정하는 바에 의한다"고 규정하고 있어 개인에 관한 정보라는 이

---

4) 동법은 2011. 3. 29. 개인정보 보호법이 제정되면서 폐지되었다.

유로 비공개가 된 경우 그 적법 여부를 어느 법에 따라 판단할지가 문제된다. 일반법과 특별법의 관계설정을 생각해 볼 여지도 없지 않지만, 두 법은 그 입법목적을 정보사회의 두 대립적 측면, 즉 정보의 유통과 보호라는 서로 다른 측면에 두고 있다는 점에서 일반법과 특별법의 관계로 보는 것은 타당성을 인정받기 쉽지 않다.[5)]

원심은 본건 정보와 같이 공공기관의 컴퓨터에 의하여 처리되는 개인정보의 보호에 관하여는 다른 법률에 특별한 규정이 있는 경우를 제외하고는 '구 공공기관의 개인정보 보호에 관한 법률'이 정하는 바에 의하여야 하므로, 공공기관의 컴퓨터에 처리되는 개인정보에 대해서는 정보공개법이 아니라 '구 공공기관의 개인정보 보호에 관한 법률' 따라 비공개의 적법성 여부가 판단되어야 함을 전제로 동법 제10조 제1항을 적용하였다. 그러나 '정보공개에 관하여 다른 법률에 특별한 규정이 있는 경우'에 해당한다고 하여 정보공개법의 적용을 배제하기 위해서는, 그 특별한 규정이 '법률'이어야 하고, 나아가 그 내용이 정보공개의 대상 및 범위, 정보공개의 절차, 비공개대상정보 등에 관하여 정보공개법과 달리 규정하고 있는 것이어야 하는데, 위 조항은 다른 기관에 정보를 제공하는 규정일 뿐이고, 기관이 아닌 개인이 타인에 관한 정보의 공개를 청구하는 경우에 관하여 아무런 규정을 두고 있지 않다. 그러므로 기관이 아닌 개인들이 타인에 관한 정보의 공개를 청구하는 이 사건에서는 구 개인정보 보호법이 아니라 정보공개법 제9조 제1항 제6호에 따라 개인에 관한 정보의 공개 여부를 판단하여야 한다고 판시했다.

이와 관련하여 대법원 2012. 6. 18. 선고 2011두2361 전원합의체 판결은 정보공개법 제9조 제1항 제6호 본문의 규정에 따라 비공개대상이 되는 정보에는 이름·주민등록번호 등 정보 형식이나 유형을 기준으로 비공개대상정보에 해당하는지를 판단하는 '개인식별정보'뿐만 아니라 그 외에 정보의 내용을 구체적으로 살펴 '개인에 관한 사항의 공개로 개인의 내밀한 내용의 비밀 등이 알려지게 되고, 그 결과 인격적·정신적 내면생활에 지장을 초래하거나 자유로운 사생활을 영위할 수 없게 될 위험성이 있는 정보'도 포함된다고 판단하였다. 이러한 대법원 판례의 변경은 비공개대상 개인정보의 범위를 프라이버시보호형 개인정보까지 확대하여 개인의 사생활을 보다 적극적으로 보호하고 정보공개의 범위를 축소하는 측면이 있다 할 것인바,[6)] 이에 따라 현행 개인정보 보호법과의 관계에 있어서도 정보공개와 관련해서 개

---

5) 양석진, "정보공개법과 개인정보 보호법의 법체계 정합성 고찰", 『법학연구』 제33집(이화여자대학교, 2009), 439면.

6) 정하명, "정보공개제도에서 개인정보 보호에 관한 논의의 발전 – 한국과 미국에서의 정보공개에서 개인정보 보호를 중심으로– ", 『공법연구』 제42집 제3호(한국공법학회, 2014), 439면.

인의 정보에 관한 부분은 정보공개법의 법리에 따라 판단될 여지가 더 커졌다고 할 수 있다.

III. 판결의 의의

알권리가 헌법상 권리로서 인정되고 그 의미와 역할이 중요하더라도 알권리가 헌법이나 법률이 보호하는 공공의 이익이나 다른 가치와 충돌하는 경우에는 규범조화적인 해석을 모색해야 하는바, 이를 위해서는 비공개에 의하여 보호되는 업무수행의 공정성 등의 이익과 공개에 의하여 보호되는 국민의 알권리의 보장 등의 이익을 비교형량하여 결정하여야 한다. 이는 기본권의 충돌을 해결하기 위한 기본적인 방안으로서의 이익형량 원칙으로 공익 대 공익뿐만 아니라 공익 대 사익 간에도 적용되어 왔는바, 대상 판결은 구체적 사안에서의 이익형량의 판단의 기준을 제시한 판례라 할 수 있다. 정보공개법이 시행된 기간이 상대적으로 길지 않아 축적된 사례들이 충분하지 않고 비공개의 요건으로 추상적이고 불확정한 법 개념이 사용되고 있어 비공개 사유에 해당하는지 여부에 대한 판단에 어려움이 많을 수밖에 없으므로 이러한 이익형량의 원칙은 중요한 의미를 갖는다. 대상 판결에서도 학교식별정보를 포함하는 수능시험정보의 경우 시험성적으로 인한 학교 간 서열화에 따라 수능시험의 목적을 달성하는 데에 지장이 생길 수 있다는 우려가 결코 작다고 할 수 없음에도 학교식별정보를 포함한 수능시험정보를 연구자 등에게 공개하여 위와 같은 현실의 개선에 활용될 수 있도록 하는 것이 더 정보공개법의 목적에 부합하는 것으로 판단한 것은 정보공개의 원칙을 최대한 보장하고자 이익형량을 적극적으로 적용한 것이라 할 수 있다.

090

정보통신망법률상 '비밀누설'행위의 의미와 방법

- 타인의 이메일을 출력물 형태로 받아 자신의 징계위원회에 제출한 사건 -

대법원 2008. 4. 24. 선고 2006도8644 판결

이근우(가천대학교 법과대학 부교수)

I. 판결의 개요

1. 사안의 개요

가. 사실관계

피고인2는 2005. 4. 28. 18:00경 창원시 성남동 상호불상의 음식점에서 피고인1로부터 공소외1 주식회사의 기술부차장 공소외2가 피해자 공소외3에게 엔진부품에 대한 보조발전기 정비사업권 및 연구개발 지원금을 공소외4 주식회사에 알선해 주는 대가로 금품을 요구하는 내용의 이메일 '협의(1)' 출력물 사본(이하 '이 사건 이메일 출력물'이라 한다)을 넘겨받아 자신이 공소외4 주식회사로부터 금품 및 향응수수를 받지 않았다는 결백함을 밝히기 위해 2005년 5월경 공소외1 주식회사의 징계위원회에 제출하여 위 피해자의 비밀을 누설하였다는 것으로 정보통신망법상 금지되는 '타인의 비밀누설'로 공소제기 되었다.

나. 소송경과

1) 제1심 판결(부산지방법원 2006. 8. 9. 선고 2006고정2297 판결)

'정당행위' 인정 여부를 제외하면 별다른 쟁점 검토 없이 피고인1, 피고인2 모두에 대하여 유죄를 인정하였다. 피고인1의 항소이유는 피고인이 이 사건 이메일을 열람하여 피고인2에게 이를 누설한 것은 부정부패를 척결하기 위한 목적에서 한 것이므로 사회상규에 반하지 않는 정당행위에 해당함에도 불구하고, 원심은 이를 인정하지 않음로써 사실을 오인하거나 법리를 오해하여 판결에 영향을 미친 위법을 범하였다는 것이고, 피고인2의 항소이유는 피고인이 공소외4 주식회사로부터 금품 및 향응수수를 받지 않았다는 결백함으로 밝히기 위해 공소외1 주식회사의 징계위원회에 이 사건 이메일 출력물 사본을 제출한 것이 아니라, ○○

○사이버감사관실 운영지침에 따라 상급자에게 이 사건 이메일 출력물 사본과 같은 내용의 부정부패비리에 대하여 보고를 한 후 공소외1 주식회사의 인사위원회에 이 사건 이메일 출력물 사본을 제출한 것이어서, 위 피고인의 이러한 행위는 사회상규에 반하지 않는 정당행위에 해당함에도 불구하고, 원심은 이를 인정하지 않음으로써 사실을 오인하거나 법리를 오해하여 판결에 영향을 미친 위법을 범하였다는 것으로서 자신들의 소위가 주로 사회상규에 위배되지 않는 정당행위라는 취지로 이해된다.

2) 항소심 판결(부산지방법원 2006. 11. 16. 선고 2006노2266 판결)

피고인1에 대해서는 원심의 유죄 판단을 유지하면서도 피고인2에 대해서는 정보통신망 이용촉진 및 정보보호 등에 관한 법률(이하 '법'이라 한다) 제2조 제1항 제1호, 제62조 제6호, 전기통신기본법 제2조 제1호, 제2호의 각 규정에 비추어, 피고인2가 피고인1로부터 넘겨받은 위 이메일 '협의(1)' 출력물 사본의 내용이 피해자 공소외3의 비밀에 해당하여 보호를 받을 필요성이 인정된다 하더라도, 피고인2가 피고인1로부터 넘겨받아 공소외1 주식회사의 징계위원회에 제출한 위 이메일 '협의(1)' 출력물 사본이 법 제62조 제6호 소정의 '정보통신망에 의하여 처리·보관 또는 전송되는 타인의 정보 또는 비밀'에 해당한다고 볼 수 없고, 위 이메일 '협의(1)'이 정보통신망에 의하여 처리, 보관 또는 전송되었던 것이라 하여 위 이메일 '협의(1)' 출력물 사본이 법 제62조 제6호 소정의 정보통신망에 의하여 처리·보관 또는 전송되는 타인의 정보 또는 비밀에 해당한다고 보는 것은, 피고인2에게 지나치게 불리한 방향으로 확장해석하는 것으로서 죄형법정주의의 원칙에 어긋나서 허용될 수 없다는 이유로, 이 부분 공소사실을 유죄로 인정한 제1심 판결을 파기하고 무죄를 선고하였다.

3) 대법원 판결(대법원 2008. 4. 24. 선고 2006도8644 판결)

법 제1조는 "이 법은 정보통신망의 이용을 촉진하고 정보통신서비스를 이용하는 자의 개인정보를 보호함과 아울러 정보통신망을 건전하고 안전하게 이용할 수 있는 환경을 조성함으로써 국민생활의 향상과 공공복리의 증진에 이바지함을 목적으로 한다."고 규정하고 있는 점, 법 제49조가 '누구든지'라고 규정하여 '타인의 비밀 누설' 행위의 주체를 제한하고 있지 않고, 비밀의 침해행위와는 별도로 도용, 누설행위를 금지하고 있는 점, 비밀의 '누설'이란 비밀을 아직 알지 못하는 타인에게 이를 알려 주는 행위를 말하고, 그 방법에 제한이 없는 점 등에 비추어 보면, '정보통신망에 의하여 처리·보관 또는 전송되는 타인의 비밀'을 정보통신망으로부터 직접 취득하지 아니하고 제3자를 통하여 취득한 자라 하더라도 그 정을 알

면서 그 비밀을 알지 못하는 제3자에게 이를 알려 준 경우에는 법 제49조, 제62조 제6호 소정의 타인의 비밀누설죄가 성립한다고 보아야 한다.

4) 파기환송심 판결(부산지방법원 2008. 10. 16. 선고 2008노1683 판결)

형법 제20조에 정하여진 '사회상규에 위배되지 아니한 행위'란, 법질서 전체의 정신이나 그 배후에 놓여 있는 사회윤리 내지 사회통념에 비추어 용인될 수 있는 행위를 말하므로, 어떤 행위가 정당한 행위로서 위법성이 조각되는 것인지는 구체적인 사정 아래서 합목적적, 합리적으로 고찰하여 개별적으로 판단하여야 할 것이고, 이와 같은 정당행위를 인정하려면, 그 행위의 동기나 목적의 정당성, 행위의 수단이나 방법의 상당성, 보호법익과 침해법익과의 법익균형성, 긴급성, 그 행위 외에 다른 수단이나 방법이 없다는 보충성 등의 요건을 갖추어야 할 것이다(대법원 2007. 6. 28. 선고 2006도6389 판결 등 참조).

그런데 기록에 나타난 다음과 같은 사정, 즉 주식회사 YY의 중기 품질관리부에서 외주검사관으로 근무하던 피고인(위 판결에서의 피고인2)은 2005. 4. 25.경 외주정비 검사대상업체인 주식회사 XXXX로부터의 향응제공 수수혐의로 부서 내에서 권고사직 압박을 받게 되었는데, 그 무렵 직전에 주식회사 XXXX에서 퇴사한 원심공동피고인 B를 만난 자리에서 마침 피해자의 비밀이 담긴 이 사건 이메일 출력물 사본을 건네받게 된 점, 그 후 피고인은 주식회사 YY의 인사위원회로부터 징계위원회에 회부될 것이라는 통보를 받게 되자, 자신의 누명을 벗을 목적으로 부서장(C 차장)에게 피해자의 비밀을 알렸고 부서장이 본부장과 의논하여 조사를 해보겠다고 한 이후에도 별다른 조치 없이 피고인에 대한 징계절차가 진행되자, 피고인은 이 사건 이메일 출력물 사본을 인사위원회 및 노동조합 등에 제출한 점, 한편 피고인은 주식회사 YY의 1, 2차 징계위원회를 모두 거쳐 결국 2005. 6. 9. 징계해고 결정을 받아 퇴사한 점 등에 비추어 보면, 피고인의 이 사건 범행이 동기나 목적에 있어 정당하다고 할 수 없을 뿐만 아니라 수단이나 방법에 있어서도 상당하다고 할 수 없으므로, 피고인의 위 주장은 받아들일 수 없다.

2. 판결의 요지

가. 정보통신망 이용촉진 및 정보보호 등에 관한 법률에서 말하는 '비밀누설'행위의 의미와 방법

정보통신망 이용촉진 및 정보보호 등에 관한 법률에서 말하는 비밀의 '누설'이란 비밀을

아직 알지 못하는 타인에게 이를 알려주는 행위를 말하고, 그 방법에 제한이 있다고 볼 수 없으므로 구두의 고지, 서면에 의한 통지 등 모든 방법이 가능하다.

나. 정보통신망으로부터 타인의 비밀을 직접 취득하지 않고 제3자를 통해 취득한 사람도 타인의 비밀 누설 행위로 인한 정보통신망 이용촉진 및 정보보호 등에 관한 법률 위반죄의 주체가 될 수 있는지 여부

구 정보통신망 이용촉진 및 정보보호 등에 관한 법률(2007. 12. 21. 법률 제8778호로 개정되기 전의 것) 제62조 제6호 소정의 '타인의 비밀누설' 행위의 주체와 관련하여, 동법 제1조는 "이 법은 정보통신망의 이용을 촉진하고 정보통신서비스를 이용하는 자의 개인정보를 보호함과 아울러 정보통신망을 건전하고 안전하게 이용할 수 있는 환경을 조성함으로써 국민생활의 향상과 공공복리의 증진에 이바지함을 목적으로 한다"고 규정하고 있는 점, 동법 제49조가 '누구든지'라고 규정하여 '타인의 비밀 누설' 행위의 주체를 제한하고 있지 않고, 비밀의 침해행위와는 별도로 도용, 누설행위를 금지하고 있는 점, 비밀의 '누설'이란 비밀을 아직 알지 못하는 타인에게 이를 알려주는 행위를 말하고, 그 방법에 제한이 없는 점 등에 비추어 보면, '정보통신망에 의하여 처리·보관 또는 전송되는 타인의 비밀'을 정보통신망으로부터 직접 취득하지 아니하고 제3자를 통하여 취득한 사람이라 하더라도 그 정을 알면서 그 비밀을 알지 못하는 제3자에게 이를 알려 준 경우에는 위 법 제49조, 제62조 제6호 소정의 타인의 비밀누설죄가 성립한다.

다. 자신의 결백을 주장하기 위하여 제3자로부터 타인들이 주고받은 이메일 출력물을 교부받아 징계위원회에 제출하는 것도 누설하는 행위에 해당한다(정당행위 주장 부정)

자신의 뇌물수수 혐의에 대한 결백을 주장하기 위하여 제3자로부터 사건 관련자들이 주고받은 이메일 출력물을 교부받아 징계위원회에 제출한 사안에서, 이메일 출력물 그 자체는 정보통신망 이용촉진 및 정보보호 등에 관한 법률에서 말하는 '정보통신망에 의하여 처리·보관 또는 전송되는' 타인의 비밀에 해당하지 않지만, 이를 징계위원회에 제출하는 행위는 '정보통신망에 의하여 처리·보관 또는 전송되는 타인의 비밀'인 이메일의 내용을 '누설하는 행위'에 해당한다고 본 사례이다.

사실 항소심의 직권해석 외에 주로 다투어진 것은 피고인1, 피고인2 모두 자신들의 행위가 정당행위임을 주장한 것이다. 피고인1은 부정부패 고발이라는 공익적 이유, 피고인2는

자신의 결백을 주장하기 위한 것이었다는 이유를 주로 정당행위의 이유로 주장하였으나, 법원은 모두 이를 인정하지 않았다. 피고인1의 경우 피해자의 이메일에서 이 사건 이메일을 열람하게 된 계기가 공익적이라고 볼 사정이 없다는 점이고, 피고인2의 경우 공간된 대법원 판결요지에는 '자신의 결백을 주장하기 위하여'라고 되어 있는데, 각 심급별 판결문에서 이를 명시한 바는 없으나, 전체 판결들의 취지를 보면 제출된 타인의 비밀이 자신의 결백을 밝힐 수 있는 것이 아니라, 자신이 의심 받고 있는 뇌물수수(정확하게는 배임수재)혐의사실과는 무관한 타인 간의 배임수재의 모의에 대한 것으로 보인다.

II. 해설

1. 쟁점의 정리 및 검토

가. '정보통신망법상 비밀'의 대상과 '누설'의 방법

구 정보통신망 이용촉진 및 정보보호 등에 관한 법률(법률 제8289호, 이하 정보통신망법)은, 제62조(벌칙) 다음 각 호의 어느 하나에 해당하는 자는 5년 이하의 징역 또는 5천만원 이하의 벌금에 처한다. 6. 제49조의 규정을 위반하여 타인의 정보를 훼손하거나 타인의 비밀을 침해·도용 또는 누설한 자. 제49조(비밀 등의 보호) 누구든지 정보통신망에 의하여 처리·보관 또는 전송되는 타인의 정보를 훼손하거나 타인의 비밀을 침해·도용 또는 누설하여서는 아니 된다고 규정하고 있었다.

이 사안에서 쟁점이 되는 것은 '침해', '누설' 당시에 해당 비밀이 "정보통신망에 의하여 처리·보관 또는 전송되는" 것이어야 하는 것인가이다. 항소심은 이 점을 중시하여 비록 이 사건에서 '협의(1)' 이메일 출력물의 내용이 '타인의 비밀'에 해당하지만, '징계위원회에 제공'하는 '누설' 행위 당시에는 이미 출력물의 형태로 변했기 때문에 정보통신망법 제49조의 행위 객체가 될 수 없다고 본 것이다.

사안에서 피고인1은 피해자 공소외3이 근무하는 회사에 근무하였던 자로서 공소외3의 부탁을 받아 그의 이메일에서 설계도면 등을 출력하였던 자로서 이러한 기회에 이 사건 '타인의 비밀'에 해당하는 '공소외1 주식회사의 기술부차장 공소외2가 피해자 공소외3에게 엔진부품에 대한 보조발전기 정비사업권 및 연구개발 지원금을 공소외4 주식회사에 알선해 주는 대가로 금품을 요구하는 내용의 제목명 '협의(1)'이라는 이메일'도 출력하였던 것이다. 피고인1이 자신의 열람, 출력 행위가 정당행위에 해당함을 주장함에 대하여 원심법원은 '설계도

면 등'에 대한 출력 부탁이 이 사건 '협의(1)' 이메일에 대한 승낙이 될 수 없고, 메일목록 상으로는 그 내용을 추측할 수도 없어서, 피고인1의 정당행위 주장과는 달리 '협의(1)'이라는 이메일'의 무단 열람 당시에는 어떤 정당한 목적이 있어서라기보다는 피해자 공소외3의 비밀을 침해할 의도로 그렇게 한 것으로 보이고, '협의(1)' 이메일의 내용이 나중에 도움이 되겠다 싶어 이를 출력하여 보관해 온 것으로 보이는 점, '협의(1)' 이메일의 내용을 접하고서 곧바로 공소외1 주식회사 측에 제보를 할 수 있었음에도 불구하고 퇴사한 이후에 피고인2에게 '협의(1)' 이메일 출력물 사본을 교부한 점 등에 비추어 보면, 피고인의 이 사건 범행은 동기나 목적에 있어 정당하다고 할 수 없을 뿐만 아니라 수단이나 방법에 있어서도 상당하다고 할 수 없으므로, 위 피고인의 정당행위 주장은 이유 없다고 판단하였다. 사실 피고인1은 피해자에게 부탁 받은 범위 밖의 이메일을 열람한 것 자체가 이미 '침해'에 해당하고, 이를 다시 피고인2에게 '누설'한 것이어서, 두 행위 모두 범죄구성요건에 해당하지만, 이는 같은 법조에 병렬적으로 나열된 것으로서 소위 포괄1죄가 된다.

다만 제1심은 피고인2에 대해서도 같은 취지로 정당행위주장을 배척하고 유죄를 인정하였으나, 항소심은 직권으로 피고인2가 피고인1로부터 넘겨받은 위 이메일 '협의(1)' 출력물 사본의 내용이 피해자 공소외3의 '비밀'에 해당하여 보호를 받을 필요성이 인정된다 하더라도, 피고인2가 피고인1로부터 넘겨받아 공소외1 주식회사의 징계위원회에 제출한 위 이메일 '협의(1)' 출력물 사본은 "정보통신망 이용촉진 및 정보보호 등에 관한 법률 제62조 제6호상의 정보통신망에 의하여 처리 · 보관 또는 전송되는 타인의 정보 또는 비밀"에 해당하는 것이라고 볼 수 없고, 만일 위 이메일 '협의(1)'가 정보통신망에 의하여 처리, 보관 또는 전송되었던 것이라 하여 피고인2가 피고인1로부터 넘겨받아 공소외1 주식회사의 징계위원회에 제출한 위 이메일 '협의(1)' 출력물 사본이 같은 법 제62조 제6호상의 정보통신망에 의하여 처리 · 보관 또는 전송되는 타인의 정보 또는 비밀에 해당한다고 본다면, 피고인2에게 지나치게 불리한 방향으로 확장해석하여 죄형법정주의의 원칙에 어긋나는 것으로서 허용되지 않는다고 판시하였다.

즉 항소심은 이 사건에서 누설의 대상은 형법상 비밀침해죄에서의 단순한 비밀이 아니라, 누설 당시에 "정보통신망에 의하여 처리 · 보관 또는 전송되는 타인의 정보 또는 비밀"이어야 하므로 열람, 출력 당시에 정보통신망인 이메일 보관함에 보관 중이던 이메일 '협의(1)'은 동법상의 처벌 규정에 해당하는 것이어서 피고인1은 유죄이지만, 이미 피고인1에 의하여 출력물로 변화된 '협의(1)'의 출력물은 정보통신망에 의하여 처리 · 보관 또는 전송되는 것이 아닌 단순한 비밀에 해당하는 것이므로 피고인2에 대해서는 무죄를 선고하였다. 또 하나 특기

할 것은 정보통신망법이 누설한 자를 처벌할 뿐 그로부터 비밀을 누설 받은 자를 처벌하지 않는, 즉 대향범 중 일방만을 처벌하는 형태이므로, 검사가 피고인1과 피고인2를 공동정범으로 보지 않고, 각자의 누설을 따로 기소한 것으로 볼 수 있다는 점이다.

나. 대법원의 판단

대법원의 판시 사항에는 독특한 점이 있는데, 먼저 대법원도 '이 사건 이메일 출력물이 법 제49조, 제62조 제6호 소정의 '정보통신망에 의하여 처리·보관 또는 전송되는 타인의 비밀'에 해당하지 아니함은 원심 판단과 같다'고 인정한다. 즉 그 출력물 자체는 정보통신망법상의 비밀이 아니지만, 이를 제출함으로써 (피해자의 이메일에 존재하는) 그와 동일한 내용으로 정보통신망에 의하여 처리되고 있는 피해자 공소외3의 정보통신망법상 비밀에 해당하는 이메일의 내용이 누설된 것으로 보아야 하므로 피고인2의 출력물 제출 행위가 동시에 정보통신망법상 비밀누설 행위에 해당한다고 보고 있는 것이다.

다음으로는 원심 판결 취지를 '정보통신망에 의하여 처리·보관 또는 전송되는 타인의 비밀'을 정보통신망으로부터 직접 취득하지 아니하고 제3자를 통하여 취득한 자는 법 제62조 제6호 소정의 '타인의 비밀 누설' 행위의 주체가 될 수 없다는 취지로 일부 선해하여, 다시 한 번 판단하고 있다. 즉 정보통신망법 제49조에서 누설의 주체는 '정보통신망으로부터 직접 취득한 자'로 제한되는 지의 여부를 다시 한 번 판단하면서도 동법 규정이 '누구든지'로 규정되어 있으므로 이를 부정하였다.

2. 관련 판례

가. 대법원 2017. 6. 19. 선고 2017도4240 판결

구 정보통신망 이용촉진 및 정보보호 등에 관한 법률 제49조에 규정된 '정보통신망에 의하여 처리·보관 또는 전송되는 타인의 비밀 누설'이란 타인의 비밀에 관한 일체의 누설행위를 의미하는 것이 아니라, 정보통신망에 의하여 처리·보관 또는 전송되는 타인의 비밀을 정보통신망에 침입하는 등의 부정한 수단 또는 방법으로 취득한 사람이나, 그 비밀이 위와 같은 방법으로 취득된 것임을 알고 있는 사람이 그 비밀을 아직 알지 못하는 타인에게 이를 알려주는 행위만을 의미하는 것으로 제한하여 해석함이 타당하다. 이러한 해석이 형벌법규의 해석 법리, 정보통신망법의 입법 목적과 규정 체제, 정보통신망법 제49조의 입법 취지, 비밀 누설행위에 대한 형사법의 전반적 규율 체계와의 균형과 개인정보 누설행위에 대한 정

보통신망법 제28조의2 제1항과의 관계 등 여러 사정에 비추어 정보통신망법 제49조의 본질적 내용에 가장 근접한 체계적·합리적 해석이기 때문이다.

2인 이상의 서로 대향된 행위의 존재를 필요로 하는 대향범에 대하여는 공범에 관한 형법총칙 규정이 적용될 수 없다. 형법 제127조는 공무원 또는 공무원이었던 자가 법령에 의한 직무상 비밀을 누설하는 행위만을 처벌하고 있을 뿐 직무상 비밀을 누설받은 상대방을 처벌하는 규정이 없는 점에 비추어, 직무상 비밀을 누설받은 자에 대하여는 공범에 관한 형법총칙 규정이 적용될 수 없다. 위와 같은 법리는 구 정보통신망 이용촉진 및 정보보호 등에 관한 법률(2016. 3. 22. 법률 제14080호로 개정되기 전의 것) 제49조의 경우에도 마찬가지로 적용된다.

관련 판례 사안은 정보통신망에 접근할 정당한 권한이 있는 자의 타인의 비밀 취득 및 이렇게 취득한 정보의 유출은 동법상 누설에 해당하지 않는다는 점, 그리고 비록 누설하는 자가 권한 없이 정보통신망에 접속하여 정보통신망에 의하여 처리·보관 또는 전송되는 타인의 비밀을 누설하는 경우에 해당하더라도 단순히 그 비밀을 누설 받은 행위는 대향범 관계에 있으므로 누설 받은 자에 대해서는 공범에 관한 형법총칙 규정이 적용될 수 없다고 보아야 한다는 취지이다.

평석대상 판결과 연관하여 생각해보면, 이 사건 피고인2가 '협의(1)'의 출력물을 넘겨받았더라도 이를 인사위원회에 제출하지 않았다면, 피고인1의 공범으로서는 처벌 받지 않았을 것이라는 의미로 해석할 수 있다. 이 경우에 '고의'의 문제도 발생하는데, 이메일을 (화면)촬영하거나 메일 프린팅을 하면 그것이 원래 이메일이었다는 점을 누설 받은 자도 당연히 알게 되는 것이지만 전혀 다른 형식의 한글 문서로 바꿔서 그 내용만을 넣었다면, 비밀의 내용은 유지되더라도 누설 받은 자로서는 원래의 내용이 정보통신망법에 의하여 보호되는 타인의 정보, 비밀이었음을 알 수 없었다는 취지의 주장도 가능할 것이다.

나. 대법원 2016. 10. 13. 선고 2016도8137 판결

통신비밀보호법에 규정된 '통신제한조치'는 '우편물의 검열 또는 전기통신의 감청'을 말하는 것으로(제3조 제2항), 여기서 '전기통신'은 전화·전자우편·모사전송 등과 같이 유선·무선·광선 및 기타의 전자적 방식에 의하여 모든 종류의 음향·문언·부호 또는 영상을 송신하거나 수신하는 것을 말하고(제2조 제3호), '감청'은 전기통신에 대하여 당사자의 동의 없이 전자장치·기계장치 등을 사용하여 통신의 음향·문언·부호·영상을 청취·공독하여 그 내용을 지득 또는 채록하거나 전기통신의 송·수신을 방해하는 것을 말한다고 규정되어 있다

(제2조 제7호). 따라서 '전기통신의 감청'은 '감청'의 개념 규정에 비추어 전기통신이 이루어지고 있는 상황에서 실시간으로 전기통신의 내용을 지득·채록하는 경우와 통신의 송·수신을 직접적으로 방해하는 경우를 의미하는 것이지, 이미 수신이 완료된 전기통신에 관하여 남아 있는 기록이나 내용을 열어보는 등의 행위는 포함하지 않는다.

III. 판결의 의의

대상 판결 이후 수차례 법률 개정이 있었지만 현행법인 정보통신망 이용촉진 및 정보보호 등에 관한 법률에도 동일한 금지가 설정되어 있고, 제71조(벌칙) 제1항 제11호, 제49조를 위반하여 타인의 정보를 훼손하거나 타인의 비밀을 침해·도용 또는 누설한 자를 처벌하고 있으므로 동일한 해석론이 유지되는 것이라고 할 수 있다.

다만, 지적하고 싶은 것은 비단 정보통신망법 뿐만 아니라 거의 대부분의 행정형법의 문제이지만, 동법 제71조 제1항처럼 제49조라는 선행하는 의무조항 위반을 범죄구성요건으로 그대로 참조하는 경우에는 범죄구성요건을 구성하는 문장의 구조가 복잡해지고 특정한 수식구가 어느 부분까지 수식하는가에 대한 모호성이 발생하게 된다는 점이다. 가급적 법률 본문의 의무/금지 규정 위반의 구체적 위반행위를 벌칙규정에서 별도로 설정하여야 이러한 입법상의 불확실성을 축소할 수 있을 것이다. 대부분의 법률들이 행정법의 일부로 여겨지는 경우 본문에 해당하는 의무/금지 규범은 행정법적 해석 원리로서 합목적성에 따라 확장해석이 가능하겠지만, 벌칙규정의 해석에 있어서는 형법원칙에 따라 엄격해석되는 것이기 때문이다.

다음으로 대상 사례에서 항소심은 법 제49조에 의한 조건문이 되는 '정보통신망에 의하여 처리·보관 또는 전송되는'을 제한적으로 해석하여, 피고인2의 누설의 직접적 객체가 원래는 이메일함에 보관되던 것이었지만, 누설 당시 출력물 형태로 변화하였으므로, '타인의 비밀'에는 해당하지만, 동법상 벌칙규정인 제71조 제1항 제11호의 전제가 되는 제49조의 조건을 상실하여 처벌대상이 되지 않으므로 무죄인 것으로 보았다. 이 경우 피고인2는 피고인1의 비밀침해행위 기수 후에 이를 넘겨받은 것이므로 누설이 아니라 침해행위를 구성요건적 행위로 보는 형법 제316조(비밀침해)의 공범이 될 여지는 없다.

이러한 항소심의 법률해석을 파기하면서 대법원은 법 제49조의 '정보통신망에 의하여 처리·보관 또는 전송되는'과 누설의 대상이 되는 '타인의 비밀'의 연결성을 다소 완화하여 그

타인의 비밀이 어떠한 형식으로 누설되더라도 (지금 현재) '정보통신망에 의하여 처리·보관 또는 전송되는' 것이라면 동법 제71조 위반에 해당한다고 본 것이다. "관련판례 나."의 통신비밀보호법상 '감청'사안과는 다르게 본 것이다. 이는 동법의 목적으로서 '정보통신서비스를 이용하는 자의 개인정보를 보호'한다는 점을 강조한 해석이라고 할 수 있어서 타당한 측면이 있다. 그런데 이렇게 해석하더라도 피고인2의 누설(=제출) 당시에 피해자의 이메일함에 보관 중이던 '협의(1)' 이메일이 완전삭제된 상태였다면 그 경우에도 이를 '정보통신망에 의하여 처리·보관 또는 전송되는' 것으로 볼 수 있을 것인가 하는 점이다. 이 경우에도 대법원이 동법 제71조의 적용을 인정한다면 이는 '정보통신망에 의하여 처리·보관 또는 전송되는'이 아니라, '정보통신망에 의하여 처리·보관 또는 전송되었던' 타인의 비밀까지도 보호할 수 있다고 보는 것이어서 항소심의 지적처럼 동법의 문언을 넘는 확장해석이 될 것이다.

또 하나 지적할 것은 대법원이 이 조항의 해석에서 동법 제1조의 개인정보 보호의 관점을 강조한 점은 어느 정도 이해되지 않는 바는 아니나, 동법 제71조 제1항 제11호의 구성요건에는 제49조 위반을 통한 '타인의 정보를 훼손'도 함께 나열되어 있는데, 이 정보가 피해자인 타인의 정보가 아니라, 정보주체가 별도로 있는 제3자의 정보인 경우에도 이를 개인정보 보호라는 관점에서 해석할 수 있을 것인지는 여전히 의문이 남는다. 본래 동 규정을 입법할 때의 취지는 해킹과 같은 '정보통신망'의 침해를 처벌하는 것에 주안점이 있었던 것으로 보이고 '개인정보 보호법' 제정 이후 상당한 규정이 해당 법률로 이관되었음에도 여전히 정보통신망법의 주된 목적으로서 개인정보 보호를 중심에 놓고 해석할 수 있을 것인가 하는 점이다. 즉 동법 제71조 제1항 제11호에 열거된 구성요건들은 정보통신망의 (직접적) 침해에 해당하는 제49조의 조건을 배제하고 나면, 업무방해 혹은 재산권으로서의 정보소유권 침해, 비밀침해, 형법상 불가벌인 비업무자의 비밀누설과 같은 서로 성격이 다른 행위를 한꺼번에 묶어놓은 조항으로서 비난의 중점은 동법의 본래 취지에 맞게 정보통신망의 침해에 있다고 보아야 하고, 이렇게 보면 직접적으로 정보통신망의 침해가 없는 단순히 제71조 제1항 제11호에 나열된 행위만으로는 범죄구성요건이 충족될 수 없다는 항소심의 문제제기가 상당한 설득력을 가지는 것으로 보인다.

091 정보통신망에 의하여 처리 · 보관 또는 전송되는 타인의 비밀 침해의 의미

- 사내메신저 몰래 복사 및 전송 사건 -

대법원 2018. 12. 27. 선고 2017도15226 판결

박민철(김 · 장 법률사무소 변호사)

I. 판결의 개요

1. 사안의 개요

가. 사실관계

피고인은 A회사 소속 근로자이고, 피해자1, 피해자2는 같은 회사 같은 부서 소속으로 피고인보다 선배이며, 신천지예수교를 신봉하는 사람들이다. 피고인은 2015. 7. 24.경 회사 사무실에서 피해자1이 자리를 비운 사이 피해자들과 종교포교 문제로 분쟁이 있던 중 자신에 대한 강제 포교 관련 증거자료를 확보하기 위해 피해자가 사용하는 정보통신설비에 연결되어 있는 컴퓨터에 들어가 그곳에 설치된 메신저 프로그램의 '보관함'을 클릭하여 열고 그 안에 저장되어 있던 피해자들의 선교활동 계획 및 피고인을 비롯한 회사 직원들에 대한 피해자들의 개인감정, 피해자들과 함께 하는 선교모임의 구성원들의 이름, 피해자1의 건강검진 내용 등과 같은 내용이 기록되어 있는 피해자들 사이의 메신저 대화내용을 컴퓨터 메모장 기능에 복사하는 방법으로 텍스트 파일로 변경한 다음, 같은 부서에서 공동으로 사용하는 컴퓨터에 있는 피고인 이름의 폴더로 전송하고, 자신의 자리로 돌아와 위 폴더에서 위와 같이 저장한 피해자들 사이의 대화내용 텍스트 파일을 자신이 사용하는 컴퓨터에 다운 받아 저장한 후 그 파일을 같은 부서 상급자에게 전송하였다.

나. 소송경과

1) 1심 판결(의정부지방법원 고양지원 2017. 1. 12. 선고 2016고정775 판결)

피고인은 피해자들 또는 관리자의 승낙 없이 정보통신설비에 연결되어 있는 피해자의 컴

퓨터를 사용하여 위 컴퓨터에 설치된 메신저 프로그램의 '보관함' 아이콘을 클릭하여 열고 그 안에 저장되어 있던 피해자들의 선교활동계획 및 피고인을 비롯한 회사 직원들에 대한 피해자들의 개인감정, 피해자들과 함께 하는 선교모임의 구성원들의 이름, 피해자 E의 건강검진 내용 등 별지 범죄일람표 기재와 같은 내용이 기록되어 있는 피해자들 사이의 메신저 대화내용을 취득하였다. 그렇다면 피고인이 정당한 접근권한 없이 정보통신망에 침입하여 타인의 비밀을 취득하였다고 봄이 상당하다.

또한 피고인이 위와 같이 정보통신망에 침입하는 등 부정한 수단 또는 방법으로 취득한 피해자들의 비밀을 회사 반장에게 알려준 이상, 이는 '정보통신망에 의하여 처리·보관 또는 전송되는 타인의 비밀 누설'에 해당한다.

2) 항소심 판결(의정부지방법원 2017. 8. 30. 선고 2017노262 판결)

피고인은 피해자들 사이의 메신저 대화 내용이 저장된 전자파일을 위 메신저 프로그램의 보관함을 통하여 확인하였고, 이러한 경우에는 해당 컴퓨터의 하드디스크에 저장되어 있는 전자파일을 위 보관함을 통하여 확인하는 것이므로 네트워크 등 통신기능을 사용하지 아니하고도 확인이 가능한 것으로 볼 여지가 없지는 않다.

그러나 피해자들은 각자의 컴퓨터에 설치된 메신저 프로그램을 통하여 사적 대화로서 제3자와는 공유하기 어려운 원심 판시 별지 범죄일람표 기재와 같은 문자를 주고받으면서 그 대화내용을 메신저 프로그램에서 제공하는 보관함에 저장하였는바, 이러한 저장행위는 정보통신망이용촉진 및 정보보호 등에 관한 법률 제49조에서 규정하고 있는 '정보통신망에 의한 정보·비밀의 처리'에 해당한다고 볼 수 있다. 한편 이렇게 처리되어 메신저 프로그램의 보관함에 저장되어 있는 대화내용은 피해자가 다시 정보통신망을 통해 메신저 프로그램을 실행한 경우에만 그 확인이 가능하다고 할 것이므로, 위 피해자 외 제3자가 접근권한 없이 위 피해자의 계정을 이용하여 메신저 프로그램을 실행한 후 위 보관함의 대화내용을 확인하는 것은 정보통신망에 의하여 처리된 피해자의 비밀을 침해하는 행위에 해당한다고 할 것이다.

돌이켜 이 사건에 관하여 보건대, 위 증거들에 의하면 피고인이 피해자에 의하여 실행된 메신저 프로그램을 위 피해자 모르게 사용하여 그 보관함에 접속, 그에 저장된 대화내용을 불러와 이를 복사한 후 다시 이를 제3의 컴퓨터에 전송한 사실을 인정할 수 있고, 이는 곧 피고인이 정당한 접근권한 없이 정보통신망에 침입하여 정보통신망에 의하여 처리된 피해자의 비밀을 침해 또는 누설한 것이라 할 것이다.

2. 판결의 요지

재판부는 "정보통신망법이 규정하고 있는 '정보통신망에 침입하는 등 부정한 수단 또는 방법'에는 부정하게 취득한 타인의 아이디나 비밀번호를 직접 입력하는 행위에 한정되지 않고, 사용자가 정보통신망에 접속한 상태를 이용해 사용자 몰래 정보통신망의 장치나 기능을 이용하는 방법으로 타인의 비밀을 취득·누설하는 행위도 포함된다"고 밝혔다.

이어 "원심은 조씨가 열람·복사한 메신저 대화내용이 정보통신망에 의해 처리·보관 또는 전송되는 타인의 비밀에 해당하고, 피해자가 잠시 자리를 비운 사이 피해자의 컴퓨터에서 대화내용을 열람·복사한 다음 복사된 전자파일을 타인에게 전송한 행위는 타인의 비밀을 침해·누설한 행위에 해당한다고 한다고 판단했는데 이는 정당하다"고 판시했다.

II. 해설

1. 쟁점의 정리

정보통신망 이용촉진 및 정보보호 등에 관한 법률(이하 '정보통신망법'이라 한다) 제49조는 "누구든지 정보통신망에 의하여 처리·보관 또는 전송되는 타인의 정보를 훼손하거나 타인의 비밀을 침해·도용 또는 누설하여서는 아니 된다."라고 정하고, 제71조 제1항 제11호는 "제49조를 위반하여 타인의 정보를 훼손하거나 타인의 비밀을 침해·도용 또는 누설한 자는 5년 이하의 징역 또는 5천만 원 이하의 벌금에 처한다."고 정하고 있다. 해당조항에 따른 위법에 해당되는지 여부는 (1) 정보통신망법 제49조 위반행위의 객체인 '정보통신망에 의해 처리·보관 또는 전송되는 타인의 비밀'의 범위 및 정보통신망으로 처리·전송이 완료된 다음 사용자의 개인용 컴퓨터(PC)에 저장·보관되어 있으나 정보통신체제 내에서 저장·보관 중인 것으로 볼 수 있는 비밀이 이에 포함되는지 여부와 함께 위 규정에서 말하는 '타인의 비밀'의 의미가 무엇인지, 그리고, (2) 정보통신망법 제49조에서 말하는 타인의 비밀 '침해' 및 '누설'의 의미와 위 규정의 '타인의 비밀 침해 또는 누설'에서 요구되는 '정보통신망에 침입하는 등 부정한 수단 또는 방법'에 사용자가 식별부호를 입력하여 정보통신망에 접속된 상태에 있는 것을 기화로 정당한 접근권한 없는 사람이 사용자 몰래 정보통신망의 장치나 기능을 이용하는 등의 방법으로 타인의 비밀을 취득·누설하는 행위를 포함시키는 해석이 죄형법정주의에 위배되는지 여부에 대한 판단이 필요하다.

2. 검토

가. '정보통신망에 의해 처리 · 보관 또는 전송되는 타인의 비밀'의 범위

우선 대상 판결에서 쟁점으로 판단된 요건은 정보통신망으로 처리 · 전송이 완료된 다음 사용자의 개인용 컴퓨터(PC)에 저장 · 보관되어 있으나 정보통신체제 내에서 저장 · 보관 중인 것으로 볼 수 있는 비밀이 '정보통신망에 의해 처리 보관 또는 전송되는 타인의 비밀'에 포함되는지 여부였다. 이미 해당 컴퓨터의 하드디스크에 저장되어 있는 전자파일을 위 보관함을 통하여 확인하는 것이므로 네트워크 등 통신기능을 사용하지 아니하고도 확인이 가능한 것으로 본 요건에 해당되지 않는다는 견해가 있을 수 있으나, 원심판결부터 본 대법원 판결까지 그럼에도 불구하고 이 경우에도 해당 요건이 인정된다고 일관되게 판단하였다. 그 이유는 아래와 같다.

정보통신망법은 정보통신망의 이용을 촉진하고 정보통신서비스를 이용하는 자의 개인정보를 보호함과 아울러 정보통신망을 건전하고 안전하게 이용할 수 있는 환경을 조성하여 국민생활의 향상과 공공복리의 증진에 이바지하기 위한 목적으로 제정되었다(제1조). 정보통신망은 전기통신사업법 제2조 제2호에 따른 전기통신설비를 이용하거나 전기통신설비와 컴퓨터 및 컴퓨터의 이용기술을 활용하여 정보를 수집 · 가공 · 저장 · 검색 · 송신 또는 수신하는 정보통신체제를 말한다(제2조 제1항 제1호). 전기통신설비는 전기통신을 하기 위한 기계 · 기구 · 선로 또는 그 밖에 전기통신에 필요한 설비를 말한다(전기통신사업법 제2조 제2호). 정보통신망법 제49조의 규율 내용이 포괄적이기 때문에, 위와 같은 정보통신망법의 입법목적이나 정보통신망의 개념 등을 고려하여 그 조항을 해석해야 한다.

정보통신망법 제49조 위반행위의 객체인 '정보통신망에 의해 처리 · 보관 또는 전송되는 타인의 비밀'에는 정보통신망으로 실시간 처리 · 전송 중인 비밀, 나아가 정보통신망으로 처리 · 전송이 완료되어 원격지 서버에 저장 · 보관된 것으로 통신기능을 이용한 처리 · 전송을 거쳐야만 열람 · 검색이 가능한 비밀이 포함됨은 당연하다. 그러나 이에 한정되는 것은 아니다. 정보통신망으로 처리 · 전송이 완료된 다음 사용자의 개인용 컴퓨터(PC)에 저장 · 보관되어 있더라도, 그 처리 · 전송과 저장 · 보관이 서로 밀접하게 연계됨으로써 정보통신망과 관련된 컴퓨터 프로그램을 활용해서만 열람 · 검색이 가능한 경우 등 정보통신체제 내에서 저장 · 보관 중인 것으로 볼 수 있는 비밀도 여기서 말하는 '타인의 비밀'에 포함된다고 보아야 한다. 이러한 결론은 정보통신망법 제49조의 문언, 정보통신망법상 정보통신망의 개념, 구성요소와

기능, 정보통신망법의 입법목적 등에 비추어 도출할 수 있다고 보았다.

나. '타인의 비밀'의 의미

정보통신망법 제49조에서 말하는 '타인의 비밀'이란 일반적으로 알려져 있지 않은 사실로서 이를 다른 사람에게 알리지 않는 것이 본인에게 이익이 되는 것을 뜻한다. 관련한 판례도 동일한 취지로 설시하고 있다.

1) 대법원 2006. 3. 24. 선고 2005도7309 판결

피고인1은 주식회사 (회사명 생략)(이하 '소외 회사'라고 한다)의 연구실 과장, 피고인2는 소외 회사의 대표이사인바, 피고인1은 2002. 5. 20.경부터 같은 해 5. 24.경까지 사이에 정당한 권한 없이 피해자 공소외1의 이메일계정에 침입하여 그곳에 보관되어 있던 이메일 내용을 프린터로 출력한 사건에서, 법 제49조가 정보와 비밀을 구분하여 정보의 경우에는 훼손행위를 금지하고 있는 반면, 비밀의 경우에는 이보다는 정도가 약한 침해, 도용, 누설행위를 금지하고 있는 점에 비추어 정보의 개념보다는 비밀의 개념을 좁게 보아야 하는 점, 법 제48조는 타인의 비밀을 누설하는 행위와는 별도로 정당한 접근권한 없이 정보통신망에 침입하는 행위 자체를 금지하고 있는데, 만약 개인의 사생활의 비밀 내지 평온에 속하는 사항은 그 내용에 상관없이 모두 타인의 비밀에 해당한다고 본다면 이는 결국, 개인의 이메일 등 정보통신망에 의하여 보관되어 있는 모든 정보가 타인의 비밀에 해당한다는 것과 다름 아닌 결과가 되고, 따라서 타인의 이메일에 함부로 접속하여 그 내용을 읽어보는 것 자체만으로도 정보통신망 침입죄뿐만 아니라 비밀 침해죄를 구성할 수 있는 등 정보통신망 침입행위와 비밀 침해 · 누설행위의 구분이 모호해지게 될 뿐만 아니라, 양자에 대하여 법정형에 차등을 두고 있는 법의 취지에도 반하게 되는 점 등에 비추어 보면, 법 제49조에서 말하는 타인의 비밀이란 일반적으로 알려져 있지 않은 사실로서 이를 다른 사람에게 알리지 않는 것이 본인에게 이익이 있는 것을 의미한다고 제한적으로 해석함이 상당하다고 판시하였다.

2) 대법원 2012. 1. 12. 선고 2010도2212 판결

대법원은 싸이월드의 미니홈피 방문자의 정보(싸이월드 고유 ID, 방문일시, 접속IP 등)를 외부의 서버로 유출하여 미니홈피 운영자에게 그 정보를 제공하는 서비스를 제공하는 경우에 위 정보들은 관리자의 권한을 가진 자들만이 접근할 수 있고, 미니홈피 방문자들이 비밀로 하기를 원하고 객관적으로 보아도 다른 사람이 모르게 유지되는 것이 미니홈피 방문자들에

게 이익이 되는 것이므로 비밀로 볼 수 있다고 판단하였다.

다. 타인의 비밀 '침해'의 의미

대상 판결에서는 '타인의 비밀 침해 또는 누설'에서 요구되는 '정보통신망에 침입하는 등 부정한 수단 또는 방법'에 사용자가 식별부호를 입력하여 정보통신망에 접속된 상태에 있는 것을 기화로 정당한 접근권한 없는 사람이 사용자 몰래 정보통신망의 장치나 기능을 이용하는 등의 방법으로 타인의 비밀을 취득·누설하는 행위를 포함시키는 해석이 죄형법정주의에 위배되는지 여부가 문제되었는데, '정보통신망에 의해 처리 보관 또는 전송되는 타인의 비밀'에 포함되는지 여부에서와 같이 정통신망법상의 규정의 문구와 입법 취지 등을 감안하여, 이를 적극적으로 판시하였다.

정보통신망법 제49조에서 말하는 타인의 비밀 '침해'란 정보통신망에 의하여 처리·보관 또는 전송되는 타인의 비밀을 정보통신망에 침입하는 등 부정한 수단 또는 방법으로 취득하는 행위를 말한다. 타인의 비밀 '누설'이란 타인의 비밀에 관한 일체의 누설행위를 의미하는 것이 아니라, 정보통신망에 의하여 처리·보관 또는 전송되는 타인의 비밀을 정보통신망에 침입하는 등의 부정한 수단 또는 방법으로 취득한 사람이나 그 비밀이 위와 같은 방법으로 취득된 것임을 알고 있는 사람이 그 비밀을 아직 알지 못하는 타인에게 이를 알려주는 행위만을 의미한다. 정보통신망법 제48조 제1항은 정보통신망에 대한 보호조치를 침해하거나 훼손할 것을 구성요건으로 하지 않고 '정당한 접근권한 없이 또는 허용된 접근권한을 넘어' 정보통신망에 침입하는 행위를 금지하고 있다. 정보통신망법 제49조는 제48조와 달리 정보통신망 자체를 보호하는 것이 아니라 정보통신망에 의하여 처리·보관 또는 전송되는 타인의 정보나 비밀을 보호대상으로 한다. 따라서 정보통신망법 제49조의 '타인의 비밀 침해 또는 누설'에서 요구되는 '정보통신망에 침입하는 등 부정한 수단 또는 방법'에는 부정하게 취득한 타인의 식별부호(아이디와 비밀번호)를 직접 입력하거나 보호조치에 따른 제한을 면할 수 있게 하는 부정한 명령을 입력하는 등의 행위에 한정되지 않는다. 이러한 행위가 없더라도 사용자가 식별부호를 입력하여 정보통신망에 접속된 상태에 있는 것을 기회로 정당한 접근권한 없는 사람이 사용자 몰래 정보통신망의 장치나 기능을 이용하는 등의 방법으로 타인의 비밀을 취득·누설하는 행위도 포함된다. 그와 같은 해석이 죄형법정주의에 위배된다고 볼 수는 없다.

1) 대법원 2012. 12. 13. 선고 2010도10576 판결

피고인이 자신이 운영하는 인터넷 사이트 카페에 개인정보가 담겨 있는 '특정 종교 교인 명단' 파일을 업로드하여 이에 접속하는 다른 회원들로 하여금 이를 다운로드받아 볼 수 있게 함으로써 정보통신망에 의하여 처리·보관 또는 전송되는 타인의 비밀을 침해·도용 또는 누설하였다는 내용으로 기소된 사안에서, 설령 위 명단이 타인의 비밀에 해당하여 보호받을 필요성이 인정된다 하더라도 원래 정보통신망에 의하여 처리·보관 또는 전송되던 것을 정보통신망을 침해하는 방법 등으로 명단의 작성자나 관리자의 승낙 없이 취득한 것이라는 점을 인정할 증거가 없는 이상, 피고인의 행위가 정보통신망 이용촉진 및 정보보호 등에 관한 법률 제49조에 규정된 정보통신망에 의하여 처리·보관 또는 전송되는 타인의 비밀을 침해·도용 또는 누설한 경우에 해당한다고 볼 수 없다는 이유로 무죄를 선고한 원심판단을 수긍한 바 있다.

2) 대법원 2015. 1. 15. 선고 2013도15457 판결

'정보통신망에 의하여 처리·보관 또는 전송되는 타인의 비밀 침해'란 정보통신망에 의하여 처리·보관 또는 전송되는 타인의 비밀을 정보통신망에 침입하는 등 부정한 수단 또는 방법으로 취득하는 행위를 말하고, '정보통신망에 의하여 처리·보관 또는 전송되는 타인의 비밀 도용'이란 정보통신망에 의하여 처리·보관 또는 전송되는 타인의 비밀을 정보통신망에 침입하는 등 부정한 수단 또는 방법으로 취득한 사람이나 그 비밀이 위와 같은 방법으로 취득된 것을 알고 있는 사람이 그 비밀을 사용하는 행위를 의미한다고 전제하면서, 이 사건 인터넷 쇼핑몰 회원들의 주문정보가 포함된 구매후기 게시글은 타인의 비밀에 해당하지 않지만, 회원들의 주민등록번호, ID, 비밀번호, 휴대전화번호, 주소 등의 개인정보는 타인의 비밀에 해당한다고 볼 수 있다. 그러나 피고인들은 인터넷 쇼핑몰 홈페이지 서버에 접근할 수 있는 정당한 권한이 있을 당시에 이를 취득한 것이고, 피고인들이 부정한 수단 또는 방법으로 타인의 비밀을 취득하였다고 볼 수 없으므로, 피고인1이 운영하는 ○○사랑 홈페이지 서버 등에 이를 복사·저장하였다고 하더라도 그러한 행위만으로 타인의 비밀을 침해·도용한 것이라고 볼 수 없다. 앞서 본 법리에 따라 기록을 살펴보면, 원심의 위와 같은 판단은 정당하고, 거기에 논리와 경험의 법칙을 위반하여 자유심증주의의 한계를 벗어나거나, 타인의 비밀 침해·도용으로 인한 정보통신망법 위반죄에 관한 법리를 오해한 위법이 없다.

III. 판결의 의의

대상 판결에서는 우선 정보통신망법 제49조에서 말하는 '타인의 비밀'이란 일반적으로 알려져 있지 않은 사실로서 이를 다른 사람에게 알리지 않는 것이 본인에게 이익이 되는 것을 뜻한다는 기존의 판례입장을 인용하였다. 이와 함께, '정보통신망에 의해 처리·보관 또는 전송되는 타인의 비밀'의 범위와 '비밀의 침해'의 의미와 관련하여 의미 있는 판단을 하였다. 즉 해당 규정의 문구와 관련 규정의 입법 취지 등을 고려하여, 정보통신망으로 처리·전송이 완료된 다음 사용자의 개인용 컴퓨터(PC)에 저장·보관되어 있으나 정보통신체제 내에서 저장·보관 중인 정보를 사용자가 식별부호를 입력하여 정보통신망에 접속된 상태에 있는 것을 기화로 정당한 접근권한 없는 사람이 사용자 몰래 정보통신망의 장치나 기능을 이용하는 등의 방법으로 타인의 비밀을 취득·누설하는 행위를 이에 포함시킨 것이다.

우선 본 판결에서 판시의 주요한 이유로 설시하고 있는 정보통신망과 전기통신설비의 개념 그리고 정보통신망법의 입법목적 등을 고려하여, 정보통신망으로 처리 전송이 완료된 정보라도 정보통신체제내 포함된 것으로 보고 실제 직접적인 침해행위를 하지 않고 이미 정보통신망에 접속된 상태에 있는 것을 기화로 정당한 접근권한 없는 사람이 사용자 몰래 정보통신망의 장치나 기능을 이용하는 방법으로 해당 정보를 취득 누설하는 행위도 포함한 것은 타당한 판단으로 보인다.

더욱이, 정보통신망법 제49조에서 보호하고자 하는 대상은 정보통신망 자체가 아닌 타인의 비밀이므로, 그 최종의 접근 대상인 비밀에 관한 소유권자의 의사 등을 고려하여 접근권한의 유무와 보호하고자 하는 비밀에 포함되는지 여부, 그리고 침해 여부를 판단하는 것이 타당하다. 따라서 정보통신망과 직접적으로 연동되어 처리 보관되는 정보로만 대상을 제한해서도 안 되고, 침해행위를 직접적인 적극적 행위가 필요한 것으로 제한해서도 안 될 것이다. 결국 정보통신망법이 보호하고자 하는 정보통신체재내에서 접근권한자의 의사와 보호하고자 하는 비밀의 소유권자의 의사를 고려하여 침해여부를 판단할 필요가 있고 이러한 의미에서 본 판결의 평가가 정당한 것으로 판단된다.

092 통신사실확인자료제공 사항 공개 및 누설금지 의무

- 다음커뮤니케이션 개인정보 제공현황 공개청구 사건 -

대법원 2012. 2. 12. 선고 2011다76617 판결

이수경(법무법인 화우 변호사)

I. 판결의 개요

1. 사안의 개요

가. 사실관계

1) 당사자

피고 주식회사 다음커뮤니케이션은 전기통신사업법의 부가통신사업자이면서 정보통신망 이용촉진 및 정보보호 등에 관한 법률(이하 '정보통신망법'이라 한다)의 정보통신서비스 제공자로서 인터넷 포털사이트 '다음'을 운영하고 있으며, 원고들은 피고의 서비스 약관 및 개인정보 취급방침에 동의하고 피고의 사이트 '다음'에 가입한 회원들이다.

2) 사건 내용

원고들은 2010. 3.경 피고에게 원고들의 개인정보를 전기통신사업법에 의한 통신 자료제공 요청 내지 형사소송법에 의한 이메일에 대한 압수수색영장의 집행에 따라 제3자에게 제공한 현황에 관하여 열람이나 제공을 요구하였다. 그러나 피고는 이러한 원고들의 요청에 대해 '원고가 요청한 자료는 수사상 기밀이 포함되어 있어 통신비밀보호법상 비밀준수의무 등에 따라 이를 제공할 수 없다'는 이유로 거절하였다.

원고들은 피고가 제공하는 정보통신서비스의 이용자로서 피고가 원고들의 동의를 받지 않고 구 전기통신사업법 제54조 제3항[1]에 의한 통신자료제공 요청 내지 형사소송법 제215조에 의한 이메일에 대한 압수수색영장의 집행에 따라 수사기관에 개인정보를 제공한 현황에 관하여 열람이나 제공을 요구할 수 있으므로, 피고는 원고들에게 위와 같이 개인정보를

1) 2010. 3. 22. 법률 제10166호로 개정되기 전의 것, 현행 전기통신사업법 제83조 제4항.

제공한 현황을 공개할 의무가 있다고 주장하면서 서울중앙지방법원에 정보공개 청구의 소를 제기하였다.

나. 소송경과

1심 법원은 피고로 하여금 원고에게 피고가 수집, 보유하고 있는 원고들의 개인정보를 전기통신사업법에 의한 통신자료제공 요청에 따라 제3자에게 제공한 현황을 공개하도록 하였다.

원고들은 1심에서 기각된 쟁점인 형사소송법상 압수수색영장 집행에 따라 제3자에게 제공한 현황을 공개할 것과 관련 위자료 청구를 다투어 항소하였고, 항소 법원도 1심 법원과 마찬가지로 기각하자, 다시 대법원에 상고하였고, 대법원도 원심 법원과 마찬가지로 상고를 기각하였다.

2. 판결의 요지

가. 1심 판결

1) 원고들의 개인정보 열람청구권에 근거한 정보공개청구에 대한 판단

정보통신망 이용촉진 및 정보보호 등에 관한 법률(이하, 정보통신망법)에 따르면 이용자는 전기통신서비스 제공자에 대하여 정보통신서비스 제공자가 이용자의 개인정보를 제3자에게 제공한 현황에 대한 열람이나 제공을 요구할 수 있고, 이와 같은 열람 또는 제공을 요구받은 사업자는 지체 없이 필요한 조치를 하여야 한다.[2)]

원고들이 피고에게 공개를 요청한 정보 중 이용자의 성명, 주민등록번호, 주소, 전화번호, 아이디는 적어도 다른 정보와 용이하게 결합할 경우 당해 개인을 알아볼 수 있는 정보라 할 것이고, 압수수색영장의 집행에 따라 수사기관에 제공되는 이메일은 적어도 발신자와 수신자의 성명이나 아이디, 이메일 주소 등을 포함할 것이므로 이는 다른 정보와 용이하게 결합할 경우 당해 개인을 알아볼 수 있는 정보로서 정보통신망법의 개인정보[3)]에 해당한다.

따라서 정보통신서비스 제공자인 피고는 특별한 사정이 없는 한 이용자들의 요구에 따라 원고들의 개인정보를 전기통신사업법상 통신자료 제공 요청 또는 형사소송법상 이메일에 대한 압수수색영장의 집행에 따라 제3자에게 제공한 현황을 열람 또는 제공할 의무가 있다.[4)]

---

2) 구 정보통신망법 제30조 제2항 제2호, 제4항 제3호.

3) 구 정보통신망법 제2조 제1항 제6호.

4) 서울중앙지방법원 2011. 1. 13. 선고 2010가합72880 판결, 해당 판결에는 이러한 판단 외에 피고의 위법한

2) 피고의 비밀준수의무(통신비밀보호법) 주장에 대한 판단

통신비밀보호법에 따르면, 통신기관의 전·현직 직원은 통신제한조치, 통신사실 확인 자료 제공 시 비밀준수의무가 있으나,[5] 전기통신사업법에 따른 통신자료제공 요청에 따라 통신자료가 제공된 경우는 비밀유지의무가 없고, 통신자료제공 시 수사대상자에 대해 개인정보제공현황이 통지되지 않으며, 통신자료의 개인정보는 주로 인적사항 확인 용도로 수사기관이 통신자료를 받으면 목적을 달성하고, 통신사업자가 수사기관의 통신자료 제공 요청을 반드시 따라야 할 의무를 부과하고 있지 않으며, 이용자는 전기통신사업법의 비밀준수의무에 따라 직접 전기통신사업자에게 자신의 비밀을 누설하지 말도록 주장할 수 있고, 자신의 통신비밀을 타인에게 누설하지 말 것을 요구할 권리가 있으며, 이용자에게 누설 여부 확인을 구할 권리가 인정되지 않으면 이 요구권을 실효성 있게 보장하기 어려우므로 전기통신사업법은 통신비밀보호법의 제한대상에 해당하지 않는다.

이와 달리 이메일에 대한 압수수색영장 집행의 경우 통신비밀보호법에서 명시적으로 비밀유지의무를 규정하지는 아니하나, 통신제한조치, 통신사실확인자료제공 현황과 마찬가지로 수사 진행 중에 수사 대상자에게 그 현황이 공개될 경우 수사상 어려움이 발생할 가능성이 크고,[6] 검사 또는 사법경찰관은 수사대상이 된 가입자에 대하여 공소의 제기 또는 입건을 하지 아니하는 처분을 한 때에는 그 집행사실을 통지하도록 되어 있으므로, 이 사건은 아직 수사가 종료했다는 점에 대한 아무런 자료가 없는 경우로 공개가 금지된다.

3) 피고의 수사실무 내지 피고 업무의 현실상 필요 주장에 대한 판단

통신자료는 수사기관 등이 이용자의 인적사항 확인을 위한 신상정보를 전기통신사업자로부터 제공받아 수사대상을 특정하는 과정에서 필요한 것으로 수사기록과 같이 볼 수 없고, 통신자료를 통한 수사개시 여부는 수사의 밀행성이 크게 요청된다고 보기 어려우며, 증거인멸, 도주 등의 우려는 어느 경우에나 있을 수 있는 것으로서 통신자료제공현황의 공개를 금지할 사유는 될 수 없으며, 이용자들은 위에서 인정한 확인을 구할 권리에 따라 통신자료제공이 적절하게 이루어졌는지 확인할 수 있어야 하며, 관할법원의 허가를 요하지 않으므로

열람·제공 거부로 인한 원고들의 정신적 손해배상을 주장하는 위자료 청구도 있으나, 이는 민사와 관련된 것으로 제외한다. 동일한 취지에서 항소심 판결도 논의에서 제외한다.

5) 통신비밀보호법 제11조(비밀준수의무), 제13조의5(비밀준수의무 및 자료의 사용 제한).

6) 통신비밀보호법 제9조의3(압수·수색·검증의 집행에 관한 통지).

이용자의 권리를 보장하여 오히려 사업자가 무분별하게 통신자료를 제공하는 것을 막을 필요성도 있다.

나. 대법원 판결

대법원은 전기통신사업자는 통신비밀보호법에 따라 수사 종료 여부와 관계없이 이용자를 포함한 외부에 대하여 통신사실 확인자료제공 사항을 공개·누설하지 말아야 할 의무를 계속 부담하며, 정보통신망법에 의한 이용자의 개인정보 열람·제공에도 응할 의무가 없다고 판단하였다.

통신비밀보호법의 목적이 통신 및 대화의 비밀과 자유에 대한 제한 시 대상을 한정하고 엄격한 법적 절차를 거치도록 함으로써 통신비밀을 보호하고 통신의 자유를 신장하고자 하는 것인 점, 통신사실 확인자료 제공의 대상을 한정하고 통신사실 확인자료의 사용용도를 일정한 경우로 제한하는 한편, 수사기관의 범죄수사를 위한 통신사실 확인자료 제공 등에 대한 통지의무 및 통신사실 확인자료 제공에 관여한 통신기관의 직원 등의 통신사실 확인자료 제공 사항에 대한 비밀준수의무를 규정하는 방법으로 전기통신 이용자의 통신비밀과 자유를 보호하고 있을 뿐, 더 나아가 전기통신 이용자에게 전기통신사업자를 상대로 통신사실 확인자료를 제3자에게 제공한 현황 등에 대한 열람 등을 청구할 권리를 인정하지 않는 점, 통신비밀보호법 제13조의3에서 규정한 통신사실 확인자료 제공의 집행사실에 관하여 수사기관이 통지를 할 무렵에는 통신비밀보호법 제13조의5에 의하여 준용되는 제11조 제2항에서 규정한 통신사실 확인자료 제공에 관여한 통신기관 직원 등의 통신사실 확인자료 제공 사항에 대한 비밀준수의무가 해제된다고 볼 근거도 없다고 하였다.

통신비밀보호법 제9조의3은 압수·수색 집행 시 가입자 통지에 관한 것으로 통지의 주체를 수사기관으로 한정함으로써 압수·수색 대상자의 알권리와 수사상 기밀유지의 필요성을 함께 고려하고, 이러한 입법 목적을 달성하기 위해서는 제9조의3 이외의 다른 법률에 수사기관 이외의 제3자가 전기통신에 대한 압수·수색 사항을 가입자에게 별도로 통지하는 것은 제한할 필요가 있으며, 제9조의3은 통지 주체, 시기, 절차를 별도로 규정하고 있어 정보통신망법 열람청구 규정의 특칙에 해당하고, 전기통신에 대한 압수·수색 시 수사기관은 통신사실 확인자료도 제공받게 되므로 이 둘은 불가분적으로 결합되어 있어, 전기통신사업자가 통신사실 확인자료 제공사항에 관한 비밀준수 취지를 지키기 위해서는 불가분으로 결합되어 있는 전기통신에 대한 압수·수색 사항에 대하여도 비밀준수를 해야 할 것이므로 통신사실 확인자료 제공 사항과 마찬가지로 전기통신에 대한 압수·수색 사항에 관하여도 전기통신사

업자가 비밀준수의무를 부담한다고 보아 전기통신사업자는 정보통신망법에 기한 이용자의 이메일 압수·수색 사항의 열람·제공 요구에 응할 의무가 없다.[7)]

II. 해설

1. 쟁점의 정리

가. 정보통신망법의 개인정보 열람청구권과 예외 인정 여부

정보통신망법의 개인정보 열람청구권은 열람 거절 사유는 규정되어 있지 않고 오히려 같은 법에서 정보통신사업자에게 열람 또는 제공을 요구받으면 지체 없이 필요한 조치를 하여야 한다고 규정하고 있다.

그러나 정보통신서비스 제공자가 이용자에게 개인정보 이용 내역을 통지하는 경우에는 시행령에서 통신비밀보호법 제13조 등, 전기통신사업법 제83조 제3항에 따른 정보를 제공하는 예외를 규정[8)]하고 있으므로 개인정보 열람청구권에는 이용내역 통지와 같은 예외 규정이 없음에도 불구하고 해석상 열람청구권의 예외 대상이 될 수 있는지가 문제될 수 있다.

따라서 피고는 수사기관에 대한 정보 제공을 이유로 통신비밀보호법상 비밀유지의무가 열람청구권의 예외 사유가 됨을 주장한 것이다.

나. 통신비밀보호법의 특별법적 성격 여부

전기통신사업법은 전기통신업무 종사자에게 통신에 관하여 알게 된 타인의 비밀을 누설하지 않도록 의무를 두고 있고, 통신비밀보호법도 통신기관직원에게 비밀준수의무를 규정하고 있고, 통신사실 확인자료제공에 따른 비밀준수의무에도 준용한다.[9)]

그런데 전기통신사업법은 법원, 검사 수사관서의 장 등이 통신자료제공을 요청할 경우에는 통신사업자로 하여금 그 요청에 따를 수 있도록 규정하고 있고, 통신비밀보호법은 검사, 사법경찰관, 법원 등이 전기통신사업자에게 통신사실 확인자료제공을 요청할 수 있고, 전기통신사업자는 이들의 요청에 협조하여야 한다고 규정하고 있다.[10)]

---

7) 대법원 2015. 2. 12. 선고 2011다76617 판결.
8) 구 정보통신망법 시행령 제17조 제2항 제2호.
9) 통신비밀보호법 제13조의5(비밀준수의무 및 자료의 사용 제한).
10) 통신비밀보호법 제15조의2(전기통신사업자의 협조의무).

이처럼 피고는 원고들의 통신자료 제공 요청에 대하여 통신비밀보호법의 비밀유지의무를 근거로 공개를 거부함으로써 양 법률의 충돌이 발생하여 통신비밀보호법의 특별법적 성격을 인정하는지가 문제된다.

2. 검토

가. 전기통신사업자의 통신자료 제공 의무

전기통신사업법은 전기통신업무의 전·현직 종사자에게 통신에 관한 타인의 비밀을 누설하여서는 아니 된다고 규정하고 있고, 이 규정으로부터 1심 법원은 이용자에게 자신의 비밀을 타인에게 누설하지 말 것을 요구할 권리, 나아가 이용자가 사업자에게 비밀 누설을 확인할 권리를 인정함으로써 피고로 하여금 제3자에게 통신자료를 제공한 현황을 이용자에게 공개하도록 판단하였다.

통신의 자유를 헌법에서 보장하고 있고, 그간의 역사적 경험으로 인해 통신비밀의 침해에 민감한 국민 정서를 감안할 때 이용자 보호를 강화하기 위해 판례의 해석을 통해 이용자 권리를 금지의무에서 도출할 것이 아니라 정보통신망법의 열람권과 같이 명확한 근거 규정을 두어야 할 것이다.

더욱이 같은 조에서 비밀누설금지의무의 예외에 해당하는 법원, 검사, 수사기관의 장 등이 재판, 수사, 형의 집행 등을 위하여 통신자료를 요청하는 경우에는 그 요청에 따를 수 있다고 규정하며, 이 경우 사업자는 관련 대장과 자료제공요청서 보관의무, 과학기술정보통신부장관에 대한 보고의무를 부담할 뿐 이용자에 대한 통지 의무나 이용자의 통신자료 열람청구권은 규정하지 않고 있다.

나. 정보통신서비스 제공자의 이메일 제공 현황 공개 의무

대법원은 이메일 압수·수색시 수신인·발신인에 대한 통지 규정이 미비하다는 지적에 따라 2009. 5. 28. 통신비밀보호법 제9조의3이 신설되어 검사, 사법경찰관이 수사대상이 된 가입자에게 압수·수색을 집행한 사실을 통지하도록 규정하였고, 통신비밀보호법의 목적이 통신 및 대화의 비밀과 자유에 대한 제한시 그 대상을 한정하고 엄격한 법적 절차를 거치도록 함으로써 통신비밀을 보호하고 통신의 자유를 신장한 점을 인정한 기존의 대법원 판례[11]를 인용하면서 통신비밀보호법에서 인정한 통지 주체는 수사기관에 한정되고, 수사상 기밀 유

11) 대법원 2012. 12. 27. 선고 2010다79206 판결.

지의 필요성을 고려하여 위 제9조의3 외의 다른 법률에 의해 통지하는 것을 제한할 필요가 있는 점 등을 고려하여 이메일 압수·수색 내용에 대한 정보통신망법의 열람청구를 인정하지 않았다.

현재 개인정보 보호법은 열람 제한·거절사유에서 공공기관의 경우 다른 법률에 따라 진행 중인 감사 및 조사에 관한 업무를 수행할 때 중대한 지장을 초래하는 경우를 규정하고, 이에 대한 구체적 내용을 표준 개인정보 보호지침은 국가정보원 등 수사기관이 국가안보에 긴요한 사안에 대한 수사를 진행하고 있는 경우 제3자 제공 현황이 수사대상자에게 노출된다면 증거인멸 등 수사활동이 제대로 수행되기 어려울 수도 있으므로, 이 경우에는 제3자에 해당하는 당해 수사기관에게 열람청구의 허용 또는 제한, 거부에 관련한 의견을 조회하여 결정할 수 있다고 규정하여 수사기관에 대한 예외를 인정할 수 있도록 하고 있다.[12]

이 표준 개인정보 보호지침은 개인영상정보의 경우에 대해서는 영상정보처리기기운영자가 정보주체의 개인영상정보 열람 요구 시 공공기관에 한하여 범죄수사·공소유지·재판수행에 중대한 지장을 초래하는 경우 등에 거부할 수 있도록 하고, 거부할 경우에는 거부 사유를 통지하도록 하고 있다.[13] 표준 개인정보 보호지침은 개인정보 보호위원회 고시이고, 개인정보 보호법은 지침의 준수를 권장사항으로 규정하고 있으므로 이를 법으로 상향하여 이 사건과 같은 논란을 발생하지 않도록 할 필요가 있다.[14]

동일한 취지로 구 정보통신망법 시행령에 정보통신서비스 제공자가 이용자에게 개인정보 이용 내역을 통지하는 경우에는 통신비밀보호법 제13조, 제13조의2, 제13조의4 및 전기통신사업법 제83조 제3항에 따른 정보는 통지 대상 정보에서 제외하는 예외를 규정하였고, 이는 현재 개인정보 보호법 시행령에도 동일하게 규정[15]되어 있는 점은 참고할 수 있다.

다. 비밀누설금지의무

이 사건에서 논의되고 있는 통신비밀보호법상 비밀준수의무, 전기통신사업법상 비밀누설금지의무와 관련하여 피고는 원고들에게 수사기관에 제공된 현황 자료를 제공하는 것을 거부하면서 비밀누설과 관련된 주장을 하고 있는데, 형법의 공무상 비밀누설죄, 업무상 비밀누설죄, 정보통신망법의 비밀보호[16]의 '누설'에 대해 대법원은 '그 비밀을 아직 알지 못하는 타

12) 개인정보 보호법 제35조 제4항 제3호 마목, (개인정보 보호위원회) 표준 개인정보 보호지침[개인정보 보호위원회 고시 제2020-1호) 제31조 제2항.

13) 앞의 주(12) 표준 개인정보 보호지침 제4항 제1호.

14) 개인정보 보호법 제27조(영상정보처리기기 설치·운영 지침).

15) 개인정보 보호법 시행령 제48조의6 제2항 제2호.

인에게 이를 알려주는 행위'를 의미한다고 판결[17]하고 있는 것에 비추어 보면 원고들에게 통신자료를 제공하는 것은 원고들이 비밀을 알지 못하는 타인이 아니므로 위 누설에 해당하지 않는다고 볼 수 있다.

이 사건 법원은 전기통신사업법상 비밀누설의무와 관련하여 누설의 개념에 관하여 판단하지는 않았으나, 원고들에게 정보를 공개할 것을 요하고 있으므로 누설의 개념에 해당하지 않으므로 공개를 해야 한다는 결론은 일치한다.

III. 판결의 의의

1. 이용자 보호를 위해 (압수·수색 영장 없이 제공한) 통신자료 공개 의무를 인정

당해 판결을 통해 그간 전기통신사업자가 수사기관에 압수·수색 영장 없이 전기통신사업법에 기한 통신자료를 제공한 경우 이용자에게 제공 현황을 공개하도록 의무를 인정함으로써 이용자 보호를 강화한 측면에 의의를 둘 수 있다.

이 사건에서 논의되고 있는 이용자의 권리는 헌법재판소가 결정을 통해 인정한 개인정보자기결정권과 관련이 있다. 헌법재판소는 개인정보자기결정권에 대해 인간의 존엄과 가치, 행복추구권을 규정한 헌법 제10조 제1문에서 도출되는 인격권 및 헌법 제17조의 사생활의 비밀과 자유에 의하여 헌법상 보장되는 인격권의 일종으로서 자신에 관한 정보가 언제 누구에게 어느 범위까지 알려지고 또 이용되도록 할 것인지를 그 정보주체가 스스로 결정할 수 있는 권리, 즉 정보주체가 개인정보의 공개와 이용에 관하여 스스로 결정할 권리라고 하면서 이에는 국가 및 사인에 대하여 자신의 정보에 대해 수집 금지·열람·정정을 청구할 수 있는 권리 외에 자신의 동의 없는 개인정보 이용행위에 대해 삭제·이용중지 등 금지를 청구할 수 있는 권리 역시 포함된다고 하였다.[18]

그러나 앞에서도 설명한 바와 같이 전기통신사업법에는 전기통신업무 종사자에 대해 통신비밀누설금지 의무를 부여하면서도 예외적으로 수사기관에 통신자료를 제공할 수 있도록 규정하였을 뿐, 이에 대해 이용자에게 구체적으로 열람권을 규정하지 않고, 예외적으로 인정

16) 형법 제127조, 제317조, 구 정보통신망법 제49조.
17) 대법원 2017. 6. 19. 선고 2017도4240 판결.
18) 헌재 2005. 7. 21. 2003헌마282, 425(병합) 전원재판부 결정.

되는 수사기관의 요청에 대한 자료 제공 현황 시 이용자 보호 조치로서 통지에 관련된 의무를 규정하고 있지도 않으므로 이를 입법적으로 명확하게 할 필요는 있다.

2021년 고위공직자범죄수사처의 수사기관에 대한 통신자료 조회가 문제되면서 국회 소관상임위원회(과학기술정보방송통신위원회)에 관련 전기통신사업법 개정안이 다수 제출되었고, 이들 개정안의 대부분은 통신사업자에게 이용자 보호 조치로서 통지에 관련된 의무를 부과하는 내용을 포함하여 입법적 해결을 도모하고 있다. 류성걸 의원은 2021. 12. 28., 강민국 의원과 박광온 의원은 2021. 12. 30., 이종배 의원과 권명호 의원은 2022. 1. 7., 이용자에게 통신자료제공에 대한 사실을 통보해 주고, 안전보장 · 피해자 안전 · 사법절차 진행 등의 특별한 사유가 있는 경우 통보를 일정기간 유예해 주는 내용의 개정안을 발의하였고, 김용민 의원은 2022. 1. 11., 위 내용 외에 “통신자료”의 내용을 “주민등록번호” 대신 “생년월일”로 변경하고, “이용자 아이디”는 아예 삭제하는 내용까지 포함하는 개정안을 발의하였다. 또한 박대출 의원은 2022. 1. 13., 이용자 통지 외에 아예 이용자에게 열람요청권도 인정하는 개정안을 발의하였고, 이재정 의원과 박주민 의원은 각 2022. 3. 18., 2022. 3. 28., 이용자 통지 외에 범죄수사 또는 국가안보를 목적으로 하는 경우는 법원의 허가를 얻어 통신자료를 제공받을 수 있도록 하는 내용의 개정안을 발의하였다.

2. 통신비밀보호법의 특별법적 성격 인정

당해 판결에 따르면 통신비밀보호법의 목적, 각 규정들이 통신비밀을 보호하고 통신의 자유를 신장하기 위해 다른 법률보다 엄격하게 규정하고 있는 점을 근거로 이용자의 공개 요청에도 불구하고 전기통신사업자는 수사기관에 제공한 통신사실 확인자료에 대해 비밀준수의무를 부담해야 한다고 함으로써 이용자의 알권리, 수사상 기밀 유지의 필요성, 통신사업자의 협조 의무 준수 보장 등 이 사건에 관여하는 당사자 및 이해관계인의 이익을 비교형량하였다.

이메일 등의 개인정보가 압수 · 수색영장에 의한 경우에는 법원의 허가를 통해 적법하게 집행될 수 있는 보호장치가 마련되어 있고, 통신비밀보호법에서 그 용도를 엄격하게 제한하고 있는 점 등에 비추어 법원은 통신비밀보호법이 정보통신망법의 개인정보열람청구권의 예외가 될 수 있는 특별법에 해당하는 것으로 인정하고 있다.

그 결과 통신비밀보호법상 비밀준수의무는 구 정보통신망법의 개인정보열람청구권의 예외에 해당하는 특별법적 성격이 있음을 인정하여 양 법률의 충돌을 해결하였다.

093 통신제한조치(인터넷회선 감청) 허가 위헌확인 사건

- 이른바 "패킷 감청"에 대한 헌법불합치 결정 -

헌재 2018. 8. 30. 2016헌마263 결정

홍종현 (경상국립대학교 법과대학 교수)

I. 판결의 개요

1. 사안의 개요

가. 사실관계

피청구인 국가정보원장은 청구외 김○윤의 국가보안법 위반 범죄수사를 위하여 위 김○윤이 사용하는 휴대폰, 인터넷회선 등 전기통신의 감청 등을 목적으로, 2008년경부터 2015년경까지 법원으로부터 총 35차례의 통신제한조치를 허가받아 집행하였다. 위 통신제한조치 중에는 '○○연구소'에서 청구인 명의로 가입된 주식회사 에스케이브로드밴드 인터넷회선(서비스번호: ○○○○, ID: ○○○)에 대한 2013. 10. 9.부터 2015. 4. 28.까지 사이에 6차례에 걸쳐 행해진 통신제한조치가 포함되어 있었고, 수사가 종료된 뒤 통신제한조치를 했다는 사실이 청구인에게 통지되었다. 이는 인터넷 통신망에서 정보 전송을 위해 쪼개어진 단위인 전기신호 형태의 '패킷'(packet)을 수사기관이 중간에 확보하여 그 내용을 지득하는 이른바 '패킷 감청'이었다.

이에 청구인은 청구인 명의로 가입된 위 인터넷회선의 감청을 목적으로 하는 6차례의 통신제한조치에 대한 법원의 허가, 이에 따른 피청구인 국가정보원장의 감청행위 그리고 이에 대한 법적 근거가 되는 범죄수사를 위한 통신제한조치의 허가요건(통신비밀보호법 제2조 제7호, 제5조 제2항, 제6조)이 청구인의 통신의 비밀과 자유, 사생활의 비밀과 자유 등 기본권을 침해하고, 헌법상 영장주의, 적법절차원칙 등에 위반된다고 주장하면서, 2016. 3. 29. 이 사건 헌법소원심판을 청구하였다.

나. 심판대상 및 주요 쟁점

1) 법원의 통신제한조치 허가에 대한 헌법소원 심판청구의 적법 여부(소극)

통신제한조치에 대한 법원의 허가는 통신비밀보호법에 근거한 소송절차 이외의 파생적 사항에 관한 법원의 공권적 법률판단으로 헌법재판소법 제68조 제1항에서 헌법소원의 대상에서 제외하고 있는 법원의 재판에 해당하므로, 이에 대한 심판청구는 부적법하다.

2) 국가정보원장의 인터넷회선 감청 집행행위에 대한 헌법소원 심판청구 적법 여부(소극)

국가정보원장의 감청집행 행위는 이미 종료하였으므로 주관적 권리보호이익은 소멸하였고, 감청 집행행위의 근거가 되는 법률조항에 대해 본안판단을 하는 이상 감청집행 행위에 대해 별도로 심판청구의 이익을 인정할 실익도 없으므로, 감청집행에 대한 심판청구도 부적법하다.

3) 통신비밀보호법 제5조 제2항 중 '인터넷회선을 통하여 송 · 수신하는 전기통신'에 관한 부분이 과잉금지원칙을 위반하여 청구인의 기본권을 침해하는지 여부(적극)

인터넷회선 감청은, 인터넷회선을 통하여 흐르는 전기신호 형태의 '패킷'을 중간에 확보한 다음 재조합 기술을 거쳐 그 내용을 파악하는 이른바 '패킷 감청'의 방식으로 이루어진다. 따라서 이를 통해 개인의 통신뿐만 아니라 사생활의 비밀과 자유가 제한된다.

오늘날 인터넷 사용이 일상화됨에 따라 국가 및 공공의 안전, 국민의 재산이나 생명 · 신체의 안전을 위협하는 범행의 저지나 이미 저질러진 범죄수사에 필요한 경우 인터넷 통신망을 이용하는 전기통신에 대한 감청을 허용할 필요가 있으므로 이 사건 법률조항은 입법목적의 정당성과 수단의 적합성이 인정된다.

인터넷회선 감청으로 수사기관은 타인 간 통신 및 개인의 내밀한 사생활의 영역에 해당하는 통신자료까지 취득할 수 있게 된다. 따라서 통신제한조치에 대한 법원의 허가 단계에서는 물론이고, 집행이나 집행 이후 단계에서도 수사기관의 권한 남용을 방지하고 관련 기본권 제한이 최소화될 수 있도록 입법적 조치가 제대로 마련되어 있어야 한다.

통신비밀보호법은 "범죄를 계획 또는 실행하고 있거나 실행하였다고 의심할만한 충분한

이유가 있는 경우" 보충적 수사 방법으로 통신제한조치가 활용하도록 요건을 정하고 있고, 법원의 허가 단계에서 특정 피의자 내지 피내사자의 범죄수사를 위해 그 대상자가 사용하는 특정 인터넷회선에 한하여 필요한 범위 내에서만 감청이 이루어지도록 제한이 되어 있다(법 제5조, 제6조).

그러나 '패킷 감청'의 방식으로 이루어지는 인터넷회선 감청은 수사기관이 실제 감청 집행을 하는 단계에서는 해당 인터넷회선을 통하여 흐르는 불특정 다수인의 모든 정보가 패킷 형태로 수집되어 일단 수사기관에 그대로 전송되므로, 다른 통신제한조치에 비하여 감청 집행을 통해 수사기관이 취득하는 자료가 비교할 수 없을 정도로 매우 방대하다는 점에 주목할 필요가 있다.

불특정 다수가 하나의 인터넷회선을 공유하여 사용하는 경우가 대부분이므로, 실제 집행 단계에서는 법원이 허가한 범위를 넘어 피의자 내지 피내사자의 통신자료뿐만 아니라 동일한 인터넷회선을 이용하는 불특정 다수인의 통신자료까지 수사기관에 모두 수집·저장된다. 따라서 인터넷회선 감청을 통해 수사기관이 취득하는 개인의 통신자료의 양을 전화감청 등 다른 통신제한조치와 비교할 바는 아니다. 따라서 인터넷회선 감청은 집행 및 그 이후에 제3자의 정보나 범죄수사와 무관한 정보까지 수사기관에 의해 수집·보관되고 있지 않는지, 수사기관이 원래 허가받은 목적, 범위 내에서 자료를 이용·처리하고 있는지 등을 감독 내지 통제할 법적 장치가 강하게 요구된다. 그런데 현행법은 관련 공무원 등에게 비밀준수의무를 부과하고(법 제11조), 통신제한조치로 취득한 자료의 사용제한(법 제12조)을 규정하고 있는 것 외에 수사기관이 감청 집행으로 취득하는 막대한 양의 자료의 처리 절차에 대해서 아무런 규정을 두고 있지 않다.

현행법상 전기통신 가입자에게 집행 통지는 하게 되어 있으나 집행 사유는 알려주지 않아야 되고, 수사가 장기화되거나 기소중지 처리되는 경우에는 감청이 집행된 사실조차 알 수 있는 길이 없도록 되어 있어(법 제9조의2), 더욱 객관적이고 사후적인 통제가 어렵다. 또한 현행법상 감청 집행으로 인하여 취득된 전기통신의 내용은 법원으로부터 허가를 받은 범죄와 관련되는 범죄를 수사·소추하거나 그 범죄를 예방하기 위하여도 사용이 가능하므로(법 제12조 제1호) 특정인의 동향 파악이나 정보수집을 위한 목적으로 수사기관에 의해 남용될 가능성도 배제하기 어렵다.

인터넷회선 감청과 동일하거나 유사한 감청을 수사상 필요에 의해 허용하면서도, 관련 기본권 침해를 최소화하기 위하여 집행 이후에도 주기적으로 경과보고서를 법원에 제출하도록 하거나, 감청을 허가한 판사에게 감청 자료를 봉인하여 제출하도록 하거나, 감청자료의

보관 내지 파기 여부를 판사가 결정하도록 하는 등 수사기관이 감청 집행으로 취득한 자료에 대한 처리 등을 객관적으로 통제할 수 있는 절차를 마련하고 있는 입법례가 상당수 있다.

이상을 종합하면, 이 사건 법률조항은 인터넷회선 감청의 특성을 고려하여 그 집행 단계나 집행 이후에 수사기관의 권한 남용을 통제하고 관련 기본권의 침해를 최소화하기 위한 제도적 조치가 제대로 마련되어 있지 않은 상태에서, 범죄수사 목적을 이유로 인터넷회선 감청을 통신제한조치 허가 대상 중 하나로 정하고 있으므로 침해의 최소성 요건을 충족한다고 할 수 없다. 이러한 여건 하에서 인터넷회선의 감청을 허용하는 것은 개인의 통신 및 사생활의 비밀과 자유에 심각한 위협을 초래하게 되므로 이 사건 법률조항으로 인하여 달성하려는 공익과 제한되는 사익 사이의 법익 균형성도 인정되지 아니한다.

그러므로 이 사건 법률조항은 과잉금지원칙에 위반하는 것으로 청구인의 기본권을 침해한다.

2. 결정의 요지

헌법재판소는 "통신비밀보호법 제5조 제2항 중 '인터넷회선을 통하여 송·수신하는 전기통신'에 관한 부분은 헌법에 합치되지 아니한다"고 판시하였다. 다수의견은 본 조항의 인터넷 회선 감청의 특성상 범죄사실과 관련없는 막대한 정보가 수집됨에도 불구하고, 이에 대한 적절한 통제장치의 부재를 이유로 과잉금지원칙에 반하여 청구인의 통신 및 사생활의 비밀과 자유를 침해함을 확인하였다. 그러나 헌법 제12조 제3항이 정한 '영장주의'가 수사기관이 강제처분을 함에 있어 중립적 기관인 법원의 허가를 얻어야 함을 의미하는 것 외에 법원에 의한 사후 통제까지 마련되어야 함을 의미한다고 보기 어렵고, 청구인의 주장은 결국 인터넷회선 감청의 특성상 집행 단계에서 수사기관의 권한 남용을 방지할 만한 별도의 통제장치를 마련하지 않는 한 통신 및 사생활의 비밀과 자유를 과도하게 침해하게 된다는 주장과 같은 맥락이므로, 이 사건 법률조항이 과잉금지원칙에 반하여 청구인의 기본권을 침해하는지 여부에 대하여 판단한 이상, 영장주의 위반 여부에 대해서는 별도로 판단하지 않았다.

그러나 반대의견[1]은 인터넷회선의 감청 그 자체는 공익을 위한 불가피한 조치로서 과잉금지원칙에 위반되지 않아 합헌이라고 판시하였다. 즉, "통신제한조치는 내란죄, 외환죄 등 국민의 재산이나 생명·신체의 안전 보호가 중대한 범죄로 대상범죄가 한정되어 있고, 다른 방법으로는 이들 범죄의 실행 저지나 범인 체포 또는 증거 수집이 어려운 경우에 한하여 허

1) 재판관 안창호, 재판관 조용호의 반대의견.

가될 수 있다(법 제5조 제1항). 그리고 법원이 이러한 실체적 요건의 충족 여부를 심사하여 통신제한조치의 허가 여부를 결정하도록 함으로써 통신제한조치를 사법적 통제 하에 두고 있다(법 제5조 제2항). 또한, 헌재 2009헌가30 결정으로 통신제한조치의 기간이 2월로 제한되어, 검사가 새로운 사유를 들어 통신제한조치를 청구하지 않는 한 기간연장은 불가능하다. 따라서 인터넷회선 감청의 집행 단계에서 수사기관의 권한 남용이나 관련 기본권의 과도한 침해를 객관적으로 통제할 수 있다는 수단이 마련되어 있다"는 것이다.[2)]

그리고 인터넷회선 감청의 기술적 특성 등으로 인해 취득한 자료가 다른 통신감청에 비해 상대적으로 광범위하더라도, 법상 감청집행기관의 공무원이 인터넷회선 감청을 통해 알게 된 내용을 외부에 공개·누설하는 것은 일체 금지되고, 이를 위반하는 공무원은 10년 이하의 징역에 처해지게 되며, 범죄수사와 관련되지 아니하는 것은 그 성질상 수사·소추하거나 그 범죄를 예방하는 등을 위하여 사용할 수 없게 되어 있다. 나아가 감청집행기관인 수사기관은 다른 법률에 특별한 규정이 있거나 정보주체의 동의가 없는 한 이를 보존하거나 제3자에게 제공해서는 아니 되고 지체없이 파기해야 한다(개인정보 보호법 제3조, 제15조, 제17조, 제18조, 제21조). 그리고 인터넷회선 감청은 다른 송·수신 중인 통신에 대한 감청과 기술적 태양과 대상에 따른 상대적 차이가 있을 뿐 본질적인 차이가 있다고 할 수 없다. 따라서 인터넷회선 감청의 집행 단계에서 절차적으로 법원의 개입이 보장되어 있지 아니하다는 이유로 이 사건 법률조항이 침해의 최소성을 충족하고, 법익의 균형성도 충족한다.[3)] 이는 대법원의 패킷 감청 판결(대법원 2012. 10. 11. 선고 2012도7455 판결)과 같이 '기본권 침해의 위험성'을 인정하면서도, 회선을 분리하는 것이 불가능하고 기술상 달리 방법이 없으므로 '패킷 감청'은 공익을 실현하기 위한 적정한 방법이라고 본다.

그리고 반대의견의 보충의견[4)]에 따르면 통신제한조치 허가 대상을 정한 통신비밀보호법 제5조 제2항은 과잉금지원칙에 위반하여 청구인의 기본권을 침해하지 아니하지만, '통신제한조치의 집행에 관한 통지'에 대하여 정하고 있는 법 제9조의2('감청집행통지조항')는 적법절차원칙에 위반하여 청구인의 기본권을 침해한다고 본다. 감청집행통지조항은 수사가 장기간

---

2) 새로운 사유를 들어 통신제한조치를 2개월마다 반복적으로 청구하여 계속 기간을 연장할 수 있다는 문제를 비판하는 견해도 설득력 있게 제기되고 있다.

3) 다만, 인터넷회선 감청의 기술적 태양과 대상의 특수성과 이로 인한 감청의 집행 과정에서 있을 수 있는 통신 및 사생활의 비밀에 대한 침해가 상대적으로 광범위하게 이루어질 수 있다는 우려를 고려하여, 감청의 집행 단계에서 법원의 통제를 강화하는 방법 등이 검토될 수 있고, 이에 따라 이 사건 법률조항이 아니라 법 제9조가 개정될 수 있다는 점을 밝히고 있다.

4) 재판관 안창호의 이 사건 법률조항(통신비밀보호법 제5조 제2항)에 대한 반대의견에 대한 보충의견.

진행되거나 기소중지결정이 있는 경우에는 피의자 등에게 집행 사실을 통지할 의무를 규정하지 아니하고, 통지를 받더라도 그 사유가 통지되지 아니하며, 수사목적을 달성한 이후 해당 자료가 파기되었는지 여부도 확인할 수 없게 되어 있어, 감청대상이 된 피의자 등으로서는 이와 관련된 수사기관의 권한남용에 대해 적절한 대응을 할 수 없게 규정되어 있기 때문이다.

II. 해설

1. 인터넷회선을 통한 패킷 감청의 의의 및 현황

인터넷 패킷 감청은 인터넷 회선을 통해 송·수신되는 전기통신을 감청하는 것이다. 즉, 인터넷을 통하여 패킷 단위로 쪼개져서 전송중인 데이터를 중간에 가로채서 복사한 패킷을 재조합하여 데이터를 지득하는 행위를 말한다. 이를 통해 상대방이 접속한 인터넷 사이트 주소, 접속시간, 입력 검색어, 전송하거나 수신한 게시물이나 메시지, 이미지 또는 동영상 파일의 내용과 보고 있는 웹사이트나 IPTV 화면, 인터넷 전화의 통화내용 등 모든 인터넷 통신내용을 파악할 수 있다. 「통신비밀보호법」상 인터넷회선을 통한 패킷 감청은 물건 또는 사람에 대한 압수 · 수색은 아니지만, 송·수신이 완료된 전기통신의 압수 · 수색과 마찬가지로 감청영장이 필요한 수사기법 중 하나로 볼 수 있다.

감청과 같은 통신제한조치는 미리 당사자가 알게 되는 경우에는 범인의 체포나 증거의 수집이 불가능하게 되므로 밀행성이 요구되어 사전통지를 할 수 없다. 따라서 「통신비밀보호법」상 범죄수사를 위한 인터넷회선 감청은 법원의 허가를 얻고 전기통신사업자의 협조를 통해 이루어지므로 감청대상자인 피의자 및 피내사자와 그 밖에 해당 인터넷회선 가입자들도 그 사실을 사후 통보받기 전까지는 자신의 통신 정보가 어떠한 절차에 따라서 어느 정도까지 수사기관에 의해 감청되었는지 알 수 없다.

수사의 밀행성을 확보하기 위해 사전에 수사가 진행되는 단계에서 감청사실을 통지하는 것은 실체적 진실의 발견과 국가형벌권의 적정한 행사에 역행할 수 있으므로 사후에라도 감청집행의 대상이 된 정보주체에게 해당 인터넷회선 감청집행에 대한 적절한 고지와 의견진술의 기회를 부여하여야 한다. 이를 통해 정보주체는 해당 감청이 적법절차를 준수했는지, 감청에 의해 취득한 자료가 범죄수사의 목적에 부합되게 사용되었는지를 확인할 수 있고, 수사기관의 감청과 관련된 불법행위가 확인되는 경우에는 수사기관이나 법원에 시정을 요구하거나 손해배상을 청구하는 방법으로 권리구제를 받을 수 있을 것이다.

2. 관련 판례

가. 대법원 2012. 10. 11. 선고 2012도7455 판결(패킷 감청)

인터넷 통신망을 통한 송·수신은 통신비밀보호법 제2조 제3호에서 정한 '전기통신'에 해당하므로 인터넷 통신망을 통하여 흐르는 전기신호 형태의 패킷(packet)을 중간에 확보하여 그 내용을 지득하는 이른바 '패킷 감청'도 같은 법 제5조 제1항에서 정한 요건을 갖추는 경우 다른 특별한 사정이 없는 한 허용된다고 할 것이고, 이는 패킷 감청의 특성상 수사목적과 무관한 통신내용이나 제3자의 통신내용도 감청될 우려가 있다는 것만으로 달리 볼 것이 아니다. 즉, 특별한 사정이 없는 한 '패킷 감청'도 통신비밀보호법 제5조 제1항의 요건을 갖추는 경우에는 원칙적으로 허용된다는 판결이다.

나. 헌재 2010. 12. 28. 2009헌가30 결정(통신제한조치기간의 무제한 연장)

통신제한조치기간의 연장을 허가함에 있어 총연장기간 또는 총연장횟수의 제한을 두고 그 최소한의 연장기간동안 범죄혐의를 입증하지 못하는 경우 통신제한조치를 중단하게 한다고 하여도, 여전히 통신제한조치를 해야 할 필요가 있으면 법원에 새로운 통신제한조치의 허가를 청구할 수 있으므로 이로써 수사목적을 달성하는 데 충분하다. 또한 법원이 실제 통신제한조치의 기간연장절차의 남용을 통제하는 데 한계가 있는 이상 – 통신제한조치 기간연장에 사법적 통제절차가 있다는 사정만으로는 – 그 남용으로 인하여 통신의 비밀이 과도하게 제한되는 것을 막을 수 없다.

그럼에도 통신제한조치기간을 연장함에 있어 법운용자의 남용을 막을 수 있는 최소한의 한계를 설정하지 않은 이 사건 법률조항은 침해의 최소성원칙에 위반한다. 나아가 통신제한조치가 내려진 피의자나 피내사자는 자신이 감청을 당하고 있다는 사실을 모르는 기본권제한의 특성상 방어권을 행사하기 어려운 상태에 있으므로 통신제한조치기간의 연장을 허가함에 있어 총연장기간 또는 총연장횟수의 제한이 없을 경우 수사와 전혀 관계없는 개인의 내밀한 사생활의 비밀이 침해당할 우려도 심히 크기 때문에 기본권 제한의 법익균형성 요건도 갖추지 못하였다. 따라서 이 사건 법률조항은 헌법에 위반된다.

다. 헌재 2018. 6. 28. 2012헌마538 결정(기지국 수사)

청구인은 기지국 수사에 대한 법률상 근거가 없음에도 불구하고, 이 사건 기지국 수사는

불특정 다수에 대해 통신사실 확인자료를 수집하였으므로 법률유보원칙에 위반된다. 가사 이 사건 기지국 수사가 심판대상조항에 근거한 법원의 허가서 범위 내에서 이루어진 것이라도 그 범위가 지나치게 광범위하여, 사안의 중대성, 드러난 범죄혐의의 정도 등에 비추어 볼 때 피내사자를 특정하기 위해 반드시 필요하다고 볼 수 없는 정보까지 과도하게 수집하였고, 사후통지도 뒤늦게 이루어졌으므로, 결국 이 사건 기지국 수사는 청구인의 사생활의 자유, 통신의 자유, 개인정보자기결정권 등 기본권의 침해를 주장하였다.

헌법재판소는 "검사 또는 사법경찰관은 수사를 위하여 필요한 경우......전기통신사업자에게 제2조 제11호 가목 내지 라목의 통신사실 확인자료의 열람이나 제출을 요청할 수 있다"고 규정한 통신비밀보호법 제13조 제1항에 따른 기지국 수사가 피해의 최소성 원칙을 위반하였음을 지적하면서 2020년 3월 31일을 시한으로 개정될 때까지 잠정적용을 명하는 헌법불합치 결정을 내렸다.

라. 헌재 2018. 6. 28. 2012헌마538 결정(실시간 위치추적)

통신사실 확인자료 제출요청을 통한 실시간 위치추적과 관련하여 헌법재판소는 ① 정의조항(통신비밀보호법 제2조 제11호), ② 검사 또는 사법경찰관이 전기통신사업자에게 통신사실 확인자료의 열람이나 제출을 요청할 수 있는 조항(법 제13조 제1항), ③ 통신사실 확인자료 요청에 대한 허가(법 제13조 제2항), ④ 통지조항(법 제13조의3)의 기본권 침해 여부를 검토하였고, 정의조항(①)은 각하결정, 요청조항(②)과 통지조항(④)에 대해서는 2020. 3. 31.을 시한으로 잠정적용 헌법불합치 그리고 통신사실 확인자료의 허가조항(③)은 기각결정을 내렸다.

우선, 검사 또는 사법경찰관이 전기통신사업자에게 통신사실 확인자료의 열람이나 제출을 요청할 수 있는 조항(제13조 제1항)은 명확성원칙과 과잉금지원칙 위반 여부가 문제되었는데, 명확성원칙은 위반하지 않지만, 과잉금지원칙(침해의 최소성 원칙)에 위배된다. 그리고 수사기관이 법원의 허가를 얻은 후 전기통신사업자에게 위치정보 추적자료의 제공을 요청한 사실을 정보주체에게 통지하도록 규정한 「통신비밀보호법」 제13조의3은 적법절차원칙과 과잉금지원칙(피해의 최소성 원칙)에 위배된다"고 헌법불합치 결정을 내렸다.

3. 검토

헌법재판소는 통신의 자유와 비밀에 대한 일련의 결정을 내렸는데 대부분은 각하, 기각 또는 합헌결정이 대부분이다. 먼저 각하결정을 내린 이유는 기본권 침해의 자기관련성이 없

거나,[5] 청구인이 헌법소원심판 계속 중 사망한 경우[6] 그리고 권리보호이익이 부정된 경우[7] 등을 들 수 있다.

그리고 적법요건을 충족하는 것으로 보고 본안판단을 하는 경우에도 대체로 헌법소원심판청구의 기각결정 또는 합헌결정을 내린 사례가 대부분이다. 최근 헌법재판소는 "전기통신사업자로 하여금 가입자에게 본인임을 확인할 수 있는 증서 등을 제시하도록 요구하고 부정가입방지시스템 등을 이용하여 본인인지 여부를 확인하도록 한 전기통신사업법 제32조의4

---

5) 헌재 2018. 8. 30. 2016헌마442 결정; "테러 및 테러위험인물의 개념을 정의한 「국민보호와 공공안전을 위한 테러방지법」 제2조 제1호 가목 등에 따라 국가정보원장이 테러위험인물에 대하여 정보수집 등 각종 조치를 할 수 있는 것과 관련하여 청구인들이 제주해군기지 건설반대, 용산참사 진상규명 및 관련자 처벌요구 등 다양한 사회적 활동을 해 왔기 때문에 테러위험인물로 지정될 가능성과 광범위한 민간인 사찰 도구로 악용될 수 있다는 주장에 대해 그 문언상 테러의 개념에 해당하지 않는다는 점이 명백하므로 이는 막연한 권리침해의 가능성 내지 우려를 표명한 것에 불과하고 기본권 침해의 자기관련성이 없다." 이와 유사한 결정으로 헌재 2004. 5. 27. 2002헌마366 결정이 있다. "서울 마포경찰서장은 2002. 3. 9. ○○발전(주)과 ○○전력(주)에 "수사협조의뢰"라는 제목의 공문을 보냈는데, 이 공문에서 ○○발전주식회사의 인터넷홈페이지(http://www.○○.co.kr)의 '복귀신고센터'에 접속한 이용자의 접속로그 일체, 사번, 주민등록번호, 비고, 연락처 외에 접속IP, 접속시간 등과 전 직원의 ○○전력 메일계정 일체에 관한 자료 협조를 의뢰하였다("통신자료요청"). 이 회사에서 청구인들은 발전산업노조 지부위원장 또는 부위원장을 맡고 있었는데, 위 사실을 2002. 5. 15.경 우연히 알게 되었다면서, 통신자료요청은 적법절차에 따른 영장발부 없이 수사기관의 요청을 통하여 실질적으로 전기통신에 대한 감청행위를 하는 것이고, 또 그 근거가 되는 전기통신사업법 제54조 제3항과, 2002. 3. 29.부터 시행되는 통신비밀보호법 제13조 및 통신비밀보호법시행령 제3조의2, 제21조, 제21조의2는 수사기관이 영장 없이 개인의 통신내용 파악을 가능하게 하는 규정이므로, 이들 모두는 헌법상 보장된 청구인들의 통신의 자유 등을 침해한다고 주장하면서 그 위헌확인을 구하는 이 사건 헌법소원심판을 청구하였다. 이 사건에서 마포경찰서장의 사실조회 회보(2004. 4. 9.자 및 2004. 4. 34.자)에 의하면, 마포경찰서장이 행한 2002. 3. 9.자 통신자료요청에 대한 ○○발전(주)과 ○○전력(주)의 회신내용에는 청구인들에 관한 사항이 포함되어 있지 않으므로 이 사건 조항에 의하여 헌법상 보장된 청구인들의 통신의 자유 등 기본권이 침해된 바 없으므로 청구인들은 이 사건 헌법소원을 제기할 자기관련성이 있다 할 수 없다."

6) 헌재 2016. 2. 25. 2011헌마165 결정; 헌법재판소는 국가보안법위반(찬양·고무등) 범죄사실 수사를 위해 국가정보원장은 2010. 12. 28.부터 2011. 2. 27.까지 전기통신 감청, 우편물 검열, 대화녹음 및 청취를 내용으로 하는 통신제한조치를 집행(패킷 감청)한 것에 대해 청구인은 헌법재판소에 이 사건 심판절차가 계속 중이던 2015. 9. 28. 사망하였고, 통신의 비밀과 자유는 일신전속적인 성격의 기본권이라는 이유로 심판절차 종료를 선언한 바 있다.

7) 헌재 2016. 9. 13. 2016헌마695 결정; 경찰청 보안수사대 수사관들이 2016년 6월 13일 서울역에서 자신을 체포하면서 소지하고 있던 휴대폰을 불법압수·수색한 행위와 별다른 특이점이 발견되지 않았음에도 통신비밀보호법에 위반하여 전기통신사업자에게 통신사실 확인자료제공을 요청하여 조회한 행위에 대한 위헌확인을 구한 경우에 헌법재판소는 수사기관이 2016년 8월 22일 통신자료조회행위는 이미 종료되었으므로 그 위헌확인을 구할 권리보호이익이 인정되지 않고, 헌법질서의 유지·수호를 위하여 긴요한 사항이어서 헌법적으로 그 해명이 중대한 의미를 지니고 있는 경우에 해당하지 않으므로 예외적으로 심판의 이익을 인정할 수도 없다고 판시하여 각하결정을 내린 경우도 있다.

등은 익명으로 이동통신서비스에 가입하여 자신들의 인적 사항을 밝히지 않은 채 통신하고자 하는 자들의 개인정보자기결정권 및 통신의 자유를 침해하지 않는다"고 판시하였고,[8] 온라인서비스제공자가 자신이 관리하는 정보통신망에서 아동·청소년이용음란물을 발견하기 위해 대통령령으로 정하는 조치를 취하고 발견 즉시 이를 삭제하고, 전송을 방지 또는 중단하기 위한 기술적 조치를 취하도록 규정하고 있는 「아동·청소년의 성보호에 관한 법률」에 대한 합헌결정[9]을 내렸으며, 송·수신이 완료된 전기통신에 대한 압수·수색 사실을 수사대상이 된 가입자에게만 통지하도록 하고, 상대방에 통지하지 않도록 한 「통신비밀보호법」 제9조의3이 침해의 최소성 원칙을 위반하지 않는 것으로 보았다.[10] 그리고 수형자의 서신수수, 접견, 전화통화를 제한하는 「형의 집행 및 수용자의 처우에 관한 법률」 제112조 제3항은 통신의 자유를 침해하지 않는다고 결정하였다.[11]

그러나 앞에서 살펴본 바와 같이 2018년에는 통신의 비밀, 사생활의 비밀과 자유 등과 관련하여 기존의 입장과 달리 기본권 보호의 관점에서 헌법재판소는 기지국수사, 패킷감청, 실시간 위치추적 등 일련의 사건에서 헌법불합치 결정을 내리고 입법개선의 필요성을 지적하고 있다.

III. 헌법재판소 결정의 의의

헌법재판소의 다수의견은 통신제한조치 집행에 관한 통지조항이 적법절차 원리를 위반하였는지 여부를 따로 판단하지 않았고, 감청의 정당성 그 자체를 논증하기보다는 기본권 침해의 위험성이 있음에도 불구하고 이를 통제할 절차가 마련되어 있지 않다는 점에 기초하여 헌법불합치 결정을 내렸다. 정보통신기술이 발달하고 수사 및 증거수집방식이 변화하면서 수사절차에서 허가요건이 엄격한 '통신제한 조치'의 활용은 점차 줄어드는 대신에 상대적으로 요건이 완화된 '통신사실 확인자료'의 활용이 빈번해지고 있다. 이는 '통신사실 확인자료 제공요청'은 보충성을 요하지 않고 '수사의 필요성'이 있다는 점만 소명되면 할 수 있기 때문이다. 실제로 "통신제한조치 허가신청"에 대한 법원의 기각률은 약 4%에 달하지만, "통신사실 확인자료 제공요청 허가신청"에 대한 법원의 기각률은 약 1%에 불과하다.

---

8) 헌재 2019. 9. 26. 2017헌마1209 결정.
9) 헌재 2018. 6. 28. 2016헌가15 결정.
10) 헌재 2018. 4. 26. 2014헌마1178 결정.
11) 헌재 2016. 4. 28. 2012헌마549 등 결정.

헌법재판소는 '인터넷회선 감청(패킷 감청)'은 실제 제도운영의 측면을 심층적으로 검토하여 법원의 '허가'절차의 실질적 의미와 기능이 무력화될 수 있는 현실을 고려하고 있다. 즉, "감청대상자인 피의자 내지 피내사자가 미리 특정되어 있다 하더라도 동일한 사설망을 사용하는 사람들의 통신정보가 모두 수사기관에 수집·보관될 수밖에 없다. 이렇게 수사기관에 수집·보관된 막대한 정보를 수사기관이 재조합 기술을 거쳐 직접 열람하기 전까지는 감청대상자의 범죄관련 정보만을 구별해내는 것이 기술적으로 가능하지도 않다.[12]

결국 인터넷회선 감청은 법원이 이를 허가하는 단계에서는, 특정 피의자 내지 피내사자를 대상으로 하여 이들이 특정 인터넷회선을 이용하여 송·수신하는 전기통신 중 범죄 관련 정보로 감청 범위가 제한되어 허가하더라도 실제 집행 단계에서는 감청허가서에 기재된 피의자 내지 피내사자의 통신자료뿐만 아니라 단순히 동일한 인터넷회선을 이용할 뿐인 불특정 다수인의 통신자료까지 수사기관에 모두 수집·저장되므로 수사기관이 인터넷회선 감청을 통해 취득하는 개인의 통신자료의 양은 매우 방대할 수 있다."

이와 같이 헌법재판소는 「통신비밀보호법」이 법원의 '허가'를 거치도록 규정한 수사기관의 활동들을 헌법적 차원에서 재검토하면서 이를 업무상 관행 내지 제도운영의 문제로 보지 않고, 근본적인 제도설계상의 한계가 있음을 지적했는데, 기술상의 한계로 법원의 '허가' 단계에서 특정한 피의자 내지 피내사자를 대상으로 특정하고 감청범위를 제한하더라도 실제 데이터를 수집하는 단계에서는 무력화될 수밖에 없다는 점을 지적하고 있는 것이다. 법원이 '허가'단계에서 통제하는 것만으로는 실제 집행단계에서는 작동할 수 없는 이상 이를 보완할 수 있는 입법개선의 필요성을 보고 헌법불합치 결정을 내린 것이다.

헌법재판소는 인터넷 패킷 감청의 필요성은 인정하고, 외국 법제도와의 비교를 통하여 충분한 절차적 통제장치가 마련되어 있지 않으므로 "객관적·사후적 통제"의 필요성을 강조하였다. 일반적인 전화감청과 달리 인터넷 회선을 감청하는 것은 대상을 특정할 수 없고, 수사와 무관하더라도 즉시 중단할 수 없는 포괄성과 특수성을 지니고 있음에도 불구하고 다른

---

12) 이와 관련하여 헌법재판소는 "현행 형사소송법 체계에서는 실시간으로 정보를 지득하는 감청 이외에는 압수·수색대상이 되기 때문에 인터넷회선 감청은 피의자 또는 피내사자의 범죄와 관련된 정보를 특정해서 걸러낼 수 있는 기술적 진보 없이는 원칙적으로 허용해서는 안 된다고 보는 것이 타당하다. 그렇지 않을 경우 인터넷회선 감청이 압수·수색을 우회하는 수단으로 남용될 가능성이 있고, 근본적으로 그 회선을 이용하는 대상자의 모든 정보 외에 제3자의 모든 정보를 광범위하게 수집·저장·분석할 수밖에 없는 인터넷회선 감청이 강제처분의 범위를 제한할 수 없어 제도적으로 사용할 수 없도록 해야 한다."는 점을 강조하기도 하였다. 그러나 기술적으로 가능하게 된다고 하더라도 이를 법적으로 허용해야 하는 것은 아니고, 이는 달리 검토되어야 할 문제라는 반론도 날카롭게 제기되고 있다.

통신제한조치와 동일한 기준을 적용하여 패킷 감청을 허가하고 집행함으로써 사생활의 비밀 등 기본권 침해를 최소화하기 위한 제도적 장치가 마련되어 있지 않기 때문이다.

피의자·피고인이 아닌 제3자에 대한 압수·수색은 사건과의 관련성에 비추어 감청의 필요성을 뒷받침할 수 있는 사실과 근거자료를 더 요구하는 것이 상당할 것이다. 이 사건 법률조항은 청구인의 기본권을 침해하여 헌법에 위반되지만, 단순위헌결정을 하면 수사기관이 인터넷회선 감청을 통한 수사를 행할 수 있는 법률적 근거가 사라져 범행의 실행 저지가 긴급히 요구되거나 국민의 생명·신체·재산의 안전을 위협하는 중대 범죄의 수사에 있어 법적 공백이 발생할 우려가 있다. 이 사건 법률조항이 가지는 위헌성은 인터넷회선 감청의 특성에도 불구하고 수사기관이 인터넷회선 감청으로 취득하는 자료에 대해 사후적으로 감독 또는 통제할 수 있는 규정이 제대로 마련되어 있지 않다는 점에 있으므로 구체적 개선안을 어떤 기준과 요건에 따라 마련할 것인지는 입법자의 재량에 속한다. 이러한 이유로 이 사건 법률조항에 대해 단순위헌결정을 하는 대신 헌법불합치 결정을 선고하되, 입법자가 이 사건 법률조항의 위헌성을 제거하고 합리적인 내용으로 개정할 때까지 일정 기간 이를 잠정적으로 적용할 필요가 있다(잠정적용 헌법불합치 결정).

IV. 헌법재판소 결정 이후 입법개선의 경과 및 주요 내용

헌법재판소 결정 이후에 국회는 2019년 12월 31일 「통신비밀보호법」을 개정하여 사후통지를 개선하고(법 제13조의3 제1항), 통신사실 제공요청 사유의 확인을 신청할 수 있는 제도를 신설하였다.(제13조의3 제5, 6항) 이를 통해 국민의 알권리, 개인정보자기결정권, 통신의 자유와 비밀, 사생활의 비밀 등이 잘 보장될 수 있을 것으로 기대된다. 기존의 통지제도는 기소중지결정이 있거나, 수사·내사가 계속될 경우에는 관련 사항들을 통지받을 수 없다는 문제점이 있었는데, 헌법불합치결정이 내려진 이후에 일정한 시간(1년 또는 3년)이 경과하면 통지하도록 개선된 것이다. 그러나 「통신비밀보호법」 제16조와 제17조 등을 검토해보면 통지의무를 위반한 경우에 제재수단이 없으므로 형사처벌은 불가능하고 기관 내부의 징계책임 등을 묻는 것 외에는 다른 실효성 확보수단이 없는 것으로 보인다.

그리고 정보주체가 직접 '통신제한조치' 또는 '통신사실 확인자료 제공내역'을 확인하기 위해 신청하는 것은 수사기관의 통지제도와 다른 측면에서 검토할 필요가 있다. 정보주체가 자신이 이용하는 정보통신서비스제공자에게 자신의 개인정보를 제3자에게 제공했는지 여부

를 확인할 수 있는 절차는 「정보통신망 이용촉진 및 정보보호 등에 관한 법률」과 「개인정보 보호법」에도 존재한다. 그러나 정보통신서비스 제공자가 자신의 개인정보를 수사기관에 제공했는지 여부를 확인하여 달라고 요청하는 경우에 사업자로서는 수사진행상황을 구체적으로 알 수 없고 이를 실시간으로 확인하는 것도 불가능할 뿐만 아니라 통지유예상태인지 여부도 알 수 없다. 그리고 하나의 통신사실 제공요청자료를 확인하기 위해 「통신비밀보호법」에 따른 절차와 「정보통신망 이용촉진 및 정보보호 등에 관한 법률」과 「개인정보 보호법」등이 중복 적용되는 것은 자칫 실무상 혼선 내지 비효율이 야기될 수도 있을 것으로 보인다.

이와 관련하여 「개인정보 보호법」에 따라서 정보주체가 확인할 수 있는 개인정보의 제3자 제공내역에서 '수사기관에 제공한 내역'을 제외시키는 것은 개인정보의 자기결정권을 보장하고 강화하고자 하는 방향에 역행할 우려가 있다. 최근에는 통신사실확인자료를 통신내용과 구별되는 메타데이터(Metadata)로 분류하여 감청 등을 통한 통신내용 정보의 수집보다 기본권 침해의 정도가 적다고 보고 대상범죄 제한 없이 "수사 또는 형의 집행을 위해 필요한 경우(수사의 필요성)"라는 완화된 요건으로 규율하였던 기존의 규제패러다임도 극복하고 있는 것으로 보인다.[13] 유럽 인권재판소(European Court of Human Rights)와 유럽사법재판소(ECJ)도 "통신사실 확인자료의 수집이 통신내용을 수집하는 것보다 기본권 침해강도가 낮다고 보기 어렵다"고 판시하고 있다.[14] 따라서 국민의 기본권 보장 측면에서 보면 정기적으로 정보통신서비스 제공자가 수사기관에 제공한 '개인정보 처리내역'도 사업자가 정보주체에게 공개하도록 하는 것이 바람직할 것이다.

---

13) 기존의 통신내용과 통신외형 구별론은 고영만, "메타데이터 표준화와 메타데이터 레지스트리", 국회도서관보 42(11), 2005 참조; 그러나 최근 빅데이터 분석기법 도입 등 정보통신환경의 변화로 통신내용정보와 메타데이터 간 보호가치의 차이가 사라지고 있다.

14) 유럽 인권법원은 2018년 European Court of Human Rights(2018), Big Brother Watch And Others v. The United Kingdom Case에서 "오늘날 메타데이터는 소셜 네트워크의 매핑, 위치추적, 인터넷 검색추적 등을 포함하여 특정인에 대해 자세하고 구체적으로 표시할 수 있고, 통신내용 정보와 메타데이터 간의 임의적 또는 부적절한 구분에 근거해 데이터에 대한 보호수준을 달리해서는 안 된다"고 하였고, 유럽사법재판소(European Court of Justice)는 2016년 ECJ, Tele2 Sverige AB v. Post－och telestyrelsen & Secretary of State for the Home Department v. Tom Watson and Others Case에서 "생활습관, 일상적인 활동 등의 메타데이터가 개인의 사생활에 대해 매우 정확한 결론을 도출할 수 있고, 실제 통신내용에 비해 결코 덜 민감하지 않은 정보를 드러낼 수 있다"고 판시한 바 있다.

094 전기통신에 대한 압수 · 수색 집행사실의 통지를 수사대상이 된 가입자로만 한정한 부분이 적법절차원칙에 위배되어 개인정보자기결정권을 침해하는지 여부

- 통신비밀보호법 제9조의3 위헌확인 -

헌재 2018. 4. 26. 2014헌마1178 결정

윤종수(법무법인(유한) 광장 변호사)

I. 결정의 개요

1. 사안의 개요

가. 사실관계

서울 종로경찰서 소속 경찰관은 청구외 A에 대하여 일반교통방해, 집회및시위에관한법률 위반 등의 피의사실을 수사하던 중 2014. 6. 16. A 명의의 휴대전화에 대한 2014. 5. 1.부터 2014. 6. 10.까지의 '카카오톡 메신저' 메시지 내용, 대화 상대방의 가입자명과 전화번호, 대화일시, 수발신 내역 일체, 그림 · 사진 파일에 대한 압수 · 수색영장을 받아 2014. 6. 19. 이를 집행하였다. A는 2014. 6. 27. 서울중앙지방법원에 기소되었는데, 2014. 9. 18.경에야 서울 종로경찰서 소속 경찰관으로부터 이 사건 압수 · 수색영장 집행 사실을 통지받았다.

청구인들은 2014. 6. 10.경 A와 같은 카카오톡 메신저 대화방에 있던 사람들로서 2014. 11. 27. 사건 압수 · 수색영장 집행물이 위 법원에 제출되자 이를 통하여 자신의 전화번호 등이 이 사건 압수 · 수색영장 집행물에 기재되어 있다는 사실을 알게 되었다. 이에 청구인들은 2014. 12. 29. 송 · 수신이 완료된 전기통신에 대하여 압수 · 수색 · 검증 영장을 집행한 경우 수사대상이 된 가입자에게만 위 집행사실을 통지하도록 한 통신비밀보호법 제9조의3(이하 '심판대상조항'이라고 한다)이 청구인들의 평등권, 개인정보자기결정권, 통신 및 사생활의 비밀과 자유 등을 침해한다고 주장하며 헌법소원심판을 청구하였다

나. 심판경과

헌법재판소는 송·수신이 완료된 전기통신에 대한 압수·수색 사실을 수사대상이 된 가입자에게만 통지하도록 하고, 그 상대방에 대하여는 통지하지 않도록 한 심판대상조항은 적법절차원칙에 위배되어 청구인들의 개인정보자기결정권을 침해하지 않는다고 판시하면서 청구인들의 심판청구를 모두 기각하였다.

2. 결정의 요지

심판대상조항은 피의자의 방어권을 보장하기 위하여 도입된 것이나, 수사의 밀행성을 확보하기 위하여 송·수신이 완료된 전기통신에 대한 압수·수색영장 집행 사실을 수사대상이 된 가입자에게만 통지하도록 하고, 그 상대방에 대해서는 통지하지 않도록 한 것이다. 형사소송법 조항과 영장실무가 압수·수색영장의 효력범위를 한정하고 있으므로, 송·수신이 완료된 전기통신에 관하여 수사대상이 된 가입자의 상대방에 대한 기본권 침해를 최소화하는 장치는 어느 정도 마련되어 있다.

한편, 전기통신의 특성상 수사대상이 된 가입자와 전기통신을 송·수신한 상대방은 다수일 수 있는데, 이들 모두에 대하여 그 압수·수색 사실을 통지하도록 한다면, 수사대상이 된 가입자가 수사를 받았다는 사실이 상대방 모두에게 알려지게 되어 오히려 위 가입자가 예측하지 못한 피해를 입을 수 있고, 또한 통지를 위하여 상대방의 인적사항을 수집해야 함에 따라 또 다른 개인정보자기결정권의 침해를 야기할 수도 있다.

이상과 같은 점들을 종합하여 볼 때, 송·수신이 완료된 전기통신에 대한 압수·수색 사실을 수사대상이 된 가입자에게만 통지하도록 하고, 그 상대방에 대하여는 통지하지 않도록 한 심판대상조항은 적법절차원칙에 위배되어 청구인들의 개인정보자기결정권을 침해하지 않는다.

다만 입법자로서는 압수된 전기통신의 내용에 관련자들의 중대하거나 민감한 개인정보가 포함된 경우에는 그 개인정보주체가 수집 사실을 알 수 있도록 하는 절차를 둘 것인지 여부 또는 수집된 개인정보의 수집·보관 필요성이 소멸한 경우나 일정한 기간이 경과한 경우 등에는 이를 삭제·폐기하는 제도를 도입할 것인지 여부 등을 검토할 필요가 있다.

II. 해설

1. 쟁점의 정리

가. 쟁점

본 사건의 쟁점은 송·수신이 완료된 전기통신에 대한 압수· 수색영장의 집행이 있은 후 수사대상이 된 가입자의 상대방에 대하여는 압수·수색영장의 집행 사실을 통지하지 않도록 한 심판대상조항이 적법절차원칙에 위배되어 청구인들의 개인정보자기결정권을 침해하는지 여부이다.

청구인들은 심판대상조항이 청구인들의 통신의 비밀, 사생활의 비밀과 자유, 평등권 등도 침해한다고 주장하였으나, 이는 원칙적으로 압수·수색영장의 집행과정에서 발생하는 문제일 뿐 압수·수색영장이 집행된 후 이를 통지하였는지 여부에 따라 발생하는 문제라고 보기 어려우므로 판단에서 제외되었다.

나. 심판대상조항 및 관련조항

1) 심판대상조항

통신비밀보호법(2009. 5. 28. 법률 제9752호로 개정된 것)

제9조의3(압수·수색·검증의 집행에 관한 통지) ② 사법경찰관은 송·수신이 완료된 전기통신에 대하여 압수·수색·검증을 집행한 경우 그 사건에 관하여 검사로부터 공소를 제기하거나 제기하지 아니하는 처분의 통보를 받거나 내사사건에 관하여 입건하지 아니하는 처분을 한 때에는 그 날부터 30일 이내에 수사대상이 된 가입자에게 압수·수색·검증을 집행한 사실을 서면으로 통지하여야 한다.

2) 관련조항

통신비밀보호법(2009. 5. 28. 법률 제9752호로 개정된 것)

제9조의3(압수·수색·검증의 집행에 관한 통지) ① 검사는 송·수신이 완료된 전기통신에 대하여 압수·수색·검증을 집행한 경우 그 사건에 관하여 공소를 제기하거나 공소의 제기 또는 입건을 하지 아니하는 처분(기소중지결정을 제외한다)을 한 때에는 그 처분을 한 날부터 30일 이내에 수사대상이 된 가입자에게 압수·수색·검증을 집행한 사실을 서면으로 통지하여야 한다.

형사소송법(2011. 7. 18. 법률 제10864호로 개정된 것)

제106조(압수) ① 법원은 필요한 때에는 피고사건과 관계가 있다고 인정할 수 있는 것에 한정하여 증거물 또는 몰수할 것으로 사료하는 물건을 압수할 수 있다. 단, 법률에 다른 규정이 있는 때에는 예외로 한다.

② 법원은 압수할 물건을 지정하여 소유자, 소지자 또는 보관자에게 제출을 명할 수 있다.

③ 법원은 압수의 목적물이 컴퓨터용 디스크, 그 밖에 이와 비슷한 정보저장매체(이하 이 항에서 "정보저장매체등"이라 한다)인 경우에는 기억된 정보의 범위를 정하여 출력하거나 복제하여 제출받아야 한다. 다만, 범위를 정하여 출력 또는 복제하는 방법이 불가능하거나 압수의 목적을 달성하기에 현저히 곤란하다고 인정되는 때에는 정보저장매체 등을 압수할 수 있다.

2. 관련 판례 - 헌재 2015. 3. 24. 2014헌마1177 결정

청구인들은 본 사건과는 별개로 헌법재판소 2014헌마1177 사건으로 본건 압수·수색 영장에 압수할 물건으로 기재된 "대화 상대방의 ID 및 전화번호"가 직접 메시지를 주고받은 사실은 없으나 같은 대화방에 있었던 사람의 ID 및 전화번호까지 포함한다면 위 영장의 발부는 포괄영장의 발부로서 위헌이고, 만약 위 영장의 "대화 상대방의 ID 및 전화번호"가 직접 메시지를 주고받은 사람의 ID 및 전화번호만을 의미한다면 그 범위를 넘어서 단지 같은 대화방에 있었을 뿐인 청구인들의 ID 및 전화번호까지 압수한 수사기관의 처분은 위헌이라고 주장하면서, 위 영장의 발부 및 압수처분에 대하여 위헌확인을 구하는 취지의 헌법소원 심판을 청구한 바 있다.

이에 대한 헌법재판소는 (i) 판사의 압수수색영장 발부의 위헌확인을 구하는 부분에 대해서는 법원의 재판에 대하여는 원칙적으로 헌법재판소에 헌법소원심판을 청구할 수 없고, 법원의 재판에는 소송절차의 파생적·부수적인 사항에 대한 공권적 판단도 포함되는 것이므로 판사의 압수수색영장 발부는 헌법소원심판 청구대상이 될 수 없다는 이유로, (ii) 수사기관의 압수처분의 위헌확인을 구하는 부분에 대해서는 헌법소원심판은 다른 법률에 구제절차가 있는 경우에는 그 절차를 모두 거친 후가 아니면 청구할 수 없는데, 수사기관의 압수처분에 대하여는 그 처분의 상대방뿐만 아니라 법률상 이익을 침해받은 자도 형사소송법 제417조가 규정한 준항고를 제기할 수 있으므로 이러한 구제절차를 거치지 않고 제기된 것으로서 부적법하다는 이유로 청구인들의 심판청구를 모두 각하하였다.

3. 검토

가. 전기통신에 대한 강제처분 사실의 통지와 심판대상조항

1) 통신비밀보호법에서 규정하고 있는 통신 비밀에 대한 제한으로서의 전기통신에 대한 강제처분(통신제한조치, 통신사실 확인자료제공)은 일반적으로 통신의 당사자가 아닌 제3자인 전기통신사업자를 통해 이루어진다.[1] 따라서 강제처분의 대상이 되는 정보의 당사자, 즉 정보주체는 그러한 처분이 이루어진 사실을 사후에라도 통지받지 못한 경우에는 이를 알 수 없으므로 처분의 적법성에 대하여 이의를 제기할 기회를 얻지 못한다. 따라서 이에 대한 절차법적 통제가 필요한바, 각 처분에 대한 독립된 기관의 객관적 통제로서 법관의 개입과 기본권을 침해받은 개인의 권리구제를 위한 전제로서 처분 당사자의 주관적 통제이다.[2] 정보주체에 대한 통지제도는 이러한 처분 당사자의 주관적 통제를 위하여 마련된 절차인바, 본건 결정에서 판시한 바와 같이 당사자에게 적절한 고지를 행하고, 의견 및 자료 제출의 기회를 부여하는 것은 헌법 제12조의 적법절차원칙에서 도출할 수 있는 중요한 절차적 요청 중의 하나라 할 수 있다.

2) 한편, 송 · 수신이 완료된 전기통신에 대하여 형사소송법에 따라 이루어지는 압수 · 수색 역시 전기통신 서비스를 제공하는 사업자를 피압수자로 하여 이루어진다. 형사소송법상의 압수수색은 원칙적으로 처분이나 정보의 당사자에 대한 사전통지와 참여를 보장하는 공개의 처분이고, 따라서 동법 제219조, 제122조 본문에 따라 사전에 압수 · 수색영장 집행 일시 등을 통지하여야 한다. 다만 제122조 단서가 급속을 요하는 때에는 통지를 생략할 수 있도록 하였으므로[3] 그에 따라 사전 통지가 생략된 경우에는 그 집행물이 증거물로 제출되지

---

1) 통신비밀보호법 제15조의2는 통신제한조치 및 통신사실 확인자료제공의 요청에 대한 전기통신사업자의 협조의무를 규정하고 있다.

2) 박중욱, “통신비밀보호법 통지규정의 문제점과 개선방향 – 한국과 독일의 헌법재판소 결정 내용을 중심으로–”, 『형사법의 신동향』, 통권 제68호(대검찰청, 2000), 99면.

3) 이와 관련해서 ‘급속을 요하는 때’라 함은 압수수색 집행사실을 피의자에게 미리 통지하여 줄 경우 압수수색의 대상이 된 증거를 인멸하거나 훼손하여 압수수색의 목적을 달성할 수 없게 되는 때를 의미하는 것으로 합리적으로 해석할 수 있으므로 명확성원칙에 위배된다고 할 수 없고, 그 제한은 ‘사전통지에 의하여 압수수색의 목적을 달성할 수 없는 예외적인 경우’로 한정되어 있고, 전자우편의 경우에도 사용자가 증거를 은닉 · 멸실시킬 가능성을 배제할 수 없으며, 준항고 제도나 위법수집증거의 증거능력 배제 규정 등 조항 적용의 남용을 적절히 통제할 수 있는 방법이 마련되어 있는 점 등을 이유로 적법절차원칙에서 도출되는 절차적 요청을 무시하였다거나 비례의 원칙이나 과잉금지원칙을 위반하여 합리성과 정당성을 상실하였다고 볼 수 없어 비례의 원칙, 과잉금지원칙에 위반하지 않는다고 판단된 바 있다. 헌재 2012. 12. 27. 2011헌바225 결정 참조.

않은 이상 자신에 관한 전기통신이 압수·수색 되었는지조차 알 방법이 없게 되고 이는 비밀의 처분의 통신비밀보호법상의 강제처분과 유사한 문제가 발생한다. 심판대상조항은 이를 보완하기 위하여 송·수신이 완료된 전기통신에 대한 압수·수색영장 집행에 있어서 피의자로 하여금 그 집행사실을 사후에라도 알 수 있도록 함으로써, 피의자의 방어권을 보장하기 위하여 2009. 5. 28. 법률 제9752호 개정으로 도입된 조항이다.[4] 다만 심판대상조항은 수사의 밀행성을 확보하기 위하여 송·수신이 완료된 전기통신에 대한 압수·수색영장 집행 사실을 수사대상이 된 가입자, 즉 피의자에게만 통지하도록 하고, 그 상대방에 대한 통지는 규정하지 않았다.

나. 적법절차위배 여부 판단기준

1) 헌법재판소는 적법절차원칙이 구체적으로 어떠한 절차를 어느 정도로 요구하는지는 규율되는 사항의 성질, 관련 당사자의 권리와 이익, 절차 이행으로 제고될 가치, 국가작용의 효율성, 절차에 소요되는 비용, 불복의 기회 등 다양한 요소를 비교하여 개별적으로 판단할 수밖에 없다고 거듭 판시한 바 있다.[5]

2) 본 건 결정은 (i) 송·수신이 완료된 전기통신에 대한 압수·수색은 피의사실에 관한 증거를 수집하려는 데 목적이 있는 점, 압수·수색영장의 효력범위 자체가 피의사실에 관련된 부분으로 한정되는 점, 압수·수색영장을 발부할 때에 법관으로 하여금 영장에 전기통신의 작성기간을 기재하도록 함으로써 압수·수색영장의 시간적 효력 범위를 제한하고 그 기간 내에 송·수신된 전기통신에 대해서만 압수·수색할 수 있도록 하고 있는 점 등을 근거로 송·수신이 완료된 전기통신에 대한 압수·수색에서 발생할 수 있는 수사대상이 된 가입자의 상대방에 대한 기본권 침해를 최소화하는 장치가 어느 정도 마련되어 있고, (ii) 반면, 전기통신의 특성상 피의자와 전기통신을 송·수신한 상대방이 다수일 수 있는데, 압수·수색이 있었다는 사실을 그 상대방 모두에게 통지하도록 한다면, 그 상대방 모두에 대하여 피의자

4) 이에 대해서 통신비밀보호법 제9조의3이 전제하는 압수·수색은 비밀로 집행되므로 일반적인 압수·수색보다 침해강도가 더 큼에도 불구하고 더 엄격한 처분 요건 및 절차법적 통제와 결부된 통신비밀보호법 규정이 아닌 일반적인 요건과 절차의 형사소송법 규정에 따라 집행되는 것은 문제이고, 더욱이 모든 개인정보가 정보통신기술로 처리되어 누적적으로 무제한 저장되는 오늘날의 여건 아래에서 진행 중인 정보에 대한 접근만이 통신비밀보호법상 감청에 포섭되고 송수신이 완료된 정보에 대한 접근보다 더 높은 보호가치를 갖는다고 전제하는 것은 중대한 모순이라는 지적이 있다. 박중욱, 전게논문, 125면.

5) 헌재 2003. 7. 24. 2001헌가25 결정; 헌재 2007. 10. 4. 2006헌바91 결정; 헌재 2015. 9. 24. 2012헌바302 결정 등.

가 수사기관으로부터 수사를 받고 있다는 사실을 알리는 결과가 되고, 이들에게 압수·수색영장 집행사실을 통지하기 위해서는 인적사항을 파악하기 위하여 이들에 대한 개인정보를 수집할 수밖에 없게 되므로, 또 다른 개인정보자기결정권의 침해를 야기할 위험이 있는 점을 지적하면서 심판대상조항이 압수·수색영장의 집행사실을 피의자의 상대방에게는 통지하지 않도록 하고 있다고 하더라도 적법절차원칙에 위배된다고 볼 수 없다고 판단하였다.

이는 이른바 위치정보 추적자료 사건인 헌재 2018. 6. 28. 2012헌마191 결정이 통신비밀보호법(2005. 5. 26. 법률 제7503호로 개정된 것) 제13조의3 제1항 중 제2조 제11호 바목, 사목의 통신사실 확인자료에 관한 부분이 적법절차원칙에 위반되어 청구인들의 개인정보자기결정권을 침해하는지 여부에 대한 판단에서, 수사의 밀행성 확보는 필요하지만, 적법절차원칙을 통하여 수사기관의 권한남용을 방지하고 정보주체의 기본권을 보호하기 위해서는, 위치정보 추적자료 제공과 관련하여 정보주체에게 적절한 고지와 실질적인 의견진술의 기회를 부여해야 하는 바, 수사가 장기간 진행되거나 기소중지결정이 있는 경우에는 정보주체에게 위치정보 추적자료 제공사실을 통지할 의무를 규정하지 아니하고, 그 밖의 경우에 제공사실을 통지받더라도 그 제공사유가 통지되지 아니하며, 수사목적을 달성한 이후 해당 자료가 파기되었는지 여부도 확인할 수 없게 되어 있어, 정보주체로서는 위치정보 추적자료와 관련된 수사기관의 권한남용에 대해 적절한 대응을 할 수 없고 이에 대해서는 적절한 개선방안을 마련할 수 있으므로 적법절차원칙에 위배되어 청구인들의 개인정보자기결정권을 침해한다고 판단한 것과 비교된다. 기본적으로 수사대상이 된 가입자와 달리 그 상대방은 수사대상이 아니므로 피의자와 달리 방어권을 보장해야 할 필요성이 적다는 점이 중요한 차이점으로 고려된 것으로 보인다.

3) 향후 개선 방향

앞서 본 바와 같이 심판대상조항이 적법절차의 원칙에 위배되어 청구인들의 개인정보자기결정권을 침해한다고 볼 수는 없다고 하더라도, 압수된 송·수신이 완료된 전기통신의 내용에 관련자들의 중대한, 또는 민감한 개인정보가 포함된 경우 등과 같이 관련자가 이러한 내용의 개인정보가 수집되었음을 알 수 있도록 해야 할 이유가 인정되는 경우에는 수사대상이 된 가입자뿐만 아니라 그 상대방도 압수·수색영장의 집행사실 등을 알 수 있도록 하는 절차를 둘 것인지 여부에 관하여 숙고할 필요성이 있다. 수사의 밀행성이 유지될 필요성이 있다는 점을 부인할 수 없다고 하더라도 수사대상이 된 가입자와 전기통신을 송·수신하였다는 이유만으로 자신에 대한 정보가 알지 못하는 사이에 수사기관에 의하여 수집되고, 나

아가 그러한 정보가 장래 이용될 우려도 배제할 수 없다는 점에서, 압수·수색이 있었다는 그 자체만으로도 당사자는 불리한 지위에 놓일 가능성이 크다. 그러므로 개인정보의 수집 자체를 최소화할 수 있도록 제도를 개선·운영하는 한편, 부득이하게 정보가 수집될 경우에는 수사가 종료되는 시점에서라도 이를 적절히 알려주는 제도를 둘 필요도 있을 것이다.

나아가, 입법자로서는 송·수신이 완료된 전기통신에 대한 압수·수색영장의 집행으로 수집된 개인정보에 관하여 필요성이 소멸한 경우나 일정한 기간이 경과한 경우 등에는 그에 관한 자료를 삭제·폐기하도록 하는 등의 제도를 마련할 것인지에 관하여 검토할 필요가 있다.

III. 결정의 의의

대상 결정은 이른바 카카오톡 압수·수색 사건으로서, 카카오톡 대화방에 대한 압수·수색이 광범위하게 이루어진 사실이 드러나면서 시민사회와 언론 등으로부터 카카오가 이용자 보호에 소홀했다는 비판이 쏟아지고 이를 우려한 이용자들이 텔레그램 등 외국계 메신저로 넘어가는 사이버 망명으로 이어지면서 한동안 논란이 된 사건과 관련된 것이다. 특히 수사대상이 된 가입자와 전기통신을 송·수신하였다는 이유만으로 자신에 대한 정보가 알지 못하는 사이에 수사기관에 의하여 수집되었다는 사실은 많은 우려를 낳았는데, 그럼에도 불구하고 송·수신이 완료된 전기통신에 대한 압수·수색에 관하여는 형사소송법에 의하여 엄격한 제한을 가하고 있고, 피의자의 상대방에 대한 통지가 자칫 피의자의 명예를 훼손하거나 오히려 상대방의 개인정보자기결정권을 침해할 가능성도 있다는 점에서 수사대상인 가입자와 달리 상대방에 대한 통지를 하지 않도록 한 것이 적법절차위배에 해당하지 않는다고 판단한 것이 대상 결정이다. 수사의 밀행성이 유지될 필요성이 있는 점과 수상대상이 아닌 상대방은 피의자와 달리 방어권을 보장해야 할 필요성이 적다는 점이 중요한 이유로 고려된 것으로 보인다.

그러나 대상 결정에서도 설시한 바와 같이 자신에 대한 정보가 알지 못하는 사이에 수사기관에 의하여 수집되고, 나아가 그러한 정보가 장래 이용될 우려도 배제할 수 없다는 점에서, 압수·수색이 있었다는 그 자체만으로도 당사자는 불리한 지위에 놓일 가능성이 크다. 이러한 압수·수색영장의 집행이 피의자에 대한 증거를 수집·보전하는 데 목적이 있다고 하더라도, 이로 인하여 피의자의 상대방의 기본권이 제한되는 것을 최소화하기 위한 제도적 장치의 필요성을 부인하기는 어렵다. 대상 결정에서 설시한대로 개인정보의 수집 자체를 최

소화할 수 있도록 제도를 개선·운영하는 한편, 부득이하게 정보가 수집될 경우에는 수사가 종료되는 시점에서라도 이를 적절히 알려주는 제도, 또는 송·수신이 완료된 전기통신에 대한 압수·수색영장의 집행으로 수집된 개인정보에 관하여 필요성이 소멸한 경우나 일정한 기간이 경과한 경우 등에는 그에 관한 자료를 삭제·폐기하도록 하는 등의 제도에 대한 적극적인 검토와 도입이 필요할 것으로 보인다.

095 휴대전화 가입 본인확인제의 개인정보자기결정권 침해 여부

- 전기통신사업법 제32조의4 제2항 등 위헌확인 사건 -

헌재 2019. 9. 26. 2017헌마1209 결정

정경오(법무법인 린 변호사)

I. 판결의 개요

1. 사안의 개요

가. 사실관계

청구인 김○○은 2017. 9. 20. 전기통신사업법 제32조의4 제2항 등에 따라 ○○ 대리점에 주민등록증을 제시하고 부정가입방지시스템으로 본인임을 확인받은 후 이동통신단말장치(이하 '휴대전화'라 한다)에 대한 전기통신역무(이하 '이동통신서비스'라 한다) 제공계약을 체결하였다. 청구인 추○○은 2017. 10. 19. □□ 대리점에서 신분증 제시 및 부정가입방지시스템 이용 등 본인임을 확인하는 절차를 거치지 않고 전기통신역무 제공계약을 체결하고자 하였으나 전기통신사업법 제32조의4 제2항 등이 휴대전화에 대한 전기통신역무 제공계약 체결 시 본인확인을 거치도록 규정하고 있어 계약을 체결하지 못하였다.

청구인들은 휴대전화의 전기통신역무 제공 계약을 체결하는 경우(이하 '휴대전화 통신계약 체결'이라고 한다) 전기통신사업자로 하여금 계약 상대방에게 본인임을 확인할 수 있는 증서 등을 제시하도록 요구하고, 부정가입방지시스템 등을 이용하여 본인 여부를 확인하도록 한 전기통신사업법 제32조의4 제2항, 제3항, 제4항 및 제32조의5가 청구인들의 익명으로 통신할 자유, 사생활의 비밀과 자유, 개인정보자기결정권을 침해한다고 주장하면서, 2017. 11. 1. 위 조항들에 대하여 헌법재판소법 제68조 제1항에 의한 헌법소원심판을 청구하였다.

나. 심판대상

이 사건 심판대상은 전기통신사업법(2014. 10. 15. 법률 제12761호로 개정된 것) 제32조의4 제2항, 제3항 및 전기통신사업법 시행령(2015. 4. 14. 대통령령 제26191호로 개정된 것) 제37조

의6 제1항, 제2항 제1호, 제3항, 제4항(이를 전부 합하여 '심판대상조항'이라 한다)이 청구인들의 기본권을 침해하는지 여부이다. 심판대상조항의 내용은 다음과 같다.

전기통신사업법(2014. 10. 15. 법률 제12761호로 개정된 것)

제32조의4(이동통신단말장치 부정이용 방지 등) ② 전기통신역무의 종류, 사업규모, 이용자 보호 등을 고려하여 대통령령으로 정하는 전기통신사업자는 전기통신역무 제공에 관한 계약을 체결하는 경우(전기통신사업자를 대리하거나 위탁받아 전기통신역무의 제공을 계약하는 대리점과 위탁점을 통한 계약 체결을 포함한다) 계약 상대방의 동의를 받아 제32조의5 제1항에 따른 부정가입방지시스템 등을 이용하여 본인 여부를 확인하여야 하고, 본인이 아니거나 본인 여부 확인을 거부하는 경우 계약의 체결을 거부할 수 있다. 전기통신역무 제공의 양도, 그 밖에 이용자의 지위승계 등으로 인하여 이용자 본인의 변경이 있는 경우 해당 변경에 따라 전기통신역무를 제공받으려는 자에 대하여도 또한 같다.

③ 제2항에 따라 본인 확인을 하는 경우 전기통신사업자는 계약 상대방에게 주민등록증, 운전면허증 등 본인임을 확인할 수 있는 증서 및 서류의 제시를 요구할 수 있다.

전기통신사업법 시행령(2015. 4. 14. 대통령령 제26191호로 개정된 것)

제37조의6(계약 체결 시 본인확인) ① 법 제32조의4 제2항에서 "대통령령으로 정하는 전기통신사업자"란「이동통신단말장치 유통구조 개선에 관한 법률」제2조 제1호에 따른 이동통신서비스를 제공하는 전기통신사업자를 말한다.

② 제1항에 따른 전기통신사업자는 법 제32조의4 제3항 및 제4항에 따라 계약 상대방(법정대리인을 포함한다. 이하 이 조에서 같다)이 제출하는 다음 각 호의 어느 하나에 해당하는 증서 및 서류를 통하여 계약 상대방이 본인임을 확인하여야 한다. 이 경우 정보통신망을 이용하여 계약을 체결하는 때에는「전자서명법」제2조 제3호에 따른 공인전자서명을 통한 확인으로 대체할 수 있다.

1. 개인: 주민등록증, 운전면허증, 장애인등록증, 국가유공자증, 독립유공자증, 5·18 민주유공자증 또는 대한민국 여권

③ 제1항에 따른 전기통신사업자는 법 제32조의5 제1항에 따른 부정가입방지시스템(이하 "부정가입방지시스템"이라 한다)을 이용하여 제2항 각 호의 증서 및 서류의 진위 여부를 확인하여야 한다.

④ 제1항에 따른 전기통신사업자는 제2항 및 제3항에도 불구하고 계약 상대방이 제2항

각 호의 증서 및 서류를 제출할 수 없거나 부정가입방지시스템으로 제2항 각 호의 증서 및 서류의 진위 여부를 확인할 수 없는 경우에는 제2항 각 호의 증서 및 서류에 준하는 것으로서 해당 전기통신사업자가 이용약관으로 정하는 증서 등을 통하여 계약 상대방이 본인임을 확인하여야 한다.

2. 결정의 요지

심판대상조항이 이동통신서비스 가입 시 본인확인절차를 거치도록 함으로써 이른바 대포폰이 보이스피싱 등 범죄의 범행도구로 이용되는 것을 막고, 개인정보를 도용하여 타인의 명의로 가입한 다음 휴대전화 소액결제나 서비스요금을 그 명의인에게 전가하는 등 명의도용범죄의 피해를 막고자 하는 입법목적은 정당하고, 이를 위하여 본인확인절차를 거치게 한 것은 적합한 수단이다.

또한 가입자의 이름과 주소, 생년월일, 주민등록번호 등 개인정보 수집에 따른 유출피해 등 부작용을 방지하기 위해 '개인정보 보호법'과 '정보통신망 이용촉진 및 정보보호 등에 관한 법률'에서는 정보처리자에게 개인정보의 기술적·관리적 보호조치를 취할 것을 요구하고 그 준수 여부를 행정청이 점검하는 등 적절한 통제장치를 마련함으로써 개인정보자기결정권의 제한을 최소화하고 있다.

개인정보자기결정권, 통신의 자유가 제한되는 불이익과 비교했을 때, 명의도용피해를 막고, 차명휴대전화의 생성을 억제하여 보이스피싱 등 범죄의 범행도구로 악용될 가능성을 방지함으로써 잠재적 범죄 피해 방지 및 통신망 질서 유지라는 더욱 중대한 공익의 달성효과가 인정된다. 따라서 심판대상조항은 청구인들의 개인정보자기결정권 및 통신의 자유를 침해하지 않는다.

II. 해설

1. 쟁점의 정리

가. 개인정보자기결정권 제한 여부

심판대상조항에 의하여 휴대전화 통신계약 체결을 원하는 자가 이동통신사에 제공하는데 동의해야 하는 정보는 성명, 생년월일, 주소(여기까지는 온라인·대면 가입 공통), 대면 가입의 경우에는 주민등록번호와 신분증 발급일자, 온라인 가입의 경우에는 공인인증정보나 신

용카드정보로서, 개인의 동일성을 식별할 수 있게 하는 정보에 해당한다. 가입자가 이러한 정보 제공에 동의하지 않으면 이동통신사는 휴대전화 통신계약 체결을 거부할 수 있다. 따라서 심판대상조항은 가입자의 개인정보에 대한 제공·이용 여부를 스스로 결정할 권리를 제한하고 있으므로, 개인정보자기결정권을 제한하는지 여부가 쟁점이다.

나. 통신의 자유 제한 여부

헌법 제18조로 보장되는 기본권인 통신의 자유란 통신수단을 자유로이 이용하여 의사소통할 권리이다. '통신수단의 자유로운 이용'에는 자신의 인적 사항을 누구에게도 밝히지 않는 상태로 통신수단을 이용할 자유, 즉 통신수단의 익명성 보장도 포함된다. 심판대상조항은 휴대전화를 통한 문자·전화·모바일 인터넷 등 통신기능을 사용하고자 하는 자에게 반드시 사전에 본인확인 절차를 거치는 데 동의해야만 이를 사용할 수 있도록 하므로, 익명으로 통신하고자 하는 청구인들의 통신의 자유를 제한하는지 여부가 쟁점이다.

다. 사생활의 비밀과 자유 제한 여부

청구인들은 그 외에도 휴대전화 단말기와 가입자의 인적사항이 연결됨으로써 휴대전화로 생성된 위치정보, 아이피(IP) 주소 등 인터넷 접속 정보를 파악할 수 있는 길이 열리게 되어 사생활의 자유가 제한되는지 여부가 쟁점이다.

2. 검토

가. 개인정보자기결정권 침해에 관하여

1) 휴대전화 가입 본인확인제 도입 배경

이미 사망한 자의 주민등록번호를 이용하거나 행정안전부의 주민등록 데이터베이스에는 없는 주민등록번호로 가입하게 하는 등 이동통신서비스를 제공하는 전기통신사업자가 타인의 이름을 무단으로 가져다 사용하여 이동통신 서비스에 가입하는 것을 묵인하거나 제대로 확인하지 않은 경우가 빈번하게 발생하였다.

그렇게 가입된 휴대전화는 현금 지급 또는 대출을 해준다고 유인한 뒤 개인정보를 제공받아 이동통신 서비스에 가입한 다음 휴대전화 이용요금 내지 소액결제대금을 명의자에게 전가하는 일명 '휴대전화 개통사기' 수법 등의 명의도용피해를 입히거나, 가입자와 주된 사용자의 명의가 다른 차명휴대전화, 이른바 대포폰을 사용하여 금융기관이나 수사기관 직원

등을 사칭하여 계좌입금을 요구하는 방식으로 금전을 편취하는 보이스피싱 범죄단에 의해 빈번하게 사용되었다.

이러한 폐해를 방지하고자 2014. 10. 15. 법률 제12761호로 개정된 전기통신사업법은 대포폰의 유상 구매와 유통을 금지하고, 위반한 경우 형사처벌하는 내용을 새로이 도입함과 동시에(제32조의4 제1항, 제95조의2 제2호, 제3호) 휴대전화 통신계약을 체결하는 과정에서 본인확인을 거쳐야 함을 명문화하고 그에 필요한 시스템을 한국정보통신진흥협회(이하 'KAIT'라 한다)에 위탁하여 구축할 수 있도록 하였다(제32조의4 제2항, 제32조의5).

2) 수집하는 개인정보

심판대상조항은 '본인임을 확인할 수 있는 증서 및 서류의 제시를 요구할 수 있다'고 하고(전기통신사업법 제32조의4 제3항), 본인확인서류들을 통하여 본인임을 확인하여야 한다고 규정하고 있다(같은 법 시행령 제37조의6 제2항). 법령상 인정되는 개인의 본인확인증서 또는 서류들은 주민등록증, 운전면허증, 장애인등록증, 국가유공자증, 독립유공자증, 5·18민주유공자증, 대한민국 여권으로 전부 주민등록번호가 기재된 신분증이다. 즉, 심판대상조항에 의하여 수집되는 정보는 대면 가입의 경우 개인의 성명과 생년월일, 주소, 그리고 주민등록번호, 신분증 발급일자, 온라인 가입의 경우 개인의 성명과 생년월일, 주소, 그리고 공인인증정보 또는 신용카드 정보이다.

3) 견해대립

가) 위헌의견

심판대상조항은 이동통신사에 대하여 가입자의 본인 여부를 확인할 의무를 부과함으로써 이동통신사가 가입자의 개인정보를 수집하여 본인 확인 용도로 이용하도록 규정하고 있다. 또한 이동통신사가 전기통신사업법 제32조의5 제1항에 따른 부정가입방지시스템을 이용하는 경우 계약 상대방이 제출하는 증서 및 서류의 진위 여부를 확인하기 위하여 국가기관 등이 이동통신사로부터 개인정보를 이전받게 된다(전기통신사업법 제32조의5 제2항, 제3항 참조).

심판대상조항과 같이 본인인지 여부를 확인하는 것은 입법목적 달성에 실효적이지 않다. 이를 시행하지 않을 경우 범죄자를 특정하기 어려운 문제는 발달된 수사기법으로 극복할 수 있다. 심판대상조항을 통해 본인확인을 한 것으로 인해 이동통신사가 수집, 보관하고 있는 휴대전화 이용자의 개인정보를 수사기관이 영장 없이 통신자료 제공요청으로 취득할 수 있

으며, 일부 범죄를 저지른 자에 대한 수사의 용이함을 위하여 휴대전화 이용자 전부에게 예외 없이 본인확인을 강제하는 것은 과도하다.

위헌의견에 따르면, 이동통신사는 심판대상조항으로 인해 가입자의 주민등록번호를 필수적으로 수집하게 되므로 개인정보 집적에 따른 유출 사고의 위험성이 높아지고, 심판대상조항을 통해 본인확인을 한 것으로 인해 휴대전화가 본인확인 및 인증 수단으로 널리 활용되는 것은 주민등록번호 수집을 원칙적으로 허용하지 않는 것으로 개정된 개인정보 보호법의 취지와도 맞지 않다고 보았다. KAIT에 부정가입방지시스템을 구축·운영하도록 위탁한 것은 국가의 개인정보 보호책임을 민간단체에 전가한 것으로 판단하였다.

위헌의견은 심판대상조항이 본인확인정보를 제공하지 않으면 통신을 하지 못하도록 하여 통신의 자유를 제한하므로, 이른바 인터넷 실명제에 대한 위헌결정(헌재 2012. 8. 23. 2010헌마47 등)과 같은 이유로 과잉금지원칙을 위반하고, 심판대상조항이 이동통신사 등으로 하여금 가입자의 개인정보를 수집·이용하도록 강제하는 것이므로, 청구인들의 개인정보자기결정권을 제한한다고 판단하였다.

나) 합헌의견

합헌의견은 심판대상조항이 이동통신사로 하여금 본인확인 절차를 거치지 아니하고는 휴대전화 통신계약을 체결하지 못하게 함으로써, 이러한 명의도용피해를 방지하고, 차명휴대전화, 이른바 대포폰의 생성을 저지하여 보이스피싱 등 범죄의 범행도구로 악용되는 것을 방지하고자 하므로 입법목적은 정당하다고 보고 있다.

휴대전화 통신계약 체결 시 본인확인을 거치게 되면, 타인 명의를 사용하여 계약을 체결하고 이동통신서비스 이용요금이나 소액결제대금을 명의자에게 전가하는 행위를 방지할 수 있고, 범죄자가 자신의 인적사항을 은폐하기 위하여 차명휴대전화를 사용하는 것을 사전에 차단할 수 있으므로 휴대전화가 보이스피싱 범죄의 범행도구로 악용되는 것을 방지할 수 있다. 따라서 휴대전화 가입 본인확인제를 내용으로 하는 심판대상조항은 명의도용피해 방지, 보이스피싱 등 범죄에 휴대전화가 악용될 가능성을 방지한다는 입법목적을 달성하기에 적합한 수단이다.

심판대상조항에 의해서는 본인확인이라는 개별적이고 제한된 목적을 위하여 개인정보의 일회적 이용만 이루어지므로, 개인정보의 저장(보관)까지 허용하는 방식에 비하여 개인정보자기결정권의 제한이 최소화되고 있다. 또한, 심판대상조항은 애초에 그러한 범죄가 실행되지 않도록 하는 예방적인 차원에서 차명휴대전화의 발생을 억제하고자 하므로, 사전적 예방

조치인 휴대전화 가입 본인확인제가 입법목적 달성에 필요한 정도를 벗어난 과도한 조치라 할 수 없다.

심판대상조항으로 인하여 청구인들의 통신의 자유, 개인정보자기결정권이 제한되는 불이익과 비교했을 때, 개인정보가 타인에 의해 부정하게 사용되어 발생할 수 있는 명의도용피해를 막고, 차명휴대전화의 생성을 억제하여 보이스피싱 등 범죄의 도구로 악용될 가능성을 방지한다는 더욱 중대한 공익 달성효과가 인정된다. 따라서 심판대상조항은 법익균형성을 충족한다.

나. 통신의 자유 제한 여부

헌법 제18조에서는 "모든 국민은 통신의 비밀을 침해받지 아니한다."라고 규정하여 통신의 비밀보호를 그 핵심내용으로 하는 통신의 자유를 기본권으로 보장하고 있고(헌재 2001. 3. 21. 2000헌바25 결정), 통신의 자유란 통신수단을 자유로이 이용하여 의사소통할 권리(헌재 2010. 10. 28. 2007헌마890 결정 참조)이며, 이러한 '통신수단의 자유로운 이용'에는 자신의 인적사항을 누구에게도 밝히지 않는 상태로 통신수단을 이용할 자유, 즉 통신수단의 익명성 보장도 포함된다. 따라서 심판대상조항은 익명으로 통신하고자 하는 청구인들의 통신의 자유를 제한하는 것으로 볼 수 있다.

그러나 인터넷 게시판에 글을 작성하기 위해 실명확인절차를 거치는 제도(인터넷 실명제)가 익명에 의한 표현 자체를 제한하는 효과가 중대한 반면(헌재 2012. 8. 23. 2010헌마47 결정 등 참조), 휴대전화 가입 본인확인제가 이동통신서비스 이용 여부 자체를 진지하게 고려하게 할 정도라거나, 휴대전화를 통한 개개의 통신내용과 이용 상황에 기한 처벌을 두려워해 통신 자체를 가로막을 정도라고 할 수 없다. 휴대전화 가입 본인확인제로 인하여 통신의 자유에 끼치는 위축효과가 인터넷실명제와 같은 정도로 심각하다고 볼 근거가 희박하다.

또한, 심판대상조항이 통신의 비밀을 제한하는 것은 아니다. 통신의 비밀이란 서신·우편·전신의 통신수단을 통하여 개인 간에 의사나 정보의 전달과 교환(의사소통)이 이루어지는 경우, 통신의 내용과 통신이용의 상황이 개인의 의사에 반하여 공개되지 아니할 자유를 의미한다(헌재 2016. 11. 24. 2014헌바401 결정). 어느 개인의 통화내역이나 통화내용은 통신의 비밀로 보호되는 영역으로서 제3자에게 공개되어 있지 아니하므로 휴대전화 가입 본인확인제로 인해서 이동통신서비스 가입자가 식별가능해진다고 하여도 곧바로 해당 개인이 누구와 언제 통화하였다는 정보나 통화의 내용이 공개로 이어지지는 않는다. 따라서 통신의 비밀에 대한 제한이 이루어진다고 보기는 어렵다.

따라서 심판대상조항에 의해서는 통신의 비밀이 제한되지 않으며, 익명에 의한 통신의 자유를 위축시킨다고 볼 수 없으므로 통신의 자유를 제한하지 않는다.

다. 사생활의 비밀과 자유 제한에 관하여

청구인들은 심판대상조항이 사생활의 비밀과 자유도 제한된다고 주장하나, 헌법재판소는 사생활의 비밀과 자유에 포섭될 수 있는 사적 영역에 속하는 통신의 자유는 헌법이 제18조에서 별도의 기본권으로 보장하고 있고, 개인정보의 제공으로 인한 사생활의 비밀과 자유가 제한되는 측면은 개인정보자기결정권의 보호영역과 중첩되는 범위에서 관련되어 있으므로 심판대상조항이 청구인들의 통신의 자유, 개인정보자기결정권을 침해하는지 여부를 판단하는 이상 사생활의 비밀과 자유 침해 여부에 관하여는 별도로 판단하지 아니한다(헌재 2015. 3. 26. 2013헌마354 결정; 헌재 2018. 6. 28. 2012헌마191등 결정 참조)고 결정하였다.

청구인들은 그 외에도 휴대전화 단말기와 가입자의 인적사항이 연결됨으로써 휴대전화로 생성된 위치정보, 아이피(IP) 주소 등 인터넷 접속 정보를 파악할 수 있는 길이 열리게 되어 사생활의 자유가 제한된다고 주장한다. 그러나 헌법재판소는 심판대상조항이 본인확인을 거친 후에는 더 이상의 개인정보 수집이나 보관을 의무화하는 규정이 아니며, 이동통신서비스 가입자의 개인정보가 통신에 관한 각종 정보와 연결될 수 있다는 가능성이 있다고 하여 그것만으로 본인의 통신 이용 상황과 내용이 수사기관 등 제3자에 의하여 파악될 것이라고 단정할 수는 없고, 심판대상조항이 휴대전화 위치정보의 수집이나 아이피(IP) 주소 등 정보의 수집·보관의무를 부과하는 것도 아니라고 판단하였다.

따라서 청구인들의 사생활의 비밀과 자유의 제한 주장에 대해 헌법재판소는 사생활의 비밀과 자유의 제한은 심판대상조항으로 인하여 발생하는 것이 아니라고 판단하였다.

III. 결정의 의의

이 결정은 휴대전화 가입 시 본인확인제를 내용으로 하는 심판대상조항이 개인정보자기결정권을 침해하지 않는다고 판단하였다. 그러나 실제로는 위헌의견이 5명이고, 합헌의견이 4명이라는 점에서 실질적으로 위헌의견이 다수 견해였다. 따라서 위헌결정의 요건인 6명을 충족하지 못해 형식적으로는 합헌이지만 실질적으로는 다수의 견해가 위헌인 것이다. 이러한 헌법재판소의 위헌의견이 다수인 점을 고려할 때 향후 휴대전화 가입 시 본인확인제 운

용에 있어 위헌의견을 반영할 필요가 있다.

첫째는 본인확인 적용 범위와 관련된 문제로서 후불 이용제와 선불 이용제에 본인확인이 모두 필요한지 여부이다. 심판대상조항은 후불 이용제와 선불 이용제 모두 가입자의 본인확인을 거쳐야 하는데, 실제로 선불 이용제의 경우 가입자의 본인확인이 반드시 필수적인 것은 아니다. 따라서 심판대상조항은 선불 이용제(선불요금제) 계약에도 예외없이 본인확인제를 실시하고 있어 이에 대한 과도한 규제라고 볼 수 있어 향후 본인확인제 적용 시 선불 이용제를 제외하는 것도 고려할 필요가 있다.

둘째, 본인확인 방법으로 주민등록번호를 수집이 반드시 필요한지 여부이다. 심판대상조항은 본인확인 방법으로 "부정가입방지시스템 등을 이용하여 본인여부를 확인하여야 하고"라고 규정하여 주민등록번호 수집을 필요로 하는 부정가입방지시스템외에 다른 본인확인 방법으로, 공인인증서,[1] 신용카드, 학생증 제출 등을 인정하고 있다. 이러한 사정들을 고려하면, 심판대상조항은 주민등록번호가 특히 중요한 개인정보임을 고려하여 이를 수집하여 일회적으로 이용하도록 하는 데 그치고 있다.

따라서 주민등록번호의 경우 보관하지 않고 단지 본인확인을 위한 일시적인 수집에 그치기는 하지만 개인정보 보호법상 법령의 특별한 규정이 없는 한 수집이 제한되는 점에서 주민등록증은 전기통신사업법 시행령 제37조의6 제2항 각 호 증서 및 서류에서 제외되는 것이 바람직하다.

1) 2020. 12. 8. 제37조의6 제2항 단서 "이 경우 정보통신망을 이용하여 계약을 체결하는 때에는 「전자서명법」 제2조 제3호에 따른 공인전자서명을 통한 확인으로 대체할 수 있다."는 "이 경우 정보통신망을 이용하여 계약을 체결하는 때에는 「전자서명법」 제2조 제2호에 따른 전자서명(서명자의 실지명의를 확인할 수 있는 것으로 한정한다)을 통한 확인으로 대체할 수 있다."로 개정되었다.

096 이용자 명의도용에 대한 온라인 게임 서비스 제공자의 책임

- 리니지 명의도용 사건 -

대법원 2009. 5. 14. 선고 2008다75676, 75683 판결

장보은(한국외국어대학교 법학전문대학원 교수)

I. 판결의 개요

1. 사안의 개요

가. 사실관계

피고 회사는 다중접속 온라인 롤플레잉게임인 리니지I, 리니지II 게임(이하 '이 사건 게임')의 온라인 게임 서비스 제공자이다. 이용자들은 이 사건 게임을 이용하기 위해 온라인 회원 가입을 하는 과정에서 실명확인 절차를 거쳐 계정을 등록하고, 캐릭터를 생성하여 게임에 참여하였다.[1] 이 사건 게임의 특성상 캐릭터가 사용하는 가상의 물품인 '아이템'이 승패를 좌우하는 중요한 요소인데, 게임의 단계를 순차적으로 거쳐 아이템을 축적하는 방법 외에 캐릭터 사이에 아이템 거래나 교환도 가능하였다. 그런데 게임 외에서 아이템을 현금으로 구입하여 게임 내의 캐릭터 사이에 아이템을 교환하는 편법적인 사례가 늘어나면서, 게임을 즐기기 위한 것이 아니라 오로지 아이템 판매를 목적으로 게임에 참여하는 소위 '작업장'과 아이템 중개업자들도 생겨나게 되었다.

피고 회사는 서비스 초기부터 명의도용에 의한 온라인 회원가입을 금지하면서 그에 관한 신고를 받았다. 2005. 8.경 국내 아이템 중개업자들이 중국에서 대량으로 아이템을 구입하고 그 대가를 송금하려고 한 외국환거래법 위반행위가 적발되었는데, 그 수사 과정에서 중국 내 작업장들에 의한 실명정보의 대규모 도용 사실이 발견되어 사회적 문제로 대두되었다. 피고 회사는 수사기관으로부터 제공받은 정보를 토대로 명의도용이 의심되는 계정들을 정지시키고 회원 가입여부 확인 및 신고 캠페인을 벌였는바, 이 사건 게임 상용서비스를 실시한

1) 피고 회사가 제공하는 계정의 수와 한 계정에서 생성할 수 있는 캐릭터의 수에는 제한이 있었다. 즉, 1개의 실명정보로 5개의 계정을 등록할 수 있고, 1개 계정에서 4개 캐릭터의 생성할 수 있다.

이래 명의도용으로 신고된 건이 약 19만 건에 이르렀다. 이와 관련하여 원고들은 자신들의 성명과 주민등록번호가 도용되어 피해를 입었다고 주장하며 손해배상을 청구하였다.[2)]

나. 소송경과

1) 제1심 판결(서울중앙지방법원 2007. 5. 31. 선고 2006가합22338 판결)

1심 법원은 이 사건 게임의 이용약관, 정보통신망 이용촉진 및 정보보호 등에 관한 법률(이하 '정보통신망법') 관련 규정, 조리 등에 비추어, 제3자가 타인의 명의를 도용하여 온라인 게임 서비스에 회원가입신청을 한 경우, 게임 서비스 제공자가 회원가입신청을 승인하는 과정에서 이용신청자가 실명정보와 일치하는 본인인지 여부를 적극적으로 확인할 본인확인의무는 없다고 하였다. 다만, 온라인 게임 서비스 제공자로서는 게임 서비스의 이용신청자 및 이용자 중에 명의를 도용하여 부당하게 온라인 회원으로 가입하여 위 게임 서비스를 이용하는 자가 있음을 알 수 있었던 경우라면 이를 차단하기 위한 적절한 조치를 취함으로써 명의도용행위에 도움을 주지 아니할 주의의무는 있다고 하였으나, 제반 사정에 비추어 피고 회사로서는 명의도용에 의한 회원가입 및 이용행위를 방지하기 위한 주의의무를 다하였다고 보았고, 결론적으로 피고 회사의 방조에 의한 불법행위책임을 부정하였다.

2) 항소심 판결(서울고등법원 2008. 8. 29. 선고 2007나62538, 62545(병합) 판결)

항소심 법원은 원고들의 항소를 전부 기각하면서, 피고 회사가 이 사건 게임 서비스를 운영하면서 이용신청자 혹은 이용자가 온라인 회원 가입 시 원고들의 각 명의를 도용하고 있음을 구체적이고 개별적으로 예견할 수 있거나, 적어도 당시의 여러 상황에 비추어 그 명의도용의 개연성을 인식할 수 있고, 이를 회피할 수 있었던 경우에는 이 사건 게임 서비스를 제공하고, 관리 · 운영하는 피고 회사로서는 이를 차단하기 위한 적절한 조치를 취하여 명의도용행위에 대하여 도움을 주지 않아야 할 주의의무가 있다고 하여 그 주의의무의 내용을 보다 명확히 하였다. 다만, 제반사정을 고려하여 피고 회사가 이 사건 명의도용에 대하여 예견가능함에도 불구하고 이를 묵인 · 방치함으로써 그 주의의무를 위반하였다고 보기는 어렵다고 하여 제1심의 결론을 유지하였다.

2) 원고들은 피고 회사 외에도 피고 회사의 대표이사에 대하여도 손해배상을 청구하였으나, 그 책임은 부정되었다. 또한 일부 원고들은 명의도용 사실에 대한 입증이 부족하여 1심 단계에서 배척되었다.

2. 판결의 요지

대법원은 원심과 달리 온라인 서비스 제공자는 회원가입절차에서 이용신청자가 실제 본인인지를 확인할 주의의무, 즉 실명정보의 확인의무를 부담한다고 하였다. 그러나 아래와 같은 기준을 제시하며, 명의도용 발생 당시 가입신청자의 실명정보를 실명자료 데이터베이스와 실시간 검색·비교하는 방법으로 확인절차를 거침으로써 실명정보 확인의무를 다하였고, 명의도용 발생 후에도 적절한 조치를 취하였으므로, 온라인 서비스 제공자가 명의도용행위를 방치하여 불법행위에 도움을 주었다고 할 수 없다고 보았다.

“온라인 게임 서비스 제공자가 자신이 제공하는 게임 서비스에 명의도용자가 회원으로 가입하는 것을 허용하고 이를 방치하였을 때 피모용자들에 대해 불법행위로 인한 손해배상 책임을 지게 하기 위해서, 실명정보의 확인의무를 부담하는 온라인 서비스 제공자가 이러한 확인의무를 위반함으로써 부당하게 가입한 온라인 회원이 게임 서비스를 이용하는 것을 방치한 경우여야 한다. 온라인 서비스 제공자가 실명정보의 확인의무를 위반하였는지는 온라인 게임 서비스의 제공이 인터넷을 통해 수시로 또한 대규모로 이루어지는 비대면 거래로서 서비스 제공자의 입장에서는 이용자 각각의 서비스 이용 실태를 개별적으로 파악하여 그 중 명의도용에 의한 회원가입 내지 이용행위인지 여부를 식별해 내는 것이 용이하지 않다는 점을 고려하여 볼 때, 관련 인터넷 기술의 발전 수준, 해당 게임의 특성, 운영 주체로서의 서비스 제공자의 영리적 성격·규모, 기술적 수단의 도입에 따른 일반 이용자에 대한 이익과 불이익 및 이에 따른 경제적 비용, 명의도용행위로 인한 피해의 정도, 가해자와 피해자의 관계 등을 종합하여 판단하여야 한다.”

II. 해설

1. 쟁점의 정리 - 온라인 게임 서비스 제공자가 명의도용에 대해 책임을 지는지 여부

가. 불법행위에 대한 방조 책임의 성립 요건

온라인 게임 서비스 제공자는 정보통신망법상 정보통신서비스 제공자로서 정보통신망법 제3조 제1항에 따라 이용자를 보호하고 건전하고 안전한 정보통신서비스를 제공하여야 한다. 그런데 대상 판결의 사실관계와 같이 제3자가 다른 사람들의 명의를 무단으로 도용하여

온라인 게임 서비스에 가입한 경우에도 온라인 게임 서비스 제공자가 이에 대해 불법행위 책임을 지는지에 대해서는 생각해볼 문제이다. 온라인 게임 서비스 제공자와 피해자들 간에 계약관계가 성립한다고 보기 어렵고, 온라인 게임 서비스 제공자가 직접 불법행위를 한 것도 아니기 때문이다. 이러한 경우에는 방조에 의한 불법행위 책임, 그것도 과실에 의한 방조 책임의 성립을 검토해 볼 수 있다.

민법 제760조 제3항은 교사자나 방조자의 공동불법행위 책임을 규정한다. 방조라 함은 불법행위를 용이하게 하는 직접, 간접의 모든 행위를 가리키는 것을 의미하는데, 작위에 의한 경우뿐만 아니라 작위의무 있는 자가 그것을 방지하여야 할 제반 조치를 취하지 아니하는 부작위로 인하여 불법행위자의 실행행위를 용이하게 하는 경우도 포함하는 것이다. 형법에서는 방조책임을 묻기 위해서는 가해자가 이러한 행위에 대해 고의를 가지고 있어야 하나, 민법상 불법행위의 방조는 형법과 달리 손해의 전보를 목적으로 하는 것으로서, 민법의 해석으로는 과실을 원칙적으로 고의와 동일시하므로 과실에 의한 방조도 가능하다는 것이 판례의 태도이다. 이 경우의 과실의 내용은 불법행위에 도움을 주지 않아야 할 주의의무가 있음을 전제로 하여 이 의무에 위반하는 것을 말하고, 방조자에게 공동불법행위자로서의 책임을 지우기 위하여는 방조행위와 피방조자의 불법행위 사이에 상당인과관계가 있어야 한다.

나. 온라인 서비스 제공자의 주의의무

그렇다면 이 사안에서 불법행위에 도움을 주지 않아야 할 온라인 게임 서비스 제공자의 주의의무는 구체적으로 무엇을 말하는가? 대법원은 온라인 서비스 제공자에게 실명정보 확인의무를 인정하였다. 회원가입절차에서 이용신청자가 실제 본인인지를 확인하여 명의가 도용되지 않도록 할 주의의무를 부담한다는 것이다. 이와는 달리 원심에서는 온라인 서비스 제공자에게 실명정보 확인의무는 인정되지 않는다고 하면서 이를 근거로 불법행위 책임의 성립을 주장할 수는 없다고 하였다. 이러한 전제에서 원심은 피고 회사가 명의도용행위를 알았거나 알 수 있었으면서도 이를 묵인하거나 방치한 것인지 여부를 추가로 검토하였던 것이다.

따라서 이 사안의 쟁점은 온라인 게임 서비스 제공자에게 실명정보 확인의무를 인정할 수 있는지, 만일 그렇다면 그 위반 여부는 어떠한 기준으로 판단할 것인지라고 할 것이다.

2. 관련 판례(대법원 1998. 12. 23. 선고 98다31264 판결; 대법원 2000. 4. 11. 선고 99다41749 판결 등)

민법 제760조 제3항은 교사자나 방조자는 공동행위자로 본다고 규정하여 교사자나 방조자에게 공동불법행위자로서 책임을 부담시키고 있는바, 방조라 함은 불법행위를 용이하게 하는 직접, 간접의 모든 행위를 가리키는 것으로서 작위에 의한 경우뿐만 아니라 작위의무 있는 자가 그것을 방지하여야 할 제반 조치를 취하지 아니하는 부작위로 인하여 불법행위자의 실행행위를 용이하게 하는 경우도 포함하는 것이고, 이러한 불법행위의 방조는 형법과 달리 손해의 전보를 목적으로 하여 과실을 원칙적으로 고의와 동일시하는 민법의 해석으로서는 과실에 의한 방조도 가능하다고 할 것이며, 이 경우의 과실의 내용은 불법행위에 도움을 주지 않아야 할 주의의무가 있음을 전제로 하여 이 의무에 위반하는 것을 말하고, 방조자에게 공동불법행위자로서의 책임을 지우기 위하여는 방조행위와 피방조자의 불법행위 사이에 상당인과관계가 있어야 한다.

3. 검토

가. 온라인 게임 서비스 제공자의 실명정보 확인의무

대법원은 정보통신망법상 규정된 정보통신서비스 제공자의 책무, 이용자에게 실명정보로 계정을 등록하도록 하는 피고 회사의 이용약관 내용과 피고 회사가 일정 시점 이후부터는 이용신청자가 입력한 성명과 주민등록번호를 피고 회사와 연계된 신용정보제공회사 등이 보유한 실명자료 데이터베이스와 실시간으로 검색 · 비교하는 방법으로 이용신청자가 본인임을 확인한 후 회원가입을 승인해 주었던 점, 이 사건 게임의 이용자가 매우 많고 아이템 거래가 성행하여 아이템 중개업자가 생겨나기도 하였던 점 등을 고려하여 온라인 게임 서비스 제공자로서 피고 회사는 온라인 회원가입절차에서 이용신청자가 실제 본인인지를 확인할 주의의무, 즉 실명정보의 확인의무를 부담한다고 하였다.

정보통신망법 등 관련 법규에서 정보통신서비스 제공자에게 일반적으로 이용자의 실명정보를 확인하도록 의무를 규정하고 있지는 않다.[3] 종래 온라인 게임 서비스에서의 이용자의

3) 정보통신망법 제44조의5에서는 공공기관 등이 게시판을 설치 · 운영하는 경우 본인확인을 하도록 규정하고 있으나, 이는 이 사건에서의 실명확인과는 그 취지나 내용이 다르다. 과거 일정 규모 이상의 인터넷게시판 운영자에게도 본인확인의무를 부과하였으나, 헌법재판소가 이른바 '인터넷게시판 본인확인제'가 위헌이라고 결정한 이후(헌재 2012. 8. 23. 2010헌마47 · 252(병합) 결정) 2014. 5. 28. 정보통신망법 개정시 관련 조문

실명확인 또는 본인확인 필요성은 개인정보 보호보다는 주로 청소년 보호의 관점에서 논의가 되었다.[4] 그런데 이 사안에서 온라인 게임 서비스 제공자의 실명정보 확인의무가 문제된 것은 온라인 서비스 제공자에게 일반적으로 실명정보 확인의무가 인정되는지 여부를 검토하려는 것이라기보다는, 제3자들에 의해 대규모 명의도용이 일어난 것과 관련하여 피고 회사에게 불법행위에 대한 방조책임이 성립하는지를 살피기 위한 것으로 이해된다. 즉, 이 사건 게임의 특성상 개인에게 제공하는 계정의 개수가 한정되어 있었고 아이템 거래가 가능하였으며, 게임 이용자가 크게 늘면서 아이템 거래를 위한 아이템 중개업자나 작업장 등이 생겨났고, 실제로 대규모 명의도용이 발생하였다. 피고 회사는 이를 방지하기 위해 이용자의 실명정보를 확인하고 있었으므로, 이와 관련된 피고 회사의 주의의무 위반 여부를 살펴볼 필요가 있었던 것이다.

나. 실명정보 확인의무의 위반 여부

대법원은 실명정보 확인의무 위반 여부는 관련 인터넷 기술의 발전 수준, 해당 게임의 특성, 운영 주체로서의 서비스 제공자의 영리적 성격·규모, 기술적 수단의 도입에 따른 일반 이용자에 대한 이익과 불이익 및 이에 따른 경제적 비용, 명의도용행위로 인한 피해의 정도, 가해자와 피해자의 관계 등을 종합하여 판단해야 한다고 하였다. 온라인 게임 서비스 제공이 인터넷을 통해 수시로 또한 대규모로 이루어지는 비대면 거래로서 서비스 제공자는 이용자 각각의 서비스 이용 실태를 개별적으로 파악하여 명의도용을 식별하기가 용이하지 않다는 점을 고려한 조치이다. 제3자의 명의도용에 대해 피고 회사에게 결과 책임 또는 무과실 책임을 지울 수는 없으므로, 대법원의 이러한 고려는 일응 타당하다.

그런데 대법원이 이러한 기준으로 검토한 사정들을 살펴보면, ① 피고 회사가 대규모 명의도용을 알았거나 예견할 수 있었는지 여부,[5] ② 대규모 명의도용 사건 발생 당시 피고 회사의 기술적 조치와 대안적 방식의 비교,[6] ③ 대규모 명의도용 사건 이후 피고 회사의 조

(제44조의5 제1항 제2호)이 삭제되었다.

4) 황창근, "청소년보호와 인터넷규제", 홍익법학 제16권 제2호, 2015, 234-235면; 이완희, "온라인게임 이용자 실명정보 확인의무", 정보법 판례백선(Ⅱ), 한국정보법학회, 박영사, 2016, 682면 등.

5) "대규모 명의도용에 의한 회원가입이 문제된 것은 이 사건 명의도용이 사실상 최초의 사례인 점"

6) "이 사건 명의도용 발생 당시 원고들이 주장하는 휴대폰인증제, 오프라인에서 주민등록증, 주민등록등본에 의한 본인 확인 등 여러 방안들에 대해서는 다수의 일반 이용자들이 불편하게 여길 수 있었던 점", "이 사건 명의도용이 발생할 당시 게임업체들 중에 휴대폰인증제를 실시한 업체는 없었던 점", "2005년 현재 국내 이용자 수만 약 170만 명에 이르고 수시로 상당한 신규가입 및 탈퇴가 이루어지는 상황에서 이용자별로 회원가입정보를 분석하여 명의도용에 의한 회원가입 여부를 식별해 내기는 용이하지 않은 점", "아이템 중

치[7] 등을 주로 고려하였음을 알 수 있다. 피고 회사에게 온라인 게임 서비스 제공자로서 실명정보 확인의무를 인정하지 않은 원심의 판단 근거와 동일하다. 이를 반드시 실명정보 확인의무의 내용으로 포섭하여야 하는지는 다소 의문이다. 피고 회사에게 실명확인 의무가 있다는 점을 인정하더라도, 명의도용 사건을 방지하기 위하여 적절한 조치를 취하여야 하는 주의의무를 모두 실명정보 확인의무로 해석할 필요는 없지 않았을까 한다.

Ⅲ. 판결의 의의

대상 판결은 온라인 게임 서비스 제공자가 자신이 제공하는 게임 서비스와 관련하여 명의도용 사건이 발생하였을 때, 피모용자들에 대해 불법행위로 인한 손해배상책임을 질 수 있음을 확인하였다. 이와 관련한 온라인 게임 서비스 제공자의 주의의무 정도는 관련 인터넷 기술의 발전 수준, 해당 게임의 특성, 운영 주체로서의 서비스 제공자의 영리적 성격·규모, 기술적 수단의 도입에 따른 일반 이용자에 대한 이익과 불이익 및 이에 따른 경제적 비용, 명의도용행위로 인한 피해의 정도, 가해자와 피해자의 관계 등을 종합적으로 고려하여 판단하여야 한다. 특히 개인정보의 가치와 그 보호에 대한 중요성이 더욱 커지고 있으므로, 피고 회사와 같이 다수의 이용자에게 서비스를 제공하며 거액의 수익을 올리고 있는 온라인 게임 서비스 제공자로서는 명의도용을 방지하기 위하여 다각적이고 실질적인 노력이 요청된다고 할 것이다.

다만, 본건 판결에서는 온라인 게임 서비스 제공자에게 실명정보 확인의무가 인정된다고 한 다음, 명의도용을 방지할 주의의무를 실명정보 확인의무의 범주에서 검토한 것은 재고를 요한다. 이 판결 이후 정보통신망법상 인터넷게시판 본인확인제에 대한 위헌 결정이 있었

개업자 등의 접속차단을 위해 IP당 접속 계정수를 제한하는 방안은 인증서버에 지나친 부하를 초래하여 이 사건 게임 서비스의 원활한 제공에 장애가 될 수 있는 반면, 접속시마다 IP를 변경하거나 유동 IP를 사용하는 방식으로 용이하게 회피할 수도 있어 실효성이 적은 점", "가상사설망(virtual private network, VPN)이나 프록시서버(Proxy server) 서비스를 이용한 우회 접속을 미리 차단하는 방안은 국내에서 VPN 서비스 등을 제공하는 다른 업체들의 협조를 구하는 것이 가능한지가 불분명한 점"

7) "피고 회사는 경찰청 통보에 따라 2005. 6.경부터 2006. 1.경까지 명의도용의 우려가 큰 약 21만 개의 계정에 대해 압류 등 조치를 취한 점", "자동프로그램을 통한 부정한 게임 서비스 이용행위를 방지하기 위해 'GameGuard' 등 각종 보안프로그램을 도입하고, 자체적으로 게임 내에서 캐릭터의 비정상적인 활동을 감시·규제하기 위한 감시팀(Game Master)을 상시로 운영한 점, 피고 회사가 여러 대응방안을 모색하던 중 2006. 1.경부터 휴대폰인증제의 도입을 검토·준비하여 게임서비스업계에서는 처음으로 2006. 2. 23.경부터 전격적으로 이를 시행한 점"

고,[8] 개인정보 보호의 필요성이 더욱 강조되고 있는 현 시점에서 온라인 서비스 제공자에게 실명정보 확인의무를 광범위하게 인정할 수 있는지는 의문이다. 또한 명의도용이나 그 밖에 온라인 게임 서비스를 둘러싼 제3자들의 불법행위 양상이 다양해진다면, 서비스 제공자가 실명정보 확인의무만을 충실히 이행하였다고 하여 책임을 면한다고 하기도 어려울 것이다.

8) 헌재 2012. 8. 23. 2010헌마47 · 252(병합) 결정.

097 개인정보 적법 제공 요건으로서의 '동의'의 방법

- 신용카드 가맹점 업주의 개인신용정보 제공 사건 -

대법원 2006. 6. 15. 선고 2004도1639 판결

이해원(목포대학교 법학과 교수)

I. 판결의 개요

1. 사안의 개요

가. 사실관계

피고인 1은 신용카드업 등을 목적으로 설립된 법인이고, 피고인 2는 피고인 1의 직원으로 근무하던 자이다.

피고인 2는 2002. 12. 말경 피고인 1 본사 사무실에서 피고인 1의 신용카드 가맹점 업주 1,004,196명의 각 성명, 주민등록번호, 주소, 전화번호, 가맹점명, 사업자번호 등의 정보(이하 '이 사건 정보')가 수록된 CD 2장을 위 업주들로부터 서면에 의한 동의를 받지 아니하고 신용카드 회원모집대행업에 종사하는 공소외 A에게 제공하였다(이하 '이 사건 행위').[1)]

검사는 피고인 2의 위 행위가 개인신용정보주체의 서면 동의 없는 개인신용정보의 제공을 금지하는 구 신용정보법[2)] 제32조 제2항 제6호 및 제23조를 위반한 것이며,[3)4)] 피고인 1

1) 사실 A는 이 사건의 공동피고인이지만, A에 대한 검사의 공소사실은 「신용정보의 이용 및 보호에 관한 법률」(이하 '신용정보법')이 2009. 4. 1. 법률 제9617호로 전부개정되면서 삭제되어 현행 신용정보법(시행 2021. 7. 21. 법률 제18124호를 말한다)에서도 존재하지 않는 "불확실한 개인신용정보의 수집·조사 금지 의무"를 위반하였다는 것이므로 본고의 쟁점과는 무관하다. 따라서 본고의 가독성을 높이고 논의를 간명하게 하기 위하여 A를 피고인이 아닌 공소외인으로 표기한다.

2) 2002. 11. 27. 시행 법률 제6705호를 말한다.

3) 애초 검사는 공소장에 적용법조를 구 신용정보법 제32조 제2항 제7호 및 제24조 제1항으로 기재한 것으로 보이나, 후술하듯이 항소심에서 공소장 변경신청을 통하여 적용법조를 구 신용정보법 제32조 제2항 제6호 및 제23조로 변경하였다.

4) 구 신용정보법 제23조(개인신용정보의 제공·활용에 대한 동의) 신용정보제공·이용자는 다음 각호에서 정하는 개인에 관한 신용정보(이하 "개인신용정보"라 한다)를 신용정보업자등에게 제공하고자 하는 경우에는 대통령령이 정하는 바에 의하여 당해 개인으로부터 서면에 의한 동의를 얻어야 한다. (이하 생략)
舊 신용정보법 제32조 (벌칙) ① (생략)

은 구 신용정보법 제34조(양벌규정)에 따라 피고인 2의 위 행위에 대하여 역시 형사책임을 부담한다고 주장하며 피고인 1, 2에 대하여 각 공소를 제기하였다.

나. 소송경과

1) 제1심 판결(수원지방법원 2003. 8. 8. 선고 2003고단3875, 2003고정67(병합) 판결)

제1심에서 검사는 피고인들에 대한 적용법조로 구 신용정보법 제32조 제2항 제7호, 제24조 제1항을 주장하였다.[5] 이에 대하여 피고인들은 "구 신용정보법 제24조 제1항 단서 제5호에 따라 '기타 다른 법률의 규정에 의하여 제공 · 이용되는 경우'에는 개인신용정보주체의 서면 동의가 없더라도 신용정보의 제공 · 이용이 허용되는데, 이 사건 행위는 동법 제27조 제2항 제1호에 해당하므로[6] 공소사실의 구성요건에 해당하지 않는다."라고 주장하였으나, 법원은 위 주장을 배척하고 공소사실을 인정하여 피고인들에게 유죄를 선고하였다.

2) 항소심 판결(수원지방법원 2004. 2. 14. 선고 2003노3043 판결)

항소심에서 검사는 피고인들에 대한 적용법조를 구 신용정보법 제32조 제2항 제6호, 제23조로 바꾸는 공소장 변경신청을 하였고 법원은 이를 허가하였다. 피고인들은 제1심과 동

---

② 다음 각호의 1에 해당하는 자는 3년 이하의 징역 또는 3천만원 이하의 벌금에 처한다.

1 ~ 5. (생략)

6. 제23조의 규정을 위반한 자

5) 구 신용정보법 제24조 (개인신용정보의 제공 · 이용의 제한 및 통보) ① 개인신용정보는 당해 신용정보주체와의 금융거래등 상거래관계의 설정 및 유지여부등의 판단목적으로만 제공 · 이용되어야 한다. 다만, 다음 각호의 1에 해당하는 경우에는 그러하지 아니하다.

1. ~ 4. (생략)

5. 기타 다른 법률의 규정에 의하여 제공 · 이용되는 경우

구 신용정보법 제32조 (벌칙) ① (생략)

② 다음 각호의 1에 해당하는 자는 3년 이하의 징역 또는 3천만원 이하의 벌금에 처한다.

1 ~ 6. (생략)

7. 제24조제1항 및 제3항의 규정을 위반한 자

6) 구 신용정보법 제27조 (업무목적외 누설금지등) ① (생략)

② 다음 각호의 1에 해당하는 경우에는 제1항의 규정에 의한 업무목적외 누설 또는 이용으로 보지 아니한다. 이 경우 신용정보제공 · 이용자간 또는 신용정보제공 · 이용자와 신용정보업자간에 제공된 신용정보의 보안관리대책을 포함한 계약을 체결하여야 한다.

1. 신용정보제공 · 이용자가 다른 신용정보제공 · 이용자의 업무에 활용하도록 하기 위하여 자기의 업무와 관련하여 얻어지거나 만들어낸 타인의 신용정보를 제공하는 경우

일한 취지로 이 사건 행위가 공소사실의 구성요건에 해당하지 않는다고 주장하였으나, 법원은 ① 구 신용정보법상 개인신용정보는 원칙적으로 당해 신용정보주체로부터 서면에 의한 동의를 받아 제공·이용되어야 하고, 그 목적 또한 원칙적으로 당해 신용정보주체와의 금융거래 등의 설정, 유지 여부 등의 판단 목적으로 제공·이용되어야 하며, 특별히 허용되는 경우 외에는 그 밖의 목적으로 제공·이용되는 것은 금지되며, ② 구 신용정보법 제24조 제1항 단서 제5호에서 규정하는 '기타 다른 법률의 규정'이 동법 제27조 제2항을 지칭하지 아니함은 그 규정의 취지나 내용, 규정형식 등에 비추어 보아도 명확하고,[7] ③ 이 사건 정보의 개인신용정보주체인 신용카드 가맹점 업주들이 피고인 2에 자신의 개인신용정보를 제공한 것은 가맹점 계약을 통하여 신용카드사와 가맹점 관계를 설정하고 유지하기 위한 목적이었으므로, 위 업주들의 신용정보는 그와 같은 관계와 목적 내지 그와 밀접한 관련이 있는 범위 내에서만 활용되어야 하고, 다른 신용카드 모집업자가 위 업주들을 상대로 신용카드 발급을 권유하는 것은 본래의 목적 범위를 벗어난 새로운 금융관계를 설정하려는 것으로 해당 신용정보주체의 서면동의가 없는 한 허용될 수 없다는 이유로 피고인들의 항소를 기각하고 유죄판결을 선고하였다.[8]

3) 대법원 판결(대법원 2006. 6. 15. 선고 2004도1639 판결, 이하 '대상 판결')

상고심에서 피고인들은 "이 사건 정보를 수집함에 있어 개인신용정보주체인 신용카드 가맹점 업주들로부터 '개인신용정보의 제공·활용 동의서'를 받았으므로 이 사건 행위는 사전동의에 따라 이루어진 적법한 행위이다."라고 주장하였다. 그러나 대법원은 ① 피고인 1이 신용카드 가맹점 업주들로부터 받은 '개인신용정보의 제공·활용 동의서'에 명시되지 아니한 용도나 목적으로 A에게 이 사건 정보를 제공한 것은 '서면 동의 없이 개인신용정보를 신용정보업자 등에게 제공한 경우'에 해당한다고 보아 상고를 기각하였다.[9]

---

7) 구 신용정보법 제24조 제1항 단서 제5호의 '기타 다른 법률'이란 말 그대로 구 신용정보법이 아닌 다른 법률을 의미한다는 취지이다.

8) 단 항소심에서의 공소장변경신청허가로 인하여 제1심과 심판의 대상이 달라졌으므로 제1심 판결을 취소하고 피고인 1에게 벌금 10,000,000원, 피고인 2에게 선고유예를 각 선고하였다.

9) 피고인 2의 상고이유 중에는 양벌규정에 따른 법인(피고인 2)의 형사처벌에 요구되는 객관적·주관적 요건이 불비하였다는 점도 있으나, 이 쟁점에 관하여는 민법 전공자인 필자의 능력으로는 심도있는 논의가 불가능하며, 위 쟁점은 개인정보 보호법제에 국한되지 않고 양벌규정을 사실상 관습적으로 두고 있는 우리나라의 대부분의 법률(특히 행정법률)에 공통적으로 존재하는 쟁점이고, 위 쟁점에 관한 판례법리는 이미 대법원 1983. 3. 22. 선고 80도1591 판결을 통하여 확립된 바 있으므로, 본고에서는 위 상고이유에 관한 검토는 생략한다.

2. 판결의 요지

대상 판결에서의 핵심 쟁점은 Ⅰ.1.에서 살펴보았듯이 개인신용정보의 적법 제공의 요건인 '동의'의 방법이라 할 수 있다. 이에 관한 대상 판결의 요지는 다음과 같다.

"신용정보제공 · 이용자가 구 신용정보법 제23조의 '개인신용정보'를 신용정보업자등에게 제공하고자 하는 경우에는 제공할 신용정보의 내용, 제공대상자, 용도 또는 목적이 명시된 서면에 의한 동의를 얻어야 하고, 동의서에 명시된 신용정보의 내용, 제공대상자, 용도나 목적과 다르게 개인신용정보를 제공하였다면 이는 서면에 의한 동의 없이 개인신용정보를 제공한 경우에 해당한다."

Ⅱ. 해설

1. 쟁점의 정리

본 사안은 구 신용정보법에 따른 개인신용정보의 적법한 제공 여부가 문제된 경우이나, 주지하다시피 우리나라 개인정보 보호법제는 기본적으로 정보주체의 '동의'를 개인정보 적법 처리의 요건으로 규정하고 있는 소위 '옵트인'(opt-in) 체계이므로, 본 사안의 쟁점은 현행 법제 하에서도 논의할 실익이 있다. 물론 현행 개인정보 보호법이 제15조 제3항, 제17조 제4항을 신설하여 동의가 없더라도 개인정보를 적법하게 이용 또는 제공할 수 있는 가능성을 열어 두었으나,[10] 위 법에 의하더라도 개인정보 처리의 첫 단추인 '수집'을 적법하게 행하려면 기본적으로 정보주체의 '동의'가 여전히 필요하다.

개인정보 처리에 대한 정보주체의 '동의'의 법적 성질에 관하여는 민법상 의사표시라고 보는 것이 통설적인 견해이다.[11] 의사표시에 관한 민법 이론을 상술하는 것은 본고의 범위를 벗어나지만, 개인정보의 적법 처리의 기본이 되는 정보주체의 '동의'에 관하여는 그 유효요건, 방식, 법적 효과 등에 있어 다양한 쟁점이 제기되어 왔다. 특히 개인정보가 처리되는 현실을 고려하면 개인정보의 '수집' 시점에서는 A라는 처리 목적만을 예상하고 동의를 받았

---

10) 일례로 현행 개인정보 보호법 제15조 제3항은 "개인정보처리자는 당초 수집 목적과 합리적으로 관련된 범위에서 정보주체에게 불이익이 발생하는지 여부, 암호화 등 안전성 확보에 필요한 조치를 하였는지 여부 등을 고려하여 대통령령으로 정하는 바에 따라 정보주체의 동의 없이 개인정보를 이용할 수 있다."라고 규정하고 있다.

11) 오병철, "적법하게 공개된 개인정보의 보호와 활용", 경희법학 제52권 제4호(2017. 12.), 189면.

으나 실제 처리 시점에서는 B라는 예상치 못하였던(따라서 동의 당시의 처리 목적에 명시되지 못하였던) 처리 목적이 대두되는 경우가 자주 발생하는데, 이 경우 정보주체의 동의를 다시 받아야 하는지, 아니면 기존의 A 목적으로 받은 동의로 B 목적의 처리를 갈음할 수 있는지의 문제가 실무상 빈번하게 발생하고 있다.

2. 검토

구 신용정보법 제23조는 개인신용정보의 제공·활용에 대한 동의의 방법으로 "대통령령이 정하는 바에 의하여 당해 개인으로부터 서면에 의한 동의를 얻어야 한다."라고 규정하고 있으며, 동법 시행령[12] 제12조 및 하위 법령은 이를 구체화하여 "제공할 신용정보의 내용, 제공대상자, 용도 또는 목적이 명시된 서면에 의한 동의"를 각 규정하고 있다.

비록 구 신용정보법이 제23조 및 그 하위 법령에 따라 서면에 의한 동의를 받을 시점에 그 동의서에 명시된 내용과 다른 내용으로 개인신용정보를 제공하는 행위를 금지한다는 명문의 규정 또는 동의서에 명시된 내용에 한정되어서만 개인신용정보를 제공할 수 있다는 명문의 규정은 두고 있지 않으나, 구 신용정보법의 전체적인 체계나 제23조의 문리적 의미 및 그 입법 취지 등을 종합하면 동의서에 명시된 내용대로만 개인신용정보를 제공할 수 있으며, 그와 달리 개인신용정보를 제공하는 것은 舊 신용정보법 제23조에 위배되어 위법하다고 보아야 할 것이다. 따라서 대상 판결의 판시는 타당하다고 생각된다.

III. 판결의 의의

개인정보의 적법한 처리를 위하여 기본적으로 정보주체의 '동의'를 요구하는 현행 개인정보 보호법제 하에서 '동의'는 이론적으로나 실무적으로 핵심 쟁점에 해당한다. 대상 판결은 비록 현행 개인정보 보호법이 아닌 구 신용정보법이 문제된 사안이고, 현행 개인정보 보호법은 개인정보 적법 처리 요건으로서의 동의의 방법에 대하여 구체적이고 상세하게 규정함으로써 구 신용정보법과 같은 논란의 여지를 사전에 차단하고 있으나(일례로 개인정보 보호법 제15조 제1항은 "…(중략)… 개인정보를 수집할 수 있으며 그 수집 목적의 범위에서 이용할 수 있다."라고 규정하고 있다), 개인정보의 적법 처리를 위한 '동의'의 방법 및 '동의'의 내용과 다르게 이루어지는 개인정보 처리의 적법 여부를 판단한 대상 판결의 판시는 현행 개인정보 보호법

12) 2002. 5. 20. 시행 대통령령 제17604호를 말한다.

에서의 '동의'의 적법한 방법에 대하여도 일정 부분 유의미한 시사점을 제공한다고 하겠다.

정보주체가 '동의'라는 의사표시를 한 시점에서 정보주체가 이해한 동의의 내용(처리하는 개인정보의 내용, 처리 목적, 처리 주체 등)과 실제 개인정보가 처리될 시점의 내용이 상이하고 이를 정보주체가 예상할 수 없었다면 이를 진정한 동의라 할 수 없을 것이므로 당연한 논리적 귀결로서 개인정보 보호법이 요구하는 개인정보 적법 처리의 요건으로서의 '동의'가 있었다고 볼 수 없을 것이다. 대상 판결은 이러한 법리를 명확히 설시함으로써 논란의 여지를 불식시켰다는 점에서 의미가 있다.

098 대출신청인들의 금융거래내역을 제공받을 때 동의 유무 판단 기준

- 스크린 스크래핑 프로그램을 통한 금융거래내역 수집 사건 -

대법원 2009. 5. 28. 선고 2008도3598 판결

구태언(법무법인 린 변호사)

I. 판결의 개요

1. 사안의 개요

가. 사실관계

피고인들은 대출회사로서 대출신청인들로 하여금 피고인 회사의 인터넷 홈페이지를 통하여 대출신청을 할 때 거래은행의 예금계좌번호와 비밀번호를 입력하게 한 다음 '빠른조회서비스'를 통해 해당 은행의 인터넷 홈페이지로 연결되고 자동으로 계좌번호와 비밀번호가 입력되도록 하여 입출금내역을 열람할 수 있는 '스크린 스크래핑 프로그램'을 이용하여 금융기관들로부터 대출신청인들의 대출신청 전 3개월 동안의 금융거래내역을 제공받았다. 이 과정에서 대출신청인들은 당시 피고인 회사의 인터넷 홈페이지 화면을 통하여 본인 확인을 함에 거래은행의 예금계좌번호와 비밀번호가 필요하다는 안내를 받을 뿐이고, 거래은행으로부터 제공된 금융거래내역은 임시로 대출신청인들의 컴퓨터에 저장되었다가 피고인 회사의 데이터베이스로 이전되면서 대출신청인들의 컴퓨터에서는 삭제되며, 그 과정에서 대출신청인들의 컴퓨터 화면에는 금융거래내역이 나타나지 않아 대부분의 대출신청인들은 대출신청과정에서 금융거래내역이 피고인 회사에게 제공되는지 알지 못했다.

나. 소송 경과

1) 항소심 판결(서울중앙지방법원 2008. 4. 11. 선고 2008노61 판결)

원심은 검사의 항소에 대하여, 피고인들이 대출신청인들로부터 수집한 대출신청인의 친족이나 친구의 전화번호 등 지인정보는 신용정보의 이용 및 보호에 관한 법률 제15조 제1항 제3호 소정의 '신용정보와 무관한 사생활에 관한 정보'에 해당하지 않고, 달리 피고인들이

신용정보와 무관한 사생활에 관한 정보를 수집하였음을 인정할 증거가 없다는 이유로 이 부분에 대하여 무죄를 선고하였다.

원심은 피고인들의 항소에 대하여 1) 피고인들이 대출신청인들의 거래 은행에 대하여 금융거래내역을 요구하였고, 대출신청인들로 하여금 대출신청을 받음에 있어 계좌번호와 비밀번호를 입력하도록 하였을 뿐 대출신청인들의 거래은행에 대하여 거래내역의 제공을 요구한다는 서면상의 동의를 받지 않았다고 보고 금융실명거래 및 비밀보장에 관한 법률('금융실명법') 제4조 제1항을 위반하였다고 판단하였고, 2) 스크린 스크래핑 프로그램을 제작한 공소외인이 변호사를 통해 법률적인 검토를 하였더라도 이는 피고인들에게 법률의 착오가 있었다고 볼 수 없다고 판단하였다.

2) 대법원 판결(대법원 2009. 5. 28. 선고 2008도3598)

원심의 판결을 아래와 같은 이유로 모두 지지하며, 검사 및 피고인의 상고를 모두 기각하였다.

2. 판결의 요지

가. 대출회사가 '스크린 스크래핑 프로그램'을 이용하여 대출신청인들의 서면상의 요구나 동의 없이 금융기관들로부터 위 신청인들의 금융거래내역을 제공받은 경우 위법성

피고인들은 대출신청인들로 하여금 피고인 회사의 인터넷 홈페이지를 통하여 대출신청을 할 때 거래은행의 예금계좌번호와 비밀번호를 입력하게 한 다음 '빠른조회서비스'를 통해 해당 은행의 인터넷 홈페이지로 연결되고 자동으로 계좌번호와 비밀번호가 입력되도록 하여 입출금내역을 열람할 수 있는 '스크린 스크래핑 프로그램'을 이용하여 금융기관들로부터 대출신청인들의 대출신청 전 3개월 동안의 금융거래내역을 제공받았는데, 대출신청인들은 당시 피고인 회사의 인터넷 홈페이지 화면을 통하여 본인 확인을 함에 거래은행의 예금계좌번호와 비밀번호가 필요하다는 안내를 받을 뿐이고, 거래은행으로부터 제공된 금융거래내역은 임시로 대출신청인들의 컴퓨터에 저장되었다가 피고인 회사의 데이터베이스로 이전되면서 대출신청인들의 컴퓨터에서는 삭제되며, 그 과정에서 대출신청인들의 컴퓨터 화면에는 금융거래내역이 나타나지 않아 대부분의 대출신청인들은 대출신청과정에서 금융거래내역이 피고인 회사에게 제공되는지 조차 알지 못하였으므로 대출신청인들의 서면상의 요구나 동의가

있었다고 볼 수 없다.

나. 스크린 스크래핑 프로그램 제작자가 변호사에게 위 프로그램을 통한 고객 정보 수집의 적법 여부만을 검토한 것이 정당한 사유인지 여부

이 사건 스크린 스크래핑 프로그램을 제작한 공소외인이 변호사를 통해 법률적인 검토를 한 것은 '스크린 스크래핑 프로그램'을 통해 정보제공자에게 접근하여 고객의 정보를 수집하는 것의 적법 여부에 대한 것이고, 변호사 역시 고객의 동의를 얻는 경우 법률적으로 문제될 것이 없다는 내용에 불과한 것이며, 더 나아가 피고인들이 대출신청인의 금융거래정보를 금융기관에 요청하기 위하여 금융거래정보의 제공에 대한 서면동의가 필요한지 여부에 관한 점까지 검토가 된 것으로 보이지 않는 점 등을 종합하여 피고인들에게 법률의 착오가 있었다고 볼 수 없다.

II. 쟁점의 정리 - 대출신청과 금융거래내역 요구나 동의와 구분 기준 등

1. 쟁점1 - 대출신청과 금융거래내역 요구와 동의의 의사표시

대출신청인이 대출회사에 대출신청을 하는 행위는 대출회사로부터 돈을 빌리겠다는 의사표시이나 그 의사표시 자체로 대출신청인의 금융거래내역을 제공하거나 다른 금융회사들에게 금융거래내역을 요구하거나 그 요구를 동의한다는 의사표시로 해석할 수 있는지 여부가 쟁점이다. 피고인들은 대출신청인의 최근 3개월 동안 금융거래내역을 확보해 대출신청인의 신용상태를 평가할 기초자료로 사용하려고 했던 것으로 보인다. 대출신청의 의사표시와 금융거래내역의 요구 내지 동의의 의사표시는 엄연히 구별되는 의사에 기초하는 것인지 아니면 이를 동일시할 수 있는지가 이 쟁점의 의의이다.

2. 쟁점2 - 제3자가 변호사에게 법률검토를 받았을 때 법률의 착오의 인정 요건

피고인들은 이 사건 스크린 스크래핑 프로그램을 제작한 공소외인이 변호사를 통해 법률적인 검토를 하였으므로 이 사건이 법률에 위반되지 않는다고 믿었고 이러한 위법성 인식에 정당한 사유가 있다고 주장하였다. 이 사건의 경우 과연 이러한 법률의 착오가 정당하다고 볼 수 있는지가 쟁점이다.

3. 관련 판례

쟁점1에 대해서는 참고판례가 없고, 쟁점2에 대해서만 아래 판례들이 이 사건 판시에서 인용되고 있다.

가. 대법원 2006. 3. 24. 선고 2005도3717 판결

형법 제16조에서 자기가 행한 행위가 법령에 의하여 죄가 되지 아니한 것으로 오인한 행위는 그 오인에 정당한 이유가 있는 때에 한하여 벌하지 아니한다고 규정하고 있는 것은 일반적으로 범죄가 되는 경우이지만 자기의 특수한 경우에는 법령에 의하여 허용된 행위로서 죄가 되지 아니한다고 그릇 인식하고 그와 같이 그릇 인식함에 정당한 이유가 있는 경우에는 벌하지 아니한다는 취지이다(대법원 1992. 5. 22. 선고 91도2525 판결, 대법원 2002. 1. 25. 선고 2000도1696 판결 등 참조). 그리고 이러한 정당한 이유가 있는지 여부는 행위자에게 자기 행위의 위법의 가능성에 대해 심사숙고하거나 조회할 수 있는 계기가 있어 자신의 지적 능력을 다하여 이를 회피하기 위한 진지한 노력을 다하였더라면 스스로의 행위에 대하여 위법성을 인식할 수 있는 가능성이 있었음에도 이를 다하지 못한 결과 자기 행위의 위법성을 인식하지 못한 것인지 여부에 따라 판단하여야 할 것이고, 이러한 위법성의 인식에 필요한 노력의 정도는 구체적인 행위정황과 행위자 개인의 인식능력 그리고 행위자가 속한 사회집단에 따라 달리 평가되어야 한다.

피고인은 변호사 자격을 가진 국회의원으로서 법률전문가라고 할 수 있는바, 그 보좌관을 통하여 관할 선거관리위원회 직원에게 문의하여 이 사건 의정보고서에 앞서 본 바와 같은 내용을 게재하는 것이 허용된다는 답변을 들은 것만으로는(또한, 원심도 인정하는 바와 같이 이 사건 의정보고서의 제작과 관련하여, 피고인측에서 관할 선거관리위원회의 지도계장인 공소외 1에게 구두로 문의를 하였을 뿐 관할 선거관리위원회에 정식으로 질의를 하여 공식적인 답신을 받은 것도 아니다), 자신의 지적 능력을 다하여 이를 회피하기 위한 진지한 노력을 다하였다고 볼 수 없고, 그 결과 자신의 행위의 위법성을 인식하지 못한 것이라고 할 것이므로 그에 대해 정당한 이유가 있다고 하기 어려워 피고인이 이 사건 의정보고서의 발간이 법령에 의하여 죄가 되지 아니한 것으로 오인한 것에 정당한 이유가 있다고 볼 수 없다.

나. 대법원 2008. 2. 28. 선고 2007도5987 판결

형법 제16조에서 “자기가 행한 행위가 법령에 의하여 죄가 되지 아니한 것으로 오인한

행위는 그 오인에 정당한 이유가 있는 때에 한하여 벌하지 아니한다"고 규정하고 있는 것은 일반적으로 범죄가 되는 경우이지만 자기의 특수한 경우에는 법령에 의하여 허용된 행위로서 죄가 되지 아니한다고 그릇 인식하고 그와 같이 그릇 인식함에 정당한 이유가 있는 경우에는 벌하지 아니한다는 취지이고, 이러한 정당한 이유가 있는지 여부는 행위자에게 자기 행위의 위법의 가능성에 대해 심사숙고하거나 조회할 수 있는 계기가 있어 자신의 지적능력을 다하여 이를 회피하기 위한 진지한 노력을 다하였더라면 스스로의 행위에 대하여 위법성을 인식할 수 있는 가능성이 있었음에도 이를 다하지 못한 결과 자기 행위의 위법성을 인식하지 못한 것인지 여부에 따라 판단하여야 할 것이며, 이러한 위법성의 인식에 필요한 노력의 정도는 구체적인 행위정황과 행위자 개인의 인식능력 그리고 행위자가 속한 사회집단에 따라 달리 평가되어야 한다(대법원 2006. 3. 24. 선고 2005도3717 판결, 대법원 2006. 9. 28. 선고 2006도4666 판결 등 참조).

피고인이 이 사건 기업인수 과정에서 변호사들에게 자문을 구한 내용은 'LBO방식'에 관련된 효력 유무 등 민사상 문제에 관한 일반적이고 추상적인 질의가 대부분이고, 형사상 배임죄의 성립 여부와 관련해서는 변호사에게 구체적으로 자문을 구하거나 검토받은 것이 아닌 점과 그 밖에 피고인의 경력이나 학력 등을 종합하여 이 사건 담보제공 당시 피고인에게 법률의 착오가 있었다고 볼 수 없다.

4. 검토

가. 쟁점1 – 대출신청과 금융거래내역 요구와 동의의 의사표시

금융실명거래 및 비밀보장에 관한 법률 제4조(금융거래의 비밀보장)는 금융회사등에 종사하는 자는 명의인(신탁의 경우에는 위탁자 또는 수익자를 말한다)의 서면상의 요구나 동의를 받지 아니하고는 그 금융거래의 내용에 대한 정보 또는 자료(이하 "거래정보등"이라 한다)를 타인에게 제공하거나 누설하여서는 아니 되며, 누구든지 금융회사등에 종사하는 자에게 거래정보등의 제공을 요구하여서는 아니 된다고 규정하고 있다. 여기서 동의는 금융거래 명의인의 명시적인 의사표시를 말한다. 여기서 명시적이란 명의인의 의사로 추정될 수 있는 언행을 포함한다. 소위 금반언의 원칙과 같이 명의인의 행동이 '동의'를 의미하는 것으로 볼 만한 사회적 평가가 가능할 경우 이는 '동의'라고 해석할 수 있을 것이다.

그러나 본 사안에서 피고인들은 대출신청인들로 하여금 피고인 회사의 인터넷 홈페이지를 통하여 대출신청을 할 때 거래은행의 예금계좌번호와 비밀번호를 입력하게 한 다음 '빠른

조회서비스'를 통해 해당 은행의 인터넷 홈페이지로 연결되고 자동으로 계좌번호와 비밀번호가 입력되도록 하여 입출금내역을 열람할 수 있는 '스크린 스크래핑 프로그램'을 이용하여 금융기관들로부터 대출신청인들의 대출신청 전 3개월 동안의 금융거래내역을 제공받았는데, 대출신청인들은 당시 피고인 회사의 인터넷 홈페이지 화면을 통하여 본인 확인을 함에 거래은행의 예금계좌번호와 비밀번호가 필요하다는 안내를 받을 뿐이고, 거래은행으로부터 제공된 금융거래내역은 임시로 대출신청인들의 컴퓨터에 저장되었다가 피고인 회사의 데이터베이스로 이전되면서 대출신청인들의 컴퓨터에서는 삭제되며, 그 과정에서 대출신청인들의 컴퓨터 화면에는 금융거래내역이 나타나지 않아 대부분의 대출신청인들은 대출신청과정에서 금융거래내역이 피고인 회사에게 제공되는지 조차 알지 못하였다.

대출신청인들로부터 서면상 요구를 받지 않은 것이 명백한 본 사안에 있어서 대출신청인들의 '동의'로 평가될만한 사정이 있지 않은 한 금융실명제법 제4조 제1항 위반이 될 것이다. 판시 사실관계에 따르면 대출신청인들은 본인들의 금융거래내역이 제공되는 사실조차 알지 못했으므로 대출신청인들이 대출신청을 하였다고 할지라도 자신의 금융거래내역이 피고인들에게 제출된다는 사실에 대한 가부 간 의사표시를 했다고 볼 수 없고, 이를 추정하게 할 다른 사실관계도 발견하기 어렵다면 이를 들어 대출신청인들의 동의라 평가할 수는 없다는 판시에 동의한다.

나. 쟁점2 - 제3자가 변호사에게 법률검토를 받았을 때 법률의 착오의 인정 요건

판례는 종래 법률전문가인 변호사의 의견을 신뢰해 어떠한 행동에 나아가거나 나아가지 않은 경우 법률의 착오에 정당한 사유가 있다는 입장을 취해 왔다. 그러나 이는 해당 법률이 관련된 쟁점에 대해 직접 관련된 변호사의 의견을 신뢰한 경우여야 할 것이다. 본건은 피고인들이 자문을 구한 내용과 본건에 관련된 쟁점의 동일성을 인정하기 어려운 사안이므로 판시와 같이 형사상 배임죄의 성부에 대해 변호사의 의견이 없다고 볼 수 있고 피고인들의 신뢰 자체가 존재하지 아니하므로 그들이 법률의 착오에 빠졌다 할지라도 이를 정당하다고 판단하기 어렵다는 판시에 동의한다.

III. 판결의 의의

대상 판결은 대출신청과 금융거래내역의 제공 동의란 서로 다른 법적 효과를 가져오는

의사표시라는 점을 분명히 하고, 대출신청을 하였다고 하여 이를 들어 금융거래내역의 제공 동의를 표시한 것으로 평가할 수 없다는 점을 분명히 판시한 점에서 현장에서 논란의 소지를 줄이고, 금융회사들이 '신용정보 제공 동의'를 명확히 제출받도록 명확한 지침을 제공한 판결로 평가된다. 이를 통해 암암리에 명의인들의 금융거래내역을 제공받던 실무가 일소되고 현재 금융회사와 거래할 때에는 불편하다 싶을 만큼 신용정보 제공동의를 서면으로 명확히 받고 있으며 그 과정에서 신용정보주체들의 정보자기결정권이 보장되고 있다.

한편, 대상 판결은 법률의 착오에 있어 정당한 사유를 인정할 수 있는 요건에 대해서도 판시하고 있는데 어떤 사안에 있어 쟁점의 동일성을 인정하기 어려운 경우까지 변호사 의견을 신뢰한 것에 대해 정당성을 부여하기 어렵다는 점을 명확히 하고 있다. 변호사의 의견을 얻을 때에도 쟁점을 분명히 하여 관련된 쟁점을 놓치지 않도록 하는 것이 무척 중요함을 대상 판결은 일깨우고 있다. 이런 면에서 중요한 판결이라 생각한다.

099 문화예술인 지원과 개인정보자기결정권 침해의 판단 기준

- 문화예술인 블랙리스트 사건 -

헌재 2020. 12. 23. 2017헌마416 결정

황성기(한양대학교 법학전문대학원 교수)

I. 결정의 개요

1. 사안의 개요

가. 사실관계

헌법재판소는 이 결정에서 문화예술인 블랙리스트 관련 형사재판을 통하여 확인된 사실을 원용하였는바, 정리하면 다음과 같다.

1) 민간단체보조금 TF 운영과 문제단체 조치내역 및 관리방안 등

박근혜 대통령(이하 사건 당시의 직위 기준)은 2013. 9. 30. 대통령 주재 수석비서관 회의에서 "국정지표가 문화융성인데 좌편향 문화예술계에 문제가 많다"는 취지의 발언을 하였고, 김○○ 비서실장은 2013. 12. 20. 수석비서관들에게 "반정부·반국가적인 성향의 문화예술단체들에게 현 정부가 지원하는 실태를 전수조사하고, 그에 대한 조치를 마련하라"고 지시하였다. 이에 박○○ 정무수석비서관(이하 '정무수석')과 신○○ 국민소통비서관(이하 '소통비서관') 등은 2014. 4. 4.부터 2014. 5. 하순경까지 국민소통, 행정자치, 사회안전, 경제금융, 교육, 문화체육, 보건복지, 고용노동 등 관련 비서관들이 참여하는 '민간단체보조금 TF'를 운영하면서 민간경상보조금 지급내역과 주요 부처별 공모사업 현황 등을 취합하여 검토하고 필요한 조치사항과 추진계획 등을 논의하였다. 박○○ 정무수석과 신○○ 소통비서관은 위와 같은 '민간단체보조금 TF' 활동 결과를 종합하여 "야당 후보자 지지 선언 또는 정권반대운동 등에 참여하거나 좌파성향의 개인·단체 등에게 지원된 정부예산을 선별하여 향후 이를 축소·배제하고, 좌파단체 및 좌편향인사에 대한 데이터베이스를 구축하여 지속적으로 보완하며, 좌편향인사를 정부 공모사업 심사위원 및 정부위원회에서 배제할 것" 등의 내용이 담긴

'문제단체 조치내역 및 관리방안'이라는 제목의 보고서를 작성하고, 2014. 5. 하순경 이를 김○○ 비서실장과 박근혜 대통령에게 보고하였다. 위와 같은 좌편향 문화예술인사 등에 대한 지원배제 업무는 그 후 새로 부임한 정무수석, 소통비서관, 교육문화수석비서관(이하 '교문수석')에게도 인계되어 지속적으로 관리·수행되었다.

2) 문화예술계 지원배제 명단 하달

신○○ 소통비서관은 2014. 5.경 '민간단체보조금 TF'를 운영하는 과정에서, 2013년부터 2014년까지 2년간 문체부와 한국문화예술위원회 등 산하기관이 정부예산, 기금 등을 지원한 개인·단체 중 야당 후보자에 대한 지지 선언, 정권반대운동 참여 등 전력이 있는 개인·단체 약 80명의 명단을 김▽▽ 청와대 문화체육비서관(이하 '문체비서관')에게 건네주면서 이들이 지원되지 않도록 위 명단을 문체부에 전달하라고 말하였다. 이에 김▽▽ 문체비서관은 이를 모○○ 교문수석에게 보고한 다음 명단에 기재된 지원배제 사유는 삭제한 채 개인·단체명만을 가나다순으로 정리하는 한편, 그 무렵 교문수석실 자체적으로 '지원 대상 선발과정에서 120%를 탈락'시키는 내용 등이 담긴 한국문화예술위원회 지원사업에 대한 개선방안 보고서를 별도로 작성하여 김○○ 비서실장과 박근혜 대통령에게 보고하였다.

김▽▽ 문체비서관은 2014. 5. 초순경 조□□ 문체부 제1차관에게 위 명단을 전달하면서 위 명단에 기재된 개인·단체에게 정부의 자금 지원이 가지 않게 하라고 말하였고, 조□□ 차관은 이를 유○○ 문체부장관에게 보고하였다. 문체부 공무원들은 각 소관부서별로 위 명단에 포함된 개인·단체를 비롯하여 그 후 문체비서관실 행정관들이 전화연락 등을 통해 수시로 문체부에 하달한 지원배제 대상 개인·단체, 국가정보원 정보보고 문건에서 정부의 기금지원 등을 문제 삼은 개인·단체, 문체부에서 국가정보원에 지원배제 여부를 검토 의뢰하여 받은 개인·단체 등을 취합하여 '문화예술계 지원배제 명단'(이른바 '블랙리스트')을 계속 보완하였고, 부서 상호 간에 이를 상호 공유하고 후임자에게 인계하면서 문체부와 그 산하기관의 지원사업(기금·예산지원, 공연장·상영관 대관 등), 각종 인선(기관장, 임원, 심사위원 등), 각종 훈·포장 등의 수혜 대상자를 선정함에 있어 '문화예술계 지원배제 명단'을 기준삼아 위 명단에 포함된 개인·단체가 최대한 정부지원 대상자로 선정되지 않도록 하였다.

3) 건전 문화예술 생태계 진흥 및 지원 방안

2014. 10.경 이른바 좌편향적 개인·단체에 대하여 정부예산이 지원되지 않도록 하라는 김○○ 비서실장, 김□□ 문체부장관의 순차 지시에 따라 문체부 송○○ 기획조정실장은

'문화예술(문화예술진흥기금 지원, 비엔날레 사업), 콘텐츠(영화발전기금 지원, 영화제 지원), 미디어(우수도서 선정) 등 3개 분야에서의 심사 강화, 의결단계 재검증 기능 강화, 예술감독 선정의 건전성이 확보된 경우에만 지원검토, 문제영화 상영 영화제의 사후 통제 강화, 심사위원 자격기준 강화' 등을 주요 내용으로 하는 '건전 문화예술 생태계 진흥 및 지원 방안'이라는 제목의 보고서를 취합·정리하여 김□□ 장관에게 보고하였고, 김□□ 장관은 이를 김○○ 비서실장에게 보고하여 그 내용대로 추진하라는 지시를 받았다.

그 후 문체부에서는 송○○ 실장을 단장으로 하고 관련 국장·과장이 참여하는 '건전 콘텐츠 활성화 TF' 회의를 매주 1회 개최하면서 장관보고 내용이 제대로 이행되는지 여부를 점검한 후 이를 김□□ 장관과 교문수석실에 보고하였다.

4) 문화예술인 지원사업 배제 지시

문체부는 청와대 교문수석실의 지원배제 지시에 따라 한국문화예술위원회, 영화진흥위원회, 한국출판문화산업진흥원 소속 직원들로 하여금 청구인들을 문화예술인 지원사업(한국문화예술위원회 문화예술진흥기금 지원사업, 영화진흥위원회 예술영화 지원사업, 한국출판문화산업진흥원 세종도서 지원사업)에서 배제하도록 하였다.

나. 소송경과

「박근혜 정부의 최순실 등 민간인에 의한 국정농단 의혹 사건 규명을 위한 특별검사의 임명 등에 관한 법률」에 따라 임명된 특별검사는, 연간 약 2,000억 원에 이르는 문화예술분야 보조금 지원에 있어 정부정책에 비판적이거나 견해를 달리한다는 이유만으로 특정 문화예술인이나 단체를 그 지원 대상에서 배제하였다는 등의 이유로 김○○ 비서실장, 조○○ 전 문체부 장관, 김□□ 전 문체부장관, 정□□ 전 문체부 1차관, 신○○ 전 청와대 국민소통비서관, 김△△ 전 교문수석, 김▽▽ 전 문체비서관을 직권남용권리행사방해죄 등으로 2017. 1. 30.과 2017. 2. 7. 각 기소하였다.

위 공소제기에 대하여 2017. 7. 27. 1심 판결(서울중앙지방법원 2017고합77, 2017고합102), 2018. 1. 23. 항소심 판결[서울고등법원 2017노2425·2017노2424(병합)], 2020. 1. 30. 상고심 판결(대법원 2018도2236)을 거쳐 피고인들의 유죄가 대부분 인정되었다.

한편 이 사건 헌법소원심판 청구인들은 위 형사재판과 별개로 2017. 4. 19. 헌법재판소에 피청구인들(대통령, 대통령 비서실장, 정무수석비서관, 교육문화수석비서관)의 일련의 행위에 대해서 위헌 확인을 구하는 헌법소원심판을 청구하였다.

이 사건 헌법소원심판의 대상은 피청구인 대통령의 지시로 피청구인 대통령 비서실장, 정무수석, 교문수석, 문체부장관이 야당 소속 후보를 지지하였거나 정부에 비판적 활동을 한 문화예술인이나 단체를 정부의 문화예술 지원사업에서 배제할 목적으로, (1) 청구인 윤○○, 정○○의 정치적 견해에 관한 정보를 수집·보유·이용한 행위(이하 '이 사건 정보수집 등 행위')와, (2) 한국문화예술위원회, 영화진흥위원회, 한국출판문화산업진흥원 소속 직원들로 하여금 청구인들을 문화예술인 지원사업에서 배제하도록 한 일련의 지시 행위(이하 '이 사건 지원배제 지시')가 청구인들의 기본권을 침해하는지 여부이다.

2. 결정의 요지

가. 이 사건 정보수집 등 행위의 위헌 여부

이 사건 정보수집 등 행위의 대상인 정치적 견해에 관한 정보는 공개된 정보라 하더라도 개인의 인격주체성을 특징짓는 것으로, 개인정보자기결정권의 보호 범위 내에 속하며, 국가가 개인의 정치적 견해에 관한 정보를 수집·보유·이용하는 등의 행위는 개인정보자기결정권에 대한 중대한 제한이 되므로 이를 위해서는 법령상의 명확한 근거가 필요함에도 그러한 법령상 근거가 존재하지 않으므로 이 사건 정보수집 등 행위는 법률유보원칙을 위반하여 청구인들의 개인정보자기결정권을 침해한다.

이 사건 정보수집 등 행위는 청구인들의 정치적 견해를 확인하여 야당 후보자를 지지한 이력이 있거나 현 정부에 대한 비판적 의사를 표현한 자에 대한 문화예술 지원을 차단하는 위헌적인 지시를 실행하기 위한 것으로, 그 목적의 정당성을 인정할 여지가 없어 청구인들의 개인정보자기결정권을 침해한다.

나. 이 사건 지원배제 지시의 위헌 여부

이 사건 지원배제 지시는 특정한 정치적 견해를 표현한 자에 대하여 문화예술 지원 공모사업에서의 공정한 심사 기회를 박탈하여 사후적으로 제재를 가한 것으로, 개인 및 단체의 정치적 표현의 자유에 대한 제한조치에 해당하는바, 그 법적 근거가 없으므로 법률유보원칙을 위반하여 표현의 자유를 침해한다.

이 사건 지원배제 지시는 정부에 대한 비판적 견해를 가진 청구인들을 제재하기 위한 목적으로 행한 것인데, 이는 헌법의 근본원리인 국민주권주의와 자유민주적 기본질서에 반하므로, 그 목적의 정당성을 인정할 수 없어 청구인들의 표현의 자유를 침해한다.

이 사건 지원배제 지시는 특정한 정치적 견해를 표현한 청구인들을, 그러한 정치적 견해를 표현하지 않은 다른 신청자들과 구분하여 정부 지원사업에서 배제하여 차별적으로 취급한 것인데, 헌법상 문화국가원리에 따라 정부는 문화의 다양성·자율성·창조성이 조화롭게 실현될 수 있도록 중립성을 지키면서 문화를 육성하여야 함에도, 청구인들의 정치적 견해를 기준으로 이들을 문화예술계 지원사업에서 배제되도록 한 것은 자의적인 차별행위로서 청구인들의 평등권을 침해한다.

II. 해설[1)]

1. 쟁점의 정리

이 사건에서의 심판대상 중의 하나인 이 사건 정보수집 등 행위가 법률유보원칙에 위반하여 개인정보자기결정권을 침해하는지 여부와 과잉금지원칙에 위반하여 개인정보자기결정권을 침해하는지 여부가 핵심 쟁점 중의 하나이다.

2. 관련 판례

가. 헌재 2005. 5. 26. 99헌마513 결정

주민등록법령상 개인의 지문정보, 수집, 보관, 전산화 및 범죄수사 목적 이용이 개인정보자기결정권을 침해하는지 여부가 다투어진 사건이다. 이 사건에서 헌법재판소는 최초로 개인정보자기결정권의 기본권성을 인정하였다. 헌법재판소에 따르면, 개인정보자기결정권은 자신에 관한 정보가 언제 누구에게 어느 범위까지 알려지고 또 이용되도록 할 것인지를 그 정보주체가 스스로 결정할 수 있는 권리, 즉 정보주체가 개인정보의 공개와 이용에 관하여 스스로 결정할 권리를 말하는바, 개인의 고유성, 동일성을 나타내는 지문은 그 정보주체를 타인으로부터 식별가능하게 하는 개인정보이므로, 시장·군수 또는 구청장이 개인의 지문정보를 수집하고, 경찰청장이 이를 보관·전산화하여 범죄수사목적에 이용하는 것은 모두 개인정보자기결정권을 제한하는 것이다.

---

1) 이 글에서는 개인정보 판례백선의 취지 및 분량의 제한을 고려하여, 개인정보자기결정권 침해와 관련되어 있는 이 사건 정보수집 등 행위의 위헌 여부에 관해서만 해설을 하고자 한다.

나. 헌재 2005. 7. 21. 2003헌마282 결정

서울특별시 교육감 등이 졸업생의 성명, 생년월일 및 졸업일자 정보를 교육정보시스템(NEIS)에 보유하는 행위가 개인정보자기결정권을 침해하는지 여부가 다투어진 사건이다. 헌법재판소에 따르면, 국가권력에 의하여 개인정보자기결정권을 제한함에 있어서는 개인정보의 수집·보관·이용 등의 주체, 목적, 대상 및 범위 등을 법률에 구체적으로 규정함으로써 그 법률적 근거를 보다 명확히 하는 것이 필요하다. 다만 개인정보의 종류와 성격, 정보처리의 방식과 내용 등에 따라 근거법률의 명시적 요구 정도는 달라진다 할 것이고, 일반적으로 볼 때 개인의 인격에 밀접히 연관된 민감한 정보일수록 근거 규정을 명확히 하여야 한다는 요청은 더 강해진다고 할 수 있다.

3. 검토

가. 법률유보원칙 위반 여부

이 사건 정보수집 등 행위는 청구인 윤○○, 정○○이 과거 야당 후보를 지지하거나 세월호 참사에 대한 정부의 대응을 비판한 의사표시에 관한 정보를 대상으로 한다. 이러한 야당 소속 후보자 지지 혹은 정부 비판은 정치적 견해로서 개인의 인격주체성을 특징짓는 개인정보에 해당하고, 설령 그것이 지지 선언 등의 형식으로 공개적으로 이루어진 것이라고 하더라도 여전히 개인정보자기결정권의 보호범위 내에 속한다. 왜냐하면 개인정보자기결정권의 보호대상이 되는 개인정보는 개인의 신체, 신념, 사회적 지위, 신분 등과 같이 개인의 인격주체성을 특징짓는 사항으로서 그 개인의 동일성을 식별할 수 있게 하는 일체의 정보라고 할 수 있고, 반드시 개인의 내밀한 영역이나 사사(私事)의 영역에 속하는 정보에 국한되지 않고 공적 생활에서 형성되었거나 이미 공개된 개인정보까지 포함하기 때문이다.[2]

한편 기본권은 헌법 제37조 제2항에 의하여 국가안전보장·질서유지 또는 공공복리를 위하여 필요한 경우에 한하여 이를 제한할 수 있으나, 그 제한의 방법은 원칙적으로 법률로써만 가능하고 제한의 정도도 기본권의 본질적 내용을 침해할 수 없고 필요한 최소한도에 그쳐야 한다. 그런데 기본권제한에 관한 법률유보의 원칙은 '법률에 의한 규율'을 요청하는 것이 아니라 '법률에 근거한 규율'을 요청하는 것이므로, 기본권의 제한에는 법률의 근거가 필요할 뿐이고 기본권 제한의 형식이 반드시 법률의 형식일 필요는 없다.[3] 따라서 심판대상인

2) 헌재 2005. 5. 26. 99헌마513 결정, 판례집 17－1, 668, 682면.
3) 헌재 2005. 5. 26. 99헌마513 결정, 판례집 17－1, 668, 685면.

이 사건 정보수집 등 행위와 같이 헌법상의 기본권으로 인정되는 개인정보자기결정권을 제한하는 공권력의 행사는 반드시 법률에 그 근거가 있어야 한다.

그런데 피청구인들은 정부에 대하여 비판적 견해를 밝힌 문화예술인들을 정부의 지원사업에서 배제하기 위해 문화예술인들의 개인정보파일을 관리하는 과정에서 이 사건 정보수집 등 행위를 하면서 사전에 정보주체인 청구인 윤○○, 정○○으로부터 별도의 동의를 받지 않았고, 정부의 문화예술 지원사업에서 배제할 목적으로 문화예술인들의 정치적 견해에 관한 정보를 처리할 수 있도록 하는 별도의 법령상 근거가 존재하지 않는다.

결국 피청구인들의 이 사건 정보수집 등 행위는 아무런 법률의 근거 없이 청구인 윤○○, 정○○의 개인정보자기결정권을 자의적으로 제한한 것으로 법률유보원칙에 위반된다는 헌법재판소의 결론은 타당하다.

나. 과잉금지원칙 위반 여부

기본권 제한에 있어서의 방법상 한계에 해당하는 과잉금지의 원칙(비례의 원칙)이라 함은 국민의 기본권을 제한함에 있어서 국가작용의 한계를 명시한 것이다. 즉 기본권 제한의 한계원리로서 가장 대표적인 과잉금지원칙(비례원칙)은 국가가 국민의 기본권을 제한하는 내용의 입법활동을 함에 있어서 준수하여야 할 기본원칙을 의미한다.

보다 구체적으로 ① 국민의 기본권을 제한하려는 입법의 목적이 헌법 및 법률의 체제상 그 정당성이 인정되어야 하고(목적의 정당성), ② 입법자가 선택한 방법이나 수단이 의도하는 입법목적을 달성하고 촉진시키기에 효과적으로 적합해야 하며(수단의 적합성 혹은 적절성), ③ 입법목적을 달성하기에 똑같이 효율적인 방법 중에서 가장 기본권을 적게 침해하는 방법을 사용해야 하고(침해 또는 피해의 최소성), ④ 침해의 정도와 공익의 비중을 전반적으로 비교형량하였을 때 양자 사이에 적정한 비례관계가 성립해야 한다(법익의 균형성).[4] 과잉금지원칙을 구성하는 위 네 가지 하부원칙들은 모두 충족되어야 하고, 순차적으로 심사를 하게 된다.

피청구인들이 청구인 윤○○, 정○○의 정치적 견해 관련 정보를 수집·보유·이용한 목적은 위 청구인들의 정치적 견해를 확인하여 야당 후보자를 지지한 이력이 있거나 현 정부에 대한 비판적 의사를 표현한 자에 대한 문화예술 지원을 차단하려는 이 사건 지원배제 지시를 실행하기 위한 것이었다. 그러나 이 사건 지원배제 지시는 법률유보원칙과 과잉금지원칙을 위반하여 청구인들의 표현의 자유와 평등권을 침해하는 것인바, 이러한 위헌적인 지시

4) 과잉금지원칙의 하부원칙에 대한 의미를 최초로 제시한 헌법재판소 결정은 헌재 1990. 9. 3. 89헌가95 결정, 판례집 2, 245, 260면 참조.

를 위한 전제가 된 행위인 이 사건 정보수집 등 행위는 과잉금지원칙의 하위원칙 중의 하나인 '목적의 정당성'을 인정할 여지가 없는 것이다.

결국 이 사건 정보수집 등 행위는 목적의 정당성 자체를 인정할 수가 없기 때문에, 헌법 제37조 제2항의 과잉금지원칙에 위배된다는 헌법재판소의 결론은 타당하다.

III. 결정의 의의

이 결정의 의의는 다음과 같이 정리될 수 있다.

첫째, 헌법재판소가 이 사건을 통해서 문화예술인 지원과 관련된 개인정보자기결정권 침해기준에 있어서도 기존의 법리대로 법률유보원칙과 과잉금지원칙을 적용하였다는 점이다.

둘째, 이 사건에서 주목할 것은 이 사건 정보수집 등 행위의 대상이 된 정보는 청구인들이 특정 정당 후보자를 지지하거나 사회적 문제에 대한 정부의 대응을 비판하는 등 정치적 견해에 관한 정보라는 점이다. 정치적 견해를 표명할 수 있는 정치적 표현의 자유는 민주적 의사형성의 본질적 요소로서, 자유민주주의라는 헌법의 기본원리상 이를 최대한도로 보장해야 한다. 그런데 정치적 표현의 자유를 최대한도로 보장하기 위해서는 정치적 견해를 표현한 내용에 관한 정보도 두텁게 보호되어야 하는데, 국가가 이러한 정보를 수집·보유·이용하는 등의 행위는 개인정보자기결정권에 대한 중대한 제한이 되므로 이를 위해서는 법령상의 명확한 근거가 필요하고, 실제 그러한 제한을 할 때에는 법령상 정해진 요건과 절차를 준수하여야 한다는 점이 강조되었다.

100 통신자료 제공과 개인정보 보호 법령상 제3자 제공을 위한 요건

- 소위 연아 회피 사건에 관하여 -

대법원 2016. 3. 10. 선고 2012다105482 판결

김진환(법률사무소 웨일앤썬 변호사)

I. 판결의 개요

1. 사안의 개요

가. 사실관계

원고는 어떤 영어강사가 운영하는 인터넷카페의 회원으로 활동하던 중 그 게시판에 모(謀) 피겨선수가 한국에 입국할 당시 모 장관과 찍은 사진 중 어색한 장면에 대해 패러디하여 올린 게시물을 다른 인터넷 사이트에서 스크랩하여 올렸다. 그 후 위 장관은 위 게시물을 인터넷에 올린 사람들에 대해 명예훼손을 이유로 고소하였고, 이에 서울종로경찰서장은 2010. 3. 5. 구 전기통신사업법(2010. 3. 22. 법률 제9919호로 전부 개정되기 전의 것) 제54조 제3항[1]에 따라 위 인터넷카페를 포함한 카페 관련 서비스를 제공하는 포털 서비스업체인 피고에게 원고의 인적사항을 제공하여 달라고 요청하였다. 이에 피고는 서울종로경찰서장에게 원고의 인적사항을 제공하였다.

원고는, 피고가 이용약관에 정한 바에 따라 회원의 개인정보를 보호할 의무가 있으므로 수사기관으로부터 정보 제공요청을 받더라도 전담기구의 심사를 통하여 사안에 따라 회원의 개인정보를 제공하거나 제한적인 범위 내에서 제공하여야 할 의무가 있음에도 불구하고, 아무런 판단 없이 기계적으로 회원의 개인정보를 제공하였으므로 이로 인하여 원고가 입은 손해를 배상할 의무가 있다고 주장하며 금 20,000,100원을 지급하라는 소송을 제기하였다.

---

1) 위 제54조 제3항 규정은 현행 전기통신사업법 제83조 제3항에 대응하는 규정이고, 양 규정은 다소 표현에 차이가 있기는 하나(예컨대, 전자가 "요청받은 때에 이에 응할 수 있다"로 되어 있음에 반하여 후자는 "요청하면 그 요청에 따를 수 있다"고 되어 있음), 그 본질적 취지는 동일한 것으로 보인다.

나. 소송경과

1) 제1심 판결(서울중앙지방법원 2011. 1. 13. 선고 2010가합72873 판결)

제1심 판결은 피고에게 수사관서의 개인정보 제공요청에 대해 원고의 주장과 같은 실체적 심사의무가 있다고 인정할 수 없고, 피고가 실제로 통신비밀에 관한 업무를 담당하는 전담기구를 설치하여 통신자료의 제공을 요청받은 때에는 그러한 요청이 관계 법령 등에서 정한 요건에 부합하는지 여부를 심사하여 요건에 해당하는 경우 관계 법령에서 정한 범위의 정보를 제공한 이상, 피고가 개인정보 보호의무를 위반하였다고 볼 수 없다고 판단하여 원고의 청구를 기각하였다.

2) 항소심 판결(서울고등법원 2012. 10. 18. 선고 2011나19012 판결)

항소심 판결은, 전기통신사업자로서는 이용자의 사전 동의 없이는 원칙적으로 이용자의 개인정보를 외부에 공개하지 않아야 할 의무가 있다고 하면서, 구 전기통신사업법 제54조 제3항은 일반적인 수사협조 의무를 확인하고 있을 뿐이어서 전기통신사업자가 수사기관의 개인정보 제공요청에 따라야 할 어떠한 의무도 없을뿐더러, 전기통신사업자가 이에 응하지 않을 경우 수사기관으로서는 영장주의를 천명한 헌법원칙상 법관으로부터 영장을 발부받아 해당 자료를 취득할 수 있는 점 등에 비추어 피고에게는 침해되는 법익 상호 간의 이익 형량을 통한 위법성의 정도, 사안의 중대성과 긴급성 등을 종합적으로 고려하여 개인정보를 제공할 것인지 여부 및 어느 범위까지의 개인정보를 제공할 것인지에 관한 세부적 기준을 마련하는 등으로 이용자의 개인정보를 보호하기 위한 충분한 조치를 취할 의무가 있다고 보았다.

이러한 전제 하에 항소심 판결은 피고가 구 전기통신사업법 제54조 제3항에 제공대상으로 규정되지도 않은 이메일주소까지 제공한 점, 문제의 게시물이 공적 인물인 장관을 대상으로 한 것인데다 위 게시물의 표현 대상과 내용, 표현 방법 등에 비추어 공적 인물인 장관의 명예를 훼손하는 것으로 보기 어려운 점 등을 고려하여 보면, 피고가 수사기관에게 원고의 각종 개인정보를 제공한 것은 원고의 개인정보자기결정권 내지 익명표현의 자유를 위법하게 침해한 것으로서, 피고에게 금 500,000원 상당의 손해를 배상할 책임이 인정된다고 판시하였다.

3) 대법원 판결(대법원 2016. 3. 10. 선고 2012다105482 판결)

대법원 판결("검토 대상 판결")은, 구 전기통신사업법 제54조 제3, 4항이 전기통신사업자에게 수사기관의 통신자료 제공요청에 대해 실질적으로 심사하도록 정하지 아니하였고, 그와 달리 전기통신사업자에게 실질적인 심사를 요구하는 것은 통신자료에 대하여는 전기통신에 관한 다른 개인정보(예컨대, 통신비밀보호법상 통신사실 확인자료)와 다르게 그 제공방법과 절차를 정한 입법 취지에도 반한다는 등의 이유로 피고가 수사기관의 요청에 따라 원고의 통신자료를 제공한 것은 적법한 행위로서 그로 인하여 피고가 원고에 대해 손해배상책임을 부담한다고 볼 수 없다고 보아 피고 패소 부분을 파기하고 이 부분을 서울고등법원에 환송한다는 취지의 판결을 선고하였다.[2)]

2. 판결의 요지

가. 개인정보자기결정권과 익명표현의 자유의 한계

헌법상 기본권의 행사는 국가공동체 내에서 타인과의 공동생활을 가능하게 하고 다른 헌법적 가치나 국가의 법질서를 위태롭게 하지 않는 범위 내에서 이루어져야 하므로, 개인정보자기결정권이나 익명표현의 자유도 국가안전보장·질서유지 또는 공공복리를 위하여 필요한 경우에는 헌법 제37조 제2항에 따라 법률로써 제한될 수 있다.

나. 통신자료의 제공요청과 개인정보자기결정권 침해 여부의 판단

검사 또는 수사관서의 장이 수사를 위하여 구 전기통신사업법 제54조 제3, 4항에 의하여 전기통신사업자에게 통신자료의 제공을 요청하고, 이에 전기통신사업자가 위 규정에서 정한 형식적·절차적 요건을 심사하여 검사 또는 수사관서의 장에게 이용자의 통신자료를 제공하였다면, 검사 또는 수사관서의 장이 통신자료의 제공요청 권한을 남용하여 정보주체 또는 제3자의 이익을 부당하게 침해하는 것임이 객관적으로 명백한 경우와 같은 특별한 사정이 없는 한, 이로 인하여 이용자의 개인정보자기결정권이나 익명표현의 자유 등이 위법하게 침해된 것이라고 볼 수 없다.

---

2) 참고로, 항소심 판결이 피고가 법상 제공대상이 아닌 이메일주소를 제공하였다고 판시한 점에 대해, 대법원은 그 이메일주소는 원고의 아이디에 피고의 도메인네임이 붙어 있을 뿐이어서 원고의 아이디와 별개의 개인정보를 담고 있다고 평가하기 어려워 전기통신사업법 제54조 제3항에서 정한 제공의 범위를 초과하였다고 볼 수 없다고도 하였다.

II. 해설

1. 쟁점의 정리

검토 대상 판결은 주로 개인정보자기결정권과 익명표현의 자유와 같은 기본권이 제한될 수 있는지, 만일 제한될 수 있다면 구 전기통신사업법 제54조 제3, 4항이 개인정보자기결정권과 익명표현의 자유를 적법하게 제한하는 근거가 되는지, 전기통신사업자에게 통신자료 제공요청을 실질적으로 심사할 의무가 있는지 등의 관점에서 검토하고 판단을 내렸다.

특히 검토 대상 판결은 항소심 판결이 매우 전향적으로 통신자료 제공 과정에서 전기통신사업자에게 실질적인 심사의무를 인정한 것을 부인하고 전기통신사업자가 형식적·절차적 요건만을 심사하여 이용자의 통신자료를 제공하였다면 적법하다는 입장을 취하였는데, 이에 대해서는 규범적인 관점에서 이를 지지하는 입장[3]과 반대하는 입장[4]이 대별되는 양상을 보인다. 사견으로는, 전기통신사업법의 관련 규정상 전기통신사업자에게 제출 여부에 관한 재량을 인정하기는 하였으나 사인(私人)에 불과한 전기통신사업자에게 공적기관인 수사기관 등의 통신자료 제공요청에 대한 실질적 심사의무를 부과하는 것은 지나치다고 보여 검토 대상 판결의 입장이 타당한 것으로 생각된다. 이와 관련하여서는 전기통신사업법상 통신자료 제공 제도를 이용한 수사관행에 대해 적절한 통제 수단을 입법적·사법적으로 검토할 필요가 있다는 주장도 제기되고 있다.[5]

다만, 검토 대상 판결은 민사소송에 대한 것으로 당사자주의에 따라 소송당사자인 원피고가 주장한 청구원인과 항변 등에 국한하여 판단하였는데, 실상 사건의 사실관계상 미처 검토되지 않은 중요한 쟁점이 있는 것으로 보인다. 그것은 개인정보 관련 법령에서 개인정보를 제3자에게 제공할 수 있는 요건으로서 "다른 법률에 특별한 규정이 있는 경우"에 관한 해석 기준이 무엇인가 하는 점이다.

참고로, 본건이 문제된 2010년 무렵에는 구 정보통신망 이용촉진 및 정보보호 등에 관한 법률(이하 "정보통신망법", 2010. 9. 23. 법률 제10166호로 개정되기 전의 것)이 시행되고 있어서 정보통신서비스 제공자인 피고에 대해서도 위 법률이 적용되고 있었으나, 당시에는 정보통신망법 위반 여부가 주장되지 않고 단지 개인정보자기결정권과 같은 헌법상의 기본권에 관

3) 예컨대, 권영준, "수사기관의 통신자료 요청에 따른 개인정보 제공의 위법성", 민법판례연구 I(박영사, 2019), 321 내지 324면.

4) 예컨대, 허문희, "전기통신사업법 제83조 제3항에 따라 수사기관의 통신자료제공요청에 응한 전기통신사업자의 책임", 민사판례연구 39(민사판례연구회, 2017), 761면 이하.

5) 손형섭, "인터넷 이용자 개인정보 제공의 법적 문제", 정보법 판례백선(II)(한국정보법학회, 2016), 668면.

한 주장과 이용약관 위반 주장만이 제기된 것으로 보인다. 그러나, 만일 원고가 구 전기통신사업법상 통신자료의 제공요청에 관한 규정은 당시 시행되고 있던 구 정보통신망법 제22조 제2항 제3호에서 정하고 있는 다른 법률에 특별한 규정이 있는 경우에 해당하지 않으므로 자신의 동의 없이 개인정보에 해당하는 통신자료에 관한 정보를 수사기관에 제공한 것은 구 정보통신망법 위반이라고 주장하였다면 어찌 판단되었을까? 개인정보에 관한 판례 분석을 행하고자 하는 본 검토의 목적을 감안하여 위와 같은 때에도 여전히 검토 대상 판결의 결론이 그대로 유지될 수 있는지에 한정하여 간략히 검토하고자 한다.[6]

2. 검토

가. 검토를 위한 전제

위에서 언급한 구 정보통신망법 제22조 제2항 제3호의 "다른 법률에 특별한 규정이 있는 경우"는 현행 개인정보 보호법 제17, 18조에서의 "(다른) 법률에 특별한 규정이 있는 경우"와 동일한 의미와 지위를 갖고, 역시 위에서 언급된 구 전기통신사업법상 통신자료의 제공요청에 관한 규정 역시 현행 전기통신사업법상 통신자료의 제공요청에 관한 규정과 비교하여 약간의 표현 변화는 있었으나 본질적으로 동일하므로, 논의의 편의상 이하에서는 현행 법률들을 기준으로 살펴보기로 한다.

나. 전기통신사업법상 통신자료 제공요청 규정이 개인정보 보호법상 "다른 법률에 특별한 규정이 있는 경우"에 해당하는지 여부

이에 관한 해석례는 그리 많지 않은데, 우선 일반론으로서 개인정보 보호위원회가 개인정보 보호법상 "다른 법률에 특별한 규정이 있는 경우"란 법률에서 개인정보의 활용에 대하여 구체적으로 요구하거나 허용하고 있는 경우를 말한다고 하면서, 다만 다른 법률에서 개인정보의 항목이 구체적으로 열거되지 않았더라도 당해 업무의 목적, 성격 등을 고려하였을 때 제공 대상에 개인정보가 포함될 것이 합리적으로 예견되는 경우에는 이에 해당된다는 취지로 해석하고 있다.[7]

---

6) 이러한 쟁점은, 2020년 8월경 정보통신망법 내 개인정보에 관한 일체의 규정들이 개인정보 보호법에 이관된 개정이 있은 후에도 동일하게 문제될 수 있다. 즉, 개인정보의 제3자 제공을 다루고 있는 개인정보 보호법 제17조 제1항 제2호("법률에 특별한 규정이 있거나 법령상 의무를 준수하기 위하여 불가피한 경우")와 제18조 제2항 제2호("다른 법률에 특별한 규정이 있는 경우") 모두 법률에 특별한 규정이 있는 경우를 제3자 제공을 위한 요건으로 삼고 있다.

7) 개인정보 보호위원회, 개인정보 보호 법령 및 지침·고시 해설(개인정보 보호위원회, 2020. 12.), 108, 102,

또한 학설로는 전기통신사업법상 통신자료 제공요청은 형사소송법 제199조 제2항에서 정한 수사기관의 사실조회를 구체화하는 역할을 한다고 보면서 통신자료 제공은 개인정보 보호법상 다른 법령에 특별한 규정이 있는 경우가 전기통신사업법에 의해 충족되기 때문에 개인정보 보호법에 반하지 않는 정보제공이 된다는 견해가 있다.[8)]

한편, 서울고등법원 2015. 2. 9. 선고 2014노2820 판결은 개인정보 보호위원회의 위 해석과 유사하게 개인정보 보호법상 "다른 법률의 특별한 규정"이라 함은 법률에서 개인정보의 제공을 구체적으로 허용하고 있는 경우이어야 한다는 전제로, 수사기관의 사실조회에 관한 형사소송법 제199조 제2항은 수사에 관하여 공무소 기타 공사단체에 조회하여 필요한 사항의 보고를 요구할 수 있다고 규정되어 있을 뿐 공사단체에 대하여 보관하고 있는 서류나 정보의 제공을 요구할 수 있다고 규정되어 있지는 않다고 하면서 개인정보에 해당하는 정보를 수사기관에게 형사소송법 제199조 제2항에 근거하여 임의제출의 방식으로 제공하는 것은 위법하다고 보았다. 그런 반면, 위 판결은 형사소송법 제272조 제1항에 따른 법원의 공무소 등에 대한 조회에 대해서는 그 규정상 법원은 직권 또는 검사, 피고인이나 변호인의 신청에 의하여 공무소 또는 공사단체에 조회하여 필요한 사항의 보고 또는 그 보관서류의 송부를 요구할 수 있다고 되어 있음을 들어, 수사기관은 공무소 등에 조회하여 필요한 사항의 보고만을 요구할 수 있지만 법원은 공무소 등에 조회를 통하여 보관하고 있는 서류의 제공도 요구할 수 있도록 규정되어 있으므로, 형사소송법 제272조 제1항은 개인정보 보호법상 다른 법률에 특별한 규정이 있는 경우에 해당한다고 판시하기도 하였다.

이상과 같은 각종 해석들이 취하고 있는 입장에다 전기통신사업법의 통신자료 제공 관련 규정이 구체적으로 이용자의 성명, 주민등록번호, 주소 등을 명시적으로 특정하면서 그 요청에 응하거나 따를 수 있음을 규정하고 있는 점을 감안하면, 전기통신사업법상 통신자료 제공에 관한 규정은 개인정보 보호법상 다른 법률에 특별한 규정이 있는 경우로 해석된다고 보는 것이 적절할 것으로 생각된다.

III. 판결의 의의

검토 대상 판결은 전기통신사업법에 따른 수사기관의 통신자료 제공요청에 대해 전기통

121면; 개인정보 보호위원회 결정 제2018-14-133호 참조.

8) 박민우, "통신자료 제공요청의 법적 성격과 합리적인 제도 개선 방향", 법조(법조협회, 2016. 8. Vol. 718), 144면.

신사업자에게는 실질적인 심사의무가 없으므로 단지 형식적·절차적 요건을 심사하여 수사기관에게 이용자의 통신자료를 제공한 것뿐이라면, 그러한 통신자료의 제공 요청에 권한 남용과 같은 특별한 사정이 없는 한 이로 인한 법적 책임을 지지 않는다고 판시하였다.

그리고 앞서 검토한 바와 같이 개인정보 보호 관련 법령상 개인정보의 제3자 제공의 요건인 "다른 법령에 특별한 규정이 있는 경우"에 해당하는지의 관점에서도 위와 같이 수사기관의 통신자료 제공요청에 응하여 통신자료에 해당하는 개인정보를 제공하는 것은 개인정보 보호법에 위배되지 아니할 것으로 보인다.

이상과 같은 해석이 관련 법령의 문언과 입법 취지 등을 고려할 때 타당한 것으로 보이기는 하나, 최근에도 수사기관의 통신자료 제공요청에 관하여 각종 논란이 불거지고 있는 사정에서 보다시피,[9] 영장주의원칙과의 관계상 수사기관에 대한 통신자료 제공이 국민의 개인정보자기결정권이나 프라이버시 권리 혹은 여타 자유권을 지나치게 제한하는 것이 아니냐는 의문과 문제 제기가 끊이지 않고 있는바, 이러한 통신자료 제공 제도에 대해서는 보다 심도 있는 논의와 검토를 거쳐 제도적·정책적으로 바람직한 방향으로의 개선책을 모색하는 것이 필요하리라 생각된다.

---

9) 연합뉴스 기사, "저인망식 통신자료 조회 논란 일파만파... 공수처는 버티기"(2021. 12. 22.자 https://www.yna.co.kr/view/AKR20211222172600004); 서울신문 기사, "공수처 이어 검·경마저... 본지 법조팀 기자들 통신자료 조회 논란"(2021. 12. 21.자 https://www.seoul.co.kr/news/newsView.php?id=20211221009020) 등 참조.

판례색인

사항색인

(ㄱ)

(ㄴ)

(ㄷ)

(ㅅ)

(ㅇ)